DICTIONNAIRE UNIVERSEL

DE

CUISINE

ET

D'HYGIÈNE ALIMENTAIRE

PAR

JOSEPH FAVRE

Ancien chef de bouche;
Membre de la Société française d'Hygiène;
Secrétaire général de l'Académie de cuisine.

OUVRAGE ADMIS DANS LES ÉCOLES NATIONALES D'AGRICULTURE DE FRANCE
Honoré d'une souscription de S. M. l'Empereur du Brésil

735 Recettes

255 Figures gravées
dans le texte

L'animal se repaît, l'homme mange :
l'homme d'esprit seul sait manger.
BRILLAT-SAVARIN.
Cuisine, c'est médecine : c'est la médecine préventive la meilleure....
J. MICHELET.

L'OUVRAGE COMPREND :
L'Étymologie,
l'Histoire, l'Analyse chimique de tous
les aliments naturels et composés; leurs propriétés et leurs
effets hygiéniques; les Eaux minérales; la Climatologie; les Stations hivernales
et les Thermes; le régime approprié aux valétudinaires, aux convalescents, aux âges et aux sexes;
la classification de tous les Vins français et étrangers; les Aliments aphrodisiaques, anaphrodisiaques et les remèdes
spéciaux; la Cuisine végétarienne, assyrienne, romaine, grecque, française, anglaise, italienne, espagnole
et germaine; la Confiserie, Glacerie, Pâtisserie, Conserves et Distillation; la Science gastronomique
et l'art de décorer; la Biographie des Cuisiniers et Producteurs illustres;
la Terminologie culinaire avec la synonymie en
quatre langues.

PARIS

LIBRAIRIE-IMPRIMERIE DES HALLES ET DE LA BOURSE DE COMMERCE

33, rue Jean-Jacques-Rousseau, 33

DICTIONNAIRE UNIVERSEL
DE
CUISINE
ET
D'HYGIÈNE ALIMENTAIRE

Un dessert sous Napoléon 1er, d'après Burnet, chef de bouche.

ROSE EN STÉARINE

AUX CUISINIERS

F rançais, ton art partout sur les peuples gourmets
R ègne en souverain chef, ta cuisine choisie
A su ressusciter les Festins d'ambroisie.
N é de ton goût, l'Esprit qu'aux mondes tu transmets,
C harme et puise son charme en l'essence des mets,
A llume les flambeaux de toute poésie,
I nspire amour, douceur, génie et courtoisie,
S ublimisant les cœurs par l'âme des fumets.

J. F.

Joseph **FAVRE**

DICTIONNAIRE UNIVERSEL

DE

CUISINE

ET

D'HYGIÈNE ALIMENTAIRE

MODIFICATION DE L'HOMME PAR L'ALIMENTATION

> L'animal se repait, l'homme mange ; l'homme d'esprit sait manger.
> BRILLAT-SAVARIN.
>
> Cuisine, c'est médecine ; c'est la médecine préventive, la meilleure....
> J. MICHELET.

LE DICTIONNAIRE COMPREND:
L'étymologie,
la synonymie en trois langues,
l'histoire, l'analyse chimique de tous les aliments
naturels et composés, les propriétés hygiéniques appropriées
aux âges et aux sexes, d'après le besoin réclamé par l'individu; le régime,
les prophylactiques, les eaux minérales, la climatologie, les aliments respiratoires, les
cuisines végétarienne, assyrienne, grecque, romaine, française, anglaise, allemande;
la recette des mets, entremets, confiserie, pâtisserie, glacerie,
distillerie et conserves alimentaires; la biographie
de tous les cuisiniers illustres et la
terminologie culinaire.

CHEZ TOUS LES LIBRAIRES
PARIS

Cet ouvrage est sous la protection de la loi sur la propriété littéraire.

PRÉFACE

Voici un des livres les plus importants de notre époque, et dont l'utilité ne sera contestée par personne. Il a pour auteur un seul homme, qui a voué toute son existence à la science culinaire ; dont toutes les pensées, toutes les actions se rapportent exclusivement au grand problème de l'alimentation ; un homme qui, entre autres mérites, a cet avantage considérable d'*être de la partie,* comme on dit vulgairement. M. Joseph Favre, originaire du Valais, ancien département du Simplon, a le droit de se proclamer bien haut fils de ses œuvres. Il s'est fait lui-même, assidûment, progressivement, étudiant tantôt les sciences à Genève, tantôt pratiquant à Paris, dans les maisons Riche et Chevet, travaillant partout sans relâche à son *Dictionnaire,* commencé il y a plus de dix ans.

Aujourd'hui, ce *Dictionnaire* est achevé et prêt à paraître. Il est le répertoire le plus vaste et le plus détaillé que l'on connaisse. Grâce à lui, l'alimentation n'a plus le moindre secret pour personne ; le *Dictionnaire* de M. J. Favre, c'est la réglementation de la faim.

La faim ! Ce qu'il y a de pire ou de meilleur au monde ! Erasme a écrit l'*Éloge de la folie ;* je ne vois pas pourquoi je n'écrirais pas l'Éloge de la faim.

Les Anciens avaient fait de la Faim une divinité. M. Chompré, licencié en droit, affirme en sa Mythologie qu'elle avait une statue dans le temple de Minerve, à Lacédémone. Je ne vois pas trop ce que la Faim pouvait avoir à démêler avec la Sagesse, — mais ces Anciens !....

La faim est une des plus attrayantes manifestations de l'humanité. Heureux ceux qui ont faim ! leur supériorité sur les autres hommes est immense.

La Faim a donné lieu à un certain nombre de proverbes. Examinons-en quelques-uns.

« Ventre affamé n'a pas d'oreilles ! » Je le crois bien ; qu'est-ce que vous voulez qu'on écoute lorsque l'estomac parle ? Quelle autre éloquence pourrait être comparée à la sienne ? — Les oreilles ! elles sont tout à la chanson du pot-au-feu, au grondement de la casserole, au tic-tac du tourne-broche....

Un autre proverbe dit : « La Faim est mauvaise conseillère. » Où a-t-il vu cela ? Je connais bien des gens, au contraire, qui lui doivent leurs inspirations les meilleures, des déterminations héroïques. La Faim — autant que l'amour peut-être — donne le courage désespéré qui mène à tout. Tel homme parti de chez lui à la conquête d'un dîner est revenu avec une commandite, une ambassade ou un chef-d'œuvre.

Il n'y a donc pas de mal quelquefois à ce que « la Faim fasse sortir le loup du bois ».

Je suis fâché de trouver dans les préceptes de l'École de Salerne la recommandation que voici : « Reste sur ta faim ! » Tout ce qu'il y a en moi de sensé se révolte à ce conseil profondément barbare. — Rester sur sa faim, c'est-à-dire : être le bourreau de son estomac ; jouer avec lui à la coquetterie, au caprice ; fatiguer ses ressorts en les agaçant inutilement ; compromettre son sommeil et le peupler de visions. Allons donc !

A peine la Faim fut-elle née que la Gastronomie ne tarda pas à se produire, — la Gastronomie, qui est « la connaissance raisonnée de ce que l'on mange », selon la définition de Fayot. Jusqu'où s'étend la Gastronomie ? Que n'embrasse pas la Gastronomie ?

La Gastronomie est la joie de toutes les situations et de tous les âges. Les heures charmantes de notre vie se relient toutes, par un trait d'union bien sensible, à quelque souvenir de table.

Est-ce un amour d'enfance ? Il s'y mêle aussitôt un déjeuner dans les bois ; le tendre aveu d'une cousine est inséparable de l'armoire aux confitures de mère grand.

S'agit-il d'un fougueux caprice pour une Aspasie renommée ? L'idée d'un souper s'éveille immédiatement dans notre esprit : nous voyons la lueur douce des bougies glisser sur une épaule mate, la nappe moirée luttant de blancheur avec un bras embarrassé de dentelles. C'est un sourire aussi rose que le vin, c'est un éclat de rire aussi pétillant.

Plus tard, si notre orgueil s'allume à l'occasion d'un triomphe ou d'une dignité obtenue, c'est encore la table d'un banquet qui nous apparaît. — Nous nous marions, c'est un repas de noce qui nous appelle : l'épouse est rougissante et les regards ne sont distraits d'elle que par l'arrivée d'un dindon rôti, majestueuse bête qu'un jus doré environne. — Nous avons un enfant : les cloches du baptême appellent nos alliés autour d'une collation joyeuse.

La Gastronomie donne la gaieté et l'esprit. Elle illumine nos regards et saupoudre d'or l'azur de nos prunelles ; elle fait trembler d'intelligence nos narines.

Le mot nous vient des Anciens ; deux mots grecs : *gaster*, ventre, et *nomos*, règle.

N'ai-je pas raillé les Anciens tout-à-l'heure ? J'ai eu bien tort dans ce cas. Tout ce que nous avons de bon nous est venu d'eux. Sous prétexte de sacrifier aux Dieux, ils étaient toujours à table.

— Que le vin coule à grands flots ! s'écrie Achille ; mes amis les plus chers sont aujourd'hui dans ma tente !

Aussitôt Patrocle allume le feu ; Achille prépare l'agneau, le chevreau et le sanglier ; le fils de Lénétius tourne la broche, — qui était une lance, — et sale le rôti ; Automédon coupe le pain ; on met le couvert, Achille sert chaud — et le sacrifice commence.

Il en était de même pour les libations ; c'était encore au nom des Dieux qu'elles se faisaient. Les ministres du temple versaient quelques gouttes de vin sur l'autel de marbre, mais ils en versaient bien davantage dans les urnes destinées aux assistants. Prêtres et peuple buvaient à la ronde. « C'est ainsi, dit Homère, que *tout le jour* ils invoquent la clémence céleste. »

Le départ des Dieux nous a privés de ces prétextes qui sauvegardaient à merveille la dignité humaine.

Celui qui écrit ces lignes ne peut pas s'empêcher de sourire quelquefois à la réputation qu'on lui a faite en dehors de ses travaux littéraires. Comment cela est-il venu ? Je ne saurais m'en souvenir ni préciser le point de départ. Il y avait une vocation évidemment. J'ai sans doute à me reprocher d'avoir encouragé ce *mouvement* en laissant faire et dire. Un ami m'a confié il y a déjà longtemps la rédaction en chef du *Gourmet*, « journal des intérêts culinaires ». A cette époque, j'ai fait manger à toute la presse de Paris, dans un banquet de crémaillère demeuré célèbre dans les fastes du grand Hôtel du Louvre, des nids d'hirondelles et des timbales de riz à la siamoise, dont la recette m'avait été donnée par Phy-Mantri-Swiywance, membre de l'ambassade.

Plus tard, encouragé par ce premier succès, j'ai publié la *Cuisinière poétique*, avec le concours des principales illustrations de mon temps : Théophile Gautier, Méry, Léon Gozlan, Henry Murger, Théodore de Banville, Nadaud, etc., etc.

Mon entreprise la plus considérable fut la continuation de l'*Almanach des gourmands*. Il parut pendant six années, et la collection en est aujourd'hui rarissime.

Mon dernier ouvrage en ce genre, après *Gastronomie, récits de table*, est les *Lettres gourmandes*, que je considère comme mon meilleur travail et le plus complet. Je puis ajouter encore la préface de la splendide édition de la *Physiologie du goût* par Jouaust.

Après ces gages donnés à la science culinaire, je suis heureux de ressaisir la plume aujourd'hui pour recommander l'œuvre de M. Joseph Favre : le *Dictionnaire universel de cuisine et d'hygiène alimentaire*, vaste résumé qui laissera peu de chose à dire après lui. Qu'il soit le bienvenu, ce monument longtemps désiré, et puissent les souscripteurs lui arriver en foule, guidés par l'appétit, — ce maître du monde !

CHARLES MONSELET

HYGIÈNE DE L'ESTOMAC

Par le Dr E. MONIN

« *Gaster sum, et nihil gastrici a me alienum puto.* »
(Parodie de Térence.)

« Digérez-vous ? Voilà l'affaire.
L'homme n'est rien s'il ne digère.
Car sans cela, plaisirs et jeux
S'envolent au pays des fables :
L'esprit fait les mortels aimables,
Mais l'estomac fait les heureux ! »

Combien paraît vrai le vieux sixain de Dorat, pour ce *tout le monde* qui souffre de mauvaises digestions et qui désire ardemment retrouver l'intégrité fonctionnelle de son tube digestif !

« Toute joie vient du ventre, et comme le dit Brillat-Savarin, le poète le plus lacrymal n'est souvent séparé du plus comique que par quelque degré de coction digestionnaire. »

Rien de moins contestable : l'homme n'est que ce qu'il mange, ou plutôt ce qu'il digère. Quand l'estomac va, tout va ; quand il souffre, le trouble se met dans toutes les fonctions organiques, le cerveau lui-même est atteint, et il est presque banal de parler des passions dépressives, de la haine de la vie, qui envahissent les sujets qui souffrent de l'estomac. Et ils sont nombreux, ceux-là. Leur phalange serrée envahit tous les jours les consultations des médecins : car les *dyspeptiques* (on appelle ainsi les gens qui souffrent de l'estomac, sans lésion organique définie), vont, de remède en remède, chercher la guérison de leurs maux.

Cependant (il faut bien le dire) la plupart des dyspepsies sont du ressort de l'hygiène plutôt que de la médecine proprement dite, et c'est à l'inobservance des lois qui régissent les fonctions digestives qu'elles doivent généralement leur origine.

Et d'abord, on mange trop. On dépasse de beaucoup dans les repas la ration d'entretien nécessaire à la vie : on se figure que la surcharge de l'estomac n'est qu'inutile, alors qu'elle est nuisible. En effet, la quantité des sucs digestifs étant limitée, la petite portion des aliments attaquée par eux se noie, pour ainsi dire, dans la masse indigérée. Alors, surviennent des douleurs vagues, premiers signes d'une digestion difficile ; puis, les indigestions se multiplient, l'excitabilité gastrique disparaît, l'estomac devient une poche inerte où se putréfient les aliments ingurgités. Leur fermentation produit des gaz, des aigreurs, des spasmes douloureux de l'estomac, des nausées, de l'oppression, des vertiges ; le goût se pervertit, la sensation de faim devient douloureuse, et celle de soif continuelle. L'état dyspeptique est créé.

La dyspepsie est lente à s'établir. On abuse longtemps de son estomac avant de ressentir l'effet de ces abus.

Les estomacs jeunes réagissent bien ; mais, plus tard, ils deviennent des réservoirs incontractiles où s'entassent les aliments, que les muscles ne brassent plus. De là, dilatation de l'organe, vomissements alimentaires, muqueux et gazeux (éructations), compression du diaphragme et des poumons, entraves aux fonctions primordiales de la respiration et de la circulation.

Donc, *manger peu* est un important précepte d'hygiène pratique :

Rien de trop est un point
Dont on parle sans cesse, et qu'on n'observe point

dit le bon La Fontaine.

Mais la quantité des aliments n'est pas le seul facteur à incriminer ; leur qualité est souvent aussi la cause des troubles digestifs. Toutefois, il est difficile de formuler à cet égard des règles précises. Chacun a, si l'on peut dire, son individualité gastrique. On ne saurait trouver rien de plus personnel et de plus tyrannique que les goûts et répugnances de l'estomac :

les caprices invincibles de cette « cornue intelligente » ne peuvent se plier aux règles sévères de la bromatologie hygiénique. Cependant, on peut poser en principe que, si l'estomac aime la variété, il l'aime dans les mets simples et peu abondants : il s'accommode souvent mal de ces dîners modernes, sous chaque plat desquels, comme dit Addison, une maladie est embusquée.

On ne saurait croire combien loin peuvent retentir les souffrances de l'estomac. Alibert cite l'observation d'une femme qui avait toujours envie de se donner la mort pendant le travail de la digestion. Vous voyez que Beaumarchais n'exagère pas lorsqu'il subordonne à la digestion du critique le succès d'une pièce de théâtre.

Un dyspeptique auquel Barras donnait ses soins perdait la vue immédiatement après l'ingestion des aliments, et ne la recouvrait que lorsque la digestion était finie : il refusait de satisfaire son appétit, craignant de rester aveugle !

La continuité d'un régime recherché irrite l'estomac, et souvent le cuisinier est ainsi le meilleur pourvoyeur de nos cabinets de consultations. Que de gourmands riches et dyspeptiques voudraient pouvoir se payer un *digéreur*, si cela était possible !

Il faut respecter les bizarreries dans l'élaboration digestive. Les Anciens, avec le grand bon sens des peuples jeunes, comprenaient à merveille combien l'individualisme le plus étroit doit toujours présider aux règles du régime. Suétone mettait dans la bouche de Tibère la pensée suivante :

« Si, à trente ans, un homme a besoin d'un médecin pour lui tracer son régime, il est indigne de vivre. »

Toutefois, il est incontestable que certains préceptes d'hygiène s'appliquent à tous les estomacs. Tous doivent sévèrement éviter l'indigestion, qui est la *grande porte* de la dyspepsie et des affections gastriques. Or, l'indigestion dérive souvent de ce que le sujet se remet à table avant d'avoir parfait la digestion de son précédent repas. Donc, comme le disent les vers prudhommesques du grammairien Domergue :

<blockquote>Des mets indigérés le pénible fardeau
Ne doit point s'aggraver d'un aliment nouveau.</blockquote>

Il ne faut, non plus, manger trop vite. Qui mange vite, dit un proverbe, digère lentement. Manger et lire à la fois, voilà une pratique qui fait négliger la mastication et l'insalivation, et qui mène droit à la dyspepsie. C'est pour cela, dit le docteur Motard, que la longévité serait rare dans les communautés religieuses (?).

On raconte qu'un médecin, lorsqu'il allait visiter un client riche, ne manquait jamais de passer à la cuisine pour serrer la main du chef. Comme on lui demandait la raison de cette bizarre manœuvre : « C'est bien le moins, répondit-il, que je sois reconnaissant envers cet homme : c'est à son art ingénieux d'empoisonner les gens, que nous devons d'aller en voiture. » Il y a peut-être de l'exagération dans cette boutade ; car l'estomac a besoin d'être stimulé de temps en temps par les mets insolites du cuisinier. Mais la continuité de ce qu'on appelle une « bonne cuisine » est dangereuse. N'y aurait-il à lui adresser que le reproche de faire trop manger, que ce reproche serait capital.

Aussi n'est-ce point de cette « bonne cuisine » dont parle le vulgaire, que notre cher et éminent ami Joseph Favre nous entretiendra dans son *dictionnaire*. C'est de la cuisine rationnelle et *scientifique*, c'est-à-dire conforme à la fois au bon goût et à l'hygiène.

Manger de peu et peu à la fois, quitter toujours la table avec un reste d'appétit ; voilà des lois qu'on ne peut violer sans crainte, quels que soient la force et les caprices de l'estomac. Ces lois s'appliquent principalement à la vieillesse, si communément portée à la gourmandise, qu'elle semble s'y réfugier souvent comme dans son unique jouissance. Le vieillard doit songer que l'indigestion est sa plus redoutable ennemie, et qu'il en est, pour lui, des préceptes de la tempérance comme des préceptes de la chasteté : chaque fois qu'il les transgresse, c'est une pelletée de terre qu'il se jette sur la tête, pour employer la rude expression du cardinal Maury.

Le repas principal des vieillards, comme, d'ailleurs, de tous ceux dont l'estomac est délicat et la digestion pénible, doit avoir lieu au milieu du jour ; le repas du soir doit être le plus léger possible. Pourquoi, en effet, le dîner est-il si ordinairement mal digéré ? Parce que le déjeuner a été trop copieux ; ou plutôt parce que, dans nos mœurs habituelles il n'est séparé du dîner que par un intervalle insuffisant. Au lieu de cinq ou six heures, c'est huit heures qu'il faudrait entre le repas du matin et celui du soir, étant donnée surtout la vie sédentaire de l'habitant des villes. Qu'arrive-t-il en effet ? On présente le soir à l'estomac fatigué par une digestion laborieuse et qui s'achève à peine (troublée qu'elle a été *souvent* par des libations intempestives) les éléments d'un dîner fatalement condamné à être indigéré, et à causer, par suite, des troubles de fonctionnement gastrique. Si, au contraire, on s'impose la diète ou la demi-diète toutes les fois que l'estomac est fatigué par des écarts de régime et peu disposé à recevoir des aliments, les fonctions digestives acquièrent une vigueur nouvelle. Car la diète est la médication puissante, la sobriété le remède sûr des troubles gastriques en général, surtout pendant la saison chaude, alors que l'appétit est moindre et la faculté d'assimilation peu active.

Ce que nous venons de dire du dîner s'applique *a fortiori* au souper, cette mode absurde, à laquelle tant de gens doivent une indigestion par repas, et qui ne devrait exister que pour les personnes dont la profession supprime le dîner.

.•.

« Qu'est-ce que l'homme ? disait, au siècle dernier, La Mettrie. — Un tube digestif percé aux deux bouts. »

Il est important de veiller à la propreté complète de la muqueuse des voies digestives, depuis la bouche jusqu'à l'extrémité opposée : c'est une condition indispensable au bon fonctionnement de cette muqueuse, dont le rôle physiologique est si complexe. Il faut combattre la constipation par les laxatifs, les lavements, et surtout par le conseil de Loke : « Se présenter très régulièrement chaque jour, à la même heure, à la garde-robe. » Certains corps indigestes, tels que le son (pain de son), les graines de moutarde, les graines de lin et de plantain, ont une action laxative mécanique très marquée sur l'intestin. L'aloès, à petites doses, possède une action tout à la fois laxative et tonique, et rend de très grands services.

En détruisant la constipation, on détruit souvent la dyspepsie. Mais on empêche parfois celle-ci de se produire en appliquant convenablement les principes de l'art culinaire, art qui facilite et fortifie la digestion. Le docteur Audhoui distingue quatre formes de cuisines :

1º La cuisine commune ou *bourgeoise*, qui satisfait simplement au besoin de se nourrir.

2º La cuisine *plantureuse*, qui accroît la force musculaire ;

3º La cuisine *délicate*, qui développe l'intelligence et la sensibilité morale ;

4º La cuisine *de haut goût*, qui provoque, passionne, enflamme le sens génital.

L'alimentation lactée, exclusive ou prédominante, est souvent indispensable dans les maladies de l'estomac ; elle est indiquée chaque fois que, l'estomac ne pouvant ni supporter ni digérer les aliments ordinaires, l'inanition apparaît. Pour cicatriser l'ulcère de l'estomac, pour faire cesser les troubles digestifs qui surviennent dans la phtisie pulmonaire et qui mettent la vie en sérieux danger, aucune médication n'est aussi puissante que la diète lactée. Le lait est, en effet, digéré lorsque tout autre aliment ne passe plus.

Les dyspeptiques sont des sujets qui ont pour ainsi dire une indigestion par repas. La sobriété, la suppression des liqueurs et des condiments inutiles, du tabac, du sucre, le choix des matières alimentaires, que l'on prendra en minime quantité ; la bonne mastication, l'exercice et la distraction sans fatigue : tels sont quelques-uns des préceptes d'hygiène applicables aux dyspeptiques. Ceux-ci ne commenceront une nouvelle digestion qu'après la terminaison complète de la première ; ils évacueront chaque jour le résidu des digestions de la veille. Pour tonifier l'estomac affaibli, on leur administrera le bon bouillon, les eaux minérales acidules, les acides minéraux tels que l'acide chlorhydrique ; la rhubarbe, les amers, la glace, etc.

.•.

Quel est le meilleur aliment?

Chacun ayant, comme on l'a vu, son estomac à lui comme sa manière d'être, la réponse à cette question est facile à prévoir : le meilleur aliment est celui que l'on digère le mieux. Tous les jours on voit des personnes assimiler, avec la plus grande facilité, les pâtisserie, le homard, le melon, la charcuterie, etc., alors que le lait, les œufs frais et les viandes grillées suscitent de la part de leur estomac des révoltes continuelles.

Mais, il faut se garder de falsifier l'énoncé de cette loi de nature, en disant : « On digère avec facilité ce qui se mange avec plaisir : *quod sapit, nutrit.* » Cet axiome si commode est, comme on l'a dit, un redoutable chant de sirène, et la cause fréquente de bien des indigestions.

Sans méconnaître pour cela les bizarres caprices de l'estomac, il faut bien dire que les aliments ont un ordre scientifique de digestibilité exactement déterminé par l'expérimentation.

Cet ordre est, pour les viandes de boucherie : mouton, bœuf, agneau, veau, porc ; pour les volailles : poulet, dindon, canard, oie.

Quant aux poissons, les plus faciles à digérer sont les poissons à chair blanche (carpe, sole) ; puis viennent les poissons à chair rouge, comme le saumon, beaucoup plus nourrissants, mais d'une digestion beaucoup plus dure ; en dernier lieu, les poissons graisseux (anguilles), lourds et indigestes.

Il est évident que la nourriture doit varier selon les saisons : celui qui, par exemple, se nourrirait, pendant l'été, de gibier, de viandes marinées, de champignons, de truffes, de mollusques et de pâtisseries, serait un fou, ou mieux un dyspeptique par préméditation.

Il sera sage s'il mange des viandes blanches, des fruits bien mûrs et des légumes frais.

Selon le degré de cuisson, les aliments sont plus ou moins digestifs. Comparez le céleri cru et le céleri cuit, les œufs frais et les œufs durs ? L'ordre de digestibilité culinaire des viandes peut s'exprimer ainsi : Viandes grillées, — roties, bouillies, — ragoûts, hâchis, — viandes à l'étuvée, — conserves, — salaisons.

L'âge des viandes a une grande importance, surtout pour le gibier, dont l'ordre de digestibilité générale est, selon les espèces : perdreau, faisan, chevreuil, lièvre, bécasse.

Les enveloppes cellulo-fibreuses des pois, haricots et lentilles sont très indigestes. Elles ne sont faites que pour des estomacs robustes et causent, chez les faibles, l'embarras gastrique avec dilatation de l'organe.

Les boissons fraîches sont utiles à la disgestion : mais il ne faut user que discrètement de la glace, dont l'abus engendre des troubles gastro-intestinaux. Le café et le sucre activent la digestion, que l'alcool engourdit et ralentit : les dyspeptiques doivent abandonner les liqueurs et même le cognac, que l'opinion vulgaire juge à tort indispensable à une bonne digestion.

Il est important de remarquer que certains aliments, qui passent vulgairement comme nuisibles aux estomacs faibles, leur sont fréquemment, au contraire, d'une grande utilité. Nous voulons parler surtout de la salade et des condiments vinaigrés, dont l'usage modéré rend les plus grands services en ranimant l'énergie des forces digestives : ainsi agit la moutarde, comme un vrai sinapisme stomachal ; de même l'acide oxalique renfermé dans la tomate excite la langueur des estomacs paresseux. C'est ainsi également que l'acide lactique contenu dans la choucroute rend cet aliment, si lourd de réputation et d'allures, digestible pour le dyspeptique. C'est probablement aussi à la faveur de ce dernier acide (qui est probablement celui du suc gastrique), que la *diète lactée* rend de si éminents services dans le traitement des affections aiguës et chroniques de l'estomac.

D'autres agents, que le vulgaire regarde comme favorables à la digestion lui sont, au contraire, fréquemment nuisibles. Ce sont d'abord les eaux gazeuses (eau de seltz artificielle) et les boissons chaudes (thé), dont l'abus émousse peu à peu l'excitabilité de l'estomac ; le tabac, qui, en supprimant la déglutition salivaire, prive la digestion d'un de ses auxiliaires les plus utiles ; — les purgatifs et les vomitifs, dont les personnes qui souffrent de l'estomac abusent si souvent, et qui troublent profondément la mécanique et la chimie de la digestion. L'abus du bouillon est également nuisible ; on peut rendre son usage utile, en l'administrant tiède deux heures avant le repas. On sait, en effet, que le bouillon n'agit que comme stimulant de la muqueuse gastrique ; au point de vue alimentaire, « c'est une fleur parfumée, une madone de Raphaël, une symphonie de Beethoven », pour employer les poétiques expressions d'un physiologiste d'outre-Rhin.

Quant aux boissons alcooliques, leur action sur l'estomac est des plus désastreuse et cause (on doit le dire) les trois quarts des dyspepsies. Ce sont surtout les liqueurs dites (par antiphrase probablement) *apéritives* qu'il faut incriminer. Leur usage répété habitue à l'irritation la muqueuse de l'estomac et la rend peu à peu engourdie et incapable de réagir aux excitations ordinaires de l'acte digestif.

Le même effet est produit par l'ingestion de la bière en dehors du déjeuner et du dîner. Cette boisson, fréquemment utile aux repas, est toujours nuisible pour la digestion et l'appétit lorsqu'elle est prise en certaine quantité pendant la journée.

**

Non seulement l'estomac affectionne la variété dans la régularité ; il aime absolument l'harmonie. Chacun sait que la joie, la peur, les émotions de tout genre coupent l'appétit et paralysent la digestion. Certaines personnes ne peuvent digérer sans musique : le docteur Louis Véron était de ce nombre, et tel était le secret de son assiduité à l'Opéra.

Un sujet qui digère péniblement doit manger avec des gens gais, et éviter surtout les discussions et les querelles à table. C'est principalement aux discussions politiques et d'économie sociale que l'on doit infliger la fameuse comparaison qui déclare que la colère à table produit à l'estomac l'effet de la déglutition d'une pelote d'aiguilles.

Il faut se reposer après le repas, et non pas, comme beaucoup de personnes le croient, prendre de l'exercice.

Il s'agit, bien entendu, d'un repos relatif d'une heure environ. Quant à la sieste proprement dite, elle ne se comprend que dans les pays chauds. Au bout d'une heure, il faut se livrer à un exercice modéré en plein air, pour favoriser les mouvements de la digestion : « On digère avec ses jambes, a dit Chomel, autant qu'avec son estomac. »

Il faut bien diviser et bien mâcher les aliments ; pour cela l'art, à défaut de la nature, doit assurer le fonctionnement de la mastication.

La tristesse et la colère entravent l'acte digestif. Les rois avaient jadis à leur table des nains et des bouffons pour provoquer le rire, qui est le meilleur des élixirs digestifs. « Ce que l'on mange au sein de la joie, a dit excellemment Réveillé-Parise, produit un sang pur, léger et nourrissant. »

L'exercice est l'indispensable condiment de la digestion, dont on a résumé le secret en ces deux termes : *bien mâcher, bien marcher*. Il faut fuir avec soin les irrégularités dans les repas ; elles minent toujours l'estomac et font le lit à la dyspepsie. Il faut éviter les vêtements qui compriment l'estomac, et notamment le corset, qui, trop serré, a causé la perte de tant d'estomacs féminins. Si l'on se couche avant que la digestion soit achevée, il faut s'endormir du côté droit ; c'est la seule position favorable que l'on puisse prendre.

De tout temps, on a reconnu l'influence néfaste des travaux de l'esprit sur ceux du ventre. Amatus Lusitanus disait : « Le mauvais estomac suit l'homme d'études comme l'ombre suit le corps. » Voltaire : « L'homme qui pense le plus est souvent celui qui digère le moins. » Et Laboulaye : « La dyspepsie est l'incurable et douloureuse maladie des gens d'esprit. » Il faut donc se souvenir que c'est à l'hygiène seule qu'incombe la police sanitaire de l'estomac et attendre que la fonction digestive ait achevé son œuvre pour commander au cerveau d'inaugurer la sienne.

Les gens qui souffrent de l'estomac se trouveront bien de mener une vie active et d'éviter la réclusion, le désœuvrement, l'inertie, la tristesse et surtout les émotions si violentes du jeu ; s'il en est besoin, les fonctions organiques seront vivifiées, chez eux, par la gymnastique, les frictions, l'eau froide, les bains de mer.

L'estomac, comme le disait Broussais, est le roi de l'économie ; il joue dans l'organisme le rôle que joue la mer dans le monde. Ses maladies sont si pénibles qu'elles rompent même l'équilibre entre la vie intellectuelle et la vie physique. Dès que l'estomac aura commencé à souffrir, il est nécessaire de le discipliner ; il faudra immédiatement régulariser les heures des repas, suivre des habitudes hygiéniques serrées, et savoir surtout résister aux perversions trompeuses du goût et de l'appétit qui sont les premiers symptômes de la dyspepsie.

En se conformant à ces préceptes, on évitera de tomber dans les pénibles souffrances digestives. On n'apprécie un bon estomac que lorsqu'on l'a perdu. Il en est ainsi de toutes les bonnes choses de cette terre. Le grand Arouet, si jaloux pourtant de sa gloire, n'écrivait-il pas qu'il donnerait cent ans de renommée pour une bonne digestion ?

Dr E. MONIN.

*Le Département politique
de la
Confédération Suisse*

BERNE, *le 11 Décembre 1883.*

Monsieur Joseph Favre,

Nous avons pris connaissance, avec intérêt, de l'épreuve de votre « Dictionnaire universel de cuisine et d'hygiène alimentaire » que vous avez bien voulu nous soumettre. Le but que vous poursuivez d'exercer une influence salutaire sur la Société par l'introduction d'une cuisine hygiénique et rationnelle, est très méritoire.

En vous assurant de nos sympathies, veuillez agréer, Monsieur, l'assurance de notre parfaite considération.

POUR LE PRÉSIDENT DE LA CONFÉDÉRATION :

Le Secrétaire,

RODÉ.

L'AUTEUR AU LECTEUR

Frappé du nombre considérable de termes et de noms fantaisistes donnés aux aliments composés, sur les cartes du restaurant et sur les menus de la salle à manger, depuis longtemps j'ai pensé qu'un classement en forme de dictionnaire, comprenant l'étymologie, l'histoire, la chimie culinaire et les propriétés des aliments naturels et composés, serait un ouvrage des plus utiles à la société.

Le plan tracé, je me trouvais devant les vastes domaines de la science que pas à pas je devais conquérir sous peine de renoncer à mon projet : Cesser de fumer pour conserver la sensation délicate du goût; reprendre mes anciennes études pour ne plus les cesser; renoncer aux pertes de temps qu'entraîne la jeunesse; réunir en moi toutes les connaissances nécessaires pour élaborer un code alimentaire complet et le présenter au public sous forme d'un Dictionnaire universel d'alimentation, tels furent depuis bien des années mon rêve et mon labeur.

Dans le cours de mes études, j'ai été conduit à diverses observations, qui m'ont démontré que tout est inhérent à la matière; l'être subissant l'influence du climat et de l'alimentation se modifie avec une étonnante rapidité. C'est ce qui sans doute a fait dire à Brillat-Savarin : « Dis-moi ce que tu manges, je te dirai ce que tu es », aphorisme qui ne présente qu'un côté de la question et auquel j'ajouterai : *Dis-moi ce que tu bois, je te dirai ce que tu penses*, la consommation liquide ayant une influence encore plus immédiate sur les organes de la pensée.

Je ne dirai point les forces employées, l'énergie dépensée, les observations et expériences pratiquées sans relâche pour frayer une voie pleine d'obstacles et réaliser le problème (jusqu'ici lettre close) de la *Cuisine scientifique*. En effet, de toutes les sciences, celle qui s'attache à l'art de bien préparer les aliments est, malgré son incontestable utilité, la moins comprise de nos jours.

La pharmacie a son *codex*, la linguistique, la politique, la bibliographie, la biographie, la géographie, ont leurs dictionnaires; les arts, les sciences, la médecine, l'hygiène publique ont les leurs; la cuisine ou l'alimentation en général n'avait point le sien.

On chercherait vainement dans les dictionnaires généraux de la langue française la définition exacte des termes techniques culinaires; comme en vain l'on parcourt les traités de cuisine, compilations ordinairement peu lucides.

Veut-on connaître où en est arrivée la perfection d'un peuple quelconque? On n'a qu'à étudier leurs ustensiles de cuisine et de table, leur mode de manger, les formules de leurs mets nationaux; la science étymologique nous indiquera leur sens et l'importance qu'on leur attache, nous saurons ainsi les associations d'idées, les relations sociales et le degré moral d'une nation. Le mot de Brillat-Savarin « dis-moi ce que tu manges » s'applique aux sociétés plus encore peut-être qu'aux individus.

Il est remarquable que, parmi les nombreuses espèces d'animaux, l'homme soit le seul qui cuise ses aliments. N'est-ce point avec raison qu'on l'a défini *l'animal cuisinier ?* Grâce à l'art culinaire qui a décuplé les ressources de sa nourriture, l'homme s'est dégagé peu à peu de l'animalité. Les provisions alimentaires, farineuses et albuminoïdes renfermées dans les semences des céréales et des plantes légumineuses ; les tubercules, les bulbes, les racines et les tiges succulentes de certains végétaux sont à l'état cru presque inaccessibles à l'action digestive de l'économie humaine. Grâce à la cuisine, ces immenses provisions furent d'un seul coup mises à sa portée : l'homme put dès lors régler son alimentation, la discipliner exactement et consacrer ses loisirs à la culture de ses facultés supérieures ; il cessait d'être forcé à chercher sa proie comme les carnivores ou à brouter à la façon des herbivores. C'est cette évolution de la cellule protoplasmatique à l'animal, et partant à l'homme perfectionné qui m'a fait ajouter le sous-titre : « *de la modification de l'homme par l'alimentation.* »

Les peuples les plus civilisés ont fait la meilleure cuisine, a-t-on dit. Il serait aussi logique de dire que c'est la bonne cuisine qui a fait les peuples intelligents. En effet, pour ne pas être des remèdes actifs ayant une action immédiate sur l'organisme, les aliments n'en ont pas moins leurs propriétés bienfaisantes ou malfaisantes selon les préparations qu'on leur fait subir et l'usage qu'on en sait faire. La transformation plus ou moins lente, mais constante et déterminée par l'action de la cuisine nous a fait contracter depuis un siècle des habitudes si éloignées de celles de nos ancêtres ; notre tempérament lui-même est tellement différent du leur, que de nouvelles et complètes études sur la composition raisonnée des mets et entremets sont devenues nécessaires.

Il y a un abîme entre la gourmandise des Romains nécessitant le vomitif pour jouir d'une nouvelle déglutition ; la gastronomie gloutonne, dont les conséquences sont l'indigestion, les troubles et la goutte ; et la science culinaire qui a pour but la véritable recherche de la santé par la cuisine qui entretient la virilité, le fécond développement des forces vitales et maintient les facultés intellectuelles dans leur intégrité.

A l'appui de ces nouvelles données, se dressent une foule de preuves renforcées de recettes, d'analyses chimiques, de dates, d'anecdotes historiques, et de nombreux exposés d'expériences pratiques.

Le romancier, le journaliste, le poëte, comme l'auteur d'encyclopédies, trouvent dans ce livre tous les termes culinaires, de table, de confiserie, de pâtisserie, de glacerie, d'office, de distillerie, de boulangerie et enfin, pour compléter cette bromatologie culinaire, toutes les sciences annexes de l'alimentation : la géographie, les sources minérales, l'histoire naturelle, la chimie, l'anatomie et l'étymologie.

Le Cuisinier

Pour compléter dans ce dictionnaire l'historique exact du mouvement culinaire des temps primitifs et de notre siècle, j'ai fait la biographie de toutes les anciennes illustrations gastronomiques et culinaires depuis Carême. Les formules portent toujours le nom de leur inventeur, lorsqu'il m'a été possible de le trouver ; je signale également l'origine et la modification de tout mets, entremets ; la synonymie des principales langues vivantes, nécessaire au praticien qui voyage pour préciser les substances dans les différents pays où il se trouve, est répétée à chaque vocable important.

La haute cuisine élégante de la maison particulière, la cuisine d'hôtel, de pension, du restaurant, des chemins de fer, comme la cuisine du plus petit ménage sont traitées à fond, en tenant scrupuleusement compte de l'économie, du bon goût et de l'hygiène. Pour arriver à ce triple résultat pratique, il fallait faire trêve à la routine, procéder avec les principes de la science ; en s'appropriant les ressources que la nature nous offre, les réunir dans les conditions désirables.

On ne trouvera pas de dessins dans ce livre: je me suis en effet attaché au fond plus qu'à la dogmatisation d'un système de dressage unique, imposé sans tenir compte des ressources culinaires, et des conditions essentiellement variables dans lesquelles se trouve l'opérateur. Instruire le cuisinier, lui apprendre à cultiver ses facultés par la littérature, est selon moi le moyen le plus immédiat pour lui apprendre à diriger une cuisine en maître. D'autre part, plus l'ouvrier est intelligent et instruit, plus il est un collaborateur utile; il fournit à temps égal plus de travail et un produit meilleur que son collègue moins instruit; la pensée détermine l'action, règle et économise les mouvements; elle lui permet d'élargir le domaine de son art en le transformant en une véritable science.

On a allégué à tort ou à raison que je n'écrivais pas pour le petit cuisinier. Je l'avoue humblement: j'écris pour tout le monde. On ne peut écrire pour ceux qui ne savent pas, ne veulent pas lire, parce qu'ils ne veulent pas savoir ni apprendre à penser. Il ne suffira donc pas, pour devenir un cuisinier savant, de faire l'acquisition de cet ouvrage, il faudra le lire, le relire, l'étudier et mettre en pratique les connaissances qu'il renferme. C'est en forgeant qu'on devient forgeron, en cuisinant qu'on devient cuisinier.

La Famille.

La mère de famille ou la ménagère peuvent désormais étudier les importantes questions d'hygiène alimentaire et faire suivre aux enfants une alimentation appropriée aux différentes phases de leur premier âge et changer progressivement leur régime en choisissant les meilleurs aliments et en en réglant la modification et la condimentation, qui en changent complètement les propriétés. Quelque prudente sévérité morale que je puisse avoir, je n'ai pas cru devoir passer sous silence certaines propriétés alimentaires qui éveillent la curiosité des jeunes gens: certain qu'il vaut mieux craindre par connaissance que par une fausse modestie ou par ignorance. L'alimentation, qui est la base même de notre vie, est trop importante pour que la jeune fille ne soit pas initiée de bonne heure à cette fonction capitale du savoir vivre. Instruite de l'action puissante que le régime alimentaire a sur notre organisme, elle saura retarder l'effervescence de la jeunesse pour former le physique, et plus tard réchauffer l'organisme pour stimuler les sens et les facultés.

L'autre extrémité de la vie, c'est-à-dire la vieillesse, ayant au point de vue alimentaire ses indications particulières, occupe ici une large place; quant à l'alimentation des sexes, elle est non seulement traitée, mais certaines nouvelles théories y sont mises à l'étude.

On peut comparer chaque article du Dictionnaire à une sorte de voyage des domaines de la botanique ou de la zoologie au laboratoire de chimie, en passant par les magasins alimentaires où s'opèrent la sophistication malsaine, en prolongeant surtout la visite de la cuisine, où nous enseignons quelque cent mille des meilleures recettes, de la plus simple à la plus compliquée. On fait toujours connaissance avec l'aliment naturel avant d'en faire un aliment composé, afin d'en tirer le plus de bénéfice possible. Nous visitons également la pâtisserie, la confiserie, la glacerie, le laboratoire des conserves, la distillerie et la boulangerie. La cave, la fruiterie, la légumerie, la blanchiguinerie, l'épicerie sont examinées avec soin. Nous voyons le chauffeur de calorifère, nous respirons l'air confiné et malsain des cuisines, nous prévenons l'asphyxie et les empoisonnements; nous revenons enfin dans la salle à manger où nous parlons le langage du médecin hygiéniste.

Ce n'est pas tout. Nous allons visiter la mansarde de l'ouvrier et lui enseigner comment avec des ressources modestes il est possible à deux ou trois personnes d'avoir une nourriture saine et meilleure que celle du restaurant borgne. Il suffit que Jenny l'ouvrière veuille bien nous écouter et prendre au sérieux son rôle de chef de famille : son bénéfice sera grand et ses peines seront vite récompensées par le calme intérieur, le bien-être et l'amour. Nous allons aussi faire un tour à la maison de campagne, et nous donnons à la fermière une leçon de cuisine et les moyens d'utiliser les nombreux produits de la nature.

Le Médecin.

Pour le médecin, la cuisine hygiénique est traitée dans toute son étendue : il peut puiser ici l'ordonnance alimentaire appropriée à ses malades. Une table spéciale et méthodique lui est dédiée à la fin de l'ouvrage, divisant les aliments naturels d'abord et culinaires ensuite, selon leurs propriétés, selon les formules précises et pratiques de cuisine ; il trouvera dans ce répertoire tous les éléments pour rédiger les ordonnances alimentaires des malades et des convalescents. Un avant-propos est d'ailleurs consacré à l'hygiène de l'estomac par le Dr E. Monin, l'un des coryphées de la vulgarisation hygiénique.

Dans le même ordre d'idées, j'ai classé les eaux minérales usitées en boisson dans le régime ou dans la médecine hygiénique et prophylactique. La climatologie devait aussi entrer dans ce cadre, l'air étant un aliment respiratoire de première nécessité (*pabulum vitæ*). Je n'ai pas craint pour rester dans l'impartialité la plus absolue, de citer avec éloge ou de refuter les auteurs qui ont abordé l'hygiène alimentaire ; j'ai éclairci également les effets ignorés de certains produits dont la chimie m'a démontré nettement les propriétés.

Conclusion.

Dans le cas où ce livre deviendrait d'une utilité générale dans l'alimentation publique (pour une *école de cuisine pratique*), toutes les règles de l'hygiène y ont été observées ou discutées avec la prudence et l'ampleur que doit comporter un traité complet d'alimentation.

On se demandera, sans doute, si ce n'est pas par entraînement de simple érudition que j'ai touché à des questions qui paraissent complètement en dehors de l'esprit de ce livre. Je le déclare d'avance à la critique : Il est aussi nécessaire de parler géologie pour connaître la provenance des eaux minérales, qu'il est indispensable d'étudier la climatologie et la météorologie pour traiter avec connaissance de cause l'alimentation propre aux habitants de telle ou telle contrée de la terre ; de même, dans l'histoire, il était nécessaire d'aborder la mythologie, la théologie, et d'étudier la Bible, pour se rendre compte de la valeur attribuée dans ces livres sacrés aux aliments revêtant fréquemment un caractère divin ou de sacrifice.

L'hygiène alimentaire, ou la vie de l'homme, dépend de causes si multiples, elle est soumise à une telle variété d'effets que, pour la traiter à fond, il faut une connaissance philosophique universelle des lois biologiques. Mon système d'étude ne part donc pas de l'aliment brut prêt à être livré au cuisinier pour la transformation et arriver jusqu'à la table. Il part de l'individu lui-même, de son tempérament et de son milieu, c'est-à-dire du tronc de l'arbre même, pour s'élever jusqu'aux branches les plus ténues et descendre jusqu'aux plus minces racines de la science alimentaire.

Ce n'est pas sans une certaine émotion que j'achève ces lignes qui viennent clore ce long travail, dont on appréciera, je l'espère, la réelle utilité.

Joseph FAVRE.

Paris, le 5 Décembre 1883.

DICTIONNAIRE

A

Abaisse sf.; all. *Bodenreig*; l'étymologie vient d'abaisser; espagn. *abaxar*; ital. *abassare*. — D'après le dictionnaire de l'Académie, « genre de pâte qui *fait* le dessous dans plusieurs pièces de pâtisserie. » Cette explication est inintelligible ; il n'y a pas de pâte spéciale qu'on nomme *abaisse*. Abaisser de sa hauteur primitive une pâte ayant servi pour une pâtisserie spéciale, c'est faire l'*abaisse*, qui peut être préparée avec toutes les différentes pâtes, telles que : abaisse de feuilletage, de pâte brisée, de pâte d'amandes, etc.; en un mot, l'abaisse est faite avec les rognures restant de pâtes qui, repétries et passées au tour, peuvent être utilisées pour les *fonçages*, suivant le genre même employé pour la confection des petits-fours.

Abatte ou **batte** sf. (*batere*); espagn. *batir;* ital. *battere*. — Couteau plat et lourd à deux tranchants, dont on se sert pour abattre la tête, les jarrets et les autres parties de viande de boucherie. — Couteau *abatte*, demi-*abatte*, servant à tailler les côtelettes de veau, mouton, etc., à les aplatir ; à abattre la tête, le cou, les pattes et les ailes de volailles. — Gros couteau de cuisine.

Abatis sm. (*abateticius*) ; all. *Niederlage ;* angl. *head-feet ;* ital. *abbatuta*. — Amas de choses abattues : le cou, la tête, les pattes, les ailerons, les os et le gésier, soit du poulet, de la dinde, du chapon, etc.

En terme de boucherie, les entrailles du bœuf, du veau, du mouton, les tripes, la cervelle, la langue et la peau sont appelés *dépouilles*, au contraire, *abatis* est un terme générique d'abattage.

Les abatis se préparent de différentes manières : les crêtes, les rognons, le foie sont généralement employés comme garniture de vol-au-vent, bouchées, ou à la financière, régence et un grand nombre d'autres garnitures composant des mets les plus variés.

En Italie, on se contente d'en faire des fritures. Cependant, sautés ou préparés en ragoûts, ils constituent un mets des plus sains, dont l'usage convient particulièrement aux convalescents, aux enfants et aux vieillards.

L'*analyse chimique* constate dans cet aliment la présence d'une grande quantité de matières fibrineuses et gélatineuses, agissant efficacement sur les estomacs débiles ou délicats.

Abatis de poulet en fricassée. — Un kilogramme d'abatis échaudé et blanchi.

Une demi-douzaine de petits oignons épluchés.

Cent cinquante grammes de champignons frais.
Deux cent cinquante grammes de beurre frais.
Deux décilitres de vieux vin blanc.
Un bouquet de persil n° 1. (*Voyez ce mot.*)
Un oignon clouté.
Deux cuillerées de farine.
Une forte pincée à trois doigts de poivre en grains concassés.
Le sel nécessaire et trois œufs frais.

Procédé. — Faire cuire les abatis dans une casserole avec le vin et une quantité suffisante d'eau pour submerger à la hauteur; ajouter le poivre, le sel, le bouquet de persil, les oignons et le jus des champignons que l'on aura préalablement fait cuire en plein feu avec du sel, du beurre et un jus de citron.

Lorsque les abatis sont cuits, mettre les deux tiers du beurre dans une autre casserole, le faire fondre et y ajouter la farine ; faire cuire à blanc sans la laisser roussir ; mouiller alors avec le bouillon des abatis en le passant à travers la passoire ; remuer promptement pour empêcher la formation des grumeaux et continuer d'ajouter du bouillon jusqu'à ce que la sauce ait pris la consistance désirée. Laisser cuire un instant encore et au moment de servir lier la sauce avec les jaunes d'œufs et le restant du beurre ; laisser chauffer sans laisser bouillir. Ajouter dans la sauce les abatis un à un, les champignons et les petits oignons.

La fricassée doit être légèrement relevée, si elle ne l'était pas assez, il faudrait la réhausser avec du jus de citron, mais pas avec du vinaigre.

On sert les abatis dans un plat creux et rond, et entourés, si on le désire, de croûtons de pain frit au beurre.

Ce mets convient principalement aux enfants et aux vieillards, il peut être également servi avantageusement aux convalescents qui passent d'un régime anodin à une alimentation plus riche et plus substantielle.

Abatis à l'italienne. — Laver le cou, le gésier, le foie des dindes, oies, poulets, et en échauder les ailerons, en supprimer les extrémités amères, les couper par tronçons, déposer le foie sur une assiette. Faire prendre couleur, dans une casserole, avec du beurre frais ou de l'huile fine, saupoudrer avec de la farine, laisser roussir légèrement, en évitant de laisser attacher au fond. Submerger avec du bouillon et du vin blanc sec, à défaut du bouillon d'eau et du vin ; garnir d'une gousse d'ail dans un bouquet de persil, contenant thym, laurier et un piment rouge, saler et faire cuire à petit feu. Faire cuire aux trois quarts, dans une casserole à part, du lard maigre coupés en dés et ajouter, avec le foie divisé en quatre, dix minutes avant de servir. D'autre part, faire un *risotto* (voyez ce mot) dans la règle, dans lequel on aura ajouté des truffes blanches du Piémont.

Dresser le ragoût sur un plat creux et le risotto à part, ou, selon les circonstances, faire une bordure de risotto et remplir le centre avec le ragoût, dont on aura préalablement retiré le bouquet de persil.

Remarque. — On peut à volonté mettre les truffes dans le ragoût ou les supprimer, et mettre quelques poignées de riz cuire avec leur bouillon, ce que l'on modifie selon l'opportunité du service ou les ressources que l'on dispose.

Abatis à la bourgeoise. — Dans les grandes villes, on trouve, dans la saison d'hiver, des abatis à vendre relativement bon marché. Les petits ménages trouvent là un mets agréable et sain, lorsqu'il est préparé avec soin.

Formule. — Faire prendre couleur aux abatis dans les proportions indiquées plus haut, coupés par tronçons et dont on aura réservé les foies ; saupoudrer de farine, mélanger pour faire roussir la farine, mouiller d'une tasse de bouillon et du vin, ajouter un oignon clouté, un bouquet de persil bien garni et aux trois quarts cuit, sortir le bouquet et ajouter au ragoût quelques petites carottes, des petits oignons séparément glacés. Achever la cuisson et servir en même temps des pommes de terre en robe.

Abatis d'oie en hochepot. — Les abatis de deux oies coupés par tronçons, lavés et blanchis à l'eau bouillante. Conserver les foies sur une assiette.

Une douzaine de petites pommes de terre nouvelles.

Cent vingt-cinq grammes de petit salé coupé en dés et blanchi.

Six petits oignons blanchis.

Deux navets divisés de la grosseur des pommes de terre et tournés au couteau.

Une botte de petites carottes.

Deux cuillerées de farine.

Un verre de vieux vin blanc.

Cent cinquante grammes de beurre frais.

Poivre et sel.

Procédé. — Faire fondre le beurre dans une casserole sur un feu vif, ajouter les abatis et leur faire prendre belle couleur, les saupoudrer de farine, remuer et laisser roussir d'une teinte dorée ; ajouter alors le vin, un bouquet de persil n° 2 (*voyez ce mot*), le petit salé et submerger d'eau au niveau des abatis, soit moitié eau, moitié bouillon.

Faire cuire à moitié et ajouter les carottes, les pommes de terre, les navets, les petits oignons, poivre et sel, ainsi que le foie coupé en morceaux carrés.

Laisser achever la cuisson sur un feu doux et servir les abatis en pyramide en les entourant de leur garniture.

Remarque. — Dans la haute cuisine les garnitures sont préalablement glacées séparément, et on y ajoute en plus des laitues braisées en paquet que l'on sert autour du ragoût. Cette dernière garniture n'est pas d'exigence.

Abatis de dindon à la Chipolata. — Les abatis de deux dindons coupés par tronçons, après les avoir nettoyés.

Deux cents grammes de petit salé blanchi.
Deux douzaines de petits oignons glacés.
Deux bottes de carottes nouvelles.
Vingt marrons tournés et glacés.
Une douzaine de saucisses Chipolata grillées.
Un bouquet de persil n° 2 (*voyez ce mot*).
Deux décilitres de vin blanc vieux.
Deux cuillerées de farine.
Deux cents grammes de beurre.
Sel et poivre.

Procédé. — Faire prendre couleur aux abatis dans une casserole avec le beurre sur un feu vif. Saupoudrer de farine et remuer pour ne pas laisser attacher au fond ; ajouter le vin, le bouquet de persil, le petit salé coupé en dés, le sel et mouiller avec du bouillon ou de l'eau ; faire cuire à petit feu et dix minutes avant de servir y mélanger les carottes, les oignons, les marrons et les petites saucisses coupées en petits tronçons.

Remarque. — Les ménagères qui ne peuvent faire cuire les garnitures séparément, peuvent les sauter à la poêle et les joindre au ragoût, lorsqu'ils ont atteint les trois quarts de la cuisson.

Dans les restaurants de Paris on sert des abatis aux salsifis que l'on a préalablement coupés par morceaux et fait cuire dans le ragoût. Ce mode ne diffère en rien dans sa fabrication des formules précédentes. Toute la différence consiste dans la suppression de toute autre garniture pour la substituer aux salsifis.

On appelle aussi :

Abatis à la paysanne lorsque la garniture est composée de petit salé, de carottes, de petits oignons et de petits pois.

Les abatis sont en outre utilisés pour la clarification du consommé, étant hachés et mélangés avec un œuf légèrement mouillé d'eau et progressivement du bouillon, on remuera jusqu'à l'ébullition ; ils fortifient le consommé, en le rendant clair et nutritif.

Abatteur *sm.* ; all. *Schlœchter* ; angl. *butcher*. — Celui qui abat, qui tue le bétail ; en terme de boucherie, l'abatteur est celui qui travaille à l'abattoir.

Abattoir *sm.* ; all. *Schlachthaus* ; angl. *slaughterhouse*. — Lieu destiné à l'abattage des animaux, tels que bœufs, moutons, etc., servant à la nourriture de l'homme. Les abattoirs sont généralement placés hors des murs d'enceinte des villes.

Abavo *sm.* (*abavo*). — On appelle ainsi un grand arbre qui croit en Chine, au Mexique, en Cochinchine et dans l'Ethiopie, et dont le fruit, qui ressemble à la citrouille, est parfaitement bon à manger. Les indigènes de ces pays le mangent farci ou cuit au four ; ils en font également de la soupe.

Abdelavis *sm.* (*Jerusalem abdelavis*). — Melon d'Egypte dont la chair sucrée, tendre et succulente, est très recherchée pour ses qualités ; il a la propriété de tempérer la soif.

On en fait de l'excellente glace ; après avoir passé sa chair au tamis de crin à froid, ajoutez-y le sirop, pour obtenir 28 degrés, à froid, et exprimez le jus de trois oranges par melon, et vous obtiendrez ainsi une glace des plus rafraichissantes.

On fait en outre, avec sa graine, des boissons calmantes ou sédatives.

Able *sm.* ou **Ablette** *sf.* (*albula*), de *albus*, blanc. *Ablette* est le diminutif de *able* ; all. *Weissfisch* ; de l'angl. *bleak, blay*. — D'après leurs noms, il y aurait tout lieu de croire que ces poissons sont de la même famille ; mais la différence énorme de l'*able* à l'*ablette* me fait rejeter cette supposition. L'*able*, poisson que l'on pêche dans les mers de Suède, est une des variétés du saumon et se prépare comme lui. Sa chair est d'un beau rouge orange, très ferme.

L'*ablette*, au contraire, est un petit poisson de rivière et de lac, mince et plat, long de trois à six pouces ; il ressemble à une petite féra, variété du lac de Genève, et est facile à reconnaître par ses écailles argentées, qui servent à donner aux fausses perles l'éclat des véritables. C'est avec ses écailles que l'on fabrique l'essence d'Orient.

Sa chair est fade, molle et blanche ; elle ne se mange guère que frite ou au beurre, avec une sauce relevée.

Abricot *sm.* ; all. *Abrikosen* ; angl. *apricot* ; ital. *albercoua* ; pers. *tocmehms*, qui signifie œil du soleil, portug. *albricoque* ; espagn. *albaricoque*. Le mot français vient de l'espagnol, l'espagnol vient de l'arabe *birkouk* et avec l'article al*œbirkouk* l'arabe vient du bas grec ; le bas grec vient du latin *præcoquum*, nom donné à l'abricot à cause de sa précocité, *præcox*.

Abricot est, comme on le voit, un exemple frappant de la propagation et de l'altération des mots ; c'est par l'intermédiaire de l'arabe qu'un mot latin est revenu dans les langues romanes.

Les Romains l'ont appelé *prunus armeniaca*, qui est resté le nom scientifique de l'abricotier, apporté de l'Arménie à Rome, vers l'an 30 de l'ère vulgaire ; mais, d'après l'étymologie, l'abricotier est originaire des plaines de Damas, qui se trouvent près de l'anti-Liban.

En France, en Belgique, en Suisse et en Allemagne, il ne paraît avoir été apporté qu'après le quinzième siècle ; les récits des grands festins de l'antiquité n'en parlent pas.

On distingue plusieurs sortes d'abricots, mais je n'en désignerai que cinq, qui sont : l'abricot-pêche d'Europe, l'abricot plein-vent (venu sur l'arbre en plein vent), l'abricot de Portugal, l'abricot-pêche à chair rouge de Damas, et l'abricot d'espalier.

« Remarquez, dit Littré, qu'il ne faut pas dire, comme l'Académie, « abricot en espalier », car si l'arbre est en espalier, l'abricot est d'espalier. »

Les supérieurs sont l'abricot-pêche, l'abricot plein-vent et l'abricot rouge de Damas. L'abricot-pêche est un intermédiaire entre la prune et la pêche ; sa chair est ferme et adhérente au noyau rougeâtre ; sa nuance, d'un roux prononcé, est le signe de sa maturité. Cet abricot est celui qui réussit le mieux pour la conserve.

Formule. — Après avoir cuit un sirop à 28 degrés, on partage l'abricot pour en extraire le noyau et on remplit les boîtes en fer-blanc, à un pouce du bord, d'abricots et de sirop ; faire souder hermétiquement, mettre les boîtes dans une casserole avec de l'eau froide, faire cuire, cinq minutes d'ébullition et laisser refroidir dans son eau ; si le fruit est bien mûr, on doit refroidir les boîtes dans l'eau, immédiatement après l'ébullition terminée.

L'abricot plein-vent est petit, sa peau est poilue, son parfum et sa chair sont délicieux ; quand il est mûr, le noyau se détache de sa pulpe, et c'est l'abricot qui donne la meilleure marmelade, compote, confiture, etc. (*Voyez ces mots.*)

Nous ferons observer aux jardiniers que ce fruit, pour acquérir sa complète maturité, doit être débarrassé de bonne heure des feuilles qui lui masquent le soleil ; sa couleur devient ainsi d'un beau roux.

Le troisième est le fruit d'un magnifique arbre qui parvient à la hauteur de soixante-dix pieds; ses feuilles sont ovales, sa cime ample, touffue et pyramidale ; ses fleurs blanches exhalent une odeur excellente ; l'esprit-de-vin distillé sur les fleurs avec du sucre forme une liqueur aromatique connue dans les colonies sous le nom d'*eau de créole*. L'écorce de ce fruit est épaisse et renferme une pulpe charnue avec une grosse amande ; sa saveur est douce, aromatique et fort agréable. On le sert de préférence macéré dans le vin rouge sucré, coupé par tranches. On doit avoir soin d'enlever l'écorce, fort amère, ainsi que la pulpe qui touche le noyau. Les Syriens en font des marmelades desséchées qu'on étend sur un marbre, ou l'apprêtent comme légume, le conservent séché tout entier et l'expédient ainsi en Europe. Cet abricot est une des mêmes variétés que l'on trouve dans les îles françaises.

Analyse chimique. — La pulpe de l'abricot ordinaire a donné sur cent parties les résultats suivants :

Eau	75
Sucre	16
Acide malique	01
Gomme	05
Ligneux	02
Matières azotées et colorantes	traces
Sel de chaux	traces

Quelques médecins ont accusé ce fruit d'être indigeste, d'autres de produire la fièvre, etc., mais quand il est bien mûr, ce fruit peut rivaliser avec n'importe quel autre ; c'est à son usage immodéré seulement que ce reproche peut lui être appliqué.

L'abricot est un des fruits le plus usuellement et le plus agréablement employé pour la confection des entremets sucrés ; il entre dans une foule de pâtisseries variées ; on en fait de la crème, de la sauce, des marmelades, des confitures, des gelées, des glaces, des pains, des puddings, des tartes, tartelettes, omelettes, beignets, tourte fourrée, ou riz dit à la Condé ; crème bavaroise, compôte sèche et verte (*Voyez ces mots*). La facilité de sa préparation et son bon goût lui ont attiré à juste titre la renommée qu'il possède.

Abricoté, er. Abricot confit, enveloppé de sucre cuit ou gros cassé ; action de confire l'abricot. On le plonge, piqué d'une aiguille, dans le sucre préparé à cet effet et on laisse refroidir suspendu. Revêtir un gâteau de marmelade d'abricot.

Abrus *sm*. — L'*Abrus* est un petit arbre qui croît dans l'Inde et en Amérique ; sa racine est très recherchée par les Indiens pour ses propriétés sucrées, nutritives et adoucissantes. Elle constitue un aliment des peuples nomades primitifs.

Dans l'Inde, les fanatiques miraculeux ont vécu des mois avec la racine de cet arbre, qui porte un fruit à noyau rouge écarlate de la grosseur d'une griote. Les Arabes l'appellent *zarour* et le mangent cru. L'abrus est originaire de la Syrie.

Absinthe *sf*. (*Artemisia absinthium*); all. *Absynth*; angl. *wormwood*, espag. *ajenjo*; ital. *assenzio*, d'*absinthium*; port. *cosna*; rus. *polin*; tur. *baja-pelini*. — Plante de la famille des synanthérées dont on distingue plusieurs variétés :

1° L'Absinthe officinale, *Absinthium vulgare*, vulgairement connu sous le nom de grande absinthe. Elle croît spontanément dans les lieux arides et acquiert jusqu'à un mètre de hauteur ; rameuse, cotonneuse, feuilles tri et bipinnatifides, molle et d'un vert argenté, fleurs petites, grappes auxiliaires ; calice à folioles scarieuses, semences sans aigrette ; odeur pénétrante très forte ; saveur d'une amertume proverbiale.

2° L'Absinthe maritime, *Artemisia maritima*, *Absinthium maritimum*. Cette espèce croît dans les plages maritimes d'Europe et tout particulièrement dans les marais de la Saintonge ce qui lui avait valu anciennement le nom de *Santonicum*. Toutes les parties de cette espèce sont plus grêles et plus cotonneuses que celles de la précédente, avec laquelle elle a cependant beaucoup de rapport. Son odeur est aromatique et camphré.

3° L'Absinthe romaine ou pontique, également connue sous la dénomination de petite absinthe des Alpes. *Artemisia Pontica*; plus petite que la précédente et plus fragrante ; elle croît dans les lieux sablonneux et arides des vallées et des montagnes. Dans cette espèce on distingue l'*Artemisia rupestris*, variété connue sous le nom de génépi blanc ou génépi des Alpes.

Artemisia rupestris (génépi blanc).

4° L'*Artemisia glacialis*, qui croît spontanément sur les montagnes escarpées et près des glaciers de la Suisse, où elle est connue sous le nom de *Falltrank*. Plusieurs auteurs ont souvent confondu cette variété avec le génépi blanc sus-mentionné.

Avec ses feuilles et ses sommités fleuries on fait des boissons toniques, excitantes, vermifuges et emménagogues.

Artemisia glacialis

C'est avec un mélange de ces deux ou trois variétés : l'*Artemisia rupestris*, l'*Artemisia glacialis* et l'*Artemisia pontica* qu'a été faite en Suisse la première liqueur d'absinthe que je décris plus loin. Les analyses chimiques ont démontré que l'absinthe, selon ses variétés, contient plus ou moins d'absinthate de potasse, une matière amère, et une huile volatile verte et camphrée. — C'est à ce dernier principe qu'elle doit d'être tonique et stimulante.

La médecine maternelle utilise surtout l'absinthe maritime (*Artemisia maritima absinthium*) comme vermifuge pour combattre les oxyures qui causent souvent de graves accidents chez les enfants. On la prépare en infusion en faisant bouillir 150 gr. de lait et en y ajoutant 10 gr. de sommités sèches d'absinthe.

Artemisia absinthium (commune).

L'absinthe est fort anciennement connue. Les Romains, au temps des dieux lares, la connaissaient. Les Juifs et les auteurs de la Bible en parlent. Les Orientaux, qui regardaient les herbages empreints d'amertume comme nuisibles et vénéneux, se servaient souvent de son nom pour désigner métaphoriquement ce qui est désagréable et malsain, et employaient le mot absinthe comme image de l'oppression. (1) Mais déjà on en faisait une liqueur enivrante, ce qui lui avait fait donner le nom de breuvage mortel.

L'apôtre saint Pierre reproche à Simon-le-Magicien d'être rempli d'absinthe. (2)

De nos jours on fait avec cette plante plusieurs sortes de boissons.

Vin d'absinthe — que l'on prépare en faisant macérer :

Vin blanc . . . . gr. 500
Sommités sèches d'absinthe . . . . » 30
Alcool . . . . » 30

Cette boisson est surtout dangereuse lorsqu'elle est prise le matin à jeun, condition toujours favorable à la prédisposition des accidents alcooliques.

Mais la drogue la plus redoutable est celle qui se prépare par les formules suivantes :

---

(1) (Jér., IX 15), de l'Injustice (Amos, V, 7), du Repentir (Prov., IV, 24. Deut., XXIX, 18) et de la Honte. (Lament., III. 1.).

(2) (Actes, VIII, 29).

Absinthe par macération. — Faire infuser pendant cinq jours :

Alcool à 36 degrés	litre	1
Absinthe sèche	gr.	30
Mélisse	»	30
Hysope	»	30

Décanter et ajouter un litre et demi de trois-six et un demi-litre d'eau, de façon à obtenir 70 degrés. Mélanger avec 30 grammes d'essence de Badiane, colorer avec safran et caramel et enfin passer à la chausse.

Absinthe à l'essence. — Mélanger :

Esprit de vin	litre	1
Essence d'absinthe	gouttes	20
» de fenouil doux	»	20
» de menthe	»	2
» d'anis vert	gram.	2

Ajouter 25 centilitres d'eau et colorer avec des feuilles d'orties séchées à moitié et infusées dans l'esprit-de-vin et un peu de caramel.

Autre formule :

Essence d'absinthe	grammes	2
» d'anis	»	3
» de badiane	»	1
» de fenouil	gouttes	6
Alcool à 28 degrés	litres	3 1/2
Eau	»	1 1/2

Colorer et passer à la chausse.

La loi de 1872, art. 4, a classé cette liqueur dans la catégorie des médicaments.

En général les distillateurs des grandes villes procèdent par des formules analogues à la suivante :

Faire macérer pendant 8 jours :

Eau-de-vie	litres	8
Absinthe maritime	kil.	2
Calamus aromatique	gr.	50
Origan	»	20
Dictame	»	15
Cannelle	»	60
Racine d'angélique	»	15

Distiller et mélanger deux litres de cet alcoolat avec un sirop composé de :

Eau	kil.	1,250
Sucre	»	1,250
Eau de fleurs d'oranger	»	0,185
Essence d'anis	»	0,001

Et on colore avec un mélange d'indigo et de cucurma.

Sa coloration d'abord et sa composition ensuite suffisent pour faire éviter l'usage de ce liquide à tout consommateur soucieux de sa santé.

On comprend que l'on ait fait beaucoup de bruit sur les effets de cette liqueur, et que les savants les plus autorisés ne soient pas toujours d'accord sur son innocuité, qui découle plus particulièrement de sa fabrication que de la liqueur d'absinthe en général. Composée selon les formules plus haut citées, elle ne peut être que funeste. Mais lorsqu'elle est composée d'après les suivantes, qui sont analogues à celles qu'emploie la maison *Edouard Pernod* de Couvet, non seulement son usage modéré est inoffensif, mais elle constitue un stimulant agréable qui peut faciliter le travail de l'imagination.

Si l'usage abusif de la mauvaise absinthe a produit des effets que je ne saurais mentionner, on ne pourrait en dire autant de *l'absinthe suisse* que je veux réhabiliter ici à sa juste valeur. Ainsi une remarque que beaucoup ont pu faire, c'est que la plupart de nos littérateurs, de nos romanciers, de nos poètes, sont loin d'être les ennemis de cette liqueur qu'ils ont dénommée « la Fée aux yeux verts. »

« Mes meilleures poésies, disait Alfred de Musset, ont été faites sous l'empire de l'absinthe, » et Edmond Bourgeois, son admirateur, l'un des habitués du *café de la Presse*, le Procope moderne où tant d'esprits s'entrechoquent et d'ennuis se dissipent, m'a décrit l'absinthe de la manière suivante :

> Soucieux et chagrin, dans l'enfumée enceinte
> D'un café, je rêvais et, rêvant, je rimais
> Les tons bleus du soleil qu'en poète j'aimais,
> Quand je vis ses rayons dans un verre d'absinthe.
>
> L'esprit ainsi lancé sur les plus hauts sommets
> Et le cœur plein d'espoir, embaumé de jacinthe,
> J'écrivais, j'écrivais, disant : l'absinthe est sainte
> Et la muse aux yeux verts souveraine à jamais.
>
> Mais, hélas ! un poète est aussi bien un homme.
> Le premier verre bu, pour de meilleurs versets,
> J'en voulus un second, lentement je versais.
>
> Les flots tumultueux de l'idée économe,
> Désertant son foyer, mon cerveau se fit creux :
> Il ne fallait qu'un verre et j'en avais bu deux.

Qui d'entre nous ne s'est laissé tenter par cette Sirène qui nous procure tant de charmes, mais dont les attraits capiteux sont bientôt suivis de l'amertume qui succède à tout excès de plaisir ?

En user en temps opportun, pour combattre les apathies cérébrales, est chose excellente ; au contraire, lorsqu'on en abuse, elle exerce un cruel châtiment sur les facultés intellectuelles.

Mais pour qu'elle produise un effet efficace on ne doit faire usage de cette boisson qu'à l'âge adulte, lorsque la vivacité de conception manque ; c'est-à-dire, quand l'atonie nerveuse arrive. Le choix de l'absinthe est l'une des conditions essentielles pour user de cet apéritif, et une des meilleures absinthes connues de notre époque est celle d'*Edouard Pernod* de Couvet.

Il ne faudrait pas confondre cette absinthe avec celles qui se fabriquent un peu partout. Chaque pays a sa flore et ses produits, et il est évident que pour posséder de bons produits il faut les tirer des lieux mêmes où ils se récoltent.

Dans l'intérêt de sa santé le consommateur doit donc rechercher une absinthe dont la provenance soit authentique.

Cette liqueur originaire de Suisse est due à un médecin-pharmacien de Couvet, qui en fit les premiers essais vers la fin du siècle dernier. Frappé des propriétés médicinales de certaines plantes du pays, il a imaginé une liqueur tonique, stimulante, apéritive, emménagogue et vermifuge sous la dénomination d'*Elixir d'Absinthe*. C'était alors la liqueur bienfaisante. On se la donnait mystérieusement, on la buvait cérémonialement, et ni les anathèmes, ni les falsifications n'avaient fait de ce nectar un breuvage mortel. L'absinthe avait alors une place élevée dans l'estime des seigneurs et des savants de l'époque.

Son parfum et son goût agréable, ses propriétés, furent bientôt appréciées des gourmets, et tous ceux qui en avaient goûté une première fois voulaient en goûter encore.

En 1800 lors de son passage à travers le Saint-Bernard, le général Bonaparte en fit remplir plusieurs gourdes et l'ayant mélangée avec de l'eau, il en offrit à ses guides : — « C'est du lait de Mélèzes », dit l'un d'eux.

— C'est du lait d'*Absinthe suisse*, répondit le grand capitaine en souriant ; et le nom et la liqueur se généralisèrent ainsi dans toute l'Europe.

La première formule connue de l'absinthe suisse est la suivante :

Anis vert	Kilos	3
Fenouil sec	»	1
Feuilles et som- ⎰ Artémisia glacialis .	»	0,500
mités sèches d' ⎱ » rupestris .	»	0,500
Eau	Litres	25

On distille à la vapeur lentement et régulièrement.

Plus tard on a modifié cette formule pour lui donner plus d'arôme et atténuer la fragrance de l'Absinthe *glacialis* et *rupestris* en la remplaçant par la grande Absinthe romaine ou pontique.

Artémisia pontica sèche	Kilos	1
Anis vert	»	3
Fenouil sec	»	1,500
Feuilles sèches de Menthe . . .	»	0,050
Eau	Litres	25

Distiller selon la règle.

Les uns ajoutaient autant d'absinthe que de fenouil, d'autres distillateurs y mettaient un peu de réglisse et supprimaient la menthe, ce qui était affaire de goût. De l'*hydraté* ou essence d'absinthe obtenu, on en faisait l'absinthe blanche ou verte en y ajoutant 250 grammes dans 7 litres 1|2 d'alcool de premier choix ; on mélangeait et on y ajoutait environ 2 litres d'eau, de façon à obtenir 70 degrés. L'absinthe alors limpide était colorée par une macération des sommités de l'absinthe, *Artemisia glacialis*, à laquelle on ajoutait des feuilles d'hysope. Les distillateurs de Couvet ne tardèrent pas à reconnaître que ces plantes devaient être cultivées. Dans le terrain qui lui est propre (le Val-de-Travers), on est arrivé à une étonnante modification de l'absinthe qui fait de la liqueur dont elle est la base, sa qualité *sine quâ non*.

La distillerie devait aussi être l'objet d'une étude et d'une installation spéciales. En 1828, Edouard Pernod fonda sa maison et y établit des alambics que son fils fit successivement changer selon les progrès de la science, et, aujourd'hui, cette maison, par son installation grandiose, peut produire journellement près de soixante hectolitres.

Alambics installés à gauche de la distillerie Edouard Pernod à **Couvet** *(Suisse)*

Par une loi propre à l'industrie de notre siècle, les imitations et les sophistications devaient apparaître à mesure que l'usage de cet apéritif se généralisait, et l'abus devait malheureusement se porter sur ces falsifications à cause de leur bon marché.

Toutes ces causes firent naître une juste réprehension de la part des médecins, des chimistes et des hygiénistes, qui ne virent plus dès lors dans l'absinthe qu'une boisson pernicieuse.

Il est évident que les absinthes par essences ou par simple macération sont bien loin de la véritable absinthe qui nous occupe, et, malheureusement, les lois ne parviennent pas toujours à réprimer ces sophistications, qui vont toujours poursuivant leurs ravages.

Il est même des fabricants assez peu soucieux de la santé publique, pour fabriquer l'absinthe de toutes pièces, sans distillation, et qui ne reculent pas devant l'emploi de couleurs minérales, telles que le sulfate de cuivre, la couleur jaune du cucurma, l'indigo sulfurique, ou l'acide picrique pour obtenir sa coloration verte, ce qui fait de leur produit un véritable poison lent.

Il ne faut donc pas s'étonner que des cris d'indignation aient été poussés devant de tels produits ! Louis de St-Leu, par les spirituels vers suivants, indique l'usage qu'on en devrait faire :

> Versez avec lenteur l'absinthe dans le verre,
> Deux doigts, pas davantage ; — ensuite saisissez
> Une carafe d'eau bien fraîche : puis versez,
> Versez tout doucement, d'une main bien légère.
>
> Que petit à petit votre main accélère
> La verte infusion : puis augmentez, pressez
> Le volume de l'eau, la main haute : et cessez
> Quand vous aurez jugé la liqueur assez claire.
>
> Laissez-la reposer une minute encor :
> Couvez-la du regard comme on couve un trésor :
> Aspirez son parfum qui donne le bien-être !
>
> Enfin, pour couronner tant de soins inouïs,
> Bien délicatement prenez le verre, — et puis
> Lancez, sans hésiter, le tout par la fenêtre !

De ce qui précède, il ne faudrait pas conclure que l'usage de l'absinthe soit si pernicieux qu'il doive être rigoureusement interdit. Il en est de cette liqueur comme de toutes choses, même les meilleures. Il s'agit d'en user modérément, et surtout de choisir une préparation qui réponde à toutes les exigences d'une hygiène bien comprise.

Parmi les meilleures absinthes suisses, fabriquées dans le Val-de-Travers, celle de la maison Edouard Pernod de Couvet nous paraît le mieux remplir ces conditions, parce que nous l'avons soigneusement analysée et que nous avons suivi très attentivement tous les détails de sa fabrication.

L'emploi des alcools empyreumatiques, des essences, du fenouil amer, des graines de badiane, et des couleurs minérales, dont nous avons indiqué plus haut les propriétés funestes, est rigoureusement exclu de sa fabrication.

Les alcools supérieurement rectifiés vieillissent emmagasinés dans de vastes caves pour servir au fur et à mesure des besoins de cette importante maison. L'anis, le fenouil, et les herbes d'absinthe sont scrupuleusement choisis et combinés, selon les proportions de leur puissance et de la justesse quantitative, qu'une longue expérience a démontré nécessaires.

Huit appareils distillatoires munis de leurs réfrigérants d'une contenance de 1200 litres chacun longent l'aile droite de l'usine Edouard Pernod.

Un moteur puissant fait mouvoir les pompes qui transvasent la liqueur incolore qui sort des alambics.

Appareils de l'aile droite de la distillerie Edouard Pernod à **Couvet** *(Suisse)*

Après avoir établi son degré alcoolique on la colore avec une infusion de petite absinthe (*artemisia rupestris*) et d'hysope ; plantes dont l'arôme et les propriétés viennent justement corriger sa fadeur. La coloration s'opère selon une proportion déterminée qui produit un vert olive transparent.

Par une préparation spéciale, qui la clarifie en même temps, le filtrage s'opère à travers des chausses en molleton de laine ou de feutre.

L'absinthe refroidie est alors transvasée dans de grands foudres, où elle se bonifie en vieillissant. C'est de ces gigantesques tonneaux, qui conservent indéfiniment leur *mère*, et qui sont placés par rang d'âge ou d'excellence, qu'est soutirée dans des fûts l'absinthe d'exportation.

Le détaillant intelligent, soucieux de satisfaire le goût et l'hygiène de sa clientèle en même temps que ses propres intérêts, fera bien de ne s'approvisionner que dans les grandes distilleries spéciales, de cette liqueur, chez lesquelles il est assuré de trouver toujours, en raison de leur forte production, une qualité supérieure. Et, pour maintenir intacte cette supériorité de qualité, il devra avoir un tonneau spécial pour l'absinthe, qu'il aura soin de remplir chaque fois qu'il en aura soutiré la moitié.

L'absinthe ne se bonifie pas en bouteilles, et la lumière solaire en détruit la coloration obtenue par les végétaux.

La plante d'absinthe, comme il est dit plus haut, n'entre que pour un cinquième dans la composition de cette liqueur; l'anis et le fenouil en forment les plus fortes doses. Le fenouil qui a la propriété d'anihiler le goût et l'odeur de l'anis, corrige en même temps la fragrance de l'absinthe.

C'est donc une hérésie de vouloir ajouter de l'anisette à une liqueur qui en contient déjà suffisamment. Les vrais amateurs d'absinthe la prennent pure. Le sucre est le seul accessoire qu'un gourmet peut y ajouter.

Goutte à goutte l'eau doit tomber sur la liqueur jusqu'à moitié du verre pour favoriser la métamorphose qui s'opère par le précipité calcaire qui la chauffe, et la transforme en liquide blanchâtre. Alors seulement on mouille le sucre placé sur un triangle spécial, et après une minute de désagrégation, un flot d'eau glacée doit la noyer en remplissant le verre. On l'agite. On la laisse reposer un instant, et la *fée aux yeux verts* est prête à recevoir les caresses de ses adorateurs.

Un autre mode de la préparer, qui nous vient de la Russie, consiste à faire surnager l'absinthe sur un verre d'eau sucrée. On agite lentement la partie supérieure du liquide avec une cuillère, de manière à opérer le mélange de haut en bas. La bonne absinthe laisse après elle une couleur laiteuse sur les parois du verre, et exhale toujours une odeur *sui generis* qui trahit sa présence.

Les diverses analyses que nous avons faites nous ont démontré que l'absinthe de la maison Edouard Pernod, de Couvet, exempte de toutes matières toxiques, est, par ce fait seul l'une des liqueurs les plus recommandables.

*Vue intérieure de l'usine Edouard Pernod,
à Couvet (Suisse).*

Pour s'assurer de son innocuité, dit le Docteur L. Soubeiran, professeur de l'Ecole supérieure de Pharmacie, il suffit de faire évaporer une petite quantité de cette liqueur en consistance sèche. On incinère et on traite les cendres par un acide. Le soluté acidulé donne au contact du cyanure jaune un précipité brun marron; par l'ammoniaque il prend une coloration bleue. Une lame de fer décapée, mise dans le liquide, se couvre d'une couche de cuivre métallique.

D'autre part, notre savant confrère C. Husson, de l'Académie de Médecine et de la Société française d'hygiène, nous donne les diverses manières de reconnaître les falsifications de l'absinthe : (1)

Pour faire l'analyse d'une absinthe, il faut, après en avoir pris le degré alcoolique, procéder à l'évaporation.

L'odeur qui se dégage est très variée. Celle d'anis domine souvent. Quelquefois on perçoit un parfum très agréable de coumarine, indiquant que le liquoriste s'est servi de fèves du Tonka ou simplement de mélilot.

L'étude de l'extrait a plus d'importance.

Lorsqu'il est encore mou et chaud, on le traite par l'éther qui dissout la matière colorante verte lorsqu'elle est due à la chlorophylle et à l'huile essentielle d'absinthe, et laisse insoluble la plus grande partie de la matière jaune, ainsi que la matière bleue de l'indigo, lorsque ce colorant est introduit dans la liqueur.

L'extrait d'absinthe ainsi traité doit avoir une saveur amère et une odeur qui rappelle celle de l'aloès et du jus de pruneaux.

Avec l'eau, il donne une solution trouble qui, par évaporation en présence d'un fil de coton, teint celui-ci en vert sâle. Mais en le savonnant et en le lavant à grande eau et à l'ammoniaque, le coton prend une teinte jaune qu'il perd sous l'action de l'air et de la lumière pour la reprendre sous l'influence de l'ammoniaque; tandis que cette coloration jaune disparaît instantanément sous l'influence de l'eau légèrement acidulée par l'acide sulfurique.

Si le résidu avait été formé par du cucurma, le coton ou mieux la laine aurait été coloré également en jaune, mais cette teinte aurait résisté à l'action de l'eau acidulée et aurait bruni sous l'influence de l'ammoniaque. Si la matière jaune avait été produite par la gomme-gutte ou l'acide picrique, ces colorants auraient été enlevés par l'éther ainsi que la plus grande partie de celle fournie par le safran. Cette dernière substance serait caractérisée par l'acide sulfurique.

L'une des fraudes les plus communes consiste à communiquer la couleur de l'absinthe à l'aide de vieux morceaux de drap teints à l'indigo et d'une trace de safran. Dans ces cas par l'évaporation la matière jaune se dépose en cercle autour de la capsule, puis en tapisse le fond où la substance bleue apparaît comme des grains de poussière.

---

(1) *Les Epices.* Dunod Paris.

L'éther n'enlève qu'une partie de la couleur jaune ; mais en versant sur le résidu quelques gouttes d'acide acétique cristallisable, on opère sous l'influence de la chaleur une dissolution verdâtre. On met alors une goutte de ce liquide sur une lame de verre, puis on évapore à la flamme d'une lampe à alcool. Après avoir placé le couvre-objet, on fait arriver par capillarité entre les deux lames un peu d'acide acétique cristallisable. Ayant chauffé de nouveau jusqu'à l'ébullition, après refroidissement on examine au microscope. On voit alors les cristaux de l'indigo, les uns affectant la forme de cubes, les autres de petits prismes, beaucoup ayant deux de leurs faces parallèles creusées et formant des sortes de fleurons. S'ils sont assez gros, ils paraissent bleus ; petits, ils semblent noirs.

L'absinthe, colorée par les feuilles d'orties blanches, a une teinte verte très prononcée. Evaporée, elle laisse un résidu presque complétement soluble dans l'éther qui est fortement coloré en vert par la chlorophylle.

Le faible résidu jaune qui reste ne teint pas le coton. Examiné au microscope sous l'influence de l'acide acétique, il laisse voir des cristaux mal définis, palmés ou digités. En faisant réagir l'alcool sulfurique, on voit des cristaux ovoïdes aux extrémités effilées. L'épinard donne également une teinte verte très prononcée à la liqueur.

Celle-ci évaporée fournit un résidu qui, traité par l'éther, reste encore fortement coloré en vert et montre au microscope de longues aiguilles, les unes enlacées, les autres réunies en faisceaux.

Traité par l'alcool sulfurique, ce résidu montre des tables et des aiguilles rhomboïdales. On n'obtient pas toujours des cristaux aiguillés. L'époque à laquelle les épinards ont été cueillis paraît avoir de l'influence.

Parmi les autres substances servant à colorer la liqueur que nous étudions, la grande absinthe est celle qui communique la teinte la plus verte. Les autres variétés d'absinthe, les génépis, les feuilles et les tiges d'ache sèches donnent une teinte beaucoup plus jaune, et parmi ces plantes, le génépi des Alpes est celle qui produit un résidu jaune donnant avec le coton les réactions les plus nettes. Avec les autres, on obtient toutefois des caractères à peu près semblables. Voici comment on pourra les différencier :

1º La liqueur renfermant des feuilles d'ache donne un résidu, qui, placé entre deux plaques de verre, laisse voir, quelquefois à l'œil nu, des aiguilles blanches et soyeuses qui, au microscope, apparaissent sous forme d'aiguilles prismatiques.

Lorsque la liqueur ne renferme qu'une faible proportion de cette plante, on voit seulement au microscope les fines aiguilles.

2º Quand la grande absinthe ou l'absinthe marine ont servi à préparer la liqueur, on observe au microscope, dans le résidu, de beaux cristaux cubiques, et même lorsque ces substances sont en forte proportion et que l'opération est bien conduite, on retire de la surface des aiguilles prismatiques.

3º La petite absinthe et le génépi ne laissent aucune substance cristalline, mais si on traite le résidu par quelques gouttes d'alcool sulfurique, on aperçoit des feuillets d'un blanc nacré, des tables et des prismes rhomboïdaux la plupart creusés sur le rebord. Pour obtenir ces cristaux, il importe de mettre seulement quelques gouttes d'alcool renfermant tout. au plus cinq gouttes d'acide sulfurique par 50 grammes. Car, s'il y avait un excès d'acide par rapport au résidu on obtiendrait des aiguilles, qui semblent n'être que du sulfate de soude provenant de la décomposition de sels alcalins.

Pour l'hygiène, il importe peu que cette liqueur renferme du génépi, de l'absinthe ou de l'épinard ; cependant il est toujours bon de savoir ce que l'on boit.

Absinthé, ée. *p. pas.* *(ab-sain-té)* du v. absinther. All. *mit Absinth vermischt;* ang. *absinthiade*; ital. *absinthato.* — On dit qu'une liqueur est absinthée lorsqu'elle est mélangée d'absinthe. *Potion absinthée.* Au figuré on se sert du mot *absinthé* en parlant des effets que produit sur tout l'organisme l'abus de la liqueur d'absinthe. Avoir l'œil absinthé.

Absinther, *v. a.* *(ab-sain-ter)* Rad. *Absinthe.* All. *mit Absinth mischen;* angl. *to absint*; ital. *absinthare.* Néol. — Action de mélanger de l'absinthe à un autre liquide.

Absintheur ou **Absinthier** *adj.* *(ab-sain-teur)* Rad. *absinthe.* All. *Absinthsäufer;* angl. *absinthian toper*; ital. *absinthato.* — Néol. Se dit de celui qui, ayant pris l'habitude de boire de l'absinthe outre mesure, s'est fait un besoin indispensable de la surexcitation que lui procure cette liqueur.

Absinthine *sf* *(ab-sain-tine)* Rad. *absinthe.* All. *Absenthin*; angl. *absinthina*; ital. *absinthina.* L'absinthine a une légère odeur d'absinthe et une saveur très amère. Peu soluble dans l'eau, elle se dissout dans l'alcool, dans l'éther, et dans l'acide acétique concentré.

Cette substance se prépare en épuisant les feuilles d'absinthe desséchées par de l'alcool à 85º, évaporant l'extrait à consistance de sirop, et en reprenant par l'éther (on traite par l'éther tant que ce dissolvant présente une saveur amère ;) après plusieurs traitements successifs, par l'eau ammoniacale, l'acide chlorhydrique, etc., l'absinthine se transforme en gouttes résineuses, qui, à la longue, forment une masse cristalline.

Absinthique adj. (ab-sain-ti-ke) Rad. absinthe. All. *Wermuthsœure*; angl. *absinthic* ; ital. *absinthico*.
— Se dit d'un acide qui se trouve dans l'absinthe.

Abstème adj. All. *Weinverœchter*; angl. *abstenious*; ital. *astemio*. Etymologie de *abs* privatif et *temetum* vin : *abstemius*, qui s'abstient du vin. — Pythagore, le type parfait de l'*abstème* prescrivait à ses disciples l'abstinence des viandes et du vin.
Dans les agapes des premiers chrétiens le pain était toujours accompagné du vin. Mais dès son début, le christianisme rencontra un adversaire dans la personne d'Apollonius de Tyane, célèbre abstème, qui s'opposa à l'usage du vin dans les banquets et les cérémonies religieuses. Ce philosophe néopythagoricien mourut à Ephèse vers l'an 97 de notre ère.
Plus tard, Vincent Voiture, littérateur et poète, né à Amiens en 1598, qui fut maître d'hôtel de Louis XIII, et ensuite J.-J. Rousseau préconisèrent sans succès la doctrine de Pythagore.
De nos jours, les diverses sociétés végétariennes qui se sont fondées en Europe, notamment à Londres, Lausanne et à Genève, ont essayé, sous prétexte d'hygiène, de créer une nouvelle doctrine alimentaire.
Comme leurs devanciers, leurs efforts se sont heurtés contre les besoins de la nature humaine qui réclame plus que jamais une vitalité qu'elle ne saurait trouver dans les doctrines végétariennes.

Abstinence sf (du lat. *abstinentia*). All. *Enthaltung*; angl. *abstinence*; Esp. *abstinenzia*; ital. *abstinenza*. — Le sens très général de ce mot indique la *privation* de l'usage de certaines choses. En alimentation, il indique l'action de s'abstenir de certains aliments, soit dans un but de traitement, soit pour tout autre motif.
La nutrition s'opère par des acquisitions proportionnelles d'aliments. Les réserves qu'elle utilise permettent une abstinence absolue pendant un laps de vie relativement assez long, mais au prix toutefois d'une déperdition de forces proportionnée à ce laps de vie.
Par l'abstinence absolue, la masse du sang subit une diminution qui peut aller jusqu'aux 6/10 de sa quantité primitive. La vie cesse quand l'individu a perdu les 4/10 de son poids initial s'il était maigre, et les 5/10 s'il était gras, au début de l'expérience. L'abstinence est très diversement supportée selon l'âge et le tempérament des individus. Dans les tristes cas où des hommes ont été soumis à l'affreuse torture de l'inanition, il a été reconnu que les plus jeunes ont invariablement succombés les premiers.
Des expériences faites sur certains animaux ont démontré que le chien par exemple pouvait vivre jusqu'à cinq semaines dans une abstinence absolue.
En 1750, Combalusier, docteur de la faculté de Montpellier, célèbre par ses pamphlets contre les chirurgiens de son époque, soutint à Paris, dans une thèse qui fit grand bruit, que l'homme peut vivre quarante jours sans boire ni manger. Et de fait, à Toulouse, un condamné à mort nommé Guillaume Granier, qui se laissa mourir d'inanition, ne succomba que le quarantième jour, ce qui semble représenter la plus longue durée de persistance de vie pendant l'inanition hors l'état de maladie. De nos jours, le Dr américain Tanner s'imposa, dit-on, volontairement, à la suite d'un pari, une abstinence de quarante jours : et s'il faut en croire les journaux de New-York, qui nous ont rapporté tous les détails de cette excentricité, il serait sorti victorieux de cette épreuve.
Certaines maladies, telles que la catalepsie, la léthargie et l'hystérie revendiquent la plupart des cas d'abstinences prolongées que la science ait eu à enregistrer.
Citois de Poitiers, qui fut le médecin de Richelieu, et doyen de la faculté de médecine, rapporte, dans ses ouvrages, le cas d'une jeune hystérique de onze ans, qui vécut trois années sans boire ni manger. De nos jours encore, on peut citer le cas de Louise Lateau de Bois-d'Haine (Belgique), qui a vécu plusieurs mois sans prendre aucune nourriture.
L'abstinence a joué un grand rôle dans la thérapeutique, mais de nos jours on semble toutefois en faire moins de cas.
Presque toutes les religions prescrivent l'abstinence à certaines époques de l'année en tant que mortification ou comme moyen hygiénique. La loi de Moïse, comme celle de Mahomet, défend à ses fidèles la chair des animaux impurs. L'abstinence religieuse du carême, dans la religion catholique, très anciennement connue, était déjà en vigueur l'an 200, à la réunion du concile de Nicée. Fixée antérieurement à trente-six jours, elle fut alors portée à quarante jours, en souvenir du jeûne du Christ. Mais insensiblement la discipline de l'Eglise romaine s'est relâchée de la rigueur primitive du carême.
Dans les premiers siècles apostoliques, le jeûne, même dans l'Occident, consistait à s'abstenir de viandes, d'œufs, de laitage, de vin, et à ne faire qu'un seul repas par jour après vêpres. Cet usage a duré jusqu'à l'an 1200, mais dès l'an 800, on s'était déjà permis l'usage du vin, des œufs et du laitage. Quelques évêques tolérants prétendirent que la volaille n'était pas une viande défendue, et se déclarèrent les défenseurs du *poulet*, de la *macreuse* et de la *sarcelle*, en firent le sujet d'une longue discussion de concile. C'est ainsi que la *macreuse* et la *sarcelle* passèrent désormais pour n'avoir pas de sang, c'est-à-dire être *maigre*, et il fut dès lors permis d'en manger en carême.
Bien que l'Eglise fasse fléchir sa discipline toutes les fois que la santé est en jeu, il importe avant tout que l'hygiène alimentaire reste seule compétente pour la prescription de l'abstinence.

Acabit sm (*acapitis, acapitagium*). Ital. *qualità*; all. *Eigenschaft*; ang. *quality*. Qualité supérieure ou mauvaise. Se dit dans l'alimentation de la qualité des denrées.

Acacia sm (acacia). All. *Acacie*; angl. *acacia*; ital. *acacia*. — Ce végétal couvert d'épines porte d'excellents fruits ; et il semble résulter une confusion dans la langue française entre l'arbre et son produit, nommé acacia. En désignant cet arbre, on devrait donc dire acacie, puisque, lorsque l'on parle du suc de l'acacia comme astringent, c'est du fruit et non de l'arbre qu'il s'agit.

On distingue plusieurs variétés d'acacias, dont deux de la famille des légumineux ; ce sont l'acacia du Sénégal et celui de Saint-Domingue. L'acacia du Sénégal donne un fruit en forme de gousse, glanduleux, très nutritif et rafraîchissant. Les Maures et les Arabes en font usage à l'époque des grandes chaleurs. Il produit, en outre, une gomme supérieure à celle de l'acacia d'Arabie, appelée gomme arabique.

L'acacia de Saint-Domingue produit un fruit long et cannelé, très sucré, connu sous le nom de *pois sucrin*. Sa pulpe, spongieuse et blanche, est excellente au goût. Cet arbre, originaire d'Arabie, atteint une grande élévation.

Les deux autres variétés sont les acacias d'Europe, arbres de luxe et d'agrément, dont l'un possède une fleur rose-violette et l'autre une fleur blanche, toutes deux très odorantes. Cette variété est une espèce de robinier à rameaux épineux.

Les poètes, en se servant du mot latin *acacia*, l'ont vulgarisé ; de là sans doute cette appellation appliquée à la fleur, tandis qu'elle ne doit s'entendre que du jus du fruit.

Acajou sm (noix, pomme, gomme d'). Angl. *Mahagoni* ; ital. *acaju* ; brésil. *acajoba*, d'où vient son étymologie — Cet arbre de la famille des térébinthacées est originaire du Brésil. Parmi les diverses variétés on en distingue deux à produits alimentaires :

1° *Anacardium occidentale* qui porte le fruit connu sous le nom de *noix d'acajou*. Il est lisse, d'un brun grisâtre, et sous son enveloppe se trouve un liquide noir huileux, caustique et d'une saveur amère recouvrant une amande bonne à manger et très goûtée des indigènes de l'Amérique.

2° Le *Cassuvia poméférum* produisant la *pomme d'acajou* laquelle n'est autre qu'un pédoncule démesurément développé et gorgé. De sa pulpe on retire une matière gommeuse connue dans le commerce sous le nom de *gomme d'acajou*.

Acalot sm (corvellus aquaticus). All. *Seerabe* ; angl. *searaven* ; ital. *corvo aquatico*. — Corbeau aquatique originaire du Mexique où il habite exclusivement ; vit et niche sur les bords des lacs. Il n'a de commun avec le corbeau vulgaire d'Europe que la couleur sombre de son plumage. Bien que sa chair soit huileuse, et qu'elle ait une forte odeur de poisson bien plus prononcée encore que celle de la macreuse, les naturels la mangent et en sont même assez friands. C'est le *tantalus mexicanus* de Linné.

Acalotli sm. — Reptile amphibie qui se trouve au Mexique où il habite les bords des lacs. Par sa forme et sa couleur il a beaucoup d'analogie avec la Salamandre. Il ne se nourrit que de poisson. Sa chair est très estimée, et se mange comme l'anguille à la sauce Tartare ou à la marinière.

Acanthe sf (acanthus). All. *Bœrenklau* ; angl. *acanthus* ; ital. *acanto*. Le mot latin, dérivé du grec, signifie aigu, pointu. — L'acanthe est fort commune en Grèce, en Espagne et dans la France méridionale. Ses feuilles, lisses, grandes et agréablement découpées, se mangent crues ou en salade, en Grèce et en Arabie.

Acanthus mollis (Acanthe).

Cette plante est célèbre dans l'histoire des beaux-arts, et voici ce que Vitruve raconte sur l'origine de l'introduction de ses feuilles dans l'ornementation des colonnes corinthiennes : « Une jeune Corinthienne étant morte peu de jours avant un heureux mariage, sa nourrice désolée mit dans une corbeille divers objets que la jeune fille avait aimés, la plaça sur son tombeau et la couvrit d'une tuile pour préserver ce qu'elle contenait des injures du temps.

« Le hasard voulut qu'un pied d'acanthe se trouvât sous la corbeille. Au printemps suivant, l'acanthe poussa, et ses larges feuilles entourèrent la corbeille. Mais, arrêtées par le rebord de la tuile, elles se courbèrent et s'arrondirent vers leurs extrémités. Callimaque, passant près de là, admira cette décoration champêtre et résolut d'ajouter à la colonne corinthienne la belle forme que le hasard lui offrait. »

Acarne sm. — Poisson qui se pêche dans la Méditerranée. Très abondant sur les côtes de la Calabre. Il a une telle ressemblance avec la Dorade que les napolitains le vendent sous ce nom. Sa chair du reste en a la même saveur fine et délicate, et elle est d'une digestion très-facile. Pour la manière de le préparer, voir *Dorade*.

Acave sm (hélix aspersa). — Une des variétés de l'escargot commune dans les jardins et les vignes (voir *Escargot*).

Acapalti sm. All. *rother milder spanischer Pfeffer*; angl. *large sweet spanish pepper.* — Variété du poi-

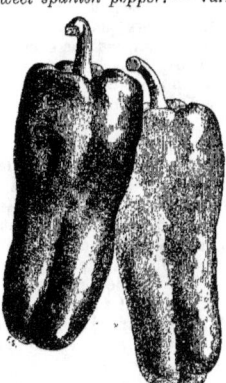

(Acapalti) *piment doux d'Espagne.*

vre doux d'Espagne, transporté en Amérique par les Espagnols; il croît dans la Nouvelle-Espagne. Les indigènes l'emploient comme condiment dans presque tous leurs ragoûts.

Il est moins fort et moins excitant que le poivre long ordinaire, ou que le poivre de Cayenne, et ressemble davantage au papricao hongrois. On le fait sécher au soleil pour le conserver et l'envoyer en Europe confit au vinaigre.

« Le piment doux d'Espagne, dit Vilmorin-Andrieux dans son excellent traité sur les plantes potagères, exige un climat très chaud pour amener le fruit à son complet développement. On en voit de très beaux à Paris, chez les marchands de produits du Midi qui les font venir de Valence ou d'Algérie; mais il est à peu près impossible de les obtenir semblables sous nos climats. »

Accioca sf. — Cette herbe est très commune dans le Pérou; on la fait sécher comme le thé du Paraguay, elle sert, comme lui, à l'alimentation, et même parfois le remplace.

Acclimatation sf., de *a* préfixe et *climat*. Du latin *clinare* qui signifie: incliner. All. *Acclimatisirung*; angl. *acclimatization*; ital. *acclimatizatione.* — Art d'habituer à un nouveau climat (voir *climat* et *acclimatement*).

Acclimaté, ée part. pas. All. *acclimatisirt*; angl. *to acclimatized*; ital. *acclimatato.* — Qui a supporté l'acclimatement et s'est habitué à un autre climat (voir *acclimatement*).

Acclimatement sm. All. *Gewöhnung an das Climat*; angl. *acclimatizing*; ital. *acclimatamente.* — L'acclimatement est le résultat de la modification de l'état physique et moral des individus ou des races sous l'influence d'un autre climat.

L'histoire des Arias pérégrinant des rives de l'Oxus et formant plus tard les peuples : Asiatique, Indien, Celte, Grec, Perse, Romain et Germain; voilà l'exemple historique le plus parfait d'acclimatement.

De tous les êtres organisés, l'homme possède au plus haut degré la faculté de se plier aux influences atmosphériques, mais il ne peut toutefois subir les brusques variations de deux climats opposés sans risquer de graves dangers. Lorsqu'il quitte, par exemple, un pays chaud pour un pays froid, la quantité d'oxygène étant plus grande dans l'air refroidi, la respiration devient plus active, et cette suractivité est parfois cause d'irritation pour les poumons.

Inversement, lorsqu'il quitte un pays froid pour un pays chaud : dans ce dernier l'oxygène étant en moindre quantité, la respiration est moins active, et le foie, ce « poumon des pays chauds », ne tarde pas à s'engorger et à s'enflammer, si le sujet ne s'empresse de conformer son régime alimentaire à celui des indigènes.

Les habitants des régions tempérées s'acclimatent plus facilement sous d'autres zônes, parce qu'ils sont habitués à éprouver les froids rigoureux de l'hiver comme les fortes chaleurs de l'été.

 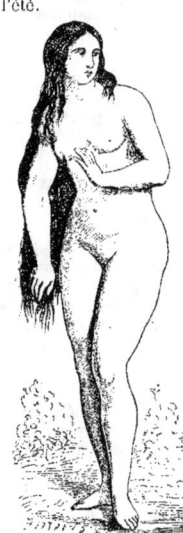

Femme de la *Nouvelle Hollande*, vivant de poissons crus, de mollusques et de reptiles grillés.

Femme européenne, *de race latine*, vivant selon les vastes ressources de l'art culinaire.

La plus remarquable modification peut-être que puisse donner l'acclimatement, s'observe chez l'Européen qui a résisté au climat meurtrier des Antilles. Une remarque très curieuse que l'on a faite depuis longtemps en Kabylie, c'est que les soldats français sont plus insensibles à l'action du sirocco que les naturels mêmes de cette partie de l'Algérie, au ciel dévorant. Il serait toutefois acquis aujourd'hui, d'après F. de Lesseps, que les Européens ne font pas souche sur la terre égyptienne.

L'échelle des températures extrêmes que l'homme, le plus cosmopolite de tous les êtres, le seul qui ait résolu le problème de l'*ubiquité*, peut subir, sans dangers immédiats, ne mesure pas moins de 100 degrés centigrades. Il ne faut pas, pourtant, que l'homme se fie trop aux seules forces de son organisation ; il ne peut, en changeant de climat, conserver la santé et la vie, qu'au prix de grandes précautions, et des soins hygiéniques les plus intelligents. Alors il atteindra, mais par gradation seulement, les températures extrêmes du froid comme de la chaleur.

Quand un sujet s'acclimate, tout en lui est changé : son tempérament, la couleur de son teint et de ses cheveux ; tout, jusqu'à ses pensées, jusqu'à l'expression même de son regard. Ses habitudes les plus chères sont modifiées à tel point, que, ramené dans sa patrie, il a souvent besoin d'un nouvel et aussi pénible acclimatement.

Comme l'eau et les couches terrestres, l'air forme dans son milieu des êtres qui lui sont propres, et qui, aidés par l'alimentation des contrées mêmes où ils se trouvent, s'y développent ou dégénèrent, selon les transformations que subissent ces contrées, au milieu des constantes modifications que subit la terre.

Le régime alimentaire et le climat sont inséparables ; l'un avec l'autre transforment leur sujet comme une cire molle que le sculpteur façonnerait.

Les Lapons, les Samoyèdes et les Esquimaux, qui se nourrissent presque exclusivement de poissons huileux, sont gras et rondelets ; leur peau est doublée d'une épaisse couche de graisse : revêtement qui les rend (comme le phoque et la baleine dont ils se nourrissent) presque insensibles aux froids rigoureux des terres arctiques.

Par contre, les habitants des régions tropicales trouvent dans l'Arbre de la Vache (Galactodendron) le Coco, la Banane, l'Igname, les *apocynées* et *enphorbiacées* des laits rafraîchissants et des sucs fortifiants qui leur permettent de résister aux chaleurs torrides de ces pays.

Il est évident qui si l'on transportait brusquement l'habitant des régions arctiques sous l'équateur, comme l'habitant des régions tropicales au pôle Nord, en conservant à chacun d'eux son régime alimentaire habituel, l'un et l'autre ne tarderaient pas à succomber.

On doit tenir compte du degré général plus ou moins marqué de stimulation, à mesure que l'on s'avance vers l'équateur. La température élevée qui règne dans les pays chauds, même de l'Europe, ralentit le mouvement de combustion en même temps qu'elle accélère l'innervation ; il résulte de ce double fait que l'épuisement des forces s'accompagne fréquemment du manque d'appétit et du dégoût des aliments. Cela peut paraître contradictoire, mais s'explique par le défaut d'oxygénation du sang et d'une excitation suffisante du système nerveux. Pour y remédier, il faut produire cette stimulation absente, et cet effet ne s'obtient que par l'emploi des condiments et des spiritueux aromatiques.

En effet, les pertes abondantes amenées par les sueurs ne peuvent être réparées par les liqueurs grossièrement stimulantes usitées chez les peuples du Nord, comme l'eau-de-vie, le gin, le raki ou telles autres qui porteraient l'incendie dans les veines du méridional ou le jetteraient dans l'abrutissement ; elles ne peuvent non plus l'être par des boissons aqueuses ou acidulées qui, loin de diminuer la soif, l'augmentent avec l'épuisement nerveux ; il faut donc que le régime soit alors composé d'une nourriture légère et substantielle, relevée par des condiments et des boissons légèrement toniques.

Le régime inverse doit être appliqué à mesure que l'on avance de l'équateur vers le Nord. L'usage graduel des aliments dits *respiratoires* qui contiennent une grande quantité de carbone et peu d'azote, devient alors indispensable ; transportés par le sang dans les poumons, le carbone s'y allume au contact de l'air, et, à la façon d'un combustible brûlant dans un foyer, ils produisent et maintiennent la chaleur de l'organisme.

L'émigrant du Sud vers le Nord devra donc, quelques mois avant son départ, s'abstenir d'aliments aqueux et trop épicés, et introduire peu à peu dans son régime alimentaire, une nourriture plus substantielle et grasse ; dans ses boissons habituelles, quelques boissons fermentées et alcoolisées.

Au contraire, l'émigrant du Nord vers le Sud s'abstiendra de bière, d'aliments gras et amylacés, pour se soumettre à une cuisine plus légère et plus épicée.

Ces prescriptions préalablement observées, les individus seront plus aptes à l'acclimatement.

Il est curieux d'observer les effets de l'acclimatement sur certaines espèces animales. Des moutons appartenant aux plus belles races européennes, transportés dans les régions chaudes de l'Amérique du Sud, y ont bientôt perdu leur laine souple et soyeuse, qui a été remplacée par les poils durs de la chèvre. De même l'oie, le canard et certaines autres volailles perdent leur duvet, dans les pays chauds, pour ne conserver que leurs plumes tectrices.

Des vaches de Durham (Angleterre) transportées en Egypte et en Italie (dans le but d'y implanter cette race) ne tardèrent pas à y devenir méconnaissables : à la troisième génération, les cornes étaient allongées, les os devenaient anguleux, et les poils gros et hérissés. On attribua d'abord la cause de ces effets à la sélection : mais on reconnut bientôt qu'elle était due au seul acclimatement.

Eh bien ! la modification qui s'opère chez les animaux se manifeste également chez l'homme. Le Russe et le blond Allemand, émigrés dans la Nouvelle-Hollande, perdront bientôt la fraîcheur de leur teint, et la couleur primitive de leurs cheveux. Une nature énergique remplacera leur apathie et leur lymphatisme de naissance ; la rondeur de leurs formes grasses sera remplacée par une robuste et puissante musculature.

Le régime alimentaire contribuera naturellement, et pour une forte part, à ces modifications physicopsychiques.

S'il est indiscustable que les produits qu'on nomme *enfants de l'amour* sont les plus beaux et les plus intelligents, il faut songer aussi que la bonne nourriture dispose puissamment à l'amour. Sous l'influence du désir moral, et de la vigueur physique, la fonction de reproduction devient active et parfaite, surtout s'il y a inclination des deux sexes.

Les dispositions prolifiques varient du tout au tout, selon la nourriture et le climat. Le progrès de l'espèce humaine par la sélection ne sera réel qu'à la condition d'une parfaite répartition de la fonction de nutrition. C'est d'elle que dépendent la beauté et la force intellectuelle de l'embryon. Puis, dès sa naissance le petit être se développe selon l'abondance et la qualité du lait dont il est nourri. Et le lait varie lui-même considérablement de propriétés, selon le genre de l'alimentation de la nourrice.

L'acclimatement comme la perfectibilité sont donc tributaires des aliments.

Les végétaux nourris par le sol nourrissent les animaux, lesquels nourrissent à leur tour l'espèce humaine qui, elle-même redevient matière, pour reprendre d'autres formes végétales, etc.

Les deux dessins de la page treize reproduisent la forme de ces assertions et le contraste démontre le mieux possible la *modification de l'homme par l'alimentation*.

La première des femmes représente une indigène du port St-Georges (Nouvelle Hollande), vivant de poissons crus, de mollusques et de reptiles grillés. La seconde est une européenne, de race latine, nourrie selon les vastes ressources de l'art culinaire. J. Michelet a eu raison d'écrire : « La Jouvence de l'avenir se trouve dans deux choses : une science de la colonisation , un art de l'acclimatement. » Mais l'influence morale est parfois désastreuse pour l'organisme, quand le cerveau est envahi par la nostalgie ou mal du pays. Alors la nutrition périclite peu à peu, et le rapatriement devient, pour l'émigré, la seule planche de salut.

Accola *sm*. — Poisson ayant beaucoup de ressemblance avec le thon, mais cependant plus petit. Il constitue un des principaux aliments des habitants de l'île de Malte, aux environs de laquelle il se pêche. On procède, pour les conserves, ainsi que pour les préparations culinaires, de la même manière que pour le thon.

Accolade *sf* (*terme culinaire*). — Se dit d'une couple de poulets, de gibier servis ensemble sur le même plat : Une accolade de perdreaux, de canetons ou de poulets de grain rôtis.

Accommoder *va.*, de *ad* à (*commodus*) ; all. *zubereiten* ; angl. *to accommodate* ; ital. *accommodare*. — Action d'accommoder un aliment quelconque ; le rendre propre à le mettre sur la table ; garnir, larder, piquer, flamber, parer, faire cuire, arroser et assaisonner un mets. — Accommoder le bœuf à la mode ; accommoder les perdreaux aux truffes, etc., etc.

Ce terme est rarement usité dans la cuisine moderne. On dit plutôt : marquer (*préparer les viandes prêtes à mettre à feu*) ; faire marcher (*mettre à feu*) ; faire partir (*mettre en ébullition*) ; préparer les garnitures et les servir.

Parmi les entremets, le plus mauvais que j'aie goûté et que « l'art d'accommoder les restes » ignore, c'est un vieux pouding à la Bismarck *accommodé* à la Rochefort par mon ami Bichot.

Si Gambetta aimait surtout les aliments préparés par son cuisinier, c'est que Trompette savait les *accommoder* à son goût.

« Et l'on *accommoda* de diverses manières,
Et le poisson des mers ,et celui des rivières. »
BERCHOUD

Accouder (s') *v. pr.* ; étym. de *ad* et *cubitus* ; All. *auf den Ellbogen stützen* ; angl. *to lean on one's elbow* ; ital. *appogiarsi col gomito* ; esp. *acodar*. — S'accouder sur la table est une inconvenance du convive et un manque de savoir-vivre.

Accubitoire *sm*. — Salle à manger des Romains, où il y avait généralement trois lits sur lesquels étaient couchés et accoudés deux ou trois convives par lit ; entre ces trois lits étaient deux tables chargées d'aliments, de coupes et d'aiguières contenant différents vins. L'*accubitoire* et l'*unctuarium* étaient chez ce peuple deux pièces de luxe et de récréation indispensables à leur mollesse.

Acée *sf.*, du lat. *acus*. — Nom vulgaire donné à la bécasse dans quelques départements de France.

Acéline *sf*. — Poisson d'eau douce qui se pêche dans les eaux vives et dans les lacs de la Suisse. Il a une grande analogie avec la *Perche* et se prépare culinairement comme elle (voir ce mot).

Acéphale *adj*. All. *ohne Kopf* ; angl. *acephalous* ; ital. *acefalo*. — Se dit des mollusques renfermés dans une coquille ou valves, paraissant être sans tête et dont l'huitre et la moule en sont les types. Les acéphales sont tous aquatiques. Cuvier les avait divisés en acéphales *testacés* et acéphales sans coquille, mais Lamarck a classé ces derniers dans le sous-embranchement des *molluscoïdes*.

Acerbe adj (*acerbus*). — Ce mot dérivé du grec signifie pointu, âcre. All. *herb*; ital. *acerbo, asporo*; angl. *sharp, harsh*. — Des fruits acerbes, piquants, âcres. Ce terme s'emploie pour désigner les fruits qui ne sont pas mûrs : le coing est acerbe, la prune encore verte est acerbe, etc.

Acerole sm (*acer*). — Fruit de l'acerolier particulier à l'Espagne, il a quelque analogie avec la cerise.

Acerra sp (eaux minérales). — Dans le royaume de Naples, à 8 kilomètres de cette ville, sourd d'un terrain calcaire, analogue au travertin, une eau *sulfurée calcique*, d'origine volcanique.

Acescence sf. All. *Anlage zum Sauerwerden*; angl. *acescency*. — Disposition de tourner en acide. Action par laquelle la fermentation transforme les vins en acide acétique.

Une cave qui n'est pas suffisamment froide, des tonneaux qui ne sont pas parfaitement remplis sont sujets à l'acescence. Tous les vins, en général, soumis pendant quelque temps à une température de trente degrés par une nouvelle fermentation tournent en vinaigre.

Les substances essentiellement *acescentes*, sont les herbes potagères et les fruits.

Le lait caillé, le petit-lait, le vin tourné et le cidre, conservés pendant un trop long espace de temps, sont classés parmi les *acescents*.

Acétabule sm (*acetabulum*). — Chez les Grecs et les Romains, coupe dans laquelle on mettait le vin aigri, et que l'on tenait sur les tables, pour en mélanger avec de l'eau pour se désaltérer ou tremper du pain.

On nommait également *acétabule* une espèce de boîte divisée par cases destinées à contenir toutes espèces d'aromates et d'épices pour condimenter les mets.

Acétal sm. — Produit d'oxydation de l'alcool découvert par Dœbereiner en 1833, mais dont on a longtemps ignoré la vraie nature. Wurtz et Frapolli nous ont démontré que c'est une combinaison d'aldéhyde et d'oxyde d'étyle. L'acétal est un liquide qui bout à 75°, il est soluble dans l'eau et l'alcool.

Acétate sm (*acetum*). All. *essigsaures Salz*; angl. *acetate*. — Nom générique des sels formés par la combinaison de l'acide acétique avec différentes bases salifiables.

Acéteux adj (*acetum*). All. *essigartig*; angl. *acetous*; ital. *acetoso*. — Qui est de la nature du vin aigre ; goût acéteux, odeur acéteuse.

Acétimètre sm (*acetum*). All. *Essigmesser*; angl. *acetimeter*; ital. *acetimetro*. Du radical *acétomètre*. — Instrument au moyen duquel on mesure le degré de concentration du vinaigre.

Comme l'alcalimètre et le Bertholimètre, auxquels il est uni dans le polymètre chimique, l'acétimètre est un tube de verre de 20 à 25 centimètres de longueur et de 14 à 16 millimètres de diamètre ; il est fermé par le bout inférieur, où il est supporté par un piédestal, tandis que le bout supérieur, entièrement ouvert, est muni d'un rebord saillant.

Il offre une échelle ayant quarante-huit divisions, chiffres de deux en deux, et subdivisées chacun en deux moitiés, non compris l'espace entre son extrémité inférieure et le fond du tube ; ce qui, depuis l'extrémité supérieure marquée 0, offre une capacité de 50 millimètres ou 100 demi-millièmes de litre. On y voit en outre, vis-à-vis du 4me degré de l'échelle descendante, une ligne circulaire entre laquelle et le fond du vase l'espace offre la capacité d'un centilitre ou de dix millilitres, qui y sont marqués, parce que c'est une dose fixe pour l'essai du vinaigre et pour l'essai préalable de la liqueur acétimétrique.

Pour faire usage de cet instrument, deux choses sont indispensables, savoir : une infusion de tournesol et une dissolution de soude caustique, qui est la liqueur acétimétrique (1).

Acétique adj (*aceticus*) ; ital. *acetico* ; All. *Essigsæure* ; angl. *acetic*. — Principe qui forme la base du vinaigre. En médecine, l'acide acétique cristallisable, obtenu par la décomposition de l'acétate de plomb, sous l'influence de l'acide sulfurique, et convenablement traité pour le débarrasser de l'acide sulfureux qu'il contient, et qui lui donnerait une odeur désagréable, sert à préparer des *flacons de poche*, qui contiennent des cristaux de sulfate de potasse imprégnés d'acide acétique.

Ces flacons ont une forte odeur, stimulant les muqueuses ; on s'en sert dans les cas de défaillance. — On obtient avec cet acide, dans ces cas, un bien meilleur résultat qu'avec l'ammoniaque.

Acétodolcé. — On appelle ainsi dans quelques provinces espagnoles et en Corse, une espèce d'achards composé de quartiers de coings, de raisins muscats et de miel de Corse. Ces fruits blanchis à l'eau bouillante, sont passés plusieurs fois au vinaigre et finalement mis en flacon avec un sirop acidulé qui leur donne un goût *aigre-doux*.

Achanaca sm. — Sorte de Cactus péruvien à racine épaisse et charnue très savoureuse. Elle se mange indifféremment crue ou bouillie à la sauce poivrade.

Achagual sm. — Poisson qui ressemble au hareng et se prépare culinairement comme lui. Il est très commun sur les côtes de la Nouvelle-Hollande et de l'Amérique méridionale.

Achaovan sm. — Plante d'Egypte qui a beaucoup d'analogie avec la Camomille. On l'emploie en théiforme pour combattre les obstructions et la jaunisse.

---

(1) *Nouveau manuel du vinaigrier*, Roret

Achards sm. — Vient du nom de l'inventeur d'une conserve alimentaire qui rend de grands services aux habitants des Indes-Orientales. On prend la pulpe des courges que l'on émincit finement ; on y ajoute des concombres, des côtes de cardes poirées, des oignons blancs, quelques feuilles de safran, du piment rouge, de la racine de gingembre, des choux-fleurs, du maïs au tiers de sa maturité, des carottes, des capucines, des câpres et de l'estragon, puis sel et poivre en grains. On traite ce mélange dans le vinaigre de la même manière que les cornichons.

Dans les colonies, on mange les achards après les avoir séchés dans une serviette, puis remués avec de la double crème de chèvre, ce qui constitue un aliment assez agréable au goût.

Les indigènes le désignent sous le nom de *cucoco*. C'est un excitant qui peut figurer sur une table, pourvu cependant que l'on n'en abuse pas. Les campagnards ont sous la main divers fruits qui se perdent assez souvent et dont ils pourraient faire des achards. C'est donc réellement une négligence de leur part d'ignorer les moyens de conservation de plantes et de fruits alimentaires qui peuvent être ainsi utilisés.

Dans les Indes on prépare aussi ce condiment en faisant macérer dans du vinaigre des bourgeons très tendres de chou palmiste ou de bambou.

En Europe on appelle généralement *achards* les légumes confits dans du vinaigre et assaisonnés de moutarde.

Dans chaque pays on fait les *achards* de différentes manières, et avec des légumes différents. On les mange généralement avec les viandes bouillies comme les cornichons.

Achatechitli sm. — Oiseau de la famille des Pinsons originaire du Chili. Migre en Europe vers l'automne. On en trouve beaucoup dans le midi de la France. Sa chair est excellente, et on le prépare comme l'ortolan.

Ache sf (*Ligusticum Levisticum* L.) du cel. *ach* qui signifie *eau* par allusion aux lieux humides où il le croît. All. *Liebstock* ; angl. *lovage* ; ital. *appio* ; esp. *apio*. — Plante originaire d'Europe de la famille des ombellifères amminées, comprenant quatre espèces dont l'une, l'*apium graveolens*, modifiée par la culture a produit le céleri (voir ce mot).

Cette plante est très anciennement connue puisque Horace l'accuse de produire la stérilité. Elle remplissait chez les anciens le rôle que joue de nos jours l'immortelle dans les cérémonies funèbres. Les Grecs, dans les jeux isthmiques et néméens, se servaient de l'ache toujours verte pour couronner les vainqueurs.

Tournefort la regardait comme fébrifuge et l'associait au quinquina pour en augmenter les propriétés.

L'*ache* est encore diurétique expectorante et résolutive. On emploie ses feuilles cuites dans du lait pour combattre l'asthme et le catarrhe humide des poumons.

Les Romains furent les premiers qui cultivèrent l'ache et l'employèrent comme condiment. On la faisait confire comme l'angélique, et on en mangeait les pétioles et la base blanche comme hors-d'œuvre, en salade ou en sauce.

(Ache au premier degré de sa perfection ; ou céleri à couper.)

Le *céleri à couper* que nous reproduisons est le premier type de l'ache modifiée. Son feuillage vert d'un goût fragrant fait partie des fines herbes qui entrent dans les potages et les sauces.

Achem sp. — Ville de Malaisie au nord-ouest de l'île de Sumatra, d'où les établissements anglais tirent surtout du poivre, du benjoin et du bétel.

Achenode sm. — Se dit du fruit qui résulte de plusieurs akènes sur un même plan.

Achillée sf (*achillea*). All. *Garbenkraut* ; angl. *garrow*. — Genre de plante de la tribu des anthémidées et de la famille des composées dont on distingue plusieurs sortes. Cette plante vivace est commune dans les deux hémisphères et porte un fruit appelé *Akène*.

Les espèces les plus connues d'Europe sont :

L'*Achillea millefolium* qui croît spontanément sur le bord des chemins et des sentiers.

L'*Achillea clavenæ* dont les feuilles sont velues et ont quelque ressemblance avec la Santoline. Elles poussent très près de la terre et paraissent en automne. Cette espèce croît sur les Alpes et entre dans la composition du thé Suisse et de l'eau vulnéraire.

L'*Achillea rosea* à fleurs pourpres qui est une plante d'agrément et se cultive dans les jardins.

L'*Achilléa Ptarnica* croît dans les bois et dans les endroits ombragés. On utilise les jeunes feuilles de cette espèce comme condiment dans la salade.

Achillée (Achilléa Rosaé.)

En général les achillées renferment toutes un suc amer auquel on attribue des propriétés stomachiques et fébrifuges.

Achilléine *sf.* — Matière amère de la mille-feuilles *Achilléique*, qui contient de l'achilléine.

Achire *sm.* — Poisson que l'on pêche dans les mers équatoriales et qui a beaucoup d'analogie avec la sole dont il a les mœurs. Sa chair blanche et ferme est très bonne, on le traite culinairement comme le carelet ou la sole.

Achselmannstein *sp* (eaux m. d'). Dans une belle vallée des Alpes tyroliennes, à 1407 pieds d'altitude, sourd une source *chlorurée sodique* tempérée de 14 à 16 degrés centigrades. Ces bains sont surtout fréquentés pour le climat de cette localité.

Aci *sp* (eaux minérales d'). — Thermes exploités par les Romains, abandonnés aujourd'hui. Ces eaux sont *sulfurées* et froides.

Acide *adj* (acidus). All. *sauer*; angl. *acid*; ital. *acido, acerbo*. — Terme générique donné aux substances qui ont la saveur du vinaigre.

Acide acétique *sm.* All. *Essigsäure*; angl. *acid acetic*; ital. *acido acetico*. — Du jour où l'on a laissé fermenter les baies et les jus de fruits au soleil on découvrit l'acide acétique. Sa connaissance remonte donc à la plus haute antiquité, mais ce n'est qu'au siècle dernier que Wertendorf et Lowitz parvinrent à obtenir l'acide acétique pur et cristallisable.

Une foule de réactions donnent naissance à l'acide acétique. Lorsque l'alcool, et en général les liquides spiritueux, se trouvent en contact avec l'air, ils se transforment en acide ou vinaigre. Cette transformation est favorisée par la présence de ferments à une température de 25 à 30 degrés.

Corrosif comme les acides minéraux énergiques, il produit des ampoules sur la peau. Il comporte :

$$C^4 H^4 O^4 \text{ ou bien } C^4 H^3 O^3 \text{ HO}$$

Sa densité est de 1,063 il se mélange en toute proportion avec l'eau et forme des vinaigres d'autant plus dangereux qu'ils contiennent une plus grande proportion d'acide.

Acide anacardique *adj.* — Se dit de l'acide contenu dans le péricarpe des noix d'acajou, fruit de l'anacardier.

L'acide anacardique est d'une saveur aromatique et brûlante.

Acide angélique *adj.* — Nom donné à l'acide qu'on extrait des racines d'angélique (voyez ce mot).

Acide anisique *adj.* — Produit obtenu par l'oxydation de l'essence d'anis.

Acide butyrique *adj* (*butyrum*). — Liquide incolore très limpide contenu dans la formation du beurre et dont l'odeur rappelle celle du beurre rance. Sa composition chimique est de :

$$C^8 H^8 O^4$$

Il bout à 109 degrés, et sa densité est de 0,803 à 18°.

Acide caprique *adj* (*acidu capra*). — En faisant ses recherches sur les corps gras, M. Chevreul découvrit en 1814 l'acide caprique. L'acide *caproïque* qui en est similaire se rencontre aussi à l'état libre ou combiné dans le beurre de vache ou de chèvre. L'acide *caprylique* s'extrait du beurre de vache, de chèvre, de l'huile de noix de coco, etc.

Acide citrique *adj* (*citrus*). — Connu depuis fort longtemps, mais confondu avec l'acide tartrique. Scheele est le premier qui lui a distingué un caractère particulier. L'acide citrique se trouve dans le jus de citron, de l'orange, du tamarin, etc.

Il est composé de :

$$C^6 H^8 O^3$$

D'une saveur très acide mais aromatique, il se dissout dans 0,75 parties d'eau froide et dans 0,5 d'eau bouillante; il est également soluble dans l'alcool.

Acide cumique *adj.* — Produit obtenu par l'oxydation de l'essence de cumin.

Acide margarique *adj.* — Il s'obtient par la saponification de la margarine.

Acide quinique *adj.* — Il fut découvert par Hoffmann en 1790 dans les écorces de divers quinquina. Sa formule répond à :

$$C^{14} H^{12} O^{12} + {}^2 aq.$$

La chaleur en diminue l'action.

Acide saccharique *adj* (*saccharum*). — Produit obtenu en traitant le sucre par l'acide nitrique faible. Il fut découvert par M. Scheele qui le confondit avec l'acide malique, M. Guerèn et plusieurs autres chimistes l'étudièrent ensuite.

Sa composition est de :

$$C^6 H^{10} O^8$$

Il n'est pas cristallisable, mais préparé dans une

température pas trop haute, il se présente sous forme de masse incolore comme du sucre cuit au cassé.

Acide salicylique sm (conserves). All. *Salzsäure;* angl. *acid salicylic;* ital. *acido salicylico.* — En 1855, M. Piria, en faisant fondre de l'hydrure de salicyle avec de la potasse découvrit l'acide salicylique.

L'huile de *gaultheria procumbens*, ou autrement dit essence de Wintergreen saponifié avec une solution de potasse caustique produit aussi l'acide salicylique.

On le trouve également à l'état naturel dans les fleurs des reines-des-prés *spiræa ulmaria*.

La solution synthétique de cet acide fut réalisée par MM. Kolbe et Lautemann en 1859, en soumettant le phénol à l'action simultanée de l'acide carbonique.

Les mémoires de MM. Cahours et Wurtz, sur l'acide salicylique, auxquels nous devons nos principales connaissances à ce sujet, font connaître ses propriétés, ses produits de substitution, ses éthers, etc...

Depuis quelque temps, l'acide salicylique a été préconisée comme antiseptique, désinfectant et puissant agent de conservation, notamment pour les conserves alimentaires; mais la pratique a démontré qu'il n'agissait principalement que sur les aliments liquides, et toujours accompagné de son action nocive.

De temps à autre des prospectus, et des entrefilets de journaux annoncent à priori et pour causes d'intérêt que c'est à MM. Schlumberger et Cerckel que l'industrie française doit cet excellent produit.

Ayant eu l'occasion de faire l'expérience de cet acide pour la conservation du poisson, des confitures et des viandes, j'ai constaté : pour la viande un goût qui lui ôte complétement sa succulence. Le poisson trempé dans une solution salicylée perd sa fermeté, son goût et sa couleur, lorsqu'il est cuit il a un goût de soude qui n'a aucune analogie avec celui du poisson frais.

Pour la conservation des confitures il en faut une telle quantité qu'on ne peut en faire usage sans se mettre dans le cas dangereux d'empoisonnement, d'autant plus que cette friandise est généralement consommée par les enfants dont le jeune estomac ne supporte pas impunément les produits toxiques.

Voici d'ailleurs les différentes époques auxquelles ce produit a été interdit par le Comité consultatif d'hygiène :

En 1880, le Dr Dubrisay conclut à l'interdiction absolue.

Le 7 février 1881, une circulaire ministérielle interdit absolument son emploi en hygiène pour la conservation des denrées alimentaires, considère comme suspect tout aliment ou boisson contenant de l'acide salicylique et en interdit la vente comme toxique.

Le 7 août 1882, sur la demande des intéressés pour la fixation d'une dose maximum, l'interdiction complète est maintenue, l'acide salicylique administré d'une façon continue pouvant être *nocif aux plus petites doses*.

En 1883, rapport du Dr Brouardel maintenant l'interdiction absolue et se basant surtout sur les progrès de l'albuminurie. L'acide en question est un faible antiseptique, mais toxique dangereux. Le mode d'action de cet agent est mal connu, mais il n'est pas prudent de l'accepter et de le tolérer même dans l'alimentation publique.

Conclusion du rapport Brouardel : Maintien de la prohibition du salicylage.

Je ne saurais donc mieux conclure qu'en mettant le public en garde contre ce produit.

Acide tannique adj. — Terme générique donné au tannin ou certains nombres de principes immédiats très répandus dans l'organisme végétal. Il y en a plusieurs espèces :
l'A. *gallotannique* ou tannin des noix de galle
l'A. *quinotannique* tannin des quinquinas
l'A. *quercitannique* ou tannin du chêne
l'A. *cachoutannique* ou tannin du cachoux
l'A. *cafétannique* ou tannin du café.

Considéré comme glucoside l'acide tannique a donné la formule suivante :

$$C^{27} H^{22} O^{17}$$

Mais de récentes expériences ont prouvé que le tannin ne doit pas être considéré comme glucoside. De sorte que sa composition chimique doit varier. Quoi qu'il en soit, l'acide tannique ou tannin est un puissant astringent et tonique précieux.

Acidité sf (*aciditas*). All. *Säure;* angl. *acidity;* ital. *acidezza*. — Saveur aigre, piquante que produisent les substances acides sur les organes du goût.

Acidule adj (*acidulus*). All. *säuerlich;* angl. *acidulous;* ital. *acidetto*. — Qui est légèrement acide ; les oranges, les groseilles et les grenades sont des fruits acidules.

Aciduler va (*acidulus*). All. *sauer machen;* angl. *to acidulate;* ital. *render acido.* — Action de rendre aigre un liquide : aciduler une boisson avec du citron ou du vinaigre.

Acintli sm (*gallinula purpurea*). — Gallinacé du Mexique qui ressemble à une poule sultane à plumage noirâtre entremêlé de plumes blanches. Il habite les bords des étangs et se nourrit de poissons. Sa chair excellente, a une grande analogie avec celle des gibiers aquatiques, on en fait des salmis estimés, des pâtés et des rôtis.

Acladium sm. — Nom donné à une espèce de champignon toxique qui croît sur les bois pourris.

Acoho sm. — Petit coq indigène des îles de Madagascar, dont la chair ainsi que celle de la poule est bonne à manger, elle approche comme goût de celle du canard sauvage.

Acolin sm. — Râle ou caille aquatique du Mexique. Sa chair a les mêmes propriétés que celle du pluvier d'Europe.

Acratopote adj. — Dans la Mythologie grecque : surnom de Bacchus, de *acratos* vin pur, et *phore* porter. — Qui boit du vin pur et le porte bien.

Acridophage adj., du grec *akris* sauterelle et *phagô* je mange. — On appelle ainsi celui qui mange les sauterelles. Plusieurs peuplades d'Afrique sont acridophages. Le couscous des Arabes était confectionné avec des sauterelles (voyez *couscous*).

Acqua acidula sp (*eaux minérales*). — Près de l'ancienne ville de Ferentum, à 6 kilomètres de Viterbe, il y a une source dont l'exploitation date de la splendeur des Romains.

Cette eau ferrugineuse *bicarbonatée* est tempérée de 14 degrés centigrades ; on la désigne vulgairement par le nom d'*acquarossa* à cause du dépôt rouge auquel elle donne lieu. Elle est connue sous la dénomination d'*acqua acetosa*.

On la prend pure ou mélangée au vin pour combattre la débilité occasionnée par la fièvre aux environs de Rome.

Acqua santa sp (*eaux minérales d'*). — A 6 kilomètres d'Ascoli, à 65 de Rome sur la rive de Tronto, et à 396 mètres d'altitude jaillit à 30 mètres du sol une source *chlorurée sodique*, sulfureuse tempérée de 35 degrés centigrades.

On l'utilise contre une foule de maladies, notamment contre la scrofule et les engorgements articulaires indolents.

On la prend aussi comme boisson purgative.

Acqui sp (*eaux minérales d'*). — Les Romains appelaient *Acqua Statiellae* plusieurs sources qui se trouvent à 50 kilomètres de Gênes et à 31 d'Alexandrie.

Un établissement thermal très bien installé dessert de nombreux baigneurs.

Actinie sf (*Actinia viridis*). — Polype connu sous le nom vulgaire d'*anémone de mer*. Elle est formée en masse charnue, couronnée au sommet par un grand nombre de tentacules ; au centre est une ouverture qui lui sert en même temps de bouche et d'anus. Se fixe sur les rochers par sa base, à une faible profondeur, et son adhérence y est si forte qu'on arrive souvent à la déchirer plutôt que de l'arracher. Les actinies sont très nombreuses sur les rivages français, où la variété et l'éclat de leurs brillantes couleurs les font souvent prendre pour des fleurs.

Les habitants des côtes de la Méditerranée les mangent avec délices, sautées au beurre ou à l'huile avec des oignons, des ceps, ou simplement frites.

Adane sm (*adano*). — Une des variétés de l'esturgeon. Ce poisson parvient à la pesanteur de cinquante kilogrammes ; il est originaire du Pô.

Les Romains le connaissaient. Pline prétend que sa graisse est due à son oisiveté.

Sa chair, un peu molle, est agréable au goût, mais inférieure à celle de l'esturgeon.

Adelholzen sp (*eaux minérales*). — Dans un hameau de Bavière, situé à 8 kilomètres de Traunstein, jaillit une source *bicarbonatée* calique, qui est employée contre la goutte.

Adesmacé, ée adj. Dérivant du grec *adesmos*. — Genre de mollusques, qui n'ont pas de ligament pour réunir les deux valves de leur coquille. On a aussi appelé *adémacés* ces mollusques bivalves caractérisés par un long tube calcaire, dont le genre *Taret* est le type.

Adéphage adj. *adden* amplement *phogô*, je mange. — Les anciens avaient donné le surnom d'adéphage à Hercule, par ce que mis au défi avec Lépréus de pouvoir manger un bœuf dans un repas, Hercule eut fini plus tôt et sortit victorieux.

Les Romains avaient leur déesse de la gourmandise qu'ils appelaient *Voracitas* ; les Siciliens lui rendaient les honneurs divins.

Homère avait donné à l'*adéphagie* un caractère de gourmandise, dont Athénée lui-même avait été choqué.

Adipsie sf. — Défaut de soif. Aversion pour les boissons. S'il faut en croire un quatrain suivant de Mlle Clémence de Lacour, le cuisinier ne serait jamais atteint de cette maladie.

Près des fourneaux ardents, loin de lui l'ablepsie,
Les traits de son flacon vidés jusqu'au dernier,
Il peut être *goutteux*, mais jamais l'*adipsie*
N'a de ce monde encore atteint le cuisinier !

Adoucir va (*addulcire*) ; all. *mildern* ; angl. *to sweeten* ; espagn. *adulzar* ; ital. *addolcire* ; portug. *aducir*. — Rendre doux l'amertume, adoucir l'âpreté, adoucir un sirop aigre, rendre doux ce qui est amer, etc., etc.

Adoucissant adj. All. *mildernd* ; angl. *demulcent* ; ital. *mitigazione*. — Qui calme la douleur, l'irritation, l'inflammation. Les principaux adoucissants sont les liquides émulsifs, le lait, les plantes mucilagineuses et autres substances diverses, gommeuses et gélatineuses, auxquelles on attribuait la propriété de combattre une irritation générale ou localisée sur certaines muqueuses. Cette expression, qui est à peu près sortie du langage médical, a été conservée avec soin par la médecine populaire, qui oppose les adoucissants à des irritations souvent imaginaires.

Si on veut entendre par *adoucissants* des médicaments qui, dénués de propriétés actives, surtout de propriétés stimulantes, peuvent mettre un organisme surexcité dans un état d'atonie et de relâchement, nul doute que ce mot n'ait un sens réel ; car il y a un régime alimentaire adoucissant qui convient dans les cas d'irritation circulatoire, se traduisant par la fréquence du pouls, l'élévation de la chaleur, la constipation et des tendances éruptives vers la peau ; il consiste dans la suppression des stimulants et dans l'usage de substances tempérantes et émollientes.

Adragante (gomme) *sf.* All. *Tragant* ; angl. *gum tragacanth* ; ital. *adragante*. — Gomme qui sort spontanément, en bandelettes, des tiges et des rameaux de plusieurs espèces d'astragales (voyez ce mot).

En pâtisserie et notamment en confiserie on se sert de la gomme adragante pour la confection des bonbons, des socles de pièces montées, et pour certaines compositions de décors tels que : feuilles, fleurs et bordures.

Pour faire fondre cette substance, on la met tremper dans une casserole avec de l'eau froide, puis on fait chauffer en remuant de façon à ce qu'elle ne s'attache pas ; ensuite on l'ajoute à la pâte que l'on veut durcir. Le travail des substances *adragantées* doit être vivement exécuté ; si non, la dessication en rend l'opération difficile.

Les socles et les décors en pâte d'*adragante* sont excessivement solides et se conservent longtemps.

Ady *sm.* — Dans les Antilles, on appelle ainsi une variété de palmier dont les sommités succulentes fournissent, après fermentation, un vin enivrant analogue au cidre.

Ægagre *sf.* — Chèvre sauvage qui habite les montagnes d'Asie. Sa chair blanche a un goût de chamois très prononcé.

Ægilops *sm pl* (*triticum*). — Genre de graminée, type primitif du froment qui a été modifié par la culture.

Æginétie *sf.* — Plante de la famille des *orobanchées* de Malabar. Les indigènes font un masticatoire du suc de cette plante, en la faisant cuire avec de la noix muscade râpée et du sucre de canne.

Æglé *sm.* — Grand et bel arbre de la côte Coromandel, qui porte un fruit qui atteint la grosseur du melon. Ce fruit est très estimé dans l'Inde, à cause de son goût aromatique et de ses propriétés rafraîchissantes.

Æglé se dit aussi d'un genre de crustacés qui se trouve sur les côtes du Chili.

Aérer *va.* All. *lüften*; angl. *aerate*; ital. *dar aria*. — Action de renouveler ou de donner de l'air : aérer la salle à manger, la cuisine, le garde-manger, etc.

Le mot aérage n'a pas en hygiène la même signification qu'aération. Aérage est le terme générique que l'on emploie pour signifier *donner de l'air* dans un appartement, un garde-manger, une cave, etc., tandis qu'*aération* est l'exposition des objets à l'air. C'est ainsi que l'on sort un aliment enfermé pour le mettre à l'air ; on soumet les fruits, la viande, le blé à l'aération pour empêcher les moisissures de se développer sur ces substances. Le lait, le bouillon ont également besoin d'aération pour obvier aux inconvénients de la fermentation (aigreur ou surissage du bouillon et du lait).

Si le manque d'aération amène fréquemment la corruption et la pudridité des aliments, il n'est pas moins funeste à l'hygiène individuelle du cuisinier lui-même. C'est en effet l'atmosphère confinée et impure où il se tient, qui conduit le cuisinier à l'asthme, aux rhumatismes (action de l'air humide) et quelque fois à une véritable et prompte asphyxie. Les courants d'air accidentels qui pénètrent dans les cuisines ne sauraient en effet servir d'aération ; ils sont non seulement inutiles, mais dangereux ; d'autant plus perfides qu'ils s'abattent comme des douches froides sur le cuisinier en sueur, ces courants d'air exercent leur action nocive sur un point localisé du corps.

Les points de côté, névralgies, caries dentaires, bronchites sont également, en grande partie, causés par ces courants d'air. Combien de cuisiniers sont enfouis dans ces catacombes humides, qu'à Paris on transforme en cuisines ! Jamais ils ne voient la lumière du jour ; ils travaillent constamment à la chaleur du gaz et des fourneaux embrasés ; entrant le matin et sortant le soir, ils vivent dans une éternelle nuit. Voilà d'intéressantes victimes du manque d'aération.

Il faut, à tout prix, prendre des mesures d'hygiène pour faire cesser de semblables anomalies qui existent au sein même de la capitale. Ce sont les conseils d'hygiène qui ont le devoir de remédier à ces établissements insalubres, et cela, malgré les clameurs intéressées des propriétaires de ces sortes d'établissements dangereux au premier chef. L'hygiène privée et l'architecte, d'autre part, veilleront à ce que l'on exécute les plans des cuisines dans les meilleures conditions d'aération et de salubrité ; il importe avant tout que la santé des individus astreints à vivre dans ces antres, soit, autant que possible, sauvegardée.

L'aération et le soleil : voilà ce qu'il faut pour vivre ! Où ces deux éléments n'entrent pas, entre souvent le médecin, dit un proverbe espagnol. La pièce destinée à la confection des aliments, doit évidemment nous occuper. Si la cuisine française jouit d'une renommée, c'est grâce au cuisinier qui l'a perfectionnée. Si elle a, de beaucoup, dépassé les splendeurs inouïes de la cuisine des anciens Romains, elle n'a, malheureusement pas hérité de la spaciosité que, dans la cité antique, on accordait aux locaux, cuisines, salles d'agrément, salles à manger, salles de bains, et sous le rapport de ce confortable, les anciens sont nos maîtres, nos précurseurs peu imités, et peut-être, hélas ! inimitables.

Au nom de la corporation des cuisiniers à grand cris je demande l'aération des cuisines de Paris. J'espère que cet appel sera entendu.

Aéricole *adj.* — Se dit d'une plante ou d'un animal qui vit en plein air ou dans l'air.

Aérogastre *sm pl.* — Se dit de la section des champignons-charnus, comprenant les agarics des prés, croissant spontanément à la surface de la terre.

Aéromel *sm.* — Etymologie grecque *aèr* air et *mel* miel; miel aérien. — Nom donné à la manne (*voyez ce mot*).

Æstuant *adj.* — Qui est chaud par l'effet de la fermentation : du vin æstuant, des haricots æstuants, des fraises, des prunes æstuantes.

Æthre *sf.* — Genre de crustacés de l'ordre des décapodes habitant les mers d'Afrique et l'Océan indien.

Affadir *va.* All. *abschwæchen*; angl. *to rendre insipid*; ital. *far insipidir*. — Rendre fade une sauce, un consommé trop salé, affadir un mets, un entremets trop fort; affadir une boisson trop forte, ôter le piquant, l'acide, l'arôme trop prononcés des condiments, rendre léger, ôter l'amertume.

Affiné *p. p.* — Se dit des fruits améliorés par le temps : un fromage affiné, des poires affinées. Le fromage de *Brie* et du *Mont-d'Or* doivent être affinés pour être exquis.

Afflé, ée *adj.* (*flatus*), du radical *affle*. — Se dit des boîtes de conserves alimentaires qui n'ont pas été hermétiquement fermées, et dont les produits qu'elles contiennent sont altérées par le contact de l'air. Une boîte de conserves afflées.

Affleurie *sf.* — Terme de pâtisserie et boulangerie. Se dit de la fleur de farine de froment tamisée.

Affriander *va.* All. *leckerhaft machen*; ital. *rendere goloso*; angl. *to make dainty*. — Rendre friand par la pâtisserie, affriander les enfants par les desserts; attirer quelqu'un par les bons mets, le vin et la bonne chair; affriander à la bonne cuisine.

Affrioler *va.* All. *kœdern*; ital. *attrare*; angl. *to luxe*. — Affrioler se dit des enfants: n'affriolez pas les enfants par les sucreries; un enfant affriolé est toujours l'intime du pâtissier. Il est affriolé, c'est pourquoi il est toujours chez le pâtissier.

☞ **Affriter** *va.* — Affriter une poêle neuve avec de la graisse, la rendre propre à faire de la bonne friture, des beignets, des légumes, sauter des tubercules, etc. Ce terme s'emploie également lorsqu'il s'agit du nettoyage d'une poêle vieille attachée de substances mouillées. Affriter cette poêle de manière qu'on puisse y faire une bonne omelette. Cette poêle attache, on doit l'affriter.

Le meilleur moyen d'affriter une poêle est d'y faire chauffer de la graisse et de l'essuyer à sec.

Agacement (*des dents*) *sm.* All. *Stumpfwerden der Zähne*; ital. *allegamento de' denti*. — Sensation désagréable que produit le contact de l'air, des fruits, des acides sur la pulpe nerveuse des dents. Cet agacement peut aussi se produire sans cause extérieure, mais il est dû le plus souvent à la sensation auditive, par un grincement quelconque.

L'agacement des dents, par les fruits verts, est le premier signe de l'altération chimique qu'éprouve le phosphate de chaux de l'émail dentaire au contact d'un suc acide.

On combat cette importune sensation par des lotions d'eau tiède, additionnée d'un peu de magnésie ou de bicarbonate de soude.

Agalacte *adj.* (du grec *galaktos*). — Se dit d'une mère qui n'a pas de lait. Etat de *galactie* d'une nouvelle accouchée.

Agami *s. m.* (*agami*) All. *Trompetenvogel*. — Oiseau de l'Amérique méridionale, de la classe des gallinacés et du genre des échassiers. C'est dans la Guyanne qu'il abonde, et vit par troupes nombreuses dans les collines arides des forêts; c'est un oiseau intelligent et susceptible d'apprivoisement qui, d'après certains récits, serait le plus intéressant de tous les oiseaux; il est comme le chien, remarquable par sa fidélité; il se fait le gardien d'une troupe de volailles; on pourrait même lui confier une troupe de moutons à garder, s'il est bien dressé, quoique sa grosseur ne dépasse guère celle de la poule.

L'agami a généralement de soixante centimètres de hauteur sur soixante-dix de longueur; son bec, d'un vert sale et conique, ses yeux, dont l'iris est jaune et brun, sont entourés d'un cercle rougeâtre; des plumes frisées et courtes lui bordent les côtés supérieurs du cou, à la partie inférieure duquel est un autre collier de plumes plus longues et d'un magnifique violet noir; sa poitrine est plastronnée des plus riches couleurs métalliquement brillantes, et il se fait remarquer par la nuance noirâtre du restant de son corps.

Sa chair, un peu dure, donne un bon consommé; sautée ou braisée avec du riz, elle constitue un de ces plats nationaux américains renommés. Rôtie, on la sert à la volière.

Agape *sf.* (*agape*); angl. *love-feast*; ital. *agape*; all. *Liebesmahl*; de l'arabe *aïde*; ou à la fête *aidie*; ou invité fraternellement, *fadal*. — L'étymologie de ce mot, qui signifie *amitié* et *intimité*, date du temps des premiers chrétiens, sans qu'on puisse cependant préciser l'époque de son origine (Voy. *Banquet*).

Le sens de ce mot est repas familial, repas commun auquel n'assistaient que des membres de la même croyance, de la même corporation religieuse, où l'harmonie, l'amour et la fraternité étaient si chèrement pratiqués parmi les premiers chrétiens.

Agaric sm. (*agaricus*). All. *Schwamm* ; angl. *agaric* ; ital. *agarico*. Nom qui vient de *Agaria*, ville autour de laquelle ce champignon abondait. — Terme générique d'un genre de champignons qui renferme à lui seul plus de mille espèces ; les uns comestibles, les autres violent poison. (Pour les antidotes, voir *Champignon*.)

Il n'appartient pas à l'ordre de ce livre d'énumérer la longue nomenclature des agarics et d'en faire l'historique. Des travaux spéciaux faits par de savants mycologistes ont fourni de nombreux volumes, tous utiles à consulter. Je me bornerai donc à indiquer à leur place les agarics comestibles, et ceux avec lesquels ils peuvent être confondus, et à signaler le caractère qui distingue le champignon sain du vénéneux.

Parmi les agarics suspects qui peuvent être confondus avec les champignons parfaitement inoffensifs, je ne citerai que ceux caractérisés par des qualités particulières.

L'*ag. cautisc* et l'*ag. meurtrier*.

L'*ag. âcre* blanc, à lames d'un jaune rougeâtre et distillant un suc lateux très âcre.

L'*ag. éphémère*, qui ne dure qu'un jour.

L'*ag. fétide*, dont la saveur est poivrée.

L'*ag. hépatique*, dont la substance molle a la superficie d'un rouge brun, et d'un blanc sale tirant sur le jaune ; il a la forme d'un foie de veau et croît au pied des arbres. Il est dangereux.

L'*ag. du peuplier de bois*, qui ressemble à la truffe visqueuse, mais plus sec, plus élevé et plus charnu ; quand on le casse, sa chair prend une couleur blanchâtre qui ne tarde pas à revêtir une teinte bleuâtre.

En Russie, sa consommation est sans danger, les habitants de ce pays mangeant indifféremment les plus pernicieux champignons sans en être incommodés.

L'*ag. laciniatus*, qui croît sur les troncs des palmistes et qui pourrit en terre ; selon Commerson, communique un goût de morille aux aliments.

La plupart de ces champignons croissent dans des lieux infects, sur des matières putrides. Une des variétés a la propriété de se fondre en eau noire au moment de sa destruction.

L'*ag. albellus* (Schœff.), est d'un blanc jaunâtre à sa surface ; son chapeau presque sphérique est large de quatre centimètres ; il est très commun au printemps et pendant une partie de l'été, dans les bois découverts, les friches, les prés secs. On le préfère jeune et frais : il entre dans les ragoûts comme assaisonnement. Pour le conserver on l'enfile par le pied et on le laisse dessécher.

Agaric des prés sm. (*agaricus édulis* ou *agar. campestris*), aussi appelé pratelle des champs, et après culture champignon de couche. All. *Gugemuke* ou *Erdschwam* ; angl. *toadstool* ou *mushroom* ; ital. *pratajuolo* ou *pradelli* ; esp. *seta*, *xeta*, *zèta* ou *perrechiuca* ; port. *Tortulho-de-Comer* ; holl. *Gewoone Kampernœlje* ; dan. *Jordsvamp*, *Paddehat* ou *Skurvhat* ; hong. *Tseperke Gomba* ; rus. *Griby* ; pol. *Piezar*. — Trois espèces sont cultivées et constituent ce qu'on appelle le champignon de Paris, ce sont : le *mousseron*, la *pratelle*, l'*agar. rose*, tous les trois du même genre.

La *pratelle* pousse dans les herbages, près des murailles, des maisons ou des écuries inhabitées, se développe rapidement dans les dernières chaleurs d'automne. Ses lamelles deviennent noires et son chapeau s'applatit au déclin de son existence.

L'*ag. rose* croît par groupes dans les prairies, les taillis, et se distingue au début de sa pousse, comme la pratelle et le mousseron, par une membrane nommée *velùm*, qui lie le pédicule au chapeau et se déchire au développement du champignon, pour laisser voir des lamelles d'un magnifique blanc rosé, tirant sur le fauve en vieillissant. Cultivé, ce champignon gagne de volume au préjudice de ses qualités.

L'*agar. mousseron* (*agaricus albellus*) connu sous la dénomination de boule de neige, apparait au printemps (un autre en automne), il croît également par groupes dans les friches ; son chapeau est remarquable par sa couleur d'un blanc mat, sa fermeté et sa forme sphérique d'abord, puis convexe à bords repliés ensuite. Ses lamelles sont blanches, et son pédicule court renflé, charnu, de même couleur que le chapeau. D'un parfum exquis et d'un goût agréable, ce champignon est celui qui convient le mieux pour la culture. Malheureusement il peut être confondu avec des espèces toxiques, et notamment les *amanites* qui se distinguent par une sorte de bourse ou *volva*, dans laquelle est contenu le champignon au moment où il sort de terre.

Les amateurs le mangent sauté au beurre ou à l'huile d'olive, avec des échalottes ou des oignons hachés, arrosé d'un jus de citron ou d'un filet de vinaigre.

Braisé avec un gibier à plume, tel que bec-figue, perdreau ou caille , dans une cassrole qu'on aura foncée de lard recouvert d'un lit de choux, sur lesquels seront placés les gibiers flanqués de champignons. Mouillé avec du bouillon, ou, à défaut, simplement d'eau, du beurre frais et un peu de vieux vin blanc sec, ce mets ainsi accommodé, constitue un vrai plat de chasseur.

Les *champignonnistes* divisent ces variétés en *blanche*, *rose* ou *grise* et *blonde* ; et sont d'accords qu'elles ne présentent pas de constance dans le caractère qui les distingue. Par la culture elles tendent à devenir blanches.

Les variétés blonde, et grise conservent, jusqu'à la première génération, un principe qui communique aux sauces blanches une teinte brune et un goût âcre ; tandis que, les champignons obtenus avec le blanc de champignon de la variété blanche, sont blancs, franc de goût et restent blancs en conserves.

La semence du champignon, ou organe de la reproduction des agarics, sont des spores portés par la mem-

Champignons de couche, grandeur naturelle.

brane nommée *hymenium* contenue dans le *velum*, qui se rompt à sa maturité et dont une partie reste attachée au pédicule et forme la *collerette*. L'autre partie est suspendue comme une dentelle à la circonférence intérieure du chapeau. C'est là que se trouve le *mycélium* qui peut être séché et conservé sans altération. Il reprend sa végétation aussitôt qu'un milieu favorable d'humidité et de chaleur lui est donné.

L'intéressante culture de ce cryptogame date du commencement de ce siècle.

Ce fut en 1807 que le jardinier Chambry eut la pensée d'utiliser pour la culture des champignons les cryptes formées par les carrières inexploitées qui entourent Paris. Trois années d'essais lui valurent d'éclatants succès, et, en 1810, il fonda un établissement rue de la Santé, dans de vastes catacombes abandonnées, exemple qui bientôt fut suivi par un grand nombre de jardiniers; de là le nom de *champignonnistes* donné à ces nouveaux et utiles industriels.

Culture en plein air. — La condition première pour la culture des champignons, est d'avoir un bon fumier; celui qui provient de bêtes de somme, ayant d'ordinaire peu de litière, tels que chevaux, mulets, ânes, convient le mieux, surtout lorsqu'il est mélangé avec celui de vache. Il doit être bien *fait*, mais encore en fermentation. On creuse pour cela des fosses n'ayant pas moins d'un mètre carré (minimum pour obtenir un bon fumier) sur 60 centimètres de profondeur, dans lesquelles on étale des couches de fumier que l'on piétine fortement pour bien le tasser; on abandonne ensuite les meules à elles-mêmes pendant une quinzaine de jours.

Ce temps écoulé, on ouvre les fosses et on enlève les corps étrangers, tels que paille, bois, ficelle, etc.; et lorsqu'on a mélangé toutes les parties, on recouvre en ayant soin de placer au dehors le terreau bien fumé qui était au dedans et réciproquement. Huit jours après cette nouvelle opération le fumier est gras, onctueux, homogène et prêt à servir pour la confection des meules.

Mais, pour la fécondité des meules, il faut évidemment avoir la semence, *mycelium* ou blanc de champignon.

Blanc de champignon. — Quand les champignons sont arrivés à maturité, on les pile et on les met entre deux couches de fumier *fait*, en fermentation, et d'une température de 10 degrés, augmentant jusqu'à 25; on donne les mêmes soins que pour les meules (*voyez ce mot*) et lorsque les filaments blancs commencent à sillonner le fumier, c'est-à-dire avant que les champignons apparaissent à l'extérieur, on se hâte d'en retirer le blanc que l'on divise par morceaux de la grosseur d'une main et que l'on dépose dans un endroit sec et aéré pour en arrêter la germination et s'en servir au besoin. Le blanc se conserve ainsi quelques années.

Avant de s'en servir il est prudent de l'exposer dans un lieu tiède et humide (dans une écurie, par exemple), pour le faire *revenir*. On trouve quelquefois du *blanc* de champignon dans le vieux fumier, que l'on appelle à tort *blanc vierge*, et ne pouvant être que le fruit du mycélium, contenu dans les épluchures des champignons que l'on jette dans les détritus où s'opère alors leur germination naturelle.

Blanc de champignon.

Meules. — Le montage des meules en plein air se fait ordinairement au mois d'août, de septembre et novembre. Le fumier doit rester en tas afin qu'il puisse développer sa première fermentation, condition indispensable en toute saison, soit pour la culture en cave, en plein air ou en crypte. Le montage des meules doit se faire sur un terrain sec et uni. On étend le fumier, sur une superficie d'environ un mètre de long sur 80 c. de large, on le tasse lit par lit en en diminuant successivement la largeur jusqu'à ce que l'on soit parvenu à donner à la meule la forme de dos-d'âne, qui doit avoir environ 60 à 70 cent. de hauteur. On tasse le sommet puis on consolide les faces en les *talochant* (frapper avec une abatte spéciale), on les ratelle pour enlever les parties qui ne seraient pas complétement adhérentes, que l'on remet sur la sommité et on repolit de tous côtés. On abandonne alors une huitaine de jours

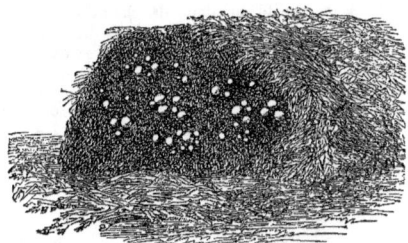

Meule en plein air, découverte en partie de sa chemise.

les meules à elles-mêmes. Pendant ce temps la fermentation commence, et lorsqu'elle a atteint 15 degrés environ (ce dont on s'assure en y introduisant le thermomètre), on larde les meules en y pratiquant la *mise*, qui consiste à introduire des morceaux de blanc de champignon de 2 centim. de largeur sur 4 à 5 de longueur : d'une main on pratique l'ouverture dans le flanc de la meule, de l'autre on y introduit le blanc et on appuie fortement le fumier dessus.

Ces mises doivent être distancées de 30 à 35 centimètres les unes des autres, la première de 10 cent. du sol. On doit observer le même espace entre la première et la seconde et faire coïncider la *mise* du deuxième rang sur le vide, c'est-à-dire entre les mises du premier rang et ainsi de suite.

On abandonne encore une fois ces meules pendant huit à dix jours pour laisser opérer la germination ou *prise*. Elle se reconnaît à la présence de filaments blanchâtres dans l'intérieur. Aussitôt que le blanc a *pris*, il faut *gobeter* les meules, c'est-à-dire prendre de la terre légère, passée au gros tamis, dont on recouvre la surface d'une couche de 3 centimètres. Le *gobetage* fait, on revêt les meules d'une *chemise*, qui n'est autre qu'une couche de paille forte de 3 à 4 centimètres, que l'on recouvre d'une autre couche de 10 à 12 centimètres de fumier en fermentation.

Afin de maintenir la température de 20 à 30 degrés, nécessaire aux meules, on change, en partie, après quinze à vingt jours, le premier fumier qui a donné sa fermentation par un autre plus chaud, afin de maintenir la température exigée.

A ce moment, on doit déjà voir poindre de petits grains blancs perlés, et quelques jours après il y aura des champignons prêts à cueillir. Lorsque la récolte peut être commencée, on enlève le fumier à l'aide du *trident*, et la paille, on chemise délicatement avec les mains. Pour les cueillir on fait un léger mouvement de torsion pour ne pas endommager les jeunes pousses qui se trouvent autour. On doit avoir soin de remplacer le vide avec la terre qui a servi à *gobeter*. On peut ainsi faire la cueillette tous les trois ou quatre jours et cela pendant trois à quatre mois. Si le temps est sec, on peut arroser les meules pour les maintenir.

Arrosage. — Le liquide d'arrosage se compose d'eau tiède additionnée de *purin*, de *guano* ou de champignons finement pilés de façon à pouvoir passer à travers la pomme de l'arrosoir; on ajoute aussi du salpêtre, selon la chaleur que l'on désire donner aux meules. L'arrosage doit se faire avec précaution pour ne pas salir ou endommager les jeunes pousses. La température du liquide peut aller jusqu'à 20 degrés, lorsque les meules réclament de la chaleur, en tous les cas, il faut de l'air à toutes les meules arrosées.

Culture dans la cave. — Tout endroit obscur, sec, chaud et suffisamment aéré peut servir à la culture des champignons. Une vieille cave de château, une remise, une écurie inhabitée peuvent merveilleusement servir à produire cet aliment de premier choix; et si la place manquait par terre, on peut adosser les meules contre un mur en observant les mêmes prescriptions que pour la culture en plein air.

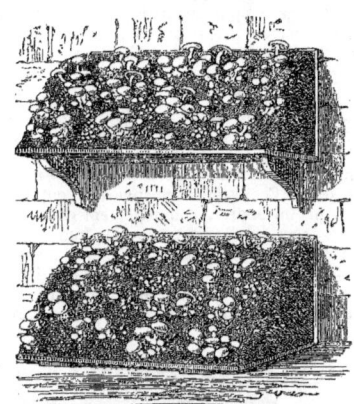

Meules adossées contre un mur.

Le fumier traité au dehors est descendu dans l'endroit où l'on désire monter les meules. Ce local doit être sombre. Après avoir planté deux pieux dans le mur, on y ajoute des planches, on peut ainsi faire deux ou trois étages. On monte aussi simplement de petites meules sur des planches carrées.

On couvre les planches d'une couche de terre salpêtrée, et on monte les meules comme il est indiqué plus haut.

Après avoir *taloché* très également, on attend quelques jours que la chaleur développée par la fermentation diminue, et l'on ne commence à larder que lorsqu'on s'est bien assuré que la température de la

Meule portative à quatre pentes, en pleine production.

meule ne dépasse pas 20 degrés; car au-dessus, les *mises* de blanc pourraient être brûlées. On observe, pour larder ces meules en cave, les mêmes précautions que pour celles qui sont établies en plein air.

La façon la plus commode, et la plus originale pour la culture privée, est la meule en pain de sucre, ou simplement dans un baquet; un tonneau scié en trois, de manière à obtenir deux seaux peu profonds en font tous les frais. On perce les fonds de ceux-ci de plusieurs trous, et on y verse une légère couche de bonne terre. On les remplit ensuite avec du bon fumier bien préparé, suivant les indications déjà données pour celui qui constitue les matériaux des meules ordinaires, et on entasse bien dans le baquet les couches successives du fumier.

Lorsque le baquet est à moitié plein, on place six ou sept *mises* de bon blanc de champignon ; on finit de le remplir de fumier, que l'on foule toujours fortement, et l'on termine l'opération en donnant la forme d'un dôme. Ces baquets ainsi garnis sont placés à la cave dans un endroit complètement obscur, et huit ou dix jours après, on soulève le fumier jusqu'à la *mise*, pour voir si le *blanc* commence à végéter et à développer ses filaments. Si le blanc a pris, il faut gobeter et ne se servir toujours, pour cette opération, que de bonne terre franche et préparée selon la règle.

Meule dans un baquet.

Remarque. — Je ne saurais trop insister sur trois points principaux de l'observation desquels dépend la réussite de la culture de cet excellent aliment.

1° A la parfaite préparation du fumier, que l'on reconnaît pouvoir être employé à cet usage, lorsqu'il est devenu brun et élastique, que la paille a entièrement perdu sa consistance, et que son odeur n'est plus celle du fumier frais.

2° A la qualité du blanc de champignon qui doit être riche en *mycelium* et à son juste degré de germination. Il sera plus prudent pour ceux qui désirent cultiver les champignons de s'adresser aux maisons spéciales, telles que Wilmorin-Andrieux de Paris qui expédient des boîtes contenant six galettes de ce *blanc* dans les meilleurs conditions désirables.

3° A la constance de la température maintenue artificiellement contre les intempéries ou la variation des saisons.

Boîte de mycelium, contenant six galettes de blanc de champignon.

La récolte des champignons, à Paris, a une importance considérable ; c'est par plusieurs millions de francs que se chiffre, pour le commerce parisien, l'exploitation de ce comestible, ce qui est une preuve évidente de son incontestable valeur alimentaire, et cela malgré la mauvaise réputation qui semble s'attacher à toutes les espèces, bonnes ou mauvaises, inoffensives ou vénéneuses, quand il suffirait d'un examen attentif ou de simples expériences chimiques pour s'en rendre compte.

Les qualités nutritives de cet aliment sont aujourd'hui hors de contestation, et leur usage est généralement répandu.

L'analyse chimique à laquelle on a soumis les champignons accuse des proportions très considérables d'azote, qui les mettent en quelque sorte sur le même pied que la composition chimique des viandes. Il y a donc là une question d'utilité publique à propager cette branche d'alimentation.

Conserves. — Éplucher des champignons frais sortant de couche, bien formés et fermes, que l'on jette à mesure dans un vase où on aura mis au préalable du jus de citron, pour conserver leur couleur blanche ; on les fait sauter de temps en temps, afin de les mouiller tous. On prend ensuite une casserole bien étamée, au fond de laquelle on met un morceau de beurre frais en même temps que les champignons ; couvrir la casserole et faire bouillir sur un feu vif pendant trois minutes, retirer et laisser refroidir ; enlever alors le beurre; mettre les champignons, avec une petite quantité du jus qu'ils ont exprimé, dans des boîtes ou des bouteilles, que l'on emplit à deux centimètres du bord, avec de l'eau ; souder hermétiquement, ou boucher et ficeler, puis faire cuire pendant dix minutes dans un bain-marie. Ainsi conservés, les champignons restent blancs et gardent toute leur saveur pendant plusieurs années.

Un autre moyen de conservation beaucoup plus simple, c'est de les faire sécher comme on fait pour les morilles ; mais cette méthode n'est guère pratiquée que pour le *cep*, le *bolet*, la *chanterelle* et autres champignons moins délicats. Je recommande donc le premier procédé.

Agaric délicieux *sm.* (*agaricus deliciosus*). — On trouve généralement ce champignon dans les terrains exposés au midi. C'est à l'automne qu'il apparaît. Il est remarquable par sa forte dimension, son large chapeau de trois ou quatre nuances, presque plat et réfléchi sur les bords ; jaune en naissant, fauve ensuite ou d'un rouge de tuile, ses lames sont d'une teinte semblable à celle du chapeau, et le pédicule nu d'une belle nuance jaune.

Quand on le coupe, il laisse couler un suc laiteux, jaune et abondant, dont la saveur est douce. Ce champignon est très réputé en Italie, dans le midi de la France, en Espagne, en Suisse et en Suède ; il est assez curieux que ce champignon n'ait pas été l'objet de tentatives pour multiplier sa production artificiellement.

Il peut être confondu avec les suivants :
L'*Agaric meurtrier*, champignon dangereux.
L'*Agaric caustique*, champignon toxique.
L'*Agaric à lait jaune*, très vénéneux et deux ou trois autres espèces, qui les font repousser de l'alimentation par les personnes peu expérimentées.

Agaric, faux mousseron *sm.* — C'est le *mousseron d'automne*, également comestible, qui ressemble au vrai mousseron, avec cette seule différence dans son apparition. Sa taille est plus élevée, son pédicule grêle et son chapeau moins blanc que celui qui apparaît au printemps ; il croit par groupes, sa chair est dure, mais savoureuse et parfumée. Pour le conserver, on l'enfile par le pied et on le laisse dessécher. Tous les essais de culture tentés jusqu'à ce jour ont été inutiles.

Agaric élevé *sm.* — (*Agaricus procerus*). All. *hoher Blœtterschwamm* ; angl. *agaric elevated*; ital. *agarico elevato*. — Ce champignon, dont l'étymologie démontre qu'il croit dans les endroits élevés, est un des plus hauts de son espèce ; il se trouve, pendant toute la bonne saison, dans les bois et les terres sablonneuses. En France, en Belgique et en Suisse, il est connu sous les noms vulgaires de *paturelle*, *coulemelle*, *grisette* ou *couleuvrée*, etc. C'est un champignon qu'on peut cueillir en toute sûreté.

Il est grêle, son chapeau d'abord ovoïde, s'évase ensuite en forme de parasol, sans cesser d'être mamelonné au centre ; d'un roux panaché de brun, couvert d'écailles imbriquées, formées de lambeau de peau, qui se soulèvent, de feuillets blancs, libres et dégagés; le pédicule, fistuleux, mince, long et renflé à sa base en forme de tubercule, porte aux deux tiers de sa hauteur une colerette persistante qui le distingue d'une autre espèce d'*agaric* plus petit, lequel passe pour malfaisant ; il est de nuance ferrugineuse.

Agaric Palomet *sm.* (*agaricus virescens*). — Il ressemble à l'oronge, quoique plus petit. Son chapeau, d'un blanc verdâtre, porte quelques stries sur les bords ; sa forme, d'abord convexe, devient ensuite concave et mesure ordinairement trois pouces de largeur ; de blancs feuillets adhèrent au pédicule cylindrique, plein et un peu renflé à sa base. Sa chair est blanche et d'une odeur engageante. La culture de ce champignon a parfaitement réussi, et déjà dans les Landes on le cultive avec succès.

. C'est un champignon qui croit dans les bois et friches. Malheureusement il peut être confondu avec d'autres espèces suspectes, notamment avec l'*agaric fourchu*, qui a également un chapeau verdâtre, mais est farineux ou écailleux à la surface.

La plupart des savants ont classé au nombre des *agarics*, le *bolet*, le *cep*, et un grand nombre d'autres champignons n'ayant ni la même forme ni les mêmes propriétés et différents également entre eux dans leur étymologie, et sous tous les rapports.

Pour obvier à ce contraste discordant je classe dans cet article les agarics comestibles ; donnant d'ailleurs à leur place alphabétique tous les détails des autres cryptogames, pouvant intéresser l'hygiène alimentaire.

Hygiène. — Pour neutraliser l'action toxique des champignons suspects, il suffit de les macérer pendant deux heures dans de l'eau salée et acidulée de quelques cuillerées de vinaigre par demi-litre d'eau ; cette quantité suffit pour chaque demi-livre de champignons. Ceux-ci retirés, lavés de nouveau à l'eau froide et essuyés, peuvent être épluchés et cuits, par le même procédé que pour les conserves qui est indiqué plus haut, en ajoutant avec le beurre et le jus de citron une petite tombée d'eau et le sel nécessaire.

C'est le seul moyen connu jusqu'à ce jour qui soit réellement à recommander aux personnes qui font usage des champignons sans les connaître.

Quant aux préjugés vulgaires pour reconnaitre les champignons toxiques par le moyen d'oignons, cuillères ou pièces d'argent, sur lesquelles surviendraient des taches noirâtres, c'est une erreur. Les meilleurs champignons peuvent produire cet effet qui peut manquer aux plus nuisibles.

Il y a donc un grand péril à s'y fier.

Agave *sf.* — Plante originaire de l'Amérique du Sud ; elle appartient à la famille des Amaryllidées et de la tribu des agavées. L'étymologie de ce mot, qui signifie *admirable*, indique réellement la curiosité de la plante, remarquable par la beauté de son port : sa taille élevée atteint jusqu'à quinze mètres ; ses feuilles atteignent souvent deux mètres de longueur.

Elle fleurit environ tous les dix ans, et cette floraison absorbant tous les sucs de la plante, la flétrissure survient et la tue ; au moment de l'accroissement de la hampe, quand la floraison se prépare, elle pousse avec une rapidité de deux ou trois millimètres par minute et devient par suite visible. Le bourgeon terminal, coupé et excavé, se remplit d'une sève sucrée qui, ramollie et fermentée constitue une boisson enivrante qu'on nomme *pulqué*. M. Boussingault a observé que la quantité de sève perdue par un seul plant d'agave pendant quatre à cinq mois pouvait être de mille litres.

Une plante de cette même variété s'est acclimatée sur les côtes de la Méditerranée ; c'est celle qu'on appelle pite ou aloès. L'agave vivipare s'élève plus haut dans les criques salées et présente une forêt d'herbes d'une trentaine de pieds perpendiculaires.

Au Mexique, l'agave est très abondante ainsi qu'à Cuba ; sa boisson, traitée comme celle de l'agave américaine, est également enivrante et a beaucoup de ressemblance avec le cidre. On l'appelle *maguey*.

Age *sm.* All. *Alter ;* angl. *age ;* ital. *aggio ;* espag. *edad.* — Carrière de la vie que l'on a à parcourir, qui a un commencement, un milieu et une fin. Mais il y a des âges qui sont des périodes naturelles et successives, parce que rien n'est variable comme la lenteur ou la rapidité individuelle du développement organique : la race, le climat, l'éducation, la constitution, l'hérédité, la santé ; mais, de toutes ces causes, la plus importante, c'est l'*alimentation* :

Dis-moi ce que tu manges, je te dirai ce que tu es,

a dit Brillat-Savarin. Il est certain en effet que la prospérité, l'intelligence, et la santé sont les résultats de l'alimentation, l'homme étant lui-même inhérent à la matière.

En effet, à chaque période, à chaque âge, il est nécessaire que l'alimentation soit conforme à la force organique de l'individu.

Rien n'est donc plus important que de savoir apporter à cette mécanique corporelle la nourriture quotidienne qui, à chaque étape de la vie, doit varier selon ses progrès, ses besoins et sa force.

Les âges proprement dits sont divisés en trois groupes caractérisés : l'accroissement, l'état viril et le déclin ; mais sous le second, en trois autres groupes, embrassant la période prépubère, la période de fécondité et la période d'improductivité.

En prenant aux diverses classifications des âges ce qu'elles ont de pratique, on pourrait, au point de vue de la physiologie et de l'hygiène, répartir comme suit les périodes de la vie humaine :

1° *Première enfance ;* subdivisée en deux phases, de la naissance au début de la dentition ; et de là à deux ans, terme habituel de la dentition de lait ;
2° *Deuxième enfance ;* de deux ans à sept ans ;
3° *Troisième enfance,* de sept ans à la puberté ;
4° *Adolescence ;*
5° *Age viril ;*
6° *Age de déclin ;*
7° *Vieillesse ;*
8° *Décrépitude sénile.*

Nous ne parlerons que sommairement de l'enfance en général, de l'adolescence, la puberté, la virilité, le déclin et la vieillesse.

Les soins donnés au nouveau-né, l'allaitement maternel, la nourriture de la mère, la pureté du sang des parents sont, sans contredit, les bases de la vie humaine, d'où dépendent non seulement la santé, mais la vitalité et l'intelligence des hommes ; il est très rare de voir de grands hommes ayant sucé le lait d'une nourrice mercenaire.

La moitié des enfants qui naissent dans les grandes villes sont, chaque année, envoyés en nourrice à la campagne. A Paris seulement, leur mortalité est représentée par le chiffre de 54,68 0/0, tandis que celle des enfants appartenant aux localités vers lesquelles ils émigrent n'est que de 19,9 0/0. L'enquête administrative qui a été faite à Paris à ce propos indique pour la mortalité des pupilles des hôpitaux de Paris seulement le chiffre de 36 0/0 ; pour celle des enfants placés par les petits bureaux, 42 0/0 ; ces chiffres énormes sont un des chapitres les plus tristes de l'organisation sociale ; quelquefois, la misère contribue à la mortalité de l'enfant ; mais les raisons capitales résident dans la dégénérescence physique des ascendants, l'alcoolisme, l'entraînement abusif et prématuré de l'intelligence, l'émotivité nerveuse montée à un degré impossible, l'action sourde de ce poison que la débauche infuse dans les veines des générations, etc. Voilà pour le genre humain autant de causes de faiblesse qui doivent nécessairement rendre l'enfant fragile et chétif.

Il importe de connaître toutes les causes qui peuvent nuire à la prospérité de l'enfant, tant sous le rapport intellectuel que sanitaire, l'ignorance ayant déjà fauché pour une large part des existences humaines.

L'adolescence est cette période de la vie dans laquelle s'achève l'édifice organique et où les fonctions et les facultés se complètent et viennent aboutir à l'âge de la *puberté*, à cette crise qui enlève l'enfant à la vie de l'individu pour le faire participer à la vie de l'espèce. C'est la *nubilité*, c'est-à-dire l'aptitude complète au mariage qui est l'aboutissant final de cet âge de la vie.

La race, le climat, l'hérédité et l'alimentation sont autant de conditions qui accélèrent ou retardent l'époque de la puberté. Daubenton fixait donc à tort le commencement de l'adolescence à vingt ans, époque incontestablement trop tardive. De même, les physiologistes, qui ont voulu la faire commencer à onze ou treize ans, fixaient une époque le plus souvent prématurée.

Dans les deux sexes, l'adolescence s'annonce par des signes extérieurs qui ne sauraient tromper : la physionomie se modifie et perd son caractère enfantin, l'ovale de la figure s'allonge, les traits s'accentuent, la bouffissure et le coloris sont remplacés par des lignes plus nettes, un teint moins blanc, vascularisé ; la tournure, la taille et le maintien subissent des modifications corrélatives ; la poitrine s'évase, la taille se cambre et la marche prend chez le jeune homme un cachet particulier de décision.

C'est alors que, chez la jeune fille, on voit poindre cette pudeur inconsciente, cette émotivité rêveuse, cette retenue qui donnent aux grâces physiques un nouveau charme. Et de même que le jeune homme, secouant la servitude du gynécée, elle aspire à l'indépendance et se dispose à accomplir les devoirs pour lesquels elle vit.

Ici, l'âge de *puberté* est arrivé, et avec lui le mariage, puis à l'âge *viril* succède la *vieillesse*.

Et qui ne produit rien dans son âge nubile
Doit être évidemment impuissant ou stérile.

Se nectus ipsa morbus, a dit Sénèque, « la vieillesse est une maladie, » est rigoureusement vrai ; en effet, cette maladie est plus redoutable que les autres, puisqu'elle s'aggrave chaque jour et ne guérit pas. Mais il en est comme des autres maladies incurables : on peut la prolonger, ou plutôt faire durer le valétudinaire.

La mort sénile est une rareté qu'un médecin rencontre tout au plus cinq ou six fois dans le cours d'une longue carrière. Les vieillards, a dit Foussagrives, *meurent, à peu près, tous de maladie à caractériser et à soigner*. Il y aurait donc lieu de réagir contre ces idées vulgaires de découragement qui s'emparent des familles quand un vieillard décline visiblement : il faut soigner les vieillards et les encourager à se soigner pour éviter les causes de maladie qui les menacent.

Il y a une hygiène de la vieillesse comme il y a une physiologie, hygiène dont les règles sont plus solidement tracées qu'elles ne sont docilement suivies. Dans aucun cas, l'aliment, le régime ne doivent être aussi scrupuleusement observés. Si le choix des aliments et la distribution des repas sont utiles et nécessaires à la santé des vieillards, il est un autre initiateur du travail digestif qui décide souverainement de la manière dont il s'accomplira. Nous voulons parler de la mastication des aliments qui est compromise chez les vieillards par l'imperfection de la denture : par suite, il n'est pas rare de constater chez eux le dépérissement, dû au défaut d'une digestion facile.

On peut obvier à ces graves inconvénients en faisant intervenir ici l'art culinaire. Des mets bien cuits, succulents et dont la digestion est facile doivent être servis aux vieillards, et, quoi qu'en aient dit certains médecins, la science culinaire a souvent suffi pour faire disparaître des accidents alarmants contre lesquels on avait prodigué inutilement et sans résultat toutes les ressources de la pharmacopée.

La paresse de l'estomac et l'inertie des organes chargés de fournir les sucs salivaires et digestifs, indiquent la nécessité d'une alimentation d'un goût relevé, et dans laquelle les condiments aromatiques et salés entrent pour une certaine part.

Le repas du soir doit se réduire, pour les vieillards, à une simple collation ; un repas copieux, à cette période de la journée, prédispose à la torpeur cérébrale, et cet inconvénient est plus réel pendant l'hiver où, généralement, les vieillards passent de la table au coin du feu et tombent facilement dans une somnolence complète.

Il est donc de toute prudence de ne faire qu'un seul repas substantiel au milieu de la journée, entre le déjeuner et le repas du soir, arrosé d'un verre de vin :

Le vin est la source de vie,
Le vin est le lait des vieillards.

Ce nectar leur convient admirablement bien, il les nourrit et les stimule légèrement ; mais en dehors de la question de quantité qui, bien entendu, est toujours réservée, on ne saurait considérer tous les vins comme ayant la même valeur pour eux ; les vins trop capiteux et les vins sucrés ne leur conviennent pas.

Par contre, une fois par jour, le café leur est favorable. Les adultes ont en eux la source d'une activité suffisante et nerveuse, et peuvent se passer de ce stimulant. La nature a réellement fait le café pour le vieillard. Pour certains vieillards, tous les stimulants, même l'absinthe (à petite dose), sont plutôt favorables : toutefois, ils doivent naturellement fuir les excès alcooliques.

La décrépitude est un spectacle douloureux. Le vieillard est un enfant qui a besoin de sollicitude et d'affection et dont il faut prévoir les besoins. C'est un devoir pour tous d'entourer de soins une existence qui s'éteint, car cette vie végétative n'a plus de règles, elle s'inspire des nécessités de l'heure qui suit et qui ne viendra peut-être pas :

Le printemps, vêtu de verdure
Chassera bientôt la froidure ;
La mer a son flux et son reflux ;
Mais, depuis que notre jeunesse
Laisse la place à la vieillesse,
Le temps ne la ramène plus.
Les lois de la mort sont fatales
Aussi bien aux maisons royales
Qu'aux taudis couverts de roseaux ;
Tous nos jours sont sujets aux Parques ;
Ceux des bergers et des monarques
Sont coupés des mêmes ciseaux.

Pour les régimes appropriés aux âges, voir *Alimentation*.

Agen *s. p.* — Chef-lieu du dép. de Lot-et-Garonne, renommé pour ses marmelades, confitures et pruneaux conservés par dessication (voyez d'*Ente*). On y fait également de la fleur d'oranger pralinée.

Agénois *s. p.* (vin de l') Lot-et-Garonne. — Les crus les plus renommés sont le Clairac et le Buzit. Ses vins blancs sont classés au deuxième rang parmi ceux de la France. Ils sont diurétiques, mais capiteux et stimulants. Les personnes d'un tempérament nerveux ou sanguin se trouveront bien d'en user avec modération.

Ageustie *sf.* — Privation de la faculté de percevoir la saveur. Absence du goût.

Agneau *s. m.* (*agnus*). All. *Lamm* ; angl. *lamb* ; ital. *agnello*. — Petit de la brebis et du bélier, un des plus inoffensifs des animaux, aussi joli qu'aimable, et s'il n'est pas toujours l'ami des enfants, par contre, ceux-ci sont les siens. Originaire de l'ancien monde, il était connu avant l'âge historique. Les Israélites le connaissaient et les auteurs de la Bible en parlent; ils l'ont comparé au Christ mourant sans se plaindre, de même que l'agneau se laisse dévorer par le loup sans résistance et sans pousser le gémissement de la douleur.

Quelques étymologistes prétendent que ce mot signifie reconnaître ou suivre (*agnoscere*); effectivement, l'agneau, aussitôt né, reconnaît et suit sa mère en chancelant.

C'est l'agneau qui a été choisi pour être immolé à la grande fête de Pâque, et que l'on a appelé depuis *agneau pascal* (1). Tous les ans chaque famille israélite, au mois de dizan, qui était le dixième de la période zodiacale, pour perpétuer le passage de l'*ange exterminateur* en Egypte et celui de la mer Rouge, devait choisir dans sa propre bergerie un agneau mâle âgé d'un an et sans défaut, (2) le garder dans un endroit solitaire pendant quatre jours, et l'immoler ensuite dans le temple de Jérusalem, entre deux vêpres.

Le rôtir tout entier et le manger avec du pain *azyme* (sans levain), trempé dans le suc d'herbes amères, telle était la formule culinaire.

Comme on le voit, déjà antique du temps des païens, il s'est perpétué parmi les Grecs et les Romains, et jusqu'à nos jours, il a pris une place d'honneur dans les festins des grands de la terre.

Dans les temps primitifs, alors que l'argent n'avait pas encore causé ses effrayants ravages dans le commerce des humains, Abraham donna sept agneaux au roi Abimelech en témoignage de son alliance. Jacob donna deux cents agneaux pour un champ qu'il acheta

(1) Exode XII.
(2) Dans l'état pastoral, ils étaient tous propriétaires.

aux enfants d'Hénor. Plus tard en France, l'or monnayé apparut, et vers l'an 1300, on frappait une pièce d'or appelée *Agnel*, qui portait l'effigie de l'*Agneau pascal*.

Au point de vue alimentaire, c'est au mois de décembre et au mois d'avril que la chair de cet animal est préférable; cependant, on ne doit pas oublier que l'agneau a deux époques qui diffèrent l'une de l'autre pour la qualité de sa chair. La chair de l'agneau au-dessous de deux mois est peu savoureuse, gluante, blanche, molle et médiocrement nourrissante, par contre très facile à la digestion et un peu laxative.

Pour qu'il soit réellement bon, l'agneau doit avoir de deux à six mois et ne doit être nourri que de lait; alors il fournit ce plat des dieux, chanté par les poètes latins, et tant savouré par les Romains. Sa viande agréable est d'une tendreté de tissu qui la rend précieuse pour les enfants, les convalescents, les femmes en couches et les vieillards; rôti à point, c'est un des mets les plus naturels, en effet, le rôtissage lui communique des propriétés aromatiques qui sont des conditions de digestibilité pour cette viande ordinairement fade.

Agneau à la Syrienne. — Une manière curieuse de préparer l'agneau que les Romains, dans leur cuisine raffinée, ne connaissaient pas, c'est certainement à la façon des Arabes et des Syriens et, d'après un témoin oculaire de cette cuisine, ce mets ne laisserait rien à désirer; voici comment ils procèdent:

On tue et dépouille l'agneau et on en retire les intestins, excepté le cœur, les poumons, le foie, dont on retire le fiel; puis on lui coupe la tête et les jambes; pendant ce temps, on a fait un profond trou dans la terre dans lequel on allume un fort brasier, puis on fait passer dans une poêle du riz avec de la graisse. On l'assaisonne avec des condiments variés, on le sale et le mouille légèrement avec de l'eau. Aussitôt l'ébullition commencée, on le retire et on en farcit l'agneau, dont on a soin de coudre toutes les ouvertures, on prend ensuite la peau, et on le réhabille par la juxta-position naturelle, également cousue.

On vide le creux du foyer, laissant au fond la cendre brûlante sur laquelle on couche l'agneau, recouvert de cendres et de feu réallumé que l'on abandonne à lui-même et au retour de quatre heures de chasse l'agneau est cuit à point: il est succulent; on le sert sur une dalle ou sur une pierre, et là précédé du meilleur apéritif, l'*air*, on le mange à la primitive.

Agneau à la Pascale. — Si l'agneau est blanc, on conserve la tête et la queue revêtues de leur laine; on les lave à l'eau de soude et on les laisse sécher dans un lieu tiède et sec.

On trousse l'agneau entier, les jambes repliées sous lui-même; on remplit le ventre de pigeons farcis et rôtis, de châtaignes glacées, de petites saucisses grillées et de truffes blanches de Piémont, préalablement cuites. Le tout enfoui dans l'agneau on en recoud les ouvertures, et on le fait rôtir à la broche. Lorsqu'il est cuit on le place sur un plat gigantesque, surmonté d'attelets, paré, de la tête à son extrémité ; garni de truffes entières au lieu de pommes de terre. Ce plat magistral est déposé au milieu de la table, et l'amphitryon armé de son grand couteau, immole l'agneau pascal, en lui perçant les flancs par de larges ouvertures ; aussitôt il s'en échappe une avalanche de pigeonneaux, de châtaignes et de truffes, répandant un fumet à séduire le plus austère des végétariens, et dispose les convives par le plus délicieux avant-goût.

Un pigeonneau, trois truffes, quelques châtaignes et une petite saucisse composent chaque portion, arrosée du suc embaumé de la victime. Une tranche d'agneau accompagnée de la salade, clôt la courte série des mets.

Des œufs à surprises, remplis de glaces ou de crèmes vanillées terminent ce sain dîner.

Tel était le mets favori des anciens Gaulois, le jour de Pâques, et aujourd'hui quelques familles observent encore ces anciennes traditions aristocratiques et religieuses.

Côtelettes d'agneau. — (Voir le mot *Côtelette*).

Épigrammes d'agneau. — Les encyclopédistes ont donné des explications aussi variées qu'étranges sur ce mets, pourtant bien simple. Laissons l'épigramme piquante du littérateur pour en préparer une autre, généralement mieux goûtée. Cependant je ne puis m'empêcher de dire avec Allard-Pastel :

Si la critique à la pointe de flamme,
Par des bons mots rend le public friand ;
Le cuisinier tourne bien l'*épigramme*,
Et sans effort fait du Châteaubriand.

Voici donc les meilleures épigrammes :

Faire braiser à blanc dans un fond bien assaisonné, ou cuire dans du bouillon les épaules et les poitrines d'agneaux. Les désosser et dégraisser, les mettre à plat sur une table propre et dessus une planche chargée de poids. Laisser refroidir et en couper des triangles. Casser plusieurs œufs dans une assiette et y ajouter du poivre, du sel et de l'huile fine ; battre avec la fourchette, passer les épigrammes dans cet appareil et les rouler dans de la chapelure blanche.

Les faire cuire dans un sautoir avec du beurre très frais et les tourner avec précaution ; c'est ici que le cuisinier doit bien *tourner l'épigramme.*

En dressant les épigrammes sur une purée de marron, on les appellera *à la Cavour.*

En les garnissant de pointes d'asperges, de petits pois, de haricots verts, de carottes nouvelles, le tout lié au beurre frais, ce sera des épigrammes *à la Jardinière.*

Autant de sortes de garnitures autant de noms différents. Je n'insiste donc pas davantage.

Agneau braisé. — En rendant visite à notre ami Georges Bouzou, chef des cuisines du Prince Orloff, ambassadeur de Russie à Paris, nous étions invariablement invités à déjeuner, et les Princes de la table déjeunaient aussi bien que les Princes de la politique. C'est là qu'un jour d'avril 1883 j'ai mangé le meilleur ragoût d'agneau, en compagnie de l'un des cuisiniers de l'empereur Guillaume, d'Emmanuel, ancien pâtissier de Napoléon, de Lombard, pâtissier du duc de Nassau, de Jules Deglemont, chef des cuisines du roi des Belges et de Charles Delatour. Voici comment du reste notre ami procédait :

Couper par morceaux carrés les épaules et les poitrines d'agneaux, et les faire roussir vivement dans un sautoir. Mettre ces morceaux dans une casserole avec un bouquet de persil n° 1 (voyez *Bouquet de persil*), une pincée de sel, un verre de vin blanc sec, gros comme un œuf de glace de volaille, et un peu d'eau. Faire braiser dans le four ; étant cuit l'agneau doit être glacé ; on le dégraisse, et on y ajoute des petits pois à l'anglaise et des carottes braisées séparément. On fait sauter le tout ensemble, et on sert dans une timbale d'argent. On ajoute dessus quelques pointes d'asperges fraîchement cuites et passées au beurre.

Voilà un mets d'artiste dont je puis garantir les propriétés d'excellence et d'hygiène.

Ragoût d'agneau. — Couper les poitrines et les épaules d'agneaux par morceaux carrés ; faire roussir à feu vif dans un sautoir ; dégraisser et ajouter une forte cuillerée de farine, fine ; faire prendre couleur à la farine. Mouiller avec du bouillon ou de l'eau. Ajouter un oignon clouté, un bouquet de persil N° 1, (voir *Bouquet de persil*), une pincée de sel, une douzaine de petites carottes tournées, autant de navets glacés. Faire cuire.

Lorsque l'agneau est cuit la sauce doit être glacée. Dégraisser et saupoudrer de fines herbes après l'avoir dressé sur un plat creux.

Irish-stew d'agneau. — Couper en morceaux carrés une épaule et le cou désossés de l'agneau. Mettre dans une casserole trois belles pommes de terre épluchées, un oignon clouté, deux blancs de poireaux et de cœurs de laitues émincés, sel, poivre concassé, un fragment de thym dans un petit sachet. Submerger d'eau froide, soumettre à l'ébullition. Écumer et faire cuire à moitié. Écraser les pommes de terre et les oignons, ajouter alors d'autres petites pommes de terre nouvelles et remettre à une douce ébullition jusqu'à parfaite cuisson. Retirer le poivre.

La sauce composée de la purée de légumes doit être blanche et veloutée. On dresse dans une timbale ou dans un plat creux, et on met les pommes de terre en couronne sur le bord.

Ragoût d'agneau à l'italienne. — Couper par morceaux deux épaules d'agneau, ajouter le même volume d'abatis de volaille, préalablement échaudés et nettoyés. Faire roussir le tout sur un feu vif. Mettre une cuillerée de farine, la faire colorer et submerger d'eau, y ajouter un bouquet de persil, poivre, sel, une gousse d'ail et de la purée de tomates. Laisser cuire un instant. D'autre part passer du riz dans une casserole avec du petit-salé coupé en dés; le dégraisser et l'ajouter à l'agneau. Après quinze minutes de cuisson, servir le ragoût dans un plat creux.

Baron d'agneau. — On appelle ainsi les deux gigots et le râble d'une seule pièce. Rôtis est la meilleure manière de les préparer. Les garnitures dont on l'entoure généralement en déterminent le nom :

Baron d'agneau aux tomates farcies.

Aux primeurs (garni de légumes nouveaux).

A l'anglaise (garni de légumes bouillis à l'eau salée).

Râble ou selle d'agneau. — La partie comprise entre les gigots et les côtes couvertes par les épaules, est le meilleur morceau de l'agneau. Il est excellent rôti à la broche, préalablement entouré de feuilles de vigne ou d'une barde de lard.

Gigot d'agneau braisé à l'estragon. — Le gigot placé dans une braisière foncée de bardes de lard, d'oignons, d'un clou de girofle, doit être saisi à feu vif, et mouillé avec du bouillon et un verre de vin blanc sec ; y ajouter un fort bouquet d'estragon. Faire cuire à l'étouffée ; d'autre part blanchir des feuilles d'estragon en les jetant à l'eau bouillante, les sortir de suite avec l'écumoire et les rejeter aussitôt dans de l'eau fraîche. Les égoutter.

Le gigot étant cuit et le jus réduit à glace, il faut dégraisser et le passer dans un tamis de crin ; hâcher des feuilles d'estragon et mettre dans la sauce sans la laisser recuire. Décorer le gigot des feuilles blanchies, le saucer et servir.

Remarque. — Pour la commodité du découpage on sert le gigot garni de deux branches ou de petits bouquets d'estragon, et la sauce séparément dans une saucière.

Pilaff d'agneau. — Désosser les épaules et le cou d'un agneau, et faire un bouillon bien assaisonné avec les os et les débris. Couper l'agneau désossé en morceaux carrés.

Formule. — Agneau . . . . . kilog. 2 —
Petit salé, coupé en dés. . . . . gram. 250
Riz . . . . » 500
Oignons moyens hachés . . . nombre 2 —
Belles tomates égrenées et pelées . » 2 —
Piment sec de Cayenne. . . . . » 1 —
Une pincée à trois doigts de sel marin.

Procédé. — Faire saisir à vif l'agneau et le lard dans une casserole avec du beurre, y ajouter les oignons hachés et préalablement préparé ; après un instant submerger avec le bouillon, ajouter le sel, le piment, les tomates émincées et le riz. Le tout en ébullition on fait cuire doucement et sans remuer. Après quinze à vingt minutes servir le pilaff d'agneau dans un plat creux.

Il est à remarquer que la quantité de liquide, avant la cuisson, doit être les deux tiers du volume de riz.

Épaule d'agneau à la royale. — Désosser l'épaule d'agneau en lui conservant sa forme entière ; hacher trois échalottes, une gousse d'ail, deux feuilles de céleri, ajouter le sel et une pointe de piment de Cayenne, incorporer le tout dans un petit morceau de beurre frais de façon à faire une maître-d'hôtel ; en farcir l'épaule et la coudre. La rouler dans un appareil anglais (voyez ce mot), et dans la chapelure. Fair cuire dans un four de chaleur moyenne en arrosant avec du beurre fondu.

Agneau sauté. — Emincer en lames la viande froide restée autour de l'os du gigot, dans l'épaule ou dans toute autre partie cuite la veille. La déposer sur une assiette. D'autre part faire sauter au beurre des oignons émincés, une échalote et une demi-gousse d'ail ; après trois ou quatre minutes de cuisson, ajouter les débris d'agneau émincés, saler, poivrer et sauter souvent. S'il reste du jus de l'agneau, en ajouter pour humecter, y faire couler aussi un de jus citron, et, au moment de servir, saupoudrer de fines herbes.

Ce mets très économique est excellent lorsqu'il est bien préparé.

Animelles d'agneau. — Choisir dans les abatis du jeune bélier les parties glanduleuses, les dégager de la peau qui les entoure ; les faire tremper à l'eau tiède, les essuyer, les couper en liards, les faire mariner un instant sur une assiette avec de l'huile, un jus de citron, poivre et échalottes hachées.

Préparer dans une petite casserole une sauce moitié maitre d'hôtel avec du jus de citron et moitié glace de viande.

Faire sauter les glandes à la poêle, les laver dans une passoire en faisant couler de l'eau dessus et ensuite les égoutter. Les mettre dans la casserole où est la sauce préparée, et y ajouter quelques champignons.

Ce mets est d'une parfaite délicatesse.

Rognons d'agneau à la brochette. — Laisser une petite couche de graisse autour des rognons, les couper à trois quarts, enfiler transversalement une brochette, les saler, poivrer et huiler ; les faire griller à feu vif, et les servir sur un plat chaud avec de la maître-d'hôtel, de la glace de viande, et un jus de citron. Les entourer de cresson alénois.

Fraise d'agneau à la bordelaise. — A Bordeaux on mange les fraises d'agneau avec une sauce Robert, poivrade ou ravigotte (voyez ces mots).

Agnoloti sm. pl. (aliment composé). *Cuisine italienne.* — Ces beignets ou bouchées sont surtout estimés à Milan, à Turin et aux environs. Dans l'origine ils étaient faits avec de l'agneau, mais aujourd'hui on les prépare indifféremment avec du roastbeef, du mouton ou de la volaille froide.

Formule. — Préparer une pâte à nouille (voir ce mot), d'autre part hâcher de l'agneau, du roastbeef ou du mouton. Incorporer dans le hâchis, sel, poivre, oignons hâchés et passés au beurre, du parmesan râpé et enfin du fond ou jus en gelée de la viande cuite, de façon à en faire une pâte homogène.

Étendre une feuille de nouille sur la table, l'humecter sur toute sa surface ; déposer à de petites distances de petits tas de pâte de viande à l'aide d'une poche ou d'une cuillère, comme pour faire les petits pâtés. Couvrir la viande avec des morceaux de nouille coupées carrées à l'emporte-pièce et appuyer avec le dos pour en souder les pâtes. Couper ensuite chaque agnoloti et les faire cuire dix minutes à l'eau salée. Les égoutter et les dresser sur un plat creux. Faire chauffer du beurre dans une poêle, étant fumeux le verser chaud sur les *Agnolotti* que l'on aura préalablement arrosés d'une sauce tomate demi-glace.

Agoni *sm. (Cariphène hippure).* — Une des variétés de la *féra*, que les Niçois appellent *féro*. On pêche l'agoni dans le lac de *Cérésio* entre la Suisse et l'Italie. Il se distingue de la *féra* du lac Léman par quatre points noirs sur son dos à écailles verdâtres et par sa tête analogue à celle du hareng. Sa chair blanche est traversée par de nombreuses arêtes. Mazzini en faisait ses délices pendant son séjour de proscription dans une magnifique villa située entre Paradis et Lugano.

Il se prépare comme la *féra*.

Agourci *sm. (concombre brodé).* Angl. *brown netted cucumber*; all. *braune genetzte Chiwa Traubengurke.* — Concombre de Russie, très connu à Odessa

Agourci (concombre brodé de Russie).

et à Pétersbourg, se distingue d'une autre variété également hâtive, par ses dessins capricieux, sa forme ovoïde, sa couleur brune olive. Le dessin ci-dessus en est une représentation exacte.

On s'en sert en cuisine comme garniture, farci d'un appareil relevé, ou d'un hachis de viande.

On le prépare aussi mariné, en salade, ou braisé dans le jus de gibier.

Agouti *sm.* — Mammifère rongeur de l'Amérique du Sud ; on le trouve aussi dans les Antilles ; il court avec rapidité et déjoue assez facilement la piste du chasseur. Il est de la grosseur du lièvre, avec un manteau de cochon. Sa chair est pareille à celle du cochon de lait ou du cochon d'Inde, blanche et agréable au goût, quoique un peu forte.

On échaude l'agouti comme le porc, on le fait saler ou mariner ; frais, il doit être servi avec une sauce crème au genièvre ou à la sauce poivrade.

Agras *sm. (boisson froide).* — Cette boisson se sert dans le midi de l'Europe, l'été, en place des glaces, soit comme rafraîchissant dans les soirées.

Formule. — Cassonade . . . . . gram. — 275
Amandes douces émondées . . . » 250
Verjus . . . . kilog. 2 —
Eau . . . . litre 1 —

Procédé. — Piler les amandes avec une goutte d'eau et ajouter peu à peu l'eau et le verjus et enfin la cassonade. Filtrer à la chausse le liquide jusqu'à ce qu'il soit clair et limpide, le mettre dans une sorbetière et le faire grener.

Ce granit se sert dans des verres à sorbet.

Agriophage *sm.* — L'étymologie de ce mot peu usité semble venir de *agri* (champ) et *phage* (suffixe) ; qui se suffit seul au champ, qui vit d'animaux sauvages. Mais l'agriophage proprement dit est celui qui ne vit que de gibier ou d'animaux sauvages ; tels étaient les peuplades éthiopiennes qui se nourrissaient de panthères et de lions.

Agriote *sf.* — Variété de cerise qui diffère de l'ordinaire par sa saveur aigrelette et son coloris d'un rouge brillant. On l'appelle par altération *griote* (voir ce mot).

Agrobate *sm.* Etym. grecque, *agrobatès*, qui erre dans les champs. — Terme générique des becs-fins, sylvains.

Agrouelle *sf.* — Nom vulgaire de la crevette (voyez ce mot).

Agrume *sf.* — Variété de prune dont on se sert à Agen pour les conserves.

Ahonque *sf.* — Nom que l'on donne à l'oie sauvage sur les bords d'un lac de l'Amérique du Nord, autrefois habités par les Hurons.

Ahoua (*a-ou-a, è*) *sm.* Etym. indienne. — Plante du Brésil qui porte un fruit de couleur vive et d'une saveur agréable. En Amérique les noyaux servent à faire des colliers. L'amande est amère et vénéneuse.

Ahu *sm.* (*a-u*). — Variété de chevreuil de la Tartarie.

Aï *sm.* — Nom d'une ville de France (Marne), dont les environs produisent d'excellents vins avec lesquels on fait le vin de Champagne.
Un des meilleurs vins de Champagne (voyez *Ay*).

Aiche *sm.* (*esca*). — Se dit d'un petit ver qui sert d'appât pour la pêche à la ligne.

Aide *sm*; all. *Gehülfe*; ital. *ajuto*; angl. *aid*. — Celui qui aide son chef de partie. Les chefs de parties qui, par la division du travail, sont des aides du chef principal, ont à leur tour des aides secondaires, — le chef et ses aides, — le rôtisseur et ses aides.

Aiglon *sm*; **Aiglonne** *sf*; all. *kleiner Adler*; angl. *caglet*; ital. *aquilotto*. — Le petit de l'aigle. Comme ornement de table, j'ai servi au feld-maréchal de Moltke, le 7 mai 1876, à l'hôtel du Parc à Lugano (Suisse), un aiglon à la volière sur socle.
Voici comment je l'ai traité : je fis larder la poitrine et les cuisses et les mit pendant huit jours dans une marinade au vin blanc, cuite et fortement assaisonnée. Truffé avec la farce habituelle, enveloppé dans un linge et enseveli six jours dans la glace ; sorti et laissé vingt-quatre heures au garde-manger, braisé ensuite, laissé refroidir et décoré avec la gelée, etc. Sa chair en est coriace et son fumet fort, ayant une certaine analogie avec le coq de bruyère ; sa poitrine seulement était d'un bon acabit.

Aignade ou **Aiguade** *sf.* (*pluvium*) ; all. W*asservorrath* ; angl. *supply of water*, faire de l'eau ; ital. *aquata* ; esp. *aguada*. — Eau de pluie ou de source, provision d'eau douce que l'on prend sur le rivage pour l'approvisionnement des vaisseaux. Lieu où l'on fait l'eau douce, soit par le moyen de réservoirs, soit par des puits.
L'eau de pluie, par des cheneaux qui bordent le toit, est conduite dans l'aiguade.

Aigre *adj.* (*acer*) ; all. *sauer* ; angl. *sour* ; ital. *agro* ; du grec, signifie *pointu*. — Tout ce qui est acidulé, fruit aigre, vin aigre, lait aigre, etc. Les dictionnaires ne font aucune différence entre un fruit aigre par sa nature et du bouillon aigri, qui non-seulement est devenu acidulé, exhale une odeur repoussante et fort désagréable, et qui, dans sa décomposition, contient non-seulement l'acide, mais encore le suc de la viande corrompue qui lui donne cette odeur infecte ce qui fait dire en termes de cuisine : *bouillon tourné*, par suite de sa décomposition.

M. Parmentier, de Nantes, a exposé à ce sujet un procédé d'après lequel le lait et le bouillon aigres pouvaient être ramenés à leur état primitif, rendus même meilleurs, par l'unique emploi du *bicarbonate de soude*. « En jetant pour quinze centimes de cette substance, dit-il, dans le bouillon au moment où il est sur le feu, on peut ramener des centaines de litres de bouillon aigre, et, à mon avis, les rendre meilleurs. »

Le chimiste fait erreur. Le bouillon, qui est un aliment composé, n'est bon que par l'abondance des parties succulentes et gélatineuses de la viande, aromatisées par des légumes et des condiments. Or, quand le bouillon *tourne*, ce n'est pas l'eau, mais bien les parties succulentes et nutritives qui, en se décomposant, se corrompent et s'aigrissent. En suivant le procédé du chimiste on ne tarde pas à voir l'effet réactif du *bicarbonate de soude*, c'est-à-dire une masse noirâtre, et quand on a écumé le bouillon, on a précisément enlevé les parties nutritives qui y étaient contenues ; il ne reste qu'un liquide trouble, insipide et peu engageant.

Il y a cependant un moyen d'utiliser le *bicarbonate de soude*. Si le bouillon tourne pendant l'orage, dans la même journée où il est fait, et qu'il ne soit pas complètement aigri, pour redonner au bouillon ses qualités primitives, voici comment il faut procéder : pour une capacité de cinq litres de bouillon, hacher un kilogramme de viande de bœuf, du jarret, si possible la mettre dans le bouillon avec des poireaux, des oignons, du céleri, du cerfeuil, une prise de bicarbonate de soude, une pincée de sel et deux œufs avec leur coquille, et délayer le tout.
Faire bouillir sur un feu vif en remuant jusqu'à l'ébullition, retirer ensuite sur l'angle du fourneau pendant quinze à vingt minutes. Ce temps écoulé, et de cette manière, on aura réintégré l'équivalent des éléments perdus qui le composaient, et on aura un *consommé* clair et limpide, ayant le suc nutritif de la viande et la saveur des primeurs

Aigre au cédrat *sm.* — Boisson très à la mode sous le règne de Louis XIII et dont le cardinal de Richelieu en était un des consommateurs les plus partisans. C'est une orangeade aiguisée de citron vert, de miel épuré, du suc de mûres blanches et aromatisées avec l'écorce de cédrat rouge ; cette boisson est tonique.

Aigre-doux, douce *adj.* (*acer dulcis*). All. *süss-sauer*; ital. *agro dolce*; angl. *sweet and sour*. — Qui contient de l'aigre et du doux. Des oranges aigres-douces. Des poires aigres-douces. Le sirop de vinaigre est une liqueur aigre-douce : Ces prunes sont excellentes, elles sont aigres et piquantes. Aigrelette, mais douce.

Aigrefin sm. (*gadus œgrefinus*). All. *Schellfisch* angl. *sharper*. — L'aigrefin, du genre gade, est la morue fraîche. Ce poisson abonde sur les côtes de Bretagne ; plus petit que la morue du Nord il est moins estimé. Sa chair varie selon son âge, selon les parages où on le pêche, selon son sexe et l'époque de l'année. Elle est ferme, feuilletée et blanche ; sa tête est remarquable par sa grandeur. Il est ordinairement du poids de cinq à sept kilogrammes.

Il fraie en mer et on le trouve à certaines époques de l'année en troupes abondantes ; c'est alors que les pêcheurs anglais peuvent en remplir leurs barques deux fois par jour.

Il varie de nom selon son état : frais, on l'appelle indifféremment *cabillaud*, *aigrefin*, *dorschs*, *barbillaud* ou *morue fraîche*. En état de boucanage ou de salaison il prend alors le nom de *stockfisch* et de *morue*. De là le nom de morue fraîche à plusieurs variétés du genre *gade*. (*voyez cabillaud*.)

Tout le monde mange la morue, par contre, très peu de personnes sauraient reconnaître les variétés vivantes de l'individu.

« L'aigrefin est un merlan de grande dimension, dit de La Porte, avec un gros museau obtus dépassant la mâchoire inférieure. Celle-ci est marquée par un barbillon charnu et conique ; les dents représentent de fortes cardes ; les yeux grands, sont recouverts d'une conjonctive épaisse ; le corps est revêtu de petites écailles. La couleur est verdâtre, mêlée de jaune sur le dos, passant par degré au blanc argenté dans les parties inférieures.

« On distingue, outre la *morue* proprement dite, l'*aigrefin*, qui a des lignes noires sur le côté, et le *dorschs* ou *petite morue*. Ce dernier ne se trouve pas dans la Méditerranée, mais l'aigrefin et le barbillaud sont communs dans l'Océan, sur les côtes du Poitou et de la Normandie, ainsi que dans la Manche, la mer Baltique et les mers septentrionales de l'Europe. Les pêches les plus considérables se font en Amérique, sur le grand banc de Terre-Neuve et aux îles Pierre et Miquelon. Le produit de cette lointaine pêche fournit à l'industrie française environ trente millions de kilogrammes.

« Ces poissons se tiennent dans les plus grandes profondeurs de l'Océan. Ils n'approchent du rivage que pour y frayer, à des époques variables de l'été. Leur prodigieuse fécondité est estimée à *neuf millions six cent mille*, nombre d'œufs contenus dans une seule femelle.

« C'est aussi un des poissons les plus voraces.

« Presque tous les stockfischs nous viennent des côtes d'Europe. Il est préparé, par les Hollandais, les Danois et les Anglais, au moyen de procédés qui se rapprochent du saurissage des harengs, c'est-à-dire en exposant le cabillaud, avant la salaison, à la fumée de bois vert et à la chaleur jusqu'à ce qu'il prenne l'aspect jaunâtre du cuir. Les salaisons d'Amérique se font aussitôt après la pêche, qui occupe chaque année cinq à six mille navires.

« Dès que le pêcheur a détaché l'hameçon, on ouvre la morue, on met de côté le foie, destiné à fabriquer l'*huile de foie de morue* pour la pharmacie (voyez ce mot) ; on lave le poisson, on arrache l'arête principale et la tête, on frotte ensuite le corps de sel en dehors et en dedans ; au bout de vingt-quatre heures, pendant lesquelles on laisse égoutter l'eau, les morues sont salées à nouveau et encaquées dans des futailles, où elles restent jusqu'à ce que le temps permette de les laver encore, de les saler une troisième fois et de les presser dans les barils, où elles doivent être expédiées.

« Le cabillaud est un bon aliment qui nourrit beaucoup, la tête est estimée et quand la chair est épaisse, ferme et grasse, comme dans les individus d'une vingtaine de livres, on en conserve la langue par les mêmes procédés de salaison, c'est un aliment digne de recherche.

« La morue salée, quoique beaucoup plus répandue, est inférieure en qualité et surtout moins convenable aux estomacs délicats. On doit avoir soin de la tremper dans l'eau pendant deux ou trois jours avant de la faire cuire à l'eau froide, et rechanger encore une fois au commencement de son ébulition de manière à lui enlever complètement les inconvénients de la salaison. »

Dans cet état, la morue conservée reçoit différentes préparations culinaires qui en font un aliment précieux, vu son prix modique.

Le *stockfisch* est plus indigeste, et il faut également se méfier de la merluche que l'on distingue à la couleur de sa peau et à la petitesse de sa tranche. On rencontre généralement celle-ci chez les épiciers secondaires.

La morue se sert à la Provençale ; au gratin ; à la crème ; à la maître-d'hôtel ; en brandade ; à la Béchamel ; à la ménagère ; dans les vol-au-vent ; en croquettes, etc. (voyez morue).

Aucune de ces méthodes ne paraît modifier ses qualités alibiles.

Aigrelet, lette adj. all. *sœuerlich* ; angl. *sourish* ; ital. *agretto* — Qui est un peu aigre. — Ce fruit est aigrelet, des pommes aigrelettes, etc.

Aigrette sf. All. *Federbusch* ; angl. *égret*, *tuft* ; ital. *garza bianca*. — Une des variétés du héron. Héron blanc qui porte une aigrette sur la tête. On dit également aigrette, d'un bouquet de plumes effilées et droites qui orne la tête de quelques oiseaux.

Aigreur sf. All. *Sœure* ; angl. *sournes* ; ital. *accerbezza*. — Qui contient de l'aigreur. Qualité de ce qui est aigre : ce vin, ce lait a de l'aigreur

L'aigreur d'estomac comme le goût acide de la bouche, l'odeur aigre de l'haleine, de la sueur, de la matière des vomissements et des selles, caractérisent un état particulier d'ascescence générale dont on ne peut toujours établir l'origine.

Le mot *aigreur* est habituellement borné à la seule

exagération des sécrétions acides de l'estomac sous l'influence de troubles digestifs ou d'une indigestion accidentelle.

Certains aliments, tels que le sucre, les fécules, le lait et le beurre frais, exagèrent cette disposition aux acidités gastriques. On peut les combattre par un traitement, en se privant des aliments que l'expérience a reconnus susceptibles d'augmenter ces aigreurs, et en faisant usage, à ce titre, de palliatifs, de substances telles que la magnésie, l'eau de chaux et les eaux alcalines naturelles prises à la source, à distance ou en pastilles. (*Voyez Gastralgie et Disgestion.*)

Aigrier sm. — C'est le petit-lait devenu aigre et qui, mélangé de son, constitue l'*aigrier* qu'on donne aux cochons.

Aiguière sf. All. *Giessbecken*; angl. *ewer*; ital. *bocale*. — Vase d'or ou d'argent que les anciens utilisaient pour l'eau du service de table et pour se laver les mains. « Une belle esclave, légèrement habillée, verse de l'eau d'une aiguière d'or dans un bassin d'argent où Ulysse se lave les mains. »

Aiguillat sm. (*syngnathe typhle*). L'étymologie veut dire trompette de mer ou *aiguille de mer*. — Poisson remarquable par la soudure de sa mâchoire, l'allongement en tube de son museau en forme d'aiguille et la forme très effilée de son corps, ce qui lui a valu le nom de *chien de mer*. On le pêche sur les côtes de l'Océan, où il en a été pris qui pesaient plus de dix kilogrammes.

Sa chair est filamenteuse, dure, d'une saveur peu agréable et d'une digestion difficile.

Aiguille sf. (*acicula*). All. *Nähnadel*; angl. *needle*; ital. *aguglia*; esp. *aguja*. — Petite verge de métal pointue d'un bout et percée de l'autre pour y passer du fil, de la ficelle, etc. Aiguille à coudre, aiguille à broder, aiguille d'emballage, aiguille à trousser, etc. Ces aiguilles sont ordinairement en fil d'acier fin. Cependant il y a des aiguilles en or ou en argent, servant à embrocher les rognons, les petits poissons, le foie et les petits oiseaux que l'on sert sur table.

En terme de pêche se dit d'une aiguille en acier dont on se sert pour enfiler les petits poissons servant d'amorce vivante.

Aiguiser va. (*acutiare*). All. *schleifen*; angl. *to sharpen*; ital. *aguzzare*. — Couteau bien aiguisé; une lame aiguisée est tranchante, une aiguille affutée est pointue.

Aiguiseur sm. All. *Schleifer*, angl. *sharpener*. — Celui qui aiguise les armes, les couteaux de cuisine et les rasoirs, qui les rend pointus et tranchants.

Ail sm. (*allium sativum*). All. *knoblauch*; arabe, *thum*; angl. *garlic*; ital. *aglio*; esp. *ajo*. — Son étymologie vient du celtique *all*, qui signifie chaud, brûlant. Contradictoirement à l'orthographe de l'Académie, qui écrit *aulx* au pluriel, les cuisiniers comme les botanistes, prononcent *ails*, par la raison que cette consonnance a trop d'analogie avec *os* et *eaux*, ce qui donne lieu à des confusions.

L'ail d'Egypte diffère de l'ail d'Europe en ce que sa bulbe est d'une seule pièce comme un oignon, tandis que l'ail des Latins a la forme d'un oignon composé de petites *gousses* réunies sous une même enveloppe.

L'*allium*, genre de plante des *asphodélées*, familles des liliacées, forme quatre grandes variétés subdivisées en plusieurs sortes, qui sont : les oignons, les poireaux, la civette, l'échalotte, la ciboule, etc. Tous les ails peuvent devenir bulbiferes par les soins de la culture, surtout par les temps pluvieux. Leur tige verte et tendre du printemps est une garniture recherchée pour la salade, de même que sa bulbe est un condiment des plus anciennement connus et très apprécié.

Les Israélites, pendant les jours de servitude en Egypte, s'y étaient tellement habitués, qu'ils le regrettèrent lorsqu'ils n'eurent que de la manne à manger dans le désert (Nombre, XI, 5).

En hygiène c'est un prophylactique contre la malignité de l'air et la corruption des humeurs. Il est en outre vermifuge, fébrifuge, diurétique, et aphrodisiaque. Modérément pris, il fortifie l'estomac, corrige les aliments indigestes et rappelle l'énergie vitale.

Les personnes qui habitent les pays brumeux, les ouvriers de la campagne et les marins se garantissent de mille infirmités avec l'ail.

L'ail a un grand prestige dans les provinces méridionales où on le mange sur du pain ; et tout le monde connaît la gasconnade qui consiste à mettre le chapon dans la salade. Il entre dans une foule de mets et leur donne un goût relevé qui excite l'appétit, lorsqu'il ne domine pas. Cuit, on en retire de meilleurs effets, l'odeur en est moins forte et convient généralement à tout le monde, tandis que cru, au contraire, il excite chez quelques personnes des ardeurs d'estomac ou prédispose au sommeil. Les nourrices doivent s'en abstenir parce qu'il donne au lait une fragrance désagréable. En général les vieillards et les enfants doivent en user modérément ; il convient mieux aux personnes robustes, quoique le chapon de la salade et le gigot clouté d'ail tiennent leurs places avec honneur sur presque toutes les tables.

Malgré toutes ces qualités, l'ail a rencontré des ennemis implacables, à cause de l'odeur pénétrante et désagréable qu'il communique à l'haleine, odeur qui est due à la présence d'une huile volatile particulière dont le souffre est un des éléments principaux.

Antérieurement aux poètes, les prêtres de Cybèle

refusaient l'entrée de leur temple aux dévots qui apportaient avec eux l'odeur de l'ail.

Les Israélites, dans le désert, regrettaient les oignons dont ils se nourrissaient pendant leur esclavage en Égypte. Par la suite, l'*allium* est devenu une plante sacrée pour les habitants de ce pays. C'est ce qui a fait dire à Juvénal :

> O sanctas gentes, hæc quibus nascuntur in hortis Numina !

Que l'on peut traduire ainsi :

> O races saintes, dans les jardins desquelles naissent des dieux !

Il nous revient en mémoire une anecdote qui sera peut-être ici à sa place. Il existait entre Horace et Lydie ce que certaines requêtes appellent pudiquement des relations intimes. Mécène en était comme jaloux. Il se mit bien vite à la recherche d'un moyen de troubler les doux rapports du poète et de la courtisane. Il en trouva un vraiment original. Un jour de l'année 719 de Rome, il convia l'auteur de *l'Art poétique* à un repas où tous les mets étaient assaisonnés à l'ail à forte dose. Mécène savait que Lydie en abhorrait l'odeur. Le repas terminé et la nuit venue, Horace, le cœur bondissant, accourt chez sa maîtresse. Mais il comptait sans l'odeur fatale ; Lydie, indignée, le repoussa impitoyablement.

A la douleur de cet affront vint se joindre une indisposition due également à l'ail, et, quelque temps après, Horace adressa à son ami Mécène des vers dont voici la traduction :

> Si quelque jour un fils étranglait son vieux père,
>   C'est par l'ail qu'il devrait périr.
> Moissonneurs, la ciguë est bien moins meurtrière,
>   Et d'ail vous osez vous nourrir !
> Quel poison a passé dans ma gorge brûlante ?
>   Canidie a joint le venin
> D'une affreuse vipère à cette herbe innocente ;
>   Ce mets fatal sort de sa main.
> Quand, sur Argo, Jason allait, en téméraire,
>   Dompter les fabuleux taureaux,
> Tremblant pour le salut d'une tête si chère,
>   Médée en frotta le héros.
> Elle teignit aussi de ce suc homicide
>   La robe, redoutable don
> Qu'elle offrit à Creüse, sa rivale perfide,
>   Avant de fuir sur son dragon.
> Jamais plus de chaleur dans l'Apulée ardente
>   Ne suivit le char du Soleil.
> Hercule, en revêtant sa robe dévorante,
>   Ne brûla pas d'un feu pareil.
> Si tu goûtais à l'ail, qu'aussitôt ton amante,
>   Mécène, mon aimable ami,
> Repoussant tes baisers, cherche en son épouvante
>   Au fond de sa couche un abri !

Cette anecdote a fait commettre le quatrain suivant :

> En son brillant palais, l'ingénieux Mécène
> Invita maître Horace à manger l'ailloli.
> Mais, le soir, celui-ci dut subir une scène,
> Car Lydie abhorrait l'odeur de *l'ail au lit*.

Tous les poètes n'ont pas lancé des imprécations contre l'ail. Méry, le Marseillais Méry, lui a consacré de beaux vers au nombre desquels se trouvent ceux-ci :

> Virgile, homme de goût, a chanté son arome
> Dans des vers applaudis par les dames de Rome ;
> Et quand il allait voir Auguste au Palatin,
> Thestillis apprêtait l'ail en gardant ses chèvres ;
> Et le poète en cour exhalait de ses lèvres
>   Le vrai parfum du vers latin.

Sidoine Apollinaire, poète latin, né à Lyon, s'écriait, en parlant de l'ail : « Heureux le nez

Fig. 21. Bulbe de l'ail blanc ordinaire (*allium sativum*) réduite au quart.

qui n'est point exposé à se sentir empoisonner par cette plante ! »

Beaucoup plus tard, vers le milieu du XIVe siècle, un roi de Castille fonda un ordre de chevalerie dans les statuts duquel, à la demande de la reine son épouse, il était spécifié que les membres de cet ordre ne mangeraient ni oignon ni ail, sous peine d'être exclus de la cour durant un mois.

Malgré les anathèmes et les proscriptions, la consommation de l'ail s'est toujours maintenue. Actuellement même, en dépit des récriminations plus ou moins vives des grandes dames et des petites-maîtresses, ce condiment a conquis droit de cité dans les cuisines les plus aristocratiques comme dans celles des plus humbles ménages.

Si l'ail n'a pas toujours été favorablement accueilli dans les cours, les princes, même ceux de l'Église, ne se sont jamais fait scrupule d'en tirer des revenus plus ou moins considérables.

La dîme de l'ail rapportait 3,000 francs par an à l'évêque d'Albi.

Il faut pourtant l'avouer, l'odeur de l'ail n'a rien d'agréable, même lorsqu'elle émane de ces jolies bouches qui font rêver aux perles et aux roses. L'imagination la rendrait volontiers beaucoup plus repoussante quand elle vient d'une bouche ridée et veuve de ses dents naturelles. C'est sans doute aussi l'opinion de l'auteur d'une pièce intitulée *Souvenirs de Monte-Carlo*, dans laquelle nous trouvons ces vers :

> Une vieille coquette aux regards sataniques,
> Au teint de couperose, aux façons tétaniques,
> Prétendait vous charmer quand, à coups d'éventail,
> Elle vous envoyait l'affreuse odeur de l'ail.

Cet inconvénient de l'odeur est racheté non seulement par les propriétés signalées plus haut, mais encore par celle de prévenir les atteintes des maladies contagieuses.

Mahomet recommande d'appliquer de l'ail sur la piqûre du scorpion et la morsure de la vipère.

« De toutes les vertus thérapeutiques qu'on a attribuées complaisamment à l'ail, depuis l'antiquité jusqu'à nos jours, dit le docteur Decaisne dans un excellent article de l'*Univers illustré*, il ne faut retenir que son action vermifuge et les services qu'il peut rendre dans la médecine domestique pour remplacer au besoin certaines substances désinfectantes, caustiques et rubéfiantes.

« Cependant, fait observer le savant docteur en parlant de l'action physiologique de l'ail, on peut répondre qu'il donne un certain mouvement fébrile que les prisonniers, les conscrits savent parfaitement utiliser pour se faire passer pour malades de la manière que l'on sait. Dans ce cas, l'action excitante est certaine. Mais il faut admettre que l'huile essentielle de l'ail, comme toutes les huiles essentielles, celle d'absinthe, par exemple, prise à forte dose, a une action marquée sur le système nerveux, et nous connaissons une personne qui éprouve un narcotisme assez sensible toutes les fois qu'elle mange une certaine quantité d'ailloli. »

L'**Allium sativum**, vulgairement appelé *ail blanc*, est le plus connu en France, où il fleurit très rarement. La racine (fig. 21) est une bulbe arrondie, recouverte de quelques tuniques minces, blanches ou rougeâtres, sous lesquelles on trouve plusieurs (quinze environ) petites bulbilles nommées caïeux. Nous appelons caïeux périphériques les bulbilles qui forment le tour de la tête d'ail, et caïeux centraux les bulbilles qui en constituent en quelque sorte le noyau. La forme des caïeux centraux est variable et indécise. Le profil d'un caïeu périphérique réveille l'idée d'un

Fig. 22. Tige de l'ail blanc ordinaire.

croissant dont la corne supérieure serait un peu plus faible que l'autre en largeur (1). Ces caïeux sont, les uns et les autres, ordinairement nommés *gousses d'ail*.

Sur les bords de la mer, aux îles d'Hyères, on a observé une variété à bulbe simple de l'*allium sativum*. Cette même variété avait déjà été observée en Sicile. Elle paraît être l'espèce primitive. Les feuilles sont planes, linéaires, aiguës; les fleurs sont blanches ou rougeâtres, avec trois filaments alternés, trifides.

Parmi les autres variétés de l'*ail commun*, citons le *rose hâtif*, ou *allium fragrans*, que l'on

Fig. 23. *Allium fragrans*.

cultive aux environs de Paris. La fragrance en est assez prononcée. Au printemps, il est toujours le premier à faire son apparition sur le carreau des Halles.

L'ail *rose hâtif* se rencontre également dans le

---

(1) Nous avons jugé utile d'établir ces distinctions, qui ne se trouvent dans aucun ouvrage.

Limousin, où sa bulbe a pris plus de développement.

Pour la plantation de l'ail ordinaire, nos cultivateurs préfèrent les caïeux périphériques.

Quand on veut obtenir un oignon unique, il suffit de planter tard en automne une bulbe entière, c'est-à-dire une tête d'ail complète, et de la sortir de terre aussitôt l'oignon formé. En replantant cet oignon l'année suivante, on obtient des produits énormes.

Le terrain destiné à l'ail doit être riche, sain et profond. Les gousses sont enfoncées à la main et espacées de 20 centimètres sur des lignes distantes de 40 à 50 centimètres.

De février à avril, l'ail est sarclé trois fois. Aussitôt le dernier sarclage fait, on plante entre chaque ligne d'ail une ligne de carottes, de betteraves ou de haricots.

Lorsque la tige a pris son développement, on la tord et on la noue pour en entraver la croissance au profit de la bulbe. On arrache les pieds d'ail quand la tige est desséchée. On attend que la pluie les lave, et on les laisse sécher au champ. Ensuite on les lie par bottes, que l'on conserve en un lieu sec jusqu'à la récolte suivante.

C'est dans les départements des Bouches-du-Rhône (1) et de Vaucluse qu'il se récolte le plus d'ail. Les terrains argilo-siliceux de ces contrées en favorisent d'une façon singulière le développement au détriment de la fragrance. Ce qui fait dire avec raison que l'ail du Midi est moins *fort* que celui du Nord.

L'**Allium ampeloprasum** (ail d'Orient) est l'ail des Méridionaux. La bulbe en est grosse. Il est d'un goût moins fort que celui de l'ail ordinaire. Cette variété a conservé les feuilles du poireau. Cela démontre une fois de plus que tous les *allium* sortent d'un type sauvage modifié par le sol ou le climat. Ces modifications proviennent certainement aussi de la culture, que l'on varie selon que l'on a en vue le développement de la bulbe ou celui de la partie foliacée. (Voyez POIREAU.)

En Gascogne, on donne communément à l'*allium ampeloprasum* le nom de *pourriole*, à cause de son analogie avec le poireau. A la chute de ses fleurs, on peut en recueillir des graines fertiles. Mais la reproduction par les caïeux est préférable.

L'*ail d'Orient* se cultive comme l'ail ordinaire.

---

(1) Marseille est la ville où il se fait le plus grand commerce d'ail. La consommation, par habitant et par jour, y est d'environ 5 gousses.

L'**Allium azureum** diffère insensiblement des variétés ordinaires. La saveur en est forte. La

Fig. 24. *Allium azureum*.

bulbe est gris azuré. La plante, vivace, s'élève assez haut.

L'**Allium moly** est une variété anciennement connue. Homère en a parlé, et ses contemporains lui attribuaient la propriété de détruire les enchantements.

Lorsque ses fleurs se montrent, elles sont blanchâtres. La tige est accompagnée de deux lon-

Fig. 25. *Allium moly*.

gues feuilles opposées qui partent du sol (fig. 25). La forme de sa buble a beaucoup d'analogie avec la bulbe de l'ail d'Espagne.

Ail d'Espagne (*allium scorodoprasum*). All. *rocambol*; angl. *rocambole*; port. *alo de Hespanha*; ital. *aglio d'India*. — Connue sous les noms vulgaires de *rocambole*, *oignon d'Égypte*, *échalote d'Espagne* et *ail rouge*, cette variété se distingue par le groupement de ses tiges, assez élevées, par ses feuilles ondulées et par un groupe de bulbilles au sommet de chaque tige. Le groupe agrandi de la fig. 26 permet d'en examiner les détails. Ces bulbilles, qui ont la forme de petits oignons, sont d'une saveur âcre et aromatique. Comme fragrance, ils tiennent le milieu entre l'ail ordinaire et l'échalote.

Cette plante est vivipare, c'est-à-dire qu'elle porte des bulbilles fertiles au lieu de fleurs. Ces

Fig. 26. *Allium scorodoprasum* (ail d'Espagne ou rocambole).

petites bulbilles, après maturité, produisent des tiges qui, à leur tour, sont bulbifères.

La racine est un oignon rouge cuivré; de là vient la dénomination d'*oignon d'Égypte* (Voyez OIGNON); les dénominations d'*ail rocambole* et d'*ail d'Espagne* sont dues aux bulbilles. L'oignon de l'*ail d'Espagne* est de deuxième qualité pour l'usage culinaire.

Une variété connue sous le nom d'*oignon catawissa* (Voyez ce mot), importée récemment d'Amérique, nous paraît être une simple modification du rocambole.

Parmi les *allium*, nous citerons encore :
ALLIUM CEPA (L.), *Oignon;*
ALLIUM ASCALONICUM (L.), *Échalote;*
ALLIUM FISTULOSUM (L.), *Ciboule;*
ALLIUM PORRUM (L.), *Poireau;*
ALLIUM SCHŒNOPRASUM (L.), *Civette.*

Le lecteur voudra bien se reporter aux mots en italique.

USAGE CULINAIRE. — La tige fraîche de l'ail constitue l'une des plus agréables garnitures de salade. Hachée, elle entre dans l'assaisonnement des soupes et la composition des fines herbes.

Poudre d'ail. — *Formule 34.* — En Orient, on prépare avec de l'ail une poudre qui remplace avantageusement le poivre. On la sert sur toutes les tables en guise de condiment.

Procédé. — Faire sécher à l'étuve des caïeux (ou gousses d'ail) après les avoir préalablement épluchés. Les concasser au mortier et les faire sécher de nouveau. Les moudre ensuite ou simplement les piler au mortier. Passer, enfin, au tamis-tambour des pâtissiers. On pulvérise la partie restée dans le tamis supérieur jusqu'à ce que tout soit passé dans le tamis fin.

On conserve cette poudre dans des flacons bouchés et mis dans un endroit sec. Il est fâcheux que l'usage n'en soit pas plus répandu chez nous.

Ail à la provençale. — Un jour où une épidémie régnait dans toute son intensité, je proposai à quelques-uns de mes amis un entremets prophylactique.

— Tout ce que vous voudrez, répondit un médecin, pourvu que ce ne soit pas *un canard.*

— Tranquillisez-vous, lui répondis-je; ce sont des haricots du Midi.

Je me mis à l'œuvre, et une demi-heure après j'apportai l'entremets, préparé de la manière suivante :

Formule 35. — Prendre les gousses de douze têtes d'ail d'Orient ou de Provence. Les éplucher; les faire blanchir en les mettant dans une grande quantité d'eau froide; les retirer à la première ébullition; les faire cuire à grande eau, assaisonnée de sel et de poivre concassé dans un sachet.

Ainsi cuites, les gousses sont dépouillées de leur fragrance.

Faire cuire une égale quantité de champignons frais, coupés en dés dans une casserole, avec beurre, sel et jus de citron, sans eau. A l'ébullition, retirer la casserole du feu.

Mettre l'ail dans un sautoir avec les champignons et leur jus. Faire sauter sur le feu et lier le tout avec du beurre fondu, en y ajoutant une pointe de piment de Cayenne.

Mes amis savourèrent les soi-disant *haricots*, tout en se demandant quelle pouvait bien être cette variété.

— Ils appartiennent à la famille des liliacées, dit le plus docte.

Un marmiton, pour lequel *liliacées* était de l'hébreu, s'écria aussitôt, en mettant la tête au passe-plat :

— Pardon, monsieur; ce que vous avez mangé n'est pas de la *fricassée;* c'est du bon *ragoût d'ail.*

— C'est un *sacrilège!* répond un Provençal qui se trouve au nombre des convives. *Ça ne sent plus rien. Cez nous, mon bon, ça vous ravigote à quinze pas!*

Cette noble indignation n'empêcha pas mon ami le Méridional d'avouer plus tard que mes pseudo-haricots n'étaient pas à dédaigner.

Purée d'ail aux truffes. — *Formule 36.* — Les gousses d'ail étant épluchées, les blanchir dans une grande quantité d'eau. Changer l'eau pour les faire cuire.

D'autre part, faire cuire selon la règle une égale quantité de truffes blanches du Piémont. (Voyez TRUFFES.) Passer au tamis de crin l'ail et au tamis de fer les truffes. Mélanger les deux purées. Assaisonner avec beurre, sel et poivre de Cayenne, en y ajoutant un peu de sauce à la Béchamel.

Cette sauce accompagne merveilleusement le gibier et le poisson. Les personnes âgées qui en feront usage durant quelques mois sentiront comme revenir leur jeunesse avec son cortège d'illusions. Cet aliment convient donc particulièrement aux personnes affaiblies par des causes quelconques et dont la mission exige tout à la fois de la vigueur morale et de la vigueur physique.

AILE, n. f. (lat. *ala*). All. *Flügel*; ital. *ala*; angl. *wing*; esp. *ala*. — Membre au moyen duquel certains animaux s'élèvent, se soutiennent et se dirigent dans l'air.

USAGE CULINAIRE. — Au point de vue culinaire, l'aile est la partie de l'oiseau comprise entre le filet et l'aileron. On la sépare du corps en tranchant jusque sous la cuisse.

Dans les petites pièces, avant de détacher l'aile, on coupe généralement le filet en deux parties égales, et sur la longueur de la poitrine.

Dans les grands oiseaux, tels que la dinde, le chapon, l'oie, etc., l'aile est coupée d'abord à sa première jointure, près du corps. Les filets sont coupés ensuite en biais et en trois ou quatre morceaux.

L'aile du petit gibier, des pigeons et des poulets encore jeunes est assez délicate, mais peu succulente. Elle est bien inférieure à la cuisse, laquelle est plus riche en fibrine et en gélatine. L'usage, propagé par la galanterie française, d'offrir l'aile, cette partie la moins sapide des volatiles, aux dames et aux convives pour lesquels on veut avoir des attentions particulières, ne repose sur aucune base vraiment sérieuse.

AILERON, n. m. (radical *aile*). All. *Flügelspitze*; angl. *pinion*; ital. *punta dell' ala*. — Extrémité de l'aile d'un oiseau de basse-cour ou de tout autre. Les ailerons ont généralement une saveur amère. C'est pourquoi on en coupe les extrémités avant de brider les poulets, les pigeons et un certain nombre de pièces de gibier.

USAGE CULINAIRE. — Les ailerons font partie des abatis de volaille. Cependant les ailerons de dinde, dindonneau, chapon, poularde, oie, coq de bruyère, faisan, etc., constituent respectivement d'excellents mets, quand ils sont préparés selon les formules suivantes :

Ailerons de dindes farcis. — Couper les ailes des dindes (ou chapons) près du corps; en supprimer l'extrémité amère; les couper ensuite à la jointure, de façon à faire quatre morceaux par volaille. A l'aide du dos de la lame du couteau, par un coup sec, casser l'os près de la petite jointure et extraire par l'autre bout les os et les nerfs.

Cette opération terminée, faire la farce suivante :

Formule 37. — Employer :

Lard râpé	Grammes	100
Veau	—	100
Foie de volaille	—	50
Truffes hachées	—	50
Crème double	Décilitres	2
Vieux cognac	—	1
Jaunes d'œufs	Nombre	3

Épices Cieux et sel. (Voyez ÉPICES PARISIENNES.)

Procédé. — Piler dans un mortier le veau, le lard, le foie, le sel et les épices nécessaires. Ajouter peu à peu la crème et les jaunes d'œufs. Piler jusqu'à ce que la farce soit fine et homogène. La passer au tamis; y ajouter ensuite le cognac et les truffes, hachées menu. Farcir les ailerons et en ficeler le bout; les deux bouts si les cartilages sont supprimés.

Préparer avec les débris de volaille un bouillon réduit et bien assaisonné et faire cuire dans ce *fond* (1).

D'autre part, faire cuire à blanc, dans une casserole, une cuillerée de farine avec du beurre frais. Mouiller avec la cuisson des ailerons et du jus de champignons frais. Passer au tamis.

Ajouter des champignons à cette sauce poulette et dresser en turban dans un plat d'entrée (un plat rond). Garnir le centre de champignons

---

(1) Ce procédé doit être appliqué aux quatre formules qui suivent, c'est-à-dire aux « ailerons de faisans à la Périgord », aux « ailerons de poulardes à la toulousaine », aux « ailerons de chapons à la chipolata » et aux « ailerons d'oies aux choux ».

et le couronner de croûtons dorés au beurre frais.

Ailerons de faisans à la Périgord. — *Formule 38*. — Les ailerons étant farcis et cuits, les mettre dans une demi-glace en y ajoutant une purée de truffes.

Dresser les ailerons en couronne et garnir le centre d'un groupe de petites truffes noires tournées.

Ailerons de poulardes à la toulousaine. — *Formule 39*. — Les ailerons étant farcis et cuits, on les dresse en pyramide avec une garniture toulousaine. (Voyez ce mot.)

Ailerons de chapons à la chipolata. — *Formule 40*. — Quand ils sont farcis et cuits, mettre les ailerons dans une garniture à la chipolata (Voyez ce mot) et dresser dans un plat rond ou dans une timbale.

Ailerons d'oies aux choux. — *Formule 41*. — Les ailerons d'oies étant farcis et cuits, on fait blanchir des choux frisés, puis on les fait cuire dans le bouillon des ailerons en y ajoutant du petit salé préalablement blanchi. Beurrer un moule à timbale uni; le chemiser (Voyez ce mot) d'un papier blanc. Dresser contre les parois du moule en posant alternativement un aileron et une petite saucisse préalablement grillée. Presser au centre les choux, bien égouttés. Mettre la timbale au four, dans un sautoir, avec de l'eau, et couvrir. Laisser cuire encore dix minutes.

Au moment de servir, renverser la timbale sur le couvercle de la casserole pour l'égoutter. Dresser sur un plat rond et arroser avec un fumet de gibier.

Cette timbale, toute nouvelle, est excellente.

Groupés, avec des riz de veau glacés, autour d'un filet de bœuf piqué et arrosé d'une purée de gibier, les ailerons farcis sont également d'un très bon effet.

Ailerons à la charcutière. — *Formule 42*. — Voici, d'après notre ami Berthoud (*Charcuterie pratique*), une autre manière de procéder :

Flamber des ailes de poulet; les désosser jusqu'à l'articulation de l'aileron. Avec 100 grammes de chair à saucisse emplir le vide occasionné par l'extraction de l'os et en entourer l'aile d'une couche mince; laisser à nu l'extrémité de l'aileron.

Donner une forme ovale et aplatie; envelopper de crépine. On s'arrange de manière que la pointe de l'aileron ressorte de 2 à 3 centimètres.

Paner à la chapelure blonde et faire griller durant quinze minutes.

Ailerons truffés. — *Formule 43*. — Même procédé. Remplacer la chair à saucisse par de la farce aux truffes.

Aileron se dit également des nageoires de certains poissons, tels que la carpe et la lotte.

AILLADE, n. f. (prononcez *a-iade*; radical *ail*). All. *Knoblauchbrühe*; angl. *garlick sauce*; ital. *agliata*; provençal *alhada*; ancien français *aillie*). — Nom commun à tous les aliments imprégnés d'ail, mais principalement appliqué à une sauce faite avec de l'ail.

Il y a deux différentes manières de préparer l'aillade. Selon les villes ou contrées du Midi, on en adopte une à la complète exclusion de l'autre.

Aillade albigeoise. — Voici l'aillade des habitants du Tarn :

Formule 44. — Employer :

Huile d'olive vierge	Grammes	500
Gousses d'ail de Provence	Nombre	20
Citron	—	1
Une pincée de sel.		

Procédé. — Quand elles sont épluchées, écraser les gousses d'ail dans le mortier, avec le sel. Ajouter à petites doses l'huile d'olive fine. Triturer de manière à obtenir une sauce mousseuse. On y ajoute le jus de citron à volonté.

Remarque. — L'emploi de l'huile d'olive douce est une des conditions essentielles pour obtenir une bonne aillade.

Aillade toulousaine. — A Toulouse, autrefois, on préparait le hors-d'œuvre suivant, que l'on plaçait sur la table pour accompagner tous les mets du dîner :

Formule 45. — Employer :

Noix mondées	Grammes	75
Ails épluchés	—	75
Huile d'olive fraîche	—	250
Sel	—	10

Procédé. — Après avoir eu soin de peler les noix si elles sont fraîches, les piler (en les humectant d'un peu d'eau pour éviter de tourner à l'huile) avec ails et sel. Ajouter l'huile peu à peu et en faire une pâte homogène, que l'on dresse dans un hors-d'œuvrier.

Aillade. — *Formule 46*. — Dans quelques contrées de la Provence, on nomme *aillade* une vinaigrette composée d'échalotes, de ciboule, d'ails achés, sel, poivre, huile et vinaigre. Cette *aillade* sert à l'assaisonnement des viandes froides émincées, des œufs durs, des pommes de terre en salade et des poissons froids.

Aillade. — *Formule 47.* — On nomme aussi *aillade* une tranche de pain grillée, frottée d'ail et quelquefois arrosée d'huile d'olive vierge.

AILLER, n. m. (prononcez *a-ié*). Terme de chasse. — Grand filet qui sert à prendre les cailles. On dit aussi *cailler*.

AILLIE, n. f. (mouillez les *ll*). Synonyme d'*aillade*. En vieux français, ce mot désigne un aliment fortement relevé d'ail.

Formule 48. — Ails pilés au mortier avec du fromage blanc condimenté de poivre, sel et ciboule hachée.

Aillie est aussi le nom sous lequel on désignait autrefois la prune sauvage aujourd'hui appelée prunelle. (Voyez ce mot.)

AILLOLI, n. m. (prononcez *a-io-li;* radical *ail*).— L'ailloli est la sauce nationale des Provençaux. Toute maison qui se respecte possède un mortier de marbre ou de bois et un pilon de buis. Celui qui négligerait de se procurer ces ustensiles serait à coup sûr considéré comme un homme ne sachant pas manger.

Deux choses sont indispensables pour faire l'ailloli : l'ail d'Orient ou de Provence et l'huile fine d'Aix. (Voyez AIX, PRODUITS DE CHARLES LAFONT.) La douceur de l'huile et de l'ail est une condition indispensable à la réussite de ce condiment, surtout pour ceux, suivant les Méridionaux. Aussi a-t-il eu ses chantres, tout comme l'ambroisie. Témoin le sonnet suivant, de notre ami C. B... :

Dans ce monde frivole, où les meilleures choses
Ont le pire destin et meurent dans l'oubli,
L'arome d'un baiser, le doux parfum des roses,
Tout passe... On garde mieux l'odeur de l'ailloli.

Pénétrante senteur, quel délire tu causes!
Tu fleures comme baume, et l'air en est rempli.
Ton éloge exhalé même des bouches closes
Nargue le vertyver, l'ambre et le patchouli.

Ce beurre de nectar, qu'Hébé servait sans guimpe,
Était tout simplement l'ailloli de l'Olympe.
Il nourrissait les dieux; il réveille les morts.

Comus, pour le créer, choisit trois blondes gousses,
Mit force jus de coude, et, de flots d'huile douce,
Sortit ce mets ardent comme un cheval sans mors.

Dans l'origine, l'ailloli n'était pas une vulgaire mayonnaise à l'ail; c'était une *pommade à l'ail* dont voici la formule, que les plus grands personnages de la Provence n'auraient pas voulu ignorer :

Formule 49. — Mettre dans un mortier trois gousses d'ail épluchées; les piler et les réduire en pâte. Y ajouter la moitié de la partie farineuse d'une pomme de terre refroidie après cuisson ou gros comme une noix de mie de pain trempée dans du lait frais qui est ensuite exprimé. Piler pour homogénéiser la pâte. Ajouter peu à peu l'huile vierge en triturant toujours. Lorsque l'ailloli devient mousseux comme une mayonnaise, ajouter une cuillerée à bouche d'eau froide, le sel nécessaire et le jus d'un beau citron.

Dresser l'ailloli dans une saucière.

Remarque. — Après avoir écrasé l'ail et ajouté l'eau et le sel, on peut remplacer le pain par deux jaunes d'œufs et monter la sauce à l'instar de la mayonnaise.

AILLOLISER, v. tr. (prononcez *a-io-li-zé*).— Mêler de l'ail à un aliment. *Ailloliser* du vinaigre, la salade, le pain, le fromage, une sauce.

AIN (département de l'). — Ce département, dont le nom vient d'une rivière qui sort des monts du Jura et se jette dans le Rhône, est la patrie de Brillat-Savarin.

PRODUITS. — On y compte 19,000 hectares de vignes, produisant annuellement 500,000 hectolitres environ de vin d'une assez médiocre renommée. Les plus estimés sont les vins blancs de Seyssel, les vins rouges de Béon, Cerveyrieu, Virieu-le-Grand, Machura. Le département de l'Ain fabrique plus de 15 millons de kilogrammes de fromage par an. Parmi ses meilleures productions gastronomiques, citons ses poulardes, connues sous le nom de poulardes de Bresse.

AINE, n. m. — Dans les environs de Laon, on appelle *aine* la *rafle de raisin*.

Aine se dit aussi d'un baguette dont on se sert pour enfiler par la tête les harengs destinés à être fumés.

AIN-EL-MOUZA (eaux minérales d'). — Dans l'Arabie Pétrée, au lieu de ce nom, jaillit une source *sulfureuse* et thermale qui arrose le sol sur une grande étendue. Les indigènes boivent de cet eau avec plaisir.

AINETTE, n. f. — Totalité des harengs enfilés par la tête, au moyen d'une aine, afin de les fumer.

AIN-NOUIZY (eaux minérales d'). — Dans la province d'Oran, arrondissement de Mostaganem, à 16 kilomètres de cette ville et à 68 d'Oran, se trouve une source *chlorurée sodique* tempérée se rapprochant beaucoup de celles d'Allemagne du même genre.

AIR, n. m. (lat. *aer*). All. *Luft;* angl. *air;* ital. *aria;* esp. *aire*. — Fluide invisible, transparent, sans odeur ni saveur, pesant, compressible, élastique, qui forme autour de la terre une enveloppe nommée atmosphère, et qui est composé de 79 parties d'azote et de 21 d'oxygène.

Lorsque la poitrine s'élève, l'air extérieur entre dans les poumons comme l'eau entre dans une pompe dont on lève le piston; c'est ce que l'on appelle *inspiration*. Quand la poitrine s'affaisse, l'air sort des poumons; c'est ce qu'on nomme *expiration*. Ces deux mouvements constituent la *respiration*.

L'air est donc l'aliment de la respiration.

« La nature a dit Fonssagrives, en faisant passer l'air par un vestibule qui lui est commun avec l'aliment proprement dit, semble avoir matériellement affirmé leur analogie. L'air, comme l'aliment, éprouve dans l'acte fonctionnel qu'il entretient un véritable dédoublement, qui a pour but l'utilisation de ses principes utiles et le rejet de ceux qui ne sauraient servir. Il y a là des ressemblances fort naturelles et qui frapperaient l'esprit le plus distrait. La quintessence de l'air, l'*oxygène*, comme la quintessence de la nourriture, le *suc alimentaire*, se rencontrent dans la circulation, et de leur conflit résulte l'acte même de la *nutrition*. »

« L'air est le pain de la respiration; ce pain-là se respire au lieu de se manger », dit Max Simon.

Il y a ainsi la faim de l'estomac et la faim des poumons; cette dernière est d'une exigence plus active, plus impérieuse, mais aussi d'un apaisement plus facile, l'air se trouvant en tous lieux et personne encore n'ayant pu l'emmagasiner pour le vendre au poids de l'or. D'autre part, les organes respiratoires ne sont accessibles ni aux raffinements du sensualisme ni aux habitudes gloutonnes que diverses causes font trop souvent contracter à l'estomac. La qualité de l'air est subordonnée aux influences du milieu où l'on respire, et la quantité consommée par un être quelconque dépend de la constitution de ce dernier.

L'air qui sort des poumons après le *dédoublement* dont parle Fonssagrives, c'est-à-dire par *excrétion*, est chargé d'acide carbonique et ne peut plus servir d'aliment. Une poitrine humaine consomme par jour 18,000 litres d'oxygène et *expire* 540 litres d'acide carbonique. Aussi doit-on ventiler souvent les endroits où un grand nombre de personnes vivent en commun, comme les casernes, les ateliers, les écoles et une foule d'autres. (Voyez VENTILATION et ASPHYXIE.)

Les végétaux absorbant une certaine quantité d'acide carbonique, il est bon de ne pas ménager aux populations agglomérées les squares, les avenues et les jardins publics.

Air sain. — L'air sain est le seul qui puisse réellement contribuer à l'entretien de la vie. Tout air vicié doit être considéré comme un véritable toxique. « L'air impur, dit Pringle, tue plus de gens que le glaive. On ne peut jamais compenser le manque d'air par le régime et les remèdes. »

Fonssagrives exprime ainsi l'influence de la qualité de l'air sur l'économie animale : « Tel air, tel sang; tel sang, telle santé. »

L'air le plus sain est celui que l'on respire dans les montagnes d'une certaine altitude, dans les forêts de sapins, de mélèzes et de chênes.

Il est surtout vivifiant le matin, à l'heure où la nature va se révéler dans toute sa splendeur. Lamartine le dit implicitement dans ces vers :

> Viens respirer, avant l'aurore,
> L'air embaumé qui semble éclore
> Des baisers.

La statistique démontre que la durée moyenne de la vie est moins longue dans les villes que dans les villages, et cela malgré l'esprit de routine et les préjugés dont sont généralement imbus les habitants de la campagne, malgré le régime alimentaire mal ordonné et les privations fatales ou voulues de la plupart d'entre eux. A quoi attribuer cette différence en faveur des ruraux, si ce n'est à l'air plus sain que digèrent leurs poumons?

Air vicié. — Les causes d'impureté de l'air sont nombreuses.

Dans les environs des volcans, il contient habituellement du gaz acide sulfureux et du gaz acide chlorhydrique. Dans le voisinage de certaines fabriques ou manufactures, on y trouve mêlés des vapeurs et des gaz délétères dont les effets sont funestes, même aux plantes.

Les débris végétaux ou animaux exposés à l'action de la chaleur et de l'humidité dégagent des miasmes d'où peuvent naître les plus redoutables maladies infectieuses. L'air des grandes villes est généralement très vicié.

Une remarquable communication faite à la Société française d'hygiène, par son président, l'honorable et savant Marié-Davy, sur une étude du docteur P. Miquel, chef du service micrographique de Montsouris, et dont voici des extraits, montre ce qu'est l'air de Paris :

Voici le nombre moyen des spores de cryptogames obtenus dans le parc de Montsouris par mètre cube d'air :

ANNÉES	Hiver. De Janvier à Mars.	Printemps. D'Avril à Juin.	Été. De Juillet à Septemb.	Automne. D'Octobre à Décemb.	Moyenne De Janvier à Décemb.
1881	6,900	12,800	18,600	10,800	12,300
1882	8,800	14,000	19,900	13,700	14,000

A mesure que l'on pénètre dans l'intérieur de Paris, le nombre des bactéries de l'air augmente énormément sans suivre exactement la variation constatée à Montsouris.

Voici le nombre des bactéries recueillies dans le parc de Montsouris par mètre cube d'air :

1881	352	513	948	553	593
1882	325	283	493	115	323
1883	115	552	840	232	410

L'influence des habitations privées y devient très appréciable; elles sont très riches en bactéries, et d'autant plus que la ventilation y est moins bien assurée.

Voici le nombre des bactéries recueillies à l'hôpital de la Pitié :

| 1883 | 45,500 | 26,600 | 92,900 | 54,400 | » |

Voici le nombre de bactéries recueillies dans la rue de Rivoli, à la hauteur de l'une des fenêtres du IVe arrondissement, par mètre cube d'air :

1881	3,617	8,190	7,850	5,550	6,290
1882	1,810	4,640	4,630	2,060	3,440
1883	2,010	1,900	3,960	1,480	2,340

Dès que le temps permet l'ouverture des fenêtres, le nombre des microbes baisse à l'intérieur; mais il monte dans l'air de la rue.

C'est bien Paris, sa population, ses animaux, qui sont l'origine de ces microbes; car si on examine l'air qui plane sur la ville, même à la hauteur de la lanterne du Panthéon, on le trouve très pauvre en microbes.

MOYENNE DES NOMBRES DE BACTÉRIES RECUEILLIES PAR MÈTRE CUBE D'AIR DES LIEUX SUIVANTS

1883-84	Océan Atlantique (Moreau et Miquel)	0.6
1883-84	Hautes montagnes des Alpes suisses (Freudenrich)	1.0
1884	Berne (Freudenrich)	5.80
1886	Salons des vaisseaux (Moreau et Miquel)	60
1882	Lanterne du Panthéon, à Paris	200
	Parc de Montsouris (Moyenne de 5 ans)	480
	Rue de Rivoli, à Paris (Moyenne de 4 ans)	3,480
1883	Maisons neuves de l'intérieur de Paris	6,000
1881-82	Vieilles maisons de l'intérieur de Paris	36,000
1880	Nouvel Hôtel-Dieu, à Paris	40,000
1882	Hôpital de la Pitié, à Paris	79,000

Ces nombres montrent :

1° Que les spores des moisissures, beaucoup plus volumineuses que les bactéries, n'augmentent pas toujours de la campagne à la ville;

2° Que les bactéries, au contraire, existent en beaucoup plus grand nombre dans l'air des lieux habités, mal aérés, que dans l'air de la campagne;

3° Que le nombre de ces organismes décroît rapidement, à mesure qu'on s'élève dans l'atmosphère ou qu'on s'éloigne des côtes sur les océans.

Si on examine les poussières sèches qui tombent sur les meubles des appartements, on remarque la même progression de la périphérie au centre de Paris.

BACTÉRIES RECUEILLIES PAR GRAMME DE POUSSIÈRE	Nombres.
De l'Observatoire de Montsouris	750,000
D'un appartement de la rue de Rennes	1,300,000
D'un appartement de la rue Monge	2,100,000

La composition des bactériens y change en même temps.

LIEUX DES EXPÉRIENCES	Micrococcus.	Bacilles.	Bactériens.
A Montsouris	187,800	525,000	13,000
A la rue de Rennes	780,000	412,000	78,000
A la rue Monge	1,575,000	378,000	117,800

Les bacilles diminuent, alors que les micrococcus et les bactériens augmentent.

Malgré la petitesse des microgermes et la facilité avec laquelle ils sont transportés par les vents, leur diffusion dans l'air ne peut se faire sentir efficacement qu'à de très faibles distances. Quelque puissant que soit un foyer d'émanations, ses germes sont bientôt noyés dans une telle masse d'air et leur raréfaction devient telle que les plus redoutables d'entre eux ne sont plus à craindre. Il n'en est plus ainsi des poussières transportées avec les objets quelconques sur lesquels elles sont déposées : leur activité peut se conserver longtemps et se transmettre presque à toute distance si, pendant le trajet, des circonstances particulières ne les ont pas fait périr.

Voici le résumé de la composition qualitative des atmosphères dont M. Miquel a apprécié la teneur en microbes :

MATIÈRES qui ont servi de bases aux expériences.	Micrococcus.	Bacilles.	Bactériens.
Pour 100 de microbes constatés dans l'air			
De la rue de Rivoli	93	5	2
Du parc de Montsouris	73	19	8
Des hôpitaux	86	9	5
Des habitations parisiennes	84	10	6
Du laboratoire de Montsouris	81	16	3
Des salles inhabitées	54	47	4
Des égouts	60	14	26
Pour 100 de microbes constatés dans les poussières sèches.			
A Montsouris	25	70	5
A la rue de Rennes	60	35	6
A la rue Monge	75	18	7

Ajoutons que, dans le parc de Montsouris, le nombre des microbes qui tombent avec les poussières sur la surface de 1 mètre carré, et pendant une période de 24 heures, est de 23,000. Dans le laboratoire de micrographie, ce nombre s'élève à 2,400,000. Il doit être encore beaucoup plus élevé dans l'intérieur des hôpitaux ou des habitations particulières.

« Il ne faudrait pas, toutefois, trop s'effrayer, nous dit dans une lettre le savant président de la Société française d'hygiène, de ces nombres élevés de microgermes trouvés dans les appartements ou les rues des villes très peuplées. Le plus grand nombre d'entre eux nous sont indifférents, sinon utiles, et, jusqu'à présent, on n'a ni isolé ni surtout dénombré ceux qui sont nuisibles ou du moins sont supposés nocifs. Le petit nombre de ces derniers, qui nous sont bien connus, tels que le bacille du charbon, le microgerme du choléra des poules, de la péripneumonie, de la rage, etc., etc., ont été pris d'abord sur des sujets malades, où ils étaient isolés et avaient pullulé. Ces nombres, toutefois, montrent nettement la nécessité de s'intéresser à l'assainissement des locaux habités non seulement par soi-même, mais aussi de ceux des maisons du même quartier. Parmi le nombre, quelquefois incalculable, de germes trouvés dans les poussières de l'air, il peut s'en trouver quelques-uns de nocifs; et les causes les plus diverses viennent parfois amoindrir notre résistance à leur action. »

« Si l'individu peut mettre son organisme à l'abri des causes efficientes des maladies parasitaires et contagieuses, dit le docteur de Pietra-Santa, il peut changer aussi d'une manière efficace les modalités de l'atmosphère ambiante, soit que cette atmosphère soit restreinte et limitée, comme celle d'une chambre à coucher, soit qu'elle résulte de l'assainissement général (par le Phénol-Bobeuf) de l'appartement qu'il occupe, du quartier qu'il habite. »

Il est du devoir des municipalités de recourir, dans l'intérêt public, à tous les moyens d'assainissement reconnus par la science.

Air marin. — Cet air, considéré au point de vue hygiénique, a une action marquée. Ses principes bienfaisants se manifestent d'autant plus que l'on avance vers la pleine mer. Il s'ensuit des différences de qualité suivant les zones et les plages.

L'air marin est efficacement appliqué au traitement du lymphatisme et de la scrofule. Aux enfants des villes, le plus souvent pâles, étiolés, nerveux, il est salutaire au premier chef. Un séjour de quelques semaines au bord de la mer les retrempe et, pour ainsi dire, les transforme. De taciturnes, capricieux, maussades, ils deviennent expansifs, égaux et charmants.

Les matelots, lorsqu'ils sont en pleine mer, fournissent rarement des victimes aux maladies infectieuses. Quand une épidémie se déclare sur un navire au large, c'est qu'il en a emporté le germe d'une rive quelconque.

Dans une de ses lettres, M. Bachelerie, capitaine au long cours, raconte que pendant ses longs et nombreux voyages aux contrées asiatiques et océaniennes, son équipage tout entier s'est préservé du choléra et de la dysenterie par le seul moyen du Phénol-Bobeuf.

Air natal. — L'air natal est celui du pays où nous recevons le jour et que nous respirons dans notre enfance. Pour l'enfant né dans une ville et élevé à la campagne, l'air natal, au point de vue qui nous occupe, est plutôt celui du pays de sa nourrice. L'air natal, enfin, est celui de la contrée où notre corps se développe, où notre âme éprouve ses premières émotions. Les habitudes contractées sous son influence laissent en nous des souvenirs ineffaçables; elles sont autant de causes de notre attachement intime au vallon, à la plaine, à la montagne, à la rivière, à la forêt, au village, à la ville témoins ou théâtres de nos joies enfantines.

Les ondulations de l'air natal ont une suavité de baisers maternels pour l'homme heureusement doué qui revoit son pays après une longue absence. Et Béranger a dit avec raison :

C'est l'air natal qui séchera tes larmes.

Aussi, quand le médecin ordonne cet air, il n'a pas toujours en vue la simple satisfaction d'un caprice de malade; il espère souvent, d'après les données de la science, en obtenir la guérison ou tout au moins le soulagement du sujet qu'il traite.

L'homme, le plus cosmopolite de tous les êtres, fait des séjours plus ou moins prolongés sur différents points du globe. Il y contracte de nouvelles habitudes, y éprouve de nouveaux besoins. Il ne peut changer brusquement les unes ou refuser tout à coup satisfaction aux autres sans s'exposer à de fâcheuses conséquences. Ici encore l'air joue un rôle. Par son action directe sur l'organisme et celle qu'il exerce sur les produits destinés à l'alimentation, il établit entre l'homme et le milieu où il réside une espèce d'intimité physiologique qui, sans être aussi étroite que celle provoquée par l'air natal, doit néanmoins être prise en considération dans une foule de cas, et des plus sérieux. (Voyez ACCLIMATEMENT.)

AIRAUT, n. m. Terme de pêche. — Sorte de filet qui sert à prendre les petites soles.

AIRELLE, n. f. (*vaccinium*). All. *Heidelbeere;* angl. *whortle-berry;* ital. *mortella;* port. *airella*. — Plante de la tribu des *vacciniées*, qui comprend *treize* genres et environ *deux cents* espèces, que l'on rencontre principalement dans les régions tempérées. Nous n'avons à parler que des variétés concernant l'alimentation.

Les baies de l'*airelle*, de la grosseur d'un petit pois, portent le même nom que la plante. Les habitants de la campagne les appellent ordinairement *myrtilles*, sans doute parce que l'*airelle myrtille* est la seule variété connue en France.

Airelle myrtille (prononcez *myrtil*) (*vaccinium myrtillus*). — Elle croît spontanément sur la chaîne des Alpes suisses, le Jura et les Vosges. Elle donne des baies qui, rouges d'abord, deviennent, en mûrissant, d'un noir violacé qui rappelle la couleur du cassis. Ces baies sont très souvent employées par les campagnards pour donner de la couleur au vin.

Airelle à gros fruit. — Cette variété se trouve au Canada et aux États-Unis, surtout sur le plateau élevé du Pérou. On la trouve également dans l'Asie centrale.

C'est dans cette dernière contrée aussi que l'on rencontre les airelles *épiphytes*, autre variété qui croît aussi dans les endroits boisés, frais et marécageux de l'Europe méridionale. Elle paraît ne pas différer essentiellement de celle que l'on trouve en Amérique dans des lieux analogues.

USAGE ALIMENTAIRE. — Fermentées et pressées, les airelles donnent une boisson enivrante analogue au vin rouge.

On en fait des *compotes*, des *tartes*, des *gelées* et des *confitures*. (Voyez ci-après.)

Elles sont aussi employées contre la dysenterie et le scorbut.

Vin d'airelles. — *Formule 50.* — Faire fermenter des airelles durant quelques jours, dans une tine ou dans un cuvier, en les écrasant tous les soirs à l'aide d'un bâton fourchu.

Soutirer. Presser les baies. Mélanger le liquide soutiré et le liquide exprimé. Mettre en tonneaux.

Transvaser au mois de février.

Avec le marc, on fait de l'eau-de-vie excellente.

On procède par distillation, avec l'alambic brûleur, comme s'il s'agissait du marc de raisin.

Compote d'airelles. — Égrapper les baies de façon qu'elles soient propres.

Formule 51. — Employer :

Airelles	Kilogr.	2
Sucre	—	1
Zeste de citron	Nombre	1
Bâton de cannelle	—	1
Eau	Décilitres	3

Procédé. — Faire cuire dans l'eau le sucre, la cannelle et le zeste de citron. Le tout étant réduit en sirop, ajouter les airelles. Après un bouillon, les retirer avec l'écumoire.

Si le sirop n'était pas assez réduit, le faire cuire encore un instant.

On laisse refroidir dans une terrine. Au moment de servir, on dresse les airelles en pyramide dans un compotier.

Confitures d'airelles. — Les baies doivent être égrappées et fraîches.

Formule 52. — Employer :

Airelles	Kilogr.	2
Sucre	Grammes	1,500

Procédé. — Faire fondre le sucre, dans une bassine, avec un demi-litre d'eau. Ajouter les airelles. Remuer pour éviter qu'elles ne brûlent au fond. Lorsqu'elles seront cuites et le jus réduit, retirer la bassine. Les confitures étant tièdes, les mettre dans des petits pots. Le lendemain, les couvrir d'un papier trempé dans le cognac, lequel papier sera recouvert d'un parchemin ou de papier huilé. Bien ficeler et conserver en un lieu frais et sec.

Ces confitures, bien faites, se conservent deux ou trois ans.

Gelée d'airelles. — Cette gelée, exquise, peut être faite par toute personne qui suivra exactement les prescriptions suivantes :

Formule 53. — Employer :

Airelles égrappées	Kilogr.	2
Groseilles	—	1
Sucre concassé	—	3

Procédé. — Presser les groseilles dans une presse à fruits (Voyez ce mot) pour en extraire le jus. Presser également les airelles. Mélanger, dans une bassine, les deux liquides avec le sucre.

Mettre sur un feu vif. Au premier bouillon, écumer. Retirer du feu cinq minutes après. Laisser tiédir. Mettre ensuite dans les vases et fermer comme il est indiqué pour les confitures.

Remarque. — La réussite de la gelée d'airelles n'est assurée qu'autant que les fruits n'ont pas fermenté. L'opération doit être faite le jour même qu'on les a cueillis.

Tarte d'airelles. — *Formule 54.* — On procède comme pour les tartes aux abricots ou aux cerises (Voyez Tartes), en remplaçant les abricots ou les cerises par les confitures d'airelles.

AIRTHREY (eaux minérales d'). — En Écosse, au lieu de ce nom, près de Sterling, dans une magnifique campagne, sourd une source *chlorurée* mixte et tempérée.

Cet établissement thermal est très fréquenté. Son eau a la réputation d'être purgative. Quant à l'aménagement, il laisse à désirer. On peut en dire autant des hôtels.

AISNE (département de l'). — Ce département tire son nom d'une rivière qui naît dans le département de la Meuse et se jette dans l'Oise à Compiègne. Il a pour chef-lieu Laon.

Produits. — Le département de l'Aisne est le cinquante-huitième dans l'ordre vinicole. On y cultive 7,899 hectares de vignes, qui donnent une moyenne de 230,000 hectolitres de vins blancs et de vins rouges de qualité ordinaire, mais qui sont susceptibles d'amélioration si on ne leur ménage pas les soins bien ordonnés.

AISY, n. m. — On donne ce nom au petit lait qui, dans la fabrication du fromage de Gruyère, provient de la *cuite* du sérac, et que l'on fait aigrir en y ajoutant des herbages acides.

AIX, chef-lieu d'arrondissement des Bouches-du-Rhône). — Cette ville, autrefois appelée Aix-en-Provence, du nom de la province dont elle était la capitale, est à 700 kilomètres de Paris et à 20 seulement de Marseille.

Elle possède des eaux *alcalines* minéralisées par le *bicarbonate de chaux*. Ces thermes doivent être mis au nombre de ceux où l'on retrouve les traces les plus apparentes des installations romaines. On attribue leur fondation au proconsul Caïus Sextius Calvinus, vers l'an 634 de Rome. La principale source porte encore le nom de Sextius.

Produits. — Avec les vins, les eaux-de-vie, les amandes, Aix offre surtout à l'alimentation des huiles dont la réputation est aussi ancienne que méritée. Elles sont particulièrement appréciées des gourmets et des hygiénistes. Rien d'onctueux, rien d'exquis comme l'huile d'olive vierge provenant des bonnes fabriques de cette ville.

L'Italie et l'Espagne, qui sont couvertes d'oliviers, n'ont jamais atteint le degré de perfection auquel sont parvenus les industriels d'Aix dans l'art d'extraire les huiles.

En général, les huiles d'Italie et d'Espagne sont âcres, rances. Souvent aussi elles sont mélangées ou falsifiées. Les huiles d'Aix, elles, sont douces, sans odeur, fines, limpides et pures de tout mélange.

Aix est réellement le seul pays où l'industrie des huiles ait tenu à honneur de continuer à fournir à la consommation des produits de premier choix.

La maîtresse de maison, la cuisinière, le chef de bouche de résidence princière peuvent recevoir de l'huile extra-fine d'Aix comme une lettre par la poste. « Pour avoir de *l'huile d'olive vierge extra-douce* et toujours fraîche, nous disait dernièrement Charles Lafont, d'Aix, renouvelez souvent votre provision et demandez-moi contre un mandat postal de 7 francs un estagnon de trois litres ; il vous arrivera par grande vitesse, franco et à domicile, dans tous les pays où se trouve une gare. » L'idée est ingénieuse. Avoir chez soi de l'huile toujours fraîche n'est pas, certes, chose à dédaigner. Toute personne soucieuse de manger ou d'offrir à ses invités une bonne salade, une excellente rémoulade ou une parfaite mayonnaise, s'empressera de s'adresser au berceau même de la renommée des huiles françaises.

AIX-LES-BAINS. — Station aussi appelée *Aix-en-Savoie* et située à 254 mètres au-dessus du niveau de la mer. Elle fournit des eaux *sulfureuses* en abondance. La saison dure du 15 mai au 1er novembre.

AIX-LA-CHAPELLE. — Station minérale de la Prusse Rhénane, à 180 mètres au-dessus du niveau de la mer. Plus célèbre par l'affluence des malades que par l'efficacité de ses eaux, tout à la fois *salées et sulfureuses*. Saison du 15 mai au 1er novembre.

AJACCIO. — Chef-lieu de la Corse, station hivernale. La douceur du climat, la situation de la ville, les montagnes pittoresques qui la dominent font de cette station un agréable séjour. C'est en octobre, généralement, que les vrais touristes visitent cette charmante contrée.

AJAQUE, n. m. — D'après M. Olagnier, médecin de marine, on donne ce nom, dans le royaume de Siam, à « un fruit beaucoup plus gros que le durion (Voyez ce mot). L'arbre qui le porte est fort élevé et d'un port majestueux. On extrait de ses feuilles un lait abondant. Le fruit ne sort que des grosses branches ou du corps de l'arbre. Plus l'ajaque vient près du tronc, plus il est gros. On le dépouille de sa peau épineuse; on le coupe par morceaux, qu'on fait cuire en fricassée.

« Avec la chair de l'ajaque et du sucre, on fait de la confiture et de la marmelade qui se conservent très bien.

« Quand ce fruit est parvenu à sa maturité, on trouve sous son bois, mince et poli, cinquante châtaignes, renfermées dans un sac de chair jaune, très sucrée et d'une forte odeur. Grillées ou bouillies, ces châtaignes ont à peu près le goût de nos marrons; mais elles sont plus petites. »

ALAIS (eaux minérales d'). — Ce chef-lieu d'arrondissement du département du Gard possède deux sources *ferrugineuses* froides. La *source Comtesse* et la *source Marquise*. On fait usage de ces eaux en boisson.

A Camon, à 3 kilomètres d'Alais, il y a un établissement d'hydrothérapie qui nous a paru être bien aménagé.

ALALUNGUE, n. m. — On appelle ainsi une des variétés du *thon blanc*. On le pêche sur les côtes de la Méditerranée et près de l'île de Malte. Il pèse de 5 à 8 kilogrammes.

ALAMARTINE (ÉTIENNE), né à Pierrefitte (Allier), le 22 août 1827, a débuté dans l'art culinaire en 1849, à Besançon, *au palais Granvelle*, sous l'habile direction du propriétaire de cet établissement si avantageusement connu, M. Klein, homme tout à la fois sévère et bon. Ayant remarqué chez le jeune Étienne de grandes aptitudes spéciales, il ne lui ménagea ni les conseils ni les encouragements. Le débutant sut profiter des uns et des autres; car il s'est rapidement perfectionné dans son art.

Alamartine se sentit bientôt attiré vers Paris. Il quitta Besançon en 1851, pour entrer chez Potel et Chabot. Il fit un séjour de trois ans dans cette maison, l'une des premières de la capitale. Là son goût et ses aptitudes culinaires se développèrent d'une façon remarquable.

En 1854, il quittait Paris pour se rendre à Genève, où l'attendait la place de chef à *l'hôtel de l'Écu*, poste qu'il occupa jusqu'en 1858.

Cette année-là, il établit à Genève même un matériel de cuisine de premier ordre et créa les dîners en ville. Dans cette nouvelle manière de pratiquer son art, il s'acquit une réputation d'habileté des plus méritées.

En 1863, et sans abandonner les dîners en ville, on le voit, comme successeur, à la tête de la maison de comestibles Gignoux-Bocquet, dont le commerce n'avait alors qu'un rayonnement local. Mais, grâce à l'intelligence et à l'activité du

ÉTIENNE ALAMARTINE

nouveau chef d'établissement, ce commerce prit une rapide et grande extension.

Alamartine ne marchandait jamais ses efforts. Il montra dans la partie des comestibles autant de savoir faire et d'énergie qu'il en avait toujours montré dans l'art culinaire. Il entreprit une longue série de voyages dans les grands centres de production d'Europe, afin d'y établir des relations commerciales hors ligne.

Il visita d'abord la Hollande, où il se créa des rapports directs avec les grandes pêcheries de saumon. C'est lui qui le premier, pour ainsi dire, introduisit le saumon hollandais en Suisse, ainsi que les homards vivants, la sole et le turbot d'Ostende. Jusqu'alors ces produits, sans y être positivement inconnus, n'y arrivaient que par le moyen d'intermédiaires coûteux.

L'année suivante, c'est-à-dire en 1864, Alamartine voyageait en Allemagne pour des achats de gibier. De là il se rendait en Italie pour juger *de visu* des produits de la Péninsule.

Il visita ensuite toute la Grande-Bretagne et la majeure partie des pêcheries françaises, particulièrement les grands parcs d'huîtres de Marennes, d'Arcachon, etc., etc.

Tous ces voyages et les relations précieuses qui s'ensuivirent lui ont permis d'alimenter directement sa maison, dont la renommée ne tarda pas à devenir européenne.

En sa qualité de cuisinier et de négociant, il a été pendant de longues années un intermédiaire actif et dévoué entre les maîtres d'hôtels et les cuisiniers, pour le placement de ceux-ci. Un nombre considérable de nos jeunes artistes lui sont redevables de la facilité de leurs débuts. Aussi est-il estimé de tous.

Nous devons une mention toute spéciale à un établissement modèle dû aussi à l'initiative intelligente et pour ainsi dire infatigable de celui dont nous écrivons à grands traits la biographie.

S'inspirant de son expérience et de ses observations scientifiques, Alamartine fit bâtir à la Praille, près de Genève, un chalet spécialement destiné à l'engraissement de la volaille. Cet engraissement s'obtient avec de la farine de maïs mêlée à de la farine d'orge et de blé noir.

L'abondance d'eau et d'air et la variété dans les proportions du mélange dont nous venons de parler, tel est le double moyen par lequel il est parvenu non seulement à obtenir de la volaille d'une extrême blancheur, d'une succulence et d'une tendreté exquises, mais encore à donner à la chair de cette volaille toutes les propriétés nutritives dont elle est susceptible.

Le chalet dans lequel il nourrit ses élèves est comme une halle divisée en vastes compartiments ou volières. Il y a le pigeonnier, la canardière, le poulailler, etc., etc. Chaque compartiment possède une ouverture particulière par laquelle les volatiles sortent pour aller, en suivant des allées grillées sur les côtés et en haut, s'abreuver et se laver dans un bassin spécial, cimenté, situé au centre d'un parc ombragé et sillonné d'allées sablonneuses.

Ce qui a le plus engagé M. Alamartine à construire son chalet à la Praille, c'est la qualité de l'eau qu'on y trouve et qui est très favorable à ses hôtes ailés.

La façade principale est à l'est. Cette disposition a l'avantage de garantir les volières de la bise et des vents du sud. Des persiennes placées à chaque ouverture interceptent les rayons brûlants du soleil d'été, toujours funestes à la volaille.

Un bâtiment de moindres dimensions, attenant au chalet, sert de volière aux faisans. Il est divisé en trois compartiments.

L'entrée principale de l'établissement est une haute porte cochère qui livre passage à d'immenses charretées de poulets, de pigeons et de canards vivants. A son arrivée, tout le convoi est mis en quarantaine. Une fois la certitude acquise qu'il n'y a aucune maladie régnante, les espèces sont distribuées dans leurs volières respectives.

Lorsqu'un des volatiles tombe malade, il est immédiatement séparé des autres et mis à l'infirmerie, compartiment isolé. De cette manière, toute contagion est prévenue.

Pour atteindre plus complètement le but qu'il visait, M. Alamartine a établi dans les halles mêmes de Genève un magasin modèle ayant pour enseigne *Au Coq d'or*.

Comme celle du chalet, la distribution de ce dernier établissement est vraiment ingénieuse et rationnelle. Une glacière située dans les sous-sols fournit la glace nécessaire durant toute l'année et maintient dans une fraîcheur convenable une cour où se font les emballages et les chargements.

On voit dans cette vaste cour des viviers pour les crustacés et les poissons d'eau douce; des salles réfrigérées pour la conservation du gibier et de la volaille. Enfin, de grands magasins, tout dallés de marbre, sont garnis de produits d'une beauté remarquable, parmi lesquels — particularité qui attira notre attention — on voit une grande variété de gibier russe.

M. Alamartine fait honneur à son industrie et à l'art qu'il représente. Il est le fournisseur du roi d'Italie. Certes, cette distinction est méritée; car la question de l'alimentation est d'une importance capitale, et celui qui la traite d'une manière aussi pratique, et obtient les résultats que nous venons de signaler, n'est assurément pas le premier venu.

ALAMBIC, n. m. (arabe *al anbiq*). All. *Destillirblase;* angl. *alembic;* esp. *alambique;* ital. *lambicco.* — Le principal des appareils distillatoires. On se sert généralement de cuivre étamé pour la fabrication des alambics. On en fait en d'autres métaux plus ou moins inoxydables. Quel que soit le métal employé, dans l'intérêt de la santé publique, ces appareils, ainsi que les récipients métalliques qui leur servent d'accessoires, doivent être toujours bien étamés.

La chimie a recours aux alambics de porcelaine et de verre. Nous n'avons pas à nous occuper de ces appareils tout à fait spéciaux. Nous devons, au contraire, nous étendre dans la description et sur le mode d'emploi des alambics dont tout le monde peut avoir besoin à un moment donné.

Alambic à bain-marie. — L'alambic à bain-marie système Deroy est à usages multiples.

Quand on distille à feu direct, c'est-à-dire sans bain-marie, on charge la cucurbite 1 du liquide ou des matières à distiller. Si ce sont des plantes ou des graines, on les place sur une grille afin de les empêcher d'être en contact avec le fond (cette grille fait partie de l'appareil); on remet

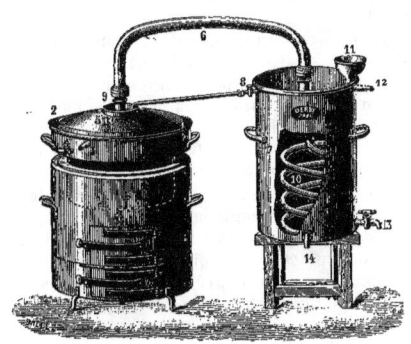

Fig. 28. Alambic à bain-marie.

ensuite le chapiteau 5, qui s'emboîte librement dans le rebord formé par le joint hydraulique 2. On relie le chapiteau au serpentin 10 par le col de cygne 6 et l'on allume le feu après avoir empli d'eau le réfrigérant 7 et le joint hydraulique 2.

Pour obtenir de l'eau-de-vie en une seule distillation, on se sert du robinet 8, au moyen duquel on fait arriver dans la collerette 9 un petit filet d'eau provenant du réfrigérant. Cette eau, à l'aide d'une disposition spéciale, humecte d'une façon uniforme toute la surface du chapiteau; il en résulte une évaporation extérieure qui, pour se former, emprunte à l'intérieur une certaine quantité de chaleur prise aux dépens des vapeurs d'eau qui se dégagent avec les vapeurs alcooliques. Les vapeurs aqueuses se condensent et retombent dans la cucurbite, entraînant avec elles les huiles lourdes, tandis que les vapeurs d'alcool, plus légères et épurées, se rendent au serpentin, où elles se condensent et sont recueillies à l'état liquide à la sortie 14.

On peut régler le degré à volonté en ouvrant plus ou moins le robinet de condensation 8, de sorte qu'une personne ne possédant même aucune pratique de la distillation, obtient, en une seule opération, de l'eau-de-vie supérieure ou de l'alcool dépassant 50 degrés.

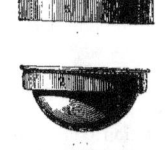

Fig. 29. Bain-marie.

Pour distiller au bain-marie, on met de l'eau dans la cucurbite et le liquide à distiller dans le bain-marie 1'; on replace le chapiteau, qui alors s'emboîte dans le joint hydraulique 2' du bain-marie; on fixe le col de cygne et l'on allume le feu. En distillant au bain-marie, on peut se dispenser de se servir du robinet 8, à moins qu'on ne cherche à obtenir un degré très élevé.

Pour les essences, les parfums, les liqueurs ou les produits pharmaceutiques, on opère comme à l'ordinaire.

Si l'on veut se servir de l'appareil comme bassine double à bain-marie, pour fabriquer des pâtes, des pommades, des extraits, etc., on retire simplement le chapiteau.

Le bain-marie, seul, constitue une bassine à fond rond, et la cucurbite une bassine à fond plat, qui peuvent être employées séparément pour les évaporations et concentrations diverses à feu nu, pour faire les confitures, les sirops, etc.

Alambic à distiller dans le vide. — Pour se servir de cet appareil, on fait arriver la vapeur dans l'évaporateur en ouvrant le robinet 8; on ouvre également le robinet 15 pour que la vapeur, après avoir envahi toutes les parties de l'appareil, puisse en sortir librement, entraînant avec elle tout l'air qu'il contenait. Il faut de même ouvrir, mais un instant seulement, le robinet 7, afin de chasser l'air du tube d'aspiration qui plonge dans le liquide à évaporer.

Après avoir laissé la vapeur circuler quelque temps dans l'appareil, on commence par fermer à moitié le robinet 15; une minute après, on le ferme complètement, ainsi que le robinet de vapeur 8; l'appareil ne contient plus alors que de la vapeur légèrement comprimée. On introduit ensuite de l'eau dans le réfrigérant; la vapeur se condense rapidement, et le vide se produit. Puis on ouvre le robinet 7, dont le tube plonge dans le liquide sur lequel on veut opérer; ce liquide est immédiatement aspiré dans l'évaporateur, et quand ce dernier est suffisamment chargé, on ferme le robinet. Il faut avoir soin que le tuyau d'aspiration plonge toujours de quelques centimètres dans le liquide afin d'éviter toute introduction d'air dans l'appareil. Suivant la nature du liquide sur lequel on opère, on entretient dans le double fond une chaleur proportionnée. On ne tarde pas à voir, par les lunettes 3, 3, le liquide contenu dans l'évaporateur s'agiter vivement en produisant force globules. La vapeur arrive dans

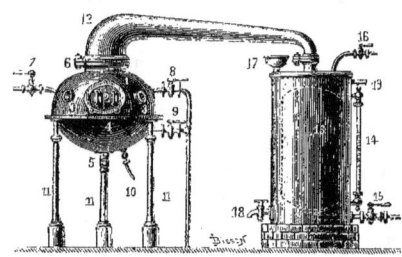

Fig. 30. Alambic à distiller dans le vide.

le condensateur, où elle se liquéfie très promptement; le tube indicateur permet de constater la quantité de liquide évaporée et guide l'opérateur sur la fin du travail.

Il faut, au début d'une opération, chauffer modérément, en ouvrant très peu le robinet 9; car l'excès de vapeur produirait une évaporation tumultueuse qui entraînerait avec elle une partie du liquide à concentrer. Il suffit d'un peu de pratique pour se mettre bien au courant du fonctionnement. Quand l'appareil est pourvu d'un indicateur de vide, on ferme le robinet de communication au début de la mise en marche et on ne l'ouvre que lorsque l'opération est commencée.

Les robinets doivent être tenus en bon état. De temps en temps, suivant le travail de l'appareil, il faut démonter la clef de chaque robinet, l'enduire de suif, puis la tourner quelque temps dans le boisseau pour la rauder; on l'essuie ensuite, ainsi que l'intérieur du boisseau, avec un vieux chiffon de laine; quand toutes les parties sont bien lisses, on enduit la clef d'une graisse composée en parties égales de panne et de cire fondues. On remet ensuite la rondelle et l'écrou, qu'on ne doit serrer que modérément. Cet entretien est de la plus grande importance; car la moindre fuite, permettant à l'air de s'introduire dans l'appareil, empêcherait le vide de s'y maintenir.

Alambic à plateaux lenticulaires. — Cet appareil est un des mieux perfectionnés parmi ceux appliqués à la distillation intermittente. Il peut être employé pour distiller les vins, cidres, poirés, vesous de cannes et n'importe quels jus fermentés, de même que les fruits, marcs de raisins ou de pommes, bagasses, etc., etc.; il peut également servir à la rectification des flegmes de toutes provenances. Sa construction est simple et solide.

L'appareil étant installé comme l'indique la fig. 31, on charge la chaudière 1 par le tampon 2, et le chauffe-vin 12 par l'entonnoir 11. On emplit d'eau le réfrigérant 13 par l'entonnoir 16. A défaut d'eau, on relie le chauffe-vin intérieurement au réfrigérant, et la réfrigération se fait avec le vin ou le liquide fermenté sur lequel on opère.

On allume le feu sous la chaudière et, lorsque la distillation a commencé, on fait arriver sur le plateau supérieur, par le robinet à cadran qui doit être placé sur le piétement 7, un filet d'eau proportionné au degré que l'on veut obtenir; cette eau descend de plateau en plateau par les tuyaux 5, 5, 5, 5, et sort par le trop-plein 6.

Le degré varie à volonté, suivant la température que l'on entretient dans les cuvettes 4, 4, 4, 4, 4, 4; plus le refroidissement est grand, plus le degré est élevé.

Les vapeurs, s'élevant de la chaudière, passent dans le premier plateau, où elles rencontrent un diaphragme qui les force à lécher d'abord la paroi inférieure de la lentille, puis la paroi supérieure, rafraîchie par l'eau; et, montant en zigzag, de plateau en plateau, elles arrivent au chapiteau 8, s'y dilatent avant de passer par le col de cygne 9 pour gagner le serpentin du chauffe-vin, puis, par le tuyau 18, le serpentin réfrigérant, où elles achèvent de se condenser et d'où elles sortent à l'état liquide par l'éprouvette 22.

Dans cette ascension tortueuse, une grande partie des vapeurs aqueuses et des huiles essentielles se condensent à l'intérieur des plateaux et retombent dans la chaudière, tandis que les vapeurs alcooliques continuent à s'élever. Celles, encore faibles, qui se condenseraient dans les premiers tours du serpentin, peuvent, au besoin, être ramenées à la chaudière par le robinet et par le tuyau de rétrogradation 15.

Lorsque le produit sortant à l'éprouvette n'a plus qu'un degré insignifiant, on vide la chaudière par le robinet de vidange placé sur le tampon 3; elle est ensuite remplie, à l'aide du robinet 20, du liquide contenu dans le chauffe-vin, qui a été échauffé par le passage de la vapeur dans le serpentin. On recharge le chauffe-vin et l'on ranime le feu; la distillation ne tarde pas à reprendre son cours.

Quand, au lieu de liquides, on distille des marcs ou des fruits, on charge la chaudière par le tampon 2, et on emplit d'eau le chauffe-vin.

Le fond de la chaudière est garni d'une grille mobile empêchant le marc de s'y attacher. Le travail étant terminé, on vide la chaudière par le tampon 3, puis on la recharge par le tampon 2 d'une partie de nouveau marc que l'on mouille, avec de l'eau chaude contenue dans le chauffe-vin, à l'aide du robinet 20, et dans les proportions qu'exige la nature du marc employé.

Si l'on désire se servir de l'appareil pour la rectification des flegmes, après avoir bien lavé et nettoyé la chaudière, à l'aide d'un balai, par les tampons 2 et 3, on charge de flegmes à 40 ou 45 degrés alcooliques, jusqu'à la naissance du tampon supérieur; on remplit d'eau le chauffe-vin, puis on allume le feu, qui doit être conduit très doucement.

On refroidit la colonne suivant le degré que l'on veut obtenir, et l'on se sert du robinet de rétrogradation s'il y a lieu.

Disons que la réfrigération des plateaux ne doit pas se faire dès le début, mais seulement quand la distillation se manifeste à l'éprouvette par la sortie d'un produit trop faible et insuffisamment épuré. Son effet est d'élever le degré; toutefois, elle doit être bien proportionnée; car un excès de refroidissement arrêterait complètement la distillation et condenserait dans la colonne les vapeurs alcooliques, en même temps que les vapeurs d'eau. Le contraire se produirait si on laissait les plateaux s'échauffer outre mesure; les vapeurs mixtes y passeraient sans se rectifier. Afin d'éviter tout tâtonnement ultérieur, il sera bon, lorsque le distillateur aura obtenu

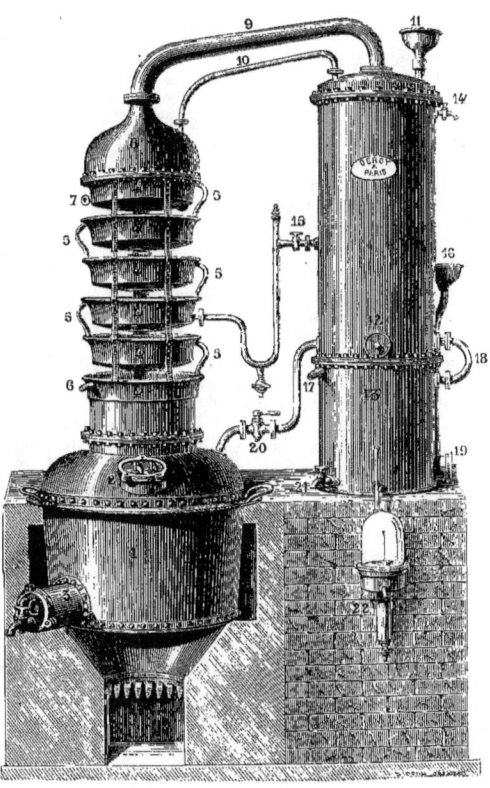

Fig. 31. Alambic à plateaux lenticulaires.

le degré voulu, qu'il fasse une remarque sur le cadran du robinet d'entrée d'eau, de façon à posséder un point de repère pour les opérations suivantes.

Alambic Deroy. — Le petit appareil représenté par la fig. 32 est l'un des plus commodes, des plus utiles que nous connaissions pour les ménages et les amateurs. Son emploi est des plus simples. Voici quelle en est la marche : Après avoir empli la chaudière 1 jusqu'à la hauteur de la saillie portant sur le fourneau, on replace le chapiteau 2 et on revisse l'appareil tel que l'indique la fig. 32.

On emplit d'eau le réfrigérant 6, puis on allume la lampe 12. Lorsque la distillation est sur le point de commencer, c'est-à-dire lorsque la vapeur chauffe le col de cygne 3, reliant le chapiteau au serpentin 4, on fait arriver sur le milieu du chapiteau un peu d'eau par le tuyau de rallonge du robinet 7, placé en haut de la partie latérale du réfrigérant.

Cette eau, que l'on fait couler goutte à goutte, a pour but de tenir humectée la toile recouvrant le chapiteau et de produire extérieurement une évaporation qui, pour se former, emprunte à l'intérieur une quantité de chaleur, laquelle, prise aux dépens des vapeurs d'eau mêlées aux vapeurs alcooliques, les analyse en partie et laisse arriver au serpentin les vapeurs d'alcool plus légères et épurées. Elles s'y condensent et parviennent dans l'éprouvette 5, où, à l'aide d'un alcoomètre, on en constate le degré.

Si l'eau arrivait sur le chapiteau lenticulaire en trop grande abondance, elle condenserait toutes les vapeurs au lieu de les analyser, et la distillation s'arrêterait; il faut donc en user avec modération; que la toile soit seulement humectée.

On doit modérer ou augmenter la chaleur en montant ou en baissant les mèches; mais il est important, pour la bonne marche de l'appareil, de chauffer modérément, de façon que le filet d'eau-de-vie soit très petit.

Quand le degré constaté à l'alcoomètre est inférieur à 40, on sépare le produit qui a coulé d'abord, et on recueille dans un vase tout ce qui coule ensuite, car au-dessous de 40 degrés les huiles essentielles passent et altéreraient la qualité de l'eau-de-vie. Ces petites eaux se remettent dans la chaudière et sont redistillées avec le vin à l'opération suivante. Si l'on traitait du vin dans le but de reconnaître sa force alcoolique, on laisserait tout couler dans le même vase. Distillant 1 litre de vin, on multiplie le nombre de centilitres d'alcool obtenus par le nombre de degrés qu'indique l'alcoomètre, et, en divisant le produit par 100, on a exactement la force du vin.

EXEMPLES

Du vin dont 1 litre produit 20 centilitres d'alcool à 50 degrés pèse :
$$\frac{20 \times 50}{100} = \frac{1000}{100} = 10 \text{ degrés de richesse alcoolique.}$$

Du vin dont 1 litre produit 18 centilitres d'alcool à 32 degrés pèse :
$$\frac{18 \times 32}{100} = \frac{576}{100} = 5 \text{ degrés 76 centièmes de richesse alcoolique.}$$

Il faut tenir compte que la température normale est 15 degrés, et que seulement à cette température l'alcoomètre donne des indications vraies; au-dessus de 15 degrés de température, le degré constaté est supérieur, et au-dessous, inférieur; du reste, il existe des tables de réduction qui indiquent le degré réel à des températures différentes.

L'eau du réfrigérant doit être toujours maintenue froide, au moins dans les deux tiers de sa hauteur; on la rafraîchit en faisant arriver l'eau froide par le petit entonnoir 9; cette eau remplace l'eau chaude qui s'échappe par le petit tuyau de trop-plein 10, placé en haut du réfrigérant.

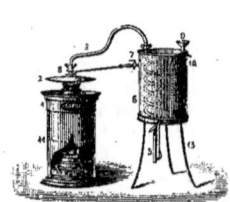

Fig. 32. Petit alambic Deroy.

Alambic brûleur. — Cet appareil, d'une simplicité remarquable, s'emploie pour distiller les vins, les cidres, les poirés, les piquettes, les marcs de raisin, de pommes, de poires, de fruits divers, les lies et les moûts de toute nature, les eaux de cire, ainsi que les fleurs, les graines, les plantes aromatiques, etc. Il est de beaucoup supérieur à tous les alambics ordinaires en ce qu'il produit sans repasse, et au degré voulu, de l'*eau-de-vie rectifiée, d'une qualité plus fine, et avec une économie considérable de temps, d'eau et de combustible.* Ce sont là de précieux avantages.

Fig. 33. Alambic brûleur.

Le chapiteau rectificateur se place comme un simple couvercle et s'emboîte librement dans la gouttière ou rebord supérieur de la chaudière. L'eau de trop-plein du réfrigérant, se déversant au centre du chapiteau, s'écoule dans la gouttière et y forme un joint hydraulique parfaitement hermétique. La chaudière, dont la forme intérieure est cylindrique, convient à tous les usages domestiques et industriels d'une ferme, d'un vignoble ou d'une propriété, tels que la cuisson des aliments pour les bestiaux, le chauffage du lait, la préparation des fromages, le coulage de la lessive, la fonte des cires, la fabrication des cristaux de tartre, etc., etc.

Alambic Valyn. — Ainsi que le montre la fig. 34, la disposition particulière de cet alambic le rend d'un usage très facile, même pour les personnes les moins familières avec l'art de la distillation.

Il est essentiellement portatif, et son installation n'exige ni construction spéciale ni agencement coûteux. Il peut être mis en fonctionnement partout; il suffit de le poser sur un fourneau quelconque, — de cuisine ou de poêle ; — à défaut même, sur un trépied.

Il peut être chauffé avec toutes sortes de combustibles : gaz, bois, charbon de bois, houille, coke, tourbe, etc. En raison de

Fig. 34. Alambic Valyn.

la superposition systématique des divers éléments qui le constituent, il n'exige, pour fonctionner, d'autre emplacement que celui nécessaire au chauffage d'une bassine ou d'une chaudière ordinaire. La superposition des pièces doit avoir toujours lieu de manière que le tube de la cucurbite soit placé sur le devant, le tube du serpentin à la gauche et le tube supérieur d'écoulement du réfrigérant à la droite de l'opérateur ; le robinet de vidange du réfrigérant, qui n'est appelé à fonctionner qu'en dehors des opérations, se trouve ainsi à l'arrière de l'alambic.

Tout l'ensemble du système se résume dans les quatre pièces suivantes : 1° la chaudière ou cucurbite; 2° le diaphragme articulé, qui se met à plat au fond de la cucurbite; 3° le bain-marie, qui prend place dans la cucurbite, sur l'anneau de laquelle se pose son propre anneau ; 4° enfin, le vase supérieur, se posant lui-même sur l'anneau soit du bain-marie, soit de la cucurbite, suivant la nature de l'opération, ledit vase renfermant à son centre le chapeau avec le col de cygne, l'un et l'autre en cuivre étamé, et le cylindre conique autour duquel se déroule le serpentin, où s'effectue la condensation.

Pour procéder à une distillation quelconque, on verse dans la chaudière ou cucurbite le liquide qu'on se propose de traiter, si l'opération est à feu nu, ou bien de l'eau jusqu'au-dessous du cordon de renflement, si l'opération est faite au bain-marie.

A feu nu, *le diaphragme articulé n'est maintenu que pour les distillations s'appliquant à des liquides mélangés de substances solides.*

Quand il est fait usage du *bain-marie*, c'est dans ce récipient que doivent être versés les liquides à distiller, qu'ils contiennent ou non des substances solides dont on veut extraire les principes volatils ou aromatiques. En tous cas, le bain-marie, plus ou moins chargé, est placé au-dessus de la cucurbite.

Le chapiteau, surmonté du réfrigérant et des organes que contient celui-ci, est posé soit sur la cucurbite seule, soit sur le bain-marie. Le réfrigérant est rempli d'eau *froide* jusqu'à son tube de trop-plein.

Des récipients sont placés sous les tubes d'écoulement du serpentin et du réfrigérant.

Les choses ainsi disposées, il ne reste qu'à allumer le foyer; à partir de ce moment, la distillation doit s'effectuer sans interruption.

Pour répondre à des demandes souvent faites, voici les quantités d'eau-de-vie qu'on peut obtenir par jour, selon la dimension et la capacité des alambics Valyn, à tout chauffage, en prenant pour point de départ du vin ordinaire :

Capacité des appareils.	Nombre d'opérations.	Rendement.
6 litres.	6	10 à 12 litres.
12 ...	5	20 à 25 —
25 ...	4	30 à 35 —
50 ...	3	40 à 45 —
100 —	2	65 à 70 —

Ces résultats, évidemment, ne sont pas absolus; il va sans dire qu'ils dépendent de la nature des liquides ou substances traités, de leur richesse en sucre, du mode de chauffage adopté, des soins apportés aux opérations, etc.; mais les chiffres ci-dessus représentent, en tous cas, une moyenne très approximative.

ALAMOUTON, n. m. — Arbre de Madagascar qui produit des fruits rafraîchissants très appréciés des indigènes, et dont la saveur rappelle celle de la figue ou de la prune. On les conserve d'une récolte à l'autre en les faisant sécher à l'ombre. On peut aussi en faire une boisson enivrante.

ALANDIER, n. m. Terme de boulangerie. — Foyer situé à la base d'un four.

ALBACORE, n. m. (corruption du nom *albacoretta*, donné par Pline à une espèce de thon). — Ce nom a servi ensuite à désigner plusieurs espèces de scombres ou même de genres voisins. La chair de l'albacore est blanche et ferme; on la traite culinairement comme la chair du thon.

ALBANO (eaux minérales d'). — Ville d'Italie, d'environ 10,000 âmes, située à 22 kilomètres sud-est de Rome. Elle possède des sources *salines* et *ferrugineuses* d'une température de 30 degrés centigrades. On a constaté la présence dans ces sources chaudes d'un poisson du genre cyclostome et connu sous la dénomination ancienne de *cyclostomum thermale*. (Voyez POISSONS D'EAUX CHAUDES.)

ALBATROS, n. m. (prononcez *al-ba-troce*). All. *Kriegsschiffvogel*; angl. *albatross*; esp. *alcatraz*. — Grand oiseau des mers australes. Les albatros appartiennent à l'ordre des palmipèdes et à la famille des longipennes. Leurs énormes proportions ne les empêchent pas de voler avec une grande agilité. Les mouvements de leurs ailes, qui ont jusqu'à dix pieds d'envergure, sont à peine perceptibles; ils semblent toujours planer. Aucun des oiseaux pélagiens ne s'éloigne autant qu'eux des côtes. Ils regagnent les terres seulement à l'époque de la reproduction, c'est-à dire vers la fin de septembre. Leurs nids sont construits avec de la boue. La femelle ne pond qu'un œuf (n'en déplaise à M. Dumas). Cet œuf, dont les deux bouts sont d'égale grosseur, est très volumineux. On peut le manger, bien qu'il n'ait rien d'exquis.

Les albatros se nourrissent de seiches, de calmars, etc.; mais leur aliment de prédilection semble être la chair corrompue des grands animaux marins dont les cadavres flottent à la surface des eaux.

La chair de l'albatros est coriace et d'un goût peu engageant; mais on peut en obtenir un excellent bouillon. Enfin, la graisse de l'albatros peut servir comme friture.

ALBE (vins d'). — La contrée d'Italie où se trouvait cette ville produit des vins blancs et des vins rouges agréables à boire et peu capiteux; ils sont très appréciés des gourmets et excellents pour la table.

ALBERGE, n. f. (lat. *albus*). All. *Herzpfirsich*; angl. *early peach*; ital. *pesca primaticcia*; esp. *alberchigo*. — C'est une des variétés de l'abricot-pêche. La chair en est blanche et très adhérente au noyau; elle a un petit goût aigrelet qui plaît à beaucoup de monde.

Les plus estimées sont les alberges de Tours, qui mûrissent fin août, et les alberges de Montgamet, plus hâtives.

On les traite culinairement comme les abricots.

ALBRAN, n. f. All. *Halbente*; angl. *a young wild duck*; ital. *anitriuolo selvatico*; esp. *albran*. — Petit du canard sauvage, que l'on chasse en août. Il devient canardeau, puis définitivement canard au mois d'octobre.

Ce petit oiseau est excellent rôti à la broche. C'est le mode de préparation qui lui convient le mieux. Il peut être aussi préparé en salmis, aux rocamboles, aux petits oignons, à la chipolata (Voyez ces mots); mais rien ne saurait valoir le rôtissage.

ALBULES (*Albulæ Aquæ*). — Eaux minérales près de Rome. Cette source, *sulfurée* froide, est mentionnée pour ses propriétés thérapeutiques par les plus célèbres médecins de l'antiquité, tels que Paul d'Égine, Musa et Galien. Elle est ordonnée en boisson contre les maladies des voies urinaires. Cette source porte aujourd'hui le nom de Tivoli. (Voyez ce mot.)

ALBUMEN, n. m. Terme de botanique. — Substance qui se trouve dans l'amande, le noyau, le grain mûrs qui entourent et nourrissent l'embryon. L'albumen est appelé *périsperme* par Jussieu, et *andosperme* par Richard. C'est une masse de tissus cellulaires tantôt dure et cornée, comme dans le café, tantôt molle et charnue, comme dans le ricin; d'autres fois, elle est sèche, farineuse, et n'adhère pas à l'embryon, comme dans le blé. (Voyez ALBUMINE.)

ALBUMINE, n. f. (lat. *albumen*). All. *Das Veisse vom Ei*; angl. *white of an egg*. — L'albumine est l'un des principes immédiats des corps organisés. Le blanc d'œuf d'oiseau est de l'albumine presque pure. L'albumine, enfin, se trouve dans plusieurs espèces du règne végétal, dans les tissus et dans le sang d'un grand nombre d'animaux. C'est une substance incolore, visqueuse, inodore insipide ou légèrement salée.

Analyse chimique. — Voici, d'après Cahours et Dumas, le composé de l'albumine de l'œuf :

Carbone	54,3
Hydrogène	7,1
Azote	15,8
Soufre	1,8
Oxygène	21,0
	100,0

L'albumine, qui est à l'état liquide dans les végétaux et dans les animaux, prend la forme concrète sous certaines influences (1). Elle se coagule, à 70 degrés, en une masse blanchâtre. Cette propriété qu'a l'albumine de se coaguler par la cuisson est mise à profit pour la clarification des liquides, notamment des bouillons, des consommés, des gelées, des sirops et des vins.

Afin de mieux faire connaître le rôle de l'albumine dans l'alimentation, nous parlerons dans trois paragraphes distincts de l'albumine animale, du blanc d'œuf d'oiseau et de l'albumine végétale.

Albumine animale. — L'albumine animale se trouve dans le sérum du sang, dans la lymphe, dans les muscles, dans les tissus et surtout dans la cervelle, dans la moelle épinière et dans les ris de certains animaux. Elle existe également dans les poissons et dans les mollusques (moules, huîtres, etc.). Quand le pot-au-feu écume, c'est l'albumine qui s'échappe des tissus de la viande. C'est elle également qui forme les caillots du jus des rôtis, quand on laisse cuire ce jus.

A l'état cru, l'albumine des tissus est assimilable ; celle du sang ne l'est pas. Cuite, cette dernière est d'une digestion laborieuse ; mais elle ne laisse pas de résidus.

Blanc d'œuf. — Le blanc d'œuf d'oiseau, ainsi que nous venons de le dire, est de l'albumine presque pure, qui diffère par sa forme de l'albumine des tissus et de celle du sang. Pour que le blanc d'œuf constitue un aliment albumineux assimilable, il faut que les œufs soient frais, pleins et traités de la manière suivante :

Formule 55. — On met les œufs dans de l'eau bouillante ; on retire ensuite la casserole du feu, et on les laisse dix minutes dans cette eau, dont la chaleur diminue graduellement.

Ainsi traités, les blancs d'œufs deviennent un liquide laiteux, doux, agréable au palais et d'une digestion facile. Mais rien ne se digère plus lentement qu'un œuf cuit dur.

Albumine végétale. — L'albumine végétale se trouve dans les lentilles, les pois, les fèves, les haricots, le maïs, le café, les pommes de terre et dans un grand nombre de céréales, telles que l'orge, l'avoine, le froment, etc. Beaucoup de plantes oléagineuses sont aussi albumineuses.

Des observations pratiques de quinze années nous ont permis de constater qu'il y a, au point de vue de l'hygiène alimentaire, une grande différence entre l'albumine végétale et l'albumine animale.

L'albumine végétale, en effet, a l'avantage de pouvoir subir diverses préparations culinaires sans se coaguler et, partant, sans devenir indigeste. C'est elle qui fournit aux tissus et au sang des animaux l'albumine que l'on y trouve.

Quand on fait cuire dans une petite quantité d'eau des fèves, des lentilles, des haricots frais ou de l'avoine, et que l'on égoutte sur un tamis, on obtient, après réduction de l'eau, un liquide qui prend une consistance visqueuse en se refroidissant. Cette espèce de gelée n'est autre chose que de l'albumine végétale ou de la *protéine*, principe *le plus parfait* de la nourriture de l'homme.

Il ne suffit pas, pour réparer les forces dépensées, de prendre un aliment riche en principes quelconques ; il faut encore que ces principes soient acceptés par les organes de la digestion, qu'ils se combinent et subissent des métamorphoses diverses avant de faire partie du sang. Et dans le phénomène de la nutrition, l'albumine végétale se comporte autrement que l'albumine animale.

Si l'on voulait expérimenter ce que nous avançons, on n'aurait qu'à mettre un enfant au régime des farines lactées et des laits concentrés, en choisissant même, parmi ces produits, ceux dont les analyses chimiques permettent de constater la merveilleuse richesse en albumine ; on verrait bientôt que l'effet obtenu est celui d'un aliment quelconque, plus ou moins difficile à digérer. L'enfant ne supporterait ce régime que dans le cas où il serait né robuste et vigoureux.

Pour faire l'épreuve contraire, que l'on nourrisse un enfant — fût-il né frêle et chétif — avec le lait de sa mère et, si le lait de la mère devenait insuffisant, avec une alimentation mixte, c'est-à-

---

(1) On a longtemps confondu avec l'albumine les principes solubles et coagulables par la chaleur qui se trouvent en même temps qu'elle dans les tissus et dans le sang des animaux.

dire en joignant à du lait frais de la bouillie de gruau d'avoine (FARINE MORTON), alternée avec de la bouillie de fécule de maïs (MONDAMINE), et cet enfant prendra bientôt de la force et de la vigueur, l'albumine végétale étant promptement distribuée par les organes de la nutrition.

Le degré de digestibilité d'un aliment albumineux est en raison inverse du degré de pureté de l'albumine qu'il contient. En d'autres termes, plus l'albumine est pure, moins elle est assimilable.

Voici, en commençant par ceux où l'albumine est à l'état le moins pur, l'ordre dans lequel il faut classer les aliments albumineux : 1° végétaux; 2° tissus des animaux; 3° œufs; 4° sang des omnivores et des carnivores.

Quand il est cuit, le sang, si riche en albumine, est un aliment des plus difficiles à digérer (1).

En résumé :

On vit d'aliments, et non de produits chimiques;

Les aliments albumineux du règne végétal sont préférables aux aliments albumineux du règne animal;

L'albumine n'est assimilable qu'autant qu'elle est accompagnée d'autres principes ou qu'elle a subi certaines préparations;

L'action nutritive de l'albumine s'arrête au sang cuit des omnivores et des carnivores. Au delà, elle retourne à la terre et recommence son évolution.

ALCALESCENCE, n. f. Angl. *alkalescency;* ital. *alcalizzare.* — État d'une substance dans laquelle les propriétés alcalines sont en train de se développer.

ALCARAZAS, n. m. (prononcez *al-ca-ra-zace*). — Vase de terre très poreuse dans lequel l'eau se rafraîchit vivement par suite du refroidissement causé par toute prompte évaporation.

Fig. 35. Alcarazas égyptien primitif.

L'usage des alcarazas est très commun dans les pays chauds. On en voit presque toutes les maisons espagnoles. On s'en sert également beaucoup en Égypte.

L'été, les travailleurs des champs suppléent l'alcarazas en enveloppant de linges mouillés la cruche ou la bouteille contenant le liquide destiné aux repas en plein air. L'industrie ne s'est pas plus contentée du vase primitif des Égyptiens, représenté par la figure 35, que du chiffon mouillé de nos braves paysans. On vend aujourd'hui des alcarazas qui sont en quelque sorte des œuvres d'art. Ces alcarazas modernes ne varient guère par la forme, qui est toujours allongée (fig. 36); mais les attributs qui les décorent changent à l'infini. Enfin, on peut dire que ces ustensiles réunissent l'utile et l'agréable. En France, surtout dans les départements du Midi, l'usage de l'alcarazas prend tous les jours plus d'extension.

Fig. 36. Alcarazas en terre blanche d'Espagne.

ALCOOL, n. m. (prononcez *al-co-ol;* arabe *al cohol*). — Ce mot, d'abord employé pour désigner les poudres d'une ténuité extrême et pour ainsi dire impalpables, fut ensuite donné aux liquides dans lesquels une volatilité exceptionnelle faisait supposer des particules très ténues. Plus tard, on s'en servit exclusivement pour désigner le principe volatil vulgairement appelé esprit-de-vin.

L'Arabe Aboucassis est le premier qui sut séparer ce principe volatil des matières où il se trouve. Beaucoup plus tard, un chimiste de Montpellier, Arnauld de Villeneuve, perfectionna les méthodes d'extraction de l'esprit-de-vin par distillation. Dès lors, la consommation de l'alcool fut en quelque sorte mise à la portée de tous.

Raymond Lulle a découvert le moyen de le concentrer; Lowitz et Richter sont parvenus à le déshydrater. L'analyse en a été faite pour la première fois par Th. de Saussure, qui l'a trouvé formé de gaz oléifiant et d'eau dans les proportions de 100 : 63,58 en poids, c'est-à-dire à très peu près celles qui correspondent à volumes égaux de gaz oléifiant et de vapeur d'eau. Gay-Lussac a démontré que la densité de l'alcool s'accorde avec la composition trouvée par de Saussure. (WURTZ, *Dict. de chimie.*)

L'alcool se tire de toutes les substances qui contiennent du sucre et sont fermentescibles, depuis le vin jusqu'à la matière dont le nom rappelle la célèbre réponse de Cambronne. L'alcool le moins commun est celui qui vient du raisin. Et l'alcool que boit l'homme du peuple, sous prétexte de *tuer le ver* ou de se donner de l'énergie, est tiré de la pomme de terre, de la betterave, du

---

(1) Chacun sait combien peu facilement se digèrent le *matfuim* et le *boudin*, presque exclusivement composés de sang.

maïs, des grains, du gland doux, du mahonia, des topinambours, des patates, de l'asphodèle, du riz, de la garance, du bois, des feuilles d'arbres, des vieux chiffons ramassés partout et, enfin, de la matière dont nous avons parlé plus haut.

Analyse chimique. — En chimie, on nomme *hydrate d'éthyle* l'alcool dont la composition est la suivante :

$$C^2H^6O$$

Lavoisier et Gay-Lussac, croyant à un simple dédoublement catalytique de la glucose en présence de la levure, avaient établi pour la réaction génératrice l'équation suivante :

$$C^5H^{12}O^1 = 2\,CO^2 + 2\,C^2H^4O$$

On nomme *alcool absolu* celui qui ne contient pas d'eau, tel que l'esprit-de-vin. Mais, dans le commerce, on entend par alcool toutes les boissons alcooliques concentrées; et l'alcool fourni par l'industrie contient toujours de l'eau en quantité plus ou moins considérable. On appelle *eau-de-vie* le liquide contenant de 25 à 50 pour 100 d'acool, et l'on nomme *esprit* le liquide où la proportion de l'alcool atteint 65 degrés.

NOMS DES ALCOOLS	Degrés Cartier.	Degrés centésimaux.	Densité.
Eau-de-vie faible	16	37.9	0.957
—	17	42.3	0.949
—	18	46.4	0.943
Eau-de-vie ordinaire	19	50.1	0.936
—	20	53.4	0.930
Eau-de-vie forte	21	56.5	0.924
—	22	59.3	0.918
Trois-cinq	29.5	78	0.869
Trois-six	33	85.1	0.851
Trois-sept	35	88.5	0.840
Alcool rectifié	36	90.2	0.835
Trois-huit	37.5	92.5	0.826
Alcool à 40 degrés	40	95.9	0.814
Alcool absolu	44.19	100	0.794

HYGIÈNE. — Toute personne faisant usage de boissons fermentées dans lesquelles il existe de l'alcool en quantité quelconque doit éviter complètement l'usage de l'alcol pur. La même précaution doit être prise par les personnes à tempérament nerveux, sanguin ou bilieux. Pour tout le monde, l'usage habituel de l'alcool est préjudiciable à la santé, et son abus est un véritable danger. Pris à petite dose, dans un cas d'extrême fatigue, il peut produire de bons effets.

« L'eau-de-vie, dit le docteur H. Vigouroux dans ses *Tablettes*, a surtout rendu les plus grands services dans la *pneumonie aiguë*. Que de fois nous avons vu de pauvres petits êtres, de deux à dix ans, n'avoir plus qu'un léger souffle de vie, sur le point d'être emportés par une fluxion de poitrine double, et revenir doucement à la vie, grâce à la stimulation produite par quelques cuillerées à café d'eau-de-vie données à un quart d'heure d'intervalle ! »

Le savant praticien recommande également l'eau-de-vie dans la *fièvre typhoïde*, alors qu'il faut stimuler l'organisme. Mais il ajoute : « Les vins généreux, largement maniés, sont, cependant, plus applicables dans cette maladie. »

Il n'y a pas de pente plus glissante que celle qui mène de l'usage de l'alcool à son abus. On en consomme chaque jour davantage; dans les premiers temps, c'est une simple habitude; bientôt cette habitude devient une passion qui fait subir au système nerveux des modifications tellement prononcées que les facultés intellectuelles et les fonctions motrices s'en trouvent gravement altérées; enfin on va droit à cette maladie hideuse et terrible connue sous le nom d'alcoolisme.

L'albuminurie, qui s'observe fréquemment dans les pays où l'on fait abus de l'alcool, est due à la propriété qu'il a de précipiter l'albumine et de la rendre ainsi étrangère au fluide nourricier. Par suite, les fonctions de la digestion et de l'assimilation s'altèrent à leur tour, et on voit alors survenir des affections chroniques dont la conséquence est une mort prématurée, que précède une agonie douloureuse.

Terminons en disant que l'alcool doit, dans presque tous les cas, être considéré comme un superflu propre seulement à satisfaire une sensualité malsaine.

L'école de Salerne, dont les aphorismes ont fait le tour du monde, n'en permet même pas l'usage après le café :

Præludant offæ, præcludat prandia coffe.
Dulciter invadit, sed duriter ilia rodit
Spiritus ex vino quem fundit dextra popino.

Que la soupe commence et le café termine.
Les liqueurs que nous verse une main assassine
Flattent notre palais bien agréablement,
   Mais nous brûlent fort promptement.

Mais comme les aphorismes n'ont pas le don de convertir tous ceux qui les lisent, et comme longtemps encore il y aura des consommateurs d'alcool, nous dirons qu'on n'a pas à en redouter, quand il a un certain âge, des effets aussi funestes que lorsqu'il est nouvellement distillé. On peut donc, jusqu'à un certain point, tolérer les vieux cognacs et les vieux armagnacs.

ALCOOLAT, n. m. — Préparation hygiénique ou médicamenteuse résultant de la distillation, avec de l'alcool, de substances aromatiques végétales ou animales. L'extrait d'absinthe, l'alcool de menthe, l'eau de Cologne sont des alcoolats.

ALCOOLATE, n. f. — Combinaison, en proportions définies, d'alcool avec un sel.

ALCOOLATURE, n. f. — Mécération anhydre de plantes dans l'alcool.

ALCOOL DE MENTHE. — De la menthe poivrée (*mentha piperita;* angl. *peppermint*), ou simplement de la menthe française, on extrait, par distillation, une essence dont les propriétés ne sont autres que celles de l'alcool et de la menthe. Son action piquante et fraîche lui a valu une renommée universelle. Ajoutons que, pour qu'il possède toutes les propriétés qu'on peut en attendre, il n'est nullement nécessaire que ce produit soit revêtu de la signature de Ricqlès ou autres droguistes.

L'alcool de menthe a sur l'estomac une action stimulante qui en rétablit les fonctions endormies et combat efficacement les dégagements de gaz qui surviennent toujours lorsque cet organe est en état d'atonie; on l'oppose également d'une manière efficace aux crampes d'estomac et aux coliques vives.

Toutefois, il ne faut pas employer l'alcool de menthe sans un besoin réel; un usage fantaisiste ou continu de ce produit ne tarderait pas à paralyser les organes en les stimulant outre mesure.

La pastille de menthe corrige l'haleine et rafraîchit la bouche.

ALCOOLÉ, n. m. — Mélange d'alcool et de matières qu'il tient en dissolution.

ALCOOLIQUE, adj. — On qualifie d'alcoolique toute substance contenant de l'alcool. Les vins, les liqueurs de table, la bière, le cidre sont des boissons alcooliques. Les types parfaits des liquides alcooliques sont les flegmes, les eaux-de-vie et les esprits.

On nomme *fermentation alcoolique* l'action du dédoublement, par le ferment, en acide carbonique et en alcool.

ALCOOLISER, v. tr. — Alcooliser, c'est mêler de l'alcool à un autre liquide. Une boisson peut être plus ou moins alcoolisée. *S'alcooliser*, c'est faire abus de boissons alcooliques au point d'en contracter la maladie appelée alcoolisme.

ALCOOLISME, n. m. — Maladie engendrée par l'abus des boissons alcooliques. Chacun sait les effets dramatiques que M. Émile Zola a su tirer de l'observation de cette maladie.

« L'alcoolisme est une maladie sociale autant qu'une maladie individuelle. » (FONSSAGRIVES.)

« On s'est effrayé du choléra, a dit Balzac; l'eau-de-vie est un bien autre fléau. » (B.-SAVARIN.)

« Ce qui rend les alcooliques fous, déclare Flourens, c'est que la liqueur *incendiaire*, chargée d'aldhéyde, attaque le cervelet et agit à la façon des poisons narcotico-âcres. »

L'alcoolisme, qu'a si bien dépeint le docteur F. Brémond, exerce principalement ses ravages parmi les marchands de vin et chez les filles de brasseries. D'après la statistique, certaines professions manuelles fourniraient un nombre exceptionnel d'alcooliques.

On combat l'alcoolisme par la diète d'abord, ensuite par la suppression de toute boisson alcoolique, par l'emploi des antispasmodiques, par un régime alimentaire fortifiant, avec de l'eau comme boisson de table.

ALCOOMÈTRE, n. m. — Instrument destiné à mesurer la richesse en alcool des esprits ou eaux-de-vie. L'alcoomètre légal est aujourd'hui, en France, celui de Gay-Lussac, qui porte 100 degrés de longueur inégale et mesurés de manière à représenter exactement, en centièmes, le volume d'alcool contenu dans le liquide soumis à l'essai.

ALCYON, n. m. (prononcez *al-ci-ion;* lat. *alcedo*). All. *Martin Fischer;* angl. *kingfisher;* ital. *alcione*. — C'est un oiseau de la famille des *syndactyles*, connu aussi sous le nom de martin-pêcheur. Il est caractérisé par un corps trapu et écourté, une grosse tête et un bec long, droit et anguleux; des pattes comme celle des guêpiers; des tarses courts et des doigts réunis jusqu'aux ongles.

L'alcyon se nourrit d'insectes, de larves aquatiques et de petits poissons, qu'il guette avec une patience inouïe. Dès qu'il en aperçoit un, il fond sur lui comme un trait. Si la victime, emportée dans les airs, parvient à s'échapper des griffes de l'oiseau, celui-ci fond de nouveau sur elle et l'atteint dans l'espace.

On croit que c'est une variété de la salangane (Voyez ce mot), oiseau également appelé hirondelle de mer, et dont le nid constitue un mets délicat. On en trouve la première variété à l'Ile de France et à l'Ile Bourbon. Au Tonkin, on l'appelle *chim*.

L'alcyon a eu souvent les honneurs de la poésie. Écoutons Delille :

L'alcyon ne vient plus sur l'humide rivage,
Aux tiédeurs du soleil étaler son plumage.

USAGE CULINAIRE. — La chair de l'alcyon est dure; mais elle possède au plus haut degré, comme celle de la salangane, les propriétés génésiques et aphrodisiaques si recherchées des Chinois, qui ont chanté l'alcyon avant nos poètes. Le *salmis* (Voyez ce mot) est la meilleure manière de préparer l'alcyon. L'omelette faite avec ses œufs est un aliment plus recherché que facile à trouver.

ALCYONNAIRES, n. m. pl. — Terme générique désignant un groupe d'animaux marins remarquables par la particularité de leurs formes. Ce groupe comprend les *pennatulaires*, en forme de feuille; les *cornulaires ridées*, en forme de fleur; les *spongiaires*, en forme d'éponge; les *tubipores musique* et les *corralloïdes*, en forme de corail. Ces animaux, qui appartiennent au genre polype, sont très bons à manger; ils se traitent culinairement comme l'actinie.

ALE, n. f. (prononcez *éle*). — Bière pâle que l'on fabrique en Écosse, en Irlande et à Londres. L'*ale* diffère des autres bières par son goût aigre-doux, qui est dû à l'abondance d'orge, à la petite quantité de houblon et surtout à ce que la fermentation, qui est imparfaite, n'alcoolise pas tout le sucre. Plus l'*ale* est fermentée, plus elle est alcoolisée, et plus la vie de cette bière est abrégée.

Nous appelons la *vie* de la bière sa période de fermentation; car elle cesse d'être bière quand elle a fini de fermenter.

ALÉNOIS, n. m. (*lepidium sativum*). All. *Garten Cress;* angl. *garden cress;* ital. *agretto;* esp. *mastuerzo;* port. *mastruco.* — L'alénois est une espèce de cresson de jardin dont on cultive plusieurs variétés.

On le croit originaire de l'île de Chypre; mais les variétés qui poussent spontanément chez nous peuvent être qualifiées de françaises. D'un autre côté, rien ne prouve que le *lepidium* dont parle Pline soit le même que celui que cultivent nos maraîchers. En admettant même qu'il nous vienne réellement de l'île de Chypre, il faut convenir que l'influence du climat et celle de la culture, qui se font si puissamment sentir dans le

Fig. 37. Cresson alénois crépu.

règne végétal, ont dû modifier d'une façon radicale les variétés dont nous avons à nous occuper.

Parmi les alénois, on distingue, en France, les variétés suivantes :

Alénois nain frisé. — Cette variété se distingue de l'alénois commun par ses feuilles, bien

Fig. 38. Cresson alénois nain frisé.

plus frisées. Une feuille agrandie de la fig. 38 en permet l'examen dans les détails. Les divisions des feuilles sont, dans l'alénois nain frisé, plus nombreuses et plus fines que dans l'alénois commun. Elles sont en même temps crispées et élégamment contournées.

Alénois doré. — Cette variété est un sous-genre de l'alénois à larges feuilles; elle ne diffère de ce dernier que par la couleur de ses feuilles, qui sont d'un vert pâle et jaunâtre.

Alénois à larges feuilles. — Cette variété se distingue facilement des autres par ses feuilles, longues d'environ 5 centimètres, larges de 2 ou 3, et dont le limbe est entier, sans découpures; il n'a que quelques dents sur le bord. La feuille agrandie de la fig. 37 permet d'ailleurs l'examen des détails.

Les feuilles de l'alénois doré et celles de l'alénois à larges feuilles diffèrent tellement de celles de l'alénois frisé et de l'alénois commun, qu'on serait tenté de croire, quand on les voit avant la

Fig. 39. Cresson alénois à larges feuilles réduit au quart.

floraison, qu'on se trouve en présence de plantes n'appartenant pas à la même famille.

Alénois commun. — On peut cultiver cette plante avec une facilité remarquable dans tous les lieux d'une température de 10 à 15 degrés centigrades. La graine germe en vingt-quatre heures. En hiver, on peut se procurer le plaisir d'avoir chez soi, dans un vestibule, par exemple, de la verdure agréable à l'œil et un condiment végétal précieux.

Les feuilles de l'alénois commun sont tendres, glabres, glauques, déchiquetées ou pinnatifides. Les fleurs en sont blanches, petites, à quatre pétales faisant place à des silicules arrondies, très déprimées et légèrement concaves. Les graines, d'un rouge brique, sont oblongues et sillonnées. On en compte 450 dans le poids d'un gramme. Un litre de ces graines pèse en moyenne 730 grammes.

USAGE CULINAIRE. — Les cressons alénois constituent, avec le cerfeuil, l'une des meilleures fines herbes. Il est regrettable que la plupart des cuisiniers et des ménagères ignorent que l'on trouve dans l'alénois frisé une garniture remplaçant avantageusement le persil, qu'on se plaît à prodiguer autour des viandes froides.

On obtient toujours un bon effet de quelques feuilles hachées et jetées dans le potage ou dans la soupe.

On utilise aussi l'alénois comme entremets ou comme garniture, après l'avoir traité de l'une ou de l'autre des manières suivantes :

Alénois à l'oseille. — *Formule 56.* — Blanchigumer (Voyez ce mot) séparément, et en égale quantité, de l'alénois à larges feuilles et de l'oseille; rafraîchir et égoutter l'un et l'autre. Passer l'oseille au tamis et hacher l'alénois très menu. Faire un roux dans une casserole et y mettre l'oseille et l'alénois. Assaisonner de sel, poivre, beurre et muscade; mouiller avec du bouillon (avec du lait pour les végétariens). On laisse cuire un instant et on sert comme entremets ou en garniture avec des ris de veau ou des fricandeaux.

Alénois aux épinards. — *Formule 57.* — Blanchigumer séparément l'alénois et les épinards; les rafraîchir, les égoutter et les hacher. Faire un roux; y ajouter les végétaux. Assaisonner de poivre, de sel, de muscade râpée, et mouiller avec du bouillon. Cet entremets est excellent; l'alénois lui communique un petit goût tout à la fois amer et aigrelet qui plaît à presque tout le monde. On dresse l'alénois aux épinards dans un plat creux, et on le garnit de croûtons frits au beurre frais ou d'œufs cuits dur.

Alénois à la crème. — L'alénois à larges feuilles constitue aussi un entremets sain quand il est préparé de la manière suivante :

Formule 58. — Employer et traiter l'alénois comme il est dit dans la formule 56, sans le mélanger avec d'autres végétaux, et remplacer le bouillon par de la crème double fraîche. Dresser dans un légumier et garnir le bord du plat avec des florons de pâtisserie (Voyez ce mot), de la moelle de bœuf coupée en liards et blanchie. Cet entremets est amer au palais; mais ce petit défaut, si c'en est un, est largement racheté par les propriétés antiscorbutiques de l'alénois.

Potage crème d'alénois. — La crème d'alénois dont suit la formule est un des meilleurs potages de santé. D'ailleurs, ce n'est autre chose que l'aliment bien connu sous la dénomination de potage à la reine, mais modifié par l'adjonction des épinards et de l'alénois, qui lui donnent une couleur verte.

Formule 59. — Employer :

Riz	Grammes	500
Poule	Nombre	1
Oignon clouté	—	1
Carotte moyenne	—	1
Branche de céleri	—	1
Poivre concassé	Grammes	5
Alénois haché	—	150

Procédé. — Faire cuire la poule au riz dans quatre litres d'eau, avec sel et garnitures. Lever les filets de la poule; les couper en petits dés. Piler le restant au mortier, à l'exception de la carotte, et passer au tamis.

D'autre part, faire blanchigumer des épinards avec une égale quantité d'alénois; passer au tamis fin. Au moment de servir, lier le potage avec de la crème fraîche, des jaunes d'œufs, du beurre frais; ajouter la purée d'épinards et d'alénois, puis les croûtons de volaille.

Soupe à l'alénois. — *Formule 60.* — Ciseler en forme de julienne moitié oseille et moitié alénois. Passer au beurre, dans une casserole, avec une cuillerée de farine. Laisser revenir le tout pendant cinq minutes, en remuant toujours. Mouiller avec de l'eau; saler et poivrer. Au moment de servir, mettre dans une soupière deux jaunes d'œufs, deux décilitres de crème et gros comme un œuf de beurre par litre de liquide. Verser graduellement le bouillon, en remuant la liaison, et y ajouter des croûtons frits au beurre frais.

ALÉNÉ, adj. — En botanique, on qualifie d'*alénées* les feuilles terminées en pointe dure. Mais on dit plus ordinairement feuille *subulée*.

ALENTEJO (prononcez *A-lain-té-jo*). — Province de Portugal bornée à l'ouest par l'océan Atlantique et l'Estramadure et à l'est par l'Espagne. C'est un pays de plaines parcourues par des chaînes de montagnes peu élevées. On y trouve de nombreux marécages. Le climat est chaud et très sec.

PRODUITS. — La province d'Alentejo donne en abondance du froment, de l'orge, du riz, de l'huile, des fruits, le tout de qualité excellente. On y élève en quantité considérable des chèvres magnifiques, des moutons et des porcs. On y fabrique des fromages très renommés.

ALÉOCHARE, n. m. (prononcez *a-lé-o-ca-re*). — Ce nom est donné à un genre d'insectes coléoptères pentamères, de la famille des brachélytres. Ces insectes sont très petits et très agiles; ils vivent principalement dans les débris de végétaux. Leur présence dans les champignons est un signe certain que ces derniers ne peuvent plus servir à l'alimentation de l'homme. La couleur des aléochares varie du brun au noir.

ALÉOUTIENNES (îles). — Ces îles forment un archipel du grand océan Boréal. Elles sont dépendantes de la Russie, qui en tire une grande quantité de pelleteries, presque toutes fournies par des animaux propres à l'alimentation. Aussi, l'occupation principale de l'Aléoutien est-elle la chasse. Ensuite vient la pêche, et les vêtements de ce peuple consistent presque exclusivement en peaux de phoques.

ALEP. — Ville de Syrie, à 200 kilomètres de Damas. Elle commerce principalement avec la France, les États-Unis, l'Italie et l'Angleterre.

PRODUITS. — Alep exporte des farines et des grains dont la réputation est méritée. Les pistaches d'Alep sont également très estimées.

Par le fait de leur semi-homonymie, on a souvent confondu le blé d'*Alep*, qui comporte plusieurs espèces, avec le blé *aleph*, qui est une variété de blé dont nous parlons un peu plus loin.

ALÈPE, n. m. — Mollusque qui est dépourvu de coquilles et paraît vivre en parasite sur les méduses. Il se traite culinairement comme les polypes et les actinies.

Les habitants des côtes de la Nouvelle-Hollande, quand ils veulent se régaler, recueillent le plus possible d'alèpes. Ensuite, leur premier soin est de les poudrer de sel, afin de les faire vomir. Après les avoir enveloppés dans une feuille de dattier ou de figuier, ils les enterrent dans des cendres rouges, qu'ils ont préalablement mises en tas au milieu d'un foyer ardent, et les y laissent une demi-heure. Au bout de ce temps, ils retirent soigneusement chaque petit paquet, dont l'enveloppe est calcinée. Enfin, ayant, avec une agilité merveilleuse, dépouillé l'alèpe de tout corps étranger, ils le saisissent entre le pouce et l'index pour le porter à la bouche, où il disparaît vivement.

ALEPH (blé). (Prononcez *a-lèfe*; aleph, nom de la première lettre de l'alphabet hébreu, déterminant un autre nom, est synonyme de *premier*

ou de *numéro un*). All. *Weizen aleph;* angl. *wheat aleph*. — Le blé aleph est une espèce de froment originaire de la Syrie. Cultivé autrefois dans la plaine de Damas, il était très estimé des habitants de la ville d'Alep et des environs, lesquels, dans l'antiquité, ont fait preuve d'une grande science agronomique. Le pain favori de la haute classe était fait avec de la farine d'aleph.
(CATON de *Rei Rustica*).

Tout le monde, aujourd'hui, peut se passer cette fantaisie, grâce aux patientes recherches d'un homme de grande valeur agronomique, qui est parvenu à rendre à l'alimentation ce blé, qui depuis des siècles n'existait plus qu'à l'état de souvenir historique. Pour le reproduire semblable à celui des anciens Asiatiques, M. Vilmorin-Andrieux, de Paris, a fait féconder artificiellement le blé de Noé par le blé des Bergues (Voyez ces mots), et cette opération a réussi d'une façon surprenante. L'épi du blé obtenu par M. Vilmorin est blanc; le grain en est gros, plein, lourd et très avantageux (fig. 38). Ce blé doit être semé en automne. Il convient aux bonnes terres, riches ou moyennes. Nous ne saurions trop engager les agriculteurs à vulgariser cette nouvelle variété de blé, qui, en outre de son bon rendement, est très riche en gluten, l'un des principes qui forment les qualités protéiques.

ALET, bourg de France, dans le département de l'Aude. Sources thermales *bicarbonatées calciques*. La plus chaude a 28 degrés centigrades. Source *ferrugineuse* froide. Alet possède un bel établissement thermal; c'est une station très agréable.

ALEVIN, n. m. Terme de pisciculture. — Carpe de trois ans, d'environ 16 cetimètres de longueur et élevée pour la reproduction. On nomme *alevinage* le menu poisson que les pêcheurs rejettent dans l'eau comme n'ayant pas la grosseur réglementaire.

ALEVINIERS, n. m. pl. — Petits étangs destinés à l'élevage de l'*alevin* qui doit peupler de plus grands étangs.

ALFÉNIDE (couverts d'). — L'alfénide est une composition métallique créée par M. Alphen, en 1850.

Voulant renseigner le lecteur sur toute chose qui se rapporte plus ou moins directement à la cuisine et à l'hygiène, nous avons soumis ce produit à une analyse minutieuse, et nous nous empressons de leur en donner le résultat.

L'alfénide comporte, sur 100 parties :

Fer	1,0
Nickel	9,7
Zinc	30,2
Cuivre	59,1
	100,0

La compagnie qui exploite l'alfénide a la prétention d'offrir au public un métal d'une parfaite innocuité. Cependant, le cuivre oxydable y entre pour plus de moitié. Il est aussi nécessaire, dans l'intérêt de la santé, d'argenter les couverts d'alfénide que d'étamer les casseroles de cuivre.

Fig. 40. Aleph grandeur naturelle.

ALGÉRIE, colonie française au nord de l'Afrique, entre le Maroc et la Tunisie, baignée au nord par la Méditerranée et bornée au sud par le Sahara.

PRODUITS. — L'Algérie est favorisée d'un climat des plus beaux et d'un sol naturellement fertile. Aussi les productions de cette contrée sont-elles variées et nombreuses.

Malgré la religion mahométane, qui ne doit compter que des fidèles abstèmes, les Maures cultivent une grande variété de vignes, et, actuellement, l'Agérie produit par année plus de 80,000 hectolitres de vins très estimés, dont les qualités ne le cèdent en rien à celles des vins de l'Espagne méridionale.

Les forêts sont très riches en bois de toutes sortes, et l'on tire des essences d'un grand nombre d'entre eux. Les autres sont employés dans l'ébénisterie.

On trouve également dans ces forêts plusieurs espèces de chênes, au nombre desquelles se trouve le chêne à glands doux, qui ont le goût de nos marrons et sont consommés comme aliment. Ce gland est exporté en Europe, où il est torréfié et moulu, vendu ensuite sous les apparences du café et sous l'appellation de « poudre de gland doux » ou sous celle moins correcte de « café de gland ».

Les Arabes pratiquent en grand l'éducation des abeilles et recueillent précieusement le miel qu'elles donnent en abondance. Une autre espèce sauvage dépose un miel aromatique dans les creux des vieux arbres; elle y dépose également une cire que l'on recueille en quantité considérable.

Les céréales occupent, parmi les produits algériens, un rang très important. Le blé indigène possède des principes nutritifs qui le rendent supérieur à tout autre pour la fabrication des pâtes alimentaires. On y rencontre surtout l'amidonnier (Voyez ce mot).

Une foule de produits végétaux, qui font leur apparition sur la table du gourmet avant que la récolte en ait lieu chez nous, viennent pour la plupart d'Algérie. On y emploie les fleurs et les plantes les plus précieuses à la fabrication des parfums et des essences. Les plantes textiles oléagineuses s'y trouvent abondantes et très variées.

Les nombreuses plaines à pâturages de l'Algérie, et les habitudes pastorales de la plupart des indigènes, favorisent d'une façon considérable l'accroissement du bétail. Le mouton appelé mouton de Barbarie, à grosse queue (Voyez MOUFLON), fournit une laine très estimée.

Les chevaux barbes, ou chevaux de Barbarie (Voyez CHEVAL), ont une renommée universelle, que leur vaut non seulement leur légèreté et leur élégance, mais encore d'autres précieuses qualités, telles que la résistance à la fatigue, la puissance d'haleine et de jarret, la sobriété et une adresse sans égales.

HYGIÈNE ET CLIMATOLOGIE. — Nous devons les précieux renseignement qui suivent à M. Dabry. orientaliste, ancien capitaine d'infanterie attaché à l'état-major général du corps expéditionnaire de Chine en 1859, et membre de la Société asiatique de Paris, et à notre excellent confrère M. Julien Duchâteau, orientaliste ethnographe, qui a fait de sérieuses études sur cette question, depuis qu'il fait partie de la Société académique française des études indo-chinoises.

Vêtements. — On aura soin de se vêtir très chaudement en hiver.

On ne gardera jamais sur soi de vêtements humides.

En été, on portera des vêtements très légers en laine, et on les lavera dès qu'ils seront trempés de sueur.

On portera, sans jamais les quitter, une ceinture et un gilet de flanelle.

Repos. — Il ne faut jamais se coucher sur la terre nue, et il faut avoir soin de mettre une planche sous ses pieds quand on est au repos.

En été, il faut étendre de la paille de riz sur le plancher, et la recouvrir d'une natte de rotin.

Breuvages. — On s'abstiendra de boire de l'eau, car elle donne la dysenterie, et l'on étanchera sa soif en prenant du thé.

On ne se servira jamais que d'eau clarifiée.

On boira modérément, et on ne consommera que certains alcools du pays, en ayant soin de ne les boire que tièdes ou chauds.

Nourriture. — On mangera avec sobriété, les indigestions étant très dangereuses dans ces pays-là.

On ne mangera jamais de fruits à l'excès, ni de chair de canard.

On s'abstiendra des sucreries du pays, et l'on ne consommera que très peu de fruits, que l'on choisira parmi les plus mûrs.

On s'habituera à manger du riz cuit à la mode tonkinoise.

En fumant, l'on crachera le moins possible.

Voilà les principales précautions à prendre en Algérie et au Tonkin (1).

Eaux minérales. — Il y a en Algérie environ trente sources thermales. Nous mentionnerons les plus remarquables, en commençant par le bassin romain, alimenté par plusieurs sources tièdes, qui se trouve sur la route de Bône à Guelma, à 16 kilomètres nord de cette ville, chez les *Ouled Ali*. Au milieu d'une campagne riante, bien cultivée et boisée, sourdent aussi plusieurs sources thermales. L'une d'elles s'échappe du fond d'une jolie grotte, à travers les fissures du rocher. Un peu plus bas, on en rencontre encore deux, où l'on remarque un dégagement sensible de bulles de gaz. Le docteur Grellois mentionne parmi les sources de Constantine celles de *Hammam Mascoutine* (bains enchantés), qui remontent au temps des Romains. Celles qui se trouvent chez les *N'bail Naddour*, situées à environ 40 kilomètres est de Guelma, laissent sur le sol une nappe blanche indiquant que les eaux en sont incrustantes. Mais les plus remarquables sont celles que l'on trouve à *Hammam Berda*, entre Bône et Constantine, près d'un bois de vieux oliviers qu'une ancienne tradition a fait appeler le *Bois sacré*. Dans l'hémicycle formé par ce bois, planté en forme de croissant, se trouve un bassin qui n'a pas moins de 12 mètres de largeur et d'où jaillissent des eaux abondantes. Parmi les ruines d'installations romaines, on remarque celles de l'*Aquæ Calidæ*, de la *Julia Cæsarea*, où remarque aussi les *Bains de la Reine* dans la province d'Oran, etc.

Les Arabes ont conservé au sujet du *hammam* (bain) des traditions hygiéniques aussi respectées que le sont celles des Israélites en ce qui concerne l'alimentation. Le sage *soulthan Sliman* (roi Salomon), disent-ils, remarqua qu'en ajoutant à l'eau des bains que l'on chauffait pour lui certaines substances, telles que fer, soufre, etc., ces bains acquéraient de merveilleuses propriétés curatives. Désireux de faire profiter les hommes des bienfaits de ses observations, il se servit de la puissance surhumaine qu'il possédait pour combiner une grande variété d'eaux, afin d'en obtenir la guérison de toutes les maladies. Ensuite, il dissémina ces eaux sur tous les points du globe, et il éleva sur chacune des sources des *zaouïa*, des *goulba* (chapelles); et comme il se défiait de Satan, il préposa à leur garde des génies (*djenounes*) qu'il rendit sourds, aveugles et muets,

(1) Extrait de la *Correspondance parisienne* (E. Bidaira, directeur), numéro 38, mai 1885.

afin qu'ils ne pussent ni entendre, ni voir, ni, par conséquent, répéter ce qui se disait ou se faisait dans les bains. Ces mêmes génies devaient (toujours par ses ordres), chauffer incessamment les eaux pour les tenir à toute heure, et à une température constamment égale, à la disposition de ceux qui en avaient besoin.

ALHAGI, n. m. — Arbre résineux d'Arabie et d'Égypte d'où suinte une gomme sucrée que l'on croit être la manne des Israélites et à laquelle on applique la dénomination de *manne de Perse* ou celle d'*agul*. Cette manne, ou plutôt ce miel, prend la forme concrète sous l'influence du froid et se liquéfie à la chaleur du soleil. On s'en sert pour les pâtisseries.

ALHAMA, village d'Espagne, dans la province de Murcie. — Ce village possède trois sources d'eaux thermales *sulfatées calciques*, qui étaient connues dès l'époque romaine.

ALIBILE, adj. (lat. *alibilis*). All. *nahrungsstoffhaltig*; angl. *alible*. — Les aliments contiennent des matières alibiles et des matières non alibiles. Les premières se transforment en chyle pour faire partie de nous-mêmes; les secondes se convertissent en excréments.

ALICA, n. f. — Variété d'orge très estimée au temps des Romains. Elle n'est autre que l'épeautre blanche (Voyez ce mot). Hippocrate, qui dédaignait moins de s'occuper de cuisine que les médecins modernes, dit qu'on en faisait une boisson enivrante, une bouillie rafraîchissante et un mets consistant connu sous le nom d'*alica*. Husson de Toul reproduit dans son traité sur *les épices*, une traduction d'Antyllus qui donne la recette de la bouillie d'alica, recette que voici :

Bouillie d'alica. — « Prendre de l'alica fortement lavée; jeter à plusieurs reprises l'eau employée; faire macérer de nouveau l'alica, pendant une heure, dans l'eau pure; ensuite, avec les mains, la triturer dans cette eau jusqu'à ce qu'elle ait pris l'aspect du lait, tant sous le rapport de la couleur que sous celui de l'épaisseur. L'alica, ayant été séparée par le filtre, ne fait pas partie de la bouillie; mais on ajoute à l'eau qu'elle a rendue laiteuse *un peu de sel, un peu d'aneth* pour ceux qui éprouvent des pincements à l'orifice de l'estomac et aux intestins. Un peu de *pouliot* ou de *thym* pour ceux qui ont l'orifice de l'estomac retourné et qui souffrent de nausées ; un peu de *cumin* pour ceux qui sont gonflés de flatuosités. On fait bouillir cette eau jusqu'à ce qu'elle se prenne en bouillie avant qu'elle se refroidisse. »

De nos jours, on peut la faire de la manière suivante :

Formule 61. — Employer :

Orge perlé . . . . , ...	Grammes	250
Jarret de veau	Kilogr.	1
Eau	Litres	4
Bouquet de persil n° 1	Nombre	1
Oignon moyen clouté	—	1
Carotte moyenne	—	1

Procédé. — Faire cuire sur un feu doux pendant trois bonnes heures. Retirer l'oignon, le jarret, le bouquet de persil et la carotte. Poser l'alica sur un tamis, pour l'égoutter, et recevoir le bouillon dans un plat creux. Le bouillon prend, en se refroidissant, une consistance visqueuse et blanche. Il se sert dans des tasses.

On assaisonne l'orge dans une casserole, en y ajoutant sel, poivre, tomates et beurre frais.

Quant à la boisson enivrante, c'est la cervoise, ou bière de malt d'alica.

ALICANTE. — Capitale de la province espagnole du même nom. Cette ville, coquettement assise au bord de la Méditerranée, à 455 kilomètres sud-sud-est de Madrid, a un port très large. Son climat superbe et ses eaux minérales lui valent la visite d'un grand nombre de touristes.

PRODUITS. — Avec les oranges, les amandes, et les olives, dont on fait un grand commerce, les environs d'Alicante donnent des caroubes très estimées, que l'on exporte en quantité considérable.

Mais le plus connu de tous les produits de la province d'Alicante est son vin.

Le vin d'Alicante se recommande par ses propriétés reconstituantes. On en fait usage quand l'estomac a besoin de toniques. Il convient particulièrement aux convalescents. On l'ordonne aussi quand il est nécessaire d'activer l'hématose, ainsi qu'à la suite de pertes de sang et de fièvres paludéennes.

Nous devons à l'obligeance de notre ami M. F. de Gargollo, consul du Salvador à Santander, les remarques suivantes :

Le véritable vin d'Alicante se reconnaît à la couleur, d'un rouge intense, et à un bouquet tout spécial. A l'analyse chimique, on doit y trouver :

Extrait sec	de 32 à 40°
Vinosité	de 14 à 15°

En Espagne, ce vin, quand il a plus ou moins vieilli, se boit pur; les dames seules osent y ajouter de l'eau, ce qui est considéré comme une hérésie alimentaire.

Comme nous faisions observer à notre ami que nos marchands de vins de Bercy ou de l'Entrepôt se servent de vin d'Alicante pour faire ce qu'ils appellent des coupages, il nous répondit que c'était grand dommage, et qu'il existe en Espagne un proverbe-aphorisme que ces industriels devraient bien méditer. Ce proverbe, le voici : *Que no hay que hacer de dos cosas buenas una mala.* C'est-à-dire : « Il ne faut pas faire de deux choses bonnes une mauvaise (1). » On peut conclure de cela que les mésalliances produisent toujours de mauvais effets.

Nous ne devons pas oublier de dire qu'Alicante a la spécialité d'un chef-d'œuvre de friandise, le *turron*. (Voyez ce mot.) C'est un gâteau de Noël des plus exquis.

On y fait en outre un fondant très estimé, dont voici la formule :

Fondant d'Alicante. — *Formule 62.* — Employer :

Amandes douces	Grammes	500
Sucre cuit au cassé	—	400
Marasquin	—	20
Une caisse de papier blanc.		

Procédé. — Piler les amandes avec le marasquin. Quand la pâte est suffisamment déliée, ajouter le sucre cuit au cassé et triturer de manière à homogénéiser. Mettre la pâte dans la caisse de papier, qui a la forme d'un carré long ; décorer avec de la gelée de groseille et glacer.

ALIFÈRE, adj. (du lat. *ala*, aile, et *ferre*, porter). Terme de zoologie. — Cette qualification s'applique aux animaux qui ont des ailes.

ALIMENT, n. m. (lat. *alimentum*). All. *Nahrungsmittel;* angl. *food;* ital. *alimento.* — On donne le nom d'aliment à tout ce qui, par ingestion ou respiration, contribue à l'accroissement des êtres, à l'entretien de la vie et à la réparation des forces dépensées. Au point de vue physiologique, l'aliment consiste exclusivement dans les principes assimilables de ce qui est ingéré. Pour subsister et pour satisfaire ses goûts, l'homme met à contribution les trois règnes de la nature ; c'est l'omnivore par excellence.

Pour qu'elles méritent le nom d'*aliments,* les

---

(1) Les Espagnols emploient surtout ce proverbe quand il s'agit de l'eau et du vin *(el agua y el vino).*

substances ingérées ne doivent pas être réfractaires à l'action de l'estomac; elles doivent contenir des éléments de réparation, en outre de la gangue inutile qui les enveloppe ou à laquelle elles sont assimilées; elles doivent enfin, par leur saveur, leur odeur et leur aspect, réveiller le désir. Dans ces conditions, si le besoin de réparation existe, l'appétence arrive à la plus grande intensité.

Les corps simples que l'on trouve dans la composition des aliments sont l'oxygène, l'hydrogène, le carbone, l'azote, le phosphore, le soufre, le chlore, le calcium, le sodium, le magnésium, le silicium, le fer, le manganèse, etc. L'aliment le plus simple doit contenir les trois premiers de ces éléments. Mais les substances où manquent l'azote, le soufre et le phosphore ne peuvent pas longtemps réparer les forces dépensées et entretenir la vie. Celui qui s'en nourrirait exclusivement verrait bientôt diminuer progressivement ses facultés intellectuelles et s'exposerait à une mort plus ou moins prompte. Il faut à l'homme des aliments contenant des principes variés et susceptibles de contribuer à la réparation des forces diverses, et indépendantes les unes des autres, dépensées par suite d'efforts physiques ou intellectuels. Aussi, l'intervention de l'art culinaire a-t-elle pour but de provoquer l'assimilation des aliments naturels entre eux, c'est-à-dire de préparer des mets contenant tous les principes nécessaires à l'entretien de la vie.

Le pain, produit du grain auquel on a ajouté du sel, est le seul aliment qui contienne, mais en faible quantité, tous les principes de la viande. L'homme pourrait donc vivre de pain et d'eau, à la condition, toutefois, que son organisme ne subisse aucune dépense de force par le fait d'un travail quelconque.

On doit diviser les aliments en douze principales classes : aliments respiratoires, de la respiration, mucilagineux, amylacés, albumineux, gélatineux, fibrineux, oléagineux, caséeux, cérébraux, aphrodisiaques, accessoires.

Aliments respiratoires. — Ce sont ceux qui ont la propriété de subir l'action de l'oxygène introduit dans le sang par la respiration. Ils ne contiennent pas d'azote et servent à l'entretien de la chaleur du corps humain. Ce sont les corps gras, les fécules, les sucres, les alcools, etc.

Dans ce groupe, on doit classer aussi *l'aliment de la respiration*, qui est l'air, l'unique, l'indispensable aliment des poumons et le producteur du calorique.

Parmi les aliments dits *plastiques*, on distingue les dix classes suivantes :

Aliments mucilagineux. — Parmi ceux-ci, nous citerons les fruits, le melon, les raves, les radis, les courges, les concombres, les potirons, les petits pois verts, la mâche, les bettes, les haricots, les panais, les asperges, les épinards, les navets, les carottes et les salsifis. Ils ont pour base le mucilage, qui n'est autre chose que la gomme, associée à quelque corps amer, sucré, âcre ou acide. Dans les préparations culinaires, il faut associer les aliments mucilagineux aux aliments contenant des fécules.

Aliments amylacés. — Au nombre des principaux aliments amylacés, il faut compter le froment, l'orge, l'avoine, le seigle, l'épautre, le maïs, les pommes de terre, le sagou, le salep, les pois, les haricots, les lentilles, les marrons, les châtaignes, l'arrow-root, etc., qui ont pour base la *fécule* ou *amidon*. Ce sont les plus nourrissants des végétaux.

Aliments albumineux. — Les œufs d'oiseaux et de poissons, le sang des animaux, les moules, les huîtres, les ris de veau, etc., sont des aliments albumineux. Ils sont très nourrissants; mais ils exigent un traitement culinaire spécial. Ces aliments ont pour base l'albumine. (Voyez ce mot.)

Aliments gélatineux. — Les animaux très jeunes, les aponévroses, le chorion, les tendons et les tissus cellulaires sont des aliments gélatineux et adoucissants.

Aliments fibrineux. — Les principaux types de cette classe sont la chair musculaire des animaux adultes de haute taille, comme le cheval, le bœuf, le mouton, le daim, le chevreuil, le chamois, le mulet, l'âne, etc. Ces aliments, à base de fibrine, donnent beaucoup de sang.

Aliments oléagineux féculents. — Les noisettes, les noix, les amandes douces, le cacao, les olives, les noix de coco, etc., sont des aliments oléagineux féculents qui ont la propriété d'alimenter le cerveau ; mais ils sont indigestes quand ils ne sont pas frais.

Aliments caséeux. — Ce sont les laits et leurs dérivés. Le lait est l'aliment par excellence pour l'enfant jusqu'à l'âge d'un an.

Aliments cérébraux. — Tous les aliments qui contiennent en forte quantité de l'oléine, du soufre et du phosphore sont des aliments cérébraux. Cette classe, que j'ai cru devoir créer, comporte les plantes oléagineuses, les crustacés de mer et d'eau douce, tels que homards, langoustes, écrevisses, raies, soles, huîtres, moules, clovis, actinies, polypes, la cervelle des oiseaux et celle des animaux quadrupèdes, les ris, la moelle épinière, le foie, les graines, les amandes douces, les noix, les noisettes, le cacao. Ces aliments ont pour effet de réparer les organes de la pensée, d'en entretenir le foyer phosphorique, comme le café, le thé et le vin ont la propriété de les stimuler..

Aliments aphrodisiaques. — Aux aliments cérébraux qui précèdent, il faut ajouter ceux qui ont des propriétés aphrodisiaques plus prononcées, comme le cresson alénois, le céleri, les truffes, les champignons le safran, la cataire, la menthe poivrée, la sariette, l'anis, le cumin, la muscade, la vanille, le cacao, le salep, la cinéraire, les artichauts, les chardons, les clous de girofle et, enfin, beaucoup de mets composés, tels que la sole à la normande, au vin blanc ou à la purée d'écrevisses ; les écrevisses à la bordelaise, le poulet à la Favre, les salmis de gibier d'eau, le potage à la tortue, les pigeonneaux de nid, les bécasses, les grives rôties, etc.

Aliments accessoires. — On comprend sous la dénomination d'aliment accessoire toute substance minérale ou végétale que, dans les préparations culinaires, on ajoute aux aliments principaux afin d'en relever le goût, comme le sel, le poivre, le cumin, l'anis, etc. (Voyez CONDIMENTS.) Ces condiments, dont quelques-uns sont des aliments proprement dits, ont un caractère stimulant dont il est bon de ne pas abuser.

Remarques. — Les aliments consommés par un homme adulte, dans une année, pèseraient, à l'état solide, de 330 à 360 kilogrammes, ce qui fait une moyenne d'un kilogramme par jour. La quantité d'eau (tant libre que combinée) est d'environ 2 litres 53 centilitres par jour.

En cherchant plus loin, on trouve qu'un homme ne peut pas vivre avec le régime imposé naguère au prisonnier mis au cachot, lequel régime comportait 500 grammes de pain par jour, avec de l'eau. Au bout de trois jours, le malheureux avait perdu plus d'un kilogramme de son poids. Ce régime contient :

Matière azotée	Grammes	32
Matière carbonée	—	238

(123,4 gr. de carbone et 16,5 gr. d'azote).

Dans les prisons militaires, où l'on donne par jour, aux prisonniers, dans le cas d'une détention de courte durée :

Matière azotée	Grammes	106
Matière carbonée	—	131

(146,7 gr. de carbone et 16,5 gr. d'azote).

ils perdent souvent de leur poids et donnent des signes manifestes de dépérissement. Devant ces faits, on a jugé à propos d'ajouter à cette nourriture insuffisante 133 grammes de matière plastique et 788 grammes de matière respiratoire. Le docteur Lyon Playfair, dans une étude sur le régime alimentaire de l'homme adulte, conclut dans les proportions suivantes :

RÉGIME QUOTIDIEN POUR	Viande.	Graisse.	Amidon et sucre	Matière azotée.	Matière carbonée calculée comme amidon.
	gr.	gr.	gr.	gr.	gr.
La subsistance seule	56,7	14,2	340,2	56,7	363,5
Le repos	70,9	28,6	310,2	99,2	408,2
L'exercice modéré	119,1	51,0	353,1	119,1	536,7
Le travail actif	144,9	70,9	567,0	144,9	737,1
Le travail dur	184,3	70,9	567,0	184,3	737,1

En prenant la moyenne des tableaux de Payen, de Voit, de Pettenkofer, on arrive à la conclusion formulée par le tableau suivant :

RÉGIME QUOTIDIEN POUR	Matière azotée.	Matière carbonée.	Carbone.	Azote.
	gr.	gr.	gr.	gr.
Oisiveté	75,7	477,4	249,7	13,4
Travail ordinaire	129,3	694,0	373,0	22,7
Travail actif	164,7	689,2	378,2	25,9

La loi de la restitution à la production ou force dépensée est donc une loi naturelle basée sur l'équilibre universel, sans lequel aucun être, aucune chose ne pourrait vivre.

En poussant plus loin les études, et en tenant compte de la quantité d'azote et de carbone exhalée et sécrétée, on trouve que la proportion de carbone qui se dégage de la poitrine d'un homme, sous la forme d'acide carbonique, est, selon le climat et la température, de 170 à 383 grammes par jour. Voici comment le docteur anglais Edward Smith établit cette proportion :

État de repos	Grammes	222,5
Exercice modéré	—	365,7
Travail considérable	—	365,7

Le même savant fait observer, à l'appui de ces chiffres, que les poumons d'un homme sain d'un poids moyen de 68 kilogr. émettent 243 grammes de carbone par jour, ce qui, ajouté aux déperditions de la peau et des intestins, ne fait pas moins de 272 gr. 2 décigr., soit juste 1 gr. 81 centigr. par 500 grammes du poids de cet homme. Partant de ces recherches expérimentales, on arrive à conclure par les chiffres de ce tableau :

ALIMENTS NÉCESSAIRES PAR JOUR AU CORPS
DE L'HOMME

ÉTAT DU CORPS	Aliments azotés.	Aliments carbonés.		Carbone.	Azote.
	gr.	gr.		gr.	gr.
Pendant le repos déterminé :					
Pour le régime	75.7	477.4	—	240.7	13.1
Par les excrétions	78.8	523.6	=	279.3	13.3
Moyenne	77.1	500.4	=	343.8	13.2
Pendant un travail routinier déterminé :					
Pour le régime	129.3	600.1	=	261.8	13.2
Par les excrétions	124.4	563.3	=	314.9	19.4
Moyenne	127.0	637.8	=	342.4	20.1

La première de ces moyennes est représentée par 964 grammes de pain, et la seconde par 1 kil. 588 gr. Il faut donc, pour vivre, 10 gr. 84 centigr. de matière plastique par jour.

La composition chimique étant décrite à chaque aliment naturel on peut donc établir un régime en rapport avec les données de la chimie. Quelque précis que soient les tableaux que nous venons de donner, il se pourrait bien que le chimiste auquel serait confié le soin de préparer un menu n'arrivât qu'à vous offrir un repas détestable, qui ne vaille pas celui qu'ordonnerait un bon cuisinier ayant, par la pratique intelligente de son art, appris à varier les mets selon la nature des substances qui les composent.

Il n'y a pas lieu, d'ailleurs, d'établir des prescriptions mathématiques pour l'alimentation de l'homme, auquel il faut chaque jour un aliment nouveau, selon l'organe dont il faut réparer les forces.

ALIMENT (Quillet). All. *Nahrungsmittel Quillet;* angl. *aliment Quillet;* ital. *alimento Quillet.* — T. Quillet a donné son nom à un aliment dont il est l'inventeur et dont la base est obtenue au moyen du bouillon concentré en extrait. Cette substance est ensuite incorporée dans différentes pâtes, dans le tapioca, les graines, les féculents et les légumes.

Comme facilité d'emploi et comme pureté des éléments qui le composent, cet aliment est au-dessus de tout ce qui a été tenté dans ce genre jusqu'à ce jour. On peut en obtenir une grande variété de potages, parmi lesquels nous citerons le potage à la crème d'orge, au tapioca du Brésil, à la crème d'avoine, aux petites lentilles, aux pâtes diverses, aux pepins de melon et à la julienne. On peut aussi faire entrer cet aliment dans la composition de mets consistants.

L'analyse d'un paquet de *potage aux petites lentilles* constate la présence d'une forte proportion d'azote et de gluten, de matières grasses et aromatiques, cellulose, sucre et sels minéraux.

Outre ses qualités nutritives de premier ordre, ce potage, de même que les autres variétés, a l'avantage de réunir toutes les parties succulentes et fibrineuses que l'on trouve dans un bon consommé; et par l'arome et la saveur des légumes, il est plus riche et d'un usage plus pratique. Enfin, il est bien supérieur à tous ces extraits lancés dans le commerce sous une dénomination quelconque, *pâles imitations* du produit dont nous venons de parler. La plupart des extraits auxquels nous faisons allusion n'ont ordinairement de culinaire que le nom.

ALIMENTAIRE, adj. (lat. *alimentarius*). — On qualifie ainsi tout ce qui, d'une manière quelconque, contribue à l'alimentation. Les substances alimentaires ne sont pas toutes comprises dans le classement que nous avons fait au mot *alimentation;* il faut y ajouter les mets composés, c'est-à-dire les mets et les entremets, depuis ceux qui figurent sur la table du paysan jusqu'à ceux que l'on prépare dans les cuisines princières, depuis la soupe au lard jusqu'au potage aux nids d'hirondelles; depuis le pot-au-feu jusqu'à la chartreuse de perdreaux. Combien d'aliments naturels resteraient dédaignés et réfractaires à l'estomac, sans l'intervention de l'art culinaire!

Certaines substances contribuant à l'entretien de la vie et à la réparation des forces dépensées, ne sauraient être qualifiées d'alimentaires; telles sont les substances salines, âcres, aromatiques, etc., la chaleur et la lumière solaires, qui sont absorbées par le corps humain sans lui servir d'aliments proprement dits.

Les pâtes et les conserves sont les types les plus parfaits des produits alimentaires.

ALIMENTATION, n. f. (prononcez a-li-man-ta-cion; rad. *aliment*). All. *Nahrungsmittel;* angl. *alimentation;* ital. *alimentazione*). — L'alimentation consiste dans l'ingestion de substances susceptibles d'entretenir la vie et de réparer les forces dépensées.

Rien au monde ne devrait intéresser l'homme comme ce qui a rapport à son alimentation, car pas un effort intellectuel n'a lieu, pas un mouvement ne se fait, pas une goutte de sueur ne perle au front sans qu'il y ait dépense de forces. Restituer aux organes ce qu'ils ont perdu, en leur fournissant de la sève nouvelle et du sang frais, voilà ce qu'il faut pour maintenir les facultés physico-psychiques en état de parfaite santé. Si l'on veut augmenter ces facultés, les calmer ou les exciter, on y parvient en s'astreignant à un régime alimentaire rationnel et prolongé. L'être se modifie peu à peu; car la nourriture qu'il prend exerce sur l'homme une influence puissante et irrésistible.

Nous n'entendons pas que l'on puisse modifier l'être radicalement dans le court espace de sa vie; mais il est indéniable qu'en ne soumettant l'enfant au travail de la pensée qu'après son développement physique; qu'en ne contractant mariage que par amour ou conformité de caractères; qu'en suivant les règles d'hygiène alimentaire que nous donnons pour les trois grandes périodes la vie, c'est-à-dire l'enfance, la virilité et la vieillesse, on arriverait à une merveilleuse amélioration; il en résulterait, entre un individu et son descendant au quatrième degré, autant de différence qu'il y en a entre l'Apollon du Belvédère et un sauvage de la Nouvelle-Hollande, ou entre ce dernier et le singe. (Voir la fig. de la page 13.)

Alimentation des enfants. — Pour l'enfant, vivre, c'est s'échanger, c'est croître. Ce qui caractérise, en effet, la vie infantile, ce sont l'activité des fonctions nutritives et la prédominance du mouvement de composition sur le mouvement de décomposition, d'où il résulte l'accroissement du corps, accroissement d'autant plus rapide que l'enfant est plus jeune.

La vie intra-utérine, première phase de l'existence humaine, est purement végétative. Dès que l'embryon est formé, il emprunte au sang maternel toute sa nourriture. Les principes nécessaires à son développement lui arrivent tout élaborés à travers le placenta, sans passer par ses appareils, digestif et pulmonaire, encore inactifs.

Cette vie végétative, toute concentrée sur les actes de la nutrition, produit, chez le fœtus, un accroissement d'autant plus énergique que le placenta remplace, seul, tous les organes de la désassimilation.

Pendant la vie intra-utérine, l'enfant, on le voit, est exclusivement nourri par le sang de sa mère.

Après la naissance, dès que le cordon ombilical est coupé, une vie nouvelle commence pour l'enfant. A la vie végétative succède la vie animale, seconde phase de l'existence humaine. L'enfant respire, digère et, par ses sens, entre en relation avec le monde extérieur. Pendant cette première période de la vie animale, la mère ne nourrit plus son enfant de son sang; elle le nourrit de son lait, qui est son unique aliment.

Les aliments forment trois catégories :

1º Les matières albuminoïdes, albumine, caséine, etc., matières azotées, ou aliments plastiques, parce qu'ils sont spécialement destinés à la reconstitution et à l'accroissement des organes.

2º Les matières grasses (beurre, fécule, etc.), non azotées, ou aliments respiratoires, parce que, par leur composition, ils prennent une grande part aux phénomènes de la respiration et de la production de la chaleur animale.

3º Les matières minérales, telles que les sels, qui, avec l'eau, sont des principes constants des parties solides et liquides de l'économie, et sont destinées, comme les autres matériaux organiques, au renouvellement des tissus et des humeurs. L'association de ces trois ordres de substances est indispensable à une véritable alimentation. Or, le lait de la femme est un aliment complet qui les renferme toutes. « Si l'on voulait, dit Longuet, déterminer dans quelles proportions devraient se trouver les principes nutritifs dans un régime alimentaire, on ne saurait mieux faire que de s'en rapporter à la composition de la nourriture fournie à l'enfant par la nature elle-même, c'est-à-dire à la composition du lait de femme. »

Le nouveau-né trouve donc dans le lait de sa mère tous les principes nécessaires à son entretien et à sa croissance : un principe azoté, le caséum, pour servir d'aliments plastiques; une matière grasse, le beurre, et une matière saccharine, pour servir d'aliments respiratoires; des matières salines en dissolution dans une grande proportion d'eau, pour tenir lieu de boisson et d'aliments minéraux. La nourriture que la Providence destine à l'enfant varie, on le voit, suivant son âge et suivant ses besoins. Telle est l'admirable trilogie de la maternité, qui divise la vie infantile en trois périodes, pendant lesquelles

les liens physiques qui unissent la mère et l'enfant vont toujours en diminuant, tandis que les liens moraux vont toujours en augmentant. Dans la première période, elle le nourrit de son sang. Dans la seconde période, elle le nourrit de son lait. Dans la troisième période, ne pouvant le nourrir ni de son sang ni de son lait, elle le nourrit de ses soins, de son amour lui donne l'éducation physique et morale. » (BROCHARD.)

En d'autres termes, par une admirable équité, la nature, en donnant à la femme l'émotivité et la mansuétude charmante du cœur, l'a gratifiée d'une faculté aussi douce qu'admirable en transformant spontanément son sang en lait au moment où elle devient mère.

Aussitôt né, l'enfant cherche le sein de sa mère pour y puiser le lait, qui se métamorphose en prenant une forme de coagulation sanguine nécessaire à l'alimentation, pour former ensuite le sang. Alors, comme le dit fort bien notre ami F. Protheau :

> Le petit, de sa main mignonne,
> Cherche d'instinct le sein gonflé;
> Sa bouchette approche gloutonne;
> Son chagrin est vite envolé.
>
> Il boit à la source de vie,
> Ce gage des tendres amours,
> Pendant que la maman ravie
> Veut le garder ainsi toujours,
>
> Étroitement sur sa poitrine,
> A l'abri de tous les malheurs,
> N'ayant pour unique doctrine
> Que d'en éloigner les douleurs.

La nature veut, sous peine de conséquences plus ou moins graves pour celle qui ose s'y soustraire, que l'allaitement de la femme primipare soit aussi nécessaire à la mère qu'à l'enfant. Le *colostrum*, qui a la propriété de faire évacuer le *méconium*, ou excrément qui s'était accumulé dans le corps de l'enfant pendant la grossesse, est un des premiers éléments de santé pour les nouveau-nés. Aussi, jeune femme,

> Après tant de douleurs, quand ce gage adoré
> S'échappe avec effort de ton flanc déchiré,
> Oh! ne le livre point aux soins d'une étrangère;
> Reste sa douce mère!
>
> Puisque tu l'as chauffé, nourri de par ton sang,
> Pour en faire un penseur, héros du premier rang,
> Donne-lui ta mamelle, où l'enfant boit la vie,
> Source aussi du génie.

Avec l'allaitement maternel, il y a hérédité, transmission de sang et d'affection; c'est un lien indissoluble qui unit à jamais la mère et l'enfant.

Une mère veut-elle déshériter son enfant de ses qualités affectives, elle n'a qu'à le confier à une nourrice mercenaire, et il perdra bientôt ses qualités psychiques pour s'en éloigner toujours davantage et acquérir celles de sa nourrice. Mais, par un noble sentiment du devoir, veut-elle le soustraire à ses propres infirmités, des maladies accidentelles ou chroniques que ses parents ont pu lui transmettre, à elle, alors elle choisira une nourrice jeune et saine; le lait de cette dernière détruira peu à peu le germe qui allait éclore et se développer chez le nouveau-né. Dans ce cas, une nourrice est indispensable; car elle sera le plus puissant agent de modification pour le petit être qu'elle allaitera. Son action sera surtout efficace si on lui confie le nourrisson le plus tôt possible. On ne devra jamais oublier que de l'alimentation du premier âge et des soins donnés au tout jeune enfant dépendent l'avenir physique et moral de l'individu. Ces vers sont on ne peut plus vrais :

> Les enfants sont ce que nous sommes;
> Ils ont nos goûts, nos sentiments;
> Les enfants sont des petits hommes,
> Et les hommes des grands enfants.

Le docteur Meinert donne sur la mortalité des enfants un petit tableau très intéressant, plus éloquent que tous les discours:

RÉGIME ALIMENTAIRE DES NOURRISSONS	PROPORTIONS, SUR 1,000 ENFANTS, DE CEUX QUI			
	acquièrent un parfait développement.	acquièrent un développement moyen.	acquièrent un développement médiocre.	meurent dans leur première année.
Lait maternel	610	190	118	82
Lait de nourrice	250	255	305	180
Alimentation artificielle	90	157	253	510

O femmes, qui sentez tressaillir dans votre sein le plus doux espoir, acceptez, sans hésitation et sans dégoût un régime qui fournisse à votre enfant un lait riche et abondant. Heureuses mères, qui pressez votre rejeton sur votre cœur, ne le nourrissez que de votre lait; faites tout ce qui dépend de vous pour qu'il ne lui manque pas! »

Allaitement naturel (première enfance). — Le lait de la mère en bonne santé est préférable au lait de toute autre femme. Dans le cas d'impossibilité d'allaitement maternel, le lait de la nourrice qui remplace la mère doit, autant que cela se peut, être d'un âge se rapportant à celui du nourrisson. La même condition d'âge doit être exigée quand il s'agit du lait d'un animal. Le lait de femme est toujours préférable à celui des quadrupèdes ruminants. L'allaitement mixte, celui qui consiste à alterner le lait de la mère avec le lait d'un animal quelconque, est souvent funeste à l'enfant. Dans la première période de la première enfance, c'est-à-dire jusqu'à l'âge de cinq à sept mois, selon la vigueur du bébé, le lait doit être son aliment exclusif.

Allaitement artificiel. — On supplée au lait de la mère ou de la nourrice par du lait d'ânesse, de chèvre, de brebis, mais plus ordinairement par celui de vache, à l'aide du biberon (Voyez ce mot). Cet instrument d'alimentation artificielle doit être constamment dans un parfait état de propreté. Quand cela est possible, le lait doit être mis dans le biberon aussitôt sorti du pis de l'animal. Si une cause quelconque y met empêchement, il sera tiédi au bain-marie ou encore par la simple addition d'eau chaude. La chaleur du lit, au besoin, peut être utilisée pour le maintenir à une température suffisante. Mais quelque soin que l'on prenne, l'allaitement artificiel ou mixte ne saurait valoir le sein de la mère.

Alimentation mixte. — Ce n'est qu'à la deuxième période de la première enfance que l'on peut commencer à donner au bébé une alimentation mixte, où les farines doivent entrer sous forme de bouillie, pour la moitié de leur quantité, dans les repas du nourrisson. C'est également ici que doit commencer la réglementation des heures des repas de l'enfant. Une mère prudente observe son enfant, puis elle diminue progressivement, dans la mesure qu'elle juge convenable, les données du sein, en augmentant la dose à mesure que le bébé avance en âge. Les bouillies, d'abord très légères et préparées dans des casseroles de terre vernissée ou de métal émaillé, deviendront peu à peu plus substantielles.

Ici se pose une importante question. Il s'agit de savoir quel doit être, avec le lait, le premier aliment de l'enfant. Si l'on en croyait les prospectus et les analyses chimiques, il y aurait une foule de produits de grande valeur nutritive et dont les qualités auraient beaucoup d'analogie avec celles du lait de femme; mais tous ces avantages sont loin d'être démontrés. A notre avis, quand il s'agit de choisir les aliments qui doivent remplacer le lait maternel, le mieux est de s'en rapporter à la science pratique et à l'observation. Pour le chimiste, les laits concentrés et les farines lactées réunissent toutes les propriétés du bon lait de vache; mais le mélange de produits chimiques le mieux fait, fût-il revêtu des plus illustres signatures, n'empêchera jamais la statistique de parler, avec son éloquence mathématique, en faveur des aliments naturels.

Dans un remarquable rapport fait à la Société française d'hygiène, notre collègue G. Meynet, après avoir passé en revue toutes les diverses farines lactées, ainsi que les divers laits concentrés, déclare, dans ses conclusions, que la bouillie d'avoine était autrefois, à Toulouse, l'aliment considéré comme le meilleur pour les nourrissons. On avait soin de ne pas séparer le son, que l'on regardait comme un élément essentiel. Nous reproduisons dans toute son originalité la formule Meynet :

BOUILLIE A LA TOULOUSAINE. — *Formule 48.* — « Une bonne femme, dit-il, se rendait sur la place du Capitole, à Toulouse, et, placée dans une baraque faite de quatre planches, elle avait un tamis, sous le tamis une casserole, la casserole sur un réchaud. On versait sur le tamis une poignée de farine. On la malaxait avec un peu d'eau; peu à peu on la délayait avec une quantité plus grande. On sucrait pour la forme cette sorte de lait, et l'on chauffait en remuant toujours. Les mères venaient à la provision le matin, un bébé au sein, trois ou quatre pendus à leurs jupes. On piaillait, on criait, on gesticulait. On a toujours piaillé, crié et gesticulé sur la place du Capitole, à Toulouse. Tout le monde avalait, qui peu, qui prou, de la fameuse bouillie, et chacun en emportait dans sa maison une provision pour la journée.

« La bouillie d'avoine, à la condition qu'elle soit préparée selon la mode toulousaine, c'est-à-dire avec le son, a guéri bien des malades; elle a nourri bien des nourrissons; et, riez si vous le voulez, je la crois capable d'en nourrir encore beaucoup, et je la conseillerais, certes, en exigeant, toutefois, des mères qu'elles fassent piler l'avoine sous leurs yeux, dans un mortier de pierre ou de bois; je la conseillerais, dis-je, de préférence à du lait frelaté, à du lait concentré. » (*J. d'hyg.*)

L'avoine a toujours les mêmes propriétés; les bébés d'aujourd'hui, comme ceux d'autrefois, se trouveront bien du régime de la bouillie au gruau d'avoine; et, comme le dit notre collègue

Meynet, les bouillies sont préférables à toutes espèces de laits concentrés ou de farines lactées. Nous en mentionnerons deux sortes; on pourra en alterner l'usage, selon les conditions de force et de santé de l'enfant : la bouillie de gruau d'avoine, ou *farine Morton*, et la bouillie d'arrow-root. Cette dernière peut être remplacée par la bouillie de fécule de maïs ou *Mondamine*.

On sait que dans les premiers mois de la vie les organes de la muqueuse intestinale ne sont pas suffisamment formés pour la digestion des féculents, et qu'ils ne se constituent que par degrés. L'usage de la *farine Morton* peut donc être ordonné dans la période de l'alimentation mixte des enfants, trois mois avant les farines amylacées, qui ne doivent entrer dans les bouillies que pour la deuxième enfance.

D'après les travaux de Payen, de Franckland, la farine d'avoine possède *l'équivalent nutritif et calorifique* le plus élevé parmi toutes les farines; en outre, c'est elle qui contient le plus de fer.

Les travaux du docteur de Pietra-Santa sur la *farine Morton*, les études pratiques qu'en a faites le docteur Bouchut, à l'hôpital des Enfants, et, enfin, les dernières analyses de M. Brissonnet, viennent corroborer la doctrine que nous défendons et que nous avons déjà formulée ainsi : *On vit d'aliments, et non de produits chimiques*. Si l'analyse a trouvé dans la *farine Morton*, sur 100 parties,

    Matières azotées 14,39
    Hydrocarbures 75,34

il faut aussi remarquer que, dans ces substances carbonées, on distingue 9,25 parties de dextrine, c'est-à-dire d'amidon déjà modifié et presque assimilable, et 5,50 de matières grasses, proportion double de celle que fournissent les blés les plus nutritifs. La chimie est restée ici dans son rôle; elle a vérifié, mais rien ajouté. La farine de gruau d'avoine, ou *farine Morton*, réunit donc les qualités les plus précieuses pour l'alimentation mixte. Les formules suivantes permettront aux mères d'enrichir la bouillie selon les conditions de santé ou de force où se trouve l'enfant.

Farine Morton à l'eau. — *Formule 63.* — Employer :

    Farine Morton . . . . Grammes 10
    Sucre . . . .   —   5
    Sel . . . .   —   1
    Eau . . . . Décilitres 2

Procédé. — Délayer la farine dans une partie de l'eau, en se servant d'une casserole de terre ou de métal émaillé. Ajouter ce qui reste d'eau, de sel et de sucre. Remuer jusqu'à l'ébullition; laisser cuire quelques minutes.

Comme nous venons de le voir, la *farine Morton* peut être préparée à l'eau; mais nous engageons à la traiter par le lait. Quand celui-ci est dans de bonnes conditions de fraîcheur, la valeur nutritive de la bouillie est doublée.

Farine Morton au lait. — *Formule 64.* — Employer :

    Farine Morton . . . . Grammes 10
    Sucre . . . .   —   5
    Sel . . . .   —   1
    Lait . . . . Décilitres 3

Procédé. — Délayer la farine dans l'eau; y ajouter peu à peu le lait, le sucre et le sel. Remuer jusqu'à l'ébullition et laisser cuire quelques minutes.

Il est important de constater de *visu* les progrès quotidiens de l'enfant dans les premiers mois. On s'en assure par le pesage, les signes de bonne santé sont : chairs fermes, peau colorée, sommeil tranquille, appétit uniforme et mouvement brusque. Une mère intelligente ne laisse pas échapper les causes qui pourraient altérer la santé du bébé.

Alimentation par les narines. — Ce procédé, déjà ancien, mais qui paraît-il, avait été oublié, a été décrit par le docteur Bouchard, au cours de ses leçons d'hygiène à la Faculté de médecine.

Nous faisons un devoir de mettre sous les yeux de nos lecteurs l'explication de cette méthode, qui peut, dans maintes circonstances, rendre de grands services :

« Le procédé de Henriette, dit le savant professeur, s'était égaré; Lorain l'a retrouvé par hasard. A l'une de ses visites à l'hôpital, il déplorait son impuissance devant un petit enfant qui, incapable d'avaler le lait qu'on lui déposait dans la bouche, allait mourir d'inanition. Un confrère qui assistait à cette visite, et dont Lorain a ignoré le nom, approcha de l'une des narines de l'enfant une cuillère remplie de lait, et les assistants furent grandement étonnés quand ils virent le liquide nourricier, entraîné par l'air de l'inspiration, quitter graduellement la cuillère, s'écouler dans les fosses nasales et provoquer dans le pharynx des mouvements évidents de déglutition sans amener ni toux ni suffocation. Lorain a pu vérifier bien des fois, depuis cette révélation fortuite, l'excellence, l'efficacité, l'innocuité de cette méthode; il l'a répandue autour de lui, dans un cercle restreint; il lui a dû même une des grandes joies de son existence. J'ai pu aussi contrôler fréquemment la réalité du fait à la Direction municipale des nourrices, et j'ai eu la satisfaction de voir renaître des nouveau-nés arrivés à l'agonie de l'inanition. Grâce à cette méthode, tout enfant, pourvu qu'il ne soit pas mort, pour peu qu'il respire, peut être alimenté et médicamenté. »

Le sevrage (1). — Le sevrage est toujours une chose délicate, même pour les enfants qui sont dans les meilleures conditions. La fixation de l'âge opportun pour sevrer varie beaucoup, selon les habitudes nationales ou locales. Il est des enfants qu'on peut sevrer à un an, et même avant, tandis que, pour d'autres, il faut attendre dix-huit mois. Les causes de ces différences sont de trois ordres : les unes dépendent de la mère ou de la nourrice, les secondes de l'enfant, les dernières des conditions dans lesquelles doit s'opérer le sevrage.

« Règle générale, il faut attendre qu'un enfant ait douze dents pour le sevrer; mais quand la mère commence à s'épuiser et que le nourrisson possède les huit premières dents, on peut à la rigueur le sevrer; la poussée des quatre premières grosses dents ne se faisant que plus tard, il a alors de dix mois à un an. Si rien ne s'y oppose, le moment le plus convenable pour le sevrage est entre l'apparition des grosses dents et des canines ou dents de l'œil; ces dernières n'apparaissent que du dix-huitième au vingtième mois. Entre ces deux dernières poussées de dents, l'enfant reste dans un repos à peu près complet vraiment favorable au sevrage.

« La poussée des dents étant parfois aussi irrégulière que sont variables les conditions de santé maternelle ou autres circonstances imprévues, on comprend que l'on ne peut rien établir de rigoureusement absolu. Il est néanmoins une autre règle qu'il est bon de ne pas oublier : c'est qu'un enfant ne doit pas être sevré quand il a un nombre impair de dents, et voici pourquoi : les dents poussent par groupes de deux et produisent souvent des troubles du côté de l'estomac et du ventre; s'il y a un nombre impair de dents, on peut craindre, en donnant une nourriture nouvelle, d'aggraver des dérangements occasionnés par l'apparition d'une dent retardataire.

D'ailleurs, un enfant doit toujours être bien portant quand on commence à le sevrer. Le printemps et l'hiver sont les meilleures saisons quand on peut les choisir.

« Le sevrage graduel et lent est préférable à celui qu'on opère brusquement, c'est-à-dire dans les vingt-quatre heures.

« Pendant les cinq ou six mois qui suivent le sevrage, on ne doit donner, autant que possible, que des soupes au lait et des soupes grasses, des œufs frais, quelques bouillies; le bouillon gras ne convient pas aux enfants qui ont la diarrhée. La nourriture complète, viandes et légumes variés, ne convient que lorsque la première dentition est terminée, c'est-à-dire que les vingt dents sont poussées.

Beaucoup de lait, beaucoup de soupe, plus de sel que de sucre, très peu de vin, telle est la base de la nourriture des enfants nouvellement sevrés.

Hygiène corporelle. — Le corps tout entier de l'enfant sera lavé au moins une fois par jour. Ce lavage se fera devant le feu, à l'aide d'une éponge, et avec de l'eau tiède; il aura lieu surtout sur les organes génitaux. Il sera fait rapidement; l'enfant sera ensuite soigneusement séché et poudré avec de l'amidon ou mieux avec de la poudre de lycopode.

Il convient également de faire prendre à l'enfant, deux fois par semaine, un bain complet de quatre à cinq minutes; l'eau ne sera pas chauffée à une température supérieure à 32 degrés centigrades. Les bains, en débarrassant la peau de ses produits de sécrétion, rendent les fonctions plus actives. Ils assouplissent les membres, facilitent les évacuations, calment l'excitation nerveuse, procurent le repos et le sommeil. Ils peuvent être pris à toute heure du jour; mais il est préférable de les donner le matin.

La tête de l'enfant doit être l'objet de soins particuliers, et nous devons d'abord nous élever contre le préjugé trop répandu qu'il ne faut pas nettoyer la tête d'un enfant. Dans l'état de santé, la tête est le siège d'une sécrétion noirâtre, crasse brune qui ne tarde pas, si on la respecte, à prendre une certaine épaisseur. Il faut l'enlever chaque jour avec une brosse et de l'eau tiède.

Le cuir chevelu est souvent le siège d'éruptions diverses, plus ou moins persistantes, qui

---

(1) *Hygiène et éducation de la première enfance*, ouvrage publié par la Société française d'hygiène.

ont reçu le nom de croûtes laiteuses, toque, toque rousse. Ce sont autant de maladies, et ce serait une erreur profonde de croire qu'elles doivent être respectées. Les poux ne tardent pas à s'y développer, et les croûtes cachent quelquefois de petites ulcérations ou de petits abcès qui peuvent déterminer des accidents graves. Loin de croire que les croûtes, les poux, etc., puissent être de quelque utilité pour la santé de l'enfant, on devra, dès leur apparition, les soigner et les faire disparaître.

Il en sera de même des écoulements qui se produisent parfois dans les oreilles. Combien de cas de surdi-mutité n'ont pas d'autres causes, et combien de fois ces écoulements n'ont-ils pas occasionné des méningites et la mort!

Il faut encore protester contre la coutume de certains pays, où l'on cherche à donner à la tête de l'enfant une forme particulière en la comprimant soit avec la main, soit avec une bande. Ce sont là des pratiques qui, heureusement, tendent à disparaître, mais qui ne peuvent avoir que de très fâcheux effets sur le développement du cerveau et de l'intelligence.

Couchette. — Pendant les premiers mois de la vie, l'enfant tette et dort; on ne saurait donc apporter trop de soins aux bonnes conditions de son sommeil.

Le berceau peut avoir des formes diverses; mais une condition indispenpensable est d'être à jour. Les berceaux d'osier, ceux à tringles en bois ou en fer, à filets, sont ceux auxquels on donnera la préférence. (Voir fig. 41.) Il ne faudra jamais se servir de berceaux pleins, véritables caisses qui ne tardent pas à s'imprégner de mauvaises odeurs, qui sont envahis par les insectes, et qu'il est difficile de nettoyer. (Voir fig. 42.) La literie doit se composer d'une ou deux paillasses et d'un oreiller, faits avec de la balle d'avoine, du varech, des feuilles de fougère, de la bruyère fine, qui seront renouvelés souvent.

Fig. 42. Berceaunette luxueuse satin blanc et or. (Modèle du Louvre).

Point de plume ni de coton qui conservent l'humidité et l'odeur de l'urine. Par-dessus un drap

Fig. 43. Berceaunette hygiénique en bois. (Modèle du Louvre).

de toile ou de coton et des couvertures de laine légères mais chaudes. On ne devra jamais placer

Fig. 41. Berceaunette non garnie. (Modèle du Louvre).

sur la paillasse une toile imperméable, dans le but de la préserver; ce serait conserver autour de l'enfant une humidité toujours nuisible.

Le berceau doit être abrité par des rideaux, en mousseline ou en étoffes légères, qui pourront être facilement relevés. (Voir Fig. 43).

« La mère ne doit jamais couvrir le berceau avec les rideaux de son propre lit, pour que l'enfant ne respire pas un air déjà vicié. Elle ne doit jamais conserver son enfant dans son lit, après lui avoir donné le sein, de peur de s'endormir et de l'étouffer. Le berceau ne sera jamais placé à terre; il doit être suffisamment éloigné du sol pour que l'enfant ne sente pas l'humidité.

L'enfant sera couché légèrement sur le côté droit, et de telle façon que la lumière qu'il cherchera des yeux ne le fasse pas loucher.

Il devra s'endormir sans être bercé; le berçage est une mauvaise méthode pour calmer ses cris; il trouble la digestion, étourdit l'enfant et lui donne une mauvaise habitude dont plus tard on sera esclave. (voir figure 44.)

« Comme tous les besoins de la vie, le sommeil obéit aux lois de l'habitude; il faut donc lui donner de bonne heure une bonne réglementation.

L'enfant s'habituera à s'endormir dans son berceau et non sur les genoux de sa mère, au milieu du bruit modéré de la maison, et à la lumière. A mesure qu'il grandira, on diminuera la durée du sommeil du jour, mais on n'abrégera jamais celui de la nuit » (1).

Fig. 45. Bébé mangeant la bouillie de farine Morlon.

Bébé à table — (deuxième enfance). — De bonne heure, on doit habituer l'enfant à prendre ses repas à table. Au début, la chaise doit être fermée, de telle façon que l'enfant assis ait le buste emprisonné dans le siège, pour lui éviter les chutes, tout en lui apprenant le maintien et en l'obligeant, en quelque sorte, à se placer devant son assiette, sa petite serviette sur ses genoux avec laquelle on lui apprendra à s'essuyer. (Voir fig. 45 et 46).

Un autre genre de chaise, la plus pratique et la plus indispensable que nous connaissions pour l'éducation de l'enfant à table, sert en même temps de siège et de table. Si l'on assied l'enfant à la table de famille, elle forme une chaise élevée à la hauteur voulue, puis, en la démontant, on obtient une chaise basse avec sa table à la portée de l'enfant. (*Voir* fig. 47 et 48).

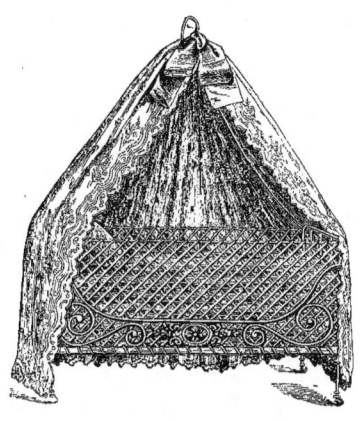

Fig. 44. Petit lit de fer immobile avec rideau. (Modèle du Louvre.)

(1) Extrait d'une brochure aussi bien écrite que bien pensée, par une commission de la Société française d'hygiène. R. Blanche, Landroit de Lacharrière, (Menière d'Augers), rapporteurs. Nous croyons bien faire en ajoutant des figures au texte.

On lui apprendra d'abord à se servir de la cuillère de la main droite puis de la fourchette de la main gauche de façon à tenir son pain de sa main droite. Le couteau ne devra être mis dans les mains de l'enfant qu'à l'âge de six à huit ans.

La mère ne saurait trop apporter d'attention à l'éducation physique et à l'hygiène de la table de cette deuxième enfance, car elle sera largement dédommagée de la sollicitude constante de ces soins par les deux sourires qu'elle obtiendra d'un enfant bien élevé.

Rien ne révèle autant l'insouciance ou la tendresse inintelligente des parents, qu'un enfant qui ne sait se tenir à table et ne peut attendre qu'on le serve; sous prétexte de lui imposer silence, on s'empresse de lui servir le desert avant le potage afin que les convives ne soient pas importunés. C'est d'autant plus humiliant pour les parents que la responsabilité de ces petits caprices remonte à la manière dont ils sont élevés, et d'autant plus que l'abus des friandises, substituées à la soupe, est surtout nuisible aux jeunes estomacs. Habile à mettre à profit la faiblesse qu'on lui montre, et, dans ce cas, certain d'obtenir satisfaction, l'enfant ne cessera ces obsessions avant d'être victorieux. C'est ainsi qu'en se pliant à ses caprices, l'on en fait un despote par une sollicitude qui manque son but.

Fig. 46 Chaise fermée pour bébé
(Modèle du Louvre)

Malheur à la mère pour qui les exigences de ce petit tyran sont une règle de soumission, parce qu'elle n'a point su mettre un frein aux volontés de celui-ci qui bientôt tentera de lui imposer ses ordres.

« Savez-vous, dit J.J. Rousseau, quel est le plus sûr moyen de rendre votre enfant misérable ? C'est de l'accoutumer à tout obtenir. »

Les bouillies. — (deuxième-enfance). Après le sevrage, la base de la nourriture de l'enfant doit être le lait et les aliments préparés au lait: les bouillies, les soupes aux légumes, les végétaux, les compotes de fruits et progressivement les potages. On proscrira rigoureusement le café, le thé, le vin pur et les alcools. On combattra la friandise; on supprimera aussi les aliments de luxe dont les propriétés ne font qu'activer l'effervescence, au détriment du développement physique de l'enfant.

Fig. 47 Chaise de table démontée pour bébé
(Modèle du Louvre)

Fig. 48 Chaise de table montée pour bébé
(Modèle du Louvre)

Voici quelques formules pour la préparation des bouillies.

Farine Morton au bouillon de poule.

Formule 65. — Employer :

Farine Morton.	Grammes	10
Sel.	—	1
Bouillon de poule.	Décilitre	2
Crême fraîche.	—	1

Procédé. — Délayer la farine dans le bouillon et faire cuire quelques minutes; au moment de servir, lier la bouillie avec de la crême fraîche. Les bouillies de Farine Morton, employées progressivement et selon les formules, donnent un résultat excellent et certain (Voir *Morton*.)

Il peut être utile, cependant, de varier la nourriture selon l'opportunité de l'appétence de l'enfant.

Arrow-root au lait. — Choisir du vrai Arrow root.

Formule 66. — Employer :

Arrow-root	Grammes	10
Sel.	—	1
Sucre.	—	3
Lait.	Décilitre	3

Procédé. — Délayer l'arrow-root avec le lait froid dans une casserole de terre vernissée ou de métal émaillé. Mettre sur le feu et remuer constamment jusqu'à l'ébullition, laisser cuire quelques minutes. (Voir *Arrow-root*).

Bouillies de gruau. — Nous entendons parler ici de gruau de froment.

Formule 67. — Employer :

Farine de gruau	Grammes	15
Sel	—	1
Sucre	—	3
Lait	Décilitres	4

Procédé. — Délayer la farine avec un peu de lait froid, mettre le restant du lait sur le feu avec un peu de sel et de sucre. A l'ébullition, jeter la farine préalablement délayée pour éviter les grumeaux.

Tapioca au lait. — On choisira le meilleur tapioca.

Formule 68. — Employer :

Lait	Décilitres	3
Tapioca fin	Grammes	10
Sel	—	1
Sucre	—	1

Procédé. — Faire bouillir le lait avec le sel et le sucre, faire tomber le tapioca en pluie dans le lait et laisser cuire doucement pendant quelques minutes. Choisir un tapioca de première qualité (Voir tapioca.)

Remarque. — On ne peut absolument préciser la quantité de liquide pour les formules qui précèdent, la liquéfaction variant selon la qualité des farines, leur pureté, ou leur sophistication. Il est surtout important d'en faire l'essai, en pesant la première fois, et de soumettre le soin de la préparation à la seule et même personne.

En vertu du principe : *mens sana in corpore sano.* (Un esprit sain dans un corps sain), la mère continuera à allier les principes d'hygiène aux principes moraux, c'est-à-dire les principes d'hygiène physico-psychique, à l'enfant, jusqu'à son adolescence.

En s'inspirant ainsi de ses devoirs envers la société, elle donnera à son enfant une éducation qui le rendra en même temps fort et vertueux. C'est ainsi qu'il entrera dans la vie, armé des vrais principes de sociabilité et de puissance physique, prêt à faire le bonheur de ses parents et la gloire de la patrie.

Adolescence. — La nature possède en elle-même la puissance de l'évolution des êtres par le climat et les productions alimentaires. L'homme qui sait les utiliser peut activer ou retarder la phase convulsive de l'adolescence qui arrache l'enfant à la vie individuelle pour le faire participer à la vie régénérative.

L'alimentation, qui jusqu'alors, a fourni au corps de l'enfant son développement, a besoin d'être modifiée pour transmettre à son organisme des matériaux propres à raffermir ses muscles et ses épiphyses.

La dentition qui a été continue se termine par l'apparition des quatres dernières molaires, insigne certain que la nourriture de l'enfant maintenant adolescent, doit être désormais mixte et plus fortifiante.

Cependant les deux extrêmes ont également leurs dangers. Si, d'une part, un régime peu nourrissant s'oppose au développement de l'individu, d'autre part une alimentation trop substantielle amène la précocité. C'est donc à une nourriture succulente et trop épicée, que l'on doit attribuer cette différence qui existe entre les enfants du riche et ceux du pauvre, entre les citadins et les habitants des campagnes. Les effets sur le moral peuvent également amener les mêmes résultats dans les grandes villes, où l'on excite les passions chez les enfants par une foule de causes, telles que les spectacles, l'abus des parfums etc., qui avancent la puberté. La modération et les soins de tout genre sont donc de première nécessité.

C'est à cette période de la vie que se manifeste chez l'adolescent l'appétence qui le porte à rechercher tout ce qui est acide, les fruits verts, le vinaigre, diagnostic naturel révélant le besoin de boissons fermentées ou légèrement acidulées, que réclame l'organisme. Par conséquent, la table de l'adulte doit être celle de l'adolescent, avec cette différence que chez ce dernier l'alcool et le café doivent être pris modérément.

ALIMENTATION DE LA NOURRICE. — Depuis longtemps on s'accorde à reconnaître que les aliments et les boissons absorbées par la nourrice influent d'une façon surprenante sur la qualité et la quantité de son lait. Par conséquent, pour donner à l'enfant un lait riche et bienfaisant, la femme qui allaite doit observer l'influence produite par son genre d'alimentation, et adopter celui qui convient le mieux à son tempérament.

Certains condiments, tels que l'ail, l'échalote

la ciboule, le thym, le clou de girofle communiquent au lait leur arôme. La gratiole lui donne ses propriétés purgatives; le persil en diminue la quantité. Quelques-uns des principes minéraux contenus dans les aliments sont retrouvés dans le lait.

L'absinthe, les amers et en général tous les apéritifs à base d'alcool ont une action immédiate et nuisible sur le lait qui va troubler la santé du nourrisson. Les nourrices qui ont une malheureuse tendance pour les boissons alcooliques, ont des enfants malingres, souffrants et huit fois sur dix, les effets ont pour conséquence la mort.

On choisira comme boisson le lait, le petit lait, l'eau limpide rougie de vin, le cidre naturel, la bière de Malt non sophistiquée, le *stout*, le bouillon de bœuf, de veau et de volaille. Parmi les aliments solides, on doit proscrire de la table de la nourrice les fruits, les crudités, les gibiers, les viandes salées et fumées, le choux, les haricots, la choucroute, la morue, les harengs et en général tous les mets épicés. Ces prescriptions doivent surtout être observées chez les nourrices habitant les villes, celles qui habitent la campagne ayant une alimentation plus végétale.

Règle générale, la nourrice doit avoir une alimentation abondante, choisie parmi les viandes de bœuf, de mouton, de veau, de volaille, les œufs, le lait, les pâtes et les fruits cuits, les céréales sous forme de soupe et mets consistants. En un mot beaucoup d'albuminoïdes et de phosphorescents : Poisson frais, viandes et végétaux frais, que l'art culinaire aura perfectionnés et variés sous des formes appétissantes. Les potages à la crème d'avoine, à l'orge lié et les soupes aux purées de légumes sous n'importe quelle dénomination sont les aliments propres aux nourrices. Il est indispensable que l'alimentation de la nourrice soit abondante et substantielle pour réparer au fur et à mesure les éléments perdus par l'allaitement et maintenir l'équilibre de ses fonctions.

On n'oubliera jamais que, semblable à un alambic qui distille l'esprit de son contenu, les aliments absorbés par la nourrice se métamorphosent et fournissent un lait qui n'est autre que la quintessence des qualités alimentaires dont elle se nourrit.

ALIMENTATION DU SOLDAT (Voir *Armée*)

ALIMENTATION INSUFFISANTE. — En thèse générale, d'après les principes établis par Boussingault, le D^r De La Porte dit que, « l'alimentation devient insuffisante :

1° Quand elle ne contient pas en quantité des principes azotés capables de réparer les pertes des principes semblables qui sont éliminés de l'organisme;

2° Quand elle ne renferme pas le carbone nécessaire pour remplacer celui qui est brûlé par la respiration, ou rendu avec les sécrétions;

3° Lorsqu'elle n'est pas assez riche en sels, particulièrement en phosphates, pour restituer à l'économie ceux des principes salins qui sont continuellement expulsés;

4° Si la portion n'est pas assez fournie en matières grasses pour suppléer à celles qui sont sécrétées.

« Alors l'alimentation insuffisante, dit Chossat, avance plus ou moins l'époque de la mort, suivant qu'elle est plus ou moins inférieure à la ration normale, mais elle n'altère en rien la loi d'après laquelle la mort arrive. »

Les expériences de MM. Tanner, Succi, Merlatti et tant d'autres malades névrosés ou fébriles n'établissent rien de nouveau sur le grand principe de la vie. Leurs essais ne serviront qu'à l'art de développer *l'autophagie*. En état de maladie comme en parfaite santé, le sujet succombe dès que son poids a atteint la limite de diminution compatible avec la vie, avec la différence que les premiers arriveront moins vite que les derniers.

« La quantité des aliments et des boissons nécessaires à l'homme bien portant, pendant vingt-quatre heures, doit donc être basée sur les pertes éprouvées pendant le même temps, en d'autres termes, la réparation est subordonnée à la déperdition. La quantité variable des évacuations suivant les différences individuelles, les climats, les âges et les sexes, détermineront les qualités alimentaires également variables.

« Lorsqu'à un certain moment les aliments sont insuffisants, l'organisme se détruit d'une quantité de sa substance propre, proportionnée au déficit de l'aliment. Après comme avant, les matériaux usés sont expulsés de l'édifice; les fonctions naturelles s'exécutent, les ongles et les cheveux croissent, la respiration se fait, la circulation s'opère, la sueur et les mucus retirent du corps les éléments solides et liquides; mais si la réparation manque pendant que la dépense continue, il est facile de prévoir que la composition des tissus s'altérera bientôt, et le sang, qui emprunte non-seulement pour eux, mais pour lui-même, sera insuffisant dans quelques jours, au plus tard quelques semaines.

« Le résultat le plus prochain de l'alimentation insuffisante, c'est la diminution graduelle du poids du corps. Chaque tissu ne concourt pas dans la même proportion à cette perte. Ceux qui subissent le plus fort prélèvement sont : en première ligne, le tissus adipeux, et en seconde ligne, le tissu musculaire. Ces faits, démontrés expérimentalement par M. Chossat, étaient depuis longtemps dans le domaine de l'observation commune. Tout le monde sait qu'un malade qui a passé quelques semaines à la diète, sort amaigri de son lit après s'y être couché en état d'embonpoint, et il ne viendra jamais à la pensée d'un peintre de représenter avec des formes arondies un saint adonné aux pratiques de la mortification.

« Un homme mal nourri ne peut longtemps suffire aux fatigues d'un travail prolongé; son corps se couvre de sueur, bientôt ses forces l'abandonnent, et pour lui le repos n'est autre chose que l'impossibilité d'agir. Dans l'esprit même, les idées naissent sans vigueur, la réflexion se refuse à les coordonner, le jugement à les analyser, et le cerveau s'épuise dans des efforts inutiles.»

ALIMENTATION DE LA VIEILLESSE, (Voir *Vieillesse*).

ALIMENTATIVITÉ, n. f. — Case prédominente du cerveau par laquelle l'individu aurait une aptitude spéciale qui le porterait à la recherche des aliments. Il ne faut pas confondre cette hypothèse de la phrénologie, avec l'*appétence* qui est l'état naturel de l'organisme réclamant certains aliments nécessaires au maintien de l'équilibre de ses fonctions.

ALISE, n. m. *(drotegus terminalis)*; All. *Mehlbeere*; angl. *beam-tree berry*; ital. *alise*; esp. *also*. L'Académie écrit *alize*; nous écrirons comme les botanistes *alise*. — Ce fruit est la baie assez petite et très insignifiante d'un arbre de moyenne taille appelé *alisier*, recherché pour son feuillage dans les massifs de jardin. Ses fleurs au printemps, ses fruits en automne, étalent leurs corymbes rameux.

Les alises de la grosseur des noisettes, cachent sous leurs pulpes un gros noyau ; leur couleur varie du rouge foncé au roux chamois; elles viennent en abondance par flocons comme les cerises et mûrissent dans l'arrière-saison.

Ce fruit légèrement astringent, possède aussi la propriété de constiper. Son goût aigrelet le fait rechercher par les enfants, il est surtout délicat lorsqu'il est légèrement blet.

USAGE ALIMENTAIRE. — Dans certaines contrées, les alises sont cueillies avant maturité pour être mises dans une tine avec une poignée ou deux de cassonade afin de provoquer la fermentation et d'en faire de la piquette. Ce vin n'est pas désagréable. Lorsqu'on l'a soutiré, on mélange ce qui reste avec d'autres baies, et l'on fait distiller le tout, dont on extrait une eau-de-vie qui est de médiocre qualité.

ALKEKENGE, n. f. (*physalis pubescens*) All. *Judenkirsche*; angl. *strawberry*; ital. *alchechergi, giallo*; espagn. *alquequenje*; port. *alkekengi*. dérive de l'arabe, *Kakenji*. — Plante de la famille des solanées, dont on distingue plusieurs variétés et que l'on croit originaire de l'Amérique méridionale. Mais il est à remarquer que le *Coqueret* très anciennement connu n'est autre que l'*Alkekenge* d'Europe qui croit spontanément dans les endroits ombrageux du Midi de la France, en Suisse et en Italie.

La plante récemment importée du Mexique, *physalis edulis*, est connue sous le nom de *tomate*

Fig. 49. Alkekenge jaune douce
(Réduite au huitième.)

du *Mexique*. Elle se cultive à Paris où elle mûrit parfaitement. L'*Alkekenge officinale* connue sous la dénomination de *cerise d'hiver*, est cultivée chez nous comme plante d'ornement. L'*Alke-

kenge pubescens est la plus connue; elle porte un fruit jaune et doux enveloppé d'un calice persistant. Ses graines sont petites, lenticulaires, lisses, d'un jaune pâle; le litre pèse 650 grammes. Le goût aigre-doux de l'*Alkekenge* l'a placée au rang des fruits de table,; mais on l'utilise le plus souvent en confitures, en compote et en sirop.

Compote d'Alkekenge. — Dépouiller de son calice et la nettoyer.

Formule 69. — Employer :

Alkekenge.	Kilogr.	2
Sucre.	—	1
Zest de citron.	Nombre	1
Bâton de cannelle.	—	1
Eau.	Décilitres	3

Procédé. Mettre le tout dans une casserole sur le feu, lorsque le fruit est cuit, le sortir dans une terrine à l'aide de l'écumoire. Laissez réduire le sirop et le verser sur la compote d'Alkekenge. Lorsqu'elle est froide on la dresse en pyramide sur un compotier.

Confiture d'Alkekenge. — Même procédé et même proportion que pour la formule 52 (voir Airelle)

Sirop d'Alkekenge. — Ce sirop doit être fait de la façon suivante.

Formule 70. — Employer :

Alkekenge	Kilogram	3
Sucre.	—	2
Eau.	Litres	2

Procédé. — Faire cuire le tout ensemble, sortir le fruit à l'aide de l'écumoire et amener le sirop à 28 degrés, le clarifier avec un blanc d'œuf, battu avec un peu d'eau que l'on jette dans le sirop en remuant vivement. Laisser reposer et filtrer, à l'état tiède.

L'Alkekenge possède des propriétés diurétiques et fébrifuges. On l'utilise aussi pour combattre la goutte.

ALKERMES, n. m. — Arabe *kermis;* avec l'article *al.* ital. *alchermes;* angl. *alkermes.* — Liqueur originaire de Naples. Elle se prépare avec des feuilles de laurier, du macis, de la muscade, de la cannelle et du girofle, que l'on fait infuser dans l'alcool, et distiller ensuite; on ajoute du sucre et l'on colore au rouge avec le kermes.

Cette liqueur est d'un goût fort agréable et sa confection doit son origine au kermes qui entre dans sa préparation: elle est faite par les moines de Santa Maria Novella, qui joignent à ce commerce celui de la pharmacie. C'est un intéressant établissement que les touristes ne manquent pas de visiter en arrivant à Florence.

ALLAITEMENT, s. m. — Angl. *Sucking;* ital *alattamento.* — Avant la naissance de l'enfant les mères qui désirent allaiter, doivent se préparer à cette fonction. La primipare pour éviter les gerçures des mamelons doit les humecter six semaines à l'avance avec de l'alcool vieux. « Quand le mamelon n'est pas assez développé, il faut avoir soin de l'étirer un peu chaque jour, ou d'y appliquer une ventouse en caoutchouc faite exprès; une succion douce vaudrait mieux, surtout si le colostrum tarde à se former. Ces préparations à la fonction de l'allaitement sont indispensables, surtout aux femmes qui craignent de ne pouvoir nourrir leur enfant à cause de la petitesse du sein ou de la forme du mamelon. (1)» (Voir *Alimentation*).

ALLATAIN DU HAREM, s. m. — Ce produit originaire de l'Inde, est un mélange de fécules de la famille du *Palamoud*, de la fécule *trésor de l'estomac*, du Wakaka des Indes, etc., qui fait espérer aux femmes maigres de les conduire à la prospérité physique des odalisques, mais dont la qualité la plus certaine est de coûter fort cher. (Fonssagrives.)

ALLÉGER, va. (*allevard*); all. *schwœchen;* angl. *alleviate;* ital. *alleviare;* esp. *alleviar.* — Alléger un aliment, en ôter la force, le poids, l'acidité afin d'en faciliter la digestion. Un consommé peut être riche en fibrine, en gélatine et en albumine, sans contenir trop de sel ni aucun condiment. Alléger un punch, c'est-à-dire y mettre de l'eau et du sucre, s'il est trop spiritueux.

ALLEMANDE, n. f. (*haute cuisine*) *Formule 71.* — Sauce composée de farine passée au beurre sans être roussie et mouillée avec du bouillon de viande blanche, telle que veau, dinde, poulet etc., que l'on fait réduire en remuant et qu'on lie ensuite avec des jaunes d'œufs. Les qualités essentielles que doit comporter cette sauce sont d'être blanche et très réduite.

---

(1) Hygiène et éducation de la première enfance publié par la Société Française d'hygiène.

L'origine de ce mot appliqué à une sauce est une allusion faite par Carême à la blonde *allemande* comme il y a une sauce brune appelée *espagnole*; ce sont deux mère-sauces, desquelles dérivent une multitude d'autres, et que l'on a dans toutes bonnes cuisines.

ALLEVARD, (*eaux minerale d'*). — Département de l'Isère, arrondissement de Grenoble, à 40 kilomètres de cette ville et à 665 de Paris, à 475 mètres d'altitude. Source *sulfurée calcique* et légèrement *iodée*, 16° cent. froide, sourd à une faible distance de l'établissement thermal. Ces eaux sont employées dans le traitement des maladies de la peau, catarrhe pulmonaire, état lymphatique etc. La description élogieuse en a été faite par le Dr Niepce, qui nous paraît en avoir exagéré les propriétés curatives. Cependant l'introduction des *bains de petit lait* qui se combine fort bien avec la médication sulfureuse, peut amener quelques bons résultats, étant donné le bon amménagement de ces thermes.

Parmi les hôtels qui, sous le rapport de la cuisine sont les mieux desservis. Nous citerons en premier ordre l'hôtel des Bains, l'hôtel du Louvre, hôtel de la Plata, l'hôtel Bréda, viennent ensuite l'hôtel du Châlet, Des Châtaigniers, Du Parc etc. Mais tous ces hôtels ont ceci de commun, de faire payer fort cher et de rendre amère la douce fantaisie de ces eaux. Ouverture de la saison le 20 mai pour finir à fin septembre.

ALLIAIRE, n. m. (*alium*). Plante de la variété de l'ail, très peu connue des cuisiniers. Il serait cependant désirable qu'on le mit en usage, en considération de ses propriétés anti-scorbutiques, diurétiques et prophylactiques. Sa graine a les propriétés de la moutarde.

ALLIACÉES, adj. — Tribut de la famille des liliacées qui a pour type le genre ail.

ALLIER, n. f. — (Terme de chasse). — Sorte de filet qui sert à prendre les oiseaux, notamment les perdrix et les cailles.

ALLIER, (vin de l'). — Ce département, le quarante-deuxième dans l'ordre vinicole, occupe la zône centrale de la France par 15.000 hectares de vignes plus ou moins phyloxérées. La production annuelle est de 350,000 hectolires de vins blancs et rouges, de réputation moyenne.

Ce département possède des sources minérales renommées (Voir *Vichy*).

ALLOTRIOPHAGIE. n. f. — Appétit désordonné qui porte à manger des substances non alimentaires. Cet état se manifeste chez les enfants, les adolescents et principalement les femmes enceintes chez lesquelles il est connu sous le nom d'*envie*. La maladie qui emporta Voltaire était doublée d'une allotriophagie.

ALLUMETTES. n. f. pl. — (*pâtisserie*). — *Formule 72*. — Abaisser à quatre millimètres de hauteur du feuilletage à gâteau de roi. Tailler des bandes de huit centimètres de large, étaler par dessus de la glace royale. Couper alors, en sens transversal, des bâtons d'un centimètre de large, les déposer sur une plaque d'office, et les faire cuire comme les bâtons glacés.

ALLUMI. s. f. — Terme de boulangerie et de pâtisserie. Petits morceaux de bois très secs servant à allumer et éclairer le four.

ALMANACH DES GOURMANDS, (*bibl*). — Almanach fondé en 1800 par Grimod de la Reynière. La publication fut suspendue pendant longtemps, reprise plus tard et continuée pendant six années par Charles Monselet.

ALOÈS, n. m. All. *Aloe*; angl. *aloes*; ital. *aloè*; de l'arabe *alout*, amer. — Plante grasse importée du cap Bonne-Espérance, de la famille des asphodèles, du genre des liliacées, dont quelques variétés, fournissant l'aloès au commerce, sont fort nombreuses. Beaucoup de produits pharmaceutiques ont pour base l'aloès, notamment les *pilules suisses*, qui ont l'avantage de faire prendre l'aloès sans que l'on soit incommodé par l'amertume caractéristique de cette plante.

Les propriétés purgatives et vermifuges de l'aloès sont connues dès la plus haute antiquité. Nos poètes modernes n'ont pas dédaigné de lui consacrer quelques strophes. Voici comment J. Aicard fait parler l'aloès :

> Plante grise, qui donc es-tu?
> Je suis l'Aloès triste et je laisse, en leur joie,
> D'autres faire au printemps une éphémère cour!
> Vivez, riez, flatteurs brodés d'or et de soie!
> L'impassible Aloès sait attendre son jour!
>
> Je prépare l'élan de mes métamorphoses.

Mon cri, tant comprimé, sortira plus puissant,
Et, d'un effet plus sûr élaborant les causes,
Pour bien mourir je suis avare de mon sang!

HYGIÈNE. — Pris à petite dose, l'aloès excite l'appétit, ce qui lui a valu la renommée d'être *stomachique*, expression mal définie dont on a abusé, mais qui, limitée au sens précis de fortifiant, peut être conservée. Rien n'est plus propre que son emploi dans les troubles particuliers de l'estomac, caractérisés par la diminution de l'appétit, la lenteur de la digestion, l'état de constipation, la flatulence, où il a l'avantage d'entretenir la meilleure des libertés : celle du ventre.

Les *gourmands* ou grands mangeurs emploient souvent cette plante comme laxatif, mais il serait plus salutaire pour eux de moins manger que d'y recourir.

La pulpe des feuilles de l'Aloës succotrin, appliquée sur les brûlures graves neutralise promptement la douleur.

ALOSE, s. f. (*Alosa Vulgaris*) all. *Else*, angl. *Aloso*; ital. *alosa*. — Poisson de mer sous genre du hareng *Clupéa*, qui remonte les rivières au commencement du printemps. Elle a un corps elliptique, très allongé vers la queue, une tête écrasée, un museau pointu, une bouche sans dents, des nageoires sans défenses, une multitude d'arrêtes et des écailles très larges, carrées, minces; sur le dos, elle est d'une couleur vert-olive à reflets irisés; le reste du corps est d'un vert blanchâtre pointillé de noir, comme le saumon.

L'alose passe des eaux salées dans les eaux douces pour y frayer, mais elle ne franchit pas les cascades cède même volontiers à l'impétuosité des crues d'eau, a dit De La Porte, Citons pourtant une curieuse exception : j'ai vu pêcher une belle alose dans le lac Léman, près de Villeneuve. Peut-on croire que cette alose ait franchi tous les obstacles qui viennent entraver la marche d'un poisson de Marseille à Villeneuve? N'y aurait-il pas lieu de supposer que les salines de Bex, non loin de là, s'étendant souterrainement jusqu'au lac, seraient pour quelque chose dans la possibilité de l'existence de ce poisson dans le lac Léman.

L'alose acquiert souvent une longueur de un mètre; mais son poids, qui répond peu à sa taille ne dépasse guère deux kilogrammes. Elle se nourrit de petits poissons, de vers et d'insectes.

Les mers d'Europe ne connaissent qu'une seule espèce d'alose, la *vulgaire*, et c'est dans l'eau douce qu'elle doit être pêchée vers la fin de juin; on la trouve dans le Rhin, le Rhône, la Loire et la Saône. Ce poisson affectionne les eaux tranquilles. Lors des temps d'orage, il s'enfonce dans les profondeurs de l'eau. Pour la pêche de l'alose on doit choisir les nuits obscures ou lorsque les eaux sont troubles on se sert du filet ou nasse, la trouble, le tramail et la seine qui prend alors le nom d'*Alosier*. Pour la pêche à ligne l'appât est la queue de l'écrevisse.

HYGIÈNE. — Pour que l'alose soit bonne, elle doit être mangée fraîche; pas un poisson ne supporte moins la conservation que celui-ci. Lorsqu'il y a quelque temps qu'il est pêché il se produit une fermentation qui la rend désagréable et même dangereuse. Quelques médecins ont à tort accusé l'alose d'être indigeste à cause de sa chair, quelquefois grasse, et succulente.

Préparée par un cuisinier savant l'alose est un aliment exquis et hygiènique à la fois.

Alose au court bouillon. — *Formule 73*. — Après être préalablement écaillée et vidée, couper l'alose par tronçons, pour les restaurants, la laisser entière dans les maisons particulières. La faire macérer un instant dans du sel, vinaigre, poivre concassé, muscade rapée, fragments de thym et saupoudrée d'estragon haché.

Préparer un court bouillon réduit (*Voyez court-bouillon*) et y plonger l'alose, retirer la poissonnière ou la casserolle sur le bord du fourneau, et après un quart d'heure, servir l'alose entourée de pommes de terre cuites à l'anglaise, taillées en croissants. La servir avec une sauce relevée.

Alose à la broche. — *Formule 74*. — Choisir une alose de forte taille et grasse, l'écailler la vider par la tête, la farcir d'un beurre à la maître d'hôtel, de haut goût, inciser en biais sur les côtés du dos, la saler et l'envelopper de bardes de lard et la mettre à la broche. Arroser souvent, et étant cuite (après 15 à 20 minutes), la servir sur un plat chaud avec une sauce à la maître d'hôtel et de la glace de viande.

Filets d'alose à la bourguignonne. — *Formule 75*. — Lever les filets de l'alose; les faire macérer avec poivre, fragments de thym, muscade rapée, sel et cerfeuil haché, huile et un jus de citron. Beurrer un sautoir (plat à sauter) passer les filets dans la farine, les plier sur eux-mêmes et les placer à cheval les uns sur les autres en rond dans le milieu du sautoir.

D'autre part, faire sauter à la poêle des petits oignons et lorsqu'ils ont la couleur dorée les mettre autour des filets, et couvrir le sautoir d'un papier beurré et faire braiser. Dresser les filets sur un plat long, les entourer de petits oignons, lier la sauce avec du beurre et jus de citron, glace de viande, et la verser sur les filets.

Alose à la poêle (*Restaurant*). — *Formule 76*. — Lorsque le poisson est de petite taille (*l'aloseau*) on le cisèle, on le passe dans du lait puis dans la farine, enfin, au beurre dans la poêle ; le saler, le poivrer et le faire cuire à petit feu. Dresser l'alose sur un plat chaud, ajouter un filet de vinaigre dans la poêle et verser dessus. Saupoudrer de persil haché.

Alose sur le gril (cuis. végétarienne). — *Formule 77*. — Faire macérer l'alose entière, après l'avoir cisèlée, dans les assaisonnements prescrits à la formule 73 ; la mettre sur le gril. La servir sur une purée d'oseille.

ALOUETTE s. f. (*alauda*) ; All. *Lerche* ; angl. *skylark* ; ital. *lodola ou allodola* ; esp. *alaudra*. —Pline dit que ce nom vient du gaulois. Outre l'alouette commune, (*mauviette*) il y a l'*alouette huppée*. et le *cochevis*. Au préjudice de l'agriculture, qui a dans cet oiseau un auxiliaire très utile pour la destruction des insectes, les chasseurs lui font une guerre acharnée. En France, au sud de l'Allemagne, en Italie, en Espagne, en Suisse, en Belgique et en Afrique, elle vit presque toute l'année.

Elle niche dans les buissons, près des champs de manière à avoir la nourriture à sa portée. Quand le froid arrive, les alouettes se réunissent en bandes pour chercher leur pitance ; là est le moment fatal pour elles, car c'est alors qu'on les chasse au miroir pour les prendre à la glu.

Pour nous, praticiens de l'art culinaire, avant qu'elle tombe toute rôtie dans l'assiette de l'amphytrion (expression de Carême), l'alouette, à cause de son petit corps, nous donne beaucoup de peine à la préparer.

HYGIÈNE. — La chair de cet oiseau est très délicate pendant la saison d'automne, son goût, agréable. L'alouette est nutritive et d'une digestion facile ; les médecins la recommandent aux convalescents, voire même aux malades.

Le poids de l'alouette doit être, pour qu'elle soit passable, de trente grammes au moins. Les chasseurs et quelques amateurs du faisandé ne la vident pas, à l'exception du gésier.

En Italie, l'alouette est mangée à la polenta, sous la dénomination de : petit oiseau à la polenda. Cependant, en Allemagne, en France, en Russie et en Angleterre, à part le rôtissage, qui se fait partout à peu près de la même manière, c'est bien à l'école française que toutes les autres méthodes sont subordonnées.

Avant de démontrer de quelle manière elle doit être mangée, donnons la parole aux poètes qui nous décriront son chant et les émotions qu'il cause.

JULIETTE

. . . .
C'était le rossignol et non pas l'alouette.
Dont le chant a frappé ton oreille inquiète ;
Caché dans les rameaux d'un grenadier en fleurs,
A la nuit qui l'écoute il chante ses douleurs :
C'était le rossignol crois-en ta Juliette.

ROMÉO

Non! c'est bien le matin et c'est bien l'alouette.
Regarde, mon amour, à l'orizon rougi
Monter de pourpre et d'or ce rayon élargi ; etc.

Une Mazarinade nous donne l'origine du proverbe très connu sur l'alouette :

Et l'on remarqua maint courtaud,
Qui tournoit le visage en haut,
Croyant qu'après cette sortie
L'*alouette toute rôtie*,
Sans rien faire et sortir d'illec
Luy tomberoit dedans le bec.

D'après Boisjolin l'alouette serait aussi le reveil matin des bois :

Dans l'air s'éclairant, l'*alouette* légère,
De l'aurore, au printemps active messagère,
Du milieu des sillons monte, chante, et sa voix,
A donné le signal au peuple ailé des bois.

Dubartas s'exprime d'une autre façon :

La gentille alouette avec son tire l'ire,
Tire l'ire à l'iré, et tire lirant tire
Vers la voûte du ciel ; puis son vol vers ce lieu
Vire et désire dire : Adieu, dieu, adieu, dieu.

Si l'alouette est digne du dieu Pan, elle l'est aussi des poètes positifs : les gourmets.

Si les poètes trouvent superbe, charmant, le chant de l'alouette et son vol indécis. Nous, nous la trouvons admirable, exquise dans un pâté de Pithiviers

L'alouette qui voltige dans les bois n'est qu'un vulgaire passereau; mais quelle sensation n'éprouve-t-on pas en la voyant enveloppée d'une barde de lard, rôtie et croquante, enfouie dans une truffe ou ensevelie sous du foie gras dans une croustade dorée.

Il sera toujours superflu de poétiser le chant de l'alouette voltigeant dans les airs. Nous ne l'apprécions à sa juste valeur, que dépouillée de ses artifices plumes et chants, en timbale, en caisse ou en brochette. Ainsi préparée elle change de nom et prend celui de *Mauviette*.

Alouette à la Blaze. — *Formule 78.* — Plumer et flamber une ou deux douzaines d'alouettes, selon le nombre des convives; les vider et jeter le gésier seulement, passer le restant des intestins au beurre dans une casserole, avec assaisonnements, quelques foies de volailles ou foie gras, quelques truffes. Laisser saisir; piler le tout et passer au tamis; en farcir les alouettes. Avec le restant foncer un plat d'argent beurré, alligner dessus les alouettes en les enfonçant de façon à ce qu'on les aperçoive à peine; les couvrir d'une barde de lard. Mettre le plat au four recouvert d'un papier beurré. Laisser cuire pendant une demi-heure. Au moment de servir ôter le papier et le lard, arroser avec du jus de gibier.

Alouette à la Florentine. — *Formule 79.* — Pour la préparation de ce mets, employer:

Eau salée à point	Litre	1.1⁄2
Farine de maïs (Gaude)	Grammes	500
Parmesan râpé.	—	150

Procédé. — Faire bouillir l'eau, verser la farine et remuer vivement pendant quinze à vingt minutes.

Ajouter le fromage de parmesan; beurrer un moule à timbale uni et le remplir de polenta en pressant sur le fond et les parois. Laisser refroidir.

Préparer vingt quatre alouettes, en supprimer la tête, les pattes et les farcir comme dans la formule 78, les placer dans un sautoir *foncé*, les faire colorer et mouiller avec un verre de vin blanc sec, et faire réduire à glace; ajouter de la glace de gibier; y mêler quelques champignons et une garniture de petites quenelles moulées sur la table et pochées.

Vider la timbale de polenta en lui conservant la forme d'un vase; beurrer de nouveau le moule duquel on l'a sortie, le passer à la chapelure. Remettre la timbale dans le moule et l'emplir d'alouettes et de sauce. Couvrir hermétiquement la timbale d'une farce ordinaire; faire pocher au four pendant trois quart d'heures. Renverser la timbale sur un plat rond et la surmonter d'un attelet garni.

Alouettes en brochette. — *formule 80.* — Après avoir vidé et flambé les alouettes, les embrocher dans une aiguille, alternées de lard et une feuille de sauge; cette opération terminée, mettre à la broche, arroser souvent, mettre des croûtons de pain dans la léchefrite, de manière à ce que ceux-ci reçoivent le jus et la graisse des alouettes; les croûtons peuvent être farcis avec les intestins mêmes des oiseaux, de foie gras, ou foie de volaille. Mettre les croûtons sur un plat et dresser dessus.

Remarque. — On ne doit jamais arroser les alouettes avec du bouillon, l'eau doit être le seul liquide employé pour allonger le jus.

Mauviettes au riz. — *Formule 81.* — Employer:

Mauviettes nettoyées	Nombre	24
Lard coupé en petits dés	Grammes	150
Riz.	—	500
Oignons hachés	—	50
Beurre.	—	100

Procédé. — Mettre les mauviettes dans une casserole avec le beurre et le lard, leur faire prendre couleur, les sortir et les déposer sur une assiette. Mettre les oignons hachés dans la casserole et faire cuire un instant; y ajouter le riz et remuer. Remettre les mauviettes dans la casserole et mouiller avec du bon bouillon au deux tiers de son volume.

Faire cuire doucement sans remuer pendant quinze à vingt minutes.

Dresser le riz dans un moule à bordure, le renverser sur un plat rond, et le couronner de mauviettes. Servir à part une sauce tomate relevée.

Mauviettes à l'allemande. — *Formule 82.* — D'après Dubois, le cuisinier de l'empereur Guillaume, les habitants de Leipzig connaîtraient, eux aussi, le charme que procurent les mauviettes grasses et dodues qui s'abattent dans les plaines de ce pays au mois d'octobre.

Procédé. — Après avoir supprimé la tête, les

ailes, les pattes et le gésier, embrocher les mauviettes en les alternant de lard, les saler et les faire cuire au four. Un instant avant de les servir, les saupoudrer de chapelure de pain. Les dresser sur un plat très chaud et les arroser de leur graisse et de la chapelure.

Mauviette en caisse. (*Hors-d'œuvre*). — *Formule 83.* — Les promeneurs du boulevard des Italiens, les fils de famille désireux de connaître de *visu* la caisse de mauviette, peuvent en temps de chasse contempler dans la vitrine de MM. Potel et Chabot, ces charmantes petites caisses de papier que l'on prendrait volontiers pour de la confiserie. Ce sont des alouettes, des mauviettes, ou des grives en caisse, autrement dit *chaud-froid* de mauviette en caisse.

Procédé. — Vider les mauviettes en jeter le gésier; passer les intestins dans une casserole avec assaisonnements. Laisser refroidir et les piler avec foie gras, truffes, et passer au tamis. D'autre part, faire cuire les mauviettes à la casserole; étant cuites et froides les farcir.

Mettre un peu de farce dans de petites caisses ovales, et coucher dans chacune d'elle une mauviette dont on pique l'estomac avec le bec pour soutenir la tête. Arroser avec une sauce chaud-froid tiède (*voyez ce mot*) en évitant de laisser tomber sur le papier. Laisser refroidir.

Remarque. — On prépare aussi les mauviettes à la minute, (Voyez caille, pâté, tourte, terrine).

Conserve. — *Formule 84.* — On conserve les alouettes en boîte comme suit :

Dresser les alouettes comme pour entrée, les barder, les mettre dans une boîte de fer-blanc, emplir la boîte avec de la graisse de volaille ou de gibier, clarifiée, et du fumet de gibier, ou crème de gibier, que l'on aura obtenue en pilant, et en passant au tamis. Faire souder hermétiquement la boîte et faire cuire deux heures au bain-marie.

La spécialité qu'en a faite Pithiviers, et la juste renommée de ses pâtés d'alouettes, nous oblige de parler des maisons qui ont le haut mérite d'avoir perfectionné le procédé de fabrication. (Voir pâté.)

ALOUMÈRE. s. f. — Genre de champignon qui croît aux pieds des sureaux et qui est d'une saveur douceâtre.

ALOYAU s. m. (*ambellus*); angl. *sirloin*; ital. *dorso.* — Ce mot ne s'emploie que pour le bœuf et le buffle, au contraire on nomme râble la même partie du corps des autres animaux. C'est la région depuis la première côte jusqu'à l'os enragé, ou la partie concave près de la queue, elle se termine, en bas, par la partie grasse des flancs.

Chaque bœuf fournit deux aloyaux. L'aloyau proprement dit, doit être entier avec le filet, sans être désossé; c'est ainsi qu'on le servait dans les grands festins de Lucullus, aux tables de Néron, et comme on le sert encore de nos jours dans quelques familles anglaises et américaines. De cette manière, l'aloyau conserve son suc, et le filet, enseveli sous une couche de graisse, reste tendre, savoureux et délicat. C'est aussi de la même manière que les Indiens, les Syriens et les Turcs le préparent : Ils prennent l'aloyau de buffle, le mettent tout entier à la broche, près d'un fort brasier fait en rase campagne. A mesure qu'il se rôtit les caravaniers qui passent, ou tout autre voyageur, peuvent en faire couper un morceau dans les parties les plus cuites. La broche continue à tourner et ils arrivent à manger leur roastbeef entièrement saignant.

Dans toute l'Europe, pour la facilité du service des grandes tables, l'aloyau se désosse et se roule, selon le goût du praticien, la commodité de la cuisson ou du service. Il est servi comme grosse pièce de plus de cinquante manières différentes, dont voici les principales :

Aloyau à la Richelieu. — *Formule 85.* (*cuis. d'hôtel*). — Garnir de tomates farcies, de champignons farcis, de laitues glacées et de choux braisés.

Aloyau à la Godard. — *Formule 86.* (*cuis. d'hôtel*). — Braiser l'aloyau et le garnir d'un ragoût, dans sa glace, composé de fonds d'artichauts coupés en quartier, de ris de veau coupés en tranches, de champignons et de quenelles aux jaunes d'œufs.

Aloyau à l'anglaise. — *Formule 87.* — Rôtir l'aloyau entier à la broche avec son filet et sans être désossé.

Aloyau aux gros légumes. — *Formule 88.* — Garnir par groupes alternés de choux-fleurs, de haricots verts, de pommes de terre, de pointes d'asperges en paquets, de navets et de carottes.

Tous ces légumes doivent être cuits spontanément et à l'anglaise, c'est-à-dire à l'eau salée.

Aloyau à l'Helvetia. — *Formule 89.* — Choisir de petites tomates, les partager, et en exprimer les pepins, les mettre sur une plaque d'office beurrée; assaisonner l'intérieur; donner dix minutes de cuisson. En les sortant du four, saupoudrer de fines herbes hâchées.

Assaisonner des épinards sans trop les mouiller, ajouter des œufs entiers, beurrer des moules à darioles; emplir les moules d'épinards et faire pocher dans un sautoir foncé d'un linge et mouillé jusqu'au niveau des moules.

Préparer des fonds d'artichauts et des navets de la forme des tartelettes; ces garnitures prêtes, border l'aloyau d'une tartelette d'épinards, d'un navet, d'une tomate et d'un fond d'artichauts.

Aloyau à la germaine. — *Formule 90.* — Désosser et piquer l'aloyau intérieurement, le faire cuire et préparer des pannequets farcis d'une duxelle au jambon; les rouler, les tailler en losange et en garnir l'aloyau.

Aloyau à la Provençale. — *Formule 91.* — Anciennement, en Provence, on procédait de cette manière : Piquer un aloyau avec du jambon; faire une farce avec de la moëlle de bœuf, anchois, beurre, huile, fines herbes, échalotes, oignons, ail, chapelure et œuf, le tout pilé au mortier. Etendre cette farce sur des bardes de lard, en envelopper l'aloyau le ficeler et le mettre à la broche. Il prendra ainsi un arôme exquis.

Aloyau à la Nivernaise. — *Formule 92.* — (*cuis. de restaurant*). Garnir l'aloyau de carottes et de navets glacés.

Aloyau à la légion. — *Formule 93.* — (*cuis. de cercle.*) — Découper des navets avec un emporte pièce qui aura la forme d'une croix d'honneur, et avec un autre emporte-pièce qui aura la forme d'une petite étoile, découper la croix au milieu. Découper ensuite une carotte très rouge et mettre le morceau de la carotte dans le vide de la croix, faire cuire dans du bouillon, garnir de petits pois au jambon, et décorer le plat avec les croix.

Nous nous arrêtons ici pour les manières de préparer l'aloyau. On trouvera aux mots filet de bœuf, et bœuf, tous les noms et les méthodes classiques qui méritent d'être notés.

ALPAGA, s. m. (*Anchenia pacot;* All. *Kameelziege;* angl. *Alpaga;* ital. *alpaga.* — Nom d'un ruminant originaire de l'Amérique du Sud. Cet animal n'a point de cornes; il sert dans le Pérou et dans l'Inde, à la fois de bête de somme et de boucherie. Sa chair a beaucoup d'analogie avec celle de l'âne.

Même préparation culinaire que le bœuf. La toison de l'alpaga sert à la fabrication de l'étoffe de ce nom.

ALPES. (eaux minérales des) Les Alpes forment un groupe de chaînes de montagnes dont le noyau est en Suisse, et qui comprend, en outre, dans son massif une grande partie des hauteurs de la France, de l'Italie, de la Turquie, de la Hongrie et de l'Allemagne.

Leurs divisions prennent différents noms, selon les contrées auxquelles elles appartiennent. D'une manière générale, on regarde les Alpes comme constituées par des schistes et des calcaires noirs, jurassiques et crétacés, et par des protubérances de terrain primitif. Des vallées plus ou moins larges et plus ou moins profondes séparent les chaînes parallèles entre elles. Les sources minérales dépendant du système alpin sont très nombreuses. On les rencontre tantôt dans des prairies marécageuses, tantôt dans des gorges, tantôt sur des croupes nues, dans des sites plus ou moins élevés, jusqu'au pied des glaciers. Les deux types sulfureux et chloruré sodique dominent parmi elles. Leur thermalité peut atteindre 77° cent., ce qui est loin de représenter la chaleur supérieure de certaines sources minérales des Cordillères, des montagnes de l'Asie ou même du massif de l'Auvergne. »

« Les alpes de France, de Savoie et du Valais renferment des eaux minérales d'une haute importance, parmi lesquelles les chlorurées de la Motte, d'Uriage; les sulfureuses de Gréoulx, d'Allevard, de Challes, d'Aix-les-Bains, de Marlioz, de Moutiers, etc.; les magnésiennes de Montmiral-Nacqueiras, de l'Echaillon; les bicarbonatées de Condillac, Bondonneau, etc. (1). »

ALPES (*basses*), — Parmi les productions alimentaires que nous fournit ce département, citons en première ligne, le miel, les fruits secs, les huiles, les olives et les eaux-de-vie.

Ce département de la zône du sud, est le 60me

---

(1) Dict., des eaux minérales.

dans l'ordre vinicole. Il a 5.700 hectares de vignes, produisant, en moyenne environ 80.000 hectolitres de vins qui ont le défaut de ceux de cette zône.

ALPES, (hautes). — Les châtaignes, les moutons, et 24.400 hectares de vignes, produisant, environ 5.000 hectolitres de vins, sont les seuls produits de ce département qui est l'un des plus pauvres de la France.

ALPHÉNIC, n. m. — Sucre d'orge, ou sucre candi; mot ancien.

ALPISTE, n. m. Graminée dont une espèce, cultivée dans le Midi, fournit un très bon fourrage et un grain servant à alimentation.

ALSACE, (produits d'). — La fertilité de cette province est proverbiale. Tout y est bien nourri : La sève abondante qui fait verdir les pampres, donne au suc de ce fruit les propriétés de rendre débonnaires et d'embellir ceux qui se désaltèrent dans la coupe du nectar. Semblables aux produits du règne animal qui donnent aux habitants de cette contrée la prestance d'embompoint qui les distingue, les vins et le climat fournissent le coloris du visage et la fraîcheur du teint.

C'est là, on peut le dire, la preuve la plus éclatante que tout est subordonné au mode de se nourrir, au climat, qui modifie jusqu'à notre tempérament. Dans un pays aussi fertile devait naître l'art de préparer les aliments, aussi l'Alsace est le pays qui fournit le plus de cuisiniers. La science de bien vivre a fleuri à Strasbourg qui nous a légué le pâté de foie gras, l'une des merveilles de la gastronomie. (voir CLAUDE).

ALTÉRATION, s. f. All. *Verschlechterung*; angl. *alteration*; ital. *alterazione*; esp. *alteracion*. — L'altération des aliments, leurs causes peuvent être divisées en cinq catégories :

1º Par le travail de la fermentation putride, qui s'en est emparé à un degré quelconque ;

2º Par des propriétés toxiques inhérentes à leur nature.

3º Par leur mode de préparation; leur nature.

4º Par la sophistication et l'impureté des corps, la fraude que leur fait subir le commerce.

5º Enfin par le développement, dans leurs substances, des parasites.

Le pain est un aliment sujet à de promptes altérations, soit qu'il ait été préparé avec de la farine déjà gâtée, soit que la manipulation ait été défectueuse, soit encore que la double influence de l'humidité et de la chaleur y fasse naître des végétations cryptogamiques, d'un vert foncé et d'une odeur spéciale, appartenant à la famille des champignons, et dont on reconnaît communément les variétés, appelées *mucor*, *mucedo*. Quand on examine cette végétation (*moisissure*) au microscope, on observe que les larges touffes qu'elle forme sont composées de pédicules simples, grêles, allongés, et portant à leur sommet un corps globuleux et membraneux qui est le réceptacle. Cet organe se remplit de graines et a une couleur variant, suivant la maturité, bleu, blanc, jaune ou d'un rouge orange, et exhale une odeur nauséabonde.

Le pain dans cet état doit être rigoureusement refusé.

Il en est de même pour les viandes, et la sensualité, qui cherche des satisfactions un peu partout, a introduit dans nos habitudes, au détriment de la santé, l'usage des viandes faisandées, si chères aux gourmets. Il faut, pour un régime normal, de la *sève fraîche* et du *sang frais*, et rien ne saurait remplacer ces deux éléments. Cependant, il y a des gibiers qui doivent être faisandés sans que la viande en soit altérée le *faisandage* est, à la viande de certains gibiers, ce que le *blet* est aux fruits, quoique le faisandage, dans l'acception propre du mot, ne soit autre chose qu'un degré plus ou moins avancé de putréfaction.

Tous les aliments en général sont plus sains à leur état frais; néanmoins, pour le goût et la facilité de la digestion, les viandes et le pain sont bien supérieurs lorsqu'ils ont deux ou trois jours. Savoir connaître les aliments qui doivent être mangés frais de ceux qui, au contraire, doivent être conservés quelques jours, est évidemment là une chose importante, et dans l'acquisition de ces connaissances, la pratique prime toujours la théorie.

Parmi les viandes de boucherie, celle de porc est la plus sujette à la putréfaction ; la viande des animaux auxquels on a fait subir un long voyage avant l'abattage, ou la chair meurtrie pendant que l'animal était encore en vie, sont des viandes presque toxiques qui fournissent des aliments très dangereux, et peuvent amener à la longue des accidents scorbutiques, ou autres empoisonnements encore mal étudiés. Les charcuteries telles que boudins, saucisses, etc, et même certains fromages, peuvent être repoussés dans les grandes chaleurs, et il doit en être de même des huîtres, des moules et des escargots, qui doivent être mangés dans leur saison.

LES CONSERVES ALIMENTAIRES. — On sait, dit notre éminent ami le D' Huguet, que, pour leur fabrication, on emploie des matières colorantes plus ou moins délétères, dans le but de conserver à ces aliments un aspect agréable à l'œil, et d'en empêcher la fermentation ainsi que la putréfaction.

« Les industriels qui se livrent à cette spécialité atteignent assez bien leur but, en ce sens que les produits tenus au frais ne fermentent pas, qu'il ne se fait aucun dégagement de gaz, et que tout a l'air bien tranquille dans les boîtes de conserves.

« Cependant on a pu remarquer qu'à l'ouverture de ces boîtes la substance, mise au jour, se désagrège très facilement, ce qui veut dire déjà que là s'est produit tacitement un travail de *putréfaction spéciale*, ramenant la conserve à un état *terreux* qui a la propriété d'absorber ses propres gaz, de les emmagasiner, de les condenser, jusqu'au moment où l'aliment ingéré, passant dans un milieu chaud et humide, l'estomac, il se produit un dégagement des gaz condensés dans la conserve, gaz qui donnent la sensation d'un poids sur l'estomac, avec oppression, ballonnement plus ou moins prononcés, pouvant aller jusqu'à l'indigestion.

« Voilà pour les matières alimentaires fraîchement conservées; voyons ce qui arrive quand on mange des conserves ayant plusieurs années d'existence, conserves que certains épiciers ou marchands, par négligence ou par cupidité, vendent à prix réduit, le jour où ils s'aperçoivent que leur marchandise est altérée.., Ici, l'atteinte à la santé publique prend des proportions formidables, l'infection de l'économie est d'une gravité extrême, attendu que la liquidité des produits conservés est altérée et devient le réceptacle de tous les gaz emmagasinés et condensés dans les substances alimentaires, gaz qui sont des acides carboniques, de nature lourde, très solubles dans les liquides employés pour la fabrication des conserves et chargés de principes délétères, de germes et d'animacules prêts à entrer en évolution.

« Ici, l'empoisonnement, au lieu de se maintenir, de se centraliser, pour produire des phénomènes gastriques, comme dans l'empoisonnement carbonique, se généralise et amène l'intoxication de toute l'économie, intoxication qui, par l'infection qu'elle va produire, déterminera, soit la fièvre typhoïde. soit une maladie de la peau, soit une affection vermineuse des intestins ou d'autres organes, soit un état goutteux, rhumatismal, etc.. tous états qui sont des prédispositions à l'invasion épidémique de toute une contrée, par la respiration des germes aériens, qui sont, pour nous, germes mâles, n'attendant que le moment favorable pour féconder les germes en latence contenus dans l'individu et que nous considérons comme des germes femelles. Car, selon nous, tout germe latent ou passif, doit être considéré comme femelle, tout germe actif doit être considéré comme mâle; tout ce qui est latent, ou femelle, est génétique, tout ce qui est actif, ou mâle, est fécondatif; de l'union des deux, naît, soit une génération spontanée, soit une génération à évolutions successives.

« Nous ne dirons rien pour le moment, d'un autre ordre de germes qui sont hermaphrodites, c'est-à-dire mâle et femelle et, partant, capables de se multiplier par eux-mêmes. Ces germes sont doués du pouvoir de la spontanéité, ils sont autonomes, n'obéissent qu'à eux-mêmes et portent, en soi, le principe nécessaire pour se féconder, sans avoir besoin de le trouver au dehors. Ces derniers germes sont doués d'une virulence bien plus grande encore que ceux dont nous avons parlé plus haut.

« Mais poursuivons notre inspection d'enquête sur les matières alimentaires.

« Il y a dans toutes les grandes villes, une grande lacune : c'est le manque d'organisation du lieu où l'on abat les animaux destinés à l'alimentation.

« Dans des abattoirs, beaucoup trop étroits, on entasse, avec indifférence sans pitié, des pauvres bêtes qui, venant de subir un long voyage, fatiguées, échauffées, malades, ont le plus grand besoin de repos : et l'on s'imagine que pour les remettre en bon état, il suffit de les entasser ainsi, jusqu'au moment de les abattre.

« Il y a là, confusion, promiscuité des atmosphères de ces animaux, tous plus ou moins souffrants, atmosphères qu'ils respirent, réciproquement, avec les germes morbides qui y sont contenus.

« En voilà bien assez, pensons-nous, pour altérer la constitution du bétail et rendre malsaine la chair qui sert à notre alimentation.

«Telles sont les conditions dans lesquelles l'animal est tué et sa viande distribuée dans les boucheries, où, plus ou moins soignée, elle subit un commencement de fermentation.

« Voilà un premier fait d'empoisonnement; un deuxième fait se trouve dans l'achat de mauvais produits par la classe pauvre, à laquelle on vend les morceaux les plus altérés, ceux qui ont traîné à l'étalage, qui ont déjà subi une certaine putréfaction, et qui bien que parés, habillés avec plus ou moins d'habileté par le boucher, n'ont pas pour cela, perdu leurs propriétés malfaisantes.

« Si, dans les boucheries, il reste des morceaux qu'on n'a pu vendre, grâce à leur altération par trop avancée, ces morceaux trouvent un brave restaurateur qui sait les accommoder avec des sauces plus ou moins attrayantes et capables de déguiser ce que la marchandise peut avoir de trop repoussant. C'est là un troisième et très sérieux mode d'empoisonnement de la classe ouvrière, qui va chercher dans les restaurants à bon marché une nourriture économique. Il y a même certains établissements qui font étalage de viandes en excellent état, dans l'espoir d'attirer des consommateurs pour l'écoulement des produits putréfiés qui les attendent, sous des déguisements aussi habiles que variés.

« Quant aux matières culinaires restantes, qui ne pourraient être représentées, le lendemain, sous une forme quelconque, à cause de leur altération par trop appréciable, elles trouvent encore un restaurateur plus habile, qui, pour un prix infiniment exigu, se charge de recruter les consommateurs dans une classe de gens plus précaire.

« Voilà déjà; sans parler d'autres plus infectieuses encore, un nombre bien suffisant de transformations de l'aliment animal, pour amener les prédispositions aux affections épidémiques et contagieuses les plus meurtrières.

Comment veut-on que notre génération soit dans un état de santé satisfaisant, qu'elle ait une constitution robuste, lorsque nous sommes empoisonnés, successivement, par un certain nombre de personnes qui, désireuses de faire rapidement fortune, ne reculent pas devant des procédés qu'on peut considérer comme homicides, avec préméditation inconsciente, en premier lieu, et en second lieu, comme homicide avec préméditation consciente ?

« En premier lieu, l'envie de faire fortune peut se concevoir, mais, en second lieu, ce qui ne se comprend plus, c'est la manière dont on empoisonne son semblable; car, remarquons-le bien, un certain nombre d'empoisonneurs alimentaires *se gardent bien de se nourrir* avec leurs produits conservés et frelatés!

« Cependant avant de juger les coupables avec la sévérité qu'ils méritent, recherchons les causes qui amènent et autorisent leur préméditation.

« Je trouve une première cause d'encouragement à la fraude dans une certaine indifférence, au point de vue de l'économie politique.

« Bien que nous ne soyons pas ennemi du libre-échange, nous voudrions qu'il se fît dans d'autres conditions, pour ce qui est de l'alimentation.

« Tous les produits qui naissent en France sont exportés au dehors; l'étranger qui les reçoit, nous donne, en échange, du fer et du charbon qui ont, assurément, leur utilité au point de vue de la mécanique, de la construction, etc. Mais nous trouverions préférable que les échanges de ces matières minérales se fissent avec les produits de nos industries et non avec les matières utiles à notre alimentation.

« Voilà déjà une première cause d'encouragement à la fraude en matière alimentaire dont il est facile de saisir la portée.

« Une deuxième cause d'encouragement à la fraude se trouve dans le droit d'entrée que l'on prélève sur les denrées alimentaires, droit qui force les industriels à falsifier ces matières, pour en obtenir d'abord la conservation et ensuite pour les vendre meilleur marché possible.

« Malheureusement, ces industriels font la multiplication de leurs produits en y ajoutant des substances capables d'en augmenter la quantité, le poids et d'en altérer la constitution.

Que résulte-t-il de ces deux questions ?

1° L'exportation de nos matières alimentaires fraîches nous force à nous pourvoir à l'étranger d'autres substances alimentaires qui ne peuvent nous arriver que sous forme de conserves.

« 2° Le peu de denrées fraîches qui nous restent, en France, le rebut que n'accepterait pas l'étranger, en échange de son argent, rebut que nous avons l'avanvage de payer excessivement cher : voilà le triste résultat de l'exportation de nos matières alimentaires.

« Parlons maintenant d'une troisième cause d'empoisonnement.

« Il se trouve, en France, des accapareurs de grains qui, ainsi que nous l'avons vu dans les ouvrages de M. Plasse, par leur incurie, leur avarice et leurs spéculations financières, laissent pourrir les denrées dans leurs greniers, si bien que, quand on fait l'écoulement de ces grains, aux trois quarts fermentés, on n'obtient, grâce aux progrès de la mécanique, qu'une farine avariée et brûlée par des moulins à grande vitesse qui font exhaler au dehors le peu de principes nutritifs qu'elle contient, ne nous laissant plus qu'une farine chargée de terre et d'amidon qui est souvent ajouté pour augmenter la blancheur de la farine et lui donner des airs de qualité quelle n'a pas. Aussi, voyons-nous que ces farines ne peuvent être emmagasinées par le petit nombre de boulangers honnêtes qui craignent, à juste titre, de les voir se corrompre rapidement, de ne plus pouvoir s'en servir et de courir vers une ruine certaines.

« Il est vrai qu'à côté de ces boulangers consciencieux, il s'en trouve un assez grand nombre qui, pour notre malheur, ne craignent pas de faire une provision de ces farines, achetées au-dessous du prix du cours, et qui ne se gênent pas pour en fabriquer du pain, après y avoir ajouté des sulfates de cuivre et de chaux, de l'amidon, etc., pour donner un certain relief à leur marchandise ainsi qu'à notre pain quotidien. »

« Nous arrivons à un quatrième mode d'empoisonnement par les matières alimentaires. Celui-ci est plus grave que les autres, parce qu'il est la cause de la détérioration des céréales et de la falsification que le marchand est obligé de faire pour pouvoir écouler ses produits. »

« On sait que, de nos jours et depuis longtemps déjà, l'agriculture est excessivement défectueuse; la terre ne donne plus les mêmes résultats, ne produit plus les fruits désirés, ce qui fait que les bras manquent pour la culture du sol, l'agriculteur étant forcé de s'expatrier. » (1)

Des œufs. — Il n'est pas un aliment repoussé avec plus de dégout, par l'odeur nauséabonde qu'il répand, que l'œuf à la coque altéré ; d'où il s'en suit que les dangers pour la santé sont moins fréquents que pour les autres aliments.

Il y a cependant un genre d'œuf qui devient des plus dangereux. Nous entendons parler de l'œuf de Pâques coloré. Autrefois on teignait les œufs avec du bois de campêche, du safran, de l'anémone ou de la pelure d'oignon ; mais aujourd'hui ces moyens trop communs sont abandonnés et l'on a recours à la fuschine qui donne une teinte cuivrée à reflets violets, irisés,

Lorsque l'œuf se fend dans la cuisson le blanc se colore et l'enfant dévore avec l'œuf la fuschine et l'arsenic qu'il contient.

Les *boissons altérées.* (Voir *vins, bières, eau et cidre*) constituent un danger grave pour l'individu et la société, et on ne saurait trop appeler l'attention de l'autorité chaque fois qu'il s'agit de cette importante question.

ALTITUDE (eaux minérales). L'altitude des stations thermales est une circonstance qu'il importe de ne pas négliger, d'autant plus qu'un grand nombre d'eaux minérales appartenant à des régions montagneuses se trouvent situées à une élévation considérable.

Les plus élevées de l'Europe sont celles de Saint-Moritz et de Loèche, en Suisse, à 1726 mètres, et 1412; en France, Barèges, à 1270 mètres; le Mont-Dore, à 1052 mètres, Cauterets, à 992; la Bourboule, à 857 mètres.

L'altitude absolue n'est pas seulement à considérer, mais encore l'altitude relative : ainsi Paris, n'étant qu'à 30 mètres au-dessus du niveau de la mer se trouve fort au-dessous de stations qui n'appartiennent pourtant pas à des pays de montagnes, comme Néris à 240 mètres, Vichy à 245 mètres, Bourbonne à 280 mètres. Plombières à 421 mètres, Allevard à 475 mètres, offrent des exemples d'altitudes moyennes.

Ce qui caractérise surtout l'action physiologique d'une altitude considérable, c'est l'excitation qu'elle apporte dans les fonctions de la digestion et de la circulation, ainsi que dans le système nerveux; d'où résulte un redoublement d'activité dans les phénomènes qui en dépendent, sécrétions, fonctions de la peau, etc. (1).

ALYSSE, s.f. (*alyssum saxatile*). — Etymologie de *a* privatif et *rager* passe-rage. On a gratuitement attribué à cette plante la propriété de guérir de l'hydrophobie, cette redoutable maladie ; il serait

---

(1) Les fièvres graves et les empoisonnements alimentaires par le Docteur Huguet auteur de la médecine Homœodynamique.

(1) Dict. des eaux minérales Durand-Fardel et Le Bret.

dangereux de s'y fier et de négliger les moyens sérieux de préservation. Ses propriétés, sous ce rapport, ne sont pas plus réelles que celles de la fameuse fontaine d'Alysse, en Arcadie, aux eaux de laquelle les Grecs attribuaient aussi la vertu de guérir de la rage. On connaît cette crucifère sous le nom de *corbeille d'or* et de *thlaspi jaune*.

AMAND *s. m. (fromage)* — A Aixe-sur-Vienne se fabrique divers fromages très répandus dans le Centre. Cette fromagerie, fondée en 1885 par AMAND DEMANCHE, est appelée à prendre une grande extension, tant par les soins que par les connaissances pratiques de son directeur.

On distingue plusieurs variétés de fromage Amand, des petits carrés longs à pâte grasse, des petits ronds et enfin des grands qui par leur forme ressemblent au Roquefort. Les fromages fins sont d'une délicatesse exquise et joignent à ces qualités l'avantage d'être facilement transportés. (Voyez *fromage*.)

AMANDE AMÈRE, *s. f. (Amygdalus amara);* All. *bittere Mandel ;* ital. *mandorla amara;* portug. *amendou;* esp. *almendra;* angl. *bitter almond*. — Le mot latin *amygdalus amara* est le nom de l'arbre qui les porte. L'amande amère n'est pas comestible, on s'en sert pourtant souvent pour les glaces, les gâteaux, tourtes et autres pâtisseries; bien qu'elle y entre dans une proportion toujours minime, elle n'en est pas moins dangereuse par la quantité d'*acide prussique* qu'elle contient. On doit donc, dans les préparations culinaires, s'abstenir autant que possible de l'usage surabondant de ce fruit, qui, étant données les circonstances, peut occasionner des accidents sérieux.

Les expériences de toxicologie le prouvent, ainsi que de nombreux empoisonnements occasionnés par les amandes amères. Ces exemples ont trait surtout à des enfants qui ont eu des accidents très graves d'empoisonnement pour avoir mangé cinq ou six de ces fruits. On a cité le fait d'un enfant de quatre ans, qui mourut au bout de deux heures après avoir bu le jus exprimé d'une poignée d'amandes amères, au préalable macérées dans l'eau. Trois autres enfants présentèrent également des symptômes d'empoisonnement après avoir mangé de ces amandes, destinées à la préparation d'un biscuit. Nous nous arrêtons là, mais nous pourrions citer ainsi une foule d'autres faits.

Il en est de même des amandes de tous les fruits à noyau, tels que l'amando de l'abricot, abricot-pêche, etc. L'huile essentielle d'amande amère est un poison actif.

AMANDE DOUCE, *s. f. (Amygdalus commaries)*, est l'arbre de l'amande commune. All. *süsse Mandel ;* angl. *sweet almond;* ital. *mandorla;* esp. *almandra;* portug. *amandoa*. — On connaît deux ou trois variétés d'amandes douces : l'*amande princesse*, *l'amande ordinaire*, *l'abeilan* et *l'amande douce de Marseille* qui ont toutes une coque tendre et une chair délicate.

L'amandier pullule à l'état sauvage en Algérie. Il est probable qu'autrefois il servait à former des bosquets dans tout le bassin de la Méditerranée, en Asie Mineure, en Grèce, en Italie, en Sicile et en Provence, où il est aujourd'hui l'objet d'importantes cultures.

Fraîche et débarrassée de son tégument, l'amande produit le résultat suivant :

Analyse chimique. — sur 100 parties

Eau	42
Huile	25
Matières azotées	17
Substances minérales	3
Cellulose et matières sucrées	13
	100

Le public parisien affectionne les amandes fraîches; aussi à leur saison, les petites voitures qui en sont remplies, sont-elles bien vite dévalisées par les ouvriers à la sortie de leur atelier. Ajoutons qu'elles ne sont pas les seules à aimer ce fruit; Trompette, cuisinier de Gambetta, nous a affirmé que ce grand tribun préférait les amandes à tout autre dessert.

Les amandes fraîches constituent un dessert agréable et digestif. Au contraire, sèches elles sont indigestes.

Plutarque leur prête la vertu d'empêcher l'ivresse; il raconte à ce sujet l'histoire d'un médecin, qui demeurait chez Drusus, fils de l'empereur Tibère, et qui, mangeant quelques amandes avant de se mettre à table, surpassait tous les buveurs de son temps, sans jamais s'enivrer. L'une et l'autre de ces assertions auraient besoin de nouvelles preuves.

En thérapeutique on fait un usage journalier des amandes pour composer des potions à la fois adoucissantes et nutritives, l'huile est aussi employée pour une foule d'autres choses.

En cuisine comme en pâtisserie, l'amande joue un rôle important dans la confection des entremets, pâtisserie, crème, glace, petits-fours, tourte et gâteau.

Voici quelques formules de gâteaux d'amandes :

Gâteau d'amande aux pistaches. — *Formule 94* (1). — Abaisser de la pâte feuilletée de six tours. Couper en deux parties et mettre l'une sur une plaque légèrement beurrée; la garnir avec de la crème d'amande aux pistaches; ajouter des pistaches à la crème de la formule 100; mouiller les bords, couvrir avec l'autre partie de l'abaisse, et appuyer avec le pouce le bord pour souder les deux pâtes et enfin le canneler. Faire cuire.

A l'état froid, étaler une couche de pâte à meringues sur le gâteau, la glacer avec de la glace de sucre; semer par-dessus du sucre rouge en grains et faire sécher doucement dans une étuve. Servir froid.

Remarque. — A peu de variété près, le fonçage indiqué dans cette formule se pratique pour les diverses méthodes suivantes.

Gâteau d'amande aux raisins de Corinthe. — *Formule 95.* — Foncer un gâteau d'amande comme il est dit à la formule 94. Ajouter à la crème d'amande, de la cannelle et remplacer les pistaches par des raisins de Corinthe. Servir froid.

Gâteau d'amande à la Condé. — *Formule 96.* — Foncer un gâteau d'amande comme il est indiqué à la formule 94, le garnir d'un appareil à la Condé (Voyez ce mot), glacer à la glace de sucre.

Gâteau d'amande à la Royale. — *Formule 97.* — Préparer un gâteau selon la formule 94. Ajouter à la crème, de l'eau de fleur d'oranger; glacer à la glace royale. Le servir froid.

Gaufres en pâte d'amande. — *Formule 98.* — Abaisser de la pâte d'amande (Voyez formule 101) à trois millimètres d'épaisseur. Couper la pâte en carrés de six centimètres de long sur quatre de large. Beurrer des moules à gaufres comme pour les gaufres à l'italienne (Voyez *gaufre*), passer les morceaux de pâte sur les moules et faire sécher à l'étuve. Lorsque les gaufres sont sèches, les démouler, les masquer d'une meringue et les saupoudrer de sucre rose et d'amandes hachées.

Tartelettes de pâte d'amande à la Chantilly. — *Formule 99.* — Abaisser à trois millimètres de la pâte d'amande à croquante (Voyez *pâte*), en foncer des moules à madeleines, les laisser sécher et les remplir de crème à la Chantilly.

Crème d'amande pour gâteau. — *Formule 100.* — Employer :

Amandes mondées	Grammes	250
Sucre	—	250
Beurre	—	250

Procédé. — Piler les amandes avec le sucre, y mêler le beurre, la pâte étant homogénéisée la mêler à de la crème pâtissière (Voyez ce mot.)

Pâte d'amande pour abaisse. — *Formule 101.* — Employer :

Amandes douces	Grammes	475
Amandes amères	—	25
Gomme adragante	—	5
Glace de sucre	—	100
Blanc d'œuf	Nombre	1
Jus de citron	—	1

Procédé. — Piler les amandes avec le jus de citron et les passer au tamis. Mettre les amandes dans un bassin, y ajouter la glace de sucre et le blanc d'œuf; remuer le tout en le faisant dessécher doucement sur le feu. Incorporer alors la gomme adragante dissoute dans un peu d'eau. On reconnaît qu'elle est assez sèche lorsqu'en la touchant, elle ne s'attache pas aux doigts. Etaler la pâte sur le marbre.

Lait d'amande (*hygiène*). — *Formule 102.* — Employer :

Amandes douces	Grammes	250
Sucre (ou miel)	—	180
Eau de fleur d'oranger	—	15
Eau chaude	Litre	1

Procédé. — Piler les amandes en les humectant avec un peu d'eau; passer à travers un linge et faire bouillir jusqu'à réduction de la moitié; pas-

---

(1) Dans la marche de ce dictionnaire pour déterminer exactement le nombre du nom précédé de la préposition, nous emploierons le pluriel chaque fois que la substance représente la pluralité de la matière : *Gâteau d'amandes* lorsque les amandes sont simplement hachées et *gâteau à la crème d'amande* lorsque la substance est homogénéisée et représente une unité. Par exemple *confiture de groseilles* et *gelée de groseille*; *Lait d'amande* et *Tourte aux amandes*, etc. J. F.

ser au tamis et laisser refroidir. Les dames du grand monde se nourrissent et se lavent avec ce lait pour maintenir la blancheur et la souplesse de la peau. Aliment très hygiénique du reste, ce qui a fait dire d'un confiseur spécialiste :

> L'amande, de sa peau par ses mains dépouillée,
> Change son suc exquis en lait délicieux ;
> Sa douceur plaît au goût et sa blancheur aux yeux.

AMANDE D'ABOUKIR, *s. f.* — *Formule 103.* — Pour la confection de ce petit-four on emploie de la pâte d'amande *verte* aux pistaches. On en fait des boulettes régulières que l'on coupe en deux ; au centre de chaque moitié on incruste un de ces fruits. On les gomme, soit qu'on les glace au sucre cuit au *gros cassé*.

AMANDE MOLIÈRE, *s. f.* — *Formule 104.* — Ce bonbon se prépare avec de la pâte d'amande aux pistaches vertes. On fend de gros raisins de Malaga, on en sort les pépins et on farcit avec la pâte d'amande. On les fait sécher et on les gomme.

AMANDÉ-DÉE, *s. m.* All. *Mandelmilch;* angl. *milk of almonds.* — Un lait amandé, une masse amandée, une crème amandée, un biscuit amandé, une glace amandée. Toute substance alimentaire qui contient de l'amande.

AMANDINE, *s. f.* — On donne ce nom à une gelée transparente préparée avec de l'huile d'amande douce, du sirop et du sucre vanillé. A cette gelée mangeable, les parfumeurs ont ajouté, pour la toilette, de la crème de savon, de l'essence d'amande amère, de girofle et de bergamote.

Amandine fourrée à la confiture d'abricots. — Formule *105.*

Faites une pâte d'amande à 500 grammes de sucre pour 500 grammes d'amandes, assez ferme pour être abaissée au rouleau, tirez-en deux plaques de l'épaisseur d'un centimètre environ et d'égale grandeur, passez-les au four sans les laisser trop cuire, ensuite réduisez de la confiture d'abricots ; quand vous reconnaîtrez que la confiture se tient assez, laissez-la refroidir un peu pour qu'en la couchant sur une de vos plaques de pâte d'amande elle reste au moins à un centimètre d'épaisseur ; mettez immédiatement votre deuxième abaisse de pâte d'amande, abricotez le dessus au pinceau, semez des pistaches, amandes hachées, gros sucre et découpez de la grosseur et de la façon que vous désirez.

AMANITE, *s. f.* — Genre de champignon de forme ovale, de couleur jaune, dont une espèce, dite l'*oronge vraie* ou la *janotte*, est comestible et se confond quelquefois avec une autre nommée *fausse oronge*, très vénéneuse.

AMARA BLANQUI, *s. m.* (apéritif) — Un distillateur de Nice a donné ce nom à un apéritif de son invention. Cette liqueur à base d'oranges amères, fortement alcoolisée, ne serait rien moins que recommandable, mais on est en droit de la classer parmi ces prétendus apéritifs actuellement à la mode, et dont la propriété la moins douteuse est d'amener la paralysie des organes de la digestion en les rendant chaque jour plus indolents dans l'élaboration des aliments qui leur sont soumis. Voici d'ailleurs le cri indigné d'un poète :

> Maudit soit à jamais cet *Amara Blanqui*,
> Cette affreuse liqueur à l'effet diabolique,
> Ce breuvage niçois, ce breuvage, enfin, qui
> M'a longtemps fait souffrir d'une atroce colique

AMARANTE, *s. f.* (*amarantus caudulus*). All. *Amarant;* angl. *amaranth-coloured;* ital. *amaranto* — Plante de la famille des amarantacées ; dont

Fig. 50. — *Amarantus caudulus Gibbosus.*

on distingue plusieurs variétés, et qui est généralement cultivée pour la beauté de ses fleurs.

En Italie, on mange les feuilles fraîches d'une autre variété, (*amarantus melancolicus ruber*) comme les épinards. Elle se traite culinaire-

Fig. 51. — Amarante épinard

ment comme eux, et ne le cède en rien dans sa qualité alibile.

Les amarantes cultivées brillent moins par l'éclat de leurs couleurs que par l'effet pittores-

Fig. 52. Amarantus caudulus

que de leurs longues grappes de fleurs pendantes. Comme le représente la gravure ci-dessus.

AMASSETTE, *s. f.* All. *Spatel;* angl. *pallet kife;* ital. *mestichino*. — Petit instrument en fer avec lequel on ramasse la pâte.

AMBASSE, *s. m.* — Poisson des mers de l'Inde, de 20 à 23 centimètres de long, à dos brun, dont la chair est très estimée.

AMBIGU, *s. m.* — Repas qui se prend entre le déjeuner et le dîner, ou entre le dîner et le déjeuner, et dans lequel tous les mets, les entremets et le dessert sont servis en même temps.

AMBRE GRIS, *s. m.* (*ambrum*) Angl. *amber gris;* ital. *ambra grigio* de l'arabe *amb'r*. — Nom par lequel les Arabes désignaient plusieurs substances aromatiques, baumes, résine bonbons de luxe, auxquels ils attribuaient des propriétés génésiques.

Opaque, d'un gris veiné de noir ou de jaune, l'ambre gris est de forme arrondie et irrégulière, il contient des parties dures qui semblent être des ossements de poissons. Sa consistance est celle de la cire et répand une odeur particulière très forte, que beaucoup de personnes trouvent suave, de là la locution : *fin comme un ambre*, pour désigner un esprit pénétrant et délicat.

On a basé l'origine de l'ambre gris sur diverses hypothèses, celle que l'on suppose être le produit morbide du cachalot *Physeter macrocephalus*, un calcul biliaire, nous paraît être la plus probante. Il est à remarquer que l'ambre gris se trouve principalement sur le rivage des mers et sur le bord des rivières.

Un morceau d'ambre pesant 7 kilog. a été trouvé dans les intestins d'un cachalot échoué près de Bayonne, en 1741. L'ambre gris nous arrive des environs des îles de Madagascar, des Moluques, du Coromandel, de Java, du Japon, etc.

Analyse chimique. — Soluble dans l'huile chaude et l'alcool bouillant au moyen desquels on en retire des cristaux, qui, après purification, constituent l'*ambréine*, partie essentielle de l'ambre gris, qui en contient jusqu'à 85 0/0.

L'ambréine a donné sur 100 parties :

Carbone............	83,37
Hydrogène............	13,32
Oxygène............	3,31
	100,00

Sophistication. — La sophistication s'est étendue jusqu'à l'ambre. Pour la reconnaître, il faut s'assurer s'il présente dans sa cassure plusieurs couches de différentes nuances de gris, mêlées de points jaunes, noirs ou blancs; si la chaleur de la main suffit pour l'amollir ; et enfin, si, lorsqu'on y plonge une tige d'acier chauffée au rouge, il laisse exsuder une matière liquide d'une odeur aromatique.

USAGE ALIMENTAIRE. — On peut considérer l'ambre gris, en cuisine, comme le corrélatif le plus parfait du nid de salangane. Les anciens le faisaient entrer dans une foule de poudres et d'électuaires réputés stomachiques et aphrodisiaques. « Il a tant de bonnes qualités, disait Glaser, qu'il entre dans plusieurs compositions considérables, entre autres dans celles de la confection d'Hyacinthe et d'Alkermès. Il fortifie le cerveau et le cœur, aide à la digestion, et est fort propre aux vieillards et à ceux qui sont de tempérament froid et humide. » Le duc de Richelieu le tenait pour son parfum favori :

Un gigot tout à l'ail, un seigneur tout à l'ambre,
À souper vous sont destinés.
Il faut, quand Richelieu entre dans une chambre,
Bien défendre son cœur et bien boucher son nez.

Il est vrai que le galant gentilhomme n'était pas toujours aussi raffiné, si nous en croyons les vers de Voltaire.

Brillat-Savarin, dans une amusante histoire, dit avoir guéri son ami Rubat, malade par suite d'un excès de zèle trop complaisant, par le traitement à l'ambre gris, dont on trouve la formule plus bas.

Les formules des bouillons hygiéniques de Louis XIV, que nous avons trouvées dans le livre des menus de son cuisinier, contiennent de fortes proportions d'ambre gris.

Elixir d'ambre gris. « Voici la recette de cet élixir qu'il serait dommage de ne pas livrer à la postérité.

Formule 106. — Employer : « Six gros oignons, trois racines de carottes, une poignée de persil, hachez le tout et le jetez dans une casserole, où vous le ferez chauffer et roussir au moyen d'un morceau de bon beurre frais.

« Quand ce mélange est bien à point, jetez-y 180 grammes de sucre candi, 1 gramme d'ambre pilé, avec une croûte de pain grillée et 3 litres d'eau, que vous ferez bouillir pendant trois quarts d'heure en y ajoutant de nouvelle eau pour compenser la perte qui se fait par l'ébullition, de manière qu'il y ait toujours 3 litres de liquide.

« Pendant que ces choses se passent, tuez, plumez et videz un vieux coq, que vous pilerez, chair et os, dans un mortier, avec le pilon de fer ; hachez également 1 kilogramme de chair de bœuf bien choisie.

« Cela fait, on mêle ensemble ces deux chairs, auxquelles on ajoute suffisante quantité de sel et de poivre.

« On les met dans une casserole, sur un feu bien vif, de manière à les pénétrer de calorique, et on y jette de temps en temps un peu de beurre frais, afin de pouvoir bien sauter ce mélange sans qu'il s'attache.

« Quant on voit qu'il a roussi, c'est-à-dire que l'osmazôme est rissolée, on passe le bouillon qui est dans la première casserole. On en mouille peu à peu la seconde et quand tout y est entré, on fait bouillir à grandes vagues pendant trois quarts d'heure en ayant toujours soin d'ajouter de l'eau chaude pour conserver la même quantité de liquide.

« Au bout de ce temps, l'opération est finie, et on a une potion dont l'effet est certain toutes les fois que le malade, quoique épuisé par quelqu'une des causes que nous avons indiquées, a conservé un estomac faisant ses fonctions.

« Pour en faire usage, on en donne le premier jour, une tasse toutes les trois heures jusqu'à l'heure du sommeil de la nuit ; les jours suivants, une forte tasse seulement le matin, pareille quantité le soir, jusqu'à l'épuisement de trois bouteilles. On tient le malade à un régime diététique léger, mais cependant nourrissant, comme des cuisses de volaille, du poisson, des fruits doux, des confitures ; il n'arrive presque jamais qu'on soit obligé de recommencer une nouvelle confection, vers le quatrième jour, il peut reprendre ses occupations ordinaires et doit s'efforcer d'être sage à l'avenir, *s'il est possible*.

Remarque. « En supprimant l'ambre et le sucre candi, on peut par cette méthode improviser un potage de haut goût et digne de figurer à un dîner de connaisseur ; on peut remplacer le vieux coq par quatre vieilles perdrix, et le bœuf par un morceau de gigot de mouton : la préparation n'en sera ni moins efficace ni moins agréable.

« La méthode de hacher la viande et de la roussir avant que de la mouiller peut être généralisée pour tous les cas où l'on est pressé ; elle est fondée sur ce que les viandes traitées ainsi se chargent de beaucoup plus de calorique que quand elles sont dans l'eau ; on pourra donc s'en servir toutes les fois qu'on aura besoin d'un potage gras, sans être obligé de l'attendre cinq ou six heures, ce qui peut arriver très souvent surtout à la campagne. Bien entendu que ceux qui s'en serviront glorifieront le professeur. » (*Brillat-Savarin*.)

Gelée d'ambre gris. — *Formule 107.* — Préparer un potage clair à la tortue (*Voyez ce mot*) très réduit et y ajouter 50 grammes par litre d'ambre pilé. Clarifier et passer à l'étamine. Cette gelée se prend seule, soit comme garniture de poisson froid. Inutile de rappeler les effets de cet entremets.

Potage d'ambre aux nids de salanganes. — *Formule 108.* — Préparer un potage aux nids de salanganes (Voir ce mot) et y ajouter 50 grammes par litre d'ambre gris pilé. La puissance réparatrice de ce potage est des plus merveilleuse, et bien supérieure aux précédentes.

AMBRETTE, *s. f.* — Poire qui exhale une légère odeur d'ambre. *Ambrette.* — Plante du genre ketmie, originaire de la Martinique, dont les graines ont une forte odeur de musc, dans l'Inde, on les mêle au café pour lui donner de nouvelles propriétés et en modifier l'arôme.

Ambrette. — Genre de mollusque voisin des hélices, se distingue de ce dernier par la coquille mince fragile et de couleur ambrée. *Ambrette* — Liqueur inventée en 1861, et qui a une forte odeur d'ambre.

AMBREVADE *s. m.* — Variété de pois cultivée par les habitants de l'Ile de France. Mot malgache.

AMBROISIE, *s. f.* All. *Gœtterspeise;* ital. *ambrosia;* angl. *ambrosia.* — Nom d'une liqueur. Aliment des dieux dans l'Olympe. Il était consistant, suivant l'opinion commune, tandis que le *nectar* était liquide. D'après l'étymologie, ce délicieux mets des divinités donnait l'immortalité à tous ceux qui en mangeaient. « Tout ce que Nébée boit devient nectar, tout ce qu'il mange devient ambroisie. » Il répandit une odeur parfumée dont l'Olympe fut rempli. Enfin nous lisons dans l'*Enéide* : Vénus guérit les blessures immortelles de son fils Enée en versant sur elles du suc d'ambroisie.

Ambroisie. — Espèce de thé que produit l'ambroisier dont les fleurs et les feuilles ont une odeur forte et agréable. On distingue en outre l'ambroisie maritime *(ambrosia maritima)*, dont les feuilles et les sommités sont à la fois amères et imprégnées d'une essence forte et aromatique. On lui attribue des propriétés cordiales et stomachiques qui ne sont nullement impossibles. (Voyez *Ansérine*.)

AME, *s. f.* (*rapports du corps avec l'*). All. *Seele;* angl. *soul;* du grec signifie *vent* ; du sanscrit *ana*, respirer ; ital. *anima.* — Principe de vie chez tous les êtres organisés.

L'âme du nouveau-né se manifeste sensiblement par la croissance physique et diminue avec la force de l'homme, le cœur en est le foyer et le cerveau le siège. La grandeur de l'âme est conforme à la puissance et à la bonne organisation de l'individu et en suit l'échelle ascendante et descendante. « Dans la jeunesse, dit Sainte-Beuve, l'âme est en dehors, plus tard elle est en dedans. » En lisant les œuvres d'un penseur on parle à son âme. C'est l'âme du musicien qui revit lorsque son œuvre est exécutée par l'orchestre. L'immortalité est relative aux souvenirs, aux bienfaits que l'individu laisse, elle dure aussi longtemps qu'eux. L'âme d'une nation est conforme à l'esprit de son peuple, et l'esprit d'un peuple est inhérent à son climat et à son alimentation.

S'il y a chez l'homme quelque chose de divin, c'est dans l'âme qu'on le trouve, et par elle qu'il se révèle. Mais souvent la bête est ce qu'il y a de meilleur dans l'homme. « Remarquez bien, dit Montesquieu, que la plupart des choses qui nous font plaisir sont déraisonnables. » Si le corps appelait l'âme en justice, il la convaincrait aisément de mauvaise administration. (Diogène.)

Le proverbe latin *mens sana in corpore sano* démontre combien déjà les peuples de l'antiquité croyaient aux rapports du corps et de l'âme. « Puisque le corps partage les travaux de l'âme, disait Plutarque, elle doit le traiter avec le plus grand soin, afin d'entretenir dans une santé florissante ce bien si précieux et si désirable. » « C'est une erreur bien pitoyable d'imaginer que les exercices du corps nuisent aux opérations de l'esprit, comme si ces deux actions ne devaient pas marcher de concert et que l'une ne dût pas toujours diriger l'autre. » (J.-J. Rousseau.)

« Le plus beau des spectacles d'après Platon, pour quiconque pourrait le contempler, ne serait-il pas celui de la beauté de l'âme et de celle du corps unies entre elles et dans leur parfaite harmonie ? »

Qui leges sine moribus
Sans les mœurs la loi est impuissante.
CICÉRON.

> *Qui mores, sine alimentis*
> Ce sont les aliments qui font les bonnes mœurs.
> D' BONNEJOY.
>
> Dis-moi ce que tu manges, je te dirai ce que tu es.
> BRILLAT-SAVARIN.

J'ajoute comme corollaire :

> Dis moi ce que tu bois, je te dirai ce que tu penses.

La consommation liquide ayant une influence plus immédiate sur les organes de la pensée ; une alimentation insuffisante affaiblit les facultés mentales, comme certaines boissons ont la propriété de les troubler. L'âme du montagnard *frugalien* est généralement aussi pure que l'air qu'il respire et l'eau de la source dans laquelle il s'abreuve. L'alcoolisé a une âme basse, obscure, voire même criminelle, dont la sérénité s'efface pour faire place à l'appétence, et bientôt ne sera plus qu'un corps sans âme.

Il est plus d'un exemple qui prouve que l'enfant procréé dans un état d'ébriété, ou issu de parents ayant une conduite déréglée, naît idiot. Les passions vives de la politique, de l'ambition des richesses et du pouvoir ont les mêmes effets de crétinisme. Tout ce qui attaque l'organisme ébranle l'âme, et il n'est pas d'exemple que l'âme restât saine, lucide et indépendante d'un corps malade. Le délire, l'évanouissement, en sont la preuve.

L'habitant des pays vignobles fertiles possède une âme ardente, féconde et généreuse ; tandis que celui des régions boréales qui est abstème, possède une âme froide insensible aux grandeurs humaines. Il est des individus comme des peuples, lorsque la puissance morale a atteint la force physique, lorsqu'ils sont à l'apogée de leur âge, avant de disparaître de la scène du monde ou du rang des nations, le déclin physique précède toujours la décadence de l'âme.

En résumé l'âme est la résultante des phénomènes que produit la composition chimique des divers corps qui concourent à l'organisation de l'être, et empruntent leurs qualités aux aliments qui fournissent l'essence de la vie, c'est-à-dire le fluide phosphorique de la pensée.

AMÉLANCHIER, *s. m.* — Variété d'alizier appartenant à la famille des rosacées, tribu des pommacées, et renfermant plusieurs arbrisseaux dont les fruits sont comestibles.

AMÉLÉON, *s. m.* — Nom donné à un cidre de Normandie. Spécialité de cidre.

AMÉLIE-LES-BAINS (eaux minérales). — Pyrénées orientales, arrondissement de Céret, situé à 38 kilomètres de Perpignan à une altitude de 278 mètres. Ces eaux classées dans les *sulfurées sodiques* sont tempérées de 20 à 61 centigrades. Les thermes datant de la domination romaine furent donnés par l'Empereur Charlemagne, à un couvent de Bénédictins qui les conserva jusqu'à la Révolution. Appliquées pour le traitement des phtisiques depuis très longtemps, ces eaux auraient aussi les propriétés de combattre les *catarrhes*, les *rhumatismes*, les *scrofules*, etc.

AMER, *s. m.* (*amarus*). All. *bitter* ; angl. *bitter* ; ital. *amaro* ; espag. *amargo*. — Plantes amères, la gentiane, le quassia-amara la rhubarbe, la petite centaurée, le houblon, le lichen, la chicorée, la fumeterre, la pensée sauvage, la germandrée, la camomille, l'absinthe, le quinquina, etc., sont de ce nombre.

Les produits amers ou liqueurs préparées avec les plantes amères peuvent être divisées en cinq classes, selon Fonssagrives.

1° *Amer purgatif* à base de rhubarbe, d'aloès, etc.

2° *Amer nauséeux* qui a pour base la camomille, par exemple, et qui porte plus aux vomissements qu'aux effets purgatifs.

3° *Amer astringent* qui renferme avec le principe amer du tanin, du quinquina, du chardonbénit, de l'écorce du marronnier, etc.

4° *Amer convulsiant* ou *toxique* dans lequel entre la noix vomique et autres qui sont du ressort de la médecine.

5° *Amer stimulant* (*apéritifs*) à base d'absinthe d'écorce d'oranges amères, de houblon, de gentiane, de germandrée, etc. Les *amers apéritifs* lorsqu'ils sont bien préparés ont deux propriétés dominantes : ils excitent l'appétit et exercent sur les parasites, particulièrement sur les vers intestinaux, une action délétère dont la médecine tire un parti très usuel pour le traitement de certaines affections chez les enfants.

> Ce qui est amer à la bouche est doux au cœur.

Par un rapprochement qui n'est pas rare, ce proverbe s'applique avec autant de justesse au figuré qu'au propre. Il appartient aux moralistes et aux ascétiques de démontrer que les amertumes ont leur utilité en élevant l'âme ; l'hygiène ne prend que le côté matériel de cette pensée et fait ressortir son excessive justesse.

Mais tout ce qui porte le nom d'amer ne répond malheureusement pas aux conditions réclamées par l'hygiène, et nous en connaissons que l'on ne peut prendre sans en être vivement incommodé.

Les services que les amers apéritifs rendent journellement à notre vie active, qui n'accorde pas à l'estomac le temps nécessaire à l'élaboration des aliments, sont incontestables. Aussi depuis quelques années les distillateurs, voyant là un moyen d'affaire qui les intéresse plus que l'hygiène, ont fait chacun leur *amer* et si l'on devait en énumérer le nombre, on n'aurait qu'à citer tous les distillateurs d'une certaine importance. Il en est qui, grâce à l'originalité de leur nom, sont devenus classiques et celà, au grand détriment de la santé du consommateur tandis que, dans d'autres, l'analyse chimique à constaté la présence d'ingrédients que la plume d'un hygiéniste se refuse de décrire.

Parmi les nombreux amers, déversés dans le public, nous n'en connaissons guère qu'un seul digne d'être mentionné ici, c'est l'*Amer Lacaux*, préparé par la maison LACAUX FRÈRES, de Limoges.

> Il n'est pas au rang de ces liqueurs étranges
> Dont l'effet entre nous, est parfois malheureux ;
> C'est un breuvage fait à l'écorce d'oranges,
> Qui met en appétit l'estomac langoureux.

Cet amer n'a rien de comparable avec les produits analogues, dont l'âcreté et l'amertume n'ont d'égaux que l'infériorité de l'alcool et le colorant toxique. De tels produits, qui sont un défi grossier jeté à la science, ne pouvaient régner longtemps dans le public. En présence de cette fâcheuse situation de la mode, qui a fait une habitude de prendre un apéritif, la maison *Lacaux frères*, s'est surtout attachée à faire un amer fortement aromatisé dont les propriétés apéritives résultant de l'ensemble des condiments, agissent sur les organes de la digestion sans les émousser. Ainsi combiné, cet amer a l'avantage d'être faible en alcool, et riche en principes toniques et aromatiques. Pris pur, dans un petit verre, L'AMER LACAUX est un élixir des plus stimulant et des plus parfumé ; additionné d'eau il constitue une boisson digne du plus délicat des palais et du plus fin des gourmets.

En créant ce type d'amer, aromatique, la maison LACAUX FRÈRES, s'est conformée aux prescriptions réclamés par l'hygiène. Ceux qui gouteront de cet amer, auront la satisfaction d'être édifiés de la supériorité de ce produit, et nous sommes heureux de constater que M. Ch. *Lacaux*, est un des rare distillateur soucieux de la santé publique.

AMIDON, *s. m.* (*amylum*), All. *Stœrke* ; angl. *stark* ; ital. *amido* ; espag. *almidon* ; portug. *amido*. — En terme d'alimentation et en thérapeutique, la fécule de pomme de terre garde le nom de fécule, et l'on dit aussi arrow-root. En chimie, amidon et fécule sont des synonymes parfaits. Mais l'usage auquel on applique la substance qu'ils désignent leur donne une acception différente. Ainsi, dans les arts la fécule des céréales s'appelle amidon. Donc amidon est une expression spécifique; fécule est une expression générique (Voir *fécule*). L'amidon de froment est le type des amylacées qui peuvent tous être convertis en sucre et par la fermentation fournir de l'alcool. L'amidon est une poudre blanche et insipide formée de granules sphéroïdes, ovoïdes ou plus ou moins allongées, qu'on extrait d'un grand nombre de végétaux, tels que céréales, graminées, semences de légumineuses, racines de la pomme de terre, de topinambour, de bulbes de lis, de fruits du chêne, etc., etc.

Analyse chimique. — L'amidon renferme du carbone, de l'hydrogène et de l'oxigène dans les proportions suivantes :

$$C^{12} H^{10} O^{10}$$

On a cru pendant longtemps que l'amidon était une substance cristalline ; mais un examen plus attentif, et surtout les recherches microscopiques de Raspail, ont démontré que c'est une matière organisée, consistant principalement en poches ovoïdes, avec cellules remplies d'une matière analogue à la gomme. (Voyez *Dextrine*). Les deux espèces d'amidon qui se rencontrent le plus fréquemment dans le commerce sont :

1º L'*amidon de Flandre*, qui est d'une blancheur moins éclatante que celle de l'amidon de Paris ; il semble être moins pur ; les aiguilles en sont moins belles, plus dures et résistent à la main. On le tire principalement de Lille. Il vient en barils de 125 à 200 kilog., en pains carrés, enveloppés de papier bleu, de même poids que ceux de Paris, et quelquefois sans être mis en pains ;

2º L'*amidon de Paris*, qui se fabrique à Paris, est le plus renommé. Il est en belles aiguilles d'un blanc très pur, très éclatant, facile à casser et à briser sous la dent ou entre les doigts. On le livre au commerce en pains triangulaires, droits sur deux côtés et arrondis sur l'autre. Ces pains, enveloppés de papier mince, bleu pâle, qui se pèse avec la marchandise, sont du poids de 2 kilog., 4 hecto, à 5 kilog. L'amidon se vend en barils qui sont tarés, et l'on accorde en outre 1 pour 100 de bon poids. On fabrique de l'amidon dans un grand nombre de villes de France, à Paris, Orléans, Lille, le Havre, Rouen, Arras, Sens, Strasbourg, Bordeaux, Toulouse, Marseille, etc. L'édit du mois de février 1771 défend aux amidonniers d'acheter du bon blé pour en faire de l'amidon.

AMIDONNIER, *s. m.* (*triticum amyleum*). — Blé de printemps du genre *épeautre*. L'épi à axe fragile est aplati sur le profil, très régulier, très blanc et lustré, revêtu d'une barbe courte et faible.

L'*amidonnier blanc* croît surtout dans les terres pauvres des régions froides et montagneuses. Son grain rougeâtre, triangulaire, à pellicule extrêmement mince est à cassure ornée. Les balles qui restent adhérentes à la maturité ne peuvent être débarrassées qu'au moyen de meules spéciales; il fournit une farine très blanche de laquelle on extrait de l'amidon.

L'*amidonnier noir* est le congénère du blanc; se sème en automne, il est moins hâtif, son grain plus rougeâtre produit une farine de bonne qualité.

AMIENS. — Chef-lieu du département de la Somme renommé pour ses pâtés de canard ses macarons et ses andouillettes blanches. (Voyez ces mots.)

Amiens possède aussi l'une des meilleures eaux de table; la source des Huchers *ferrugineuse bi-carbonatée*, *magnésique* apéritive et anti-anémique. (Voyez ces mots).

AMMÈDE, *s. f.* — Dans le désert d'Arabie et en Grèce, il croît une plante dans le genre de l'oseille et qui comme elle, est bonne à manger; son goût est acide et ses propriétés sont les mêmes.

AMMI, (*ammi visnagus*). — Plante de la famille des ombellifères vulgairement connue sous le nom d'*herbe aux cure-dents*, parce que les Turcs font des rayons de ses ombelles, des brosses à dents qu'ils expédient sur Marseille. Il y a lieu de croire que les graines de l'ammi des anciens, ne sont autre que le cumin éthiopique qu'Hippocrate nomme royal parce qu'il l'a jugé plus efficace que le cumin d'Egypte, employé aux mêmes usages. A Alexandrie on s'en sert pour saupoudrer le pain de fantaisie.

On lui attribue des propriétés excitantes.

AMMOCOÈTE (zoologie) du grec *ammos*, sable, et *koité*, gîte. — Genre de poissons de la famille des cyclostômes, ressemblant assez aux anguilles et aux lamproies. Les principales espèces de ce genre, créé par le professeur Duméril, sont : 1° *l'ammocoète lamproyon*, dont le dos est vert et le dessous du corps blanc : sa longueur est d'environ 20 centimètres; il s'enfonce dans le sable et se nourrit de très petits poissons; 2° *l'ammocoète rouge*, d'un rouge sang, plus foncé sur le dos que sous le ventre. Ces poissons se trouvent à l'embouchure de la Seine. L'*ammocoète lamproyon* se mange à Rouen.

AMMODYTE, *s. m.* — Poisson du genre des anguilles. (Voyez ce mot.)

AMOME (*botanique*) du grec *amomon*, plante odoriférante de l'Inde ; en latin *amomum*. — Genre de plantes de la famille des amomées, qui se compose d'un petit nombre d'espèces, toutes originaires des contrées chaudes de l'ancien continent, plus rarement d'Amérique. Leurs racines sont épaisses, leurs feuilles entières, leurs fleurs en épis ou en petites grappes. Les principales espèces de ce genre sont le *gingembre*, le *cardamone* et la *maniguette* ou *graine de paradis*.

Les grains secs et en grappes membraneuses ont une odeur rapprochant de celle de la lavande et leur goût âcre ; ils contiennent plus de matière résineuse que d'huile volatile. Ce condiment est diurétique, aphrodisiaque, chaud comme le poivre et ne convient qu'aux tempéraments flegmatiques et froids.

AMOMI, *s. m.* — Baie d'une plante de la Jamaïque, que l'on cueille avant sa maturité et qu'on vend comme épices sous le nom de *poivre de la Jamaïque*.

AMONDINE, *s. f.* — Genre de pâtisserie. Biscuits que l'on cuit dans des cercles à flan, alternés avec de la crème d'amande au beurre, montés l'un sur l'autre et glacés.

On coupe ensuite par tranches.

AMORCES (*Pêche*). — Les professeurs de la pêche préconisent l'amorce de fond comme l'un des moyens de succès les plus certains. « Pour que l'amorce de fond ait un grand effet, il est indispensable d'amorcer dès la veille au soir. Le lendemain, de grand matin, on trouvera l'endroit amorcé entouré de nombreux poissons attirés par le festin splendide qu'on leur a offert et dont ils cherchent çà et là les débris. Jetez alors votre ligne convenablement amorcée, et vous verrez avec joie le poisson mordre à l'envi sur la nouvelle proie que vous lui offrez.

« Ne jetez jamais d'amorces de fond plus de six ou sept heures d'avance et ayez toujours soin de choisir un endroit où vous êtes certain de ne pas être devancé par l'un de ces individus qui aiment à récolter là où ils n'ont point semé.

« Remarquons en passant que, jetée trop longtemps d'avance, la pâte s'aigrit et n'a plus le pouvoir d'attirer les poissons, si elle n'a pas été entièrement mangée.

« La plus simple des amorces de fond est formée avec de la terre grasse, que l'on trouve au bord des rivières, pétrie avec du son. On en forme de petites boules de la grosseur d'un œuf de pigeon, et on les jette à l'endroit où l'on se propose de pêcher.

« Si le courant y est rapide, on insère une pierre au milieu de chaque boulette afin que celle-ci ne soit pas emportée par l'eau. »

Voici maintenant, toujours d'après René et Liersel, le tableau des amorces propres à chaque espèce de poisson et époque de leur pêche.

« La *Carpe*. — De mars en septembre; vers de terre, vers blancs à queue, vers de viande, vers rouges, blé cuit, fèves cuites, chènevis cuit, boulettes, queues d'écrevisses, goujons et autres petits poissons.

« La *Tanche*. — De mai en septembre; vers de terre, vers blancs à queue, vers rouges, blé cuit, fèves cuites, chènevis cuit, boulettes, queues d'écrevisses.

« Le *Barbeau*. — De juin en septembre; vers de terre, vers à queue, vers blancs de viande, fromage de Gruyère, boulettes, rate cuite, goujons, petites lamproies. De juin au mois d'août, vers d'eau. Pendant août et septembre, vers rouges, viande cuite et queues d'écrevisses.

« La *Brême*. — D'avril en août; vers de terre, vers blancs à queue, vers blancs de viande, vers rouges, vers d'eau, blé cuit, fèves cuites, chènevis cuit, boulettes, queues d'écrevisses.

« Le *Chevenne*. — De juin en décembre; janvier et février, vers de terre, vers blancs de viande ou asticots, vers rouges, sauterelles, grillons de boulanger, mouches communes, grosses mouches, demoiselles, vers d'eau, corps de papillons, blé cuit, fèves cuites, fromage de Gruyère, boulettes, viande de bœuf, rate crue, sang caillé, queues d'écrevisses, morue dessalée. En juin, différentes chenilles sans poil, vers de farine, hannetons. En juillet et août, cerises, groseilles à maquereaux, raisin, cervelle de veau crue ou cuite.

« Le *Gardon*. — D'avril en novembre; asticots vers blancs à queue, vers rouges, sauterelles, vers de farine, mouches communes, grosses mouches, demoiselles, boulettes, queues d'écrevisses. En juin, juillet et août, vers d'eau, blé cuit.

« La *Vaudoise*. — D'avril en novembre; vers blancs à queue, asticots, vers rouges, sauterelles mouches communes, vers d'eau, blé cuit, queues d'écrevisses.

« Le *Goujon*. — D'avril en octobre; vers blancs à queue, asticots, vers rouges, boulettes.

« La *Perche goujonnière*. — Comme le goujon ; vers blancs de viande, vers rouges, boulettes, queues d'écrevisses.

« L'*Ablette*. — D'avril en septembre; vers blancs à queue, asticots, vers rouges, mouches communes, vers d'eau, blé cuit, sang caillé.

« Le *Véron*. — Vers rouges, boulettes.

« La *Loche*. — Vers rouges, boulettes.

« La *Bouvière*. — Ne se pêche pas, sert d'amorce.

« L'*Ombre*. — De mars en août; vers de terre, mouches communes, queues d'écrevisses.

« La *Truite*. — De mars en août; vers de terre, vers d'eau, hannetons, queues d'écrevisses, goujons et autres petits poissons, mouches communes, cousins, chair de poissons morts. En mars et avril, vers rouges, mouches artificielles. De mai en août, grosses mouches, sauterelles.

« La *Truite saumonnée*. — De mars en août; queues d'écrevisses, goujons et petits poissons.

« Le *Saumon*. — De mars en août, vers de terre, vers rouges, queues d'écrevisses, petits goujons et autres petits poissons.

L'*Éperlan*. — D'avril en septembre; vers blancs à queue, asticots, mouches communes.

« La *Lotte*. — Boulettes, queues d'écrevisses.

« L'*Alose*. — Queues d'écrevisses.

« La *Lamproie*. — Queues d'écrevisses.

« Le *Brochet*. — Viande de bœuf cuite, viande de veau, rate crue, queues d'écrevisses, poissons morts. De janvier en avril et d'octobre en décembre; petites grenouilles, goujons et les autres petits poissons vivants. De mai en septembre, goujons et petits chevennes.

« La *Perche*. — De juin en décembre; vers de terre, vers rouges, viande de bœuf et de veau cuites, rate crue, chair de poissons morts. De juin à septembre, petits poissons vivants.

« L'*Anguille*. — De mai en août; vers de terre, vers rouges, limaces, fèves cuites, viande de bœuf cuite, goujons et petits poissons vivants.

« Le *Chabot*. — Asticots, vers d'eau, boulettes.

« L'*Épinoche*. — Larves.

« L'*Écrevisse*. — Viande quelconque, grenouilles écorchées, chair corrompue.

« La *Grenouille*. — Vers, mouches, papillons, hannetons, cœur de bœuf, entrailles de grenouilles, drap rouge, etc. » (1).

AMOUILLE, *s. f.* — Le premier lait d'une vache qui vient de véler. *Amouiller* se dit d'une vache qui est au moment de son vêlage.

AMOURETTES, *s. f. pl.* (Terme de boucherie). — Moelle épinière des mammifères, qui servent ordinairement à la nourriture de l'homme. Ce prolongement du cerveau subit en cuisine les mêmes préparations que les cervelles, et constitue un mets aussi agréable que sain. La facilité avec laquelle il est digéré et ses propriétés le font recommander pour les vieillards, les enfants, les convalescents et les malades.

L'*Analyse chimique*. — constate la présence d'une grande quantité de graisse appelée cérébro-oléine, associée à de la neurine ou albumine cérébrale, dont les propriétés phosphorescentes et génésiques sont combinées.

Amourettes aux champignons. — *Formule 109*. — Faire dégorger la moelle épinière dans de l'eau, la faire cuire dans de l'eau acidulée d'un jus de citron et condimentée d'un oignon clouté, d'une tige de thym, feuille de laurier, sel et poivre écrasé. Pendant ce temps faire cuire à blanc dans une casserole avec un peu de beurre une cuillerée de farine. Mouiller avec la cuisson des amourettes. Ajouter le jus de champignons frais, laisser cuire et passer la sauce. Au moment de servir lier la sauce avec des jaunes d'œufs, du beurre frais, et mettre les amourettes coupées dans la sauce avec les champignons.

On les sert en outre à la Béchamel en les mettant dans une sauce Béchamel après être préalablement cuites. On remplace les champignons par des œufs cuits durs.

AMPHIBIE, *adj*. — Plante, animaux qui ont la faculté de vivre dans l'eau et sur la terre; se dit plus spécialement d'une classe d'animaux carnivores renfermant les morses et les phoques. Un grand nombre de ces plantes et quelques-uns des amphibies servent à l'alimentation.

AMPHISBÈNE, *s. m.* (*amphibaine*). Marchant dans les deux sens. — Genre de reptiles ophidiens, apodes de Cuvier, de la tribu des doubles marcheurs, ayant le corps cylindrique, la tête obtuse, arrondie, couverte d'écailles, les yeux à peine visibles. Les amphisbènes sont propres aux contrées chaudes de l'Amérique du Sud et à quelques parties de l'Afrique; ils habitent des trous qu'ils se creusent dans des terrains sablonneux. Ces animaux sont ovipares, se nourrissent d'insectes et ne sont pas venimeux.

Usage alimentaire. — On prépare ce reptile, qui n'est pas plus dangereux que l'anguille, en le dépouillant de sa peau et en le faisant tremper dans de l'eau salée. Le cuire dans un court-bouillon très épicé, le paner et le griller à la broche, sur le gril ou dans un plat au four. On le sert sur un beurre à la maître-d'hôtel ou avec une sauce Robert, ou remoulade chaude.

AMPHITRYON, *s. m.* All. *Amphitryon*; angl. *amphitryon*. — Le véritable amphitryon, a dit Molière, est l'amphitryon chez lequel on dîne.

« Pour un homme riche, le plus beau rôle en ce monde est celui d'*amphitryon*. (*Grim. de la Reyn.*) Travaillons à la gloire des *Amphitryons*, ajoute Berchoux, pour en augmenter le nombre et multiplier nos plaisirs.

---

(1) *La Pêche* par Rond et Liersel Lefaivre Ed. Paris.

« D'après Brillat-Savarin, le premier devoir de l'*amphitryon* est de bien appareiller les convives. » La France est la mère patrie des *amphitryons* (Carême).

S'il est un rôle noble et bien digne d'envie,
C'est celui d'un mortel qui fait en sa maison
Les honneurs de sa table en digne *amphitryon*.
BERCHOUX.

L'*Amphitryon* du lieu, durant ce caquetage,
Dont le tumulte l'étourdit,
Se plaint tous bas que ce tapage
Des convives distraits lui dérobe l'hommage,
Que le dîner se refroidit.
DELILLE.

Les amphitryons les plus célèbres de l'antiquité furent *Héliogabale, Dinias, Mécène, Apicius, Balthasar et Lucullus*. Plus tard on remarque les Princes de Talleyrand et de Condé, Comte d'*Artois*. De nos jours *Gambetta*, Duc de *Fernand Nunès*, *Prince Orloff* et *Charles Floquet*.

Chose remarquable, les amphitryons célèbres ont toujours traité la politique et les choses du gouvernement avec la même ampleur que leurs convives. Le Prince de la table est toujours le Prince de la politique ; et l'on peut affirmer, sans crainte, que lorsqu'un peuple possède des *amphitryons* à la tête de son gouvernement il est bien administré.

Il ne faut pas confondre l'*amphitryon* qui traite largement la presse, les fonctionnaires de l'État, les hommes de science, les artistes, avec le baron glouton qui invite dans un but de jouissance et de gloriole.

D'ailleurs la philosophie politique est toujours en rapport avec la philosophie pratique.

Malheur au politicien fortuné qui ne sait faire profiter de sa table les hommes intelligents.

Que l'homme est peu de chose, hélas ! et de ses ans
Que la trame est courte et fragile !
La tombe est sous nos pas : Mais dans leur vol agile
Sachons, par le plaisir, embellir nos instants.

AMPHRAU (*liqueur de Madame*). — Une spécialité de liqueur remarquable par l'odorat, le goût et les propriétés stimulantes a été créée par Madame *Amphrau* qui lui a donné le nom générique de *liqueur des Iles*. On en distingue à la vanille, au café, au cacao, etc. Un petit verre de ces liqueurs suffit pour stimuler les organes de la digestion et ranimer le calorique.

AMPHORE, *s. f.* Du grec *amphoreus*, *d'amphi*, des deux côtés, et *phérô*, porter. — Vase à deux anses dans lequel on conservait le vin. Chez les Romains l'amphore était l'unité des mesures de capacité pour les liquides. On conservait au Capitole un étalon de cette mesure, qui contenait 2 urnes 8 conges 48 setiers, c'est-à-dire 25 litres 89 centilitres de nos mesures modernes. L'amphore antique, plus connue sous le nom de *métrétés*, était plus forte que celle de Rome, elle valait 38 litres 83 centilitres de nos mesures.

De nos jours l'amphore est légèrement modifié, d'après le modèle que nous donne la maison Lacaux frères de Limoges, cet amphore n'a qu'une anse.

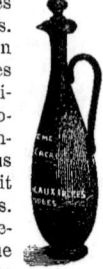
Fig. 53
Amphore moderne

AMPOULLAU, *s. m.* — Olivier à gros fruits arrondis, commun en Provence et fournissant une huile douce et délicate.

AMYGDALIN, INE. *adj.* — En chimie, préparations dans lesquelles il entre des amandes (Voyez *amande*)

AMYGDALITE, *s. f. Inflammation des amygdales.* — Les personnes qui travaillent au courant d'air, ou, sujettes à une brusque variation de température, comme les cuisiniers, pâtissiers, confiseurs, fondeurs, verriers, etc., sont le plus souvent atteintes de cette maladie. Un moyen simple et infaillible de combattre l'amygdalite est le gargarisme par le *Phénol-Bobœuf*. Une cuillerée à café dans un verre d'eau ou de décoction émolliente, selon la maturité, suffit pour faire disparaître le mal. Un moyen plus simple pour les personnes sujettes à cette maladie est de se servir de l'*Aspirateur Bobœuf* (Voyez ce mot).

AMYLACÉ, CÉE, *adj.* — Terme générique par lequel on désigne les produits dont l'amidon est la principale base.

ANACARDE, *s. f.* — (Voyez acajou).

ANACRÉON, *s. m.* (*Gâteau entremets*). — Formule 1:0 — Employer :

Amandes douces	Grammes	150
Sucre en poudre	—	500
Jaunes d'œufs	Nombre	10
Œufs entiers	—	4
Kirsch	Verre	1

Travailler le tout jusqu'à ce que la masse soit mousseuse et ajouter :

Fécule	Grammes	150
Beurre fondu	—	250
Cerises hachées	—	180
Blancs d'œufs neige	Nombre	10

Procédé. — Bien mélanger le tout et mettre dans un moule à Breton et faire cuire dans un four pas très chaud. Le glacer au kirsch.

ANALECTE, *s. m.* — Esclave qui chez les Romains ramassait et balayait les restes du festin et faisait les lits des convives. Restant d'un festin.

ANALEPTIQUE, *adj.* (Terme de médecine). All. *Analeptisch Mittel* ; angl. *analeptic* ; ital. *analitico*. — Selon l'expression latine *restauratio*, qui rétablit les forces. Combinaison intelligente des aliments nourrissants propres à réparer les forces. Pour qu'un régime soit *analeptique* il faut s'inspirer des règles générales et tenir un compte prudent des goûts, des habitudes de façon à ce que les aliments soient acceptés de l'estomac. Mais surtout des aptitudes digestives du malade. Il n'y a donc pas d'aliments analeptiques isolés, et proprement dits. La viande, le jus, le sang, le cacao, etc. peuvent être analeptiques pour certains estomacs et pas pour d'autres. L'aliment ou le remède analeptique est celui que l'on digère et qui répare.

L'*Analepsie* — est la période de rétablissement de l'individu soumis à un régime analeptique.

ANAMITES, (*Petits fours*). — *Formule 111.* — Employer :

Amandes douces	Grammes	125
Sucre en poudre	—	250
Cacao râpé	—	30
Chapelure blanche et fine	—	200
Farine	—	60
Cannelle en poudre	—	10
Œufs	Nombre	12
Kirch, et Rhum (2 demi-verre)		

Procédé. — Piler les amandes avec trois œufs entiers, les mettre dans une terrine avec la cannelle, le sucre, le cacao, la chapelure, le kirsch, le rhum, une pointe d'épice et les jaunes d'œufs. Battre les blancs et les mélanger comme pour les biscuits.

Faire cuire dans un moule plat et uni. Couper en petits morceaux carrés les abricots et saupoudrer de pistaches et de raisins de Corinthe. Glacer au chocolat.

ANAMISTE, *s. m.* — Arbrisseau de l'Inde, dont les fruits prennent dans le commerce, le nom de *coques du Levant*.

ANANAS, *s. m.* — (*Bromelia ananas*). All. *ananas pflanze* ; ital. *ananasso* ; esp. *Pina de Indias* ; angl. *Pine-apple* ; portug. *Ananaz.* — Le roi des fruits, le plus succulent, le plus gros et celui dont l'arôme est le plus fin.

Fig. 54 ananas de Cayenne à feuilles lisses (cultivé à Paris)

Mentionné pour la première fois dans un voyage fait au Brésil en 1555 par Jean de Léry, l'ananas fut importé en Angleterre sous Charles II par le jardinier Rose ; on ne le connut que beaucoup plus tard en France. En 1793, Louis XV fit servir à Versailles, les deux premiers ananas qui aient mûrit dans nos climats.

Originaire du Pérou ou de l'Inde, il croît en abondance dans presque toute l'Amérique et paraît avoir été cultivé depuis la plus haute antiquité. Aujourd'hui, les perfectionnements de l'horticulture, qui brave climats et saisons, le rapprochement des distances par la navigation à la vapeur et le voisinage de l'Algérie ont diminué le caractère important et somptueux de l'ananas. Aussi figure-t-il sur toutes les tables bien ordonnées. Le succès de sa culture dépend du degré de chaleur et de la quantité de soleil dont on peut disposer. Il lui faut trois années pour produire son fruit.

Du centre de ses feuilles s'élève une tige haute de 65 centimètres, de la grosseur du doigt, ferme, cassante et garnie de quelques feuilles pareilles à celles du buis, mais plus petites; cette tige soutient à son sommet une rose formée de plusieurs feuilles très courtes et pointues, de couleur de feu ou de cerise, lesquelles cachent le fruit, qui grossit peu à peu, prend quelque temps après la forme du pin, et enfin se trouve chargée de plusieurs fleurs bleuâtres d'une seule pièce à trois pointes, et longues de 13 mill.; elles sont soutenues chacune par un embryon triangulaire qui ressemble à l'écaille d'une pomme de pin; cet embryon devient un fruit dont la chair est aussi ferme que celle d'un citron, jaune en dehors, blanchâtre en dedans, d'une odeur et d'un goût très agréables, pareils à ceux du meilleur melon et de l'abricot le plus exquis; son suc est légèrement acide et rafraîchissant, les semences qu'il renferme sont moitié plus petites que celle de la lentille; elles sont aplaties et roussâtres; ces embryons sont étroitement unis ensemble, et sont creusés légèrement à l'endroit où paraît la fleur; le sommet de ce fruit est garni d'un paquet de feuilles colorées qui, étant en terre, poussent et produisent une nouvelle plante.

On reconnaît la maturité de l'ananas à sa couleur d'un jaune orange et à son odeur parfumée qu'il exhale. Lorsqu'on achète un ananas frais il est important de le garder quelques jours au fruitier pour achever l'élaboration des principes sucrés. Au Brésil, on récolte une grande quantité d'ananas, gros, juteux et aromatiques. Cette plante à l'état naturel atteint soixante centimètres de hauteur, ses feuilles sont creuses et renferment une eau claire très propre à étancher la soif; quoique exposée aux rayons du soleil, cette eau reste fraîche.

Aucun fruit exotique ne semble pouvoir le disputer pour la finesse de sa chair, la délicatesse du goût et la majesté de sa taille. L'ananas est le fruit que les créoles opposent avec plus de complaisance à ceux d'Europe, et il les rivalise en tout point : Il est du goût de tout le monde. Il est principalement composé, comme la fraise, de sucre, d'eau et d'un arôme exquis qui fait que l'on ne s'en dégoûte jamais. Quand on le mange on doit éviter de le couper par tranche comme cela se pratique pour le melon ; pris sur l'assiette et déchiré avec la fourchette il est plus succulent et conserve plus d'arôme.

Dans l'Inde, on fait avec l'ananas une boisson rafraîchissante préférable à la limonade. En Amérique avec son suc fermenté il se prépare une liqueur vineuse fort enivrante nommée *anvaja*. On en retire aussi une eau-de-vie qui ressemble au *meskal*.

A Paris, on cultive principalement l'A. de Cayenne ou *Maïpouri*, l'A. de la *Havane*, l'A. de la *providence*, l'A. du *Montserrat*, l'A. de la *Martinique*, l'A. de la *Jamaïque*, etc. Mais le premier est le préféré.

Fig. 35 Ananas d'Amérique (Melon)

On cultive en Europe, en France surtout, une variété de melon appelé *Ananas d'Amérique* classé parmi les *cucurbitacées* par sa forme, et parmi les *Tromaliacées* par son arome semblable à celui de l'ananas. (Voyez *Melon*).

Le diamètre du fruit varie de 7 à 9 centimètres et le poids de 300 à 500 grammes. La cavité centrale ne dépasse pas celle d'une noix. La chair est sucrée, succulente et parfumée comme l'ananas. On en distingue à chair verte, à chair jaune et à chair rouge.

On la mange au couteau, saupoudré de sucre, on en fait des glaces, des marmelades et des confitures.

HYGIÈNE. — L'ananas mangé avant maturité provoque chez certaines personnes des refroidissements. Le jaune est le meilleur, mais il en est de celui-ci comme des autres variétés, quand il est mangé avant parfaite maturité sa pulpe est dure, sèche, d'une acidité âpre, due aux acides malique et citrique qui l'imprègnent; ce point est-il au contraire dépassé, sa pulpe devient molle et transparente. Il doit être alors promptement mangé, car il ne tarderait pas à se corrompre.

Sophistication. — Depuis quelque temps, il circule dans le commerce des flacons dont le contenu serait d'après l'étiquette, de l'essence d'ananas; c'est un leurre contre lequel les pâtissiers et les confiseurs doivent se mettre en garde. Cette prétendue essence n'est autre que de l'éther butyrique étendu d'eau et coloré; l'ananas n'entre donc en aucune manière dans la fabrication de ce produit.

Conserve d'ananas (*entier*). — *Formule 112.* — Parer l'ananas à vif, le mettre dans une boîte en fer-blanc qui laisse un vide d'un centimètre autour du fruit. Remplir la boîte de sirop cuit à 24 degrés. Souder hermétiquement. Faire cuire 25 minutes au bain-marie et laisser refroidir dans l'eau.

Ananas confit. — *Formule 113.* — Les ananas sont vendus dans le commerce dépouillés ou au naturel.

Les ananas dépouillés ayant déjà subi l'action de la chaleur peuvent être confis sans être passés à l'eau bouillante; il n'en est pas de même de ceux qui arrivent à l'état brut, ceux-ci doivent être débarrassés de leur écorce et découpés en tranches cylindriques; on enlève le cœur au moyen d'un emporte-pièce; si on le juge à propos, on les met sur le feu en même temps que l'eau et dès qu'elle entre en ébullition l'ananas est retiré, et mis à l'eau fraîche, on les égoutte ensuite avec précaution et on les met dans un sucre cuit au *boulet*, mais pas plus de sucre qu'il n'en faut pour les recouvrir. Le vaisseau qui les contient doit être tenu à une faible chaleur, douze heures après on passe sucre et fruit sur le feu jusqu'au commencement de l'ébullition ; on les sépare alors du sucre lequel est employé d'autre part comme parfum et les ananas sont mis dans un sirop très blanc. On procède comme pour les autres fruits et on les laisse à 32 degrés.

Ananas (*entremets*). — *Formule 114.* — En pâtisserie on imite l'ananas de la façon suivante. Faire dans des moules de forme cylindrique huit gâteaux de pâte génoise dont :

1 de 8 cent. de diamètre
2 de 7 — —
1 de 6 — —
1 de 5 — —
1 de 4 — —
1 de 3 — —
1 de 2 — —

Ces gâteaux doivent être fourrés avec de la crème parfumée à l'ananas ; on les dispose de façon que l'ensemble ait une forme ovale. A cet effet, celui du fond doit être l'un des deux de 7 cent. celui de 8 vient ensuite puis ceux de 6, 5, 4, 3 et 2, mettre entre chacun une rondelle d'ananas confi. Les gâteaux ainsi superposés sont soigneusement rognés afin d'obtenir une belle forme; on les recouvre ensuite de points en méringages cuits, (Italien). On le glace au fondant jaune rendre parfumé avec du sirop d'ananas; il est ensuite pointillé avec du fondant au chocolat, sur chaque point de méringage.

On le surmonte enfin d'une belle aigrette d'angélique pour imiter la tige naturelle.

Ananas en compote (*conserve*). — *Formule 115.* — Couper l'ananas par tranches triangulaires. Les mettre dans des bouteilles à large goulot ou dans des boîtes, ficeler ou souder après avoir achevé de remplir avec du sirop à 24 degrés et laisser dix minutes au bain-marie en ébullition.

Les menus débris peuvent être employés à faire du punch et des glaces.

Parures d'ananas pour glace. — *Formule 116.* — Pour conserver ce sirop avec les débris on prépare un sirop cuit à 20 degrés seulement. Un sirop au-dessus altérerait l'arôme de l'ananas qui, étant servi pour les glaces ou pour punch, doit nécessairement conserver intact son parfum. Nous conseillons donc de suivre exactement la prescription ci-dessus énoncée. Les mettre dans des bouteilles à large goulot ficelé ou des boîtes soudées. Faire cuire dix minutes au bain-marie.

Ananas à la reine (*entremets*). — *Formule 117.* — Préparer un riz au lait et le dresser en pyramide au milieu d'un plat rond, l'entourer de morceaux d'ananas alternés avec des croûtons au vin de Madère. Arroser le tout d'un sirop d'ananas au vin de Madère.

Ananas à la Francfortoise. — *Formule 118.* — Turban de riz au lait, auquel est joint un salpicon d'ananas surmonté au milieu, d'un ananas confectionné avec le riz, décoré avec de l'angélique et arrosé d'un sirop d'ananas. On l'accompagne d'un sirop d'ananas dans lequel on a joint de l'ananas coupé en petits dés.

Ananas à la Condé. — *Formule 119.* — On prépare un riz vanillé à la crème, on le dresse à volonté et selon le talent de l'artiste, tantôt en pyramide, tantôt en turban, mais toujours couronné d'ananas arrosé de son sirop.

Remarque. — On sert en outre l'ananas en *tartelettes*; on en fait de la *marmelade*, des *beignets*, etc. (Voir ces mots). Il entre aussi dans la composition des biscuits à l'italienne, des bouchées, à la marmelade d'ananas, des génois à l'ananas, des madeleines en surprise à l'ananas des manqués à l'ananas, des moscovites à l'ananas, etc. Ce fruit étant un des plus aromatiques, le sirop d'ananas est un de ceux que l'on sert toujours avec succès.

ANAPHRODISIAQUE adj. (*Régime*). — La médecine désigne par ce mot toutes les substances propres à calmer les désirs de l'amour. Le camphre et le nénuphar passent pour anaphrodisiaques, mais cette propriété est aujourd'hui contestée à ce dernier. L'abstinence des vins généreux, des viandes, des poissons et de tous mets épicés, un régime frugalien et prolongé, sont les moyens les plus certains et les moins dangereux d'arriver à l'anaphrodisie. Tous les aliments calmants ou débilitants, mais surtout le travail intellectuel surmené est le plus puissant anaphrodisiaque. Les jeunes gens jusqu'à l'âge de vingt ans doivent avoir une alimentation anaphrodisiaque.

ANCHOIS, s. m. (*clupea encra sicholus*). All. *Sardelle*; angl. *anchovy*; ital. *accinza*. — Petit poisson de la famille des clupéoïdes, de l'ordre des malacoptérygiens abdominaux.

L'anchois est répandu dans toutes les mers d'Europe. Outre l'anchois vulgaire, il y a une vingtaine d'autres variétés, mais que la cuisine européenne n'emploie guère. Il vit en troupes, et les pêches les plus abondantes se font en France, en Espagne, en Crimée, en Sicile et en Corse. En mil huit cent soixante-seize, cette pêche a produit à la France deux cent quarante-huit mille sept cent quatre-vingt-cinq francs.

Les anchois de la Méditerranée sont les plus renommés. Les meilleurs sont ceux de Nice, de Saint-Raphaël, d'Antibes, de Saint-Tropez et de la Ciotat; ceux de la Catalogne sont les plus gros et les plus recherchés.

La pêche. — Elle se fait pendant les nuits obscures et sans lune des mois de mai, juin et juillet, époque où les anchois passent en troupes serrées de l'Océan à la Méditerranée. Elle occupe un nombre considérable de barques; elles se tiennent environ à deux lieues de distance d'autres bateaux nommés *fastiers*, sur lesquels on allume de petites branches d'un bois résineux et sec qui jettent une vive lueur. Attirés par la lumière, les poissons se jettent en masses compactes autour des bateaux *fastiers*; alors les autres barques lancent à la mer les *rissoles*, qu'elles traînent de manière à cerner complètement les bateaux éclairés. Une fois ces préparatifs achevés, les pêcheurs agitent l'eau à l'aide de leurs rames; ils éteignent les feux, et les poissons, effrayés, vont se jeter dans les filets.

Conserve. — Aussitôt que les anchois sont retirés de l'eau, on s'empresse de leur couper la tête, de leur enlever les viscères, de les laver à plusieurs eaux, après quoi on les dispose par lits dans de petits barils, en ayant soin de séparer chaque lit de poissons par un lit de sel fin rougi avec de l'ocre pour leur donner la couleur; on alite jusqu'à trois fois, c'est-à-dire, on fait trois saumures avant de les livrer au commerce. Ainsi préparés, ils se conservent bien pendant un an. Ce temps écoulé, il est bon de rappeler au consommateur que vieux, l'anchois n'est plus bon à rien.

Depuis la plus haute antiquité on connaît l'art de conserver les anchois, les Grecs en faisaient du *garum*. Les Romains, plus tard, en ont fait l'*antagarum* dont ils étaient friands.

L'anchois ne se conserve guère que salé ou mariné, et il se mange comme condiment ou comme hors-d'œuvre; il réveille l'appétit, mais on ne pourrait en faire un usage constant sans danger d'irritation.

Tel qu'on le sert, l'anchois est cru; dans le Nord on le condimente avec une variété d'anis; c'est surtout à cette circonstance qu'est dû son goût particulier qui plaît généralement. L'anchois est indispensable dans un garde-manger où on l'utilise pour une foule de garnitures et de hors-d'œuvre.

Anchois en salade verte. — *Formule 120.* — Laver les filets d'anchois, les désargenter, enlever l'arête, en faire une salade avec du cerfeuil et de la mâche.

Anchois à la parisienne. — *Formule 121.* — Croiser en forme de grillage, sur un hors-d'œuvrier ou sur une assiette, des petits filets d'anchois très régulièrement taillés, entourés des jaunes et des blancs d'œufs hachés séparément et alternés de fines herbes, de câpres et d'olives farcies.

Canapé d'anchois. — *Formule 122.* — Frire dans l'huile d'olives ou du beurre frais des croûtons, taillés dans du *pain de mie*. On farcit avec une purée d'anchois et de parmesan râpé, on met au four les croûtons saupoudrés de parmesan et on sert. On peut aussi arranger sur des rondelles de croûtons les filets d'anchois trempés dans du lait et arrosés ensuite avec de l'huile fine; on saupoudre de parmesan. Cinq minutes au four et on sert.

Beurre d'anchois. — *Formule 123.* — Les filets d'anchois dessalés, pilés avec un peu de crème et passés au tamis avec du beurre frais, constituent le beurre d'anchois; il est bien supérieur à tous les *anchovys sauce* des Anglais, qui, étant le plus souvent une réduction tombée en essence, ne peuvent valoir une purée d'anchois ayant toutes ses qualités primitives et son goût naturellement engageant.

Allumettes d'anchois. — *Formule 124.* — Tailler d'égale longueur des filets d'anchois dessalés et les faire frire dans de la pâte. Les dresser sur une serviette, pliée sur un plat rond surmontés de persil frit.

Anchoyade. — *Formule 125.* — Les habitants du Midi sont très friands de ce mets, dont ils font leur premier déjeuner. Les Dracénois le préparent de la façon suivante : on pile les anchois et on les arrose d'huile d'olive vierge et d'une goutte de vinaigre; ensuite, on les étend sur une tranche de pain de ménage, et on ajoute par dessus un œuf cuit dur et un oignon coupés en tranches ; on met au four dix minutes pour faire prendre couleur. C'est ainsi que nous l'a servi M. Bertin, maître-d'hôtel à Draguignan.

ANDAYE, *s. f. (eau-de-vie. d').* — *Formule 126.* — Employer :

Anis étoilés concassés	Grammes	30
Poudre d'iris de Florence	—	60
Zestes d'oranges	Nombre	2

Procédé. — Distiller au bain-marie à l'alambic avec trois litres d'eau-de-vie. Faire fondre dans un litre vingt-cinq centilitres d'eau de rivière, un kilog. deux cent cinquante grammes de sucre, passer à la chausse.

Cette liqueur est stimulante, carminative et stomachique.

ANDOUILLE, ETTE, *s. f. (edulium)*; all. *Schweinswurst*; angl. *chitterling*; ital. *bilordo*. — Ce mot vient de induire (*inducere*), qui signifie mettre dedans : faire un boudin avec la *douille*.

Andouillette à la provençale. — Nous donnons ici la recette telle qu'elle se fait à Nimes, à Avignon, à Arles, etc.

Formule 127. — Faire tremper de la crépinette d'agneau dans de l'eau tiède, de manière à lui donner la souplesse nécessaire au pliage. D'autre part, couper en dés des morceaux d'agneau maigre, les passer légèrement au beurre, les laisser refroidir ; les piler avec la même quantité de lard salé non fumé.

Ajouter le tiers de son volume de panade ainsi composée: de la mie de pain blanc cuite dans du lait, de manière à en faire une pâte ferme, homogène et lisse; la laisser refroidir ; l'ajouter à la farce déjà préparée dans le mortier et l'assaisonner au préalable, en y ajoutant des jaunes d'œufs nécessaires pour en faire une farce fine mais consistante. Passer le tout à travers le tamis.

Préparer un salpicon composé de truffes, de champignons, de bisques d'écrevisses, c'est-à-dire la queue; de blanc de volaille, de ris de veau et de jambon ; jeter le tout dans une bonne sauce allemande réduite et liée aux jaunes d'œufs, la coucher dans un sautoir ou dans un plat et la laisser refroidir.

On étend alors la crépinette d'agneau sur laquelle on couche la farce, et on ajoute par dessus quelques tranches de truffes que l'on masque d'une forte couche d'appareil au salpicon ; on le recouvre de farce, et en dernier lieu de quelques tranches de truffes noires ; on enveloppe le tout avec la crépinette, de manière que le salpicon soit entièrement couvert de farce, sur laquelle on roule la crépinette.

La grosseur des andouillettes doit être d'environ huit centimètres de long sur six de contour et d'une forme carrée. On les panne dans la mie de pain, on les grille à l'anglaise, on les sert avec une sauce madère et le plat bordé de tranches de citrons.

Cette formule, qui est de l'invention de M. de Saint-Martin, nous a été donnée par M. Bidon, qui nous fait remarquer qu'elle ne doit pas être confondue avec l'andouillette de MM. les charcutiers, et que sa délicatesse est digne des palais les plus gourmets.

Andouille de Lyon. — *Formule 128.* — Lorsque les boyaux sont nettoyés, comme il est dit au mot boyau (voir ce mot), on choisit les meilleurs chaudins, les plus solides, les plus larges et les plus blancs; on les coupe par bouts de quarante-cinq centimètres. Ces bouts prennent alors le nom de *fourrure* ou *robe;* on retourne le côté gras en dehors, et on les ratisse avec soin. On les lave à l'eau tiède, on les passe au vinaigre, puis enfin à l'eau fraîche. Les faire égoutter et les couper par bandes longues et étroites.

Échauder à l'eau bouillante ce qui reste de boyaux; les partager dans leur longueur pour faciliter le ratissage de la graisse et des corps étrangers ; passer à l'eau vinaigrée.

Couper par bandes des fraises de veau, de même que des bordures de rigon.

Dans une proportion relative à la force de chaque condiment, préparer dans une terrine, puis ajouter sel, poivre, moutarde anglaise, échalotes hachées et vin blanc vieux. Assaisonner le tout, et former des andouilles d'environ trente centimètres de longueur, en répartissant dans chacune d'elles les chaudins, les fraises et les bordures de rigon. Fourrer les andouilles dans les boyaux réservés, les attacher à l'extrémité, ou rentrer chaque bout dans l'intérieur de l'andouille.

Piquer les andouilles à l'aide d'une aiguille, et les faire cuire doucement, pendant deux heures, dans une marmite d'eau salée et condimentée.

Les dresser, sur un torchon propre, les unes à côté des autres, les presser et les laisser refroidir ainsi.

On mange ces andouilles entières, rôties à la poêle ou grillée, accompagnées d'une sauce relevée. On les sert aussi à la lyonnaise, c'est-à-dire coupées par tranches et frites au beurre avec des oignons émincés.

Andouillette de Paris. — *Formule 129.* — Préparer les boyaux d'après les prescriptions formulées pour l'andouille de Lyon; réserver des fourrures d'environ un mètre de longueur et les nettoyer avec soin.

Couper les chaudins par bandes étroites, les arranger sur une table en formant des andouilles d'un mètre de long et de grosseur ordinaire. Placer dans le milieu et sur toute la longueur de chaque andouillette un lardon de gorge de porc. Assaisonner avec sel, poivre et piment préalablement mélangés. Enfermer les lardons en tordant légèrement les andouillettes et les fourrer. On garde les robes les plus blanches pour les fourrer une seconde fois. Lorsque l'on n'a pas assez de robes pour envelopper les andouillettes deux fois, la première fourrure peut être remplacée par un boyau de bœuf préparé comme les chaudins.

Piquer les andouillettes et les cuire doucement, comme les précédentes, dans de l'eau condimentée et salée.

Les sortir de la chaudière à l'aide d'une large écumoire plate; les fourrer alors une deuxième fois dans des robes bien blanches, et les remettre cuire dans la marmite pendant un quart d'heure.

Les aligner sur un linge propre, les couvrir, les presser, les laisser ainsi jusqu'au lendemain, de façon à leur donner une forme carrée. Les couper par bouts de quinze centimètres.

Fondre en partie égale de la panne et de la graisse de rognon de mouton et la passer.

Le glaçage. — Pendant que la graisse est chaude encore, piquer les morceaux d'andouillettes les uns après les autres à l'aide d'une aiguille à trousser, et les tremper dans la graisse; les retirer de suite et les ranger en pyramide sur un plat.

Mode de servir. — Les amateurs d'andouillettes les préparent de la façon suivante : les ciseler, les frotter de fragments de thym, d'une gousse d'ail, les arroser d'un verre de vieux cognac; beurrer des feuilles de papier blanc et envelopper les andouillettes; les mettre, soit dans un plat au four, avec du beurre dessus, soit sur le gril, sous lequel la braise sera recouverte d'un peu de cendre. Il se dégage en les dépapillotant un arome exquis et suave.

On les sert sur une sauce à la maître d'hôtel, dans laquelle on a fait fondre de la glace de viande. C'est ainsi que nous les servait, dans les déjeuners qu'il nous offrait, notre regretté ami PIOLAT, dont la célébrité comme chef de bouche en Russie est depuis longtemps établie.

Andouillette truffée. — *Formule 130.* — L'andouillette truffée est le corollaire de l'andouillette de Paris et n'est que le perfectionnement de celle-ci.

Procédé. — Dans la confection des andouillettes de Paris, ajouter des truffes hachées et faire cuire dans un fond de galantine ; les couvrir de lames de truffes et les fourrer de la blanche robe, puis les passer dix minutes à l'ébullition. On peut truffer ainsi toutes les andouillettes.

Andouille de Troyes. — *Formule 131.* — Préparer les boyaux de porc selon la règle, et réserver des robes de trente centimètres. Couper en filets le reste des chaudins, ainsi qu'une fraise de veau bien nettoyée. Former des andouilles de vingt centimètres de longueur. Les assaisonner de poivre, sel, muscade et champignon, persil et échalotes hachées, et le tout préalablement mélangé. Les emballer dans les robes blanches, ficeler les extrémités et les faire cuire dans un fond de galantine additionné de vin blanc. Les presser selon la formule 128. On les sert grillées, comme les autres variétés.

Andouille de Genève (*longeole*). — *Formule 132.* — Nettoyer les boyaux comme pour les précédentes; conserver les fourrures nécessaires pour les emballer. Hacher très grossièrement le surplus des boyaux; hacher finement autant de porc maigre, la même quantité de gorge de porc, et de la couenne un peu grasse et à moitié cuite.

Assaisonner de sel, poivre, fenouil entier; d'ails et échalotes hachées, le tout mélangé au préalable. Emballer dans des fourrures, à défaut dans des menus de bœuf; attacher par bouts de longueur moyenne, les déposer dans une terrine et les retourner deux ou trois fois pendant vingt-quatre heures. On ne suspend pas ces andouilles après leur fabrication, parce que le sel, en se fondant, se porterait aux extrémités. On les fait ensuite fumer au genièvre. On peut ainsi les conserver ou les servir fraîches avec des variétés désirables.

Andouillette marinée. — *Formule 133.* — Préparer des lardons et des chaudins comme pour l'andouillette de Paris (voir *formule 128*); mettre le tout dans une terrine avec l'assaisonnement suivant : sel, poivre, piment, échalotes hachées, arrosé de vin blanc. Laisser mariner pendant un jour, en remuant de temps en temps.

Former des andouillettes ordinaires, les fumer à froid. Au moment de les servir, les cuire pendant une heure dans un bouillon condimenté.

Remarque. — On peut citer aussi les andouillettes de Vire et de Tours, qui ont une certaine renommée, mais ne se distinguent guère de celles plus haut décrites.

Hygiène. — On comprend que ce mets ne peut convenir qu'aux estomacs à toute épreuve. C'est au déjeuner qu'elles doivent être servies, alors que l'estomac est plus apte à l'élaboration.

On prépare, en outre, des andouillettes blanches sous différentes dénominations, mais confondues avec les boudins blancs. (Voyez ce mot.)

Andouillette de marcassin. — *Formule 134.* — Si l'on joint dans l'assaisonnement du genièvre en grain, et si l'on remplace le porc par du marcassin, on obtient des andouillettes de haut goût et très recherchées. Nos amis les cuisiniers français habitant la Russie et le nord de l'Allemagne savent seuls apporter les soins qui distinguent l'andouillette de marcassin du vulgaire boudin des cuisiniers tudesques.

ANDOUILLER, *v. a.* — Action de mettre le boyau dans la douille. Se dit aussi du cerf de l'âge de trois ans, lorsque le bois forme sur le *merrain* un *andouiller*.

ANE *s. m.* (*asinus*) ; all. *esel*; angl. *ass* ; ital. *asino* ; esp. *asno*. — Bête de somme du genre cheval. C'est le plus tenace, le plus têtu et le plus rancunier de tous les quadrupèdes. On en distingue deux sortes : l'âne domestique et l'âne sauvage ou *onagre*. Le premier, dégradé dans nos contrées de sa noblesse originelle, est abject, indocile, rabougri, exténué de coups et méprisé, parce qu'il a des vices qui sont le résultat d'une servitude insupportable. Mais en Orient, sa patrie d'origine, où on le trouve, soit dans le désert, livré à son état naturel, soit dans les demeures des hommes qui sont retenus par des liens de famille, l'âne est tout autre ; sa taille est élancée, sa tête haute, son poil luisant, sa force musculaire très grande, son œil vif, sa démarche légère et son énergie infatigable.

Cet animal se contente d'une maigre nourriture et n'a besoin que de très peu de repos; il va et vient sans cesse; en Arabie et en Palestine, on le voit partout porter les bagages des tribus errantes des Bédouins et des bergers nomades, tourner les roues des puits, la meule *des aires* et des moulins; traîner les charrues et les chariots. D'après la Bible, les patriarches avaient des troupeaux d'ânes élevés en liberté, sobres, patients et fidèles, et que le *Décalogue* défendait de convoiter. Job en possédait *cinq cents* (Job. 1, 3), et au bétail de prix que Jacob offrit à son frère Esaü, pour se réconcilier avec lui lors de son retour de Mésopotamie, il ajouta vingt *ânesses* et douze *ânons* (Gen. XXXII, 4) ; quand Moïse partit pour l'Egypte au secours de ses compatriotes, il prit ses deux fils, les plaça sur un *âne*, chacun dans une corbeille de chaque côté du bât et mit au milieu sa femme Séphora : c'est ainsi que les Orientaux voyageaient. Les juges d'Israël allaient juger les procès et terminer les différends de tribus en tribus, montés sur des *ânesses blanches*. (Juges, V, 10.)

C'est également une *ânesse* qui porta Joseph et Marie, lors de leur fuite en Egypte, et ce fut aussi sur un animal de cette espèce que *Jésus-Christ* fit son entrée triomphale à Jérusalem ; cela suffirait pour diviniser la pauvre bête mécontente.

Tiphon, le dieu du mal chez les Égyptiens, était figuré par un âne. Au contraire, chez les Grecs, les ânes d'Arcadie étaient très renommés et se payaient fort cher.

Malgré la réputation proverbiale de stupidité faite à l'âne, il n'en est pas moins constaté par l'expérience qu'il naît plus intelligent et est quelquefois susceptible de recevoir une éducation plus ou moins disciplinée ; il a l'ouïe fine, malgré ses grandes oreilles, et le flair excellent ; il reconnaît parfaitement la personne qui le soigne bien, mais, par contre, c'est un individu qui ne pardonne pas : un mauvais traitement est pour lui un sujet de rancune perpétuelle ; il reconnaîtra l'endroit où il a été contrarié, et un an plus tard, même d'avantage, il fera un contour afin d'éviter une seconde contrariété. Il suit pourtant toujours la personne qui le traite avec égard.

Les épithètes *d'âne* sont usitées depuis un temps très ancien ; on avait donné le titre *d'âne sauvage* à *Ismaël*, à cause de son caractère farouche (Gen. XVI, 13) ; on qualifia *d'âne Nabuchodonosor*, le monarque incapable qui fut dépouillé de sa gloire et chassé de son trône royal.(Daniel, V, 21.)

L'onagre se distingue de l'âne vulgaire par sa taille plus haute, la vigueur de ses membres, la rapidité de sa course, la blancheur de son poil, la couleur brun foncé de sa crinière, le ceintre de son cou, la grosseur de sa tête, la longueur de ses oreilles et la raie brune qui descend le long de son dos jusqu'à la queue, terminée par une épaisse touffe de crins noirs.

Les Kalmous font la chasse à l'âne sauvage non seulement pour sa peau, mais encore pour sa viande, qui est meilleure que celle du cheval et du buffle, quand l'animal ne dépasse pas dix ans. La vie ordinaire de l'âne est de trente-cinq ans ; mais, dans nos contrées, il ne va pas au delà de vingt à vingt-cinq ans.

En Perse et en Numidie, il y a encore de nos jours une quantité d'ânes sauvages qu'on appelle *zèbres*. Ils sont d'un gris souris clair, les épaules et le dos sont rayés de noir, leur tête est grosse, leur démarche légère et leur caractère encore plus têtu que celui des autres variétés. Les Persans mangent la viande de l'âne, qu'ils préfèrent à celle de la gazelle. C'était aussi le goût de leurs ancêtres ; pour les grands festins donnés par Schah Abba aux ambassadeurs, on tua et mangea trente-deux ânes sauvages ; c'est de la viande d'âne que le monarque mangeait habituellement, car il faisait lui-même la chasse à ces animaux, et il envoyait à la cuisine de sa cour tout ce qu'il avait tué de sa main.

Usage alimentaire. — Quelques auteurs ont à tort prétendu que la chair d'âne avait été mangée pour la première fois lors du blocus de l'île de Malte par les Anglais et les Napolitains, où les habitants furent réduits à manger les chevaux, les chiens, les ânes, les rats et les chats. Cette circonstance, a-t-on dit, a fait découvrir que la chair d'âne était très bonne. C'est une erreur : ni le blocus de Malte ni le siège de Paris n'ont rien appris de nouveau là-dessus, car nous ferons remarquer que le Grec Mécène, qui régalait ses convives avec de l'âne mariné, a le premier introduit chez les Romains l'usage de la viande d'âne. Bien antérieurement au blocus de Malte, cette mode, transmise par les Orientaux, existait déjà parmi les Grecs.

Il est donc prouvé que la chair de l'âne était déjà un aliment vulgaire antérieurement à l'ère chrétienne. Mais l'utilité de cet animal comme aide de l'homme fit prendre pour sa conservation des mesures législatives que les Juifs observèrent saintement. Tout ce qui concerne sa garde, son vol, sa perte, son prêt, la fracture d'un de ses membres, son attelage à la charrue, se trouve minutieusement réglé dans le *Pentateuque* (*Exode 22*). De nos jours encore, l'âne est resté célèbre dans l'histoire ; c'est, dit-on, une *cervelle d'âne à la diplomate* que le cuisinier de Guillaume aurait fait servir au déjeuner de Napoléon III à Sédan.

La chair de l'ânon de deux ans ou moins a beaucoup d'analogie avec celle du veau : elle est un peu plus filamenteuse, mais néanmoins succulente, et plaît à tout le monde. Marinée, elle acquiert un petit goût de gibier qui la relève, la rend exquise. Aussi les *pâtés d'ânon à l'orientale* surpassent tous les pâtés de veau et suffisent pour prouver la délicatesse de la chair de cet animal.

On en fait des escalopes, des fricandeaux des paupiettes, etc. Les oreilles farcies aux truffes, décorées, dressées debout, en groupes, et surmontées d'un attelet, constituent un mets, dont l'originalité ne cède en rien aux autres entrées de viande de boucherie. L'ânon salé se distingue par son goût, qui tient le milieu entre le veau et le bœuf.

L'âne sauvage gras, ou élevé pour l'abattage, ne doit pas dépasser cinq ou six ans; sa chair, à cet âge, est excellente et vaut mieux sous tous les rapports que celle de certaines vaches vendues sous le nom de bœufs et que l'on débite dans la plupart des boucheries. La côte d'âne braisée est délicieuse, et le râble sous lequel sont ensevelis dans la graisse deux filets mignons et rondelets n'est pas moins exquis; les filets constituent un vrai plat d'amateur. Le cou, les jarrets, les oreilles et la queue fournissent une gelée consistante.

Dans toutes les diversités culinaires, on traite l'ânon comme le veau et l'âne comme le bœuf. (Voir à ces mots.)

ANESSE. — On sait que les Orientaux attribuaient au lait d'ânesse des propriétés médicales un peu exagérées peut-être, mais, en présence de l'analyse chimique, on doit en reconnaître ses vertus dans bien des cas; il fortifie, rend la digestibilité facile, empêche les inflammations, etc. (Voyez *Lait*.)

On sait également, par les vers de Juvénal et par la prose de Suétone, que Poppée, la femme de Néron, se baignait dans le lait de cinq cents ânesses dont elle se faisait suivre.

En France, ce lait n'est en réputation que depuis François Ier, et voici comment l'usage s'en est introduit : ce monarque se trouvait très faible et très incommodé; les médecins ne purent le rétablir. On parla au roi d'un Juif de Constantinople qui avait la réputation d'être très habile médecin. François Ier ordonna à son ambassadeur en Turquie de faire venir à Paris ce docteur israélite, quoi qu'il pût en coûter. Le médecin juif arriva et n'ordonna pour tout remède que du lait d'ânesse. Ce remède doux réussit très bien au roi, et tous les courtisans des deux sexes s'empressèrent de suivre le même régime, pour peu qu'ils crussent en avoir besoin. Et le roi écrivit dans ses mémoires le quatrain suivant :

> Par sa bonté, par sa substance,
> Le lait de mon ânesse a refait ma santé,
> Et je dois plus en cette circonstance
> Aux ânes qu'à la Faculté.

ANETH, *s. m.* (*anethum graveolens*, L); all. *dill*; angl. *dill*; esp. *eneldo*; ital. *aneto*. — Plante aromatique annuelle de la famille des ombellifères.

On la trouve dans nos départements du Midi, en Espagne et en Italie. Elle s'élève à quarante et soixante centimètres. Son odeur est assez agréable, son goût âcre et piquant. Ses graines servent dans l'art culinaire ; on en exprime une huile essentielle, autrefois très recherchée par les gladiateurs, à cause de la propriété qu'on lui attribuait d'augmenter singulièrement les forces. La médecine en faisait aussi usage. Aujourd'hui, les semences seules sont regardées comme stimulantes, carminatives, mais rarement administrées, quoique conseillées dans l'atonie du tube digestif. Les confiseurs les emploient en guise d'anis.

> L'aneth qu'avec l'anis il ne faut pas confondre,
> Dissipe les vents, les tumeurs
> Même il a la vertu de fondre
> D'un ventre gros et dur les mauvaises humeurs.

Les anciens Romains se couronnaient d'aneth dans leurs festins ; cette plante était pour eux le symbole de la joie et du plaisir. (Voir *Fenouil*.)

ANÉMIE, *s. f.* (*traitement de l'*). — Diminution totale du sang, ou altération, décoloration des globules sanguins.

Le traitement de l'anémie n'est pas aussi simple qu'on pourrait le croire *à priori*. Il est aisé de s'en convaincre en songeant aux nombreuses circonstances et aux états morbides très divers que l'anémie vient compliquer, et à la suite desquels elle se développe. On peut toutefois poser à cet égard quelques règles générales. Il faut établir une triple distinction:

1º La diminution des globules ; l'anémie est le seul phénomène persistant, toute trace de sa cause productrice a disparu ;

2º L'anémie est encore seule ; mais les maladies ou les causes qui l'ont produite ont laissé quelques traces dans l'organisme, et en particulier une grande susceptibilité des organes précédemment atteints;

3° La maladie qui a produit l'anémie existe encore.

Avant d'examiner ces trois cas, il importe de remarquer que, lorsque l'on a à combattre une anémie, la première chose à faire, c'est de détruire la cause productrice.

Ainsi s'agit-il d'une circonstance hygiénique, telle qu'un vice dans l'alimentation, le défaut d'air, de lumière, etc., il est incontestable que tant que les individus y resteront exposés, aucun traitement ne saurait réussir, parce que la cause, se renouvelant sans cesse, reproduirait la diminution des globules à mesure qu'on les réparerait par des agents convenables. La première chose à faire est donc de supprimer la cause.

Quant aux maladies qui ont produit l'anémie, c'est à elles qu'il faut d'abord s'adresser, sans s'occuper autrement de l'anémie que comme d'une contre-indication formelle à certaines médications. Vouloir combattre une anémie, tandis que la maladie qui l'a produite existe encore, c'est s'exposer à voir rester ses efforts sans succès.

Quand l'anémie est le seul phénomène restant, la cause productrice a disparu.

En pareil cas, il suffit presque toujours d'un simple traitement hygiénique; les globules se refont seuls sous son influence, et, dans l'immense majorité des cas, l'emploi des médicaments est parfaitement inutile.

Ce traitement hygiénique consiste dans l'emploi des moyens suivants :

L'habitation à la campagne, dans un lieu sec, aéré, sain, peu humide ; la lumière solaire directe. Si l'on ne peut remplir ces conditions, on s'en rapprochera autant que possible.

L'exercice modéré et sans fatigue ; plus tard, s'il y a possibilité de le faire, l'exercice à cheval.

Une nourriture saine, une nourriture substantielle, facilement digestible, et consistant surtout en bouillons, potages gras, viandes rôties; des vins généreux mélangés à l'eau. (Dr Becquerel.) Si l'on trouve que l'anémie tarde trop à disparaître, il faut avoir recours au traitement pharmaceutique. Les préparations sont nombreuses et la diversité de ces produits remplissent justement un but heureux; à tel anémique le fer lui réussira, tandis qu'à un autre les vins seront préférables; à un troisième les peptones. (Voyez *Antianémique*.)

Mais l'hygiène alimentaire et les soins hygiéniques sont-ils les meilleurs préservatifs de l'anémie, qui n'atteint généralement que les classes pauvres ? M. le docteur Sée, qui a dressé une liste des anémies, a mentionné l'*anémie de luxe*. Par là il entend sans doute cette blancheur de peau que jalouse la provinciale, dont les signes de parfaite santé font contraste avec le teint blême des citadines, vouées à l'anémie par le manque d'air et la mauvaise alimentation.

La cuisine sophistiquée du restaurant à bon marché et le manque d'air pour les jeunes filles astreintes à un travail routinier, chez lesquelles la mode de leur costume trop serré semble être la seule préoccupation, ajoutent à cette double cause de l'anémie qu'elles ont mise *à la mode*. Apprendre à faire la cuisine est le meilleur moyen de faire la guerre à l'anémie, et pour arriver à la supprimer, la volonté est un remède bien plus certain que les drogues de la pharmacie.

Fig. 56. — Anémone Coronaria
(Variété simple de Caen).

ANÉMONE, *s.f.*(*ornementa tion*); de *anemos*, vent, parce que l'anémone ne s'épanouit qu'au souffle du vent. Trois principales variétés de cette plante sont cultivées chez nous pour la beauté de leur fleur, lesquelles font souvent l'ornement de nos tables. L'anémone est entrée dans le domaine de la poésie; la mytologie fait naître cette fleur du sang d'Adonis.

Nous devons signaler à l'attention des personnes qui ont le soin du ménage que cette plante peut causer des accidents graves chez les enfants, toujours prêts à mettre sous le nez, même à la bouche, les fleurs qu'on leur donne.

L'une de ces plantes est quelquefois imitée en stéarine pour l'ornement des socles. Nous croyons devoir reproduire une de ces fleurs, chef-d'œuvre de l'art culinaire. En effet, lorsqu'un bouquet d'anémone en graisse est mis dans un vase à l'instar des fleurs naturelles, l'œil le mieux exercé peut d'abord se tromper. De concert avec la médecine qui l'utilise, la poésie qui la chante, la cuisine la reproduit pour son ornementation, et les moins dangereuses de ces fleurs sont celles que fait le cuisinier.

ANGÉLIQUE, *s. f.* (*archangelica officinalis*); all. *angelica*; angl. *anglica*; holl. *engel wortel*; ital; esp. et port. *engelica*, *d'archangelica*,

Fig. 7 — . Coronaria Chrysanthemifolia
(Anémone imitée en stéarine)

— On lui accorde la vertu de guérir la goutte, d'où ce nom : égopode des goutteux (*œgopodium podagoraria*), qui lui a été donné par la médecine et sous lequel elle est généralement connue.

Les feuilles d'angélique perdent leurs propriétés par la dessiccation, aussi en médecine n'emploie-t-on que les grains et les racines. Les pétioles confites et la macération des tiges dans l'eau-de-vie possèdent, sous ces formes agréables, toutes les propriétés hygiéniques de cette plante.

En Norvège, en Suisse, en Islande, en Sibérie, on l'emploie comme aliment et comme condiment. On mange les tiges crues dépouillées de leur épiderme avec du pain. Les Norvégiens en mettent dans leur pain; les Lapons mâchent la racine d'angélique en guise de distraction hygiénique et croient que ce mode fait vivre longtemps. Un nommé Camous, mort à Marseille à l'âge de cent vingt-un ans, croyait, comme les Lapons, à la vertu de longue vie de l'angélique, dont il faisait usage.

Ses propriétés stimulantes et réchauffantes offrent de grandes ressources pour les flatuosités de l'estomac qui sont produites par l'excès d'aliments rebelles à la digestion. Aussi est-elle usitée avec avantage comme garniture d'entremets, et la confiserie a su en tirer tous les profits, tant sous le rapport de l'aspect que sous celui de ses propriétés hygiéniques.

Angélique confite. — *Formule 125.* — Faire tremper dans de l'eau fraîche des morceaux d'angélique de vingt centimètres de longueur ; les jeter ensuite dans l'eau bouillante, jusqu'à ce que la substance commence à s'attendrir; les rafraîchir, les peler, en enlevant les filaments ; les mettre pendant vingt-quatre heures dans un sirop à dix-huit degrés. Ce temps écoulé, faire cuire le sirop à trente degrés, et le reverser sur l'angélique. Cette opération doit être répétée pendant

Fig. 58. — Angélique
(*Archangelica officinalis*).

trois jours ; le quatrième, on fait cuire le sirop au *grand perlé* ; puis on dépose l'angélique pour lui faire subir quelques instants de cuisson ; on retire du fourneau et on laisse reposer.

Égoutter l'angélique sur un tamis et la déposer sur le marbre, sans la casser, l'étendre et la saupoudrer de sucre fin, et la faire sécher à l'étuve.

On la range alors dans des boites qui servent à l'exportation ou dans lesquelles on la conserve pour son propre usage.

Infusion d'angélique. — *Formule 135* Employer :

| Racine d'angélique......... | Grammes | 40 |
| Eau bouillante............. | Litre | 1 |

Laisser infuser un petit quart d'heure. Les propriétés stimulante et calorifique de cette infusion sont des plus marquées.

Liqueur d'angélique. — *Formule 136* — Couper un kilogramme de tige d'angélique en petits dés et les faire macérer dans un litre d'eau-de-vie pendant six semaines. Distiller aux deux tiers de la quantité ; faire un sirop avec un litre d'eau et un kilogramme de sucre ; mélanger à égale quantité de sirop et d'alcool par distillation ; filtrer et mettre en bouteille.

Une foule d'autres liqueurs contenant de l'angélique et d'autres plantes aromatiques sont mises aujourd'hui en circulation dans le commerce. Nous ne donnons ici que la recette primitive sans mélange, notre devoir étant de simplifier et de rétablir l'origine de certaines liqueurs dont la falsification, toujours croissante, s'est emparée au détriment des consommateurs.

ANGERS (*produits d'*). — Chef-lieu du département de Maine-et-Loire, à 302 kilomètres de Paris. Cette ville, coquettement assise sur les penchants des coteaux que sépare la Loire, est très ancienne. Des puits d'eaux *ferrugineuses*, qui nous paraissent remonter à une date très éloignée, sont situés dans la rue des Carmes.

PRODUITS. — En outre des pois verts, des vins, des eaux-de-vie de grains et des huiles, Angers nous envoie son incomparable liqueur le *Guignolet d'Angers*, cette liqueur à base de cerises qui a été créée par les bénédictins au XVe siècle.

ANGELOT, *s. m.* — Fromage salé qu'on prépare dans le Vexin normand et dans le Perche. D'une épaisseur de six centimètres sur seize de diamètre, de forme ronde et ferme au tact, il a les propriétés hygiéniques de tous les fromages salés, qui sont de stimuler et d'exciter.

ANGLAISE, *adj.* — Les différentes méthodes de préparation à l'anglaise sont traitées à leurs mots respectifs. (Voyez *Pain, Appareil, Biscuit, Crème Mousse*, etc.)

ANGLET, *s. m.* — Vin blanc fort estimé qu'on récolte à *Anglet*, département des Basses-Pyrénées.

ANGOBERT, *s. m.* — Nom d'une poire de belle taille dont la chair a beaucoup d'analogie avec le beurré, quoiqu'un peu plus ferme. Elle se conserve pendant tout l'hiver. C'est une des meilleures poires que la France fournisse pour la compote.

ANGOISSE, *s. f.* — Poire âpre, qui, en raison

de la grande quantité de tannin qu'elle contient, resserre l'œsophage et fait éprouver un sentiment de strangulation qui lui a valu son nom.

ANGOULÊME (*Charente*). — Renommé pour ses pâtés de perdrix.

ANGOUMOIS (vins de l'). — Département de la Charente, appartenant à la zone du centre, est le troisième dans l'ordre vinicole. Il possède environ 112,650 hectares de vignes, qui produisent 1,700,900 hectolitres de vin, qui ne jouissent que d'une réputation secondaire comme vins de table, mais qui produisent les excellentes eaux-de-vie de Cognac, et dont la fabrication atteint le chiffre de 190,000 hectolitres par an. Quelques-uns des vins blancs de la Charente sont doux et on les consomme à l'état doux.

ANGUILLE, *s. f.* (*anguilla murœna*); all. *aal*; angl. *eel*; ital. *anguilla*; esp. *anguilla*; du sanscrit *ahi*; diminutif de *anguis*; serpent, du grec serpent aquatique. — Poisson d'eau douce de la famille des *Malaconptérygiens apodes*. que l'on divise en six genres ; l'A. *Murène*, l A. *Aphisure*, l'A. *Sphajebranche*, l'A. *Monoptère*, l'A. *Sympranche* et l'A. *Alabe*.

L'anguille murène ou commune atteint jusqu'à un mètre vingt centimètres de longueur. Chez les individus de cette famille qui vivent dans une eau limoneuse, la partie supérieure du corps est blanc foncé ou marron noirâtre, la partie inférieure d'un blanc sale jaunâtre ; chez celles, au contraire, qui sont pêchées dans une eau limpide, le dos est d'un beau vert olive, le ventre argenté et d'un brillant éclat :

> L'anguille au corps d'argent
> Qui s'arrondit, serpente, et glisse en s'allongeant.
> BOISJOLIN.

Dans la variété de l'anguille commune qui nous occupe, on distingue en France l'*A. blat bec*, l'*A. verniaux*, l'*A. long-bec*. Les jeunes anguilles qui se trouvent à l'embouchure des cours d'eau sont appelées communément *civellées*, *moatées* ou *bouirons*.

On a cru longtemps que l'anguille était le produit du goujon, mais il nous paraît acquis aujourd'hui qu'elle est ovovivipare. En effet, l'anguille s'approche des étangs salés, ou descend à la mer pour y frayer et déposer ses œufs dans la vase où éclosent des myriades de jeunes anguillettes. L'anguille habite les étangs, les rivières rocailleuses et, grâce à la conformation de son appareil branchial, elle peut quitter son élément naturel et s'avancer dans l'intérieur des terres, souvent à une distance très considérable, en rampant à la manière des serpents.

Elle peut également, par son appareil respiratoire, qui ne s'ouvre que fort en arrière par un simple trou ou tuyau, se mettre à l'abri de tout contact avec l'air extérieur et rester assez longtemps hors de l'eau sans périr ; aussi va-t-elle , à la chasse des colimaçons et à la quête des fruits dans les prairies; si la chaleur la surprend, elle se blottit dans des touffes d'herbes jusqu'à la nuit; il n'est pas rare de voir la faux d'un agriculteur couper en deux une anguille.

C'est l'anguille argentée errant en longs anneaux.

PRODUCTION. — Pour certains pays, l'anguille constitue une vraie source de richesse. *Commacchio* (Italie) en expédie plus de cent mille kilogrammes tous les trois mois. L'exportation se fait en conserves par salaison et par dessiccation au moyen de fumigations; elle est déversée chez les épiciers comme la morue. Le marché de Londres est fourni par deux compagnies hollandaises qui disposent de dix vaisseaux toujours en mouvement et contenant à chaque voyage dix mille kilogrammes d'anguilles vivantes.

La pêche. — La pêche la plus importante de ce poisson se fait à l'époque où il descend les fleuves en masses serrées pour aller frayer dans les lagunes salées ou saumâtres de la mer. On élève alors, des deux côtés de la rivière, des murailles faites avec des palissades dont on bouche les trous avec de la vase ; ensuite, on dispose dans l'espace resté libre de grandes nasses où les poissons vont s'emprisonner. On en prend encore d'énormes quantités dans les étangs qu'on met à sec et dans certains lacs à écoulement facultatif.

En Italie, on estime que cette pêche, faite de septembre à décembre, donne près d'un million de kilogrammes.

HYGIÈNE. — La chair de l'anguille est aussi riche en principes azotés que celle du saumon, et contient 23 pour 100 de graisse, quantité qui excède celle de tous les autres poissons. C'est un aliment très lourd et qui mérite à juste titre le reproche d'indigestibilité qu'on lui fait. Mais comme rien ne résiste devant le feu et le génie d'un cuisinier savant, l'anguille devient, par la cuisson et l'addition des condiments qui lui sont propres, un mets facile à digérer, tout en conservant ses qualités nutritives.

Les Égyptiens ne mangeaient pas les anguilles, probablement à cause de leur ressemblance avec les serpents. Les Grecs et les Romains en étaient au contraire très friands. On les servait dans les festins des empereurs, enveloppées dans des feuilles de laitue.

Voici, à ce propos, une anecdote du plaisant Brillat-Savarin, dans laquelle le « plat d'anguilles » servi à des prélats tend à prouver que cet aliment jouit de propriétés génésiques marquées :

« Le plat d'anguilles fut confectionné avec soin et servi avec distinction. Il avait non seulement une tournure élégante, mais encore un fumet enchanteur; et quand on l'eût goûté, les expressions manquèrent pour en faire l'éloge ; aussi disparut-il, corps et sauce, jusqu'à la dernière particule.

« Mais il arriva qu'au dessert *les vénérables* se sentirent émus d'une manière inaccoutumée, et que, par suite de l'influence nécessaire du physique sur le moral, les propos tournèrent à la gaillardise.

« Les uns faisaient des récits piquants sur leurs aventures de séminaire; les autres raillaient leurs voisins sur quelques *on-dit* de la chronique scandaleuse; bref, la conversation s'établit et se maintint sur le plus mignon des péchés capitaux; et ce qu'il y eut de très remarquable, c'est que les convives ne se doutèrent même pas du scandale, tant le diable était malin.

« Ils se séparèrent fort tard, et mes mémoires secrets ne vont pas plus loin pour ce jour-là. Mais à la conférence suivante, quand les convives se revirent, ils étaient honteux de ce qu'ils avaient dit, se demandaient réciproquement excuse de ce qu'ils s'étaient reproché, et finirent par attribuer le tout à l'influence du plat d'anguilles. »

Nous croyons ces propriétés exagérées.

Anguille salée et fumée. — *Formule 137.* — Après l'avoir vidée, nettoyée, on conserve l'anguille pendant huit jours dans le sel bien condimenté. On la fume ensuite dans une cheminée jusqu'à parfaite dessiccation.

Anguille en marinade. — *Formule 138.* — Plonger les morceaux d'anguille, préalablement dépouillés de leur peau, dans une marinade cuite fortement épicée et acidulée. Laisser cinq minutes en ébullition et rehausser enfin la marinade d'assaisonnements pour les conserver dans un pot ou un baril. Dans certains pays, on conserve aussi l'anguille crue dans du vinaigre avec des assaisonnements.

Anguille en boîte. — *Formule 139.* — Dépouiller l'anguille, en pratiquant autour du cou une incision pour permettre de saisir la peau et de la retourner en arrière afin d'éviter de crever la vessie qui contient le fiel. Couper l'anguille par morceaux d'égale longueur et les faire cuire pendant cinq minutes ; les égoutter et les mettre debout dans une boîte de fer-blanc, les submerger de leur cuisson. Souder la boîte et la soumettre pendant un quart d'heure à l'ébullition au bain-marie; laisser refroidir dans l'eau.

On peut aussi la rouler en spirale et, lorsqu'on désire la servir entière, on n'a qu'à la décorer de gelée, de beurre, etc., sur un fond de plat au *pain vert* s'il s'agit de mets froids. La paner après l'avoir essuyée et la mettre au four si on désire la servir chaude.

Remarque. — De quelque manière qu'on prépare l'anguille, elle doit être dépouillée de sa peau, ce qui ne se fait pas sans difficulté lorsqu'elle est fraîche. Selon la préparation à laquelle on doit la soumettre, il est préférable de la vider d'abord, de lui supprimer la tête et la queue, de la couper par tronçons et de les mettre sur le gril au-dessus d'un brasier très ardent; on les laisse une minute seulement, on les retourne de tous côtés; la peau alors se boursoufle et se détache avec la plus grande facilité.

Par ce procédé, l'anguille perd son caractère huileux et une partie de son goût de vase, surtout lorsqu'elle a été pêchée dans les eaux stagnantes.

Anguille à la tartare. — *Formule 140.* — L'anguille coupée par tronçons, cuite selon la règle dans un bon court-bouillon (voyez ce mot), on l'égoutte, on la passe dans un œuf battu et assaisonné, et ensuite à la chapelure; on la met sur un plat au four très chaud. Lorsque l'anguille est d'une belle couleur dorée, on la sert, dans les restaurants de premier ordre, sur une sauce tartare (voyez ce mot); dans les familles bourgeoises et aux tables d'hôte convenables, sur une serviette, et la sauce tartare dans une saucière.

Anguille à la broche. — *Formule 141.* — Couper une grosse anguille par tronçons, la dépouiller de sa peau en l'exposant sur le gril (voyez *remarque*); faire macérer ces tronçons pendant une demi-heure dans une terrine avec fragments de thym, gousse d'ail, poivre en grains concassés, huile fine, jus de citron et sel. Enfiler transversalement dans des brochettes trois morceaux d'anguille et les alterner de bardes de lard assez grandes pour les recouvrir; les attacher à la broche et les arroser souvent. La cuisson doit durer de vingt à vingt-cinq minutes. Dix minutes avant parfaite cuisson, saupoudrer de chapelure.

De cette façon, on peut aussi les faire griller sur un brasier doux. On sert l'anguille accompagnée d'une sauce remoulade, d'une ravigotte ou sur une sauce à la maître-d'hôtel ou au beurre d'anchois.

Autre manière. — Cuire au court-bouillon, la paner et la mettre à la broche; l'arroser d'huile pendant la cuisson. La servir avec l'une des sauces susmentionnées.

Anguille à la minute. — *Formule 142.* — Dépouiller et couper l'anguille par tronçons de cinq centimètres de longueur, l'assaisonner, la plonger dans une friture chaude; lorsqu'elle est cuite, l'égoutter et mettre les morceaux dans une casserole avec une sauce à la maître-d'hôtel et un peu de glace de viande.

Remarque. — On peut également cuire l'anguille dans le court-bouillon, mais la friture en accélère de beaucoup l'opération.

Anguille à la poulette. — *Formule 143.* — Le mets ici décrit n'est rien moins qu'exquis lorsqu'il est préparé d'après la règle que nous allons indiquer.

Dépouiller l'anguille, la couper par morceaux de cinq centimètres de longueur; mettre les morceaux dans une petite casserole avec un oignon clouté, poivre en grains, une branche de thym, demi-feuille de laurier et une demi-gousse d'ail, le tout mouillé de moitié vin blanc et moitié eau. Faire cuire l'anguille.

Dans une autre casserole, faire cuire à blanc une cuillerée de farine dans du beurre frais. Confectionner une sauce avec la cuisson de l'anguille. Cuire des champignons frais au jus de citron, les ajouter à la poulette avec le jus. Faire pocher des huîtres ébarbées et des moules dans de l'eau salée bouillante et acidulée, en les plongeant une minute seulement. Les ajouter aussi dans la sauce maintenue au chaud.

Au moment de servir, lier la sauce avec du beurre fin et un jaune d'œuf, la passer et y ajouter à l'aide de l'écumoire l'anguille, les champignons, les huîtres et les moules maintenus dans la sauce. Servir dans une timbale ou dans un plat creux. Garnir de croûtons frits au beurre.

Ce mode peut servir de garniture de vol-au-vent maigre, de timbale ou autres poissons.

Matelotte d'anguille. (*Cuis. de restaurant.*) — *Formule 144.* — Après avoir écorché trois belles anguilles de préférence, de Seine, bien vidées, ébarbées et lavées, on les coupe en morceaux par parties égales, en ayant soin de mettre de côté les têtes et les queues, que l'on doit réserver pour finir la sauce. Ceci fait, foncer une casserole d'oignons coupés en lames, ails épluchés, une tête moyenne, un bon bouquet garni de thym et laurier, et mettre dessus les morceaux d'anguilles, puis assaisonner fortement de poivre, sel, muscade râpée et mouillez hautement de bon vin rouge et d'environ un cinquième de litre de cognac; faire partir vivement sur le feu, faire flamber à l'ébullition. Cinq minutes suffisent pour la cuisson.

Sauce matelotte. — Les anguilles une fois cuites de la manière ci-dessus, on les débarrasse, et, d'autre part, il faut s'occuper de la sauce, qui doit être faite de la manière suivante : choisir de préférence une casserole d'un fond de bonne épaisseur, faire un roux blond au beurre; mouiller de la plus grande partie de la cuisson des anguilles, en ayant soin d'y faire tomber les ingrédients, ajouter les têtes et les queues que l'on aura préalablement conservées, y mettre environ quatre cuillerées à bouche d'essence d'anchois, laisser cuire deux heures, puis passer à l'étamine. Couvrir la sauce de beurre, la mettre au garde-manger, ainsi que la matelotte, qui doit être prête à la moindre commande.

A la demande d'une matelotte, on a des oignons glacés, des champignons tournés; faire chauffer ensemble anguille, sauce, oignons et champignons, des écrevisses cuites d'avance, comme il en existe toujours au restaurant; des croûtons taillés en cœur et passés au beurre au même moment doivent former la garniture. Dresser dans un plat rond d'entrée ou dans une timbale en argent. Servir très chaud.

A. RIPOUTEAU (chef de cuisine de la maison Palfroy, rue de Bretagne Paris.)

Anguille à la poêle. — *Formule 145.* — L'anguille cuite par tronçons dans le court-bouillon, on la passe dans du lait et ensuite dans la farine; la mettre avec un bon morceau de beurre frais dans la poêle sur un feu vif, de façon à la faire prendre couleur sans la laisser tomber en marmelade. La dresser sur un plat; réajouter dans la poêle un second morceau de beurre frais, faire couler sur l'anguille un jus de citron et saupoudrer de persil, ou mieux de fines herbes hachées et verser dessus le beurre chaud de la poêle.

Cette façon peu coûteuse est aussi expéditive que pour l'anguille à la minute.

Anguille à la Suffren. — *Formule 146.* — Piquer une anguille avec des filets d'anchois, la rouler en pyramide, la ficeler, la faire braiser dans une casserole. Lorsqu'elle est cuite, la dresser sur un plat rond; lier la sauce avec de la tomate ou un beurre d'écrevisses fortement pimenté. Foncer et surmonter d'un attelet piqué sur un croûton de pain grillé que l'on aura préalablement collé au centre d'un plat pour appuyer l'anguille.

Anguille à la romaine. — *Formule 147.* — (*Cuis. frugalienne.*) Dépouiller l'anguille, la couper par tronçons. Beurrer un sautoir, le foncer de tranches de lard maigre, ranger sur ce lard les morceaux d'anguille et de jeunes laitues romaines; mouiller de bouillon, assaisonner, couvrir d'un papier beurré et faire braiser au four pendant une demi-heure. Dresser les tronçons d'anguille en pyramide, couronnés de laitues pliées. Servir l'anguille et les laitues aux végétariens et faire manger le lard à la domestique.

Anguille frite. — *Formule 148.* — Dépouillée et coupée par tronçons, l'anguille est passée dans un appareil anglais (voyez ce mot), puis à la chapelure. On la plonge dans une friture pas trop chaude, en raison de la longueur du temps de la cuisson. Saler et saupoudrer de poivre en sortant de la friture. Dresser sur une serviette entourée de persil frit. Servir séparément une sauce rémoulade.

Mayonnaise d'anguille. — *Formule 149.* — (*Cuis. bourgeoise.*) Rouler une anguille en spirale, après l'avoir dépouillée. La faire cuire ainsi ficelée dans un bon court-bouillon. La faire refroidir dans la forme pyramidale qu'on désire lui donner: la décorer avec du beurre d'anchois en lui formant une tête. La poser sur un fond de plat au *pain vert* (voyez ce mot), la garnir d'un cordon de gelée hachée à l'aide de la poche, contre lequel on dresse des quartiers d'œufs cuits durs alternés de filets d'anchois roulés et surmontés d'olives. Entourer la base du pain vert de croûtons de gelée, de laitue et de cornichons. Surmonter d'un attelet.

Servir séparément une sauce mayonnaise.

Mayonnaise d'anguille. — *Formule 150.* — (*Cuis. de restaurant.*) L'anguille, dégagée de son arête principale, est pressée avec de la salade préalablement assaisonnée sur le fond d'un plat rond, sur laquelle on met une mayonnaise ferme à couper au couteau. On décore le dessus et le tour avec de la salade, des cornichons, des câpres, des olives, des filets d'anchois et des œufs cuits durs.

Pâté chaud d'anguille. — *Formule 151.* — L'anguille étant préalablement dépouillée et vidée, on la coupe longitudinalement pour en supprimer l'arête principale; les morceaux coupés, on les passe dans une casserole avec du beurre, un oignon, une demi-gousse d'ail et quelques échalotes hachées. Étant revenue, on l'arrose avec du vin blanc et un coulis de crustacés (écrevisses, langouste ou homard); on laisse réduire à glace, on y ajoute une laitance de carpe et des champignons.

Dresser dans un moule à pâté chaud une pâte brisée au fond et sur les parois duquel on met une légère couche de farce de brochet. (Voyez *Brochet* et *Farce.*) Emplir avec l'anguille champignons et laitance, le tout refroidi et bien assaisonné, arrosé d'un petit verre de vin de Madère. Couvrir le dessus d'une couche de farce et former le couvercle selon la règle.

Faire cuire pendant une demi-heure.

Remarque. — Quelques praticiens mélangent à l'anguille une sauce demi-glace, ce que nous n'avons jamais fait, l'anguille demandant un fumet de poisson et non de viande.

Anguille à l'avignonnaise. — *Formule 152.* — Après l'avoir nettoyée et découpée en tronçons, on dispose ceux-ci dans un plat de métal, l'un devant l'autre, alternés chacun d'une feuille de laurier et d'une tranche de citron, auquel on supprime le zeste et la peau blanche; arroser cela avec de l'huile d'olive et assaisonner de sel et de poivre; faire cuire au four. L'anguille étant assez longue à cuire au four, la laisser seule vingt minutes à chaleur modérée.

En dressant, on place les tronçons alternés et on arrose avec le jus. (M. MORARD, secrétaire de la Société le Vatel, de Marseille.)

Anguille à la marinade. — *Formule 153.* — Lorsque l'anguille est frite, on verse dessus la marinade suivante : pour trois personnes, émincer six gousses d'ail, les faire blondir dans un poêle avec de l'huile; ajouter deux feuilles de laurier, sel, poivre et six tranches de citron, ajouter en plus un filet de vinaigre et servir. (M. MORARD, secrétaire de la Société le Vatel, de Marseille.)

Anguille à la Sardanapale. — *Formule 154.*— Se procurer une anguille de deux kilos pour quinze à dix-huit personnes, séparer la tête et la queue, ôter l'épine dorsale en pratiquant une incision le long des vertèbres, du côté du ventre. Ensuite, couper l'anguille en cinq parties en travers. Diviser chaque morceau en trois parties sur la longueur, de manière à former des filets de huit centimètres de long. Mettre le tout à mariner pendant deux heures dans une terrine, avec sel, poivre, muscade, laurier et huile. Envelopper chaque filet d'anguille d'une barde de lard très mince ; cela fait, beurrer une casserole et la foncer avec une pâte à nouille. Ranger dedans les filets d'anguille, que l'on recouvre de la même pâte, en ayant soin de souder les bords en les pinçant. Pratiquer une ouverture au milieu pour l'échappement de la vapeur, dorer le dessus avec un œuf battu au moyen d'un pinceau; faire cuire au four pendant une heure.

D'autre part, faire un court-bouillon de la tête, la queue et l'épine dorsale, le passer au tamis, faire fondre un peu de beurre dans une casserole, y ajouter trois cuillerées de farine; faire cuire un peu, et ensuite verser dedans le court-bouillon; faire réduire en remuant, jeter dedans deux cents grammes de truffes émincées, des têtes de champignons (une douzaine), des queues d'écrevisses (deux douzaines) et des huitres (une douzaine).

Renverser ce genre de croustade sur un plat et retourner aussitôt, enlever le couvercle en pratiquant une incision au tour, et dresser avec la garniture dedans. (M. MARIUS MORARD, secrétaire de la Société le Vatel, de Marseille) (1).

Turban de filets d'anguilles sauce Périgueux. — *Formule 155.* — Préparer une farce de brochets, dans laquelle on incorporera quelques truffes coupées en dés ou des champignons passés au beurre.

Il faut que cette farce soit ferme et comporte peu de panade.

Lever les filets d'anguilles (moyennes) et les distribuer en morceaux de huit à dix centimètres; assaisonner de sel et poivre, et battre légèrement ces filets avec le dos du couteau.

D'autre part, beurrer un moule à savarin et masquer les parois de farce, superposer les filets d'anguilles, recouvrir de farce et pocher au bain-marie. (Il faut compter quarante-cinq minutes pour un grand moule.)

Apprêter une sauce de poisson bien crémeuse et additionner de truffes coupées en dés et passées au beurre. Dix minutes avant de servir, renverser le moule sur un plat (sans démouler) et bien égoutter, de façon à ce que le turban soit à sec.

Saucer et disposer sur le turban une couronne de lames de truffes, sur lesquelles on piquera une crevette; envoyer le reste de la sauce à part.

(KANNENGIESER président de la Chambre syndicale des cuisiniers de Paris.)

ANGUILLE DE HAIES, *s. f.* (*colubra*); all. *natter*; angl. *snoke*; ital. *colubro*; espag. *culebra*; port. *cobra*. — Couleuvre, reptile de la famille des serpents, dépourvue de glandes et de crochets mobiles venimeux. On en distingue deux sortes, qui sont comestibles; le *colubra* qui vit dans les ravins, le long des routes, dans les prairies et dans les trous rocailleux, et le *coluber natrix*, vulgairement appelé serpent d'eau ou serpent nageur.

En Orient et même dans certaines contrées de l'Europe, on mange l'anguille vulgaire, et on la prépare culinairement comme elle; le bouillon de couleuvre est gras et constitue un potage analogue à celui de l'anguille ordinaire; on lui a gratuitement attribué des propriétés antiscrofuleuses. La chair est grasse et ne présente aucun inconvénient pour l'usage alimentaire.

---

(1) Les trois recettes qui précèdent sont extraites de l'ouvrage de notre ami Morard de Marseille, *les Secrets de la cuisine dévoilés*, ouvrage dont la première partie traite de la cuisine exclusivement provençale.

ANGUILLE DE MER, *s. f.* — (Voyez *Congre*.)

ANGUILLE DE SABLE, *s. f.* — (Voyez *Ammodyte*.)

ANIMAL, *s. m.*, qui vient de *anima*, vie, souffle; all. *thier*; ital. *animale*, d'*anima*; esp. *animal*, d'*animé*. — Être doué des facultés de percevoir les sensations données par le monde extérieur, de se remuer, de se déplacer et de mouvoir tout ou partie de son corps.

La fonction la plus indispensable à l'entretien de la vie chez tout animal, à quelque degré de l'échelle zoologique qu'il soit placé, est celle de la nutrition. Les peuples les plus civilisés ont toujours été ceux qui se sont le mieux nourris, c'est-à-dire ceux qui ont le plus varié leur alimentation et le mieux préparé leurs mets.

Ainsi les Grecs d'Athènes avaient une bien plus grande influence dans la civilisation que les Grecs de Sparte.

Les premiers, amis et protecteurs de tous les arts, étaient amateurs de bons mets, les seconds se nourrissaient du fameux *brouet noir*, et nous faisons des vœux pour qu'un nouveau Lycurgue ne vienne pas le ressusciter et l'imposer à une Lacédémone moderne.

« Pour se rendre maître de l'univers vivant, a dit Buffon : et pour se mettre en sûreté, il a fallu commencer par se faire un parti parmi les autres animaux. »

Or, l'homme est très certainement, au point de vue du développement tant physique qu'intellectuel, le plus élevé des animaux mammifères. Le professeur d'histoire naturelle de la Faculté de médecine de Paris, le savant et regretté Moquin-Tandor, avait créé pour l'homme une case spéciale dans la classification zoologique et le nommait *homo sapiens* (homme sage). Par là ce philosophe voulait indiquer qu'il considérait l'homme comme animal, mais comme un animal distinct des autres animaux, en ce sens qu'il avait un niveau intellectuel plus élevé qu'eux.

Les besoins de l'homme, comme ceux de tous les autres animaux, varient suivant la position topographique, le climat, la composition chimique du sol. L'homme de la plaine a moins d'appétit que celui de la montagne; celui des pays froids mange plus de corps gras et boit plus de spiritueux que celui des pays chauds. La consommation de l'alcool donnée par la statistique prouve ce que nous avançons.

Le sang est le réparateur par excellence. Il est l'excitant indispensable aux fonctions cérébrales; il est le nourrisseur de nos tissus; il est le véhicule qui porte l'eau destinée à aider les glandes d'excrétion à débarrasser le corps humain des produits devenus inutiles ou même nuisibles à l'organisme.

Tous les tissus du corps de tout animal se renouvellent sans cesse, et, grâce au sang continuellement déplacé par les mouvements du cœur, l'élasticité des artères et les valvules des veines qui s'opposent au retour du sang, ce renouvellement est assuré. A mesure qu'une partie est détruite chez l'animal sain, elle est remplacée. Ce remplacement est si actif qu'on admet généralement qu'il atteint journellement cinq grammes par kilogramme du poids de l'individu; il est donc certain qu'au bout de six ou sept ans, le corps ne contient plus une seule des molécules qui le composaient.

Il est donc évident que les sentiments, les idées subissent en partie les modifications matérielles de l'organisme.

De même que bien d'autres animaux, les hommes se mangent entre eux quand la faim les y pousse. Comme les autres animaux, il a faim, c'est-à-dire besoin de se nourrir.

Politique, loi, religion ne sont que des leviers de domination satisfaisant les sensualités, les appétits du corps de ceux qui ordonnent, et le problème de la faim, de l'*animal, civilisé ou non*, se résoud par le fait de ce mot, qui est d'une incomparable éloquence, *manger*.

Considérant le rôle de l'animal dans sa vie simple, dépouillé des éléments parasites qui l'entourent, mis à nu et réduit à la vérité, nous lui reconnaissons un droit naturel et impérieux, celui de vivre.

Il y a donc un grave intérêt social à se livrer à l'étude approfondie de l'exploitation et de la répartition de l'alimentation publique. De là proviendra le perfectionnement de notre race.

ANIMELLES, *s. f. pl.* — Mets composé avec les glandes déboursées des animaux mâles, particulièrement du bélier. Ce mets, d'une réputation très en vogue à la cour de Louis XV, qui lui attribuait des propriétés propres à réveiller l'atonie des organes endormis, ne jouit pas aujourd'hui du même crédit.

Les Italiens cependant, qui en sont friands, voient là un aliment des plus aphrodisiaques.

Animelles à l'italienne. — *Formule 156.* — Trancher en bardes de l'épaisseur d'un demi-centimètre deux paires d'animelles dépouillées; les mettre dans une terrine avec sel, persil en branche, thym, oignons coupés en rouelles, poivre concassé, citron et huile fine; laisser macérer quelques heures en les remuant une fois ou deux.

Les éponger sur un linge, les passer à la semoule en appuyant pour la faire adhérer dans les animelles. Les poser sur un couvercle de casserole, et, au moment de servir, les frire dans une friture un peu chaude. Saupoudrer et les égoutter sur un linge, les dresser sur une serviette, dans une croustade. Couronner de persil frit et servir accompagné d'un citron.

Animelles d'agneau sautées. — *Formule 157.* — Dépouiller les animelles d'un jeune bélier, les couper par tranches, les assaisonner de sel, poivre en grains concassés, jus de citron et les laisser macérer ainsi dix minutes. Les éponger sur un linge, les rissoler légèrement et les sauter à feu vif deux minutes seulement, les mettre dans une passoire et y faire couler de l'eau froide. Les mettre dans une casserole contenant un beurre maître-d'hôtel, dans lequel on aura ajouté, au tiers de son volume de glace de viande, un jus de citron et une pointe de couteau de piment de Cayenne. Lier en faisant chauffer et servir des assiettes chaudes.

Ce mets délicieux, qui se sert pour les déjeuners, est bien supérieur aux rognons sautés.

Animelles aux champignons (*entrée*). — *Formule 158.* — Cuire les animelles taillées par tranches dans du bouillon auquel on aura ajouté les condiments nécessaires et du vin blanc.

Faire une sauce blanquette avec la cuisson, y ajouter du jus de champignon frais. Lier la sauce avec du beurre fin et des jaunes d'œufs, la passer à la passoire ou dans l'étamine, mettre les champignons et les animelles dans la sauce.

Dresser, dans un moule à bordure, du riz que l'on aura préalablement fait cuire dans du bouillon; verser dans le centre la blanquette d'animelles aux champignons.

ANIS, *s. m.* (*anisun*); all. *anis*; angl. *anis*; esp. *anis*; flam. et hol. *anijs*; ital. *aniso*; dan. et port. *anis*. — Plante ombellifère dont on distingue deux principales variétés : l'A. étoilé ou badiane, et l'A. vert, qui sert plus particulièrement aux usages alimentaires. Ce dernier, indigène d'Egypte, croît aussi spontanément en Espagne, en Suisse, en Italie et dans le midi de la France.

Dans le commerce, on peut classer ainsi les qualités de l'anis :

1º Celui de Russie, qui nous vient d'Odessa et qui est petit, noirâtre, âcre, est peu estimé;

2º Celui de Touraine, qui est vert et plus doux.;

3º Celui d'Albi, qui est plus blanc et plus aromatique;

4º Celui d'Espagne ou de Malte, qu'on estime le plus, parce qu'il exhale une odeur agréable. En Italie et en Allemagne, on mêle cette graine dans le pain. Chez nous, il n'entre que dans la fabrication de l'absinthe, de l'anisette, des petits fours et des sucreries.

Culture. — L'anis se sème en avril; il lui faut un sol chaud et sain; la végétation ne réclame aucun soin, la graine mûrit au mois d'août. Un gramme en contient 200 et le litre pèse 300 grammes. La durée germinative est de trois années.

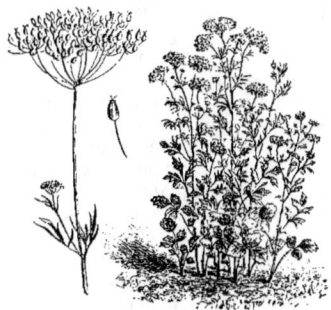

Fig. 59. — (Pimpinella anisum L.) Anis vert.

HYGIÈNE. — Les propriétés carminatives et stimulantes de l'anis sont connues depuis la plus haute antiquité. Les Chinois et les Japonais regardaient l'anis comme une plante sacrée; ils en brûlaient des branches sur le tombeau de leurs parents et se servaient des graines pour aromatiser les aliments dans les repas de noce et de baptême.

Les Arabes emploient la décoction d'anis dans

le traitement de la sciatique, et comme apéritif avec un peu de miel. Pythagore assure que ceux qui en tiennent à la main ne sont jamais saisis par l'épilepsie. Héraclite ordonnait pour les gargouillements de l'estomac une pincée d'anis dans du lait d'ânesse :

> L'anis est bon aux yeux, à l'estomac, au cœur,
> Préférez-le plus doux, c'est toujours le meilleur.

Analyse chimique. — On extrait de l'anis une essence qui renferme plus de quatre cinquième de matière solide. Traitée par l'alcool, à 85 pour 100 on obtient ainsi une matière ayant à peu près la même densité que l'eau et dont la formule correspond à $C^{10}H^{12}O$.

On se sert de cette essence pour la fabrication des bonbons et quelquefois pour les liqueurs anisées.

Eau-de-vie d'anis — L'Espagne est le berceau de l'eau-de-vie d'anis. Elle jouit par cela même d'une réputation méritée mais ; là, comme ailleurs, il y a des maisons dont la renommée pour leurs bons produits surpasse toutes les autres. La maison ONOFRE de SERDIO Y DIAZ de *Jerez de la Frontera* (Espagne) est favorisée de cette universalité. ANIS *de la* O. en est la marque.

L'eau-de-vie d'anis que produit cette maison est devenue classique. Elle se distingue des autres par les matières végétales qui entrent dans sa fabrication et dont la composition a été approuvée par des professeurs de grand mérite. L'ensemble de ces condiments en fait une liqueur vraiment remarquable par son action énergique sur les organes de la digestion. Il n'est pas rare de voir disparaître des dyspepsies chroniques par l'usage modéré de cette eau-de-vie. Les maux de tête, si fréquemment occasionnés par les alcools, sont en même temps neutralisés par les plantes médicinales qui entrent dans la fabrication de cette eau-de-vie au moment de sa distillation. (Voyez *Anisateur.*) La maison que nous venons de mentionner ne se sert d'ailleurs pour la confection de cette eau-de-vie, aussi hygiénique qu'agréable au goût, que d'alcool provenant de marc de raisins de Jerez.

Comme contraste à l'eau-de-vie de pommes de terre que l'Allemagne nous prodigue sans aucun souci de notre santé, le public, toujours friand de produits de premier choix, trouvera dans l'eau-de-vie d'anis d'Espagne une liqueur qui peut rivaliser avec les meilleurs produits de nos distilleries françaises, réputées dans le monde entier par leur probité commerciale. (Paris, représentant général M. F. de Gargollo, consul du Salvador à Santander.)

ANIS ARGENTÉS, *s. m. pl. (confiserie).* — Cette formule, qui est restée longtemps le secret d'une maison devenue millionnaire, sera, nous l'espérons, la bienvenue parmi les confiseurs pour lesquels nous avons à tous prix voulu la recommander ici, dans une publication qui n'a en vue que le bien public et qui n'est guidée que par le désir d'être utile.

Formule 159. — Son procédé se divise en trois parties.

Première partie. — Faire un sirop à trente-quatre degrés, le laisser entièrement refroidir et y ajouter en poids 50 pour 100 d'*acide acétique* (1).

Deuxième partie. — S'assurer si la petite turbine en cristal est dans un état de propreté et surtout exempte d'humidité.

Peser, pour un kilog. d'anis (petits), cinq grammes d'argent pur en feuilles (quatre grammes seulement pour les moyens); le mettre dans ladite turbine.

Troisième partie. — Prendre des anis bien finis, bien secs et bien débarrassés de toute poussière; les mouiller avec la plus grande précision, dans une terrine ou bassine, avec le sirop déjà préparé. Dès qu'ils sont mouillés, ils doivent être rapidement introduits dans la turbine, au moyen d'un entonnoir préalablement placé dans l'orifice de celle-ci. A ce même moment, une personne placée à la manivelle la met en mouvement sans interruption; elle doit tourner régulièrement à raison de quatre-vingts tours à la minute.

L'ouvrier chargé de l'opération surveille attentivement la marchandise.

Le temps que demande ce travail ne peut pas être déterminé; il faut au minimum quarante minutes et au maximum trois heures.

Au moment d'argenter, si l'anis est trop ou pas assez mouillé, les résultats sont défectueux.

Le local doit être sec et sans chaleur.

Si le sucre était chaud, l'anis serait oxydé. Il

---

(1) L'acide y entre dans une grande proportion, mais sans le secours de ce auxiliaire, les résultats seraient mauvais. J. F.

va sans dire que la turbine ne doit pas non plus être chauffée. Les anis argentés ne peuvent être bien préparés, sans employer cinq grammes d'argent par kilogramme d'anis. La dragée argentée en exige moins : trois grammes, trois décigrammes suffisent pour un kilogramme.

Le procédé est le même; la dragée doit être bien finie et bien séchée avant de procéder à l'opération. (Voyez *Dragée*.)

Le point essentiel à observer est la précipitation à mettre dans la turbine la dragée après avoir été mouillée et la mise en mouvement de la machine.

Pour la dragée, le mouvement de rotation est de soixante tours par minute.

Certaines maisons emploient, soit de la gomme, soit de la gélatine, pour le mouillage des anis et des dragées à argenter. L'emploi de ces matières demande une très grande expérience, en raison des difficultés qui peuvent se présenter; nous ne conseillerons donc que l'emploi du sucre.

Les turbines dont se servent les spécialistes varient en capacité de un à huit kilogrammes.

Remarque. — Il arrive quelquefois que, pendant l'opération, l'argent tourne *au plomb*; cela tient à ce que la dragée est trop ou pas assez mouillée; j'engage donc les praticiens à porter toute leur attention sur la question du mouillage.

ANIS (*sucre d'*), *s. m.* — *Formule 160.* — Employer :

```
Anis vert . . . . . . . . . . . . .  Grammes   40
Sucre . . . . . . . . . . . . . .      —     500
```

Procédé. — Mettre l'anis dans du papier blanc et le faire sécher à l'étuve. Piler avec le sucre et passer au tamis de soie. Conserver dans un bocal fermé. On emploie aussi ce *sucre d'anis* pour faire cuire au cassé, que l'on blanchit en tirant par bâton.

Remarque. — Ainsi anisé, ce sucre peut être employé pour les petits-fours à l'anis, etc. Il est ainsi bien supérieur à toutes les essences des distillateurs, et a sur ces dernières l'avantage de joindre le goût de l'anis à son parfum.

ANISATEUR, *s. m.* — Appareil usité pour la fabrication de l'*eau-de-vie d'anis*.

L'anisateur s'ajoute à l'appareil à distillation continue (Voyez ALAMBIC BRULEUR), quand on veut aromatiser les produits qui en sortent. (Cet organe, avec quelques modifications de forme, suivant le cas, est applicable à la plupart des appareils à distiller.) L'anis peut y être remplacé par toutes autres plantes ou graines aromatiques.

Il se compose d'un cylindre dans lequel on place un récipient ou panier mobile, percé de trous, destiné à contenir les plantes ou graines. Un second récipient identique sert à remplacer le premier lorsque le contenu de celui-ci est épuisé, sans qu'il y ait à interrompre la distillation.

La colonne à rectifier et l'anisateur sont mis en communication par un robinet; un autre se raccorde au col de cygne pour la sortie des vapeurs saturées. Sur le milieu du col de cygne est fixé un robinet d'arrêt forçant les vapeurs à passer par l'anisateur. L'appareil est fermé par des cercles à boulons dont le joint se fait à l'aide de rondelles de caoutchouc.

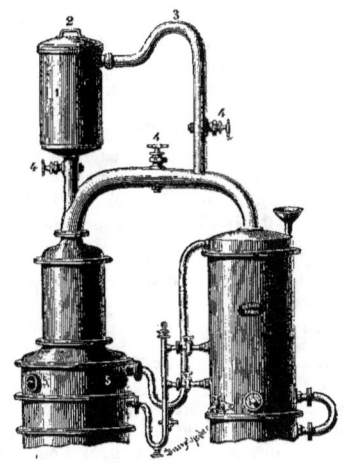

Fig. 60. — 1. Anisateur. — 2. Couvercle. — 3. Col de cygne. 4, 4, 4. Robinets d'arrêt.

Fonctionnement. — Quand on désire aromatiser les produits qui sortent de l'appareil à distillation continue, on place dans le cylindre un des paniers rempli de graines ou plantes qu'on aura fait préalablement macérer dans l'alcool afin de les attendrir ou de les gonfler, puis on remet le couvercle, en ayant soin de bien serrer les boulons.

On ouvre ensuite les deux robinets de l'anisateur, puis on ferme celui du col de cygne, pour forcer les vapeurs à passer au travers de l'anisateur et à s'imprégner du parfum des plantes qu'il renferme.

Lorsque le produit ne contient plus d'arome, on ferme le robinet d'entrée et on ouvre celui du col de cygne, afin de ne pas arrêter la distillation pendant qu'on remplace le panier épuisé par le second récipient chargé de plantes nouvelles; puis on rétablit le tout dans l'état primitif, en ouvrant le robinet d'entrée et en fermant celui du col de cygne.

L'alcool ayant servi aux macérations peut être redistillé avec les vins ou jus fermentés, afin de ne pas être perdu.

ANISETTE, *s. f.* (*liqueur*). — L'eau-de-vie anisée, ou par diminutif *Anisette*, se préparait autrefois par la distillation, comme elle se fait encore aujourd'hui en Espagne, dans quelques maisons de Hollande et de Bordeaux, à l'aide de l'*Anisateur*. (Voyez ce mot.) Lorsqu'on a obtenu l'alcool anisé, on le mélange avec un sirop dont on règle le degré pour obtenir à volonté une anisette plus ou moins forte. On laisse vieillir en tonneau pour la mettre ensuite dans des cruchons spéciaux.

Les distillateurs modernes, moins scrupuleux, font de l'anisette sans appareil, qu'ils vendent comme étant la plus fine. Voici quelques-unes de ces recettes :

Anisette par macération. — *Formule 161.* — Employer :

Alcool à 83°	Litres	2
Anis vert	Grammes	60
Coriandre	—	30
Cannelle	—	2

Procédé. — Faire infuser pendant un mois le tout, et mélanger avec un sirop composé d'un kilogramme de sucre et deux litres d'eau. Filtrer et mettre en bouteille.

Anisette par les essences. — *Formule 162.* — Employer :

Essence d'anis	Grammes	2
— de badiane	—	1
— de cannelle	—	0.06
— de Néroli	—	0.04
Alcool à 83°	Litres	2

Procédé. — Mélanger le tout avec deux litres d'eau chaude, dans laquelle on aura fait fondre 2 kilogrammes 500 grammes de sucre. Filtrer. On obtient ainsi environ cinq litres d'anisette.

Anisette par distillation. — *Formule 163.* — Employer :

Anis vert	Grammes	500
Cannelle	—	6
Alcool à 83°	Litres	9
Eau	—	1
Zestes de citrons	Nombre	5

Procédé. — Faire infuser le tout pendant dix jours, en ayant soin d'agiter. Distiller aux deux tiers, c'est-à-dire six litres d'eau-de-vie. Clarifier trois kilogrammes de sucre dans six litres d'eau; mêler le sirop au produit de la distillation et filtrer.

L'anisette obtenue par macération et par distillation est une liqueur tonique stimulante. L'anisette par essence est brûlante et nocive. L'une possède les propriétés de la plante, tandis que l'autre ne les possède pas. On doit donc s'adresser aux maisons spéciales pour obtenir de la vraie anisette et non chez les distillateurs de quatrième ordre.

Quelle est la meilleure anisette ?

Selon l'avis général de ce prince qu'on appelle public, les anisettes de Bordeaux ont acquis une renommée universelle, question de réclame et non de goût, les distillateurs de Limoges étant arrivés à produire des anisettes meilleures que celles de Bordeaux.

« Malgré notre amour-propre national, dit Alexandre Dumas, nous sommes forcés d'avouer que la première anisette du monde vient de chez Winand-Fockink, à Amsterdam; celle de Bordeaux ne vient qu'après, longtemps après. Il faut boire l'anisette de Winand-Fockink après le café, et employer l'anisette de Bordeaux pour les entremets. » Nous sommes pleinement de cet avis, et cette assertion est corroborée par plus d'un siècle de succès dans toutes les cours d'Europe.

ANISSA, *s.f.* — Liqueur fermentée tirée par incision de l'arbre à liqueur. (Voyez ce mot.) Variété de palmiers des îles Moluques.

ANJOU (*vin d'*). — Vin blanc de deuxième classe des coteaux de Saumur et de Vouvray en Touraine; ils se servent à l'entremets. Ces vins blancs possèdent des propriétés diurétiques et sont stimulants. Leur abus est dangereux.

ANODONTE, *s. f.* — Nom vulgaire que l'on donne aux moules d'étang. (Voyez *Moules*.)

ANON, *s. m.*; all. *Eselfüllen*; angl. *young ass*; ital. *asinello*. — Le petit de l'âne et de l'ânesse. Pour le traitement culinaire, voyez *Ane*.

ANON, *s. m.* — Poisson du genre gade, une des variétés de l'aigrefin; il ressemble au merlan, est très abondant dans la Manche, en janvier et en février. Sa chair est ferme, feuilletée et blanche; elle a les mêmes propriétés que celle du merlan et se traite culinairement comme celui-ci.

ANOREXIE, *s. f.* (*méd*). — Manque général d'appétit. Inappétence.

ANOSMIE, *s. f.* (*méd*). — Absence de l'odorat. Diminution ou perte du sens de l'odorat.

ANSE, *s. f.* — Partie saillante de certains ustensiles qui sert à les saisir et à les porter.

ANSÉRINE, *s. f.* (*chenopodium*). — Famille de plantes phanérogames étudiées et classées par Endlicher.

Les chenopodiacées ont beaucoup d'affinité avec les amarantacées. L'ansérine bon Henri, *Ch. bonus Henricus* de Linné, aussi dénommée

Fig. 61. — Ansérine bon Henri, (*Chenopodium atriplicis*.)

épinard sauvage, est très connue en France, malgré la diversité de classifications qui en a été faites par les naturalistes; ils se sont cependant accordés pour l'appeler *tota bonna*. Bohin lui donne le nom de *Lapathum unituosum*, à cause de ses feuilles un peu pulpeuses et charnues; d'autres, et nous-même sommes de ce nombre, la rangent parmi les *Atriplex*.

Les feuilles, d'un goût aromatique, perdent de leur âcreté dans la cuisson, lorsqu'on a soin de les rafraîchir après le *blanchisumage*. (Voyez ce mot.)

On les prépare braisées ou hachées à la façon des épinards.

Ansérine botrys. — Cette plante se distingue des autres variétés par sa tige dure, rameuse, ses feuilles allongées, sinuées, presque pennatifides, à lobes émoussés et anguleux, un peu velus. Elle croît spontanément dans les sols incultes et sablonneux des contrées méridionales de l'Europe.

Fig. 62. — Ansérine botride. (*Chenopodium botrys*.)

Elle aime les pays chauds et pénètre jusque dans la Barbarie. Son arome approche de celui du ciste ladanière. On l'emploie comme incisive, expectorante dans les maladies pituiteuses de la poitrine, dans la toux, etc. On l'administre en infusions théiformes.

Ansérine quinoa blanc. — Très connue au Pérou, son pays d'origine, où l'on s'en sert comme aliment. Les feuilles fraîches du *quinoa blanc* constituent un végétal de première utilité. La graine discoïde, blanche, petite, au nombre de cinq cents dans un gramme et pesant sept cents grammes par litre, est employée pour la bière; on en fait des potages en procédant comme pour l'avoine, des purées, etc. La farine de la graine du *quinoa* sert aussi à divers usages culinaires.

Ansérine scoparia. — Connue sous le nom vulgaire de Belvédère. Originaire de la Grèce, d'où elle est passée en Italie et dans plusieurs autres contrées de l'Europe. On la trouve même aujourd'hui presque naturalisée dans le bois de Boulogne, à Paris.

Moins utilisée dans l'alimentation que les précédentes, ses congénères. Dans certains pays, on emploie ses jeunes pousses pour donner de l'a-

Fig. 63. — Ansérine Belvédère.
(*Chenopodium Scoparia*)

rome aux autres végétaux ; quelquefois, on mêle les sommités sèches et pulvérisées dans les épices. L'élégance de son port, son agréable verdure l'ont fait admettre dans les jardins. On forme en Italie des petits balais avec ses tiges grêles, chargées de rameaux nombreux.

Quelques auteurs ont cru reconnaître dans cette plante l'*asyris* de Dioscoride et de Pline ; ils lui en ont donné le nom ; d'autres en ont fait une linaire, à cause de la forme de ses feuilles. Mais la courte description de Dioscoride a bien plus de rapport avec une linaire et ne convient nullement à notre plante.

Ansérine ambroisie. — Très connue sous le nom de *thé du Mexique*. Importée en Europe en

Fig. 64. — Ansérine ambroisie.
(*Chenopodium ambrosioïdes*)

1619, où elle s'est répandue rapidement et acclimatée à un point qu'on la considère comme plante indigène. Les fleurs sont réunies en petites grappes, par paquets, sessiles et auxiliaires. Elles paraissent en juin et juillet.

Cette plante odorante, légèrement visqueuse dans toutes ses parties, est d'une saveur aromatique qui approche de celle du cumin. Elle passe pour stomachique, résolutive, expectorante, incisive, bonne pour les crachements de sang.

On la fait entrer dans la confection des épices ; fraîche, on mélange ses pousses dans la préparation des fines herbes ; on la met dans la soupe aux herbes ; elle sert enfin de condiment pour les potages. Il est regrettable que la cuisine moderne n'en fasse pas un plus grand usage en raison de ses propriétés hygiéniques.

ANTENAIS, E, *adj*. — Petit de la brebis et du bélier depuis l'âge de douze mois à deux ans.

ANTHRACITE, *s. m.* ; all. *Kohlenblende* ; angl. *carbuncle*. — Variété du charbon de terre, dur, d'une pesanteur spécifique de 1,8 et contenant de 2 à 12 pour 100 de silice, d'alumine, d'oxyde de fer. L'anthracite brûle sans flamme ni fumée : c'est la moins combustible des houilles.

ANTIANÉMIQUE, *adj*. et *s. m.* — Les moyens médicamenteux, hygiéniques et alimentaires à employer contre l'anémie sont nombreux.

Dans le cas de diminution considérable des globules du sang et d'anémie symptomatique, conséquences de maladies très diverses, il faut avoir recours, dans la généralité des cas, à un régime analeptique reconstituant. Faire usage de la série des aliments naturels et composés qui possèdent des propriétés génésiques, et sont en même temps propres à réparer les organes de la pensée. (Voyez *Aliment*.) Les antianémiques, tels que le quinquina et le fer, ne réussissent pas toujours ; ils ont le plus souvent l'inconvénient de constiper le malade. Si l'on veut arriver promptement à la guérison avec ces soins hygiéniques, on devra traiter le malade par la *Liqueur Gaudiers*, dont les éléments purement végétaux qui en sont la base font de ce produit le meilleur réparateur connu.

Prise selon la méthode prescrite, la liqueur Gaudiers régénère les globules du sang, raffermit et répare la moelle épinière et les organes cérébraux, tonifie les fonctions régénératrices et agit efficacement contre la débilité et l'anémie : c'est donc l'*antianémique par excellence*. (Voyez *Aphrodisiaque*.)

ANTIDOTE, *s. m.*; all.; *Gegenmittel*; angl. *antidote*, ital. *antidoto*. — Contre-poison. L'antidote est ou doit être une substance non toxique, capable de neutraliser les propriétés toxiques d'autres corps.

ANTIDYSENTÉRIQUE, *adj.*, *s. m. Anti*, contre. — On nomme antidysentérique tout ce qui s'emploie contre la dysenterie, mais il n'existe pas de substance spéciale. On désigne sous ce nom une immense catégorie de moyens empruntés à la classe des astringeants ou des narcotiques auxquels on attribue la guérison de la dysenterie.

ANTILAITEUX, *adj.* (*aliments*). — Dans l'acception propre du mot, il n'y a pas de remèdes antilaiteux, mais on ne saurait nier l'influence de certains aliments sur l'abondance, la qualité, la diminution ou la perte totale du lait. Un régime alimentaire basé méthodiquement sur les purgatifs, tels que le rhubarbe, l'oseille, la dent de lion et les sudorifiques en théiformes, est sans doute le meilleur moyen d'arriver à débarrasser l'économie des humeurs laiteuses qu'elle pourrait renfermer.

ANTISEPTIQUE, *s. m.* et *adj.* (*antisepticus*). — Substances qui ont la propriété de prévenir ou d'arrêter la décomposition des matières organiques, tant végétales qu'animales.

Parmi les antiseptiques les plus réputés dont nous croyons devoir entretenir nos lecteurs, nous citerons le *Phénol Bobœuf*, dérivé le plus immédiat de l'acide phénique. Ce produit a l'avantage sur les autres antiseptiques de réunir à la fois la puissance et l'innocuité. Il est de grande utilité pour la désinfection des boîtes à ordures, des pierres à éviers et des baquets ou *cylindres* de cuisine.

Les docteurs Bouchardat et Calvert, de Manchester, sont les premiers qui en ont fait l'éloge. De nombreuses expériences pratiques ont donné raison aux savants qui l'avaient préconisé comme le meilleur prophylactique dans les épidémies, pour l'assainissement des appartements, et comme l'agent désinfectant le plus efficace, quels que soient les germes pestilentiels soumis à son action. Il rend des services non moins importants pour la désinfection des chambres de malades.

Le célèbre docteur Brochard l'a recommandé aux sages-femmes pour la toilette des accouchées et pour les bains des bébés. Nous en avons fait nous-même l'expérience pratique dans les soins hygiéniques de notre enfant, et nous avons été étonné de la réelle puissance antiseptique du *Phénol Bobœuf*. Les sages-femmes, les mères de famille trouveront donc dans ce produit le spécifique le plus énergique et le plus indispensable pour la santé.

Il éloigne les insectes du lit, raffermit la peau et préserve de toute espèce de contagions. Son emploi pour les soins de la toilette prend une extension qui va sans cesse grandissant, les personnes qui s'en servent ayant reconnu son excellence hygiénique et son innocuité, quelle que soit la finesse de la peau.

ANTISCORBUTIQUE, *adj.* (*boissons*). — En médecine se dit de tous les remèdes propres à combattre et à guérir le scorbut. L'hygiène alimentaire comprend sous cette dénomination tous les aliments à base de cochléarine.

On peut préparer soit même des boissons antiscorbutiques de la façon suivante :

Vin antiscorbutique. — *Formule 164.* — Employer :

Vin blanc	Litre	1
Racine fraîche de raifort sauvage	Grammes	32
Feuilles de cochléaria	—	16
Cresson	—	16
Trèfle d'eau	—	16
Graines de moutarde noire	—	16

Procédé. — Couper menu le raifort et faire macérer le tout dans le vin blanc pendant huit jours et ajouter.

Alcoolat de cochléaria	Grammes	16
Clorydrate d'ammoniaque	—	8

Mélanger le tout, passer et remettre en bouteilles :

Bière antiscorbutique. — On doit de préférence choisir les bières bien faites et principalement celles du Nord. Parmi celles qui sont connues à Paris et qui conviennent le mieux pour cet usage, citons la *bière de Kulka* (1), l'une des rares que le laboratoire municipal ait reconnues, à l'analyse, exemptes de tous produits antiseptiques.

Formule 165. — Employer :

Bière de Westphalie ou de Kulka	Litres	2
Feuilles de cochléaria	Gram	32
Racine de raifort sauvage	—	64
Bourgeons secs de sapin du Nord	—	32

---

(1) Ku ka, 30, rue Saint-Laurent, Paris.

Procédé. — Faire macérer pendant une semaine passer et mettre en bouteilles.

Sirop antiscorbutique. — *Formule 166.* —

Feuilles fraîches de cochléaria	Grammes	30
Racine de raifort sauvage	—	30
Trèfle d'eau	—	30
Cresson alénois	—	30
Sucre	Kilog.	1
Eau	Litre	1
Zeste d'écorce d'orange amère	Nombre	1

Procédé. — Râper le raifort, piler les feuilles et les autres végétaux dans un mortier. Faire cuire le sucre dans l'eau avec les plantes. Clarifier avec un blanc d'œuf et passer le sirop lorsqu'il est à 28 degrés.

ANTOFFE, *s. m. (botanique).* — Nom donné aux fruits du giroflier quand il est mûr ; il est rempli d'une résine dure, noire très odorante et très aromatique. On dit aussi *antofle* et *antophylle*.

ANTHROPOPHAGE, *adj.* — Peuplades sauvages qui se nourrissent de chair humaine. L'anthropophagie tend à disparaître du globe et n'est plus guère pratiquée qu'exceptionnellement.

AOUT, *s. m.* (prononcer *oût*). — Huitième mois de l'année, ainsi appelé par altération du mot *Augustus*, parce qu'il était consacré à Auguste. Le mois fécond pour la bonne chère. Le marcassin et l'albran sont les gibiers de ce mois. Les primeurs seulement font le délice de la table. Boileau le dit au figuré :

> Je consens de bon cœur, pour punir ma folie,
> Que tous les vins pour moi deviennent vins de Brie,
> Qu'à Paris le gibier manque tous les hivers,
> Et qu'à peine au mois d'*août* l'on mange des pois verts.

Les fruits sont abondants. Citons entre autres : les melons, les cerises, les abricots, les pêches, les figues, les raisins, les reines-claude, les noix, les amandes, les poires, les pommes et les fraises.

AOUTÉ, *v. a.* (*a-oû-té*). — Rendre mûrs les fruits. Dégager les feuilles pour laisser pénétrer les rayons du soleil sur les fruits. Transformer en bois les boutons des arbres. Se dit aussi des soins que l'on donne à certaines plantes potagères.

APALIKE, *s. m.* — Espèce de gros hareng dont la chair a mauvais goût.

APEPSIE, *s. f. (médecine).* — Défaut de digestion. L'un des degrés de cette maladie : *brandyspepsie* ; *dyspepsie* ; *apepsie*.

APETTE, *s. f.* — L'un des noms vulgaires de l'abeille commune domestique.

APEX, *s. m (botanique).* — Nom de l'étamine aujourd'hui, synonyme de sommet.

APÉRITIF, *n. m.;* all. *œffnend;* angl. *aperitive;* ital. *aperitivo;* esp. *aperitivo*, de *aperitivus*, de *aperire*. Les anciens appelaient *apéritifs* toute la série des substances médicamenteuses propres à ouvrir les pores. Cette série, mal définie, comprenait tantôt les laxatifs, les diurétiques, les substances toniques et stimulantes, tantôt certains sels purgatifs et des ferrugineux.

Aujourd'hui, la série des apéritifs comprend tous les moyens hygiéniques et tous les produits alimentaires propres à raviver l'appétit quand il est languissant ou à le ramener quand il a complètement disparu. L'usage des alcools et des aliments fortement épicés a modifié nos estomacs à un tel point que les apéritifs anodins des anciens ne peuvent agir sur nos organes qu'après un régime continu et prolongé. Au temps où nous vivons, la digestion, pour devenir active, demande des apéritifs d'autant plus énergiques que la vie est plus agitée, plus fiévreuse.

Tous les apéritifs doivent être pris une demi-heure avant le repas.

On peut diviser les apéritifs en trois principales classes :

1° Les apéritifs naturels, qui sont la marche, le grand air et la diète ;

2° Les apéritifs anodins, tels que le petit-lait, le cidre, la bière, etc., pris à petites doses ;

3° Les apéritifs toniques ou amers, à base de plantes aromatiques et stimulantes, traitées par l'alcool ou le vin. Ces derniers peuvent être divisés en trois types classiques, qui sont :

Le Byrrh, à base de vin de Malaga.

L'amer Lacaux, à base de plantes aromatiques.

L'Absinthe Édouard Pernod, à base d'absinthe suisse.

Le Byrrh. — Parmi les boissons dites apéritives à base de vin que nous avons analysées, celle qui nous paraît avoir le plus de valeur au point de vue hygiénique est le « Byrrh » au vin de Malaga de la maison Violet frères, de Thuirs (Pyrénées-Orientales).

Dès son apparition, et pour les motifs les plus légitimes, le « Byrrh » est devenu et demeure le type *classique* des apéritifs à base de vin. Sa supériorité a été maintes fois constatée à l'occasion des nombreuses Expositions universelles ou régionales qui se sont succédé depuis le dépôt de la marque, en 1873, et aujourd'hui la maison Violet frères, de Thuirs, en est à sa trentième médaille.

Effectivement, la destinée de ce produit, honnêtement et intelligemment préparé, méritait d'être tout autre que celle des boissons frelatées, qui ne provoquent jamais qu'une excitation anormale et dangereuse de l'estomac, et dont l'usage continu peut amener les plus graves désordres dans l'économie.

Exempt de toute alcoolisation, le « Byrrh » est le résultat d'une judicieuse association de substances amères et aromatiques, et de vin authentique de Malaga, pour la pureté duquel la maison Violet frères n'a reculé devant aucun sacrifice.

Elle a en effet installé en Espagne, au cœur même du pays de production, une importante succursale affectée spécialement aux achats, dont l'intelligent et nombreux personnel rayonne dans tous les vignobles circonvoisins, et traite directement avec les propriétaires.

Pris en état de santé, le « Byrrh » entretient admirablement l'appétit et l'énergie fonctionnelle du corps tout entier. Grâce à son action éminemment cordiale et reconstituante, il devient un précieux agent thérapeutique qui convient très bien aux valétudinaires et aux convalescents.

Il se prend quelques minutes avant chaque repas, à la dose moyenne d'un verre à bordeaux. (Voyez *Byrrh*.)

L'Amer Lacaux. — A l'article ABSINTHE, nous expliquions à nos lecteurs que la plante connue de tout le monde sous ce nom était depuis un temps immémorial employée en médecine, à cause de ses vertus toniques et vermifuges. Les AMERS, eux aussi, ont de tout temps été employés, soit comme dépuratifs, soit comme excitants; ils sont, en outre, stomachiques, fébrifuges, anthelmintiques, emménagogues; on leur attribue même la propriété de combattre la goutte. Parmi les amers, les uns sont unis à un principe féculent, qui en est inséparable ; tels sont la gentiane, la petite centaurée, le trèfle d'eau, le fumeterre, l'aunée, le quassia, le simarouba, la chicorée et le pissenlit; les autres unissent au principe amer un aromate qui en dissimule le côté désagréable ; telles sont la camomille, l'absinthe, la plupart des labiées, etc.

Il s'agissait donc, étant données les vertus reconnues de ces diverses plantes aromatiques et autres, toutes médicinales au premier chef, de les rendre agréables au goût, en les propageant comme liqueurs toniques et fortifiantes.

Pour arriver à ce résultat, il fallait non seulement un distillateur consciencieux doublé d'un chimiste, mais les conseils d'autorités médicales, la trituration et le mélange de ces plantes, ainsi que leur distillation, exigeant certaines recherches, soit pour le choix des plantes, soit pour le dosage. Ce double but atteint, on eut une liqueur agréable, en même temps que résumant toutes les qualités hygiéniques qu'exigent ce genre de produit, depuis quelques années à la mode, et dont les services deviennent chaque jour plus grands. Nous aurons l'occasion, dans le cours de cette publication, de signaler quelques-uns de ces toniques, soit comme dessert de table, soit destinés à être pris à jeun, voire même à remplacer en même temps les nombreuses drogues le plus souvent malfaisantes qu'un négoce peu scrupuleux multiplie sous tous les noms, enjolivées d'étiquettes fort alléchantes, mais qui ne supporteraient pas l'examen, même sommaire, d'un laboratoire quelque peu soucieux de la santé publique.

Parmi les rares fabricants qui livrent ces produits dans le commerce, il s'en est trouvé un entre autres, plus soucieux de la santé de ses concitoyens que des avantages pécuniaires dus à une fabrication préjudiciable à leur santé. Il a su combiner un apéritif qui joint à sa qualité supérieure en tant que goût agréable et parfumé, celle encore, plus prônée des véritables connaisseurs, de réunir tous les éléments toniques et hygiéniques qu'exigent de semblables produits.

Ainsi que l'a dit M. G. Pape, dans une improvisation qui fait honneur au poète moins peut-être qu'à l'inventeur.

Tous les amers du monde excitent l'appétit;
Mais en est-il un seul, depuis le plus petit
Jusqu'au plus grand de par l'humaine renommée
Qui vaille à nos palais celui que fait *Lacaux*?
Non! Je puis le crier sans vergogne aux échos,
Lui seul porte en ses flancs, sous sa robe embaumée,

Tous les sucs merveilleux qui chassent les humeurs !
Et puisque ce besoin est passé dans nos mœurs
De prendre, avant dîner, des boissons éphémères,
Prenez toujours, afin d'éviter d'autres maux,
Le merveilleux amer que prépare *Lacaux*
Avec l'arome sain des oranges amères !

Lui seul est pur, lui seul est bon, lui seul est sain,
Lui seul pour l'estomac n'est point un assassin,
Si bien que les docteurs, à l'instar d'Archimède,
Pourront dire demain : « *Eurêka !* le remède
Qui calme les petits troubles de la santé
Le voici triomphant devant la Faculté ! »

Nous ne nous appesantirons pas davantage sur ce délicieux apéritif, convaincu *de visu* d'abord, et par tous les rapports favorables qui nous ont été faits, qu'il continuera comme par le passé à être employé de préférence à tout autre produit similaire, mais similaire seulement de nom. Les réputations acquises tiennent à se conserver intactes; cela nous rassure sur le compte de l'apéritif vendu dans le commerce sous le nom d'*Amer Lacaux*. (Voyez AMER.)

L'Absinthe Édouard Pernod. — De tous les produits vendus sous ce nom, nous donnerons la première place, la seule non contestée, à l'absinthe Pernod, comme représentant le type le plus parfait, tant au point de vue de la fabrication, réputée dans le monde entier comme la plus loyale, comme à celui de l'innocuité, ce qui n'est pas précisément le cas de la plupart des liqueurs vendues aujourd'hui au public sous le nom d'absinthe, et dont les plus clairs résultats sont signalés par les statistiques criminalistes et les bulletins médicaux. La maison Pernod a compris que, pour rendre son absinthe absolument inoffensive en même temps qu'agréable au goût, il fallait que la fabrication en ait lieu selon les règles de la distillation (Voyez *Absinthe*), avec des plantes diverses d'absinthe suisse, et qu'il n'y entrât aucun toxique. Dans ces conditions, l'absinthe est un apéritif vraiment remarquable par son énergie.

Il ne faut donc pas confondre l'absinthe Édouard Pernod, de Couvet (Suisse), avec une autre absinthe du même nom, mais qui ne se fabrique pas dans le Val-de-Travers, le berceau même de l'absinthe. Les produits de la maison Édouard Pernod ont été analysés et classés au premier rang. On les a justement considérés comme les meilleurs apéritifs de leur genre.

Dans une réunion des membres de la « presse scientifique », qui eut lieu le 14 février 1885, sous la présidence de notre regretté maître, M. Bouley, président de l'Académie des sciences, des hygiénistes ont eu l'occasion d'apprécier cette véritable absinthe suisse, et ils n'ont pas hésité à reconnaître la supériorité de cette liqueur sur les produits similaires, aussi bien sous le rapport du goût que sous celui des propriétés hygiéniques.

Les félicitations que les membres de la « presse scientifique » ont adressées à M. Édouard Pernod, par l'organe du sympathique secrétaire de la Société, M. Joltrain, nous autorisent à appeler l'attention du public sur l'excellente absinthe à laquelle il a donné son nom, et nous la recommandons aux amateurs, qui la trouveront dans les deux mondes.

Voici la liste des principaux dépositaires de l'absinthe Édouard Pernod :

EXPORTATEURS

EUROPE
- PARIS. . . . . G. Alhaume, rue d'Enghien.
- BORDEAUX . . . . . . Caillot et Close.
- HAMBOURG. . . . . . Hermann Wieszflog.
- LONDRES. . . . . . . Louis Noël, Frith-street, Soho W
- MONTRÉAL (Canada). Dufresne et Montgenais, N-D st.

AMÉRIQUE
- NEW-ORLÉANS . . . . { Paul Gelpi et Bro.
  - Schmidt et Ziegler.
  - Bassetti et Xiques.
- NEW-YORK. . . . . . { Acker, Merrall et Condit.
  - Luyties Brothers.
  - Park et Filford.
  - Henry Mouquin.
- SAN-FRANCISCO . . . A. Vignier.
- CHICAGO . . . . Groumes et Ullrich.
- VERA-CRUZ. . . . . . Wittenoz, Vial et Cie.
- SAÏGON (Cochinchine) Speidel et Cie.

DÉPOSITAIRES FRANÇAIS

FRANCE
- PARIS . . . . Alhaume rue d'Enghien.
- HAVRE. . . . . E. Biette, rue Séry.
- SAINT-NAZAIRE . . . J. de Mont-Marin.
- BORDEAUX . . . . . . Léonce Andrieu rue N.-D.
- LIMOGES. . . . . . . Paul Bardinet.
- MARSEILLE. . . . . . Louis Milan. Bd.-National.
- RENNES. . . . . E. Gasnier, Champ de Beaumont
- CAEN . . . . J. H. Desfontenelles.
- DORMANS. . . . . . . Adrien Bellenger
- COGNAC. . . . . A. Ménard-Roger.
- PAU . . . . A. Brugnot.

APÉRITIVES (*eaux*). — Au milieu des eaux apéritives qui pullulent un peu partout, il est important de distinguer les eaux apéritives naturelles que l'on doit choisir pour l'usage de la table.

Si par le mot *apéritives*, on entend les eaux qui facilitent et activent les sécrétions digestives et biliaires, les eaux *bicarbonatées sodiques* et surtout les *chlorurées sodiques* sont des eaux apéritives ; les premières agissant d'une façon plus intime, les secondes sous une forme plus immédiate sur les organes en question. En principe général, il faut ajouter à ces eaux les eaux *sulfatées sodiques* et *magnésiques* laxatives, dont l'action est le complément des eaux apéritives proprement dites.

APÉRITIVE (*bière*). — Lorsqu'une quantité plus ou moins grande d'eau minérale *bicarbonatée sodique*, *chlorurée sodique* ou *magnésique* se trouve dans le ruisseau, la rivière ou le fleuve dont les eaux servent à fabriquer la bière, cette eau la rend apéritive. L'eau, qui est le principal facteur de la bière, conserve ses principes minéraux même après le brassage. L'association du houblon et de l'orge, qui atténue le goût des eaux minérales, n'empêche pas l'action énergique de celles-ci sur les organes de la digestion.

Parmi les bières apéritives les plus puissantes que nous connaissions en Europe, c'est certainement celle qui se fait à *Dormund*, en Vestphalie, déjà mentionnée en 1809 par Jérôme Bonaparte, roi de ce pays. Une puissante Société exploite *aujourd'hui* cette bière de premier choix, qui est avantageusement connue à Paris sous la dénomination de *Nectar Bock* (1). Son usage comme *apéritif* doit être restreint à un *ballon*, un verre ou tout au plus un *quart*, une demi-heure avant le déjeuner. Si de cet usage modeste, on doublait ou triplait la quantité, on manquerait le but que l'on désire atteindre ; l'action stimulante qu'elle possède sur les organes digestifs se changerait, par l'effet de l'acide carbonique et de l'orge, en aliment nutritif, ce qui donne à cette bière le double avantage d'être à la fois apéritive prise en petite dose et réparatrice employée comme boisson usuelle en plus forte quantité. (Voyez *Bière*.)

APÉTALE, adj.; all. *kelchblume*; angl. *apétalous*. — Groupe de plantes dicotylédonées, composé de celles qui manquent de pétales. Plantes dépourvues de pétales et portant des corolles.

APHONIE, s. f. (*hygiène*); all. angl. *aphonie*; ital. *aphonia*. — Privation totale ou partielle de la voix.

(1) Kulka, dépositaire général, rue Saint-Laurent, Paris.

Conseils hygiéniques. — Nous extrayons d'une brochure publiée par les soins de la *Société française d'hygiène* l'article ci-après, qui intéressera nos lecteurs :

« L'artiste habitera, autant que possible, une maison à l'abri du froid, des vents et de l'humidité. Il évitera le chauffage au moyens des poêles qui dégagent une odeur désagréable et des gaz délétères, et il préférera les cheminées à bouches de chaleur. Nous lui recommandons d'employer le bois et le coke au lieu du charbon de terre.

« Il ne fera pas usage de vêtements imperméables qui condensent la transpiration et entretiennent autour du corps une chaleur humide ; il se servira de vêtements en étoffe moelleuse et légère qui favorisent l'évaporation lente et insensible de la transpiration cutanée. Il évitera de comprimer la taille et le cou. Le corset, en effet, ne doit pas comprimer le corps, mais le soutenir, et il est nécessaire qu'il laisse toute liberté de mouvement à la base de la poitrine ; aussi devra-t-il être souple, garni de baleines, sans cela la respiration abdominale serait impossible.

« Comme durant les différents exercices de la voix, la respiration est plus fréquente, la quantité d'acide carbonique exhalée augmente par suite de la combustion des aliments dits respiratoires. L'artiste devra donc réparer cette perte par une alimentation suffisante. Il fera usage, de préférence, de viandes de boucherie grillées saignantes, de jambon, de bouillon concentré, de jus de viande, de lait, d'œufs, de pommes de terre, de fécule, de riz, de sucre, de sel ; il proscrira l'abus des alcooliques, du café, du thé, qui accélèrent la circulation et augmentent la fréquence de la respiration, et, par conséquent rendent la voix courte et haletante.

« On conseillera les exercices développant les muscles thoraciques : gymnastique, escrime et natation.

« Dans ces différents exercices, l'artiste tiendra le corps droit, effacera les épaules et avancera la poitrine. En lisant ou en chantant, il placera le texte au point visuel, à peu près à la hauteur de la portion supérieure de la poitrine, afin qu'il ne se courbe pas.

« Pour s'exercer à la respiration abdominale, il fera une expiration courte en rétractant le creux de l'estomac, puis une inspiration en projetant en avant la paroi abdominale.

« Le travail vocal ne devra pas durer jusqu'au moment où se produit la fatigue. On ne chantera pas pendant la digestion, car, à ce moment, l'estomac s'appliquant contre le diaphragme en gêne les contractions. A l'époque menstruelle et pendant l'époque de la mue, on évitera de faire des exercices vocaux, sous peine de voir se produire une altération de la voix. Pendant ce temps, on corrigera les défauts de prononciation.

« Nous ne parlerons pas de l'influence sur la voix de tel ou tel aliment ou de telle ou telle boisson. Chaque artiste prend ses habitudes suivant ses goûts et adopte une boisson ou un aliment pour se rafraîchir ou se réconforter à un moment de repos pendant l'exercice de la voix.

« *Maladies de l'organe vocal.* — Diverses causes peuvent produire des troubles de la voix : ainsi la fatigue, les refroidissements, les maladies générales qui atteignent les muqueuses nasale, gutturale et laryngienne, de même que quelques affections du système circulatoire et nerveux.

« Dans la fatigue causée par un excès de travail, les cordes vocales sont atteintes de parésie, c'est-à-dire qu'elles ne se rapprochent plus suffisamment au moment de la phonation; il n'est pas rare de constater en même temps une légère rougeur des rubans vocaux et de la région aryténoïdienne.

« Le refroidissement est une des plus grandes causes des maladies de l'organe vocal. En effet, il détermine le coryza ou rhume de cerveau, l'amygdalite, la pharyngite, la laryngite, la trachéite, la bronchite, c'est-à-dire l'inflammation des diverses parties de l'arbre respiratoire et du tube digestif dont nous avons parlé précédemment. Il n'est guère de personnes qui n'aient eu l'occasion de s'assurer par elles-mêmes de l'influence de ces maladies sur la voix.

« Nous ne nous arrêterons pas à décrire les diverses manifestations que l'arthritisme, la scrofule, la tuberculose, la syphilis, l'anémie peuvent produire sur les muqueuses nasale, pharyngienne et laryngienne. Il sortirait également du cadre que nous nous sommes tracé de passer en revue les maladies telles que l'anévrisme de l'aorte, les affections cardiaques, l'hystérie, la danse de Saint-Guy, etc. Pour toutes ces affections, nous renvoyons aux dictionnaires et autres livres de médecine le lecteur désireux de pousser plus loin ses études dans ce sens (1). »

---

(1) *La Voix.* — MM. Landur, Kahn, Baratoux, rapporteurs.

APHRODISIAQUE, adj. (*aphrodisiacum*), de à privatif et *Phrodite*, Vénus; all. *das Génital systemreizend;* angl. *aphrodisiac.* — En médecine, toute substance qui exerce une action excitante sur les organes génitaux.

Les anciens abusaient de certaines substances très dangereuses, au nombre desquelles nous citerons la cantharide, employée par Ovide et chantée par Béranger :

> Meurs, il le faut, meurs, ô toi qui recèles
> Des dons puissants à la volupté chers,
> Rends à l'amour tous les feux que tes ailes
> Ont à ce dieu dérobé dans les airs!

On doit se méfier de ces *dons puissants à la volupté chers,* qui sont des plus dangereux et dont les troubles occasionnent de graves et douloureuses maladies.

La puissance prolifique étant le corrélatif de la fécondité intellectuelle, il n'est pas d'exemple que l'un de ces organes soit en état d'atonie sans que l'autre n'en subisse aussitôt tous les retentissements. Terribles affections qui enlèvent à l'homme les deux principales facultés de sa vie !

Il ne s'agit pas d'exciter les organes par des substances toxiques dont les effets ne sont d'ailleurs qu'artificiels, il faut les réparer par des produits qui les rétablissent, les entretiennent sans nuire à la longévité de leur fonctionnement, sans attaquer l'organisme. Mais, jusqu'ici, la science en ignorait les moyens. (Voyez *Antianémique.*)

Un Français, M. Gaudiers, dans ses voyages en Orient, fut frappé des propriétés de plusieurs plantes albuminoïdes et de l'énergie de certaines autres plantes stimulantes. Il en composa une liqueur, et le remède contre l'impuissance fut découvert. Mais là on se trouva en présence d'une vraie difficulté. L'amertume des plantes qui entrent dans sa composition rendaient l'ingestion difficile, sinon impossible. Il fallait donc choisir la forme alcoolique qui permit de la rendre agréable sans en altérer les propriétés.

Entre les aphrodisiaques de l'ancienne pharmacopée, dont on ne pouvait user impunément, et les moyens stériles, qui restaient sans résultat, il y avait une lacune à combler, une synthèse à trouver : à la maladie il fallait un remède. Ce remède est aujourd'hui trouvé : la *liqueur Gaudiers est le seul aphrodisiaque* que l'hygiéniste, le médecin puissent recommander en toute sécurité.

Cette liqueur ne contient, en effet, ni phosphore, ni cantharide, ni strychnine, ni bromure. Dès son apparition aux Expositions internationales de 1887, à Lyon et à Paris, l'accueil du jury scientifique a été tel que, d'emblée, les plus hautes récompenses lui ont été décernées: médailles d'or et grand diplôme d'honneur.

Mets aphrodisiaques. — L'hygiène alimentaire comprend comme aphrodisiaques la série des aliments naturels et composés qui ont les propriétés de réparer les organes de la pensée. (Voyez *Aliment*.) Personne encore, jusqu'ici, n'avait exactement distingué les mets et entremets possédant des propriétés génésiques franchement réparatrices.

Parmi les potages, on doit mentionner en première ligne : le potage au nid de salanganes, le potage tortue à l'ambre gris, le potage bisque, le potage à la purée de gibier, et en général tous les potages de poissons. Parmi les crustacés : les écrevisses à la bordelaise, le caviar, le coulibiac, les fritures à l'italienne, le pain à la reine, la sole au vin blanc et à la normande, la bouillabaisse, les matelottes de poissons, les coulis de crustacés, le homard ou langouste à l'américaine, enfin tous les poissons de mer renfermant du phosphore.

Parmi les mets de gibier, la bécasse rôtie, le faisan truffé, la grive geniévrière rôtie, le salmis de pluvier, le salmis de canard sauvage, la chartreuse de perdreaux, la sarcelle rôtie ; enfin tous les gibiers aquatiques en salmis, rôtis ou truffés.

Citons encore le daim, le chamois, le renne, le chevreuil, le lièvre, la gazelle, le marcassin rôti ou en pain, à la sauce poivrade ou à la purée de gibier. On peut aussi classer comme aphrodisiaques la moelle épinière et la cervelle des animaux de boucherie, le poulet à la Favre, le pigeon en compote et la pintade rôtie, parmi les mets provenant des volailles de la basse-cour.

Enfin, parmi les végétaux, tous les condiments aromatiques (voyez *Aromate*) qui renferment de l'huile essentielle ou graminée, contenant de l'oléine. Les truffes, les morilles, la vanille, le cacao et les plantes aromatiques servant de condiments, de provenance de certaines contrées d'Arabie, croissant sur des terrains phosphoriques.

Les boissons ont aussi une grande influence sur la puissance génératrice. Parmi les eaux minérales, on choisira les eaux sulfureuses et magnésiques. Les vins seront choisis parmi les grands crus de Bordeaux, les vins d'Espagne naturels. On évitera les vins blancs, qui attaquent le système nerveux. De préférence, on usera de liqueurs aromatiques, telles que : chartreuse, cumin, anisette et coca de Lacaux.

On proscrira les alcools purs et la bière.

Contrairement à ce que l'on avait cru jusqu'ici, les effets d'un déjeuner ou dîner aphrodisiaque ne se produisent pas le jour même; ce n'est que le lendemain, c'est-à-dire huit à dix heures après la répartition nutritive. Voici un aperçu de quelques menus aphrodisiaques :

DÉJEUNER

Huîtres Marennes vertes
Homard à l'américaine
Œufs brouillés aux truffes
Bécasse rôtie
Salade à la russe
Beignets d'artichauts
VINS
Chablis. | *Bordeaux*
Café. — *Anisette*

DINER

Potage aux nids de salanganes
Écrevisses à la bordelaise
Râble de chevreuil, sauce poivrade
Poulet à la Favre
Grives rôties
Salade japonaise
Céleri au jus
Soufflé à la vanille
VINS
Xérès. | *Bordeaux*
Café. — *Chartreuse*

DÉJEUNER

Caviar au beurre
Consommé aux œufs pochés
Escalopes de turbot au coulis de crâbes
Chartreuse de perdreaux
Pluvier rôti
Truffes à la serviette
Pouding de cacao
VINS
Madère | *Bordeaux*
Café. — *Cumel*

DINER

Potage tortue à l'ambre gris
Sole à la normande
Filet de renne sauce crème
Salmis de sarcelle
Pigeonneaux rôtis
Salade de cresson alénois
Asperges sauce hollandaise
Pouding à la moelle

VINS
Porto. | Bordeaux
Café. — Coca

Ces menus, qui ne sont pas combinés d'après la règle gastronomique, visent le seul but dont il est question.

Le sexagénaire se soumettra quelques jours à ce régime, en variant les menus selon la saison, et en choisissant les mets plus haut mentionnés. En suivant exactement ce régime, il acquerra toute la virilité de la jeunesse, avec le cortège d'illusions de l'homme de vingt ans.

APHROGALA, s. f. — Les Romains désignaient sous ce nom la crème double, c'est-à-dire la première crème du lait, de *aphro*, mousse et *galu*, lait. Mousse de lait. (Voyez ce mot.)

APHYE, s. f. — Poisson de la Méditerranée que l'on trouve près de Nice jusque dans le Nil, et connu sous le nom de *loche de mer*. L'aphye, très estimée des anciens à cause de sa chair nourrissante, n'a pas été aussi bien reçue par quelques médecins modernes, qui l'ont accusée d'indigestibilité. Tout aliment nutritif étant plus ou moins laborieux à la digestion demande certainement une condimentation plus abondante et des sauces plus relevées. Alors ce poisson devient facile à la digestion, en conservant ses qualités nutritives.

APHYLLE, adj. (botanique) — De à privatif et *phylle*, feuille. Qui est dépourvu de feuille.

API, s. m. (pommes d'); all. *franzapfel* ; angl. *api* ; ital. *appiola*. — Api est le nom d'un Romain qui a obtenu ces pommes par la greffe. C'est un fruit remarquable par sa petitesse, la finesse et le lustre de sa peau, et la richesse de ses couleurs jaune et rouge, qui en font un de nos plus jolis fruits de dessert. Sa chair est ferme, d'une douceur agréable et prend, dans quelques variétés, un parfum de rose très accusé.

Tartelettes de pommes d'api. — *Formule 167.*
— Choisir des pommes bien mûres, les percer à l'emporte-pièce, les tourner et les mettre au fur et à mesure dans l'eau, les faire blanchir dans un poêlon jusqu'à ce qu'elles fléchissent sous les doigts; les rafraîchir et les égoutter.

Les remettre cuire dans un poêlon avec un sirop à 24 degrés et légèrement coloré avec du carmin. Achever ainsi la cuisson et laisser refroidir dans le sirop rose.

Foncer des moules à tartelettes avec de la pâte à gâteau de plomb. Mettre de la marmelade de pommes dans le fond de chaque moule; égoutter les pommes et en mettre une dans chaque tartelette. Passer le sirop qui a servi à cuire les pommes et le faire réduire à 32 degrés; glacer les pommes; les remettre une minute au four.

Au moment de servir, mettre un grain de verjus dans chaque cavité des pommes.

APIAIRE s. m. (*zoologie*). — Genre d'insectes hyménoptères qui ont la faculté de produire le miel et dont l'abeille est le type.

APICIUS s. f. — Nom célèbre dans l'histoire de la gastronomie ancienne. Apicius, premier gourmet de ce nom, vivait sous Tibère et demeurait généralement à Minturne, ville de Campanie, où il mangeait, avec la variété sans fin de ses mets, des squilles crustacés appelés aussi sauterelles d'eau qu'il aimait passionnément et qu'il payait fort cher. C'était, paraît-il, le pays par excellence pour les squilles, car on en pêchait là de si grosses que ni celles de Smyrne ni les écrevisses d'Alexandrie ne pouvaient le disputer aux squilles de Minturnes pour leur grosseur et la finesse de leur chair.

On lui dit un jour qu'en Afrique on pêchait des squilles d'une grosseur pareille : il s'embarqua sans perdre un instant. Après avoir essuyé une furieuse tempête, il arrive enfin à la côte, où le bruit de son voyage l'avait déjà devancé. Avant qu'il eût mis pied à terre, les pêcheurs viennent à son bord et lui apportent tout ce qu'ils ont de plus beau.

« N'en avez-vous pas de plus grosses, leur dit-il. — Non! il ne s'en pêche pas de plus belles que celles que nous apportons. » L'illustre gourmet, se souvenant des squilles de Minturne, ordonna à son pilote de retourner immédiatement en Italie sans seulement aborder.

Le cuisinier pour lui était un personnage au-dessus des dieux, et il aurait pu dire avec Désaugiers :

> Un cuisinier quand je dîne,
> Me semble un être divin,
> Qui du fond de sa cuisine
> Gouverne le genre humain.
>
> Qu'ici bas on le contemple
> Comme un ministre du ciel,
> Car sa cuisine est un temple
> Dont les fourneaux sont l'autel.

Sous Néron, Apicius dépensa pour sa cuisine quatre cents millions de *sesterces* (vingt millions de francs); après avoir consommé la valeur de tant de congiaires, mangé plusieurs fois dans un seul repas l'équivalent d'un impôt, accablé de dettes, il se vit contraint de calculer, pour la première fois, l'état de sa fortune, et vit qu'il lui restait une rente de quarante millions de sesterces (deux millions de francs); aussitôt il s'empoisonna, comme s'il eût craint de vivre dans la misère. C'est de lui que M. Dubos a dit :

> Le patron des gourmets, l'illustre Apicius,
> Venait de dévorer six fois cent mille écus :
> Cent mille lui restaient, mais une pareille somme
> Pouvait suffire encore à vivre en honnête homme ;
> Il en juge autrement ; et redoutant la faim,
>   Il veut terminer son destin ;
>   Et pour mourir en gastronome,
>   Il s'empoisonne en un dernier festin.
> Apicius, ton nom cher à la gourmandise,
> Était déjà fameux : ta mort l'immortalise.

Apicius avait écrit sur l'art d'aiguiser l'appétit un traité intitulé : *De gulæ irritamentis*. Il y eut aussi un autre Apicius qui vécut de l'an 649 de Rome jusqu'à Tibère, c'est-à-dire avant le fameux gourmet. Un troisième vivait sous Trajan; ce dernier, qui était un disciple du grand Apicius, avait trouvé le moyen de conserver les huîtres fraîches. Un quatrième vécut après l'empereur Commode; dans son traité *De re culinaria*, il parle des grands festins de cet empereur.

APICULTURE, *s. f.*; de *Apis*, abeilles, et *cultura*, culture. — Art de cultiver les abeilles.

APIOL, *s. m.* (*chimie*). — Principe actif, huile volatile que l'on retire des graines de persil. Il est estimé contre les fièvres intermittentes.

APIOS, *s. m.* (*apios tuberosa*). Se prononce *a-pi-oss*. C'est le *glycine apios* de Linné; angl. *tanberous glycine*. — Plante originaire de l'Amérique septentrionale. Vivace, à racines tronçantes, portant des renflements tubéreux de la grosseur d'un œuf de poule.

Culture. « L'apios tubéreux, ne donnant pas de graines sous notre climat, se multiplie par division des pieds, en mars-avril ou à la fin de l'été. On plante les divisions en bonne terre légère et saine, à 1 mètre ou 1^m,50 de distance en tous sens; les tiges doivent être soutenues au moyen de perches ou de rames, comme celles de l'igname de Chine. Les soins d'entretien se bornent à quelques binages pour maintenir la terre propre. Ce n'est guère que la seconde ou la troisième année que les renflements des racines sont assez développés pour mériter d'être récoltés ».

(Les plantes potagères de Vilmorin-Andrieux.)

Fig. 65. — Apios tubéreux.

USAGE ALIMENTAIRE. — Les cuisiniers d'Amérique seuls font usage de ce tubercule. Son goût farineux, légèrement sucré et aromatique, en fait un aliment exquis lorsqu'il est préparé selon les règles de l'art. Un de nos confrères, M. F. FÈRE, président de la *Société culinaire française* de New-York, dont la réputation comme artiste culinaire est universelle en Amérique, nous assure qu'il en a fait des *purées* exquises, des *beignets*, des *fritures*, enfin des *garnitures* de premier choix pour accompagner les viandes de boucherie. Il serait à désirer que l'usage de ce tubercule devînt plus général.

APIS, *s. m.* (*mythologie*). — Fils de Niobé. Il s'empara de toute l'Égypte et la gouverna avec tant de douceur que les peuples le regardèrent comme l'incarnation du dieu *Phthas*. On l'adorait sous la figure d'un bœuf, parce qu'on croyait qu'il en avait pris la forme pour se sauver avec les autres dieux quand ils furent vaincus par Jupiter. Il s'appelait aussi *Osiris* et *Sérapis*. (Voyez *Bœuf*.)

APLATIR, *v. a.*; all. *plait drüchen*; angl. *to flatten*; ital. *appiotare*. — Rendre plat. Culinairement, aplatir un beefsteak, un poulet, un pigeon qu'on prépare pour griller.

APLET, *s. m.* — Filet qui sert à pêcher les petits poissons de mer.

APODE, *s. m.*; de *a*, privatif, et *pode*, pied. Qui manque de pied. — Poisson dépourvu de nageoires ventrales; l'anguille, etc. On désigne également sous ce nom tout animal qui est sans pied ou qui a les jambes très courtes.

APOGNON, *s. m.* — Poisson de la variété des rougets, qui a une grande renommée en Italie; c'est la plus belle de ces variétés. Il se pêche aux environs de l'île de Malte.
Pour les préparations culinaires, voyez le mot *Rouget*.

APOS, *s. m.* — Oiseau qui a de grandes analogies avec l'hirondelle, mais d'une taille plus forte. C'est un *apoda*, c'est-à-dire qu'il a les pattes excessivement courtes; aussi est-il obligé de se nourrir d'insectes qui se trouvent dans l'air, et, étant obligé de voler constamment, il ne se repose que très rarement et dans les endroits d'où il n'ait qu'à se laisser tomber dans l'air.
Cet oiseau est fort recherché en Italie; sa chair délicate est d'une saveur exquise, nourrissante et d'une digestion facile.
Bardé, enveloppé dans des feuilles de sauge, rôti et servi sur des croûtons de polenta, voilà la manière dont on le sert en Italie; on peut le servir aussi en salmis.

APOSITTE, *s. f.* (*médecine*) du grec, *apo*, loin, et *sitos*, blé. — Défaut d'appétit; répulsion pour les aliments.

APOZÈME, *s. m.*; du grec *apozema*, décoction; dérivé d'*apozeô* je bous. — Les apozèmes diffèrent des théiformes en ce qu'ils sont pris à des heures fixées par les médecins, parce qu'ils contiennent une plus grande quantité de principes médicamentaux que les tisanes.

APPARAT, *s. m.*; all. *prunk*; angl. *parade*; ital. *apparato*. — On désigne par là les soins qu'on a pris pour rendre magnifique un dîner avec cérémonial.
C'est la pompe, la magnificence culinaire; un festin d'apparat est un festin où règne le luxe recherché et combiné, où la bonne humeur des amphitryons doit être chose naturelle.

<small>La source de tendresse est-elle en nos entrailles,
Comme les grandes eaux des jardins de Versailles,
Pour jouer seulement dans les *jours d'apparat ?*
E. Augier.</small>

APPAREIL, *s. m.* (*cuisine*); all. *zurûitüsg*; angl. *dressing*; ital. *apperichio*; esp. *aperejo*; port. *aparelho*. — Les appareils de cuisine, de pâtisserie sont des substances qui servent à lier d'autres corps composés de différentes natures. Le *velouté* est un appareil servant à lier d'autres sauces. L'appareil du blanc-manger, gélatine fondue et lait, de la crème bavaroise, composition de jaunes d'œufs, de lait et de gélatine. La panade est un appareil de la farce à quenelles. (Voyez *Velouté* et *Panade*.)

APPAREILLADE, *s. f.* — Terme de chasse, formation d'un couple de perdrix pour la reproduction.

APPAREIL ANGLAIS, *s. m.* (*cuisine*). — Œufs battus et assaisonnés de poivre, de sel et quelquefois d'huile fine. Cet appareil sert généralement pour paner les substances que l'on veut frire; on les y passe avant de les rouler dans la chapelure ou la mie de pain.

APPAREILLER, *v. a.*; all. *zurüsten*; angl. *to get ready*; ital. *apparecchiare*; esp. *aparejar*. — Appareiller des asperges, des salsifis, des biscuits, etc.; les rendre de la même longueur. Mettre l'appareil dans la crème, ajouter l'appareil dans la farce.

APPARTEMENT (*hygiène des*), *s. m.*; all. *Wohnunn*; ital. *appartamento*. Étymologie de *partire*, diviser. — On désigne par là plusieurs pièces d'habitations réunies les unes aux autres.
Avoir sa maison à soi pleine des souvenirs d'enfance, se rappeler les jours heureux passés

dans l'insouciance, sous la douce égide maternelle, espérer d'y mourir au sein d'une aimable famille, certes, ce sont là des rêves de bonheur bien naturels et qui devraient appartenir à tous les êtres humains ; mais l'organisation sociale s'oppose, pour quelques-uns du moins, à cette réalisation.

Cet idéal devient de plus en plus rare, et l'on est contraint d'aller chercher un alvéole dans ces immenses ruches qui constituent les maisons modernes des grandes villes. La vie dans ces maisons n'est ni saine ni agréable. (Voyez le mot *Air*.) Nous avons traité des aliments de la respiration. On ne saurait trop en parler pour attirer l'attention de la police sanitaire et des ingénieurs qui entassent étage sur étage, chambre contre chambre, et pour utiliser tout économiquement, on dispose des cabinets noirs humides et sans air, vrais centres d'infirmités.

Qui se loge dans ces taudis ? Le travailleur qui a précisément besoin de bien se coucher ! Quel homme plus que lui, après avoir passé douze heures au laboratoire, à l'atelier, à la forge, mérite mieux une chambre aérée et propre ? Nous voyons, dans la corporation des gens de bouche, le cuisinier, après un travail de quatorze heures et soixante degrés de chaleur, aller se coucher dans ces chambres humides. Les pâtissiers payent cher leur maîtrise ! Quel art pour un apprenti dont le lit habituel est un réduit près de l'étuve ! Ce mode ancien appliqué à la plèbe s'est perpétué jusqu'à nos jours. (Voyez *Pâtissier*.) Le cuisinier, le confiseur, le pâtissier et le garçon limonadier sont les quatre corporations qui subissent le plus immédiatement les funestes effets de l'air vicié. Il ne s'agit pas de bien se nourrir pour arriver à une carrière plus ou moins longue, il faut encore savoir assainir le laboratoire, l'atelier, la cave, la cuisine et la chambre dans lesquels on vit. Chacun respirant dans l'atmosphère du local qu'il habite, cette atmosphère réunit ainsi tout le monde de la même corporation dans une solidarité respiratoire qui a ses innocuités ou ses périls.

Si l'aération des appartements est une des premières conditions de santé, il n'est pas moins important de savoir appliquer au préalable des antiseptiques au moment des chaleurs, pour arrêter les dégagements putrides qui envahissent les poumons et y déterminent leurs ravages. Quelques gouttes de *Phénol Bobœuf* dans les water-closets, dans le tuyau de la pierre à évier, dans la boîte aux ordures, suffisent pour se garantir de toute action nocive. L'odeur pénétrante qui se dégage de ce produit n'est autre que l'huile volatile du goudron et de la houille, ce qui en fait sa qualité saine et hygiénique.

Dans les fortes chaleurs, on doit maintenir dans sa chambre à coucher une assiettée de sciure de bois, dans laquelle on aura laissé tomber un filet de phénol Bobœuf; cet agent, qui est à la portée de tous, est en même temps le plus puissant prophylactique des épidémies.

On ne saurait donc trop recommander la désinfection des locaux dont les conditions d'aération et de soleil laissent à désirer, en attendant que nos réclamations soient entendues.

APPAT, *s. m.* all. *kader*; ital. *escu*. — Attrait pour séduire le poisson et le faire prendre à l'hameçon ou entrer dans la nasse. Appât du gibier, qui l'attire à la portée du fusil ou dans la trappe.

Quelquefois aux *appâts* d'un hameçon perfide
S'amorce en badinant le poisson trop avide.
BOILEAU.

La même étymologie que *appas*, dont il n'est qu'une forme plurielle et pris dans un autre sens :

Étalant ses *appas*, fille aux yeux assassins,
Accoste un vieux dévot se rendant à la messe,
Lequel se dit tout bas : fuyons cette drôlesse !
Mieux vaut avoir affaire au bon Dieu *qu'à ses seins*.

APPATER, *va.*; all. *locken*; angl. *to decoy*; ital. *adescare*. — Attirer par un appât. Appâter des oiseaux et des poissons.

APPENZELL, *s. m.* (*climatologie*). — Station d'été, dans la partie nord-est de la Suisse, chef-lieu du canton du même nom, situé à une altitude de sept cent soixante-trois mètres. On peut y trouver un refuge d'été aussi agréable par la beauté des sites et le pittoresque des mœurs que par la pureté et la fraîcheur de l'air.

Les eaux ferrugineuses froides d'Heinrichsbad sont dans le voisinage, à sept cent soixante-sept mètres d'altitude. On y fait des cures de petit-lait.

On trouve, du reste, à Appenzell même, des eaux carbonatées magnésiques, très anciennement connues, mais qui ont été très mal étudiées jusqu'ici. Il serait à désirer qu'une étude approfondie s'en fît, afin de connaître et de s'approprier les qualités efficaces de ces eaux.

APPERT (François), confiseur français, mort en 1840. Appert est un des noms célèbres qui figurent avec honneur dans l'histoire de l'alimentation publique. Si Appert n'a pas son monument, c'est que tous les hommes qui ont fait un bien réel à l'humanité semblent être oubliés par son ingratitude.

Appert est le premier qui, par le moyen du calorique, conserva toutes les substances organisées.

Son procédé, aussi simple que fécond, embrasse toutes les substances végétales et animales. Il est établi que, lorsqu'une substance alimentaire quelconque est renfermée dans un vase hermétiquement clos et soumise à une température de plus de cent degrés, elle décompose l'air atmosphérique contenu dans le vase, absorbe l'oxygène, et devient par cette absorption complètement et indéfiniment imputrescible.

Il fonda son premier établissement dans la rue Folie-Méricour, n° 4, et ses premiers essais publics datent de 1804; c'est à Brest qu'ils furent faits par ordre du gouvernement français, sous le ministère du comte de Montalivet, qui lui accorda douze mille francs à titre d'encouragement; en 1816, 1822 et 1827, la Société d'encouragement pour l'industrie nationale lui donna des prix et des médailles d'or. Aujourd'hui, les conserves de ce savant économiste sont généralement connues et appréciées, et sont devenues de première nécessité à bord des navires marchands pour la nourriture des passagers et pour les hôtels de montagnes de saison d'été. C'est surtout à lui que nous devons la sardine à l'huile que l'on tire de Nantes, les gibiers et les légumes divers. Appert remit son établissement à son neveu, Prieur-Appert, surtout dans le but d'assurer l'avenir de sa découverte, et celui-ci, par ses constants efforts, l'a maintenue au premier rang des arts utiles, et, sur plusieurs points, l'a notablement perfectionnée. Cette maison appartient aujourd'hui à Chevallier-Appert, gendre de Prieur-Appert. C'est surtout grâce à lui que l'on peut servir un dîner complet à Pétersbourg, à New-York, à Pondichéry, aussi bon, aussi frais que s'il venait d'être préparé à Paris.

Dans toute l'Europe, il y a aujourd'hui des établissements du système Appert; le procédé général de ce système est le suivant :

Renfermer dans des bouteilles, bocaux ou boîtes de fer-blanc ou de fer, battre les substances que l'on veut conserver.

Boucher ou souder ces vases avec la plus grande précision, car c'est surtout de l'exactitude de cette opération que dépend le succès.

Soumettre les substances ainsi renfermées à l'action de l'eau bouillante d'un *bain-marie* pendant plus ou moins de temps, selon leur nature, et de la manière indiquée plus loin pour chaque espèce de comestibles.

Retirer les bouteilles ou boîtes du *bain-marie* au temps prescrit. Diverses autres conditions sont nécessaires. Ainsi :

Ne pas changer subitement le milieu dans lequel sont les bouteilles, en les retirant de l'eau bouillante pour les déposer dans un lieu froid.

Choisir les aliments, le degré de maturité et la qualité des substances que l'on emploie.

Il y a beaucoup d'objets qui peuvent, sans danger, supporter au *bain-marie* une heure de cuisson de plus que le temps fixé: tels sont : le bouillon, les consommés, les gelées et les essences de viandes, de volaille et de jambon, les sucs de plantes, le moût de raisin, le sirop, etc. Mais il en est beaucoup d'autres auxquels un quart d'heure, une minute même de trop, feraient beaucoup de tort. Ainsi donc, les résultats seront toujours subordonnés à l'intelligence, à la célérité et aux connaissances approfondies des ouvriers manipulateurs des aliments.

Appert avait acquis des connaissances approfondies dans tous les domaines de son art, et chaque chose a été étudiée et raisonnée par lui.

« Il ne s'agit point, dit-il, ici comme dans les expériences des chimistes, de détruire l'agrégation des substances alimentaires; d'avoir, d'un côté, la gelée animale, et, de l'autre, la fibre privée de tout son suc et semblable à un cuir tanné. Il ne s'agit point, comme dans les tablettes de Canillon, de préparer à grands frais une colle tenace plus propre à déranger l'estomac qu'à lui fournir un aliment salubre.

« Le problème consistait à conserver toutes les substances nutritives avec leurs qualités propres et constituantes. C'est ce problème que j'ai résolu, comme il est démontré par mes expériences. Des hommes très éclairés, mais peut-être trop livrés à l'esprit de système et de prévention, se sont prononcés contre ma méthode, alléguant une prétendue impossibilité. Cependant, d'après les principes d'une saine physique, est-il donc si difficile de se rendre raison des causes de la conservation des substances alimentaires par mon procédé? Ne voit-on pas que l'application du calorique par le *bain-marie* doit opérer doucement une fusion des principes constituants et fermentescibles, de manière qu'il n'y ait plus aucun agent de fermentation qui domine. Cette prédominance est une condition essentielle pour que la fermentation ait lieu avec une certaine promptitude.

« L'air, sans lequel il n'y a point de fermentation, étant exclu, voilà deux causes essentielles qui peuvent rendre raison du succès de ma méthode, dont la théorie paraît actuellement la suite des moyens mis en pratique. »

Appert restera un de ces hommes rares qui se dévouent au progrès de la science et de l'art, et savent ainsi apporter des découvertes scientifiques utiles à la société humaine.

APPÉTENCE, *s.f.* (*appetentia*); all. *Begehren*; angl. *appetence*; ital. *appetenza*. — Par son étymologie, *appetire*, désirer, ce mot semble être l'expression exacte des besoins de tout animal. Satisfaire l'appétence, c'est donc assouvir les besoins de l'organisme.

Sentiment particulier qui porte l'animal à rechercher ce qui lui est nécessaire.

Appétence est beaucoup plus général qu'appétit, d'abord parce qu'il se dit aussi bien de l'animal que de l'homme, tandis qu'*appétit* est réservé plus particulièrement à celui-ci ; ensuite parce qu'*appétence* est un terme didactique qui exprime une inclination innée sans la qualifier aucunement. *Appétence* appartient en outre au langage général et exprime ce qu'il y a de plus sensuel, de plus grossier parmi les *appétits* de l'homme.

APPÉTISSANT, *adj.*; all. *einladend*; angl. *appetizing*; ital. *gustoso, saporito*. — Qui excite à satisfaire l'appétit. Des mets appétissants, du vin appétissant, des fruits appétissants, qui engagent à manger, etc.

APPÉTIT, *sm.* (*appetitus*); all. *Hunger*; angl. *appetite*; ital. *appetito*; portug. *apetite*; espagn. *apelito*. — Sensation qui fait ressentir le besoin de fournir à *la nutrition* des aliments *solides*. La restriction exprimée par ce dernier mot distingue l'appétit de la *faim*, de l'appétit de la *soif*, si l'on veut donner à ce mot son sens général.

En effet, notre corps, par sa vitalité, est soumis à un travail physique, mécanique ou intellectuel constant, qui lui fait dépenser une grande partie de cette vitalité même. Cette déperdition conduirait loin, si nous n'avions en nous ce que, dans sa physiologie, M. le professeur Béclard, d'après Brillat Savarin, appelait « la sonnette d'alarme », c'est-à-dire l'appétit, qu'on peut mieux définir par ce mot : le désir de manger.

Lorsque ce désir devient un besoin, l'appétit fait place à la *faim*.

Le désir provoqué par l'appétit se traduit plutôt par des sensations agréables que pénibles. Il n'y a que lorsque l'on a faim que ce besoin, qui n'est plus un désir, devient impérieux et occasionne des douleurs dans la région stomacale.

L'appétit, malgré tout, peut provoquer des bâillements, mais jamais de tiraillements d'estomac douloureux.

L'appétit n'est que la sensation ou le désir de se réconforter périodiquement, de prendre des aliments solides et liquides d'une façon régulière, et cette régularité marche de pair avec le travail du tube digestif. C'est seulement lorsque les aliments que l'on a pris ont été digérés d'une façon complète que l'appétit se fait sentir.

Comme il a été dit plus haut, l'appétit quelquefois se traduit d'une façon agréable. C'est une envie, c'est un désir, une affirmation du sens du goût. Les papilles de la bouche sont dans un état léger de surexcitation ; la salivation augmente ; l'individu, dans cette situation, ressent comme un *souvenir physique* de tel ou tel aliment qu'il a trouvé bon antérieurement et dont le sens du goût, qui en a été flatté, se souvient. L'odorat, parfois, s'en mêle, et il arrive que l'individu en appétit, dans ces conditions, sent le fumet du mets qu'il désire.

C'est là que s'arrête l'appétit ; plus loin, c'est la faim, dont nous parlerons ultérieurement.

Dans l'ordre naturel, l'appétit est l'indice de la faim, car la faim le suit ; — et cependant il arrive que, la faim assouvie, l'appétit persiste encore. Combien de personnes, après avoir suffisamment mangé, n'ont-elles pas senti leur appétit renaître en s'approchant d'une table mieux servie que celle qu'elles venaient de quitter quelques instants auparavant ?

Il en découle que l'appétit a plus de rapport au désir qu'au véritable besoin ; — c'est pour cela que, si on l'écoutait, il pourrait devenir préjudiciable à la santé, — et, par là même, il rentre dans le domaine de l'hygiène, laquelle, comme on sait, est opposée à la gourmandise. L'appétit varie, indépendamment de ce besoin, suivant les âges, les tempéraments, le sexe, les saisons et les climats.

Dans l'enfance, la vie n'est qu'activité. L'enfant joue, court, saute; chez lui, pas de préoccupations; la nature seule le dirige pour le conduire à son développement, il n'a que de la fatigue physique. Il y a bien, par-ci par-là, quelques larmes; elles sont vite séchées par un sourire. Donc, pas d'influence nerveuse. Le corps seul agit, le corps seul dépense et s'accroît. Aussi l'organisme de l'enfant demande-t-il beaucoup, et pour ses petites fatigues amusantes, et pour son développement. Il faut lui rendre la vitalité que ces deux causes lui font perdre. Il faut calmer son appétit.

D'ailleurs, chez l'enfant, l'appétit est vite satisfait, par ce fait même qu'il se fait fréquemment sentir. Cela tient à la petitesse de l'estomac et à la force digestive dont cet organe est doué. Aussi, au point de vue de l'hygiène, il est bon de donner souvent à manger aux enfants, mais peu à la fois; quatre à cinq repas par jour, c'est au moins ce qu'il leur faut. Car, ainsi que l'a dit avec raison Hippocrate : « Les enfants sont ceux qui supportent le moins l'abstinence. »

En avançant en âge, l'appétit se fait moins sentir, c'est-à-dire moins souvent; cependant, jusqu'à parfaite croissance, la diminution est peu remarquable.

Lorsque le corps a acquis tout son développement, l'appétit devient plus modéré, et alors deux bons repas suffisent.

Dans la vieillesse, l'organisme somnolent n'a que peu de désirs; aussi l'appétit ne sonne plus la *clochette d'alarme;* et, dans la presque totalité des cas, c'est plutôt par habitude ou par raison que les vieillards mangent. C'est surtout à cette époque de la vie que l'hygiène doit être observée, et qu'il faut, à la régularité des repas, joindre le choix des aliments.

Au point de vue du tempérament, il est à remarquer que les personnes lymphatiques ont peu d'appétit. Les personnes sanguines ont un appétit plus vif. Les gens dont le tempérament est bilieux sont en général plus fort mangeurs, et presque tous les aliments, quels qu'ils soient, leur plaisent. D'après l'histoire, Alexandre le Grand avait un tempérament bilieux, et mangeait, au milieu de ses soldats, le même pain qu'eux, avec un extrême plaisir.

L'appétit varie suivant le sexe. La femme mange moins que l'homme. Cela tient, d'abord à la prédominance de son système lymphatique. Puis, elle a des travaux qui la fatiguent moins que ceux de l'homme, en parlant d'une façon générale; car il est bon de remarquer que les femmes qui accomplissent des travaux demandant une grande dépense de force musculaire, les blanchisseuses de lavoir, par exemple, ont un très vif appétit. Mais, en général, l'appétit revêt, chez la femme, un caractère nerveux, capricieux, plus ou moins intense, suivant le milieu et les habitudes, et aussi suivant les états physiologiques, tels que la grossesse principalement.

Les saisons et les climats ont aussi leur influence sur ce besoin. Ainsi, d'une manière générale, on mange plus en hiver qu'en été; cette différence, toute naturelle d'ailleurs, a sa raison physiologique. Lorsque la température extérieure s'abaisse, nous sommes forcés de lutter contre le froid, en développant une plus grande quantité de *chaleur animale*. Cette chaleur est due à la respiration et aux décompositions, aux transformations chimiques que subissent les aliments pendant l'acte de la digestion. En été, l'appareil digestif est débile, l'estomac paresseux et, par suite, l'appétit diminue. Aussi est-il de bonne hygiène d'user pendant l'été d'aliments légers et de digestion facile, tels que légumes frais et viandes blanches; en hiver, au contraire, une forte nourriture s'impose absolument.

De ce qui se passe suivant les saisons, il est facile de déduire ce qui se passe suivant les climats. On peut le traduire par cette phrase : « L'appétit est en raison inverse de la température. »

En résumé, pour avoir de l'appétit, l'exercice est nécessaire. On dit quelquefois : « Il mange comme un chasseur! » Tout le monde ne peut pas aller à la chasse, néanmoins tout le monde peut prendre autant de fatigue agréable qu'un chasseur. J'ai dit fatigue agréable, car l'excès, qui en tout est un défaut, serait préjudiciable à l'appétit. Après de trop rudes corvées, on mange peu.

Que faut-il faire pour conserver l'appétit? Eh bien, vivre avec sobriété, éviter tout excès, régulariser autant que possible les heures de repas. Si l'emploi que l'on occupe est sédentaire, il faut s'astreindre, quelle que soit la saison, à une petite promenade matin et soir. Pour tout le monde, nous recommandons les exercices corporels, la marche, la gymnastique, les bains froids.

Dr PAUL LABARTHE.

APPLE'S-CAKE, *s.m.* (*pât. anglaise*); all. *Apfelkuchen*. — Gâteau de pommes qui se prépare d'une façon toute différente que le gâteau à la française.

Formule 167. — Employer :

Moelle de bœuf............	Grammes	100
Sucre écrasé.............	—	375
Pommes aigrelettes épluchées..	Nombre	6
Œufs frais...............	—	8
Cannelle................	Bâton	1
Arrow-root ou fécule......	Cuillerées	2

Procédé. — Faire fondre sur le feu les pommes, la cannelle et la moelle de bœuf ; passer le tout au tamis. Mettre la purée dans une bassine avec les deux cuillerées d'arrow-root, le sucre, et faire cuire à petit feu pendant dix minutes, en remuant constamment.

Retirer de la bassine et laisser refroidir cette marmelade. Mêler les six jaunes d'œufs, puis les deux derniers avec leurs blancs. Mélanger bien le tout et mettre dans un moule uni, préalablement graissé de moelle de bœuf.

Faire cuire au bain-marie pendant quarante minutes au minimum.

La sauce. — *Formule 168.* — Trois jaunes d'œufs, deux décilitres d'eau, le zeste d'un citron, un bâton de cannelle, le tout en quantité suffisante, avec addition de sucre candi. Mettre dans une bassine, sur un feu très doux, pour commencer, en chauffant progressivement, jusqu'à ce qu'on obtienne une mousse homogène. Renverser l'apple's-cake sur un plat rond, creux et masquée du sabayon. Envoyer le restant du *sabayon* ou *chaudeau* dans une saucière.

Apple's-cake à la reine Anne. — *Formule 169.* — Faire une marmelade de pommes, assaisonnées de zestes de citrons, d'un bâton de cannelle et de sucre ; passer au tamis, ensuite incorporer de l'écorce d'orange confite et finement hachée. Laisser refroidir.

Fouetter, d'autre part, de la crème double et très fraîche, lui mélanger deux feuilles de gélatine préalablement fondue dans un peu d'eau. Ajouter la crème fouettée à la marmelade de pommes en remuant de manière à bien homogénéiser les différents corps. Mettre dans un moule légèrement beurré, et laisser refroidir.

Au moment de servir, tremper le moule dans l'eau bouillante, le retirer aussitôt, l'essuyer et le renverser sur un plat rond et creux. Décorer superficiellement avec du citronat, de l'orangeat, et servir à part un jus de fruits au rhum.

APPLE'S-PUDDING, *s. m.* (*cuis. anglaise*); all. *Apfel-pudding.* — Pudding de pommes. On procède, pour tous les puddings de fruits à l'anglaise, comme pour l'*apricot-pudding.* (Voir la description.)

APPLE'S-TART, *s.f.*; all. *Apfeltort.*—Tourte aux pommes, mais dont le procédé de confectionnement diffère de celui de la tourte française, en ce qu'on applique ici la pâte sur les pommes disposées dans un plat destiné à cet usage. Voici le mode généralement employé :

Formule 170. — Remplir un plat à tourtes, de pommes ou d'autres fruits dont la tourte portera le nom ; assaisonner au préalable avec du sucre ou de la cassonade, de la cannelle et des clous de girofle.

Abaisser de la pâte brisée, mettre une bande autour du plat, après avoir couvert le fruit avec la pâte ; décorer le tour et le milieu. On doit avoir soin de bien souder les deux pâtes ensemble. Mouiller le dessus avec un pinceau trempé dans l'eau et saupoudrer de sucre pilé. Faire cuire dans un four chaud. Pour saisir la pâte, percer le milieu de celle-ci, afin de laisser échapper la vapeur, et achever la cuisson dans un four d'une chaleur modérée.

APPRENTI, TIE, *s. m.* et *f.*; all. *Lehrling*; angl.; *apprentice*; ital. *allievo*; esp. *aprentiz.* — Celui ou celle qui apprend. Écolier de cuisine, de pâtisserie, de boulangerie, de confiserie, etc.

L'apprenti cuisinier ne devrait jamais être reçu avant l'âge de dix-sept ans au moins, et cela dans l'intérêt des patrons aussi bien que dans l'intérêt de l'apprenti lui-même. Mais, au contraire, chez les pâtissiers de Paris, surtout, une misérable exploitation s'étend jusqu'aux enfants, qui, pour la plupart, ont à peine une douzaine d'années lorsqu'ils entrent en apprentissage.

Dès ce moment, le pauvre enfant, qui n'est pas encore formé, contracte les germes de la maladie qui enlève, si jeunes, un grand nombre de cuisiniers ou pâtissiers.

L'ardeur du feu auquel il est exposé lui donne une soif inextinguible ; l'enfant boit, et quel breuvage bien souvent!... Quant à la nourriture, elle est presque toujours insuffisante, absorbée dans un temps relativement très court, et, par suite, source de mauvaises digestions et de désordres stomacaux qui finissent par devenir chroniques. C'est alors que débute la maladie de foie. Le contact des garçons de cuisine et des filles de service, plongés d'ordinaire dans une regrettable ignorance et dans une fâcheuse promiscuité, est une des causes principales qui contribuent à donner à l'apprenti les habitudes vicieuses si communes aux jeunes gens élevés loin de leur famille. Sans vouloir le moins du monde légitimer ces pernicieuses tendances, il faut cependant reconnaître que ce mal est inhérent aux conditions mêmes où l'apprenti se trouve : la classe d'où il sort, un travail fatigant et ininterrompu, sa situation misérable et son ignorance font, de ce paria, une des victimes les plus injustement sacrifiées dans ce siècle de soi-disant progrès.

Ne serait-il pas possible, et cela au nom de l'hygiène publique et de la morale bien comprise, d'obvier à ces inconvénients? L'État, le département, le canton ou la commune ne pourraient-ils pas créer des établissements publics d'alimentation où des élèves apprendraient leur profession, des établissements où les jeunes filles recevraient des leçons d'hygiène et d'art culinaire, et qui auraient en même temps quelques heures à consacrer à la pratique? On obtiendrait par là le plus heureux résultat pour la famille, pour la société, et le but humanitaire, tant et si vainement poursuivi, de conserver la santé, tout au moins la vie des nôtres, que la mort frappe presque toujours avant l'âge de quarante ans, serait ainsi atteint.

Dans ses premiers statuts, l'*Union universelle pour le progrès de l'art culinaire* avait la première émise l'idée d'une école de cuisine (LA SCIENCE CULINAIRE, Joseph Favre, Genève. 1er mars 1879), qui fut mise en pratique par les Anglais, au détriment de la corporation des cuisiniers français. Quelques tentatives privées ont fatalement échoué par le manque de connaissances générales, d'appui et de ressources financières. Les Sociétés de cuisiniers, qui semblent aujourd'hui vouloir entrer dans cette voie féconde du progrès devenu absolument nécessaire, seront-elles en situation de comprendre que c'est à elles seules qu'incombe cette organisation, et qu'elles doivent concentrer chez elles tous les hommes capables de mettre en pratique cette école devenue indispensable? Les essais tentés et les résultats déjà acquis permettent de l'espérer. La corporation des cuisiniers manifeste des dispositions trop bonnes, pour désormais vouloir s'arrêter, et, après avoir été si longtemps une des dernières dans la voie de l'émancipation ouvrière, elle semble aujourd'hui vouloir rattraper un temps précieux perdu, et, ce qui est mieux, conquérir de haute lutte une des premières places.

APPRENTISSAGE, *s. m.;* all. *Lehrzeit ;* angl. *apprenticeship ;* ital. *noviziato.* — Durée du temps employé à faire son apprentissage; temps que l'on a à parcourir pour apprendre un métier, un art ou une vocation.

Mais, jusqu'à ce que l'on soit arrivé au plus haut point de perfectibilité du métier ou de la science qu'on étudie, on est toujours apprenti.

On dit vulgairement : il a fini son apprentissage. Il voyagera après son apprentissage. Il est à la fin de son apprentissage.

Faire son apprentissage dans une mauvaise maison, c'est perdre son temps et rabaisser son métier. Un bon apprentissage est l'embryon de la perfection, de l'élévation, du progrès et de l'art.

APRE, *adj.* (*aspre*); all. *rauh*; angl. *rough*; ital. *aspo*; esp. *aspero.* — Culinairement, on désigne par ce mot tout ce qui est désagréable au goût, à la vue et au toucher.

Des fruits âpres, des légumes âpres, substances âpres, acidulées, sans douceur et désagréables.

APRETÉ, *adj.* (*asperitatem*); all. *scharfe*; angl. *roughness*; ital. *asprita.* — Qualité de ce qui est âpre. « L'âpreté des raisins lui fit faire la grimace. » Un décor aride et âpre. « L'âpreté de cette sauce me la fit repousser. »

APRICOT-PUDDING, *s. m.* (*cuis. anglaise*); all. *Aprikosen-Pudding.* — Pouding d'abricots.

Formule 171. — Employer :

Graisse de rognons de bœuf. . . . Grammes 500
Farine fine. . . . . — 500
Eau salée. . . . . Décilitres 3

Procédé. — Éplucher et hacher la graisse avec la farine, très menue. Faire du tout une pâte homogène et d'un bon corps.

Foncer un bol avec cette pâte abaissée. Garnir l'intérieur d'abricots crus ; assaisonner et couvrir avec une même pâte. Rouler dans une serviette cette préparation et faire bouillir pendant une heure et quart.

APRIKOSENKUCHEN, *s. m. (cuis. allemande)*. — Tourte d'abricots.

Formule 172. — Foncer des cercles à flan, de pâte à feuilletage ; on garnit l'intérieur d'abricots coupés en deux et pelés ; arroser avec une purée d'abricots et saupoudrer avec de la mie de pain.

Cuire d'une belle couleur.

APRON, *s. m.* — Poisson d'eau douce, petit comme le goujon. On le pêche dans le lac Léman, dans le Rhône, et dans presque toutes les rivières d'Allemagne et de France. Il varie de nom suivant le pays où on le pêche. On en fait des fritures.

APTÈRE, *adj.*; all. *flügellos*; angl. *apterous*. — En science naturelle, on désigne par ce mot les insectes sans ailes. Tout ce qui n'a point d'ailes. Botaniquement, graines spéciales.

APT. — Ancienne et jolie ville, assise sur la rive gauche du Calavon, dans une large vallée entourée de coteaux couverts d'oliviers, à 59 kilomètres d'Avignon, et à 732 kilomètres de Paris.

Produits. — En outre de la faïence et de la poterie artistiques, du chocolat, des amandes, du nougat et des truffes noires, *Apt* nous fournit ses confitures, d'une renommée universelle.

APYRÈNE, *adj. (botanique)*. — Tribu de plantes dont les fruits ne contiennent pas de grains.

AQUARIUM, *s. m.* — Mot latin par lequel on désigne un bassin de verre, ou un vase quelconque plein d'eau, dans lequel on conserve des animaux ou des plantes aquatiques. Réservoir pour la conservation des poissons ou des plantes rares.

AQUATIQUE, *adj. (aquatiens)*; all. *wasser umgeben, sumpfig*; angl. *aquatic*; de l'esp. et de l'ital. *aquatico*. — Terrain plein d'eau, être vivant dans l'eau ou les marais. Plantes, animaux aquatiques, gibier aquatique.

AQUETTE, *s. f.* — Liqueur originaire d'Italie, composée de vin, d'un tiers d'eau et de divers aromates infusés dans l'alcool.

AQUEUX, EUSE, *adj. (aquosus)*; all. *wœsserig*; angl. *aqueous*; ital. et asp. *aquoso*. — Tout ce qui est de nature de l'eau. Des légumes aqueux, des fruits aqueux; le melon, la pastèque sont du nombre.

Toute substance contenant ou ayant le goût de l'eau.

AQUILÉGIA, *s. f., d'aquilla, aigle*. — Genre de plantes de la famille des renonculacées, vulgairement appelée *ancolie*.

Ces plantes sont cultivées pour la beauté de leurs fleurs.

Culture. — On multiplie les ancolies par leurs semences, ou par la division de leurs racines ; mais la première de ces méthodes est préférable à la seconde, parce que les vieilles racines, lorsqu'elles ont fleuri deux ou trois fois, dégénèrent presque toujours et deviennent tout à fait unies. Ces graines doivent être semées en août ou septembre sur une couche de pépinière. Au milieu du mois de mai on les transplante.

Fig. 06. — Fleurs de l'aquilégia vulgaris.

Les fleurs et les racines de l'aquilégia étaient autrefois employées en médecine. On leur attribuait des propriétés apéritives, que de nombreuses expériences n'ont pas confirmées. Sa racine, réduite en poudre et prise dans un verre de vin, à la dose de quatre grammes, a été regardée comme un excellent remède pour calmer les douleurs néphrétiques. La même quantité de cette poudre, mêlée avec un peu de

Fig. 67. — Ancolie à fleurs pleines.
(*Aquilegia coerulea flore pleno.*)

safran et délayée dans la même liqueur, a également été réputée excellente pour la guérison de la jaunisse. Enfin, on l'a employée comme diaphorétique, pour hâter l'éruption de la rougeole, de la petite vérole, etc.

ARAC, *s. m.*; all. *Reisbronntwein;* angl. *Arrack;* port. *araqua.* Étymologie arabe, *araca*; par diffusion des langues, *araki* ou *arak*; *rak* ou *raki*. Quelquefois *arach* ou *rachi*. — Liqueur enivrante, tirée par distillation du suc de canne ou de riz fermenté auquel on ajoute des fruits et une petite quantité d'écorce de palmier, *arec*.

Dans l'Indoustan, et surtout dans l'Amérique du Sud, on donne ce nom à la sève fermentée du cacaoyer. En Perse, à l'eau-de-vie de dattes et de raisins secs. En Égypte, on donne ce même nom à la sève fermentée de certains choux palmistes.

Dans le littoral de la mer Rouge, c'est un alcoolat de plantes aromatiques appartenant surtout à la famille des labiées, dont les propriétés stimulantes en font une liqueur analogue au vulnéraire. L'*arac* de Goa et de Batavia sont les plus connus. Ces eaux-de-vie consommées sur place n'atteignent que rarement le palais des Européens. Nous signalons cependant l'*Arac* importé par la maison Winand-Fockink, d'Amsterdam, dont elle a un dépôt à Paris.

ARACHIS, CHIDE, *s. f.* (*arachis hypogaea*); all. *Erdeichel.* — Se prononce *arachide* dans presque toutes les langues. Étymologie arabe : *arachis*, nom de la plante, et *arachide*, nom du fruit. En Amérique, son pays d'origine, on lui donne plusieurs noms vulgaires; on l'appelle *mani*, tandis que les Espagnols la dénomment *cachouette*, à cause de son goût prononcé de cacao. En effet, ils la font entrer dans la falsification de certains chocolats à bon marché.

Cette plante, de la famille des légumineuses, contient dans une gousse réticulée, étranglée à son milieu, deux amandes de la grosseur d'une petite noisette, recouvertes d'une enveloppe rouge. A mesure que les gousses succèdent aux fleurs, elles se courbent et se penchent vers la terre, et y entrent pour achever leur maturité. De là cet autre nom vulgaire de *pistache de terre*.

L'arachis est originaire de l'Arabie; elle est très commune dans tout l'Orient, où elle constitue un aliment quotidien. Elle fut introduite en France en 1801, et en 1802, pour la première

Fig. 68. — Arachide.

fois, on a pu manger, dans les Landes, des gâteaux d'arachides dont la culture avait parfaitement réussi, sans cependant que cette culture ait pris un grand développement. Elle paraît même être à peu près abandonnée aujourd'hui.

L'arachide est un fruit alimentaire oléagineux ; presque la moitié de son poids consiste en une huile comestible saine, que ses propriétés siccatives permettent d'utiliser dans les arts. Les racines de cette plante fourragère ont un goût de réglisse légèrement prononcé.

Hygiène. — Les arachides se mangent crues ou cuites ; il est cependant prudent de ne pas faire usage de cet aliment sans qu'il soit cuit, car il occasionne, paraît-il, à certaines personnes, de violents maux de gorge et de tête. La cuisson et la torréfaction font complètement disparaître cet inconvénient.

Usage alimentaire. — On utilisera les arachides pour la confection des gâteaux, des nougats, des pâtes, des pralines, etc. Dans toutes ces différentes manières de l'employer, on les traitera comme les amandes ou les pistaches.

Pâte d'arachide. — *Formule 173.* — Employer :

Arachides mondées	Grammes	500
Glace royale	—	500
Gomme adragante	—	5
Blanc d'œuf	Nombre	1
Citron	—	1

Procédé. — Piler les arachides dans un mortier avec le jus de citron ; passer au tamis de fer. Mettre les arachides dans une bassine avec la glace royale et le blanc d'œuf ; mêler le tout et le faire dessécher sur un feu doux en remuant constamment avec la spatule.

On reconnaît la cuisson de la pâte lorsqu'elle ne s'attache plus aux doigts en la touchant ; alors elle doit être étalée sur un marbre, de manière à ce qu'elle refroidisse partout également. Faire dissoudre, dans l'eau tiède, cinq grammes de gomme adragante, incorporer le tout et conserver dans un vase en terre vernie et recouvert d'un papier huilé ou d'un linge mouillé.

Gâteau d'arachides à la Damas. — *Formule 174.* — Foncer un cercle à flan d'une abaisse de pâte d'arachide. Mettre ensuite une forte couche de marmelade d'abricots et recouvrir avec de la pâte d'arachide ; faire cuire au four.

Gâteau d'arachide à l'orientale (*cuis. arabe*). — *Formule 175.* — Un de nos amis, habitant La Mecque, ville célèbre par la naissance de Mahomet, nous envoie la recette suivante :

« Après avoir émondé les arachides, on les pile, on les met dans une chaudière avec de la marmelade d'abricots, et on fait réduire le tout. Lorsque cette préparation a pris l'aspect d'une marmelade consistante, on l'étend sur un marbre ou le plus souvent sur une pierre, et on laisse ainsi sécher cette pâte, que l'on déchire par morceaux à mesure qu'on veut en manger. C'est le gâteau national.

« Les nougats d'arachides se préparent comme les nougats d'amandes, ainsi que les pralines. »

ARAYACATL ou **ACAYACATL**, *s. m.* (mot toltèque). — Genre d'insectes ou moucherons hémiptères de la famille des hydrocorises ou punaises d'eau.

Les *acayacatls* déposent leurs œufs dans le fond des lacs salés des environs de Mexico. Ces œufs, qui constituent une espèce de caviar friable très nourrissant, sont recueillis par les Indiens du Mexique à l'aide de faisceaux de glaïeuls qu'ils disposent à cet effet. Ils en sont très friands pour la confection de l'AHAUTLA, sorte de galette qu'ils assaisonnent de *chilé*, piments verts ou rouges. C'était le mets national du temps de l'empereur MONTEZUMA ; il est aujourd'hui remplacé par les *frijolès*, haricots noirs ou rouges, les haricots blancs n'y ayant pas encore été introduits. Ces mets sont les plus connus, avec les *tortillas*, sorte de crêpes en pâte de maïs, qui se confectionnent dans les campagnes et y remplacent le pain. Plus rare, mais aussi plus renommé, est l'*acoloti*, reptile des lacs salés que l'on prépare frits ou en matelote.

Les œufs des *acayacatls* qui restent au fond des lacs y donnent lieu, par incrustation, à un calcaire oolithique tout à fait analogue à ceux des terrains jurassiques et autres, parfois si puissants de l'écorce du globe, et dont jusqu'alors on ne pouvait s'expliquer la véritable origine.

Un naturaliste français, géologue distingué, M. Virlet d'Aoust, qui a habité pendant quelques années l'Amérique centrale, a fait cette intéressante communication à l'Académie des sciences en 1857 [1].

ARBENNE, *s. f.* — Une des variétés de la gélinotte, qu'on appelle aussi *perdrix blanche* ; elle

---

[1] Voir le *Compte rendu* de l'Académie des sciences et *Bulletin de la Société géologique*, deuxième série, tome XV.

est effectivement de la grosseur d'une perdrix, recouverte de plumes d'une blancheur éclatante, excepté la queue, qui en contient quelques-unes de noires.

L'arbenne habite la chaîne des Alpes (Suisse), le Valais, la Savoie et le Piémont ; l'été elle monte à mesure que les neiges fondent, et l'automne elle descend dans les touffes des bois pour se garantir du froid. Elle affectionne les colines escarpées, où les premières violettes poussent, et paraît affronter les fracas de l'avalanche qui se déroulent de ces monts majestueux, se dressent dans la solitude, et semblent, avec l'orage en furie, dire au monde civilisé : *Je suis la liberté !*

Oui, l'arbenne se plaît au bord de la rivière,
Projetant dans son cours mille éclairs de lumière.
Quand tout à coup du haut de la voûte des cieux
Roule en orbe de feu Phébus tout radieux.
Sur ces beaux monts alpins parsemés de verdure,
Elle aime les dangers, les rochers en fracture,
Et l'air qui bourdonne comme un essaim nombreux
D'atomes déjectés dans une mer de feu.

Les Romains estimaient sa chair, qui a beaucoup d'analogie avec celle de la gélinotte ; c'est un mets excellent, surtout vers la fin de l'automne, époque à laquelle, de préférence, elle doit être mangée, autant à cause de la délicatesse que de la tendreté et des qualités grasses de sa chair.

Rôtie, après être bardée de lard, elle constitue un bon mets ; mais il y a, pour la préparer, une méthode qui surpasse toutes les autres. La voici :

Arbenne à la valaisanne. — *Formule 176.* — Après avoir plumé et vidé trois ou quatre arbennes, on doit les faire mariner pendant une nuit dans du vin du Glacier, d'Amigne, de *Muscat*, de *Malvoisie*, ou autres vins blancs secs, aromatisés de thym, de laurier, de clous de girofle, d'une gousse d'ail, de quelques feuilles de céleri et d'une forte poignée de graines de genièvre et de poivre concassées.

Procédé. — Sortir les arbennes de la marinade, les essuyer et les découper. Pendant ce temps, faire réduire la marmelade jusqu'à deux décilitres de son volume et la conserver dans une casserole.

Beurrer un sautoir ou une casserole, dans laquelle on met une couche d'oignons émincés forte de cinq à six centimètres.

Couper les arbennes en cinq morceaux, les cuisses, les ailes d'autre part, et prélever la poitrine.

Appliquer les arbennes sur les oignons et faire cuire à petit feu, de préférence dans un four.

Remuer les oignons de manière qu'ils ne s'attachent pas, et arroser avec de la crème fraîche et double (*aphrogala*) ; laisser recuire et remouiller jusqu'à l'absorption d'un litre de crème.

Les arbennes étant cuites, on retire les morceaux, que l'on maintient au chaud dans la casserole contenant la réduction.

La crème et les oignons doivent former une sauce corsée. On la passe alors au tamis fin en crin ; on la sale à point et on y ajoute une tombée de poivre de Cayenne, s'il est nécessaire.

Les carcasses auront été pilées et passées au tamis ; la purée sera ajoutée à la réduction de la marinade et constituera le *fumet* de gibier qui sera versé dans la sauce ; un coup de fouet sur le feu est nécessaire pour la lier. Elle ne doit plus cuire.

Remarque. — Pour la réussite de cette sauce toute spéciale, la bonne crème, le bon vin, les oignons et le genièvre sont indispensables. On peut préparer tous les gibiers à cette sauce.

Ce mets est un des meilleurs et des plus goûtés ; il peut être servi dans les villes. Mais la difficulté d'obtenir de la crème telle que nous la désirons, la réussite de sa confection est moins assurée que dans les montagnes, où la nature produit et le bon vin, et la crème, et le genièvre,… et les arbennes. C'est le motif qui nous a fait donner à cette sauce le titre de *Valaisanne*.

ARBOIS (*vin d'*). — Les vins blancs de cette provenance sont de deuxième classe ; ils se prennent surtout le matin, et accompagnent très bien les huîtres ; de plus, ils sont diurétiques et excitants. Les vins rouges, plus toniques, sont classés au troisième rang parmi les vins français. D'un transport difficile, ils sont encore très rares dans le commerce.

ARBOUSE, *s. f.* (*arbutus*) ; all. *Sandbeere ;* angl. *arbute-berry ;* ital. *corbezzola.* — Fruit de l'arbousier. L'arbousier semble être originaire du Chili ; il est très répandu dans l'Amérique boréale, le Mexique, l'Europe australe et les îles Canaries. Il croît en forme d'arbrisseau et est toujours vert. Voici comment s'exprime Boucher à son égard :

> Le sauvage *arbousier* pompeusement étale
> Sur ses bras reverdis la pompe orientale.

On le connaît aussi sous la dénomination de *fraisier ou arbre à fraises*, à cause de la ressemblance qu'a son fruit avec la fraise; il a la grosseur et la couleur d'une cerise et la forme d'une fraise. Son goût, un peu piquant, ne déplaît pas; son parfum, quoique faible, est agréable. Les arbouses se digèrent facilement.

On cultive l'arbouse dans le Languedoc et dans le midi de l'Europe seulement. Ses usages alimentaires sont sans grande importance. On en fait de l'eau-de-vie et une crème traitée à l'instar des autres crèmes de liqueur.

ARBRE A LIQUEUR, *s. m.* — Genre de palmier de la famille des *apocynées* et d'*euphorbiacées*, aussi dénommé *arbre à lait*, dont on distingue plusieurs espèces. On a confondu l'une de ces variétés, qui fournit une liqueur laiteuse, avec l'*arbre de la vache*. (Voyez ce mot.)

L'arbre à lait, ou à liqueur, très abondant aux îles Moluques, dont il est en même temps la richesse et la merveille, n'est autre que le palmier sagou.

Ce végétal de ressource et de friandise, véritable échanson botanique, verse aux insulaires une liqueur exquise et fortifiante, qui, légèrement fermentée, se conserve très longtemps. On l'appelle *anissa*, à cause de son goût anisé. Ce doux breuvage se distille des pédoncules des régimes du palmier récemment coupés. Cette liqueur abondante et parfumée est reçue dans des vases de bambou qu'on attache aux branches de cet arbre-fontaine, au-dessous de l'incision, qu'on a soin de rajeunir tous les jours.

Cette source végétale coule sans interruption pendant deux mois. Pour empêcher la liqueur de s'aigrir au moment de la fermentation, l'indigène y mêle quelques morceaux d'un bois très amer. La quantité qui coule chaque jour d'un palmier sagou est d'environ dix pintes, ce qui fait six cents pintes en deux mois. Après ce laps de temps, la source est tarie, la pièce vide, le tonneau à sec.

Rien de pittoresque et de bizarre, pendant la récolte, comme ce palmier-distillateur, à la fois alambic et barrique, avec ses laboratoires aériens et ses petits tonneaux suspendus dans les branches.

On a remarqué que l'écoulement de la liqueur est beaucoup plus considérable la nuit que le jour, bien que l'ascension de la sève soit favorisée par la chaleur du soleil. Cela tient à ce que les vapeurs de la nuit, absorbées par les feuilles du palmier, se mêlent aux sucs de l'arbre et les rendent plus abondants. Mais la liqueur ainsi recueillie pendant la nuit est moins délicate et moins sucrée.

L'anissa est surtout délicieuse vers le soir. C'est alors que l'indigène se dirige de préférence vers l'arbre à liqueur, comme on va au café prendre un apéritif.

Les insulaires, qui sont absolument étrangers aux combinaisons chimiques, arrivent à extraire les parties sucrées par la simple évaporation. Le sucre, qui est de couleur brune, assez semblable à celle du chocolat, reste au fond du vase. Lorsqu'on le casse après sa dessiccation complète, il laisse voir des grains jaunâtres et brillants; aussi peut-on présumer que le raffinage, amenant un degré suffisant de cristallisation, pourrait donner à ce sucre une qualité très supérieure. C'est ainsi que l'*arbre-liquoriste* est doublé d'un *arbre-épicier*.

F. DUMONTEIL.

ARBRE A PAIN, *s. m.* (*artocapus-incisa*); all. *Brodbaum*. — Les indigènes de l'Océanie, d'où il est originaire, le nomment *rima*. Il est de la famille des *Urticées*, et atteint jusqu'à vingt mètres de hauteur. Son tronc est gros, et sa cime, composée de branches rameuses, est ample et arrondie. Il y en a plusieurs espèces; le *jacquier* produit également un fruit féculent.

Ce précieux végétal est, pour les habitants de l'Océanie, ce que les graminées sont pour les populations européennes. Son fruit, vert à l'extérieur, vérusqueux et blanc au dedans, atteint jusqu'à vingt-cinq centimètres de diamètre; sa pulpe, très blanche, est fibrineuse et farineuse. Lorsque ce fruit est à maturité, il constitue un mets délicieux, une sorte de pâte savoureuse et substantielle : on dirait un petit pain pétri par la nature. Au milieu est enfermé un noyau gros comme un marron et dont l'amande est amère. Les insulaires, qui l'appellent aussi *cyca*, trouvent dans cet arbre ce qui manque à l'arbre à liqueur, c'est-à-dire le pain.

Le goût de ce pain, quand il est cuit, se rapproche de celui de l'artichaut ou du topinambour.

On le mange rôti par tranches, ou bouilli entier ; d'autres fois, après avoir été enseveli dans les cendres pendant vingt minutes. C'est cette dernière manière qui a été adoptée par les gourmets océaniens. Cependant, on en coupe aussi des tranches qu'on enfile ensuite, pour les faire sécher. On en enguirlande les maisons, afin de le conserver pour les temps où il est rare. Alors, on en fait des soupes avec le bouillon, et on mange les tranches en guise de pain.

A Taïti et aux îles Marquises, il constitue la principale nourriture de ces peuples; ils le nomment *mayoré*. Le fruit du *rima* est sain et nutritif; mais, mangé avant maturité, il occasionne des maux de ventre et des dérangements.

Les Anglais l'ont introduit dans la Jamaïque, puis les Français à Bambou et aux Antilles; nous ne pouvons pas en préciser l'époque.

L'arbre à pain avec le *cyca*, autre variété d'arbre à pain, sont les végétaux les plus abondants, les plus fertiles et les plus utiles à l'entretien de l'homme des contrées océaniennes.

ARBRE DE LA VACHE, *s. m. (galactodendron).* — Les Espagnols l'ont ainsi qualifié, après la découverte de l'Amérique, d'où il est originaire : *palo de vaca*.

Fort grand et bel arbre, remarquable autant par l'originalité de ses feuilles, qui atteignent jusqu'à trois mètres de longueur, que sous le rapport vraiment étonnant de la quantité de suc laiteux que cet arbre fournit.

Son lait, qui, à l'œil, ne diffère que très peu de celui de la vache, contient de la cire, de la fébrine, du sucre, du sel magnésien et de l'eau. L'absence du caséum seul en empêche la transformation en fromage.

Dès qu'on entaille cet arbre, on en voit s'écouler abondamment un lait d'une belle blancheur, qui, à la place de la sève, se trouve entre l'écorce grisâtre et le bois de cet arbre. Ce lait, d'une saveur agréable, possède une petite odeur balsamique, et n'a du reste d'autre inconvénient que celui d'être un peu gluant; il entre pour une large part dans l'alimentation des indigènes. Ils arrivent, le matin et à toutes les heures du jour, avec leur *cassare* (pain plat et sec fait avec de la farine de maïs) et font couler dessus le lait abondant de l'arbre.

Quand il est épuisé, on en retire de la cire bonne à brûler, et dont la blancheur ne le cède en rien à la cire blanchie des abeilles.

On obtient un beurre très abondant en laissant évaporer le lait au soleil, ou en le faisant évaporer par le feu. Ce beurre, consommé sur place, n'entre chez nous que comme produit pharmaceutique.

ARBRE DU VOYAGEUR, *s. m. (urania speciosa).* — Arbre remarquable par la conformité de ses feuilles en forme de gaine, qui renferment une quantité d'eau très fraîche. Il rend de véritables services aux voyageurs dans les climats torrides où il croît. La nature y a complété par les végétaux ce qu'il manque d'art et de commerce.

ARCACHON. — Ville située dans le golfe de ce nom, Gironde, au pied d'un côteau recouvert de splendides bois de pins. A 60 kilomètres de Bordeaux et à 641 kilomètres de Paris. Climat d'une douceur et d'une placidité remarquable. Ce qui en fait une des plus favorables stations d'hiver. L'été elle est également très fréquentée comme bains de mer.

PRODUITS. — Les huîtres figurent au premier rang des produits gastronomiques de cette ville. Les parqueteurs y sont nombreux, et le commerce de ses molusques s'élève à un chiffre fort considérable. (Voyez *Huîtres*.)

ARCHE DE NOÉ, *s. m.* — Nom vulgaire d'un petit coquillage de la mer Rouge, et que les Arabes mangent indifféremment cru ou cuit.

ARCHE BARBUE, *s. m.* — Une des variétés de coquillages de la Méditerranée, et qui est bonne à manger.

ARCHESTRATE, *s. m.* — Archestrate est un des noms des plus anciens que la gastronomie grecque ait conservé jusqu'à nos jours.

Les anciens auteurs grecs d'Athènes, de Siracuse et de Géla s'en sont disputé l'origine; mais il semble démontré qu'il appartient par sa naissance à l'une de ces deux dernières villes, et l'on sait qu'il vécut longtemps à Syracuse. Il fut un grand maître de la cuisine progressive, romantique, culinaire, et chercha, au mépris du fameux brouet noir, par des voyages personnels, tout ce qui pouvait flatter son goût chez les peuples étrangers; il apporta à sa patrie plusieurs méthodes ou manières de préparer les aliments, qui furent, pendant plusieurs siècles, strictement observées; il écrivit et cita dans ses ouvrages les pays où il se trouvait, ce qu'il y avait de meilleur à boire et à manger. Il fut le guide que suivit Épicure.

Archestrate est l'auteur d'un poème gastronomique dont il ne reste plus aujourd'hui que de rares fragments.

ARDÈCHE (*vin de l'*). — Ce département est le vingt-septième dans l'ordre vinicole. Il a 24,408 hectares de vignes, qui produisent environ 490,200 hectolitres de vin, dont une grande partie tourne aux premières chaleurs. Cet inconvénient sera moins grave dans l'avenir, puisque l'on connaît la cause du mal et le remède à y appliquer.

L'Ardèche possède cependant quelques vins très estimés; tels sont les vins rouges de *Cornas*, canton de Saint-Péray, et ceux des coteaux du Rhône, parce qu'ils ont de la couleur et du spiritueux, qualité précieuse pour les *coupages*. Les vins blancs de Saint-Péray jouissent aussi de beaucoup de faveur; ils ont un goût qui leur est particulier, et moussent lorsqu'ils sont convenablement traités. En résumé, l'Ardèche produit des vins de plusieurs espèces, et les études auxquelles chacun d'eux devra être soumis ne seront certainement pas sans intérêt.

ARDENNES (*vin des*). — Ce département de la zone du Nord est le soixante-neuvième dans l'ordre vinicole. Il a environ 1,830 hectares de vignes, produisant environ 80,500 hectolitres de vins communs, qui manquent d'agrément et de principes conservateurs. C'est une raison de plus pour que l'art leur vienne en aide, et que les habitants les obtiennent dans les meilleures conditions possibles.

AREC, *s. m.* (*areca catechu*). — Ainsi appelé par Linné; mais cette expression est inexacte, car il ne produit pas de *cachou*. L'arec proprement dit est originaire du Ceylan; son fruit, connu sous le nom de noix d'arec, est de la grosseur d'une noix ordinaire, blanche, veinée de pourpre; ses propriétés se rapprochent de celles de la muscade. Elle entre dans la composition du bétel.

AREC AMÉRICA, *s. m.* — Arbre magnifique que le nouveau monde se glorifie de posséder. Il présente, au centre de son feuillage, un bourgeon auquel on a donné le nom de *chou-palmier*. C'est celui-ci qui mériterait le nom que Linné a donné à l'arec à noix.

Les *choux-palmiers* sont très prisés par les Américains des Antilles.

ARENG, *s. m.* — Une des variétés de l'arec palmiste. Cet arbre est très répandu dans les Moluques; il porte des fruits que les indigènes font confire avant la maturité; ils sont très estimés en Cochinchine. La moelle du areng donne une farine dont les habitants du Célèbes font un grand usage pour leur nourriture. Des feuilles et de sa sève fermentée on extrait une liqueur agréable.

ARÉOMÈTRE, *s. m.*, du grec *araios*, peu dense, et *metron*, mesure. — Instrument destiné à déterminer la densité, la pesanteur relative des liquides. Les plus connus de ces instruments sont l'A. *Gay-Lussac*, l'A. *Cartier*, l'A. *Baumé*. L'A. à poids constant a été découvert par Archimède.

Ces différents aréomètres prennent plusieurs autres dénominations, selon qu'ils sont appropriés: pèse-sirop, *saccharimètre;* pèse-lait, *galactomètre;* pèse-vin, *œnomètre*, etc.

ARÉSAH, *s. m.* — C'est le nom d'un fruit de la grosseur d'une poire, très agréable, cueilli dans les Indes.

La facilité de sa digestion permet de le donner aux convalescents.

ARÊTE, *s. f.* (*arista*); all. *Graëte;* ital. *resta;* angl. *skeleton;* portug. *aresta*. — Partie osseuse qui compose le squelette des poissons. Les arêtes ont l'inconvénient d'empêcher la mastication des aliments, ou de se fixer, le plus souvent, dans l'arrière-gorge: les plus fines, par une de leurs extrémités, dans le tissu des amygdales; celles qui sont plus grosses vont audelà, et, combinées en arcs, s'implantent dans le pharynx, ou d'autres fois tout à fait à la partie de l'œsophage.

Quelquefois il suffit, pour les enlever, des mouvements du voile du palais, aidé de la déglutition d'une bouchée un peu grosse de mie de pain peu mâchée; il va de soi que si l'arête était placée un peu haut et qu'elle ait une certaine importance par son volume, il faudrait alors la saisir avec des pinces.

ARGALI, *s. m.* — Espèce de bélier sauvage, une des variétés du mouflon. Originaire de la Sibérie, où il vit.

Sa taille est celle du daim, dont il a la légèreté et la force, son corps est couvert de poils courts d'un gris fauve, et son dos est longé d'une raie jaunâtre.

La chair de cet animal a, à peu près le même goût et les mêmes propriétés alimentaires que celle du chevreuil; elle est très recherchée, à cause de sa rareté.

Se traite culinairement comme le chevreuil.

ARGENTERIE, *s. f.;* ital. *argenteria;* angl. *to silver plate.* — Meubles, vases, plats, cuillères d'argent ou argentées servant à l'usage de la table.

Anciennement, la vaisselle et les couverts de table étaient d'argent. Des richesses considérables étaient entassées dans les offices des maisons de famille riches, sous la garde de l'*argentier*. Depuis la création de divers métaux tels que le Ruolz, le Christofle, l'Alphénide (voyez ces mots), l'argenterie massive ayant perdu de sa renommée et de sa somptuosité, n'est plus tant recherchée, et de nos jours l'on en fond plus que l'on en fabrique.

En résumé, les métaux argentés ont rendu un grand service aux familles, qui n'ont besoin aujourd'hui que d'un capital relativement petit pour l'acquisition de l'argenterie de table.

Hygiène. — Le soin de maintenir l'argenterie propre doit être confié au plus intelligent des domestiques de la maison, qui veillera à ce qu'elle soit toujours bien argentée, qui choisira un système de nettoyage qui ne l'use pas trop.

L'un des moyens les plus simples pour nettoyer l'argenterie est la savonnade. Les plats, les cuillères, les fourchettes, etc., étant lavés, on coupe un morceau de savon de Marseille dans une bassine, et à l'aide d'un fouet en bois, on fouette en projetant un peu d'eau chaude; lorsque la mousse est montée sans qu'il reste beaucoup d'eau au fond du vase, on y plonge l'argenterie, on la laisse un instant, et on la sort, pièce par pièce, pour la tremper dans de l'eau fraîche et l'essuyer à mesure avec un linge fin.

Autre procédé. — Composer la poudre suivante :

Formule 180. — Employer :
Cyanure de potasse	Grammes	6
Nitrate d'argent	—	3
Craie	—	15

Mélanger le tout, et s'en servir comme du tripoli.

Cette poudre a l'avantage de donner un nouveau brillant aux ustensiles noircis par les acides, par l'albumine de l'œuf ou par l'usure.

ARGENTEUIL (Seine-et-Oise). — Jolie ville, à 20 kilomètres de Versailles, sise sur une petite colline plantée de vignes. descendant jusqu'au bord de la rive droite de la Seine.

Produits. — Outre son petit vin et la levure, dont une Société exploite la fabrication, Argenteuil nous fournit ses asperges tant admirées des Parisiens, et si goûtées des gourmets. Un maraîcher intelligent a obtenu cette race spéciale d'asperges, dite d'Argenteuil, par le moyen de sélection de semis de graines de l'A. de Hollande.

ARGENTÉ, *adj.* — Culinairement se dit du *blanc argenté* dont sont revêtus certains poissons. Désargenter des anchois : ôter la partie brillante qui est sur la peau, nettoyer à l'aide d'un linge.

ARGENTINE, *s. f.* (*protea argentea*); angl. (*silver-weed*). — Plante de la famille des Rosacées. Son nom vient de ses feuilles, qui ont le dessous d'un blanc argenté.

Cette plante est assez répandue en Angleterre et au cap Bonne-Espérance; elle a la saveur et les propriétés du panais. Les Irlandais en mangent la racine en hiver ; ils en font aussi une liqueur qu'ils mêlent au vin d'Espagne, y font infuser du blé à l'état d'herbe, y délayent des jaunes d'œufs, et assaisonnent le tout avec du sucre et de la noix muscade.

ARLES — Cette ville est d'origine grecque, ancienne capitale de la Gaule romaine. On y trouve encore des vestiges des Romains.

Produits. — En outre de ses primeurs, de ses moutons, de ses huiles d'olive, Arles est surtout renommée pour ses saucissons, qui sont expédiés dans toute la France.

ARMADILLE, *s. f.* — Très curieux animal, qui tient du cochon de lait par sa forme et de la tortue par la carapace qui le recouvre entièrement, et le met à l'abri des attaques des autres animaux plus gros seraient tentés de lui faire ; lorsqu'il est attaqué, il s'affaisse sur le sol, de ses ongles agiles il se perce un tunnel, et il échappe ainsi au danger en s'enfonçant profondément dans la terre, où il vit habituellement.

Sa chair est tendre et délicate, mais elle a un goût musqué qui ne plaît pas à tout le monde ; les Indiens, cependant, l'aiment beaucoup.

Formule 177. — On en retire la chair comme à la tortue, et on la fait cuire, soit dans le vin, soit dans l'eau acidulée ; on fait une sauce brune avec sa cuisson fortement aromatisée de poivre et additionnée, en servant, d'un peu de rhum ; garnir de croûtons de pain.

On en fait aussi des potages.

ARMAGNAC, *s. m.* — Eau-de-vie fabriquée dans l'ancien comté de ce nom, et formant aujourd'hui la plus grande partie des départements du Gers, du Tarn-et-Garonne et Haute-Garonne. C'est par la qualité des raisins, le mode de distillation, et surtout par la pureté des produits que cette eau-de-vie a acquis la renommée dont elle jouit.

ARMÉE, *s. f.* (*alimentation de l'*). — Jusqu'ici, aucun ouvrage spécial d'hygiène culinaire ne s'est occupé de la question, pourtant si importante, de l'ALIMENTATION DE L'ARMÉE. Nous voulons, dans notre Dictionnaire, combler cette lacune, et, pour être absolument clair, nous diviserons notre travail en deux parties, correspondant aux deux catégories dont se composent les forces militaires de la France, c'est-à-dire l'*armée de terre* et l'*armée de mer*.

Armée de terre. — Personne ne peut nier que la nourriture du soldat ne soit un des facteurs qu'il n'est pas possible de négliger ; et on peut affirmer, sans crainte d'être contredit, qu'une nourriture saine et suffisante est indispensable pour entretenir, non seulement la vigueur, mais même le moral du soldat.

Afin de présenter au lecteur un travail appuyé sur des documents sérieux, il nous a paru nécessaire de jeter un coup d'œil en arrière et de rechercher comment les choses se passaient au dix-huitième siècle, c'est à dire à l'époque des armées véritablement *permanentes*.

Voici d'abord ce que nous lisons dans le *Mémoire sur une question relative aux vivres des troupes de terre* écrit en 1790 par un *ancien munitionnaire* :

Avant 1788, la fourniture de pain aux troupes du royaume était faite par les soins de sociétés civiles appelées *Compagnies des vivres*, qui passaient des traités pour 260 à 280 mille sacs de grains par an, non compris les approvisionnements formant réserve en cas d'éventualité.

Le 1er juin 1788, cette Compagnie fut supprimée, et un règlement provisoire rendu par le Conseil de la guerre, le 1er avril 1788, dispose que toutes les troupes, excepté les compagnies d'invalides détachées, devaient (article 1er) pourvoir elles-mêmes à la fourniture et à la fabrication de leur pain.

Mais le prix des grains variait, à cette époque, dans d'énormes proportions d'une année à l'autre ; et, de plus, les changements de garnison présentaient de grandes difficultés au point de vue de la comptabilité des régiments ou détachements, aussi bien qu'à celui du stock de blé restant en magasins ; les déchets, les pertes, les détériorations, enfin une foule de causes amenèrent le règlement du 20 décembre 1788, qui fit défense à *toutes les troupes* « d'acheter, à compter du 1er janvier suivant, aucun grain pour leur subsistance », et ne leur laissa que la manutention, dont quelques régiments mêmes ne voulurent point se charger.

A partir de la mise en vigueur du nouveau règlement, l'État passa des traités avec divers fournisseurs ou producteurs. C'était un retour aux anciens *vivriers*, plus communément appelés munitionnaires, dont la plupart ne cherchaient qu'à faire de grosses fortunes en rognant sur la ration du soldat, et cet état de choses dura jusqu'à la création de l'*intendance militaire*, qui mit fin aux scandaleux abus dont souffraient auparavant les troupiers en campagne.

Mais voyons de quoi se composait, en 1790, le pain de troupe c'est à dire l'aliment qui forme la base de la nourriture. Nous ne pouvons mieux faire que de laisser parler l'auteur du *Mémoire* :

Le pain de munition était anciennement composé de deux tiers de froment et d'un tiers de seigle, sans extraction de son.

Il l'est, depuis 1778, de trois quarts de froment et d'un quart de seigle, aussi sans extraction de son.

Ceux qui jugent sans approfondir (et ce n'est pas le plus petit nombre) se récrient : Pourquoi du seigle ? Pourquoi ne pas ôter le son ? Si l'on donne du pain au soldat, pourquoi le donner mauvais ?

Je réponds d'abord, que, non seulement ce pain n'est pas mauvais, mais encore qu'il est bon et substantiel ; secondement que, comme on doit, à cet égard, considérer principalement le service des armées, il est essentiellement nécessaire que le pain puisse se conserver longtemps frais à cause des mouvements que les troupes sont obligées de faire et qui souvent les éloignent des établissements où le pain se fabrique ; parce qu'on ne saurait, enfin, transporter ces établissements à chaque instant. Or, le seigle a la propriété d'entretenir cette fraîcheur et le froment pur r e l'a pas

L'emploi d'une partie de seigle dans la composition du pain de munition a encore un autre avantage. C'est que cette espèce de grain se recueille dans presque tous les pays et souvent y est plus commun que le froment.

Le son est moins nourrissant que la farine dont il est dégagé, mais il retient toujours une portion de très bonne farine, malgré le blutage.

L'extraction partielle du son, qui a été tentée sous le ministère de M. de Saint-Germain, était une mauvaise opération. En faveur de l'amélioration que l'on comptait qu'elle donnerait au pain, on avait cru pouvoir économiser quelque chose en n'y faisant entrer que moitié de froment au lieu des deux tiers, et moitié seigle au lieu du tiers employé jusqu'alors. Mais l'augmentation du seigle empêcha le pain de paraître plus beau à l'œil, et l'extraction de son annoncée fit que le soldat, comptant n'en plus trouver du tout, se plaignit parce qu'il en rencontrait encore; ce qui était inévitable, puisqu'on n'en ôtait qu'une partie.

On renonça bientôt à ce nouveau système qui, d'ailleurs, était une source d'abus de la part du sous-ordre, parce qu'il était très difficile de s'assurer de la parfaite exécution de ce qui était prescrit quant à la quantité de son qu'on devait extraire.

Au surplus, j'ai déjà observé qu'il s'agissait moins ici d'établir quelle était l'espèce de pain qu'il convenait le mieux de donner au soldat que de faire sentir la nécessité de lui en fournir, soit en guerre, soit en paix. Je n'ai donc voulu que faire connaître les raisons qui ont fait préférer, jusqu'à présent, la méthode actuelle. Ces raisons me paraissent de quelque poids.

Passons maintenant au biscuit, dont l'usage est si fréquent, surtout en campagne, quand les troupes sont éloignées des grands centres d'approvisionnements.

L'usage du biscuit doit remonter fort loin, et certains écrivains militaires ont même été jusqu'à le proposer exclusivement et à proscrire l'usage du pain.

Nous donnons ci-après l'opinion formulée par M. le maréchal de Saxe, dans un ouvrage paru en 1756, intitulé *Rêveries ou Mémoires sur l'art de la guerre :*

Il ne faut jamais donner de pain aux soldats en campagne, mais les accoutumer au biscuit, parce qu'il se conserve cinquante ans et plus dans les magasins, et qu'un soldat en emporte aisément avec lui pour sept ou huit jours. Il est sain ; il n'y a qu'à s'informer à des officiers qui aient servi chez les Vénitiens pour savoir le cas qu'on doit en faire. Celui des Moscovites, qu'ils nomment *soukari,* est le meilleur de tous, parce qu'il ne s'émiette pas. Il est carré, de la grosseur d'une noisette, et il ne faut pas tant de chariots pour le transporter qu'il en faut pour le pain.

Les pourvoyeurs de vivres font accroire tant qu'ils peuvent que le pain vaut mieux pour le soldat, mais cela est faux, et ce n'est que pour avoir occasion de friponner qu'ils cherchent à le persuader. Ils ne cuisent leur pain qu'à moitié, et mêlent toutes sortes de choses malsaines qui augmentent le poids de la valeur du double.

Enfin, on ne saurait croire les voleries qui se commettent; les maladies qui résultent du mauvais pain; les fatigues que cela cause aux troupes; dans quel embarras cela jette un général et quelles en sont les suites. La certitude dans laquelle l'ennemi est de ce que vous allez faire par l'arrangement de vos fours et de vos cuissons me suffira pour n'en pas dire davantage.

Le maréchal de Saxe va plus loin encore :

Il faut même quelquefois accoutumer les soldats à se passer de biscuit, et leur distribuer du grain qu'il faut leur apprendre à cuire sur des palettes de fer, après l'avoir broyé et réduit en pâte.

Comme on le voit, on n'y allait pas de main morte en ce temps-là.

Disons maintenant ce que pensait le grand Frédéric, roi de Prusse, au sujet de la subsistance des armées.

Voici comment il s'exprime dans l'éloge du comte de Goltz :

Combien de ressorts, dit-il, ne faut-il pas faire jouer ensemble pour entretenir, pour faire subsister et pour mettre en action ces armées nombreuses qu'on assemble de nos jours. Ce sont des émigrations de peuples qui voyagent en faisant des conquêtes, mais dont les besoins, qui se renouvellent tous les jours, veulent être satisfaits régulièrement. Ce sont des nations entières qu'il est plus difficile de défendre contre la faim que contre leurs ennemis. Le dessein du général se trouve, par conséquent, enchaîné à la partie des subsistances, et les plus grands projets se réduisent à des chimères héroïques, s'il n'a pourvu, avant toutes choses, au moyen d'assurer les vivres. Celui auquel il confie cet emploi devient, en même temps, le dépositaire de son secret et tient, par là même, à tout ce que la guerre a de plus sublime et l'État de plus important.

Mais quelle habileté ne faut-il pas dans ce poste pour embrasser des objets aussi vastes, pour prévoir des incidents combinés, des cas fortuits, et pour prendre d'avance des mesures si exactes qu'elles ne puissent être dérangées par aucune force de hasard! Quelles ressources dans l'esprit et quelle attention ne faut-il pas pour fournir, en tous lieux et en tout temps, le nécessaire à une multitude composée de gens inquiets, impatients et insatiables!

Cette question de l'alimentation des armées a une telle importance, qu'en tous pays les ministres de la guerre s'en sont toujours vivement préoccupés.

M. le comte de Saint-Germain, dans ses mémoires, publiés en 1780, insiste beaucoup sur la nécessité d'apprendre aux troupes à pourvoir elles-mêmes à leurs besoins dans les cas de perte de convois de vivres ou autres éventualités.

Voici ce qu'il dit page 247 :

> Pourquoi les régiments ne font-ils pas eux-mêmes leur pain. On trouve partout du blé et des moulins. Il n'y a rien de si aisé que de construire des fours là où il n'y en a pas ; et, si les régiments n'ont pas de boulangers, ils peuvent en former ; c'est l'affaire de quatre jours.

Dans un livre, paru en 1780, et ayant pour titre le *Soldat-Citoyen*, l'auteur s'élève avec force contre les économies que certains *vivriers* faisaient sur le pain. Il est encore amené à conclure que le soldat est victime de cette économie et qu'il est forcé de consommer des blés de très mauvaise qualité qui exposent à des maladies *les hommes dont l'État doit le mieux entretenir la vigueur et la santé*. Il ajoute même :

> On ne peut plus se cacher que la plupart de ces maladies prennent leur source dans la nourriture souvent mauvaise et *toujours insuffisante* qu'on donne à nos soldats pendant la paix.

Il ajoute même :

> Que le pain est mauvais, que le poids n'y est jamais, parce qu'on le livre chaud, et qu'alors l'eau qu'on y emploie n'a pas le temps de s'essuyer et ne fait qu'un poids factice qui devient un déchet quand le pain est froid.

Nous connaissons l'opinion des généraux du siècle dernier sur la question. Il nous reste maintenant à ajouter quelques considérations moins exclusives, mais ayant à nos yeux une certaine valeur.

Il n'y a pas que les généraux, les ministres, qui se soient occupés de la nourriture des troupes ; car, en tout temps, les bons citoyens ont souvent élevé la voix pour apporter un peu de bien-être à ceux qui sont la sauvegarde ou l'espoir d'un pays. A l'appui de ce que nous avançons, nous ne pouvons mieux faire que de citer ce qu'écrivait un généreux anonyme, dans un ouvrage paru à Limoges, chez l'éditeur Gibout, en 1831 :

> Sous l'ancien régime, le simple soldat avait *cinq sous* par jour de traitement ; il en mettait *quatre à l'ordinaire*. Aujourd'hui, en garnison, un simple soldat a 48 centimes de solde, qui sont employés de la manière suivante : 13 sont réservés pour la masse de linge et de chaussure ; 7 leur sont donnés en espèces ; 30 seulement environ sont affectés à sa nourriture ; et encore sur cette somme faut-il distraire le coût de la chandelle, des balais, de la terre de pipe, du blanc, de la cire à giberne, et quelquefois celui d'un supplément de bois, attendu que celui qu'on distribue n'est pas toujours suffisant pour faire la soupe.

Comme on le voit, l'augmentation de paye des soldats était réservée plutôt pour des objets de petit équipement qu'à améliorer la nourriture.

> En station, comme en route, les 30 centimes dont je viens de parler sont employés en une demi-livre de viande, une once de légumes secs, le vingtième d'une once de sel. Le gouvernement fournit le pain. La ration pèse une livre et demie.
>
> Il est évidemment impossible qu'une ration de vivres telle que je viens de la signaler puisse suffire à un homme de vingt ans, qui a encore des forces à acquérir ; et, dans tous les cas, qu'elle puisse fournir à la dépense que son corps fait chaque jour.

L'auteur parle plus loin des maladies provenant de l'insuffisance d'aliments. Il insiste également sur les hommes qui, au sortir de l'hôpital, et se trouvant subitement forcés de vivre de la nourriture de la caserne, retombent aisément malades ou restent en route à la première marche. Nous savons parfaitement que le budget, déjà si lourd, ne permet pas de donner aux soldats des mets recherchés ; mais ne serait-il pas possible d'augmenter la ration et de varier davantage la nourriture et les assaisonnements.

De plus, à part de trop rares exceptions, le soldat n'a pas de vin. Quoi d'étonnant alors qu'il soit poussé par le désir de boire des alcools ou de prendre des substances stimulantes ? Le pain de munition, quoique salubre, est lourd, surtout s'il est mangé seul ou avec des aliments insuffisamment assaisonnés ; c'est aux efforts violents et réitérés que l'estomac est obligé de faire pour triturer la masse alimentaire qu'il faut attribuer le plus grand nombre des cas de diarrhée ou de dysenterie constatés dans les casernes ou dans les camps ; car les aliments, vigoureusement refoulés par l'estomac, passent dans les intestins avant d'être complètement digérés ; et ceux-ci, n'ayant pour office que de distraire de la masse chymeuse le principe alibile, se hâtent de s'en débarrasser.

La nature des aliments a, du reste, une énorme influence sur l'intelligence et il est parfaitement démontré que les hommes, aussi bien que les animaux qui se nourrissent exclusivement de substances végétales, sont peu courageux et lourds d'esprit, tandis que le contraire a lieu pour les carnivores et les omnivores.

En ce qui concerne le soldat, sa nourriture doit être plus *solide* que variée, mais il faut, avant tout, qu'elle soit suffisante et ensuite qu'on trouve une boisson fermentée quelconque pour remplacer l'eau douteuse dont l'action, énervant l'estomac, empêche la digestion et trouble, par conséquent, les fonctions du cerveau, ce qui, surtout en campagne, peut avoir de très grands inconvénients. Quand un soldat, déjà mal nourri en garnison et affaibli par une marche forcée, arrive sur une ligne de bataille, les forces lui font défaut; il pense à se reposer plutôt qu'à vaincre, et ses moyens sont épuisés au moment même où ils lui sont le plus nécessaires.

En campagne, le soldat vit de ce qu'il trouve quand les distributions ne se font pas ou se font mal. C'est alors qu'on peut démontrer la supériorité absolue des aliments riches en principes nutritifs. Nous donnons, ci-après, un exemple tiré de l'*Essai Philosophique sur la nécessité de mieux nourrir les troupes.*

Pendant toute la retraite qui a suivi la bataille de Leipsick, les régiments qui formaient l'arrière-garde ne trouvaient rien pour vivre, pas même des pommes de terre; ceux qui les précédaient et surtout les fuyards avaient tout dévasté; on ne parlait pas de distributions; les administrations elles-mêmes ne pensaient qu'à fuir; les soldats n'avaient à leur disposition qu'un peu de farine qu'ils délayaient dans de l'eau; ils se nourrissaient surtout avec de la viande des chevaux que l'artillerie et la cavalerie laissaient sur la route; quelquefois, pourtant, ils buvaient un peu d'eau-de-vie qu'ils trouvaient dans les caissons abandonnés. Malgré ce régime, en apparence très mauvais, tout le monde se portait bien; on ne comptait de malades, dans les compagnies, que les blessés qui avaient voulu suivre. Après avoir passé le Rhin, les soldats se trouvèrent logés chez les habitants, dans les villages aux environs de Mayence; là ils mangeaient des légumes en abondance; ils buvaient surtout du lait outre mesure. Par suite de ce régime, soixante mille hommes tombèrent malades en moins de trois mois; la plupart moururent, et je ne doute nullement que l'épidémie de typhus qui désola alors l'armée française ne fut causée par les aliments herbacés dont je viens de parler, et surtout par le lait, dit de beurre, dont ils faisaient un étrange abus.

Nous bornerons là nos citations. Si nous avons insisté aussi longuement sur l'opinion des écrivains spéciaux qui vivaient au dernier siècle, c'est que cette période a été constamment troublée par des guerres continuelles, ce qui a permis d'expérimenter sur un vaste champ et de reconnaître ce qui était défectueux dans l'alimentation des troupes; or, comme, dans une question de cette importance, les documents valent beaucoup mieux que toutes les déductions que peut enfanter l'imagination, nous ne pouvions mieux faire que de consulter les écrits de témoins oculaires dont la compétence ne saurait être mise en doute. Tous les auteurs que nous avons étudiés sont d'accord pour placer au premier rang des préoccupations du commandement la question de l'alimentation des troupes.

Certes, aujourd'hui l'armée est bien mieux nourrie qu'il y a un siècle, et si nous avons tenu à montrer les abus dont le soldat était victime jadis, c'est pour mieux faire constater la différence entre le passé et le présent. S'en suit-il qu'il n'y ait rien à faire? Nous ne le pensons pas et nous croyons fermement, au contraire, qu'on ne saurait attacher trop d'importance à l'alimentation des troupes, ni se lasser de rechercher toujours les améliorations qu'il est possible d'y apporter.

Afin de mieux prouver la nécessité des changements à introduire, de nos jours, dans l'alimentation des armées, il est nécessaire de savoir comment est composée, actuellement, la nourriture du soldat.

TABLEAU DES VIVRES DÉLIVRÉS AUX TROUPES EN CAMPAGNE

NATURE	QUANTITÉ	NATURE	QUANTITÉ
	k. g.		k. g.
Pain de repas........	0. 750		
id. de soupe.......	0. 250	Riz............	0. 030
ou		ou	
Pain biscuité de repas..	0. 700	Légumes secs......	0. 060
id. id. de soupe..	0. 235	Café torréfié.......	0. 016
ou			
Biscuit de repas.......	0. 580	Sucre...........	0. 024
id. de soupe......	0. 185	Sel............	0. 016
Viande fraîche.......	0. 300	Vin............	0 l. 25 c.
Conserves...........	0. 200	Bière...........	0 l. 80 c.
ou		ou	
Bœuf salé...........	0. 300	Cidre...........	0 l. 80 c.
ou		ou	
Lard salé...........	0. 240	Eau-de-vie....'....	0. l. 0625 c.

OBSERVATIONS

Dans les casernes, la troupe reçoit des légumes frais à l'aide des ressources de l'ordinaire. La quantité varie suivant les saisons et les localités.

En temps de paix, on distribue quelquefois des liquides, mais c'est à titre exceptionnel comme, par exemple, les jours de fête nationale, inspection générale, grandes revues, etc.

Les ordinaires achètent également du vin de temps en temps, mais seulement lorsque le boni le permet.

Pour les troupes disposant de percolateurs, la ration entière de sucre et de café est seulement de 10 grammes pour chaque denrée.

Pendant les grandes chaleurs ou dans les pays malsains, on distribue parfois une ration hygiénique d'eau-de-vie qui est de 0l.0125 par homme et par jour (1).

VALEURS NUTRITIVES DES PRINCIPAUX ALIMENTS ENTRANT DANS LA NOURRITURE DES TROUPES

Composition chimique	Albumine	Amidon	Sucre	Graisse	Sels	Eau	TOTAL p. 0/0	
							Azote	Carbone
	p. 0/0	p. 0/0	p. 0/0	p. 0/0	p. 0/0	p. 0/0		
Froment (farine).	10,8	66,3	4,2	2,0	1,7	15	10,8	72,5
Seigle. id.	8,0	69,5	3,7	2,0	1,8	15	8,0	75,2
Riz............	6,3	79,1	0,4	0,7	0,5	13	6,3	80,2
Légumes secs....	23,0	55,4	2,0	2,1	2,5	15	23,0	59,0
Sucre..........	»	»	95,»	»	»	5	»	95,0
Pommes de terre.	2,1	18,8	3,2	»	0,2	75	2,1	23,2
Bœuf..........	17,5	»	»	16,8	4,7	61	17,5	21,5
Mouton.........	15,3	»	»	18,5	4,2	62	15,3	52,7
Lard frais......	7,1	»	»	66,8	2,2	24	7,1	66,8
Lard fumé......	8,8	»	»	73,3	2,9	15	8,8	73,3

En temps de paix, la troupe ne reçoit de l'intendance militaire que le pain biscuité et un quart de la ration de café. C'est *l'ordinaire* qui, à l'aide de la somme prélevée sur la solde journalière du soldat, est chargé d'acheter, au mieux, le complément de la ration. L'Intendance cède, il est vrai, aux ordinaires, du café, du riz, des légumes secs, du sucre, mais c'est à titre de remboursement. On distribue parfois aussi des conserves et du lard, mais il en est fait une diminution correspondante sur les allocations affectées à l'ordinaire.

En somme, hors le temps de guerre, de campagne ou de manœuvres, les troupiers se nourrissent, pour ainsi dire, eux-mêmes et à l'aide des ressources et des aliments qu'ils trouvent dans les endroits où ils tiennent garnison.

Cette manière de faire est, à notre avis, absolument logique, puisque, de cette façon, le soldat a toujours une nourriture appropriée au climat de la localité où il est en résidence, sauf pourtant en ce qui concerne les légumes secs, mais on peut poser en principe qu'en France, aussi bien au Nord qu'au Midi, les légumes secs de toutes provenances entrent pour une part dans l'alimentation générale des populations. La différence ne porte donc, en réalité, que sur les légumes verts et la viande fraîche.

D'où vient donc, qu'avec la quantité d'ingrédients nécessaire pour produire un mets réparateur, on n'arrive, dans les régiments, qu'à obtenir un à peu près qui est loin d'être parfait.

Cela tient uniquement à la façon dont est préparée la nourriture du soldat et il serait urgent de remédier à un semblable état de choses.

LE PAIN. — *Puisque le pain de munition et le biscuit* constituent la base de la nourriture du soldat, il nous a paru nécessaire de rechercher les éléments qui entrent dans sa composition, ainsi que les motifs qui ont déterminé l'emploi de telles ou telles sortes de farines.

Voici d'après le tableau ci-dessous la composition chimique du pain de munition comparée à celle du pain de froment ordinaire :

ANALYSE COMPARÉE DU PAIN

PAIN ORDINAIRE	Proportion p. 0/0	PAIN DE TROUPE	Proportion p. 0/0	DIFFÉRENCES	
				En plus	En moins
Azote........	8,1	Azote........	7,4	»	0,7
Carbone......	52,6	Carbone......	53,8	1,2	»
Sels.........	2,3	Sels.........	1,8	»	0,5
Eau..........	37,0	Eau..........	37,0		
	100 »		100 »		

Dans le tableau suivant nous démontrons les différences chimiques existant entre le froment, le seigle à l'état naturel ou réduits à l'état de pain.

ANALYSE COMPARÉE DU PAIN ET DES GRAINS

Composition chimique	Albumine	Amidon	Sucre	Graisse	Sels	Eau	TOTAL p. 0/0	
							Azote	Carbone
	p. 0/0	p. 0/0	p. 0/0	p. 0/0	p. 0/0	p. 0/0		
FROMENT								
État naturel....	10,8	66,3	4,2	2,0	1,7	15	10,8	72,5
Réduit au pain..	8,1	47,4	3,6	1,6	2,3	37	8,1	53,6
SEIGLE								
État naturel.....	8,0	69,5	3,7	2,0	1,8	15	8,0	75,2
Réduit au pain..	5,3	50,6	3,1	1,6	2,4	37	5,3	55,3

DU PAIN EN CAMPAGNE. — L'essai de mobilisation de 1887, que nous avons suivi, a démon-

---

(1) *Les renseignements généraux contenus dans ce travail nous ont été fournis par l'intendance militaire avec une courtoisie qui a grandement facilité notre tâche. Nous tenons à l'en remercier ici.*

tré que le matériel des fours de campagne que l'État possède est absolument défectueux.

Les fours qui ont une enveloppe en tôle et qui sont chauffés intérieurement, sont toujours rouges au moment de l'enfournement; les pâtes se trouvent saisies et le pain prend une couleur foncée, mais ce n'est jamais cuit intérieurement, car la déperdition de la chaleur est tellement considérable et spontanée que la mie n'est jamais sèche. Un autre inconvénient plus grave, est celui de l'impossibilité où l'on se trouvera de faire suivre ce matériel sur les derrières de l'armée, car pour conduire les fours, les ustensiles de panification et les approvisionnements d'une boulangerie de campagne, il faut deux cents quarante voitures. Enfin, les fours montés sur roues ne peuvent être transportés que sur des routes carrossables et en bonne saison. De plus, après un fonctionnement de quinze jours et deux ou trois déplacements, ils seront tous hors de service.

L'idéal pour remédier à ces inconvénients, est un appareil permettant de faire le pain en marche, sur les voies de chemins de fer, et dans le train même qui conduira les troupes. Il faut, en un mot, constituer des trains de boulangerie dont les wagons-fournils et panèterie pourront être accrochés à tous les trains de voyageurs ou de marchandises. Il faut que le four adopté puisse se chauffer avec n'importe quel combustible, mais principalement du charbon, et que le pain puisse y cuire dans d'aussi bonnes conditions que dans les fours en maçonnerie.

Cet idéal vient enfin d'être réalisé par le four système Lamoureux et Mairetet, proposé à l'acceptation du Ministre de la Guerre, et qui remplit entièrement toutes ces conditions.

Nous allons maintenant envisager rapidement les principaux cas dans lesquels peuvent se trouver les troupes, en temps de guerre ou même de manœuvre.

1° *Nourriture de l'Intendance et à l'aide des vivres ordinaires.*

2° *Chez l'habitant.*

3° *En rase campagne.*

Dans le premier cas, les denrées sont, ou à peu près, les mêmes qu'à la caserne, et il ne reste que les questions de cuisson et de préparation qui seront traitées plus loin.

2° *Chez l'habitant*, le soldat sera forcément obligé de se nourrir à l'aide des denrées qu'il aura sous la main et qui peuvent varier à l'infini, suivant le pays ou la situation de fortune des gens soumis à la réquisition pour nourrir et loger les troupes. Aussi, croyons-nous remplir un devoir patriotique, en donnant dans cet ouvrage des recettes portant sur la préparation des mets les plus modestes; et, tout esprit personnel écarté, nous voudrions voir ces recettes inscrites sur les livrets de nos soldats, qui n'auraient qu'à les suivre à la lettre, pour préparer eux-mêmes, en toutes circonstances, une nourriture saine et réparatrice.

Voici, à titre de renseignement, un extrait de l'instruction ministérielle du 17 mars 1882 :

Nourriture par l'habitant.

Lorsque l'habitant est requis de fournir la nourriture il doit fournir, en principe, soit la ration réglementaire du soldat, soit une alimentation substantielle équivalente, au moyen des aliments, quels qu'ils soient, dont il est approvisionné, ou de ceux en usage dans le pays.

Néanmoins, en aucun cas, il ne peut être exigé une nourriture supérieure à l'ordinaire de l'individu requis.

La nourriture est toujours demandée et fournie par demi-journée, c'est-à-dire par repas.

Un repas doit comprendre, autant que possible :

375 grammes de pain.

80 grammes de viande cuite { avec le bouillon ou potage ou en ragoût.

Un plat de légumes assaisonnés.

Un quart de litre de café ou de vin. La bière ou le cidre sont fournis en quantité double.

L'habitant n'a pas seulement la charge de fournir les aliments; il peut être tenu (sauf le cas d'impossibilité), d'effectuer la préparation culinaire; il fournit, en tout cas, les condiments et le combustible nécessaires à cette préparation.

Tant mieux pour les soldats que les hasards du billet de logement amèneront chez des gens riches et humains. Quant à présent, nous ne nous occupons que de ceux qui se trouveront chez les habitants les plus pauvres.

3° *En rase campagne*. Là, les difficultés sont plus grandes; et, si le service des approvisionnements ne peut, pour une raison ou pour une autre, pourvoir à la nourriture des troupes, il importe de rechercher les moyens pratiques d'y remédier.

Plusieurs personnes ont même cherché, dans leur temps, les moyens de pourvoir à la subsistance à l'aide d'un aliment concentré dont on ferait usage en l'absence des vivres ordinaires.

L'aliment idéal pour les troupes en campagne,

qui sont toujours sur le qui-vive, serait celui qui, sous le plus petit volume, réunirait la plus grande somme de principes nutritifs. Divers essais ont déjà été tentés pour arriver à ce résultat, mais, dans la plupart des cas, le prix de revient était trop élevé pour que l'usage de ces aliments puisse être introduit dans l'armée.

Il est évident que, quand on peut s'en procurer, la viande fraîche est toujours préférable; mais il y a, en temps de guerre, nombre de circonstances où le soldat manque de viande et n'a que quelques minutes pour préparer son repas. Dans ce dernier cas, les aliments concentrés peuvent rendre de précieux services, et c'est à ce titre que nous les recommandons spécialement à l'attention de l'autorité compétente, car nous estimons qu'il y a encore beaucoup à faire pour assurer en tout temps la nourriture des troupes.

Cependant le règlement du 23 octobre 1887, constitue un progrès très réel sur l'alimentation des troupes dont le détail datait de la Restauration :

Chaque fois que cela sera possible, on groupera les ordinaires par bataillon au lieu de les organiser par compagnie.

Quand le régiment est réuni, une commission centralise la gestion. Elle fait les achats autant que possible par adjudication, auxquels les fournisseurs français sont seuls admis, ou bien elle traite de gré à gré, à la halle ou chez les producteurs.

Pour la viande, dans chaque garnison le bétail peut être acheté sur pied, puis dépecé et livré aux compagnies; s'il y a avantage, les capitaines peuvent traiter avec les petits fournisseurs locaux.

Dans les compagnies détachées, en marche, en manœuvres et en campagne, l'ordinaire se fait par compagnie, sous la direction du capitaine. Le caporal d'ordinaire fait les achats en présence des soldats de corvée, qui ont le droit de débattre les prix et de choisir les fournisseurs offrant les meilleures conditions.

En campagne, on prépare les aliments par escouade dans le logement du caporal. En temps de paix, les compagnies peuvent acheter la vaisselle, les tables et les bancs nécessaires à l'installation de réfectoires.

Boucherie. — L'achat de la viande peut, selon les circonstances, être fait directement par les compagnies, escadrons ou batteries, mode qui rend inutile l'organisation d'une boucherie dans la caserne. Par suite, pour éviter une installation qui peut n'être pas toujours nécessaire les commissions des ordinaires, quand elles ont la charge d'approvisionner la troupe, doivent, autant que possible, imposer aux bouchers de livrer la viande dépecée et débitée.

Qualité de la viande à fournir. — La viande à fournir est celle de bœuf, de vache, de veau et de mouton ou de brebis. Sont formellement exclues, les viandes de bélier, de bouc et de chèvre. Celle de taureau est également exclue, à moins d'une stipulation contraire qui est insérée quand il y a lieu.

La viande doit provenir d'animaux bien conformés, parfaitement sains, abattus, sauf le veau, dans l'âge adulte, bien en chair et convenablement gras. Le rendement en viande bouillie et désossée doit être de 46 p. 100 au moins du poids à l'état cru.

Des jardins potagers. — Dans les places de guerre où il existe des terrains militaires propres à la culture, le service du génie peut être autorisé à livrer gratuitement aux corps ou fractions de corps de toutes armes, les terrains nécessaires à la création de jardins potagers destinés à l'amélioration de l'ordinaire des troupes.

A défaut de terrains militaires propres à la culture, et dans les villes de garnison où il n'en existe pas, ces jardins peuvent être loués par les corps de troupes aux frais des ordinaires. Toutefois, la location n'a lieu qu'après autorisation du Ministre. La demande d'autorisation est adressée au Ministre (*Bureau des Vivres*) accompagnée d'un état faisant connaître, d'une part l'état des bonis, d'autre part, le prix de location et les frais présumés d'exploitation par année.

En cas de changement de garnison, le bail est transféré d'office au nom du corps succédant à l'autre.

En cas de suppression définitive ou momentanée d'une garnison, la résiliation a lieu de plein droit. Une clause dans ce sens doit être insérée dans les baux de location. Décret du 23 octobre 1887. — Signé : FERRON.

LES CUISINIERS. — Ici on en est encore à l'état rudimentaire : les hommes chargés de la cuisine ignorent le plus souvent la manière de s'y prendre, et jettent pêle-mêle, dans la marmite, le nombre voulu de kilogrammes de n'importe quoi. On laisse ce mélange sur le feu, pendant le temps prescrit par le règlement, et... c'est tout!... La soupe et le rata sont confectionnés. L'officier ou le sergent, dont c'est le tour de service, goûte ou ne goûte pas la préparation, et, puis, servez chaud ! Ce n'est pas plus malin que ça.

Il serait pourtant bien facile de ne prendre comme cuisiniers que des hommes ayant des connaissances spéciales. Parmi les quelques centaines de mille jeunes gens incorporés chaque année, il y en a un certain nombre qui ont été aides-cuisiniers ou même chefs dans de petits restaurants ou hôtels. Qu'on les emploie donc de préférence à tous autres, et qu'on les charge, à raison de un ou deux par bataillon, escadron ou batterie, et pendant la durée de leur service, de donner les indications nécessaires aux hommes désignés par les compagnies. Cette manière d'opérer aurait, en outre, le précieux avantage d'apprendre à tous ceux que leur tour de corvée appellera à la cuisine la façon de préparer les mets.

Actuellement les jeunes soldats qui possèdent quelques notions culinaires sont généralement choisis comme ordonnances, par les officiers mariés, c'est ce qui fait qu'il n'en reste plus pour les cuisines régimentaires. Ne pourrait-on pas, tout en tenant compte des économies que ce système procure aux officiers, réserver au moins un homme ou deux par bataillon ou escadron pour le bien-être de la troupe?

De plus, pourquoi ne pas assurer de petits avantages à ceux qui possèdent, en arrivant au service, les connaissances voulues pour être détachés à la cuisine; on pourrait leur faire passer un examen en rapport avec ce qu'on exigerait d'eux, et les assimiler aux caporaux, par exemple. Dans les casernes il y a bien, par compagnie, un cuisinier *en pied* et un aide. Le cuisinier en pied touche son prêt franc, c'est-à-dire l'intégralité de sa solde, sans défalcation aucune. C'est certainement un avantage, quoique la paye d'un soldat soit minime, mais, outre qu'on n'exige pas des titulaires une somme suffisante de connaissances, le prêt franc, seul, ne constitue pas un attrait suffisant pour provoquer les demandes des jeunes soldats ayant des aptitudes spéciales. Bien que la nourriture des troupes ne comporte pas de mets savants, il n'y a pas d'aliment, si simple soit-il, qui, pour être absolument nourrissant, ne demande à être convenablement préparé.

APPAREILS DE CUISINE. — Malgré les insinuations perfides de la Presse étrangère à l'adresse de notre armée, nous constatons avec plaisir que nos dissidences politiques n'empêchent point notre Gouvernement de s'occuper de cette importante question qui a trait au perfectionnement des appareils servant à l'alimentation de l'armée.

Aux termes d'une décision de M. le général Boulanger, Ministre de la Guerre, en date du 3 mars 1887, une exposition d'appareils de cuisine, destinés à la préparation des aliments de la troupe dans les divers établissements militaires, a eu lieu à l'École militaire de Paris, et a été suivie d'expériences pratiques, à l'issue desquelles des primes et des diplômes ont été décernés aux appareils remplissant les conditions exigées.

Sur sept des appareils exposés, quatre seulement ont été admis aux expériences, ce sont ceux des maisons François-Vaillant, Lamoureux et Mairetet, Egrot, Malen et Déglise : nous ne saurions trop féliciter ces industriels de leurs efforts tendant à satisfaire un but aussi patriotique.

Appareil François-Vaillant. — Le fourneau François-Vaillant perfectionné est celui qui a rempli le mieux les conditions prescrites par le règlement, c'est-à-dire les plus avantageuses. La Commission d'examen lui a donc décerné de droit le premier prix, soit la prime de deux mille francs et le grand diplôme.

Ce fourneau est complètement métallique; toutes les pièces qui le composent sont en fonte de fer de forte épaisseur, de deuxième fusion; elles sont ajustées à l'usine, et s'emboîtent ou se juxtaposent à la main sans écrous. Il en résulte que le montage du fourneau est extrêmement simple, et peut être effectué en moins de deux heures, sans le secours d'ouvriers spéciaux, par toute personne ayant sous les yeux les instructions pour le montage, qui accompagnent l'expédition de tout appareil. Pour les mêmes raisons, le remplacement des pièces usées peut être opéré entre deux repas sans chômage, par le personnel même du bataillon : ce qui constitue pour l'armée un immense avantage sur les autres appareils.

Toutes les pièces du fourneau sont cataloguées et expédiées dès la réception de la commande. D'ailleurs, toutes ces pièces, à l'exception des récipients (marmites et réservoir) peuvent être fendues sans arrêter la marche de l'appareil.

Ce fourneau, qui brûle indifféremment de la houille ou du bois, remplit donc toutes les conditions de solidité et de facilité d'entretien, indispensables à un appareil destiné à l'alimentation de la troupe; ce qui est déjà prouvé, du reste, par les fourneaux fournis par cette maison à l'Administration de la Guerre, depuis bientôt un demi-siècle, et qui sont construits avec les mêmes matériaux.

Cet appareil comporte trois foyers : deux foyers à repas variés et un foyer à café. Ces trois foyers sont absolument indépendants les uns des autres et peuvent être allumés tous ensemble ou l'un sans les autres. Par suite de cette disposition, la quantité de combustible dépensée correspond exactement au nombre et à la nature des mets que l'on prépare, les foyers à repas

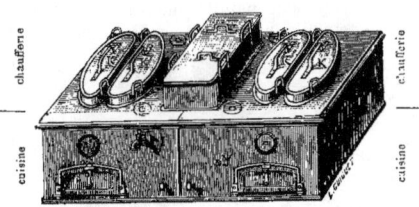

Fig. 69. — Façade du fourneau François-Vaillant admis dans les casernes de l'armée. — Côté de la cuisine.

LÉGENDE

L. Réservoir à eau pour la préparation du café, etc.
K. Marmites à repas variés.
I. Robinet à eau bouillante pour le café.
Y. Robinet de vidange et de nettoyage du réservoir.
C. Portes des étuves.

variés pouvant rester éteints pendant la préparation du café et le foyer à café restant toujours éteint (sauf exception) pendant la préparation des autres repas. Cette disposition permet donc de n'allumer qu'un seul foyer à repas variés, lorsque l'effectif à nourrir est réduit à deux compagnies ou à une seulement; dans ce dernier cas,

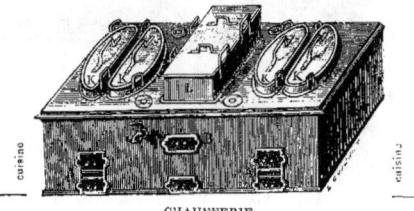

Fig. 70. — Fourneau François-Vaillant admis dans les casernes de l'armée.

LÉGENDE

I. Robinet à eau chaude pour la laverie, etc.
A. Foyer à repas variés.
B. Foyer du réservoir.

les deux marmites du seul foyer allumé ne sont remplies qu'à moitié.

Chaque foyer à repas variés actionne deux marmites K de 100, de 110 ou de 125 litres; ces marmites, en tôle d'acier, de forme aplatie et demi-cylindrique, servent à cuire des aliments variés, tels que soupe, ragoûts, légumes, rôtis à la casserole, etc.

Comme on le voit, ce fourneau contient par conséquent quatre marmites, chacune d'elles pouvant être affectée à une compagnie; il permet donc de préparer l'alimentation par compagnie, par bataillon ou par demi-bataillon.

Pour obtenir du rôti à feu vif, on remplace une des marmites en tôle à repas varié K par une *marmite-four* MF, se composant d'une marmite en fonte, de même forme que les marmites à repas variés, d'une lèchefrite *le* que l'on place sur le fond de la marmite, et d'un croisillon à broches CR, sur lequel on embroche la viande et que l'on place sur la lèchefrite.

La viande fixée aux broches, ne touchant pas

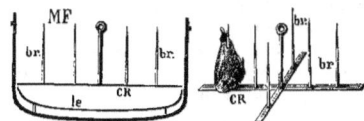

Fig. 71. — Marmite-Four François-Vaillant admise dans les casernes de l'armée.

LÉGENDE

MF. Marmite-Four.
CR. Croisillon mobile à broches surmontées d'un gigot.
br. Broches.
le. Lèchefrite.

les parois de la marmite, et se trouvant entourée de tous côtés par une chaleur vive et uniforme, rôtit comme à la broche, et le jus tombe dans la lèchefrite, et peut au besoin arroser les légumes.

Cette *marmite-four* évite l'emploi d'un four soit portatif soit attenant au fourneau et conserve à celui-ci sa grande simplicité.

Le *Réservoir à eau chaude* L a une capacité de 150 litres utilisables au-dessus de la ligne de chute de ses robinets I, I[1]. Sa face inférieure, soumise à l'action du foyer B, est formée par une série d'ondulations profondes qui lui donnent une surface chauffée très considérable; ces ondulations restent noyées lorsque les robinets de distribution ne donnent plus d'eau.

Ce Réservoir, dont l'eau arrive, par suite, très rapidement à l'ébullition (en une heure environ), permet la préparation du café avec une cafetière ordinaire, et évite, par conséquent, l'emploi d'un appareil spécial ou percolateur.

Lorsque le café est préparé, le Réservoir est de nouveau rempli d'eau, qui est alors échauffée par son mélange avec l'eau bouillante qui recouvrait les ondulations, et par la chaleur perdue des foyers à repas variés; cette eau sert à la laverie, etc. Cette opération peut être faite aussi souvent que les besoins du service le réclament.

Toute la partie inférieure du fourneau, à l'exception de la place occupée par les pieds des foyers, sert d'Étuves pour tenir les aliments au chaud. Deux portes à rabattement, situées du côté de la cuisine, donnent accès dans ces étuves (Fig. 69).

Cet appareil, adopté par l'Administration de la Guerre, est un grand progrès réalisé dans les cuisines militaires, car il permet de faire indifféremment des soupes, des ragoûts ou des rôtis à la casserole ou à la broche, sans qu'il soit besoin d'avoir recours aux fours des boulangeries civiles; il donne, de plus, à toute heure de la journée, et sans dépense spéciale de combustible, de l'eau chaude pour les différents besoins du service.

APPAREIL EGROT. — L'appareil de cuisines à vapeur Egrot, est celui auquel a été décerné le deuxième prix, soit la prime de quinze cents francs et un diplôme d'honneur.

Le principe de la cuisine à vapeur est des plus simples. Une chaudière à vapeur et des marmites à double-fond en sont les principaux agents.

Les marmites où la cuisson des aliments s'effectue sont en fonte, entourées d'une enveloppe en tôle, qui les préserve des chocs aussi bien que des refroidissements; elles sont à fond plat, ce qui fait que l'eau de condensation peut se répartir sur une large surface sans toucher le fond de la marmite proprement dite, d'où résulterait un chauffage au bain-marie. Cette disposition à fond plat est aussi indispensable pour faire rôtir les viandes. Ces marmites, munies de tourillons, sont mobiles autour d'un axe horizontal. Elles sont tenues dans la position verticale par différents mécanismes selon leur capacité, disposés de façon à les maintenir à une inclinaison déterminée, soit pour les nettoyer, soit pour les vider. De cette façon, elles sont parfaitement maniables, la vidange et le nettoyage s'effectuent en les faisant osciller sur elles-mêmes.

Les couvercles des marmites sont montés à charnières, équilibrés chacun par un contrepoids qui permet de les tenir fermés ou ouverts, à l'inclinaison voulue. Le générateur est habituellement une chaudière verticale à foyer intérieur, disposition qui n'occupe que peu de place et qui permet son installation dans un coin de la cuisine, ou mieux, dans un cabinet voisin, afin

Fig. 73. — Appareil Egrot, admis dans les casernes de l'armée.

d'en éloigner le charbon, principale cause de malpropreté. L'alimentation du générateur se fait par le procédé dit « de la bouteille » : l'eau de condensation revient des doubles-fonds des marmites au réservoir, dit réservoir des retours, d'où elle passe à la bouteille et de là à la chaudière.

Enfin, par de récents brevets la maison Egrot a apporté aux cuisines à vapeur d'importantes améliorations, qui en ont fait un appareil des plus pratiques pour le fonctionnement des grandes cuisines : ce nouveau système a l'avantage de produire une économie de combustible variant de 40 à 80 p. 0/0, suivant l'importance de l'application.

Ces marmites à vapeur sont fondues d'une seule pièce. Le fond intérieur est absolument plat et réuni au fond extérieur par une série de cloisons, venues de fonte avec eux, et étudiées en vue de l'augmentation du rendement et de l'intensité du chauffage. Les cloisons qui réunissent les deux fonds de ces marmites viennent en aide à la surface de chauffe intérieure, et la

Fig. 73. — Générateur de l'appareil Egrot, admis dans les casernes de l'armée.

conductibilité du métal établit un courant de chaleur venant de tous les points des deux fonds pour se dépenser à la surface interne de la marmite.

Le danger d'explosion est absolument écarté par la construction même du double-fond, laquelle permet d'établir les fonds des marmites absolument plats, de dimensions quelconques et sans augmentation d'épaisseur du métal, et de rendre ainsi ces récipients propres à la cuisson des rôtis et à la confection des fritures.

C'est à tort que l'on suppose, à priori, que les cuisines à vapeur ne sont propres qu'à la confection des soupes et des ragoûts; les viandes s'y dorent aussi bien que sur les fourneaux ordinaires, et ont surtout l'avantage de ne pas brûler; dans certains grands établissements, les chefs de cuisine font dans la marmite à vapeur ce que l'on fait habituellement au feu nu. La cuisine à vapeur se prête parfaitement à la conservation des aliments *chauds*, évite la chaleur des fourneaux ordinaires, et est plus facile à tenir propre : le seul inconvénient que présentent les appareils à vapeur, est leur prix plus élevé que celui des appareils à feu direct; mais cette dépense est rapidement compensée par les économies de combustible que l'on réalise. (Voir *Cuisine à vapeur*).

APPAREIL LAMOUREUX ET MAIRETET. — Conformément aux conditions qui ont été spécifiées par l'art. 3 du règlement (1) qui régissait l'exposition, ce fourneau a été construit pour quatre compagnies; mais l'effectif prévu a été de cent vingt-cinq hommes par compagnie au lieu de quatre vingts, effectif demandé.

Ce fourneau, fort bien conditionné est construit en briques, mais peut être fait en fonte ou en tôle, et on peut lui donner n'importe quelles dimensions; nous avons surtout remarqué ses fours qui nous ont paru très pratiques; ils sont en tôle, et sont munis d'une sole mobile qui rend très facile la surveillance de la cuisson. On peut faire cuire dans ces fours tout ce que l'art culinaire peut imaginer, car ils réunissent toutes les qualités des fourneaux usités dans les grands hôtels ou restaurants; on peut y faire indifféremment, pour les repas variés, des côtelettes, des entrecôtes, ou des poissons sur le gril. Par la conduite spéciale de la chaleur dans les fours, le rôti peut être saisi et cuit dans deux heures de temps. Point essentiel pour lui conserver sa succulence et ses qualités nutritives; en même temps que le rôt, on peut faire cuire dans les fours d'autres aliments tels que : macaronis, pommes de terre, etc.; et, pendant ce temps, la soupe ou d'autres légumes cuisent également dans les marmites.

Avec cet appareil construit en briques, on aura l'avantage de pouvoir réemployer toutes les anciennes marmites, puisqu'il suffira de changer la forme et la dimension des ouvertures destinées à les recevoir.

---

(1) Nombre et dimensions des récipients permettant à volonté l'alimentation par compagnie ou l'alimentation par bataillon.

APPAREIL MALEN ET DÉGLISE. — Le principe fondamental de ce nouvel appareil est le remplacement de la brique de l'ancien système, qui absorbe inutilement beaucoup de chaleur, par une couche d'eau comprise entre deux parois de cuivre rouge, qui, après avoir absorbé et rayonné une partie du foyer, peut être ensuite utilisée pour tous les besoins domestiques.

Cet appareil est facilement transportable; il se fait à marmites jumelles ou uniques, et peut suffire pour produire les repas les plus variés sans augmenter la ration de combustible. L'adoption d'un système de ce genre faciliterait certainement la solution du problème de l'alimentation variée dans l'armée. (Voir *Marmite*).

Hygiène. — Il faudrait, à notre avis, ajouter des condiments à la nourriture des troupiers; au besoin même une petite quantité de boissons fermentées, soit une bière légère quelconque comme on en peut faire en peu de jours dans tous les pays, remplirait parfaitement le but (Voir *Boissons*). En même temps, cette boisson remédierait, dans une large mesure, aux inconvénients qui résultent de l'absorption d'eaux malsaines ou insuffisamment pures; enfin, peut-être aussi que l'estomac étant moins fatigué, les hommes seraient moins portés à mâcher du tabac, habitude généralement répandue. Il est d'ailleurs à noter que les sous-officiers, qui ont une nourriture plus variée et mieux accommodée, sont beaucoup moins enclins à ce défaut.

En écrivant ce qui précède, nous avons été mû par le sincère désir d'être utile à notre pays, et nous allons conclure, en ce qui regarde l'*Armée de terre*, en demandant, de nouveau, qu'une petite place soit réservée, sur les livrets des hommes de troupe, afin d'y inscrire les connaissances indispensables, permettant à chaque soldat de préparer sa nourriture, en quelque lieu qu'il puisse se trouver.

Vivre, c'est sentir, et sentir pour l'homme c'est penser. Or, pour penser sainement, il faut qu'il y ait équilibre entre les deux foyers principaux qui concourent à former ou à développer l'intelligence. Le premier de ces foyers est le cerveau; le second c'est l'estomac. Quand on digère bien, les idées sont lucides. Par conséquent, on ne saurait trop s'attacher à nourrir convenablement les troupes, car la qualité maîtresse du soldat est, après le courage individuel, la rapidité de décision et la rectitude du jugement.

Armée de mer. — En ce qui concerne l'armée de mer, la nourriture est à peu près suffisante comme quantité, ainsi qu'on le verra dans les tableaux que nous donnons plus loin. Mais, là encore, la préparation des aliments laisse beaucoup à désirer. Il y a bien des agents spéciaux appartenant au service des *subsistances* et qu'on appelle *coqs*, du mot anglais *cook* qui veut dire cuisinier. Mais ces *coqs*, quoique n'ayant d'autre service à faire à bord que celui de la cuisine, sont cependant loin de posséder les notions indispensables pour être à la hauteur de leur emploi. Ce sont, le plus souvent, des gens illettrés et appartenant à la classe des cultivateurs ou des ouvriers des ports, qui n'ont jamais appris la cuisine chez eux, ni passé par aucune école spéciale. Le plus souvent ce sont de simples garçons de cuisine ou *plongeurs*.

Avant d'être embarqués ils aident, pendant quelques heures, à terre, les *coqs* des casernes de la flotte, et c'est tout. On les bombarde cuisiniers de l'équipage sans autre examen, puis, quand ils arrivent à bord d'un navire, on leur donne à préparer la nourriture de deux ou trois cents hommes et quelquefois plus. Ces braves gens font évidemment tout ce qu'ils peuvent, surtout par crainte des punitions, si l'équipage se plaint de la nourriture; mais ne ferait-on pas mieux de s'assurer, avant de les embarquer, s'ils connaissent leur métier; et, d'abord, ne devrait-on pas commencer par le leur apprendre? Pourquoi n'y aurait-il pas, comme pour les *spécialités*, une théorie pour la cuisine des équipages ainsi que des cours pratiques pour appliquer cette théorie et surtout pour l'expliquer ? De plus, les cuisines sont généralement trop petites, mal aérées, surtout à la mer; il n'y a pas assez de chaudières; et, par suite, le métal s'imprègne peu à peu du goût de chaque aliment qui y est successivement préparé; or, comme le mode de nettoyage est fort sommaire, ce goût persiste et finit par donner à tous les aliments une saveur *sui generis* qui est loin d'être agréable, surtout si l'on considère que la base de l'alimentation, loin des côtes, se compose de salaisons, morue et lard. Il y a bien les conserves de bœuf et les sardines ; mais, comme ces denrées reviennent plus cher, on en donne moins souvent aux hommes. D'ailleurs, les conserves de bœuf ne brillent pas toujours par la fraîcheur et sont préparées et servies d'une manière qui est peu faite pour stimuler l'appétit. Il reste enfin les légumes secs : haricots, pois, gourganes (fèves décortiquées); mais il est rare que ces légumes soient assez cuits; car, indépendamment de leur *ancienneté*, on ne les laisse tremper, au préalable, qu'un temps insuffisant; ensuite la graisse ou le vieux beurre dont on se sert donne un goût de rance auquel on s'habitue difficilement.

La morue et le lard sont mis à dessaler pendant douze heures environ, mais, comme en campagne l'eau douce est parcimonieusement ménagée pour diverses raisons, on se sert, en général, *d'eau de mer* pour enlever le sel, ce qui revient à ne rien enlever du tout ou fort peu de chose, et à communiquer aux aliments une saveur amère très prononcée.

Comme on le voit, dans la flotte comme dans l'armée de terre, il reste beaucoup à faire pour améliorer la nourriture des hommes; non pas peut-être au point de l'augmentation des rations allouées, mais certainement en ce qui regarde le mode de cuisson et de préparation.

Il y a encore un chapitre qui, par son importance, mérite de faire l'objet d'une étude spéciale, c'est celui de l'eau.

A terre ou en rade le marin peut se désaltérer et a presque de l'eau douce à discrétion; de plus, il a de la viande fraîche presque tous les jours, et éprouve, par cela même, bien moins le besoin de boire. En mer, tout change. On remplit le matin le récipient appelé *charnier*; puis, quand le charnier est vide, ce qui arrive rapidement dans les pays chauds, il faut attendre l'heure réglementaire où on le remplira de nouveau. Pendant ce temps, si le marin a soif, tant pis pour lui. A bord de certains navires, on distribue supplémentairement 23 centilitres d'eau le matin et autant le soir, mais qu'on se figure des gosiers altérés par de la morue et du lard atrocement salés, et on se rendra compte du supplice infligé aux marins en campagne, sous des latitudes où la température ressemble à celle d'une étuve. A bord des navires à vapeur, la machine donne quelquefois de l'eau douce obtenue par la distillation, mais cette eau, sans saveur et ne contenant pas assez d'oxygène, est tout au plus bonne, et encore, à faire cuire les aliments. En tout cas, elle ne saurait étancher la soif, car elle n'a pas les propriétés désaltérantes de l'eau ordinaire.

Nous comprenons parfaitement qu'un navire de guerre ne puisse se transformer en citerne, et que ses munitions, son artillerie, sa machine, ne lui laissent guère de place pour mettre beaucoup de caisses à eau; mais ce que nous voudrions voir adopter c'est une alimentation mieux appropriée où les assaisonnements seraient plus copieux et plus variés.

Enfin, ne pourrait-on pas, avec la marche rapide des nouveaux bâtiments à vapeur, remplacer le lard rance et la morue à plusieurs chevrons par des conserves non salées? Pourquoi au départ, emmagasiner dans les soutes tant de provisions qui vieillissent et moisissent. C'était compréhensible du temps des navires à voiles qui, contrariés par les vents, pouvaient rester trois ou quatre mois sans atteindre un port de ravitaillement. Aujourd'hui, rien de cela n'est à craindre. Les campagnes n'excèdent guère deux ans pour le même navire, et les ports de station peuvent abondamment fournir tout ce qui est nécessaire à la subsistance des équipages. Qu'on emporte de France, pour parer à des éventualités, peu probables du reste, un petit stock de vivres salés, mais qu'on ne s'en serve que dans les cas extrêmes et surtout qu'on n'en fasse pas la base de l'alimentation à la mer. On objectera, peut-être, que les grands bâtiments embarquent au départ un certain nombre de bœufs et de moutons. Parfait, mais ce que tout le monde n'a certainement pas vu, c'est l'état de ces malheureuses bêtes au bout de quelques jours de traversée. D'abord, le roulis et le tangage donnent le mal de mer aux animaux comme aux gens qui n'ont pas le pied marin; et rien n'est plus navrant que de voir ces pauvres animaux chercher à se maintenir en équilibre sans pouvoir y parvenir et manifester leur impuissance par des beuglements ou des bêlements à attendrir un boucher. Alors, que se produit-il? Les bestiaux ne mangent que peu ou point; ils dépérissent, deviennent étiques et souvent malades; ils voudraient probablement bien un brin de verdure, mais il n'y en a pas. Aussi au bout de peu de temps on est obligé de les tuer le plus vite possible afin de ne pas les perdre tout à fait, et leur viande est loin d'avoir les mêmes qualités qu'à terre. Les équipages sont alors gavés de viande fraîche à tous les repas pendant quelques jours, puis, après, brusquement on passe au lard salé ou à la morue jusqu'à la fin de la traversée. On conviendra bien que, sous le rapport de l'hygiène, une semblable alimentation est loin d'être parfaite; et nous ne pouvons que répéter ce que nous avons déjà écrit pour l'armée de terre, c'est-à-dire qu'une nourriture saine et suffisante a une grande influence sur le moral. Nous répéterons égalementment qu'il est indispensable que les aliments soient préparés *proprement* et convenablement. Nous disons *proprement* à dessein, car, dans le cours de nos voyages nous avons été à même de contempler des *coqs* dont l'aspect ne donnait guère envie de goûter à leur cuisine. Il est d'ailleurs à remarquer qu'à bord des navires de guerre français si luisants de propreté, il semble que tout ce qu'il y a de malpropre, de la carlingue à la pomme du mât, se soit réfugié sur la personne et au fond des chaudières du *coq*. Ce n'est pas que la surveillance ne s'exerce aussi bien sur la cuisine que sur toutes les autres parties du navire, mais si, au moment de l'*Inspection*, les cuivres sont brillants et le *coq* à peu près présentable, il n'en est pas de même quand on voit celui-ci en plein travail, et remplissant les chaudières. Il est excellent d'inspecter l'extérieur des appareils de cuisson; mais il serait également bon d'en visiter l'intérieur et de faire surveiller par un officier ou un aspirant la *mise en train* des repas de l'équipage; aussi bien pour contrôler *sévèrement* les *quantités* que pour assister à la manipulation, et veiller à ce que les règles de la propreté soient toujours observées. La santé des hommes vaut bien quelques minutes de surveillance *effective* deux fois par jour.

Puisque nous en sommes à la question de nettoyage intérieur des ustensiles employés pour la nourriture, nous ne pouvons passer sous silence les *bidons* dans lesquels on distribue le vin.

Ces bidons qui contiennent huit rations au moins, c'est-à-dire huit fois 23 centilitres à chaque repas, ont la forme d'un cône tronqué dont la partie supérieure est percée d'un trou assez grand faisant l'office de bonde. Un autre trou, pratiqué à l'un des bords, permet à chaque homme de verser sa ration dans le quart en métal qui tient lieu de verre. Mais, comme la partie supérieure du bidon est absolument fixe, le nettoyage ne peut jamais se faire complètement, et il reste toujours une certaine partie de lie qui communique au vin un goût de vinaigre parfois très prononcé. Ne pourrait-on pas rendre démontable la partie supérieure du bidon et en visiter l'intérieur quand on passe l'inspection des plats? D'ailleurs, en ce qui concerne l'ensemble des ustensiles, tels que gamelots, gamelles, etc., le nettoyage est défectueux à tous égards; et, quoiqu'on vide, après le repas, les gamelles dans ce qu'on appelle *la manche*, il reste encore dans les récipients certains résidus qu'il faut enlever. Or, comme le plus souvent, et surtout en marche, il n'y a pas de robinet de prise d'eau, les hommes de plat sont obligés de d'essuyer la gamelle (en bois cerclé de fer), à l'aide d'étoupe goudronnée provenant de vieux filins hors de service. Outre que ce mode d'essuyer est fort incomplet, il a encore le défaut de communiquer aux gamelles un goût de vieux goudron. Ne pourrait-on pas établir, à bord de chaque navire, un réservoir muni d'un robinet et qu'on remplirait deux fois par jour, avant les repas, afin de permettre aux hommes de *laver* l'intérieur des gamelles, gamelots et bidons; enfin ne pourrait-on laisser sécher les *plats* quelques minutes? Ce nettoyage vaudrait infiniment mieux que tout autre, et empêcherait le goût de graillon qui caractérise indistinctement tout ce qui passe par la gamelle.

En tenant compte de ce qui précède, nous sommes certain que le matelot serait mieux et plus sainement nourri, ce qui ne serait que juste.

Examinons maintenant de quoi se compose exactement l'ordinaire du marin.

TARIF DE LA RATION DU MARIN A TERRE

NATURE DES DENRÉES	Quantités par ration	DIVISION PAR REPAS			OBSERVATIONS
		Déjeuners	Dîners	Soupers	
Pains frais......	750 gr.	250 gr.	250 gr.	250 gr.	Il n'est pas distribué de spiritueux aux jeunes gens de moins de 18 ans.
ou Biscuits......	550	183 1/3	183 1/3	183 1/3	
Eau-de-vie, rhum ou tafia...	6 cent.	6 cent.	»	»	
Café.........	20 gr.	20 gr.	»	»	
Sucre.........	25	25	»	»	
Viande fraîche.....	250	»	250 gr.	»	Les dimanches, mardis, jeudis et samedis.
avec Légumes verts....	0 f. 0165	»	0 f. 0165	»	
Fromage......	100 gr.	»	100 gr.	»	Les lundis, mercredis ou vendredis.
ou Morue.........	120	»	120 gr.	»	
Légumes secs : Fayols et pois. Fèves décortiquées..	120	»	»	120 gr.	Dans les propositions réglementaires de 3, 7 de fayols, 2, 7 de pois et 1/7 de fèves décortiquées ou pommes de terre desséchées.
	100	»	»	100	
ou Pommes de terre desséchées....	100	»	»	100	
ou Riz.........	80	»	»	80	Dans la proportion de 1/7.

ASSAISONNEMENTS

Beurre. — 30 grammes pour chaque dîner en morue, 10 grammes pour chaque repas en légumes ou en riz.

Huile d'olive. — 18 grammes pour chaque dîner en morue, 8 grammes pour chaque repas en légumes ou en riz.

Sel. — 22 grammes par jour.

Vinaigre. — 3 centilitres pour chaque dîner en morue, 5 millilitres pour chaque repas en légumes ou en riz.

NOTA. — Le pain délivré, au marin, à terre est à peu près le même que celui des troupes. Dans les casernes des équipages de la flotte la ration journalière ne comporte pas de vin, mais il en est alloué aux hommes employés à bord des navires en armement ou en désarmement, et, en général, à tous les hommes envoyés en corvée dans les ports ou en rade au marin 0 l. 23 centil., au mousse 0 l. 15 centil.

TARIF DE LA RATION DE CAMPAGNE

NATURE DES DENRÉES	Quantités par ration.	DIVISION PAR REPAS			OBSERVATIONS
		Déjeuners.	Dîners.	Soupers.	
Biscuit.......... ou	550 gr.	183 g 1/3	183 g 1/3	183 g 1/3	
Pain frais........	750	250 gr.	250	250	
Eau-de-vie, rhum, ou tafia.......	6 centil.	6 centil.	0	»	
Vin..............	46 centil	»	23 cnetil.	23 centil.	
Café.............	20 gr.	20 gr.	0	»	
Sucre............	25	25	0	»	
Conserves de bœuf.	200	»	200 gr.	»	
Lard salé........ avec	225	»	225	»	Les dimanches, lundis, mardis, mercredis, jeudis et samedis.
Légumes secs (fayots et pois)........	60	»	60	»	
Légumes desséchés (mélanges d'équipage)...........	18	»	18	»	
Fayots et pois..	120	»	«	120 gr.	Dans les proportions règlementaires de 3/7 de fayots, 2/7 de pois, et 1/7 de fèves ou pommes de terre desséchées.
Fèves décortiquées.......	100	»	»	100	
ou					
Pommes de terre desséchées...	100	»	«	100	
Riz.............	80	«	»	80	Dans la proportion de 1/7.
Fromage........	100	«	100	»	Le vendredi.

ASSAISONNEMENTS

Choucroute. — 20 grammes par repas en légumes ou en riz.

Achars. — 75 décigrammes par repas en légumes ou en riz.

Oseille confite. — 10 grammes par repas en légumes ou en riz.

Beurre pour panade. — 15 grammes.

Huile d'olive. — 8 grammes par repas en légumes ou en riz.

Graine de moutarde. — 2 grammes pour chaque dîner en salaison.

Poivre ou piment. — 15 centigrammes pour chaque déjeuner en panade, 15 centigrammes pour chaque dîner en salaisons ou conserves.

Sel. — 24 grammes par jour.

Vinaigre. — 5 millilitres pour chaque repas en légumes ou en riz, 5 millilitres tant pour acidifier l'eau des charniers que pour la préparation de la moutarde et l'aspersion du bâtiment.

RAFRAICHISSEMENTS

Jus de citron. — 14 grammes par ration avec 28 grammes de sucre et 112 grammes d'eau.

NOTA. — Comme nous l'avons dit précédemment, le matelot, en mer, a quelquefois de la viande fraîche, et le pain est de meilleure qualité qu'à terre. On distribue aussi parfois des sardines à l'huile; mais, par contre, la morue salée qui ne figure pas dans le tableau ci-dessus, est fréquemment employée et alterne avec le fromage. En rade ou dans les ports de station on donne, en moyenne, trois repas de viande fraîche par semaine.

Ainsi qu'on peut le voir, la nourriture du marin embarqué ne diffère guère de celle des troupes en campagne; si l'air vivifiant de la mer et l'exercice n'étaient pas là pour suppléer, dans une certaine mesure, à la défectuosité de l'alimentation, il y aurait certainement beaucoup de malades à bord, même en temps normal. Nous ne parlons pas des maladies spéciales que cette nourriture peut engendrer, mais les épidémies de scorbut ne sont que le résultat de l'absorption d'aliments salés ou malsains.

Il y a encore une raison qui milite absolument en faveur d'une nourriture moins échauffante pour le marin en campagne; c'est la raison tirée de la continence forcée qu'il est contraint d'observer souvent pendant plusieurs mois, alors que la brise de mer qu'il respire est chargée de principes dont les propriétés aphrodisiaques sont connues. Si l'on ajoute à cela un régime dont les viandes salées sont la base, on ne peut que développer l'onanisme ou même pis encore. Nous n'insisterons pas davantage sur cette question dont l'importance morale ne saurait échapper à personne.

Un fait d'ailleurs digne de remarque, c'est que le matelot est l'homme qui mange *le moins* de poisson frais. Cela peut paraître étonnant, mais c'est pourtant exact. Il y a peu de navires pourvus d'engins de pêche, et ceux qui en possèdent ne s'en servent pour ainsi dire jamais; on préfère donner, pendant la traversée, de la morue salée. Nous ne comprenons point cette anomalie et nous ne pensons pas, non plus, que ce soit le résultat d'un oubli. Ce ne peut être, assurément, à cause des poissons dont la chair est nuisible à la santé, car il y a, à bord de tous les navires, un médecin au moins, sachant parfaitement distinguer les poissons qu'on peut manger de ceux qui sont mauvais.

Il est, certes, très intéressant de pêcher de temps en temps quelques requins, mais il serait, pour le moins, aussi utile de remplacer quelquefois les vivres salés par du poisson frais, ce qui, on en conviendra, n'est guère difficile.

On n'a qu'à se baisser pour en prendre.

Enfin, en ce qui concerne la mauvaise qualité de l'eau surtout aux colonies, ce qui occasionne souvent des cas de dysenterie, il est absolument indispensable d'avoir toujours à bord des extraits, secs ou liquides, permettant de faire instantanément des boissons rafraîchissantes. On met bien quelquefois dans les *charniers*, ce qu'on appelle de *l'acidulage* et qui se compose soit de jus de citron, soit de rhum ou de vinaigre; mais, outre que la quantité d'acidulage est insuffisante, l'eau ainsi acidulée ne désaltère pas beaucoup mieux que l'autre; ensuite cette eau devrait être tenue constamment à une température un peu fraîche, ce qui n'arrive pour ainsi dire jamais; car, en mer, nous le savons par expérience, quand le thermomètre atteint 30 ou 35° à l'ombre, l'eau des charniers est presque à la température des bains ordinaires.

Il est un autre point sur lequel nous insisterons encore. Beaucoup de nos marins sont nés au bord de la mer, de familles de pêcheurs, et habitués dès l'enfance à faire la soupe avec ce qu'ils ont sous la main : viande, poissons, coquillages, peu importe; il serait en outre nécessaire d'apprendre à ceux qui l'ignorent comment préparer leurs repas? Les hasards de la vie maritime peuvent, un jour ou l'autre, jeter officiers et matelots sur une côte inhabitée; une embarcation peut s'échouer ou se briser loin de tout secours.

Ne serait-il pas excellent à tous les points de vue que tout le monde, marin ou officier, possédât au moins quelques notions élémentaires sur la façon de trouver, de préparer les aliments, ou de panser sommairement les blessures. Cette dernière partie n'est pas de notre domaine, mais on pourrait la réunir à la première et, de la manière la plus pratique, permettre à tous de pouvoir consulter au moment opportun, ce *vade mecum* indispensable.

L'armée de mer ne se compose pas seulement des équipages de la flotte dont nous venons de parler. Il y a aussi l'infanterie et l'artillerie de marine. Mais ces deux catégories vivent soit à terre, dans les ports de guerre, et ont alors, à peu près, la même alimentation que les troupes de terre ou que les marins non embarqués; soit aux colonies où elles se nourrissent en grande partie à l'aide des ressources et des produits indigènes, et l'on peut dire qu'il y a autant de sortes d'alimentations qu'il y a de colonies. C'est à cette cause et aussi à l'insalubrité des climats qu'on doit attribuer la grande mortalité qui frappe l'infanterie et l'artillerie de marine. Là encore, il y aurait beaucoup à dire au sujet de l'alimentation, mais cela nous entraînerait hors du cadre de cet ouvrage où, déjà, nous nous sommes longuement étendu sur la nourriture des deux parties principales de nos forces militaires (1).

Nous nous estimerons satisfait si nos efforts ne restent pas stériles, et s'il en résulte quelques améliorations dont des millions d'êtres humains profiteront. Voilà quel est notre but.

ARMOISE, *s. f.* (*artemisia*). — Genre de plantes dont les espèces sont nombreuses. (Voyez *Absinthe*.) Nom tiré de la déesse *Artemis* (Diane) qui présidait aux accouchements, ce qui expliquait les propriétés emménagogues de cette plante.

Les sommités sèches de l'*Artemisia vulgaris*, sont employées pour la confection de certains apéritifs ou bitters.

ARNICA *s. f.* (*arnica montana*). — Plante de la famille des composées, très commune sur les Alpes suisses, dans les Vosges, l'Allemagne et le Piémont.

Fig. 74. — Arnica montana.

HYGIÈNE. — Les feuilles et les racines sont employées comme sternutatoires. L'infusion des

---

(1) Nous devons une grande partie de cet article à la plume de notre sympathique collaborateur M. Eug. Mas, ancien marin.

feuilles constitue un apéritif puissant, dont il ne faut pas mésuser. On se sert de son alcoolat pour la préparation du vulnéraire suisse, et il est considéré comme spécifique contre les vertiges, le *philonum persicum* et le *diambra* de Mesnera.

AROÏDÉE (*Aroïdaa*). — Genre de plantes de la famille des *Monocotylédonées*, qui a pour type l'*arum*. Cette plante, récemment importée de la Chine, a une racine très volumineuse, dépourvue de toutes propriétés délétères, et qui fournit une fécule douce, nourrissante, renfermant un principe âcre très volatil, qui disparaît à la fabrication.

AROMATE, *s. m.;* all. *gewürz*; angl. *aromatic;* ital. *aromato*. — Toute substance qui, provenant du règne végétal, exhale une odeur pénétrante et agréable. Aromate ne se dit que des épices tirées des végétaux, tandis que parfum s'entend de toutes substances tirées de différents règnes. Le cuisinier vulgaire et la cuisinière ignorante se servent de thym, de laurier, de clous de girofle, et de poivre. Voilà où se bornent les ressources de leur connaissance; mais pour l'artiste culinaire qui désire façonner à sa guise l'aliment naturellement fade, pour le cuisinier savant qui veut rendre facile à la digestion l'aliment le plus rebelle aux organes stomacaux, la nomenclature des aromates ne compte pas moins de cinquante espèces, parmi lesquelles nous citerons : l'ambre gris, la truffe, l'anette, l'anis, le cumin, le genièvre, le piment, le poivre, le massi, le girofle, la cannelle, la muscade, la moutarde, le raifort, le zeste d'orange et de citron ; le carri, la sauge, le thym, le laurier, la menthe, le fenouil, le betel, la coriandre, le gingembre, le basilic, la marjolaine, le baume, la sariette, le romarin, l'estragon, le café, le thé, le cacao, la vanille; un grand nombre de plantes ombellifères, légumineuses, hespéridées et aromatiques, desquelles on extrait des huiles essentielles. (Voyez *Condiment*.)

Les aromates, sous quelque forme qu'ils soient employés, sont des stimulants des sens. Par leur communication directe avec le cerveau, ils exaltent et stimulent l'inspiration. Tout en trouvant dans les aromates l'élément en quelque sorte philosophique de l'art culinaire, il n'est pas d'une moins grande importance de savoir s'en servir. Ces aromates exercent une action intime sur nos organes, en s'introduisant par de nombreuses muqueuses des nerfs, action plus puissante que celle de l'aliment, qui resterait lettre morte, c'est-à-dire sans saveur et sans goût, s'il n'était complété par ce véhicule, cet autre aliment des sens et de la pensée.

AROMATISER, *v. a.* (*aromatiza*); all. *würzen* ; angl. *to aromatize*; ital. *aromatizzar*; esp. *aromatizar*. — Un mets aromatisé, épicé, un biscuit aromatisé; mettre de l'arome dans un aliment.

AROME, *s. m.* — Principe odorant, agréable, de certaines substances végétales, résidant le plus souvent dans un corps entièrement volati (l'essence), qu'elles contiennent tout formé, mais quelquefois résultant de leurs principes inodores, qui se dédoublent en composés odorants, comme , par exemple, dans les amandes amères.

ARONDELLE DE MER, *s. m.* — Poisson; celui-ci est ainsi nommé parce qu'il échappe à la voracité des autres en s'élançant hors de l'eau, où il semble voler un instant; il ne présente rien d'exquis sous le rapport de l'alimentation ; sa chair est dure et indigeste.

ARQUEBUSE (*liqueur d'*), *s. f.* (*arcus busus*); all. *Schussvasser*; angl. *arquebusade Watter*; ital. *archibuso;* esp. *arcabuz*, d'*arquebusade*, ancienne arme à feu. — Cette liqueur s'emploie pour remédier à la tendance syncopale que certains coups violents et certaines commotions peuvent produire; il sert à relever le pouls et à ramener la chaleur; c'est là toute l'efficacité que possède l'eau d'arquebuse.

Cette eau vulnéraire est un alcoolat dans la composition duquel une douzaine de labiées aromatiques sont associées à l'angélique, au fenouil. Cette liqueur est très stimulante.

ARRACACHA, *s. m.* (*arracacha xanthorhiza*. — Plante de la famille des ombellifères, originaire de la Colombie (Amérique). Elle se cultive comme plante alimentaire dans la province de Santa-Fé-de-Bogota. La racine, féculente, fournit une farine bonne et digestive ; ses propriétés sont à peu près celles de l'igname.

L'arracacha se rôtit avec sa pelure ; de cette manière on conserve son suc et sa fécule. Cependant, elle peut être cuite à l'eau, coupée par tranches et sautée au beurre. Gratinée, mise en purée, elle est également bonne. On la traite de la même façon que la patate ou l'apios tubéreux. En soumettant l'Arracacha à une macération dans l'eau, on en retire une fécule légère, analogue à l'arrow-root. Les insulaires de la Jamaïque la préfèrent même aux pommes de terre.

ARROCHE DES JARDINS, *s. f. (atriplex hortensis).* — Plante de la famille des Chénopodées, dont les feuilles vertes se mangent comme les épi-

Fig. 75. — Arroche des jardins.
(*Atriplex hortensis.*)

nards. Mêlée avec l'oseille ou avec d'autres légumes verts, elle constitue un entremets sain, digestif et rafraîchissant.

ARRANGER, *v. a.*; all. *ordnen*; angl. *to arrange*; ital. *mettere* ou *ordine*. — Mettre en ordre, en rang; classer les aliments d'après leur nature. Mettre en ligne, ranger et préparer distinctement les substances diverses. Vulgairement : ne pas faire une macédoine désordonnée des diverses qualités de viandes; arranger les mets, les légumes, etc., arranger le garde-manger, la pâtisserie, etc. Mettre en ordre.

ARRONDIR, *v. a.*; all. *abrunden*; angl. *to round*; ital. *rotondare*. — Rendre rond un biscuit, arrondir une tourte, parer les angles. Tourner une carotte, un navet à la main, de manière à l'arrondir; rendre rond.

ARROSEMENT DES VIANDES, *s. m.*; all. *Begiessen des Fleisches*; angl. *watering*. — L'arrosement des viandes à la broche ou au four est un des soins les plus essentiels que doit avoir le *rôtisseur* pour maintenir une belle couleur aux viandes qu'il fait cuire. Mais, au grand détriment de notre art, cette heureuse habitude échappe trop souvent aux cuisiniers modernes, ordinairement surchargés de travail, a-t-on dit avec raison, et nous ne saurions trop le répéter.

L'arrosement est aux rôtis ce qu'est la pluie aux plantes. Une viande souvent arrosée conserve non seulement un bel aspect qui charme le gourmet par ses qualités et son apparence appétissante, ainsi que par ses qualités gélatineuses et substantielles, mais encore réveille le sens du goût par son odorat parfumé; tandis que, au contraire, carbonisée, la viande ne fournit à la nutrition qu'une très faible quantité alimentaire, et un sentiment de dégoût qui répugne aux natures les plus grossières

L'arrosement est l'acte de prendre le liquide dans la lèchefrite, afin d'en humecter la viande et lui donner ainsi une belle couleur.

Remarque. — Arroser n'est pas l'action de mouiller avec un liquide quelconque, mais simplement de se servir pour l'arrosement du jus ou de la graisse qui se trouve dans le vase sur lequel ou dans lequel se trouve la viande arrosable.

ARROOW-ROOT, *s. m.* (*maranta arundinacea indica*). — Dans presque toutes les langues vivantes, on prononce *arrow-root*, mot composé de deux mots anglais : *arrow*, flèche; *root*, racine. Cette double dénomination vient des Indiens qui regardent les feuilles et le suc de cette plante comme propres à guérir les blessures faites par les armes à traits.

L'*arrow-root* est la fécule extraite du rhizome du *maranta arundinacea*, plante qui croît dans les Indes-Occidentales, et du *maranta indica*, originaire des Indes-Orientales.

Cette plante est produite par diverses espèces de *lureuma*, dites *le tous les mois*; l'A. du Brésil, tiré du *jatropha manihot*; desséché et cuit en masse, il forme le pain *cassava*; l'A. de Portland, tiré des tubercules d'un *Arum* (voyez ce mot); l'A. Anglais qui vient des Antilles anglaises. On en tire également de la Jamaïque, de la Martinique, du Taïti et des îles Danoises.

FABRICATION. — On le prépare en râpant les racines et en délayant leur pulpe dans l'eau; l'amidon se réunit au fond du vase : on fait alors couler l'eau et on fait sécher ce pain de fécule, que l'on tamise ensuite.

Toutes les fécules sont fabriquées de la même manière, soit au naturel comme nous venons de l'indiquer, soit en faisant tremper les substances dans l'eau alcaline qui dissout le gluten, et on l'écrase ensuite entre deux meules.

On presse ensuite pour séparer la pelure et la cellulose, on délaye enfin dans l'eau et on laisse déposer l'amidon. On obtient par ce procédé de préparation une certaine quantité de gluten que l'on débarrasse de l'alcali par un acide et que l'on recueille pour servir d'aliment.

SOPHISTICATION. — Toutes ces fécules sont répandues dans le commerce européen sous le même nom commun d'*arrow-root;* celui qui est fabriqué en France et qui porte le nom d'*arrow-root* indigène n'est autre que de la fécule de pomme de terre, à laquelle on a réussi de donner l'aspect du vrai *arrow-root* exotique, ce qui est un piège tendu à la bonne foi du public. On ne saurait, par conséquent, admettre les yeux fermés que toutes ces fécules aient des propriétés identiques.

On distingue le véritable arrow-root, en le délayant à froid; s'il est authentique, le liquide blanchit et la crème ou la bouillie conserve sa blancheur primitive après la cuisson; les apocryphes, au contraire, donnent à la dissolution un liquide d'un aspect bleuâtre et d'un collant amidonneux.

HYGIÈNE. — La réputation que les médecins ont accordée à l'arrow-root, en le recommandant comme prédisposant à la digestion des enfants débiles et aux malades affaiblis (mais sur les propriétés analeptiques duquel il ne faudrait pas trop compter), a contribué pour une part considérable à la fabrication de ces fécules.

Tous ces amidons ou arrow-root, se distinguent par leur caractère microscopique; quoiqu'ils possèdent la même composition chimique, la même valeur nutritive, ils ne se digèrent pas avec la même facilité; les véritables arrow-root, de l'Inde occidentale, comme ceux des Bermudes et de la Jamaïque, séjourneront dans l'estomac du malade, tandis que les faux produits vendus sous ce nom seront rejetés. Ils ne contiennent de l'azote qu'en très minime quantité; ils ne sont utiles que par leur carbone.

USAGE CULINAIRE. — Pour utiliser l'arrow-root dans la confection des crèmes ou des bouillies, on doit le délayer dans le liquide froid et remuer jusqu'à l'ébullition.

ARSAC *s. m. (vin d').* — Vin rouge du Bordelais, tonique quand il est vieux, et astringent quand il est encore jeune. Il contient de 16 à 17 degrés de vinosité. Première classe des vins de France.

ARSINS *s. m. (vin d').* — Vin rouge du Bordelais, de troisième classe et contient de 12 à 14 degrés de vinosité.

ART *(culinaire), s. m.,* du grec *disposer;* all. *Kunst;* espagn. *arte;* angl. *art;* ital. *arte.* — L'art est un sentiment inné qui rend en quelque sorte tangible tout ce qui est du ressort de l'imagination. Ce qui nous fait dire :

La pensée est le précurseur de l'art.

En effet, la pensée détermine l'action. L'artiste est, par conséquent, un penseur doué de la faculté de rendre réelle ou visible tout ou partie de ses idées, à l'exécution desquelles convergent toutes les facultés de l'individu.

L'art véritable est plus naturel qu'acquis. L'art naturel est frappant, fascinateur et entraînant; l'art acquis est sans pénétration, affectant, subtil, ce qui a fait dire à l'auteur de la *Physiologie du goût :* « On naît rôtisseur, on devient cuisinier. » parodie imitée d'un célèbre auteur latin : *Nascuntur poetæ fiunt oratores ;* « on naît poète, on devient orateur. »

Mais il serait plus vrai de dire : on naît artiste, on devient cuisinier. La cuisine étant un art, n'est pas artiste qui veut, tandis que chacun peut devenir cuisinier; seulement, il y a cuisine et cuisine, et la bonne seule est comprise par l'artiste digne de ce nom.

L'art culinaire embrasse à la fois la sculpture, le dessin, la peinture, la chimie et les sciences naturelles. C'est l'art de préparer, d'assimiler les aliments qui, par leur nature, sont susceptibles de s'accorder à la confection des mets composés, qui doivent contenir les éléments propres à notre nutrition.

Le bon et le beau y sont inhérents. C'est l'art de provoquer l'appétit, de tenir un compte exact de tous les goûts, de toutes les dispositions physiologiques des individus, de satisfaire mille personnes d'une appétence, d'une habitude, d'un physique diamétralement opposés; c'est l'art collectif et humanitaire qui primera tous les autres dans les générations futures, la bonne cuisine contribuant à rendre sociables des hommes trop enclins à s'entr'égorger, à plus forte raison lorsque l'économie organique, ou plus communément l'estomac, conséquence d'une mauvaise digestion, ou de non digestion, est dans un état de révolte perpétuelle :

C'est la synthèse sociale, l'art de la liberté.

Devant le tableau du peintre, devant la statue du sculpteur, devant l'orateur, la foule ne voit qu'un même objet, n'entend que les idées émises par un seul individu, sans tenir compte des goûts et des opinions multiples qui peuvent éclore et se manifestent chez toute personnalité : *Ce sont des arts absolus.*

Dans l'art culinaire, tout est approprié au désir de l'individu : la nature, la couleur, la forme, le goût ; les propriétés des aliments, subissant l'influence de l'art, se conforment à la structure de l'estomac qui les digère. Les partisans des principes les plus opposés, les nationalistes les plus chauvins, les indigènes des pays les plus éloignés, et, malgré la distance et la diversité des langues qui la sépare ou la divise, l'humanité parle une langue universelle qui a pour alphabet l'*appétit*, pour grammaire, le *palais*, pour conseiller la *diète* et pour docteur *l'artiste culinaire*. Lui seul a le sublime pouvoir de concilier sous l'égide de son art tous les hommes, sans distinction de classes, de croyances ou de patries, et d'avoir l'approbation de tous. C'est un art harmonieux et fraternel, à la jouissance duquel aspirent tous les hommes, avec toutes les forces vives de l'humanité.

Les arts et les sciences ont pour patrie la terre.

Lorsque le manque de productions alimentaires se fait sentir, que les ressources nécessaires à la vie s'épuisent, les frontières ne sont plus devant le genre humain que de viles conventions méprisées de l'homme au-dessus de l'intrigue politique.

De toutes parts, dans le monde, le cuisinier français va porter la science de bien vivre, l'art culinaire étant le plus puissant moyen de civilisation et de sociabilité ; et s'il reste quelque chose de notre époque dans les générations futures de la France, ce sera certainement sa cuisine.

Cet art, le plus nécessaire à l'homme, est de nos jours le moins encouragé. Je ne doute cependant pas qu'à une époque non éloignée l'Académie, l'État ou la Commune ne s'occupent de cette importante question de l'alimentation publique soumise de nos jours à de si rudes épreuves, témoins les estomacs débilités de nos concitoyens.

ARTICHAUT, s. m. (*Cynaras colimus*); all. *Artischoke ;* angl. *artichoke ;* ital. *catiofo ;* espagn. *alcachofa ;* du port. *alcachofra*. Mot qui dérive de l'arabe *ardechoki*, de *ardhi*, terre et *choki*, épine. — Plante de la famille des composées, dont le fruit à la forme d'un gros chardon. Elle croît, à l'état sauvage, dans tout le midi de l'Europe, dans l'Inde et en Afrique.

L'artichaut rentre dans la catégorie des légumes verts, joue un certain rôle dans notre alimentation, et constitue une branche importante de l'industrie maraîchère. On ne mange que les parties tendres des feuilles et la base du calice, que les botanistes appellent *réceptacle*.

Fig. 75 — Artichaut gros vert de Laon.

Le nombre des variétés d'artichauts est très considérable : nous ne nous occupons ici que de ceux cultivés en Europe, formant trois principales sortes, se subdivisant en une foule de variétés :

L'A. gros vert de Laon ;
L'A. de Provence ;
L'A. camus de Bretagne.

Comme couleur on distingue le gros et le petit vert ; le gros et le petit violet ; le blanc et le rouge. Parmi le camus de Bretagne, il y a le *cuivré*, plante basse ; têtes rondes, grosses, d'abord violettes, prenant en se développant une teinte rougeâtre, cuivrée, écaillées pointues. Le *gris*, variété à pommes allongées, assez minces et un peu lâches, élargissant du bout ; il se cultive spécialement aux environs de Perpignan. Il arrive en grande quantité aux halles de Paris, pendant l'hiver et au commencement du printemps. Le *noir d'Angleterre*, d'un beau violet noir, à pommes nombreuses, de grosseur moyenne, presque rondes et camuses. Le *roscoff*, plante haute, pommes ovoïdes d'un vert assez pâle, écailles épineuses. Le *Saint-Laud*, à pommes oblongues, à écailles peu serrées à la base et beaucoup plus rapprochées au sommet, peu échancrées et légèrement mucronées. Le *sucré de Gênes*, plante délicate, pommes d'un vert pâle, allongées, épineuses ; la chair du réceptacle est jaune, sucrée et très fine. Le *violet de Saint-Laud*, écailles vertes dans leur portion libre, violettes dans la partie recouverte par les autres; queues violettes. Le *violet de Toscane*, à pommes très nombreuses, allongées, pointues, d'un violet intense, variété cultivée aux environs de Florence. Les pommes jeunes sont tendres, on les mange à l'huile, cuites entières. Enfin, l'A. de *Venise* dont nous donnons le dessin ci-après :

Fig. 75. — Artichaut de Venise.

Les anciens ne semblent avoir apprécié que très médiocrement les qualités de l'artichaut, qui, du temps de Pline était rare et paraît même avoir été complètement abandonné à son état sauvage. Sa culture reparut à Venise, vers la fin du quinzième siècle, et de là passa en France, où il jouit d'un réel crédit. Ses qualités alimentaires changent avec la variété, le climat et la culture, qui influent considérablement sur son goût, sa valeur nutritive et digestive, selon qu'on le mange cru ou cuit.

Analyse chimique. — L'analyse démontre la présence d'une forte quantité de cellulose et de tanin; une absence complète d'albumine et de fécule; il ne saurait, par conséquent, avoir les propriétés aphrodisiaques que les anciens, les gourmets et quelques médecins lui ont gratuitement attribuées. Rappelons en passant que c'est l'acide tanique qui tache si vivement les couteaux avec lesquels on coupe ce végétal, et qui fait noircir la pulpe de sa chair, si on n'a pas soin de le combattre avec le jus de citron, et en jetant ensuite l'artichaut dans l'eau fraîche.

L'artichaut est un aliment sain et agréable au goût; cru, il a moins de saveur et il est plus difficile à la digestion; cuit, par contre, et préparé d'après les règles de l'art, il devient tendre, savoureux et léger. Sa chair est mucilagineuse et aromatique.

Comme nous tenons à réunir ici la collaboration de toutes les célébrités contemporaines, nous ne pouvons résister à la publication de la lettre suivante :

Mon cher Favre,

Vous me demandâtes ce que je pensais des cœurs d'artichauts, lorsque vous m'en fîtes goûter suivant votre formule. Eh bien ! voici ce que j'en pense suivant mon cœur..... nos d'artichaut, puisqu'il est tout à vous :

Cœur d'Artichaut
Sonnet bâtard

Comme un cœur d'artichaut, son cœur de vierge mûre,
Dur viscère bardé d'une squameuse armure,
Au moindre mot d'amour, se hérissait, hautain,
Sans soupçon du désir, sans crainte d'entamure,

Mais cœur qu'on garde, tente; à prude libertin.
Prise de force un soir et quittée un matin,
La vierge, froidement, sans larme ni murmure,
Tout d'un coup, par besoin d'amour, se fit catin.

De baiser en baiser, de vertige en vertige,
Ce cœur âpre d'orgueil, si ferme sur sa tige,
Et qu'on n'aurait jamais cru pouvoir s'émier,

Feuille à feuille, en sa fleur, est allé, par l'espace
Se faner au contact du caprice qui passe,
Et n'est plus que du foin qui fera du fumier.

Paul Roinard.

Hygiène. — On a attribué aux feuilles et aux racines de l'artichaut des propriétés somnifuges, vermifuges et diurétiques. « J'ai vu, dit M. Cazin, des paysans employer avec succès, comme recette de famille, la décoction de racines d'artichaut dans le vin blanc, contre l'hydropisie, la jaunisse et les engorgements abdominaux qui accompagnent ou suivent les fièvres intermittentes. » Enfin, M. Buchan considère l'artichaut comme convenant particulièrement aux personnes atteintes de la gravelle ou de la pierre ; cette opinion est évidemment le reflet de celle des anciens qui lui attribuaient la propriété d'augmenter les urines et de produire ainsi une sorte de dépuration ; rien n'est moins fondé que ces assertions, bien qu'en régime l'artichaut soit considéré comme un diurétique faible.

Les fleurs de l'artichaut, comme celles du chardon, ont la propriété de faire cailler le lait.

Culinairement, l'artichaut se traite de différentes formules, dont nous donnons ci-après les principales, toutes usitées dans la cuisine moderne.

Artichauts à la Barigoule. — *Formule 179.*
— Couper des artichauts à moitié de leur hauteur, couper également les feuilles autour, de manière à leur donner une bonne tournure ; sortir le foin à l'aide d'une cuillère à légumes, en débarrassant quelques feuilles dans l'intérieur.

Hacher des échalotes, des champignons barigoules, du persil, de l'ail, en ajoutant du thym, du laurier, de la muscade, du sel, du poivre, etc., râper du lard frais, mélanger avec une égale quantité de beurre frais ; incorporer le tout et farcir les artichauts au milieu et entre les feuilles ; arroser d'un bon verre de Madère et d'huile fine ; les couvrir avec une bande de lard ficelée autour.

Foncer une artichautière ou un sautoir, et ajouter, avec des oignons, des carottes, du thym, du laurier, quelques tranches de jambon cru ; aligner près l'un de l'autre les artichauts, debout, dans leur attitude naturelle ; faire cuire au four.

Lorsqu'ils sont cuits, lever le lard, dégraisser le fond, le passer au tamis et, ajouter à celui-ci une financière coupée en dés, dont on remplira le vide des artichauts ; remettre le lard dessus, dresser dans un légumier à couvercle et servir.

Remarque. — C'est ainsi que se servait l'artichaut à la barigoule au temps des Vatel, des Carême, des Laguipière, etc.; mais les auteurs modernes semblent avoir éliminé la financière pour ne laisser que l'appareil dont il a été primitivement farci. Je laisse ceci a l'appréciation des praticiens, mais il me semble qu'il serait dans l'intérêt de notre art, de ne pas confondre les mets et les noms.

Artichauts à la lyonnaise. — *Formule 180.*
— Partager en quatre trois beaux artichauts dont on aura paré le tour superficiel et coupé au tiers de leur hauteur ; retirer le foin, citronner les quartiers et les maintenir à l'eau fraîche.

Beurrer un sautoir, y placer les artichauts, les saler, les couvrir d'un papier beurré, les couvrir et les faire cuire au four ; d'autre part, on aura fait sauter d'une belle couleur quatre gros oignons émincés ; les artichauts ayant atteint les trois-quarts de leur cuisson, on y joindra les oignons, en y ajoutant un bon morceau de glace de viande.

Achever la cuisson en faisant couler le jus d'un citron dans le sautoir ; dresser sur les oignons. Les fonds d'artichauts à la lyonnaise se préparent de la même manière.

Artichauts à la provençale. — *Formule 181.*
— Éplucher trois artichauts comme les précédents. Napper le fond d'un sautoir d'excellente huile d'olive, sur laquelle on couchera trois oignons blancs émincés ; saler, poivrer avec du Cayenne, une gousse d'ail, un bouquet de persil garni de thym, de laurier et de basilic ; appliquer les quartiers d'artichauts dessus et couvrir d'un papier huilé.

Faire cuire dans un four ou sur le fourneau. Les artichauts étant cuits, on passe le fond au tamis fin ; ajouter un jus de citron, un verre de vin blanc, de la saucetomate et un peu de sauce espagnole ; faire réduire. Dresser dans une timbale et saucer dessus.

Artichauts à la poivrade. — *Formule 182.* — Pour que les artichauts à la poivrade soient faciles à la digestion, on doit choisir les jeunes artichauts, qui d'ordinaire se vendent en bottes.

> Des artichauts dont les calices
> Ne sont encor à la saison,
> Où de trop plaisantes malices
> En font une comparaison.

Soyons plus clair : des jeunes artichauts qui n'ont pas encore le foin dans le cœur. Enlever les premières feuilles, couper à moitié de la hauteur et affranchir le fond ; les faire tremper dans l'eau fraîche, les égoutter, les dresser sur des feuilles ou sur une serviette.

Préparer un assaisonnement bien relevé, avec de la moutarde, deux jaunes d'œuf, du sel, du poivre blanc du moulin, du vinaigre et de l'huile fine, en ayant soin de rebattre au moment de servir, en ajoutant des fines herbes.

Les fonds d'artichauts à la poivrade doivent être macérés d'avance dans l'assaisonnement.

Artichauts à l'huile. — *Formule 183.* — On entend par là, les artichauts à la vinaigrette : Hacher deux échalotes, ciseler un oignon, couper menu des ciboules, ou, dans le cas contraire, des fines herbes, ou encore tout simplement du persil haché ; ajouter poivre, sel, huile et vinaigre, battre longtemps de manière à faire assimiler les deux corps, dont toute la délicatesse dépend de leurs combinaisons.

Les artichauts blancs, violets, et les gros verts, se cuisent ordinairement entiers, dans les ménages, sans ôter le foin. Dans la haute cuisine, on retire le foin, soit avant de les cuire, soit avant de les servir étant cuits.

Artichauts à l'italienne. — *Formule 184.* — Faire blanchir des artichauts de manière à pouvoir enlever facilement le foin, les rafraîchir et les égoutter.

Foncer une artichautière, de lard, d'oignons, de carottes, etc. Faire saisir, mouiller avec du bouillon et du vin blanc ; après vingt minutes, les artichauts doivent être cuits, blancs et moelleux. Passer et ajouter la réduction du fond, à une sauce italienne. Dresser en couronne, dans un légumier, de manière à ne pas masquer (avec la sauce qui doit être versée au milieu), les feuilles susceptibles d'être touchées avec les doigts.

Les fonds d'artichauts à l'italienne, se traitent de la même manière, à l'exception qu'ils se font braiser crus, sans être blanchis.

Fonds d'artichauts frits. — *Formule 185.* — Des fonds d'artichauts coupés verticalement sur les deux moitiés, par petites tranches macérées dans un bon assaisonnement de poivrade, pendant vingt minutes (voir plus haut).

Pâte à frire. — *Formule 186.* — Mettre dans une terrine une demi-livre de farine fine, une pincée de sel, un peu d'eau, quatre jaunes d'œuf ; remuer doucement pour ne pas échauffer la pâte, en ajoutant un verre d'huile d'olive (elle doit être consistante), fouetter les blancs des quatre jaunes ; incorporer le tout. La laisser reposer une demi-heure avant de s'en servir.

Échauffer une friture composée moitié de saindoux, moitié de suif, ou tout bonnement d'huile ou de beurre fondu ; la friture étant chaude, mettre dans la pâte à frire, morceau par morceau, afin d'éviter l'agglomération et de laisser le morceau enveloppé de pâte, et plonger un à un les morceaux dans la friture. Outre la belle couleur, ces beignets se distingueront dans leur cuisson : quand ils viennent à la surface du liquide, après un instant ils sont cuits.

Égoutter sur un linge et saupoudrer ; frire du persil en branche et en couronner le plat ou surmonter en bouquets les artichauts qui seront dressés sur une serviette pliée. Décorer le plat avec des citrons.

Artichauts à la parisienne. — *Formule 187.* — Choisir des petits artichauts et ensuite :

Coupons la cime à mi-hauteur
Et retirons le foin du cœur!

PROCÉDÉ

Après cela, sautons au beurre
Pendant à peu près un quart d'heure,
Des ails hachés, des champignons,
Des échalotes, des oignons.

Les artichauts étant blanchis
Assaisonnons tous ces hachis :
De sel, de thym et de cayenne,
Liés — sauce à l'italienne —
Puis, plaçons la farce avec soin
Dans le creux laissé par le foin.

Quand, l'artichautière est foncée
De lard, que la couche est pincée,
Que le persil est mis avec
Arrosons de bon vin blanc sec,
Couvrons, et que le four les cuise
Fort, pour que le vin se réduise ;

De peur qu'ils soient carbonisés
Arrêtons-les, lorsque tranchés
Ils ont bon fumet, le fond tendre,
Puis retirons sans plus attendre.

ENVOI

Enfin, dressons les artichauts,
Sauçons et, ENLEVONS! *boum!* chauds.

En d'autres termes. Éplucher, sortir le foin, blanchir des artichauts et les faire égoutter.

Hacher des échalotes, des oignons, des champignons de Paris, de l'ail et des fines herbes ; assaisonner le tout en y joignant une pointe de poivre de cayenne, allonger cet appareil avec une sauce italienne, farcir les artichauts et les couvrir de lard.

Foncer l'artichautière bien garnie, placer les artichauts et faire pincer au four; arroser avec une bouteille de bon vin blanc sec et faire braiser. Étant cuits, on les dresse dans un légumier, on lie la sauce avec du beurre frais, on la passe, et on sert la sauce à part.

Fonds d'artichauts à la Macédoine. — *Formule 188.* — Préparer des fonds d'artichauts selon la règle, les faire braiser. Dresser en les garnissant d'une macédoine de légumes coupés très fins.

Fonds d'artichauts à la milanaise. — *Formule 189.* — Les fonds étant cuits, on prépare un *risotto* (voyez ce mot) sans safran, en mouillant, on ajoute une forte quantité de purée de tomate qui la colorera suffisamment. Hacher des truffes blanches d'Italie et du jambon cru; mélanger et retirer du feu.

Ajouter du parmesan râpé au moment de servir et dresser des pyramides sur les fonds déjà assaisonnés et tenus au chaud.

Saupoudrer avec de la chapelure, mettre gros comme une noisette de beurre sur chaque pyramide et faire gratiner dix minutes.

Il est à recommander aux artistes d'avoir un four très chaud, le riz très peu cuit; une longue durée au four occasionnerait le desséchement et, partant, il ne resterait plus que des croûtes sans succulence et sans sapidité.

Fonds d'artichauts à la florentine. — *Formule 190.* — Braiser des fonds d'artichauts, les laisser un peu fermes.

Émincer des truffes, des champignons, que l'on joindra à un peu de sauce allemande condimentée de muscade et très peu de poivre de cayenne (sans qu'il domine); y joindre un peu de parmesan râpé; farcir les fonds d'artichauts et les faire gratiner. Les artichauts seront mis dans un sautoir avec le fond dont on les a fait braiser. Dresser les fonds, lier le liquide et l'envoyer dans une saucière.

Fonds d'artichauts à la Descartes. — *Formule 191.* — Pour six personnes, choisir douze artichauts blancs, en supprimer les feuilles dures et couper les fonds de trois à quatre centimètres de hauteur, les citronner à mesure, les cuire à demi dans un blanc et les braiser; y faire réduire un demi-verre de vin de Sauterne, ensuite mouiller d'un jus nourri, couvrir le vase et laisser opérer la cuisson (un peu verte) dans le four, puis les rôtir dans la braisière, passer et dégraisser le jus, les emplir de la farce suivante :

La farce. — Employer :

Truffes	Grammes	50
Veau maigre	—	200
Foie gras	—	200
Crème double	Cuillerées	6
Assaisonnement : sel, poivre et muscade.		

Procédé. — Faire revenir le veau au beurre et le piler dans le mortier avec les truffes, le foie gras, en mouillant avec la crème, ajouter l'assaisonnement et passer au tamis. Emplir les fonds d'artichauts de cette farce; les remettre dans le jus; puis, les couvrir d'une feuille de papier beurré et d'un couvercle, les glisser au four et servir lorsque la cuisson est complètement atteinte et le jus réduit en glace.

Remarque. — Les fonds d'artichauts ainsi préparés, tiennent lieu de garniture à n'importe quel relevé en le qualifiant. C'est cette garniture qui compose le *filet de bœuf à la Descartes*, servi pour la première fois, dans un dîner, le 25 décembre 1885, *Au Rosbif*, à Marseille. — MORARD.

Fonds d'artichauts conservés. — *Formule 192.* — Effeuiller de gros artichauts d'une parfaite maturité, les parer en les tournant vivement, les citronner et les faire blanchir dix minutes; les égoutter et les mettre en boîte avec l'eau. Souder et mettre dix minutes à l'ébullition au bain-marie.

Conserve d'artichauts au vinaigre. — *Formule 193.* — Couper de gros artichauts en quatre, les effeuiller, retirer le foin et retrancher les sommités; les disposer par couches dans un grand pot de grès en alternant : une couche de sel, une couche d'artichauts et d'aromates (estragon, piment ou raifort) variés; arroser légèrement de vinaigre; continuer ainsi jusqu'à ce que le vase soit plein. Ensuite, couvrir le vase d'un parchemin et de son couvercle et le tenir en lieu frais.

Conserve d'artichauts à la barigoule. — *Formule 194.* — Procéder comme il est indiqué dans les deux premiers alinéas de la *formule 179*: les mettre ensuite en boîte, et les soumettre cinq minutes à l'ébullition au bain-marie.

Conserve d'artichauts entiers. — *Formule 195.* — Choisir de jeunes artichauts; les parer et les mettre à l'eau bouillante et salée. Après cinq minutes d'ébullition, les égoutter et les mettre en boîte avec un peu d'huile fine. Soumettre quinze minutes à l'ébullition au bain-marie.

Conserve d'artichauts au naturel. — *Formule 196.* — Suspendre de jeunes artichauts entiers dans l'intérieur d'une boîte en fer-blanc hermétiquement fermée, sans eau. Soumettre cinq minutes à l'ébullition au bain-marie, et déposer la boîte dans la glacière : ils sont aussi frais six mois après que s'ils venaient d'être cueillis.

Artichauts conservés par dessiccation. — *Formule 197.* — Supprimer les sommités et jeter les artichauts à l'eau bouillante; les retirer après cinq minutes de cuisson; les égoutter et les faire sécher à l'étuve. Lorsqu'on veut s'en servir on les fait tremper une nuit à l'eau tiède. On n'utilise de ces artichauts que les fonds.

Nous nous arrêtons ici pour les recettes; nous dirons simplement que l'artichaut, outre les mille garnitures que l'on trouve à l'ordre alphabétique, constitue une longue série de mets tels que : *omelette aux artichauts*, préparée avec des fonds d'artichauts cuits et émincés; *nids d'oiseaux*, etc.; on le sert en outre *à la hollandaise*, au *beurrre d'anchois*, au *gratin*, au *beurre* et en *sauce blanche*.

L'artichaut est un aliment qui demande beaucoup de temps pour l'approprier à la cuisson, et souvent la qualité laisse à désirer; on obvie à ces inconvénients en achetant des fonds d'artichauts en conserve, prêts en toute saison, et dont la qualité est toujours choisie.

ARTICHAUT DE JÉRUSALEM, *s. m.* (*melopeto*). — On appelle ainsi une espèce de courge; elle est petite, allongée, les pepins serrés; très bonne et susceptible d'être accommodée comme entremets; on la prépare farcie, au gratin, en sauce blanche, etc.

Cueillie avant maturité, elle a l'aspect d'un concombre; c'est alors qu'elle prend le nom d'artichaut de Jérusalem et se sert avantageusement en salade.

ARTICHAUT D'HIVER, *s. m.* — Topinambour. (Voyez ce mot.)

ARTICHAUT DES TOITS, *s. m.* — Pour la description et le traitement culinaire, voyez *Joubarbe*.

ARTICHAUTIÈRE, *s. f.* — Vase en grès en forme de braisière, dont les anciens se servaient pour faire cuire les artichauts. Aujourd'hui, plat évasé ou bateau de cuivre avec couvert. On désigne également par ce mot les terrains plantés d'artichauts.

ARTISTE, *s. m.* et *f.;* all. *Künstler;* angl. *artist;* ital. *artista;* espag. *artista.* — Celui ou celle qui est doué des facultés de l'art. Qui a le génie, le sentiment, le goût des arts. Celui qui professe avec distinction, dans les règles de l'art, qui excelle dans son art. Cet homme est né artiste.

Les grands artistes sont prodigues, fraternels, et par conséquent pauvres; leur règne, c'est l'avenir; l'artiste est grand de cœur et d'esprit.

Les artistes culinaires se distinguent des autres cuisiniers par la beauté, la propreté et la bonté des aliments composés par eux et par leur tact dans l'exécution de leurs travaux. (Voyez *Art*.)

ARTONOMIE, *s. f.* — Art de faire le pain. Pour la description, voyez *Boulangerie*.

ARTOPHAGE, *adj.;* all. *Brodfresse.* — Qui se nourrit de pain.

ARTRE, *s. m.* — Nom de l'une des variétés du martin-pêcheur, genre d'alcyon, dont la chair est peu délicate.

ARUM, *s. m.* — Appelé aussi gouet, est un genre de plante qui a servi de type à la famille

Fig. 77. — Arum italicum.

des aroïdées; on lui a donné plusieurs noms vulgaires, tantôt on l'appelle *pied de veau* ou *chou-*

poivre; ce dernier probablement à cause de l'âcreté de ses feuilles, dont le principe qui la produit se trouve dans les rhizomes, ou racines souterraines du *gouet.* Voici la manière dont les Arabes préparent ces racines : après les avoir lavées, ils les font cuire sous la cendre brûlante, et les mangent ainsi sans autre préparation.

Fig. 78. — Arum dracunculus.

Crue et rapée, cette racine étant appliquée sur la peau, détermine rapidement la formation d'un vésicatoire; on doit, par conséquent, éviter de manger crues les feuilles ainsi que les racines de cette plante, qui occasionnent de graves accidents inflammatoires.

Outre le gouet commun, on en distingue une foule de variétés, parmi lesquelles :

L'Arum italicum, ou gouet d'Italie, qui croît spontanément dans une partie de la Suisse, en Italie, en Espagne, en Provence, etc.

Fig. 79. — Arum critinum.

L'Arum dracunculus, qui est très commun dans les lieux incultes ombragés des départements méridionaux de la France, et des autres contrées de l'Europe australe. Ses racines servent aux mêmes usages culinaires que le gouet commun. (Voir *Gouet.*)

L'Arum critinum, ne diffère qu'insensiblement des deux précédents.

ASCENSEUR, *s. m.;* angl. *lift.* — Élévateur en métal servant à monter les habitants d'un hôtel et les colis.

Les dictionnaires de la langue française semblent ne pas vouloir enregistrer ce mot, malgré l'existence et l'utilité de cette machine.

Les hôtels de construction récente sont heureusement munis de cet appareil. Le problème à résoudre était de trouver un système simple, pratique et ne présentant pas de dangers. Ce but est aujourd'hui atteint et depuis nombre d'années aucun accident d'ascenseur n'a été relaté :

Fig. 80. — Ascenseur.

On peut donc désormais dans les maisons de huit étages, se transporter au grenier, à la mansarde, sans gravir mille escaliers, pénible nécessité d'ailleurs aux travailleurs modernes qui, bien entendu, ne peuvent se payer un appartement au premier étage. On comprend de suite l'importance de cette application au point de vue humanitaire, de la santé publique et du commerce ; combien d'heureux soulagements fera-t-on et combien de fatigues seront évitées, par le moyen de l'*ascenseur?* On aura ainsi le doux privilège d'avoir institué l'agrément des locataires et en même temps adouci bien des maux de jambes aux vieillards, en leur évitant des ascensions, toujours si pénibles à la fin d'une longue et laborieuse carrière.

ASITIE, *s. m.* (pron. *a-ci-cie*). — Dégoût que l'on éprouve pour les aliments. Perte de l'appétit.

ASPARAGINE, *s. f.* — Principe cristallisable que l'on trouve dans le suc de l'asperge, et dans certains végétaux, tels que la guimauve, la réglisse etc., et dont la formule est :

$$C^8 H^8 A^2 O^6$$

ASPE, *s. m.* — Genre de poisson de l'ordre des cyprins blancs, habitant le nord de l'Europe, dont la chair est très estimée.

ASPERGE *s. f.* (*asparagus officinalis*); all. *Spargel*; angl. *asperagus*; ital. *asparago*. — Plante formant le type de la famille des asparaginées; on en connaît deux principales : la blanche, dont la jeune pousse est verdâtre, et la violette, desquelles dérivent toutes les autres variétés cultivées en Europe.

L'asperge croît à l'état sauvage dans toute l'Asie, l'Amérique et dans toute la partie méridionale de l'Europe. Les auteurs anciens n'en parlent que rarement, mais elle était connue longtemps avant l'ère actuelle. Nous lisons dans l'histoire de César, qu'un jour il se trouvait avec ses ministres chez son hôte Léo Valerius, de Milan, qui leur servit des asperges en branches, assaisonnées avec de l'huile de senteur au lieu d'huile d'olive; César les mangea sans avoir l'air de s'en apercevoir, et ses amis s'en étant plaint : « Ne doit-il pas vous suffire, leur dit-il, de n'en pas manger. Relever ce défaut de savoir-vivre, c'est ne pas savoir vivre soi-même ».

Pline, en parlant des asperges de Ravenne, dit qu'il a vu des asperges pesant un tiers de livre chacune; si l'on tient compte que la livre romaine ne valait que trois cent soixante-dix grammes, chaque asperge n'avait donc que le poids médiocre de cent vingt-trois grammes et tiers, tandis que les jardiniers de nos jours en font pousser du poids de plus de deux cent cinquante grammes.

On divise l'asperge en plusieurs espèces fournissant diverses variétés, dont le genre et les propriétés sont modifiés par l'influence du terrain, du climat et du genre de culture.

Comme nous l'avons dit ci-dessus, des deux principales variétés dérivant toutes les autres, nous ne mentionnerons ici que celles qui ont un caractère plus particulier.

L'A. verte dite d'*Aubervilliers*, est celle qui, en France, se rapproche le plus de l'A. sauvage; les pousses en sont plus minces qu'à celles des variétés améliorées, plus pointues, et se colorent plus promptement en vert.

Ajoutons que l'A. verte des marchés se produit avec n'importe quelle variété dont on aura laissé les pousses s'allonger et verdir.

L'A. de Hollande se distingue par des pousses plus grosses et plus arrondies au bout, que celles de l'A. verte. Pendant qu'elles n'ont encore reçu la lumière, les extrémités sont légèrement teintées de rose qui passe au rouge violacé. Cette variété est celle que l'on cultive de préférence.

Fig. 81. — Asperge de Hollande.

L'A. d'Argenteuil hâtive a été obtenue par sélection de semis de graines de l'A. de Hollande, et a fourni cette magnifique race que l'on voit exposée dans les vitrines des grands marchands de comestibles et des restaurants de Paris, et qui fait l'envie et l'admiration de bien des passants.

L'A. d'Argenteuil tardive. Cette variété ne le cède en rien comme beauté à la précédente; elle se distingue de la première par ses écailles qui sont un peu plus écartées, de la façon des artichauts.

L'A. d'Argenteuil intermédiaire, n'a pas de caractère très spécial et paraît être un dérivé de l'A. de Hollande. Elle est arrondie ou obtuse au bout comme celle-ci.

L'A. d'Ulm ou blanche d'Allemagne, n'est autre

qu'un dérivé de l'A. de Hollande, modifiée par le climat et la culture.

En Allemagne, comme chez nous, plusieurs variétés sont distinguées par les jardiniers, ils mentionnent surtout la *grosse d'Erfurt*; l'A. *hâtive de Darmstadt*; l'A. *grosse blanche* de *Darmstadt*. Toutes nous paraissent être des variétés très voisines de l'A. de Hollande.

L'*A. Conover's colossal* d'Angleterre jouit d'une réputation méritée, mais comme finesse ne paraît pas devoir dépasser l'A. d'Argenteuil.

L'*A. d'Amérique* est plus longue, tantôt verte, tantôt violacée; son goût est plus fragrant que dans les variétés d'Europe, mais elle n'en est pas moins exquise.

Culture. — Les jardiniers, pour répondre au luxe de la gastronomie contemporaine, forcent les qualités du terrain par le fumier ou par d'autres ingrédients propres à provoquer la formation des pousses. Ainsi, un cultivateur d'asperges rapporte que, sur quatre planches d'asperges cultivées d'après la méthode d'Argenteuil, à un centimètre du collet, par du *tan*, tandis qu'il a traité deux autres planches comme d'habitude, celles recouvertes de *tan* ont donné des asperges qui avaient sur les autres le triple mérite d'être plus précoces, plus grosses et plus abondantes. Tous ces procédés sont plus ou moins bons, mais on peut affirmer que malgré toutes ses apparences engageantes, l'asperge de serre et celle dont la précocité a été artificiellement préparée, ne présentent ni l'arome, ni les effets de l'asperge ordinaire, et l'expérience a démontré que les meilleures asperges sont celles d'une grosseur intermédiaire.

Bien que l'asperge de serre soit moins riche en propriétés que l'asperge naturellement hâtive, lors même que ses qualités sont moins marquées et son prix justement de beaucoup plus élevé que celui de cette dernière, tout en étant cher de prix, ne cesse d'être chère aux gourmets et lorsque, au printemps, elle apparaît en grande abondance sur les marchés, elle n'en est pas moins achetée jusqu'à la dernière botte. Ce qui est un témoignage certain du goût du public pour ce végétal, qui est devenu un aliment usuel grâce à l'activité horticole, et est arrivé à un degré de perfectionnement hors nature. L'asperge constitue une industrie maraîchère très importante.

Contrairement à la presque totalité des autres légumes, on ne mange, de l'asperge, que les parties vertes et tendres des jeunes pousses. Cependant, l'asperge tardive d'Argenteuil fournit des pousses à peine colorées. C'est elle, qui produit ces phénomènes de serres qu'on voit apparaître l'hiver dans les grandes cuisines; on la sert alors en *branches*, avec éclat, aux convives enthousiasmés. Alors oui, j'admire la sublimité d'une jolie gourmande qui, à la fin de décembre, savoure de ses lèvres roses et brillantes une succulente asperge. Quel trésor! Que ne donnerait-on pas pour cette jouissance dégustatrice?

Asperge, dont la tête aux pâleurs un peu vertes
Se rengorge en un col d'un ton rose de chair,
Toi, qui sors, en poignard des terres entr'ouvertes,
Avec l'âpre fierté de qui s'estime cher!

Végétal, que prônait le frugal Hippocrate,
Que cultivait Ravenne et cultive Montreuil,
Que chante Monselet et qu'a chanté Socrate,
Dresse-toi, triomphal, je comprends ton orgueil!

N'as-tu pas une histoire aux Annales célestes,
Toi, qu'on servit jadis, à la table des dieux?
Si le Temps a tué les Immortels, tu restes!
Du fumier des dieux morts, tu surgis, radieux!

Si l'Olympe est défunt, sa cuisine est vivante:
On peut la retrouver chez quelqu'un que je sais,
Où se mange une *asperge en branches* que l'on vante,
Ce quelqu'un c'est LÉVY, grand café de la Paix.

Là, des couples gourmets savourent, bien à l'aise,
Dans le discret confort d'un souper fin charmant,
L'asperge dressée à la *Sauce Hollandaise*
Que réussit Lépy supérieurement.

Et là, comme aux beaux jours des Festins grandioses,
Orgueilleux Végétal, gonflé d'exquisités,
Si tu meurs du baiser cruel des bouches roses,
Tu meurs dans le sourire aimant de Déités.

On se rappelle, d'ailleurs, la chronique relative à Madame de Tencin, qui avait ordonné à son cuisinier de mettre une moitié des asperges à la sauce blanche et l'autre moitié à l'huile, afin de satisfaire à chacun des goûts de ses deux convives, le cardinal Dubois et Fontenelle. Mais le Cardinal n'eut pas le temps de savourer son entremets favori. Pris d'une attaque d'apoplexie foudroyante, il agonisait pendant que Fontenelle, sentant ses papilles se dilater à l'idée de savourer une double portion d'asperges à l'huile, n'eut rien de plus pressé que de sauter au passe-plat et de crier : *chef*... toutes à l'huile les asperges, toutes à l'huile. Telle fut l'immortelle oraison funèbre de ce Prélat.

L'art culinaire n'a pas manqué de saisir au vif les goûts du public, en introduisant l'asperge dans une multitude de mets composés que l'on sert avec succès, tels que les omelettes aux pointes d'asperges, les purées, les macédoines, les garnitures, les potages, et surtout les œufs brouillés aux pointes d'asperges, qu'adorait Charles Monselet :

> Oui, faisons-lui fête !
> Légume prudent
> C'est la note honnête
> D'un festin ardent.
>
> J'aime que sa tête
> Croque sous la dent,
> Pas trop cependant,
> Énorme elle est bête.
>
> Fluette, il lui faut
> Plier ce défaut
> Au rôle d'adjointe,
>
> Et souffrir mêlé
> Au vert de sa pointe
> L'or de l'œuf brouillé.

HYGIÈNE. — Pris dans le sens hygiénique en général, l'asperge est à la fois un aliment sain et savoureux, mais l'art culinaire, ici comme ailleurs, peut, par l'application d'assaisonnements, par la méthode de préparation, par les condiments et les sauces, ou par l'assimilation à d'autres éléments, donner plus ou moins d'influence à ce végétal de premier choix. Pour les malades et les convalescents, c'est la sauce hollandaise, ou la sauce au beurre, que l'on sert de préférence.

L'opportunité des acides et la digestion plus ou moins facile des matières grasses, sont les raisons sur lesquelles se règle le choix du genre de préparation.

Contrairement à cette malheureuse ligne de Carême, « l'asperge nourrit plus que tous les autres légumes » (p. 100, t. V. *La Cuisine française au dix-neuvième siècle*) : c'est un des végétaux les moins nutritifs, mais des plus agréables, et qui ouvre très avantageusement la série graduée des aliments, par lesquels le convalescent passe du régime liquide à des mets plus substantiels. Peu réparateur en lui-même, ce végétal excite fortement l'appétit et le goût, et devient, par son amertume et son parfum, un *apéritif* en quelque sorte passionnable pour le consommateur.

Le régime médical conseille les asperges aux personnes qui ont une affection de reins, ou qui sont atteintes d'hydropisie, mais il y a tout lieu de croire qu'un régime trop prolongé finirait par irriter la vessie et le canal. Elles agissent comme sédatif puissant, contre l'hypertrophie et les battements de cœur, ce qui a donné l'idée d'en préparer une liqueur médicale.

Analyse chimique. — On ne relève pas traces de fécule ni d'azote : un mucilage aqueux contenant de la fibrine végétale, de la matière sucrée et saline ; un principe volatil amer connu sous le nom d'*asparagine*, et quelque peu de cellulose. C'est ce qui est une preuve certaine que, de tous les végétaux, elle a au maximum les principes stimulants pour l'appétit, et au minimum les propriétés nutritives. Son action remarquable sur les urines, auxquelles elle communique, quelquefois en une heure à peine, cette odeur caractéristique, est due aux principes volatils et aqueux qu'elle renferme et qui la font considérer comme diurétique.

Cette odeur a causé plus d'un désagrément ; témoin ce qui arriva au baron de X..., marié à une belle Espagnole. Un jour de janvier, il se promenait au Palais-Royal, lorsque ses regards furent attirés devant les vitrines du magasin Chevet, par une superbe botte d'asperges, chef-d'œuvre de serre ; à cette vue le baron, en vrai gourmet, sentit ses papilles s'humecter ; il entre dans le magasin pour l'acheter. Quel est le prix, dit-il, de cette superbe botte d'asperges ?

— Trois louis, lui répondit-on. C'est la seule qui existe à Paris !

— Trois louis ! répéta-t-il, c'est cher, elle est admirable ! c'est vrai, et digne du palais du plus fin des gourmets, mais bah ! se dit à part le baron, je dîne au cercle ce soir, attendons la saison. Sur cette réflexion il remercia, salua et sortit.

Le baron alla au cercle, où il passa la nuit et rentra chez lui à cinq heures du matin. La baronne dormait profondément à cette heure matinale. Après quelques heures de doux sommeil, le baron se réveilla fortement incommodé par l'odeur caractéristique qui s'échappait de la table de nuit. Ai-je acheté, oui ou non, la botte d'asperges ? se dit-il. Enfin, poussé par une sorte de curiosité invincible, le baron retourna chez

Chevet. — A qui, dit-il, avez-vous vendu la botte d'asperges?

— Au Grand Véfour, lui fut-il répondu. Le baron pâlit et salua : il avait compris son infortune.

Depuis, on a trouvé le moyen de neutraliser cette odeur révélatrice de l'asperge : on peut donc agréablement la combattre et la transformer en parfum de violette, par l'addition, au préalable dans le vase, d'une petite quantité d'essence de térébenthine, ou mieux en prenant trois pilules de goudron de Norvège.

USAGE ALIMENTAIRE. — Tout l'art de préparer d'excellentes asperges, consiste à porter une excessive attention à la cuisson; car il suffit d'un instant de trop pour qu'elles perdent leurs qualités. Lorsqu'on voudra les manger à la sauce, on les mettra cuire dans l'eau bouillante et salée, et on les servira à point. Si on devait les cuire d'avance, il serait préférable de les mettre à l'eau froide et de retirer la casserole sur le coin du fourneau. Enfin, pour que les asperges soient croquantes, il faut les rafraîchir en les sortant de l'eau, ce qu'on doit faire pour les servir à l'huile.

Asperges sauce blanche. — *Formule 198.* — Cuire les asperges selon la règle : passer au beurre de la farine sans la laisser roussir; mouiller avec la cuisson d'asperges et laisser cuire.

Préparer une liaison composée d'un quart de beurre et de quatre jaunes d'œufs par litre de sauce. Lier le tout à petites doses en commençant. Donner un coup de fouet sur le feu sans la laisser recuire; passer à l'étamine ou dans une passoire. Servir la sauce à part.

Asperges à la hollandaise. — *Formule 199.* — Faire cuire les asperges d'après la prescription; les dresser sur une serviette pliée, servir une sauce hollandaise à part (voyez ce mot).

Asperges à l'huile. — *Formule 200.* — On prépare une vinaigrette avec de l'huile fine, du sel, du poivre, du vinaigre et de la moutarde; bien battre le tout. Les asperges doivent être tièdes et croquantes.

Asperges au jus. — *Formule 201.* — Servir, avec les asperges, du bon jus de veau auquel on joindra le suc d'un citron et quelques ciboules hachées.

Asperges à la Pompadour. — *Formule 202.* — Choisir des asperges tendres et fraîchement cueillies; couper les sommités d'une longueur de quatre à cinq centimètres, et en faire de petites bottes; faire une sauce avec du bouillon de viandes blanches, la passer dans une casserole. Mettre les asperges cuire dans la sauce. Étant cuites, les sortir dans un légumier que l'on maintient au chaud. Lier la sauce avec du beurre, des jaunes d'œufs, du jus de citron et masquer les asperges.

Asperges à la genevoise. — *Formule 203.* — Passer au tamis fin en crin trois jaunes d'œufs cuits, les déposer dans une terrine; ajouter trois jaunes d'œufs crus, une cuillerée à potage d'eau; assaisonner de haut goût; faire la même opération que pour la mayonnaise en faisant couler de l'huile fine. La sauce étant d'une légère consistance, on y joint le jus d'un ou plusieurs citrons. Hacher des ciboules, de l'estragon et du cerfeuil, mélanger le tout, au préalable, avec de la moutarde.

Les asperges, cuites d'après la règle, doivent être servies chaudes, tout au moins tièdes, sur une serviette pliée avec art.

Servir la sauce à part.

Asperges à la crème. — *Formule 204.* — Cuire les asperges à l'eau salée et préparer la sauce suivante :

Faire cuire au beurre, sans la laisser roussir, un peu de farine mouillée avec du lait frais; préparer un mirepoix dans une casserole, bien assaisonné de poivre en grains; le jeter dans la sauce et laisser recuire. Passer la sauce à l'étamine; ajouter du beurre frais.

Pointes d'asperges. — *Formule 205.* — Les pointes d'asperges sont les bourgeons terminaux ou sommités coupés immédiatement au bout, mais généralement on prend aussi quelques morceaux coupés d'un centimètre de longueur, suivant la tendreté de l'asperge. On prépare de cette même manière les pointes d'asperges que l'on utilise pour les omelettes, les potages, les purées, les garnitures, les salades, etc.

Potage à la crème d'asperges. — *Formule 206.* — Éplucher le blanc des asperges, les ciseler par petits morceaux, et les faire blanchir une minute à l'eau bouillante. Les faire cuire dans un velouté de volaille (voyez *Velouté*). Passer le tout à l'étamine. Relever le potage d'une pointe de poivre de Cayenne.

Au moment de servir, lier le potage avec des jaunes d'œufs et de la crème double.

Les pointes vertes d'asperges, cuites séparément et ajoutées dans la soupière au moment de servir, remplacent les croûtons. (Jules LÉPY, chef au *Grand Café de la Paix*. — Paris).

Conserve d'asperges. — *Formule 207.* — De toutes les méthodes dont on a essayé pour conserver ce végétal, opération qui est très difficile, vu sa composition chimique et son irrégularité de consistance, nous indiquons les suivantes :

Éplucher et couper de la même longueur des asperges blanches, les jeter à l'eau bouillante, les ressortir de suite pour les faire tremper à l'eau froide, de manière à leur ôter l'âcreté. Les placer dans une boîte de fer blanc, remplir de son eau, souder et mettre à l'ébullition, les retirer du bain-marie au premier bouillon.

Conserve d'asperges à la gelée. — *Formule 208.* — Préparer des asperges comme les précédentes, les blanchir et les rafraîchir. Les placer dans la boîte ; les couvrir d'une bonne gelée de volaille et de veau, consistante et bien assaisonnée ; souder la boîte et leur donner soixante degrés de chaleur au bain-marie.

ASPERGIÈRE, *s. f.*; all. *Spargelpflanzung*; angl. *asparagus-bed*. — Terrain planté d'asperges. Plant d'asperges.

ASPERME, *adj.* (*botanique*) de *a* privatif et *sperme*. — Qui ne produit pas de grains. Plante en état d'*aspermie*.

ASPÉRITÉ, *s. f.* (*Asperitatem*); all. *das Rauhe*; angl. *asperity*; ital. *ruvidezza*. — État de ce qui est rude, âpre. Une sauce âpre et tournée. L'aspérité des écailles d'huîtres, etc.

ASPÉRULE, *s. f.* (*asperula odorata*); all. *Weildmeister*; angl. *Woodruff*; holl. *Lieve vrouve-bedstroo*. Vulgairement appelée : *Reine des bois, Muguet des dames, Petit muguet, Hépatique étoilée*. — Plante indigène, vivace, à graine presque sphérique, grise, hérissée d'un nombre de très petits aiguillons recourbés. Toute la plante exhale, surtout quand elle est désséchée, un parfum assez agréable.

USAGE CULINAIRE. — Dans le nord de l'Europe, on l'emploie comme condiment, elle entre dans la composition des épices pour la fabrication de certaines saucisses russes, polonaises et allemandes. Dans quelques provinces du Nord, les

Fig. 82. — Aspérule odorante (*galium odoratum*)

femmes l'emploient pour parfumer les boissons.

On s'en sert aussi en théiforme pour combattre la jaunisse ou *ictère* simple.

ASPHODÈLE, *s. m.* (*asphodelus romanus*); all. *Asphodill*; angl. *asphodel*; ital. *asfadillo*. — Plante de la famille des liliacées, portant des fleurs blanches, et qui a des racines tuberculeuses qu'on a pu utiliser pour l'alimentation.

Elle croît spontanément en Afrique, avec une abondance telle, qu'elle est considérée comme un des obstacles les plus sérieux à la mise en culture des terrains domaniaux, communaux et particuliers de nos trois départements transméditerranéens.

Fig. 83. — Asphodèle.

Les bulbes de l'Asphodèle atteignent en Algérie des proportions qui ne se présentent pas en France; leur poids moyen est de 20 grammes; leur nombre pour chaque pied varie de vingt à soixante, qui occupent la surface d'un cercle ayant environ 30 centimètres de diamètre. Dans le terrain favorable, que l'on rencontre à chaque pas, toutes les bulbes se touchent; tous les pieds, indépendants par leur tige, paraissent, dans leurs racines, ne former qu'un seul sujet, donnant l'idée, par ce cloisonnement horizontal, d'un treillis situé à 15 ou 20 centimètres de pro-

Fig. 84. — Asphodèle.

fondeur. Il résulte de cette disposition, malheureuse au point de vue agricole, à cause des surfaces immenses couvertes par l'Asphodèle, une production presque inépuisable de ce végétal. Ce fait acquis, l'emploi de l'Asphodèle, par sa transformation en alcool, était une fortune pour le pays aussi bien que pour les sociétés d'exploitation.

Les opérations pour la fabrication de l'alcool d'asphodèle sont les suivantes : Laver, épierrer et râper l'asphodèle; obtenir le jus par l'action de la presse et l'épurer au moyen de la vapeur, qui fait évaporer les huiles et essences volatiles; mettre dans les cuves de fermentation le jus à l'état neutre et complètement clair (deux ou trois jours suffisent); distiller et rectifier.

ASPIC, *s. m.*; all. *spieke*; ital. et esp. *aspide* de *aspis*, serpent. Synonyme de froid, glacial, gelée d'anguille. — Salomon est le seul écrivain de l'antiquité qui ait parlé de l'aspic : « Tandis que le roi était assis à table, mon *aspic* a rendu son odeur » (Cant. 1, 12). Cet aspic devait être un vase imitant un serpent, rempli d'essences de plantes odoriférantes, telles que la *Cinnamome*, l'ocre, le safran, etc., en grand honneur en Palestine, où tout arbre d'encens était cultivé pour le parfum des femmes.

L'art culinaire des Grecs et des Romains, ne connaissait d'autre aspic que celui de l'anguille roulée en pyramide, cuite, décorée et refroidie dans sa gelée.

De nos jours, toute substance alimentaire, glacée, garnie de gelée et décorée de truffes, de champignons, est qualifiée d'aspic.

Nous diviserons les aspics en trois classes :

1° Les aspics de poissons, de leurs œufs, et de crustacés;

2° Les aspics de foie gras, volaille et gibier.

3° Les aspics de charcutiers à base de farce ou de viande de boucherie.

Théorie générale de l'aspic. — *Formule 209.* — En général, la confection des aspics demande pour principal élément la gelée, qui doit être ferme, transparente et délicieuse. Les compléments indispensables sont : les truffes, les œufs, les champignons, les écrevisses, les crevettes, les crêtes de coq et rognons de coq, les pistaches, la langue écarlate, etc., qui servent à décorer l'intérieur du moule dans lequel est fait l'aspic.

Procédé général. — Sangler (voir ce mot) un moule de métal, dont la forme sera choisie d'après le genre de garniture et les moyens de dressage. Napper l'intérieur du moule d'une couche de gelée; couper à l'emporte-pièce des ronds ou des losanges de truffes épluchées; faire la même opération sur du blanc d'œuf cuit dur, des champignons blancs ou du blanc de volaille. (Selon le genre d'aspic.)

Décorer avec ces préparatifs, en se servant d'une aiguille à larder avec laquelle on placera les morceaux sur le fond et sur les parois intérieures du moule, en les trempant préalablement dans de la gelée maintenue au degré de coagulation liquide. Le décor étant achevé, on lui fait prendre une deuxième couche de gelée pour le consolider. Cette opération terminée on remplit le moule, soit de foie gras, soit de volaille ou de homard et de gelée encore liquide. L'aliment principal détermine le nom de l'aspic.

Laisser le moule dans la glace pendant quelques heures; démouler sur une serviette ou sur un plat, s'il doit être sur socle. Décorer avec des attelets garnis, des croûtons de gelée, des truffes et de tout ce dont est composé l'intérieur. Nous n'insistons pas sur le mode de décoration, ni sur la fabrication des socles, ces moyens d'action du cuisinier dépendant le plus souvent des ressources culinaires de la maison.

Aspic de foie gras. — *Formule 210.* — Garnir l'intérieur du moule de foie gras et de gelée.

Aspic d'huîtres. — *Formule 212.* — Après avoir blanchi, égoutté et ébarbé des huîtres, on les fait macérer dans un assaisonnement de haut goût; on décore le moule avec les garnitures indiquées dans la formule 209, en y joignant quelques huîtres et on remplit l'intérieur avec des huîtres et de la gelée. Le homard et les crevettes peuvent ici servir de garniture dans le décor.

Aspic de crevettes. — *Formule 213.* — La couleur rose des crevettes utilisées pour le décor, et panachées avec les truffes, en fait un mets qui ne le cède en rien aux aspics les plus brillants. On sert à part une sauce mayonnaise ou une sauce tartare.

Aspic de homard. — *Formule 214.* — Même opération que pour les précédents. Le corail de ce crustacé offre une brillante ressource pour le décor.

Aspic de veau (*charcuterie*). — *Formule 215.* — Désosser, dégraisser et enlever les nerfs d'une belle épaule de veau. Couper les chairs en dés de trois ou quatre centimètres carrés; les saupoudrer de salpêtre et les laisser pénétrer pendant une heure.

Cuire dans du bouillon deux langues et une demi-tête de porc salé; les retirer aussitôt que les os peuvent se détacher de la viande et couper celle-ci en dés réguliers.

Mettre dans une marmite six litres de gelée clarifiée; un litre de bon vin blanc sec; le jus d'un citron. Condimenter de deux feuilles de laurier, un peu de poivre concassé, d'épices fines, de thym, de moutarde en poudre, le tout ficelé dans un sachet. La gelée étant clarifiée, ajouter le veau et laisser cuire pendant une heure; ajouter la tête et les langues en dés, laisser mijoter pendant une demi-heure. Sortir le tout de la marmite, passer la gelée et supprimer les aromates. Laisser la viande s'égoutter et la disposer dans des moules au deux tiers pleins. Clarifier la gelée, en remplir les moules et les mettre dans un lieu froid.

Démouler et garnir.

ASPIRAIL, *s. m.*; all. *Anzuelit*. — Trou pratiqué dans un fourneau pour que l'air puisse y pénétrer.

ASPIRATEUR BOBŒUF, *s. m.* (*hygiène*). — On sait que le *Phénol-Bobœuf* est l'agent anti-putride par excellence, le plus puissant destructeur des germes, parasites, miasmes, microbes, cause primordiale des maladies épidémiques, qui trouvent dans l'air inspiré un véhicule facile et naturel pour pénétrer dans l'organisme.

L'intelligent directeur de la maison des produits hygiéniques a justement pensé qu'en se servant de l'inhalation, comme moyen de destruction des bactéries et micrococcus, il arriverait au résultat le plus complet de la prophylaxie épidémique. En effet, l'aspiration de l'air saturé de *Phénol-Bobœuf*, détruit instantanément tout embryon malfaisant. L'emploi de l'*Aspirateur Bobœuf*, agit donc efficacement pour guérir les maladies déjà existantes, telles que : fièvre typhoïde, choléra, diphtérie (croup, angine couenneuse), laryngite, catarrhe, grippe, enrouement, bronchites; il pourra même enrayer la phtisie pulmonaire, en détruisant le microbe, cause de cette terrible affection.

Fig. 85. — Aspirateur Bobœuf.

Mode d'emploi. — Ouvrir l'aspirateur et imbiber son éponge de *Phénol-Bobœuf*; deux ou trois gouttes suffisent.

En imbibant par trop l'éponge, on aurait l'inconvénient d'attirer le liquide à la bouche, ce qu'il faut éviter, car on doit en aspirer seulement les vapeurs ou effluves prophylactiques. Il sera nécessaire de renouveler le liquide, suivant les cas et les besoins. On s'en sert comme d'un cigare.

Outre que l'*Aspirateur-Bobœuf* est indispensable en temps d'épidémie, il est aussi très avantageusement employé, dans les grandes chaleurs, pour rafraîchir la bouche et calmer la soif. Nous le recommandons, à ce sujet, principalement aux touristes, aux chasseurs et à toutes personnes habitant la campagne, ou qui travaillent dans les centres infectés.

ASSA FŒTIDA, *s. m.* — L'Assa fœtida est le suc congre fourni par une plante de la famille des ombellifères exotiques, qui croît en Asie, principalement en Perse; son odeur fétide a beaucoup d'analogie avec celle de l'ail, s'en écartant cependant sensiblement, elle est encore plus fragrante.

Les Grecs d'Athènes et les Romains, qui s'en servaient comme condiment antiseptique, en frottaient les plats avant de dresser les aliments; ils avaient pris cette habitude des Perses. Elle persiste encore aujourd'hui dans quelques parties de l'Asie. Si cette plante devait être classée parmi les condiments, il faudrait la mettre dans la catégorie des ails. On l'emploie en médecine comme antispasmodique.

ASSAINISSEMENT, *adj.* (*hygiène*). — Pour l'assainissement des locaux (voir *Appartement* et *Phénol-Bobœuf*).

ASSAISONNEMENT, *s. m.*; all. *Zubereitung*; angl. *seasoning*; ital. *condimento*. — Terme générique par lequel on entend tous les condiments, qui salent, sucrent, relèvent ou graissent les aliments. Épices sans distinction de genre.

L'assaisonnement précis des aliments est, sans contredit, le point principal pour faire une bonne cuisine; les mets les plus délicats sont sans attrait pour le goût et difficiles pour l'estomac, si l'assaisonnement est faux, incomplet ou sans mesure. La justesse de l'assaisonnement réside tout entière dans la combinaison des condiments, des aromes de haut goût, qui doivent varier selon le genre d'aliments. L'expérience de l'assaisonnement ne s'acquiert qu'après d'intelligentes observations et de longues recherches pratiques; les condiments étant les substances qui influent au plus haut degré sur la digestibilité et l'hygiène en général, jouent un rôle plus important comme stimulant et digestif que purement sensuel.

Instinctivement, l'homme a toujours recherché les condiments dans un régime qui le soumet trop longtemps à la même alimentation. C'est aux exigences de l'organisme qu'il obéit, lorsqu'il croit satisfaire ses goûts. La science a corroboré ce fait; mais où elle n'a pas encore pénétré, c'est dans la précision du genre de condiment qu'il faut à chaque aliment; nous croyons avoir comblé cette lacune par les formules de cet ouvrage. Ce serait une énormité que d'assaisonner le gibier de moutarde, tandis qu'elle est indispensable au boudin. Les docteurs de l'École de Salerne avaient déjà aperçu l'importance de l'assaisonnement dans la préparation des mets :

Salvia, sal, vinum, allia, petroselinum,
Ex his fit salsa, nisi sit commixtio falsa.

Vous ferez une bonne sauce
Avec sauge, persil, ail, poivre, sel et vin,
Si leur combinaison n'est fausse,
Cet *assaisonnement* rend un ragoût fort sain.

Plus l'on descend dans l'échelle du choix des aliments, plus les connaissances de la science culinaire doivent être étendues. Il est facile d'assaisonner un poulet pour rôtir, tandis qu'il faut avoir une connaissance approfondie de la physiologie botanique, pour rendre exquise l'aubergine qui réclame des condiments gras et relevés.

Il y a deux condiments qui sont trop usuels, et par cela même jouent un trop grand rôle dans l'organisme, pour que nous n'insistions pas sur le choix de leur qualité. Nous entendons parler du sel gris, ou sel marin, de plus en plus rare, et du vinaigre de vin préparé dans les familles. Le premier est souvent raffiné et partant falsifié, et le second remplacé par l'acide acétique étendu. Il suffit de les signaler pour en démontrer les désastreux effets. L'huile d'Aix (voyez produits de CHARLES LAFONT) et de Nice sont celles qui doivent entrer dans l'assaisonnement de la salade. Le poivre doit être en grains dans un moulin de table. Il est un autre condiment que nous ne saurions trop recommander, et qui remplace avantageusement le vinaigre et le vin blanc, c'est le jus de citron à petites doses (voyez *Condiment*).

ASSAMARE, *s. f.* — Substance jaune, transparente, qui donne aux matières trop grillées un goût amer particulier. C'est cette substance qui rend amer le beurre brûlé.

ASSATION, *s. f.* — Coction des aliments dans leur propre suc, sans addition d'aucun liquide.

ASSÉE, *s. f.* — Nom vulgaire de la bécasse commune.

ASSIETTE, *s. f.*; all. *Teller*; angl. *plate*; ital. *tondo*; de *situs siet assis*; assiette, ainsi appelée parce que cet objet indique la place où l'on doit s'asseoir à table. — Petit plat rond de bois, de porcelaine, de terre ou de métal, dans lequel on mange à l'aide d'une fourchette. Assiette à potage ou à soupe, *creuse;* assiette à mets, *plate;* assiette à dessert, *petite plate.*

Dans l'antiquité les assiettes étaient des rondelles de pain; l'amphitryon coupait la viande que les convives recevaient dans ces rondelles de pain *azyme* : c'est ainsi que Virgile les dépeint dans la description des repas des compagnons d'Enée.

L'usage des assiettes n'est pas très ancien en France. On se servait d'abord de *tranchoir* de bois, puis de gamelles de terre, dans lesquelles mangeaient deux personnes (assiette commune). L'assiette d'étain est arrivée bien plus tard avec l'usage de la fourchette à deux dents, et enfin les assiettes de terre, de faïence, de porcelaine décorée avec les plats et l'argenterie massive.

Comme rien ne s'arrête dans la constante évolution de la mode et du progrès, un intelligent industriel français, utilisant les ressources du cristal trempé, vient de faire des *assiettes,* qu'il a dénommées *agatine*. D'une couleur opaque, cristallin et résistant aux chocs et ne s'ébréchant pas, ce qui est un avantage réel (voir *Rap. de l'Ac. des Sci.*, 20 juillet 1885).

ASSIETTE ASSORTIE, *s. f.* (*hors-d'œuvre*). — Se dit des différentes assiettes que compose le hors-d'œuvre d'un repas. Elle doivent être garnies de langue de bœuf, d'olives, d'anchois, de sardines, de saucisson, de caviar, de saumon fumé, de beurre, de Mixed-Picles, etc. On les appelle aussi *assiettes volantes.*

ASSIETTÉE, *s. f.*; all. *ein Teller*; angl. *plateful*; ital. *tondo pieno*. — Quantité que comporte une assiette. Une assiettée de potage, de raisin, de pâtisserie, etc. « Dans la quête du banquet, on a obtenu pour le personnel de service une assiettée de monnaie. »

ASTACIENS, *s. m. pl.* — Famille de crustacés dont les genres principaux sont : l'écrevisse, le homard et le crabe. *Astaques.*

ASTI. — Vin doux et mousseux, très estimé, crû d'Asti, Italie.

ASTRAGALE, *s. m.* (*astragalus*); all. *Tragant*, angl. *astragal*; ital. *astragalo* de *tragacanthe* dont le mot *adragante* est une altération. — Plante de la famille des légumineuses dont on distingue plusieurs variétés. L'une de ces espèces très commune au Liban, l'*astragalus gummifere*, produit la gomme *adragante* que l'on emploie en confiserie. Cette gomme coule spontanément des tiges

Fig. 86. — Astragale à gomme (*astragalus gummifera*).

de l'arbrisseau, en forme de rubans tordus. On récolte également le fruit d'une autre variété qui produit des grains comme le café, et sont employés dans l'alimentation.

Fig. 87. — *Astragalus monspeliensis.*

L'Astragale *monspeliensis* est cultivé chez nous pour la beauté de ses fleurs d'un pourpre bleuâtre panachées de violet et de bleu.

L'Astragale *hamosus* est une plante à demi penchée, à gousse recourbée, contenant des graines brunes, luisantes, réniformes et carrées aux deux extrémités. Les jeunes gousses commencent à se développer dès le mois de juin ou de juillet. Cette plante est cultivée surtout à cause de la singularité de ses fruits, qui, avant la maturité, ressemblent à certains vers. On les mêle à la salade dans le but de procurer une surprise désagréable. Confites avec du piment, ces petites gousses sont d'un goût exquis et d'une originalité intéressante.

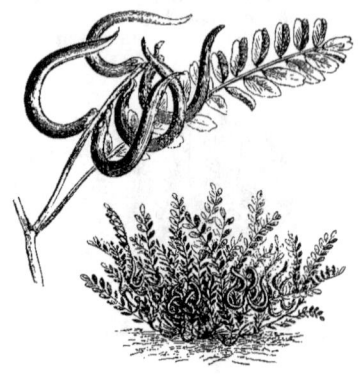

Fig. 88. — Astragale vers (*astragalus hamosus*).

ASTRINGENT, TE, *adj.* — Se dit des substances qui resserrent, qui déterminent dans les parties vivantes, avec lesquelles elles sont en contact, une sorte de crispation, et y arrêtent ou y diminuent l'afflux du sang, les sécrétions et les exhalaisons.

ASTRUC (*Croustade*). — Croustades de pain azyme qui portent le nom de son inventeur. La légèreté, l'élégance et leur forme variée (corbeille, coquille, timbale, bateau) en font l'une des plus utiles créations de notre époque. Elles remplacent très avantageusement les caisses en papier et servent indifféremment comme hors-d'œuvre et garniture de mets et entremets.

ATHÉRINE, *s. m.* — Une des variétés de l'anchois habitant la Méditerranée, il atteint la longueur de quinze à vingt centimètres, décoré des deux côtés du corps d'une raie argentée d'un blanc éclatant, il vit en troupe, sa chair savoureuse a les mêmes propriétés alimentaires que celle de l'anchois, et se traite culinairement de même.

ATINGA, *s. m.* — Poisson ainsi nommé par les habitants de l'empire du Brésil, dans les mers duquel on le pêche. Il a environ quarante-cinq centimètres de longueur, et a la singulière faculté de se boursoufler comme un ballon, sa chair ne présente rien d'exquis.

ATRE, *s. m.* (*astrum*); all. *Heerd*; angl. *fireplace*; ital. *focolare*. — Partie de la cheminée où l'on fait le feu. En pâtisserie, centre du four. Faire cuire dans l'âtre, sous la voûte, à la place où était le feu.

ATRIPLEX, *s. m.* (*botanique*). — Genre de la famille des atriplicées, dont fait partie l'arroche, l'épinard (voyez ces mots).
L'ansérine fait également partie des atriplex. L'A. *hortensis*, connue sous le nom de *belle dame* ou *bonne dame*, possède les mêmes propriétés alimentaires que l'épinard.

ATTABLER, *v. a.*; all. *zu Tische setzen*; angl. *to set down to table*; ital. *porei a tavolo*. — Faire asseoir à table; prendre place à table, s'asseoir à table, s'attabler autour d'une table.

ATTAGAS, *s. m.* — Une des variétés de la gélinote qu'on appelle aussi *Lagopède*. (Voyez ce mot).

ATTAQUE, *s. f.*; all. *Angriff*; angl. *attack*; ital. *attacco*. — Culinairement très usité. Attaquer avec vigueur et courage le travail. Commencer l'attaque (le service), être d'attaque (prêt à servir et disposé au travail), attaquer la bataille, vaincre par la réussite, toutes les difficultés que présente le service d'un grand dîner, d'un grand banquet.
Ce mot de bataille explique les nombreux obstacles que le cuisinier doit surmonter dans ces moments de services appelés *coup de feu*, et dont les blessures occasionnées par les refroidissements ne sont pas moins mortelles que celles du champ de bataille.

ATTE, *s. f.* — On appelle ainsi le fruit de l'anone squamineuse, sa chair est sucrée et agréable; au milieu de l'atte est renfermée une quantité de pépins noirs ayant une peau très ferme.

ATTEINT, EINTE, *s. m. f.* — Une viande atteinte, dont la cuisson a atteint l'intérieur, un poulet atteint, qui n'est pas atteint, etc.

ATTELET, *s. m.* — Sorte de petite broche de métal ou de bois, servant à attacher un objet à un autre, terminée d'un bout en forme d'épée et de l'autre garnie de sujets de chasse, de pêche ou de tout autre décor blasonné. Une écrevisse surmontée sur un homard à l'aide d'un attelet; garnir une galantine d'attelets; décorer, embellir une grosse pièce de viande en la garnissant d'attelets.

Astelet, dans l'ancien français, est le nom d'un morceau de bois servant à atteler au char; *hastella*, et du bas latin comme du sanscrit *hasta*, signifie un bâton pointu, un morceau de bois mince, ou une lame de fer, lance servant à enfiler. En effet, on se sert, dans les cuisines, indifféremment, de brochettes de bois ou de fer, soit pour attacher à la broche ou pour atteler les petits oiseaux les uns à côté des autres. Ce qui démontre évidemment qu'il s'agit d'une verge de métal ou de bois servant à attacher, à enfiler, à atteler une pièce à une autre. Mais il y a eu confusion du latin avec l'ancien français de *haste*, on a écrit *hastelet*, plus tard *hattelet*, ancienne orthographe, puis par diminutif d'un *t*, *hâtelet*. On doit remarquer que, *hattereau* dans l'origine est un mets composé, cuit à l'aide d'un *hastelet* et s'écrit aujourd'hui *attereau* (Voir ce mot), pourquoi supprimer l'*h* à l'un et pas à l'autre? Il est donc logique, si on écrit, *atteler*, *attacher* et *attereau*, d'écrire *attelet*, orthographe qui a le double avantage d'être en harmonie avec le français moderne et d'avoir directement son étymologie à travers les altérations des mots.

Attelet de légumes. — *Formule 216.* — On appelle ainsi des légumes décorés en forme de fleurs, de roses ou autres sujets, soutenus à l'aide d'un attelet de bois ou de métal, et appliqués ordinairement dans une corbeille ou vase de navet.

Attelet d'aspic. — *Formule 217.* — Petit moule d'aspic décoré dans l'intérieur, traversé d'un attelet et soutenu sur une grande pièce garnie de gelée.

Remarque. — Les attelets de poisson sont le plus souvent composés d'écrevisses, de crevettes, de citrons ou de légumes; au contraire, les attelets d'entrée, de crêtes de coq, de truffes, de champignons, etc. On doit, pour la réussite du mets, toujours faire concorder les garnitures d'attelets avec la nature de l'aliment qui en est la base.

ATTENDRIR, *v. a.*; all. *erweichen*; angl. *to mak tender*; ital. *molifiare*. — Culinairement, rendre tendre, donner de la tendreté; attendrir une pâte avec du liquide, une viande par le feu; attendrir un morceau de bœuf en le frappant avec un maillet en bois, attendrir une viande en la laissant quelques jours exposée à l'air avant de la faire cuire.

ATTEREAU, *s. m.* — Mets composé de petites parties de viandes enfilées d'un attelet.

Par diminutif de *haste*, puis par une nécessité qui se conçoit on y a joint *raust* ou *rost*, rôti, de *hasteraust* qui dans l'origine était un mets composé de tranches ou morceaux de foie de porc salés, poivrés, enfilés dans l'attelet et rôtis sur le gril. On appelait *hasteur* le rôtisseur chargé des broches et des grillades. Attereau, au singulier, désigne une brochette garnie : un attereau de foie de volaille ; si on enlève la brochette, chaque morceau étant un attereau, on doit alors écrire *attereaux* au pluriel.

Aujourd'hui, on fait des attereaux avec toutes les viandes délicates susceptibles d'être grillées ou frites.

Attereaux de foie gras. — *Formule 218.* — Couper par petits carrés longs, de la même forme, un foie gras cuit et refroidi, couper de même une égale quantité de langue écarlate cuite; assaisonner le tout dans une terrine en y ajoutant quelques truffes finement hachées.

Arroser avec une sauce Villerois chaude. (Voyez ce mot). Sortir les morceaux sur une plaque, laisser refroidir; les enfiler alors en les alternant dans une brochette en bois ou en métal de dix à quinze centimètres de long. Passer dans l'appareil anglais (des œufs battus avec une petite tombée d'huile fine légèrement salée), les rouler dans la mie de pain ou chapelure blanche; les passer dans l'appareil, et de nouveau dans la chapelure.

Les frire dans une friture fraîche, les égoutter sur un linge propre et les dresser chauds en pyramide sur une serviette pliée. Décorer le plat avec des rondelles de citron et du persil frit.

Attereaux de filet d'agneau. — *Formule 219.* — Lever les filets mignons et les noix de côtelettes à un râble d'agneau, les couper par morceaux, les déposer dans une terrine; assaisonner en additionnant des champignons, des truffes, des échalotes et des feuilles de menthe; hacher le tout finement, arroser avec un demi-verre de Madère et laisser macérer un instant. Enfiler avec une dizaine d'attelets, passer légèrement à l'huile et les faire cuire sur un gril au four ou à la broche. Servir avec une sauce béarnaise à part.

Attereaux de ris de veau. — *Formule 220.* — Diviser les ris en quatre ou huit parties, suivant la grosseur, d'une même forme, additionner de truffes, de champignons et de langue écarlate; disposer ces morceaux sur une plaque et les couvrir d'une sauce duxelle (Voyez ce mot); les laisser refroidir. Embrocher les morceaux avec douze attelets en les alternant, les envelopper avec la duxelle qui reste; passer dans l'appareil anglais et frire. Dresser au milieu du plat un croûton de pain frit de la hauteur des attelets et collé avec de la farine et des blancs d'œufs, autour duquel on dressera les attereaux debout, surmontés d'un attelet bien garni. Décorer avec du persil frit et des rondelles de citron.

On fait, en outre, des attereaux de palais de bœuf, de cervelles de mouton, etc., etc.

ATTIÉDIR, *v. a.*; all. *lau machen*; angl. *to make lukewarm*; ital. *intiepidire*. — Rendre tiède, réchauffer ce qui est froid, et refroidir ce qui est chaud, rendre ni chaud ni froid, *tiède*.

ATTISER, *v. a.*; all. *anfachen*; angl. *to rake up*; ital. *attizare*; esp. *atizar*; port. *aticar*. — Approcher les tisons du feu, les avancer les uns et les autres pour les faire brûler.

Attiser le feu, raviver la flamme.

ATTOLÉ, *s. f.* — Au Mexique, on donne ce nom à une boisson nutritive préparée par la décoction de la farine de *maïs*, très usitée dans ce pays, mais dont les Européens ne doivent pas abuser.

AUBE (*département de l'*). — Dans la zone du Nord, le trente-neuvième dans l'ordre viticole. Il présente 16,086 hectares de vignes, produisant environ 580,000 hectolitres de vin qui tiennent une place remarquable parmi ceux appartenant à la série septentrionale.

AUBENAS. — Chef-lieu de canton du département de l'Ardèche, produit des vins assez estimés; il s'y fait, en outre, un commerce important de truffes et de marrons.

AUBERGINE, *s. f.* (*solanum melongena* L.); all. *Eierpflanze*; angl. *egg-plant*, de *solari* soulager, à cause de la propriété de quelques-unes de ses variétés. — Plante de la famille des solanées, aussi appelée morelle, mélongène. L'aubergine

Fig. 89. — Aubergine violette longue. (*Solanum melongena*; Duval.)

est originaire d'Arabie, et fut transportée dans l'Inde et dans toute l'Amérique du Sud. Très répandue en Asie et en Afrique, elle semble avoir trouvé un climat favorable dans le midi de la France, où on la cultive comme plante potagère.

A Paris, l'Aubergine apparaît vers le mois de juillet, et dure jusque vers la fin de l'automne. On distingue : l'*A. violette longue*, ou de Narbonne, à fleur lilas, à calice brun, se développant beaucoup après floraison. Son fruit est ovale oblong, en forme de massue, plus renflé à l'extrémité qu'à sa base très lisse vernissé, d'un violet

Fig. 90. — Aubergine naine hâtive. (*Solanum esculatum*.)

presque noir et mesurant de 15 à 20 centimètres de longueur sur 6 ou 8 de diamètre.

Cette variété est la plus usitée dans l'alimentation parisienne.

L'*A. naine hâtive*, qui se prête très bien à la culture sous châssis, réussit très bien sous notre climat. Son fruit ovoïde long de 8 à 10 centimètres, et large au gros bout de 5 à 6 centimètres, est d'un violet foncé, noir mat, non vernissé comme dans l'aubergine longue.

Plus précoce que les autres variétés, elle est bonne à cueillir un mois avant la précédente. Sa forme renflée en forme de poire se prête également bien pour l'usage culinaire.

L'*A. violette ronde*, est cultivée dans le Midi où son fruit prend un développement magnifique; la couleur violette est plus pâle que dans les variétés longues; un pied n'en porte ordinairement que trois ou quatre. Également appelée aubergine de Chine ou monstrueuse de Pékin, est la plus grosse variété que nous ayons en France.

L'*A. blanche naine pondeuse*, plante hâtive, basse, ramifiée sur les bords, fleur lilas, tige et pétiole verts ou très faiblement violacés; feuilles sinacées sur les bords.

Fig. 91. — Aubergine ronde violette.

Son fruit se présente à sa base près du sol comme des œufs de poule, d'un beau blanc d'abord, il prend une teinte jaunâtre à sa maturité. On a prétendu que cette variété n'était pas comestible, mais les expériences que nous en avons faites nous ont démontré le contraire : cette aubergine a absolument les mêmes propriétés que les autres.

Il existe une variété blanche, plus grande que la précédente, de forme ovoïde, et d'un bel effet, qu'on peut également employer culinairement comme l'A. violette.

L'*A. panachée de la Guadeloupe*, de forme ovoïde, est colorée dans toutes ses parties d'un violet pâle sur un fond blanc ou jaunâtre.

L'*A. blanche de Chine*, qui se distingue par son fruit long, mince et presque toujours courbé. Plante tardive qui n'offre pas grande ressource alimentaire.

L'*A. du Thibet*, est une variété tardive, à fruit allongé, d'un blanc verdâtre. Introduite en France il y a une vingtaine d'années, au moment où nous écrivons elle ne paraît pas s'être conservée dans la culture.

L'*A. verte*, n'est pas une variété distincte et

Fig. 92. — Aubergine blanche. (*Solanum origerum*; Duval.)

fixée. On trouve souvent dans les aubergines blanches des fruits panachés de vert.

L'*A. de Catalogne*, est une plante tardive, épineuse, se rapprochant de la violette ronde.

L'*A. monstrueuse de New-York*, a une grande ressemblance avec l'aubergine violette que l'on cultive dans le Midi de la France. La chair est ferme et contient peu de graines. La plante qui la porte est plus naine que la variété cultivée

Fig. 93. — Aubergine blanche naine hâtive. (*Solanum origerum*; Duval.)

chez nous, plus tardive et sa couleur plus grisâtre. Elle a été améliorée par la culture aux environs de New-York.

HYGIÈNE. — Peu nutritive en elle-même, l'aubergine est diurétique, somnifère, rafraîchissante et d'une digestion facile; son écorce contient un suc âcre et irritant provenant de la *solanine*, qui lui communique, lorsqu'elle est cueillie avant maturité, un goût amer qui indique qu'elle possède quelques propriétés apéritives ; ce goût en même temps douceâtre éprouve un peu le palais de celui qui n'a pas l'habitude d'en manger, mais on finit par le trouver agréable.

Fig. 93. — Aubergine de New-York. (*Solanum melongenal.*)

Usage alimentaire. — Sans vouloir ôter à ce fruit la renommée qu'il possède, exaltée par les Méridionaux avec un certain lyrisme, nous pouvons dire sans crainte du contraire, que cet entremets pour être exquis demande une préparation, un accessoire qui vaut deux fois le principal. Sans valeur en lui-même, cet aliment est tout par sa condimentation ; aussi les cuisiniers peuvent-ils s'ingénier dans la recherche des méthodes de préparations diverses. Dans l'Hérault, on mange l'aubergine associée à la tomate, et les amateurs de cet entremets, ainsi préparé, en font mille éloges. Voici d'ailleurs différents modes de préparations :

Aubergine à la provençale. — *Formule 221.* — Eplucher les aubergines, en enlever les pépins intérieurs, saler et laisser dégorger, préparer une sauce duxelle de haut goût en ajoutant de l'ail ; remplir les aubergines de cette farce et les couvrir d'une barde de lard ; les placer dans un sautoir huilé et les laisser cuire dans un four d'une chaleur modérée.

Salade d'aubergine à la provençale. — *Formule 222.* — Eplucher, nettoyer les aubergines comme les concombres, les émincer, les assaisonner pour leur faire rendre l'eau. Faire la salade en y ajoutant : cresson de fontaine, olives farcies, filets d'anchois, œufs durs, quelques tomates pelées, débarrassées des pépins et tranchées.

Aubergine en salade mayonnaise. — *Formule 223.* — Couper en long des aubergines bien mûres et en vider les graines ; les huiler, les griller et les laisser refroidir. Hacher finement la pulpe après avoir ôté la peau, puis assaisonner de poivre, sel, moutarde anglaise et oignons hachés menu. Ajouter à ce mélange du vinaigre, et le monter à l'huile fine comme une sauce mayonnaise.

Cette sauce peut accompagner les viandes grillées. (L. Hänni, au Café de la Paix — Paris).

Aubergine à la parisienne. — *Formule 224.* — Couper des aubergines par le milieu en long, sortir les chairs en formant la carcasse en bateau, respecter la peau.

Hacher du blanc de volaille, d'agneau rôti, du jambon cru, du porc frais et de la moelle de bœuf, le tout assaisonné d'une pointe de cayenne, de muscade, de sel, d'ail et d'oignons hachés. Farcir les moitiés d'aubergine, les saupoudrer de chapelure et les placer dans un sautoir beurré. Les arroser avec de l'huile fine et les cuire au four.

Purée d'aubergine. — *Formule 225.* — Couper les bouts des aubergines, les huiler et les mettre un instant sur le gril, les peler et en supprimer les graines ; les couper par morceaux et les mettre dans une casserole avec sel, beurre, échalotes, oignons et ails, préalablement passés au beurre ; les faire cuire à l'étouffé en remuant. Passer le tout au tamis.

Cette purée se sert avec les attereaux d'agneau et les grillades.

Aubergine farcie (*cuisine de restaurant*). — *Formule 226.* — Couper des aubergines par le milieu ; en supprimer les graines. Hacher de l'ail, des oignons et des champignons ; passer le tout à la poêle avec de l'huile, y ajouter de la viande hachée et assaisonner de haut goût. Farcir les aubergines, les saupoudrer de chapelure, les mettre dans un sautoir beurré et les faire gratiner au four. L'aubergine blanche réussit très bien par cette méthode.

Aubergine à l'italienne. — *Formule 227.* — Peler des aubergines et en supprimer les graines ;

couper la pulpe par tranches minces, et les faire macérer avec du sel pour en faire sortir l'eau; les presser et les essuyer dans un linge, ensuite, les sauter à la poêle avec du beurre sur un feu vif.

D'autre part, préparer des oignons, des échalotes, une pointe d'ail, des tomates pelées, égrainées et coupées par tranches et assaisonner de poivre et de sel. Beurrer un plat à gratin et coucher par lit, en alternant avec du parmesan, les aubergines, les tomates, les échalotes et les oignons. Saupoudrer de chapelure et de parmesan et beurrer largement. Faire gratiner.

Aubergine à l'américaine. — *Formule 228.* — Supprimer les deux bouts des aubergines et les partager en long, en supprimant les graines; sortir la pulpe à l'aide d'une cuillère à légumes; conserver la peau, qui, avec une petite quantité de sa pulpe, formera la coquille.

Hacher la pulpe retirée avec un oignon et de l'ail; y ajouter un tiers de sa quantité de filet de mouton haché, du riz cuit et assaisonné de haut goût. Plonger les aubergines dans de la friture chaude, les égoutter et les farcir avec l'appareil préparé; les placer dans un sautoir, les mouiller à moitié hauteur avec une purée de tomates relevée, et faire cuire à petit feu. Ensuite, les dresser dans un légumier évasé ou dans un plat creux. Passer le fond, le beurrer et en masquer les aubergines.

AUBIFOIN, *s. m.* — Un des noms vulgaires de la centaurée bleue. (Voir ce mot.)

AUBIGNY (*vin d'*) Haute-Marne. — Produit des vins rouges légers, agréablement acidulés, mais peu toniques; d'une vinosité de 11 à 12 degrés.

AUBONS (*vin d'*). — Basses-Pyrénées (Béarn). Les vins blancs d'Aubons sont classés dans le troisième rang des vins de France. Ils sont assez agréables, diurétiques, capiteux, et possèdent une vinosité de 17 à 18 degrés.

AUDE (dépt. de l'). — Ce département, situé au sud-est de la France, sur le versant de la Méditerranée, tire son nom de la rivière qui l'arrose. Il est favorisé d'un climat doux et par conséquent favorable à la culture du sol.

PRODUITS. — La culture la plus importante est celle de la vigne, qui occupe environ 182.000 hectares de terrain, et produit, selon la statistique officielle de 1884, 4.571.177 hectolitres de vins de qualité ordinaire, dont une faible partie est distillée. Ce département a eu, jusqu'à ce jour, le privilège de n'avoir pas été atteint du *phyloxera*.

On cultive également avec succès l'amandier, l'olivier et les arbres fruitiers.

AUMÉES, *s. f.* (*terme de pêche*). — Filets à grandes mailles triplées faisant partie des tramaux.

AURILLAC, chef-lieu du département du Cantal, (Auvergne), centre de la fabrication des fromages dits *fourmes du Cantal*, dont il se fait un commerce considérable.

AUROCHS, *s. m.;* de *auer* pour *aue* plaine et *ochs* bœuf, c'est-à-dire, bœuf de plaine. — Espèce de *taureau* sauvage, plus grand que le taureau ordinaire, qui se distingue, en outre, de ce dernier et du *bison*, par une espèce de laine crépue qui couvre la tête et le cou du mâle, et par sa voix grognante.

L'aurochs connu des anciens habitait à l'état sauvage les vastes plaines de l'Europe tempérée. On en rencontre encore quelques-uns aujourd'hui, dans les grandes forêts du Nord. Il ne faudrait pas le confondre avec le *buffle*, ni avec l'*urus*, décrit par César. Selon quelques naturalistes, le taureau moderne ne serait que l'*aurochs* dégénéré et modifié.

On traite culinairement la chair de l'*aurochs* comme celle du bœuf.

AURONE, *s. f.* (*artemisia abrotanum*); all. *Feldwernuth;* ital. *abrotano.* — Plante du genre armoise. Nom vulgaire de la santoline, aussi appelée aurone femelle, petit cyprès et garderobe. On prétend que son odeur forte a la propriété de chasser les insectes.

On prépare, avec les feuilles de l'aurone, un ratafia à odeur pénétrante, qui a, comme l'absinthe, des qualités emménagogues.

AUSTÈRE, *adj.* (*austerus*); all. *herb*; angl. *harsh*; ital. *austèro.* — Alimentairement, les fruits austères sont ceux qui ont une saveur intermédiaire, entre l'âpreté proprement dite, et la douceur agréable qui caractérise la maturité d'un fruit; on appelle vins austères, ceux qui, comme le

Bordeaux, se signalent par cette saveur difficile à définir, qui est un mélange astringent et légèrement amer.

AUSTRALIE, (*blé poulard d'*). — Variété de blé exporté d'Europe en Australie ; il portait autrefois chez nous les noms de *poulard bleu ; bleu conique ; blé gris souris ; bleu cône Rivet*. Réimporté plus tard en France, après une sensible amélioration, sous la dénomination de *blé poulard d'Australie*, ainsi improprement appelé puisque tous les blés actuellement cultivés dans ce pays sont d'origine européenne. Quoi qu'il en soit, il se recommande par sa rusticité ; s'accommode des terrains argileux, froids et même humides ; il donne un produit très considérable en paille et en grain. La paille pleine, haute, est assez fine ; son épi carré, s'amincit à partir de sa base, velu et d'une couleur plus ou moins foncée ; balles longues, fortes et grisâtres. Son grain jaune ou rougeâtre, assez allongé, bien plein, est à peine bossu.

Ce blé d'hiver se sème un peu clair, en octobre, ou dans les premiers jours de novembre. Il convient principalement aux départements du centre de la France.

AUTOCLAVE, *s. f.* (*marmite*) ; de *auto*, soi-même, et *clavus*, clou, qui se cloue ou se ferme de soi-même. — Marmite autoclave, où l'on fait cuire les aliments sans évaporation. Si les linguistiques ont admis la *marmite autoclave*, elle est complètement absente des cuisines modernes où, d'ailleurs, elle ne saurait exister dans la pratique ne l'art culinaire.

Fig. 94. — Blé poulard d'Australie.

AUTOPHAGIE, *s. f.* (pron. *o-to-fa-ji*) ; de *auto*, soi-même, et *phagô*, manger. — Entretien de la vie aux dépens de la propre substance de l'individu soumis à l'inanition. Tanner, Succi, Merlati et *tutti quanti*, étaient soumis au régime de l'autophagie, c'est-à-dire à l'état d'inanition.

AUTRUCHE, *s. f.* (*struthio camelus*) ; all. *Strauss* ; angl. *ostrich* ; ital. *struzzo* ; esp. *avestruz* ; port. *abestruz*. — Le plus gros de tous les oiseaux connus, mais incapable de voler parce qu'il n'a que des ailes rudimentaires.

L'autruche représente un ordre (des échassiers) particulier qui forme une transition entre la classe des volatiles et celle des mammifères ; elle a, des jambes longues et minces, ses pieds sont garnis de deux doigts, l'un éperonné et l'autre sans griffes ; son bec est court, sa langue arrondie, ses ailes et sa queue sont garnies de magnifiques plumes aux mille couleurs, très recherchées pour l'ornement des chapeaux. La vitesse de sa marche, aidée par ses ailes qui lui servent à alléger son poids, dépasse celle du cheval le plus vigoureux. Ne buvant presque jamais, elle est capable de supporter le plus long voyage dans le désert. Sa voracité est proverbiale, elle avale jusqu'aux cailloux ronds des chemins ; de là, vient : *il a un estomac d'autruche*, ou *il mange comme une autruche*. On distingue deux variétés d'autruches, celle du Nouveau-Monde (Amérique) appelée *Nandou* et celle de l'ancien continent qui habite dans tout l'Orient, principalement dans le désert du Sahara, aimant les endroits solitaires, vastes et sablonneux, au milieu des chardons, marchant par troupes, se nourrissant de fruits, de graines et de scarabées. Insouciante de ses œufs, elle les abandonne à terre pour les faire chauffer par le soleil, oubliant que les pieds du passant les écraseront (*Job*, XXXIX, 16-21). Ces œufs sont une nourriture succulente pour les Arabes du désert qui les trouvent quelquefois au nombre de trente à quarante, dans des nids creusés au bord des collines de sable.

Cruelle avec ses petits, l'autruche se révolte même contre les cavaliers qu'elle rencontre dans le désert, qu'elle fait retentir de ses cris lugubres et lamentables.

Les Cophtes, chrétiens de l'Egypte engagés dans l'hérésie d'Eutichès, suspendent les œufs d'autruche dans leurs églises et, conformément au langage hiéroglyphique, ils les regardent comme symbole de la vigilance. Ce qui, du reste, est en contradiction avec les mœurs de cet oiseau.

Les Hébreux du temps s'abstenaient de manger sa chair; par contre, les Romains, qui avaient introduit les goûts esthétiques dans la gastronomie, la mangeaient *à la volière*, entière et perchée sur ses jambes qui lui servaient de socle; c'est dans un de ces incomparables festins que l'illustre Héliogabale se fit servir les têtes de six cents autruches pour en manger les cervelles, auxquelles il attribuait des propriétés aphrodisiaques qui ne sont nullement impossibles.

USAGE ALIMENTAIRE. — L'autruche, comme aliment, n'a rien de semblable aux descriptions trop élogieuses de certains auteurs de souvenirs de voyages ou de quelques cuisiniers de cabinet littéraire, qui ont si pompeusement loué sa chair. Il faut avouer que, s'ils l'ont goûtée, ils ne sont pas gourmets, et je ne crois pas trop présumer en soupçonnant ces écrivains de n'avoir vu l'autruche que dans les musées, et de ne l'avoir mangée qu'en imagination.

C'est à Londres, en 1868, que j'ai vu apporter dans nos cuisines, par un capitaine de marine anglais, la première autruche dépouillée de ses plumes. Peu habitués à la préparation culinaire de ce genre de *hawk*, d'ailleurs, les écrivains ne nous en ayant laissé aucune recette, sans être embarrassés, nous hésitions sur la manière et le genre de cuisson que nous devions lui appliquer, ne connaissant sa chair que d'après des récits plus ou moins fondés.

Nous nous réunîmes toute la brigade pour nous concerter en conseil, et, après délibération, armés de nos plus brillants couteaux, nous procédâmes à l'autopsie de la *bête à longues jambes*, comme l'appelait plaisamment un Provençal; l'abatage fut exécuté avec l'entrain le plus joyeux; puis, nous procédâmes au vidage. Hé là! un fromage de Hollande, s'écrie l'un; des boules de quilles, crie l'autre; voici des pommes de rainettes pour des charlottes, dit un troisième. C'étaient les œufs qui s'échappaient des entrailles de l'autruche, variaient de couleur et de grosseur, suivant leur ordre, et dont le plus gros était dans un état de parfaite maturité. Profitant de l'occasion qui nous était offerte, pour en faire un essai pratique, nous mîmes d'abord l'œuf sur une balance : de l'autre côté, des œufs de poule, au nombre de vingt-huit; la balance maintenait l'équilibre; nous cassâmes l'œuf, en séparant une partie du blanc pour le monter, mais étant fouetté, il gréna; la substance, un peu trouble et mal liée, fit une omelette cassante et filemanteuse, qui cependant n'était pas à dédaigner. Un morceau de l'autruche fut mis rôtir, un autre bouillir et un troisième braiser; le morceau rôti est devenu sec, sans suc et dur; la partie bouillie est devenue coriace et sèche; le bouillon était parfumé d'un petit goût de musc; les ailes, qu'Alexandre Dumas prétend être le meilleur morceau et le plus tendre, ressemblaient à de la corne cuite; seul, le morceau braisé, après une longue cuisson, avait conservé un peu de succulence et acquis de la tendreté. Les abatis ont donné une gelée passable. La graisse, huileuse et jaunâtre, avait beaucoup d'analogie avec celle de l'oie.

Autruche braisée. — *Formule 229.* — Lever les poitrines, les désosser, les piquer de lard comme un fricandeau; clouter avec de l'ail émincé et des clous de girofle; faire mariner au vin blanc sec, ou dans une marinade cuite, bien assaisonnée; garnir le vase dans lequel on l'a mise, de petits oignons, de carottes et bouquet de persil; après vingt-quatre heures de marinade, *foncer* une braisière selon la règle; faire pincer, mouiller avec du bouillon blanc et faire braiser; lier avec un peu de fécule; aromatiser avec du poivre *currie*, laisser corser cette sauce en demiglace, la passer et la servir sur le fricandeau ou sur la poitrine d'autruche.

Cette méthode est une des meilleures que l'on puisse appliquer à l'autruche, la graisse sert comme friture et peut au besoin être substituée au beurre.

AUVERNAT, *s. m.* — Raisin qui sert à faire le vin de ce nom ; il est rouge, fumeux et ressemble au Malvoisie. Se dit aussi du gros vin rouge d'Orléans, parce que le plant du raisin noir qui sert à faire ce vin est venu d'Auvergne.

AUVESQUE, *s. m.* — Cidre de qualité supérieure ; jus de fruit dont on a choisi les pommes.

AUXERRE (*vin d'*). — Ville de la Basse-Bourgogne, chef-lieu du département de l'Yonne (voir ce mot) possède des crus très estimés : vins de Chaînette et de Migraine.

AVALER, *v. a.* — Manger avidement : *avaler* les aliments sans les mâcher, *avaler* d'un trait le contenu d'une bouteille :

J'avalais au hasard
Quelque aile de poulet dont j'arrachais le lard.
BOILEAU.

AVALLON (*produits d'*). — Chef-lieu d'arrondissement du département de l'Yonne, situé à 48 kilomètres sud-est d'Auxerre, et à 223 kilomètres de Paris.

Cette petite ville est délicieusement assise sur les ruines d'*Aballo*, sur la rive droite d'une petite rivière, et à l'issue d'une jolie vallée, bordée de coteaux fertiles en vignes, produisant d'excellents vins ; il s'y fait, en outre, un commerce de pain d'épices, de biscuits, de *cœurs d'Avallons* et de nonnettes.

AVALOIR, *s. m. (pêche)*. — Sorte de nasse.

AVANÇON, *s. m. (pêche)*. — Petite allonge que l'on met à une ligne de pêche pour y disposer les haims.

AVANT-GOUT, *s. m.* — Goût occasionné par l'impressionnabilité des sens et de la pensée.

L'odeur d'un mets délicat donne l'eau à la bouche, donne l'avant-goût.

Par le désir délectable
Et l'odeur d'un bon ragoût,
Avant déjà d'être à table
J'en savoure l'avant-goût.

Le goût et l'avant-goût : on a le goût en mangeant et l'avant-goût à l'apparition d'un mets délicat : son odeur et son aspect provoquent l'avant-goût.

AVARE, *adj. (avarus)*; all. *geizig*; angl. *vari-a cious*; ital. et esp. *avaro*. — L'avare est l'être antipathique de l'art culinaire.

Pensées. Un homme riche et avare mange pour vivre ; sa vie s'écoule dans la médiocrité.
CARÊME.

Un avare idolâtre et fou de son argent,
Rencontre la disette au sein de l'abondance.
BOILEAU.

L'avare naît dans les pleurs, vit dans la peur et meurt dans l'oubli.
J. F.

AVELINE, *s. f. (corylus avellina)*; all. *Haselnuss*; ang. *filbert*; ital. et esp. *avellina* de *Avellina* ou *Avelino*. Ville de Campanie où le coudrier était anciennement cultivé. — Fruit du coudrier qu'on appelle *avelinier*.

Il y a une différence notable entre l'aveline cueillie sur l'avelinier cultivé, et la noisette cueillie sur le noisetier sauvage des haies. L'aveline plus grosse constitue, aux mois d'août ou de septembre, suivant les pays, un dessert délicieux ; elle croque sous la dent, les parties huileuses n'ayant pas encore pris leur développement. L'aveline est alors délicate, nutritive et d'une digestion facile. Elle fournit pendant ces deux mois un lait exquis qu'on extrait comme le lait d'amande.

Sèche, au contraire, l'aveline devient lourde comme la noix, et les estomacs délicats ne la digèrent que difficilement. (Voir *Noisette*.)

Voici quelques recettes de gâteaux aux avelines :

Gâteau de Pithiviers aux avelines. — *Formule 230*. — Employer :

Avelines mondées	Grammes	250
Sucre en poudre	—	195
Beurre fin	—	120
Macarons amers	—	150
Jaunes d'œufs	Nombre	4
Crème double fouettée	Cuillerées	4
Sel, une pincée.		

Procédé. — Piler le tout dant le mortier afin d'en faire une pâte fine, ajouter quelques cuillerées de crème fouettée, et mélanger.

Préparer dans un cercle à flanc une abaisse de pâte brisée, conserver les bords hauts. Emplir avec l'appareil, couvrir avec un mince feuilletage, coller les bords de celui-ci, décorer dessus, pratiquer quelques petites ouvertures et faire cuire dans un four moyen.

Tartelettes d'avelines. — *Formule 231.* — Employer :

Sucre en poudre	Grammes	100
Farine tamisée	—	30
Avelines mondées	—	250
Lait vanillé	Décilitres	5
Œufs	Nombre	4

Procédé. — Faire la crème en délayant avec le lait vanillé, les jaunes d'œufs, la farine et le sucre. Mettre sur le feu, remuer et laisser jusqu'au moment de l'ébullition sans qu'elle ait lieu. Retirer du feu et remuer encore pendant un instant.

D'autre part, piler les avelines avec un blanc d'œuf ; mélanger le tout.

Foncer des moules à tartelettes avec de l'abaisse de feuilletage brisé ; remplir les moules avec l'appareil et faire cuire dans un four chaud dessous.

Tartelettes d'avelines à la Damas. — *Formule 232.* — Employer :

Avelines mondées	Grammes	250
Marmelade d'abricots	—	350

Procédé. — Piler les avelines et les mélanger avec la marmelade d'abricots. Foncer des moules à tartelettes avec de la pâte de Milan abaissée ; remplir les moules avec l'appareil et faire cuire. Servir froid.

Mirlitons aux avelines. — *Formule 233.* — Employer :

Avelines mondées	Grammes	250
Sucre en poudre	—	300
Beurre fin	—	60
Œufs	Nombre	4
Une pincée de sel.		

Procédé. — Colorer à feu la moitié des avelines et les laisser refroidir ; piler les deux parties d'avelines avec un blanc d'œuf pour éviter la séparation de l'huile ; les mettre dans une terrine et y mélanger les œufs, le beurre fondu et le sel.

Foncer des moules longs en forme de bâton et les remplir avec l'appareil. Faire cuire dans un four *moyen* et les saupoudrer de sucre en les sortant. (Voir *Mirliton.*)

Pralines d'avelines. — *Formule 234.* — Employer :

Avelines mondées	Grammes	250
Sucre en poudre	—	250

Procédé. — Torréfier légèrement les avelines au four ; les concasser et les mettre dans un poêlon sur le feu, et y faire entrer le sucre par petites doses sans le laisser caraméliser.

Ce mode de préparation en petite quantité a l'avantage de pouvoir être pratiqué dans les maisons particulières. (Voir *Crème* et *Glace*.)

AVEYRON *(vin de l')*. — Ce département, formé du Rouergue, est situé dans la région méridionale de la France, il est le quarante-sixième dans l'ordre viticole, et présente environ 18.000 hectares de vignes, qui produisent à peu près 400.000 hectolitres de vins de qualité très médiocre, ayant un goût fort peu agréable pour les personnes qui n'y sont pas habituées. C'est dans le département de l'Aveyron que se trouve le petit village de Roquefort (voir ce mot), centre de la fabrication des fromages de ce nom, très estimés.

AVIDITÉ, *s. f.* (*aviditas*) ; all. *Essgier* ; angl. *avidity* ; ital. *avidità*. — Désir qui emporte, manger avidement ; manger avec avidité, avec empressement ; se servir surabondamment, vouloir manger plus que l'on peut ; poussé par l'avidité : on mange beaucoup, mais mal. Désir avide.

AVIGNON. — Ville principale du département de Vaucluse, possède des crus assez estimés ; ses vins sont toniques et nourrissants, mais très capiteux. Il se fait dans cette ville un commerce assez important de miel, d'huile d'olives, de fruits et de légumes.

AVICE (*Jean*). — Célèbre pâtissier Français. L'un des protecteurs et inspirateurs de Carême, dont celui-ci parle avec orgueil et respect dans ses ouvrages.

AVINER, *v. a.* ; all. *mit Wein tranken* ; angl. *to season* ; ital. *avvinare*. — Action d'imbiber de vin. Aviner une cuve, un tonneau. Rendre accessible au vin; mouiller de vin; faire prendre le goût du vin.

AVIREY (*vins d'*). — Petite ville du département de l'Aube (Champagne). Produit des vins rouges légers d'une vinosité de 11 à 12 degrés.

AVIZE (Champagne). — Petite ville du département de la Marne, coquettement assise au pied d'une colline couverte de vignes. Située à 10 kilomètres d'Epernay et à 33 de Châlons.

Ses vins blancs de première classe parmi les champagnes sont diurétiques et excitants. D'une vinosité variant de 11 à 12 degrés, très estimés pour leur blancheur et leur grande mousse. Le couplet suivant d'un jeune poète d'Avize, M. Amaury de Cazanove, tendrait à démontrer l'action gaie et fugace que ce vin a sur le cerveau :

> Tes yeux plus doux que la pervenche,
> Admirent, timides encor,
> La mousse pétillante et blanche
> Diamantant la coupe d'or.
> Vierge, ose approcher ta lèvre!.. ose!
> Dès que le bouchon sautera,
> Au baiser de ta lèvre rose
> La mousse blanche frémira!

> Avant de le boire, respire,
> O vierge, ce vin enjôleur!
> Tu ris?.. C'est l'amour qu'on aspire,
> Dans son parfum de vigne en fleur!

Rien de plus entraînant que ce *ose approcher ta lèvre!.. ose*, et rien de plus séduisant que ce *Tu ris*, qui nous révèle les charmants effets des grands mousseux.

Parmi les propriétaires des crus qui méritent d'être mentionnés ici pour la qualité et la finesse de leurs vins de Champagne, nous citerons CHARLES DE CAZANOVE, un des viticulteurs les plus distingués de la Marne. L'hectare des terrains vignobles se paye de *dix-huit à vingt-cinq mille francs*.

AVITAILLER, *v. a.*; all. *verproviantiren*; angl. *to victual*; ital. *vetovagliare*. — Se pourvoir de vivres et de munitions, mais surtout de vivres, dans une place forte, un château ou un navire. *Avitailler* est la première provision, tandis que *ravitailler* se dit des provisions que l'on renouvelle. Belfort était suffisamment avitaillé, tandis que l'on n'a pu ravitailler Paris.

AVOCAT, *s. m.* (*laurus persea*). — Fruit de l'avocatier, de la famille des laurinées et dont l'étymologie nous vient de son pays d'origine, l'Amérique du Sud, du scaraïbe *aouicate*.

L'avocat à la forme d'une grosse poire, d'une nuance violacée ou verdâtre; au milieu de sa pulpe est enseveli un noyau de la grosseur d'une petite noix dont l'amande est amère. La chair de l'avocat est d'un goût agréablement beurré, relevé d'un arome de noisette. Son analyse chimique démontre la présence d'une forte quantité de butyrum. Ce fruit se mange soit comme fruit seul ou comme hors-d'œuvre, coupé par tranches, assaisonné avec des aromates et ainsi macéré. On le sert également comme dessert ou comme rafraîchissement, macéré dans le vin et le sucre ou dans le rhum de la Jamaïque.

Les habitants des Antilles le regardent comme anti-dysentérique, ce qui n'est nullement démontré en Europe.

AVOINE, *s. f.* (*arena sativa*); all. *Hafer*; angl.

Fig. 95. — Avoine de Hongrie. (*Bromus inermis*.)

oats; ital. *arena*; port. *avéna*; esp. *avena*. — Blé originaire d'Europe, fut cultivé par les Germains et les Russes de temps immémorial.

Galien et Pline n'en faisaient pas grand cas, l'un la regardait comme blé dégénéré, et l'autre tout au plus propre à fourrager les chevaux.

De la tribu des *avenacées* et de la famille des graminées. On distingue environ cinquante espèces d'avoines, divisées en quatre sections, qui sont :

L'A. COMMUNE DE FRANCE, *Avena sativa vulgaris* (L.).

L'A. NUE DE HOLLANDE, *Avena nuda* (L.).

L'A. DE HONGRIE, *Bromos* (Théo).

L'A. DE GÉORGIE, *Bromus Tuberosa* (L.).

Parmi les variétés cultivées en France, on distingue : la courte, très basse ; la noire, de Coulommiers ou de Brie ; la grise, de Houdan ; la jaune et grise d'Orléans ; l'avoine de Beaune ; la noire de Sibérie, dont la couleur varie, tantôt blanche, brune, jaune, grise, rouge ou noire; la blanche merveilleuse de Pologne ; la prolifique de Californie ; la jaune de Flandre ; la fromental d'Auvergne ; la petite de Bretagne, etc.

Le *brôme de Hongrie* est un dérivé de la variété mentionnée par Théophraste et Dioscoride, sous le nom de *Bromos*. C'est la variété cultivée en Allemagne.

L'avoine cultivée en France ne paraît pas avoir été trouvée à l'état sauvage, cependant, les variétés qui poussent spontanément dans les Vosges et les Alpes suisses, semblent démontrer l'origine de l'avoine cultivée chez nous, ou *avoine basse*.

On cultive en Auvergne, l'avoine élevée ou

Fig. 97. — Avoine élevée ou fromental. (*Avena altissima*.)

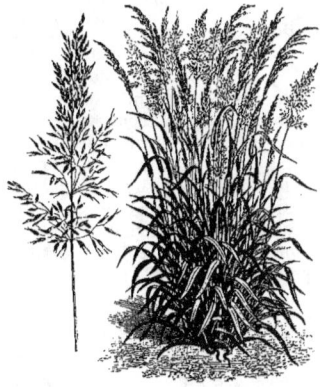

Fig. 96. — Avoine basse de France. (*Avena latina vulgaris*.)

fromental ; son épi est développé et ses grains lourds, bien garnis.

L'avoine de *Géorgie*, vulgairement appelée avoine petite ou tubéreuse, est plus particulièrement cultivée en Irlande et en Ecosse.

L'avoine *blanche merveilleuse*, variété très productive, mais tardive ; paille haute et forte, grain blanc, renflé, très plein et très lourd. Les grappes longues de 40 à 50 centimètres sont garnies de quatre à six étages d'épillets.

L'avoine *prolifique de Californie* est une variété excessivement vigoureuse ; la paille en est haute, forte, se tenant bien ; son grain est d'un gris noirâtre et assez plein. Convient aux bonnes terres.

Dernièrement, Michaux nous a fait connaître plusieurs variétés d'avoines de l'Amérique Septentrionale ; de Humboldt et de Bonpland en ont découvert au Mexique, au cap Bonne-Espérance, mais il est à remarquer que la plupart de ces nouvelles graines sont aujourd'hui classées dans d'autres genres.

Fig. 93. — Avoine blanche merveilleuse.

Une des plus belles variétés d'avoine est celle que l'on cultive en Zélande dans les Pays-Bas, et en Flandre ; elle est d'une couleur pâle, son grain nourri ; d'un bon rendement. Parmi cette variété, citons encore l'*avoine noire* (d'hiver) *de Belgique*, paille forte, grain noir un peu grisâtre, lourd, plein et bien renflé, un peu courbe. Cette variété donne un produit considérable en paille et en grains et résiste parfaitement aux gelées.

RENDEMENT. — Dans les meilleures variétés d'avoine et selon les pays, on obtient jusqu'à 72 pour 100 de rendement. On reconnaît l'avoine de premier choix, lorsque les grains sont lourds et pleins ; la coloration influe sensiblement sur la qualité. La bonne avoine est grise ou légèrement colorée en noir. Sur 100 parties, l'avoine nue, cultivée en Bretagne, a donné 22 de son et 78 de farine. En France, ce graminée occupe environ 3.225.000 hectares de terre cultivable, c'est-à-dire la première place après le froment.

Analyse chimique. — L'une des meilleures variétés d'avoine cultivée en France, sur 1.000 parties a donné le résultat suivant :

Amidon	137
Matières azotées	461
Dextrine	67
Matières grasses	60
Cellulose	38
Matières minérales	237
	1.000

Il ne faut pas oublier qu'il y a dans l'avoine comme dans les autres graminées, une variation de valeur, selon qu'elle est fraîche ou sèche, récente ou vieille ; aussi, selon la variété et le climat, puisque le même chimiste auquel nous avons fait analyser, a trouvé sur une autre variété :

Parties azotées (gluten, albumine)	137
Amidon	461
Matières grasses	67
Sucre	60
Gomme	38
Cendres, ligneux	237
	1.000

Elle contient, en outre, un principe aromatique à odeur fragrante, qui réside surtout dans l'enveloppe et qui excite au plus haut point l'appétence et la virilité des animaux qui en sont nourris. Cette substance, découverte par Johnston et étudiée ensuite par Norton, a été appelée *avenine* ; elle est jaune, soluble dans l'eau et semblable à la légumine. Cette huile a également été signalée par Vogel, comme étant le principe actif et stimulant des chevaux et partant de l'homme, lorsque cette céréale est mangée avec ce principe qui réside surtout sous son enveloppe.

Gruau d'avoine. — En France, le gruau d'avoine est rarement employé dans l'alimentation, par contre, la farine de « gruau d'avoine » est un aliment fort usité à Paris pour la nourriture des jeunes enfants. » (*Dict. Larousse*). La farine de gruau d'avoine, dont une partie est torréfiée, est la forme préférée et reconnue l'un des meilleurs aliments pour les enfants.

Des chimistes français, se basant sur les propriétés remarquables de l'avoine et désireux de fournir une alimentation saine et conforme à l'état pathologique du premier âge, eurent l'excellente idée de spécialiser la farine de gruau d'avoine, en la préparant selon les conditions réclamées par la science. Telle est la *Farine Morton au gruau d'avoine*, la première usitée en France, et la seule dont l'analyse nous ait paru remplir toutes les conditions exigées.

Cette farine, employée et expérimentée à l'Hôpital des enfants malades, a donné les résultats suivants :

Analyse chimique. — M. Brissonnet a trouvé sur 100 parties dans la *farine Morton* au gruau d'avoine les chiffres suivants :

Eau		9.936
Substances { Albumine soluble		2.10
Protéiques { Albumine insoluble Gluten		9.40
Matière grasse		6.92
Sucre		0.963
Gomme		1.57
Dextrine		1.324
Liqueux sou.		1.594
Amidon		64.57
Substances Minérales	Fer (ou oxide ferreux) 0,0186	0.0186
	Chaux	0,09105
	Magnésie	0,11652
	Potasse	0,37833
	Acide phosphorique (Ph. O 5)	0,46578
Cendres	Silice (Si O 2)	0,37897 } 2.076
	Acide sulfurique	0,09050
	Acide chlorydrique (Soude, etc.)	
	(Dosé par différence)	0,5383
	total	100.000
(Azote		1.614.)

L'examen microscopique n'a montré que l'amidon d'avoine.

Préparée au lait, en forme de bouillie, la *farine Morton au gruau d'avoine*, remplace avantageusement toutes les farines lactées et laits concentrés, trop prônés par les journaux à réclames (voir *Bouillie*, alimentation des enfants). Mais pour que le nourrisson prenne de la vivacité et de la vie, les bouillies devront être faites avec du bon lait frais, ou mieux encore avec du lait de chèvre. Alors le résultat sera merveilleux.

HYGIÈNE. — L'avoine non débarrassée de son enveloppe, c'est-à-dire, lorsqu'elle contient son huile, jouit de propriétés stimulantes et constitue un aliment du cerveau, en raison de la quantité d'oléine qu'elle contient, et du principe soluble trouvé par Samson sous le péricarpe du grain. Elle est recommandée pour ces raisons, par le Dr Sell de New-York, comme agent thérapeutique pour combattre la dégénérescence physique et intellectuelle. C'est également à l'avoine que le professeur Parkes, attribue l'endurcissement à la fatigue et l'aptitude aux longues marches des Highlanders d'Écosse. Elle est, en outre, diurétique et rafraîchissante. Préparée à l'état de gruau perlé, c'est un aliment choisi pour les vieillards; à l'état de farine, elle se combine avantageusement avec le lait et ne contrarie pas son action.

USAGE CULINAIRE. — Les Orientaux ne cultivaient pas l'avoine comme aliment, on la rencontre chez les Germains d'abord, au temps de

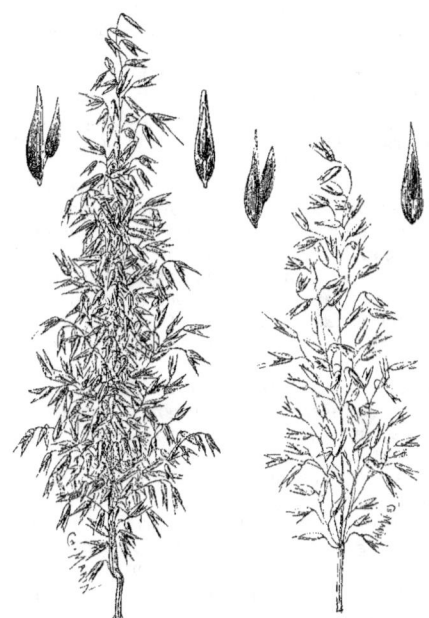

Fig. 99. — Avoine prolifique de Californie.   Fig. 100. — Avoine noire d'hiver de Belgique.

Tacite, plus tard dans les Îles-Britanniques, chez les Celtes, qui en faisaient leur nourriture principale, et enfin chez les Bretons, leurs descendants directs où elle s'est perpétuée. De temps immémorial, les anciens habitants de la Bretagne faisaient du pain avec de la farine d'avoine mélangée avec de la farine de seigle et de froment.

Qui sait, si la ténacité de cette noble race n'a pas trouvé dans l'avoine le véhicule de son énergie.

On consomme encore l'avoine sous forme de

gruau perlé ou en farine. On en fait aussi une tisane, que la médecine domestique peut utiliser avec succès comme diurétique.

Tisane d'avoine. — *Formule 235.* — Employer :

Avoine au naturel........ Grammes	200
Eau.............. Litres	2
Lait .... Décilitres	2

Procédé. — Faire cuire doucement dans l'eau jusqu'à réduction de la moitié, y ajouter le lait, faire donner un bouillon et passer. On trouvera là une boisson plus hygiénique et plus efficace que bien des produits pharmaceutiques.

En Allemagne, l'avoine sert d'aliment liquide et solide ; le gruau remplace l'orge et avec son enveloppe, on en fait une bière rafraîchissante et usitée dans les familles pour la boisson des jeunes gens.

En Angleterre, l'avoine nourrit les neuf dixièmes des cultivateurs, ainsi qu'en Irlande et en Ecosse. La variété d'Ecosse est plus belle et plus riche en principes azotés que la variété anglaise. On la prépare en faisant moudre le grain après l'avoir séché au four et dépouillé de son écorce. La mouture écossaise est un peu plus grossière que la mouture anglaise, ce qui n'en vaut que mieux.

Dans le *Yorkshire*, comme en Écosse, on en prépare une sorte de galette sans levain. On en fait aussi une soupe, ou bouillon, que les Ecossais appellent *brose*. En Ecosse, l'avoine écrasée se vend sous la dénomination de *seeds* ; on en prépare un entremets appelé *sowans* ; qui s'appelle en Angleterre *flummery*, et dans le sud du pays de Galles, *sucan*. On procède ainsi à sa préparation : Faire tremper l'avoine dans l'eau pendant plusieurs jours, jusqu'à ce qu'elle aigrisse un peu ; ensuite, on la presse et on la met bouillir dans une nouvelle eau jusqu'à ce que le liquide prenne une consistance albuminoïde. En faisant réduire la première eau, elle prend une forme gélatineuse que les Gallois appellent *budrum* ou *bruchan*.

En Irlande, on mêle à la farine d'avoine, la farine de maïs, que l'on remue dans de l'eau bouillante, salée, et on ajoute du beurre ou de la graisse, ce qui constitue le *stirabout*. Le grain décortiqué prend le nom de *gruau d'Emden*, dont on fait la tisane qui paraît avoir été à la mode au XVIIe siècle : un journal de cette époque, (*London Gazette*, du vendredi 13 août 1695) annonce qu'il y a toujours de l'eau de gruau prête à la Marine Taverne, à Birchin-lane, Cornhill. C'était l'époque où naissaient les restaurants anglais.

Nous croyons inutile d'insister sur la valeur essentiellement nutritive de ces aliments, qui contiennent tous les principes de cette graminée.

La haute cuisine française a un peu négligé l'avoine, sans doute, parce qu'elle se prête peu à l'élégance et à la pureté du goût que nous aimons dans les potages. Il faut aussi attribuer cela à l'état général d'ignorance où se trouvait le cuisinier au siècle dernier, et à l'antipathie naturelle que le médecin a toujours eue pour celui-ci. Certes, ordonner une décoction d'avoine en latin, en expliquer le procédé d'une façon pontificale à une antique affidée aux secrets d'alcôve, est beaucoup plus mystérieux que de commander à son cuisinier un potage d'avoine, et d'en suivre le régime ; avec cette différence cependant, que le potage d'avoine sera infiniment meilleur que la doctorale coction.

Potage d'avoine au naturel. — *Formule 236.* — Concasser de l'avoine, la faire tremper quelques heures dans de l'eau tiède, et la laver. La faire cuire doucement avec une quantité d'eau suffisante, afin qu'elle se trouve au double du volume de l'avoine après la réduction. Assaisonner de poivre en grains concassés, sel, oignon clouté, un bouquet de persil, poireaux et un jarret de veau. Laisser cuire pendant quatre heures. Passer au tamis.

Lier le liquide avec du lait frais ou de la crème fraîche, au moment de servir y ajouter des croûtons frits au beurre.

Remarque. — Ce potage, qui conserve un goût prononcé d'avoine, remplace avantageusement la tisane d'avoine ; c'est aussi une excellente boisson qui peut être donnée aux enfants.

Potage au lait d'avoine. — *Formule 237.* — Choisir de l'avoine à peine mûre, lorsque le grain est encore laiteux ; le faire tremper dans de l'eau tiède pendant une demi-heure ; ensuite le piler dans un mortier ; faire cuire avec une poule, assaisonner de poivre, de sel et d'un oignon. Lorsque la cuisson aura réduit le tiers de son volume, remplacer la même quantité perdue par du lait ; laisser bouillir, passer le tout au tamis, et lier avec de la crème fraîche au moment de servir. Ce potage est aussi hygiénique qu'exquis.

Potage au gruau d'avoine perlé. — *Formule 238.* — Mettre du gruau d'avoine dans de l'eau assaisonnée, et ajouter jarrets de veau et abattis de volaille. Faire cuire le tout et ensuite retirer les garnitures. Au moment de servir faire une liaison dans la soupière avec des jaunes d'œufs, du beurre fin, de la crème ou du lait; saler à point et verser dessus le potage chaud en remuant.

Remarque. — Ainsi cuit, le gruau peut être servi à double fin : le bouillon passé au tamis, blanchi avec du lait et lié, compose un excellent potage à la crème: le gruau rafraîchi et lavé peut être ajouté au consommé et prendre le nom de *potage à l'avoine perlé*.

La difficulté d'obtenir de la belle avoine pour les potages doit être attribuée à son enveloppe grisâtre qui occupe le trentième du poids du grain. Si elle était suffisamment tamisée, le gruau rendu propre prendrait dans la pratique culinaire une extension qui dépasserait l'orge.

AVOIRA, *s. f.* — Fruit d'un palmier épineux dont on extrait *l'huile de palme.*

AVORTER (*hygiène*). — Les ménagères, les cuisiniers sont les personnes les plus sujettes aux panaris ou au mal blanc. Pour enrayer le mal et le faire avorter, il suffit de tremper le doigt dans le *Phénol Bobœuf*, pendant dix minutes, trois ou quatre fois par jour dès qu'on sent les premiers lancements.

AVRIL, *s. m.* (*aprilis*); all. *April*; angl. *april*; ital. *aprile*; esp. *abril*. Le quatrième mois de l'année grégorienne.

Le maquereau, qui abonde en avril, était envoyé anciennement, par dérision, aux personnes dont on voulait blesser la moralité. De là, la dénomination de *poisson d'avril*, que quelques mauvais farceurs donnent à des plaisanteries plus ou moins grotesques, que cette époque leur suggère.

En avril, les petits pois figurent déjà sur les marchés à un prix élevé, bien entendu, mais un gastronome riche ne saurait jamais estimer son argent plus que les grands bienfaits de la nature.

L'alose quitte la mer pour remonter la rivière. Le maquereau arrive dans la Manche, où il se fait prendre sur les côtes de France, d'Angleterre, de Hollande et dans la mer Noire. L'agneau, le faisan et la caille de volière entrent dans les menus pour suppléer aux autres gibiers, et, en dépit de la nature, l'art culinaire, par les conserves et ses traitements, sert des dîners dignes de ceux qui sont servis en juin.

Proverbes agricoles :

En avril s'il tonne,
C'est nouvelle bonne.

En avril nuée
En mai rosée.

Avril pluvieux
Et mai venteux
Font l'an fertile et plantureux.

Avril doux
Quand il s'y met est le pire de tous.

AWABI, *s. m.* — Les Japonais honorent un coquillage ainsi appelé, parce qu'il fut la principale nourriture de leurs ancêtres dans les moments de calamité. Ils en joignent un morceau à tous les cadeaux qu'ils font pour rappeler la sympathie historique.

AXIS, *s. m.* — Animal du genre cerf, originaire de l'Inde, et de la grosseur du chevreuil. L'axis mue deux fois par an sans changer de couleur; sa chair est tendre et délicate, elle fait le délice des habitants de Bengale, qui l'élèvent dans les parcs pour l'usage de la table; on lui applique le même traitement culinaire qu'au chevreuil.

AXIOME, *s. m.*; all. *axiom*; angl. *axiom*; ital. *assioma*. — Vérité évidente, maxime qui sert de base à tous les arts et à toutes les sciences.

La cuisine ayant été successivement barbare, gloutonne et gourmande, a été, et reste le véhicule de la civilisation. Elle marque ses phases à travers les évolutions humaines, mieux qu'aucune histoire écrite. Voici un choix de quelques *axiomes* et *aphorismes culinaires*, que nous avons cru devoir citer :

L'animal se repait, l'homme mange.
L'homme d'esprit seul sait manger.
Brillat-Savarin.

Rien ne doit déranger l'honnête homme qui dîne.
Berchoux.

Dis-moi ce que tu manges je te dirai ce que tu es.
Brillat-Savarin.

Dis-moi ce que tu bois je te dirai ce que tu penses.
J. Favre.

Un dîner réchauffé ne valut jamais rien.
Boileau.

La façon de manger et de se comporter à table est un certificat d'origine.
J. Favre.

L'homme opulent qui a un cuisinier sans réputation ne connaît pas le grand art de tenir maison.
Carême.

La cuisine prime la médecine, comme la pensée est le précurseur de l'art.
J. Favre.

L'homme de lettres sait jouir du plaisir de la gastronomie.
Carême.

Un grand dîner est plus difficile à conduire qu'une armée à l'ennemi.
J. Favre.

La gastronomie marche en souveraine à la tête de la civilisation, mais elle végète en temps de révolution.
Carême.

Sous peine de mort nationale, la cuisine française deviendra hygiénique.
J. Favre.

La cuisine d'un peuple est la mesure de sa civilisation.
J. André.

AXOLOTL, *s. m.* — Par diffusion des langues, *Axolotl* ou *azolotli* (*Dict. Larousse*). *Axolotl* ou *Acalotl* (*Souv.*); et *Acoloti* d'après les renseignements qui nous ont été fournis par un savant autorisé, M. Virlet d'Aoust, qui a habité plusieurs années l'Amérique centrale. — Batracien qui habite les lacs des environs de Mexico, et atteint quelquefois vingt-cinq centimètres de longueur.

D'après MM. Gervais et Van Beneden, l'*axolotl* forme un genre de la classe des amphibiens, ordre des pseudo-salamandres, famille des pérennibranches (à branchies persistantes).

Ce reptile amphibie est très recherché comme aliment par les Mexicains, qui estiment beaucoup la délicatesse de sa chair.

AXONGE, *s. f.* — Selon l'étymologie *oindre*, les dictionnaires, en général, s'accordent à dire : « *graisse de porc fondue* », ce qui est une erreur, la graisse de porc fondue prend le nom de saindoux. L'axonge, au contraire, est la toile de porc conservée sans être fondue.

Axonge. — *Formule 239.* — Choisir une toile abdominale ou *panne* de porc, en enlever toutes les peaux et membranes; la faire tremper dans de l'eau additionnée de soude; la laver à plusieurs eaux; l'égoutter, la piler au mortier et la passer au tamis. Voilà l'axonge selon les règles de l'art médical. Mais, comme ce procédé est trop long, et que la panne ne rend pas assez, les pharmaciens se contentent de la faire fondre au bain-marie et le plus souvent, la panne est mélangée ou complètement absente, et remplacée par du saindoux acheté chez le charcutier. Dans ce dernier cas, la dénomination de « graisse de porc » est rigoureusement exacte.

Mais, si cette sophistication est avantageuse pour la caisse du pharmacien, il n'en est pas de même pour la santé du malade.

AY, *s. p.* — Chef-lieu de canton du département de la Marne, à 26 kilomètres de Reims et à 30 de Châlons. Cette petite ville renommée pour ses vins de Champagne mousseux, est agréablement située au pied d'un riche coteau planté de vignes, et au bord d'une prairie qui longe la rive droite de la Marne.

Son territoire vignoble comprend environ 20.000 hectares, qui produisent en moyenne 200.000 pièces de vin.

L'*Ay*, plein de charme, dit le marquis de Cussy, cause de douces rêveries et de vives effusions. Voltaire le chante ainsi :

> Chloris, Eglé, me versent de leur main
> D'un *vin d'Aï*, dont la mousse pressée,
> De la bouteille avec force élancée,
> Comme un éclair fait voler le bouchon.

AYALLA, *s. m.* — Nom d'un arbre de l'île d'Amboine (Moluques), remarquable par son écorce à reflets irisés de vert, de rouge et de jaune; les Malais l'emploient comme tonique.

AYAMAKA, *s. m.* — Nom d'un lézard que l'on trouve dans la Guyane, et dont les naturels de ces îles mangent la chair; il se trouve principalement à Cayenne.

AYA-PANA, *s. f.* — (*eupatoria aya-pana*), Plante originaire du Brésil, dont les feuilles renferment de l'acide benzoïque, et sont employées comme thé dans la Plata et à l'île Maurice. On s'en sert aussi pour parfumer des soufflés et des glaces.

AZEROLE, *s. f* — Fruit de l'azerolier, *crategus azerolus*, il appartient au genre alizier et à la famille des rosacées. L'azerolier ressemble beaucoup à l'aubépine, on le cultive avec succès comme arbre fruitier en Provence.

L'azerole est un fruit ovale, de la grosseur d'une cerise, rouge ou jaunâtre; il contient deux ou trois noyaux très durs. D'un goût aigre-doux, l'azerole se mange fraîche ou sert à faire des confitures ou des conserves assez agréables.

Remarque. — Pour les confitures et les gelées, on procède comme pour l'Airelle (voir *Formule 52 et 53*).

AZOTE (*chimie*) du grec *a* priv., et *zôtikos*, vital. — Gaz incolore, inodore et insipide, formant les 79/100 de l'air atmosphérique. Il est plus léger que l'air (sa densité est de 0,971), irrespirable et éteignant les corps en combustion. Bien différent de l'oxygène, qui se combine facilement avec un grand nombre d'autres corps simples, l'azote ne se combine avec aucun corps par voie directe, et ses propriétés négatives seules le font reconnaître. Il forme un des éléments de l'ammoniaque, de l'acide azotique, du salpêtre et d'un grand nombre de composés organiques (fibrine du sang, chair musculaire, albumine du sang et des œufs, gélatine, etc.).

L'azote n'est connu que depuis 1772. La découverte en est due au docteur Butherford, d'Édimbourg. Lavoisier a démontré l'existence dans l'air en 1777, quelque temps après que Priestley eut découvert le gaz oxygène.

L'azote entre dans la constitution des tissus animaux, et dans un grand nombre d'organes végétaux, surtout dans leur jeune âge. Quelques-uns saturent l'azote de l'air, telles sont les graminées, tandis que les légumineuses, la pomme de terre et le maïs empruntent surtout l'azote à l'engrais et aux minéraux.

Voici ce que les différentes farines de froment contiennent d'azote sur 100 parties :

ÉTAT DE DIFFÉRENTES FARINES	Azote
Farine premier choix	1.70
Gruau premier choix	1.86
Gruau deuxième choix	2.21
Gruau troisième choix	2.53
Gruau dernier choix	2.44
Basse farine	4.42
Son	2.39
Moyenne dans l'ensemble	1.89

L'azote dans l'organisme. — Anciennement l'on croyait, (les écoles allemande, anglaise, et Liebig en tête) que les seconds principes constitutifs de notre nourriture, matières *azotées*, *albuminoïdes*, etc., n'avaient pour fonction que de construire les parties musculaires du corps; qu'une fois entré dans la composition des tissus, leur oxydation et leur décomposition étaient accompagnées des manifestions de la force, qui est la puissance active de la machine animale. La théorie de Liebig, tend à démontrer que, non seulement l'action dynamique du corps animal dépend entièrement de la transformation du tissu musculaire, et peut être mesurée par la quantité d'azote excrété sous la forme d'urée, mais aussi, qu'aucune oxydation de matière azotée ne peut avoir lieu sans qu'elle ait passé de l'état d'aliment à celui de tissu, et sans qu'elle devienne ainsi une matière organisée.

D'après cette théorie, la force mécanique de la machine humaine provient entièrement de sa propre combustion, et non de l'oxydation des matières contenues dans la nourriture.

Dernièrement, on a élevé des doutes sur l'exactitude de cette théorie, et des expériences ont prouvé qu'on peut exécuter beaucoup de travail en peu de temps, sans faire usage d'aliments azotés, tandis qu'il y a toujours une relation entre la quantité d'azote contenue dans les aliments, et la quantité d'azote excrété à l'état d'urée; il n'y a pas de relation semblable entre les actions dynamiques du corps et les proportions d'urée.

En 1861, M. Troube, après un examen rigoureux, a affirmé que toute la force musculaire dérivait de l'oxydation de la graisse et des hydrocarbures, et qu'il ne dérivait point de l'oxydation des tissus. Haidenham est arrivé à une conclusion semblable (1864); et Douders pense d'ailleurs, que la transformation des tissus ne pourrait rendre raison de toute la force du corps animal. La théorie de Liebig a ensuite été ébranlée par des recherches, qui ont prouvé que la proportion d'azote contenue dans les urines n'augmentait pas par l'exercice, quoique la quantité d'acide carbonique exhalé par les poumons augmente (D^r Ed. Smith).

La preuve de la fausseté de l'hypothèse de Liebig, a été établie par les expériences de deux savants suisses, le Dr Wislicenus, professeur de chimie, et le Dr A. Fick, professeur de physiologie à Zurich. Une ascension fut faite par eux sur le Faulhorn, montagne des Alpes Bernoises. Pendant les dix-sept heures qui ont précédé leur départ, ils n'ont pris d'autre nourriture solide que des gâteaux composés d'amidon, de graisse et de sucre. Pendant tout le temps de l'ascension (31 heures), ils n'ont pris d'autre nourriture que des biscuits non azotés; mais le soir du deuxième jour ils ont fait un bon repas de viande saignante, etc. Le résultat des analyses des urines a démontré, que non seulement on peut faire un travail sans aliments azotés, mais que la quantité d'azote excrété a été moindre pendant le travail, qu'avant ou après. D'après le Dr Frankland, il en résulterait que les muscles, au lieu de perdre de leur substance dans le travail, s'approprient de l'azote et se développent, leur épuisement dépendant bien moins de leur décomposition que de l'accumulation dans leurs tissus des produits oxydés, des hydrocarbures, tels que l'acide lactique, etc., qui demandent du repos et du temps pour être éliminés.

Comme le dit le Dr Parkes, s'il est démontré que l'on puisse faire un exercice très dur, pendant un temps très court, avec un régime non azoté, il ne s'en suit pas que l'azote soit inutile. Des expériences très prolongées prouvent que, non seulement on doit fournir de l'azote lorsqu'il y a du travail à faire, mais que la quantité d'azote augmente avec ce travail. De sorte qu'il y a dans l'organisme un réservoir d'azote pour être dépensé au besoin.

Le rôle de l'azote est donc de réparer les tissus musculaires, mais il n'est nullement besoin qu'il fasse partie intégrale des tissus, comme le veut Liebig, la force musculaire de l'homme dérivant des hydrocarbures du sang. M. Savary prouve de son côté que les rats peuvent vivre, et bien se porter avec des aliments azotés, et que partout ces substances azotées sont presque entièrement oxydées sans entrer dans la composition des tissus. En résumé, l'azote est indispensable aux fonctions de la vie, et les *frugaliens* s'appuient sur le fait que les végétaux en contiennent, pour propager leur doctrine. Il faut en moyenne 750 grammes de pain, pour une quantité d'azote à peine suffisante pour maintenir la vie, mais insuffisante pour faire un travail musculaire prolongé. Il faut donc à l'homme, pour lui donner de la vigueur, de la vivacité physique et intellectuelle, de l'azote animal et de l'albumine végétale comme nourriture.

Or, quoique les principales fonctions des matières azotées soient de former et de réparer les tissus, elles doivent avoir encore d'autres fonctions à remplir pour l'assimilation, la respiration et la production de la force, dont le *modus operandi* ne repose encore que sur des probabilités.

AZY, *s. m.* — Présure composée de petit-lait, d'herbes acidulées, de caillette de veau ou de vinaigre, et qui sert à faire cailler le lait pour faire le fromage.

AZYME, *adj.* (*Azymus*); all. *ungesauert*; angl. *azymous*; ital. *azzimo*; de *a* privatif et *zymus* ferment, qui n'a pas de levain.

On connait l'importance du rôle symbolique que joue le pain azyme dans la Pâque juive; l'hostie catholique est un pain azyme, imitation du pain azyme des Israélites, et l'histoire nous dit que Constantinople était divisée, à la suite de chaleureuses discussions, pour savoir s'il fallait se servir ou non de pain azyme, dans le culte.

Aujourd'hui le pain azyme à larges rondelles, sert en médecine à envelopper les médicaments que l'on prend sous forme de poudre ou de pilules, évitant leur contact désagréable avec le palais; en somme, le pain azyme est inoffensif, et peut être accessible à tous les estomacs.

AZYMITE, *s. m.* — Celui qui fait usage du pain azyme. Les Grecs qualifiaient les latins d'azymites. Les Israélites et les chrétiens sont par conséquent, des azymites.

BABA, *s. m.*; all. *Rosinenkuchen*; angl. *bum cake*; ital. *baba*. — Aliment composé. Pâtisserie qui se sert ordinairement comme entremets.

Le baba est originaire de Pologne; c'est à un roi que la gastronomie doit son existence : Stanislas Leczinski, monarque gourmet et non étranger à la pratique culinaire, se livrait fréquemment, dans ses moments de loisir, à la recherche de tout ce qui pouvait satisfaire ses goûts. C'est avec de la farine de seigle et du vin fin de Hongrie, que le roi de Pologne, grand-duc de Lorraine et de Bar, confectionna le premier baba. Les artistes l'ont successivement modifié, raffiné à tel point, que son confectionnement est devenu aussi difficile dans sa manipulation, qu'il est exquis lorsqu'il est parfaitement réussi.

Baba. — *Formule 240.* — La recette que nous donnons ci-après est la meilleure que nous connaissions.

Employer, en produits de premier choix :

Farine tamisée	Kilog.	1.500
Beurre fin	»	1.000
Levure de bière	Grammes	40
Sucre en poudre	»	40
Sel fin	»	30
Raisin de Corinthe	»	175
Raisin muscat de Malaga	»	175
Cédrat confit coupé en petits dés	»	50
Safran infusé dans un tiers de verre d'eau chaude	»	5
Œufs frais	Nombre	18
Rhum vieux	Décilitre	1
Eau tiède, quantité suffisante.		

Procédé. — Mettre la farine sur le tour ou la table, la diviser en quatre parties; prendre l'une de ces parties pour faire le levain. Pétrir la levure avec de l'eau tiède; ce travail étant achevé, on laisse reposer dans une casserole ou une terrine, à l'étuve ou dans tout autre lieu assez chaud, pour en provoquer la fermentation immédiate.

Former la fontaine (voir ce mot) avec le restant de la farine, mettre le sel au milieu avec le sucre, dix œufs et le beurre bien manié (quelques pâtissiers ajoutent du lait), former la pâte et ajouter le rhum et l'infusion de safran. Continuer de travailler la pâte, en la fouettant avec les mains; ajouter deux œufs par intervalle de dix minutes, en continuant le travail jusqu'à l'absorption des dix-huit œufs.

Pour qu'elle soit bien faite, la pâte ne doit plus s'attacher ni aux doigts, ni à la table; ayant acquis ce degré de manipulation, on y joint les raisins et le cédrat; on mélange le tout, on moule, on laisse lever la pâte et on fait cuire.

Sirop à baba. — *Formule 241.* — Employer :

Sirop cuit à 28 degrés. . . . . Litres 3
Rhum vieux . . . . — 1/2

On maintient ce sirop dans une terrine suffisamment évasée, pour pouvoir submerger les babas; on les égoutte sur un gril et on les sert.

Remarque. — Le baba polonais se servait dans l'origine arrosé de vin de raisins flétris de Malvoisie, de Rivesaltes, de Malaga, de Muscat, de Lunel et autres vins fins sucrés. Les modifications apportées chaque jour par les praticiens varient infiniment. Nous nous bornerons à cette formule, l'une des meilleures et des primitives (voir *Brioche*). La fermentation, l'enfournement immédiat, et le maintien de l'égale chaleur du four, sont les secrets desquels dépendent la délicatesse et la légèreté du baba.

Baba glacé au vin de Malaga. — *Formule 242.* Ajouter à la pâte un peu de vin de Malaga, et la veille, faire tremper dans ce même vin des raisins de Malaga, dont on aura extrait les pépins. Mélanger les raisins à la pâte et faire cuire. Lorsque le baba est refroidi, on le coupe par tranches, sur lesquelles on étend une couche de marmelade d'abricots, et on les remet à leur juxtaposition. On trempe ensuite le baba dans un sirop de vin de Malaga.

BABEURRE, *s. m.*; all. *Buttermilch*; angl. *buttermilk*; ital. *lato del buro*. — Liquide qui reste après avoir baratté la crème et obtenu le beurre. Il est composé d'eau, de caséum, d'albumine, de sel, de sucre et d'une petite quantité de globules butyreux qui ont échappé à la destruction. Il serait donc nourrissant s'il n'avait pas l'inconvénient d'être trop fermentescible, et c'est à cette propriété qu'il doit son action sur le ventre.

BABIROUSSA, *s. m.* (*sus babirussa*); all. *Hornschwein*. — Animal originaire de l'Inde, très curieux à voir; tenant du cochon et du cerf, et susceptible de domesticité.

Les poils du babiroussa sont d'un gris sale et courts. Le train de derrière est plus élevé que celui de devant; sa chair et son lard sont très estimés par les Indiens, qui lui font la chasse, et lorsqu'il se sent poursuivi, il se jette à la mer et nage admirablement bien, et échappe ainsi aux poursuites de ses ennemis. Il est armé de deux cornes et de deux fortes défenses, comme le sanglier.

Au Jardin des Plantes. — Dis donc, mon ami, demandait une dame à son mari, qu'est-ce donc que cet animal qui, au lieu de deux cornes, en a quatre ?

— Madame, dit un passant, c'est un veuf remarié, et il continua son chemin.

BAC, *adj.* — Se dit du hareng que l'on a entassé au fond de la cale après l'avoir pêché.

BACCHUS, *s. m.*; all. *Bacchus*; ital. *bacco*; du sanscrit *baksha*. — Divinité qui planta la vigne. Le dieu du vin. Les poètes l'ont chanté et le chanteront toujours, pendant que le jus de raisin aura la propriété d'égayer les hommes; mais laissons parler les poètes :

Rient de la Parque affamée,
Je nargue son triste pouvoir
Lorsque ma barbe est parfumée
Avec le doux jus du pressoir;
Bacchus, ici-bas, me fait vivre,
Sans lui, j'irais au sombre bord,
Et je dis, quand je suis mort-ivre :
Il vaut mieux être ivre que mort.

* *

Gais enfants de *Bacchus*, vrais amis de la table,
De notre courte vie, égayons le chemin;
Que le sombre chagrin, jamais ne nous accable,
Aussitôt qu'il paraît, noyons-le dans le vin!

Toujours gais et dispos, voltigeant tour à tour,
De l'Amour à *Bacchus*, de *Bacchus* à l'Amour.

>   ***
>   Belle qu'Amour condamne
>   A de tendres langueurs,
>   Imitez Ariane,
>   *Bacchus* sécha ses pleurs.
>   De la MADELEINE.
>
>   ***
>   Dans son étonnante verve,
>   Le charpentier de Nevers,
>   Unit *Bacchus* à Minerve
>   Sous un dais de pampres verts.
>   MOREAU.
>
>   ***
>   Il les mène à sa table oublier leur querelle,
>   Et *Bacchus* scelle entre eux une paix éternelle.
>   SAINT-LAMBERT.

On pourrait citer des centaines de refrains au culte de ce dieu, et l'on peut ajouter qu'il contribuent et contribueront encore à mettre l'homme dans les états regrettables, dans lesquels il perd non seulement sa dignité et sa raison, mais devient le plus abruti des animaux.

BACHE, *s. f. (pêche).* — Filet en forme de poche, que l'on traîne sur le sable dans les endroits où il y a peu d'eau, pour prendre le poisson dans les rivières.

BACHOTTE, *s. f. (pêche).* — Petit baquet servant au transport des poissons vivants.

BACILE, *s. m. (crithmum maritimum).* — Plante

Fig. 103. — Christe marine.

de la famille des ombellifères, appelée aussi *christe marine, crête marine, fenouil-marin* ou *perce-pierre.* Elle croît dans le bassin de la Méditerranée, sur le bord des mers dans les endroits rocailleux.

On confit les sommités au vinaigre comme les cornichons : on les mange en salade ou on les sert comme assaisonnement. On a prétendu que le bacile était apéritif, diurétique et favorisait la sécrétion de la bile.

BACOVE, *s. f.* — Fruit d'une espèce de bananier appelée *Bacovier.*

BACTRIS, *s. m.* — Plante de la famille des palmiers, qui croît dans la Guyane et aux environs de Carthagène. Son fruit ou drupe noirâtre, de la grosseur d'une cerise, a un goût aigrelet : on en fait un vin acidulé et des confitures.

BADAMIER, *s. m. (Terminalia catalpa).* — Arbre originaire de Malabar, de la famille des Combrétacées, fournit des fruits appelés myrobolans, dont l'amande douce est très agréable à manger, et donne une huile émulsive dont la douceur ne le cède en rien à l'huile d'olive la plus fine.

BADIANE, *s. f. (Illicium anisatum).* — Arbre de la famille des magnoliers, originaire de la Chine ; il porte le fruit appelé *anis étoilé,* d'un goût chaud, aromatique et à odeur suave, très employé en médecine, en distillerie, en confiserie, pour la préparation d'aromes et de liqueurs stimulantes. (Voir *Anis.*)

L'anis étoilé est tout à fait distinct de l'anis ordinaire, qui appartient à une famille botanique différente ; celle des ombellifères est préférable à l'autre, pour la délicatesse de son parfum. On fait, avec la badiane, des infusions théiformes pour stimuler la digestion. Les Chinois la mâchent après leur repas ou après avoir fumé, pour se débarrasser du goût des aliments, et leur haleine de l'odeur nauséabonde du tabac. Les Européens civilisés ne perdraient rien à cette précaution chinoise.

BAFRER, *v. a.* — Manger avec excès et gloutonnerie, sans pain et d'une façon malpropre.

BAGASSIER, *s. m.* — Arbre de la famille des artocarpies, originaire de la Guyane, où on le cultive ; il produit un fruit jaunâtre à chair ferme, mais bonne à manger ; les indigènes et les créoles en sont très friands. Le fruit est appelé *Bagasse.*

BAGNÈRES-DE-BIGORRE (*eaux min. de*). — Chef-lieu d'arrondissement des Hautes-Pyrénées, à 138 kilomètres de Toulouse et à 840 de Paris, d'une altitude de 567 mètres. Cette petite ville est remarquable par sa situation pittoresque, la beauté de son paysage, la vivacité de ses eaux courantes et la douceur de son climat. Elle est l'une des plus riches stations en sources minérales de France. Ses eaux sont *sulfatées calciques, ferrugineuses sulfatées, ferrugineuses bicarbonatées, sulfurées calciques*; tempérées de 13 à 51° centigr.

BAGNEUX-LA-FOSSE (*vin de*). — Champagne (Aube). Vin rouge de troisième classe parmi les vins français, acidulé, stimulant diurétique, mais pas capiteux, contenant de 12 à 13° d'alcool.

BAGNOLES, *s. m.* (*Eaux minérales*). — Station balnéaire, située dans l'arrondissement de Domfront, dans l'Orne, à vingt-huit kilomètres d'Alençon, et à une altitude de *cent soixante-trois mètres*. Bagnoles a des sources *ferrugineuses* et *sulfureuses*. La saison s'étend du 15 mai au 1er novembre.

BAGRATION, *adj.* (*mets composé*). — Dans l'origine c'était une salade composée de cœurs de laitues, de filets d'anchois, de thon mariné, d'olives farcies, de homard coupé en dés et de biscuit de mer (Carême). De nos jours, on sert à la *Bagration* des *salades glacées*, à la gelée en forme d'aspic. Ceux-ci se préparent comme les aspics ordinaires, c'est-à-dire qu'après avoir chemisé le moule, on l'emplit de la garniture à la bagration.

En supprimant les laitues, on en fait aussi une garniture pour le poisson que l'on joint à une purée de crevettes, de crabes ou à un coulis d'écrevisses. Dans ce dernier cas elle tient lieu de garniture.

BAIE, *s. f.* (*Becca*); all. *Beere*; angl. *bay*; ital. *baca*. — Terme de botanique. Fruit charnu dépourvu de noyau et dont les graines sont placées au milieu de la pulpe.

Les fruits du groseiller, le raisin, etc., sont des exemples de baies comestibles. Les baies de la belladone, de la morelle, de la bryone, etc., sont au contraire des exemples de baies toxiques.

BAILLARD, *s. m.* — Variété d'orge très productive, cultivée dans le Midi de la France, où on en fait un pain grossier.

BAIN, *s. m.* (*Balneum*); all. *Bad*; ang. *bath*; ital. *bagno*; espag. *bano*. — Historiquement, le bain semble avoir marché pas à pas avec la grandeur, le luxe public, l'art culinaire et la civilisation; il ne nous convient nullement d'entrer dans une voie qui sortirait du programme de ce livre et nous entraînerait trop loin. Nous nous bornerons à indiquer très sommairement ce que fut le bain et la gastronomie comparée, ce qu'il est et ce qu'il sera, d'après nos prévisions.

Les anciens abusaient du bain, et nous n'en usons pas assez; les Romains ont mésusé du luxe culinaire, et nous nous assombrissons par l'ignorance, la modestie et par l'absence des jouissances gastronomiques. Les ruines imposantes de ces thermes, disséminés aujourd'hui partout où s'étendit autrefois la domination romaine, attestent combien le luxe était entré impérieusement dans les habitudes. Le bain était, avec le repas, les premiers actes de l'hospitalité antique; le bain constituait à la fois et le passe-temps des oisifs et le délassement des travailleurs. L'érudit y lisait, le poète y cherchait d'humides aspirations, et le courtisan déshérité des faveurs impériales s'y ouvrait les veines. Les gourmets y retournaient une demi-heure après le dîner, quelques-uns y prenaient leur repas; l'empereur Commode mangeait dans le bain. L'empereur Galien se baignant avec sa femme, se faisait lancer un petit bateau flottour chargé d'une table somptueusement garnie des mets les plus délicats; Poppée, la femme de Néron, prenait son bain dans le lait que pourvoyaient ses cinq cents ânesses, sans citer le bain de la femme de Putiphar. On sait qu'alors les bains parfumés ou aromatiques étaient très usités : on prenait à peu près l'équivalent d'un kilogramme d'herbe connue aujourd'hui en pharmacie sous le nom vulgaire d'épices aromatiques, qu'on faisait d'abord infuser dans l'eau chaude, puis jeter dans l'eau du bain recouvert pour éviter la déperdition des essences ; on ne laissait que la tête du baigneur seule sortir. Nous ne citerons pas les intrigues, les conspirations, les passions et les immoralités dont le bain a été le complaisant instrument, dans les classes privilégiées de l'antiquité.

Le progrès de l'art culinaire et alimentaire, parmi les peuples de l'antique Grèce, a commencé à être pratiqué par les hommes d'esprit et les princes : Achille, dans l'Iliade, découpe les viandes que tient Automédon, tandis que Patrocle allume le feu. Ce qui démontre déjà que cette nation civilisera l'Europe ; tandis qu'au contraire, les Grecs de Sparte, réduits à leur brouet noir, s'éclipsèrent bientôt du rang des nations. Chez les Romains, le goût culinaire est encore agreste dans les premiers temps de la République, mais le progrès a été sensible ; l'alimentation grossière, la rudesse des mœurs, et la violence ont fait place à la douceur des civilisés, au luxe de la table, à la vivacité de l'esprit, à la poésie, aux arts et à la galanterie. Cincinnatus fit construire des bains pour ses danseuses, à la sortie desquels il leur donna un repas dont les *choux* avaient été cultivés de ses mains.

Jamais la science culinaire ne se fait plus sentir qu'ici ; la nécessité absolue de connaitre les propriétés des aliments est d'autant plus urgente, qu'il s'agit presque toujours de personnes débiles, ayant des maladies diverses, buvant les mêmes eaux, respirant le même air et prenant à peu près les mêmes bains ; seul, l'art culinaire reste toujours complaisamment à la disposition du régime médical ; mais ce régime peut être entièrement faussé par les condiments qui entrent comme assaisonnement des mets, et en faire une alimentation la plus opposée du but qu'on s'est proposé. Il faudrait donc que le cuisinier fût botaniste, chimiste, hygiéniste et physiologiste ? D'un autre côté, le médecin serait un peu plus initié dans la pratique culinaire, connaîtrait mieux les manipulations, les cuissons et les assimilations que ce ne serait certes pas là une chose dégradante, surtout dans la pratique, car nous connaissons, de notre propre expérience, des célébrités médicales ordonnant des aliments et indiquant les manières les plus ridicules de les préparer, et devenant ainsi non seulement impraticables, mais irrationnelles à l'esprit même du régime.

L'eau tiède au savon est le véritable bain de propreté et d'hygiène, et il suffit à tous les besoins de la santé ; les bains alcalins dissolvent les anciennes cellules de l'épiderme en les ramollissant et laissent à nu les couches les plus perméables. Ce bain est celui que doit prendre le travailleur qui veut se nettoyer la peau d'une manière complète. Les bains de son, d'amidon ou de farine, sont des bains adoucissants, donnant à la peau la blancheur et la douceur tant recherchées par la coquetterie.

Des hygiénistes ont donné dernièrement l'idée de construire, à chaque maison particulière, un cabinet de bain à côté de la cuisine, dont le potager fournirait l'eau chaude. Nous sommes loin de nous opposer à cette innovation, mais celui qui ne peut se permettre la construction d'une maison ? Combien y en a-t-il de ces déshérités du bien-être social ? Comment fera-t-on prendre une dispendieuse habitude aux ouvriers qui, pour la plupart, ont de la peine à gagner leur subsistance ? C'est par la construction, aux frais de l'Etat, de nombreux bains publics et gratuits qu'on doit y arriver. La création de ces établissements publics de première nécessité qui, joints à une école de cuisine et d'alimentation, donneraient une nouvelle activité au développement intellectuel de la France et partant aux forces de la Patrie.

BAIN-MARIE, *s. m*; all. *Wasserbad*; ang. *water-bath*. — Appareil que l'on met sur le feu et qui consiste en deux vases, dont le premier, qui contient de l'eau, reçoit dans son milieu le second, dans lequel on place les substances qu'on veut faire chauffer ou cuire lentement et sans ébullition.

On improvise des bains-marie en mettant un pot dans une casserole contenant de l'eau.

HYGIÈNE. — Les bains-marie employés dans les pâtisseries, restaurants et hôtels, sont en métal de cuivre étamé, ce qui constitue un danger permanent, par la cause double, que les sauces siègent des journées entières dans ces vases et que l'étain dont on se sert pour l'étamage est toujours mélangé de plomb. De plus les bords du bain-marie sont constamment couronnés d'une bande verte, résultant de l'oxydation occasionnée par les sauces grasses, telle que la *sauce Hollandaise*, qui avec le beurre contient du jus de citron. Ce qui favorise d'une façon singulière la formation du vert-de-gris.

On avait cherché vainement depuis des siècles le vase indemne ; trouver le métal inoffensif tel était le problème. MM. Martin et Cie (*Chaudronnerie hygiénique*) font des bains-marie bi-métalliques, c'est-à-dire qu'une feuille d'argent enveloppe complètement le vase, qui représente en quelque sorte le bain-marie en argent massif. Avec lui disparait l'inconvénient du rétamage et la nocivité du métal.

Cette découverte est l'une des plus heureuses que l'hygiène alimentaire moderne ait à enregistrer. (Voir *Batterie de cuisine*).

BAISSIÈRE, *s. f.*; all. *Neige*; ang. *cask of wine*; ital. *fondaccio*. — Le reste du vin dans une pièce en perce quand il approche de la lie.

BAISURE, *s. f.*; all. *Anstoss;* angl. *hissing-crust;* ital. *attaccatura.* — Terme de boulangerie. Côté du pain qui, dans le four, en a touché un autre. La baisure reste moins cuite, mais délicate.

BAJET, *s. m.* — Espèce d'huître comestible, commune sur la côte ouest d'Afrique, très aplatie et presque ronde.

BAL (*Hygiène du*). — Les religieux, les médecins et certains philosophes ont porté leurs sentences contre le bal, y trouvant chacun leur point pernicieux. Mais, en étudiant de près la doctrine de ces apôtres ennemis, d'accord sur ce point, on ne tarde pas à découvrir qu'un intérêt particulier en est le mobile.

Malgré leurs foudres et leurs sarcasmes, le bal, qui est aussi vieux que le monde, doit faire partie de l'éducation de la jeune fille; cet exercice convenant parfaitement à la nature même de l'enfant, qui, dès son jeune âge saute et danse sans maître. D'une façon plus charmante, F. Coppée le dit implicitement dans ces vers :

> Petits enfants voici des rondes.
> Qu'il dure peu, l'âge innocent,
> Qui, secouant ses boucles blondes,
> Chante en dansant!
>
> Formez vos rondes! Cueillez l'heure!
> Il vient à pas précipités,
> Le temps où l'on chancelle et pleure.
> Dansez, chantez!
>
> . . . .
>
> Dansez, jeunes âmes en fête!
> La poussière que, sans remords
> Vos pieds font s'envoler est faite
> Avec les morts.
>
> Mais vous n'en savez rien encore.
> Chers petits enfants, jouissez
> De votre fugitive aurore.
> Chantez, dansez!

C'est une école de maintien, de souplesse, de mesure, d'agilité et de grâce physique que la jeunesse acquiert dans le bal. Les mouvements rythmiques de la danse n'excluent en rien, d'ailleurs, les exercices libres qui aguerrissent les muscles, et on doit tenir compte que, dans la danse, les intérêts du mouvement sont solidaires aux deux sexes, et l'exclure de l'éducation de l'un d'eux, dit Fonssagrives, c'est priver l'autre de cet exercice et de ce plaisir.

Le bal a donc certainement d'heureux effets, pourvu qu'il s'exerce avec modération et dans un milieu sain pour la morale et la santé. Il appartient en outre à une mère intelligente de prévoir l'opportunité de l'éducation physique de la jeune fille.

ALIMENTATION DANS LE BAL. — Ce régime est, sans contredit, le point principal, d'où découlent les heureuses ou fâcheuses suites du bal. Le festin de minuit ou de quatre heures du matin. Le genre de sa composition, la qualité des rafraîchissements pris à une heure où l'estomac, d'ordinaire, est habitué à être sans élaboration, sont autant de causes qui peuvent provoquer des indigestions ou des accidents fiévreux chez les personnes nerveuses ou délicates. Dans le menu, il doit y avoir absence complète de viandes salées, fumées, de choucroute, de porc, de charcuterie en général, de saumon, de crustacés, de sardines, de fritures, de pâtés de foie gras, de plumpuddings, de brioches, de babas, de gâteaux de plomb et en général, de toutes les pâtisseries contenant du beurre. Parmi les rafraîchissements, absence strictement observée de boissons alcooliques chaudes et de glaces trop acidulées.

Ajoutons que les maux de tête seront évités par l'abstinence du tabac.

On doit choisir de préférence des potages légers ou des soupes, telles que : crème d'avoine au lait, crème d'orge, aux légumes, primeurs; des poissons légers, tels que truites, ombres ou tous autres pêchés dans les rivières; on doit choisir avec connaissance de cause, parmi les nombreux poissons de mer. Parmi les viandes de boucherie, le filet de bœuf, le roastbeef, le veau, les cervelles, les ris-de-veau, les amourettes et l'agneau. Les artichauts, les salsifis dans la famille des composées; l'oseille, les épinards parmi les herbacés; les haricots verts et les petits pois parmi les légumineux, et toujours avec succès les asperges. Des entremets chauds, tels que puddings au citron, à l'orange, etc. Parmi les glaces, de préférence, on doit servir celles à la crème; en excluant les glaces à l'ananas, à l'orange et aux fraises. On préparera, en outre, la décoction suivante :

Décoction d'orge. — *Formule 243.* — Employer :

Orge perlé	Kilogramme	1
Gruau d'avoine	—	1
Riz	Grammes	250

Procédé. — Laver le tout à plusieurs eaux, le mettre dans une quantité d'eau égale aux deux tiers en plus de son volume ; garnir d'une botte de blancs poireaux, d'un oignon clouté et de deux carottes ; mettre en ébullition pendant quinze à vingt minutes ; retirer et maintenir chaud sur l'angle du fourneau, à la disposition du service des rafraîchissements, qui seront alternés de glaces, de bouillon de gruau et de champagne.

Le champagne, qui est le vin par excellence pour le bal, en stimulant le cerveau, n'a rien de comparable avec les effets grossiers des vins alcooliques ; l'enivrant enthousiasme de l'esprit résume synthétiquement les attraits de ses propriétés et devient à juste titre le nectar de l'Olympe terrestre. Le thé du matin, à la crème, pour les dames, et additionné d'un petit verre de rhum pour les messieurs, est un stimulant nécessaire dans les conditions de froide température.

Il y a très certainement une longue nomenclature d'aliments propres à être servis dans le dîner d'un bal. L'artiste qui confectionne le *menu* et qui ordonne les distributions des rafraîchissements saura, nous n'en doutons nullement, distinguer le *menu* hygiénique d'un bal, du *menu* brillant d'un dîner de cérémonie.

BALACHAN, *s. m. (cuis. Siamoise).* — Dans le royaume de Siam, on appelle ainsi une pâte condimentaire faite avec des crevettes et du sel, pilés ensemble et séchés au soleil. On sert ce pain, après l'avoir réduit en poudre, pour assaisonner les viandes ; on le mange même ainsi avec le riz.

BALANE, *s. m.* — Mollusque aussi appelé *balanite* et *gland de mer.* On le trouve en grande abondance fixé sur les rochers ; les Chinois en sont friands.

BALANIFÈRE, *adj. (botanique).* — De deux mots grecs : *balanus*, gland, et *ferre*, porter ; qui porte des glands.

BALANOPHAGE, *adj. (Zoologie).* — De *balanus*, gland, et *phagô*, je mange ; qui vit de glands.

BALANUS, *s. m. (Moringa Arabia).* — Arbre de la Haute-Egypte et de l'Arabie, aussi appelé Myrobolan. La décoction de ses racines provoque l'évacuation menstruelle ; les gousses fraîches contiennent des glands qui sont employés comme aliment. Le gland, de la grosseur d'une fève, contient une huile odorante qui était très recherchée par les anciens et dont ils se parfumaient la chevelure les jours de grand festin.

BALAOU, *s. m.* — Petit poisson qui ressemble à la sardine. Sa chair est très estimée par les riverains de la Martinique, où il abonde et se fait prendre aux filets.

BALEINE, *s. f.* ; all. *Wallfisch* ; angl. *whale* ; ital. *balena* ; isl. suéd. et dan. *hval.* — L'étymologie vient du phénicien, *roi des mers*.

La baleine, le plus grand de tous les animaux, appartient à l'ordre des cétacés. La forme elliptique extérieure de son corps est celle d'un poisson, mais son organisation intérieure est celle d'un mammifère terrestre. Sa peau, brune ou noire, est sans écailles ; dans sa tête, très volumineuse, est renfermé un cerveau fort exigu ; les organes de ses sens sont très peu développés : l'œil est petit, l'ouïe obtuse, l'odorat peu sensible, le toucher sans délicatesse, le goût à peu près nul. C'est dans sa mâchoire supérieure que se trouvent ces lames minces ou fanons, formés de corne fibreuse, que l'on nomme *baleine*, avec lesquelles on fabrique des corsets, etc. La mâchoire inférieure loge la langue, qui est immobile, et ne porte aucune armure ; à la partie la plus saillante de la tête se trouvent deux *évents*, qui lui servent en même temps de respiratoire et de pompe pour rejeter avec force l'eau qui pénètre dans sa gorge, ce qui la fait placer dans la catégorie des poissons nommés *souffleurs*.

Les baleines sont vivipares, c'est-à-dire qu'elles font leurs petits vivants et s'accouplent comme les animaux de la terre ; les femelles se distinguent par les soins vigilants qu'elles prennent de leurs *caffres*, avec lesquels elles jouent au lever du soleil, les appelant par un doux murmure, les entraînant au fond de l'eau à l'approche du moindre danger et les ramenant à la surface lorsqu'il a disparu. La baleine n'a qu'une mamelle placée au milieu de sa poitrine ; le *caffre*, lorsqu'il a envie de téter, donne un violent coup de tête sur la mamelle de sa mère, d'où il sort immédiatement un jet semblable à celui d'une pompe ; le *caffre*, se précipite alors sur le lait et rejette par les évents l'eau qui peut s'y être mélangée.

La baleine fait soixante-quatre kilomètres à l'heure, la même rapidité qu'un oiseau.

Parmi les ennemis de ce colosse des mers, on remarque les *coupeurs de lard* ou épées de mer, qui s'attachent à leur peau en pénétrant dans leurs chairs, leur enlevant des morceaux de graisse aux deux côtés, se nourrissant de leur substance, sans qu'elles aient aucun moyen de s'en débarrasser.

La pêche des baleines est une des plus importantes industries maritimes, et s'exerce dans toutes les mers du monde, pour son huile et son blanc, dont on se sert avantageusement dans les cuisines pour être mélangé à la manipulation de la graisse qui sert à la confection des socles, ou à la stéarine servant à couler des sujets.

Le blanc de baleine, *sperma-ceti*, est principalement produit par les *cachalots*, qui sont l'une des trois sections des sous-genres de baleines mais non de la baleine proprement dite.

Outre la fabuleuse histoire de Jonas, la baleine a résolu ce problème difficile de savoir s'il y avait au-dessous de l'isthme de Panama un passage de l'Atlantique au Pacifique. « Une baleine, frappée d'un coup mortel dans le golfe du Mexique, dit A. Dumas, était trouvée morte deux heures après dans l'océan Pacifique. Comme elle n'avait eu le temps de passer ni par le cap Horn, ni par le détroit de Lemaire, ni par celui de Magellan, attendu qu'il lui eût fallu faire près de trois mille lieues, on fut bien obligé de convenir qu'elle avait dû trouver un passage souterrain. On put reconnaître le moment où elle avait été blessée, par l'inspection du harpon qui l'avait frappée mortellement et qui était demeuré fixé dans la plaie. Ce harpon, comme tous les harpons de baleiniers, portait son numéro, et, sur le registre du bord, on put voir ainsi quel jour et à quelle heure il avait été lancé ; le harpon avait été lancé dans le golfe du Mexique, et quelques heures plus tard la baleine était trouvée morte dans le Pacifique. »

HYGIÈNE. — La chair, d'une couleur rougeâtre, est saine, et a une certaine analogie avec la chair du bœuf ; filamenteuse, un peu moins marbrée, par contre, dans certaines parties du corps, elle est recouverte d'une couche de lard. Elle se distingue de la chair des autres poissons en ce qu'elle se conserve longtemps sans se décomposer.

USAGE CULINAIRE. — Les nageoires de la baleine sont une friandise pour les Esquimaux. Sa chair, comme celle du cachalot, doit être dégraissée et trempée dans l'eau la veille, pour lui faire rendre le sang qui lui donne un aspect noirâtre.

Nageoire de baleine braisée à la matelotte. — *Formule 244.* — Dégraisser un morceau de nageoire de baleine et le couper par bandes de vingt centimètres, dix de largeur sur cinq d'épaisseur ; foncer une braisière de bandes de lard, de jambon, de carottes, d'oignons émincés, et condimenter de thym, de sauge, d'ail, de basilic, de menthe et de quelques clous de girofle. Couvrir et faire prendre couleur dans le four ou sur le fourneau. Lorsque le degré désiré est atteint, on mouille les tranches d'un litre de bon vin rouge du Midi, on ajoute de la sauce espagnole et on fait braiser jusqu'à sa parfaite cuisson, qui se reconnaît par la tendreté de ses tranches. Passer à travers un tamis en crin à l'aide d'une cuiller en bois ou du *champignon* (voir ce mot), lier la sauce avec du beurre fin en ajoutant du piment Hongrois *paprika*.

Dresser sur un plat long et masquer avec la sauce.

Fricandeau de baleine. — *Formule 245.* — Dégraisser et piquer un morceau pris dans les parties maigres de la baleine, traiter comme ci-dessus ; la sauce étant passée, on fait glacer des petits oignons que l'on finit de cuire dans la sauce, et avec lesquels on garnit le fricandeau.

Cervelle de baleine à la Bayard. — *Formule 246.* Faire dégorger la cervelle dans l'eau, la cuire dans l'eau acidulée et fortement condimentée. Préparer un beurre d'anchois dans lequel on aura ajouté une pointe de piment de Cayenne. Mettre trois jaunes d'œufs dans un bain-marie, avec une goutte d'eau, et monter la sauce comme une *Hollandaise* (voir ce mot). Couper la cervelle par tranches et masquer de la sauce : c'est un mets délicat.

Remarque. — Le foie de baleine, qui ressemble à celui du bœuf, doit être préparé frais, coupé par tranches, grillé et servi avec un beurre d'anchois, c'est la meilleure méthode à laquelle on puisse l'appliquer.

On prépare en outre la baleine de différentes manières dont les méthodes ont été adoptées par les marins ; les praticiens qui auront l'occasion de la traiter en détermineront le genre d'application culinaire.

BALEINEAU, *s. m.* ; all. *junger Wallfisch* ; angl. *young whale*. -- Le petit de la baleine, vulgairement appelé *caffre* par les marins. Sa chair ressemble à celle du thon ou à celle du veau salé ; son goût, sans être délicat, est passable, le *caffre de lait* fournit une chair tendre, délicate et digestive ; on la prépare en escalope, en matelotte et, comme avec la chair de la baleine, on en fait aussi des potages.

BALISTE, *s. m.* (*balista*). all. *Hornfisch* ; angl. *filefish*. -- L'étymologie de ce mot vient de *lancer*, à cause de l'agilité remarquable de ce poisson, de l'espèce de cuirasse à compartiment dont son corps est revêtu et de la vivacité de ses éclatantes couleurs. Lorsque le baliste se sent pris, il pousse un murmure grognard semblable à celui du cochon. Sa chair, très estimée par les gourmets grecs d'Athènes, est excellente.

BALLON DE SUCRE, *s. m.* (*pièce montée*). -- Vers 1810, Carême introduisit dans la partie des pièces montées le ballon de sucre que voici :

Formule 247. -- Ayez un dôme de vingt centimètres de diamètre et à côtes, filer dessus deux sultanes bien blanches : on les réunit pour en former le ballon que l'on colle sur un petit socle de quatre centimètres de haut ; ce socle sera placé sur un autre de huit centimètres de hauteur et douze de diamètre, le tout collé sur une abaisse de quinze centimètres de diamètre, sur laquelle on place une bordure de petits nougats cylindriques. On file ensuite du beau sucre blanc avec lequel on forme un panache qui surmontera le ballon, et on aura ceint les deux jointures avec ce même sucre filé. On fait également, et avec plus de facilité, ce ballon en nougats ou en petits croquenbouches à la reine et au sucre rose ; alors on garnit le tour de l'abaisse, qui sert de fond, de diverses petites pâtisseries au goût de l'artiste, ou d'après les moyens de la situation.

BALLOTINE, *s. f.* -- L'étymologie de ce mot vient de ballot, c'est donc une faute d'écrire *balotine*. Mets froid composé de plusieurs petites galantines réunies, dont le tout forme la ballotine. Les ballotines d'agneau ou de toute autre viande de boucherie seulement, sont d'une seule pièce. On les farcit avec une farce à galantine, pressées en forme de ballot, décorées et garnies de gelée. Les ballotines de gibier ou de poulet sont composées de petites galantines dressées debout, réunies, garnies de gelée et surmontées d'attelets et de tête de gibier si elles en sont composées.

Ballotine de Sarcelle. -- *Formule 248.* -- Désosser trois sarcelles comme pour la galantine (voir ce mot) et préparer la farce suivante :

Lard gras.	grammes	400
Noix de veau.	—	400
Châtaignes cuites. . . .	—	200

Procédé. -- Piler le lard et le veau dans le mortier, jusqu'à parfaite purée, y ajouter alors les châtaignes ; piler encore un instant. Assaisonner de poivre, sel, piment de Cayenne et de truffes hachées. Farcir les sarcelles, les rouler, les ficeler dans un linge.

Foncer une casserole, de lard, oignons, carottes, gousse d'ail, une feuille de sauge, thym, laurier, un clou de girofle, poivre en grains ; y ajouter les débris de sarcelles, faire pincer et mouiller avec du jus de gibier, à défaut de bouillon de bœuf ; faire réduire et y ajouter enfin les ballotines et les faire cuire au four. Les reficeler et les maintenir longues et cylindriques. Faire réduire le fond, le dégraisser, et le passer au tamis. Le clarifier et en faire une gelée avec la moitié, et l'autre moitié la faire tomber à glace ; y ajouter deux feuilles de gélatine pour l'amener à la consistance d'une sauce chaufroid.

Glacer les ballotines, les dresser debout sur un fond de plat au beurre de Montpellier, garnir le bas de croûtons, de gelée, de gibier, de truffes et de têtes de champignons glacées à blanc ; sur chaque ballotine piquer un attelet garni et planter dans le centre un quatrième attelet qui dépassera les autres.

Il est bien entendu que le décor est affaire de goût et de ressources ; la base de ce mets étant la farce et la bonne réduction.

BALMOT-SUR-LAIGNE (*vin de*). -- Aube (Champagne). Vin rouge de troisième classe. Léger, acidulé, peu nourrissant, mais sain et agréable ; de 11 à 12 degrés alcooliques.

BALSAMINE DES BOIS, *s. f.* (*Impatiens noli me tangere*). — La balsamine des bois est de la famille des balsaminées; on a à tort réputé ses

Fig. 103. — Balsamine des bois. (*Impatiens noli me tangere.*)

feuilles de vénéneuses ; elles peuvent, au contraire, être culinairement préparées comme l'oseille, mélangées avec les épinards ou avec tout autre légume vert de ce genre.

BAMBOU, *s. m.* (*Bambusa aurea dinacea*); all.

Fig. 104. — Bambou. (*Bambusa aurea.*)

Bambus; angl. *bamboo*. — C'est la plus gigantesque des graminées ; originaire de l'Inde, elle croît dans toute la partie méridionale du globe ; sa tige s'emploie, en outre de la confection de cannes, à de nombreux usages.

On en tire, après fermentation, une liqueur très estimée par les indigènes. De sa moelle, on prépare un hors-d'œuvre confit au vinaigre semblable au mixed-pickles. L'écorce du bambou, travaillée et mélangée avec du coton de Nankin, donne le papier dit *papier de Chine*.

Le ver de bambou est une espèce de chenille du genre *cosus*, qui a, au Brésil, les mêmes usages alimentaires que le ver palmiste.

BAMIA, *s. m.* (*Hibicus esculatus.*) — Généralement connu sous le nom de *gombo*, est le fruit mu-

Fig. 105. — Bamia. (*Hibicus esculatus.*)

cilagineux (utilisé aux colonies en guise de légume herbacé), d'une plante appartenant à la famille des malvacées.

BANANE, *s. f.* (*Musa*); all. *Banane*; angl. *banana*; ital. *banano*. — La banane est le fruit du bananier, de la famille des musacées, dont on distingue aujourd'hui cinq variétés et non plus deux : le *Musa regia*, le *Musa textilis* appartenant au Nouveau-Monde, et les deux de *l'Eden*: *Musa Sapientium* (bananier des sages), qui porte le fruit appelé figue banane ou figue d'Adam; petite, sucrée et dont la saveur se rapproche de celle des figues, sans doute à la douceur desquelles la théologie élevée a attribué les doux attraits de gourmandise de notre bonne mère *Eve*; le *Musa paradisiaca* (bananier du paradis) à tiges surmontées de larges feuilles, qui porte la banane commune; et le *Musa ensette*, cultivé dans nos squares comme plante d'ornement. D'après l'histoire de la création, ces deux arbres étaient agréables à la vue, et leurs fruits bons à manger (Gen., II, 8, 9) ; le bananier, appartient à un genre de plantes herbacées vivaces, seulement par les drageons dont la tige périt aussitôt qu'elle a donné son fruit, qui est une baie triangulaire et allongée ; il n'a rien de commun avec le bel arbre à pomme à laquelle on fait allusion.

Ici le fruit appelé figue d'Adam, est produit par un genre d'herbacé ayant plutôt la forme d'un arbrisseau que d'un arbre ; or, contradictoirement à l'amphibologie de la fable, la science, en démontrant ce simple fait, constate en même temps l'erreur des auteurs bibliques, qui n'ont su faire accorder les noms, et des arbres et des fruits.

Le fruit qui nous occupe, la *banane*, est produit par le *Musa paradisiaca*, bel arbre surmonté d'une tige qui se termine par un faisceau de feuilles amples, longues de six à dix pieds et larges de deux ; d'un vert tendre. D'entre ces feuilles sort un pédoncule ou mieux une hampe qui part immédiatement de la racine, traverse l'intérieur de la tige dans toute sa longueur, se termine par un long épi de fleurs sessiles, cachées dans des écailles en forme de spathe, imbriquées et rougeâtres. La corolle est composée de deux pièces concaves, inégales ; elle renferme cinq à six étamines ; à l'ovaire succède une baie oblongue, de la forme d'un concombre, jaunâtre vers la maturité, très pulpeuse, à trois loges remplies de semences. On compte quelquefois de quatre-vingt à cent bananes sur un seul régime. Les variétés sont très nombreuses.

« J'ai vu à l'île de France, dit Bernardin de Saint-Pierre, des bananiers nains et d'autres gigantesques originaires de Madagascar, dont les fruits, longs et courbés, s'appellent cornes de bœuf. Une seule de leurs bananes suffit pour le repas d'un homme. L'espèce connue est onctueuse, sucrée, farineuse, et offre une saveur mélangée de celles de la poire de bon chrétien et de la pomme de reinette. Elle est de la consistance du beurre frais en hiver, de sorte qu'il n'est pas besoin de dents pour y mordre, et qu'elle convient également aux enfants du premier âge et aux vieillards édentés. Elle ne porte point de semence apparente, ni de placenta, comme si la nature avait voulu ôter tout ce qui pouvait apporter le plus léger obstacle à l'aliment de l'homme. C'est de toutes les fructifications la seule que je connaisse qui jouisse de cette prérogative.

Elle en a encore quelques-unes non moins rares ; c'est que quoiqu'elle ne soit revêtue que d'une peau, elle n'est jamais attaquée avant sa maturité parfaite, et qu'en cueillant son régime un peu auparavant, il mûrit très bien dans la maison, et se conserve un mois dans toute sa bonté. Le bananier aurait pu suffire seul à toutes les nécessités du premier homme. Il produit le plus salutaire des aliments dans ses fruits. »

Les voyageurs européens, lors de leur départ des pays fertiles en bananiers, embarquent ordinairement une provision de farine préparée avec la pulpe desséchée du fruit de cette plante. Cette farine fournit, pendant la traversée, une nourriture saine et agréable. A la Grenade on fait avec les bananes du pain qui est d'un grand usage. Dans les Antilles, ainsi qu'à Cayenne, on en fait communément une boisson, nommée *vin de bananes*, et on peut en retirer une eau-de-vie très suave.

Les tiges sont un fourrage très recherché par

Fig. 105. — Bananier de jardin. (*Musa ensete*).

les bestiaux; on prépare avec la moelle une bonne bouillie; le suc abondant dont elle sont imprégnées, analysé par Fourcroy et Vauquelin, est regardé comme un astringent utile pour modérer les flux diarrhéiques. (Ferd. Hoefer).

Analyse chimique. — Sur 100 parties la banane représente:

Eau	74
Matières azotées	4
Sucre, amidon, matières grasses	20
Cellulose et minéraux	2
Total	100

USAGE CULINAIRE. — La banane sert aux mêmes usages culinaires que la châtaigne. Cuite sous la cendre ou bouillie sont les méthodes les plus usitées par les chasseurs indiens qui, dans leurs voyages, emportent des bananes pour leurs repas nomades. Ils en font en outre des petites rondelettes séchées au soleil qui remplacent le pain.

La banane se sert en purée, torréfiée ou bouillie. Naturelle, elle figure avec éclat au nombre des desserts sur les tables européennes. Les puddings de bananes sont pour nous des entremets de luxe dont la délicatesse du goût ne le cède en rien aux autres entremets. (Voir *Puddings*.)

On conserve les bananes en les faisant sécher dans un four tiède, elles conservent alors leur goût délicat et ont une saveur sucrée comme nos châtaignes.

BANATTE, *s. f.* — Panier d'osier dans lequel les bouchers font passer le suif.

BANC, *s. m.*; all. *Bank*; angl. *banch*; espagn. *banco*; irland. *beine*; cornwall. *benk*; ital. *banco*. — Les mots *banc* et *panc* du haut allemand témoignent que son origine est allemande et que, en s'altérant, elle s'est diffusionnée dans les langues modernes. — Long siège qui, dans l'origine, est en gazon ou en pierre, servant à se coucher ou à s'asseoir. Banc en bois, planche de bois supporté par quatre jambes. Banc posé le long d'une table, sur lequel on s'assied dans un banquet.

En terme de marine, banc de sable, banc de harengs, de sardines, etc.; troupe de poissons de la même espèce.

BANEAU, *s. m.* — Petite corbeille en osier. Vaisseau de bois pour mesurer et transporter le blé, la vendange, etc. Tombereau en usage dans les salines. Tonneau du vinaigrier ambulant.

BANNETON, *s. m.* — Coffre percé d'un grand nombre de trous, qui sert à conserver le poisson dans l'eau.

BANQUET, *s. m.* All. *Mahl*; angl. *banquet*; ital. *banchetto*. — De *banquette*, petit banc, expression que nous trouvons conservée dans l'italien *banchetto*.

Avant de parler du banquet tel qu'il dut être, alors que, pour la première fois, on employa le siège d'où lui vient son nom, il m'a paru nécessaire d'indiquer rapidement les phases, plus ou moins caractérisées, par lesquelles les manducations animales, puis humaines, ont passé, pour arriver à la manducation rationnelle.

J'étudierai donc ce que furent alimentairement les peuples primitifs, quelles furent leurs manières de manger, et quels perfectionnements leur civilisation y apporta, jusqu'à l'époque où le *banc* fut mis en usage. Je décrirai ce que fut le banquet de l'antiquité, ce qu'il est de nos jours, et enfin, par une analyse comparée, ce que sera, je l'espère, le banquet de l'avenir.

Sous l'influence de la nature, la perfectibilité de l'homme, à mesure qu'il modifia sa nourriture et son genre de vivre, progressa selon la position, la contrée et le climat qu'il habita.

D'abord on s'assemble par famille ou par groupe pour manger. Le chef chargé de protéger les siens contre les jaloux qui seraient tentés de ravir les aliments, fait garde. Les individus mâles et en âge d'indépendance s'éloignent pour la chasse. Si parfois dans leurs courses ils se trouvent face à face avec des étrangers d'une couleur ou d'un type différent, ils leur déclarent une guerre acharnée. Vainqueurs, ils dépouillent leur proie et la mangent en commun avec des cris, des danses, des gestes convulsifs et d'effroyables tintamarres.

Dans les moments de disette, lorsque la cueillette et la chasse sont insuffisantes, toute solidarité familiale disparaît; chacun se bat pour son morceau de pitance, le saisit avec agilité, et à la façon des orangs-outangs des îles de la Sonde, va seul se babiner près d'une rivière limpide, accroupi ou couché à l'abri d'un roc ou d'un arbre rameux.

Dailleurs, l'instinct de solidarité chez l'homme

nomade encore anthropophage n'existe guère qu'au moment de l'amour, où il se montre le digne et courageux défenseur des siens. Ce moment passé, il abandonne ses petits et leur mère pour courir d'autres amours. Les sentiments maternels eux-mêmes cessent lorsque la faim devient trop impérieuse, et la mère, faute d'aliments, mange ses petits. Ces relations des premiers hommes, qu'on retrouve chez tous les omnivores et carnivores de l'ordre des mammifères, ressemblent à celles des singes. Elles se manifestent par une mimique aussi expressive, aussi touchante et moins mensongère peut-être que la plus éloquente parole. Avec mille soins, mille caresses tendrement échangées, ils s'aiment, tant que la jalousie ou la faim ne les ont pas rejetés dans

Fig. 107. — Gorilles se babinant de fruits. — Aryens primitifs mangeant des reptiles grillés. — Dessin de Henri Pille.

leur sanglant égoïsme; alors ils deviennent féroces.

L'homme libre, qui habite les vastes forêts du nouveau monde, ne connaît qu'une loi, la plus juste, celle de la nature; qu'un droit, le seul sacré, celui de vivre. Ne soupçonnant ni or ni argent, ni testament ni héritage, ni richesse ni pauvreté, ignorant le vol puisqu'il n'y a pas de volé, il existe dans la plénitude de sa liberté. Tout est à tous, chacun en jouit comme des rayons du soleil, né pour vivre, il vit là où il est, car il a le droit d'y être, la propriété du sol qu'il foule n'est à personne. Ce qu'il cueille de fruits, ce qu'il rapporte de la chasse, sa cabane et tout objet construit de ses mains sont à lui, bien à lui. S'il mange quand il a faim, s'il boit quand il a soif, et comme il n'attend sa subsistance que de lui-même, sa paresse est donc naturellement punie. Toutefois, c'est son droit de rester couché, quitte à avoir faim; de même qu'il a le droit absolu (droit que la société moderne nie aux civilisés) de se reproduire selon son cœur et son choix. Point d'odieuses spéculations matrimoniales, des inclinations purement affectueuses et librement rapprochées!

Comme tous les animaux, l'homme sauvage n'a pas d'heure fixe pour ses repas; il mange indifféremment sur l'herbe, sur le foin, dans une caverne ou dans sa cabane, sur la mousse, abrité d'un arbre, à toutes heures du jour et de la nuit; et nous trouvons, dans les premiers temps de l'âge historique, des traces encore visibles qui, dans certaines contrées de la terre, se sont perpétuées jusqu'à nos jours.

***

D'après Moïse et la Bible, Adam, le premier homme, a été créé dans la partie de la Turquie d'Asie située au *trente-huitième* degré de latitude nord et au *quarantième* de longitude, et *trois mille neuf cent quarante-huit* ans avant notre ère; mais il est acquis aujourd'hui que la Sibérie a été habitée plusieurs milliers d'années avant cette date. En effet, le refroidissement de la terre, qui est une étincelle détachée de la nébuleuse solaire, a commencé par les pôles; la terre ferme la plus rapprochée du pôle arctique est la partie de la Sibérie située entre les *soixante-huitième* et *soixante dix-huitième* degrés de latitude nord; cette partie de l'Asie a donc vu des êtres vivant d'aliments préparés, avant celle habitée par Adam. La température d'alors explique la découverte dans ces contrées de squelettes d'éléphants et d'autres animaux ne vivant que dans un climat chaud.

Prétendre que Caïn se nourrissait de venaison et que Cham maudit fit souche d'une race noire, en dehors de la seule famille existante, sont des erreurs grossières qui insultent à la science et que les auteurs modernes ont craint ou négligé de réfuter.

***

Les insectes, les vermiculaires, les fruits et les végétaux durent être les aliments des animaux vivant au degré encore imperfectionné de l'échelle zoologique, et par le développement de la vie, conforme à l'harmonie universelle dans le progrès parallèle des végétaux et des animaux vivants, se nourrissaient d'aliments propres à leurs forces et à leurs natures ; ce n'est que successivement et après de longues séries progressives que les mammifères vécurent de racines d'arbres, de graines, de noix, d'astaques, de poissons et d'oiseaux; le gibier à poil, les animaux de haute taille et le lait caillé ne furent mangés que plusieurs milliers d'années après, lorsque l'homme se fit un parti parmi les animaux, qu'il devint leur maître et se les appropria pour nourriture.

Il commença par tuer les petits pour teter le lait de la femelle, mit leur viande macérer dans de l'eau aigrie d'herbages amers, et mangea le lait caillé comme font encore quelques peuplades tartares. Ensuite, pour compléter cette bromatologie élémentaire, ils cueillirent des baies, les firent fermenter au soleil et en *extraïrent* le suc. Les boissons fermentées opérèrent une révolution immense dans le développement des peuples primitifs; tous ces aliments étaient crus : la découverte du feu ne s'est pas propagée partout; les habitants des îles Mariannes ne le soupçonnaient pas, peut-être parce que les révolutions volcaniques de la terre en ont privé quelques parties. A ce sujet, les Orientaux nous donnent des traditions de leur vie primitive, qui prouvent que le feu n'a été connu et utilisé que longtemps après leur existence dans ces pays.

Au siècle où nous sommes, c'est-à-dire au moment où nous écrivons ces lignes, les Syriens, dans leurs longs voyages, ont recours à un mode de cuire leurs viandes qui date très certainement d'avant la découverte du feu ; sur la première proie qu'ils rencontrent : l'âne, le buffle, la panthère au besoin, ils coupent une tranche de viande, et puis, après l'avoir assaisonnée, enveloppée de deux feuilles, ils la mettent entre le dos et la selle de leur cheval et lui donnent le feu, c'est-à-dire partent au galop pendant le temps nécessaire à la cuisson de la tranche ainsi préparée. Le couscous des Arabes, aux sauterelles, le balachan des Siamois, la charcuterie d'Arles, le jambon de Westphalie, le saumon et le bœuf fumé d'Hambourg, la mortadelle d'Italie et les gigots de mouton fumés au genièvre de Suisse sont d'évidents vestiges légués à notre époque par l'alimentation des peuples primitifs.

D'autre part, les Syriens, les chasseurs de l'Amérique du Sud et ceux même de la France, lorsqu'ils abattent un becfigue de haute graisse, ont coutume de le plumer, l'assaisonner et le suspendre dans l'intérieur de leur chapeau de paille. De cette façon le volatile subit l'effet du soleil brûlant et la chaleur du phosphore cérébral. Cette cause double produit, sinon la température d'un four réel, du moins celle d'une étuve assez chaude pour *mortifier* l'oiseau et en faire un mets délicat.

L'application du feu aux aliments fut le principe de la cuisine, qui naquit, à proprement parler, durant la phase où, devenu anthropophage, l'homme but le sang des animaux, mangea leurs entrailles et rôtit leur carcasse. A partir de ce moment, l'homme fut meurtrier et impitoyable.

Voici un passage de Plutarque, à ce sujet, traduit par J.-J. Rousseau dans son *Emile* :

« Tu me demandes, disait Plutarque, pourquoi Pythagore s'abstenait de manger de la chair des bêtes; moi je te demande, au contraire, quel courage d'homme eut le premier qui approcha de sa bouche une chair meurtrie; qui brisa de ses dents les os d'une bête expirante; qui fit servir devant lui des corps morts, des cadavres, et engloutit dans son estomac des membres qui, le moment d'auparavant, bêlaient, mugissaient, marchaient et voyaient? Comment sa main put-elle enfoncer un fer dans le corps d'un être sensible ? Comment ses yeux purent-ils supporter un meurtre? Comment put-il voir saigner, écorcher, démembrer un pauvre animal sans défense? Comment put-il supporter l'aspect des chairs pantelantes? Comment leur odeur ne lui fit-elle pas soulever le cœur ? Comment ne fut-il pas dégoûté, repoussé, saisi d'horreur, quand il vint à manier l'ordure de ses blessures, nettoyer le sang noir et figé qui le couvrait?...

Les peaux rampaient sur la terre, écorchées;
Les chairs au feu mugissaient embrochées;
L'homme ne put les manger sans frémir,
Et dans son sein les entendit gémir.

« Voilà ce qu'il a dû imaginer la première fois qu'il surmonta la nature pour faire cet horrible repas; la première fois qu'il eut faim d'une bête en vie, d'un animal qui paissait encore, et qu'il dit comment il fallait égorger, dépecer, cuire la brebis qui lui léchait les mains. »

Mais l'on s'est contenté de répondre : (1)

---

(1) *Ma profession de foi* citée par Barchoux et reproduite dans *Les Classiques de la table*.

Laissons-les s'attendrir sur la brebis bêlante,
Qui livre au coutelas sa tête caressante;
Laissons-les d'un agneau déplorer le trépas :
Leur fausse humanité ne m'en impose pas.

Humanité à part, la viande cuite fut trouvée excellente. On jeta alors sur la braise des tranches de viande qui avaient l'inconvénient de s'attacher au charbons ardents et de se souiller de cendres; on obvia à cet inconvénient en enfilant la viande avec une verge de bois, que l'on plaçait sur le brasier, et dont les extrémités étaient soutenues par deux pierres; celles-ci étant devenues brûlantes, on imagina d'y faire sécher des fruits. Ensuite on broya des graines entre deux meules plates, on humecta cette farine, on coucha la pâte sur les pierres chaudes, et le pain fut inventé. Ce système d'artonomie se pratique de nos jours dans l'Arabie.

Le pain azyme des juifs et l'hostie des catholiques ne sont qu'une légère perfection des pains primitifs. Quand la mode de rôtir des quartiers de viande fut adoptée, la manière de manger fut en même temps modifiée : on posait le rôti sur un bloc d'ardoise et, à la façon des Croates, tout autour assemblés, on déchirait les viandes avec les griffes des mains, et sur une rondelle de pain on en pressurait le jus. Tels furent les premiers festins; jusqu'alors les individus mangeaient isolés, mais depuis que l'espèce humaine est entrée dans le second âge, c'est à dire, dès le jour où elle cessa de se nourrir exclusivement de fruits, les apprêts et la distribution des viandes ont nécessité le rassemblement des familles ou des groupes; les chefs distribuèrent à leurs enfants le produit de leurs chasses, puis au fur et à mesure que les enfants devinrent adultes, ils rendirent le même service à leurs parents vieillis.

Ces festins primitifs, bornés d'abord aux relations les plus proches, se sont étendus peu à peu à celles du voisinage et de l'amitié. La société s'est formée dans ces repas en commun. Les habitants du même versant de la montagne, du même vallon, commencèrent à bâtir cabanes les unes près des autres. Ce fut le commencement des villages; l'étranger y trouvant l'hospitalité, le voyageur racontant ce qu'il avait vu, les relations s'établirent, les idiomes se formèrent, les langages se caractérisèrent. Dans quelques contrées de l'Orient, les villages prirent la forme communale, dans d'autres, les familles adoptant un système spécial de communauté familiale, vivaient ensemble, et assis par terre mangeaient à la même table. A l'âge des amours les jeunes gens allaient former d'autres familles, et leurs parents leur donnaient pour leur subsistance toute pastorale, des brebis, des vaches et des chèvres, etc., qu'ils menaient à la pâture dans la fertilité des plaines. Les rencontres de ces troupeaux occasionnèrent des luttes.

Les bergers des animaux vaincus attaquaient à leur tour les autres pasteurs, à la bataille des animaux succéda la bataille des humains. Pour prévenir ces attaques sanglantes et souvent mortelles, les groupes et les familles d'une même contrée limitèrent par des pierres, des arbres ou des ruisseaux, l'espace que devaient parcourir les troupeaux. Ces limites furent les premières manifestations de la propriété individuelle d'où, par une loi inhérente, devait naître le vol; les troupeaux qui dépassaient ces limites de parcours étaient saisis et les voisins se les appropriaient.

Ce fut l'origine des premières iniquités sociales. Alors les familles et les groupes franchirent les bornes du parcours, et armés de pierres, de bâtons pointus, de traits, se battirent pour agrandir leur domaine par la force.

De là nous sont venus la haine, le crime, la guerre et tous les maux qui ravagent notre Société.

Le chef de la famille ou du groupe victorieux devint le roi; les subordonnés l'adoraient et le craignaient; cette sujétion fortifia l'*empire* de la répression, et l'autorité de la violence, que motiva l'appétence de jouir de la vie au détriment de celle d'autrui. Le roi se faisait apporter les meilleurs fruits et ses aliments étaient préparés par les hommes les plus intelligents.

.*.

Il est difficile de préciser à quelle époque l'homme a su faire des vases à feu servant aux cuissons des aliments, et il est probable qu'ils existaient déjà au temps de *l'homme quaternaire*, car on a trouvé des débris de ses festins, de ses armes et de son corps, qui prouvent que l'homme de cet âge a eu un certain sentiment d'harmonie et de relation sociale, et il serait aussi insensé de nier son existence que de nier celle des Assyriens et des Babyloniens.

On attribue contradictoirement à deux races importantes le développement de l'alimentation, et partant des vases nécessaires à l'usage de la table :

1° A la race blanche ou indo-européenne, dont le berceau du développement paraît avoir été la vallée autrefois si fertile de l'Oxus, nom d'un fleuve d'Asie qui, descendant du haut pays du Koundouz, se jette dans le lac Aral; cette race a peuplé l'Europe, l'Inde et la Perse; on l'appelle aussi race *aryenne*, parce qu'une des fractions de cette famille, celle qui s'établit en Inde, s'était donné à elle-même le titre d'*Aryas*, dont l'étymologie signifie *nobles*.

2° A la race *sémitique*, qui comprend les peuples habitant autrefois la portion de l'Asie comprise entre la Méditerranée, le Tibre, le golfe Persique et la mer Rouge, c'est-à-dire les Assyriens, les Phéniciens, les Syriens, les Hébreux et les Arabes. Il est démontré que les peuples aryens avaient un degré de civilisation supérieur à celui des Arabes, et l'on peut affirmer sans crainte, que les Aryens ont donné l'essor à l'alimentation de ces peuples qui, plus tard, se sont illustrés dans tout l'Ancien-Monde. Cependant, l'Egypte nous fournit de nombreux renseignements, fabuleux, il est vrai; mais qu'on ne saurait tous rejeter : les traditions de la Genèse nous apprennent que les femmes de la campagne du pays de Sinhar, situé au midi des montagnes d'Arménie, employaient des cruches en terre, pour porter sur leurs épaules l'eau nécessaire à la fabrication des briques, qui servirent à bâtir Babylone; puis, plus tard, l'eau nécessaire à la construction des Pyramides, qui existent encore et qui sont l'une des sept merveilles du monde. On sait, en outre, qu'à l'aide de ces vaisseaux qui allaient au feu, ces peuples de la civilisation primitive mettaient en ébullition les épaules de brebis dans de l'eau condimentée, ou aromatisée de végétaux divers.

C'est, sans doute, dans un de ces vases d'argile, séchés au soleil, que fut cuite la fameuse soupe aux lentilles pour laquelle Esaü céda son droit d'aînesse à son frère Jacob. Les Egyptiens firent connaître ces vases aux Hébreux, qui les introduisirent à leur tour chez les Grecs. L'histoire se tait sur les coutumes des repas de ces peuples aryens, dispersés plus tard. On sait seulement que le bouillon et les soupes ont été connus longtemps après la découverte du feu et l'usage de la viande grillée.

Dans les premiers temps encore imperfectionnés, c'est-à-dire avant les émigrations qui eurent lieu sur tous les points de l'Europe et de l'Asie, cette famille aryenne et tous les rameaux qui en dérivent, Celtes, Germains, Slaves, Grecs, Romains, Perses et Indiens toujours réunis en un seul faisceau sur les rives de l'Oxus, dans la région même qui fut le berceau de la race blanche, n'avaient pas encore commercé avec le reste de la terre; c'était un peuple pasteur, son langage ne manquait pas d'un certain rhythme, son souvenir s'est conservé dans la diffusion des langues jusqu'à nos jours. Le linguiste, l'historien et le savant ont pu parler avec certitude d'une époque, dont aucun monument écrit, aucune tradition même, n'avait gardé la mémoire, et dont la date doit être reportée à bien des siècles au-delà du moment où l'ancienne chronologie plaçait la création du monde. Ce procédé est basé sur le fait universellement connu, que les langues des peuples des races aryennes sont des langues sœurs; quelles que soient les variations que la diversité de leur destinée leur ait successivement fait subir, on peut retrouver chez toutes un fond commun et primitif de racines, qui ont servi à composer leurs différents vocabulaires. Quelques exemples très simples, pris entre mille, feront comprendre clairement cette identité de racines des idiomes aryens. En sanscrit, le mot père se dit *piter*; en zend, *patar*; en grec, *pater*; en latin, *pater*; en vieux slave, *bat*; en gothique, *fadar*; en celtique, *athair*. Le mot mère, est en sanscrit, *matar*; en zend, *matar*; en grec, *meter*; en latin, *mater*; en vieux slave, *mati*; allemand, *muter*; en celtique, *mathair*. Un des noms du soleil est : en sanscrit, *héli*; en grec, *hélios*; en latin, *sol*; en lituanien, *saule*; en gothique, *saul*; en celtique, *haul*. Une dent se dit : en sanscrit, *dant*; en grec, *odota*; en latin, *dentem*; en vieux slave, *dantis*; en gothique, *thunta*; en celtique, *dend*, etc.

Partant de la constatation bien prouvée de l'identité des racines dans les langues aryennes, on a déduit ce raisonnement : lorsque le nom d'une chose, d'un ustensile, d'un aliment, d'un animal, se trouve être le même dans toutes les langues d'origine aryenne, il est indubitable que cette chose, cet aliment, cet ustensile existait au temps du peuple primitif aryen, avant la séparation de cette race; lorsque, au contraire, pour désigner un même objet, nous voyons les Indiens se servir d'un mot, les Grecs d'un autre, les Germains d'un troisième, et ainsi de suite, nous devons conclure que l'objet en question n'existait pas, ou qu'il n'avait pas reçu de dénomination chez les Aryens primitifs. Ainsi, le nom du taureau est le même dans toutes les langues des peuples aryens : du sanscrit, *sthoura*; en zend, *staora*; en grec, *tauros*; en latin, *taurus*; du haut-allemand, *stiur*, en lithuanien, *tauras*; en vieux slave, *taur;* en celtique, *tor;* c'est là une preuve évidente que lorsque les Celtes, les Germains, les Slaves, les Grecs et les autres rameaux de la race aryenne quittèrent leur contrée natale, le taureau était déjà connu, et que les émigrants purent emporter son nom avec eux dans leur nouvelle patrie. Le festin était inconnu, nous ne le trouvons nulle part sous les mêmes appellations; le mot *banquet* n'apparaît dans les langues que fort longtemps après et avec une autre signification; par contre, le mot nourrir a la même harmonie dans toutes les langues aryennes, aussi bien dans le sanscrit *snu*, qui fait couler le lait, que dans le latin, *nutrire*, etc. Ce n'est pas tout, à cette époque reculée, où la race blanche ne formait qu'une petite tribu, habitant sur les bords du fleuve Oxus, les liens de la famille naturelle avaient déjà reçu une sanction sociale : les mots de *père, mère, fils, fille, frère, sœur, beau-père, belle-mère, belle-fille, beau-frère* existaient déjà. Il est curieux de rechercher quelles idées furent attachées dès l'origine à quelques-uns de ces mots. Le nom donné au père signifie celui qui protège; le mot qui désigne la mère signifie celle qui forme; le frère celui qui porte ou aide; la sœur celle qui console; la fille était désignée par les fonctions qu'elle remplissait habituellement chez un peuple pasteur, et son nom signifie *celle qui trait : douhitar* en sanscrit, *dugdhar* en zend, *thygaè* en grec, *dauhtar* en gothique, *dukte* en lithuanien, *dear* en celtique.

La plupart des animaux domestiques, le bœuf et la vache, la brebis, la chèvre, le porc étaient déjà connus et nommés; bien plus, la souris, et ce qui est bien plus singulier, la mouche et la puce avaient dès lors reçu des noms qui se sont conservés dans presque toutes les langues aryennes. Par contre, les bêtes sauvages, sauf l'ours et le loup, ont des noms divers dans la plupart des langues; cela prouve que les premiers Aryas vivaient principalement de l'élevage de leurs troupeaux; ils construisaient leurs cabanes, fabriquaient leurs habits, se servaient de bateaux pour naviguer sur les fleuves. Il est à remarquer que les peuples aryens ont en commun leurs mots pacifiques, tandis que les expressions guerrières différencient d'une langue à l'autre; on en a conclu que les Aryas primitifs diffèrent en cela de leurs belliqueux voisins, les nomades touraniens de race Tartare, et qu'ils avaient un genre de vie paisible. C'est donc à la race *sémitique* (nom impropre en ce qu'il consacre une équivoque, tiré des légendes des Hébreux, qui se prétendent les descendants de Sem, l'un des fils du fameux Noé, ce mot n'a rien d'historique, au contraire), que nous devons les mœurs agrestes de la primitive existence chasseresse et guerrière, ses dîners champêtres et sa vie bohémienne.

Les chefs de famille ou de groupe, disions-nous plus haut, étaient révérés, et par le souvenir, la tradition des anciens imposa la vénération pour celui qui avait fait ou qui faisait du bien. Quelques peuplades adoraient le soleil, d'autres les animaux, d'autres certains végétaux, des oignons, par exemple, et d'autres encore, la fiente parce qu'elle fait pousser l'herbe. Mais tous ces cultes sont basés sur un fait palpable : la subsistance propre à la vie.

*
* *

Les prophètes, depuis Abraham jusqu'à Moïse, de Brahma jusqu'à Bouddha, vécurent au temps des peuples pasteurs, et leurs festins étaient abondants en viandes grasses, alors très recherchées et goûtées; les épices aromatiques et les parfums exhalaient dans ces festins les plus suaves odeurs; les plus belles femmes en rehaussaient la splendeur, et leurs beautés prêtaient à ces festins un cérémonial caractère de magnificence.

Plus tard, ces fêtes prirent une apparence plus vaste, plus animée et plus sympathique. On sacrifiait aux passions, à la volupté; c'était l'époque *mythique*; les saluts étaient portés à Jupiter, à Mars, à Neptune, à Vulcain, à Apollon, à Vénus, à Junon, à Vesta, à Minerve, à Cérès, à Bacchante, à Diane, à Morphée, à Hercule et Bacchus, qui devinrent des dieux, et dont le culte se célébrait par des festins (1). Outre ces dieux principaux, il y avait une multitude de divinités secondaires, dont il est impossible de donner ici une énumération complète : c'étaient entre autres l'*Aurore aux doigts de rose*, les Neuf Muses, les Trois Grâces, les Trois Parques, les Trois Furies, les Nymphes de l'Océan, des bois, des fontaines, Pan, les Faunes et les Sylvains, dieux rustiques des forêts et des prés,

---

(1) Comme on le voit, la sainte table des catholiques n'est qu'une modification du sacrifice du paganisme; le mobile de tout est la table, toujours la table. (N. de l'Aut.)

les Titans, dieux révoltés contre Jupiter et vaincus par lui; divers monstres d'une nature semi-divine, les harpies, les gorgones, les centaures, etc., etc.

Comme nous le voyons par cette coïncidence bizarre, mais vraie et dévolue, les *dieux* semblent être la personnification du sensualisme et de l'orgie, qui entraînent à leur suite tous les maux et les crimes de l'univers. Etait-ce ces iniquités divines que Jésus aurait voulu supprimer pour établir la loi du droit immuable de l'égalité de la nature? Je le crois, car fondés sur l'égoïsme individuel, ces dieux de bontés et de colère voient s'écrouler leurs religions et leur puissance devant la loi de l'équilibre et l'harmonie universelle, qui est la seule morale.

Alors, au milieu de l'ivresse du plaisir, du luxe et de la débauche, ces dieux fantastiques s'élèvent dans l'Olympe, montagne très élevée de Thessalie, parce qu'étant inaccessible à cette époque, nul ne pouvait aller voir les grands festins où s'assemblait le Conseil divin présidé par Jupiter. Cependant Sardanapale, assis sur son trône à côté de Myrrha, entouré de ses chevaux, de ses esclaves que l'on égorge, transparaissant à travers la fumée de son bûcher, disparaît comme eux dans le ciel sur un char de feu. C'est ce qui a fait dire (1) :

> Orgueilleux écuyers, sur Pegase montés.
> Ils habitent l'Olympe et les grandes Cités.
> Pour moi, paisible ami des demeures agrestes,
> Je dois borner ma Muse à des sujets modestes.
> Regardons en pitié ces mets si peu coûteux.
> Celui qui dans la table des dieux,
> S'enivre tous les jours d'une liqueur choisie,
> Ne boit que du nectar, ne vit que d'ambroisie,
> Pourrait-il, sur la terre, ignoble dans ses goûts
> Déroger en mangeant d'insipides ragoûts?

Nous ne chercherons pas à savoir comment les dieux se tenaient à table, assis, accroupis ou couchés; nous quittons donc avec eux ces peuples primitifs pour reprendre les traces des festins orientaux. Nous retrouvons cette fois les Aryas dispersés dans toute l'Asie, l'Inde et l'Europe, formant les peuples germains, romains, slaves, celtes, grecs et perses.

Nous arrivons enfin dans la phase historique où nous trouverons des traces du sujet que nous traitons. La tradition, moins poétique, mais plus vraie, nous enseigne que les peuples des premières civilisations orientales mangeaient couchés sur l'herbe, les rois assis sur des chaises à trois jambes; cependant le populaire s'asseyait indifféremment sur un arbre abattu, quelquefois sur des chaises monopèdes levées sur le tronc d'un arbre à la jonction d'une branche, laquelle était rompue à la hauteur voulue et le tronc aplati, rogné et arrondi, servait à s'y asseoir, mais les jambes du siégeant en maintenaient l'équilibre. Ces sortes de selles sont encore en usage dans quelques contrées de l'Europe pastorale et servent aux bergers pour traire les vaches.

Apolodore dit que les Egyptiens, dans les grands festins, mangeaient assis de même que les Hébreux. Au temps d'Homère, on mangeait sur des sièges séparés; on sait, par la tradition que, lorsque Ulysse arriva au palais d'Alcinoüs, le prince lui fit apporter un siège et ordonna à son fils Laodonas de lui faire prendre place. Les Grecs primitifs mangeaient couchés sur des peaux de brebis; les Troyens mangeaient assis. Les Arabes de nos jours mangent indifféremment, assis ou couchés sur des tapis. Les Turcs modernes et les Chinois s'accoudent sur de riches coussins brodés, qui sont posés sur des tapis décorés de figures bizarres, ou sur des peaux d'animaux sauvages.

Les Grecs d'Athènes modifièrent peu à peu l'usage des peaux de brebis, qui furent adaptées sur des planches de bois portatives, et se disposaient au gré de celui qui voulait manger. Plus tard encore ces planches furent élargies, on y ajouta des jambes, on les remboura afin de pouvoir à volonté s'y asseoir ou s'y coucher, et enfin, elles devinrent des lits de table. Ce luxe des lits pour manger n'était, dans l'origine, usité que pour les sacrifices offerts aux dieux dont nous avons parlé plus haut. Mais les riches de toutes les époques, voulant les imiter, s'y accoutumèrent vite; en peu de temps l'usage en devint général, parmi la caste gouvernante. La sobriété, la sagesse et la modestie firent place au luxe et à la volupté. Dans ces repas d'holocaustes, le nombre des convives était généralement de sept; chez les Grecs, ce chiffre stérile dans la supputation était consacré à la déesse de la Sagesse, comme symbole de la virginité. Platon donnait des dîners à vingt-huit convives en faveur de Phœbé, qui accomplit sa révolution en vingt-huit jours. L'empereur Varus voulait à sa table douze convives en l'honneur de Jupiter, qui met douze ans à décrire la sienne

---

(1) Berchoux, *La Gastronomie*.

autour du soleil. Mais c'était le nombre huit ou douze que les Grecs préféraient, comme correspondant mieux à l'attrayant délice du lit. Thersandre raconte et Hérodote décrit le festin qui fut donné par le Thébain Ortagène, quelques jours avant la bataille de Platée. « Il invita, dit-il, le général Mardonius et les principaux Perses au nombre de cinquante. A ce repas, vingt-cinq lits, installés dans la salle du festin, furent disposés le long des tables, et sur chacun de ces lits étaient couchés un Grec et un Perse. »

Or, la bataille de Platée a eu lieu *quatre cent soixante-dix-neuf* ans avant l'ère chrétienne; l'usage des lits à table était donc en vogue chez les Grecs, *cinq siècles* au moins avant d'être introduit chez les Romains. Ajoutons que cette victoire inespérée sauva la Grèce et, avec elle, tous ces biens précieux que les Grecs devaient léguer à l'Europe : le développement de la science alimentaire, l'esprit de liberté et les arts. On ne saurait trop apprécier l'importante gravité de cet événement, qui est un point lumineux de l'histoire : l'héroïque résistance des Athéniens, contre laquelle est venue se briser l'invasion barbare, a été le salut de la civilisation européenne, et ceux qui sont morts à Marathon, n'ont pas seulement combattu pour leurs propres foyers : ils ont bien mérité de l'humanité entière.

Voyons maintenant ce que dit l'historien Thucydide, de l'alimentation des Grecs de Sparte. D'abord il réfute l'existence de Lycurgue, et affirme que ce personnage est un mythe. Les deux rois qui présidaient la communauté militaire et la *Chambre aréopage ou assemblée*, prétendaient tirer leurs origines d'Hercule, et en son honneur ils donnaient périodiquement des festins où ils se livraient aux plus dégradantes orgies. Ces repas sacrificateurs s'offraient dans les palais royaux et les femmes nues qui en paraient les somptuosités, étaient couchées sur des espèces de paillasses recouvertes de peaux de brebis, pendant que le peuple lacédémonien subissait la rigoureuse discipline de l'oligarchie militaire de Sparte, qui s'emparait du citoyen à sa naissance, endurcissait son corps aux fatigues, pliait sa volonté à une obéissance passive et lui enseignant à mépriser les discussions de l'Agora et la bonne table, faisait de lui une sorte de sauvage brutal, taciturne, sournois, cruel et parfois héroïque, et qui n'avait qu'une alimentation invariable,
peu propre à favoriser le développement des forces tant physiques que morales.

Dans cinq quartiers de la ville étaient des constructions où se préparait le *brouet noir;* l'histoire ne nous donne qu'une idée vague de ce qu'était ce mets grossier. Trois fois par jour la communauté était appelée au son des chaudières (espèce de tambour), pour assister à ces repas communs qui se donnaient sur les places publiques où l'on servait sur des tables recouvertes de toile, en forme de tente, le brouet dont tout le monde devait s'alimenter sous peine de prison. Autour de ces tables étaient les *bancs* sur lesquels s'asseyaient les Spartiates. Ils n'avaient droit à aucune autre nourriture, à moins toutefois d'une autorisation spéciale des *éphores*, sorte de commission chargée de protéger le peuple contre les empiétements des rois, et qui surveillait les magasins de provisions alimentaires et culinaires. Le *banc* a donc été usité environ quatre siècles et demi avant l'ère chrétienne, mais il a pour longtemps disparu, et avec lui le brouet noir a été dédaigné après la défaite de Cléomède vaincu à Sellasie, l'an *deux cent vingt-deux* avant notre ère.

Pendant que les Lacédémoniens soumettaient leur corps à une nourriture qui empêchait toute robustesse physique, les Athéniens, peuple de race aryenne, cherchaient dans l'alimentation tout ce qui pouvait satisfaire leur goût, augmenter et fortifier les forces de l'individu; on apportait chez eux un soin particulier au développement du corps qui jouissait d'une haute estime, lorsque la force musculaire était jointe à la beauté. Les citoyens libres consacraient une grande partie de leur temps à la fréquentation du Gymnase, établissement public uniquement destiné aux exercices corporels, et nous devons rappeler ici que dans la plaine appelée Olympe (d'où vient le nombre olympiade) par allusion à la fête des dieux, avaient lieu tous les quatre ans de grandes fêtes où dans l'origine, le peuple, avant d'avoir mangé, se livrait aux exercices du corps. Avoir remporté une couronne à Olympie, était le plus grand honneur que pût rêver un Hellène. Or, on a reconnu que pour en arriver au perfectionnement digne des palmes, on devait en rechercher les moyens dans l'alimentation, faire usage de mets sains, varier l'ordonnance des menus et des substances qui en font la base; en varier aussi la préparation, le goût et la tournure; en un mot exciter l'appétit. Les *Sept Sages* ne tardèrent pas à reconnaître la puissance qu'avait l'alimentation sur le développement physique et intellectuel (1), ils commencèrent à cultiver l'art de préparer les mets, et un cuisinier était à cette époque classé au rang des poètes, des orateurs et des philosophes; d'ailleurs, la cuisine prit un essor remarquable dans l'histoire des peuples, et nous pouvons affirmer, sans présomption, que d'elle dépendit la marche de la civilisation.

Ce n'est pas tout, les Grecs d'Athènes, en augmentant par l'art de bien vivre les vigueurs physiques, avaient en vue de maintenir chez eux un heureux équilibre entre le système musculaire et le système nerveux, en sorte qu'ils réalisèrent mieux qu'aucun autre peuple, le type humain dans la plénitude de son énergie et de ses facultés multiples. Nous voudrions pouvoir insister davantage sur ce fait capital, qu'il faut sans cesse avoir devant les yeux, si l'on veut se faire une idée exacte de ce que fut la vie humaine au berceau de la civilisation; mais ne voulant pas m'écarter du sujet, je me borne à cette brève indication et poursuivrai avec rapidité à travers les âges, l'origine du *Banquet*. Le lecteur peut, du reste, comparer les époques où brillait l'art culinaire, à celles où les sciences, les arts étaient en plus grand honneur, et il sera frappé de voir que l'un n'existe pas sans les autres, et que l'histoire de l'alimentation tient essentiellement à l'histoire de la civilisation humaine.

Nous laissons donc les Spartiates, végéter avec leur brouet noir, en même temps que les autres peuples touraniens (Tartares), que nous retrouverons avec leurs types agrestes. Faute de n'avoir pas cultivé l'art culinaire, ils sont restés guerriers belliqueux, et toute leur science, toute leur civilisation est la force. Cette preuve est établie par l'histoire : Jamais grand guerrier ne fut grand gourmets.

Les Grecs d'Athènes, disions-nous plus haut, avaient modifié ces bancs rembourrés, qui devinrent des lits de table, mais le progrès ne s'arrêta pas là; ces lits rembourrés étaient recouverts de riches tapis de pourpre, brodés de fil d'or, et les coussins, de la plus tendre mollesse, enrichis de pierreries. Longitudinalement placés à côté des tables, ces lits recevaient en général, de deux à quatre personnes chacun, et les sexes alternés se couchaient du côté gauche, en s'ap-

(1) Ce sont de simples moralistes appelés plus tard *philosophes*; on connaît, entre autres, Solon, Bias, Pittacus et Thalès de Milet, qui s'occupa de la physique, de l'alimentation et de l'astronomie, est le premier qui, en Grèce, ait essayé de donner au monde un système scientifique. J. F.

puyant du coude sur le coussin réservé à chaque convive, qui en pouvait disposer à sa volonté. Les convives se plaçaient en biais du lit, de manière que la tête du second se trouvât à l'estomac du premier, et ainsi de suite, les coussins près de la table, aux deux extrémités de laquelle se tenaient les esclaves légèrement habillés Ceux-ci portant des aiguières d'or, versaient des vins délicieux dans les coupes ciselées. Ces esclaves, qui remplissaient l'office de Ganymède et d'Hébé, étaient de *jeunes garçons* (éphèbes) et de belles *jeunes filles* (vierges), qui avaient l'ordre de *ne rien refuser aux convives*. Leur tunique, d'étoffe transparente, ceinte au milieu du corps par un large ruban, était taillée pour tomber jusqu'à terre; mais, en la tirant par en haut, ils la relevaient jusqu'au genoux.

Les vins de la Grèce avaient été examinés et classés par ordre d'excellence, et les gourmets en avaient ordonné le service, à commencer par les plus légers jusqu'aux plus capiteux; contrairement à ce qui se pratique aujourd'hui, les coupes grandissaient en raison de la délicatesse des vins, et dans les grands festins on en parcourait toute la gamme.

Chaque convive coupait les viandes avec son couteau, et les portait à la bouche avec les mains ou à l'aide d'un stylet innové par Cadmus, qui avait été cuisinier du roi de Sidon, et qui apporta en Grèce l'écriture. Ce stylet servait indifféremment à manger et à écrire sur les tables de pierre.

Les fourchettes étaient inconnues des Grecs d'Athènes et des Romains; cela est corroboré par les témoignages résultant des fouilles pratiquées dans les ruines d'Herculanum, où l'on trouva des tables mises, à côté desquelles étaient des squelettes portant à leur ceinture un couteau et un stylet. Tous les arts concouraient à rendre douces les jouissances du festin (voir le mot *Dinias*) : les chants, les déclamations poétiques, les hymnes d'amour, les jeux les plus variés, les danses au son de la lyre harmonieuse, étaient exécutés par les plus séduisantes beautés de la jeunesse féminine, et tout cela avec une précision, une douceur de grâce, une musique du langage auxquelles nos langues ne pourraient jamais atteindre. On réunissait là tout ce qui pouvait flatter les cinq sens à la fois, et les convives, ivres d'amour et de vin, s'endormaient dans la plus suave béatitude. La Grèce avait atteint au plus haut degré la douceur du sensualisme, et avec lui les sciences, les arts, parvenaient à leur apogée. L'art de la parole est né dans les festins d'Athènes, où cette branche faisait l'une des principales occupations des élégants, et quand cette science fut poussée à la perfection, les Romains allèrent la chercher à sa source originaire.

Les Romains primitifs ne connaissaient pas le banc, ils mangeaient assis, les Carthaginois mangeaient sur des escabeaux. La cuisine fut peu prospère tant qu'ils luttèrent pour leur indépendance, mais aussitôt que Rome eût vaincu l'Italie, les repas commencèrent à prendre un aspect plus majestueux. Les produits alimentaires de la Sicile, de Naples, de Gênes donnèrent à la Grèce et l'Afrique soumises, l'avant-goût, et quand il manqua à la gloire romaine et la jouissance de la table et celle des lettres, des sciences et des arts, on s'empressa d'envoyer une députation à Athènes, pour étudier les lois de Solon, les lettres, la philosophie, l'éloquence, l'art de bien parler, en un mot, tout ce qui avait charmé dans ce peuple civilisé, et on amena à Rome les philosophes, les orateurs, les cuisiniers, les poètes et les musiciens.

Alors, tous les grands de la terre voulurent habiter Rome, et Héliogabale, ce roi venu de Syrie, y fit son entrée sur un char traîné par douze femmes nues; il avait un historiographe pour décrire ses festins exclusivement. Tout affluait à Rome : les vins, les fruits rares étaient apportés des plaines de Damas, d'Arménie, etc.; les plantes potagères, les poissons de toutes les mers, les animaux domestiques, les gibiers, les épices, les plantes aromatiques et parfumées, arrivaient de toutes les parties du monde, et pour rendre plus douces les jouissances de la table, on substitua aux sièges grotesques, les lits somptueux des Grecs. Pour compléter cette volupté, ils donnèrent place à la femme et à tous ses attraits. Pendant deux ou trois siècles, l'univers fut mis à contribution, et la cuisine avait pris une importance hors ligne; un cuisinier, pour avoir satisfait les convives d'un grand festin, recevait une ville comme témoignage de reconnaissance. Si la grandeur du luxe et du sensualisme étaient imposants, on ne doit pas oublier non plus que chez les Romains comme chez les Grecs, c'est pendant le règne du *Lectisternium*, que ces deux nations brillèrent au plus haut point dans l'histoire de la civilisation.

Ce luxe alla en augmentant jusqu'à la fin du quatrième siècle. Alors, se produisit un bruit effroyable venant des contrées lointaines; du Nord, de l'Orient, du Midi, avec grand fracas se levaient des hordes innombrables de barbares qui roulaient à travers le monde, les uns à pied, les autres à cheval, ceux-là sur des chars, ceux-ci sur des chameaux; les fleuves les charriant, la mer les apportant sur des barques. Ils chassaient devant eux les populations avec le fer des épées, comme le berger pousse le troupeau avec le fouet et la houlette. C'étaient des convives inconnus et insatiables, qui venaient s'asseoir aux festins des Romains, pour lesquels ils désertaient leur patrie.

A cette époque, l'Europe épouvantée fit trêve à la bonne chère, et lorsque l'art culinaire eut cessé ses prodiges, la vivacité de l'esprit, la courtoisie, la poésie, les arts, les sciences et la philosophie firent place à la rudesse des mœurs et à la violence. Plus d'art culinaire, plus d'harmonie sociale, plus de sentiments affectueux, plus d'amour et plus de bonté. Ainsi mourut, au commencement du *cinquième* siècle, cette civilisation qui avait donné tant de beaux jours à la République grecque et à l'Empire romain. L'odeur des grands festins des Trimalcion, des Dinias, des Lucullus, des Apicius et des Héliogabale, qui éveillèrent l'appétit des barbares, amenèrent à leur suite une grande surexcitation dans les esprits, et dès lors tout fut perdu. Pour achever ces malheurs, les premiers chrétiens apparurent avec les incursions des nations fauves, et pendant près de trois siècles jetèrent sur la civilisation antique une longue et profonde nuit.

.·.

Les premiers chrétiens, possédés d'esprit de renoncement pour les jouissances des biens de ce monde, sous la raison morale, substituèrent au lit de table l'escabeau ou le *banc*, qui fut usité dans leurs repas connus sous le nom d'agapes, et il s'établit sur les festins détruits des dieux païens, une nouvelle table, de laquelle devait naître le culte de la religion. Dans les temps de persécution, les chrétiens prennent leurs repas dans les catacombes ou sur la mousse des forêts; à mesure qu'ils élargirent l'empire de leur doctrine, ils exercèrent une influence marquée sur les fêtes publiques et les festins d'apparat, et enfin les interdirent et firent des dîners gloutons cachés dans les cloîtres. Le sensualisme étant inhérent aux oisifs, la gloire et le triomphe faisant naître le désir et le souvenir des voluptés de leurs devanciers, une sainte étincelle qui se trouvait dans les couvents des moines se ralluma; ils l'attisèrent et en firent un feu d'Épicure, pour gouverner la société nouvelle, connaissant les puissants effets du grand art culinaire sur les facultés intellectuelles.

Rome a donc vu deux grandes cuisines : celle des *empereurs* et celle des *papes;* et ce qu'il y a de plus remarquable, c'est qu'au point de vue de l'extension somptueuse de l'art culinaire, celle-ci se trouvait au même degré en rapport avec la grandeur romaine.

L'empire romain qui, par sa domination, avait civilisé l'Europe, avait fait apprécier les lits de table aux Gaulois, aux Germains, etc., mais ils ne furent pas longtemps en faveur chez un peuple de guerriers et de pasteurs. Tacite trouva les Germains mangeant assis sur des bancs de gazon élevés autour d'une table, sur laquelle était un vase de bois contenant du lait caillé accompagné de pain de seigle. Nous voyons ainsi, que le banc a été le siège de plusieurs peuples dans les premières civilisations. D'après Possidonius, les Gaulois mangeaient à terre, accroupis sur du foin, ayant devant eux des tables de bois fort basses.

Leur nourriture consistait en une très petite quantité de pain, et en grande quantité de viandes, soit rôties, bouillies, ou grillées. « Ces mets, dit-il, sont servis d'une manière propre, mais ils les mangent fort malproprement, ils saisissent avec les mains des membres entiers, et les déchirent à belles dents, comme le feraient des bêtes féroces; s'il se trouve un morceau qui résiste davantage, il le coupent avec un petit couteau à gaine, qu'ils portent à la ceinture (1). Leurs rivières et les deux mers qui les environnent leur fournissent aussi du poisson qu'ils assaisonnent avec du cumin et du vinaigre. Lorsqu'ils sont un certain nombre à table, la coutume est de s'asseoir en demi-cercle, et au milieu, qui est la place d'honneur, s'asseoit le personnage le plus distingué par sa valeur comme par sa naissance et ses richesses. Auprès de lui s'installe le maître du logis, puis successivement les autres convives, selon leur rang et leur dignité. Par derrière sont les guerriers attachés à leurs personnes, et qui, pendant tout le repas, tiennent leurs boucliers par devant; il en est d'autres assis par terre, et comme eux armés de leurs lances. » Nous savons d'ailleurs que les escabeaux et autres sièges ont été introduits plus tard et que, lorsqu'il s'agissait d'un repas d'une certaine cérémonie et d'un grand nombre de conviés, on les faisait asseoir sur de longs sièges qui étaient disposés le long des tables sous lesquelles on mettait le foin.

Dès lors, les Germains, les Gaulois, les Italiens, et enfin toutes les nations où s'étendit la doctrine chrétienne, adoptèrent le *banc* à table. De là, l'origine du mot *Banquet*, qui s'est maintenu jusqu'à nos jours. Alors, au lieu de s'asseoir sur le foin, on l'étendait sous la table et les bancs, afin de garantir les pieds des convives de la fraîcheur et de l'humidité du sol. Cependant, dans les classes, les écoliers n'étaient assis que sur le foin ou sur la paille, et les églises primitives, dans lesquelles il n'y avait ni bancs ni chaises, étaient jonchées de paille fraîche et d'herbes odoriférantes sur lesquelles s'agenouillaient les premiers chrétiens. Les monarques conservèrent l'usage de la paille jusqu'au quatorzième siècle. « En *mil-deux-cent-huit*, Philippe-Auguste décréta que, toutes les fois qu'il sortirait de Paris, la paille qui avait servi à joncher son palais, serait donnée à l'Hôtel-Dieu, et, en *mil trois cent soixante-treize*, Charles V déchargea les habitants du village d'Aubervelliers, d'un droit onéreux sous la condition qu'il fournirait la paille nécessaire à son château (1).

Dans ces *banquets* primitifs, qui furent définitivement adoptés vers le sixième siècle de notre ère, les convives mangeaient dans le même vase, par groupes de six à huit personnes. Sur une table de vingt convives, quatre vases étaient posés, et avec des cuillers en bois chacun puisait à la marmite commune. Plus tard, au temps de la chevalerie, la noblesse et la galanterie imitant les Romains, avaient imaginé de placer les invités à table deux par deux, une dame et un seigneur. Ces couples n'avaient qu'une seule coupe pour boire, et pour chaque mets qu'une seule assiette, sur laquelle ils mangeaient en commun. L'habileté de l'amphitryon consistait donc à savoir classer les titres, concilier les sentiments, et grouper les conformités intellectuelles, de manière que chaque personne fût satisfaite de son compagnon d'*écuelle*, dans laquelle bien des prédispositions

---

(1) La fourchette était inconnue des Gaulois comme des autres peuples.

(1) Histoire de la vie privée des Français.

à des amours futurs trouvèrent l'étincelle qui dut les allumer. Cette habitude de manger à plusieurs personnes dans le même vase a persisté

Fig. 108. — Dîner de cérémonie au moyen-âge. — Dessin de Henri Pille.

jusqu'à nos jours dans quelques contrées pastorales de Suisse, de France, d'Allemagne et de Russie.

Or, il est reconnu que la civilisation et le luxe culinaire étaient arrivés, chez les Grecs, à un degré de perfection et de grandeur, supérieur à la phase moderne, *dix-huit siècles* avant de l'être chez les Germains, les Russes et les Gaulois. De plus, il est prouvé que la race Aryenne, en émigrant des bords du fleuve Oxus, dans toutes les contrées où elle s'est établie, a donné essor au développement du type humain, en cultivant l'art de bien se nourrir ; l'Inde, la Chine, l'Egypte, ont eu leur civilisation suivant la fertilité des contrées ; mais le flambeau asiatique fut l'aurore éclairant les luxes d'Athènes, de Rome et de Paris, où se firent les premiers grands festins connus en France, sous la dénomination de *Banquets.*

En mil quatre cent quarante-sept, époque à laquelle le banquet prenait déjà une tournure politique, c'est-à-dire où ce mot signifiait autre chose que *repas,* le comte de Foix donna, à Tours, aux ambassadeurs étrangers, un banquet magnifique dont le menu a été conservé.

Depuis le dix-septième siècle, la presse ne s'occupa du banquet que pour retracer ce qu'il y avait été dit. Il revêt alors le caractère de l'opinion politique ou religieuse qui prédomine. Le banquet fut l'interprète de tout : l'Olympe est le banquet des élus, et la poésie fit entrer le banquet partout.

Oubliait-on qu'ici les déesses des morts
Sont du Dieu des banquets les compagnes cruelles ?

**

Au banquet de la vie, infortuné convive,
J'apparus un jour et je meurs !...

**

La vie est chère à l'homme entre les dons du ciel ;
Nous bénissons toujours le Dieu qui nous convie
Au banquet d'Absinthe et de Miel !...

**

Au banquet de l'hymen j'entrevois ma vie.

**

Le banquet divin est pour les heureux jours.

**

Au banquet de la vie à peine commencé,
Un instant seulement mes lèvres ont pressé
La coupe . . . .

**

Aujourd'hui, la solennité d'un banquet est l'égide sous laquelle s'abritent toutes les passions, toutes les haines, toutes les magnificences et toutes les gloires.

Au banquet on déclare la guerre, au banquet on traite la paix, au banquet on projette les lois, au banquet se font les conspirations, au banquet on trame l'intrigue, au banquet on se fait des amis, au banquet on se crée des ennemis, au banquet on porte les toasts, au banquet on excite la haine, au banquet on déclame, au banquet on chante, au banquet on s'enivre, au banquet on pardonne, au banquet pleuvent les louanges, au banquet naissent les sollicitudes, au banquet on aveugle les crédules, au banquet se traite l'amour ; c'est par le banquet que se célèbrent les anniversaires des dieux et des hommes, des héroïsmes et des crimes.

C'est encore par un banquet, enfin, que l'on fête ces trois phases de la vie : la naissance, le mariage et la mort.

Tel est, en résumé, le banquet de nos jours.

* *

Le banquet de l'avenir restera-t-il politique et religieux ? restera-t-il la symbolisation de la faconde démagogique du pouvoir, berçant les peuples dans l'erreur de la nécessité absolue de l'inégale participation aux droits des produits ? Non, mille fois non, la marche ascendante de la population de la terre et descendante des produits alimentaires, nous démontre éloquemment la prochaine nécessité d'une organisation sociale économique, scientifiquement basée sur les produits de chaque contrée, légalement répartis.

Loin de nous l'idée de faire de la prophétie, n'aimant nullement les divinations mystérieuses; mais d'après la statistique des nations européennes, on peut déjà prévoir, par des calculs de probabilité, ce que sera, dans un temps donné, l'alimentation et ses formes futures. Nous nous sommes basés sur la population européenne, entre *dix-huit cent soixante-et-onze* et *dix-huit cent quatre-vingt* et sur la superficie des terrains qu'elle occupe, ne tenant pas compte des montagnes, généralement incultes, qui dépassent de deux mille mètres le niveau de la mer. De cette étude analytique, il en est résulté que la population actuelle de l'Europe, c'est-à-dire au moment où nous écrivons, est de *deux cent quatre-vingt-dix-neuf millions deux mille* habitants, la surface du terrain productif et à défricher, de *six cent vingt-huit millions cinq cent neuf mille* hectares; de sorte qu'en tenant compte du progrès agricole, on peut dire qu'il faut à peu près *un hectare quatorze ares* de terre productive pour nourrir un habitant. En calculant pour une date donnée, l'an deux mille, il y aura, selon toute probabilité, *un milliard soixante-neuf millions cinq cent cinquante-neuf mille* habitants en Europe. En déduisant le terrain qu'occuperont les constructions, les jardins, les parcs, les chemins de fer, etc., le terrain productif ne sera plus que de *six cent vingt-quatre millions huit cent soixante-deux mille* hectares ; c'est-à-dire qu'il aura diminué de *trois millions quatre cent quarante-sept mille* hectares. Or, il ne restera, l'an deux mille, malgré les émigrations pour les autres parties du monde, que *cinquante-quatre* ares de terre productive par habitant, donc la moitié du nécessaire manquera.

Les calculs faits pour l'Amérique, l'Afrique, l'Asie, donnent proportionnellement les mêmes résultats ; mais pour une date plus éloignée. A ce funeste progrès, lent, dévolu, mais constant, viennent encore se joindre les immigrations européennes, qui activeront dans toutes les parties du monde, l'évolution appelée à transformer les phases politiques en un monde économique. C'est-à-dire que les nations, manquant de terrain pour faire face aux besoins de la population toujours croissante, seront contraintes de se transformer en Etats économiques et scientifiques. Selon la fertilité du sol, selon la contrée et le climat, les pays seront appropriés pour chaque genre spécial d'agriculture que la science reconnaîtra. Par exemple, les pays limitrophes des mers fourniront le poisson ; les plaines fertiles les céréales et les légumes ; d'autres contrées les arbres fruitiers, les coteaux, les vins ; les pays montagneux le bétail, le beurre, le fromage, le gibier, etc. Le poisson sera l'un des aliments les plus usités, car la viande de boucherie et d'animaux libres deviendra toujours plus rare, par suite du dévastement des forêts, que l'on détruira pour avoir du bois de chauffage, et que l'on défrichera pour la culture des céréales et des tubercules.

La petite industrie fera place à la grande ; l'exploitation partielle des terrains à la grande culture régionale, la pêche individuelle à la pêche nationale, et les peuples, à travers les mers et les montagnes qui les séparent, échangeront leurs produits sans douane, sans octroi, sans usure et sans haine, par l'organisme d'un Département économique, dans la forme de celui des postes actuel, avec l'harmonie d'un langage scientifique ou économique qui établira les relations universelles. Enfin, l'on devra appliquer toutes les forces vives de l'humanité à la production des aliments, tant composés que naturels, substituer la science à l'ignorance, l'armée productive à l'armée dévastatrice et la confraternité universelle aux bornes nationales.

Les villes, les villages et les régions fédérées établiront des greniers pour les récoltes des céréales, des caves appropriées pour l'amélioration des différents vins, des magasins pour les aliments *conservés* et les fruits, des glaciers pour la *conservation* du poisson frais, enfin des locaux pour tous les végétaux alimentaires et les viandes comestibles. Ces magasins seront sous la direction d'une commission sanitaire, compétente et experte dans la *conservation* alimentaire, et sera nommée par les fédérations ou régions productives ; cette commission sera chargée de faire l'échange des produits d'une contrée contre ceux d'une autre contrée, c'est-à-dire, des produits d'un peuple pasteur contre les produits d'un peuple pêcheur, des produits d'un pays chaud contre ceux d'un pays froid. D'après une statistique universelle, établie par le Département économique international, des différents produits de la terre, et en raison de leur quantité et de leur qualité, la valeur des aliments sera considérée comme mesure d'échange.

Il sera édifié dans les villes, les villages, les régions agricoles et les grands centres, de vastes établissements où seront installées les cuisines, aérées et propres, dans lesquelles les travaux de préparation culinaire seront divisés par groupes spéciaux. Des poissons seront posés, après être assaisonnés, dans d'immenses étuves et seront cuits à la vapeur; il en sera de même pour quelques légumineux et les tubercules. Les potages et les soupes seront préparés dans de vastes chaudières murées, qui se rempliront et se videront mécaniquement. Les constructions des fours, des broches, des grillades, qui serviront aux rôtis, seront également divisées pour faciliter le service. La chaleur pourra être réglée à volonté; enfin, toutes les préparations culinaires seront soumises à la force d'un mécanisme qui en permettra l'exécution avec une exactitude et un ordre parfaits. La salle contiendra *mille* tables de *cent* personnes chaque. Ces tables seront classées par quartiers de *deux cent cinquante*, divisés les uns des autres par deux boulevards croisés, qui seront garnis de fleurs parfumées. La voix du canon, annonçant l'ouverture du banquet, sera désormais le signal de la paix et de la force harmonique et non plus celui de détresse. Les tables numérotées, mesurées, seront desservies par des appareils mécaniques, également numérotés, circulant dans des caves et des cuisines à la salle, portant sur chacun d'eux les mets et les boissons nécessaires et s'arrêtant aux extrémités des tables dont les numéros correspondront aux leurs. Le changement de vaisselle sera annoncé par la sonnerie électrique, partant d'un centre avec rapidité vers toutes les tables. Alors les mets les plus exquis, fumants, seront déclochés, puis déposés sur les tables, et les wagons s'éclipseront par l'extrémité de la salle, emportant avec eux la vaisselle changée. Les pièces montées de pâtisserie, les socles en graisse ciselée, modelée, sur lesquels seront dressés les mets froids, composés, de tous les pays du monde, alternés de pièces entières d'animaux les plus recherchés, feront l'ornement de ces tables. Le menu sera fait d'après les propriétés des aliments et soumis à la variante analeptique que réclament les répartitions légales de notre nutrition. Au milieu de ces tables se dressera un pavillon où sera installée la musique, et les téléphones feront vibrer dans toute l'étendue des sons harmonieux. De là, également le chanteur, comme l'orateur, pourra se faire entendre dans toutes les extrémités. Au-dessus de ce pavillon brillera un soleil électrique, éclairant les convives. C'est encore de ce pavillon que partira le signal invitant les convives au *banquet de la vie*, à entonner en chœur l'hymne humanitaire qui, partant de *cent mille* poitrines, fera vaciller l'air; et la nature, enthousiasmée du spectacle de la grande famille humaine, s'épanouira à l'aurore de ce soleil nouveau.

Alors seulement, et pour la première fois, le monde sera inondé d'un flot de lumière de justice et de liberté; tel peut être le *Banquet à venir.*

BANQUETEUR, *s. m.* — Qui fait fête. Celui qui assiste au banquet, qui fait un banquet ou qui aime le banquet.

BANQUETTE, *s. f. (Banquetus)*; all. *Bank;* angl. *Bench;* ital. *banchina.* — Diminutif de banc. Petit siège long en bois et quelquefois rembourré.

BAOBAB, *s. m. (Adansonia digitata).* — Le plus grand des végétaux connus, originaire d'Afrique.

BANYULLES (*vin de*). — Roussillon (Pyrénées-Orientales). Vin doux et tonique de deuxième classe, d'une alcoolisation de 16 à 18 degrés.

BAPTISTERIUM, *s. m.* — Terme latin par lequel les Romains désignaient un grand bassin dépendant des thermes, et au-dessus duquel s'élevait un toit pyramidal soutenu par des colonnettes décorées. Ce bassin, qu'on appelait aussi *alveus*, servait à prendre le bain en commun.

BAQUET, *s. m.;* all. *Kübel;* angl. *tub;* ital. *tinozza.* — Le diminutif de *bac* et dont l'étymologie signifie bateau ou vaisseau. Culinairement, baquet servant à y déposer les eaux sales, baquet aux ordures, baquet servant à faire la savonnade. Petit cuvier.

BAQUETER, *v. a.* — Oter l'eau du baquet, mettre dans le baquet des aliments en conserve, sortir du baquet, ou transvaser d'un baquet.

BAQUETURES, *s. m. pl.*; all. *Tropfwein*; angl. *tap drippings.* — Se dit du vin qui tombe dans le baquet. Le vin qui a coulé par gouttes du tonneau dans le baquet posé sous le robinet d'une pièce en vidange.

BAR, *s. m.* (*sciæna aquila*). — Grand poisson de mer qu'il ne faut pas confondre avec le *bars* ou loup de mer. (Voir ces mots). Cependant, combien en est-il de nos jours, à qui l'on pourrait dire :

> Gâte sauce piteux, inerte marmiton.
> A ne pas distinguer le *bar* d'avec le thon.

Sa chair ferme, feuilletée, ne possède aucune succulence ; cependant on la mange cuite au court-bouillon servie avec une sauce relevée, soit grillée et servie à la maître-d'hôtel.

BARAQUILLE, *s. m.* (*mets composé*). — Hors-d'œuvre chaud. Mets très ancien.

Formule 249. — Hacher des filets de perdreaux cuits, de grives geniévrières, de ris de veau, des champignons, des truffes fraîches et du foie gras. Assaisonner cette farce en y ajoutant un peu de sauce allemande réduite, et du madère vieux. Etendre du feuilletage abaissé, poser la farce par petits tas de la grosseur d'une noix, et par distance voulue, donnant la possibilité de couper avec l'emporte-pièce des rondelles grandes de *vingt-cinq* centimètres de diamètre ; après avoir mouillé les bords avec le pinceau, plier la pâte sur la farce en trois faces, de manière à lui donner la forme triangulaire.

Dorer et cuire au four sur des plaques.

BARATTE, *s. f.*; all. *Butterfass*; angl. *chun*; ital. *zangola*; mettre en confusion ; vaisseau servant à agiter à *barrattare*. — Vaisseau dans lequel on met la crème en agitation, beurrière longue, ronde, etc. La baratte est ordinairement un vase fait avec du bois.

BARBADES (*crème des*). — *Formule 250.*

Employer.		
Eau-de-vie...	litres	6
Eau filtrée ou de source...	—	1
Zeste de citrons...	Nombre	12
Id. d'oranges...	—	8
Id. de cédrat...	—	4
Clous de girofle...	—	12
Macis...	Grammes	8
Cannelle...	—	25
Sucre...	Kilogrammes	3

Procédé. — Faire macérer le tout pendant huit jours, à l'exception du sucre ; distiller. Faire un sirop avec 2 litres d'eau, mélanger et filtrer. Cette liqueur jouit d'une grande renommée dans la Martinique où on la prépare.

BARBADINE, *s. f.* (*Passiflora edulis*). — La barbadine est un fruit exotique qui est fourni par la passiflore de la famille des passiflorées, originaire des Antilles. C'est un fruit doux et sucré.

BARBARÉE, *s. f.* — Plante de la famille des crucifères qui croît au bord des rivières, dans les les marais et dans tous les lieux humides, et dont les feuilles, qui ont le goût du cresson, se mangent en salade.

BARBARIN, *s. m.* — Genre de poisson appartenant à la catégorie des mulets.

BARBATANE, (*vin de*). — Bouches-du-Rhône. Vin de liqueur, tonique et stimulant, d'une vinosité généreuse.

BARBEAU, *s. m.* (*barbus cyprinus*); all. *Barbe*; angl. *barbel.* — Poisson d'eau courante qui a une grande analogie d'aspect avec la carpe, mais plus allongé et muni de quatre barbillons à son museau ; il en diffère en outre par sa bouche, en forme de fer à cheval, et par ses trois rayons, qui précèdent sa nageoire dorsale. Les naturalistes en comptent une multitude d'espèces qui diffèrent sensiblement du barbeau commun, duquel nous nous entretenons. Il est très anciennement connu ; les Grecs et les Romains en ont chanté ses qualités, qui nous paraissent peu appréciables ; sa chair est fade, peu sapide, et sans l'intervention de l'art culinaire qui l'enrichit par ses garnitures et ses condiments, ce serait un mets peu délicat. De plus, elle a l'exécrable inconvénient d'être armée d'une multitude d'arêtes qui en empêchent la libre mastication. C'est un poisson qui, étant bien gras, peut être mélangé avec d'autres, dans la confection des matelottes, etc.

HYGIÈNE. — Quelques médecins affirment que ses œufs causent des maux de ventre et des vomissements, souvent accompagnés de symptômes alarmants. Ces assertions n'ont rien de fondé, surtout quand ce poisson est frais.

Pour les préparations culinaires Voir le mot *Carpe.*

BARBEAU DE MONTAGNE. (Voir *Bleuet* et *Centaurée*.)

BARBEBON, *s. m.* — Nom vulgaire donné aux salsifis dans quelques provinces du Midi.

BARBE-DE-BOUC, *s. f.* — (*Cichorium Intibus* L). de *barba*, barbe, et par allusion à la barbe de bouc. — Plante qui a beaucoup d'analogie avec le salsifis. On en distingue plusieurs variétés, parmi lesquelles il en est dont on mange les jeunes pousses comme les asperges et d'autres dont on prépare les racines comme les salsifis. Ce serait cette plante qui aurait alimenté l'armée de Jules César, bloquée par les soldats de Pompée.

Fig. 109. — Chicorée à racine tubéreuse (barbe de bouc).

Parmi les variétés les plus remarquables, on distingue les tubéreuses, dont l'une cultivée depuis des temps immémoriaux en Belgique, est connue sous le nom Flamand de *Witloof*. C'est une variété de la chicorée de Magdebourg. (Voir *Chicorée*.)

Usage alimentaire. — Lorsque à l'instar de la romaine, les pousses sont produites par étiolement, on peut les préparer comme les cardons ou les cardes de bette ; c'est-à-dire à la moelle, à la sauce blanche, ou au jus.

Les feuilles de la deuxième pousse ne se servent qu'en salade ; au contraire, les premières pousses se préparent indifféremment, hachées, braisées, entières ou en salade. (Voir *Endive*.)

BARBE-DE-CAPUCIN, *s. f.* (*Cichorium Intibus* L) ; all. *Wilde* oder *bittere Cichorie* ; angl. *Chicory* ; *Succory* ; dan. *Sichorie* ; ital. *Cicoria selvatica* ; esp. *Achicoria amarga o agresto* ; port. *chicoria*. — Variété de la chicorée sauvage (Voir ce mot) de la famille des composées. La culture en rend le produit plus abondant et en améliore la qualité en atténuant la fragrance de ses feuilles. Produite par étiolement elle est blanche, douce et très estimée comme salade.

Usage culinaire. — Coupée, salée, pressée et confite dans le vinaigre, elle fournit un condiment excellent pour accompagner le bœuf bouilli.

Coupée, d'une longueur de 6 à 8 centimètres, et braisée au jus, elle constitue un entremets délicat.

Fig. 110. — Barbe de capucin.

Barbe-de-capucin à la crème. — Il ne s'agit pas ici, comme on pourrait le supposer, de faire mettre le menton d'un révérend père dans la crème, mais d'un procédé sérieux :

Formule 25. — Blanchir, égoutter, hacher le blanc du végétal et, après avoir fait cuire à blanc un peu de farine avec du beurre frais, on y joint la barbe hachée ; on remue un instant et on mouille avec de la crème fraîche ; on assaisonne avec sel, poivre et muscade. Frire des croûtons de pain au beurre frais et en couronner l'entremets.

Remarque. — A défaut de crème, on se sert de bon lait frais. On lie avec du beurre et des jaunes d'œufs.

BARBE-DE-CHÈVRE, *s. f.* (*Clavaria corraloïdes*). — Genre de champignons, à substance charnue ou tubéreuse, et ordinairement en forme de masses ou coraux. Il est connu sous le nom vulgaire de *barbe-de-bouc*, *pied-de-coq*, *mainotte*, *chevaline*, etc. Les variétés à chair tendre, que l'on trouve au pied des arbres, sont ordinairement d'une couleur rouge, violette ou grisâtre. Sans être exquis, ce champignon, sauté à la provençale, peut être recherché par les amateurs, ou employé comme garniture.

BARBILLON, *s. m.;* diminutif de barbe, barbeau et barbille. — On appelle ainsi les filaments qui sont aux deux côtés de la gueule de certains poissons d'ordinaire écailleux. Par analogie à la barbe, on désigne également chez les coqs les deux pendants qui garnissent les deux côtés du bec inférieur.

Jeune, le barbillon, se mange frit.

BARBOTE, *s. f.* — Poisson de rivière et de lac ne vivant que dans l'eau douce, très recherché par les gourmets, qui ne mangent que son foie.

Foie de barbote en caisse. — Formule 252. — Après avoir fait blanchir les foies de barbotes à l'eau bouillante, on les passe au beurre frais dans la poêle sur un feu vif, ou dans le four; après parfait assaisonnement et lorsqu'ils sont à peu près cuits, on les met dans des caisses de papier préparées à cet effet; on saupoudre légèrement de chapelure, sur laquelle on ajoute un peu de beurre. Placer les caisses sur un plat beurré et les faire gratiner légèrement au feu en ayant soin d'éviter que le papier ne se brûle.

La barbote se prépare indifféremment bouillie, servie avec une sauce hollandaise, câpres, anchois, gratinée ou frite.

BARBOTEUR, *s. m.;* all. *Hausente ;* angl. *dabler ;* ital. *anitra domestica.* — Une des variétés du canard domestique. (Voir ce mot.)

BARBOTINE, *s. f.* (*Tanacetum vulgare*). — Appelée aussi quelquefois *Tanaisie*. On la connaît vulgairement sous le nom d'herbe aux vers, à cause de ses propriétés vermifuges. C'est une plante de la famille des composées qui atteint quelquefois la hauteur d'un mètre environ ; une autre variété *tanacetum balsamita*, aussi appelée Beaume-coq est cultivée dans les jardins comme plante d'ornement et d'utilité. Ses fleurs jaunes sont aromatiques et amères, ainsi que ses feuilles d'un vert glauque, d'une odeur fétide très pénétrante. La tanaisie est antispasmodique ; elle communique un goût d'amertume au lait des vaches qui l'ont broutée.

USAGE CULINAIRE. — Dans le Nord, on emploie la tanaisie comme assaisonnement de certains gâteaux et autres aliments.

En Finlande, on en retire une couleur verte employée par les confiseurs.

En Angleterre, on s'en servait autrefois pour parfumer la bière appelé *ale*.

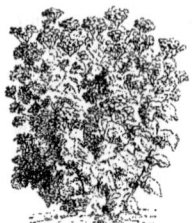

Fig. 111. — Barbotine vulgaire (*Tanacetum vulgare*).

BARBAUTE, *s. f.* — Cassonade très chargée de sirop.

BARBUE, *s. f.* (*rhombus passer*); all. *Butte ;* angl. *brill ;* ital. *barbato.* — La barbue est une variété de turbot qui ne se développe jamais beaucoup, sa forme est moins ovale que celle de ce dernier, elle n'a point de tubercules calcaires, et les rayons extérieurs des nageoires du dos se terminent en filets minces et dégagés, analogues à des barbes charnues. Comme le turbot, ce poisson abonde dans toutes les mers d'Europe : de Suède, du Danemarck, de Hollande, d'Angleterre, d'Espagne, de France, d'Italie, enfin dans tout l'Océan et la Méditerranée. Il aime côtoyer les rivages et vivre dans les endroits sablonneux ou rocheux, là où il trouve sa pitance.

HYGIÈNE. — D'une digestion facile, ce poisson se recommande aux convalescents et aux valétudinaires à estomac délicat.

Barbue à la sauce Hollandaise. — *Formule 253.* — Cuire la barbue dans le court-bouillon comme le turbot; étant cuite, la dresser sur une serviette entourée de pommes de terre cuites à l'anglaise, garnir de persil et d'écrevisses. Servir à part une sauce hollandaise.

Barbue à la parisienne. — *Formule 254.* — Il nous est difficile de donner toutes les recettes de la barbue *à la parisienne*, attendu qu'il y a presque autant de formules que d'artistes ; cependant nous adopterons la suivante qui nous a paru la meilleure.

Fendre horizontalement une barbue du côté noir dans toute sa longueur après l'avoir nettoyée ; l'assaisonner, beurrer un grand plat à gratin et la poser dessus; la mouiller de vin blanc, ajouter quelques champignons hachés et la faire cuire au four. D'autre part, préparer une garniture composée de champignons blancs, d'huîtres fraîches, de quelques truffes épluchées et cou-

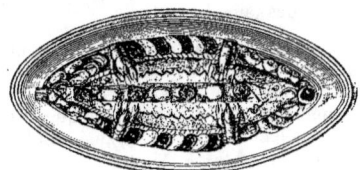

Fig. 112. — Barbue à la parisienne.

pées en lames et de quelques quenelles de baudroie ou de brochet, de forme plate et décorées. Faire cuire au court-bouillon ; cuire, piler et passer au tamis une vingtaine d'écrevisses. Peser *deux cent cinquante* grammes de beurre, autant de farine, et faire avec la cuisson une sauce légère au coulis d'écrevisses ; cette sauce étant cuite à point, la compléter en dernier lieu par l'addition d'un morceau de beurre fin en évitant qu'elle ne se décompose.

Dresser alors la barbue entière sur un grand plat en la garnissant par groupes alternés, d'huîtres, de champignons, de petites pommes de terre et de quenelles. Décorer le dessus de la barbue avec quelques écrevisses ; alterner de tranches de truffes, de queues d'écrevisses et de grosses quenelles. Masquer légèrement le poisson avec la sauce préparée et achever le décor par un filet de beurre d'écrevisse en zigzag sur les bords de la barbue. Servir une saucière à part.

On sert également ainsi les grosses soles, les les turbots et les saumons.

Barbue à la Mornay. — Ce mets a pris naissance au restaurant du *Grand Véfour*, sous l'habile direction de M. Herbomez.

Formule 255. — Désosser une barbue de belle dimension et en tailler de fortes escalopes en forme de cœur ; les faire dégorger et les égoutter. Beurrer un sautoir, y placer les filets, les assaisonner et les arroser de vin blanc, les couvrir de papier beurré et mettre cinq minutes au four.

Pendant ce temps faire un bon court-bouillon avec les débris de la barbue et mouiller avec un verre de vin blanc et de bouillon blanc ; faire cuire ; passer le court-bouillon et faire réduire encore pendant une heure ; avec cette réduction et du lait, faire une sauce Béchamel dans la règle, et après l'avoir réduite sans la laisser pincer, la lier avec des jaunes d'œufs, passer à l'étamine et travailler avec du beurre fin en y ajoutant du parmesan râpé.

Beurrer un plat long, y coucher une nappe de sauce (qui doit être ferme) superposer sur la sauce les filets de barbue ; saupoudrer de parmesan râpé ; recouvrir avec de la sauce Béchamel et enfin saupoudrer encore de parmesan, et mettre par-dessus des petits morceaux de beurre. Faire prendre une belle couleur jaune au four.

On traite ainsi à la Mornay, les filets de sole, ou de saumon.

Barbue au gratin. — *Formule 256.* — Après avoir nettoyé la barbue on la pose sur un plat à gratin beurré, submergée de vin blanc, que l'on fait réduire au four en la faisant cuire. Dix minutes avant sa parfaite cuisson, ajouter de la sauce italienne (voir ce mot), et laisser achever de gratiner ; en la sortant du four, la saupoudrer de fines herbes en y ajoutant un filet de jus de citron et de Madère.

Barbue à la Béchamel. — *Formule 257.* — La barbue étant cuite au court-bouillon, on la désosse en ayant soin de ne pas l'endommager ; on pose alors les morceaux sur un plat rond creux, et après avoir préparé une sauce Béchamel dans la règle (voir ce mot), on la verse sur la barbue chaude.

Barbue marinée. — *Formule 258.* — Vider, inciser une barbue et la faire macérer pendant deux heures dans du vin blanc, ciboule, clous de girofle, poivre concassé et citrons coupés en tranches. La placer dans un sautoir avec la marinade et la faire cuire. Dresser sur un plat et passer dessus sa propre cuisson préalablement réduite, passée au tamis et liée avec du beurre, en y ajoutant un peu de vin de Madère.

Barbue à l'italienne. — *Formule 259.* — Après être cuite au court-bouillon on désosse la barbue dont on pose les morceaux sur un plat beurré ; on fait une Béchamel dans laquelle on ajoute du parmesan râpé ; remuer le tout, verser sur le poisson et faire prendre couleur au four.

Barbue à la provençale. — *Formule 260.* — Cuire une barbue dans le vin comme au gratin cité plus haut. Lever les filets et avec la réduction préparer une sauce aux anchois dans laquelle on ajoutera des olives tournées. Saucer dessus.

Remarque. — On sert en outre la barbue comme garniture de vol-au-vent, de bouchées, de pâtés maigres, etc.

BARBURE, *s. m. (terme d'art).* — Se dit des inégalités d'un sujet coulé, après l'avoir sorti du moule. Culinairement *barbure de stéarine*, *barbure de suif*, *barbure de sucre* formée par les fissures du moule.

BARDANE, *s. f. (arctium Lappa)*; all. *Sapanische Kette*; ital. *Lappola*; Jap. *Gobo*. — Plante de la famille des composées originaire du Japon, dont les feuilles et les racines sont alimentaires.

Fig. 113. — Bardane géante.

HYGIÈNE. — En hygiène alimentaire, on emploie la bardane comme résolutive, diurétique, sudorifique et fortifiante; contre les maladies vénériennes et le scorbut.

USAGE ALIMENTAIRE. — Lorsque l'on désire manger des bardanes, il faut pour qu'elles soient exquises, les arracher au bout de deux mois de végétation, alors la chair en est tendre, plus tard les feuilles comme les racines deviennent dures et fragrantes.

Bardane à la crème. — *Formule 261.* — Eplucher les racines de bardanes, les couper en liards; faire blanchir. D'autre part faire cuire un peu de farine dans du beurre frais, mouiller avec du bouillon; assaisonner de poivre, de sel, de muscade et y ajouter les bardanes; laisser cuire doucement.

Etant cuite, lier la sauce avec de la crème fraîche et des jaunes d'œufs.

Remarque. — Les feuilles se préparent hachées, comme les épinards. Au Japon, on considère la bardane comme un aliment hygiénique de première nécessité. Il est regrettable que nos horticulteurs ne l'aient pas davantage étudiée et partant cultivée.

BARDE, *s. f. (barda)*; all. *Speckschnitte*; angl. *bard*; ital. *barda*; portug. et espagn. *albarda*; de l'arabe *bardahet*. — Tranche de lard mince, dont on se sert pour envelopper les gibiers, les volailles que l'on veut *barder*.

BARDOT, *s. m.* — Produit du cheval et de l'ânesse; il est plus petit et moins bien conformé que le mulet et sert aux mêmes usages. Sa chair est bonne quoique un peu filamenteuse. Elle se traite comme la viande de boucherie.

BARIGOULE, *s. f. (eryngii).* — Champignon de la famille des *Agarics* (voir ce mot) qui croît sur les racines mortes du passicaut, plante de la famille des ombellifères, appelée aussi *Chardon Roland* ou *Chardon cent têtes*. Dans le midi de la France on l'appelle *brigoule* et *bourigoule*.

Ce champignon, qui est excellent et sans danger, sert plus particulièrement à la confection des *artichauts à la barigoule* auxquels il donne son nom. Or, pour faire un mets à la barigoule, ce cryptogame est indispensable.

BARIL, *s. m. (barillus)*; all. *Fæsschen*, angl. *barrel*; ital. *baril*; espag. et portug. *barril*; irland. *bairile*, et du celt. *Kymri*. — Petite barrique. Un baril d'huile, d'anchois, d'olives, de harengs, etc. Petit tonneau.

BAR-LE-DUC (*Vin de*). — (Meuse), Lorraine. Vins blanc doux et rouge ordinaires. Ils se rapprochent par leurs qualités des vins de Champagne et de la Moselle; ils sont légers et d'une vinosité médiocre. On fait en outre, à Bar-le-Duc, des confitures renommées.

BARNACLE, *s. f.* (*barnaca*); all. *Rothgans*; angl. *barnacle*; ital. *barnacla*; de l'Irlandais, *oie barnacle*. — Ainsi appelée parce que l'on croyait que cet oiseau sortait, dans sa naissance, d'un coquillage attaché aux végétaux du bord de la mer qu'on nomme *barnacle* ou *bernicle*, où la barnacle fait son nid.

Oiseau de passage de la variété de l'oie sauvage, sa chair est assez bonne mais d'une digestion difficile. Les estomacs délicats doivent par conséquent s'en abstenir.

BARNE, *s. f.* — Lieu d'une saline où se fait le sel.

BARON, *s. m.* — Pièce de boucherie comprenant le râble et les deux gigots du mouton ou de l'agneau. Ainsi appelée parce que c'est le plus riche morceau de l'agneau ou du mouton. Le baron convient plus particulièrement pour le service à la Française où il figure dans toute sa splendeur.

Baron d'agneau aux primeurs. — *Formule 262.* — Rôtir à la broche le baron d'agneau et faire cuire des légumes nouveaux que l'on liera séparément au beurre fin. Dresser le baron sur un grand plat long, le garnir de légumes en alternant les couleurs. Le surmonter d'attelets garnis également de légumes décorés. Dégraisser le jus que l'on servira dans une saucière chaude et lui additionner préalablement une sauce maître-d'hôtel avec de la glace de viande et du poivre de Cayenne le tout mélangé.

Baron de pré-salé braisé. — *Formule 263.* — Lorsque le mouton est braisé (voir ce mot) selon la règle on dégraisse le fond et on le fait réduire; on le lie avec une sauce demi-glace et on le garnit selon les ressources ou l'opportunité du service. (Voir *Agneau*).

Remarque. — Le baron de mouton est le plus souvent braisé. Les garnitures dont on l'entoure généralement en déterminent le nom.

BARQUETTE, *s. f.* (*pâtisserie*). — Parmi les différents modes nous donnons la recette de la barquette à l'orange, la meilleure.

Formule 264. — Employer :

Sucre en poudre vanillé	Grammes	250
Amandes pilées	—	250
Farine de riz et fécule	Grammes	160
Kirsch, curaçao	Petit verre	1
Zeste d'orange	Nombre	1
Blancs d'œufs en neige	—	5

Procédé. — Mélanger aux amandes le sucre, le kirsch, le curaçao et le zeste d'orange; y ajouter la fécule, la farine de riz et les blancs d'œufs en neige avec une goutte de carmin. Coucher dans de petits moules longs et saupoudrer d'amandes hachées. Glacer et faire cuire dans un four doux.

BARRIQUE, *s. f.* — Sorte de futaille de la contenance d'environ 225 litres à Bordeaux, de 205 à Cognac, 213 litres à Mâcon et 240 litres à Nantes.

BARROT, *s. m.* — Petit baril rempli d'anchois. Ce mot ne s'applique que pour les barils d'anchois.

BARS, *s. m.* (*Labrax lupus*). Loup de mer; all. *Seebart*. — Ce poisson abonde sur les bords de la Méditerranée; il est moins répandu sur les côtes de l'Océan, mais généralement ne dépasse pas la Manche, et pénètre rarement dans la Baltique; il remonte quelquefois les fleuves où il paraît trouver le bonheur de sa gourmandise, car il s'engraisse démesurément. Ainsi pêché, il a une chair exquise, rougeâtre et fine, qui ne le cède en rien à la truite saumonée. Sa voracité est extrême, et c'est de là que lui vient son nom de *loup*; à Venise on en pêche du poids de huit kilogrammes, dont la longueur atteint jusqu'à cinquante centimètres. Les bars vivent en troupes et choisissent l'embouchure des rivières pour y déposer leurs œufs.

Très estimé des Grecs, ce poisson jouissait, parmi les gourmets de cette grande époque culinaire, d'une réputation remarquable. Pline et Horace disent également qu'on prisait surtout les bars qui avaient été pêchés dans le Tibre. Les plus recherchés étaient tachetés et petits; leur chair, blanche ou rose tendre, recevait l'épithète de *laineuse*. Le bars doit être mangé avant le frai, alors il est bon, et le *barset* (petit bars) doit être pêché près des bouches des rivières. Les têtes et les laitances du bars ont été l'objet de recherches pour leur délicatesse. Les *barsets* peuvent être frits, préparés en filets, etc. On traite culinairement le bars comme le saumon; il a du reste une grande analogie avec celui-ci, par sa forme, sa chair et ses propriétés hygiéniques.

BARSAC, *s. p. (cru de bas)*. — Vin rouge de France (Bordeaux). Le cru le plus estimé est celui de Château-Nayrac.

BARSAC, *s. p. (cru de haut)*. — Les vins blancs de Haut-Barsac sont parfumés, chauds et capiteux; ils se rapprochent des Sauternes, mais leur bouquet dure moins longtemps que celui de ces derniers vins. Les crus du Château-Comtat et du Château-Climens sont les meilleurs des hauts Barsac. Ces vins se classent dans la catégorie des *grands ordinaires*, dont ils occupent la tête.

BARSE, *s. f.* — Se dit des boîtes d'étain dans lesquelles on exporte le thé de Chine.

BARSZOZ, *s. f. (Heracleum splindylium)*. — C'est une bière que l'on fabrique en Lithuanie et en Pologne, par la fermentation des graines de la *berce-bramarsine*.

BARTAVELLE, *s. f. (Perdix vertevella)*. — Une des variétés de la perdrix rouge, mais plus grosse, et qui se distingue seulement par l'absence des taches noires sur sa poitrine. Très commune dans le midi de l'Europe, dans les Alpes, d'où elle descend l'hiver; les bartavelles du Valais, du Mont-Blanc, du Mont-Cenis, sont les meilleures. Leur chair, très appréciée du reste, est inférieure par sa succulence à la chair du perdreau rouge des montagnes. Pour les préparations culinaires, voir *Perdrix*.

BASELLE, *s. f. (basella alba)*; all. *Indicher Grüner Spinat*; angl. *White Malabar nightshade*; ital. *basella*; esp. *Basela*. — Plante de la famille des Chenopodées, originaire d'Amérique; vulgairement appelée *épinard blanc* ou *baselle blanche*.

Les tiges sarmenteuses ont quelque chose du brocoli. Les feuilles tendres se préparent comme les autres végétaux.

Une autre espèce de baselle teintée de couleur rouge pourpre, importée de Chine, en 1839, par le capitaine Geoffroy, serait certainement préférable aux autres espèces à cause de l'ampleur de ses feuilles. La culture ne paraît pas cependant s'en être répandue, probablement à cause de la difficulté de la faire grener en France. Quoi

Fig. 114. — Baselle blanche.

qu'il en soit, la baselle constitue un végétal trop peu connu des hommes de bouche.

BASILIC, *s. m. (ocymum basilicum)*; all. *Basilicum*; angl. *basil*; ital. *basilico*; espag. *Albaca albahaca*; port. *Mangericao*. — (*Condiment aromatique*). Plante de l'Inde très usitée chez les Orientaux comme aromate et condiment culinaire. Il est regrettable qu'elle soit ignorée des cuisiniers modernes. Le basilic possède, outre ses propriétés aromatiques, celle non moins précieuse de stimuler le sang. C'est donc le condiment propre aux vieillards, et celui que l'on doit employer de préférence pendant les saisons froides et dans les pays du Nord. On fait des infusions de ses feuilles ou de leur poudre, employée comme sternutatoire contre les maux de tête. Pour mieux le faire connaître nous décrivons ses diverses variétés, en donnant les figures des trois principales.

Fig. 115. — Grand basilic (*Ocymum basilicum*).

On ne distingue pas moins de dix variétés de Basilic, qui sont:

BASILIC GRAND. — Feuilles vertes, ovales-lancéolées; fleurs blanches en grappes verticillées. Graine petite, noire, oblongue, entourée d'une substance mucilagineuse, qui se gonfle dans l'eau comme celle de la graine de lin: un gramme en contient 800 et le litre pèse 530 grammes; sa durée germinative est de huit années.

Lorsque la plante est séchée à l'ombre, on la confrigue et on met les fragments dans des boîtes bouchées.

BASILIC GRAND VERT. — Paraît être le type de l'espèce; plante plus trapue que la précédente et croît par touffes compactes. Ses feuilles sont vertes et luisantes, courtement ovales.

BASILIC GRAND VIOLET. — Pareil aux précédents, il n'en diffère que par ses feuilles et ses tiges d'un violet brun foncé.

BASILIC A FEUILLES DE LAITUE. — Cette variété se distingue par ses larges feuilles cloquées, ondulées, atteignant jusqu'à dix centimètres de long. Plante trapue et basse. Ses feuilles moins nombreuses que dans les variétés fines. Ce basilic séché à l'ombre se conserve sec, comme le thym, et on l'emploie pour condimenter les mets et aromatiser les sauces.

Fig. 116. — Basilic à feuilles de laitue.

BASILIC FIN. — Plante naine, plus compacte, plus ramifiée que le B. grand; feuilles petites; fleurs blanches; graines semblables à celles du B. grand. Il en a les mêmes propriétés et sert aux mêmes usages condimentaires.

BASILIC ANISÉ. — Variété qui se distingue du B. grand par son odeur plus aromatique se rapprochant de celle de l'anis.

BASILIC FRISÉ. — Aussi appelé B. à feuilles d'ortie. Les feuilles vertes, laciniées, crépues, se distinguent facilement.

BASILIC FIN VERT. — Cette variété entièrement verte convient plus particulièrement pour la culture en pots. Cet avantage permet de la cultiver à domicile et d'avoir un condiment toujours sous la main. Les familles trouvent là une plante utile et d'agrément; ses fleurs blanches rosées, en grappes, se détachent agréablement

Fig. 117. — Basilic fin, vert.

sur le feuillage d'un vert intense. Son parfum fin et pénétrant est très recherché. Les ménagères toujours à la recherche de plantes d'appartement feraient bien dans un double but d'utilité et d'agrément de lui donner la préférence.

On distingue en outre le B. *en arbre*, variété ne paraissant pas être le véritable *Ocymum Gratissimum*. Son arome suave l'a fait confondre avec la famille des basilics.

BASSAN (*vin de*). Languedoc (Hérault). Vin de liqueur de quatrième classe très alcoolisé.

BASSE-COUR. — Lieu réservé aux animaux domestiques; où on élève la volaille, etc.

BASSIA (*longifolia*), connu à Malabar sous le nom d'*illupei*; en sansc. *mahwa madhuca*.— Genre de plante exotique de la famille des sapotacées, dont on distingue plusieurs espèces; nous citerons les plus connues. Les indigènes de Malabar mangent les corolles du B. *longifolia*, rôties ou crues et prétendent qu'elles ont la saveur du raisin. De ses baies vertes on extrait un suc astringent et de ses semences une huile qui sert à différents usages.

Le B. *latifolia* Roxb., fournit comme le précédent une huile que l'on extrait de ses semences. Les Indiens préparent en outre avec ses fleurs une liqueur alcoolique, consommée sur place.

Le B. *butyracea* Roxb. (*phulwera, shea*, arbre à beurre).

L'huile que l'on extrait de ses graines est beaucoup plus riche en stéaroptène que celle produite par les semences des autres genres; elle présente l'aspect du beurre et les Indiens l'emploient soit aux mêmes usages culinaires, soit en médecine.

BASSIN, *s. m.*; all. *Becken*; ang. *bassin*; ital. *bacino*; esp. *bacin*. — Grand plat creux, bassin à laver les mains. En terme d'appropriation thermale, le mot *bassin* s'applique aux réservoirs destinés soit à la réfrigération, soit à la natation.

BASSINE, *s. f.* all. *Kessel* ; ang. *large copper pan* ; ital. *bacino*. — Espèce de chaudière hémisphérique, à fond concave, destinée à battre les blancs d'œufs, à faire les sirops, les gelées, les marmelades, confitures, etc. Un métallurgiste français, M. E. MARTIN, vient de créer une nouvelle *bassine* dans laquelle les confitures, les blancs d'œuf, comme la crème, peuvent y demeurer indemnes sans craindre les dangers que peut occasionner le cuivre. Cette bassine est bi-métallique, c'est-à-dire doublée intérieurement d'une feuille d'argent pur. (Voir *Batterie*).

Fig. 118. — Bassine.

BASSINOIRE, *s. f.*; all. *Warmepfenne*; ang. *warmingpan*; ital. *scaldaleto*. — Bassin dans lequel on met de la braise ou des cendres chaudes et qu'un manche permet de promener dans le lit pour le chauffer.

BASTION DE VOLAILLE, *s. m. (aliment composé)*. — Pièce montée. Mets froid et glacé de gelée.
Formule 265. — Le bastion de volaille ne peut être confectionné qu'avec de la volaille, comme l'indique son nom. Le socle rustique doit représenter une fortification naturelle, un roc, un îlot ou un mamelon. On prépare des galantines de volaille d'une bonne consistance, que l'on coupe en carrés dans la forme de pierres de taille à construction, avec lesquelles on construit le bastion en le murant avec des morceaux de galantine légèrement glacés; le bastion peut être à moitié plein d'un chaud-froid de volaille, selon le goût ou la quantité des convives à servir. La *bastionnade* du haut de la tour doit être garnie, décorée de drapeaux de la nation qu'on veut représenter. Les meurtrières doivent faire entrevoir la bouche des canons. Les bastions sont en général flanqués de petites tourelles que, dès lors, on appelle tours bastionnées. Mais le tout doit être frais et mangeable.

BAT, *s. m. (pêche)*. — Queue de poisson. On mesure la longueur du poisson entre l'œil et le *bat* ; angle charnu de la fourchette de la queue.

BA-TA-CLAN, *s. m. (pâtisserie)*. — Entremets de pâtisserie dû à Lacan célèbre pâtissier parisien.

Formule 266. — Employer :

Amandes fraîches et mondées	grammes	250
Sucre vanillé	—	375
Farine tamisée	—	125
Rhum	décilitre	1
Œufs frais	nombre	12

Procédé. — Piler les amandes fraîches en ajoutant les œufs par intervalles, y ajouter le sucre et le rhum. Mettre la pâte dans une terrine et la travailler en y ajoutant la farine ; lorsqu'elle est lisse on la couche dans un moule plat et cannelé. Cuire dans un four de chaleur moyenne et glacer le *Ba-ta-clan* à la vanille en le sortant du four.

BATARDE, *adj.* — Se dit des sauces imitées, des appareils dans lesquels on a ajouté de la farine : *sauce Hollandaise bâtarde*, faite de farine au lieu de beurre et de jaunes d'œufs exclusivement.

BATON-DE-JACOB, *s. m. (asphodelus luteus)*. — Asphodèle jaune qu'il ne faut pas confondre avec l'A. rameuse ou blanche (voir *Asphodèle*).

BATONS D'AVELINES, *s. m. (pâtisserie)*. — Ces bâtons très goûtés sont d'ailleurs délicats et légers.

Formule 267. — Employer :

Avelines mondées	grammes	250
Sucre concassé	—	250
Kirsch	décilitre	1

Procédé. — Piler les avelines avec le sucre en humectant la pâte avec des blancs d'œufs, ajouter le kirsch, continuer à piler ; en faire une pâte ferme, de manière à pouvoir la travailler sur le tour ou sur la planche. Diviser la pâte et en faire des bandes aplaties. Couper en travers des bandelettes de *huit centimètres* de long sur *deux* de large. Rouler alors ces bâtons, qui seront d'une égale longueur et de la même grosseur. Battre des blancs d'œufs selon la quantité des bâtons, les passer un à un dans les blancs d'œufs, ensuite dans du sucre grené; les aligner sur une plaque beurrée et farinée. Etant cuits, tremper chaque bout dans de la pâte à meringues, ensuite dans des pistaches hachées. Laisser sécher.

BATON AU CHOCOLAT, *s. m.* (*pâtisserie*). — Ces bâtons qui se servent comme dessert sont excellents.

Formule 268. — Employer :

Amandes mondées	grammes	250
Sucre concassé	—	250
Chocolat fin, sans sucre	—	200
Sucre vanillé	—	30
Blancs d'œufs	nombre	3

Procédé. — Piler les amandes avec le sucre et les blancs d'œufs (commencer par un); faire une pâte ferme. Procéder pour la formation des bâtons comme pour les bâtons aux avelines décrits plus haut. Les cuire et les achever comme les bâtons d'avelines.

BATON GLACÉ, *s. m.* (*pâtisserie.*) — Cette pâtisserie légère est exquise.

Formule 269. — Abaisser une bande de pâte de feuilletage. Glacer cette bande avec une glace royale légère, couper transversalement des petites bandes en forme de bâton, que l'on pose sur une plaque et que l'on fait cuire dans un four chaud dessous; cela pour éviter de brûler la glace et pour faire monter la pâte.

BATONNETS, *s. m. pl.* (*boulangerie*). — Petits bâtons de pâte, roulés et dorés à l'œuf avant d'être cuits. Dans le Nord on y fait entrer du cumin.

BATONS ROYAUX, *s. m. pl.* (*hors d'œuvre*). — L'une des plus anciennes pâtisseries françaises. Elle se sert comme garniture de grosse pièce.

Formule 270. — Faire une farce avec les chairs d'une volaille et de deux perdreaux, bien l'assaisonner tout en la maintenant d'une mollesse convenable à la fabrication. Abaisser de la pâte brisée, couper des carrés longs, mettre au milieu la farce et rouler la pâte, coller les ouvertures et faire frire. Ces bâtons peuvent être servis au déjeuner comme mets spéciaux, en complément du menu.

BATRACIEN, *s. m.* (*zoologie*); all. *Batrachin*; angl. *batrachiam*. — Animaux vertébrés appartenant au quatrième ordre de la classe des reptiles, formant le passage de cette classe à celle des poissons et renfermant des animaux à peau nue, tels que la grenouille, etc., qui diffèrent de tous les autres vertébrés par la métamorphose qu'ils éprouvent dans les premiers temps de leur existence. Les batraciens sont presque tous utilisés comme aliment. Mais la loi mosaïque les proscrit en les déclarant impurs.

BATTERIE DE CUISINE, *s. f.*; all. *Küchengeschirr*; angl. *set of pots and kettles*; ital. *batteria, stoviglie*. — Pièces de cuivre, de bronze, de fer, de fonte formant l'ensemble des vaisseaux de cuisine allant au feu et servant à cuire les aliments.

Fig. 119. — Marmite.

Les casseroles, sautoirs (plats à sauter), braisières, poissonnières et marmites sont les pièces faisant partie de la batterie de cuisine, et qu'il ne faut pas confondre avec le gril, les cuillères, les fourchettes etc., compris dans les ustensiles. Au sujet de batterie de cuisine on se rappelle le

Fig. 120. — Sautoir bi-métallique.
Cuivre et argent.

plaisant jeu de mots de M. de Bièvre, qui rentrant chez lui avec un de ses amis et voyant deux de ses marmitons aux prises lui dit : « Ne faites pas attention, c'est une *batterie de cuisine.* »

Ajoutons que la batterie de cuisine est le thermomètre du cuisinier, car pour apprécier convenablement le maître de maison, il faut visiter sa cuisine plutôt que son salon.

Rien n'est plus important pour un praticien que sa batterie bien fournie et d'une force suffisante ; lorsqu'elle est usée, vieille et mal entretenue, le moindre coup de feu suffit pour tout détruire, ce

Fig. 121. — Casserole bi-métallique.
Cuivre et argent.

qui nécessite un double emploi d'aliments et met le cuisinier dans l'invariable difficulté de recommencer l'opération dans un moment où la promptitude du service ne lui en laisse le loisir. L'économie sur la batterie de cuisine est donc une économie mal comprise, qui devient le cauchemar et le déshonneur du praticien et de l'amphitryon intéressé qui ne peut faire honneur à sa table.

La pratique a démontré que pour traiter les aliments d'une manière artistique et hygiénique, il faut qu'ils soient cuits dans des vases forts et d'une matière inoffensive ; sans ces conditions les meilleurs produits ne sauraient être exquis.

Fig. 122. — Bain-marie bi-métallique.
Cuivre et argent.

Il s'agit non seulement d'économie et d'art, mais surtout d'hygiène alimentaire intéressant au plus haut point la santé du consommateur. Les accidents résultant de l'intoxication par le vert-de-gris sont assez connus sans qu'il soit besoin de les signaler ici à l'appui de nos assertions.

La plus belle batterie de cuisine qui ait jamais existée fut celle de la mère de Madame de Graf-figny : comme elle possédait un nombre considérable de planches en cuivre gravées par Callot, elle en fit faire une magnifique batterie de cuisine ; chaque casserole portait une histoire, un écusson, un sujet. Toutes ces pièces sont aujourd'hui perdues. Malgré la valeur artistique de cette batterie, elle avait du reste comme les autres, l'inconvénient du rétamage, de l'oxydation du cuivre, etc., inconvénients sur lesquels nous allons insister.

L'histoire de la civilisation se caractérise plus encore par les vaisseaux de cuisine que par les écrits. Les Aryens faisaient rôtir leurs viandes sur la braise ; les Egyptiens cuisaient leurs aliments dans des vases d'argile séchés au soleil ; les Grecs dans l'airain, les Germains dans la fonte, les Romains dans le bronze, les Européens ordinairement dans le cuivre, etc.

« La batterie de cuisine peut être dangereuse pour la santé à divers points de vue. Nous ne parlons point des ustensiles en bois, qui se corrompent facilement et favorisent les décompositions alimentaires. (1) Les poteries vitrifiées à la litharge ont fréquemment à leur actif des empoisonnements par le plomb, lorsque le vernissage est attaqué par les acides ou les sels, usités en art culinaire. L'hygiène publique et la police sanitaire ont donc le devoir étroit de régler toute poterie plombifère, et de leur substituer le grès, la porcelaine, la faïence et les vases céramiques au silicate de soude, qui sont inoffensifs.

« Mais les ustensiles les plus importants en cuisine sont *métalliques*. Lorsqu'ils sont en fonte ou en fer battu, ils communiquent un goût d'encre aux substances alimentaires et les noircissent, le tannin végétal formant un tannate de fer. Emaillés, ils renferment souvent du plomb et sont sujets à de trop faciles détériorations. Le fer-blanc serait excellent, si les étamages employés à sa fabrication ne contenaient fréquemment des traces de plomb, malgré les ordonnances des conseils d'hygiène et de salubrité, les inspections du laboratoire municipal et les sévères ordonnances de l'armée et de la marine. L'étain renferme souvent encore, outre le plomb, des traces d'antimoine et d'arsenic : d'ailleurs, le chlorure d'étain, qui est toxique, peut se former en présence des acides et du chlorure de sodium (sel de cuisine).

« Les ustensiles en *zinc* ont fréquemment causé

---

(1) Communication faite à la *Société Française d'hygiène*, par J. Favre, le 9 mars 1888.

des accidents gastro-intestinaux, analogues à ceux que produisent les poisons irritants. Quant aux casseroles de *cuivre*, quoique moins vénéneuses qu'on les supposait autrefois, elles exigent des soins de propreté de tous les instants : les corps gras sont, en effet, susceptibles de décomposer ce métal et d'engendrer des sels cupriques dangereux, le vert-de-gris notamment, auquel sont dus la plupart des vomissements et des coliques qui suivent l'ingestion de mets préparés dans des vases insuffisamment récurés.

« Depuis quelque temps, un superbe métal, le *nickel*, sert à confectionner, surtout en Allemagne, les ustensiles destinés à l'usage domestique. Le nickel est assez facilement attaquable par les manipulations culinaires. A la suite d'accidents sérieux survenus après un repas fait et servi à la Cour d'Autriche, dans des vases de nickel, le conseil supérieur d'hygiène a formellement interdit l'emploi de ce métal pour la préparation des aliments (1886) (1). Mais, ainsi que l'a pleinement démontré M. Riche, les sels produits ne sont guère plus nuisibles que ceux de fer. En revanche, les inconvénients du mauvais goût et du noircissement des aliments tanniques (artichauts) et albuminoïdes (œufs, blanc-manger), sont à peu près les mêmes que ceux inhérents à la vaisselle de fer : ce qui, évidemment, attente à l'avenir qui semblait leur être réservé en cuisine.

« Il n'en est pas de même de la batterie de cuisine en *argent*. C'est à elle qu'appartient la palme hygiénique. Jusqu'ici, les vaisseaux d'argent ne se trouvaient guère qu'à la portée des princes et des Rothschilds, rois de la finance. Un éminent métallurgiste, M. Edouard Martin, vient d'offrir, aux plus petites bourses de la France gastronomique, les moyens pratiques de cuire les aliments dans ce magnifique métal.

Sans lequel la vertu n'est qu'un meuble inutile.

M. Ed. Martin a inventé une batterie de cuisine bi-métallique, en cuivre martelé, que double intérieurement, en guise d'étain, une forte feuille d'argent chimiquement pur. Avec cette découverte, l'intoxication culinaire devient un mythe : l'industrie de l'étamage n'est plus une industrie suspectée et inspectée. Un grand progrès s'est donc ainsi réalisé dans l'art de bien vivre, et cette découverte toute récente, essentiellement française, fera bientôt (il n'en faut pas douter) le tour du monde. La casserole bi-métallique hygiénique détrône le fer-blanc si dangereux, le fer si désagréable, le cuivre si difficile à manier, l'émail et les poteries fragiles et susceptibles de receler l'intoxication saturnine. Tous ces modes d'ustensiles sont aujourd'hui remplacés par un métal éminemment inoffensif, l'argent. Avec les nouveaux appareils E. Martin, le poisson pourra impunément séjourner dans sa poissonnière, les sauces mijoter dans les bains-marie ; avec eux, les crèmes, les gelées, les bavaroises, les blancs-mangers, les mayonnaises, etc., demeureront, immaculées, à l'abri de tout contact toxique ou flétrissant. La méfiance et le dégoût à l'égard des casseroles ne seront plus de mise : l'enfant, cet être si délicat et si susceptible aux moindres influences vénéneuses, aura sa bouillie préparée dans une petite casserole d'argent : rêve de l'hygiéniste et du pédiâtre.

« Brillat-Savarin a pu dire que la découverte d'un plat nouveau était plus importante pour l'humanité que la découverte d'une planète. Que dirait aujourd'hui l'illustre gourmand, s'il revenait à la lumière pour constater l'immense progrès réalisé dans l'art de préparer les aliments ? Il n'hésiterait pas, à coup sûr, à proclamer d'utilité nationale l'invention de M. Ed. Martin et à la placer au rang des plus glorieuses de ce siècle qui s'éteint « et qui fut, cependant, si fertile en miracles ! »

« L'argent n'est altérable que lorsqu'il renferme du cuivre : mais lorsqu'il est pur de tout alliage, il est le plus blanc, le plus brillant, le plus malléable et le plus ductile de tous les métaux : il n'est susceptible d'être attaqué que par les acides énergiques. Absolument inoffensif pour l'économie humaine, il n'altère le goût d'aucune préparation alimentaire. *C'est donc à l'argent, que le cuisinier comme l'hygiéniste doivent accorder la préférence pour la confection des batteries de cuisine.* »

C'est pour cette raison surtout que notre *Dictionnaire* s'est empressé de signaler l'innovation si pratiquement utile de M. Ed. Martin. (Voir *Casserole*).

A l'issue de cette communication la *Société Française d'Hygiène* a nommé une commission pour faire des expériences et un rapport. Commission composée de MM. L. Brillié et E. Dupré, *Chimistes;* Hamon, *Hygiéniste;* A. Fichet, *Ingénieur;* X. Portafax, Docteur en médecine, et J. Favre, *Hygiéniste.*

---

(1) Décret de S. M. l'Empereur d'Autriche.

NETTOYAGE. — Lorsque rien ne s'est attaché à l'intérieur de la casserole, on la lave simplement à l'eau chaude et pour enlever les taches on frotte à l'aide d'un petit linge imbibé de blanc d'Espagne mêlé d'esprit de vin.

Eau pour nettoyer le cuivre. — *Formule 271.* — Employer :

Acide oxalique	grammes	100
Thélurine	—	80
Eau bouillante	litre	1

Procédé. — Frotter le cuivre trempé dans cette composition, rincer à l'eau et essuyer ensuite.

BATTUE, *s. f.* ; all. *Treibjagen* ; angl. *battue*. — Terme de chasse : Une battue de cailles, de grives, etc. S'emploie aussi dans la pêche pour désigner le poisson vivant par troupes : une battue de harengs.

BAUDET, *s. m.* — Se dit de l'âne mâle qu'on élève pour la reproduction de l'espèce.

BAUDROIE, *s. f.* ; ital. *diavolo di mare* ; prov. *pescheteau*. Aussi appelée *diable de mer* à cause de sa voracité proverbiale et de sa laideur. — Poisson de l'ordre des acanthoptérigiens, sa chair blanche et molle est recouverte d'une forte peau sans écaille. Cuite elle devient ferme, ce qui la fait choisir de préférence pour la confection des quenelles, ou des pains de poissons, mais surtout pour la préparation de la *bouillabaisse* et de la *bourride* (voir ces mots).

BAUME DU PÉROU (*melilotus cœrulea*). — Genre

Fig. 125. — *Melilotus cœrulea*.

de légumineuses voisin du genre trifolium, auquel Linné l'avait réuni.

Le baume du Pérou est vulgairement connu sous le nom de *mélilot bleu* (melilotus cœrulea), *lotier odorant*. Cette plante, haute d'un pied et demi environ, est originaire de la Bohême ; on la cultive dans les jardins pour la beauté de ses fleurs d'un bleu magnifique, qui exhalent une odeur aromatique des plus agréables. Les habitants de son pays d'origine la prennent en théiforme. Dans quelques contrées de la Suisse on mêle ses fleurs à certains fromages, ce qui leur communique une odeur et un goût aromatiques très agréables.

BAUNE (*vin de*). — Comtat d'Avignon (Vaucluse). Vin de troisième classe mais très tonique, capiteux et stimulant.

On appelle également *beaune* un vin blanc de Bordeaux de première classe. Tonique, stimulant et diurétique.

BAVAROIS, *s. m.* (*entremets froid*) ; se dit aussi *fromage bavarois*. — Entremets sucré, composé de jaunes d'œufs, de crème, d'aromates, de gélatine et de sucre. Les différents bavarois ont tous pour base les mêmes éléments indispensables ; œufs, gélatine et lait.

En conséquence je donnerais à cette première formule l'exposé complet du principe dont on ne devra point se départir.

Bavarois à la vanille. — *Formule 272.*

Employer :

Sucre en poudre	grammes	300
Gélatine	—	40
Crème double	litres	2
Vanille en gousse	nombre	1
Œufs frais	—	8

Procédé. — Prendre la moitié de la crème, celle de dessus pour la fouetter. Mettre l'autre moitié c'est à dire un litre dans une casserole avec le sucre, la vanille et les jaunes d'œufs. Poser la casserole sur le feu et remuer constamment jusqu'à ce que son contenu prenne l'aspect d'une crème (sans laisser bouillir). Faire tremper la gélatine dans l'eau tiède et la mettre dans l'appareil chaud. Remuer jusqu'à ce que la gélatine soit dissoute ; passer l'appareil dans une passoire ou dans un tamis et le remuer (dans une terrine de terre vernissée), dans un lieu froid jusqu'à ce que l'appareil ait une tendance à se coaguler. Ajouter alors un litre de crème double fouettée ; pour le mélanger on devra soulever l'appareil sur la crème.

Emplir les moules, qui doivent être d'une parfaite propreté ; les poser au froid, et, après quatre ou cinq heures ils doivent être congelés ; deux heures suffiront s'ils sont sur la glace.

Les démouler et les servir sur une serviette à franges posée sur un plat rond préalablement refroidi.

Remarque. — La pratique m'a démontré que, pour éviter les grumeaux, l'appareil devait être refroidi dans un vase de terre ou porcelaine ; les vases de métal donnant invariablement les accidents de coagulation, surtout lorsqu'ils sont sur la glace. Dès lors l'entremets est irrégulier, lourd et désagréable, la gélatine dominant dans certaines parties. Il est également important de ne pas entreprendre la confection des bavarois si l'on n'a de la crème double de la première fraîcheur.

Fig. 194. — Bavarois.

Ajoutons que les moules doivent être d'argent c'est-à-dire bi-métalliques. On trouve ces moules à la *chaudronnerie hygiénique* à Paris.

Bavarois au moka. — *Formule 273.* — Torréfier *cent* grammes de café moka dans un poêlon d'office. Faire bouillir un litre de lait. Mettre le café moulu infuser dans le lait bouillant. Mettre dans une casserole *huit* jaunes d'œufs et *trois cents* grammes de sucre en poudre. Lier l'appareil sur le feu, ajouter la gélatine (quarante grammes) et achever avec la crème fouettée comme pour le précédent. On remplace très avantageusement l'infusion de café par de l'essence que l'on vend en flacon.

Bavarois au chocolat. — *Formule 274.* — Dans les mêmes proportions que le précédent. Ajouter dans l'appareil *deux cent cinquante* grammes de chocolat fin et achever comme d'ordinaire.

On obtiendra un entremets plus délicat en remplaçant le chocolat par une gousse de vanille et deux cents grammes de cacao en feuille.

Bavarois au thé. — *Formule 275.* — Faire une infusion de thé de Chine, très forte et de manière à en obtenir un demi-litre, avec laquelle on fera l'appareil composé de *huit* jaunes d'œufs et *trente* grammes de gélatine ; ajouter un demi-litre de crème fouettée. Incorporer et achever d'après la règle.

Bavarois d'amande. — *Formule 276.* — Après avoir mondé *trois cents* grammes d'amandes douces et *dix* d'amandes amères, piler avec une petite quantité d'eau (environ trois cuillerées) que l'on ajoute par intervalles. Lorsque les amandes sont parfaitement pilées, faire une liaison sur le feu, de *trois cents* grammes de sucre en poudre et *huit* jaunes d'œufs. Ajouter *quarante* grammes de gélatine que l'on aura fait fondre au bain-marie, dans une très faible quantité d'eau. Passer au tamis fin, fouetter un litre de crème double et incorporer le tout.

Remarque. — Les bavarois d'avelines, de noix fraîches, de pistaches, de bananes, se font de la même manière que le bavarois d'amandes, et ne varient que dans la diversité du principe aromatique qui en est la base. Si l'on désire obtenir un goût plus accentué, il n'y a qu'à ajouter dans l'appareil un petit verre par moule de kirsch vieux.

Bavarois d'amandes torréfiées. — *Formule 277.* — Après avoir mondé *trois cent cinquante* grammes d'amandes douces, hachées et torréfiées au four sur une plaque, faire fondre *cent soixante-quinze* grammes de sucre au caramel, mettre les amandes comme pour le nougat. Ajouter un décilitre d'eau pour dissoudre le sucre. Lorsqu'il sera parfaitement dissous, ajouter un litre de lait, passer le tout au tamis fin et piler les amandes au mortier. Mettre dans une casserole *huit* jaunes d'œufs et *deux cent vingt-cinq* grammes de sucre, verser en remuant le lait et les amandes sur l'appareil que l'on remue sur le feu pour le lier ; ajouter la gélatine, dont *quarante* grammes doivent suffire. Finir comme d'ordinaire.

Bavarois à la fleur d'oranger torréfiée. — *Formule 278.* — Faire fondre au caramel *cent* grammes de sucre, éplucher de la fleur d'oranger de manière à en obtenir *soixante* grammes, les ajouter dans le sucre et remuer quelques secondes sur le feu. Mettre *un* décilitre d'eau pour faire dissoudre le sucre. Séparer *huit* jaunes d'œufs, les mettre dans une casserole avec *deux cent cinquante* grammes de sucre en poudre et un litre de crème bouillie ; lier l'appareil sur le feu. La crème liée, ajouter la fleur d'oranger que l'on a laissé infuser dans le caramel. Passer à la chinoise et ajouter la gélatine, plus un demi-litre de crème fouettée.

Bavarois à la purée de fraise. — *Formule 279.*
— Mettre *trois cents* grammes de sucre en poudre dans un demi-litre de crème cuite, et *dix* jaunes d'œufs; lier le tout dans une casserole sur le feu; ajouter *quarante* grammes de gélatine, passer l'appareil au tamis fin; faire légèrement coaguler en remuant. Pendant ce temps on aura fouetté dans une terrine en terre *un* litre de crème fraîche, dans laquelle on aura mis la purée d'une forte assiettée de petites fraises rouges de montagne. Mélanger alors le tout et y incorporer l'appareil.

Remarque. — Les bavarois aux fruits se font tous de la même manière, et il est essentiel que les purées de fruits ne soient pas en contact avec l'étain; il faut donc se servir de moules d'argent de la *chaudronnerie hygiénique;* de moules de verre ou de porcelaine. Ces sortes de bavarois sont dressés sur des compotiers et entourés d'une purée de fruits pareille à celle qui compose son arome.

Bavarois à la Tunisienne. — *Formule 280.*
— Chemiser (voir ce mot) un moule en dôme, d'une forte couche de gelée à l'orange; préparer le bavarois avec le même fruit, remplir l'intérieur et sangler. Vingt minutes après, dresser en garnissant de gelée à l'orange coupée en croûtons.

Bavarois aux violettes. — *Formule 281.* — Il est à remarquer que pour tous les bavarois printaniers, le procédé ne diffère que dans l'appareil; la colle et la crème sont toujours préparées de la même manière. Je ne donnerai donc que les différentes méthodes de préparer les infusions.

Quatre à cinq petits bouquets de violettes cueillies du jour, les jeter dans *deux cent cinquante* grammes de sucre clarifié en ébullition; laisser infuser; passer ce sirop dans les jaunes d'œufs, et faire prendre sur le feu la gélatine et la crème. Terminer comme à l'ordinaire. Dresser sur une serviette pliée, dans les jabots de laquelle seront posées des violettes fraîches et parfumées.

Bavarois aux roses. — *Formule 282.* — Effeuiller quinze belles roses, jeter les feuilles dans *trois cents* grammes de sucre clarifié sur le feu; laisser infuser; passer au tamis fin; d'autre part ajouter la gélatine à *huit* jaunes d'œufs. Faire lier sur le feu, colorer légèrement avec du carmin; incorporer la crème fouettée, et mettre les moules au froid. Dresser sur une serviette pliée et dans les coins de laquelle seront posées des petites et jolies roses.

Bavarois aux œillets. — *Formule 283.* — Choisir une petite botte d'œillets rouges, les éplucher, jeter les fleurs et les calices dans le sucre clarifié avec trois clous de girofle concassés et une petite goutte de carmin, de manière que la couleur soit rose; laisser infuser et finir l'opération avec l'appareil et la crème.

Bavarois au punch. — *Formule 284.* — Faire infuser le zeste de deux citrons dans *cinquante* grammes de sucre clarifié au feu, ajouter *vingt-cinq* grammes de thé de Chine, le suc de trois citrons très sains; ajouter la gélatine à cette infusion; passer au tamis, et au moment d'ajouter la crème fouettée, additionner le tout d'un verre de rhum vieux.

Remarque. — On fait également des bavarois à la menthe, à l'anis étoilé, au marasquin, au cédrat, au barbade, etc.

BAVAROISE, *s. f.* (*crème*). — On appelle *crème bavaroise* une boisson qui a pris naissance à la cour de Bavière à la fin du *dix-septième siècle*. Cette boisson est une des meilleures que l'on puisse servir aux dames dans les soirées d'hiver. Préparées dans la règle, toutes ces différentes crèmes bavaroises ont des propriétés sudorifiques et stimulantes qui font avorter les rhumes *sans fièvre*, ce qui est très important. On peut donc les recommander en toute confiance, mais avant tout il importe de savoir les faire; c'est dans sa confection que se cache tout le secret de ses propriétés.

Crème bavaroise. — *Formule 285.* — Faire une infusion de thé, très forte; mettre un jaune d'œuf dans un verre, y ajouter une cuillerée à café de sucre en poudre, et au préalable du sirop capillaire; travailler de manière à faire mousser cet appareil en ajoutant par petite quantité le thé et du lait fraîchement cuit; achever l'opération en y ajoutant deux petits verres de kirsch.

Remarque. — Les bavaroises au rhum, au chocolat, au marasquin, etc., se font de la même manière et, pour qu'elles soient bavaroises, elles doivent invariablement contenir du thé, de l'alcool et un jaune d'œuf ; de nos jours les bavaroises n'ont rien de semblable à la bavaroise primitive qui est la seule hygiénique. On appelle également bavaroise une crème glacée (Voir *Colbert*), semblable au fromage bavarois, mais cette dénomination est impropre, car le *Colbert* n'a ni les mêmes éléments dans sa composition, ni le même goût, ni les mêmes propriétés.

Il n'y a donc qu'un *bavarois* (entremets froid) ; une *bavaroise* (boisson chaude) ; et une *bavaroise* (sauce).

BAVAROISE, *s. f. (sauce).* — La sauce bavaroise trop souvent confondue et dénaturée par des gâte-sauce est la suivante.

Formule 286. — Faire réduire jusqu'à moitié de son volume deux décilitres de bon vinaigre de vin avec du poivre blanc concassé ; le retirer du feu ; le mettre dans une autre casserole avec cinq jaunes d'œufs, et au préalable du beurre fin, verser en remuant, en évitant de laisser brûler les jaunes ; ajouter une petite quantité de raifort râpé. Poser la casserole sur un feu doux, ou dans le bain-marie, fouetter la sauce en mettant cent grammes de beurre par petite quantité ; la faire mousser en évitant de la laisser bouillir, la lier à la fin avec du beurre d'écrevisses. Passer et servir.

Cette sauce se sert avec les poissons à chair blanche et fade.

BAYADÈRE (entremets). — *Formule 287.* — Employer :

Amandes mondées.	grammes	172
Avelines torréfiées.	—	250
Sucre en poudre	—	500
Blancs d'œufs.	nombre	4

BAYONNE.—(Hautes-Pyrénées). Renommé pour la production de ses jambons.

Procédé. — Piler les amandes, les avelines, le sucre avec les blancs d'œuf. Coucher la pâte sur du papier blanc et en former quatre fonds. Faire cuire. Pendant ce temps faire deux crèmes, l'une au chocolat et l'autre *pâtissière vanillée* (Voir ce mot). Masquer deux fonds avec la crème de vanille et deux avec la crème au chocolat. Superposer les fonds en alternant les couleurs.

Glacer à la vanille. Décorer le dessus d'un quadrillage avec les deux crèmes de façon à former le damier.

BÉARN (*vin de*). — Vin blanc de deuxième classe. Les plus renommés sont ceux de Gan, Jurançon, Larronin, Saint-Faust, Gelos et Mazères (Basses-Pyrénées). De troisième classe ceux de Conchez, Portet, Aydic et Aubons. Ces vins sont toniques, diurétiques, capiteux et stimulants.

BÉARNAISE, *s. f. (sauce à la) ;* de Béarn, *sauce à la Béarnaise.* — Les artistes les plus autorisés de l'art culinaire n'étant pas d'accord sur la composition primitive de cette sauce, nous avons dû remonter à sa source pour en élucider la question : Son origine le Béarn nous démontre qu'elle a dû être faite avec de l'huile d'olive dès son apparition.

Béarnaise ancienne. — *Formule 288.* — Concasser du poivre blanc en grains et le mettre dans une petite casserole avec deux décilitres de vinaigre d'estragon ; laisser réduire un instant ; passer le vinaigre dans une tasse, afin de le débarrasser du poivre. Tailler très fin six échalotes et les mettre avec le vinaigre dans la même casserole et faire réduire à moitié de son volume. D'autre part, mettre dans une casserole froide une cuillerée à bouche d'eau, six jaunes d'œuf et du sel (cela pour éviter le contact immédiat du vinaigre, qui brûlerait dans une minute les jaunes d'œuf, et l'opération serait nulle). Mettre la casserole sur un fourneau d'une chaleur moyenne ; remuer les œufs en y ajoutant par intervalles, et progressivement à la chaleur, de petites doses d'huile d'olive fine jusqu'à absorption d'un demi-litre. Maintenir la casserole d'une température *chaud-tiède* et ajouter alors la réduction de vinaigre et d'échalotes, et achever cette sauce par de l'estragon et du cerfeuil hachés.

Remarque. — La *tartare* chaude peut être traitée absolument de la même manière, en y supprimant les échalotes et l'estragon et en y joignant des capucines, des cornichons et des câpres hachés au moment de servir.

Béarnaise au beurre. — *Formule 289.* — Faire réduire à moitié de son volume deux décilitres de vinaigre d'estragon avec six échalotes ciselées. Retirer la casserole, laisser refroidir un peu ; mettre dans une autre casserole six jaunes d'œufs, *deux cent vingt-cinq* grammes de beurre fin ; poser la casserole sur l'angle tiède du fourneau, remuer et ajouter la réduction ; continuer ce travail en ajoutant le beurre, dont la quantité totale doit être *trois cents* grammes. Maintenir la casserole *tiède* et achever avec de l'estragon et du persil hachés, du sel, et, pour suppléer à la réduction du poivre, on peut donner deux ou trois tours au petit moulin à poivre, ce qui donne toujours un arome agréable.

HYGIÈNE. — Les médecins, qui systématiquement se soulèvent contre toutes les meilleures créations culinaires, devront, s'ils sont logiques, reconnaître que la sauce *béarnaise au beurre* est une sauce très hygiénique et que, pour être très nutritive, elle n'en est pas moins apéritive, et cela grâce à l'intelligente assimilation des acides et du carbone qui la composent avec le beurre, même ne peut être indigeste aux estomacs les plus délicats.

BÉATILLES, *s. f. pl.* — Se dit de l'ensemble des garnitures d'un vol-au-vent, des bouchées, des timbales, etc., tels que ris de veau, crêtes et rognons de coqs. Des béatilles délicates. Viandes, champignons et tubercules forment les béatilles.

BEAUCAIRE. — (Département du Gard). Renommé pour ses confitures. Foire célèbre, instituée en 1217, durant du 15 au 28 janvier, où se réunissent tous les marchands.

BEAUGENCY (*vin de*). — Blaisois, rouge ordinaire, léger, se rapprochant des vins de la basse Bourgogne, plus agréable que les vins dits d'Orléans. Contient de 11 à 12 degrés d'alcool.

BEAUJOLAIS (*vin de*). — Ancien pays de France dans le Lyonnais. Capitales Beaujeu et Villefranche. A formé une partie des départements du Rhône et de la Loire. Possède des vignobles renommés.

BEAUNE (*vin de*). — (Bourgogne), Côte-d'Or. Rouge de deuxième classe, d'une force alcoolique de 15 à 16 degrés. Réparateur, stimulant et tonique.

BÉCARD, *s. m.* — Nom que les pêcheurs donnent au saumon mâle quand il est vieux ; parce que son museau prend la forme d'un bec d'aigle.

BEC-ALLONGÉ, *s. m.* (*zoologie*). — Se dit des poissons à museau long. Genre de cette classe.

BÉCASSE, *s. f.* (*Scolopax rustica.*) ; all. *Schnepfe* ; ang. *woodcock* ; ital. *beccaccia*. — Etymologie de *bec* et *accia*, et plus tard *assée*, puis, par une modification qui se conçoit, bécasse.

Oiseau de passage, arrive en Europe à la fin septembre, octobre ou novembre, suivant les contrées, s'accouple, passe l'hiver et disparaît à la fin février ou mars.

On distingue trois variétés de bécasses qui diffèrent sensiblement par leur grosseur et leur plumage, ce sont la *grosse*, la *moyenne* et la *petite*. La grosse a la taille de la perdrix sans en avoir le poids, son plumage est brun, nuancé de noir et de gris, avec des bandes noires ; la moyenne d'une couleur marron également zébrée de noir et de gris, son ventre tacheté de noir sur un plumage brun, la troisième a son plumage presque complètement roux. La bécasse en général a un vol lourd, ce qui explique difficilement comment elle peut voyager.

Son bec long de six à huit centimètres, lui sert d'attelet dans les préparations culinaires, de là sans doute le proverbe *brider la bécasse*, se piquer soi-même.

La chair de la bécasse est noire et lorsqu'elle est grasse et jeune elle est classée au premier rang d'excellence. Si elle est un peu avancée en âge on attendrit sa chair par le faisandage et on reconnaît son point de parfaite maturité lorsqu'en la prenant par une plume de la queue, le poids de son corps la fait détacher.

HYGIÈNE. — Certains médecins, qui ont la manie d'appeler indigeste tout ce qui est nutritif, n'ont pas marchandé longtemps les propriétés de sa chair en lui jetant l'anathème ; selon les uns elle fatigue l'estomac, selon d'autres elle est difficile à la digestion. « Le salmis, dit Fonssagrives, ne peut être mangé que par des personnes à estomac vigoureux à cause de son faisandage et du vin qui en constitue la sauce. » Cette erreur est d'autant plus regrettable que l'on s'accorde généralement à considérer Fonssagrives comme une autorité en hygiène alimentaire.

La sauce de salmis est l'une des seules qui ne contiennent pas de vin, et le faisandage rendrait impraticable le *fumet de gibier* qui fait le fond du salmis.

L'illustre professeur avait sans doute mangé

dans une gargote ce jour-là ou bien étudié le formulaire d'une *parfaite cuisinière*.

La chair de la bécasse est réparatrice, stimulante, aphrodisiaque et partant nutritive, d'une digestion facile et pouvant être ordonnée à certains convalescents.

Usage culinaire. — La bécasse figure avec honneur au premier rang des gibiers à plumes et on la prépare de différentes manières dont les principales sont les suivantes :

Bécasse rôtie. — *Formule 290.* — Après avoir plumé, flambé la bécasse, on la vide, on ôte le gros boyau et le gésier et on pose les intestins sur une assiette. On la barde en transperçant de son bec les cuisses, le corps et le lard. On hache les intestins, on les assaisonne ; on taille un croûton, qui lui servira de piédestal, on le fait frire au beurre frais et on le farcit avec les intestins.

Remarque. — Je rappellerai ici que le rôti ne doit jamais être mouillé avec d'autre liquide que de l'eau ; si le vase ou la lèchefrite est en bon état, ou sortant de la *chaudronnerie hygiénique* et que le four ne soit pas trop chaud, son suc seul doit former le jus. C'est une vraie profanation culinaire que d'ajouter d'autre jus ou d'autre liquide. Si la bécasse est cuite à la broche, qui est la meilleure manière, on devra griller le croûton dans sa graisse et le faire passer deux secondes au four avant de servir.

Salmis de bécasse. — *Formule 291.* — Faire cuire saignantes trois bécasses, par service de dix personnes. Lever les poitrines, les ailes et les cuisses. Hacher le restant, le mettre dans une casserole avec une petite pochée de sauce espagnole bien réduite ; mouiller avec du jus de gibier ou du jus de volaille (jamais avec du jus de viande de boucherie). D'autre part faire sauter à la poêle un oignon et une carotte émincés, quelques dés de jambon maigre, un fragment de thym, quelques graines de genièvre et une très petite quantité de poivre blanc concassé. Lorsque le tout aura pris couleur, dégraisser et jeter dans la casserole contenant les carcasses hachées. Faire mijoter pendant une heure au moins.

Dégraisser et passer dans un tamis ; piler au mortier les carcasses hachées qui restent sur le tamis, les remettre dans la casserole, les mouiller de nouveau et faire réduire. Mettre la purée qui a été passée au tamis dans une autre casserole avec les morceaux de bécassses et faire cuire jusqu'à parfaite cuisson ; y ajouter alors une purée de truffes passées au tamis avec le fumet obtenu de la réduction des carcasses. Ajouter quelques têtes de champignons entières.

Dresser alors sur un plat rond d'entrée au milieu duquel on aura collé un croûton en pyramide, frit au beurre ; appuyer autour de ce croûton, les morceaux de bécasses retenus à leur base par une bordure d'argent. Surmonter le croûton d'un attelet armé de têtes de bécasses. Garnir le tour de têtes de champignons et servir séparément la sauce salmis.

Remarque. — Jamais je ne me suis servi de vin pour les salmis ni de glace de viande, qui enlèvent tout le caractère qui distingue le fumet du gibier qui fait toute la délicatesse d'un salmis. La réduction seule doit en constituer la sauce. De plus pour obtenir ce fumet il est essentiel que le gibier ne soit pas trop faisandé.

Dans les restaurants on fait servir les bécasses rôties de la veille et qui n'ont pas été vendues. Ce mode ne serait peut-être pas plus mauvais, si le fumet de gibier n'était remplacé par l'universelle sauce demi-glace. Les intestins des bécasses servent à farcir des croûtons dont on garnit le salmis.

Bécasse à la Périgueux. (*cuis. d'hôtel*). — *Formule 292.* — Préparer des bécasses dans la règle ; conserver les intestins que l'on hachera avec les chairs de deux pluviers et une petite quantité de panade préalablement assaisonnée, ajouter un jaune d'œuf et les épluchures d'une livre de truffes et continuer de piler cette farce ; la passer au tamis.

Mettre alors les truffes laissées dans la farce et en remplir les bécasses trois jours au moins avant de les cuire. Les barder et les déposer sur une assiette au garde-manger. D'autre part, mettre dans une casserole le restant de la farce, les débris de pluviers, un petit oignon clouté, une tombée de muscade râpée, une échalote ciselée ; faire pincer en instant à feu vif et ajouter une petite pochée de sauce espagnole. En faire le fumet comme pour le salmis (Voir la formule 291). Hacher des truffes très menu, en couper d'autres par quartiers et les jeter dans une terrine en terre.

Le jour que les bécasses doivent être cuites à la broche, on chauffe la sauce et on borde le plat d'une couronne de truffes épluchées et entières, au milieu desquelles se dressent les bécasses découpées. On sert la sauce à part.

Filets de bécasses sautés aux truffes. — (*cuis. de restaurant*). — *Formule 293*. — Lever les filets de trois bécasses crues, séparer les filets-mignons; poser sur une assiette. Beurrer un sautoir dans lequel on pose les gros filets. Couvrir les filets d'une livre de truffes noires émincées. Préparer un mirepoix (Voir ce mot) à la poêle, le mettre dans une casserole avec les carcasses; faire réduire et en préparer un fumet (Voir ce mot) dans la règle. Confectionner avec les intestins une farce avec des truffes hachées, de la panade et des jaunes d'œufs (1). Tailler des croûtons dans du pain anglais, les passer au beurre dans la poêle, d'un côté seulement. Les farcir du côté frit en posant sur chaque croûton un filet mignon sauté à la poêle, masqué de la farce, et les déposer sur une plaque d'office en argent sortant de la *chaudronnerie hygiénique*, CH. MARTIN ET Cie.

Fig. 135. — Plaque bi-métallique. Cuivre et argent.

Assaisonner légèrement les gros filets, les faire sauter à la poêle à feu vif, égoutter la graisse, les mettre dans un sautoir, les mouiller avec le fumet, et y ajouter un verre de vin blanc sec. Faire cuire à point. Au moment de servir passer les croûtons dans un four chaud pour faire pocher la farce.

Dresser dans un plat rond d'entrée en couronnant les filets de croûtons farcis. Saucer au milieu, et servir également du fumet à part.

Bécasse sautée au vin de Champagne. — *Formule 294*. — Sauter les filets, les cuisses et les ailes comme il est indiqué dans la formule précédente et préparer dans la règle un fumet de gibier tel qu'il est prescrit pour le *salmis de bécasse* (Voir ce mot).

Ce fumet doit être corsé. Au moment de servir y ajouter un verre de vin de Champagne de première marque, sans laisser réduire la sauce. Dresser en bordant le plat d'une couronne de truffes épluchées.

Mme William, l'une des plus belles, des plus aimables Lady du Royaume-Uni, qui adore les bécasses au vin de Champagne, avait une prévenance toute particulière pour son chef, notre ami Hubert: Lorsqu'il figurait sur le menu un mets au vin de Champagne, elle envoyait par son maître d'hôtel un plateau avec deux verres de champagne, « il y en a un pour les bécasses, » disait-il. Et l'autre?... *that is the question.* Donc si l'on veut avoir un mets au vin de Champagne il faut envoyer deux verres de vin de Champagne et non plus un seul.

Bécasse à la suissesse. — *Formule 295*. — Dans les Alpes Suisses, les chasseurs gourmets, lorsqu'ils ont tué une bécasse, s'empressent de s'approcher du premier chalet qui s'offre à leur vue pour y déposer leur chasse est procéder à la formule suivante:

Plumer la bécasse, la vider et conserver les intestins; hacher des échalotes, des petits mousserons d'automne, passer le tout au beurre sur un feu vif, râper du lard frais et incorporer avec de la mie de pain, les échalotes, les champignons et les intestins finement hachés; bien assaisonner le tout en y ajoutant quelques graines de genièvre.

Farcir la bécasse, la barder et la mettre en lieu frais. Trois ou quatre jours après, les chasseurs accompagnés des plus belles chasseresses trouvent leur victime d'une tendreté à séduire le plus maladroit des tireurs.

PROCÉDÉ:

Lorsque son tissu sera tendre
Et qu'il répandra bonne odeur,
On doit près du feu la suspendre
Et maintenir forte chaleur.

Pendant ce temps on se repose
L'amie à côté du chevet,
Doit servir à petite dose
L'absinthe PERNOD de Couvet..

Lorsqu'au travers de la carcasse
La cuisson atteindra le cœur;
On retire un peu la bécasse;
Du feu l'on fait cesser l'ardeur.

Par les mains blanches des compagnes
Des beaux croûtons l'on fait tailler,
Dans le pain bis de ces montagnes
Puis, dans la graisse les griller.

Enfin, on sert aux coryphées
Aux poètes et aux gourmets,
Ainsi qu'aux b. . . . coiffées
Le plus délicieux des mets:

Qui donne aux femmes la tendresse
Aux yeux l'éclat, au cœur bonté,
Et aux tireurs de Tell l'adresse,
Énergie et . . . . virilité.

---

(1) Nous ferons remarquer une fois pour toutes, que l'on entend par intestins les parties des entrailles des gibiers débarrassées du gros boyau, du fiel et du gésier. J. F.

Il va sans dire que cette ambroisie doit être accompagnée de vin de Cortaillod, d'Yvorne ou ce qui est mieux encore d'Amigne ou de Malvoisie du Valais. Alors, oui, je soutiendrais au plus chagrin des médecins, au plus aberré des théologues, que son corps sera envahi de santé, son cœur inondé de gaîté et sa tête remplie d'esprit sain : la bécasse étant le meilleur remède contre la plus triste des maladies l'anaphrodisie. Continuons donc à varier ses formules.

Bécasse à la Bacquaise (*cuis. d'amateur*). — *Formule 296.* — Les bécasses, après avoir été dressées comme il convient, embrochées sous les ailes afin de ne pas léser les intestins, sont placées devant un feu assez vif.

Dans la lèchefrite qui doit recevoir le jus, on place une tranche de pain fortement frottée d'ail ; cette rôtie, manière d'éponge, boit les déjections et le jus de l'oiseau.

Les bécasses cuites à point, la chair légèrement rouge, on les livre au dépeceur qui, après avoir enlevé délicatement les quatre membres, retire avec une petite cuiller tout l'intérieur ; il cherche soigneusement le fiel afin de l'ôter, et, ayant écrasé avec le dos d'une fourchette les intestins dans un plat creux, il les étend sur la rôtie, poivre, sale, et vide sur le tout un bon verre de rhum vieux.

Le sacrifice accompli..., la rôtie divisée, placée sous chaque quartier, est aussitôt passée aux gourmets qui se disputent les dernières gouttes de cette farce merveilleuse.

L'accessoire dans ce mets vaut mieux que le principal. C'est d'ailleurs un aliment on ne peut plus délicat et savoureux.

Bécasse à la minute (*cuis. de buffet*). — *Formule 297.* — On les trousse dans la règle comme pour rôtir, l'on met dans une casserole un gros morceau de beurre, une échalote hachée, un oignon, du poivre en grains et les bécasses. On fait prendre couleur sur un feu vif ; on les mouille d'un verre ou deux de vin blanc et d'un jus de citron. On les fait cuire jusqu'à ce qu'elles soient tendres en ayant soin d'y maintenir un jus suffisant pour les empêcher de brûler.

Timbale de bécasse à l'ancienne. — *Formule 298.* — Piquer de lard trois bécasses, sans les vider, mais après avoir ôté le gésier et le fiel. Garnir une braisière de bandes de lard, de tranches de jambon et de bœuf. Ajouter sel, poivre, bouquet garni, oignons coupés par tranches, carottes, panais, ciboule, persil, basilic, thym et laurier. Coucher les bécasses sur cette garniture et les recouvrir des mêmes ingrédients. Faire rôtir dans un four chaud, mouiller avec du jus ou du bouillon et faire cuire à l'étouffée. Lorsqu'elles sont cuites, passer le fond et y mélanger du beurre d'anchois, des câpres, et de l'anis. Dresser les bécasses et servir le jus dans une saucière.

Soufflés de bécasses en petites caisses. — *Formule 299.* — Piler avec un morceau de beurre les chairs cuites de deux bécasses, leurs intestins cuits, et un tiers de leur volume de riz cuit à sec, refroidi. Assaisonner l'appareil, le passer au tamis fin ; mettre la purée dans une casserole, la chauffer très légèrement, sans ébullition, la retirer, et lui incorporer six jaunes d'œuf bien battus, puis quatre ou cinq blancs fouettés ; avec cet appareil, emplir huit à dix caisses (*timbales Astruc*) ; les ranger sur un plafond couvert avec du papier ; cuire les soufflés à four doux pendant dix-huit minutes ; en les sortant, les dresser sur un plat couvert d'une serviette pliée.

Salmis de bécasse conservé. — *Formule 300.* — Faire rôtir les bécasses à moitié, après avoir débarrassé les intestins du gésier, du gros boyau et du fiel ; lever les poitrines, les cuisses et les ailes ; hacher les carcasses avec les intestins et en constituer une purée dans la règle du salmis. Ajouter à cette purée des truffes épluchées et la graisse du rôti des bécasses et du lard qui les enveloppait ; passer au tamis avec la purée non dégraissée. Faire cuire une minute les viandes avec le fumet. Mettre avec la sauce, dans les boîtes en fer-blanc, en ayant soin que celle-ci recouvre les viandes. Fermer hermétiquement la boîte et la soumettre dix minutes à l'ébullition du bain-marie.

Remarque. — Pour se servir du salmis, il n'y a qu'à le réchauffer ; dégraisser la sauce, ajouter du vin de Madère (qui lui convient parfaitement dans ce cas seulement) et préparer alors des croûtons frais.

Les bécasses peuvent être conservées de plusieurs manières, mais je ne donnerai ici que trois modes, étant les plus pratiques et les plus avantageux :

Pain de purée de bécasse conservé. — *Formule 301.* — Lever les chairs des bécasses, les assaisonner et les passer à la poêle sur un feu vif. Hacher les carcasses avec les intestins, faire cuire avec des foies de volaille et un verre de madère vieux et quelques truffes ; passer le tout au tamis ; remettre dans une petite casserole d'argent et faire réduire ; ajouter les chairs. Mettre cette purée dans des petites boîtes ovales en fer-blanc, souder et soumettre au bain-marie. Il est à remarquer que, dans cette préparation, il ne doit pas entrer autre chose que des truffes et du madère, qui doivent aromatiser la purée consistante.

Rôti de bécasse conservé. — *Formule 302.*
— Le rôti de bécasse conservé est, sans nul doute, la conserve qui parmi les deux autres modes, est la plus susceptible à la fermentation et partant la plus difficile à la réussite.

La bécasse destinée à être conservée doit être de toute fraîcheur, c'est-à-dire n'ayant pas reçu la fermentation du faisandage, et, dans ces conditions seulement, le rôti peut être chauffé sans altération :

Vider la bécasse très proprement, la brider dans la règle, remettre dans l'intérieur le foie et le cœur seulement ; barder et faire rôtir à moitié, saler légèrement l'intérieur, mettre dans une boîte avec le jus et la graisse de son rôti ; souder et soumettre dix minutes au bain-marie. On peut également piquer les poitrines, mais cette méthode est généralement écartée par la difficulté qu'il y a de conserver le lard entier ; cependant le rôti ainsi préparé est très délicat.

Pour réchauffer la bécasse, on l'enveloppe dans une nouvelle barde de lard, on la met dans un petit vaisseau au four, ou simplement à la broche ; étant d'une chaleur parfaite et ayant atteint la cuisson désirée, on fait frire un croûton dans sa graisse après en avoir séparé le jus que l'on fait chauffer ; on pose la bécasse sur le croûton en lui laissant sa nouvelle barde de lard ; on l'arrose de son jus et l'on sert.

Pâté de bécasse. — Procéder comme il est indiqué pour les bécassines (Voir ce mot).

BÉCASSEAU, *s. m.* (*Tringa*) ; all. *Junge Schnepfe ;* ang. *young woodcock ;* ital. *beccaccino*. — Petit de la bécasse jusqu'à l'âge de cinq mois. Il habite les buissons qui longent les rivières ; son plumage cendré et son corps d'un embonpoint prononcé le distinguent de la bécassine ; il est très méfiant et difficile à chasser ; il donne un rôti recherché et est justement apprécié pour la tendreté et la succulence de sa chair.

BÉCASSIN, *s. m.* (*Trotrane ochrope*). — L'un des noms vulgaires du cul-blanc, variété de la bécassine ; se traite culinairement comme elle.

BÉCASSINE, *s. f.* (*Scolopax gallinago*) ; all. *Moorschnepfe ;* angl. *young snipe ;* ital. *beccaccino*. — Diminutif de bécasse.

Oiseau de passage ayant la même forme et à peu près les mêmes propriétés hygiéniques que la bécasse ; il a comme elle le bec fort long, mais n'a que la moitié de sa grosseur. La bécassine est insectivore, elle habite les prairies humides, les marais et les ravins des bords des ruisseaux. On en distingue trois variétés : la grande, commune, de laquelle nous nous entretenons ; la ponctuée (*scolopax mayor*), se distingue par ses pattes, plus longues et plus nues, et d'un plumage grisâtre ; et la *scolopax grisea*, d'un gris cendré, appelée aussi *petite sourde*. A la grande satisfaction des chasseurs et des gourmets, les bécassines arrivent en Europe deux fois par an, amenées par les vents d'Est de l'automne et du printemps.

Les grands marécages recèlent en toute saison quelques bécassines, qui souvent y élèvent leur couvée ; néanmoins, on les regarde comme rares, et c'est une heureuse fortune pour un chasseur que la découverte d'un passage de bécassines. Elles doivent être cuites fraîches et non faisandées, rôties et non en salmis ; cependant, pour la variété du menu, on peut les préparer de différentes manières. La chair de la bécassine est tendre et délicate, digeste et réparatrice, et possède quelques propriétés génésiques comme les oiseaux aquatiques.

Bécassine à la Bernardine. (*Cuis. de moine*). — *Formule 303.* — Trouvée dans la bibliothèque du couvent de Saint-Bernard (1602) et que nous reproduisons *in-extenso :*

On prend quatre bécassines (on se réglera selon le nombre des convives et la grosseur des pièces) que l'on fera rôtir à la broche, mais peu cuites ; on les divise selon les règles de l'art, ensuite on coupe en deux les ailes, les cuisses, l'estomac et le croupion ; on range à mesure ces morceaux sur une assiette.

Dans le plat sur lequel on a fait la dissection, et qui doit être d'argent, on écrase les foies et les déjections des oiseaux et l'on exprime le jus de quatre citrons bien en chair et le zeste d'un seul coupé très mince. On dresse ensuite sur ce plat les membres découpés qu'on avait mis à part; on les assaisonne avec quelques pincées de sel blanc et de poudre d'épices fines (à défaut de cette poudre on mettra du poivre fin et de la muscade), deux cuillerées de moutarde et un demi-verre de très bon vin blanc du Glacier. On met ensuite le plat sur un réchaud à esprit-de-vin et l'on remue pour que chaque morceau se pénètre de l'assaisonnement et qu'aucun ne s'attache. On fait cuire, on diminue le feu et l'on continue de remuer pendant quelques instants. Ensuite on retire le plat de dessus le feu et l'on sert de suite à la ronde, sans cérémonie, ce salmis devant être mangé très chaud.

Il est essentiel de se servir de sa fourchette en cette occasion, dans la crainte de se dévorer les doigts, s'ils avaient touché à la sauce.

Bécassine rôtie. — *Formule 304.* — Après avoir plumé et flambé les bécassines, on les vide et on en retire le gésier, le fiel et le gros boyau. On les barde et, si c'est en automne, on les enveloppe d'une feuille de vigne; on les sale et on les embroche. Hacher les intestins, ajouter un jaune d'œuf, assaisonner et passer au tamis. Mettre la purée dans une petite casserole sur le feu et remuer constamment jusqu'à ce que la farce soit chaude, afin de lui donner un peu de corps. Tailler des croûtons, les passer dans la poêle avec du beurre frais; les retirer aussitôt qu'ils sont devenus fermes, les farcir, les poser sur une plaque ou plat à sauter, les beurrer et les passer *cinq* minutes au four avant de les servir autour des bécassines, qui doivent ne contenir que leur propre suc.

Bécassine en croustade. — *Formule 305.* — Beurrer des petits moules ovales à timbales et les saupoudrer de chapelure; les foncer d'une pâte brisée et les remplir de chapelure; mesurer la circonférence du haut des timbales, de façon à pouvoir faire des couvercles de la même grandeur décorés, dorés et cuits en même temps que les timbales sur une plaque beurrée. Maintenir les croustades au chaud.

Faire rôtir les bécassines, lever les poitrines, les ailes et les cuisses. Préparer avec les carcasses et les intestins un fumet (purée réduite dans son propre suc, sauce espagnole). Mettre les parties charnues dans les timbales qui ne doivent contenir qu'une seule bécassine; ajouter dans la sauce quelques champignons et un peu de Madère; saucer, mettre le couvercle et surmonter les bécassines de leur tête, le bec piqué en forme d'atetlet.

Remarque. — On fait de cette manière de grandes timbales de bécassines aux truffes, à l'italienne, aux morilles, etc. Mais la pratique et le bon goût nous ont démontré que moins on additionne de substances étrangères au gibier, meilleur il est; plus il entre de corps dans la timbale, plus la délicatesse qui caractérise le fumet s'éteint. La cuisine scientifique devra donc suivre les prescriptions énoncées dans ces formules.

Le décor des pâtés, des croustades, des timbales, est toujours subordonné à la ressource et au talent de l'opérateur, qui le varie suivant ses goûts et ses moyens. Il serait donc superflu d'en vouloir prescrire le *modus*.

Pâté froid de bécassines. — *Formule 306.* — Désosser dix bécassines, les dégager de leur peau et les mettre dans une terrine avec épices, un petit verre de Madère et autant de cognac vieux. Hacher les intestins débarrassés du fiel, du gésier et du gros boyau, avec du foie de volaille et un peu de lard frais; les faire passer à la poêle sur un feu vif, les assaisonner et les faire refroidir et les passer au tamis.

D'autre part, hacher les râbles et les cuisses de deux lièvres avec *cinq cents* grammes de chair de porc frais; assaisonner et passer également au tamis; ajouter six jaunes d'œuf, un peu de moelle de bœuf et amalgamer cette farce avec un verre de vin de Madère.

Foncer un moule à pâte brisée (Voir *Pâte*), emplir le moule de farce, de chair de bécassine alternée de truffes; arrivé à la hauteur du moule, continuer en forme pyramidale. Couvrir les chairs et la superficie du pâté d'une nappe de pâte artistement décorée.

Faire cuire dans un four moyen.

Verser dans les petites cheminées pratiquées pour la vaporisation, de la gelée fondue. Laisser refroidir. Démouler, couronner par groupe ou par chaîne le milieu du pâté avec les têtes des bécassines, leur bec embrochant une truffe et une papillote. Servir.

Pâté chaud de bécassines. — *Formule 307.* — Désosser une douzaine de bécassines, du côté des reins seulement, assaisonner les chairs. Faire revenir les intestins avec un peu de lard râpé, les assaisonner, les piler et les passer au tamis; mêler cette purée avec son même volume de godiveau ou de farce à quenelle crue, et ajouter quatre cuillerées à bouche de fines herbes cuites.

Avec cet appareil, emplir les bécassines; les coudre et brider les pattes; les ranger dans une casserole avec du lard fondu et *deux cent cinquante* grammes de petit-salé coupé en petits carrés; les faire sauter à feu vif jusqu'à ce que les chairs soient raffermies; leur mêler une quinzaine de champignons crus; *cinq* minutes après, les retirer du feu.

Foncer un moule à pâté chaud de forme basse, masquer le fond et autour, avec une couche de la farce préparée; ranger les bécassines dans le vide avec le petit-salé et les champignons, en les alternant avec de la farce; monter l'appareil en dôme, le masquer en dessus avec des bardes de lard, puis avec une abaisse de pâte; décorer le pâté, le dorer, le faire cuire à four modéré pendant une heure et quart; en le sortant, cerner le couvercle à moitié hauteur pour l'enlever, retirer les bardes de lard, et verser dans le pâté une bonne sauce à l'essence de gibier, tirée avec les carcasses de bécassines. Couvrir le pâté, le dresser sur un plat.

Bécassines en chaufroid. — *Formule 308.* — Après avoir désossé douze à quinze bécassines et assaisonné leur chair, ôter le fiel à *deux cent cinquante* grammes de foies de volailles (à défaut de ceux-ci se servir de foie de veau bien blanc); assaisonner les intestins des bécassines d'un haut goût; passer à la poêle un mirepoix fin; lorsqu'il a pris couleur, ajouter les débris des bécassines et faire saisir sur un feu vif; après cuisson des bécassines, les retirer et les laisser refroidir. Hacher cette farce, la passer au tamis avec la moitié de son volume de lard frais, et lui incorporer deux truffes hachées très finement.

En farcir les bécassines en leur donnant la forme de ballotines ovales enveloppées dans des petits carrés de linge en fil; pendant ce temps, on aura fait un jus avec les carcasses. Foncer une casserole, placer les petites galantines de manière qu'elles ne se déforment pas; les faire pincer et les arroser à hauteur avec leur jus et un verre de vin blanc vieux. Faire mijoter à petit feu pendant vingt minutes, les retirer; leur faire prendre la tournure que l'on désire en les faisant refroidir. Les masquer d'une sauce chaufroid, les glacer à la gelée et les dresser sur un fond de plat ou sur un socle en stéarine, ou simplement sur un compotier, en ayant soin de les décorer de leur bec armé de truffes et de papillotes.

Le tout surmonté d'un attelet.

BECCABUNGA, *s. m.* (*Veronica beccabunga*). — Plante de la famille des cressonnées, vulgairement appelée *cresson de cheval*. Elle décore agréablement les bords des ruisseaux, des étangs et des fontaines dans toutes les contrées de l'Europe. Se mange en salade, mais le plus souvent utilisée comme assaisonnement. Le beccabunga jouit de propriétés dépuratives, diurétiques et anti-scorbutiques.

BÉCARD, *s. m.*; all. *Krummkiefer;* angl. *female salmon*. L'étymologie semble venir de vieux saumon; c'est pourquoi on l'écrit au masculin, improprement peut-être, car les *bécards* sont de vieilles femelles. — Se dit des poissons qui ont la bouche en forme de bec d'aigle, long et recourbé. La chair des bécards est en général moins sapide que celle des poissons plus jeunes.

BECFIGUE, *s. m.* (*Ficedula*); all. *wüstling;* angl. *becafigo;* ital. *beccafigo;* de *bequètu* et *figue*, qui becquète les figues. — Oiseau de l'ordre des gobe-mouches habitant l'Europe.

La réputation exagérée dont jouit ce petit oiseau est entièrement due à l'auteur de la *Physiologie du goût*, qui l'a classé le premier par ordre d'excellence, parce que lui-même et le gourmand jésuite Fabi, en étaient passionnément friands. Quant à nous, gourmet des aliments hygiéniques et praticien du grand art culinaire, nous n'hésiterons pas à lui reconnaître toute sa succulence comme aliment gras, mais nous lui refusons le premier rang parmi les oiseaux parfumés et délicats, tels que l'ortolan, la caille, le rouge-gorge, etc.

Deux jours suffisent pour qu'il s'engraisse et une semaine pour le rendre succulent; le résultat d'une telle gloutonnerie fait la tendreté de sa chair, lamée de graisse fondante.

Cet oiseau est très anciennement connu; les Romains l'estimaient et c'est le becfigue qui, le premier, servit à confectionner la *polenta aux petits oiseaux*. Selon la température et les contrées, les becfigues arrivent à travers l'Europe vers le courant d'octobre. Lorsqu'on voit ces hôtes précieux s'abattre par nuées sur les figuiers ou dans les vignes, on ne doit pas les déranger; en les laissant pendant cinq à six jours se régaler de la précieuse substance, on ne fait qu'en augmenter l'*exquisité* que le gourmet savourera en état de graisse et de chair parfumées.

On tend alors des filets pour les surprendre au vol. La taille de ce petit oiseau est d'une exiguïté et d'une rondeur remarquables; il est revêtu de gris brun sur le dos et d'un blanc sale sous le ventre, les pattes et le bec sont noirs. Il n'y a guère plus d'un demi-siècle, au moment où nous écrivons, que ce gibier est connu du public parisien; avant cette époque, la prélature, les rois et les favorisés de la fortune étaient les seuls privilégiés de cette jouissance.

« Le roi Ferdinand de Naples, dit A. Dumas, grand chasseur et grand gourmand, ayant reconnu que, à leur passage sur l'antique Parthénope, les becfigues s'abattaient particulièrement sur la colline de Capodimonte, il y fit bâtir un château qui lui coûta *cinq millions*.

« L'ordre était donné, lorsqu'un vol de becfigues s'abattrait à Capodimonte, de venir chercher le roi partout où il se trouverait, même au conseil.

« Le jour où fut portée au conseil la question de la guerre contre la France, — guerre que la reine voulait, mais que le roi ne voulait pas, — il se rendit au conseil avec la ferme résolution de s'opposer à cette triste fanfaronnade par un vigoureux *veto*.

« Mais à peine la question était-elle engagée, que l'on vient prévenir le roi qu'un magnifique vol de becfigues venait de s'abattre à Capodimonte.

« Le roi essaya de tenir ferme contre lui-même, mais ne pouvant y réussir, il se leva et sortit de la salle du conseil en s'écriant : « Faites ce que vous voudrez et allez au diable ! »

La guerre fut décrétée, et les becfigues, qui avaient déjà coûté cinq millions au roi, faillirent encore lui coûter son trône.

En commençant la série des recettes, j'entrevois la moue dédaigneuse de mes lectrices, à la lecture de la célèbre formule de Brillat-Savarin, craignant sans doute d'inonder leur petite bouche non point de « délices », mais de graisse huileuse et crue : « Prenez, dit-il, après l'avoir plumé, par le bec, un petit oiseau bien gras, saupoudrez-le d'un peu de sel, ôtez-en le gésier; enfoncez-le adroitement dans votre bouche, mordez et tranchez tout près de vos doigts, et mâchez vivement : il en résulte un suc assez abondant pour envelopper tout l'organe, et vous goûterez un plaisir inconnu du vulgaire. »

Nous le préférons rôti dans une feuille de vigne !

Brochette de becfigues. — *Formule 309.* — Après avoir plumé les becfigues, supprimé la tête, le gésier et les ailes; on les saupoudre de sel, on les enveloppe dans des feuilles de vigne et on les transperce avec une brochette en métal ou en bois. Les soumettre à un feu vif; dix minutes suffisent pour les cuire, en les arrosant seulement avec leur graisse. Ils doivent être servis sans jus sur des croûtons frits dans leur propre graisse.

Timbale de becfigue (*cuis. d'hôtel*). — *Formule 310.* — Décorer douze petits moules à nougat de truffes et de champignons blancs, et les foncer d'une farce à quenelles de volaille, dans laquelle on aura incorporé deux truffes hachées très finement; supprimer les ailes, le gésier et la tête des oiseaux, les mettre chacun dans un moule enseveli de farce, poser les moules dans un sautoir et l'emplir d'eau à moitié, couvrir d'un papier beurré et faire pocher dans un four chaud pendant quinze minutes.

Dresser en pyramide les timbales dans un plat rond et saucer d'une sauce à la purée de gibier, de madère ou d'estragon.

Becfigues à la romaine (*cuis. de restaurant*). — *Formule 311.* — Préparer une *polenta* très ferme, la coucher chaude sur une plaque beurrée faite par bandes de *trois* centimètres d'épaisseur sur *huit* de largeur; faire de petits tombeaux dans lesquels on ensevelit les oiseaux après les avoir débarrassés des têtes, des gésiers, des ailes et des jambes. On les assaisonne et on les recouvre d'une bande de *polenta* très abaissée ; on les passe au four et, lorsqu'ils sont d'une belle couleur, on les retire après quinze minutes de cuisson. On en tranche des bâtons de manière à conserver un becfigue dans chaque pièce. On dresse, on arrose avec leur graisse et l'on sert.

Becfigues rôtis. — *Formule 312.* — Saupoudrer l'oiseau, l'envelopper dans une feuille de vigne et le mettre 10 minutes à la broche ou sur le gril. Ce mode de préparation est le meilleur.

Graisse de becfigues. — Dans le midi de la Sicile, où les becfigues s'abattent en abondance, on prépare leur graisse comme l'axonge et on la conserve dans des flacons de verre, pendant plusieurs mois.

Toutes les familles aisées la suppléent au beurre et à l'huile qu'elle remplace du reste très avantageusement, ayant un goût et un parfum des plus agréables.

BEC-FIN, s. m. *(Sylvie motacille).* — Terme générique par lequel on désigne un genre d'oiseau à bec fin.

BÉCHAMEL *(Marquis Louis de Béchameil)* ; par altération *Béchamel.* — Financier qui s'enrichit pendant les troubles de la Fronde et devint le maître d'hôtel de Louis XIV. Grand amateur de bonne chère, il s'est acquis une certaine renommée parmi les célébrités gastronomiques de l'époque. Il laissa la sauce à la Béchameil qui survécut en se modifiant comme son nom. Béchamiel, Marquis de Nointel, mourut à Paris, en 1703.

On dira donc *une sauce béchamelle*, un vol-au-vent *à la Béchamel*, à la façon de M. de Béchamel. Des œufs *à la sauce béchamelle* ; des œufs à la Béchamel. L'orthographe *sauce Béchamel* doit être rejetée.

Dans l'origine cette sauce n'était autre que le *velouté* réduit et additionné de crème pendant sa réduction. Elle était ainsi faite au temps des Carême, des Laguipière, et d'autres grands artistes du commencement de ce siècle. La perfection la fit confectionner avec de la crème, les cuisiniers de restaurant la vulgarisèrent faite avec du lait.

Les dictionnaires des linguistes en donnent tous des explications erronées, Littré dit : « Espèce de sauce faite avec un peu de farine *roussie* dans du beurre frais et de la crème ou du lait. » C'est inexact ; la farine doit être cuite dans le beurre sans être roussie, la blancheur étant la première condition de forme de cette sauce.

Sauce béchamelle. — *Formule 313.* — Mettre dans une casserole forte de fond et bien étamée, ou mieux dans une *casserole d'argent*, un morceau de beurre frais, y ajouter de la farine tamisée, remuer et la faire *cuire à blanc*, c'est-à-dire jusqu'à ce qu'elle mousse, sans la laisser roussir. Ajouter de la crème ou du lait préalablement cuit et bouillant, remuer pour empêcher la formation des grumeaux jusqu'à l'ébullition en ayant soin qu'il ne s'attache au fond. Assaisonner à point et laisser réduire doucement sur l'angle du fourneau en remuant souvent. Passer et achever par l'addition de beurre frais.

Remarque. — J'ai perfectionné cette sauce, n'ayant pas toujours à disposition du service culinaire de la crème ou du lait frais :

Pour une capacité de trois litres de sauce béchamelle faite avec du lait, dans la règle indiquée ci-dessus, couper en dés la pulpe de trois carottes rouges, en supprimant les bois ; tailler également un oignon, un blanc de poireau, la moitié d'une tête de céleri, ajouter à ce mirepoix une demi-botte de ciboules et quelques branches de cerfeuil ; concasser du poivre blanc et mettre le tout dans un petit sautoir avec du beurre frais et cuire à l'étouffée. Egoutter et mettre cette garniture dans la sauce béchamelle en ébullition.

Laisser cuire la béchamelle comme d'habitude ; la passer par pression à travers l'étamine et l'achever avec un morceau de beurre très frais.

Ce mode de condimenter la sauce béchamelle réunit tous les principes d'excellence qui manquent trop souvent au lait charrié ; j'entends l'arome et ce goût de noisette qui se révèle dans le lait des laitières qui broutent un pâturage frais. En suivant exactement la prescription, le praticien aura la certitude de satisfaire amphitryon et convives :

Je remplissais les fonctions de mon art au château même de la maison des *Zähringen* (Suisse), lorsqu'un vendredi de juin *mil huit cent soixante-quinze* je servais un vol-au-vent à la Béchamel qui faisait partie du dîner maigre de l'un des types les plus remarquables de la prélature française, Mgr Dupanloup, qui voyageait en *incognito* avec l'Impératrice Eugénie. Après avoir béni le potage bisque de sa prière sacramentale, il se mit religieusement à l'œuvre et en peu de temps il eut fait honneur à son menu, qui se terminait par une sarcelle farcie de foie gras aux truffes. A mesure que le dîner tendait à sa fin, le teint orangeâtre du prélat prenait du coloris, sa figure devenait de plus en plus radieuse et bientôt il fut animé de l'esprit *sain* ; après avoir loué Dieu une dernière fois d'avoir produit de si bonnes choses, il prodigua ses félicitations à M. Kussler, maître d'hôtel aussi distingué que fin gourmet : « Je n'aurais pas mieux mangé, dit l'évêque, à la table d'Olympe que je me suis régalé chez vous, et sans nul doute vous devez avoir un cuisinier capable et religieux.

« — Effectivement, répondit le maître, il est capable ; nous en sommes satisfaits, il *travaille* religieusement.

« — Ha ! ha ! je m'en doutais, car son vol-au-vent était *diablement bon !* s'écria Dupanloup. »

L'éclat de leurs yeux, leurs sourires de satisfaction indiquaient que tous deux étaient heureux d'avoir savouré les produits de la cuisine profane.

BÉCHARU, *s. m.* — Oiseau de passage appartenant à la famille des palmipèdes, de la taille d'une petite oie. Il habite les côtes d'Espagne et fréquente les rivages de la Méditerranée; il peut se rendre à la domesticité. Les Romains et les Grecs estimaient sa chair, qui n'est d'ailleurs nullement mauvaise. Les Arabes considèrent cet oiseau comme sacré.

BÉCOT, *s. m.* — Se dit du petit de la bécasse; *bécot, bécasseau* ou, par analogie, *bécasson*.

BEC-PLAT, *s. m.* — On appelle vulgairement ainsi le canard souchet, par analogie à son bec aplati. Des becs-plats.

BEC-POINTU, *s. m.* (*icthyologie*). — On distingue parmi les raies une variété qui diffère quelque peu de la raie commune; elle a la tête plus allongée et le corps plus ovale, sa chair est aussi plus blanche. Ce sont des becs-pointus.

BEEFSTEAK, *s. m.*; (*Cuis. anglaise*,) se prononce *bif steck*; de *beef* bœuf et *steak* tranche. — Il est illogique d'appeler le filet de bœuf seulement par le nom de vrai beefsteak, puisque le mot même indique une tranche de bœuf quelconque; le beefsteak, qui est d'origine anglaise, n'est d'ailleurs pas toujours fait avec le filet.

Cette différence de déterminatif est légitimée par la qualité même de la viande et pour en avoir voulu faire un beefsteak aussi fin et aussi succulent que celui des Anglais, les Français et autres peuples ont été obligés de se servir du filet de bœuf improprement appelé beefsteak; le mot *filet de bœuf* indique directement son origine; c'est donc à cause de la qualité inférieure de notre viande que l'on a dû se servir du filet de bœuf.

Le beefsteak est entré en France en même temps que les Anglais, après la campagne de *dix-huit cent quinze*. Jusque-là les cuisines française et anglaise étaient aussi distinctes que les opinions des habitants de ces deux nations; mais pour les besoins de la table on s'intéresse peu de l'origine d'un mets ou d'un entremets, s'il est bon; le beefsteak quoique venant des Anglais fut trouvé excellent; par contre ceux-ci ne dédaignèrent pas le filet de bœuf sauté aux truffes.

Le beefsteak ou filet de bœuf est invariablement grillé, rarement cuit à la poêle. Lorsqu'il est submergé un instant dans une sauce madère il prend la dénomination de *filet sauté au vin de Madère*. Le beefsteak à la maître-d'hôtel est excellent lorsque celle-ci est faite avec des herbes et non du persil et légèrement glacée de glace de viande; elle se lie avec le sang qui improvise sur le plat une sauce exquise.

On sait l'accueil que l'on fait dans les restaurants de Paris au beefsteak au cresson, surnommé *idem au cresson*. Nous entendîmes un jour cette gauloise commande : « idem au cresson avec des beefsteaks autour ».

BEEFSTEAK-PIE, *s. m.* (*cuis. anglaise*); se prononce *bif-steck-pa-i*; de trois mots anglais : *beef* bœuf, *steak* tranche et *pie* pâte. — Pâte de tranche de bœuf.

Beefsteak-pie. — *Formule 314*. — Tailler des escalopes dans la tête un peu grosse d'un filet de bœuf. Beurrer un plat en terre allant au feu; assaisonner les escalopes, les alterner dans le vase en saupoudrant d'échalotes et d'oignons finement hachés. Mettre au milieu un bouquet garni; napper avec une sauce demi-glace au vin de Madère. Remplir ainsi le plat pyramidalement, le recouvrir d'une pâte brisée, coller les bords en les garnissant d'une bande de pâte feuilletée et abaissée, la pincer avec les pinces à pâte et la décorer. Décorer aussi le centre superficiel d'un roseau et de feuilles de pâte coupée en losange.

Dorer à l'œuf et cuire dans un four moyen pendant environ trois quarts d'heure.

Il est à remarquer que l'assaisonnement est l'une des principales conditions de sa réussite, ne pouvant dès lors en ajouter ni en ôter. La cuisson est également une connaissance qui ne s'acquiert que par une longue pratique dans la confection des *pies* anglais.

BEEFSTEAK-PUDDING (*cuis. anglaise*); pouding de bœuf. Mets composé. — *Formule 315*. — Employer :

Graisse de rognons de bœuf épluchée............	Grammes	500
Farine tamisée..........	—	500
Eau	décilitres	3

Procédé. — Hacher très fin la graisse de rognon avec un peu de farine; mettre sur la table la farine en faisant la fontaine (Voir ce mot), y mettre de l'eau, du sel, la graisse, et amalgamer le tout; lorsque la pâte est homogène et d'un corps consistant, beurrer un bol; abaisser la pâte et en foncer le bol.

Tailler des escalopes dans un filet de bœuf, les assaisonner à point et en garnir le bol avec de la sauce au vin de Madère, froide. Assaisonner et couvrir le dessus du bol avec de la pâte, coller les bords de manière qu'il ne reste aucune ouverture. Envelopper le tout d'une serviette beurrée, en l'attachant fortement autour du bol avec une ficelle. Mettre dans l'eau bouillante et faire bouillir à grande eau environ une heure et demie, selon la grosseur du pouding.

BEEF-TEA, *s. m.* (se prononce *bif-ti*); *cuisine anglaise*; de *beef*, bœuf, et *tea*, thé. — Thé de bœuf.

Dans la cité des Shakspeare, les fashionables de la médecine préventive ne manquent pas d'offrir aux convalescents le traditionnel *beef-tea*. Dans l'origine, on mettait de la viande hachée dans un bocal ou dans une bouteille hermétiquement fermée. On soumettait à l'ébullition au bain-marie et on décantait à travers une petite passoire. On obtenait ainsi l'eau contenue dans le bœuf l'osmazone, les sels et le parfum. Son action était donc à peu près nulle et inoffensive.

Que cherche-t-on dans le *beef-tea ?* les principes albuminoïdes et plastiques contenus dans la viande de bœuf! Ce que l'on ne peut obtenir par le procédé anglais, l'albumine étant coagulée. Voici deux nouveaux procédés permettant d'extraire les principes nutritifs du bœuf sans altération.

Beef-tea. — *Formule 316.* — Faire griller à vif deux beaux beefsteaks taillés dans la culotte, les retirer à moitié cuits, les couper en morceaux, les mettre dans une petite presse; serrer l'appareil. On reçoit le sang dans une tasse que l'on a préalablement posée sous le goulot du pressoir. Boire immédiatement.

Beef-tea à la purée de viande. — *Formule 317.* — Choisir un morceau d'environ cinq cents grammes de culotte de bœuf, le dégraisser et enlever les tendons; le râper du côté des filets de la viande, recueillir la viande râpée dans une tasse et la délayer avec du bouillon tiède (trop chaud il ferait coaguler l'albumine), saler légèrement et faire prendre de suite.

Remarque. — On obtient ainsi la viande sans nerfs et sans graisse, de même que par le premier procédé, le sang sans coagulation. Le mode, quelquefois ordonné par certains médecins, de hacher la viande et la passer au tamis, doit être rejeté, de même que la façon d'infusion au bain-marie.

BEFFROI, *s. m.*; all. *Wachtthurm;* ang. *belfrey;* ital. *battifredo;* d'effroi, alarme. — Oiseau du genre de la grive, l'une de ses variétés et dont la chair en a les mêmes propriétés. On le trouve dans la Guyane. On pourrait soumettre cet oiseau aux nombreuses préparations culinaires appliquées au gibier, mais les indigènes de ce pays ne lui appliquent en général que le rôtissage.

Cet oiseau est ainsi appelé à cause de son cri sonore et pareil à une cloche qui sonne l'alarme.

BEGONIA, *s. m.*; de *Begon*, nom d'un intendant de Saint-Domingue. — Cette plante croît surtout dans les régions tropicales de l'Asie et de l'Amérique. Parmi ses nombreuses variétés cultivées comme plantes d'ornement, quelques-unes sont alimentaires : le begonia nitida, à feuilles luisantes, d'un rose pâle, acides comme l'oseille

Fig. 186. — *Begonia nitida.*

et possédant les propriétés de celle-ci; il est employé aux mêmes usages culinaires.

Les habitants du Pérou se servent des racines d'une autre variété, le B. *tomentosa* et le B. *grandiflora*, comme stomachiques et fébrifuges.

BÉHEN, *s. m.* — Plante originaire de Syrie dont on distingue plusieurs variétés. Le B. à racine astringente, et le B. à racine tonique. Les feuilles du B. blanc, ou *Silène enflée*, qui habite les pâturages secs, servent d'aliments sous forme de légumes hachés ou en salade.

BEIGNET, *s. m.*; all. *schnitte*; angl. *fritter*; ital. *fritella*; du celtique signifie *enflure*. — Mets ou entremets composé. Substance alimentaire trempée dans une pâte spéciale dite à frire et passée ensuite dans une friture chaude.

Trois appareils ou pâtes sont employés pour la confection des beignets : la pâte levée, la pâte fraîche et l'appareil anglais, c'est-à-dire les œufs battus.

Pâte à frire levée (*cuis. de restaurant*). — *Formule 318*. — Délayer dans une terrine *dix* grammes de levure de bière avec de l'eau tiède, de la farine au préalable, un verre d'huile fine et du sel, puis la laisser lever au double de son volume dans un lieu chaud et sans air; remuer la pâte avant de s'en servir; elle doit être assez coulante pour envelopper facilement et sans faire de filaments autour des aliments qu'on veut frire.

Les rôtisseurs des restaurants de Paris, en entrant chaque matin dans leur rôtisserie, ont soin d'allonger la pâte à frire, c'est-à-dire de l'additionner de farine, de sel, d'huile et d'un peu d'eau ou de lait; deux heures après, elle est à point et ils ne s'en inquiètent plus jusqu'au lendemain matin. A défaut de levure, on peut se servir de bière pour mouiller la farine; dans ce cas, il faut y ajouter le lait nécessaire pour provoquer le ferment.

Pâte à frire fraîche (*cuis. d'hôtel*). — *Formule 319*. — Mettre dans une terrine *cinq cents* grammes de farine fine et tamisée, faire un trou; délayer avec quatre jaunes d'œufs *vingt-cinq* grammes de beurre fondu et du sel. Laisser la pâte un peu consistante, de manière qu'au moment de servir on puisse ajouter les quatre blancs d'œufs fouettés, les incorporer en soulevant (avec la spatule ou une petite écumoire) la pâte sur les blancs, de manière à en éviter l'écrasement; elle doit se détacher facilement; si, au contraire, elle *corde*, c'est un signe qu'elle a été échauffée, qu'elle est trop épaisse ou que les œufs ont été mal mélangés.

Appareil anglais pour beignets (*cuis. anglaise*). — *Formule 320*. — Casser trois œufs dans un bol, y ajouter une cuillerée d'huile, une pincée de sel et de poivre ; battre l'appareil.

On passe dans cet appareil, puis dans la chapelure ensuite, les substances que l'on veut frire.

Remarque. — Les beignets faits avec de la pâte fermentée conservent un goût aigrelet qui ne plaît pas à tout le monde; par contre la croûte est plus ferme, plus soufflée et convient surtout pour le glaçage à la salamandre (Voir ce mot); tandis qu'il est difficile de glacer les beignets faits avec de la pâte fraîche.

Beignets de pommes (*cuis. bourgeoise*). — *Formule 321*. — Enlever le cœur des pommes avec l'emporte-pièce en pratiquant le trou des deux côtés, de manière à ne pas rompre la peau; éplucher les pommes, les couper par tranches régulières, les faire macérer dans du kirsch ou du rhum, du sucre en poudre et de la cannelle moulue. Faire chauffer la friture clarifiée ; tremper les pommes par tranches dans la pâte, de manière à les envelopper; les mettre vivement dans la friture, en ayant soin de les prendre au centre avec la pointe du pouce et de l'index. Laisser frire, les égoutter sur un linge propre, les poser sur une plaque, les saupoudrer de sucre fin et les glacer au four très chaud, ou par le rapprochement d'une salamandre rouge. La pâte fermentée est préférable pour les glacer. Les dresser sur une serviette pliée sur un plat rond; saupoudrer de sucre en poudre s'ils ne sont pas glacés.

Beignets d'abricots. — (*Cuis. bourgeoise*). — *Formule 322*. — Oter les noyaux à des abricots un peu verts, les sauter dans du sucre et du marasquin, les passer un à un dans la pâte à frire, et de là à la friture chaude à point ; les égoutter ; les servir sur une assiette comme à l'ordinaire. La pâte non levée est préférable pour cette catégorie de beignets à fruits délicats.

Beignets de pêches. — *Formule 323*. — M. A. Ozanne a publié la recette suivante :

> Roses, fraîches, fermes et belles,
> Comme des seins de jouvencelles ;
> De dix pêches il est besoin
> D'enlever la robe avec soin.
>
> Dans un sirop que l'on compose
> D'arômes odoriférants,
> Pendant une heure l'on arrose,
> Leur chair tendre et leurs tons friands.
>
> J'avais oublié de vous dire
> Qu'il faut couper vos fruits en deux,
> Puis faites une pâte à frire
> De farine, de lait et d'œufs.
>
> Trempez alors dans cette pâte
> Chaque morceau séparément
> Que l'on précipite à la hâte
> Dans la friture vivement.
>
> Quand vos beignets sont d'un blond tendre
> Ainsi qu'en août on voit les blés ;
> Sucrez et sans plus faire attendre
> Servez aux gourmets assemblés.

Ce sont des délices suprêmes,
Que donne ce mets recherché ;
Nous l'aimerons comme nous-mêmes,
Qui sommes le fruit d'un péché.

Beignets de poires. — *Formule 324.* — Eplucher des poires à pulpe tendre et fondante; les tailler en rondelles, les faire macérer un instant dans du kirsch sucré, les tremper dans la pâte à frire et soumettre la cuisson à la friture chaude. Les glacer ou les saupoudrer de sucre en poudre mélangé avec de la cannelle du Ceylan en poudre.

Beignets d'ananas. — *(cuis. algérienne).* — *Formule 325.* — Tailler d'*un* centimètre d'épaisseur des tranches d'ananas conservés en boîtes, enlever avec l'emporte-pièce à pâte des rondelles de la largeur d'une pièce de cinq francs. Les plonger dans la pâte à frire et les mettre dans la graisse chaude, faire prendre couleur, les saupoudrer de sucre et servir.

Beignets d'oranges. — *(cuis. d'amateur).* — *Formule 326.* — Préparer des quartiers d'oranges bien épluchés, les sauter dans une terrine avec du sucre et du kirsch, passer les morceaux d'oranges dans la pâte fermentée et les faire frire dans une friture fraîche et relativement chaude. Lorsque la couleur a atteint son degré de coloration, les beignets sont cuits. On les glace et on les dresse sur une serviette pliée sur un plat.

Beignets à la crème. — *(haute cuisine).* — *Formule 327.* — Employer :

Farine tamisée	Grammes	300
Sucre en poudre	—	150
Jaunes d'œufs	nombre	8
Œufs entiers	—	4
Lait frais	litre	1
Vanille	gousse	1
Gélatine clarifiée	feuilles	2
Une petite pincée de sel.		

Procédé. — Mettre dans une casserole les œufs et les jaunes, le sucre, le sel et la farine ; délayer le tout en maniant avec le lait, en évitant d'y laisser former des grumeaux. Ajouter la gélatine et la vanille. Mettre la casserole sur le feu et remuer constamment jusqu'au moment où elle est prête à bouillir, en évitant cependant l'ébullition ; remuer encore un instant hors du feu, et lorsqu'elle sera tiède, beurrer une plaque sur laquelle on couche cette crème. On la laisse refroidir. Couper alors avec le moule à petit pâté des rondelles que l'on passe à l'œuf et de là à la mie de pain blanc légèrement saupoudré de sucre vanillé. On laisse de nouveau raffermir. Etant consistants, on les trempe dans la pâte à frire et on les plonge dans la friture chaude. Ces beignets demandent que la pâte les entoure bien et soit immédiatement prise, afin d'éviter la déperdition de la crème qui devient liquide étant chaude. On les dresse sur une serviette saupoudrée de sucre vanillé.

Remarque. — Il est prudent d'avertir les convives que cet entremets est une surprise, quelquefois désagréable pour les jolies gourmandes mordant à belles dents un beignet qui laisse couler dans leurs petites mains blanches un liquide, qui n'a certes rien de désagréable au goût, mais qui attire les sarcasmes des voisines toujours si indulgentes lorsqu'il s'agit d'accident de toilette ?

Beignets de céleris *(entremets).* — *Formule 328.* — Tailler en gousse d'ail la pulpe ferme des céleris, les faire blanchir *cinq* minutes à l'eau naturelle, les égoutter, les mettre dans une casserole avec du sirop à *quarante* degrés et *un* décilitre de madère, de manière que le liquide vienne juste à hauteur des céleris. Couvrir la casserole et faire cuire. Egoutter, les prendre un à un, les tremper dans la pâte et les frire de belle couleur. Saupoudrer de sucre et de cannelle en poudre. La pâte levée est préférable pour ce mode de beignets.

Beignets au fromage. *(cuis. de couvent).* — *Formule 329.* — Couper par morceaux carrés de la grosseur d'une grosse noix du fromage d'Emmenthal ou de Gruyère gras et de première qualité ; les saupoudrer de poivre fraîchement moulu. Les tremper avec l'aiguille à brider dans la pâte à frire, fraîche et un peu ferme ; les plonger dans la friture chaude de manière à les saisir. On les égoutte, ou les sale légèrement si le fromage ne l'est pas assez.

Beignets de brioche *(cuis. d'hôtel).* Entremets. — *Formule 330.* — Tailler des petites brioches en carrés longs d'environ un centimètre et demi d'épaisseur sur chaque face (les brioches ne doivent pas être fraîches) ; préparer un appareil avec *six* jaunes d'œuf, un décilitre de crème double sucrée ; fouetter le tout un instant et passer à la passoire ou au tamis. Tremper les bâtons de brioche et les déposer sur un tamis. Les lever avec un ustensile plat de manière à ne pas les rompre et les faire frire dans une friture fraîche. Les égoutter, les saupoudrer de sucre aromatisé.

Les dresser en couronne sur un plat rond et verser dans le puits un sabayon bien mousseux (Voir *Sabayon*).

Beignets d'anchois à la Niçoise. (*Hors-d'œuvre chaud*). — *Formule 331*. — Après avoir nettoyé *deux* ou *trois* douzaines d'anchois pas trop vieux, les macérer dans du vinaigre, les essuyer et en détacher les filets qu'on arrose d'huile fine en les saupoudrant de fines herbes hachées. Rouler les filets sur eux-mêmes d'une forme cylindrique et les plonger un à un dans la pâte à frire et les jeter à la friture chaude; aussitôt que la pâte a atteint la couleur dorée, on les égoutte, on les dresse sur une serviette garnie de persil frit et de citron.

Beignets soufflés. — (Voir *Pet-de-nonne*).

HYGIÈNE. — Les beignets sont lourds et difficiles à la digestion lorsqu'ils ont été frits dans une friture insuffisamment chaude ou vieille; mais quand on les fait selon la règle de l'art il ne sont pas indigestes. La pâte levée est moins sujette à s'imbiber la graisse que la pâte fraîche.

Il faut d'ailleurs remarquer que les malaises d'indigestion occasionnés par les beignets sont invariablement dus à l'abus que les enfants ou les malades font de cet entremets et non point à sa qualité. On doit donc en manger très peu.

BEIGNET VIENNOIS, (*cuis. autrichienne*); all. *Viner schnitte*. — Ce genre de beignet a pour base la pâte suivante :

Formule 332. — Employer :

Beurre fin	Grammes	100
Levure de bière	—	10
Sel fin	—	10
Sucre en poudre	—	10
Œufs	Nombre	3
Le lait nécessaire.		

Procédé. — Mettre la farine dans une terrine, faire un trou pour mettre la levure. Mêler le quart de la farine avec la levure et du lait chaud, faire une pâte molle et la faire revenir dans un lieu chaud. Lorsque, par la fermentation, la pâte a doublé de volume, mettre le sucre, le sel et le beurre sur le levain avec un peu de lait. Travailler le tout à la main en ajoutant les œufs par intervalles; ajouter le lait nécessaire pour que la pâte soit de la mollesse voulue.

Laisser relever une deuxième fois, remuer alors avec la cuiller. Tailler des bandes de papier d'office larges de *cinq* centimètres, les beurrer; coucher avec la cuiller sur les bandes des morceaux de cette pâte (qui doit être un peu plus légère que la pâte à choux) de la grosseur d'une noix. Mettre sur chaque morceau une cuillerée à café de marmelade d'abricots très ferme, en ayant soin qu'elle soit bien au milieu. Recouvrir la marmelade de la même pâte; laisser revenir trois quarts d'heure.

Faire chauffer, sans qu'elle fume, une friture fraîche; mettre les bandes de papier dans la friture, retirer aussitôt détaché et remuer pour que les beignets prennent une couleur uniforme. Lorsqu'ils sont arrivés aux trois quarts de leur cuisson on accentue la chaleur de la friture pour les achever. Les égoutter.

Préparer un sirop à *quarante-deux* degrés additionné de rhum. Tremper et retirer vivement les beignets; les poser de suite sur un tamis. Les dresser chauds en pyramide sur une serviette artistement pliée sur un plat. Servir chaud. Il est à remarquer que le sirop doit être également chaud.

Beignets Viennois à la marmelade de poires. — *Formule 333*. — Confectionner la pâte décrite ci-dessus, la coucher comme il est indiqué, en garnir les morceaux de marmelade de poires et les recouvrir de la même pâte; laisser revenir et les frire. Dresser sur une serviette après les avoir passés dans un sirop aux noyaux à *quarante* degrés.

Beignets Viennois à l'ananas. — *Formule 334*. — Préparer la pâte décrite ci-dessus et procéder de la même manière en substituant de la marmelade d'ananas à celle d'abricots. Faire frire comme les précités, les tremper dans un sirop d'ananas à *quarante* degrés. Les servir chauds.

Beignets Viennois aux cerises. — *Formule 335*. — Toujours avec la pâte à beignets viennois. Après en avoir couché des morceaux sur les bandes en papier beurré, on place au centre quatre cerises débarrassées du noyau, marinées un instant dans le kirsch, si elles sont fraîches; au sucre si elles sont conservées à l'eau-de-vie, ou même en marmelade. Recouvrir de la même pâte et laisser lever. Faire frire, les égoutter. Les passer dans un sirop au kirsch. Les servir très chauds.

Beignets de fraises Vilmorin. — Je désire consacrer ici à la mémoire du plus célèbre horticulteur et producteur de graines de France un entremets avec l'une de ses plus belles créations : la fraise Vilmorin.

Formule 336. — Faire mariner des fraises Vilmorin dans du vieux armagnac, du marasquin ou du génépi des Alpes. Sucrer suffisamment.

Coucher la pâte à beignets viennois susmentionnée ; placer au milieu de chaque rondelle une fraise. Couvrir et laisser lever. Les frire, les égoutter, et les dresser sur une serviette.

Servir séparément une purée de fraises au marasquin.

Hygiène. — Faits dans la règle de l'art ces beignets sont sains et faciles à la digestion à la seule condition de ne pas en abuser.

BEILCHE, s. m. (cuis. allemande). — En Westphalie son pays d'origine on procède de la façon suivante :

Formule 337. — Choisir une sous-noix de bœuf, bien tendre, dont on enlève toute la graisse ; couper la noix à distances égales en sept ou huit morceaux sans détacher les tranches qui continuent de tenir à un centre commun ; on les entr'ouvre seulement de manière à introduire dans chacune d'elles une bonne pincée de sel mélangée de poivre fin ; puis on les place dans une grosse terrine à couvercle ; on met immédiatement sur la viande, douze ou quinze pommes de terre épluchées et légèrement saupoudrées, il est important d'avoir des pommes de terre d'Irlande à pulpe farineuse, à forme ronde et de couleur jaune paille. On recouvre la terrine, on en calfeutre le couvercle avec de la pâte, et l'on établit cet appareil dans un coin de cheminée sous un monceau de cendres chaudes, sur lequel on entretient pendant quatre heures un grand feu de charbons ardents. Les Westphaliens ont presque tous pour cet usage un grand pot en vieille argenterie et qui s'appelle le *plat aux beilches*.

BELETTE, s. f. (*Mustela*) ; all. *Biesel* ; angl. *weasel* ; ital. *donnola* ; de *belle*, bellette. — Petit carnassier qui a le corps allongé et le museau pointu, des doigts déliés et la peau d'une couleur brune ou rousse. C'est un mammifère déclaré impur par la loi mosaïque, et la crédulité des chrétiens l'a doté de farces mystérieuses. Elle vit de souris et s'attaque même aux rats :

La nation des belettes et celle des chats
Ne veulent aucun bien aux rats.

mais il n'est pas rare que ceux-ci se rencontrant, se livrent une bataille désespérée et de voir la belette battue et tuée.

Usage alimentaire. — La belette est comestible et sa chair, marinée, est potable, quoique très dure ; les habitants du Mexique la mangent sans dégoût, et nous lisons dans l'*Histoire de l'Inde*, par Fernand Lopez, que les soldats prenaient beaucoup de belettes, qu'ils les faisaient cuire à la broche et qu'ils les mangeaient délicieusement.

On appelle aussi *Belette* un poisson habitant les côtes de France.

BÉLIER, s. m. ; all. *Bidder* ; angl. *ram* ; ital. *becco* ; de *bella*, clochette qu'on pend au cou des moutons mâles. — Avant le quinzième siècle, nous ne trouvons nulle part le mouton désigné par ce mot, qui a été sans nul doute formé par la transformation du latin en langue romane.

Comme aliment le bélier doit être repoussé, dans les pays chauds surtout, sa chair est la plus mauvaise après celle du bouc ; d'une odeur fétide et musquée très désagréable, d'une digestion difficile et peu nourrissante.

Le bélier doit se manger à l'état d'agneau, c'est-à-dire de deux à six mois, et n'avoir été nourri que de lait. Cet âge passé, sa chair perd et sa succulence et ses qualités.

BELLE-ALLIANCE, s. f. — Poire qui mûrit en décembre et en janvier ; sa robe est d'une couleur jaunâtre et fauve d'un côté, et rouge vermeil de l'autre. Très volumineuse, d'une pulpe sucrée, fine et musquée. C'est un bon fruit d'hiver.

BELLE-ANGEVINE, s. f. — Poire d'hiver qui atteint les dimensions les plus considérables ; elle a une robe verte d'abord, passant ensuite au jaune brillant, lavée de rouge carminé au soleil, plus ou moins parsemée de marbrures brunes ; sa chair cassante, grossière, est sucrée. Elle apparaît sur les marchés en février et en mars.

BELLE-CHEVREUSE, s. f. — Pêche dont la pulpe est fondante et fine, quand elle est mangée à son point exact de maturité ; mais devient cotonneuse si on la laisse trop mûrir. Sa couleur d'un rouge vermeil est magnifique.

BELLE-DE-BERRY, s. f. — Se dit d'une poire également appelée *poire de curé* (Voir ce mot).

BELLE-DE-JOUR, *s. f. (convolvulus L.).* — Genre de plantes de la famille des convulvulacées dont on distingue plusieurs variétés. Communément connues sous les noms de *liseron* où *volubilis*. Les fleurs en forme de clochettes ont un calice persistant, à cinq divisions, une corolle en cloche, plissée sur ses cinq angles; cinq étamines, un ovaire supérieur, un style; deux stigmates, une capsule à deux, trois ou quatre loges; une ou deux semences dans chaque loge.

La plus belle variété est la *Belle de jour tricolore*, qui se distingue par sa belle forme et le nombre de ses fleurs d'une couleur vive; jaunes dans le fond, d'un bleu ciel sur les bords, blanches dans le reste de leur étendue, quelquefois panachées ou tout à fait blanches. Elle se ferme au coucher du soleil pour se rouvrir à sa

Fig. 147. — Belle de jour. *(Convolvulus.)*

levée. Pour la distinguer dans ses détails nous avons reproduit la plante et une fleur grossie.

Les fleurs des belles-de-jour sont imitées en confiserie pour l'ornement des pièces montées.

Un célèbre cuisinier français, M. Alphonse Landry, est le premier qui ait poussé à la plus haute perfection l'art de faire ces fleurs en sucre:

Belles-de-jour en sucre. — *Formule 338.* — Cuire du sucre au *cassé* (Voir ce mot). Lorsqu'il est retiré du feu l'additionner de 4 à 6 cent. cubes d'acide acétique. Mélanger et remettre sur le feu pour lui faire donner quatre à cinq bouillons; essayer si le cassé est bien atteint, à ce point, le jeter sur le marbre et le laisser reposer deux ou trois secondes; puis enlever les bords en les reportant sur le centre, quand la masse peut être prise en main, on le tire jusqu'à ce qu'elle prenne l'apparence de la soie, et que le sucre commence à refroidir, alors, on le ramène en masse, puis on presse pour en faire sortir l'air qui peut y être comprimé. Le laisser refroidir. Lorsqu'on veut s'en servir on le fait ramollir au four.

Procédé. — Prendre une quantité de sucre malléable, c'est-à-dire ramolli au four, de la grosseur de la fleur que l'on veut faire et lui donner la

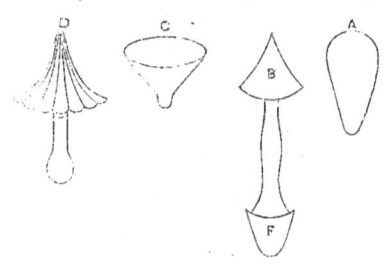

Fig. 128. — Moule. Clochette. Ébauchoir. Massue.

forme de la massue (A), et avec un ébauchoir (B) on enfonce par le plus gros bout de manière à frayer un passage jusqu'aux doigts, modelant le sucre on lui donne la forme primitive d'une clochette (C). Ayant obtenu cette forme, on la pose sur le moule (D) puis, avec le pouce, l'on imprime et fait prendre forme, puis, avec les doigts, on donne la grâce du modèle de cette fleur (Voir Fig. 128) en rabattant les bords et en leur donnant la courbe nécessaire. Les feuilles (Voir ce mot) s'imitent par l'empreinte au moule de plomb).

La coloration. — Les couleurs jaune et bleu ciel sont mélangées à l'arrow-root ou à la fécule, en état de poudre dont on dose le coloris à vo-

Fig. 129. — Belle de jour tricolore en sucre.

lonté. Il est bon d'y ajouter une faible partie, 10 0/0, de bicarbonate de soude qui a la propriété de neutraliser la fermentation du sucre. On passe les couleurs à l'aide d'un petit pinceau. Ce mode leur donne un aspect velouté de toute beauté. (LANDRY. — *Art de filer et de couler le sucre*).

BELLE-DE-NUIT, *s. f. (Mirabilis)*. — Plante originaire du Pérou et du Mexique. Les fleurs en bouquets axillaires, ne s'ouvrent que la nuit, et exhalent le soir une odeur suave.

Fig. 130. — Belle-de-nuit. (*Mirabilis jalapa.*)

On imite ces fleurs en sucre et en stéarine comme il est indiqué au mot fleur (Voir ce mot).

BELLE DE ONZE HEURES, *s. f.* (*Ornithogalum*). — Plante qui doit son nom à la propriété de ses fleurs qui ne s'ouvrent que vers onze heures du matin.

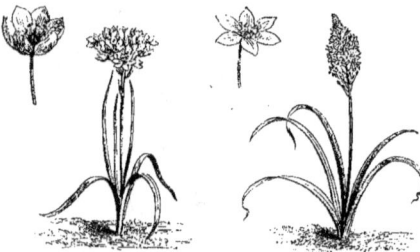

Fig. 131. — Belle de onze heures. (*Ornithogalum*).

Fig. 132. — Belle de onze heures. (*Ornit. pyramidal*).

BELLE-ET-BONNE, *s. f.* — Variété de poires dont la qualité est bien inférieure à son nom.

BELLE-GARDE, *s. f.* — Variété de pêche qui se mange en septembre et octobre; sa chair jaunâtre est croquante. On l'emploie pour les compôtes et les gâteaux.

BELLONE, *s. f.* — Variété de grosse figue qui croit en Provence; elle est veinée de rose, estimée pour l'usage des conserves.

BÉNARD (ÉDOUARD), né à Baccarat (Meurthe), le 2 janvier 1843, débuta dans l'art culinaire à l'âge de neuf ans, sous la direction de M. Hérauld, au *Château de la Cristallerie* de Baccarat. A onze ans il émigra avec ses parents pour New-York. Pendant les deux premières années de son séjour dans sa nouvelle patrie, il s'appliqua à l'étude des langues qu'il apprit en peu de temps, et continua ensuite son apprentissage pendant trois ans, sous les ordres de M. Charles Roux, à l'hôtel Métropolitain.

D'une nature ardente et impressionnable il se sentit attiré par les sensations que procurent les voyages. Dès 1859, époque à laquelle il perdit son père, assassiné par les Indiens dans les Montagnes-Rocheuses, le jeune Édouard commença la série de ses pérégrinations en partant pour Matanzas (île de Cuba). Doué d'une intelligence vive, rien ne devait échapper à son esprit d'observation, cherchant toujours à acquérir de nouvelles connaissances, en étudiant la cuisine et les mœurs des différents peuples qu'il eut l'occasion de visiter.

Après avoir traversé la Havane et la Nouvelle-Orléans, il remonta le Mississipi et l'Ohio jusqu'à Cincinnati, où il demeura quelques années. Fit ensuite différents voyages à travers les Etats-Unis, toujours pratiquant son art, et rentra dans sa ville préférée, où il s'engagea comme volontaire dans le 74e régiment de l'Etat de New-York.

Il devait avancer rapidement dans sa nouvelle carrière où il ne tarda pas à se distinguer. Le 27 juin 1861 il était promu au grade de sous-lieutenant; il avait alors dix-huit ans. L'intrépidité qu'il déploya au feu du combat où il fut blessé d'une balle à l'épaule gauche et d'un éclat d'obus à la cuisse droite, lui valut le grade de capitaine sur le champ de bataille. Après quatre ans et huit mois de service, il quitta le régiment en 1866.

Sa dette de reconnaissance à sa patrie d'adoption était donc brillamment payée. Parfaitement guéri de ses blessures, Bénard reprit sa profession de cuisinier cosmopolite, et fit, de 1866 à 1869, comme chef à bord, trois voyages successifs à Rio-de-Janeiro, deux au Mexique avec escale à la Havane, un au Havre, deux à Brême, un à Copenhague, un en Chine, par le détroit de Magellan, et après avoir échappé à un naufrage, revint à New-York, à bord d'un voilier anglais, par le cap de Bonne-Espérance. Quitta de nouveau New-York, pour aller à San-Francisco, toujours comme cuisinier, et de là en Australie avec escale aux îles Sandwich.

Parlant et écrivant parfaitement quatre langues, le français, l'allemand, l'anglais et l'espagnol, et deux dialectes, des Peaux-Rouges (*Cheyenne*) et des Fribus (*Siout*), il fut engagé comme premier interprète par le général Sherman, pour l'accompagner dans son grand voyage qu'il fit à Jérusalem, en visitant tous les principaux ports de la Méditerranée.

De retour à New-York en 1870, nous le retrouvons avec son chef d'apprentissage à l'hôtel Saint-James, et deux ans après au restaurant Mouquin dans la même ville, où il tint avec honneur la place de chef jusqu'en 1874 ; époque où il partit pour Charleston, station balnéaire (Carolines du Sud). Deux ans après il revint à New-York, à Everet-Housse, qu'il quitta la même année (1876) pour se rendre à Philadelphie où avait lieu l'exposition du centenaire de l'Indépendance ; en 1877, il se dirigea à Norfolk, (Virginie) où il resta comme chef à l'hôtel Atlantique. Nous le retrouvons de nouveau en 1878 et 1879 à New-York, à Astor-House avec notre ami Fernand Père ; et en 1880 chef au Palace-Hôtel, à San-Francisco, qu'il quitta le 15 janvier 1887, pour aller à Salt Lake City faire l'ouverture de l'hôtel Continental, qu'il dirige au moment où nous écrivons, avec autant d'habileté que d'art.

Édouard Bénard fut l'un des fondateurs et secrétaire permanent de la *Société Cosmopolite des cuisiniers* de l'Etat de New-York, aidé par MM. Antoine Merle et Antoine Paulet. Après avoir été le Vice-Président et le Président de la *Société Culinaire Cosmopolite* de San-Francisco (1885 et 1886), il fut nommé membre correspondant perpétuel de l'ACADÉMIE DE CUISINE DE PARIS, section générale de l' « *Union universelle pour le Progrès de l'Art culinaire* » dont il fut l'un des plus actifs propagateurs à San-Francisco, en se conformant à ses statuts.

La vie de Bénard est intéressante non seulement au point de vue culinaire, mais à celui de l'acclimatement. Ses traits, ses cheveux se sont modifiés, son teint a pris une couleur basanée, ses lèvres se sont accentuées à un tel point qu'on l'a confondu longtemps avec les indigènes du pays ; il était connu de ses collègues sous le pseudonyme de l'*Indien*, ce n'est que lorsqu'il fonda la *Société Cosmopolite des cuisiniers* que l'on apprit son origine. Mais, malgré la transformation physique qui s'est opérée en lui, il est toujours resté Français de cœur, nous a-t-il dit, a toujours aimé et recherché les Français partout où il a été.

ÉDOUARD BÉNARD.

Bénard représente l'*ubiquiste* le plus accompli : en tout lieu il est à son aise ; toutes les zones, tous les climats lui conviennent ; les transitions brusques de la température et la nourriture la plus opposée n'ont jamais altéré sa santé. Son caractère énergique, sa prompte décision indiquent l'homme apte à satisfaire à toutes les exigences de l'instant de la vie. Et, qualités plus rares chez l'homme instable, partout où il a passé il s'est fait estimer, au triple point de vue de brave soldat, d'honnête citoyen et d'excellent cuisinier.

SALT LAKE CITY, dit-il, se trouve dans une jolie vallée entourée des monts *Wasatch*, l'une des chaînes des Montagnes-Rocheuses. En 1847, lorsque les Mormons ont découvert le grand lac Salé, ils y ont fondé cette ville à une vingtaine de milles (7 lieues), ont pris possession du territoire qui se nomme *Utah*, et y ont professé leur religion, qui est la polygamie. Mais il y a une dizaine d'années le gouvernement des Etats-Unis prit possession de ce territoire, y mit des troupes pour protéger tout citoyen qui voudrait venir s'y établir, et fit une loi abolissant la polygamie.

La vallée est très fertile ; elle abonde en mines de fer, de plomb, d'argent et d'or ; la ville est florissante (30,000 âmes), et le territoire qui n'est pas, d'un quart peuplé, comporte 200,000 habitants, la plupart des Mormons de toutes nations; nous ne sommes ici que deux Français. Il y a dans la ville deux hôtels de premier ordre, quatre de troisième et trois ou quatre petits restaurants de dernière catégorie. Dans quelques années d'ici ce sera une ville de grand commerce si, comme on nous appelle, les gentils (les Français) peuvent arriver à gouverner la ville. (Correspondance du 9 février 1888 adressée à l'auteur).

BENARI, *s. m.* — Nom vulgaire d'une variété d'ortolan souvent en passage dans le Languedoc. Il devient très gras et sa chair est délicieuse.

BENATE, *s. f.* — Corbeille d'osier dont on se sert dans les salines. Quantité de sel que peut contenir cette corbeille. On dit aussi : Une benate de pain, qui contient douze pains.

BENAUT, *s. m.* — Baquet cerclé et dont deux douves latérales dépassant le bord sont trouées pour en former les manilles.

BENEDICTINE, *s. f.* — Liqueur créée, en 1510, par les moines de l'abbaye de Fécamp, et exploitée par eux.

BENEVENT, *s. m. (potage à la).* — C'est en mémoire de la ville de ce nom (*Beneventum*, Italie) que Carême enregistra dans ses ouvrages (Art de la cuis. française au XVIX⁰ siècle, page 219) le *potage à la Bénévent*.

Formule 339. — Couper les parties grasses et blanches de huit palais de bœuf à moitié cuits dans un blanc, et les faire mijoter deux heures dans le consommé avec la moitié d'une langue de bœuf à l'écarlate (la partie la plus rouge), coupée en gros dés ; deux petits pains de beurre frais, une pointe de mignonnette et une gousse d'ail ; ensuite on fait blanchir 30 grammes de gros macaroni de Naples ; on les égoutte et on les fait mijoter une demi-heure dans la moitié du consommé avec deux cuillerées de sauce tomate. Au moment de servir on met le macaroni au fond de la soupière, on le recouvre de parmesan râpé, puis d'un lit de palais de bœuf et de langue écarlate. Ajouter le consommé et servir les garnitures dans une timbale d'argent.

BENI-CARLOS (*vin de*). — Ce vin tonique est d'une riche vinosité, très capiteux. Se boit au dessert.

BENI-RUSSE, *s. m.* — L'ensemble des mets et entremets qui composent le repas sacramental de l'Église grecque au jour de Pâques et qui doivent être *bénis* par le *pope*.

Tous les aliments doivent être froids et les convives les mangent debout. La table est garnie et ne se dessert pas de toute la journée ; les aliments se remplacent à mesure qu'ils se consomment. L'agneau *à la Romaine*, c'est-à-dire cuit entier, ou le cochon de lait, le sel purifié, le fromage décoré aux raisins de Corinthe, les œufs durs et l'agneau de beurre sont de rigueur dans le repas pascal des grecs. Les autres aliments varient selon l'aisance des familles. Avec ces aliments on sert des babas pralinés aux amandes et cuits dans des plaques carrées. Le fromage est confectionné de la manière suivante :

Fromage à la Russe. — *Formule 340.* — Se procurer un fromage blanc gras et frais ; le presser dans un linge, le piler avec un peu de beurre légèrement sucré et mélangé avec un peu de crème double (*aphrogala*) ; passer au tamis, le mettre dans un moule en bois carré et pyramidal dans lequel on le laisse une journée de manière à lui laisser prendre consistance. En le sortant du moule, on le décore sur les quatre faces d'une croix à la grecque avec des raisins de Corinthe, et sur les angles garnir en bordure. Ce fromage se place sur une serviette pliée flanqué d'œufs décorés pour la circonstance ; dessiner sur les œufs, d'une parfaite propreté, une croix entourée de dessins de fantaisie, avec une plume trempée dans la graisse de mouton fondue et chaude ; laisser refroidir le dessin, mettre les œufs dans le liquide préparé pour les colorer ; le dessin doit rester blanc. Le sel purifié se prépare ainsi : piler du sel, ajouter une petite quantité de blanc d'œuf, l'envelopper dans un petit linge, attacher, faire brûler le sel dans un brasier ardent, le laisser cuire ; le linge étant consumé, le sel doit alors former une masse blanche et calcinée ; on le retire, on ôte les souillures qui pourraient y être attachées, on pile ce sel et on en garnit les salières.

Tel est, en résumé, le *béni* grec.

BENAFOULI, *s. m.* — Riz du Bengale, qui répand, lorsqu'il est cuit, une odeur très agréable.

Ses propriétés alimentaires sont les mêmes que celles du riz ordinaire, plus léger et d'une digestion très facile.

BENNE, *s. f.* — Se dit de l'espace clos pour arrêter le poisson. On nomme également *benne* un panier garnissant toute l'étendue d'un chariot et servant au transport du charbon.

BENNI, *s. m.* — Une des variétés du poisson barbeau ordinaire et ayant les mêmes propriétés alimentaires.

BENOITE, *s. f.* (*Geum urbanum*); all. *Benedictenkraut*; angl. *benedict*. — Plante de la famille des rosacées, dont l'étymologie signifie *herbe bénite*.
En ajoutant une petite quantité de benoite dans le houblon, en le mettant dans la bière, elle l'empêche d'aigrir et lui donne une odeur agréable.

HYGIÈNE. — Son odeur est analogue à celle du girofle; ses racines passent pour être sudorifiques, vulnéraires et astringentes; on les emploie contre les hémorrhagies et les fièvres intermittentes.

BEQUET, *s. m.* — On appelle vulgairement ainsi le brochet de tendance à devenir becard. Petit bec.

BERBERIS, *s. m.* — (Voir *épine-vinette*.)

BERCE. — Genre de plante de la famille des ombellifères, dont l'espèce la plus répandue et la plus connue est la *fausse branche urcine*. Cette plante est vivace, elle croit dans les prés de l'Europe et est surtout très commune dans le Nord.
Cette plante n'a d'autres qualités que de servir à faire une espèce de bière, très forte et très enivrante, nommée *Raffle*, qu'on obtient par la fermentation. Les Russes, les Polonais et les Lithuaniens boivent, parait-il, beaucoup de cette liqueur qui occasionne la mélancolie; l'ivresse qu'elle produit dure quelquefois vingt-quatre heures. (A. Dumas.)

BERET, *s. m.* — Sorte de coiffure que les cuisiniers portaient autrefois; remplacée aujourd'hui par la *toque*.

BERCHOUX (Joseph). — Poète français, né à Saint-Symphorien-de-Lay, près de Roanne (Loire) en 1765, mort à Marcilly (Saône-et-Loire) en 1839. Berchoux serait totalement oublié s'il n'avait donné à notre littérature légère le charmant badinage du poème de la *Gastronomie* qu'il ne faut pas plus prendre au sérieux que la « Physiologie du goût » de Brillat-Savarin, un autre chef-d'œuvre.

Joseph Berchoux appartenait à une bonne famille de la bourgeoisie forézienne ou mâconnaise qui avait quelque prétention à la noblesse.

J. BERCHOUX.

Juge de paix dans sa ville natale (1790) et professant des idées royalistes, il dut s'engager volontaire sous la Terreur :

Je cherchai mon salut dans ces rangs militaires
Formés par la Terreur, et pourtant volontaires ;
Je m'armai tristement d'un fusil inhumain,
Qui jamais, grâce au ciel ! n'a fait feu dans ma main.

Après l'orage, Berchoux rentra planter ses choux dans les propriétés dont il venait d'hériter ; c'est de là qu'il correspondait avec les journaux et signait ses articles : *Un habitant de Mâcon*.

En 1800 il vint à Paris, avec les manuscrits de son meilleur ouvrage, la *Gastronomie*, œuvre de verve, d'esprit vif et de franche gaieté bourguignonne, spirituel badinage qui a la forme d'un poème didactique.

Comme Brillat-Savarin, Berchoux n'était *gastronome* que la plume à la main, ce qui n'a pas empêché les naïfs de prendre fort au sérieux ces deux *classiques de la table*, comme on les appelle maintenant. Michaud a édité les œuvres poétiques de Berchoux (Paris, 1829, 4 vol. in-18), et le libraire Charpentier a eu l'heureuse idée de placer le poème de la *Gastronomie* à la fin du volume contenant la « Physiologie du goût » de Brillat-Savarin ; enfin, réunis sous la rubrique : *Les Classiques de la table,* avec d'autres auteurs culinaires en 1855.

Ce sont les bords du Rhône, de la Saône et de la Loire qui nous ont donné les auteurs de ces œuvres tant citées. La Bresse et la Bourgogne, pays de la bonne chère et du bon vin, de la gaieté et de l'expansion, nous les devaient. D'ailleurs, le Directoire avait remis en honneur à cette époque l'art de bien vivre. (Dict. Larousse.)

BERGAMOET, *s. f.* (*Citrus bergamia*) ; all. *Bergamotte* ; angl. *bergamot-pear* ; ital. *bergamotta* ; portug. *bergamota* ; mais la vraie étymologie vient du turc *berg armuth*, qui veut dire poire du seigneur. — Fruit du bergamotier, variété du citronnier. La bergamote est une sorte de citron très odorant, d'une saveur acide mais agréable. Son écorce contient une huile essentielle très recherchée, dont on fait un fréquent usage en parfumerie ; on s'en sert aussi en pharmacie. En confiserie on emploie le zeste de la bergamote pour aromatiser les bonbons ; et en cuisine on se sert de l'écorce confite pour les entremets.

Bergamote se dit aussi de deux variétés de poires, la B. d'été et la B. d'automne. Cette dernière est plus parfumée que celle d'été.

BERGERAC (*vin de*). — Périgord (Dordogne). Ces vins blancs de deuxième classe et rouges de troisième sont parfumés, pétillants et mousseux. Il seraient susceptibles d'être champagnisés.

BERGERETTE, *s. f.* — Nom d'une liqueur composée de vin et de miel, dite aussi œnomel. L'étymologie vient d'un chant de berger qui, en buvant cette liqueur, chantait la bergerette ; dès lors, la liqueur prit le nom de bergerette.

BERGFORELLE. — Poisson dont la chair molle et tendre devient rouge en cuisant, très estimée dans le comté de Galles.

BERKOVITZ *s. m.* — Poids russe équivalent à 163 kilogrammes.

BERLINGOT, *s. f.* (*confiserie*). — Cette friandise est préparée avec du sucre caramélisé et mêlé d'aromates, le plus habituellement d'essence de menthe ; c'est une sucrerie agréable, qui plaît aux enfants et qui est plus inoffensive que la plupart des friandises ordinaires. Les berlingots de Carpentras, dits d'*Eysseric*, ont une réputation très justifiée ; on les fabrique avec du sirop de sucre ayant servi à confire des fruits.

BERLINOISE, *s. f.* (*sauce à la*). — *Formule 341.* — Faire une sauce mayonnaise, lui ajouter de la moutarde anglaise ; tailler en petits dés de la gelée de groseilles, d'une égale quantité de volume, mélanger le tout en évitant de briser la groseille. Servir dans une saucière.

BERNACHE, *s. f.* (*canard érythope*). — Oiseau du genre des palmipèdes dont une espèce, l'ordinaire, habite les environs du pôle Nord ; les autres espèces de ce genre assez voisin de l'oie sont indigènes des contrées tropicales. Sa chair grasse est médiocrement bonne.

BERNARD (*Émile*). — Ce nom est un des plus remarquables parmi ceux des artistes de la cuisine temporaine. Praticien distingué, il s'est justement acquis l'estime de tous ceux qui l'ont connu. D'un esprit désintéressé et novateur, jeune encore, il était déjà le précurseur du service à la Russe appliqué à la cuisine française.

La *cuisine classique*, dont il a été l'initiateur, et les hautes fonctions qu'il remplit avec distinction chez S. M. Impériale d'Allemagne sont les preuves les plus éclatantes de son talent.

Émile Bernard a eu la qualité plus grande encore d'être resté Français de cœur.

BERNARD L'ERMITE. — Espèce de cancre dont la chair est regardée comme un mets très friand ; on le fait le plus ordinairement griller dans sa coquille avant de le manger.

Rien de plus drôle que ce petit crustacé ; la nature l'a fait armé jusqu'à la ceinture, cuirassé, gants et masque de fer, de ce côté il a tout ; de la ceinture à l'autre extrémité, rien, pas même de chemise ; il en résulte que le bernard l'ermite fourre cette extrémité où il peut.

Le créateur, qui avait commencé à l'habiller en homard, a été dérangé ou distrait au milieu de la besogne et l'a terminé en limace. Cette partie, si mal défendue et si tentante pour l'ennemi, est sa grande préoccupation ; à un moment donné, cette préoccupation le rend féroce. S'il voit une coquille qui lui convienne, il mange le propriétaire de la coquille et prend sa place toute chaude, c'est l'histoire du monde au microscope. Mais comme au bout du compte la maison n'est pas faite pour lui, au lieu d'avoir l'allure grave et honnête du colimaçon, il trébuche comme un homme ivre, et, autant que possible ne sort que le soir de peur d'être reconnu. (A. DUMAS.)

BERNACLE, *s. f. (Patella)*; angl. *people*. — Variété de l'oie, vulgairement appelée *cravan*. (Voir ce mot.)

BESAIGRE, *adj.* — Se dit du vin qui s'aigrit quand il est mal soigné ou déposé dans une cave pas assez fraîche.

BESI DE CAISSOY, *s. f.* — Cette petite poire que l'on nomme aussi roussette d'Anjou, est tendre, mais cotonneuse ; on la mange de décembre en mars.

BESI D'HÉRY, *s. f.* — Poire qui tire son nom d'une forêt de Bretagne où elle a été trouvée ; elle est grosse comme une balle de jeu de paume ; se mange en hiver.

BESI DE LA MOTTE, *s. f.* — Poire d'automne à chair douce, blanche et succulente.

BESSAS (*vin de*). — Cru de l'Hermitage, Dauphiné (Drôme), rouge de première classe. Ce vin, qui n'est accessible qu'aux personnes riches en raison de son prix élevé, possède des propriétés toniques qui l'ont justement fait apprécier par les gourmets et les médecins à la recherche d'agents réparateurs. Il joint à ces qualités celles du parfum et du goût. Il convient donc parfaitement au régime des convalescents, des débilités ou des épuisés. Les vins de Bordeaux de premiers crus peuvent le remplacer, sinon sous le rapport du goût, du moins sous celui de la thérapeutique.

BÉTAIL, *s. m.* ; all. *Viehstand* ; angl. *cattle* ; ital. *armento*. — On désigne par ce mot l'ensemble des animaux domestiques qui, de tout temps, ont fait la richesse des peuples pasteurs ; on les divise en gros et en menu *bétail* : le premier comprend, en Europe, les chevaux, les bœufs, les vaches, les moutons et les chèvres ; en Asie on y ajoute les ânes, les chameaux et quelquefois les éléphants quand on les apprivoise, comme on le fait en Perse et dans l'Inde.

La seconde désigne la volaille, les oies, les pigeons, les canards, les pintades, les dindons et toutes espèces d'oiseaux de basse-cour. De sorte que le *bétail* est l'ensemble des animaux mammifères et volatiles que l'homme entretient pour la culture du sol et pour sa nourriture.

On sait, par la Genèse, qu'Abraham et Lot, son neveu, étaient si riches en *bétail* que les vallées de Béthel et de Haï, situées au centre du pays de Canaan, où ils s'établirent en revenant d'Égypte, ne donnaient pas de pâturages assez abondants pour les nourrir, ce qui excita des disputes entre leurs bergers et les obligea à se séparer à l'amiable ; l'un dressa ses tentes dans la vallée riche et fertile de Mamré, et l'autre dans la grande plaine de Sodome. (Gen., XIII, 2, 5, 6.)

BÊTE, *s. f.* (*bestia*) ; all. *Vieh* ; angl. *beast* ; ital. *bestia* ; portug. *besta* ; esp. *bestia*. — Ce mot a une signification moins étendue que celle qui est attribuée au substantif *animal* (voir ce mot), qui désigne tous les êtres animés en général.

La bête est l'animal placé immédiatement au-dessous de l'homme et, comme lui, est susceptible d'éducation et de perfectionnement selon le degré de ses facultés intellectuelles qui sont moins élevées que chez l'homme. On distingue :

Les *bêtes* sauvages, féroces ou carnassières, qui sont celles vivant dans les lieux inhabités par l'homme et qui se nourrissent en détruisant les autres animaux ;

Les *bêtes de somme* sont des quadrupèdes dont l'homme se sert pour le transport de sa personne ou de ses marchandises : Le cheval, l'âne, le chameau, le mulet et les *bêtes à cornes*, les bœufs, les vaches, les chèvres, etc.

Les *bêtes à laine*, celles qui portent une toison, le mouton, etc.

Les *bêtes à poils*, les chèvres, les boucs, les cochons, etc.

Les *bêtes fauves*, les cerfs, les chevreuils, les daims, ainsi que leurs femelles et leurs faons.

Les *bêtes noires*, les sangliers, leurs femelles et leurs marcassins.

Les *bêtes puantes*, les renards, les blaireaux, les fouines, les putois, etc. ;

Les *bêtes de compagnie*, les cochons, les marcassins et tous les animaux qui s'attroupent.

BÉTEL, *s. m.* ; all. *Betel* ; angl. *betel* ; de l'indien *betle*. — Plante de la famille des pipéracées, originaire de l'archipel de Malaisie, où elle est connue sous le nom de *sirith*. Les feuilles de cette espèce de poivrier ressemblent à celles du citronnier; son fruit est une noix de la grosseur d'un œuf de poule.

Le masticatoire appelé bétel est fait avec la feuille du *sirith*, la noix de l'*arec*, (Voir ce mot), appelée dans l'Inde *pinang*, et de la chaux éteinte. Voici la manière de préparer cette pâte :

Formule 342. — On étend sur la feuille fraîche du *sirith* une petite quantité de chaux éteinte ; on saupoudre avec de la noix d'*arec*, on roule la feuille sur elle-même et on confectionne ainsi une petite boule.

Telle est la vraie formule du bétel ; mais la sophistication y a fait entrer d'autres ingrédients meilleur marché, tels que des feuilles de tabac, deux autres espèces de poivre et du cachou (*terra japonica*) ; et le plus souvent les feuilles de *sirith* sont totalement absentes.

Depuis des temps immémoriaux le bétel est usité chez les Malais, qui l'appellent *siri-pinang*; ils l'ont propagé dans les îles de l'océan Indien et du Pacifique où il a reçu le nom de *siri-daun*. Chaque Malais porte sur lui une petite boite, plus ou moins riche selon ses moyens, qui contient le bétel, et qu'il offre comme marque de politesse à ses amis ou connaissances chaque fois qu'il les rencontre ; le refuser serait une grave offense, aussi bien que de ne pas l'offrir.

Par la mastication du bétel la salive se colore en rouge et communique à la bouche et aux lèvres une couleur rouge éclatante ; mais il provoque la carie des dents en leur donnant une teinte noirâtre, qui du reste, chez le Malais, est considérée comme une grâce physique. Le bétel stimule les organes digestifs, diminue la sueur et prévient la faiblesse qui en résulte ; enfin, il doit produire à l'intérieur l'effet salutaire que les bains froids, les frictions huileuses produisent à l'extérieur. Il semble être le stimulant national de ces pays chauds, et l'Européen fixé dans ces contrées lointaines obvie par son usage à l'influence délétère du climat.

Néanmoins l'abus, même des meilleures choses, produit toujours des inconvénients, et des médecins qui ont habité la Malaisie, attribuent à l'usage immodéré du *bétel*, la faiblesse physique des races indoue et malaise, ainsi que la mauvaise dentition que l'on observe chez les deux sexes.

BÉTOINE, *s. f. (Betonica vulgaris).* — On cultive chez nous la B. à grandes fleurs, *betonica grandiflora* qui est originaire de Sibérie. Ses fleurs roses longtemps respirées causent une sorte d'ivresse.

Les sommités sèches servent au Caucase, à faire une boisson théiforme qui a la propriété de stimuler le cerveau. C'est la boisson des courtisanes.

Fig. 135 — Bétoine à grandes fleurs. (*Betonica grandiflora*.)

Réduites en poudre les feuilles d'une sorte de bétoine sont employées comme sternutatoires ou se fument comme les feuilles de tabac.

BETTE, *s. f. (Beta vulgaris)*; all. *Beisskohl*; angl. *leaf-beet*; flam. et holl. *snij-beet*; dan. *blad bede*; ital. *bieta*; esp. *bleda*; port. *acelga*. — Plante indigène de la famille des chénopodées, la même que la *betterave*, dont la culture a développé chez l'une les feuilles et chez l'autre les racines.

Fig. 136. — Bette vulgaire.

Parmi les bettes ou *poirées* desquelles nous nous occupons, on distingue la bette commune qui est assez rustique et dont la récolte peut se continuer assez avant dans la saison, selon l'époque du semis.

LA BETTE BLONDE A LARGES FEUILLES se cultive surtout dans l'est de la France, où elle jouit d'une certaine réputation comme aliment. C'est le limbe même de la feuille qui s'emploie cuit et haché. Les fruitiers de Paris la mélangent aux épinards pour augmenter leur profit, ce qui est une simple falsification. On la mélange aussi à l'oseille pour lui enlever l'acidité. L'abondance de ses feuilles, leur largeur et leur belle couleur verte, blonde ou jeaunâtre en font un aliment du meilleur marché.

LA BETTE BLONDE A CARDE BLANCHE. Cette variété, très belle, à larges et grandes feuilles ondulées, est remarquable par l'ampleur de ses pétioles et de leurs côtes qui dépassent souvent dix centimètres de largeur. Moins rustique que la

Fig. 137. — B. blonde à larges feuilles.

variété à larges feuilles mais plus productive et d'un meilleur rapport, constituant par ses cardes un aliment présentable. Ses feuilles hachées se préparent comme les épinards.

Dans cette race c'est généralement la côte ou carde qui est la meilleure comme aliment.

BETTE A CARDE DU CHILI. Cette variété est l'une des plus grandes, à pétioles longs, raides, presque dressés, d'environ 8 centimètres de largeur, portant des feuilles assez amples à limbes ondulés, presque frisés, d'un vert foncé à reflet métallique.

Fig. 138. — B. blonde à larges cardes.

BETTE A CARDE FRISÉE. Plante vigoureuse et aussi productive que la précédente, à feuilles également très blondes, remarquablement cloquées et frisées. Elle sert aux mêmes usages alimentaires.

HYGIÈNE. — On attribuait autrefois à la bette une multitude de propriétés bienfaisantes ; mais ramenée aujourd'hui à sa juste valeur, elle n'a que quelques modestes propriétés rafraîchissantes et laxatives. Les feuilles font partie du bouillon classique aux herbes avec la laitue, l'oseille, le cerfeuil et l'ortie.

Dans certains pays on se sert des feuilles de bette flétries et rendues moelleuses par l'approche du feu et enduites de beurre, pour remplacer les cataplasmes ou pour favoriser la suppuration des vésicatoires et des cautères.

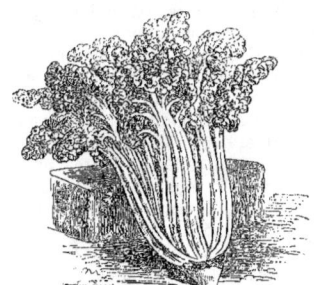

Fig. 139. — B. à carde blanche frisée (de Lyon).

ANALYSE CHIMIQUE. — Les feuilles de bette dont le poids correspond environ à la moitié de celui des racines, contiennent à l'état frais plus de 90 p. 100 d'eau comme on le voit par l'analyse suivante :

Eau..............................			97.9
Azote.............................			0.3
Cendres { Potasse................		0.7	
Soude................		0.3	
Chaux................		0.3	1.8
Magnésie..............		0.3	
Acide phosphorique...		0.1	
Total.............................			1.000

Il faut tenir compte que les propriétés varient sensiblement selon la jeunesse des feuilles, la variété et le terrain.

USAGE ALIMENTAIRE. — Ce végétal trop dédaigné par la grande cuisine et la ménagère serait d'une ressource réelle pour les familles pauvres. Bien que peu nourrissant en lui-même, il n'en constitue pas moins un aliment aussi agréable que sain ; ne serait-ce que sous le rapport de ses propriétés rafraîchissantes, il devrait avoir les honneurs de la ménagère. Les feuilles de bettes blanchies, hachées et mélangées avec des épinards, ou simplement condimentées d'estragon, de fines herbes et accommodées à la crème, au jus ou à la moelle et garnies de croûtons frits, ou d'œufs cuits durs, ne le cèdent en rien aux autres légumes verts.

Les cardes se traitent absolument comme les cardons. Pour l'application des formules voir *Cardon*.

BETTERAVE, *s. f.* (*Beta vulgaris L.*); all. *Runkel-Rübe*; angl. *beet-root*; holl. et flam. *betwortel*; dan. *Rodbede*; ital. *barbabietola*; esp. *remolacha*; port. *beta rava*. — Plante indigène, de la famille des chenopodées et déjà connue sous Charlemagne, qui l'énumère parmi les légumes qu'il recommande à ses jardiniers.

Les jardiniers distinguent une quarantaine de variétés de betteraves, toutes issues de quatre principales qui en sont les types. Ce sont la B. rouge de Whyte, d'Angleterre ; la B. turneps rouge, des Etats-Unis ; la B. blanche, de Castelnaudary ; et la B. jaune, de Silésie. Toutes cultivées en France et ayant produit par la culture les sous-variétés, dont quelques-unes très distinctes, que nous allons énumérer.

Mais, pour mieux les distinguer, nous en ferons quatre classes : les B. à salades, les B. potagères, les B. fourragères et les B. à sucre.

Betteraves à salade. — Nous classons dans cet ordre :

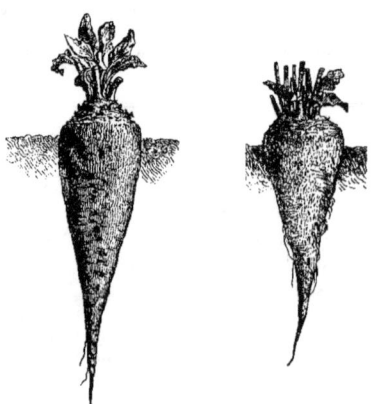

Fig. 140-141. — B. rouge crapaudine.

LA B. CRAPAUDINE. — Egalement connue sous le nom de B. écorce de chêne, écorce de sapin, à cause de sa peau noire et crevassée qui rappelle l'écorce d'un radis noir

LA B. DE CASTELNAUDARY. — Est de petite taille, très enterrée, assez mince, droite, parfois un peu racineuse, d'un rouge foncé, à chair ferme et sucrée. D'un petit rendement, cette variété sert

Fig. 142-143. — B. rouge naine.

principalement en cuisine pour la salade ; son goût est exquis. La variété anglaise *Covent-Garden beet*, est un dérivé de celle qui nous occupe.

LA B. ROUGE NAINE. — Comme le dessin l'indique, la forme de sa racine est irrégulière, mince et très enterrée.

Une autre variété qui se rapproche beaucoup de celle-ci est la rouge de Dell : *Dell's crimson, Osborn's selected garden beet*, se distingue par ses feuilles plus amples et plus cloquées.

On distingue, en outre, en Angleterre, deux autres variétés, la B. *Bailey's fine red*, *Sang's dwarf-crimson*, *Saint-Osyth*, qui sont dérivées de la naine.

LA B. ROUGE DE WHYTE. — Paraît être d'origine anglaise. Son rendement est bon, sa chair rouge noire est ferme et de bonne qualité. Elle se distingue par son feuillage ondulé, cloqué et à pétioles rouges ; la peau est grisâtre et plombée.

Fig. 144. — B. rouge de Dell.

LA B. GROSSE ROUGE. — Cette variété qui est principalement cultivée en France, se rapproche le plus de la B. fourragère. Sa racine volumineuse jointe à la qualité de sa chair la font justement rechercher par les industriels de la grande culture. C'est un aliment en même temps qu'elle peut servir à la fabrication du sucre et de l'alcool.

La B. Gardanne. — Très estimée dans le midi de la France, se rapproche beaucoup de celle-ci.

La B. rouge longue lisse. — De qualité excellente pour la salade d'hiver; elle se conserve bien. Les Allemands l'appellent aussi : *Lange dunkel rothe americanishe Salad-Rübe*.

La B. de Strasbourg. — Que les Alsaciens appellent *Schwarzrothe Salad-Rübe*, périforme à peau et chair d'un rouge noir; ses feuilles se développe considérablement.

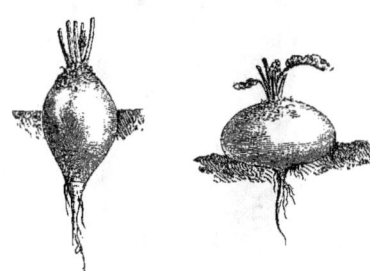

Fig. 145. — B. de Strasbourg.   Fig. 146. — B. rouge ronde précoce.

La B. ronde précoce. — Cette variété se distingue par sa forme arrondie et un peu aplatie, sa peau d'un rouge violacé; sa chair d'un beau rouge brun. Elle a fourni plusieurs races qui en sont des dérivés parmi lesquelles nous citerons la *rouge*, la *noire*, la *plate*, la *ronde*, *à feuilles noires* et l'*Early blood red*.

Deux ou trois autres variétés cultivées en Amérique, la *Bastian's blood turnip*, *Early blood turnip beet* et *Dewing's early red turnip* nous paraissent également dériver du même type.

La B. rouge-noire plate d'Égypte. — Est la plus précoce que nous ayons en France; sa racine aplatie en dessous est presque posée sur la terre; sa peau lisse est d'un rouge violacé ou ardoisé; sa chair d'un rouge brun est plus ou moins mélangée de vert.

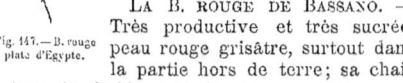

Fig. 147. — B. rouge plate d'Égypte.

La B. rouge de Bassano. — Très productive et très sucrée, peau rouge grisâtre, surtout dans la partie hors de terre; sa chair est zonée de blanc et de rose.

Parmi les variétés d'Italie il faut encore mentionner la *hâtive de Trévise* ou *rouge printanière de Turin*; la *Short's pine apple* et la *Victoria beet*,

Fig. 148. — B. rouge de Bassano.

variété allemande, également cultivée en France et en Angleterre; enfin, la *Long blood red* qui nous paraît être de race américaine.

Telles sont en résumé les betteraves usitées dans les cuisines pour les salades, les potages et quelques entremets.

Betteraves potagères. — Nous classons ici les variétés employées pour la production du sucre ou servant à augmenter le lait aux laitières; pour ce dernier usage elles sont considérées comme très nutritives. Nous mentionnerons donc :

La B. jaune grosse. — Cultivée aux environs de Paris par les nourrisseurs. La racine est longue, presque cylindrique à peu près à moitié hors de terre; sa chair d'un jaune d'or marquée de zones plus pâles est quelquefois presque blanche; c'est la plus productive et la meilleure des betteraves à chair jaune.

La B. jaune de Castelnaudary. — Sans avantage, petite, à racine enterrée, à chair ferme, compacte et sucrée. Race primitive.

La B. jaune ronde sucrée. — Se distingue par sa forme arrondie, sa peau d'un jaune orange, sa chair jaune, pâle, veinée de blanc, fine et sucrée.

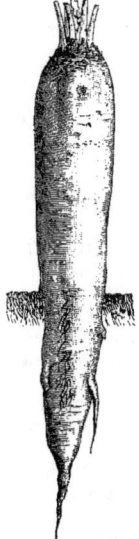

Fig. 149. — B. jaune grosse.

Lorsqu'elle est cuite, elle prend une couleur d'orange.

Betteraves fourragères. — Il est à présumer que cette variété est la première que l'on ait cultivée; elle est d'abord entièrement enterrée et elle se modifie selon les terrains, les climats et la culture. Dans cet ordre, nous classons :

La B. disette camuse. — D'une production médiocre elle est presque abandonnée. Elle s'enfonce profondément dans la terre, ce qui en constitue l'arrachage fort difficile.

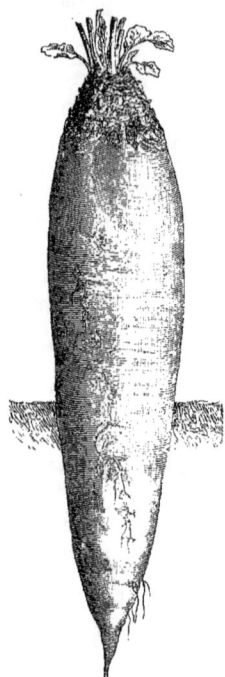

Fig. 150. — B. Disette d'Allemagne.   Fig. 151. — B. jaune sucrée.

La B. disette d'Allemagne. — La *Lange grosse aus der Erde wachsende Mangel Wurzel*, comme on l'appelle de l'autre côté du Rhin, s'est fort bien acclimatée chez nous. La peau en est rouge violacée dans la partie enterrée et grisâtre dans le collet qui porte des cicatrices occasionnées par les feuilles.

Comme la variété anglaise appelée *Elvetham long red Mangold* paraît être exactement intermédiaire des suivantes :

La B. disette mammouth. — Dérivée de la précédente, mais plus volumineuse, sa peau rouge pâle ou rose, ses feuilles vertes sont légèrement cloquées.

La B. disette négresse. — Est une variété que l'on a fait développer ces derniers temps et qui tient le milieu entre la grosse rouge et la disette d'Allemagne. Sa chair est d'un rouge sang noir, ses qualités nutritives sont les mêmes que celles de la B. jaune.

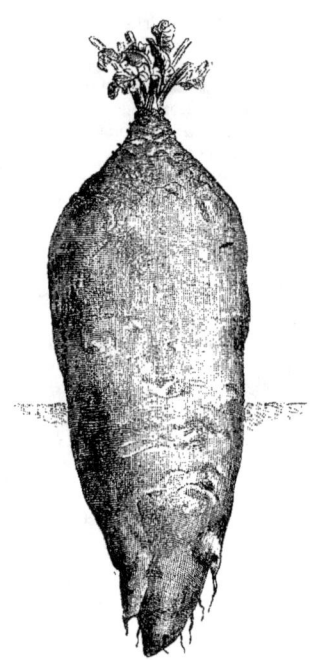

Fig. 152. — B. Disette Mammouth.

La B. disette blanche a collet vert. — Est une variété très vigoureuse, tardive, mais productive; elle se plaît dans les terres fortes qui ne souffrent des sécheresse ni du froid précoce. C'est la plus rustique, la plus productive des bettes tardives.

La B. disette blanche d'argent. — A beaucoup d'analogie avec la blanche ordinaire mais plus grosse, plus nette dans sa racine et plus fine à son collet.

La B. rouge ovoïde. — Est une race depuis longtemps cultivée sans qu'elle se soit beaucoup modifiée, elle est remarquable par la symétrie de sa forme et sa précocité.

La B. rouge globe. — Sa forme ronde lui a valu son nom; elle est rouge et précoce comme ses congénères ovoïdes; elle passe pour être moins productive que les autres.

La B. jaune d'Allemagne ou de Silésie. — Est une race type d'où doivent dériver les autres variétés qui nous viennent de ce pays. Très rustique, ses propriétés nutritives la font rechercher de préférence par les éleveurs ou nourrisseurs.

La B. disette corne de bœuf. — Doit son nom à la forme qu'elle prend en grandissant. Cette variété est très estimée, sa chair est ferme et délicate.

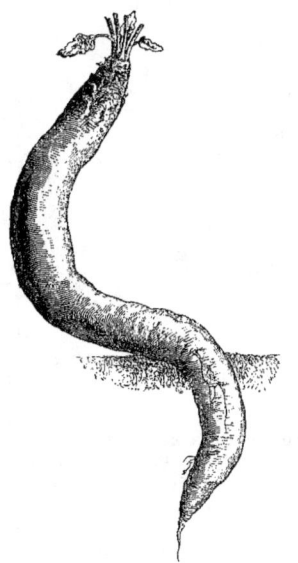

Fig. 153. — Disette corne de bœuf.

La B. Vilmorin ou ovoïde des Barres. — Est une très belle race, d'un bon rendement, surtout lorsqu'elle est produite dans les terres calcaires où elle se plait plus particulièrement; sa chair compacte, ferme, est d'un blanc jaunâtre et sa peau d'un jaune orange.

Je me suis permis de donner à cette betterave le nom de celui qui, au moyen d'un choix successif, l'a obtenue, fixée et élitée dans la B. jaune d'Allemagne, M. Vilmorin, dans sa propriété des Barres, Loiret.

Par l'ensemble de ses qualités elle est devenue promptement une des betteraves les plus généralement cultivées, dans les pays étrangers aussi bien qu'en France. En Angleterre, c'est une des variétés les plus répandues, et toutes les races connues sous les noms de *Yellow oval*, *Yellow Mammouth, intermediate* et *Giant long yellow intermediate* B., doivent en somme, être rapportées à la B. jaune des Barres ou de Vilmorin.

La B. jaune globe. — Est très cultivée en Angleterre et renommée pour sa rusticité, sa productibilité et la facilité avec laquelle on la conserve avant pendant l'hiver. Un grand nombre de sélections sont issues de la B. jaune globe, malgré que leurs auteurs leur aient donné leur nom ou celui des propriétés dans lesquelles elles se sont élevées; telles sont : la B. *Wroxton golden globe;* la *Berkshire prize;* la *Champion yellow globe;* l'*improved orange globe;* la *Normanton globe* et la *Warden orange globe*.

Comme la principale variété, les dérivées se plaisent dans les terrains calcaires et se font remarquer par la netteté de leur racine, la finesse de leur collet et leur valeur nutritive, supérieure à celle des races roses ou blanches.

Fig. 154. — B. Vilmorin, ou des Barres.

La B. blanche globe. — Variété créée par M. Garçau, mais abandonnée aujourd'hui pour être remplacée par des races plus productives.

La B. globe aplatie. — Ces sous-variétés sont cultivées surtout en Allemagne, où on les connait sous le nom d'*Oberndorf*. On en distingue de diverses nuances, de blanches, de jaunes et de rouges.

La B. golden melon. — D'un jaune d'or, ce qui lui a valu le nom de *melon d'or*. On l'a vantée comme étant riche en propriétés nutritives, mais il parait qu'elle tend à se dégénérer.

La B. yellow Tankard. — Est une variété anglaise dérivée de la B. de Vilmorin; moins ovoïde, s'amincissant rapidement à sa racine et au collets, sa peau est d'un jaune chamois ou rouge foncé; sa chair est zonée de jaune et de blanc.

Betteraves à sucre. — Dans cet ordre nous classerons les variétés qui se cultivent principalement pour la fabrication du sucre, c'est-à-dire l'ensemble des variétés saccharines qui ont conservé le plus de rapport avec la B. primitivement usitée pour cette production; la B. de Silésie qu'il faut considérer comme le type primitif duquel dérivent modifiées, les races suivantes :

La B. blanche a sucre allemande. — Est presque entièrement enterrée, pas très allongée, assez large du collet, à feuilles nombreuses et étalées. Elle donne une richesse en sucre de 12 à 15 p. 100. Une autre sous-variété, la B. *blanche de Breslau* en est un dérivé.

La B. de Magdebourg. — Comme la *Klein-Wanzleben*, sont des races à petites racines très enterrées, mais très riches en sucre.

La B. blanche a sucre impériale. — Variété créée par M. Knauer; ses feuilles comme l'indique le dessin s'étalent sur terre.

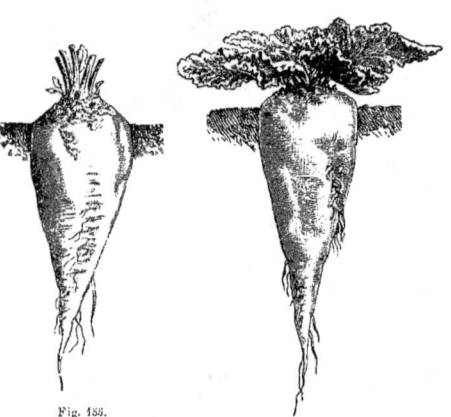

Fig. 155.
B. blanche de Silésie.   Fig. 156. — blanche impériale.

La B. blanche a sucre électorale. — Un peu moins riche que la précédente, mais plus renflée et d'un rendement en poids plus considérable.

La B. blanche améliorée de Vilmorin. — Petite race très riche en sucre, à chair compacte et à peau rugueuse; elle peut produire environ 35,000 kilogrammes à l'hectare, avec une richesse en sucre de 16 à 18 p. 100.

La B. blanche a collet vert. — Race française, bien supérieure en rendement, mais inférieure en richesse saccharine aux variétés allemandes. Elle contient de 10 à 12 p. 100 de sucre.

La B. blanche a collet rose. — Race française rustique, productive et généralement bien faite. Elle produit en moyenne le 12 p. 100 de sucre.

La B. rose hative. — Elle se distingue par ses variétés entièrement roses, sa maturité précoce. Elle donne en moyenne 40,000 kilogrammes par hectare avec une richesse saccharine de 13 à 14 p. 100.

Fig. 157. — B. blanche améliorée de Vilmorin.

La B. a sucre a collet gris. — Variété d'un grand produit, mais d'une richesse saccharine presque nulle, c'est tout au plus si elle atteint 10 p. 100.

La B. jaune a sucre. — Variété non fixée qui la fait souvent confondre avec une autre variété qui, comme elle, possède une chair d'un jaune clair.

Maturité de la betterave. — Pour connaître la maturité de la betterave il faut, d'après M. Olivier-Lecq, diviser verticalement le collet de la betterave (et pas n'est besoin de l'arracher pour ça), puis horizontalement au-dessus de la naissance des feuilles, on enlève cette moitié de collet pour voir si les sels qui y sont renfermés commencent à se dissiper. Si leur disparition complète a laissé un trou, vulgairement appelé *salière*, la betterave est bien mûre. Si la matière saline prend une teinte roussâtre, si elle devient sèche, spongieuse et se fend, elle est en voie de maturation. Si, au contraire, les sels sont encore aqueux, la betterave n'est pas mûre.

Hygiène. — Les betteraves comme aliment, quelle que soit leur préparation, doivent être repoussées par les personnes à estomac délicat; il n'y a guère que celles dont l'estomac s'accommode de tout qui peuvent en manger sans crainte d'en être indisposées.

USAGE ALIMENTAIRE. — Dans le Nord, on fait avec la betterave rouge un vin de médiocre qualité et qui a l'inconvénient de ne pas se conserver.

En Allemagne, la betterave torréfiée et réduite en poudre, est mélangée au café; elle remplace, paraît-il, avantageusement la poudre de chicorée, son arome n'étant nullement désagréable.

En Angleterre, on fait cuire la betterave à l'eau et on l'assaisonne ensuite avec du beurre frais. Mais le meilleur mode consiste à mettre la betterave au four et à la cuire à l'étuvée. On peut alors facultativement la préparer en salade, au jus à la sauce estragon, etc.

Voici, d'ailleurs, les meilleures manières de les préparer :

Potage de betteraves.— *Formule 343.* — Faire braiser des betteraves rouges comme il est indiqué plus haut; d'autre part, faire cuire dans du bouillon, des pommes de terre, des têtes de céleris, quelques navets, deux oignons cloutés, un bouquet de poireaux ; passer au tamis de crin, ainsi que les betteraves. Assaisonner d'un goût relevé, ajouter dans ce potage du vin de Bordeaux vieux. Tailler des croûtons en petits dés, les faire sauter au beurre frais, les égoutter, les déposer dans la soupière et y verser le potage après s'être assuré qu'il est assaisonné à point. Le poivre blanc en grain concassé, donne, à défaut de cayenne, un arome engageant qui n'est nullement à dédaigner ; on aura soin, dans ce cas, de le mettre avec les pommes de terre de manière à pouvoir avec elles le passer au tamis.

Betteraves à la crème.— *Formule 344.*—Faire cuire des betteraves jaunes ou blanches, les éplucher, les tailler selon le goût, mais très régulièrement, car de là dépend toute la forme engageante d'un légume. Préparer une *béchamelle* (voir ce mot), et jeter les betteraves dix minutes dans la sauce légèrement liquide.

Betteraves marinées (*hors-d'œuvre*).—*Formule 345.* — Tailler des betteraves en rondelles, les coucher dans un pot en terre, alterner de sel, de capucines, de câpres, de poivre, de clous de girofle et d'estragon; submerger de vinaigre; presser par une planche entrant juste dans le pot et la surmonter d'un poids suffisant pour leur faire rendre l'eau. Après quinze jours, on les sort, on les égoutte, on les assaisonne avec une vinaigrette soignée.

Betteraves braisées (*cuis. allemande*). — *Formule 346.* — Éplucher des betteraves rouges, les couper en carrés longs, les mettre dans un sautoir ou dans une braisière de manière qu'elles ne se trouvent pas trop entassées ; les assaisonner, ajouter du beurre frais et les faire cuire au four, en ayant soin de les faire sauter souvent pour empêcher qu'elles s'attachent. Lorsqu'elles sont cuites à point, saupoudrer avec des ciboules et du cerfeuil haché.

Les relever avec un jus de citron ou un filet de vinaigre.

ALCOOLISATION DES BETTERAVES. — L'alcoolisation des betteraves constitue aujourd'hui une branche importante de l'industrie française; leur culture n'exigeant pas de nombreux capitaux de la part du fermier.

Pour extraire l'alcool des betteraves, on a recours à différents procédés, mais nous nous bornerons à indiquer ici ceux qui nous ont paru les plus pratiques et les plus avantageux.

Macération à froid. — *Formule 347.* — Après avoir lavé et râpé les betteraves, dit le « Distillateur pratique », on envoie les pulpes dans la cuve de macération, qui est traversée par un serpentin pour faire chauffer jusqu'à 22° et 24° centigrades; on acidule ensuite par le mélange de 1 kilogramme d'acide sulfurique par 10 hectolitres de jus, et l'on met en levure pour alcooliser promptement. Ordinairement 100 à 150 grammes de levure de bière suffisent par hectolitre de moût, lorsque la fermentation doit être terminée en deux jours, mais il faut doubler cette dose si l'on veut distiller le jus après vingt-quatre heures.

Macération à chaud. — *Formule 348.* — Pour la macération à chaud, le procédé est le même que pour la macération à froid, avec cette différence toutefois que l'on jette de l'eau bouillante au lieu d'eau froide sur les pulpes du premier macérateur et que le travail de la macération doit durer seulement une heure au lieu de deux.

Lorsque la cuve contiendra du moût jusqu'à 25 ou 30 centimètres du bord, on la couvrira et l'on maintiendra le local à une température de 18° à 20° centigrades.

Quand la température n'est point froide, il n'est point nécessaire d'introduire un serpentin pour chauffer le liquide.

On reconnaît que la fermentation alcoolique est terminée, soit pour la macération à froid soit pour la macération à chaud, lorsqu'il n'y a plus de mouvement dans la cuve, que le moût a acquis une odeur de vin et que le liquide marque 0 ou 1° à l'alcoomètre Baumé.

Cette méthode permet, en outre, d'utiliser les matières solides pour la nourriture du bétail.

Un exemple sur la macération fera mieux comprendre ces données : Supposons que *cent* kilos de betteraves réduites en purée par la râpe, contiennent *dix* kilos de sucre et *quatre-vingt-cinq* kilos d'eau. Si l'on ajoute à la masse quatre-vingt-cinq kilos d'eau de rivière, les deux liquides finiront par s'équilibrer, et alors les *dix* kilos de sucre seront répartis dans toute l'eau. Cette eau extérieure que nous avons ajoutée à l'eau de la betterave, sera donc saturée de la moitié du sucre, c'est-à-dire qu'elle en contiendra *cinq* kilos.

Si nous la soutirons, l'eau intérieure restera dans la pulpe avec seulement *cinq* kilos de sucre. Après cette opération, nous ajouterons à la pulpe ou aux cossettes bien minces, encore *quatre-vingt-cinq* kilos d'eau qui absorberont, après un certain laps de temps, la moitié des *cinq* kilos de sucre. En répétant ce travail une troisième fois, la chair de la betterave ne contiendra plus que *un* kilo deux cent cinquante grammes de sucre et après une quatrième, une cinquième, une sixième et une septième fois, elle n'en contiendra plus que quatre-vingt-quatre grammes.

On parviendra donc à extraire tout le sucre pour le joindre au liquide qui sera soumis à la fermentation, puis à la distillation. (Distillation pratique.)

SUCRE DE BETTERAVES. — (Voir *Sucre.*)

BÉTUSE, *s. f.*— Tonneau qui sert à transporter les poissons vivants.

BEURRE, *s. m.* (*butyrum*). — All. *butter*; angl *butter*; ital. *burro*; holl. *botter*; esp. *mantequilla, manteca*; suéd. *smœr*; arabe *zebde.* — Substance grasse que l'on retire de la crème ou du lait des mammifères : vache, brebis, chèvre, chamelle, jument, ânesse, et de certaines plantes à fruits gras.

Depuis qu'un animal a produit le lait, le beurre a existé, et le premier qui eut l'idée de le conserver et de l'agiter, en fut l'inventeur.

Le beurre a été le fruit par excellence de tous les peuples pasteurs, servant tantôt d'aliment de luxe, de condiment ou de remède. Les Aryas l'apportèrent dans l'Inde où il fut regardé comme l'aliment sacré; ils représentaient dans leur géographie mythologique un fleuve de beurre (*salmala*) circonscrivant une des sept zones concentriques qui constituent la terre et se déploient autour du mont Mérou, axe du monde.

Les Américains connaissaient le beurre; les Hébreux le connaissaient aussi : Celui qui bat le lait en fait sortir le beurre (Salomon, Prov., xxx, 33); Abraham offrit du beurre aux trois messagers qui se présentèrent devant sa tente dressée dans la plaine de Mamré (Gen., XVIII, 8); enfin Moïse, dans le cantique historique qu'il prononça devant toute l'assemblée d'Israël au désert, rappela que l'*Eternel* avait fait manger le *beurre des vaches* à son peuple dans ces lieux arides et inhabités.

Les Scythes connaissaient aussi le beurre, c'est à ces derniers que les Grecs en furent redevables; Galien et Hippocrate ne parlent que du beurre des Scythes comme remède. Il y a tout lieu de croire que les Aryas qui ont peuplé l'Europe ont été les premiers propagateurs du beurre, car il était connu des Russes et des Germains longtemps avant de l'être des Romains. Les Latins usaient de l'huile pour leurs préparations alimentaires, et cette préférence sur le beurre se remarque encore de nos jours chez tous les peuples du Midi.

Les Egyptiens connaissaient le beurre, puisqu'il y a quelques années la *Society of public analysts*, dans sa réunion annuelle, montra à ses membres un échantillon de beurre trouvé dans une tombe égyptienne, à laquelle on attribuait *deux mille* ans. Ce beurre, coulé dans un vase d'albâtre qu'on avait soigneusement cacheté possédait à l'exception d'une odeur rance, toutes les qualités chimiques du beurre frais. Un autre échantillon de beurre avait été trouvé dans une tourbière d'Irlande; ce beurre avait subi de profondes altérations; d'une apparence cireuse, il ressemblait à la stéarine des bougies.

La chronique de 1509 nous apprend que, dans un festin officiel offert à Marguerite d'Autriche, en septembre de la même année, on a employé seize livres de beurre qui coûtèrent *dix-huit sols.*

Sous la domination espagnole, le 24 février 1666, à l'occasion de l'avènement de Charles II, les magistrats de la ville de Bruxelles offrirent au nouveau gouverneur, un dîner dont les pièces montées étaient faites avec du beurre. « Un char, haut de deux pieds sur deux pieds de longueur, dans lequel se trouvait assis Charles II, reposant ses pieds sur un coussin. A côté de ce char se trouvait debout un gentilhomme espagnol portant un écusson. La voiture était attelée de deux lions tenus en bride par une déesse de la Fortune; au-dessus planait la reine ailée de la Renommée, qui couronnait ainsi cette composition artistique faite avec du beurre. » C'était l'origine des pièces montées en graisse.

Aujourd'hui, le beurre est connu de tout le monde. En France, les beurres les plus réputés sont ceux de Gournay et d'Isigny, en Normandie; de la Prévalaye, de Rennes, de Saint-Brieuc, en Bretagne, et ensuite ceux du Maine et du Perche.

Composition chimique. — On a beaucoup écrit sur la composition chimique du beurre, mais rien

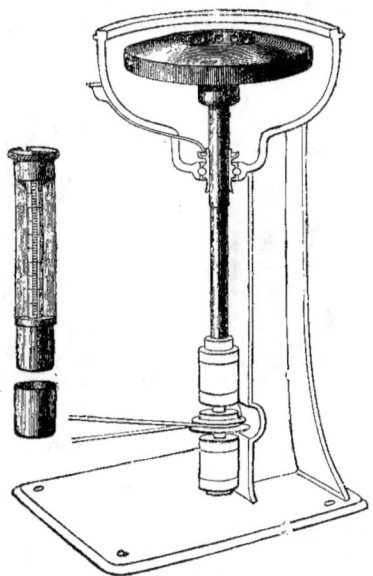

Fig. 158. — Lactocrite.

n'est moins fondé que l'arrêt de sa composition qui varie selon la qualité du lait et celui-ci selon la race des vaches, le climat, la contrée et le pâturage.

Dans tous les laits le beurre existe en quantité relative : sur 100 parties, le lait de jument contient 0,20 de beurre; le lait d'ânesse 1,40, le lait de vache 3,70, le lait de chèvre 4,10 et le lait de brebis 6,50. Cependant, malgré la richesse de beurre qui existe dans le lait de brebis, la difficulté d'en corriger le goût pénétrant a fait renoncer à l'usage de sa fabrication; et on ne débite dans le commerce que du beurre de lait de vache.

Le beurre contient en proportions variables de la margarine, de l'oléine, de la capryline, de la butyrine, de la caprine, de la caproïne, formées elles-mêmes d'autant d'acides gras, unis à la glycérine, sans compter des traces d'albumine, de caséine, de lactose, de matières aromatiques, etc., etc.

Pour reconnaître exactement la quantité de matière grasse contenue dans le lait ou la crème on se sert d'un appareil appelé *lactocrite*.

Cet appareil se loge dans l'écrémeuse Laval à la place du bol à écrémer; il est mis en mouvement de la même manière que ce dernier, et au bout de cinq minutes le résultat est acquis. Douze échantillons peuvent être traités à la fois.

INFLUENCE DU PATURAGE. — La qualité du beurre varie selon que la laitière a été bien ou mal fourragée. Le pâturage des montagnes élevées est préférable à celui de la plaine. L'herbe fraîche du printemps communique au lait des vaches qui l'ont broutée, un arome qui rappelle la noisette; voilà pourquoi le beurre de mai est réputé le meilleur. Ajoutons, que plus il y a longtemps que la laitière a vêlé, meilleur en est le beurre.

Certaines plantes ont le triste privilège d'altérer le goût et même la couleur du lait de l'animal qui les a broutées; telles sont le turneps, les feuilles de pommes de terre, la luzerne, les fleurs de châtaignier, les marrons d'Inde, les feuilles d'artichauts, de chardon, etc.; par contre la spergule, le mélampyre des prés, le maïs, le panais, les carottes et les betteraves augmentent la production du *beurre*. En général, une nourriture fraîche donne des résultats beaucoup plus satisfaisants qu'une nourriture sèche.

BARATTAGE. — On obtient le beurre en battant de la crème ou du lait à l'aide d'instruments, variant de forme, connus aujourd'hui à peu près partout et qu'on appelle *baratte, beurrière* ou *sirène*. L'opération du *barattage* a pour but de déchirer mécaniquement les vésicules sphériques que contient la crème ou le lait, de les mettre à nu pour obtenir par le battage la réunion des globules gras qui constituent le beurre.

La petite baratte transparente que nous reproduisons ci-après, est l'une des plus élégantes: elle permet de voir la marche du beurre sous les yeux même et sans fatigue.

A peu près du même système que la précédente; la première a le récipient en verre, celle-ci en grè.

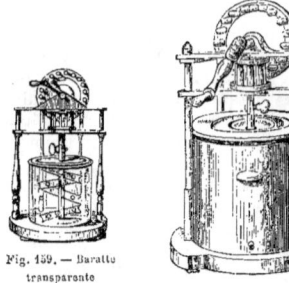

Fig. 159. — Baratte transparente S. Charles.   Fig. 160. — Baratte en grè.

D'après un nouveau système de barattage, on peut, aussitôt que les vaches sont traites, obtenir instantanément tout le beurre que contient le lait. Cette méthode tout en donnant un peu plus de beurre, le donne de meilleure qualité que celui obtenu par la levée de la crème; mais le lait après cette opération n'est plus propre à faire du fromage, ce qui cause une perte pour le producteur. Aussi préfère-t-il généralement faire le beurre avec la crème recueillie chaque jour sur le lait déposé la veille dans des vases à large orifice.

Le système qui semble le plus en faveur parmi les industriels laitiers est l'écrémeuse centrifuge

Fig. 161. — Baratte américaine.

Laval. Au moyen de cet appareil on extrait la totalité de la crème contenue dans le lait. Il y a des appareils à main et applicables à la vapeur. Ce système paraît rendre une augmentation de 15 à 20 p. 100 de beurre en plus que tout autre mode. Mais, nous le répétons, le petit lait ne sert plus à faire le fromage. Par contre, il sert aux falsificateurs pour être mélangé à d'autre lait et d'autres ingrédients, et ainsi préparé pour la circonstance, s'expédie à Paris chez les crémiers et se vend sous la dénomination de lait frais.

Ce système d'employer de suite le lait à la fabrication du beurre, introduit dans les *consortium* des montagnes de la Suisse, donnerait sans doute un résultat aussi heureux que satisfaisant. Ce beurre réunirait à la fois la finesse du goût des plantes alpestres, une couleur et une fraîcheur engageantes malgré la chaleur de la saison. Il est vrai que l'humanité entière perdrait

Fig. 162. — Baratte danoise.   Fig. 163. — Ecrémeuse Laval, à vapeur.

dès lors les fromages suisses (gruyère, etc.) savourés sur tous les points du globe; mais, par contre, elle y gagnerait le meilleur beurre du monde.

DÉLAITAGE. — Au sortir de la baratte le beurre contient une certaine quantité de sérum dont il faut le débarrasser, à cet effet, on le lave soigneusement dans de l'eau fraîche, que l'on renouvelle jusqu'à ce qu'elle sorte claire; cette opération s'appelle *délaitage*.

Mais dans les fabriques de beurre on se sert de la délaiteuse centrifuge créée d'après le système Danois. Cet appareil sépare immédiatement le beurre du lait, aussitôt qu'il est à l'état granuleux. Il n'est besoin ni de le pétrir ni de le toucher, le beurre sort de cet appareil avec toutes les qualités désirables.

Le mieux est de se servir des malaxeurs dont

nous donnons la figure de l'un d'eux, le *malaxeur rotatif*.

L'eau, paraît-il, enlève l'arome du beurre, et à

Fig. 164. — Délaiteuse centrifuge, à bras.

La Prévalaye, pays renommé pour ses beurres, le *délaitage* s'opère sans eau : on coupe le beurre par lames très minces, au moyen d'une spatule que l'on trempe souvent dans de l'eau fraîche afin que le beurre ne s'y attache ; on le malaxe, on le manie et remanie jusqu'à ce qu'il soit débarrassé du petit lait qu'il contient et qui serait une cause de prompte altération.

Fig. 165. — Malaxeur rotatif.

COLORATION ARTIFICIELLE. — Le beurre de bonne qualité présente une masse onctueuse, fine, assez ferme, d'une saveur douce ayant un goût de noisette, et il est d'une légère couleur jaune orangé, quelquefois d'un blanc mat. Cependant, il ne faut pourtant pas se fixer d'une façon trop absolue sur cette couleur orangeâtre, car il y a des beurres blancs dont les qualités ne le cèdent en rien aux autres, mais qui sont repoussés par les personnes peu connaisseuses.

Donc, en elle-même la couleur du beurre n'a aucune importance, mais elle en a une grande au point de vue commercial; aussi se sert-on de diverses substances pour les colorer avant de les livrer aux consommateurs. On emploie généralement les fleurs de souci, le safran, le rocou, les baies d'alkekenge, la racine d'orcanète, le jus des carottes et le suc des mûres. Ces moyens de coloration sont inoffensifs et n'enlèvent au beurre aucune de ses qualités.

Par contre, nous ne pourrions garantir l'inocuité de certains colorants, vendus par des industriels qui en font commerce; il serait donc de l'intérêt public que la police sanitaire examine de près ces produits.

ALTÉRATION. — Exposé à l'air, le beurre rancit très vite, devient détestable et peut présenter des dangers sérieux en favorisant l'oxydation des vases de cuivre; on peut néanmoins lui rendre une partie de ses qualités par les procédés suivants :

Moyens de lui redonner sa fraîcheur. — *Formule 349.* — Mettre dans une quantité d'eau suffisante 25 à 30 grammes de chlorure de chaux, par kilogramme de beurre, et bien opérer le mélange. Agiter vivement le beurre dans cette eau et laisser en repos pendant une heure ou deux ; ensuite le battre dans de l'eau fraîche. Par cette opération qui est sans danger le beurre recouvre sa douceur primitive.

On peut employer, à défaut d'eau de chaux, un peu de bicarbonate de soude.

CONSERVATION. — Pour conserver le beurre, on le fait fondre ou on le sale. Nous donnons ici les procédés les plus usités pour le conserver frais par la salaison pendant un an, et au delà par la fondue.

Beurre salé. — *Formule 350.* — Jeter *un* kilo de sel marin dans une capacité de *quinze* litres de crème très fraîche et *dix* grammes de bicarbonate de soude. Baratter ensuite pendant une heure.

Au sortir de la baratte le *délaiter* complètement sans eau. (Voir *Délaitage*.) Après cette opération, le mettre dans des pots en grès ou en terre vernissée; remplir jusqu'à 6 centimètres du bord, l'égaliser et le presser, mettre dessus une forte couche de sel marin pulvérisé ou de saumur, et le recouvrir d'un parchemin fortement ligaturé.

Quand on veut en faire usage on sort le sel et on prend, pour deux jours environ, une couche de beurre sur toute la surface du pot, de façon à éviter la formation de creux. Ensuite remettre du sel dessus et recouvrir soigneusement. Pétrir le beurre que l'on a levé dans une eau tiède froide, le passer ensuite à l'eau fraîche.

Ainsi lavé, le beurre se dessale et il est aussi frais après un an que le jour où on l'a fabriqué.

Beurre salé.— *Formule 351.*— Pétrir le beurre au sortir de la baratte de façon à en faire sortir tout le sérum; ensuite, l'étendre sur une table mouillée, très propre, et le saler par couche d'environ un centimètre d'épaisseur. Employer 40 grammes de sel marin pulvérisé, par kilo de beurre. Le pétrir et le mettre en le tassant dans des pots de grès que l'on recouvre d'une couche de sel ou de saumur faite à chaud et refroidie. Couvrir d'un linge mouillé et fermer hermétiquement le pot avec un parchemin.

Lorsqu'on veut se servir de ce beurre on procède comme pour la formule précédente.

Beurre salé. — *Formule 352.* — Le procédé suivant est fort usité en Angleterre, où il jouit de la réputation de conserver le beurre plus longtemps qu'aucun autre procédé. Employer :

Sucre	grammes	125
Nitre	»	125
Sel marin	»	250

Pulvériser le tout ensemble et en saupoudrer le beurre au sortir de la baratte, dans la proportion de 30 grammes par livre de beurre; on pétrit et on opère ensuite comme il est dit dans la formule 351.

Beurre en pot. — *Formule 353.* — Après avoir bien lavé et soigneusement essuyé le beurre avec un linge, remplir les pots, en ayant soin de les couvrir d'un parchemin, puis d'une planchette de bois ficelé sur le pot.

On place ces pots dans une chaudière à moitié pleine d'eau que l'on chauffe jusqu'à ébullition. Quand l'eau est refroidie, on retire le pot. C'est la méthode du *bain-marie*.

Le beurre ainsi préparé est tout aussi frais au bout de six mois qu'il l'était immédiatement après son barattage.

En se fondant dans l'eau chaude, il laisse déposer dans le fond des pots tout le caséum, et on obtient ainsi un beurre tout à fait pur et propre à tous les usages culinaires.

Son goût est même plus fin que celui du beurre frais battu.

Beurre fondu. — *Formule 354.* — Mettre le beurre dans une casserole ou marmite, sur un feu modéré; saler, laisser fondre et puis bouillir lentement pendant trois heures environ, en ayant soin d'écumer; maintenir un feu très doux pour éviter que le beurre déborde. On reconnaît que la cuisson est achevée lorsque le beurre est clair sous son écume et que les résidus qui tombent au fond de la marmite ont une teinte rousse. Retirer alors du feu, laisser reposer, décanter et verser dans des pots de grès que l'on aura fait chauffer au bain-marie.

Quand le beurre est refroidi, on met dessus une couche de sel ou de saumur, qui a pour but de le conserver en empêchant le contact de l'air. Recouvrir d'un parchemin et ficeler solidement autour du pot. Mis dans un lieu frais ce beurre se conserve au moins deux ans.

FALSIFICATION. — Dans le commerce de la fabrication du beurre, la probité n'existe pas davantage qu'ailleurs, la fraude et l'avidité du gain se sont glissées partout. Cependant, si les *falsifications* du beurre peuvent se constater assez facilement, plus facilement encore se reconnaissent les *sophistications*. Nous allons indiquer les moyens les plus pratiques de les reconnaître.

Souvent le *falsificateur* pour masquer la rancidité d'une motte de beurre l'entoure d'une couche de beurre frais; d'autres fois il met dans l'intérieur de la motte du fromage blanc, mais avec une sonde qui pénètre jusqu'au centre, il est facile de découvrir ces supercheries. D'autres fraudes consistent à y mêler des pommes de terre cuites à la vapeur ou râpées crues, des chataignes bouillies, de la graisse de veau ou de mouton.

Pour reconnaître la présence de ces matières, il suffit de plonger dans de l'eau chaude une éprouvette remplie de beurre sophistiqué, et de le laisser fondre. Lorsqu'il est fondu il surnage et les corps étrangers se précipitent au fond du tube.

Souvent même les *sophisticateurs* mêlent au beurre des substances nuisibles : de la craie, du talc, du sable, de l'acétate de plomb, qui peut produire de véritables empoisonnements. Pour constater l'emploi de ce sel, l'incinération est nécessaire, la cendre traitée par l'acide nitrique, donnera un liquide qui précipitera en bleu, par l'acide sulfurique et le sulfate de soude; en jaune par le chromate de potasse et l'iodure de potassium, et en noire par l'hydrogène sulfuré.

Hygiène. — Le beurre frais possède avec le pain, le privilège extraordinaire de plaire toujours. Il sert de fruit, de condiment, de hors-d'œuvre, est classé parmi les aliments respiratoires ; il possède en même temps des propriétés digestives et nutritives. Cependant, si on en faisait un abus prolongé, il prédisposerait aux aigreurs d'estomac.

Usage alimentaire. — Le beurre est l'âme de la cuisine, sans lui pas de bonnes sauces, ni d'excellents légumes et encore moins d'exquises pâtisseries. Le cuisinier d'esprit, soucieux de faire une bonne cuisine, se sert de beurre fin; le gâte-sauce et la cuisinière rapace se servent indifféremment de margarine et de suif.

On forme avec le beurre frais des beurres composés dont nous donnons ci-après la description :

Beurre d'ail (*condiment*). — *Formule 355*. — Piler dans un mortier les gousses épluchées d'une belle tête d'ail de Provence, ajouter une pincée de sel et 500 grammes de beurre fin. Piler encore, passer au tamis fin. Homogénéiser la pâte, la pétrir et la déposer en lieu froid.

On l'appelle aussi *pommade à l'ail*.

Beurre d'anchois. — (Voir le mot *Anchois*.)

Beurre de crevettes (*condiment*). — *Formule 356*. — Mettre dans une casserole des crevettes fraîches, condimenter et garnir de céleris, de poivre concassé, de cerfeuil et de beurre. Faire cuire les crevettes à l'étouffée, les piler au mortier et remettre dans la casserole avec du beurre fin; laisser fondre et passer par pression dans un linge fort.

Remuer en faisant refroidir.

Beurre d'écrevisses (*condiment*). — *Formule 357*. — Le beurre d'écrevisses est d'une couleur rouge carminée; il est aromatique et nourrissant. On le prépare en faisant cuire des écrevisses châtrées, garnies de céleri, de poivre en grains concassés, de sel et de beurre. Couvercler et soumettre à l'ébullition de manière à en conserver l'arome. On pile le tout au mortier, on remet cette purée dans la casserole avec du beurre fin, selon la quantité d'écrevisses et selon leur grosseur; on fait chauffer le tout et on passe par pression dans un linge fort. On remet la purée d'écrevisses dans la casserole avec de l'eau chaude, le beurre qui y est resté revient alors à la surface; on laisse refroidir, on le clarifie et il peut être servi.

Remarque. — On fait refroidir le beurre obtenu par pression en le remuant.

Beurre d'écrevisses conservé. — *Formule 358*. — Après avoir procédé selon la formule ci-dessus, mettre le beurre passé par pression chaud dans un flacon ou dans une boîte en fer-blanc, fermer hermétiquement et soumettre dix minutes à l'ébullition au bain-marie. Par ce procédé, j'ai trouvé le beurre aussi bon, aussi intact après un an que le jour où je l'ai mis en bocal.

Beurre de Montpellier (*condiment*). — *Formule 359*. — Laver à l'eau froide une forte poignée de cerfeuil, une vingtaine de branches d'estragon, le même volume de pimprenelle et une petite bottes de ciboulettes. Egoutter ces fines herbes et les faire blanchir avec de l'eau salée dans un vase en cuivre, afin de leur conserver toute leur verdeur. Après *cinq* minutes de cuisson, on les retire avec l'écumoire et on les fait rafraîchir dans l'eau. Faire cuire durs huit œufs frais.

Presser les végétaux de manière à en exprimer l'eau, les piler dans le mortier en y ajoutant : vingt anchois essargentés et désossés, deux cuillerées à bouche de câpres, six cornichons très verts, une gousse d'ail et les jaunes d'œufs préparés; piler très fin cette composition; après l'avoir réduite en purée, ajouter *deux cent cinquante* grammes de beurre fin, une pincée de poivre blanc en grains, du sel au préalable et une petite quantité de noix de muscade râpée; repiler le tout; réajouter alors *un décilitre et demi* d'huile fine et un quart de verre de vinaigre d'estragon; amalgamer le tout en tournant avec le pilon de manière à en faire une pâte homogène, onctueuse et d'un goût parfait.

Si la couleur n'était pas suffisamment verte, on devra lui incorporer une petite quantité d'essence de vert d'épinards pur que l'on aura passé au tamis de soie; ajouter à petite dose, de façon à lui donner une teinte d'un vert naturel; car, s'il était trop prononcé, il perdrait sa qualité engageante. On le goûte, et lorsqu'il a le goût qu'on désire lui donner, on le passe au tamis de crin, on le pétrit, on le dépose dans une terrine pour le raffermir et on s'en sert frais.

Remarque. — Le beurre de Montpellier est à la fois un condiment et un aliment; il se mange avec d'autres aliments dans son état naturel. Carême, puis J. Janin, sont ceux des artistes qui ont perfectionné ce beurre exquis, lequel réclame, pour sa parfaite réussite, une pratique assidue dans l'art d'assaisonner, sans laisser dominer aucun des condiments qui le composent. On peut adoucir l'excès du vinaigre en ajoutant un peu d'huile fine, ainsi que la fadeur par l'addition de jus de citron et de sel.

Beurre noir (*condiment*). — *Formule 360.* — Il n'est peut-être pas un condiment plus simple que celui-ci, mais pas un ne révèle autant le bon ou le mauvais praticien qu'un aliment au beurre noir :

Pour que le beurre noir soit exquis il faut qu'il ait atteint son juste degré de chaleur, que l'on reconnaît lorsque sa fumée commence à devenir bleuâtre. Une seconde de plus sur le feu suffit pour le brûler; il devient dès lors amer, d'un goût âcre et exhale une odeur qui coupe la respiration et provoque la toux. Au contraire, chaud à point sans être brûlé et joint à un petit filet de vinaigre, il est excellent, aiguise l'appétit, et les aliments qui en sont condimentés deviennent digestes tout en restant nutritifs.

Beurre à la broche (*condiment en surprise*). — *Formule 361.* — Dans *deux cent cinquante* grammes de beurre fin salé au préalable, incorporer : estragon, ciboule, cerfeuil hachés et un jus de citron; en former une petite bille, l'embrocher par sa longueur avec une brochette en bois; la faire geler dans la glace. D'autre part, casser trois œufs frais, rouler le beurre dans la chapelure et ensuite dans les œufs; recommencer l'opération jusqu'à l'absorption des œufs. Il faut avoir soin de ne pas déplacer la petite broche et veiller à ce que les jointures pratiquées par l'aiguille soient parfaitement soudées avec celle-ci par l'appareil à paner, de manière à ne laisser aucune ouverture possible; car, dans le cas contraire, tout travail deviendrait inutile. Cela fait, arroser légèrement la croustade de beurre fondu, et mettre à la broche devant un feu vif; après dix minutes, on sert la croustade avec sa broche, dont les extrémités seront garnies de citrons ciselés.

Remarque. — Pour assurer la réussite de ce condiment il faut déposer la bille quelques heures sur la glace avant de la paner, de manière qu'étant soumise à l'action du feu, la croustade soit formée avant que le beurre soit fondu. De cette manière, on obtiendra la plus curieuse des croustades, comme la meilleure des sauces au beurre.

Par le même mode de procéder on peut en faire des petites boules que l'on fait frire dans l'huile chaude.

On sert ce beurre avec des truites au bleu, des asperges, etc., en place de beurre fondu.

Beurre épongé (*pâtisserie*). — *Formule 362.* — Eplucher et hacher *cinq cents* grammes de graisse de rognon de veau. Mettre dans une casserole sur un feu très doux et remuer souvent; lorsqu'elle est à moitié fondue, ajouter *cinq cents* grammes de beurre fin, laisser clarifier d'une couleur jaunâtre; passer à travers un linge, la déposer dans un pot, en prendre la quantité nécessaire pour l'usage d'un ou deux jours et recouvrir d'un parchemin.

Remarque. — Dans les pâtisseries, cette composition remplace quelquefois le beurre pour beurrer les moules, dont la fraîcheur laisse souvent à désirer.

Beurre de muscade (*condiment végétal*). — *Formule 363.* — On tire de la noix muscade fraîche une matière grasse qui exhale une odeur aromatique, dont on se sert pour la préparation de certains mets d'origine indienne, mais qu'on mange aussi bien en Hollande qu'en Angleterre.

Procédé. — Concasser des noix muscades, les torréfier, ajouter du beurre et faire chauffer dans une casserole; mettre le tout dans un sachet et presser fortement dans une petite presse préalablement chauffée. On recueille la graisse qui en sort et on peut la conserver pour servir d'assaisonnement au fur et à mesure des besoins.

Beurre de noisette. — Même procédé que pour le beurre de muscade.

Beurre de Cayenne. — *Formule 364.* — Incorporer du piment ou poivre de Cayenne dans du beurre frais et mettre un peu de sel; passer le tout au tamis de soie ; le travailler pour le rendre homogène. On s'en sert pour beurrer les sandwichs, pour rehausser la maître-d'hôtel, enfin pour relever tous les aliments trop fades.

Beurre en hors-d'œuvre. — *Formule 365.* — Lorsque le beurre est frais et ferme, on racle légèrement la motte en long avec le dos d'une

Fig. 166. — Rose en beurre.

cuillère à potage, de façon à ce que l'on puisse avec les feuilles qui se produisent, petites d'abord et plus grandes ensuite, former une ou plusieurs roses sur une assiette à dessert.

Une Tresse. — *Formule 366.* — Ces mêmes feuilles arrondies, posées en forme de tresse sur un hors-d'œuvrier, forment également un hors-d'œuvre aussi appétissant qu'agréable à la vue, surtout lorsqu'on garnit la tresse de petits grains ou de losanges, de beurre rouge d'écrevisse.

Fig. 167. — Tresse en beurre.

Marguerites. — *Formule 367.* — Former à l'aide d'un emporte-pièce A, d'un ébauchoir, ou avec le couteau, des petites feuilles longues, et en former une étoile ronde B en chevauchant les feuilles vers le centre que l'on couvrira en y fixant une boulette de beurre colorée avec du safran ; la quadriller avec le couteau de façon à imiter le disque de la fleur. La queue s'imite à l'aide du cornet avec du beurre d'anchois ; on formera ainsi la figure 169, sur une assiette maintenue sur la glace.

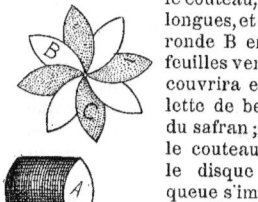

Fig. 168. — Rosace en beurre.

Remarque. — On peut aussi alterner les couleurs avec du beurre d'écrevisse et former la même rosace C.

Fig. 169. — Marguerites en beurre.

L'Écusson. — *Formule 368.* — Si l'on désire donner à ses convives un hors-d'œuvre flatteur et agréable, on peut, en faisant faire une douille de la forme G, former un écusson en garnissant d'une bande de couleur H, posée en travers et achevant le décor conforme à l'écusson que l'on veut représenter. Avec une autre douille, on obtient la feuille de trèfle I.

Remarque. — A l'aide de la douille, l'artiste qui sait la manier peut reproduire une infinité de sujets élégants et agréables. Mais

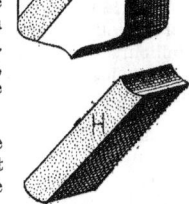

Fig. 170. — Écussons en beurre.

pour joindre le bon goût à l'agrément de la vue, tous ces beurres doivent être garnis de glace jusqu'au moment de servir. Toutes ces formes de hors-d'œuvre sont entièrement nouvelles et sont de ma propre création.

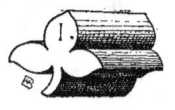

Fig. 171. — Feuille en beurre.

Les Rondelles. — *Formule 369.* — On façonne aussi le beurre avec des rondelles de bois, sculptées à cet effet, qui ont une petite poignée ; on le presse en appuyant ces rondelles l'une contre l'autre pour qu'il en prenne la forme et l'empreinte du dessin. On doit mouiller les moules chaque fois que l'on opère. C'est surtout

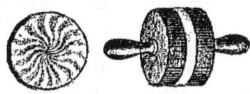

Fig. 172. — Rondelles de beurre.

dans les hôtels de province que ce mode est usité, il a l'avantage de limiter la quantité de beurre servi dans un repas à prix fixe et d'être d'un service facile.

Bâton étoilé. — *Formule 370.* — Travailler le beurre jusqu'à ce qu'il soit malléable et le presser dans une poche à douille dentelée, il forme des bâtons ciselés et gracieux D. En faisant raffermir ce beurre dans de l'eau glacée, on peut à volonté en tailler des petites étoiles pour décorer le beurre, ou des bâtons que l'on dresse sur des petits bateaux E.

En introduisant, dans l'intérieur, du beurrre d'écrevisse F, on obtient une forme étoilée très gracieuse lorsque le bâton est coupé par rondelles. L'artiste doit d'ailleurs varier lui-même ses dessins selon l'opportunité du service.

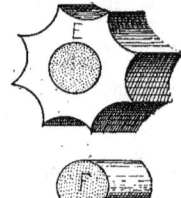

Fig. 173 — Étoiles en beurre.

Beurre artificiel. — Depuis quelque vingt ans on fabrique un beurre artificiel qui a pris successivement le nom de *margarine* (voir ce mot), *oléo-margarine*, *butyrine*, etc., qui, selon la chimie, serait identique au beurre naturel et aurait l'avantage sur ce dernier de coûter moins cher et de mieux se conserver. Une telle assertion émanant de savants intéressés était naturellement faite pour attirer et assurer la crédulité publique. Mais, comme l'artiste culinaire ne se soucie guère de la composition chimique lorsqu'il s'agit de procéder à la confection d'un mets qui doit faire les délices des convives et de l'amphitryon, la pratique culinaire a fait prompte justice aux prétentions des chimistes en condamnant ce produit.

Certainement, les moyens chimiques sont nombreux et puissants et l'on est arrivé à faire plus beau que le vrai; ceci me rappelle une exposition de Londres, où un industriel soumit, avec des beurres anglais, deux mottes de provenance française dont l'étiquette portait « *beurre de Normandie* »; l'une de ces mottes était de la margarine. Le jury, composé en plus grande partie de médecins et de chimistes, dégusta les deux échantillons et prit la margarine pour du vrai beurre; un seul membre du jury, un cuisinier expert dans son art, ne se trompa pas et révéla l'erreur de la docte assemblée, au grand étonnement de tous.

Moyen de le reconnaitre. — Il existe différents moyens chimiques pour reconnaître le beurre artificiel, mais voici les plus pratiques pour l'usage du cuisinier ou de la ménagère.

Procédé. — *Formule 371.* — Faire fondre le beurre que l'on soupçonne contenir de la margarine et le refroidir brusquement en l'entourant de glace. La graisse se dépose au fond et le beurre monte à la surface, laissant ainsi une ligne de démarcation très visible.

Autre moyen. — *Formule 372.* — Prendre gros comme un pois de beurre, le mettre sur la tôle rouge du fourneau de cuisine; s'il contient de la margarine, il se développe tout de suite une odeur de côtelette grillée, ce qui n'arrive pas avec le beurre naturel.

Beurre végétal. — Je classe ici toutes les substances grasses provenant du règne végétal que les Allemands appellent *Pflanzenbutter*, les Anglais *Vegetable butter* et les Italiens *Burro vegetali*. Ces beurres, servant principalement à la cuisine des peuples de l'Orient, sont en grande partie consommés sur place; l'Europe ne les importe que pour l'industrie de la droguerie.

Voici les beurres végétaux utilisés dans les cuisines de différents pays.

Beurre de bambou. — Dans l'Hindoustan, au Pérou, au Brésil, dans toute l'Amérique orientale et surtout dans les montagnes du *Quindiu*, on tire du *bambusa guadua* un condiment aromatique gras très estimé des indigènes des contrées boisées de ces pays. Les jeunes pousses du bambou servent d'aliment comme les asperges; lorsqu'elles ont pris de la solidité, il découle de leurs nœuds une liqueur mielleuse que l'on soupçonne être le *tabashire* des anciens et que les Indiens appellent *tchou-houong*. En la faisant sécher au soleil, elle devient cristallisable et sert aux mêmes usages que le sucre. Plus tard, les pousses fleurissent, et alors se produit un curieux phénomène : la moelle des tiges donne naissance à une myriade de vers blancs, comme de petits rognons de coq ou de quenelles de volaille, allongées comme un macaroni de deux centimètres de longueur. Cette chenille ou ver, que les Indiens nomment *bicho de tacuara*, est gonflée d'une substance exquise, molle et blanche qui rappelle la crème ferme. C'est la crème de bambou.

Quand on veut savourer cet entremets qui jouit de grandes propriétés génésiques et phosphorescentes, on prend d'une main l'animal par son extrémité, et de l'autre par la tête que l'on sépare du tronc avec l'ongle du pouce; on entraîne avec elle le tube intestinal qui contient une matière âcre à propriété narcotique dangereuse, et l'on suce la crème contenue dans l'enveloppe épidermique. Ce ver fait les délices de ceux

Fig. 174. — Vers de bambou (*Bicho da tacuara*).

qui savent se l'approprier; mais lorsque le tube digestif est mangé avec, il produit un sommeil extatique et délirant, analogue aux effets du *haschisch*, et dure plusieurs jours.

La découverte d'une forêt de bambous en fleurs portant des vers (toutes les variétés n'en produisent pas) est pour un Indien de race le plus précieux des trésors. On va passer dans la forêt de bambous fleuris une saison autrement charmante que celle de nos bains de mer. Le jeune homme et l'adulte vont s'y délecter et s'enivrer. Le vieillard y conduit sa jeune amie pour y faire un séjour heureux, retremper ses forces épuisées et reprendre ses illusions de vingt ans. C'est le séjour à l'Eden terrestre.

Mais ces délices ont une fin: le ver de bambou se transforme en pâte cotonneuse au moment de la défloraison, et la saison du beurre est passée. Il faut attendre un nouveau printemps.

Un nouveau phénomène se produit alors: l'ovaire qui se développe à la place de la fleur grandit et devient le fruit; au détriment des autres parties de la plante, il attire à lui les principes sucrés et huileux. Ce fruit, de la grosseur d'une noix, est rond, recouvert d'un tégument d'un blanc rougeâtre et renfermant une amande analogue à la noix muscade; d'une odeur parfumée et de la saveur du lard. Les indigènes tirent de cette amande l'huile ou beurre de bambou, dont ils sont friands, et la mélangent à d'autres huiles inférieures pour être expédiée en Europe.

Beurre de l'arbre de la vache. — On extrait du lait de ce végétal dont l'analogie de constitution est presque identique avec la crème du lait animal; ce qui explique clairement les propriétés nutritives, bien constatées d'ailleurs, de ce lait ou crème végétale, les matières grasses, susceptibles d'être dédoublées en acide et en glycérine, étant assimilables comme dans le lait animal.

Ce beurre est donc l'un des plus remarquables parmi les beurres végétaux, mais il n'arrive chez nous que pour le commerce de la droguerie.

Beurre de cacao. — On l'extrait de l'amande de cacao, surtout de celui des Iles, en faisant torréfier et concasser l'amande. On y ajoute de l'eau bouillante et on fait cuire; on laisse refroidir et on lève la graisse qui surnage. On la fait refondre pour la clarifier et purifier en même temps. Cette huile se fige en refroidissant. Il fond à 50° centigrades, il rancit facilement. Sa couleur est blanche, d'un goût onctueux et parfumé. On le conserve en le tenant dans des bocaux ou boîtes fermées et mises en ébullition. C'est ce beurre qui donne au chocolat le goût aromatique et doux qui caractérise le cacao ou le bon chocolat.

Les petits fabricants de chocolat et les grands épiciers font d'abord rendre le beurre et préparent ensuite le cacao en feuilles pour le vendre au prix fabuleux de 8 à 10 francs le kilogramme.

Beurre de coco. — On tire du lait qui se trouve renfermé dans la noix de *coco* et de sa chair une graisse blanche, suave et de consistance onctueuse. Ce beurre est agréable à manger; il est toutefois indigeste, mais nutritif. Les indigènes des îles du Nouveau Monde, et même les *orangs-outangs* en sont très friands.

Beurre de Galam. — En Afrique, on tire ce lait appelé *shéa* d'un arbre de la famille des sapotilliers; évaporé au soleil, il constitue une pâte onctueuse, molle et grasse, pareille au beurre. Ce beurre a surtout la faculté de se conserver longtemps sans s'altérer, ce qui caractérise d'ailleurs tous les beurres de provenance végétale.

BEURRE, *s. m.* — Variété de poire fondante comprenant un grand nombre de sous-variétés, telles que le *beurré gris*, le *B. d'hiver nouveau*, qui sont mûrs en janvier et février; le *B. Capiaumont*, en octobre et novembre; le *B. Giffard*, mûr à la fin de juillet; le *B. d'Amandis* à gros fruit vert terne, se colorant en rouge brun quand il est mûr, sa chair est fine et fondante; enfin le *beurré Diel*, *B.* magnifique ou *B. royal*. Ces poires fondantes, abondent en sucs sucrés et délicats.

BEURRIER, IÈRE, *s. m. et f.* — Celui, celle qui vend du beurre ou qui fait le beurre. Se dit aussi des barattes et des vases dans lesquels on conserve le beurre.

BEZESTAN, *s. m.* — En Turquie se dit des Halles couvertes où se tiennent les marchés.

BÉZIERS (*Produits de*). — Languedoc (Hérault). On y récolte un excellent vin blanc de dessert de quatrième classe. Les confitures sèches de Béziers ont une renommée justement méritée.

BIBE, *s. m.* — Poisson qui habite les mers d'Europe et qui a beaucoup d'analogie avec le merlan. Se traite par les mêmes méthodes que ce dernier.

BIBERON, *s. m.;* all. *saugflœschchen;* angl. *toper;* ital. *briacone;* du sanscrit *pâ,* du latin *bibere,* boire. — Appareil qui sert pour allaiter artificiellement les enfants.

Dans l'origine, le biberon était un vase de terre muni d'un bec plus ou moins allongé, avec lequel on faisait boire les enfants et les malades. Le biberon avait déjà subi un certain perfectionnement sous la domination romaine, car on sait que les *belles* de cette époque, sous prétexte de conserver la fraîcheur de la jeunesse, allaitaient leurs enfants au biberon ; ce qui avait valu le nom de *assœ nutrices* (nourrices sèches) aux femmes qui en faisaient le métier.

L'habitude que l'on avait, autrefois, lorsqu'un enfant mourait, de l'inhumer avec son biberon, fait que l'on a trouvé, dans d'anciens cimetières romains ou gallo-romains, cet instrument tel qu'on s'en servait à cette époque. Dans des sépultures galloises du château de Robert-le-Diable, près Rouen, on a découvert un biberon de terre cuite d'une hauteur de *onze* centimètres, en forme de poire et dont la plus grande circonférence atteignait *vingt-quatre* centimètres; l'embouchure large d'un centimètre semblait avoir été usée par la succion.

De nos jours, on pourrait faire un musée en collectionnant les différents modèles qui ont été successivement imaginés, mais que je n'ai nullement l'intention d'énumérer ici ; il s'agit seulement de savoir si *oui* ou *non* le biberon peut rendre des services dans l'allaitement. Les philosophes, les médecins et les hygiénistes qui ont écrit sur l'enfance ont contradictoirement traité cette question.

Mais, comme le dit fort bien le docteur Vendenabeele, on met promptement fin à ces disputes d'opinions en s'appuyant sur la physiologie. Voici comment :

La bouche est garnie de muqueuses remplies de nombreuses glandes salivaires, qui sécrètent les unes de l'eau et du mucus, sorte de substance gommeuse, les autres un principe particulier appelé ptyaline. Cette substance qui jouit de la propriété de transformer les amylacés en glucose, matière assimilable, de pulvériser en quelque sorte les albuminoïdes, a aussi pour but d'envelopper suffisamment le bol d'eau, pour lui permettre de pénétrer dans l'estomac.

La salive provient d'une action nerveuse très compliquée. Tout le monde sait qu'il suffit de la vue de certains aliments ou de l'impression qu'ils produisent sur l'odorat, d'en entendre parler ou d'y penser, pour provoquer l'effet de la sécrétion salivaire, c'est-à-dire faire venir l'eau à la bouche. La salive contient des débris de cellules muqueuses qui ont besoin de se renouveler constamment, et dans le jeune âge, sous l'influence de la succion, ce sont les ferments qui provoquent la digestion. La salive est donc non seulement nécessaire aux mouvements de la langue, mais indispensable au fonctionnement de l'appareil de l'audition. C'est un phénomène important de la vie, beaucoup ne seraient pas sourds et muets si on avait veillé avec soin à cette gymnastique à succion du premier âge. L'adulte produit environ un kilogramme de salive par jour et l'enfant ne vit qu'à la condition d'en produire la quantité nécessaire aux diverses fonctions ; et le lait ne peut avoir une digestion efficace que par la salive.

Or, l'enfant doit téter et non absorber. Voilà ce que les détracteurs du biberon auraient dû savoir.

Pour le choix du biberon, laissons parler le docteur Brochart, lauréat de la Faculté de médecine de Paris, dont les écrits font autorité dans la science médicale :

« De tous les biberons celui que je prendrai, dit-il, parce qu'il est le plus universellement répandu et parce qu'il réunit toutes les conditions possibles de bon marché et de simplicité, est le Biberon Robert. Ce biberon a le grand avantage de ne pas blesser les gencives des nourrissons par la dureté de son embout, comme le font certains autres biberons ; il a surtout l'avantage immense de se trouver partout et d'être à la portée de toutes les bourses, ce qui, dans la pratique, est beaucoup plus important qu'on ne le croit. Il n'est pas trop grand, est facile à nettoyer ; mais ce qui fait son mérite, ce qui le rend supérieur aux autres biberons, c'est que la succion s'y fait très aisément, et qu'avec lui l'enfant ne peut pas boire sans téter et malgré lui. Un grand nombre de biberons ont été faits pour imiter le Biberon Robert, mais les modifications qu'ils présentent et que leurs auteurs donnent comme des perfectionnements peuvent être, il me semble, considérées comme des défauts, et même des défauts pleins de dangers pour les nourrissons. C'est ainsi que l'un de ces biberons est présenté comme une pompe aspirante, permettant à l'enfant de boire sans faire le moindre effort. — « Si l'enfant suce, dit l'auteur, il boit. » — A cela il n'y a rien à dire, mais l'auteur ajoute : « Si l'enfant mord, il boit. » — Or, ceci, pour un biberon, est un défaut capital. Un nourrisson ne doit boire que lorsqu'il suce et lorsqu'il aspire ; sans cela, il court risque d'être suffoqué.

« Il ne faut pas qu'un nourrisson qui souffre de la dentition et qui mord tout ce qu'il porte à sa bouche voie le lait d'un biberon monter avec abondance, malgré lui, et lui remplir la bouche lorsqu'il ne veut pas boire, lorsqu'il n'aspire pas. Tous les biberons que l'on donne comme des Biberons Robert perfectionnés, fonctionnant aussi bien, mieux même que le sein, qu'ils soient à pompe aspirante ou à pompe foulante, qu'ils soient à ascension permanente du lait dans le tube, etc., sont tous des biberons plus ou moins dangereux qui peuvent, à un moment donné, causer de regrettables suffocations. La montée du lait dans un biberon ne doit pas être permanente ; elle doit être intermittente et toujours être proportionnée aux efforts de succion que fait l'enfant. Le lait ne doit jamais monter sans que le nourrisson fasse des efforts de succion. Voilà ce que M. Robert a parfaitement compris et que tous ses imitateurs ont complètement oublié. »

Fig. 175. — Biberon Robert flexible, bouchon carne.

BIBLIMBING, *s. f.* — Dans l'île de Java, on appelle ainsi un fruit aigre dont on se sert pour faire une boisson rafraîchissante très estimée.

BICARBONATE DE SOUDE, *s. m.* — Sel dans lequel l'acide carbonique entre pour deux parties, sur une de base.

On se sert en cuisine du bicarbonate de soude pour les différents usages que nous allons énumérer :

Pour verdir les légumes. — *Formule 373.* — Une petite pincée de trois doigts de bicarbonate de soude mise dans l'eau en ébullition, au moment d'y jeter les végétaux verts, a la propriété de leur donner une belle couleur verte, lorsqu'ils sont rafraîchis aussitôt *blanchiumés* (voir ce mot); une trop forte dose les ferait noircir.

Pour clarifier le bouillon. — *Formule 374.* — Dans une proportion de *deux grammes* par litre de bouillon tourné en temps d'orage et mis avec de la viande hachée crue et des blancs d'œuf au moment de la clarification (voir ce mot), le bicarbonate de soude a la propriété de ramener à son état primitif le bouillon aigre.

Pour le thé. — *Formule 375.* — Une pincée de bicarbonate de soude mise dans la théière avec de l'eau, après en avoir passé la première infusion, a la propriété de désagréger les principes du thé. Cette méthode est usitée, en Angleterre, parmi la classe laborieuse.

Pour les aigreurs. — *Formule 376.* — On emploie le bicarbonate de soude en poudre à la dose de 2 à 3 grammes pour combattre les aigreurs d'estomac. Ajouté dans une infusion de bourrache, il combat efficacement les calculs stomacaux.

BICHE, *s. f. (cerva)* ; all. *hirschkuh* ; angl. *hind*, *roc* ; ital. *cerva*. — La femelle du cerf (voir ce mot). Quand l'animal est jeune, la chair de la biche est agréable ; elle se prépare comme le chevreuil, mais une fois *bichette*, lorsqu'elle a cessé d'être *faon*, elle prend un goût musqué et devient insupportable au moment du rut. La biche, dans cet état, ne doit pas être employée dans l'alimentation.

BICHOP, *s. m. (boisson tonique et stimulante)* ; angl. *bishop*, dérivé de l'all. *Bischof*, évêque. — Boisson chaude très usitée dans le Nord de l'Europe et dans les buffets de théâtres, les bals et dans les cafés.

Pour faciliter les établissements de commerce, je donnerais la formule de l'essence qui, étant prête d'avance, favorisera le service dans les moments où la foule se presse exigeante.

Essence de bichop. — *Formule 377.* — Après avoir lavé, essuyé une douzaine de bigarades, enlever le zeste et le faire infuser pendant vingt-quatre heures dans un litre de vin de Madère, de Marsala ou de Xérès, avec quatre clous de girofle, un bâton de cannelle. Passer à travers un linge, mettre en bouteille et boucher.

Cette essence est de premier choix.

Essence de bichop (*buffet*). — *Formule 378*. — Faire macérer pendant deux jours les zestes de douze bigarades avec trois clous de girofle, un bâton de cannelle, une pincée d'anis, dans un demi-litre d'esprit de vin. Passer à travers un linge; y ajouter un litre de vin de Madère et boucher.

Remarque. — Pour le service du premier procédé, il n'y a qu'à le faire chauffer en y ajoutant du vin et du sucre si on le trouve trop fort.

Pour se servir de l'essence de la formule 379, il ne s'agit que de faire chauffer de l'eau sucrée et y additionner l'essence.

Bichop au vin de Bordeaux. — *Formule 379*. — Faire fondre 300 grammes de sucre avec deux décilitres d'eau; puis cuire, y ajouter l'essence formule 378. Verser dans la *bichopière* chaude et servir.

S'il n'était pas assez chaud, verser le vin dans la casserole avec l'essence et servir aussitôt qu'il commence à blanchir.

Bichop au vin du Rhin. — *Formule 380*. — Préparer de l'essence de bichop (voir formule 378); chauffer, d'autre part, un litre de vin du Rhin avec 300 grammes de sucre; aussitôt qu'il blanchit, y ajouter un demi-litre d'essence et servir.

Bichop au vin blanc. — *Formule 381*. — Clarifier 300 grammes de sucre avec deux décilitres d'eau, y faire chauffer le vin blanc en y ajoutant l'essence.

Remarque. — Règle générale, l'addition d'essence de bichop au vin et à l'eau est nécessaire, mais dans les maisons particulières, il est préférable de procéder de la façon suivante:

Bichop de campagne. — *Formule 382*. — Faire fondre 300 grammes de sucre dans trois décilitres d'eau, y ajouter les zestes d'un citron, d'une orange, un bâton de cannelle, une pincée d'anis et un clou de girofle. Faire cuire pendant dix minutes et y ajouter le vin; aussitôt qu'il commence à blanchir, le passer à la passoire et le servir dans un pot.

Bichop au vin de Champagne. — *Formule 383*. — Clarifier 200 grammes de sucre, y ajouter l'essence de bichop formule 378, faire bouillir et verser avec le champagne dans la bichopière au moment de servir.

Remarque. — Remplissant les fonctions de chef de bouche chez S. E. le comte de Eulenburg, à Cassel[1], je fus invité à déjeuner, le jour de Noël 1882, par un étudiant en médecine, fils du tapissier du palais. Pendant l'après-midi, toute la famille assemblée se consultait pour délibérer sur ce que l'on aurait pu offrir d'extraordinaire au *Meister chef des Ober president*, comme on m'appelait. On décida qu'un bichop au vin de Champagne serait ce qui est de plus digne pour un *französischer Koch*. Pour confectionner l'essence, l'aînée des demoiselles, qui avait quelques prétentions au bon ton, y mit du sien et l'agrémenta de son savoir-faire. Une bouteille de vin de Champagne des meilleures marques arriva sur la table à côté d'une bouteille de vin de *Johannisberg*, prêtes à être précipitées dans la mixture fumante de la bichopière.

— Comment, me disais-je, commettra-t-elle le crime, oui ou non?

Elle immola la bouteille de Johannisberg, je n'avais rien à dire, mais lorsqu'elle saisit la bouteille de Champagne, je bondis.

— De grâce!

Et tout le monde à se regarder.

— Chauffez le vin du Rhin, mais je vous en prie, frappez le vin de Champagne!

— Voilà une leçon, dit l'étudiant à sa sœur confuse; tu sauras désormais qu'il n'est pas permis de mélanger les vins du Rhin avec les vins de Champagne.

— Et pourquoi pas, en temps de paix?

— Expliquez-moi cela, monsieur?

— En voici la raison bien simple: il est naturel que l'on apaise l'impétuosité du vin de Champagne par la glace, et que l'on adoucisse l'austérité des vins du Rhin par la chaleur.

(1) Au château de *Wilhemshohe* (colline Guillaume), qui fut autrefois la résidence de Jérôme Napoléon et celle de Napoléon III enfant et plus tard, en 1870, comme prisonnier de guerre. A cette époque, l'empereur Guillaume envoya à Napoléon l'un de ses cuisiniers, M. Emile Bernard (de Dôle), resté Français de cœur, en lui disant ironiquement: « Tu vas aller soigner l'empereur de ton pays, il doit avoir besoin de réconfortant! » Bazaine avait loué un pavillon dans la ville, avec l'intention de rendre visite à l'empereur déchu; mais Napoléon écœuré refusa de le voir. L'estafette, un nommé Bonnefoix, qui faisait aussi l'interprète, était un vieux Français de soixante-douze ans, resté là depuis la domination française. Au garde-manger, situé dans les immenses sous-sols, sans fin, du château, j'ai trouvé inscrits sur le mur les noms de LAÏS et de E. BERNARD; au-dessous, j'inscrivis le mien. (J. F., *Mes Notes privées*.)

BICHOPIÈRE, *s. f.* — Vase dans lequel on sert le bichop. Pour éviter les confusions du service, j'ai affecté un vase spécial, de forme particulière, pour l'usage du bichop et je l'ai dénommé *bichopière*, par opposition à *soupière*.

Fig. 176. — Bichopière (*Modèle original*).

Plusieurs années après, j'ai vu que ce terme lui avait été conservé et que différents modèles étaient affichés chez les orfèvres sous cette dénomination.

BIÈRE, *s. f.;* haut all. *pior;* all. mod. *bier;* angl. *beer;* anc. scandinave *bior;* angl.-saxon *beor*, boisson; du pers. *barrâls* de *bâr*, orge. Telle est l'étymologie germaine qui vient du slave. On sait d'ailleurs que les *Autochthones* sont une nation préhistorique et qu'ils désignèrent le pays compris entre le Rhin et la Vistule sous le nom de *Germania* (Gérimanès), qui signifie *Petites Montagnes boisées*.

Si nous étudions la version latine, nous trouvons du grec, à côté du *oïnos crithinos*, vin d'orge, le *pipisco;* du sanscrit *pivômi*, je bois, en latin *bibo;* de l'arménien *karoghi*. Selon Athénée, les anciens Gaulois donnaient à la bière le nom de *korma* ou *koûrmi*, boisson de grains; du turc *ezali arpa souyou;* portug. *cervija;* esp. *cerviza* du breton *cervisa*, cervoise; du romain *cerevisia* de *céréale*. Le mot *birra* de l'italien n'apparaît dans cette langue qu'après l'invasion barbare; avant cette époque, on l'appelait *pinon* et *cerevisia*.

Une troisième version, celle de l'anglais *Ale* se rapporte au mot *olaim* irlandais, bière, *ole*, boisson, que nous trouvons aussi dans l'arménien *oli*, boisson fermentée; du sanscrit *ali*, du scandinave *al* et de l'anglo-saxon *eala* dérivant du lithuanien *alus*. Tous ces termes signifient *boisson* faite avec des grains et plus particulièrement *avec de l'orge*.

Pour les Latins c'est la boisson de *céréale* présidée par *Cérès*, tandis qu'elle est patronée par *Gambrinus* chez les Germains et les Flamands.

Déjà antérieurement à la chronologie moderne, alors que le flambeau de la civilisation partait de l'Orient, ces peuples faisaient différentes boissons connues sous le nom de *zithos*. Celle qui fut importée par les Ariens était une macération de lait, de miel, de graines écrasées et de plantes aromatiques. Les Hébreux, les Thraces, les Ibères et les nations qui occupaient le Nord de l'Asie Mineure faisaient également usage de la bière et l'appelaient *bryton*. D'après Hérodote, les Egyptiens préparaient avec un soin tout particulier le vin d'orge qui, selon Diodore de Sicile, faisait un tel plaisir à ceux qui en usaient qu'ils chantaient et dansaient comme s'ils étaient épris de vin. Moïse défend à Eléazar et à Itamar, son fils, de boire de la *cervoise* de dattes avant d'entrer dans le tabernacle d'assignation (Lév., X, 9). Ce breuvage fermenté était enivrant; son goût était acidulé, piquant et amer (Isaïe, XXIV, 9). Salomon dit qu'il occasionnait le tumulte (Prov., XX, 1). David dit qu'il provoquait des chansons d'ivrogne (Ps. LXIX, 13). Enfin quand le sacrificateur et le prophète s'oubliaient dans la *cervoise*, ils bronchaient dans le jugement (Isaïe, XXVIII, 7). Columelle faisait l'éloge du *zithum* de Peluse qui jouissait, il y a deux mille ans, de la même célébrité que la bière de Bavière aujourd'hui. Selon les témoignages de Théophraste, de Pline et de Tacite, la bière était en usage chez tous les peuples du Nord qui vivaient sur un sol et sous un climat moins favorable à la culture de la vigne: *in Galliâ aliisque provinciis*. Jules César dit que les Bretons boivent un liquide fait avec de l'avoine appelé *biorch*. Hippocrate composa le *zithogala*.

L'orge n'a d'ailleurs pas toujours été la base de la bière; le *kwas* des Russes est une bière de seigle, le *pito* ou *pivo* des Indiens est une boisson vineuse tirée du riz fermenté. Dans l'Amérique méridionale on fabrique une bière de maïs qui se nomme *chica*. Les Tartares de la Crimée font une bière de millet nommée *bouza*; la *cara* est une bière poivrée des Iles du Sud; la *koumiss* est une bière de lait des Turcomans. D'après Husson de Toul, « le *melt*, breuvage des Polonais, est un hydromel alcoolique obtenu par la fermentation du miel. Il prend le nom de *méthéglin* quand les épices y dominent. » La *raffle* des Lithuaniens est une bière dans laquelle le houblon est remplacé par une plante appelée *berge* (voir ce mot). Chez les Scandinaves comme chez les Allemands, la bière est une boisson nationale qui accompagne sa compatriote choucroute. Voici comment la légende de ces peuples en rapporte l'origine: « Le diable, mis au défi par Gambrinus, de faire du vin (chose qui n'embarrasse pas les modernes industriels d'outre-Rhin), amalgama une foule d'ingrédients dans son infernale chaudière et réussit à faire de la bière. »

De savants économistes anglais ont fait de laborieuses études sur la boisson favorite des Gallois, *Wales*, des Danois et des Saxons. Avant d'être convertis au christianisme, les élus au paradis d'Odin, le premier des dieux scandinaves, buvaient l'*Ale* à longs traits dans de larges coupes.

INTRODUCTION DU HOUBLON DANS LA BIÈRE. — Les Chinois introduisaient dans leur boisson une variété de *haschisch* ou chanvre indien, qui pourrait bien être le houblon. « Les Russes furent les premiers en Europe qui utilisèrent le houblon pour tonifier les boissons d'orge, et ce sont eux qui apprirent aux nations voisines les propriétés de cette plante. » (A. BADAIRE.) Voir *Houblon*.

En Silésie, les documents de 1224 parlent de la culture du houblon et de la dose à ajouter dans une bière d'herbe fort en faveur dans le pays. En 1541, un brasseur flamand, Hans Kranc, fabriqua la première bière blanche de Nuremberg contenant du houblon. En France, vers 1435, on faisait de la bière avec du houblon ainsi que le prouve une ordonnance royale de cette époque: « Lesdits brasseurs seront tenus de faire bonnes et loyales *cervoises* et *bières* sans y mettre que bon grain, eau et houblon; réservé bley, dont ils ne pourront user sans l'autorité de justice. »

MATIÈRES PREMIÈRES. — Les corps qui doivent servir à la fabrication de la bonne bière sont *l'eau*, *l'orge* et *le houblon*.

L'Eau. — Il est essentiel d'avoir de l'eau d'excellente qualité, c'est-à-dire ayant tous les caractères de l'eau potable. Elle doit ne contenir aucune matière organique; avoir une absence complète de nitre et être faible en sulfate de chaux. Les eaux sélénitcuses doivent être rigoureusement bannies de la brasserie.

ANALYSE DE L'EAU SERVANT A LA FABRICATION DE LA BIÈRE DU SPATENT DE MUNICH

SUBSTANCES		PAR LITRE grammes
Carbonate de	Chaux	0.130
	Magnésie	0.077
	Soude	0.057
Sulfate de	Potasse	0.009
	Soude	0.033
Nitrate de soude		0.019
Silice		0.014
Oxyde de fer et d'aluminium		0.001
Matières organiques		0.022

Les brasseurs voulant faire une bière façon de Munich n'auront qu'à rechercher la même formule pour l'eau et procéder selon la même méthode de brassage usitée à Munich, en observant l'emploi du même malt des mêmes appareils dans le procédé.

ANALYSE DE L'EAU DE LA BIÈRE DE BASS (ANGLETERRE)

SUBSTANCES		PAR LITRE grammes
Carbonate de chaux		0.143
Sulfate de	Chaux	0.791
	Magnésie	0.013
Chlorure de calcium		0.183

Nous nous abstenons de donner d'autres analyses, ces deux formules servant de types.

Celle qui contient du gypse est la meilleure. Or, il ne manque pas en France d'eau de source, de rivière, réunissant les conditions bien simples de potabilité.

L'Orge. — Parmi les meilleures orges, celle qui croît dans les terrains calcaires est préférable à toute autre. Elle doit être de l'année, bien remplie, légèrement jaune et du poids de 64 à 67 kilogrammes par hectolitre; la graine compacte, pleine, doit présenter une cassure blanche farineuse. Les orges de l'Auvergne, de l'Allier, de la Champagne sont meilleures que toutes les orges étrangères, notamment celles d'Allemagne, que les brasseurs allemands eux-mêmes se refusent à employer.

Le Houblon. — Les cultivateurs distinguent quatre variétés de houblon: le *sauvage*, qui est le type de tous les autres; le houblon à *tiges rouges*; le houblond *long* et *blond*; enfin, le houblon *court* et *blond*. Les deux dernières variétés sont les meilleures, mais elles réclament un bon terrain, tandis que le houblon *rouge* vient facilement dans les terres médiocres. Le terrain le plus favorable pour obtenir le meilleur houblon doit être un peu pierreux, mais la terre légère ; celui qui contient de l'oxyde de fer provenant de tuf de porphyre favorise son développement ; les terrains calcaires contenant du fer, de la potasse, de l'acide phosphorique, et qui ne sont pas humides sont ceux que doivent rechercher les cultivateurs de houblons. Les contrées où le tuf est recouvert d'une couche de chaux, provenant des ossements d'animaux antédiluviens, produisent le meilleur houblon pour la bière.

La France possède particulièrement ces terrains. Il n'y a donc aucune raison pour que la bière française ne soit pas tout aussi bonne, sinon supérieure, à celle des Allemands.

L'eau, l'orge et le houblon, telles sont les substances qui forment la base de la bonne bière moderne.

Le houblon cède ses principes par simple décoction ;

La matière amylacée subit des transformations successives sous l'influence de deux agents :

La diastase qui change l'amidon en dextrine et en sucre ;

La levure qui décompose ces substances en alcool et en acide carbonique.

Du maltage. — *Formule 384.* — Le maltage consiste à mouiller l'orge pour la faire gonfler, germer, sécher, séparer les germes ; à la concasser pour être prête à servir à la fabrication de la bière.

« Les grains saturés d'eau et exposés ainsi à l'air à une certaine température, en absorbant l'oxygène et rendent par contre de l'acide carbonique. A la suite de cette opération, qui résulte de profondes modifications dans la composition des grains, leur poids diminue tandis qu'on peut constater, d'autre part, une augmentation sensible de la température. Ce phénomène, occasionné par la germination des grains, n'est donc autre chose qu'un procédé d'oxydation lente. Les grains ainsi germés par l'action directe de l'oxygène et de l'eau prennent la dénomination de *malt*. La présence de l'oxygène et de l'eau étant indispensable à la germination, ceux-ci sont, par conséquent, les auxiliaires directs du maltage. Or, le but qu'on se propose par la germination des grains (*maltage*) est de faire subir aux matières azotées de ceux-ci une transformation, à l'effet d'y fixer le maximum de diastase tout en épargnant les matières amylacées dont ils sont constitués. Il paraît d'ailleurs incontestable que la teneur des grains en matières protéiques est d'une influence directe sur la formation de la diastase, de sorte qu'on est justifié à dire que des grains riches en matières protéiques produisent, en général, plus de diastase que les grains d'une moindre teneur. » (E. DURIN, *Ann. de la Dist.*)

La diastase. — La diastase est un principe azoté qui se développe par la germination des grains et dont une partie suffit pour modifier plus de 2,000 parties d'amidon ; il existe en forte proportion dans l'orge germée dont elle constitue le *maltage* en transformant en sucre l'amidon qu'elle contient. Des chimistes ont à tort assimilé la diastase à l'albumine qui a, avec celle-ci, une analogie apparente. Le but du maltage est donc tout indiqué, savoir : transformation des matières protéiques insolubles, des grains en matières protéiques solubles et inversion de celles-ci en diastase. Voici, d'après Schneider, un tableau des résultats des analyses des grains avant et après le maltage :

DIFFÉRENCE DE L'ANALYSE DES GRAINS AVANT ET APRÈS LE MALTAGE

Composition chimique de l'	Orge	Orge maltée	Seigle	Seigle malté	Froment	Froment malté	Avoine	Avoine maltée
Matières protéiques solubles	1.»	3.31	1.04	1.41	1.31	1.73	1.03	1.51
Insolubles	10.84	9.»	12.31	11.34	12.15	11.31	13.47	11.19
Amidon	66.33	61.91	67.49	61.19	70.39	64.51	60.64	55.34
Dextrine	5.31	7.24	6.87	6.92	5.33	5.73	4.78	4.91
Sucre	—	0.99	—	—	—	0.41	—	0.30
Matières grasses	2.95	1.87	2.11	1.91	1.87	1.62	6.41	5.91
Ligneux	9.54	6.24	7.45	6.51	7.32	6.51	11.21	8.39
Matières minérales	2.95	2.61	2.73	2.51	4.94	1.44	2.41	2.11
	—	8.21	—	5.40	—	6.85	—	10.38
Perte au malt	100.—	100.—	100.—	100.—	100.—	100.—	100.—	100.—
Augmentation des matières protéiques	—	1.23	—	0.37	—	0.52	—	0.49

Ce tableau explique péremptoirement la préférence que l'on accorde à l'orge au point de vue du maltage ; parmi tous les grains soumis à la germination, elle possède au plus haut degré la faculté de transformer les matières protéiques qui la constituent, dans la forme soluble propre à l'inversion en diastase.

Dans les grandes brasseries, cette opération se fait en faisant couler de l'eau dans de grands récipients en bois ou en briques, mais jusqu'à ce que l'eau couvre le grain; on le laisse ainsi pendant vingt-quatre ou trente-six heures, selon la saison et le pays. On le soumet alors à la germination à une température variable selon les grains :

TEMPÉRATURE PROPRE A LA GERMINATION

VARIÉTÉS DE GRAINS	Germe entre	Mais le mien est à
Le Froment	5 à 42° centigrades	29° centigrades
L'Orge	5 à 38° centigrades	29° centigrades
Le Maïs	5 à 9 à 40° centigrades	33° centigrades
L'Avoine. Le Seigle	— —	25° centigrades

En général, la germination s'opère dans des allées ou caves bitumées ou cimentées. Comme la température augmente par l'action de la fermentation, on dirige les couches ou bancs, selon l'opportunité, par le *pelletage*. Le temps de cette opération dure de huit à dix jours. On arrête la germination lorsque la plumule a une longueur égale aux deux tiers de la graine et que la radicelle en se bifurquant se recourbant et forme la *patte d'araignée*. On dessèche alors le produit dans des étuves spéciales qui portent le nom de *tourailles*, chauffées au moyen d'air chaud. Pour que l'amidon ne se transforme pas en empois, on ne devra pas chauffer les tourailles à plus de 57 degrés pour commencer. Une fois l'eau évaporée, on peut élever la température selon la variété de malt que l'on désire obtenir.

D'autres fois, le mouillage des grains se fait à deux eaux en vingt-quatre heures. Ce mouillage varie de vingt-huit à quatre-vingt-seize heures, suivant le degré de siccité de l'orge et le plus lentement possible, c'est-à-dire aussi froid que possible. La dessiccation lente à température s'élevant graduellement pendant soixante-douze à quatre-vingt-seize heures.

TEMPÉRATURE POUR OBTENIR DIFFÉRENTS MALTS

POUR OBTENIR LE MALT	Degrés cent.	AVEC FORMATION
Pâle	40	
Jaune ambré	60	
Brun	70 — 80	d'acide apoglucique
Noir	160 — 200	de caramel et d'assamara

Dans ces deux dernières variétés, la diastase est en partie détruite par l'action de la chaleur, aussi dans la préparation de la bière, on doit les mélanger avec plus ou moins de diastase obtenue à une température plus basse. Les malteurs se servent de différents appareils dont nous reproduisons ici le trieur-extracteur de grains cassés utilisés surtout pour extraire les vesces et nielles.

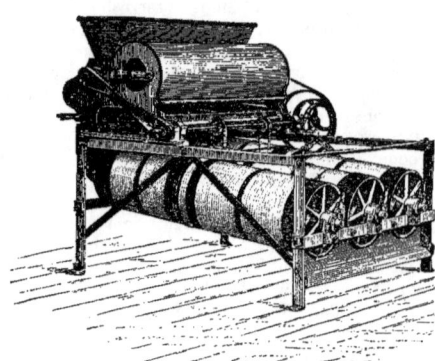

Fig. 177. — Trieur-extracteur de grains cassés, construit par G. Kolb (Lunéville et Strasbourg).

Après la dessiccation de la graine, on enlève les radicelles et l'on procède à la mouture du malt dans des appareils spéciaux qui concassent simplement les graines. Ainsi préparé, le malt se conserve en lieu sec pour la préparation de la bière. On considère le printemps comme étant surtout favorable au maltage, ce qui a valu une renommée spéciale à la *bière de mars*. Ajoutons que, pour la réussite du maltage, la propreté la plus absolue doit régner dans les malteries et cela en raison des organismes ennemis auxquels donnent naissance les myceliums ou moisissure. On utilisera, comme désinfectant de la malterie, l'eau de chaux, le sulfate de chaux et l'acide sulfureux qui s'obtient très économiquement.

FABRICATION DE LA BIÈRE. — Pour extraire la diastase du malt, c'est-à-dire pour transformer la fécule de l'orge en dextrine et en glucose, il faut procéder au brassage et un nouvel agent, la levure, décomposera ces substances en alcool et en acide carbonique. Deux méthodes sont employées, le *brassage par infusion* et le *brassage par décoction* auxquels succèdent deux autres procédés, la *fermentation haute* et la *fermentation basse*.

Brassage par infusion. — *Formule 385.* — Chaque brasseur a son mode de procéder; les uns portent d'une seule fois la masse d'orge, de houblon et d'eau à la température de 50 à 60° en été et 70° en hiver, brassent ensuite et laissent reposer pendant une heure et demie à trois heures, ils soutirent le moût et épuisent la drèche par un condensateur d'eau chaude qui arrive dans la cuve-matière et dont la masse est brassée par un appareil.

D'autres introduisent une partie de l'eau à une température de 60°, brassent, soit à l'aide de l'agitateur appelé *fourquet*, soit à l'aide d'un appareil et laissent reposer pendant une demi-heure ; ensuite ils ajoutent l'autre quantité d'eau bouillante et brassent de nouveau, ce qui fait un mélange à une température d'environ 70°. Un troisième lavage est généralement appliqué.

Certains brasseurs opèrent dans des cuves doubles, chauffées à la vapeur et l'évaporation ou cuisson a lieu en chaudières à double fond également chauffées à la vapeur.

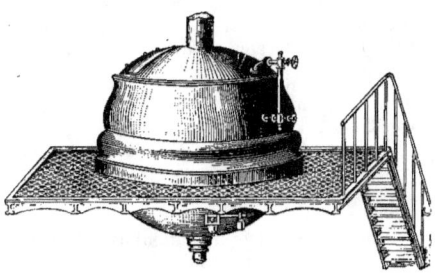

Fig. 178. — Chaudière à double enveloppe, chauffée à la vapeur, construite par G. Kolb (Lunéville et Strasbourg).

Le mode le plus conforme aux données scientifiques consiste à introduire le malt dans un saccharificateur ou une chaudière à double enveloppe et lui faire atteindre une température de 63° centigrade et le maintenir ainsi pendant une durée de temps variable selon la proportion de sucre et de dextrine que l'on désire obtenir ; à descendre en *cuve-matière* la presque totalité du moût liquide contenant ainsi la diastase dissoute, en laissant en saccharificateur la matière épaisse chargée d'amidon. On procède alors à une nouvelle trempe d'eau chaude et on élève la température jusqu'à 80° centigrades. Cette opération a pour but de diluer, liquéfier l'amidon et de le convertir en dextrine. On réunit alors les deux trempes en *cuve-matière* pour donner la température qui convient le mieux aux proportions respectives de dextrine et de maltose que

l'on veut obtenir. De cette façon, la diastase ne subit aucune altération et conserve son activité saccharifiante.

Le moût liquide doit servir au débattage du malt en *cuve-matière* en place d'eau.

Dans tous ces différents modes de procéder, on retire à l'état soluble 45 pour 100 du poids des meilleures orges. Lorsque le malt est bien préparé, il peut saccharifier une quantité d'amidon supérieure à celle qu'il renferme, aussi mêle-t-on souvent du riz à l'orge germée. Le résidu porte le nom de *drèche* et sert à la nourriture des bestiaux.

Ce mode de brassage à basse température est généralement adopté en Angleterre, en Belgique, en Autriche et dans le nord de la France. En Suisse, en Allemagne et dans l'est de la France, on procède généralement par décoction et haute température.

Brassage par décoction. — *Formule 386.* — Différents procédés se rapportant plus ou moins exactement au système bavarois qui en est le type, sont employés par divers brasseurs avec une légère variante.

La méthode ordinaire, façon bavaroise, consiste à faire l'empâtage à froid et à le laisser reposer trois ou quatre heures en hiver et deux en été ; on procède ensuite à la trempe chaude, et l'on fait monter graduellement la température jusqu'à 75° centigrades. Cette marche de température est activée ou ralentie selon le cachet du moelleux que l'on veut donner à la bière ou le degré désiré de maltose.

Procédé par cuisson du malt. — *Formule 387.* — On empâte à froid les deux tiers du malt dans une chaudière munie d'agitateurs, on laisse reposer une heure ou deux, selon la saison. On chauffe la masse par une trempe d'eau chaude de façon à produire une température de 60° centigrades que l'on maintient ainsi pendant quelque temps. On chauffe ensuite lentement et graduellement en brassant, jusqu'à 75° centigrades. Enfin l'on pousse vivement à l'ébullition pendant une demi-heure.

On introduit alors la masse chaude en brassant sur le tiers restant du malt préalablement empâté à froid, de manière à obtenir une température finale de 70° centigrades. Ce mode permet de varier à volonté le degré de maltose ou de dextrine.

Procédé par le saccharificateur. — *Formule 388.* — D'après les derniers modes, on se sert d'un nouvel appareil perfectionné appelé saccharificateur ; il est garni d'une double enveloppe où circule la vapeur, de robinets et d'un agitateur pour remuer la masse. Lorsqu'on procède avec cet appareil, on empâte d'abord le malt à froid et on laisse reposer quelques heures, selon la saison. Par une trempe chaude, on amène lentement la masse à une température de 50° centigrades ; enfin, après une demi-heure de stage, lentement et progressivement, à 63° centigrades.

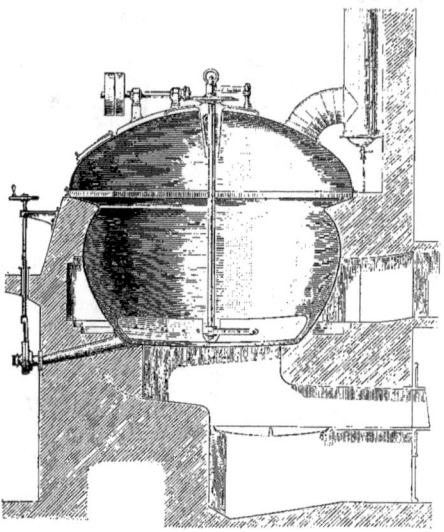

Fig. 179. — Chaudière à brasser, chauffage à feu direct. Construction de G. Kolb (Lunéville et Strasbourg).

Alors on ouvre les robinets supérieurs correspondant au liquide qui est conduit à la *cuve-matière*, où il reste en repos. On le remplace par une trempe à haute température et on chauffe à la vapeur en brassant jusqu'à 75° centigrades, et le tout est porté à l'ébullition. Le contenu du saccharificateur est ensuite mélangé avec la masse en *cuve-matière*, ce qui porte cette masse à environ 75° centigrades.

LA TREMPE EN CUVE-MATIÈRE. — Le repos de la trempe en *cuve-matière* doit être d'environ vingt minutes, c'est-à-dire jusqu'à ce que la *drèche* soit déposée ; on maintient la même température pour faire écouler le moût. Lorsqu'il est parfaitement saccharifié, il est d'une belle couleur noirâtre à la surface ; au contraire, il est d'une teinte fauve lorsque le malt a été moulu trop finement et que l'on a brassé avec une trop forte dose de grains crus ; les particules de son restent alors en suspension dans le liquide. Il en est de même lorsque le malt renferme trop de grains vitrés.

La cuisson du moût. — La cuisson du moût a pour but d'établir la stabilité de ses parties albuminoïdes ; de coaguler les matières albumineuses ; de dissoudre celles qui concourent à la métamorphose des *peptones* et des *amides* indispensables au moelleux de la bière et à sa bonne qualité.

Cette opération se fait, soit à feu nu et à air libre, soit à la vapeur à une légère pression atmosphérique pour lui communiquer de la couleur. Le système de cuisson en chaudière close à 120° centigrades a l'avantage de rendre promptement diffusible les matières albuminoïdes pour les transformer en amides et en peptones.

HOUBLONNAGE. — Pour les bières à haute fermentation, lorsque le moût indique 10° saccharimétrique, la cuisson, plus longue que dans celles à moût trouble, est de sept à huit heures, le houblon est mis après une heure de cuisson à la dose de 400 à 500 grammes par hectolitre, selon sa qualité.

Pour les bières à fermentation basse, le houblon est ajouté, soit à la première coagulation albuminoïde, soit deux heures avant la mise en bacs. La dose de houblon varie de 350 à 500 grammes par hectolitre, selon le genre de bière que l'on veut obtenir et la qualité du moût et du houblon. Dans certains pays, on remplace le houblon par des pousses de sapin et la bière n'en est pas moins tonique.

Les brasseurs de petite bière utilisent le houblon qui a servi pour les bières fortes, surtout lorsqu'il a été peu cuit. Il est, sans doute, intéressant de faire connaître aux praticiens que, dans la deuxième coction, le houblon a perdu tout son tannin et qu'il est nécessaire d'en ajouter. Il faut aussi savoir que plus le houblon est amélioré par la culture, plus ses principes s'annihilent au profit des autres corps. Par conséquent, les praticiens doivent rechercher le houblon mi-sauvage, c'est-à-dire en voie d'amélioration par la culture dans de bons terrains.

La *lupuline*, ou farine de houblon, est d'ailleurs plus parfumée dans celui-ci que dans le houblon de toute beauté apparente; et son huile essentielle, où réside surtout la qualité principale du houblon, y est contenue en plus forte quantité et son arome en est beaucoup plus fin. (Voir *Houblon*).

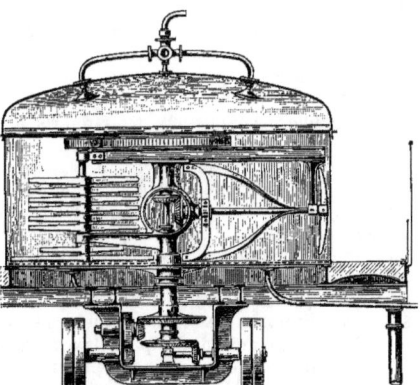

Fig. 180. — Cuve-matière à vaguer, façon salade, construite par G. Koib (Lunéville et Strasbourg).

Refroidissement du moût. — Cette opération consiste à abaisser le liquide à une température favorable à la production de levure, c'est-à-dire à la fermentation.

Les méthodes les plus en usage consistent à placer des blocs de glace dans les bacs où s'opère le refroidissement; d'autres fois, un prompt refroidissement s'effectue sur bacs élevés à 10 mètres au-dessus du sol, dans un courant d'air avec flotteurs à glace; tel est le système pratiqué à Bourbourg.

Un autre système, généralement adopté, consiste à faire passer la bière en nappe dans de vastes bacs et à la laisser ainsi s'oxygéner pendant quelques instants.

Le dépôt ou lie qui reste dans les réfrigérants ou bacs refroidisseurs, est filtré et réajouté à d'autre liquide.

Le mode le plus perfectionné consiste à faire passer la bière dans un réfrigérant qui la transmet dans la cuve à fermentation en combinant l'oxygénation.

Les points essentiels vers lesquels doivent tendre les recherches des brasseurs sont la bonne oxygénation et le refroidissement sans que les micrococcus en suspension dans l'air viennent favoriser la formation des germes qui se développent dans la bière. Aussi différents systèmes sont-ils employés pour arriver à ce résultat: un brasseur français, M. Velten, de Marseille, a appliqué avec succès l'action de l'air purifié pour le refroidissement du moût par son appareil, le bac-filtre, qui est une des plus belles applications industrielles des découvertes dans la brasserie. (Voir *Brasserie*.)

Réfrigérant. — Plusieurs systèmes de réfrigérants, plus ou moins bons, ont été appliqués; mais les uns avaient l'inconvénient de trop glacer la bière et les autres d'user trop d'eau. Les systèmes brevetés de réfrigérants Baudelot, avec ou sans noyau, qui ne présentaient pas non plus tous les avantages, ont été abandonnés par l'inventeur pour un nouveau système perfectionné, dont la figure est ci-après.

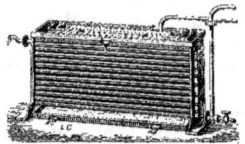

Fig. 181. — Réfrigérant Baudelot à tubes elliptiques.

La fermentation du moût. — Deux systèmes sont en présence pour cette transformation; la fermentation *basse*, qui s'effectue par dépôt et la fermentation *haute*, qui s'accomplit superficiellement.

La transformation produite par chacune de ces méthodes est différente, mais arrive à peu près au même résultat.

LA FERMENTATION BASSE. — La fermentation à basse température s'accomplit en huit ou dix jours et même davantage, selon qu'il s'agit de bière jeune ou de bière de garde.

La température de mise en levain varie de 5° à 6° centigrades et s'élève jusqu'à 8° et même 9° pour les bières jeunes. Après vingt-cinq ou trente heures, un cercle mousseux se forme sur le bord du liquide, il grossit et finit par envahir toute la surface. La masse se trouble et le travail de la fermentation s'opère. Une myriade de champignons apparaissent, se charrient à la surface, s'unissent, vivent et meurent. Il s'exhale alors une odeur d'acide carbonique qui indique que l'évolution est accomplie; puis cette mousse retombe entraînant avec elle les particules en suspension. Enfin on doit baisser la température et procéder à l'essai de la bière qui est terminée.

Il reste à la surface une couche noirâtre que l'on écume avec soin. On laisse reposer et on transvase dans des foudres de repos. D'autres fois, on soutire directement en tonneaux d'expédition.

La Fermentation haute. — La dose de levure varie également ici proportionnellement à la densité du moût; plus la bière est riche, plus il faut de levure ; la dose varie de 275 à 325 grammes par hectolitre. Le travail de la fermentation doit s'accomplir à une température de 18° à 20° centigrades maximum. Mais le liquide ne doit jamais dépasser 25° centigrades.

Le praticien devra surtout éviter les moyens trop puissants de réfrigérer par intervalles, soit de trop refroidir, ce qui arrêterait le travail de la bière ; il doit procéder graduellement et régulièrement. Ceci est la condition *sine qua non* pour obtenir une bonne fermentation et partant une levure excellente.

On doit d'abord procéder à un premier écumage pour débarrasser le moût des impuretés et attendre l'effet de la levure ; n'écumer que lorsque les couches apparaissent abondantes et régulières. La fermentation à haute température effectuée en cuve permet de suivre de *visu* la transformation ; ce qui facilite les moyens d'en connaître le degré pour le soutirage. Mais le plus souvent, la fermentation se fait au moyen des tonneaux, dans lesquels on a introduit le moût et la levure. L'opération se fait d'elle-même ; lorsque le travail de la fermentation commence, l'écume s'échappe par la bonde régulièrement en large nappe mousseuse.

Fermentation spontanée. — Ce mode se pratique surtout en Belgique pour les bières d'*Uytzet*, de *Lambrick*, de *Mars* et le *Faro* ; il consiste à laisser former le levain spontanément sans l'addition de levure. La fermentation en est lente et doit s'effectuer à basse température.

Les Bières doubles. — *Formule 389.* — La fabrication des bières doubles brassées d'après la méthode ancienne bavaroise et mises plus tard en vente sous les noms connus de Bock et de Salvator, s'étant généralisée en Allemagne, et s'emparant partout de la faveur du public, il n'est pas hors de propos de communiquer à nos lecteurs une méthode de préparation de ces bières extraordinairement simple.

En employant une chaudière de 18 hectolitres de capacité, on prendra 600 kilogrammes de malt de la meilleure qualité. On fait couler d'abord dans la cuve-matière 7 hectolitres d'eau à la température de 20° C. et on verse le malt. Toute la masse est fortement remuée avec les fourquets en fer et mélangée afin qu'il n'y reste pas de grumeaux, après quoi le malt à empâter est laissé en repos pendant une heure à une heure et demie.

La chaudière remplie aux trois quarts ayant été mise dans l'intervalle en ébullition, on remue d'abord quelque peu auparavant le malt empâté et ensuite on l'accumule du côté opposé au capucin. Après quoi on procède au transvasement de l'eau chaude qu'on envoie par le faux fond dans la cuve-matière, tandis que deux ouvriers avec des fourquets agitent continuellement le malt, afin que l'eau chaude qui arrive par en bas soit plus promptement et mieux mélangée avec le malt, que la température qui s'élève trop dans la couche inférieure de malt soit plus modérée, et que la chaleur enfin se répartisse mieux dans toute la masse.

De cette manière, on fait arriver lentement 10 hect. 1/2 d'eau chaude et à mesure que la quantité d'eau augmente, la trempe se liquéfie davantage et le malt s'y répartit bien. On abandonne alors promptement les fourquets en fer et l'on vague avec les vagues en bois au moyen de trois ou quatre ouvriers jusqu'à ce que la quantité d'eau nécessaire soit arrivée dans la cuve-matière, qui élèvera la température de la trempe à 59 ou 60° C.

La chaudière ayant été vidée du reste de l'eau, on y apporte aussitôt 12 à 13 hectolitres de Dickmaische plutôt épaisse que liquide. L'autre partie de la trempe reste dans la cuve-matière. Aussitôt qu'on a commencé à chauffer, et l'on modère le feu au début afin que la trempe ne dépasse promptement la température de 75° C., on remue avec soin et continuellement afin que le malt ne puisse pas retomber au fond et brûler. Lorsque la Dickmaische est près du point d'ébullition, le malt monte à la surface et il devient alors inutile de remuer.

On fait ensuite cuire la Dickmaische pendant une demi-heure, puis, en vaguant continuellement, on la transvase dans la cuve-matière. La température de la masse devra s'élever alors à 75° C. dans la cuve-matière. Le vaguage dure une demi-heure, après quoi la trempe pour l'accomplissement de la saccharification et de la clarification restera en repos pendant une heure.

On devra ici encore avoir soin, après avoir fini de vaguer, de soutirer une certaine quantité de moût trouble (6 à 8 seaux ou plus), de la remettre à la cuve-matière et de renouveler l'opération après une demi-heure.

Dès que la chaudière est vide, on la nettoie convenablement avec de l'eau froide, et si l'on n'a pas une chaudière à eau particulière d'une contenance suffisante, on la remplit de nouveau avec de l'eau (14 hectolitres, si l'on veut), et on la met en ébullition.

Lorsqu'ensuite, après un repos nécessaire, le premier moût s'est clarifié, on le laisse couler de la cuve-matière dans le réverdoir et de là on le monte dans la cuve à moût placée au-dessus de la chaudière.

On doit alors, pour épurer la drèche du moût fort qui y reste emprisonné, jeter sur cette drèche 12 à 12 hectolitres 1/2 d'eau chaude.

En employant la croix écossaise ou la planche criblée de petits trous que nous avons décrite, la jetée de la trempe peut s'effectuer en une seule fois, c'est-à-dire qu'on fait couler l'eau chaude sans interruption sur la surface du moût, tandis que dans la manipulation habituelle, par le vaguage, cette quantité d'eau doit être distribuée en deux portions, la deuxième portion ou trempe ne devant être jetée que lorsque le moût produit par la première trempe ultérieure a été soutiré de la cuve matière et que la chaudière est vidée d'eau; on y fait couler de la cuve à moût le moût de la première trempe qui s'y trouve, tant qu'il coule clair; on recouvre la chaudière et on remet la dernière portion de ce moût à la cuve-matière. Le moût faible des trempes ultérieures est pompé également à la chaudière.

Il est avantageux d'employer aussi le procédé particulier connu en Allemagne, sous le nom de *Gussnehmen*[1], ce qui doit être pratiqué toujours dans le brassage des bières doubles et des bières de garde, du moins tant que le temps le permet. On porte le moût à l'ébullition de la chaudière et l'on continue cette ébullition pendant environ une demi-heure avant d'ajouter le premier houblon.

Pour 100 kilog. de malt on prend 1 kilog. de houblon du Palatinat de la meilleure qualité. Toutefois on n'ajoute d'abord que la moitié du houblon, et l'on n'ajoute l'autre moitié qu'après seulement que le moût a cuit pendant environ une demi-heure encore. Le remplissage ultérieur de la chaudière ne doit aussi s'effectuer qu'avec du moût qui a cuit déjà préalablement une demi-heure sans houblon. Après que le moût a éprouvé une cuisson d'environ deux heures et demie en totalité, que l'albumine s'est parfaitement coagulée et que le moût apparaît limpide à travers les flocons, ce qui ordinairement se manifeste beaucoup plus tôt, on peut le faire couler aux bacs.

Le moût ayant été refroidi jusqu'à 8 à 8 1/2° C. est amené à la cuve-guilloire et mis en fermentation basse. Cependant, comme pour des bières fortes, substantielles, proportionnellement à leur quantité, on emploie plus de levure qu'il n'en est besoin avec les moûts ordinaires de la concentration habituelle, pour provoquer la fermentation, il est préférable de peser la levure à ajouter et d'en déterminer également la quantité d'après le poids du malt brassé.

Donc, en employant une levure en bouillie épaisse et lorsque la bière double doit être bue après trois ou quatre semaines, on prend par 100 kilogrammes de malt brassé, 1,100 grammes de levure n'ayant subi aucune préparation, et 700 grammes quand on lui fait subir la préparation connue.

Mais si l'on se propose de conserver une telle bière plus longtemps (deux à trois mois et davantage), on peut alors diminuer encore un peu la quantité de levure pour provoquer une fermentation plus lente et arriver à un faible degré d'atténuation dans la fermentation principale. Dans ce cas aussi on ajoute préalablement à cette bière, proportionnellement, un peu plus de houblon.

Le contenu d'extrait du moût servant à la bière double est de 16 1/2 à 17 0/0 d'extrait. (P. MULLER, *Manuel du Brasseur*).

Clarification des bières. — Les bières à fermentation haute doivent toujours être clarifiées; le mode le plus simple consiste à mélanger dans un cuvier une petite quantité de bière (12 litres environ) la composition suivante:

Formule 390. — Employer:

Gélatine ou colle de poisson.... grammes 10
Acide tartrique................ — 5
Eau............................ litre 1

---

[1] Le procédé connu sous ce nom consiste, après que le moût de la dernière trempe est soutiré, à jeter encore sur la drèche une certaine quantité d'eau chaude. Ce moût faible est alors également soutiré et dès que la chaudière est vidée du moût cuit, on l'y apporte et on l'emploie pour les trempes du brassin du lendemain. Toutefois le jour suivant, on doit brasser de la bière jeune, car il n'est pas à conseiller d'utiliser ce moût pour la bière de garde.

Que ce procédé soit avantageux, c'est ce qui n'a pas besoin d'être longuement prouvé, car en travaillant des quantités considérables de malt, il est impossible de bien épuiser autrement le malt. On retire ainsi le moût qui adhère encore à la drèche, ce qui naturellement profite à la force du brassin suivant.

Procédé. — Faire dissoudre le tout et le mélanger à la quantité de bière mise dans le cuvier ; enfin y ajouter un hectolitre de bière en brassant à l'aide d'un balai neuf et spécial à cet usage. Mettre la bière dans le tonneau à clarifier ; ne boucher que lorsqu'elle est claire.

Il y a des brasseurs qui descendent la bière en foudres ; puis ils chargent de gaz acide carbonique produit par la fermentation en cuve et récolté en cloche. La bière, reposée pendant quelques jours, est glacée et filtrée pour être ainsi logée en fûts d'expédition, à l'aide d'une pompe, sans aucun contact avec l'air extérieur.

Le Filtrage des bières. — Divers appareils perfectionnés ont permis aux brasseurs de fournir aux consommateurs, en peu de temps, des bières d'une parfaite limpidité. Ces appareils permettent le soutirage sans formation de mousse, sans déperdition d'acide carbonique (voir fig. 182), et empêchent en même temps l'introduction de l'air ; ils offrent le triple avantage de la conservation, de l'économie et de la bonne qualité des bières.

Fig. 183. — Filtre à moût, système Galland, construit par G. Kolb (Lunéville et Strasbourg).

Dans l'un de ces filtres, qui nous a paru le meilleur jusqu'ici, le papier remplace le cellulose, et, au dire de son inventeur, la bière sortant vermeille et sans faux goût réunirait toutes les conditions réclamées par la science. La réputation en est universelle et s'il y a encore beaucoup à faire sur ce point, il a eu l'incontestable qualité d'avoir fait gagner une fortune colossale à son fabricant, qualité qui n'est pas la moindre pour certains industriels.

Les pompes à bière. — Un nombre très varié de systèmes de pompes est employé dans les brasseries, mais celle qui réunit le plus d'avantages, tant au point de vue de l'hygiène qu'à celui de la bonne exécution, surtout pour les grandes brasseries, est la pompe centrifuge L. Dumont. Elle sert à aspirer l'eau nécessaire à la fabrication ; elle est également appliquée à

Fig. 183. — Pompe centrifuge L. Dumont. Paris.

l'élévation de la *Dickmaische*, et se prête on ne peut mieux au travail des liquides épais. Quelques modifications de détail ont permis de l'employer à l'élévation de la bière bouillante. Chargée de houblon ; qu'elle qu'en soit la proportion dans le liquide, on n'a pas d'obstruction à craindre.

Nous retrouvons encore cette même pompe à côté de la machine à glace, dont elle fait circuler l'eau incongelable dans les serpentins réfrigérants des chambres à fermentation et des caves de conserve ; avec cette pompe, on n'a pas à craindre les accidents que ne peuvent éviter les pompes à piston qu'au moyen d'appareils de sûreté délicats et coûteux.

CONSERVATION DE LA BIÈRE. — La bière de garde est celle obtenue par la fermentation haute. Plusieurs causes concourent d'ailleurs à sa conservation, la bonne qualité du malt, la parfaite clarification, la quantité et qualité de houblon, son huile essentielle jouant un rôle considérable comme antiseptique, étant contraire aux bactéries de l'acide lactique ; mais le point principal, c'est la température basse à laquelle doivent être soumises les caves contenant les foudres.

On sait que la bière est un liquide en voie de transformation et que sa vie dépend de l'activité de ses ferments ; plus la température est froide, plus l'évolution est lente, c'est-à-dire qu'elle atteindra un âge plus avancé et de plus longue durée. La température est-elle élevée, la vie s'éteindra plus rapidement, l'air ambiant aidant sa désorganisation.

C'est à sa bonne fabrication par l'usage de produits de premier choix aux soins de goudronnage, de vernissage et à la propreté excessive des fûts et des brasseries que doivent tendre les efforts des industriels, et non dans l'emploi d'agents nocifs auxquels ils ont trop souvent

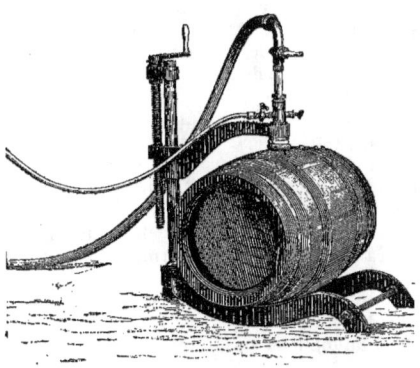

Fig. 184. — Appareil de remplissage, construit par G. Kolb (Lunéville et Strasbourg).

recours et qui, en tuant les organismes de la bière, sous prétexte de conservation, n'ont pour résultat que de former un liquide malsain, insipide et mort. (Voir *Brasserie*.)

Mettant à profit les découvertes d'Appert, M. Pasteur étudia et préconisa la chaleur pour la conservation des vins ; un brasseur de Marseille, M. Velten, inspiré des études du savant, fut le

Fig. 185. — Dégoudronneur système Galland, construit par G. Kolb (Lunéville et Strasbourg).

premier qui appliqua le système de la chaleur par le bain-marie à la conservation de la bière, que l'on dénomme improprement *Pasteurisation*.

Influence de la lumière sur la bière. — Il est acquis que la lumière favorise singulièrement le développement des bactéries de la bière. Pour la conserver, on doit donc la mettre dans des vases en grès, qui la tiennent à l'abri de la lumière, tout en ayant l'avantage d'être réfractaires à la chaleur. (Voir *Cave* au mot *Brasserie*.)

Analyse chimique. — Rien n'est plus variable que la composition chimique de la bière, ce qui s'explique par les divers corps qui la composent, les procédés de fabrication, de conservation et d'âge.

TABLEAU ANALYTIQUE DE LA BIÈRE

DÉNOMINATION DES BIÈRES	ALCOOL pour 100		EXTRAIT pour 100	
	Bière jeune	Bière de garde	Bière jeune	Bière de garde
Bière blanche de Paris	3.5	4	8	5
Bière forte de Lille	4	5	4	3
Bière forte de Strasbourg	4	4.50	4	3.50
Bière d'orge d'Anvers	3	3.50	4.50	3
Uytzet simple de Gand	2.75	3.50	4	3
Double Uytzet de Gand	3.25	4.50	5	4
Bière blanche de Louvain 1re	3.25	5	5	3.50
Petermann de Louvain	3.5	5	8	5.50
Guibe bor de Diest	3.5	6	8	5.50
Faro de Bruxelles	2.5	4	5	3
Lambick de Bruxelles	4.5	6	5.50	3.50
Bière ordinaire de Bavière	3	4	6.50	4.50
Bock de Munich	3.5	4	9	7
Salvator de Munich	5	6	12	10
Porter ordinaire de Londres	3	4	5	4
Porter (stout)	5	6	7	6
Ale ordinaire de Londres	4	5	5	4
Ale de Hambourg	5.5	6	6	5
Ale de Londres	7	8	6.50	5

Les substances composant la bière sont les suivantes : acide tannique ; alcool, dextrine, substances amères et résines du houblon ; matières grasses, sels, acides lactiques, acide acétique, acide succinèque, glycérine ; huiles pyrogénées dans les bières conservées dans des vases enduits de poix, résine ou vernis ; gaz acide carbonique.

Dégustation de la bière. — Pour arriver maître dans l'art d'analyser et de connaître par dégustation, il faut tâcher de se rendre compte des corps qui composent la bière, isolément les uns des autres ; au premier essai, on étudiera la saveur amère du houblon ; au deuxième, la saveur alcoolique ; au troisième, la saveur acide des sels en la distinguant de la saveur produite par l'acide carbonique. La volonté bien arrêtée de ne déguster que l'un de ces corps, à la fois, facilite d'une façon singulière les glandes salivaires à la sécrétion de la ptyaline et du mucus spécial propre à dissoudre les globules de ces corps; ces substances, produites par une action nerveuse partant du cerveau, ont une action remarquable sur la précision du goût. Ces expériences, plusieurs fois répétées avec la ferme intention de n'étudier qu'un seul corps à la fois, m'ont conduit à un résultat merveilleux. (Voir *Goût.*)

ALTÉRATION DE LA BIÈRE. — Cette précieuse boisson est susceptible de présenter des altérations spontanées qui annihilent complètement ses propriétés sapides et digestives: elle *file* quand elle devient visqueuse par transformation de sa dextrine en mucilage; elle devient *plate* quand l'acide carbonique fait défaut ou que l'alcool y existe dans une proportion trop minime; elle tourne à l'*aigre* lorsqu'elle subit la fermentation acétique; elle *moisit* quand elle se recouvre de cryptogames ou champignons. Lorsqu'on s'y prend à temps, on peut toujours ramener les bières à l'état potable par les moyens que je vais indiquer:

Amélioration de la bière filante. — *Formule 391.* — Employer:

  Pour bière filante . . . . litres   100
  Kino d'Amérique . . . . . grammes   20

Procédé. — Faire dissoudre le kino dans un demi-litre de bière, ajouter la dissolution dans le tonneau de la bière filante: la laisser reposer jusqu'à ce qu'elle soit claire; soutirer et la remettre dans un tonneau propre et y ajouter un peu de sirop de glucose ou de mélasse avec un peu de *kræusenbier*; après quelques jours, on bonde le tonneau, afin de pouvoir la livrer à la consommation dans un parfait état mousseux.

Amélioration de la bière plate. — *Formule 392.* — On peut donner à la bière plate une nouvelle vie en lui additionnant du moût fraîchement passé et refroidi. Si l'insipidité de la bière était près d'atteindre l'état d'acidité, il faudrait ajouter au moût une quantité relative de *kræusenbier* en opérant préalablement le mélange des deux substances. Le procédé est le même que pour la formule 391; on peut aussi y ajouter la quantité nécessaire d'acide carbonique.

Amélioration de la bière aigre. — *Formule 393.* — Faire dissoudre un quart de gramme de bicarbonate de soude en poudre dans un litre de bière et remuer; y tremper du papier de tournesol qui deviendra rouge aussitôt; le chauffer, et si la couleur rouge disparaît, la quantité de bicarbonate de soude à employer sera déterminée; on n'aura qu'à multiplier les grammes par le nombre de litres de bière à traiter. Si, au contraire, le papier reste rouge après avoir été chauffé (ce qui dénotera la présence d'acide acétique), la dose de bicarbonate de soude sera insuffisante. Mais il ne faut pas non plus dépasser le degré strictement nécessaire. Pour le cas où 150 grammes de bicarbonate de soude n'auront pu désacidifier un hectolitre de bière, on devra abandonner le liquide.

La bière ainsi traitée est devenue *plate*; on devra la traiter selon la formule 391, où je prie le lecteur de se reporter.

Ajoutons que, pour empêcher la bière de s'acidifier, les Romains suspendaient dans l'intérieur du tonneau une branche d'origan.

Amélioration de la bière moisie. — *Formule 394.* — Les bières moisies prennent différents mauvais goûts qui les rendent inaccessibles au palais. Immédiatement on doit se servir d'une addition de charbon de bois, ou mieux encore de noir animal en gros grains, la dose en sera déterminée par l'essai, de la façon suivante:

On met un demi-gramme de noir animal dans un litre de bière en bouteille: si, après vingt-quatre heures, la bière n'a pas perdu son mauvais goût et sa mauvaise odeur, on opère une nouvelle addition de noir animal; lorsque l'on a atteint la dose juste, on multiplie les grammes par le nombre de litres à traiter et on saura ainsi la dose de noir qu'il faut employer.

Remarque. — Quel que soit le mode de ramener ces bières altérées, il faut leur donner un nouvel aliment, et comme le sucre est la substance qui provoque la formation des autres corps, on est forcé d'y recourir, soit sous forme de moût ou autre, mais toujours avec la quantité nécessaire de *kræusenbier*.

SOPHISTICATION. — La bière ne se falsifie pas; on la sophistique par des produits toxiques devenant un danger réel pour la santé publique. On y trouve souvent comme agents de conservation: l'acide salicylique, le salicylate de soude. Pour remplacer le houblon, on a souvent recours à l'aloès, à la coque du Levant et à la petite centaurée. Moins dangereux sont l'absinthe, le quassia amara, le buis et la gentiane ; à ces produits on joint de l'essence de houblon, ce qui est une fraude.

La chimie possède aujourd'hui les moyens précis pour reconnaître tous ces corps.

Le Zéilitoïde. — Un industriel allemand a composé un produit qui, selon lui, aurait toutes les propriétés de la bière, et pour donner une apparence de réalité, l'a dénommé *zéilitoïde* ou *bierstein* (bière de céréale). C'est une pâte cassante, d'un jaune foncé, d'un goût sucré et amer, mais agréable et aromatique. On fait dissoudre le produit dans l'eau et, après fermentation, la bière est mise en bouteille. Cette boisson, lors même qu'elle ne contiendrait rien de nuisible, n'en est pas moins une supercherie, n'étant pas de la bière.

FERMENTS DU MOÛT. — Afin de démontrer, d'après M. Pasteur, les principaux ferments de maladie, associés à quelques *cellules de levure alcooliques*, je reproduis ici la figure de son *Étude sur la Bière* ([1]) :

« Au n° 1 correspond la bière dite *tournée* ; ce sont des bâtonnets ou filaments simples ou articulés et formant chaîne de longueurs variables, d'un diamètre voisin d'un millième de millimètre.

« Au n° 2 correspondent le moût et la bière *lactiques* ; ce sont de petits articles légèrement

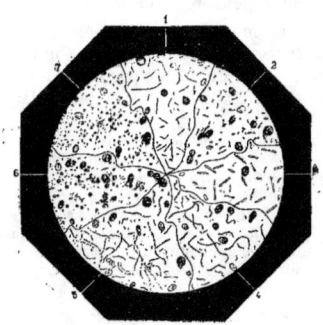

Fig. 186. — Cellule de levure alcoolique.

étranglés en leur milieu, isolés en général, rarement joints en chaînes de deux, trois... articles ; leur diamètre est un peu supérieur à celui des filaments du n° 1.

([1]) Chez Gauthier-Villars, Paris.

« Au n° 3 correspondent le moût et la bière *putrides* ; ce sont des vibrions mobiles plus ou moins rapides, suivant la température. Leur diamètre est variable, mais généralement supérieur à celui des articles des n°s 1 et 2 ; ils apparaissent facilement dans le moût et dans la bière, au début de la fermentation, quand celle-ci traîne ; mais généralement ils sont le produit d'un travail très défectueux.

« Le n° 4 correspond au moût visqueux et à la bière dite *filante* ; ce sont des chapelets de grains presque sphériques ; ce ferment est rare dans le moût, plus rare dans la bière.

« Le n° 5 est propre à la bière piquée, *aigre*, à odeur acétique, ce sont les chapelets d'articles du *mycoderma aceti*, extrêmement semblables d'aspect aux articles du ferment lactique n° 2, surtout quand on les examine les uns et les autres, lorsqu'ils sont très jeunes ; mais leurs fonctions physiologiques diffèrent beaucoup, malgré cette ressemblance.

« Le n° 7 caractérise une bière d'une acidité particulière, acidité qui rappelle un peu celle des fruits verts acides, avec odeur *sui generis* ; ce sont des grains ressemblant à de petits points sphériques, réunis par deux ou par quatre, en carré. Ce ferment accompagne, d'ordinaire, les filaments du n° 1 et est plus à craindre que ce dernier, qui, lorsqu'il est seul développé, n'altère pas beaucoup la qualité de la bière ; mais quand le n° 7 est présent, soit seul, soit associé au n° 1, la bière prend un goût aigre et une odeur qui la rendent détestable. C'est parce qu'il m'est arrivé de rencontrer ce ferment formé seul dans des bières, sans association avec d'autres ferments, que j'ai pu juger de ses funestes effets.

« Le n° 6 représente un des dépôts propres au moût qu'il ne faut pas confondre avec les dépôts des ferments de maladie, lesquels sont toujours visiblement organisés, tandis que celui-ci est amorphe, quoiqu'il ne serait pas toujours facile de décider entre ces deux caractères, si l'on n'avait sous les yeux que quelques-unes des granulations des deux sortes. C'est ce dépôt amorphe, qui trouble le moût, pendant son refroidissement. Il est généralement absent dans la bière, parce qu'il reste sur les bacs, ou dans les appareils refroidisseurs, ou qu'il se mêle à la levure pendant la fermentation et disparaît avec elle.

« Parmi les granulations amorphes du n° 6, on a figuré de petites sphères de tailles diverses d'une parfaite régularité. Ce sont de petites boules de matière résineuse et colorante qu'on trouve assez souvent dans les bières vieilles, au fond des bouteilles ou des tonneaux, quelquefois aussi dans le moût conservé depuis longtemps par la méthode d'Appert. Elles simulent des productions organisées, mais elles n'en sont pas.

« Tous ces ferments de maladie ont des origines communes. Leurs germes, d'une petitesse infinie, difficilement reconnaissables, même au microscope, font partie soit des poussières que l'air charrie, qu'il enlève ou dépose sans cesse à la surface de tous les objets de la nature, soit de celles qui souillent les matières premières utilisées pour la fabrication. » (PASTEUR.)

STATISTIQUE. — En 1885, il s'est fabriqué dans les États suivants 110,650,000 hectolitres de bière ainsi répartis :

CONTRÉES	HECTOLITRES
France	8.000.000
Russie	9.820.000
Amérique du Nord	10.000.000
Angleterre et Irlande	35.700.000
Autriche et Hongrie	13.000.000
Belgique	8.805.000
Hollande	1.420.000
Alsace-Lorraine	900.000
Allemagne { Bavière	9.000.000
Grand-duché de Bade	1.200.000
Prusse et Hanovre	9.805.000
Wurtemberg	3.000.000

Voici maintenant les chiffres exacts de la production, exportation et importation en France en 1885 :

	Hectolitres
Importation	332.416
Exportation	27.422
Différence	304.994
Production française	8.000.000
Consommation totale	8.304.994

Comme on le voit, les Anglais et les Allemands se partagent le gain de 304,994 hectolitres de bière, ce qui fait, à une moyenne de 35 fr. l'hectolitre, la somme respectable de 10,674,790 fr.

La population de la France, en 1885, ayant été de 38,218,903 habitants, nous trouvons une moyenne de 21 litres 73 par habitant.

D'après l'Annuaire des longitudes, Paris, en 1886, a consommé à lui seul 272,000 hectolitres de bière, ce qui fait une moyenne de 11 litres 60,373 par habitant.

HYGIÈNE. — Pour qu'elle constitue une boisson saine, la bière doit avoir subi une fermentation haute et un peu avancée, n'être composée que d'orge de houblon et d'eau et peu alcoolisée ; ne contenir que la moitié environ de son volume d'acide carbonique et ne pas être vieille. La couleur doit être donnée avec le malt brun, c'est-à-dire avec de l'orge et de l'avoine torréfiées et non avec du sucre brûlé. Dans ces conditions seulement, la bière peut être considérée comme boisson hygiénique. Alors elle doit être classée au premier rang après le vin, et *peut rendre de grands services dans la thérapeutique et l'hygiène alimentaire*. Pour le classement de ces bières, voir *Brasserie*.

Effet graduel de la bière. — Prise un quart d'heure avant le repas, à la dose d'un verre ou *ballon*, la bière est apéritive ; un quart ou un bock calment la soif et désaltèrent ; deux bocks empâtent la bouche ; la répétition de cinq ou six bocks par jour devient un aliment, ce qui est légitimé par cette remarque que les peuples des pays où la bière n'est pas une boisson nationale mangent beaucoup plus de pain. Mais si nous passons de l'usage à l'abus, nous voyons que la bière rend l'homme maussade et taciturne, ce qui fait dire à A. Dumas : « Les buveurs de bière ont mauvaise tête ! » Elle paralyse la parole et les organes de la pensée. (Voir *Boisson*.)

L'École de médecine la plus célèbre du monde, l'École de Salerne, par l'organe d'un de ses membres, Jean de Milan, avait déjà, à son époque, résumé ainsi les effets de la bière :

Grossos humores nutrit cerevisia, vires
Præstat, et augmentat carnem generatque cruorem,
Provocat urinam, ventrem quoque mollit et inflat.

Elle épaissit l'humeur, dans les veines serpente
Et coule en longs ruisseaux, nourrit la chair, augmente
La force et l'embonpoint. L'urine accroît son cours,
Et du ventre amolli se gonflent les contours. (¹)

Immédiatement après l'excès de boisson ou d'une nuit d'orgie passée dans un *beuglan*, la bière fait sentir son action diurétique, et lorsqu'elle est traitée par des antiseptiques, les voies urinaires s'irritent à un degré de polyurie en rapport avec la polydipsie. Un abrutissant mal de tête, une soif inextinguible sont les compagnons inévitables du sombre lendemain.

---

(1) Traduction de Ch. Meaux St-Marc.

Bière de ménage. — On ne doit considérer comme bière que les liquides fermentés à base de grains.

Formule 395. — Employer :

Orge torréfiée et moulue	kilogrammes	1
Orge mouillée de la veille	—	2
Glucose	—	14
Gentiane	grammes	150
Houblon	—	200
Zestes d'oranges	—	70
Cannelle en bâton	—	15
Eau	litres	25

Procédé. — Faire cuire le tout pendant deux heures, laisser reposer et filtrer le moût à une température de 20° centigrades dans un tonneau plein jusqu'à la bonde. Délayer 250 grammes de levure de bière dans un demi-litre de moût et mélanger à l'aide d'un bâton. Comme la fermentation produira de la mousse et que la perte de l'acide carbonique entraînera une diminution du liquide, il faudra de temps en temps combler le déficit avec un peu d'eau dans laquelle on aura fait dissoudre une cuillerée de glucose ou un morceau de sucre. Quatre jours environ sont nécessaires pour les bières fortes et deux jours pour les petites bières. On la colle avec trois blancs d'œufs, une poignée de sel marin et on bondonne. Après deux jours, on la met dans des petits barils ou en bouteilles. Cette bière doit être consommée jeune ; elle revient à treize centimes le litre.

Bière de drèche. — *Formule 396.* — Employer :

Drèche de brasserie	kilogrammes	25
Eau	litres	30
Houblon	grammes	80
Gentiane	—	30

Procédé. — Faire cuire pendant deux heures, passer dans un linge et laver le résidu avec quinze litres d'eau ; exprimer et mélanger les deux liquides.

Faire fermenter avec 80 grammes de levure et 55 litres d'eau, comme il est indiqué dans la formule 395.

Bonne bière. — *Formule 397.* — Employer :

Orge torréfiée et moulue	kilogrammes	3
Glucose	—	18
Eau	litres	25
Clous de girofle	grammes	15
Anis	—	15
Cannelle en bâton	—	15
Zestes d'orange	—	80
Coriandre	—	80
Gentiane	—	200
Houblon	—	300

Procédé. — Faire cuire le tout pendant deux heures, comme il est prescrit à la formule 395 et faire fermenter avec 250 grammes de levure et 75 litres d'eau en suivant les indications déjà énoncées. Cette bière revient à dix-huit centimes le litre.

Bière des frugaliens. — *Formule 398.* — Faire dessécher, au four ou dans un poêle, quatre ou cinq kilogrammes d'avoine ou d'orge, l'écraser et verser dessus vingt-cinq litres d'eau bouillante ; laisser reposer trois heures, puis décanter. Verser sur le marc vingt litres d'eau froide ; tirer à clair et mêler les deux infusions avec cinq kilogrammes de mélasse de canne délayée dans trente litres d'eau tiède ; ajouter une demi-livre de houblon et brasser. Mettre la levure et, après quinze jours, on pourra boire la bière. (Dr BONNEJOY, *Cuis. végétarienne.*)

Bière médicinale. — *Formule 399.* — On a préconisé plusieurs formules comme étant propres à combattre diverses maladies, mais il est à remarquer que les qualités médicinales sont dues aux remèdes qui entrent dans la composition et non aux propriétés de la bière. Voici la formule antiscorbutique enregistrée dans le Codex :

Bière récente	litres	2
Racine de raifort	grammes	60
Bourgeons de sapin	—	30
Feuilles de cochlearia	—	30

Procédé. — Faire macérer pendant quatre jours, passer avec expression et filtrer. Elle se prend dans le scorbut et comme apéritif diurétique, à la dose de 60 à 100 grammes par jour.

USAGE CULINAIRE. — Dans les pays du nord de l'Europe, la bière sert journellement à différents usages culinaires, dont nous donnons ci-après les principaux modes d'emploi.

Soupe à la bière (*Cuis. prussienne*). — *Formule 400.* — Employer :

Bière faible	litres	2
Sucre	grammes	100
Beurre	—	125
Zeste de citron	nombre	1
Farine	cuillerées	2
Rhum	petit verre	1
Bâton de cannelle		
Gingembre	petit morceau	1
Vin blanc	décilitre	1

Procédé. — Cuire la farine avec le beurre dans une casserole sur le feu ; ajouter la bière, remuer et faire mettre en ébullition. Pendant ce temps, on aura fait infuser au bain-marie les autres condiments avec le rhum et le vin. Mettre l'infusion décantée, dans la soupe préalablement dégraissée, avec le sucre et du sel ; la lier avec deux jaunes d'œufs et du beurre frais. La goûter et la servir avec des tranches de pain grillées.

Soupe à la bière (*Cuis. silésienne*). — *Formule 401.* — Faire roussir de la farine avec du beurre frais dans une casserole, y ajouter de la bonne petite bière pas trop alcoolisée ; remuer et mettre en ébullition ; sucrer et saler, y ajouter forte dose de cumin, un bâton de cannelle, le zeste d'un citron et d'une orange, de la noix muscade et gingembre râpés. Laisser cuire selon qu'on la désire, fortement épicée ou douce. La passer au tamis et la servir avec des tranches de pain grillées préalablement mises dans la soupière.

Carpe à la bière (*Cuis. allemande*). — Ecailler une carpe en enlevant la peau, la vider et la partager dans sa longueur, enlever les arêtes et couper par tronçons chaque moitié ; couper le museau et partager la tête en deux, saler et blanchir la laitance.

Procédé. — Foncer un sautoir, ou casserole évasée, d'oignons et condimenter de céleri, d'un bouquet garni, de poivre en grains concassés, d'un clou de girofle et d'une gousse d'ail. Aligner sur ce lit les morceaux de carpe ; faire pincer légèrement et mouiller avec de la bière faible en alcool, de façon à submerger le poisson ; y ajouter du pain d'épices coupé en dés et faire cuire. Lorsque le poisson est cuit, passer la sauce au tamis fin ; si elle est trop liquide, la faire réduire. Dresser le poisson dans un plat creux, à bordure d'argent, et saucer dessus ; garnir de la laitance et servir le restant de la sauce à part.

Remarque. — Ce serait un acte de lèse-majesté culinaire pour un restaurateur allemand de ne pas faire figurer sur le menu, le jour de Noël, la carpe à la bière ; comme ce serait également un signe de décadence de notre bon goût de ne pas servir, ce jour-là, sur toutes les tables françaises, la dinde truffée.

BIFOLIO, *s. m. (Pecorino bianco).* — Plant de vigne des provinces d'Ancône et de Marches (Italie) ; à Rome, on l'appelle *Trebiano viccio* et *Uvarella uvina* ; à Bologne, *Uva della pecore* ; il ıst également connu sous les dénominations de *Forcese, Forconese, Piscionello, Mastorello, Cococceara,* etc. Feuilles moyennes, arrondies, trilobées, sinus peu profonds. La grappe est petite, portée par un pédoncule court, vert. Les grains ronds sont inégaux, sa chair abondante est succulente et sucrée. Raisin blanc de cuve.

BIFTECK, *s. m.* — Tranche de bœuf. Le filet de bœuf grillé prend chez nous le nom de bifteck. (Voir *Beefsteack.*)

Moyen d'obtenir un bon bifteck. — *Formule 402.* — Désire-t-on avoir un bifteck bien assaisonné ? Il faut le saler, le poivrer, avant de le faire cuire, comme cela se pratique partout ; mais si l'on veut qu'il soit tendre, il faut le griller au naturel après l'avoir huilé ou graissé. Il est reconnu que le sel, en se fondant, a la propriété de saturer le suc de la viande sans y pénétrer ; de sorte que le bifteck préalablement salé perd de sa succulence. Au contraire, salé après cuisson, s'il reste fade, il est moelleux et fondant ; une sauce à la maître-d'hôtel suffisamment relevée, mélangée à de la glace de viande, supplée d'ailleurs à ce petit défaut qui est largement compensé par un surcroît d'exquisité.

Bifteck à la Colbert (*Cuis. de restaurant*). — *Formule 403.* — Faire griller un bifteck au naturel et le poser sur un plat rond ; d'autre part, faire cuire deux œufs à la poêle et les faire glisser sur le bifteck. On dit plus simplement *bifteck aux œufs.*

Bifteck à la Mirabeau (*Cuis. de restaurant*). — *Formule 404.* — Dresser le bifteck cuit au naturel sur un plat rond, remplacer la maître-d'hôtel par du beurre d'anchois et le garnir de filets d'anchois et d'olives farcies. Il serait plus logique de dire : *bifteck au beurre d'anchois.*

Bifteck à la viennoise (*Cuis. autrichienne*). — *Formule 405.* — Hacher de la viande dénervée (voir ce mot), la saler, la poivrer et lui incorporer deux échalotes ciselées ; en former un bifteck et le faire cuire à la poêle. D'autre part, sauter à la poêle des oignons émincés, leur faire prendre belle couleur, les dégraisser et les mettre dans une petite casserole avec du jus réduit en demi-glace. Lorsque le bifteck est cuit, le masquer de cette garniture.

Bifteck à la turque (*Cuis. russe*). — *Formule 406.* — Hacher un bifteck en lui incorporant sel, poivre, deux échalotes ciselées et le dresser sur un plat ; le garnir de câpres, d'olives farcies et d'oignons hachés, de ciboules, de *mixed pickles* et de filets d'anchois. Poser, parmi cette garniture, ou bien sur le milieu du bifteck, un jaune d'œuf dans la moitié de sa coquille.

Le convive à qui on sert ce mets doit faire un petit creux au milieu du bifteck, à l'aide de sa cuillère, y renverser le jaune d'œuf, saler et poivrer, y faire couler un pis de citron, y ajouter les *mixed pickles*, les câpres, ciboules et oignons ; mélanger le tout avec la fourchette. Lorsque l'on a mangé le bifteck, on prend une tasse de consommé. Pour les estomacs qui le digère bien, ce bifteck est un aliment réparateur.

Bifteck à l'américaine (*Cuis. anglaise*). — *Formule 407*. — Griller le bifteck saignant, le dresser sur un plat long et mettre dessus du beurre d'anchois au piment de Cayenne et de la glace de viande ; faire cuire un œuf à la poêle, le découper en rondelles avec un emporte-pièce à petits pâtés, égoutter le beurre, sortir les parures de la poêle et faire glisser l'œuf sur le bifteck. Garnir le bifteck de pommes nouvelles ou de petites pommes de terre tamisées à la cuillère et rissolées au beurre, d'un bouquet de filets d'anchois et d'un autre bouquet de *mixed pickles*. L'œuf à la poêle est quelquefois remplacé par un œuf frit.

Bifteck à la Nelson (*Cuis. bourgeoise anglaise*). — *Formule 408*. — Mettre un ou plusieurs biftecks, préalablement assaisonnés, sur une couche d'oignons émincés étendus dans une timbale d'argent beurrée ; condimenter et recouvrir le bifteck d'une couche de pommes de terre taillées en lames et assaisonnées ; faire revenir sur un feu vif, sans laisser pincer, et mouiller avec du bon bouillon dégraissé. Couvrir la timbale de son couvercle et faire braiser une demi-heure au four, servir la timbale sur un plat froid, en instruisant les convives sur la chaleur du couvercle.

Bifteck aux pignoli (*Cuis. bourgeoise napolitaine*). — *Formule 409*. — Faire rôtir dans la braise le fruit du pin rameux ou pin parasol (voir *Pignoli*), en dégager les *pignoli* et les monder. Clouter un bifteck avec des *pignoli* à l'aide de la pointe du couteau, l'assaisonner et le faire cuire à la poêle, le garnir de *pignoli* et lier avec du beurre frais, saupoudrer de fines herbes et y faire couler un jus de citron.

Bifteck agro-dolce (*Cuis. napolitaine*). — Dans les maisons bourgeoises de Naples on procède de la façon suivante

Formule 410. — Assaisonner et cuire un bifteck à la poêle, d'autre part, hacher du citronnat et de l'orangeat; les mettre dans de l'eau chaude avec autant de raisins de Corinthe préalablement nettoyés, égoutter le tout et mettre cette garniture dans la poêle, ou mieux dans une casserole avec le bifteck et des *pignoli*.

Lier, au moment de servir, avec très peu de chocolat râpé, un filet de vinaigre ou mieux encore un jus de citron ; le tout doit être lié dans son propre jus, sans en ajouter d'autre.

Remarque. — C'est ainsi que le bifteck *aigre-doux* se prépare dans les familles napolitaines et qu'on le sert dans les restaurants des quais Santa-Lucia, qui sont les boulevards de Naples. Dans cette ville, on applique également cette sauce à toutes les viandes de boucherie et même au gibier.

Ce mélange, tout hétérogène qu'il puisse paraître, n'en constitue pas moins un mets très agréable.

Bifteck à la moelle (*Cuis. d'hôtel*). — *Formule 411*. — Faire griller un bifteck et le mettre dans une sauce maître-d'hôtel avec de la glace de viande et un jus de citron. Faire pocher des rondelles de moelle à l'eau bouillante et les dresser sur le bifteck, préalablement mis sur un plat très chaud.

Bifteck à la Bercy (*Cuis. de marchand de vins*). — *Formule 412*. — Hacher des échalotes, des ails et des oignons, les pétrir avec beurre, poivre de Cayenne et persil. Cuire le bifteck à la poêle et mettre le beurre sur le bifteck dressé sur un plat très chaud.

Remarque. — On applique au bifteck une foule de garnitures qui en déterminent la dénomination ; je me dispenserai donc de les énumérer.

BIGARADE, *s. f.* ; all. *pommeranze* ; angl. *bitter orange*, orange amère. — Fruit du bigaradier dont le plus commun en Europe est le *citrus bigaradia*, mais les plus remarquables sont les B. de Chine et les B. bizarrerie qui portent à la fois des citrons et des oranges ou des oranges citronnées, amères, à peau raboteuse et bigarrée. Il y a lieu de croire que ces variétés ont été obtenues par la greffe du citronnier et de l'oranger.

USAGE ALIMENTAIRE. — Le zeste de la bigarade sert pour la fabrication des liqueurs fines, notamment pour le curaçao ; il a des propriétés toniques et astringentes. Au dix-septième siècle, les bigarades jouissaient d'un grand crédit dans la haute cuisine de Rome et de Paris, où on les utilisait comme entremets. Une pièce montée de bigarades était chose précieuse que les seigneurs seuls pouvaient avoir sur leur table.

Bigarade à l'anglaise *(Entremets)*. — *Formule 413*. — Partager par le milieu en long de belles bigarades mûres ; émincer les moitiés par tranches d'un demi-centimètre d'épaisseur et les faire blanchir jusqu'à ce que l'écorce cède sous l'ongle. Les rafraîchir et les laisser dans l'eau fraîche jusqu'au lendemain.

Préparer un sirop à 28° et, après avoir égoutté les bigarades, préalablement débarrassées des pépins, les jeter dans le sirop bouillant et retirer la bassine. Le lendemain, on fait rebouillir le sirop et on y jette de nouveau les bigarades. Cette opération doit être renouvelée pendant trois jours. Le quatrième, on les dépose dans une terrine, et lorsqu'elles sont froides, on les dresse en compote. On les sert accompagnées de pâtisseries sèches.

Bigarades en quartiers *(Confiserie)*. — *Formule 414*. — Choisir de grosses bigarades, les tourner en enlevant le zeste, les partager en quatre et les mettre au fur et à mesure dans l'eau fraîche, les faire blanchir et les faire dégorger dans l'eau pendant deux jours. Débarrasser le fruit de l'écorce qui reste adhérente, et le mettre dans un sirop froid ; le lendemain, cuire ce sirop à 24°, recommencer l'opération pendant trois jours en augmentant le sirop de 2° par jour, afin d'amener à 32° le quatrième jour.

Marmelade de bigarades. — (Voir *Orange*).

Panier de bigarades à la gelée *(Dessert)*. — *Formule 415*. — Faire un panier en sucre (voir ce mot), le garnir de quartiers de bigarades glacées et de gelée d'oranges. Il est important de ne pas mettre dans cet entremets tous les fruits à décorer ; sa qualité remplacera par le bon goût les attraits de la vue.

Bigarades à l'eau-de-vie *(Dessert)*. — *Formule 416*. — Choisir des bigarades de Chine ou de bizarrerie, leur enlever le zeste, les piquer avec une aiguille à brider, les mettre dans l'eau fraîche ; les faire blanchir, les égoutter et les mettre de nouveau dans l'eau froide. Le lendemain, leur faire donner un bouillon dans un sirop à 25°, en répétant trois jours l'opération et en augmentant les degrés du sirop jusqu'à 32°.

Ranger les bigarades dans les bocaux, ajouter les deux tiers d'alcool à 25° dans le sirop ; filtrer et en remplir les bocaux ; boucher hermétiquement et déposer en lieu sec.

BIGARREAU, *s. m.* (*Prunus cerasus*) ; all. *bunte herzkirsche*, angl. *whiteheart cherry*, ital. *ciriegia duracina*. — Le bigarreau, qu'on appelle aussi *guigne*, est le fruit du bigarreautier, variété du cerisier. Il est bigarré de blanc et de rouge, sa chair, ferme et croquante, est très agréable au goût, mais indigeste si elle n'est point mâchée avec soin. Cette cerise a l'inconvénient d'attirer les mouches par sa douceur, et il n'est pas rare d'en trouver des larves, ce qui la fait justement repousser de l'usage culinaire.

BIGARRURE, *s. f.*; all. *buntschekiz*, angl. *party colour*, ital. *macchie*. — Assemblage mal assorti de diverses couleurs tranchantes. Les décors de l'ancienne cuisine étaient bigarrés ; mais, de nos jours, la bigarrure ne plaît qu'aux campagnards.

BIGASSE KOKOUR (*Bigesse kokier*). — Plant de vigne de la Crimée. Variété de raisin très abondant, mais désagréable au goût. Il est tardif et mûrit difficilement, il produit un vin âpre qui doit être vieilli.

BIGNON (LOUIS), né à Hérisson (Allier), le 26 juin 1816. Attiré vers Paris, le jeune Louis débuta dans l'un des premiers restaurants de l'époque. Sobre, actif et intelligent, il acquit promptement l'affection de ses patrons et l'estime de la clientèle, sachant, par une remarquable sagacité, prévenir et satisfaire les goûts variés de ses différents convives. Ce tact qu'il possédait d'une façon innée et qu'il poussa jusqu'à l'art, nul comme lui n'en eut le secret.

En 1843, il quitta le *Café d'Orsay*, et déjà réputé parmi ses collègues comme homme d'élite il réorganisa alors le *Café Foy* et le dirigea avec autant d'énergie, de souplesse d'esprit que de capacité. Bignon se révéla administrateur et excellent patron, aimant à protéger l'employé digne d'intérêt.

En 1847, Bignon céda le *Café Foy* à son frère, qui venait d'épouser Mlle Collot, des *Frères Provençaux*. Cette alliance fut marquée comme le signe de la plus haute sanction gastronomique parisienne. En prenant le *Café Riche*, sous le nom de Bignon aîné, il devait donner un nouvel éclat à sa renommée. En effet, la haute clientèle de toutes les parties du globe s'y donna rendez-vous comme par enchantement, et c'est là qu'il se fit la réputation de premier restaurateur du monde.

Pour desservir la gastronomie française, à cette époque, il fallait non seulement être restaurateur émérite, mais connaître toute la nomenclature des meilleurs vins du monde, de tous les fruits et de tout ce que la terre peut produire d'exquis.

Bignon comprit que Paris était le rendez-vous de tous les hommes de goût délicat: aussi s'appliqua-t-il à garnir ses caves de crus authentiques et à étudier la viticulture dans tous ses détails, persuadé que, pour transformer les aliments naturels en aliments composés, il est nécessaire d'étudier toutes les branches qui s'y rapportent. Il fit des expériences agricoles et fonda, avec quelques amis, la Société des Agriculteurs de France, dont il fut l'un des lauréats quelque temps après. Il fut nommé ensuite membre de la Société nationale d'Agriculture, du conseil supérieur de l'Agriculture, du Commerce et de l'Industrie, et devint lauréat de la Société d'encouragement au bien, dont il fait également partie. A l'exposition de Londres, en 1862, il obtint le grand prix pour ses vins, comestibles et l'agriculture ; de même en Autriche, en 1873, et à Paris, également le grand prix, en 1878, à l'Exposition universelle, pour le progrès de la culture en France et l'amélioration du sort des ouvriers de la terre par ses contrats d'association. Il savait apprécier un bon chef de cuisine, exciter l'émulation des artistes par sa parole à la fois sévère et encourageante : « Vous êtes mes généraux, disait-il à son chef et à son maître-d'hôtel, et il s'agit de conduire votre armée à la victoire ! » Il fit mettre une plaque de marbre dans la cuisine de sa maison, sur laquelle il fit graver en lettres d'or les noms de ses meilleurs chefs : VAUQUELIN, FÈVRE, SERVOLLE.

Curieuse coïncidence ! Il nous a été donné de connaître Bignon en 1868, lorsque nous étions cuisinier dans son établissement et aussi de mieux l'apprécier quinze ans plus tard (1883), comme convive du Banquet de la Presse scientifique, et aujourd'hui, il nous est dévolu de faire l'historique de ce grand administrateur, agronome de mérite et homme de bien.

L. BIGNON.

Ami des arts et des sciences, lorsqu'il avait à traiter des sociétés savantes, Bignon faisait déboucher ses meilleurs vins et, apparaissant à la cuisine, s'écriait: « Chef, soignez-moi ce dîner, ces messieurs sont l'avenir de la France ». Il disait vrai; la richesse d'une nation dépend plus de sa production agricole, de ses connaissances scientifiques et industrielles que de sa forme politique.

Il réorganisa ses cuisines selon les règles de l'hygiène et en célébra l'ouverture par un dîner offert à son personnel. C'est à ce dîner, auquel Alexandre Dumas voulut assister avec son ami Auguste Luchet, qu'il confectionna pour la première fois son fameux potage aux moules, dont la recette, qu'il laissa au *Café Riche*, eut un grand succès parmi les gourmets de l'époque.

Frappé de la manière de faire de Bignon, Alexandre Dumas voulut à son tour donner un grand banquet au personnel de son théâtre de la rue de Lyon. A cet effet, un beau jour, il s'en alla aux Halles faire lui-même ses provisions, à l'instar des restaurateurs; à la vue de Bignon, il s'approcha vivement, puis, lui serrant les mains avec effusion, il dit: « *La rencontre d'un grand homme est un bienfait de Dieu;* vous allez m'aider et assister au banquet des artistes ».

L'amphitryon fut plus d'une fois chanté par ses convives appréciateurs; témoins les quatrains suivants qui furent déclamés par son auteur dans un des banquets de la « Presse scientifique » :

— Au vigneron qui met toute sa gloire
A nous fournir du vin non frelaté,
Avec respect d'abord il nous faut boire ;
Bacchus le veut, buvons à sa santé !

Toi, desservant de la gastronomie,
Brave Bignon, qui satisfais nos goûts,
Avec nous tous, pour vivre en harmonie,
Tâche d'en mettre aussi dans tes ragoûts.

Pour illustrer la cuisine française,
Pour nous prouver son unique bonté,
Va travailler au sein d'une fournaise.
Et nous, en chœur, buvons à sa santé !

En 1867, il fut décoré de la Légion d'honneur, sur la proposition de la Commission supérieure de l'Exposition universelle et de son jury; également sur la proposition du jury international de Londres et du jury international de l'Exposition de Paris, Bignon fut nommé, en 1878, officier de la Légion d'honneur et officier d'académie pour services rendus à l'agriculture, et pour la création de ses bibliothèques et écoles gratuites pour les pauvres, qu'il fonda dans l'Allier vingt ans avant que le gouvernement eut promulgué la loi sur les écoles gratuites obligatoires; et il reçut ce compliment, caractéristique entre tous, de la part du président de l'Académie des sciences: « Bravo ! pour le succès du mérite enfin reconnu, et bravo ! aussi, pour le préjugé vaincu ». C'était le quatrième grand prix que les jurys internationaux lui décernaient dans les expositions universelles. Il obtint, en outre, plusieurs médailles d'or, parmi lesquelles nous mentionnerons celles de la Société nationale d'Agriculture et de la Société nationale pour encouragement à des services rendus à l'industrie.

Son contrat de participation avec les travailleurs occupés sur ses exploitations agricoles de l'Allier est un modèle d'association des forces et des intérêts communs. Basé sur la justice et l'équité, il produit le bien-être et la richesse du travailleur et du propriétaire et une union, dans les rapports entre le capital et le travail, qui ne s'est jamais démenti, depuis plus de trente ans que ce contrat existe.

D'une activité infatigable, à l'apparition du phylloxéra, il employa tous ses loisirs à la recherche de l'antidote de l'ennemi de la vigne et fit des essais pratiques, ce qui le fit nommer membre de la commission supérieure du phylloxéra.

La grande prime d'honneur pour l'agriculture, accordée par le gouvernement en 1885, fut décernée à Bignon avec un objet d'art représentant le Travail fécondant le Globe.

Il faudrait plusieurs pages de ce volume pour énumérer les récompenses qui lui ont été décernées et les commissions dont il fit partie tour à tour, tantôt comme rapporteur ou comme membre du jury aux Expositions et Concours de France et de l'étranger.

Nommé par ses collègues président de l'Union syndicale des restaurateurs et limonadiers du département de la Seine, Bignon voulut donner sa démission en se retirant des affaires; mais chaque année, il est renommé par acclamation.

Depuis plus d'un quart de siècle, Bignon vit passer dans son établissement toutes les célébrités scientifiques, artistiques et littéraires. Il fut lié d'amitié avec les hommes les plus éminents dans les sciences, les lettres et la politique des deux générations qu'il a traversées, et eut l'estime de tous les partis, hélas! si nombreux en France. Que de sourires épanouis après un bon dîner dans ce *Café Riche;* que d'intrigues tramées; mais aussi que de grands projets dont il fut le gardien discret.

D'une force et d'une énergie rares, Bignon est la personnification du restaurateur savant, le plus remarquable de notre époque, un maître que nous plaçons ici comme l'un des types de la gastronomie française.

BIGNONIA, *s. m. (Martynia).* — Plante du genre bignoniacé, dont la plus curieuse par son fruit est la *M. lutia*. Il consiste en une capsule presque ligneuse, ovale, renflée, terminée par une forte pointe arquée, en forme de corne de chèvre, roulée au sommet; lorsqu'on sépare les deux valves, cette corne est double, on l'imite en confiserie avec de la pâte d'amande ou de la pâte adragante. Mais si l'on veut obtenir quelque chose de joli, on le fera en *sucre tiré*, dont on roulera la partie renflée dans du sucre bleu ou vert. Piqué sur un plafond de pâte sèche en

Fig. 188. — Fruit du Bignonia en sucre.

formant la haie, il constitue la plus agréable bordure d'entremets.

BIGORNEAU, *s. m.* — Nom donné en Bretagne, à une espèce de coquillage comestible qui se mange comme les moules et qui ne serait autre que le turbot littoral de Cuvier. On l'appelle aussi *Littorine*, *Bigorne* ou *Bigourneau*.

BIGOS, *s. m.* (*Cuis. polonaise*). — Ce mets, très estimé des Polonais, est d'origine slave.

Formule 417. — Coucher dans une casserole en terre une couche de choucroute cuite la veille; aligner dessus une nappe de jambon de chevreuil également cuit, de saucisson et de faisan. Alterner ainsi les lits de gibier et de choucroute, mettre le couvercle et faire braiser au four avec un verre de vin blanc ou de bouillon et un jus de citron.

Remarque. — La délicatesse du bigos varie selon le genre et la finesse du gibier qui le compose.

BILIEUX, *adj.* (*Alimentation propre au tempérament*); all. *gallig*, angl. *bilious*, ital. *bilioso*. — Les personnes d'un tempérament bilieux ont généralement les cheveux bruns ou châtains, sont maigres, ont les traits accentués, le teint jaunâtre, le caractère violent, impétueux et sont enclines aux sentiments extrêmes. Elles supportent mal la saison d'été et les pays chauds; elles ont besoin de sobriété et de tranquillité morale.

Elles sont, en outre, prédisposées aux affections suivantes: maladie du foie et des voies biliaires, inflammations des organes génito-urinaires, goutte, gravelle, pierre, etc.

Ces prédispositions impliquent donc la nécessité d'observer un régime hygiénique, ayant pour but d'éloigner autant que possible les tendances morbides.

Régime alimentaire. — Les personnes bilieuses doivent s'abstenir d'aliments trop gras. Le lait leur est également contraire. Elles doivent choisir des viandes blanches et des végétaux amers, tels que chicorée, endive, céleri, oseille, épinards. Les entremets sucrés doivent être pris parmi les fruits: gâteau à la rhubarbe, compote de poires et de pommes. Comme eaux de table, celles qui appartiennent à la classe des *carbonatées sodiques* sont les meilleures. Les boissons alcoolisées leur sont contraires, un petit vin naturel, pris dans les repas, est la meilleure boisson qu'elles puissent consommer.

BILLOT, *s. m.*; all. *black*, angl. *block*, ital. *cypo*. — Gros tronçon d'arbre cylindrique ou carré et poli superficiellement; servant de table dans les cuisines et les boucheries pour tailler la viande et casser les os. *Billot* de cuisine; hacher des viandes sur le *billot*.

BINNY, *s. m.* (*Barbus binny*). — Poisson du Nil du genre barbeau. On en trouve du poids de dix kilos. La chair du binny est bonne et se traite culinairement comme le barbeau.

BIRAMBROT, *s. f.* (*Cuis. hollandaise*). — Soupe de bière très usitée en Hollande et composée de farine, de beurre et de pain grillé. (Voir les formules au mot *Bière*.)

BIS, *adj.*; all. *schwarzbraun*, angl. *brown*, ital. *biigio*, esp. *bazo*, port. *bugio*. — D'un gris brun; Pain bis: qui contient du son dans la farine; pain mélangé de farine de seigle et de froment. Mot latin qui signifie *deux fois*.

BISCOTTE, *s. f.*; all. *zuckerplætzchen*; angl. *sweet biscuit*, de *bis*, deux fois, et *coctus*, cuit. — Pain au lait coupé par tranches et rôti au four.

Les biscottes sont d'origine belge, mais la pâtisserie française possède aussi les siennes; la *biscottino* des Italiens est un dérivé de nos biscottes. Au contraire, les expressions allemande et anglaise désignent une tranche de pain ou de gâteau grillée et sucrée.

Biscotte parisienne (*Pâtisserie*). — *Formule 418*. — Employer:

Sucre pilé............	grammes	500
Amandes douces........	—	460
Amandes amères........	—	20
Fécule...............	—	200
Kirsch ou anisette.......	—	30
Jaunes d'œufs..........	nombre	10
Blancs d'œufs montés.....	—	8
Une pincée de sel.		

Procédé. — Après avoir mondé les amandes, on les pile en pâte très fine en les mouillant avec deux blancs d'œufs et le kirsch ou l'anisette.

Lorsque la pâte est fine, on la met dans une terrine et on y mélange peu à peu les jaunes d'œufs en travaillant la pâte; on y joint enfin le sucre et le sel. Travailler encore jusqu'à ce qu'elle soit homogénéisée. Fouetter les blancs d'œufs, les incorporer en saupoudrant avec la fécule.

Pour cette dernière opération deux personnes sont nécessaires. Cette pâte est couchée sur des plaques ou des moules évasés. Faire cuire.

Biscotte au beurre *(Pâtisserie).* — *Formule 419.* — Quelques pâtissiers vendent un genre de biscotte dans laquelle ils font entrer du beurre.

Employer:

Sucre en poudre	grammes	500
Farine	—	400
Beurre frais	—	150
Œufs	nombre	18
Une pincée de sel.		

Procédé. — Mettre le beurre dans une terrine et le travailler avec la spatule en lieu tiède pour le faire ramollir sans le faire fondre. Ajouter le sucre et six jaunes d'œufs les uns après les autres; écarter les blancs de ces six œufs. Travailler encore. Mettre la farine et ajouter quatre œufs entiers et les huit jaunes les uns après les autres en travaillant toujours la masse. Lorsque la pâte sera homogénéisée, fouetter les huit blancs d'œufs et les incorporer dans la masse avec les précautions d'usage.

Coucher la pâte dans des plaques à rebords de trois à quatre centimètres.

Biscotte grillée *(Petits-fours).* — *Formule 420.* — Coucher de la pâte à biscotte sur une plaque de quatre centimètres de profondeur. La faire cuire. En la sortant du four, étaler dessus une couche d'amandes pralinées, hachées et glacées à la glace de sucre. Faire prendre au four une couleur blonde; démouler et couper en morceaux de sept centimètres de long sur trois de large. Remettre cinq minutes au four. Réserver pour le service.

Ces petits gâteaux doivent être secs et croquants.

Biscotte de Bruxelles *(Boulangerie fine).* — *Formule 421.* — Faire une pâte fine comme pour les *petits pains au lait* (voir ce mot); la coucher dans des moules longs et faire cuire. Lorsque le pain est refroidi, le couper par tranches fines et régulières, les aligner sur une plaque de tôle et les remettre dans un four vif pour leur faire prendre couleur. Telles sont les biscottes d'origine belge.

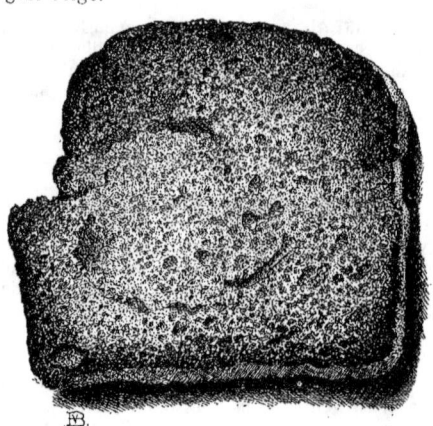

Fig. 189. — Biscotte de Bruxelles.

HYGIÈNE. — Dans les biscottes, l'enfant trouve à la fois un aliment protéique et calorifique, la partie légèrement rôtie fournissant directement les matériaux nécessaires à la formation des tissus adipeux, en même temps qu'elle provoque sur les aliments une plus grande quantité de fluides digestifs. La biscotte supplée à la meilleure farine pour l'alimentation des enfants; c'est, après le lait, l'aliment le plus naturel que l'on puisse leur donner. « Mélangée à du lait ou à du bouillon, dit Fonssagrives, la biscotte constitue un premier aliment qui convient à merveille aux enfants. » — « Lorsque l'enfant est chétif et que le lait laisse à désirer, j'y fais mélanger des biscottes : cela réussit toujours. » (Dr FRÉBAULT.) La biscotte, en général, est l'aliment qui prépare le mieux les organes de la digestion à recevoir des aliments plus substantiels.

Partant de ces principes, une fabrique de biscottes s'est fondée à Paris, sous le nom de *Biscotterie française*, dans le but de seconder les efforts scientifiques, tendant à mettre une digue à l'effrayante mortalité des enfants qui disparaissent avant l'âge de deux ans, faute d'aliments sains et bon marché.

Biscotte de Paris. — Cette heureuse idée d'améliorer encore la biscotte de Bruxelles en la rendant plus fine et plus délicate est la création de la maison Bivort-Bonge et Cie.

La biscotte qu'elle fabrique, sous le nom de Biscotte de Paris, est légèrement sucrée ; elle se distingue de celle de Bruxelles par la qualité supérieure des farines employées et sa forme plus régulière. Cette maison fabrique également la Biscotte de Bruxelles, dont elle a fait une importante spécialité.

Fig. 193. — Biscotte de Paris.

Nourrissante et digestive, la biscotte réunit toutes les qualités réclamées par l'hygiène, pour l'alimentation du premier âge, surtout dans le cas où l'enfant, trop jeune encore, ne peut digérer même la meilleure farine. De plus, ses qualités rafraîchissantes préviennent les inflammations d'intestins qui, pour une large part, sont une des principales causes de la grande mortalité des nouveau-nés.

Les digestions laborieuses, les pesanteurs d'estomac n'ont souvent d'autre cause que l'absorption de mie de pain ou fécule, qui forme

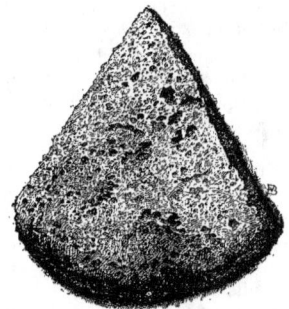

Fig. 191. — Croûton de biscotte.

dans l'estomac une masse amidonneuse difficilement attaquée par les sucs gastriques. Par l'usage de la biscotte on obvie à tous ces malaises.

Outre les services que la biscotte, en général, peut rendre dans l'alimentation des enfants, des vieillards et des débiles, les ressources qu'on en peut tirer sont très variées.

USAGE ALIMENTAIRE. — Trempée dans de l'eau salée, froide ou chaude, elle constitue à la fois une boisson nutritive et rafraîchissante. Avec du beurre frais, c'est le pain par excellence pour les déjeuners au café, lait, chocolat et thé.

Dans les potages, elle remplace avantageusement le pain grillé, qui laisse un arrière-goût de graisse. Mais, où la biscotte devient indispensable, c'est dans les hôtels, cafés-restaurants et maisons bourgeoises. On aura désormais des croûtons tout prêts pour les petits gibiers rôtis, les salmis, les croûtes au Madère, fraises, champignons, etc. En coupant une biscotte de Bruxelles en quatre, on a toujours sous la main des croûtons triangulaires (voir la fig. 191). En bordant avec ces

Fig. 192. — Épinards aux biscottes.

croûtons un plat d'épinards ou d'oseille, on obtient quelque chose de bon et de gracieux (voir la fig. 192.)

Jamais les biscottes ne rancissent ; elles sont toujours croustillantes, exquises ; ce qui n'arrive pas avec les croûtons frits dans le beurre. Pour ces qualités multiples, la biscotte non sucrée est également tout indiquée pour les œufs pochés, les croûtes aux pêches et aux abricots. Comme hors-d'œuvre, elle sert pour la confection de canapés d'anchois, de pain au caviar, etc.

Pour mieux démontrer ce que l'on peut faire avec les biscottes, je donne ci-après deux formules que j'ai expérimentées avec succès.

Biscottes aux fraises *(Entremets à la minute).* — *Formule 422.* — Passer au tamis la moitié des fraises dont on veut se servir (les plus petites), saupoudrer la purée de sucre, en farcir des biscottes. Les regarnir de belles fraises entières humectées de la purée de fraise. Saupoudrer de sucre et servir sur un plat rond ou sur un compotier.

Biscottes au vin de Madère *(Entremets).* — *Formule 423.* — Préparer une purée d'abricots au vin de Madère et au kirsch, en masquer légèrement les biscottes de Bruxelles; les déposer sur une plaque.

Allonger le restant de la purée avec du sucre, du kirsch et du vin de Madère d'origine, de façon à faire une sauce aromatisée et chaude.

Coller avec de la farine et des blancs d'œufs, au milieu d'un plat rond et creux, un croûton taillé en pyramide et frit dans le beurre. Appliquer autour de sa base une purée d'abricots très ferme.

Fig. 193. — Biscottes au vin de Madère.

Dresser une galerie avec les biscottes en posant le côté abricoté intérieurement et en les appuyant les unes contre les autres. Saucer intérieurement. Surmonter le croûton du milieu d'un attelet piqué d'une biscotte en forme de croissant et de quelques grains de raisin de Madère.

Mettre le plat sur un compotier d'argent et servir la sauce à part (voir la fig. 193.)

BISCUIT, s. m.; all. *zwieback*, angl. *biscuit*, ital. *biscotto*, esp. *bizcocho*, portug. *biscuto*; de *bis*, deux fois, et *coctus*, cuit, *bicoctus*. Dans l'origine, le pain azyme était cuit sur une pierre chaude et la galette tournée était ainsi cuite des deux côtés; de là l'étymologie de *bis cuit*, deux fois cuit. — Pain fait de farine, de sel et d'eau et représenté de nos jours par l'hostie, le pain azyme et le biscuit de mer.

Déjà, aux temps mythologiques, les dieux avaient sur leurs tables les *cupediæ* (friandises de table) au nombre des aliments que l'on servait pour l'*épidinis* (le dernier service). Les *crustula*, dont parle Horace *(Epist. 1)*, n'étaient qu'une sorte de biscuit. Un peu plus tard, on trouve le *libum*, fait de fleur de farine, de lait d'huile et d'œufs, mélange peu appétissant qu'on offrait en holocauste aux dieux. Le *collyra* ou *collyris* était une sorte de biscuit qu'on mangeait avec du lait, du miel ou du bouillon (Rich, *Dict. des Antiq.*). Les gâteaux *apiciens* dus à l'illustre Apicius (voir ce mot), constituaient des variétés nombreuses (Athénée, *Deipnosoph., 1, 6.*) On sait, en effet, que le grand Apicius voulait tous les jours des nouveaux *mensæ secundæ* ou desserts contenant divers *bellaria* ou friandises que l'on servait à ses convives. Les *dulciarius* romains ou pâtissiers avaient poussé la perfection à un degré dont l'hygiène et l'exquisité ne le cédaient qu'à l'esthétique de l'art. Une devanture de confiseur, trouvée dans les fouilles de Pompéi et conservée au musée de Naples, nous démontre irréfutablement que l'art du confiseur avait atteint, il y a dix-huit cent dix ans au moment où j'écris, le plus haut sommet de la perfection.

Ce sont eux qui nous ont appris à varier les décors et à imiter les grands artistes. La noblesse de cette époque plus puissante savait apprécier ce grand art. Un artiste *dulciarius* avait à profusion tous les meilleurs fruits, toutes les ressources du pays, pour faire honneur à la table des seigneurs, et chacun d'eux se faisait une gloire de savoir faire une friandise à sa façon.

La haute civilisation des Grecs et des Latins nous a laissé les pralines, les dragées, les glaces et les biscuits fins; tandis que les Barbares et les peuplades sauvages en sont restés aux biscuits de mer, biscuits secs dont je classe plus bas la nomenclature, en divisant les catégories. On y peut choisir dans ces groupes, désormais très distincts, les B. d'entremets, les B. à thé, les B. à dessert, les B. pour les enfants, les B. secs, les B. de mer, les B. anglais, les B. médicamenteux, enfin les B. spéciaux de fabrication française et étrangère.

Biscuit fin (*Haute cuis. — Entremets*). — *Formule 424.* — Cette pâte servira pour faire les différents biscuits mentionnés plus bas, et je prie le praticien de s'y reporter pour éviter des répétitions.

Employer :

Sucre en poudre	kilogram.	1
Farine fine de froment	grammes	250
Sucre vanillé	—	50
Fécule	—	250
Œufs frais	nombre	20
Une petite pincée de sel.		

Procédé. — Séparer les blancs des jaunes d'œufs et mettre dans une terrine les sucres, le sel et les jaunes; travailler le tout pendant vingt minutes. D'autre part, fouetter les blancs très ferme et les incorporer avec soin dans la masse; ajouter ensuite la farine que l'on fait tomber en pluie et que l'on aura préalablement mélangée avec la fécule.

Le glaçage des moules. — Cette opération demande un soin tout spécial, c'est de la parfaite régularité du glaçage que dépend le lustre de la croûte : après avoir bien lavé et essuyé un moule argenté ou parfaitement étamé, on doit le coucher sur le côté à la bouche d'un four. Laisser refroidir le moule; y verser dedans du beurre épongé chaud (voir ce mot); tourner le moule sur ses faces de manière à le beurrer également partout; avant de laisser figer complètement le beurre, on y ajoute vivement du sucre à glace (sucre passé au tamis de soie), on tourne le moule sur lui-même pour faire adapter le sucre d'une égale épaisseur sur toute la paroi; on prend alors le moule et on frappe avec l'une des mains contre l'autre pour faire tomber les grumeaux qui pourraient y être restés. Coller autour extérieurement une bande de papier blanc dépassant le moule de cinq centimètres; emplir le moule et faire cuire dans un four de chaleur modérée.

La Cuisson. — Si la masse était cuite dans deux moules, elle demanderait environ deux heures de cuisson, et mise dans quatre moules, elle pourra être cuite après une heure. On reconnaît la cuisson en enfonçant dans le biscuit une aiguille à brider; si, après l'avoir retirée, elle ne contient aucune humidité, le biscuit est cuit; au contraire, si la lame contient un enduit blanchâtre, le degré de cuisson n'est pas encore atteint.

Le praticien reconnaît la cuisson par le tact en appuyant légèrement les doigts sur le biscuit et, selon son élasticité plus ou moins prononcée, il le retire ou le remet au four.

Remarque. — Plusieurs variétés, que nous trouverons plus loin, se font avec la pâte du *Biscuit fin*, à laquelle nous prions le lecteur de se reporter.

Biscuit d'amande (*Pâtisserie fine*). — *Formule 425.* — Ce biscuit excellent constitue différents gâteaux que nous dénommons plus loin.

Employer :

Sucre en poudre	grammes	250
Amandes douces mondées	—	230
Amandes amères	»	10
Fécule	—	200
Eau-de-vie		15
Jaunes d'œufs	nombre	8
Blancs d'œufs fouettés	—	4
Une pincée de sel.		

Procédé. — Piler les amandes en pâte très fine; ajouter le sel et le sucre; mouiller avec deux blancs d'œufs et l'eau-de-vie. Mettre alors l'appareil dans une terrine, ajouter les jaunes d'œufs et travailler vivement pendant dix minutes. Ajouter enfin les blancs d'œufs fouettés et la fécule en mélangeant délicatement. On fait cuire cette pâte dans des moules divers.

Biscuit aux amandes (*Entremets*). — *Formule 426.* — Employer :

Sucre en poudre	grammes	250
Fécule	—	125
Amandes douces mondées	—	50
Amandes amères	»	10
Eau-de-vie	—	15
Une pincée de sel.		

Procédé. — Réserver, pour les séparer par le milieu, quinze amandes douces; les piler en les mouillant avec un œuf entier; mettre les amandes pilées dans une terrine avec le sel, le sucre, un œuf entier et quatre jaunes d'œufs. Travailler le tout; pendant ce temps, fouetter les blancs d'œufs; mélanger la moitié de la fécule avec les blancs et l'autre moitié en ajoutant les blancs d'œufs, selon la règle.

Glacer un moule à timbale (voir *B. fin*), le décorer intérieurement avec les amandes en les fixant sur le fond et la paroi et y mettre délicatement la pâte.

Biscuit génois *(Pâtisserie ordinaire).* — *Formule 427.* — Employer :

Sucre en poudre	grammes	250
Farine fine	—	250
Beurre fin	—	250
Œufs frais	nombre	6
Zeste de citron râpé	—	1

Procédé. — Mettre le sucre et le beurre un peu ramolli dans une terrine et le travailler ; ajouter quatre œufs par intervalles, l'un après l'autre, avec un peu de farine en continuant de travailler ; ajouter deux autres jaunes d'œufs et fouetter les blancs. Mélanger le tout et coucher la pâte sur des plaques d'office beurrées en nappe épaisse d'un demi-centimètre.

Biscuit génois (*Ancien mode*). — *Formule 428.* — Employer :

Sucre en poudre	grammes	250
Amandes douces mondées	—	90
Amandes amères	—	10
Farine fine	—	250
Beurre fin	—	150
Œufs frais	nombre	6
Une pincée de sel fin.		

Procédé. — Piler les amandes selon la règle et les mettre dans une terrine avec un œuf. Travailler le tout, y ajouter le sucre, la farine et deux œufs l'un après l'autre. Travailler pour homogénéiser le tout. Fouetter les blancs d'œufs ; faire fondre le sucre et mélanger les jaunes avec les amandes ; mélanger ensuite les amandes, les blancs d'œufs, le beurre et la farine en même temps, en évitant d'écraser la masse ; la coucher de l'épaisseur d'un demi-centimètre sur des plaques d'office préalablement beurrées.

Etant cuite aux trois quarts, retirer les plaques du four, renverser le biscuit sur la table et couper des bâtons de sept centimètres sur trois ; les remettre au four pour leur faire prendre une couleur marron. Cette pâtisserie ne se glace pas, elle se distingue par sa qualité croquante.

Biscuit génois sur le feu. — *Formule 429.* — Employer :

Farine	grammes	250
Sucre en poudre	—	250
Beurre fin	—	250
Œufs frais	nombre	6
Une pincée de sel.		

Procédé. — Casser les œufs dans une bassine, ajouter le sucre, le sel, la farine et fouetter sur les cendres rouges. Lorsque la pâte est montée, y ajouter le beurre fondu.

On couche cette pâte dans des moules évasés ou sur des plaques d'office préalablement beurrées.

Biscuit melon *(Entremets).* — *Formule 430.* — Faire une pâte à biscuit de Savoie à la genèvoise

Fig. 194. — Biscuit melon.

(voir la *formule 440*) ; beurrer et glacer deux moules en forme de demi-melon, les emplir aux trois quarts et faire cuire dans un four très modéré. Démouler, niveler les deux moitiés, les creuser légèrement et emplir les creux d'une crème pâtissière ; appliquer l'une sur l'autre les deux moitiés et glacer le melon avec une glace aux pistaches vertes. Imiter la queue avec du sucre cuit au cassé et tiré.

Biscuit de seigle *(Entremets).* — *Formule 431.* — Employer :

Sucre en poudre	grammes	500
Farine fine	—	125
Fécule	—	25
Mie de pain de seigle pulvérisée	—	125
Noisettes torréfiées et broyées	—	25
Zeste d'orange	nombre	1
Œufs frais	—	16

Procédé. — Mettre dans une terrine le sucre, trois œufs entiers, treize jaunes et le zeste d'orange. Travailler le tout pendant vingt minutes. Fouetter les blancs d'œufs et les incorporer dans la masse en même temps que la farine, la mie de pain de seigle et les noisettes préalablement mélangées.

Coucher l'appareil de l'épaisseur d'un centimètre sur des plafonds ronds et réguliers, ou bien sur une plaque carrée. Cuire dans un four moyen. Abricoter, poser un autre biscuit de seigle dessus et couper le gâteau rond ou carré par bâtons. Il peut être abricoté et saupoudré de noisettes broyées.

Biscuit hérisson *(Entremets).* — *Formule 432.* — Préparer une pâte génoise (voir ce mot), la coucher dans un moule ovale et concave ; faire cuire et laisser refroidir. Procéder à l'appareil suivant :

Jaunes d'œufs	nombre	4
Cacao en poudre	grammes	25
Sucre concassé	—	150
Beurre fin	—	100

Procédé. — Cuire le sucre au gros boulé et le verser chaud sur les jaunes d'œufs et le cacao en remuant jusqu'à ce que la masse soit refroidie ; y mélanger le beurre.

Couper le biscuit par tranches horizontales, les garnir de l'appareil et les réajuster. Glacer le gâteau au chocolat et le piquer d'amandes effilées. Le poser sur une serviette à dessert à franges, pliée sur un plat.

Biscuit tortue *(Entremets).* — *Formule 433.* — Employer :

Farine	grammes	500
Sucre en poudre	—	500
Amandes pralinées	—	200
Fécule	—	200
Beurre fin	—	500
Œufs frais	nombre	8
Quelques gouttes d'essence de café.		

Procédé. — Mettre dans une terrine les œufs et le sucre. Travailler un quart d'heure. Mélanger les amandes pralinées, préalablement broyées, avec la farine et la fécule, et faire fondre le beurre ; incorporer les farines, le beurre et l'essence de café en même temps et en remuant. Mouler la pâte dans des moules ovales et concaves. Cuire dans un four modéré ; laisser refroidir.

Tailler le gâteau par tranches horizontales et les garnir d'une crème cuite au café. Glacer le gâteau au café et imiter les écailles à l'aide du cornet avec de la glace royale. La tête et les pattes s'imitent avec de la pâte d'office (L. HANNI).

Biscuit manqué *(Entremets).* — *Formule 434.* Employer :

Sucre en poudre	grammes	500
Farine fine	—	500
Beurre fin	—	250
Œufs frais	nombre	16
Zestes de citrons	—	2
Rhum vieux	petit verre	1

Procédé. — Mettre dans une terrine le sucre et dix jaunes d'œufs ; travailler et ajouter l'un après l'autre six œufs entiers avec un peu de farine, de façon à absorber en même temps les œufs et la farine ; continuer à travailler ; faire fondre le beurre et battre les dix blancs d'œufs que l'on incorporera dans la masse avec le beurre fondu, en prenant les précautions d'usage.

Cette pâte se cuit dans des plaques en fer-blanc ou des caisses en papier.

Biscuit financier *(Entremets).* — *Formule 435.* — Employer :

Sucre en poudre	grammes	425
Sucre concassé	—	75
Farine fine	—	375
Amandes douces mondées	—	200
Beurre fin	—	125
Œufs frais	nombre	14

Procédé. — Piler dans le mortier la moitié des amandes et le sucre ; passer à travers un tamis de fer ; mettre dans une bassine les blancs d'œufs et les fouetter ; lorsqu'ils sont fermes, y mêler les amandes pilées, le sucre, la farine et le beurre.

Beurrer des moules à Savarin et les saupoudrer avec le restant des amandes hachées finement.

Biscuit Cendrillon *(Pâtisserie).* — *Formule 436.* — Employer :

Sucre en poudre	grammes	200
Farine fine	—	200
Chocolat râpé	—	100
Œufs frais	nombre	6
Une pincée de sel.		

Procédé. — Mettre dans une terrine la farine, le sucre, le sel, deux jaunes et deux œufs entiers l'un après l'autre, et travailler le tout pendant un quart d'heure. Ajouter les quatre jaunes d'œufs et le chocolat. Fouetter les blancs et les incorporer dans l'appareil.

Cuire dans des caisses de papier ou de fer-blanc. On les coupe par bâtons en les sortant du four, et on les glace à froid au chocolat.

Biscuit Trois-Frères *(Entremets).* — Plus connu sous le nom de *gâteau trois-frères.* — *Formule 437.* — Employer :

Sucre en poudre	grammes	500
Farine de riz	—	375
Beurre fin	—	400
Amandes douces mondées	—	60
Angélique coupée en petits dés	—	60
Marasquin	—	30
Œufs frais	nombre	15
Une pincée de sel.		

Procédé. — Hacher les amandes, les passer dans une passoire à trous; mettre les œufs, le sucre et le sel dans une bassine posée sur un cercle à flan dans un sautoir d'eau bouillante sur le feu. Fouetter régulièrement pour faire mousser la masse; lorsqu'elle est montée, y mêler la farine de riz, le beurre fondu et le marasquin.

Mouler dans les moules spéciaux qu'on appelle *moules à trois-frères*, et les faire cuire. Lorsqu'ils sont cuits et refroidis, on les glace avec de la marmelade d'abricots et on les saupoudre avec les amandes et l'angélique. Poser le gâteau sur un fond en pâte à napolitains (voir ce mot) abricoté et saupoudrer d'amandes et d'angélique hachées.

Biscuit sur le feu *(Entremets).* — *Formule 438.* — Employer :

Sucre en poudre	grammes	500
Fécule	—	225
Œufs frais	nombre	12
Zeste de citron	—	1
Une pincée de sel.		

Procédé. — Mettre le sel, le sucre, le zeste et les œufs dans une bassine et fouetter la masse sur des cendres rouges, ou mieux dans un bain-marie improvisé en mettant la bassine sur un cercle à flan dans un sautoir d'eau bouillante sur le feu. Lorsque la masse est mousseuse, ajouter la fécule en pluie, homogénéiser et mouler. Cuire dans un four moyen.

Biscuit de Savoie *(Entremets).* — *Formule 439.* — Employer :

Sucre en poudre	grammes	500
Farine tamisée	—	375
Œufs frais	nombre	16
Gousse de vanille		

Procédé. — Mettre dans une terrine le sucre, deux œufs entiers, quatorze jaunes et la vanille; travailler le tout. D'autre part, fouetter les blancs, les incorporer dans la pâte en faisant tomber la farine en pluie.

Beurrer un moule avec du beurre fondu et l'égoutter. Saupoudrer avec de la fécule l'intérieur du moule et l'emplir aux trois quarts. Faire cuire dans un four de chaleur modérée.

Biscuit de Savoie à la genevoise *(Entremets).* — *Formule 440.* — Employer :

Sucre en poudre	grammes	500
Farine fine	—	250
Fécule	—	25
Œufs frais	nombre	12
Zeste de citron râpé	—	1

Procédé. — Mettre dans une bassine les œufs, le zeste de citron et le sucre. Fouetter sur l'angle du fourneau ou sur les cendres rouges; lorsqu'ils ont atteint la forme d'une mousse consistante, on y ajoute la farine et la fécule mélangées d'avance. Beurrer le moule avec du sucre fondu et le glacer avec un mélange d'amidon et de sucre à glace; l'emplir aux trois quarts et faire cuire comme le précédent.

Biscuit aux marrons *(Dessert).* — *Formule 441.* — Employer :

Sucre en poudre	grammes	350
Sucre vanillé	—	25
Marrons cuits et décortiqués	—	300
Blancs d'œufs	nombre	6

Procédé. — Piler les marrons dans le mortier; les mettre dans une terrine, y ajouter trois blancs et le sucre; travailler. Battre les trois autres blancs d'œufs et les incorporer dans la pâte. Les dresser à l'aide d'une cuillère ou avec la poche sur des feuilles de papier et les faire cuire dans un four tiède ou à l'étuve. Les laisser refroidir et décoller le papier.

Biscuit au moka *(Entremets).* — *Formule 442.* — Couper un *biscuit fin* horizontalement en trois tranches, le garnir d'une crème Chantilly préalablement sucrée et aromatisée à l'essence de café; le glacer avec un appareil composé de beurre fin sucré et travaillé en pâte molle. Le décorer avec la même pâte et tenir en lieu froid jusqu'au moment de servir.

Biscuit de Cussy *(Entremets).* — *Formule 443.* — Employer :

Sucre en poudre	grammes	475
Sucre vanillé	—	25
Farine de riz	—	300
Beurre fin	—	125
Œufs frais	nombre	14

Procédé. — Mettre les œufs dans une bassine avec les sucres et fouetter sur les cendres rouges ou bien mettre la bassine dans un sautoir d'eau bouillante. Lorsque la masse est mousseuse, ajouter la farine en pluie et le beurre fondu.

Cuire dans des moules au four modéré.

Biscuit au chocolat *(Entremets).* — *Formule 444.* — Employer :

Sucre en poudre	grammes	450
Chocolat sans sucre fondu	—	125
Fécule	—	200
Vanille	—	
Œufs frais	nombre	10

Procédé. — Séparer les jaunes des blancs d'œufs et mettre les jaunes, le sucre, la vanille et le chocolat dans une terrine et travailler le tout. Fouetter les blancs très ferme et les mélanger avec la masse.

Coucher cette pâte dans des moules évasés; les cuire dans un four un peu chaud; les laisser refroidir et les glacer au chocolat. Ne pas confondre ce gâteau avec le B. au chocolat, entremets en surprise.

Biscuit soufflé *(Entremets).*— *Formule 445.*— Travailler deux blancs d'œufs avec une quantité relative de glace royale (voir ce mot), y ajouter de l'eau de fleurs d'oranger. Coucher cette pâte dans des croustades Astruc (voir ce mot) et les cuire dans un four très modéré.

Biscuit aux fraises *(Entremets en surprise).* — *Formule 446.*

Glacer un moule à timbale avec amidon et sucre à glace, comme il est indiqué au *B. fin*, et l'emplir de la même pâte. Le faire cuire et le laisser refroidir. Avec la lame d'un couteau tranche-lard, le vider complètement à l'intérieur et en former un cercle; couper le bout du morceau de l'intérieur et le juxtaposer à sa place, de manière à former une timbale du biscuit.

Fouetter de la crème très fraîche, lui incorporer une purée de fraise préalablement sucrée; garnir le biscuit, recouvrir avec son couvercle et le glacer à blanc; recouvrir de la glace royale pour donner plus de blancheur au biscuit. D'autre part, on aura partagé de belles fraises rouges; les poser sur un tamis pour les glacer à la gelée également rouge.

Décorer le biscuit en fixant les fraises avec du sucre ou de la glace royale. Poser le biscuit sur une serviette pliée sur un plat rond.

Remarque. — L'intérieur peut également être garni d'une glace aux fraises; dans ce cas, on aura fait sangler le moule contenant le biscuit. Cet entremets, de ma création, doit se distinguer par la blancheur de son glaçage, la régularité de son décor et la qualité de son goût.

Biscuit au chocolat *(Entremets en surprise).*— *Formule 447.* — Faire un biscuit uni dans un moule à timbale et le vider en procédant comme il est indiqué dans la *formule 446* (Biscuit aux fraises), l'emplir d'une crème fouettée à la vanille, couvercler, tourner le biscuit et le glacer au chocolat. Décorer au cornet avec de la glace royale et le poser sur une serviette à franges, pliée sur un plat rond et froid.

Biscuit à la crème *(Entremets).*—*Formule 448.* Ce gâteau, pour être bon, ne doit être fait qu'à la campagne, où la crème fraîche ne fait pas défaut.

Employer:

Sucre en poudre	grammes	250
Farine fine	—	125
Œufs frais	nombre	8
Crème ferme et fraîche	centilitres	25

Procédé. — Mettre dans une terrine les jaunes d'œufs et le sucre; faire mousser en travaillant. Fouetter la crème, la faire égoutter sur un tamis; fouetter aussi les blancs d'œufs et les mélanger à la masse; y ajouter ensuite la crème.

Cet entremets peut être aromatisé avec une petite quantité de purée de fruits fraîche: fraises, framboises, violettes, roses, etc.

La qualité hygiénique de ce biscuit ne le cède qu'à son exquisité.

Biscuit italien *(Pâtisserie).* — *Formule 449.* — Employer:

Farine fine	grammes	250
Sucre concassé	—	500
Œufs	nombre	8
Une pincée de sel.		

Procédé. — Faire cuire le sucre au gros boulé (voir ce mot) avec un décilitre d'eau et laisser tiédir. Séparer les jaunes des blancs d'œufs et les fouetter très ferme. Mêler dans une terrine le sucre et les jaunes; travailler et y ajouter la farine et les blancs d'œufs. Cette opération doit se faire délicatement pour éviter d'écraser les blancs dans une colle farineuse.

On couche cette pâte dans des moules bas et évasés.

Biscuit russe *(Dessert).* — *Formule 450.* — Employer:

Sucre en poudre	grammes	500
Farine fine	—	500
Zeste de citron	nombre	1
Œufs frais	—	7

Procédé. — Mettre dans une terrine le sucre, le zeste et les œufs; fouetter le tout pour faire mousser, y ajouter la farine et bien mélanger. On les couche avec la poche de forme ronde ou longue, sur des plaques beurrées et farinées;

on les saupoudre de sucre en abaissant la pointe avec le doigt. Four moyen.

Biscuit portugais *(Pâtisserie).* — *Formule 451.* — Employer :

Sucre en poudre	grammes	500
Fécule	—	250
Marmelade d'abricots passée au tamis	—	200
Zestes de citrons	nombre	2
Œufs frais	—	12
Une pincée de sel.		

Procédé. — Mettre la marmelade, le zeste, le sucre et les jaunes d'œufs dans une terrine et travailler pendant un quart d'heure. Fouetter les blancs et les mélanger à la masse en observant les précautions déjà prescrites.

On couche cette pâte dans des moules en fer-blanc plats et évasés.

Biscuit hollandais *(Entremets).* — *Formule 452.* — Employer :

Sucre de poudre	grammes	500
Farine fine	—	100
Beurre	—	50
Raisins de Malaga	—	50
Raisins de Corinthe	—	50
Cédrat confit coupé en petits dés	—	25
Œufs frais	nombre	16
Une pincée de sel.		

Procédé. — Travailler dans une terrine le sucre, la farine, *six* jaunes et *quatre* œufs entiers. Ajouter les jaunes les uns après les autres et enfin les raisins et le cédrat. Homogénéiser le tout et ajouter les blancs d'œufs en neige.

Cuire cette pâte dans des moules plats et évasés.

Biscuit vert *(Entremets).* — *Formule 453.* — Faire une pâte à *biscuit fin* dans les proportions relatives à *cinq* œufs, y ajouter du vert d'épinard ou autre vert végétal ; égaliser la couleur dans toute la pâte et la coucher dans des moules sans trop l'écraser. Cuire, laisser refroidir et glacer à la pistache.

Remarque. — Ce gâteau, cuit dans un moule à timbale uni, vidé et rempli d'une crème à la Chantilly, dans laquelle on aura mélangé cent grammes de pistaches pilées, avec du sucre glacé, et saupoudrée de pistaches hachées, constitue un entremets de surprise agréable.

Biscuit rose *(Entremets).* — *Formule 454.* — Ajouter à la pâte à *biscuit fin* une goutte de cochenille ou *carmin* et une goutte d'essence de rose. Lorsque le gâteau est cuit et refroidi, le glacer à la glace rose et décorer.

Remarque. — Il y a quelque vingt ans, les biscuits de couleur étaient très en vogue, mais la mode s'est reportée aux B. plus naturels et partant plus hygiéniques.

Biscuit à l'ananas *(Entremets).* — *Formule 455.* — Glacer un moule uni à timbale, l'emplir de pâte à *biscuit fin* ; le faire cuire et laisser refroidir ; le vider en forme de timbale et le glacer au sucre fondant à l'ananas. Le garnir de crème fouettée, aromatisée et sucrée avec du sirop d'ananas réduit.

Décorer le dessus avec de l'ananas.

Biscuit à l'orange *(Entremets).* — *Formule 456.* — Préparer un *B. sur le feu* (voir *formule* 438) aromatisé de zeste d'orange ; lorsqu'il est cuit et refroidi, le glacer au fondant à l'orange et le décorer avec de l'orange confite.

Biscuit à l'anisette *(Entremets).* — *Formule 457.* — Préparer un *B. aux amandes* (voir *formule 426*) dans la pâte duquel on aura mélangé 15 grammes d'anis écrasé. Lorsque le gâteau est cuit, le glacer au fondant dans lequel on aura ajouté de l'anisette.

Biscuit mousseline à la fraise *(Entremets).* — *Formule 458.* — Glacer un moule évasé dans la règle et l'emplir de pâte à *biscuit fin* légèrement colorée en rose, le faire cuire ; le garnir intérieurement d'une purée de fraise ; le masquer d'une marmelade de fraises et le décorer avec des fraises entières, si c'est la saison.

Remarque. — En glaçant les biscuits avec du fondant aromatisé et coloré, on varie à l'infini la nomenclature en remontant toute l'échelle des liqueurs et des condiments aromatiques. Nous nous dispenserons donc de les mentionner ici.

Biscuit à thé *(Pâtisserie).* — *Formule 459.* Employer :

Sucre en poudre	grammes	275
Sucre vanillé	—	25
Amandes douces mondées	—	180
Blancs d'œufs	nombre	8

Procédé. — Piler les amandes avec les blancs d'œufs en les ajoutant par petites doses ; y joindre le sucre et homogénéiser le tout.

Faire deux bandes de pâte sucrée et abaissée, sur lesquelles on couche l'appareil. Cuire sur des plaques et les couper en sortant du four.

Ne pas confondre avec les *petits fours à thé* (voir ce mot).

Biscuit au gingembre *(Dessert digestif).* — *Formule 460.* — Employer :

Sucre en poudre	grammes	250
Farine fine	—	150
Gingembre pulvérisé	—	12
Œufs frais	nombre	9
Zestes d'oranges	—	2
Une pincée de sel.		

Procédé. — Travailler dans une terrine le sucre, le sel, les zestes, le gingembre et les jaunes d'œufs. Lorsque la masse prend un aspect mousseux, y ajouter les blancs fouettés en neige. Les coucher sur du papier et les saupoudrer de sucre en grains. Faire cuire.

Remarque. — Ce biscuit est l'un de ceux que le médecin recommander aux enfants et aux convalescents. C'est un aliment qui permet de passer de la diète à des aliments plus substantiels. Sa qualité sèche et croustillante permet de l'imbiber des liquides que l'on veut faire prendre.

Biscuit pour mosaïque *(Garniture).* — *Formule 461.* — Employer :

Sucre en poudre	grammes	500
Farine	—	300
Œufs frais	nombre	12

Procédé. — Faire une pâte à biscuit en procédant selon la règle. Lorsque la pâte est faite, colorier un quart en *rose*, un autre quart en *vert*, le troisième quart au *chocolat* et laisser l'autre partie en *blanc*.

Verser les pâtes en même temps dans des moules plats, de façon à marbrer les couleurs. Cuire dans un four modéré. Laisser rassir un peu et le couper au moment de s'en servir.

Ce biscuit sert à faire des charlottes, des murailles, des rochers, ou à garnir les bas-reliefs des pièces montées.

BISCUIT D'ENTREMETS. — La pâtisserie, comme la cuisine, la confiserie et la chimie, possède certaines bases que l'on rencontre à chaque instant sous la main de l'opérateur. Les biscuits se divisent ici en quatre grandes *familles* qui ont leurs *genres*, leurs *variétés*, voire même leurs *dérivés*, dont les nombreuses variantes se rapportent à l'un des types mères qui sont :

LE BISCUIT FIN ;
LE BISCUIT SUR LE FEU ;
LE BISCUIT AUX AMANDES ;
LE BISCUIT GÉNOIS.

Le premier, dont la formule est invariable, se prête à une foule de genres qui ne varient que par l'arome et le décor.

Le *B. sur le feu* se distingue dans sa fabrication en ce que, au lieu de fouetter les blancs d'œufs à part, les œufs entiers sont fouettés sur le feu d'une chaleur, douce d'abord et progressive ensuite. Ce genre supporte aussi l'adjonction du beurre.

Le *B. aux amandes* est un type dont les variétés se font par les noisettes, les pistaches, les pignoli, etc.

Enfin le *B. génois* dont la pâte sert à faire des entremets aux fruits et des pâtisseries variées.

Ce sont ces types et leurs dérivés que nous avons étudiés dans cette première partie.

BISCUITS ANGLAIS. — En Angleterre, on fait de nombreux biscuits secs qui varient de noms et de forme. Le plus souvent, ces biscuits ont pour base la même composition et ne se distinguent que par la forme et le nom.

Biscuit de mer *(Pâtisserie anglaise).* — *Formule 462.* — Anciennement on faisait le B. composé moitié farine et moitié sucre ; puis on a adopté la formule suivante :

Employer :

Sucre en poudre	grammes	250
Farine fine	—	250
Œufs frais	nombre	8

Procédé. — Travailler le sucre et les œufs dans une terrine et ajouter ensuite la farine. Les coucher à la poche ou avec l'appareil spécial ; les piquer ou les marquer du nom de la maison. Les faire cuire dans un four chaud.

Biscuit anglais. — *Formule 463.* — Employer :

Sucre en poudre	grammes	500
Farine	—	180
Œufs	nombre	8

Procédé. — Travailler les œufs et le sucre dans une terrine et ajouter la farine. Les coucher de forme ronde ; les piquer et faire cuire.

Butter biscuit (*Pâtisserie anglaise*). — *Formule 464*. — Employer :

Sucre en poudre	grammes	100
Farine	—	500
Beurre fin	—	250
Levure de bière	—	10
Sel	—	20
Lait	litres..	16

Procédé. — Mettre la farine, le sel et la levure dans une terrine ; le lait, le beurre et le sucre dans une casserole ; laisser tiédir pendant que l'on prépare une fontaine dans la terrine, c'est à dire faire un creux au milieu de la farine, y verser le lait, détremper une pâte pas trop ferme et la laisser reposer. Pétrir sur le tour ou la table et former des ronds réguliers ; les piquer avec la pointe du couteau ; les aligner sur une plaque et les cuire dans un four chaud. En les sortant du four, les mouiller avec un pinceau trempé dans le lait frais.

Remarque. — Les *mins biscuits* et les *américans biscuits* se font avec la même pâte.

York biscuit (*Petits-fours*). — *Formule 465*. — Ce biscuit, qui est fabriqué par de grandes maisons anglaises, peut être fait par les pâtissiers et même en maison particulière. Employer :

Farine fine	kilogram.	2
Sucre en poudre	grammes	250
Beurre	—	250
Sel	—	25
Lait	litre.	1/2

Procédé. — Mettre la farine sur la table et former la fontaine ; faire fondre le sucre, le sel, le beurre dans le lait tiédi, le verser dans la fontaine et procéder à la détrempe. Laisser reposer, enfin abaisser, en faire des petits carrés et les décorer par l'empreinte d'un petit moule dentelé, au milieu duquel sont gravés les mots *York biscuit*. On les cuit dans un four chaud et on les glace en sortant du four en passant dessus le pinceau trempé dans le lait.

Les *queen Anne biscuits* qui contiennent, en outre, de la crème et de la groseille, ont la faveur du mélange cher aux palais britanniques. On fait aussi les *short biscuits* dans lesquels il entre du beurre. Nommons encore le *Coco-nut biscuit* qu'une maison anglaise a mis à la mode.

Remarque. — Aux États-Unis, il se fabrique, depuis quelque temps, des biscuits à la viande, *meat biscuit* ou *biscuit animalisé*, que des médecins ont préconisés. On introduit dans la pâte du B. ordinaire de la poudre de viande. Ils se vendent alors très cher, sous l'égide de quelques célébrités médicales.

Le nombre considérable de biscuits anglais, et dont les noms font tous les frais de variété, étant faits avec les mêmes pâtes, nous oblige de clore ici cette nomenclature.

Biscuits français (*Pâtisserie bourgeoise*). — Nous classons sous ce titre les biscuits d'origine indigène, connus sous les noms de *B. à la cuillère* ; *Pèlerine* ou *B. en bâtons*, que chacun pourra faire chez soi.

Biscuit en bâtons. — *Formule 466*. — Employer :

Sucre en poudre	grammes	500
Fleur de farine de gruau	—	300
Œufs frais	nombre	16

Procédé. — Séparer soigneusement les blancs des jaunes d'œufs ; mettre le sucre et les jaunes dans une terrine et travailler avec la spatule jusqu'à ce que le sucre soit dissous et en permette l'augmentation mousseuse.

Fouetter les blancs très ferme en évitant qu'ils ne s'égrènent. Ajouter dans la terrine et en même temps, les blancs et la farine en pluie en soulevant la masse sur les blancs d'œufs. Trois personnes sont nécessaires pour cette opération à laquelle on doit mettre toute son attention pour ne pas écraser la pâte.

On couche alors les biscuits, à l'aide de la poche, sur des feuilles de papier posées sur des plaques de tôle (voir fig. 195), et on les cuit dans un four très modéré. On les laisse refroidir avant de détacher le papier.

Biscuit de Reims (*Pâtisserie*). — *Formule 467*. — Employer :

Sucre en poudre	grammes	280
Sucre de vanille	—	20
Farine fine	—	180
Œufs frais	nombre	12

Procédé. — Retirer deux blancs d'œufs et mettre le sucre, les œufs et les deux jaunes dans une bassine et travailler sur le feu comme il est indiqué pour le *B. sur le feu* (voir *formule 438*). Lorsque la masse est mousseuse, y ajouter la farine en pluie préalablement mélangée avec le sucre vanillé.

Beurrer et glacer à la fécule des moules spéciaux en fer-blanc et y coucher la pâte en les emplissant au tiers seulement. Saupoudrer avec du sucre pilé et faire cuire dans un four modéré.

Fig. 125. — Manière de coucher les biscuits avec la poche.

BISCUITS MÉDICAMENTEUX. — « Le biscuit, dit Fonssagrives, sert de passe-port à un certain nombre de médicaments solides ou liquides ; l'indocilité des enfants est tournée de cette façon, et de plus, les médicaments, profitant de l'élaboration digestive, passent souvent dans l'absorption d'une façon plus prompte et plus inoffensive pour l'estomac. »

On prépare les B. médicamenteux en introduisant dans la pâte, au moment de coucher le biscuit, la dose nécessaire de drogue pour une potion. La difficulté, ou le danger, consiste surtout dans l'irrégularité des doses dans chaque biscuit. Lorsqu'il ne s'agit que des B. vermifuges au semen-contra ou à la santonine, il n'y a aucun danger ; il n'en est pas de même des B. purgatifs à la scammonée, etc., dont une double dose peut occasionner un empoisonnement. En résumé, il est préférable de laisser les drogues aux pharmaciens et de fabriquer le B. à la vanille ; la santé et le bon goût trouveront chacun leur compte.

FALSIFICATION. — Les B. façon de Reims sont quelquefois confectionnés avec une pâte commune qui renferme une certaine quantité de carbonate d'ammoniaque. Ce sel est introduit dans le but de donner plus de volume et plus de légèreté à la pâte, d'y laisser développer des cavités ou *yeux*, afin d'obtenir un plus grand nombre de B. avec moins de pâte. Quoiqu'entièrement volatile à la chaleur du four, le carbonate d'ammoniaque, vu son mode de préparation en grand, peut retenir du carbonate de plomb, sel non volatile, en quantité suffisante pour rendre cette préparation préjudiciable à la santé du consommateur. En effet, le carbonate d'ammoniaque contient du chlorhydrate d'ammoniaque.

Moyen de le reconnaître. — On fait tremper le biscuit dans un verre d'eau, avec une petite quantité de calomel ; si, après un instant d'imbibation, le liquide reste blanc, le biscuit est pur ; au contraire, si l'eau devient noirâtre, c'est l'indice de la présence du carbonate d'ammoniaque.

HYGIÈNE. — On a trop l'habitude d'entendre dire du mal de l'art du confiseur ou du pâtissier pour espérer lire deux lignes de bien en leur faveur dans un ouvrage d'hygiène ou de médecine. Les médecins, dont le plus grand nombre sont d'une ignorance ridicule à l'endroit de la cuisine et notamment de la pâtisserie, se sont dressés pontificalement et avec un accord merveilleux pour prononcer l'anathème, en lançant le fameux *insanitatem !*... De sorte qu'ils considèrent toute pâtisserie comme une friandise malsaine.

Les biscuits, tels que nous en donnons les formules et qui sont celles se pratiquant dans toutes bonnes pâtisseries, constituent un aliment sain, léger et hygiénique.

Il est même que la médecine devrait ordonner et qui seraient d'un effet anodin, mais très heureux, surtout dans le cas d'atonie des organes de la digestion. Au nombre de ces biscuits, que nous appellerons hygiéniques, on peut citer : le *B. au gingembre*, le *B. au cumin*, le *B. à l'anis*, qui sont à la fois stimulants et digestifs. Un ou deux de ces biscuits pris à la fin de chaque repas aideraient à la digestion.

Quant aux autres, ils peuvent être pris n'importe comment et justement accompagner les boissons qui ne devraient jamais être prises seules (à l'exception des apéritifs). Pris sans être trempés dans le vin, ils sont surtout d'un secours réel pour les convalescents et permettent par leur usage de passer de la diète à un régime plus substantiel.

Biscuit de mer (*Marine française*). — Ce biscuit, ou pain de mer, est une des formes les plus primitives du pain ; il a l'avantage de se conserver, ce qui l'a fait préférer pour les voyages à longs cours et pour l'alimentation de l'armée en temps de guerre.

Sur deux kilos cinq cents grammes de farine, on ne fait entrer que cinq cents grammes de levain et un sixième d'eau; on pétrit, on laisse reposer et on repétrit encore une seconde fois. Enfin on abaisse et on en coupe des galettes quadrangulaires, du poids de deux cents grammes, que l'on empêche de lever en les piquant de trous et en les passant à l'étuve pour les cuire et les dessécher, de façon à éloigner les chances d'altération.

Le biscuit de bonne qualité doit être sec, sonore, à cassure vitreuse, d'un blanc pâle jaunâtre, et prompt à se gonfler dans l'eau. Il se conserve un an et plus; mais lorsqu'il s'altère, il n'est guère de moyen pour arrêter la marche de l'altération et il devient alors la cause de différentes maladies. (Voir *Alimentation de l'armée*.)

BISE, *s. m.* — Poisson de l'Océan qui ressemble au thon, mais sa chair bien inférieure n'a qu'une médiocre valeur alimentaire.

BISET, *s. m. (Palumbus palumbes*, Virg.). — Pigeon sauvage, appelé aussi *fuyard*, ayant beaucoup d'analogie avec le ramier, mais plus petit que celui-ci. Les pattes et le bec sont rouges. Le biset est de passage et s'abat par troupes dans les champs. Sa chair est noire et se prépare culinairement comme celle des autres variétés (voir *Pigeon*); elle est succulente et agréable lorsqu'il est jeune, mais coriace lorsqu'il est vieux.

BISETTE, *s. m.* — L'un des noms vulgaires de l'*Agaric mousseron* (voir ce mot).

BISIER. — Célèbre confiseur-pâtissier Polonais. Il vint à Berlin travailler comme extra à la Cour, sous les ordres de MM. Emile Bernard et Urbain Dubois. C'est à Bisier que sont dus en partie les magnifiques originaux qui ont servi à la reproduction des dessins qui font le plus bel ornement des ouvrages de M. Dubois.

En plaçant son nom dans ce livre, nous ne faisons que rendre hommage au mérite d'un grand artiste dont le talent est resté trop ignoré.

BISON, *s. m. (Bison)*; all. *Buckelochs*; angl. *bison*; ital. et esp. *bisonte*. — Quadrupède sauvage d'Amérique; espèce de *taureau* qu'il ne faut pas confondre avec l'*aurocks*, le *buffle*, l'*urus* décrit par César, ni avec le *zébu* d'Inde. Quelques naturalistes ont cru voir là une souche commune, mais il y a lieu de croire que le *bison*, se rapprochant plutôt du *yack*, du *chameau* et du *bouc*, appartient à ce genre.

Le bison est caractérisé par une forte bosse entre les deux épaules, sa toison est fauve et noirâtre; il habite l'Amérique du Nord, dans le bassin du Missisipi et les steppes du Missouri. Quand les bisons ont brouté l'herbe d'une contrée, ils émigrent dans une autre plus fertile; ils s'attroupent comme les chèvres et les vaches et leur défilé dure quelquefois plusieurs jours; leur

Fig. 196. — Bison des steppes du Missouri.

marche fait entendre un bruit sourd à plusieurs milles de distance et lorsqu'ils courent, ils font trembler la terre.

Usage alimentaire. — La chair du bison, cuite dans de bonnes conditions, est très juteuse; son goût ressemble à celui du daim et du cerf. Sa langue est d'une délicatesse qui surpasse celle des bœufs anglais.

La bosse charnue qui couvre l'épine dorsale est très estimée; c'est un mélange de muscles et de graisse : elle est appelée *bos* par les voyageurs canadiens et *wig* par les habitants de la campagne de Hudson-Bay.

Bosse de bison à la Torronto (*Cuis. canadienne*). — *Formule 468.* — A Torronto (Haut-Canada), la bosse de bison est un mets très apprécié, que l'on prépare ainsi :

Procédé. — Couper la chair par tranches ou en carrés longs; la mettre dans une saumure pendant quelques jours, ensuite la fumer avec des plantes odoriférantes, telles que le genièvre, l'acore, l'absinthe ou autres du même genre. Lorsqu'elle est sèche, on la réduit en poudre, on la mélange à de la graisse de *buffalo* et on la met dans une vessie où elle se conserve très longtemps : on en fait des soupes ou on la mange en tartines sur du pain.

De même que la bosse, la chair des autres parties de l'animal se sale et se met dans des vessies pour être expédiées.

Fraîche, la chair du bison est belle et marbrée et se traite comme celle du bœuf. On fait avec son filet des *bisonsteack* d'une succulence qui ne le cède en rien au *bifteck* d'Europe.

Bosse fraîche de bison à la Reykiavik. — *Formule 469.* — Couper la chair par petits morceaux carrés ; saler, pimenter et les piquer avec une brochette en alternant les morceaux de feuilles de sauge ; griller et servir au naturel avec son attelet.

BISQUE, *s. f.;* all. *krebssuppe ;* angl. *bisk ;* ital. *bisca ;* du latin *bi* pour *bis,* deux fois, et *cauda,* queue, dérivé de *skauda,* dont le radical sanscrit est *ska,* dresser, agiter ; donc, de *bi* et *ska,* biska, d'où l'on a fait *bisque.* — Partie du corps de l'écrevisse qui lui sert de nageoire et qui contient la meilleure chair.

Comme on le voit, l'étymologie vient de la façon qu'a ce crustacé de manifester son *dépit* lorsqu'il est en danger, par une vive gesticulation de sa queue ou nageoire caudale ; de là, la dénomination à cette partie de son corps de *bisque,* qui signifie dépit, colère. Donc, le potage *coulis d'écrevisses,* dans lequel on a mis des *bisques* ou queues d'écrevisses, doit prendre la marque du pluriel et s'écrire : *Potage aux bisques d'écrevisses.*

Il est étrange que, depuis des siècles, on ait cherché à faire accorder les mots *bis* avec *coctus,* alors que le mot *cuit* n'a aucune raison d'être ici.

Potage aux bisques. (*Théorie générale*). — — *Formule 470.*

Le coulis. — Laver cent écrevisses et les déposer dans l'intérieur d'un tamis. Mettre dans une casserole une demi-tête de céleri, la pulpe rouge de deux carottes, un oignon piqué d'un clou de girofle, deux branches d'estragon, une dizaine de grains de poivre concassés, du sel et une bouteille de vin blanc sec. Si le vin n'était pas naturel, il ferait noircir le coulis ; on peut avantageusement le remplacer par le jus de huit ou dix citrons.

Châtrer les écrevisses et les jeter au fur et à mesure dans la casserole, couvrir et mettre en ébullition. Lorsque la cuisson est achevée, retirer les chairs des bisques, les parer, les couper en deux et les déposer dans un bol avec un peu de cuisson.

Laver environ 200 grammes de riz ; le mettre dans la casserole des écrevisses avec du consommé fait d'abatis de volaille et faire cuire pendant trois quarts d'heure ; piler ensuite le tout au mortier et passer au tamis de crin (le tamis de métal noircirait le coulis). Mouiller de nouveau avec du consommé de volaille et passer à l'étamine ; le goûter et le relever, s'il ne l'était pas suffisamment, avec une pointe de Cayenne. Mais il est préférable de mettre préalablement assez de poivre en grains pour lui donner en même temps une odeur aromatique.

Faire réduire en évitant que la purée ne s'attache et enfin la déposer dans une terrine en remuant de temps en temps jusqu'à ce qu'elle soit froide ; la déposer dans le timbre au garde-manger.

Cette purée constitue la base du potage bisque ; lorsqu'on veut s'en servir, on en prend une quantité relative que l'on allonge avec du consommé et on la lie, au moment de servir, avec du beurre frais, en ajoutant les bisques, du vin de Madère vieux et des croûtons farcis.

Remarque. — On peut aussi ajouter moitié riz et moitié orge perlée dans la cuisson des carapaces. En laissant cuire doucement pendant quelques heures et en faisant attention de ne pas laisser attacher, on obtient un coulis moins grené et plus crémeux qu'avec le riz seul.

J'engage vivement le praticien à ne pas se servir de carapaces farcies ; ce mode ancien, outre son désagrément, offre un danger réel dans la mastication.

Châtrage des écrevisses. — On appelle ainsi l'action de leur retirer le boyau intestinal contenant une matière âcre et amère qui donnerait au potage un goût fort désagréable.

Procédé. — On saisit avec la main gauche l'écrevisse sur le dos, et avec l'index et le pouce de la main droite on donne un coup d'ongle au *telson* comportant l'orifice situé entre les lobes latéraux de la nageoire caudale, et on entraîne avec lui l'intestin qui la vide ainsi d'un seul coup.

Potage à la bisque (*Cuis. bourgeoise*). — *Formule 471.* — Voici le mode de procéder selon A. Ozanne *(Poésies gourmandes)* :

Vous taillez dans un pain de gros croûtons carrés ;
Au beurre passez-les, bien blonds et bien dorés ;
Puis, comme un dieu vengeur veillant aux sacrifices,
Vivantes, en cuisson plongez vos écrevisses !

Pour faire un beurre, après, vous en aurez ôté
Les plus rouges morceaux de toutes les coquilles,
Coupez les chairs en dés, mettez-les de côté,
Et dans votre mortier, pilez bien les broutilles.

Que vous mouillez alors avec un consommé,
Mêlez-y les croûtons, cuisez à point nommé,
Et pour en obtenir une farce très fine,
Avec le plus grand soin passez à l'étamine.

Ainsi votre potage étant presque achevé
A point détendu, puis, de poivre relevé,
En y mettant les chairs, vous y joignez encore
Votre beurre bien cuit, rose comme l'aurore.

Que, pour certains époux, ce potage a de prix !
On voit, le lendemain, plus d'un mari surpris !
A sa femme vanter, les yeux pleins de malices,
Les heureux résultats du coulis d'écrevisses.

Potage bisque à la cardinal (*Haute cuis.*). — *Formule 472.* — Préparer un coulis d'écrevisses selon la règle et faire un fond blanc en mettant dans une casserole une poule, des abatis de volailles et de l'orge perlée. Assaisonner de poivre en grains, de céleri, de poireaux, d'un oignon et d'une quantité de tomates entières suffisante pour rougir. Faire cuire doucement pendant quatre heures ; lever le blanc de la poule pour en faire des petits croûtons ; hacher la carcasse et les abatis, piler au mortier et passer au tamis, recueillir la purée dans un grand sautoir ; ajouter du lait frais et faire cuire encore en remuant au fond. Le passer à l'étamine, le relever à point et maintenir au chaud dans un bain-marie. D'autre part, faire des quenelles de poisson coloriées avec du beurre d'écrevisse ; déposer dans la soupière un jaune d'œuf, du beurre fin ou de la crème fraîche. Lier le potage et ajouter les quenelles, les croûtons de volaille et les bisques.

Ce potage, qui est plus doux que celui de la formule 471 employée dans les restaurants, est moelleux et plus agréable ; il convient surtout aux palais délicats. Il est d'une exquisité rare lorsqu'on remplace les croûtons de volaille par des rognons de coqs.

C'est ainsi que le prenait Pie IX dans les dix dernières années de sa vie.

LA BISQUE ENTREMETS. — Nous mettons sous les yeux de nos lecteurs deux formules d'origine authentique et, pour en faire apprécier la haute valeur, nous reproduisons ici textuellement la note qui les accompagne :

Mon cher ami,

Voici une semaine que je fouillais la vieille bibliothèque du couvent, avec la bonne supérieure, pour dénicher la fameuse recette que tu m'as demandée, lorsque nous mîmes la main sur le vieux manuscrit authentique, poussiéreux, rongé par les mites et, qui plus est, écrit en latin. Là se trouvait la précieuse recette. Il s'agissait de la traduire ; je fus trouver le docteur Baudin, notre médecin, qui, tout ému de la manifestation gouvernementale en faveur de son frère, n'attacha pas grande importance à cette traduction. Qui sait, cependant, si les bisques à la Nantuatienne ne vivront pas plus longtemps que la statue de Baudin ? D'après le manuscrit, dont je t'adresse la traduction, il est certain que le mot *bisque* désignait les queues d'écrevisses : donc l'étymologie est toute trouvée.

Je te joins également une autre recette que l'on m'a donnée dans un hôtel. — Ton épouse et amie dévouée,
CLÉMENCE FAVRE, née DE LACOUR.

Nantua, décembre 1888.

Bisques à la Nantuatienne (*Cuis. d'évêque*). — *Formule 473.* — *Entremets.* — « A Nantua, les écrevisses sont pêchées la veille ; on les surprend le soir avec des lanternes sur le bord du lac ; on les dépose dans des paniers avec des orties fraîches. Pour dix personnes, il n'en faut pas moins de cinquante douzaines.

« Le lendemain matin, on les châtre et on les fait cuire avec vin blanc, poivre pilé, sel, estragon, basilic, thym, apiol (céleri sauvage) et oignons. Faire cuire en plein feu dans un pot de terre et lorsqu'elles sont cuites, les déposer dans une terrine.

« *Décarapacer* les bisques (queues) et piler les plèvres (carcasses) avec les carapaces et passer au tamis ; faire réduire la purée *(unctiusculum pulmentum)* avec de la crème fraîche. Ajouter du beurre frais dans ce qui reste et faire cuire ; passer par pression dans l'étamine pour en extraire le beurre d'écrevisse, que l'on maintient au chaud.

« D'autre part, faire fondre un morceau de beurre frais dans une casserole ; y ajouter de la farine ; faire cuire à blanc. Mouiller avec de la crème fraîche ; y ajouter la purée qui doit être rose ; assaisonner à point, laisser mijoter un instant et passer à l'étamine. Mettre ensemble dans une casserole les bisques et une quantité suffisante de sauce pour faire un mets consistant. Dresser le ragoût dans un plat rond et faire couler par-dessus le beurre d'écrevisse à l'aide d'un cornet, en imitant la mitre et la crosse de l'évêque. Ce décor doit être bien fait.

« Ce mets prend invariablement place dans le menu triennal de l'évêque, lorsqu'il se rend à Nantua pour la confirmation. »

Bisques à la Nantuatienne (*Cuis. d'hôtel*). — *Formule 474.* — Faire fondre dans une casserole une quantité suffisante de beurre frais ; y ajouter les bisques ou queues d'écrevisses et une légère tombée de farine. Faire prendre une couleur légèrement dorée. Mouiller avec du lait frais ou mieux avec de la crème ; assaisonner, lier au moment de servir avec du beurre frais et un ou deux jaunes d'œufs, selon la quantité. Dresser selon l'usage sur un plat rond.

Remarque. — Il est surtout important d'avoir de la bonne crème et du beurre très frais et ne pas faire plus de sauce que la quantité nécessaire pour lier les bisques. Ce mets prend quelquefois le nom d'*Ecrevisses à la Nantuatienne* (Péréal, hôtel de France, Nantua).

HYGIÈNE. — Les potages faits selon les deux premières formules sont un peu indigestes et ne doivent être servis qu'à des adultes. Au contraire, celui de la formule 472 et les bisques à la Nantuatienne, constituent des aliments précieux pour les convalescents et les affaiblis et sont réparateurs, aphrodisiaques, vivifiants et des plus puissants stimulants des organes de la pensée ; en d'autres termes, je dédie aux savants et à l'illustre *Paillard* les quatrains suivants :

Oh ! croyez-moi, savants, qui contemplez le disque :
Univers, enflammé par tant de radieux
Disques. De tous les feux, le maître, c'est la Bisque ;
C'est elle qui domine et débauche les dieux.

Et toi ! vieux Jupiter, dont l'impuissance bisque,
Si tu veux, bien vieilli, rajeunir tes printemps,
Que ta frigidité vers ce volcan se risque,
Elle retrempera tes mille fois mille ans.

BISTORTE, *s. f. (Polygonum bistorta)*. All. *schlangenkrant* ; angl., *bistort* ; ital., *bistorta*. — Plante de la famille des renouées ; ainsi appelée parce que ses racines présentent un entrelacement en forme d'*S*. Ces racines farineuses servent aux Samoyèdes à remplacer le pain, ils la mangent froide après avoir été rôtie dans les cendres rouges. Des naturalistes suisses ont signalé sur les Alpes la présence d'une variété de cette plante, *bistorta alpina*. Ses feuilles peuvent servir dans l'alimentation comme celles de l'épinard.

BISTORTIER *(Terme culinaire).* — Couteau cannelé qui sert à tourner les fruits et les légumes.

BITARTRATE DE POTASSE, *s. m.* — Sel qui contient deux fois autant d'acide tartrique que de sel neutre correspondant.

Le bitartrate de potasse, ou *crème de tartre*, que l'on emploie dans la fabrication des vins n'est autre que le tartre ou pierre de vin purifiée. Ces sels, qui ne sont que d'anodins purgatifs, peuvent causer des troubles, pris à doses répétées ou lorsqu'on fait un usage prolongé des boissons où l'on a introduit du bitartrate de potasse. La santé se trouvera donc bien de ne pas consommer des vins fabriqués.

BITTER, *s. m.* (*Liqueur apéritive*). All., *bitter*, se prononce *bitre* ; holl., *bitter*, qui signifie *amer*. — Liqueur stimulante et apéritive, originaire de Hollande.

On distingue, de nos jours, deux variétés de bitter : l'un selon la formule hollandaise et l'autre selon la formule française. Le premier est représenté, chez nous, par le BITTER HOLLANDAIS de la Maison *Mourget*, et le second par le BITTER LACAUX. Tous deux sortent de la ville où fleurit la distillation française : Limoges.

Bitter Hollandais. — Tout ce qu'il y a de meilleur parmi le *quinquina*, le *calamus*, la *cannelle*, le zeste de *bigarade*, l'*orange*, la *gentiane*, la *rhubarbe* et les *baies de genièvre*, constitue la base du Bitter Hollandais, dont M. MOURGET continue exactement la composition d'après la formule originelle importée directement de Hollande.

L'emploi des alcools empyreumatiques est complètement banni de la Maison Mourget ; supérieurement rectifiées et vieillies dans des foudres immenses, ses eaux-de-vie attendent dans des caves, où des capitaux sont agglomérés, leur parfait état d'innocuité, c'est-à-dire le moment où l'aldéhyde aura complètement disparu. Voilà une des bases qui font du Bitter Hollandais de Mourget l'un des premiers du monde.

Sa couleur lui est donnée par une macération d'avoine touraillée ou torréfiée. On connaît l'action puissante de l'oléine sur le cerveau ? Cette huile essentielle se trouve sous le péricarpe de la graminée : c'est ce principe que M. Mourget a voulu conserver dans son Bitter Hollandais et qui en fait l'un des meilleurs toniques.

Suffit-il pour se mettre à l'abri des fraudes, si communes chez les marchands de vins, de demander du Bitter Hollandais ? Assurément, non ; on vous servira une drogue quelconque qui n'aura de commun avec ce produit que le nom; mais les personnes soucieuses de leur santé devront exiger du détenteur d'établissement la marque d'origine. Les troubles d'estomac ont souvent pour cause l'absorption de produits de mauvaise qualité; eh bien! avec le Bitter Hollandais, vous pouvez récidiver deux fois, trois fois même, sans qu'il en résulte aucun inconvénient. Faites-en plutôt sur vous-même un essai pratique :

Fig. 197. — Bouteille du Bitter Hollandais.

Buvez jusqu'à trois *Bitters Hollandais de Mourget*, dînez, et le lendemain faites un examen attentif de votre état de santé? Vous constaterez qu'il n'a rien d'anormal. Renouvelez l'essai un jour après avec un amer à la mode ou un bitter quelconque; alors, vous sentirez les entrailles gronder, l'estomac se crisper et la tête s'alourdir : cette comparaison est, sans contredit, le moyen le plus certain pour apprécier à sa juste valeur le Bitter Hollandais. Voici l'appréciation poétique :

Si la Suisse autrefois, en dépôt précieux,
Garda, mieux qu'un trésor, le secret de l'absinthe ;
La Hollande, longtemps, a gardé la très sainte
Recette du Bitter comme un présent des cieux.

Or, voici la Formule exacte de l'Arcane :
« Pour bien tonifier, du genièvre en grains,
« De la rhubarbe pour libérer ventre et reins,
« Pour faire digérer, un peu de gentiane,

« Joindre, pour empêcher l'estomac d'éructer,
« Un peu de coriandre, ajouter quelques zestes
« De bigarade pour éclairer de célestes
« Rêves phosphorescents, le crâne et l'exciter. »

C'est de là que naquit, beau comme un paradoxe,
L'Amer au goût de miel, plus noir qu'un dieu marron !
Mais, dogme ou culte, hélas ! tout se vend ou corrompt,
Et le Bitter déchut, idole hétérodoxe !

Puis, après de nombreux et louches avatars,
Retrouvant sa vertu, par MOURGET reconquise,
Le Bitter est rené dans sa douceur exquise.
Et le roi des Amers est le Dieu des nectars.

« Sa formule est composée de substances toniques et digestives ; il doit avoir la préférence que sa qualité lui fait mériter, dit le docteur Boichox ». Et M. Perret, chimiste, ajoute : « Il égale par son action stimulante et apéritive les meilleurs produits de la Hollande, et je le trouve infiniment supérieur aux bitters français ».

Non seulement il n'a rien de comparable avec les produits analogues, mais il est composé selon les prescriptions réclamées par l'hygiène.

Nous signalons les effets salutaires du Bitter Mourget, composé d'herbes aromatiques, les plus efficaces, ce qui le rend à la fois stimulant et rafraîchissant. En effet, un bitter ne se juge pas par le degré d'amertume, obtenu le plus souvent par le bois de *quassia amara*, mais par le choix des substances qui le composent ; par sa formule simple, parfaite, composée d'un assemblage de plantes dont les effets se combinent entr'eux, sans s'annihiler aussitôt qu'il y a adjonction d'eau ; telles sont les qualités contenues dans le Bitter Hollandais, et qui en font une liqueur inaltérable.

Il est donc du devoir de tout hygiéniste, de tout homme qui s'occupe de la santé publique, de faire prévaloir les produits sains et de combattre sans trêve ni merci les mixtures délétères que l'on vous offre sous les noms les plus ronflants et qui ne supporteraient pas une analyse, même sommaire, des substances qui les composent.

Bitter Lacaux. — Le Bitter fabriqué par la Maison LACAUX FRÈRES est d'une réputation trop ancienne pour que nous ayons besoin de la rappeler ici. Cet apéritif, de création française, est fait avec des alcools vieillis, ce qui en fait une des principales qualités. Les nombreuses récompenses décernées à ce produit, aux diverses expositions, sont une preuve suffisante de sa valeur.

M. Charles Lacaux s'est surtout attaché à faire un bitter agréable, tonique, plaisant au consommateur, sans nuire à la santé publique ; ce n'est certes pas là la moindre qualité. Il y a une telle profusion de mixtures plus ou moins nocives, qu'on ne saurait trop s'attacher à faire connaître les produits d'une parfaite innocuité, sortant de maisons d'ancienne réputation.

Nous avons déjà mentionné aux mots *Amer* et *Apéritif*, auxquels le lecteur peut se reporter, les qualités des produits de la Maison Lacaux ; insister plus longuement serait donc une répétition que nous jugeons inutile.

BIVALBE, adj. — Coquillage composé de deux parties unies par une charnière, comme les moules et les huîtres.

BLACK-CURRANT PUDDING, s. m. (*Cuis. anglaise*). — Pouding de cassis.

Formule 475. — Préparer une pâte comme il est indiqué à la formule 171 (voir *Apricot pudding*); foncer un bol à fond concave, emplir l'intérieur de cassis épluchés, condimenter et sucrer; envelopper le dessus de la même pâte de manière à ne laisser aucune ouverture. Emballer le tout avec une serviette et faire bouillir une heure et quart. Démouler et servir chaud, accompagné de jus de cassis.

BLACK-CURRANT TARTE, *s. f.* (*Cuis. anglaise*). — Tarte aux cassis.

Formule 476. — Foncer un cercle à flan avec de la pâte brisée (voir ce mot) et en garnir l'intérieur de cassis; saupoudrer de sucre et de cannelle en poudre. Faire cuire dans un four moyen et servir le même jour.

BLACKAPE, *s. f.* — Cépage américain, l'un des premiers qui fut cultivé aux Etats-Unis; également connu sous les noms de *Constantin*, *Mus cadel*, *Tasker's grape* de *York Lisbon*, etc. (¹)

BLACK HAWK, *s. m.* — Plant de vigne obtenu par semis. Ses feuilles, d'un vert foncé, paraissent presque noires et couvrent des raisins également noirs d'une vinification médiocre.

Dans cette variété, on distingue le *Black king*, raisin précoce et doux, mais de saveur foxée.

BLAD, *s. m.* (*Bladum*). — Nom que l'on donne dans le Midi à une variété de froment. Se dit aussi *bladet*.

BLAIREAU, *s. m.* (*Ursus meles*); all., *Dach*; angl., *badger*; ital., *tapo*. — On a beaucoup discuté sur son étymologie, mais la forme reproduite en latin donnerait *bladarellus*, diminutif de *bladarius*, marchand de blé, de *bladum*, il y aurait une dénomination figurée : petit marchand de blé, ou petit voleur de blé, à cause des provisions que cet animal fait en automne dans les champs.

Le blaireau est un mammifère d'Europe, classé parmi les bêtes puantes; il a la taille d'un petit chien mâtin et possède un pelage gris fauve très beau.

USAGE ALIMENTAIRE. — Malgré la forte odeur de sa chair, l'art culinaire a su en tirer un parti avantageux pour l'alimentation. Comme goût elle a quelque rapport avec celle du marcassin. Il faut la faire mariner après l'avoir piquée de lard. De préférence, la sauce doit être relevée. On en fait des *escalopes à la poivrade* et des *filets à la sauce Robert*. Ce sont les meilleurs modes de la préparer.

En général, c'est un aliment lourd qui ne convient qu'aux estomacs à toute épreuve.

BLAISOIS (*Vins du*). — Loir-et-Cher. Comprend aujourd'hui l'ancien Blaisois et une partie de l'Orléanais et de la Beauce. Il produit une quantité respectable de vins noirs, rouges et blancs. On les appelle noirs à cause de leur couleur excessivement foncée; ils ont quelque analogie de couleur avec les vins de Cahors, mais sont bien inférieurs. Ils doivent être vieillis pour adoucir leur aspérité et éclaircir leur couleur. Jeunes, ils servent aux négociants en vins pour faire les coupages avec des vins blancs. Ils se récoltent dans l'arrondissement de Blois. Les plus chargés en couleur sont ceux de *Francillon*, de *Jarday*, de *Villebarou* et de *Villesechon*.

Les vins rouges sont fournis par les coteaux de la rive droite de la Loire, au nombre desquels nous mentionnerons la *côte des Grouets* et de *Onzain*. Les vins du Cher récoltés depuis *Montrichard* jusqu'à *Saint-Aignan* sont corsés, capiteux et de bon goût. Il en est de même des vins récoltés dans les onze communes d'Indre-et-Loire, où deux se distinguent cependant des autres par leurs produits supérieurs; ce sont: *Monthou-sur-Cher* et *Chésée*. Les communes de *Chambon*, de *Meusnes*, de *Mer-la-Ville* récoltent des vins d'un goût agréable, de même que *Chaumont* (arr. de Romorantin). Les communes de *Courcheverny*, de *Saint-Dié*, de *Muides*, toujours dans l'arrondissement de Blois, récoltent des vins blancs en général de bonne qualité.

BLANC, *s. m.* (*Fond*). — Dans la haute cuisine, on entend par *blanc* ou *fond blanc* une sauce mère ou appareil dont on se sert pour confectionner d'autres sauces. On fait *cuire à blanc* de la farine dans du beurre, on mouille avec du bouillon de veau ou de volaille, on assaisonne, on fait réduire. La qualité essentielle d'un bon blanc, c'est d'être très réduit et de lui conserver sa blancheur.

Le blanc est remplacé aujourd'hui par le velouté, le blond de veau, la sauce béchamelle et la sauce allemande.

Blanc de volaille. — Se dit des filets de la poitrine dont on se sert pour décorer les mets composés.

---

(1) Description des vignes américaines, par MM. Busch et Moissner. Paris.

Mets au blanc. — Œufs sauce blanche, ris de veau au blanc, poulet au blanc, etc. — Accommoder à la sauce blanche.

BLANC (*Cuire à*). — Action de cuire de la farine dans du beurre sans la laisser roussir. La farine est *cuite à blanc* lorsque, étant mise dans une quantité suffisante de beurre, dans une casserolle sur le feu, elle devient mousseuse.

BLANC A LA MAIN, *s. m.* (*Petits-fours*). — En confiserie, on désigne ainsi une pâte dont on se sert pour faire des *petits-fours* représentant des noisettes, des artichauts, etc.

Formule 477. — Employer :

    Sucre en poudre tamisé . . . . . grammes 700
    Amandes douces mondées . . . .   —   500
    Deux ou trois blancs d'œufs.

Procédé. — Piler les amandes avec le sucre en humectant avec des blancs d'œufs ; aromatiser avec de l'essence se rapportant avec le fruit que l'on désire représenter. Travailler le tout et passer au tamis, homogénéiser la pâte en la tenant très ferme, de façon à pouvoir modeler les bonbons à la main. Cette pâte doit être blanche, les couleurs se donnent ensuite en terminant l'opération.

On cuit ces petits-fours sur des plaques doublées.

BLANC DE BALEINE, *s. m.* — Le blanc de baleine, que l'on trouve dans le commerce sous la forme de pains d'une blancheur parfaite, s'extrait d'une matière grasse qui se trouve entre le cerveau et les os du crâne de certains cachalots ; c'est un mélange de cétine et d'oléine.

On s'en sert en cuisine pour donner une éclatante blancheur aux sujets coulés en suif ou en stéarine dans des moules préparés à cet effet.

BLANC DE CHAMPIGNON (*Micelium*). — Voir *Agaric des prés*.

BLANC DE FRUIT. — Végétation cryptogamique qui croît sur les fruits blets ou à l'état de fermentation. On a pu constater, quoiqu'assez rarement, des symptômes d'empoisonnement après avoir mangé des fruits dans cet état ; il est donc dans l'intérêt de l'hygiène de ne laisser manger, surtout aux enfants, que des fruits sains et propres.

BLANC D'ŒUF (*albumen*). — Substance albumineuse qui enveloppe le jaune de l'œuf, contenue dans une membrane celluleuse très fine. Le blanc d'œuf se présente sous forme d'un liquide incolore, visqueux, fade, mucilagineux, se coagulant à 70° centigrades.

Le blanc d'œuf frais absorbé sans le jaune, et préalablement condensé par une douce chaleur, est un aliment réparateur et d'une digestion facile ; qualités qu'il n'a pas lorsqu'il est coagulé.

On peut faire coaguler le blanc d'œuf par des acides ; jus de citron, vinaigre, sel, etc., en remuant avec une cuillère de bois ; de sorte qu'il est tout aussi bien possible de faire une mayonnaise avec le blanc d'œuf qu'avec le jaune.

LE BATTAGE DU BLANC D'ŒUF. — L'opération du battage a pour but de séparer les globules visqueux, de les mettre à nu afin de les déchirer pour permettre aux organismes de se développer.

Le blanc d'œuf battu très ferme est moins sujet à tomber après la cuisson que lorsqu'il est insuffisamment battu. Il *graine* lorsque l'opération est trop vive en commençant, ou que le blanc est aqueux ; l'eau se sépare et les globules s'agglomèrent.

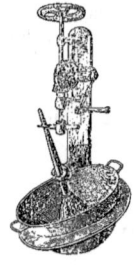

Fig. 188. — Batteuse de blanc d'œuf.

On a inventé pour les confiseurs, les pâtissiers et les fabricants de biscuits, un appareil pour battre les blancs. Cette ingénieuse invention est d'une utilité réelle pour les établissements qui doivent battre de fortes quantités de blancs d'œufs. Le système que nous reproduisons est dû à M. Cadisch, maison G. Caveng (Arras).

BLANC-LATOUR, *s. m.* — Se dit d'un vin blanc de ce cru, près Bordeaux, dont les propriétés hygiéniques sont à peu près les mêmes que les vins de Sauterne.

BLANC-MADAME, *s. m.* — Raisin d'un blanc jaunâtre très estimé pour le dessert.

BLANC-MANGER, *s. m.* (*aliment composé*). — Comme on le voit, son étymologie vient de deux mots désignant quelque chose de *blanc à manger*. — Dans l'origine, c'était un aliment mixte qui n'appartenait encore ni à la classe des mets, ni à celle des entremets, et se servait indifféremment comme mets ou entremets.

Blanc-manger primitif. — *Formule 478.* — Faire cuire dans une casserole un jarret et une oreille de veau, une oreille de porc frais et un poulet très tendre, assaisonner d'une prise de sel, d'un bâton de cannelle et d'un oignon clouté d'un seul clou de girofle.

Le poulet étant cuit, le désosser chaud, hacher les viandes en humectant avec du bouillon de volaille. Les passer au tamis de crin et en conserver la purée.

D'autre part, moudre deux cent vingt-cinq grammes d'amandes douces, les piler dans le mortier, les mouiller avec du consommé et les passer à l'étamine.

Mélanger ces deux appareils.

Faire réduire le bouillon en gelée, le passer à l'étamine, le mélanger avec l'appareil préparé et faire cuire le tout ensemble jusqu'à réduction parfaite; ajouter alors un décilitre de crème fraîche et passer au tamis. Il faut que le tout ait bon goût. Passer une dernière fois l'appareil à l'étamine, par pression et remuer jusqu'à ce qu'il tende à se refroidir; le mettre alors dans des bols en porcelaine et laisser congeler.

Cet aliment est agréable au goût, nutritif et d'une digestion facile; il convient aux personnes à estomac délicat ou en état de débilité.

Blanc-manger (*entremets*). — *Formule 479*. — Employer :

Amandes douces mondées. . .	grammes	300
Amandes amères mondées. . .	—	15
Gélatine.	—	50
Sucre.	—	300
Crème double et fraîche. . .	litre	1

Procédé. — Piler les amandes en les mouillant progressivement avec la crème, ajouter la gélatine dissoute dans un quart de litre d'eau tiède dans laquelle on aura fait fondre le sucre; passer dans le lait d'amande et remuer le tout. Sangler des moules et les emplir de l'appareil liquide et les couvrir ensuite.

Deux heures après, les blancs-mangers étant pris, ils peuvent être démoulés sur plat froid.

Remarque. — On fait de nos jours des blancs-mangers aux pistaches, aux fraises, aux abricots, à l'orange, etc.; mais il est à remarquer que tous ces mélanges dénaturent le blanc-manger qui doit être *blanc*, comme son nom l'indique.

Blanc-manger à la russe. — *Formule 480*. — Employer :

Sucre concassé.	grammes	300
Amandes douces mondées. . .	—	290
Amandes amères mondées. . .	—	10
Gélatine.	—	30
Crème fraîche	litre	1

Procédé. — Faire fondre le sucre et la gélatine dans deux verres d'eau chaude. Piler les amandes en les mouillant peu à peu avec la moitié de la crème la moins ferme; passer par pression pour en obtenir le lait. Mélanger les deux liquides et les passer au tamis; remuer jusqu'à ce que l'appareil commence à se congeler; incorporer alors le demi-litre de crème fouettée et ferme, puis égaliser le tout en remuant.

Sangler des moules et les remplir. Une heure après, on peut démouler les blancs-mangers sur une serviette pliée sur un plat rond et froid.

Blanc-manger sans colle et sans glace. — *Formule 481*. — Employer :

Amandes douces mondées. . . .	grammes	490
Amandes amères mondées. . . .	—	10
Sucre concassé.	—	300
Crème fraîche	litre	1
Blancs d'œufs	nombre	10

Procédé. — Piler les amandes en les mouillant progressivement jusqu'à l'absorption de la crème; faire fondre le sucre dans un quart de litre de lait fraîchement trait que l'on joindra aux amandes. Passer le tout à l'étamine pour en extraire le lait que l'on dépose dans une bassine.

Fouetter les blancs d'œufs jusqu'à ce qu'ils commencent à blanchir; les ajouter par petites doses dans l'appareil. Approcher ensuite la bassine du feu; continuer à fouetter; lorsque la crème commence à s'épaissir et qu'elle devient mousseuse, on doit la retirer.

On emplit alors des bols en porcelaine, des tasses ou des timbales en argent, qu'on met cuire, sans ébullition, dix minutes au bain-marie, au four ou sur le feu. Retirer et laisser refroidir. On peut les démouler; mais il est plus prudent de les servir dans les vases.

Blanc-manger amygdalin. — *Formule 482*. — Employer :

Gelée de corne de cerf (v. ce mot).	grammes	250
Amandes douces pilées	—	30
Sucre en poudre.	—	15
Essence de citron.	gouttes	12

Procédé. — Faire fondre la gelée et cuire le sucre avec un peu d'eau et les amandes; mélanger le tout. Passer à l'étamine et laisser congeler.

Ce *blanc-manger* se prend contre les inflammations des amygdales.

BLANCHAILLE, s. f. — Menu poisson blanc; aussi appelé vulgairement *friture*.

BLANCHÈRE, *s. f.* — Variété de châtaigne que l'on récolte aux environs de Périgueux, vers la fin septembre.

BLANCHIGUMAGE, *s. m.* — Action de *blanchigumer*, c'est-à-dire passer les végétaux alimentaires verts dans une première eau en ébullition pour leur enlever leur âcreté et les verdir.

Remarque. — Inconnu jusqu'à ce jour, le substantif *blanchigumage* était désigné par le mot *blanchiment*, que l'Académie, Littré et autres linguistes désignent ainsi : « Action ayant pour but d'enlever la matière colorante naturelle qui pénètre, soit les fibres écrues du lin, du coton, du chanvre, etc. ; soit la cire brute, le suif, etc. ; impression des plafonds et des murs en blanc ». Or, le mot blanchiment est improprement appliqué au blanchissage des légumes ; seul dans le blanchissage des viandes, qui a pour but d'enlever les matières sanguines et colorantes, il pourrait être légitimé. C'est un non-sens lorsqu'il s'agit de verdir les végétaux herbacés.

Il est certainement illogique de dire indifféremment *blanchir* des légumes et *blanchir* du linge ; et de désigner par *blanchisserie* le lieu où l'on blanchit soit le linge, soit les légumes. La nécessité où nous avons été, par notre travail, d'élucider cette amphibologie, nous a obligé de combler cette lacune (qui, du reste, n'a rien de rare en science alimentaire) en créant le mot *blanchigumage* et ses dérivés.

N.-B. — Je faisais partie de la Commission technique d'organisation de la cantine de l'un des tirs fédéraux en Suisse, lorsqu'après avoir installé la cave, la boucherie, le garde-manger, les fourneaux, les potagers, la rôtisserie, le légumier, l'échaudoir où l'on prépare les pieds et les têtes de veau, de mouton, les dépouilles de boucherie, ainsi que la blanchisserie du linge et la blanchisserie des légumes, nous divisâmes par groupes d'ordre pour le travail et l'heure des repas, le nombreux personnel de *onze cents* individus des *deux sexes*.

Mais lorsqu'on sonna pour le repas des blanchisseurs de légumes, les blanchisseurs de linge et les blanchisseurs de viandes (échaudeurs) arrivèrent en même temps. De là, confusion indescriptible ; je crus à un défaut d'organisation et consultai les dictionnaires sur le terme technique désignant le local où l'on blanchit et verdit les légumes ; ne le trouvant point, j'inscrivis alors sur la porte : BLANCHIGUMERIE et désignai par *blanchigumier* le vase dans lequel on blanchigume et celui qui opère le blanchigumage par *blanchigumeur*. J'avais dès lors comblé une lacune en élucidant l'organisation par un travail d'ordre divisé.

À l'heure du banquet, annoncée par la voie du canon, douze à quinze mille personnes prirent place sur cent et vingt tables que contenait la cantine. Depuis cinq heures du matin jusqu'à minuit, la restauration fut permanente, et chaque jour plus de cinquante mille personnes furent servies. On comprendra dès lors que le service d'une telle multitude ne peut se faire que par la division du travail bien ordonné : voilà aussi pourquoi nous avons créé le *vélocitable* (voir ce mot) qui supprime un personnel encombrant.

BLANCHIGUMER ; *v. a.* — Rendre verts les végétaux. *Blanchigumer* des épinards, des laitues, etc.

BLANCHIGUMERIE, *s. f.* — Lieu spécialement destiné pour le *blanchigumage* des végétaux verts.

BLANCHIGUMIER, *s. m.* — Appareil en cuivre composé d'un panier à trous dans lequel on met les végétaux verts et que l'on plonge dans une chaudière d'eau bouillante, à l'aide d'un levier à bras, pour *verdir* et cuire à moitié.

Fig. 199. — Blanchigumier. (Original.)

BLANCHIGUMEUR, EUSE, *s. m.* et *f.* — Celui, celle qui *blanchigume* les végétaux verts pour en adoucir la fragrance et donner plus d'éclat à la couleur.

BLANCHIR, *v. a.* — Rendre blancs les végétaux tubéreux : navets, cardons, céleris, raves, en les passant un instant dans de l'eau bouillante. Blanchir des viandes ; les faire dégorger dans de l'eau tiède d'abord et ensuite dans de l'eau bouillante. Nettoyer, laver, blanchir.

BLANGY (*vin de*). — Cru de Dannemoine (Côte-d'Or), Bourgogne. Vin rouge de deuxième classe.

BLANQUET, *s. m.* — Poire qui mûrit en juillet et en août ; on en distingue deux espèces : le gros et le petit *blanquet*. Elles sont d'une saveur médiocre.

BLANQUETTE, *s. f.* All., *Blankette* ; angl., *blanquette* ; ital. *blanquetta*. — Mets composé d'une sauce blanche et se servant comme entrée. Sa nature doit être blanche comme l'indique son étymologie.

Le mot *blanquette* s'applique aux viandes de boucherie (veau, agneau, chevreau) préparées d'après les formules suivantes, et prend le nom de *fricassée* lorsqu'elles sont appliquées à des volailles.

Blanquette de veau. — *Formule 483.* — PROCÉDÉ GÉNÉRAL. — Tailler en morceaux carrés un filet de veau (ou toute autre partie), les mettre dégorger dans de l'eau froide ; changer l'eau et mettre tiédir dans une casserole ; changer l'eau une seconde fois et faire *blanchir* en lui faisant donner un bouillon seulement ; rafraîchir les morceaux de veau dans l'eau fraîche, les mettre dans une casserole avec deux carottes, un oignon clouté, un bouquet de persil garni d'une gousse d'ail ; mouiller à hauteur avec de l'eau additionnée de vin blanc sec (plus ou moins selon la quantité de veau), saler au préalable et faire cuire.

Pendant ce temps, faire cuire de petits oignons avec du bouillon dans une casserole, les maintenir entiers au chaud. Faire passer un peu de farine dans une casserole avec du beurre fin ; lorsqu'elle prend une teinte blanchâtre, la mouiller avec le bouillon de veau et constituer une bonne sauce. Préparer d'autre part quatre ou huit jaunes d'œufs ; au moment de servir, lier la sauce avec les jaunes d'œufs, du beurre et un jus de citron.

Égoutter le veau et le mettre dans une autre casserole (dans une maison bourgeoise, on pourra mettre la sauce avec), là-dessus passer la sauce à travers un linge par pression, et y joindre les petits oignons.

Dans un établissement public, il importe de ne pas avoir de perte et on ne peut l'éviter qu'en conservant la sauce dans un bain-marie ; le veau se met, avec une petite quantité de sa cuisson, dans une casserole couverclée pour conserver blancs les morceaux de veau.

Ayant dressé la blanquette, on la garnit de croûtons frais de pain frit. L'adjonction de champignons et d'œufs cuits durs est facultative.

BLANQUETTE DU FAU. — Variété de raisin du genre quillard, ainsi appelé dans l'arrondissement de Moissac ; *brachet blanc* à Nice et en Savoie ; *Jurançon blanc* dans le Tarn, la Garonne et la Dordogne.

Cépage qui fait le fonds des vignobles de Gan et de Jurançon, où il donne un vin blanc peut-être le plus renommé du Midi. Ce plant est très productif ; sa grappe porte des grains serrés, ce qui la rend sujette à la corruption ; son ensemble est d'une belle nuance jaune et sa maturité est un peu tardive.

BLANQUETTE DE LIMOUX. — Vin blanc composé de raisins *Mauzac blanc* associés aux raisins *Clairette*. Pressé et mis en tonneaux, il devient gazeux comme le vin de Champagne, mais il n'en a ni les propriétés ni le goût et n'est qu'un pâle reflet de ce dernier. Fermentée avec le bois des raisins, la blanquette de Limoux donne, avant la pression des raisins, un vin capiteux et agréable à boire ; tandis que le liquide obtenu par pression ne donne qu'un vin secondaire.

BLATER, *v. a.* — Action de falsifier, de sophistiquer le grain. Des grains *blatés*.

Blatier. — Celui qui vend du blé sur le marché ; marchand blatier, qui vend les blés sous une apparence plus belle que la réalité ; qui cache par des moyens artificiels les défauts des grains avariés.

BLATÉRER, *v. n.* — Cris du bélier et du chameau.

BLAVET, *s. m.* — Agaric palomet. Champignon comestible que l'on peut cueillir et manger en toute confiance.

BLÉ, *s. m.* (*Blavium*) de *bladun* ; all. *Getreide* ; angl. *corn, grain* ; ital. *biada* ; anglo-saxon *blœd*. — Terme générique des grains appartenant à la famille des graminées : froment, seigle, orge, avoine. Le mot blé réveille plus particulièrement l'idée du froment, qui est la plus belle variété de l'espèce.

Les grands blés : le *froment* et le *seigle*. Les

petits blés : l'*orge*, l'*avoine*, le *sarrasin*, le *maïs* et le *millet*.

> Cérès a, la première, apporté dans le monde
> Des *blés* aux gerbes d'or la semence féconde.

a dit de Saint-Ange.

Le blé n'a pas cessé d'être chanté par les poètes de tous les âges, sur tous les diapasons et toutes les gammes, depuis la « Chanson des blés d'or » jusqu'à l'invocation de Charles Fuster, dont nous citons les deux quatrains suivants :

> Mûris bien — car il faut au siècle pâlissant,
> Si tu le veux sauver de sa décrépitude,
> Une vigueur plus mâle, une sève plus rude
> Pour emplir ses poumons et lui laver le sang.
>
> O blé, dompte l'effort de ton impatience,
> Dessèche bien la glèbe où la pluie a coulé,
> Car nous te voulons riche et généreux, ô blé,
> Pour mûrir la pensée et nourrir la science !

Cette précieuse graminée, quand elle est convertie en pain, forme la base de la nourriture de l'homme, et chose remarquable, plus un peuple est civilisé plus il consomme de cet aliment substantiel. La Palestine était un pays de blé (*Deut.*, VIII, 8). Ses vallées étaient couvertes de froment (*Ps.* LXV, 14). L'Egypte cependant la surpassait à cet égard en fertilité ; on y cultivait un *blé* à six ou sept épis nommé *froment prodigieux*, qui produisait le centuple de sa semence (*Math.*, XIII, 8). Les semailles en Judée se faisaient dans le mois de *Tisri* ou d'*Ethanim* (septembre et octobre) (1 *Rois*, VIII, 2) et les moissons dans celui de *Sivan* (mai) (*Esther*, VIII, 9). Ce blé n'était pas toujours réduit en farine, mais souvent on grillait au feu les épis avant qu'ils fussent mûrs et on les mangeait sans autre accommodement (*Lév.*, II, 14). Ce fut un *épha* (35 litres) de froment rôti qu'Isaïe donna à David pour le porter à ses frères qui étaient soldats dans l'armée de Saül (1 *Sam.*, XVII, 17). Les Juifs avaient plusieurs manières de cuire le pain ; ils le mettaient quelquefois dans le sable réchauffé par le soleil ; d'autres fois sous la cendre du foyer domestique (2 *Rois*, XIX, 6). Voilà ce que nous apprend la Bible sur l'histoire des blés d'Orient.

Des naturalistes ont cru à l'unité spécifique, c'est à dire que les blés sortaient d'une souche commune ; mais l'expérience semble réfuter cette hypothèse : la facilité avec laquelle s'opèrent les croisements, la modification relativement prompte que leur font subir le climat et la culture nous prouvent que chaque contrée de la terre propre au genre *Tritipum* peut avoir son blé indigène.

L'embryon du blé. — Quand un grain de blé est arrivé à sa maturité complète, il suffit de le mettre dans des conditions de chaleur et d'humidité suffisantes pour qu'il reproduise une plante semblable à celle qui lui a donné naissance ; on voit alors sortir de l'extrémité inférieure de la graine une racine qui s'allonge dans le sol de haut en bas, tandis qu'une tige partie du même point se dresse verticalement dans l'atmosphère en développant ses feuilles. Cette petite plante, que nous voyons sortir de la graine, y est déjà contenue avant la germination, c'est l'embryon du blé, la plantule que les agriculteurs et les meuniers désignent sous le nom de germe.

Pour mieux démontrer, nous reproduisons un grain de blé vu par la face dorsale montrant à sa partie inférieure la place occupée par l'embryon qui est recouvert d'une membrane plus mince que le reste du grain.

Quand le grain est fendu en long suivant la rainure qui sépare les deux lobes, on peut faire tomber le germe, qui ne touche que par une de ses faces la partie farineuse de la graine.

Fig. 200. — Grain de blé (grossissement 4 fois).

La figure 201 représente un grain de blé fendu en long, montrant ses deux lobes écartés (face ventrale), et à la partie inférieure l'embryon mis à découvert adhérant encore au grain.

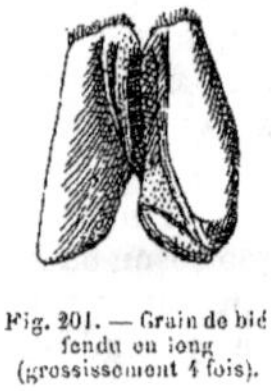

Examinons cet embryon au microscope, nous verrons qu'il est déjà une plante complète avec une tige, une racine et un bourgeon qui n'ont qu'à grandir en se nourrissant de la partie farineuse qui touche le cotylédon (fig. 202).

Fig. 201. — Grain de blé fendu en long (grossissement 4 fois).

Si nous examinons une partie quelconque de cet embryon à un grossissement plus fort (fig. 203), la racine, par exemple, nous verrons que le corps de la plante est cloisonné en cellules, séparées les unes des autres, et comme toutes les cellules sont semblables entre elles, chacune d'elles contient les principes constitutifs d'une plante. On peut même dire qu'il y a là les principes constitutifs d'un être vivant quelconque, rien ne nous permet à cet âge de distinguer entre les cellules d'un animal ou celles d'un végétal, si ce n'est la présence chez le végétal

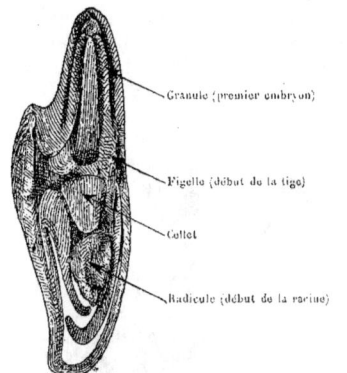

Fig. 202. — Embryon de blé ou germe.

d'une mince membrane de cellulose qui sépare les cellules les unes des autres.

Examinons donc quelques cellules à un plus fort grossissement du microscope (fig. 204), chaque cellule est pourvue d'une masse de

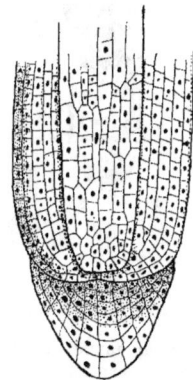

Fig. 203. — Coupe d'une racine d'embryon de blé (grossissement 350 fois).

substance fondamentale, le protoplasma, formée d'un mélange de substances albuminoïdes protéiques immobiles dans la graine, mais qui sont le siège d'une foule de transformations pendant la croissance et d'où dérivent les produits que l'on retrouve plus tard dans chaque cellule. Au seuil de cette masse de protoplasme, on voit un noyau volumineux qui est l'organe de reproduction de la cellule, composée de substances analogues au protoplasma, mais qui contient, en outre, les principes phosphatés; des masses irrégulières riches en eau contiennent quelques principes solubles, et enfin de nombreuses gouttelettes très fines contenant de l'huile.

Telles sont, en résumé, les parties constituantes de toutes les cellules du germe.

Tous ces éléments susceptibles de transformations multiples, capables de grandir, de se multiplier, de varier de forme et de fonction constituent non seulement une substance alimentaire,

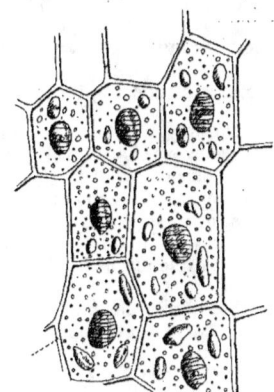

Fig. 204. — Cellule de l'embryon de blé (grossissement 1,000 fois).

mais un aliment parfait. On voit quel intérêt l'on a à recueillir précieusement tous les germes de blé et à ne pas les laisser tomber dans le son où ils ne serviraient qu'à la nourriture des bestiaux, quand ils peuvent être si utiles à l'homme.

Le fendeur inventé par M. Schweitzer et l'épurateur-brosse qui lui fait suite permettent aujourd'hui aux meuniers de recueillir les germes purs. Pour transformer ces germes en une substance alimentaire, il faut leur enlever leur huile et leur eau. Ils peuvent alors être réduits en une poudre impalpable, qui est par elle-même un aliment reconstituant; on en fera des bouillies au lait et au sucre pour les enfants, des biscuits pour les diabétiques et pour les anémiques. (Voir *Fromentine*.)

L'huile extraite séparément, l'huile de blé ou oléine, pourra être utilisée de son côté. Et, de cette façon, rien ne sera perdu du grain de blé : le son continuera à faire la nourriture des bestiaux, la partie farineuse continuera à faire le plus blanc pain du monde; le germe sera la viande végétale tonique et reconstituante et l'huile de blé détrônera quelque jour l'huile de ricin et l'huile de foie de morue. Telles sont les nouvelles études que nous apportons à celles d'autres savants autorisés, que nous citons plus loin (voir *Froment* et *Oléine*).

D'après un classement proposé par H. Vilmorin, et que nous posons dans cet ouvrage, on distingue cinq types de blé dont les dérivés forment les diverses espèces naturelles. Ce sont :

Le Triticum sativum, Lam : ordinaire, tendre.
Le Triticum turgidum, L. : poulard, renflé.
Le Triticum durum, Desf : dur, glacé.
Le Triticum spelta, L. : épeautre.
Le Triticum monococcum, L. : engrain.

Ces types forment dix classes à épis blanc, rouge, jaune, composé ; barbu, velu, fauve, lisse, coloré, et sans barbe. Se distinguent en grain blanc, jaune, rouge, coloré, noir ; se divisent en deux grandes sortes *blé d'automne* et *blé de printemps* ; blé à grain nu et blé à grain vêtu. En France, on ne cultive pas moins de cent variétés de froments.

L'épi de blé est formé par la réunion des épillets qui se composent d'un certain nombre

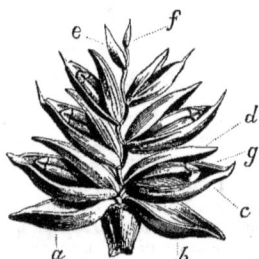

Fig. 305 — Épillet à glumes ouvertes.

de fleurs variant de deux à huit réunies dans une enveloppe commune.

« Cette enveloppe consiste en deux écailles appelées *glumes* qui forment à droite et à gauche les pièces les plus extérieures de l'épillet. Entre elles sont disposées les fleurs, portées sur un axe très menu et très raccourci. Cet axe, que nous reproduisons pour faire mieux comprendre la structure de l'épillet, plus long qu'il ne l'est en réalité. Chacune des fleurs se compose d'une enveloppe à quatre pièces, dont deux seulement sont assez développées pour être observées facilement : on appelle ces deux pièces les *glumelles*. La plus extérieure des deux par rapport à l'axe c est creusée en forme de nacelle, l'autre d s'applique sur les bords de celle-ci et

Fig. 306. — Blé de Bordeaux.

en ferme hermétiquement la cavité. Cette petite chambre close renferme l'ovaire, le pistil et les étamines et abrite le grain jusqu'à maturité. Elle ne s'ouvre qu'un instant pour laisser sortir, après la fécondation, les étamines devenues inutiles à la fleur. »

« Toutes les fleurs d'un épillet ne sont pas toujours fertiles. Souvent il n'y en a que deux qui produisent du grain. Parfois même l'épillet ne contient qu'un grain unique, comme dans l'*engrain*; les autres fleurs existent néanmoins dans l'épillet, mais sont stériles, *e f*. Dans les blés tendres et les blés durs le nombre ordinaire des grains est de trois ou quatre; dans les *poulards*, il va habituellement à cinq. Quelquefois, l'axe de l'épillet s'allonge et même se ramifie; il en résulte un épi composé ou rameux appelé *blé de miracle*. Le cas est assez fréquent dans les *poulards*, rare dans les blés durs et dans les épeautres; nous n'en connaissons pas d'exemple dans les blés tendres. Les épillets du milieu de l'épi sont, en général, ceux qui contiennent le plus de grains. Ceux de la base et du sommet n'en renferment guère qu'un ou deux, souvent même il s'en trouve à la base de l'épi plusieurs qui sont complètement avortés ».[1]

Parmi les plus remarquables des blés cultivés en France, nous citerons les suivants :

Blé de Bordeaux. — Egalement appelé *inversable*, *blé turc*, *blé rouge de Lectoure*, *blé de Noé rouge*, *bladette de Lesparre*. Race rustique, très productive, peu exigeante sur la nature du sol et résistant très bien à la verse.

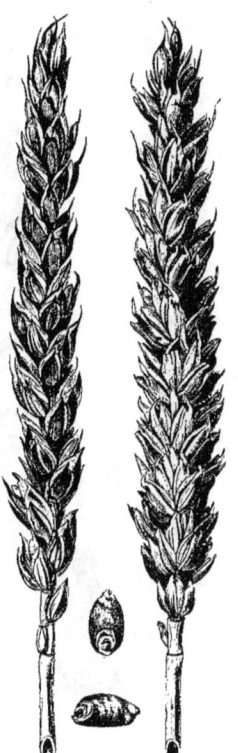

Fig. 207. — Blé Lamed.

Au printemps, jusque vers la floraison, ce blé ressemble beaucoup par ses caractères de végétation au *blé de l'île de Noé*; il a une teinte glauque très prononcée, lorsqu'il approche de la maturité, l'épi prend une teinte rouge de plus en plus foncée. Son grain est rouge, gros, court, lourd et plein. Cette variété a commencé de se répandre aux environs de Lectoure (Gers), vers 1875; de là, elle a été transportée aux environs de Bordeaux, où elle est en grande faveur. Et enfin, en 1870, des fermiers de Seine-et-Marne et de Seine-et-Oise, qui s'étaient réfugiés à Bordeaux à cause de la guerre, en ont rapporté quelques sacs et c'est ainsi que cette espèce a été introduite en Beauce et en Brie sous le nom de *Blé de Bordeaux*.

Blé Lamed. — De création récente, on l'a obtenu, vers 1886, par le croisement du *blé prince Albert* et du *blé de Noé*, qui a donné cette excellente race qui a quelque analogie avec le *blé de Bordeaux*, mais l'épi plus grand. Ce blé hâtif réussit partout où l'on cultive le blé de Noé et le blé de Bordeaux, il paraît convenir tout spécialement au sol et au climat de la Beauce. Le grain gros et plein est d'une belle couleur jaune.

Blé Dattel. — Comme le précédent, le *blé Alep* (voir ce mot), le *blé Dattel* est une production récente de la maison Vilmorin-Andrieux, de Paris. Issu du croisement du *blé Prince Albert* et du *blé Chiddam* d'automne, si répandu en Brie, nous croyons que cette maison a complètement atteint le but qui était de créer un blé de *Chiddam*, plus productif que l'ancienne race. Le grain est blanc, l'épi rouge et la paille blanche. Ce blé, d'un bon rendement, réussit

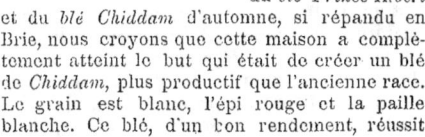

Fig. 208. — Blé Dattel.

---
[1] Vilmorin-Andrieux, *Les meilleurs Blés*.

dans toutes les bonnes terres des environs de Paris et dans toutes les localités où l'on cultive les blés anglais.

Remarque. — Les trois nouveaux blés que nous a fournis la maison Vilmorin sont d'un grand mérite. Chacun de ces croisements a pour résultat de réunir dans une même plante les qualités de deux excellents blés, la vigueur de végétation de l'un avec la beauté de grain de l'autre ; c'est vers 1880 que les croisements en question ont été faits et les blés rendus à la disposition des agriculteurs ont été aujourd'hui choisis entre plusieurs centaines ; épurés avec soin pendant tout ce temps, et surtout dans les deux ou trois dernières années, ils ont subi avec succès l'épreuve de la culture en grand, faite comparativement, avec plusieurs blés usuels.

Blé de Noé. — Originaire d'Odessa, M. Planté, meunier à Nérac, l'aurait importé de Russie, lors des guerres de Napoléon Ier, et M. Pérès, fermier de M. le marquis de Noé, à l'île de Noé, près Mirande (Gers), fut le premier qui l'a cultivé, et c'est de ses fermes qu'est venue la nouvelle variété de blé. Avant la maturité, surtout vers le commencement de la floraison, l'épi, la tige et même les feuilles de ce blé présentent une teinte bleuâtre qui lui a fait donner le nom vulgaire de *blé bleu*.

Ce blé d'hiver et de printemps a une paille blanche, courte et raide, grosse et bien creuse.

Fig. 209. — Blé de Noé ou B. bleu.

Fig. 210. — Blé à épi carré.

Son épi, plat, élargi, assez lâche, dressé ; glumelles longues et aiguës, pourvues d'arêtes assez développées ; tout l'ensemble garde même à la maturité une teinte glauque. Sa culture convient à toute bonne terre moyenne. Il peut être semé depuis le mois d'octobre jusqu'en avril.

Blé à épi carré. — Obtenu par semis, par M. Patrik Shireff, de Mungoswell (Ecosse), il a été promptement adopté par un grand nombre de cultivateurs écossais, anglais, danois et hollandais.

Son rendement est considérable. Ce blé d'hiver doit être semé en octobre ou en novembre. Son épi carré est assez compacte, aussi large sur les faces que sur le profil ; il est muni d'arêtes courtes et fines.

Un nombre très considérable de blés sont décrits dans l'excellent ouvrage de Vilmorin, *Les Meilleurs Blés*, auquel nous renvoyons nos lecteurs. Pour l'analyse chimique des différents blés, voir *Avoine, Froment, Orge, Seigle, Maïs, Millet.*

Blé Prince Albert (*Prince Albert Wheat*). — Cette dénomination indique une origine toute moderne ; mais l'examen démontre que ce blé est un dérivé de l'ancienne variété connue sous le nom de *Rostof* ou *d'Oxford red*. Il doit être semé un peu rare, en octobre ou dans la première quinzaine de novembre. Son développement s'acquiert surtout dans les terres d'alluvion, sablonneuses et fraîches du nord de la France. Son épi long, très large, à grands épillets, est soutenu par une paille forte, haute. Les grains sont rouges ou jaunâtres et rarement très pleins.

STATISTIQUE. — Comparé avec la moyenne des années précédentes, voici quel est le chiffre des blés récoltés en Europe pour 1885.

TABLEAU DES GRAINS RÉCOLTÉS EN EUROPE

NOMS DES PAYS	HECTOLITRES	
	Année 1885	Production moyenne
France	101.750.000	103.000.000
Russie	70.000.000	80.000.000
Allemagne	43.000.000	43.000.000
Espagne	40.000.000	42.000.000
Italie	42.000.000	50.000.000
Autriche-Hongrie	53.000.000	48.000.000
Grande-Bretagne	30.000.000	32.000.000
Turquie d'Europe	16.000.000	15.000.000
Roumanie	13.600.000	12.000.000
Belgique	9.000.000	8.890.000
Portugal	2.700.000	3.000.000
Hollande	1.750.000	1.850.000
Grèce	1.750.000	1.800.000
Serbie	1.650.000	1.500.000
Danemark	1.100.000	1.000.000
Suisse	1.050.000	850.000
Suède et Norwège	1.100.000	950.000
Divers	230.000	200.000
Totaux	427.080.000	411.650.000

BLÉ D'ABONDANCE, s. m. — Variété de froment à épi rameux qu'on appelle aussi *blé de miracle*.

BLÉ DE TURQUIE, s. m. — Se dit vulgairement du *Maïs* (voir ce mot). Aussi appelé *blé d'Inde*, *blé d'Espagne* ou *blé garouil*.

BLÉ ERGOTÉ, s. m. — Se dit du blé qui, par suite des effets d'un cryptogame parasite dit *ergot*, est devenu malsain. Réduit en farine et employé pour la panification, il cause des maladies graves qui se caractérisent par des convulsions et la gangrène.

BLÉ NOIR (*Polygonum fagopyrum*), s. m. — L'une des variétés du B. sarrasin (voir ce mot) dont on distingue encore le *blé rouge*.

Cette plante fut importée par les Sarrasins d'Espagne vers le douzième siècle. La culture du blé sarrasin est surtout répandue dans le Limousin, en Bretagne, en Forez, dans le Dauphiné, le Berry et la Normandie.

Analyse chimique. — Le grain, pour qu'il soit d'un bon rendement, doit peser 55 kilogrammes par hectolitre. Voici ce que l'on a constaté sur cent parties :

Amidon	65
Matières azotées	16
Azote	6
Matières grasses	7
Cellulose et substances ligneuses	4
Sels	2
Total	100

Comme on le voit, cette analyse tendrait à prouver que ses qualités protéiques seraient aussi abondantes que dans le froment et la viande.

BLÉ DES IVROGNES, s. m. — Se dit vulgairement de l'*Ivraie* (voir ce mot).

BLENNIE, s. f. — Genre de poissons acanthoptérygiens, dont le corps est couvert de mucosités; on en trouve sur les côtes de France, où ils sont connus sous le nom vulgaire de *baveuses*.

BLET, TTE, adj. All. *teigicht*; angl. *mellow*; suéd. *blœt*; dan. *blœd*. — En parlant des fruits, état intermédiaire entre la maturité excessive et la pourriture; chez certains fruits, la *blettissure* est un signe de maturité. La nèfle n'est mangeable que lorsqu'elle est *blette*.

BLETTE, s. f. (*blitum virgatum*). All. *Kleine Amaranth*; angl. *blite*; ital. *bietola*. — Nom que l'on donne dans certains pays à la *bette* ou *carde poirée*. (Voir ces mots.)

BLEU, s. m. (*cuire au*). — Manière de faire cuire certains poissons. Court-bouillon où l'on a mis du vin ou du vinaigre et dans lequel on met cuire le poisson, ce qui lui donne une teinte bleuâtre. Le court-bouillon doit être cuit d'avance; lorsqu'il est en ébullition, on y jette le poisson vidé vivant qui devient alors immédiatement bleu.

Lorsque le poisson n'est pas très frais, on a recours à un moyen artificiel pour le faire *bleuir* et qui consiste à le faire macérer cinq minutes dans du vinaigre, et on le plonge ensuite dans le court-bouillon en ébullition. On met au bleu, de préférence, les poissons sans écailles, tels que truite, ombre-chevalier, etc.

BLEUET, s. m. — Nom vulgaire du martin-pêcheur d'Europe; il se tient au-dessus de l'eau et saisit les petits poissons et les insectes aquatiques dont il se nourrit. Comme tous les gibiers de ce genre, sa chair a des propriétés échauffantes.

Bleuet, fleur bleue qui croît dans les blés. (Voir *Bluet*.)

BLINIS, *s. m.* (*Entremets ou hors-d'œuvre.*) — Comme son nom l'indique, le blinis est originaire du nord de l'Europe ; il est très usité en Russie et dans l'Allemagne du Nord, pendant l'époque du carême. Voici comment on le prépare dans son pays d'origine :

Blinis russe. — *Formule 484.* — Employer :

Farine de froment	grammes	225
Farine de sarrasin	—	250
Beurre clarifié	—	400
Levure de bière	—	20
Lait frais	décilitres	3
Une pincée de sel.		

Procédé. — Mettre dans une terrine les farines, la levure délayée avec le lait, le sel et faire une pâte comme pour les *pannequets* (voir ce mot). La mettre dans un lieu tiède et la laisser lever pendant trois heures ; ensuite beurrer les petites poêles à blinis, les emplir aux trois quarts de la pâte préparée ; les mettre au four pendant quelques minutes et les retirer pour les saupoudrer d'œufs cuits durs, de sardines ou de harengs salés ; le tout haché. Arroser les blinis avec le beurre fondu, les remettre au four en changeant de côté, afin qu'ils se dorent également. Quelques minutes après, ils doivent être cuits à point, on les dresse alors sur un plat chaud et on sert à part du caviar, une sauce à la crème aigre ou du beurre fondu.

Blinis de pommes de terre (*Cuis. allemande*). — *Formule 485.* — Employer :

Beurre fin	grammes	300
Farine fine	—	200
Sucre en poudre	—	10
Œufs frais	nombre	20
Crème fraîche	décilitre	1
Une pincée de sel.		

Procédé. — Passer au tamis de Venise une trentaine de pommes de terre très farineuses, cuites à la vapeur et épluchées. Mettre la purée dans une casserole et ajouter le beurre préalablement fondu, la farine, le sel, le sucre et les vingt jaunes d'œufs. Travailler le tout ensemble et ensuite ajouter les blancs d'œufs fouettés. Cuire immédiatement à feu vif dans les petites poêles à blinis.

BLOIS. — Chef-lieu du département de Loir-et-Cher ; ancienne capitale du Blaisois. On fabrique à Blois une espèce de fromage, bien connu sous le nom de *fromage de Blois*, à pâte blanche, maigre et salée ; ils sont de qualité médiocre. Pour les vins de cette contrée, voir *Blaisois*.

BLOND DE VEAU (*Appareil*). — Le blond de veau est un appareil servant à la confection d'autres petites sauces, comme le velouté, la sauce allemande ou espagnole.

Formule 486. — Après avoir beurré une casserole, la foncer de lames de jambon, d'oignons émincés, de carottes et condimenter de thym, de laurier, de poivre en grains et de clous de girofle. Appliquer sur cette garniture des os et des débris de noix et de sous-noix de veau ; faire revenir légèrement. Mouiller avec de l'eau, de manière à ce que le tout se trouve couvert ; faire bouillir, écumer et laisser pendant cinq heures cuire à petit feu sur l'angle du fourneau.

Passer le bouillon, le dégraisser et le faire réduire à moitié de son volume. Faire cuire à blanc de la farine dans du beurre, en ayant soin de ne pas la laisser roussir. Verser dessus le bouillon de veau en remuant jusqu'à l'ébullition ; laisser réduire, dégraisser et passer au tamis.

Remarque. — La qualité essentielle du blond de veau est la blancheur. Si l'on désire faire des fricassées de poulet ou blanquette, etc., on peut se servir du blond de veau pour mouiller ces viandes, elles n'en seront que plus succulentes et la sauce plus corsée. Ces mets sont des plus hygiéniques et ont l'avantage de pouvoir être servis aux malades, aux convalescents et aux enfants.

BLUET, *s. m.* (*Centaurea cyanus*). All. *Kornblume;* angl. *bluebottle;* ital. *fioraliso.* —

Fig. 211. — Fleur de Bluet en sucre.

En broyant les fleurs de bluet avec du sucre, elles lui communiquent leur couleur. On s'en sert en cuisine pour colorer des crèmes, des pâtisseries, etc.

On imite le bluet en sucre et en graisse. (Voir *Fleur.*)

BLUTAGE, *s. m.* All. *Beuteln;* angl. *bolting;* ital. *crusca*, qui signifie séparer le son de la farine. — L'Académie italienne de la *Crusca*, fondée à Florence en 1852 par Dante, est la traduction exacte du mot *bluter*. Tout dans cette académie rappelle l'origine de son nom ; la décoration entière de son intérieur, ainsi que son ameublement démontrent que le but de cette institution est de faire le *blutage*, ou de *bluter* la langue italienne pour en tirer la fleur du langage, la pureté des expressions. Le président est élevé sur un trône de meules ; la table est un pétrissoire ; les fauteuils sont des hottes et le dos des chaises des pelles à four ; on tire les papiers d'une trémie, et celui qui les lit a la moitié du corps dans un *blutoir*. Le plus grand luxe, du reste, se révèle dans ces objets. Tout aussi curieux, nos académiciens français, avec leur épée au côté *pour trancher les difficultés* de la langue, sans doute ? (Voir *Moulin*.)

BLUTEAU, *s. m.* All. *mehlsieb*; angl. *bolting-machine*; ital. *staccio à farina*. — Tamis des meuniers qui sert à faire le *blutage*, c'est-à-dire à séparer le son de la farine et qui est placé dans le *blutoir*. Le blutoir Schweitzer est celui qui nous a paru le meilleur.

BOBŒUF (Pierre-Alexis-François). — Né à Chauny (Aisne) le 6 septembre 1807. Il entra en 1830 comme surnuméraire au ministère des affaires étrangères. M. Guizot remarqua son esprit chercheur et lui prédit qu'il serait mieux qu'un employé de bureau. Nous le retrouvons un peu plus tard occupant un emploi où d'heureux loisirs lui permettaient de s'adonner entièrement à sa passion, l'étude de la chimie.

Il trouva d'abord des procédés nouveaux dans l'application des couleurs aux fleurs artificielles. La révolution de 1848 vint arrêter brusquement ses entreprises. Complètement ruiné, il ne se découragea point et reprit ses études sur la chimie, cette mère sévère qui n'abandonne jamais ses enfants.

En 1850, les propriétés de l'acide phénique, récemment découvert, attirèrent instinctivement son attention ; il fit de coûteux et nombreux essais pour tirer un parti plus avantageux de ce produit qui coûtait très cher (80 fr. le kilog.) et était jusqu'alors resté dans les domaines de la chimie pure.

Bobœuf est le premier qui a su rendre l'acide phénique soluble, au moyen des acides alcalins avec lesquels il forme des acides définis. La combinaison de l'acide phénique avec la soude pour former le *phénate de soude* a été un trait de génie, et cette substance a pris le nom de *Phénol Bobœuf*.

Ce produit, réunissant à la fois les qualités de l'acide phénique, sans avoir ni les inconvénients de son prix élevé, ni les dangers de son emploi, fut mis d'emblée à la disposition du public. Son usage le mit bientôt au rang des désinfectants les plus hygiéniques, les plus puissants et les moins dangereux connus jusqu'à ce jour. Sur le rapport de l'illustre Flourens, l'Institut de France décerna en 1861 le prix Montyon à l'auteur du « Phénol Bobœuf », afin de consacrer sa valeur thérapeutique et son importance au point de vue humanitaire.

Non seulement le Phénol Bobœuf est puissant, mais il n'est point nocif et ne possède pas de propriétés irritantes ; aussi son emploi est aujourd'hui universel. (Voir les mots *Air vicié, Air marin, Amygdalite, Antiseptique, Appartement, Aspirateur, Assainissement, Avorter, Phénol, Eau.*

Le « grand chimiste », comme l'appelait Wurtz, est mort à Saint-Denis, près Paris, sur le champ de bataille, c'est-à-dire dans son usine, le 26 avril 1874. Bobœuf était un homme simple, modeste, fuyant les hommes factices, s'appliquant dans les recherches de la science vraie et d'utilité publique.

BOCAL, *s. m.* (*buccalis*). All. *pokal*; angl. *jar*; ital. *bocalo*; esp. *bocal*. — Sorte de bouteille ou vase à large orifice servant à mettre des confitures ou des fruits à l'eau-de-vie : un bocal de prunes à l'eau-de-vie.

BOCK, *s. m.* (mot anglais). — Vase de terre ou de verre contenant environ un quart de litre et dans lequel on sert la bière. A Paris, on sert aussi la bière dans des verres à pied, forme calice, qu'on appelle aussi *bocks*. Le petit verre sphérique, contenant le quart du bock ordinaire, est appelé *ballon*.

Fig. 212. — Bock Lyonnais

Bock Lyonnais. — Par extension, M. Velten, brasseur à Marseille et à Lyon, a donné le nom de « Bock Lyonnais » à une petite bouteille de forme champenoise, de la contenance d'un bock ouvert, renfermant de la bière Velten. Ce mode a pour but la conservation de la bière et a l'avantage d'assurer aux consommateurs une bière d'origine exempte de mélange. (Voir *Bière* et *Brasserie*.)

BŒUF, s. m. (*Bos*). All. *ochse*; angl. *ox*; ital. *bove*; esp. *bueg*; port. *bai*. — Mammifère du genre ruminant; taureau châtré destiné à la boucherie.

Le bœuf est le type le plus parfait de la servitude et l'animal le plus indispensable à l'homme; pendant que la vache nous nourrit de son lait et qu'elle nous donne le beurre et le fromage, le bœuf au trait est l'emblème pacifique du travail, de la force et de la simplicité; pour achever sa vie servile, il marche tranquillement à l'abattoir

Fig. 213. — Bœuf Apis.

conduit par son tyran, qui s'approprie sa chair pour se nourrir et tanne sa peau pour la confection de sa chaussure.

Reconnu par les Aryas comme le plus utile des animaux, les Assyriens exploitèrent avec grand honneur l'élevage du bétail.

Les Egyptiens rendaient au bœuf les honneurs divins; il était adoré spécialement à Memphis comme l'image, l'incarnation même d'Osiris, sous la dénomination de *Sérapis* ou *bœuf Apis*.

Le bœuf pascal ou *bœuf gras* n'est, d'ailleurs, que la trace du culte égyptien. Le fertile pays de Basan, en Judée, entre le Jourdain, la mer de Galilée, le royaume de Galaad et la chaîne du Liban, était particulièrement renommé comme possédant les plus beaux troupeaux de bœufs. Il en était de même de Saron, belle et vaste plaine de la tribu d'Ephraïm, que l'on traversait pour aller de Joppé à Jérusalem et où David avait un inspecteur de bétail (*Chron.* XXVIII). Parmi les provisions alimentaires qu'il fallait à Salomon pour substanter les officiers de sa haute cour, on y comprenait chaque jour dix bœufs gras et vingt bœufs de pâturage. On sait également que Néhémie, pendant tout le temps qu'il fit asseoir à sa table les *cent cinquante* magistrats juifs qui étaient venus des nations étrangères pour l'aider à relever Jérusalem de ses ruines, fit servir entre autres un bœuf rôti entier à chaque repas.

C'est dans un de ces repas fantastiques, où les amphitryons étaient livrés aux luttes de l'ambition divine, aux angoisses de la jalousie et de l'orgueil, que Salomon s'est écrié: « Il vaudrait mieux un repas d'herbe où il y a de l'amitié qu'un festin de bœuf gras où il n'y a que haine » (*Prov.*, XV, 17).

En Amérique, on engraisse pour la boucherie l'indigène *bos américanus* (voir *Bison*), qui est excellent dans tout le Nord.

En Afrique et dans l'Asie, il y a une variété de *yack* et le *buffle* appropriés aux climats chauds de ces pays. Le nord de l'Europe paraît posséder une race de l'*aurochs* dégénéré.

L'Espagne et l'Italie possèdent une variété de bœuf qui se distingue par l'énorme longueur de ses cornes, de sa taille, de ses jambes, par sa forte ossature et sa chair jaunâtre.

Les races de Belgique, d'Allemagne et de Suisse sont, pour la plupart, des races croisées anglo-saxonnes. La race de l'Oberland bernois varie sensiblement de la race de la vallée d'Hérens (Valais).

La *race d'Hérens* se distingue par la forme arrondie de son corps, par les jambes courtes, la peau forte et le poil luisant, quelquefois hérissé sur le cou, bombé comme celui du taureau. On ne voit guère d'animaux plus coquets et à l'œil plus vif. Le système osseux très réduit est enseveli au milieu d'une chair vermeille et marbrée, d'une tendreté succulente et d'un arome exquis dû au frais pâturage des montagnes. Le perfectionnement de cette variété est dû à la passion qu'a ce peuple pasteur de posséder la *reine* au *consortium* de la montagne commune que chaque village possède dans les fermes de communautés de famille, ou communes libres, dont on reconnaît encore les traces frappantes. C'est par la longue sélection et en choisissant les mêmes types pour la reproduction, que cette vallée, déjà mentionnée par Tacite pour la beauté de son bétail, produit des *génisses* non fécondées jusqu'à l'âge de trois à quatre ans et dont la perfection est arrivée pour le but que l'on se propose, jusqu'à disposer les cornes en armes de bataille.

La race de Durham est la race la plus estimée en Angleterre. Ces animaux, tout en conservant leur grande taille, ont un système osseux des plus réduits et présentent une masse considérable de chair délicate, entrelamée de graisse et qui fournit ces majestueux *roastbeef* si recherchés par les Anglais, qui savent en apprécier la valeur nutritive. C'est également en ne choisissant que les plus beaux de ces animaux pour la reproduction que l'on est arrivé à ce résultat. Les Égyptiens, déjà longtemps avant les théories de Darwin, sur la reproduction des espèces, mettaient en pratique les doctrines de ce grand naturaliste et étaient arrivés à des résultats merveilleux.

La race d'Angus est la race anglaise sans cornes, système complètement opposé au type des montagnes de l'Ecosse, qui est le bœuf à long poil et à grandes cornes.

Chez nous, on distingue plusieurs variétés qui se disputent l'excellence, entre autres celles du Charolais et du Limousin. D'ancienne réputation, on distingue :

La race normande, généralement connue sous le nom de prés-salés et qui fournit des animaux gras à chair marbrée et belle.

La race bretonne, plus petite et très estimée.

La race garonnaise est une de nos plus belles races françaises et une des meilleures. Elle manque encore de finesse ; mais si les éleveurs tendent à la perfectionner par sélection de sa propre race, sans infusion de sang étranger, dans un siècle elle sera la meilleure du monde.

La race charolaise semble fournir depuis un demi-siècle les meilleurs types pour la boucherie. Ce bœuf, ordinairement d'un pelage blanc et uniforme, est fort agile et donne une chair plus ferme et tout aussi succulente que les durham et leurs dérivés ; en conséquence, convenant mieux aux consommateurs français. Ces caractères sont représentés sous des manteaux différents par les races : *limousines*, *parthenaises*, *comtoises*, *mancelle*, de *Salers* et d'*Aubrac*. Elles se caractérisent aussi par cette aptitude d'os minces, de membres courts, la tête et le cou petits, une grande ampleur de tronc dans tous les sens, la peau fine, le poil luisant et l'œil vif. L'âge de trois à quatre ans leur donne une facilité d'assimilation telle que presque toute la nourriture absorbée se transforme en viande.

Il suffit de cet exposé sommaire sur les différentes races pour démontrer l'influence que la reproduction, le climat, le fourrage exercent sur la dégénération ou la perfection des animaux et portent sur l'alimentation et l'hygiène publiques.

Fig. 314. — Division qualitative du bœuf.

On distingue dans le bœuf *cinq* parties classées par ordre d'excellence :

PREMIÈRE CATÉGORIE. — Le *filet*, l'*entrecôte*, la *culotte* et *cuard* ou commencement de la queue et la *langue*.

DEUXIÈME CATÉGORIE. — La *tranche grasse*, l'*aloyau*, le *paleron*, le *gîte à la noix*, le *tendron*.

TROISIÈME CATÉGORIE. — Le *train de côtes*, le *talon du collier*, la *bavette*, les *plates côtes découvertes*.

QUATRIÈME CATÉGORIE. — Le *gîte*, le *collier*, le *plat de côtes couvert*, la *joue*, les *jarrets*.

CINQUIÈME CATÉGORIE. — La *surlonge*, le *bout de l'épaule* et la *queue*.

Ces morceaux se divisent en différentes parties qui prennent, selon les pays, divers termes vulgaires.

Analyse chimique. — Les chimistes de l'école officielle ont essayé de formuler une analyse des propriétés de la chair de bœuf ; mais l'expérience nous a démontré, et les analyses ont corroboré nos études, que non seulement les propriétés de la viande de bœuf varient selon l'âge, l'état de santé ou de maladie de l'animal, mais aussi selon sa race, son fourrage, la saison et la contrée. Voici le résultat de l'analyse de la viande de différents bœufs :

PROPORTIONS ET VALEUR NUTRITIVE DU BŒUF SUR 100 PARTIES

QUALITÉS	BŒUF		SELS		MATIÈRE AZOTÉE		GRAISSE		EAU	
	Quartiers	Abats déchets	Quartiers	Abats déchets	Quartiers	Abats déchets	Quartiers	Abats déchets	Quartiers	Abats déchets
Bœufs gras.......	59,8	38,5	4,6	3,4	15,0	17,5	34,8	26,8	45,6	52,8
id. demi-gras....	59,3	38,9	5,6	4,1	17,8	20,0	22,6	15,7	54,0	59,6
id. en troupeaux.	59,3	38,9	5,2	—	18,0	—	16,0	—	60,8	—

Cette analyse tend à démontrer que la viande trop grasse contient moins d'azote que la viande de troupeaux, mais en proportions relatives à sa quantité d'eau ; tandis que la viande de troupeaux atteint le maximum en azote, sels et eau ; mais sa quantité d'eau annihile les propriétés qu'elle peut avoir, d'où il faut conclure que la viande demi-grasse est encore la plus profitable.

Nous donnons une autre analyse, d'après Berzélius, de 100 parties de maigre de bœuf privées des portions tendineuses et qui renfermeraient :

                Eau. 77,20
                Musculines et analogues 15,80
                Albumines solubles et hématine   3,20
                Matières gélatinisant par la coction .   1,80
                Graisse, extractif, créatine, cendres . 2,00

Voici maintenant, d'après un tableau comparatif, la répartition de la viande de bœuf([1]) :

TABLEAU COMPARATIF EN RENDEMENT

PARTIES	BŒUF		VACHE	
	kilos	grammes	kilos	grammes
Bœuf pesé vivant.............	645	»	511	»
Poids de la viande...........	395	»	292	»
Langue......................	4	»	3	»
Sang........................	28	»	19	»
Pieds.......................	10	»	7	500
Abats.......................	26	500	18	»
Panse et boyaux.............	95	500	104	500
Suif........................	30	»	29	450
Crâne.......................	4	»	2	»
Cervelle....................	1	»	»	500
Cuir........................	48	»	34	500
Cornes......................	3	500	2	500

Contrairement à l'opinion générale, la meilleure viande est celle des bœufs de quatre à cinq ans qui ont travaillé et qu'on a ensuite engraissés pour la boucherie ; ils fournissent alors une viande à tissus plus gélatineux, plus tendres, que les individus du même âge qui n'ont pas travaillé.

Chez le bœuf engraissé à point, la coupe transversale de l'aloyau présente, sur un fond uniformément rouge vif, une arborisation blanche, très touffue, un véritable réseau à mailles très serrées et délicates, constituant ce qu'on appelle, en termes de boucherie, le *persillé* ou le *marbré*.

On reconnaît que la viande est de qualité supérieure lorsque la couche de graisse est d'une certaine épaisseur, qu'elle est ferme et d'un blanc légèrement jaunâtre. L'infiltration graisseuse de la viande a une importance considérable au point de vue de ses propriétés alimentaires ; non seulement la viande grasse, dans de justes proportions, est plus savoureuse et plus tendre, mais elle contient une proportion bien plus élevée de principes nutritifs et aromatiques.

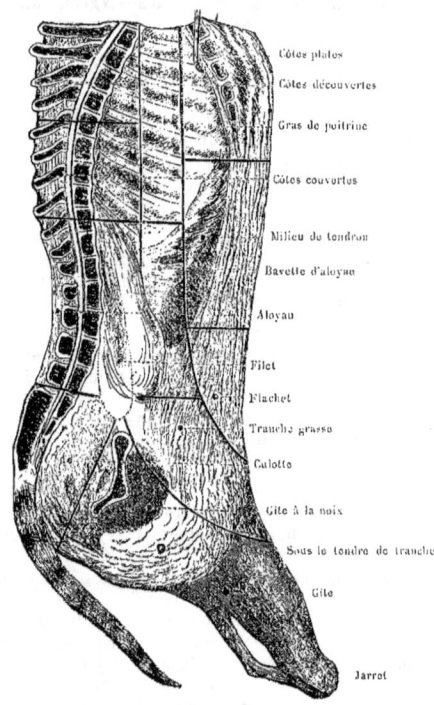

Fig. 315. — Moitié de bœuf (vue intérieure avec les noms des différentes parties).

Lorsque le bœuf est abattu, on lui enlève la peau, la tête avec les cornes, les entrailles et les pieds, ce qui constitue les abats ; il est ensuite coupé par moitié pour l'étalage des boucheries.

---

(1) Lacomme, Communication à l'Académie de Cuisine.

USAGE CULINAIRE. — Le bœuf est une mine inépuisable entre les mains d'un artiste habile. Son absence mettrait le cuisinier dans l'impossibilité de traiter la cuisine en maître. Trois modes principaux sont usités dans la préparation du bœuf, ce sont :

LE BŒUF RÔTI ;
LE BŒUF BRAISÉ ;
LE BŒUF BOUILLI.

Bœuf rôti (*Cuis. anglaise*). — *Formule 487.* — La pièce que l'on fait rôtir est généralement le *filet* et l'*aloyau* (voir ces mots) ; elle doit être mise à la broche avec son filet et ses côtes ; à défaut de broche, on devra le rôtir au four dans une lèchefrite et l'arroser souvent ; mais la broche est bien préférable à tout autre appareil. Pour les garnitures, voir *Aloyau* et *Filet*.

THÉORIE GÉNÉRALE DU BŒUF BRAISÉ. — Pour bien distinguer le genre de préparation entre le bœuf rôti et le bœuf braisé, je classe dans cet article toutes les méthodes qui, sans porter le nom de *braisé* (voir ce mot), le sont cependant dans toute l'acception du mot.

Pour que la viande soit braisée, il faut qu'elle cuise pendant quelques heures. Rien de moins bon, de moins succulent, de moins sapide, de plus désagréable à la mastication et de plus indigeste, qu'une viande qui n'est ni *rôtie*, ni *braisée* et qui a perdu son suc. Il est donc dans l'intérêt de l'art, du bon goût et de l'hygiène de faire cuire, jusqu'à parfaite tendreté, toutes les viandes braisées ; je ne saurais trop attirer l'attention des praticiens sur ce point important.

Bœuf braisé (*Cuis. d'hôtel*). — *Formule 488.* — Foncer une braisière de quelques tranches de lard, de débris de jambon, d'oignons, de carottes émincées ; garnir de clous de girofle, de poivre en grains, d'une gousse d'ail, de laurier, de thym et d'une feuille de sauge.

Appliquer le bœuf sur la préparation précitée ; faire prendre couleur sur le fourneau ou dans le four chaud. Étant à point, sortir le bœuf et dégraisser ; remettre le bœuf dans la casserole en y ajoutant du vin blanc au préalable, quelques cuillerées de sauce espagnole et emplir, à hauteur du bœuf, de bouillon dégraissé ou de jus de bœuf ; faire cuire dans un four chaud, tourner quelquefois ; le liquide étant réduit à moitié de son volume, mettre le couvercle et achever la cuisson à petit feu pendant un temps qui varie selon la qualité, l'âge ou la grosseur du morceau de bœuf, de *deux* à *quatre* heures.

La cuisson se reconnaît à la parfaite tendreté de la viande, en la piquant avec une aiguille à brider ; sortir alors le bœuf et le déposer dans une autre casserole ; passer le liquide et le faire réduire un instant en plein feu s'il n'est pas suffisamment corsé. Dégraisser et mettre la sauce avec le bœuf ou la conserver au bain-marie.

Remarque. — Dans les maisons bourgeoises ou particulières, où l'espagnole fait généralement défaut, on fera un petit roux dans la poêle que l'on mouillera avec le bouillon destiné à être ajouté au bœuf braisé pendant sa cuisson. Le bœuf n'en sera que meilleur.

Bœuf à la mode (*Cuis. française*). — L'opération de la cuisson est la même que dans la formule 488 ; le *bœuf à la mode* ne diffère que dans les garnitures.

Procédé. — Tourner de petites carottes ; éplucher de petits oignons ; couper des couennes en petits carrés ; larder le bœuf et mettre le tout dans une terrine avec du vin blanc (non du vinaigre et de l'eau). Condimenter avec du poivre blanc concassé, des clous de girofle, de l'ail, du thym, du laurier et laisser passer la nuit.

Foncer une braisière dans la règle et y mettre le bœuf égoutté et essuyé ; faire prendre vivement couleur sur un feu vif, ajouter de la sauce espagnole et le vin blanc de la terrine ; lorsque le tout est réduit à moitié de son volume, passer le liquide à travers un tamis ; laver intérieurement la braisière (si elle est attachée) ; dégraisser la sauce ; y ajouter les carottes, les petits oignons, les petits carrés de jambon et les couennes de lard coupées en dés. Mettre le tout dans la braisière et achever la cuisson du bœuf avec les garnitures qui devront être cuites à point et en même temps que le bœuf.

On sert la garniture autour de la pièce de bœuf coupée et remise à sa juxtaposition.

Côte de bœuf braisée (*Cuis. bourgeoise*). — *Formule 489.* — La tailler dans le train de côte, forte de cinq centimètres d'épaisseur ; foncer un sautoir ; la coucher dedans, après avoir condimenté et assaisonné dans la règle ; faire saisir à feu vif ; la mouiller avec du vin blanc, du bouillon ou du jus ; faire braiser en l'arrosant souvent. (Voir *Côte.*)

Remarque. — La côte est quelquefois piquée,

braisée et garnie avec différents végétaux alimentaires qui en déterminent le nom.

Bœuf à la napolitaine. — *Formule 490.* — Après avoir braisé dans la règle prescrite, on garnit le bœuf de macaronis au jus.

Bœuf à la bourgeoise. — *Formule 491.* — Frapper pour l'attendrir un morceau de bœuf, le piquer d'ail et le larder, le braiser et le servir avec des carottes nouvelles braisées dans son suc et des petits oignons.

Bœuf à la milanaise (*Cuis. d'hôtel*). — *Formule 492.* — Braiser le bœuf; d'autre part, préparer un *risotto* (voir ce mot) dans la règle avec de la purée de tomates, mais sans fromage. Au moment de servir, en modeler de petites tartelettes et en garnir le bœuf.

Bœuf à la bourguignonne (*Cuis. de restaurant*). — *Formule 493.* — Braiser le bœuf; après avoir fait glacer des petits oignons, les achever de cuire dans la demi-glace du bœuf et garnir.

Bœuf braisé à la bretonne (*Cuis. de restaurant*). — *Formule 494.* — Après avoir fait braiser le bœuf et dégraissé son fond, faire cuire des haricots blancs, les égoutter et les arroser avec la demi-glace du bœuf; on cisèle des oignons que l'on fait sauter à la poêle et que l'on ajoute aux haricots avec lesquels on garnit le bœuf.

Bœuf à la Montebello (*Cuis. italienne*). — *Formule 495.* — Braiser le bœuf, passer et dégraisser le fond. Préparer un *mirepoix* (voir ce mot) bien condimenté, le mouiller avec une demi-bouteille de vin de Madère vieux et le fond du bœuf; faire cuire. D'autre part, faire blanchir des champignons frais avec du beurre, du sel et du jus de citron; lorsque le mirepoix est cuit aux trois quarts, ajouter dans la sauce du poivre en grains concassé. Après une heure de cuisson, passer la sauce au tamis de crin; la dégraisser et ajouter les champignons; si elle n'est pas assez forte, la relever avec du cayenne.

Dresser la pièce de bœuf, la garnir de champignons, la surmonter d'attelets; envoyer une saucière de sa sauce à part.

Dans un restaurant, en coupant le bœuf, on aura soin de mettre les champignons par groupes autour, de manière à laisser voir le bœuf en son état naturel.

Bœuf braisé aux choux (*Cuis. bourgeoise*). — *Formule 496.* — Braiser le fond dans la règle; d'autre part, faire blanchir des choux et les rafraîchir; les égoutter, les presser et en former des petits paquets. Foncer un sautoir de tranches de jambon coupées, de manière à pouvoir les servir avec les choux; de petit-salé, de carottes tournées et de petits oignons; placer sur le tout les choux, les arroser de la graisse du bœuf braisé, les assaisonner, les couvrir d'un papier beurré et les faire cuire à petit feu. Dresser le bœuf et le garnir de choux et des garnitures braisées ayant servi à foncer.

Bœuf aux navets (*Cuis. d'hôtel*). — *Formule 497.* — Tailler des navets en forme de demi-lune et les glacer; le bœuf étant braisé et la sauce demi-glace passée au tamis, arroser les navets et les achever de cuire. Dresser le bœuf et le garnir des navets.

Bœuf à la gourmande (*Cuis. bourgeoise*). — *Formule 498.* — Couper des pois gourmands en gousses, par tronçons de cinq centimètres de longueur, les faire braiser à l'étouffée (sans les blanchir) avec du petit salé et du beurre frais; les arroser avec du jus de bœuf braisé cuit et glacé. Dresser le bœuf et garnir les deux extrémités de forts groupes de pois flanqués de petites tranches de lard maigres.

Bœuf à la Parmentière (*Cuis. bourgeoise*). — *Formule 499.* — Braiser le bœuf; lorsqu'il est à peu près cuit, dégraisser le fond, le passer au tamis et le remettre dans la braisière avec la viande; ajouter autour des petites pommes de terre parmentières, nouvelles et épluchées, en ayant soin que la cuisson des pommes de terre coïncide avec celle de la viande.

Dresser le bœuf et l'entourer de pommes de terre parmentières.

Bœuf à l'égyptienne (*Cuis. égyptienne*). — *Formule 500.* — Lorsque le bœuf est cuit aux trois quarts, dégraisser et passer la sauce à travers le tamis de crin. Éplucher de jeunes artichauts qui n'ont pas encore le foin et arrondir les fonds; préparer de la même forme des topinambours; mettre la viande dans sa braisière, l'entourer des artichauts et des topinambours, l'arroser avec sa sauce et faire cuire jusqu'au degré désiré.

Dresser et garnir.

Bœuf braisé à l'italienne (*Cuis. italienne*). — *Formule 501.* — Foncer dans la règle une braisière ; assaisonner un morceau de bœuf, le larder et le piquer de quelques pointes d'ail ; faire prendre couleur. Mouiller avec du bouillon et une demi-bouteille de vin blanc sec, ajouter une purée de tomate réduite et faire cuire une heure ; passer le jus, le remettre dans la braisière avec la viande et garnir d'une douzaine de cous de volailles coupés en trois, de crêtes et de rognons de coqs, de gésiers, de têtes débarrassées du bec et de foies de volailles sans fiel. Ajouter à cela quelques truffes blanches du Piémont coupées en quatre et faire braiser à petit feu.

Quinze minutes avant d'être parfaitement cuit, ajouter un verre de riz lavé, et lorsqu'il a atteint sa cuisson ordinaire (qui doit être ferme), on dresse le bœuf et on le garnit du ragoût avec lequel il a été braisé.

Queue de bœuf braisée (*Cuis. bourgeoise*). — *Formule 502*. — Couper la queue par tronçons à chaque jointure ; foncer une braisière de carottes, d'oignons, de petit salé, d'ail, de persil, de céleri, de laurier, de thym et de clous de girofle ; y placer les morceaux de queue et faire prendre couleur ; les tourner une fois et les arroser de bouillon ; ajouter une demi-bouteille de vin blanc sec.

Faire réduire à glace et maintenir le liquide dans cet état en l'arrosant souvent avec du bouillon jusqu'à parfaite cuisson, dont le temps varie selon l'âge de l'animal, de trois à cinq heures ; ce temps écoulé, elle doit être tendre, succulente, gélatineuse et son suc d'une bonté exquise, due à l'abondance des matières cartilagineuses, fibrineuses, gélatineuses et azotées qui forment sa double puissance nutritive et réparatrice.

Queue de bœuf en hochepot (*Haute cuis.*). — *Formule 503*. — J'aurais tort de ne pas citer ici un des mets les plus estimés de l'ancienne cuisine française, de même que des plus goûtés et appréciés des Gaulois primitifs :

Couper une queue de bœuf à chaque vertèbre, la faire cuire dans une casserole avec l'assaisonnement que l'on met dans le pot-au-feu et avec très peu d'eau. Après quatre à cinq heures de cuisson, dresser artistement les morceaux de queue au centre du plat et les entourer des divers légumes. Pendant ce temps, faire réduire vivement une partie de son bouillon (avec un verre de vin blanc, une cuillerée de raifort râpé) que l'on sert dans une saucière à part.

Remarque. — Les pieds et le museau de bœuf peuvent être traités de la même façon ; ils fournissent également un suc gélatineux et pectoral.

Bœuf à l'ervalenta (*Cuis. réparatrice*). — *Formule 504*. — En assimilant les deux plus riches aliments du règne animal et végétal, mon but a été de démontrer que bien des personnes peuvent, par la cuisine, obtenir à bas prix ce que le charlatanisme leur fait payer très cher. En effet, les propriétés de la lentille jointes à celles du bœuf auront une action autrement réparatrice que la *merveilleuse* Revalescière Dubarry.

Procédé. — Beurrer une braisière dans laquelle on mettra, après l'avoir salé, un morceau d'aloyau ; faire prendre couleur, ajouter quelques os de veau, mouiller avec du bouillon de bœuf ou avec de l'eau ; faire braiser en faisant réduire la cuisson. Laver et faire blanchir deux cent cinquante grammes de lentilles perlées, en gruau ; les rafraîchir ; passer la demi-glace du bœuf à travers un tamis de crin ; laver la braisière, remettre le bœuf, la glace et les lentilles, braiser jusqu'à parfaite cuisson. Lorsqu'elle est achevée, dresser le bœuf entouré des lentilles.

Remarque. — Il est de stricte rigueur, pour la réussite de cette préparation, de n'assaisonner le bœuf que de sel seulement, tout autre condiment annihilerait les propriétés digestives et nutritives ; la décoction du bœuf et des lentilles doit seule former la sauce nécessaire à ce trésor alimentaire ; là se cache tout le secret pour obtenir le plus riche des mets composés.

Bœuf braisé aux nouilles (*Cuis. bourgeoise*). — *Formule 505*. — Lorsque le bœuf est braisé, on le garnit de nouilles arrosées de jus de bœuf. (Voir *Nouilles*).

Bœuf à la marseillaise (*Cuis. de restaurant*). — *Formule 506*. — Différents modes sont usités parmi lesquels nous mentionnerons celui-ci publié par M. Morard :

« Pour quatre personnes : prendre cinq cents grammes de culotte de bœuf, la piquer de lardons et de quelques gousses d'ail ; la mettre dans une terrine, l'assaisonner de sel et de poivre, deux feuilles de laurier, un demi-verre de vinaigre rouge, un peu d'huile et du persil en branche ; laisser ainsi mariner le bœuf pendant cinq heures. Ensuite, le retirer de la marinade, le mettre dans une marmite en terre, au fond de laquelle on met quelques lames de lard, ajouter un verre de vin rouge, couvrir le vase; faire cuire sur un feu modéré pendant cinq à six heures. Servir avec le jus dégraissé. Le bœuf ainsi préparé est aussi bon froid que chaud. »

Daube à la marseillaise (*Haute cuis.*). — *Formule 507.* — Tailler un morceau de culotte fort de deux kilos. Le couper par morceaux gros comme des biftecks; les piquer de lard assaisonner d'ail, de ciboules et d'échalottes hachées.

Foncer de lard une marmite en terre; condimenter d'ail, de thym, de laurier et de poivre concassé. Faire saisir les biftecks à la poêle et les mettre dans la marmite avec du bon vin rouge du Midi. Mettre en ébullition et retirer sur l'angle du fourneau; fermer le couvercle en ne laissant qu'une petite ouverture pour la vapeur. Laisser cuire jusqu'à réduction du liquide en glace et faire en sorte que le bœuf soit cuit à point au moment où le jus a atteint le degré de glace, de façon à n'être pas forcé de remouiller. Ce mode se pratique surtout à Lyon. (Voir *Goulache*.)

Daube à la provençale (*Cuis. bourgeoise*). — *Formule 508.* — Tailler un morceau de culotte du poids de trois kilos; le frapper, le piquer de lard et d'ail de Provence. Mettre le bœuf dans une terrine avec ail, thym, ciboules, estragon, mignonnette et un citron coupé en lames. Laisser passer la nuit.

Le lendemain, essuyer le bœuf et le frotter de sel et d'épices aillolisés. Foncer de lard une marmite en terre; faire prendre couleur au bœuf dans une casserole, sur un feu vif, et le mettre dans la marmite en terre avec ail, oignons et échalottes hachés. Mouiller à hauteur du bœuf avec du vin rouge, de la marinade et en ajouter d'autres, s'il était nécessaire.

Faire mettre en ébullition et laisser cuire à petit feu jusqu'à demi-glace. Dégraisser et servir la sauce sans être passée. On doit faire en sorte que la sauce soit arrivée à demi-glace au moment de la parfaite cuisson du bœuf. Il est aussi très important de ne pas la laisser attacher.

Remarque. — Rien de pareil n'est servi dans les restaurants qui inscrivent pompeusement sur leur *menu* « à la provençale » (voir ce mot).

Je n'insisterai pas davantage sur le fond et les formules qui prennent le nom des garnitures et auxquelles je renvoie le lecteur.

BŒUF FUMÉ, *s. m.* All. *geræuchertes Ochsenfleisch;* angl. *smoked beef;* ital. *bove fumato.* — Le bœuf fumé est toujours salé avant d'être fumé et, pour cette raison, il a les mêmes propriétés que le bœuf uniquement salé. Cette viande est fibreuse, sans suc et peu nourrissante, quoiqu'elle provoque la soif; ses principes sapides et nutritifs se dissolvent dans la saumure, si l'on n'a pas soin d'en fermer les pores.

Procédé. — *Formule 509.* — Diviser des morceaux de viande de la grosseur de deux à trois kilos, faire bouillir une marmite d'eau; plonger le bœuf une minute dans l'eau bouillante, morceau par morceau, de manière à ne pas faire cesser l'ébullition de l'eau. Mettre les morceaux de bœuf sur la table de cuisine; préparer l'assaisonnement suivant:

Gros sel . . . . kilogram.		2
Salpêtre	—	500
Poivre noir concassé	—	25
Baies de genièvre concassées . . .	—	25
Clous de girofle, muscade râpée.	—	20
Thym, laurier, basilic, sauge. . . .	—	40

Mélanger le tout et en frotter les morceaux sur toutes les faces, de manière à faire pénétrer l'assaisonnement.

Les chairs étant ainsi frottées, on les met dans le sel bien épicé et contenant un peu de salpêtre; ce qui constitue *la saumure*, dans laquelle on laisse quinze jours les viandes en salaison. Après ce temps, on les pend dans la cheminée, espacées de quelques centimètres les unes des autres. Cette opération faite, on brûle de préférence du genièvre vert, du sapin, du mélèze, ou tout autre bois vert pouvant donner plus de fumée que de feu; au besoin de la sciure, etc.; mais il est à remarquer que la viande conserve toujours le goût du bois qui l'a fumée. Le premier jour, la fumée doit être constante pendant six heures; le deuxième jour également; du troisième au sixième jour, on peut la réduire à cinq heures, et dès lors, si c'est à la campagne, la fumée d'un foyer ordinaire suffit pour rendre, après six semaines, la viande parfaitement fumée. On la pend alors dans un local aéré et sec où elle se conserve quelques années au besoin; mais il est certain qu'après un an, si elle n'est pas très bien fumée, elle acquiert un goût rance dû aux mites qui perforent les tissus de la viande ; c'est dans cet état que les *vieux avares* ignorants se font honneur d'offrir la viande aux festins d'apparat de village.

HYGIÈNE. — Le *filet*, l'*aloyau*, la *culotte*, la *langue* peuvent être mangés crus après six mois de séchage ; ils ont alors un goût parfait, succulent et tendre. Mais il est bon de savoir apprécier l'état de la viande crue, car il y a danger chaque fois qu'on en mange.

Plus dangereuses encore sont les viandes de cochon crues, aussi bien jambon qu'autres parties, se traitant absolument de la même manière que le bœuf fumé. Le mouton cru est très agréable lorsqu'il est fumé au genièvre ; et avec le bœuf, ce sont les viandes qui offrent le moins de danger pour la santé.

Comme on le sait, le bœuf fumé de Hambourg est celui qui a joué un rôle important dans l'alimentation de la marine et des peuples du Nord. Pour se servir de cette viande, on la lave, on la fait tremper et on la brosse pour la débarrasser de toute souillure et du sel qui y est resté adhérent. Cuit avec des légumes, tels que choux, choucroute, laitue, etc., c'est un mets substantiel pour les estomacs robustes et qui convient parfaitement aux habitants des montagnes, mais indigeste pour les personnes qui n'ont pas l'habitude d'en faire usage.

Glace de bœuf. — Le meilleur *extrait* ou *glace de viande* se tire également du bœuf ; il acquiert plus de succulence lorsqu'on a soin d'ajouter à la coction des jarrets, des os de veau, des abatis de volaille et autres viandes blanches ; elle devient alors gélatineuse, ferme, riche en principes azotés, mucilagineux et fibrineux. Les jus, les os ou les viandes destinés à cette opération doivent être cuits sans sel ; l'oxyde neutralisé obtenu par l'évaporation du liquide fournissant le sel nécessaire.

En général, les écrivains se sont complu à décerner à M. le professeur Liebig l'honneur de l'invention de cet extrait, mais le grand savant et non moins grand négociant, par un simple mais habile coup de main, n'a fait qu'enlever aux cuisiniers la *glace de viande*, connue dans toutes les cuisines et aussi vieille que l'art de faire du bouillon. En s'attribuant l'invention et en osant la décorer de son nom, l'appelant *extrait de viande Liebig*, le savant n'a fait là, avouons-le, qu'un plagiat inoffensif, et il n'en fallait pas tant pour que sa gloire captivât la crédulité du public, toujours avide de *petits* paquets aux *grands* noms. Mais il n'en est pas moins vrai que l'inventeur ne profite pas du fruit de ses recherches ; en léguant une découverte à l'humanité, il la livre également à l'audacieuse exploitation qui s'en accapare au détriment des producteurs.

Dans toutes les cuisines un peu conséquentes, on peut faire la *glace de viande* tout aussi bonne, sinon meilleure, que celle qu'on vend chez les marchands d'aliments chimiques et les épiciers. Il n'est nullement besoin de la signature ni de la science de Liebig pour faire de l'extrait supérieur à celui qui porte son nom.

Extrait de viande. — *Formule 510.* — Dans les maisons bourgeoises, avec le restant du bouillon, le jus des rôtis, les abatis de volaille, les os de veau et toutes les viandes blanches, ainsi que les jarrets de bœuf, on obtiendra une quantité d'*extrait* relatif à la quantité de suc contenu ; on met le tout dans une marmite ou casserole qu'on emplit d'eau à hauteur des os ; on la soumet à l'ébullition et on l'écume ; on garnit alors la marmite d'oignons, de carottes, de céleri, de poireaux ; continuer la cuisson pendant cinq heures.

On passe alors le bouillon à travers un tamis fin, on le dégraisse et l'on en continue la cuisson ; étant réduit au tiers de son volume, on le passe une deuxième fois au tamis ; cette fois, on met le jus dans un sautoir à plein feu et l'on remue constamment avec la spatule pour éviter que cette glace ne s'attache ; lorsqu'elle est *filante*, c'est-à-dire qu'elle fait la corde quand on lève la spatule, on la coule dans un moule légèrement huilé et on la laisse refroidir dans un lieu froid.

Deux jours après, lorsqu'elle est froide, on la taille par tablettes où l'on en dispose à volonté ; on doit, de préférence, garder le pain entier, au sec et enveloppé d'une feuille d'étain, et n'en couper des morceaux qu'au fur et à mesure des besoins.

Pour la conserver, on la coule dans des vessies ou on la renferme dans des boîtes de fer-blanc, que l'on soumet à l'ébullition pendant quinze minutes.

BŒUF BOUILLI, *s. m.* (*bos bullire*). All. *Ochsenfleisch* ; angl. *boiled beef* ; ital. *bove bullire*. — On classe dans cet ordre toutes les pièces de bœuf ayant subi l'ébullition dans l'eau ; elles varient de nom selon les garnitures ou sauces qui leur sont appliquées.

Deux méthodes sont en présence et ne diffèrent que très peu dans la pratique, mais ont une influence marquée sur la qualité du bœuf et du bouillon. La première consiste à mettre le bœuf à l'eau froide, à écumer, à garnir le pot-au-feu de légumes et à le faire cuire à petit feu pendant quatre ou cinq heures. C'est ce que l'on a appelé de la *viande moins son suc*. (Voir *Bouillon*).

L'autre consiste à mettre les os et les garnitures du pot-au-feu dans l'eau en ébullition, à écumer et à saler, et enfin d'ajouter le bœuf à l'eau bouillante.

Ici la viande est saisie superficiellement et l'albumine coagulée par l'eau chaude empêche les sucs sapides et la graisse de sortir de la chair ; le bouilli est alors succulent et nutritif, mais le bouillon est sans valeur.

Lorsque le bœuf est de bonne qualité, jeune et engraissé spécialement pour l'abattoir, il suffit de quinze à vingt minutes pour obtenir cuit-saignant un morceau de culotte de 500 grammes ; lorsqu'on le coupe, il en sort un suc abondant, savoureux et engageant qui rappelle le roastbeaf ; ce laps de temps passé, il doit cuire trois ou quatre heures.

Dans les grandes maisons de commerce ou particulières, on devra mettre les os et les morceaux inférieurs dans l'eau froide, et le morceau destiné à être servi chaud, dans le liquide bouillant ; c'est la seule manière possible d'obtenir un bœuf bouilli digne de la table d'un gourmet et de faire un bouillon passable.

Hygiène. — La seule qualité que puisse avoir le bœuf bouilli est de faire fonctionner les organes de la digestion, d'en combattre l'atonie qui se déclare après un long régime de mets succulents, de sauces riches et nutritives. Le grand crédit dont le bœuf bouilli jouit en France, pays de la bonne chère, n'a pas d'autre cause que l'appétence que réclame l'estomac. Il convient aux gens riches et aux cuisiniers, qui vivent bien. Une fois ou deux par semaine, le pot-au-feu leur sied admirablement bien.

Comme usage journalier, le bœuf bouilli est un pauvre aliment, ses propriétés nutritives sont à peu près nulles par elles-mêmes. C'est un aliment décomposé : un lait dont on mange le beurre, le fromage, et boit le petit lait ; la chimie culinaire ayant opéré la désorganisation.

Cependant il a cet avantage de fournir le bouillon pour le potage, d'être facile à l'opération et d'être économique ; c'est un mode de cuisson des plus primitifs et que ni les progrès de l'art, ni ceux de la science ne sauraient détruire, étant une des cuissons les plus naturelles.

Dans les formules suivantes, le praticien ou la ménagère procèderont selon le désir de l'amphitryon pour obtenir du bon bouillon ou du bon bœuf ; je simplifierais en donnant les noms déterminés par les garnitures.

Bouilli à l'anglaise (*Cuis. bourgeoise*). — *Formule 511*. — Faire cuire le bœuf dans la marmite ou pot-au-feu, le garnir de choux, de carottes, de têtes de céleri. D'autre part, faire cuire dans la règle des haricots verts et des choux-fleurs ; les maintenir au chaud.

Dresser le bœuf, le garnir de légumes en alternant les couleurs, saupoudrer de sel et l'arroser légèrement avec du bouillon.

Servir à part des *mixed-pikles*.

Bouilli aux choux (*Haute cuis.*). — *Formule 512*. — Choisir un morceau de bœuf de bonne qualité et légèrement gras, le mettre dans la marmite en ébullition et le faire cuire sur un feu très doux. D'autre part, faire blanchir des choux, les rafraîchir, les égoutter et les faire cuire par petits paquets dans une braisière ou dans un sautoir ; les arroser avec de la graisse et du bouillon ; condimenter d'un oignon clouté et d'un bouquet de persil. Faire braiser à petit feu.

Le bœuf étant cuit à point, on le dresse entier, soit après l'avoir coupé par tranches que l'on remet à leur juxtaposition et on garnit de choux ; à son choix, on sert dans une saucière à part une sauce relevée ou simplement du jus.

Dans les familles bourgeoises, on garnit tout bonnement le bœuf des légumes du pot-au-feu.

Bouilli aux cornichons (*Cuis. de restaurant*). — *Formule 513*. — Faire bouillir le bœuf dans la règle de l'art, préparer dans une petite casserole une *sauce italienne* (voir ce mot) légère, dans laquelle on ajoutera de petites tranches de cornichons jeunes et sains, quelques capucines hachées et quelques câpres non-pareilles entières. Dresser le bœuf et servir la sauce à part.

Bouilli au raifort (*Cuis. alsacienne*). — *Formule 514*. — Le bœuf étant cuit à point, on le dresse et l'on sert à part la sauce au raifort suivante :

Procédé. — Râper du raifort ; mettre dans une casserole un petit morceau de beurre, ajouter une cuillerée de farine, la faire cuire à blanc, mouiller avec du bouillon dégraissé ; ajouter alors le raifort et laisser cuire un instant.

Remarque. — La sauce doit être claire et la capacité de deux tiers de son volume du raifort râpé. Quelques personnes servent le raifort sur un hors-d'œuvrier ou à côté du bœuf, mais j'ai remarqué que par ce mode le raifort offre l'inconvénient de brûler la bouche par la vivacité de son action.

Bouilli à la bourgeoise. — *Formule 515.* — Faire cuire le bœuf dans le pot-au-feu garni de choux, de carottes, de navets, de têtes de céleri et de quelques petits oignons. Après cuisson, dresser le bœuf, le garnir par groupes alternés de choux, de carottes, de navets, de cornichons, de céleri et de petits oignons ; saupoudrer de gros sel et de ciboule ciselée ; humecter avec du bouillon et servir.

Bouilli à la Valéria (*Cuis. de cardinal*). — *Formule 516.* — Le célèbre cardinal de Sion (Suisse), Mathieu Schiner, lorsqu'il faisait la guerre contre François Ier, avait l'habitude de se faire servir le pot-au-feu suivant, dont il donnait lui-même la formule aux paysans qui avaient l'honneur de le recevoir.

Procédé. — Choisir un morceau de bœuf gras et de bonne qualité, le frotter avec du sel condimenté de thym, de laurier, de poivre, de clous de girofle et de deux gousses d'ail.

Garnir le fond d'une casserole ou d'une marmite de jarrets, d'une queue de bœuf et de légumes divers ; faire cuire couvert pendant une heure dans une très petite quantité d'eau ; ajouter alors une bécasse, deux pluviers ou un perdreau des Alpes (augmenter le gibier selon la quantité de bœuf) ; ajouter à ce bouillon un quart de son volume de vin blanc vieux du Glacier ; saler et faire cuire ; aussitôt l'ébullition recommencée, mettre le bœuf et faire continuer l'ébullition jusqu'à parfaite tendreté.

Dresser le bœuf flanqué de gibier cuit à point.

Griller des tranches de pain bis dans du beurre frais, les déposer dans une soupière avec de la ciboule hachée, du cerfeuil et du fromage d'Emmenthal (pour ceux qui l'aiment) ; arroser de bouillon au vin, laisser tremper dix minutes et servir le potage ; immédiatement après, servir le bœuf entouré de légumes et du gibier, accompagné de la sauce suivante :

Procédé. — Faire roussir une cuillerée de farine, l'arroser avec du bouillon au vin, la fouetter vivement pour en dissoudre les grumeaux ; ajouter du raifort coupé en morceaux, faire cuire la sauce ; la passer au tamis, lui incorporer de la moutarde française, des ciboules et des capucines conservées au vinaigre.

Le potage, le bœuf, ainsi que la sauce, sont d'un goût légèrement acidulé, mais c'est un mets très réparateur et qui a l'avantage de stimuler le sang. Ces aliments peuvent avantageusement être servis en hiver, saison où le corps réclame des aliments chauds et respiratoires.

Ce mode de préparation avait acquis le nom vulgaire de *plat de l'Evêque*, mais j'ai cru lui donner le nom du mont qui, avec Tourbillon, forment les *ruines de Sion*.

Bouilli à l'écarlate (*Cuis. de campagne*). — *Formule 517.* — Choisir un morceau de *culotte* de bœuf, le larder avec assaisonnement : persil, ciboules, poivre, etc. ; le frotter de sel très fin tamisé avec la même quantité de salpêtre purifié ; ajouter thym, laurier, clous de girofle, ciboules, ail, basilic et quelques feuilles de sauge. Etendre une partie de cet assaisonnement sur une serviette ; saupoudrer le bœuf avec le sel, le salpêtre et l'assaisonnement ; l'envelopper avec la serviette de manière qu'il soit complètement entouré d'épices ; ficeler la serviette autour du bœuf et le poser recouvert de sel dans une terrine. Le laisser ainsi pendant quinze jours environ, selon la grosseur de la pièce.

Après ce laps de temps, ôter le linge et laver le bœuf à l'eau froide ; l'envelopper dans un nouveau linge, le mettre dans une casserole avec de l'eau et garnir cette casserole d'un jarret de veau, d'os de bœuf, d'un pied de porc frais, d'abatis de volaille, d'ail, de laurier, de thym, d'un oignon clouté et de légumes divers.

Le bœuf, après quatre heures d'ébullition, doit être cuit. On le sort et on le maintient au chaud dans son suc ; on fait réduire le bouillon en gelée après avoir ajouté une bouteille de vin blanc sec (le bœuf étant salé, on ne doit pas saler l'eau) ; lorsque la gelée est faite, d'une belle couleur brune, on place le bœuf dans un moule de forme spéciale ou dans une terrine, selon la forme qu'on désire lui donner, et l'on verse dessus la gelée ; on presse ensuite le bœuf avec une planche et un poids relativement lourd pour faire suivre les ondulations du moule ou de la terrine. Laisser refroidir, servir froid en pain de gelée et garnir d'attelets.

Si l'on veut le servir chaud, on doit l'accompagner d'une sauce au raifort, ou d'une sauce poivrade, ou d'une sauce demi-glace additionnée de moutarde française ou de cram râpé.

Bouilli à la poulette (*Cuis. bourgeoise*). — *Formule 518*. — Couper par tranches minces le bouilli froid, le débarrasser des cartilages et des parties trop grasses. Mettre dans une casserole du beurre frais, selon la quantité de sauce que l'on désire obtenir ; ajouter de la farine et la faire cuire à blanc, mouiller avec du bouillon ; assaisonner de poivre en grains, laurier, thym, clous de girofle et muscade râpée ; faire cuire pendant un quart d'heure, la lier avec deux jaunes d'œuf. Passer la sauce par pression dans un linge ou à travers un tamis, ajouter des ciboules, du cerfeuil et du persil hachés.

Verser la sauce dans la casserole, où sont déjà déposées les tranches de bœuf ; laisser chauffer sans bouillir.

Servir dans un plat creux.

C'est un mets de famille qui, étant bien fait, varie le menu tout en utilisant les viandes qui peuvent rester.

Bouilli en matelotte (*Cuis. de cabaret*). — *Formule 519*. — Faire roussir un peu de farine dans du beurre frais, mouiller avec du vin rouge, assaisonner et faire cuire ; passer la sauce. D'autre part, faire glacer quelques petits oignons épluchés, les jeter dans la sauce ; placer sur un plat susceptible d'aller au feu des tranches de bœuf bouilli froid ou chaud, verser dessus la sauce qui ne doit être liée que très légèrement. Faire réduire sur un feu doux ou dans un four ; dans ce dernier cas, on devra couvrir le plat afin d'éviter la carbonisation.

Le bœuf en matelotte, pour qu'il soit bon, doit avoir cuit au moins une demi-heure, submergé dans la sauce au vin dont les tranches doivent être pénétrées et tendres. On sert le plat chaud sur un plat froid.

Bouilli à la choucroute (*Cuis. allemande*). — *Formule 520*. — Garnir le fond d'une casserole de cinq cents grammes de petit salé coupé par tranches minces, couper également cinq cents grammes de noix de veau en forme de grosses escalopes, les coucher sur le lard. Etendre là-dessus deux kilos de choucroute de bonne qualité, assaisonner et ajouter sur le tout des débris de volaille, de jambon, du bouillon et un verre de bon vin blanc vieux. Faire cuire doucement en ayant soin de couvercler la casserole.

Le tout ayant atteint une parfaite cuisson, dresser la choucroute en forme de couronne sur un plat long, décorer avec le petit salé en alternant de tranches de veau ; placer au milieu un bon morceau de bœuf bouilli tendre. Servir très chaud.

BŒUF GRILLÉ. All. *Ochsenbraten* ; ital. *bove arostere su la gratiola*. — La plus grande partie du bœuf peut être grillée ; en taillant une tranche de culotte de bœuf, en la salant, la poivrant, la graissant et la mettant sur le gril posé sur la braise ardente, on fait le *beefsteak à la mode anglaise*. Au contraire, en taillant un morceau de *filet de bœuf* et en lui faisant subir la même préparation, on fait ce que les Anglais appellent *french beefsteak* (bifteck à la française. — Voir *Beefsteak*).

On peut donc considérer comme parties à griller : le *filet*, l'*entrecôte*, le *faux-filet*, la *culotte*, la *tranche*, la *côte*, le *palais* et toutes les parties qui en dérivent.

BŒUF RÔTI. All. *gebratenes Ochsenfleisch* ; angl. *roastbeaf* ; ital. *bove rosto*. — L'étymologie est de deux mots parfaitement français, mais semble d'origine anglaise (voyez *roastbeaf*), où l'on rôtit plus particulièrement le bœuf. Pour les préparations des parties du bœuf susceptibles d'être rôties, voir *Filet* et *Roastbeaf*.

BOGUE, s. m. (*Sparus boops L.*). All. *Ochsenauge* ; ital. *boga* ; scand. *baugr*. — Poisson de la Méditerranée dont on connaît deux espèces : le bogue commun et le bogue *saupe*. Il est remarquable par l'éclat de sa couleur vive et brillante ; jaune olive sur le dos et argentée sous le ventre. La bouche est armée sur le devant des mâchoires d'une rangée de dents aplaties ; sa taille est d'environ quarante centimètres.

USAGE ALIMENTAIRE. — Ce genre de poisson se prépare au beurre, frit, au gratin, à l'étouffée bouilli et servi avec une sauce hollandaise (voir ce mot). Sa chair est légère et d'une digestion facile ; elle peut être servie aux malades et aux convalescents.

BOGUETTE, *s. f.* — L'un des noms vulgaires du *Blé sarrasin* (voir ce mot).

BOHÉ, *s. m.* — Bohé est le nom d'une montagne de la Chine sur laquelle on récolte le thé de ce nom. Variété très estimée.

BOIS-AMER. — Voir *Quassia amara*.

BOIS DE CAMPÈCHE *(Hématoxylon campechimen)*. — Son étymologie vient de la baie de Campèche, au Mexique, où cet arbre est très abondant. Il donne une belle teinte d'un rouge brun ; on s'en sert pour colorer artificiellement les vins de raisins secs.

BOIS DE SAINTE-LUCIE *(Cerasus mahaleb)*. — Nom vulgaire du *cerisier mahaleb* ; arbrisseau odorant très commun dans les Vosges, aux environs de Sainte-Lucie, d'où lui est venu son nom. Un autre du même nom nous est apporté de l'île de Sainte-Lucie ; mais bien plus odorant et plus noir.
Les feuilles de cet arbrisseau introduites dans la volaille au moment de la rôtir lui communiquent un fumet très agréable. Le fruit du *mahaleb* est d'une couleur noire, d'une saveur amère et parfumée ; il contient un noyau relativement gros. C'est une variété de ce genre qui croit dans la Forêt Noire et avec les fruits duquel on fait l'excellent *kirsch*. En Italie, on s'en sert pour la préparation du marasquin.

BOIS DE ROSE *(Arbor ligno citrino rosam spirant Bar)*. — Appelé *bois citron* parce qu'il en a la couleur ; à Cayenne, il est connu sous le nom de *bois jaune ;* il a une légère odeur de rose et ses feuilles aromatiques se prennent en théiforme.

BOILED - PUDDING *(Entremets ou Entrée)*. — Terminologie anglaise qui signifie *pouding bouilli*. Il se sert comme entremets ou entrée, selon ce que l'on met au centre de la pâte : pour la préparation de celle-ci, voir *formule 171, Apricot Pudding*.

BOIRE, *v. a. (Bibere)*. All. *trinken ;* angl. *drink ;* ital. *beve* ou *bevere*, du sansc. *pâ*, dans les Vedas *pib*, d'où par assimilation de la consonne et de la réduplication *bib*, boire ; ce mot est régulièrement formé. — Avaler du liquide.

On sait que tout boit en ce monde.
Les mers boivent l'eau des étangs,
Le soleil de la mer boit l'onde
Que boivent aussi ses habitants.
Pourquoi comme tous ne boirais-je
Le vin qui réchauffe mon cœur,
Avant que l'hiver et la neige
Ne viennent glacer mon ardeur ?...

BOISSON, *s. f. (Potus)*. All. *Trank ;* angl. *beverage ;* ital. *bevanda ;* dérivé de *potio*, potion, mais pour la distinction des mots potion pouvant signifier *poison*, on a substitué le *b* ou *p* à l'instar du mot *Boire* (voir ce mot). — Aliment liquide servant à étancher la soif et à réparer les pertes aqueuses subies par l'économie dans le fonctionnement de ses appareils, et enfin à stimuler et à fournir les réparations nutritives.
On distingue un grand nombre de boissons servant à l'alimentation de l'homme, elles se divisent en trois grandes classes : les *boissons naturelles*, les *boissons composées* et les *boissons fermentées*, que nous allons successivement étudier :

Boisson naturelle. — L'eau, qui est l'antidote naturel de la soif, est la plus simple de même que la plus saine de toutes les boissons. Comme toute digestion aboutit à la liquéfaction des principes alimentaires, la formation du sang même n'est pas possible sans eau ; sans eau, il n'y a ni digestion, ni nutrition, ni sanguinification, ni sécrétion possible. C'est l'eau qui, dans l'organisme animal, maintient les divers liquides de l'économie en état de fluidité nécessaire au mouvement des vaisseaux ; c'est également à une proportion d'eau que sont dus la mollesse, la souplesse, la flexibilité, l'élasticité de la fibre musculaire et des tissus, ainsi que la couleur des cartilages, la transparence de la cornée de l'œil, l'état soyeux des tendons et des ligaments ; l'eau a, par conséquent, les relations les plus étendues comme fluide spécifique dans les phénomènes physiques et chimiques de la nutrition.

L'eau constitue à peu près les deux tiers du poids du corps humain ; il en perd, selon la saison, environ deux litres et demi ou trois litres en vingt-quatre heures ; la soif indique les déperditions humorales diverses. Lorsque la quantité de boisson ingérée excède de beaucoup celle qui peut être absorbée par l'estomac, il se produit alors, comme pour les aliments solides, de véritables indigestions aqueuses qui tiennent à ce que ces liquides affluent dans l'intestin et y produisent la diarrhée. Ce fait est encore bien plus frappant chez les personnes qui offrent cette curieuse perversion digestive, que le professeur Chomel a désignée sous le nom de *dyspepsie des boissons*, et qui constitue la difficulté de digérer les liquides qui s'accumulent dans l'estomac.

« En dehors de cette susceptibilité particulière, dit notre savant confrère de la *Société française d'Hygiène*, le docteur Grellety, il se passe dans l'économie ce qui se passe dans une digestion artificielle de laboratoire : lorsque cette dernière s'arrête, on lui redonne une activité nouvelle en ajoutant un peu d'eau. Plus une solution est concentrée, moins elle digère d'albumine. (SCHWARM, CORVISART.)

« Ainsi, suivant M. Schiff, une certaine quantité de pepsine dissoute dans 200 grammes d'eau a digéré pendant un temps déterminé 196 grammes d'albumine solide; dans le même temps, la même quantité, avec 400 grammes d'eau, a digéré 391 grammes; avec 800, 680 grammes; avec 1200, 880 grammes; avec 1600, 870 grammes. On voit par ce dernier exemple qu'il y a des limites à la quantité d'eau qu'il est possible d'ajouter avec avantage; mais ce qui ressort clairement, c'est l'absolue nécessité de diluer les aliments et d'activer ainsi, dans un milieu acide, l'action peptique de l'agent principal de la digestion. C'est surtout indispensable pour les personnes atteintes de constipation. »

Considérée comme boisson, l'eau doit être claire et limpide, sans couleur et sans odeur, ainsi que d'une saveur fraîche et pénétrante; elle doit être de source ou de rivière, *mais elle doit rester transparente après la cuisson des herbes et des viandes*. Toutes les eaux ne présentent pas ces propriétés ne sont pas potables où sont de second ordre; elles doivent par conséquent être modifiées et appropriées à l'usage. Ces eaux sont: l'eau de pluie, de la fonte des neiges et des glaciers, de puits ordinaire ou artésien, d'étang, de marais, de citerne, de mare, et enfin l'eau de mer. Une partie de ces dernières doivent être distillées, et la plus pure de toutes ne s'obtient qu'à certaines conditions fort coûteuses qui l'empêchent d'être employée aux usages domestiques. On conçoit que la composition de l'eau ne soit pas la même, et que les distinctions à établir résultent du lieu où on la tire comme des circonstances dans lesquelles on la recueille. (Voyez *Eau.*)

Boisson d'eau minérale. — Toutes les eaux minérales, à peu près, peuvent être prises en boisson. Au nom de l'hygiène alimentaire, on ne saurait trop réagir contre l'idée qu'ont certaines personnes parfaitement saines de boire des eaux minérales, parce qu'elles sont un remède; mais, comme il n'y a pas de remède inoffensif, il serait bon de savoir pourquoi on boit de l'eau minérale.

Boire de l'eau est un acte simple en lui-même en apparence; mais il y a là-dessous des détails de dose, de mode d'administration et d'association qu'on ne simplifie qu'à son détriment.

« On peut faire usage avec avantage, surtout pendant l'été, des eaux *bicarbonatées* à très faible minéralisation; mais les eaux bicarbonatées sodiques fortes, comme celles de Vichy, qui sont les plus connues, sont des eaux médicamenteuses qui ne conviennent pas à tout le monde et dont on ne saurait user sans inconvénients, pendant un certain temps, et à plus forte raison, d'une façon continue. Elles sont merveilleuses dans leurs effets, lorsqu'elles sont indiquées; mais, je le répète, il ne faut pas les considérer comme des eaux de tables indifférentes ou banales. » (Dr GRELLETY.)

L'usage immodéré des eaux *bicarbonatées* très gazeuses détermine quelquefois certains phénomènes comparables à ceux d'une ivresse passagère. Il en est de même des eaux sulfurées sodiques, bien que celles-ci ne renferment point de gaz carbonique. C'est à la présence de ce gaz dans les vulgaires siphons d'eau-de-seltz qu'il faut attribuer des phénomènes de torpeur cérébrale, de paresse stomacale, qui, à la longue, chez certaines personnes qui en abusent, finissent par constituer une véritable intolérance.

Pour l'usage de la table et dans d'autres circonstances encore, les eaux froides sont préférables; d'ailleurs, un très grand nombre de stations thermales présentent des sources de différentes températures; dans ce cas, il est facile de s'en accommoder suivant les désirs et l'opportunité.

Boissons fermentées. — Il serait insensé de vouloir déterminer l'origine des boissons fermentées en attribuant la plantation de la vigne à Noé, à Bacchus l'expression du raisin et à Osiris le modeste génie d'avoir le premier su macérer de l'orge et des plantes amères dans de l'eau pour s'enivrer du liquide que l'on a appelé bière (voir ce mot). *Croire* est ignorer, *savoir* est la connaissance, la constatation des choses et des faits vrais. Or, aucune date au monde, aucun monument inscrit ne peut nous dire de quel âge, de quelle époque datent les boissons fermentées ; elles remontent très certainement au-delà de l'époque mentionnée par l'ancienne chronologie, non à six mille ans, mais à des millions d'années. En remontant l'échelle zoologique vers l'homme non civilisé, nous trouvons les quadrumanes cherchant dans le lait aigri, les racines macérées dans l'eau, les herbages amers et dans le jus des fruits tout ce qui pouvait provoquer l'ivresse et flatter les sens par les boissons stimulantes.

Effet des boissons fermentées. — Faisons d'abord remarquer que si elles apaisent la soif, ce n'est jamais d'une façon durable, à moins qu'elles soient mêlées à une grande quantité d'eau. « Prises à doses modérées, dit le docteur Lombard, elles produisent sur l'estomac une sensation agréable de chaleur ; elles l'excitent par l'activité qu'elles impriment à la circulation ; la force du corps et de l'imagination est momentanément augmentée et il en résulte un état général de bien-être qui excite d'abord une gaieté folle, suivie bientôt d'un état d'affaiblissement en rapport avec l'intensité de la stimulation qui l'a précédé. La vacuité de l'estomac favorise la promptitude de ces effets, rien ne garantissant les parois de ce viscère du contact du liquide. »

Plus les doses du liquide sont élevées, plus les phénomènes acquièrent d'énergie ; la stimulation de l'estomac poussée à l'excès amène le désordre des fonctions, elle détermine le vomissement, accélère la circulation, excite les mouvements du cœur, trouble l'intelligence, et la perturbation des fonctions du cerveau entraîne celle de toutes les autres. Cet état, connu sous le nom d'*ivresse*, est suivi plus ou moins vite d'un collapsus complet, duquel on ne sort ordinairement qu'à la suite d'un sommeil profond.

L'effet des boissons fermentées prises à dose modérée est donc de raffermir les tissus, tandis que prises avec excès, elles les relâchent et les affaiblissent. Leur action est d'autant plus intense qu'elle s'exerce dans les pays chauds et sur les jeunes sujets ; elle est moindre dans les pays froids et sur les vieillards.

Leur abus. — L'abus de ces boissons est une cause incessante de maladies, dont le siège est l'estomac ou autre partie des voies digestives, mais qui peuvent aussi se rencontrer dans d'autres organes non moins importants, comme le cœur, le foie, le cerveau, etc.; si cet abus de boissons fermentées ne détermine pas toujours une maladie, il jette infailliblement, et à la longue, dans un état d'abrutissement qui donne aux traits et à tout l'ensemble de l'individu qui s'y livre souvent un caractère bien tranché et reconnaissable entre toutes les maladies.

L'action des boissons fermentées n'est pas la même, quelle que soit la nature du liquide ingéré ; comme son intensité dépend de la quantité et de la provenance de l'alcool qu'il renferme, il résulte qu'elle varie beaucoup et qu'elle est d'autant plus vive que le liquide est plus alcoolique, plus excitant pour l'estomac et le cerveau, ce qui m'a fait dire :

Dis-moi ce que tu bois, je te dirai ce que tu penses.

La consommation liquide ayant une influence immédiate sur les organes de la pensée.

Les meilleures. — Les moins fortes appartenant à cette classe sont généralement les plus acides. Le vin de raisin frais bien mûr est la meilleure des boissons fermentées. Son action stimulante sur les organes de la pensée est incontestable ; l'inspiration se trouve souvent au fond d'une vieille bouteille ; mais souvent répétée, à fortes doses, la réaction finit par produire la dégradation physique et intellectuelle. Qui ne connaît l'histoire du grand alcoolique des *Nuits*, Alfred de Musset. C'est le cas de répéter que les dérivés du vin, les esprits tirés du jus de la treille sont, à la longue, des ennemis de l'esprit. La dégénérescence de la race en est la résultante finale !

À l'état doux, nouveau et sucré, le vin produit dans les actes de la digestion les phénomènes de combustion qui entretiennent la chaleur animale et engendrent du gaz acide carbonique et de l'eau ; les sels de chaux, de soude, de potasse et la silice peuvent concourir au renouvellement des matières salines propres à nos tissus ou habituellement comprises dans nos excrétions ; les matières azotées remplissent, quoique pour une faible part, plusieurs des fonctions de leurs congénères. Il est réparateur pris à petite dose, son arome le rend plus digestible et son passage plus rapide dans la circulation. (Voir *Bière*.)

Voici maintenant quelques-unes des meilleures boissons fermentées que chacun pourra préparer à un prix très modique.

Boisson de cosses de pois verts (*Boisson fermentée*). — *Formule 521*. — Employer :

Cosses de pois verts pilées	kilogram.	4
Houblon	grammes	40
Eau	litres	10

Faire cuire dans la marmite pendant trois heures, passer dans un linge et ajouter :

Eau	litres	40
Levure	grammes	25

Procédé. — Laisser fermenter pendant douze heures dans un vase à moitié plein ; écumer, passer dans un linge et mettre la bière en baril. Après vingt-quatre heures, elle peut être servie ; elle revient à *un demi* centime le litre. On peut utiliser de cette façon les pois, le maïs et tous les grains.

Boisson aux bourgeons de sapin. — *Formule 522*. — Employer :

Pousses de sapin	kilogram.	4
Eau	litres	20
Houblon	grammes	40

Procédé. — Faire cuire pendant trois heures, presser, passer dans un linge et mettre en fermentation avec :

Eau	litres	40
Levure	grammes	25
Glucose	—	25

Après douze heures de fermentation, passer et mettre en baril. Cette boisson revient à *un centime* le litre.

Boisson de son. — *Formule 523*. — Employer :

Son de froment nettoyé	litres	10
Eau	—	10

Faire cuire pendant deux heures. D'autre part, cuire également :

Houblon	grammes	30
Eau	litres	7

Procédé. — Filtrer chaque liquide, les mêler, y faire dissoudre 250 grammes de glucose et ajouter 35 litres d'eau et 25 grammes de levure. Laisser fermenter pendant douze heures.

Le son ne contractant aucun mauvais goût par la cuisson, peut ensuite servir à la nourriture des bêtes.

Remarque. — Lorsque le bouillonnement a cessé, la fermentation est achevée ; le liquide ne renferme plus ni amidon, ni sucre, mais de l'alcool. On le passe et on le met en tonneaux.

Si on désirait donner de la couleur à cette boisson, on n'aurait qu'à torréfier une petite quantité de cosses de pois verts ou des oignons et les ajouter à la cuisson. Ils auront aussi l'avantage de clarifier en même temps que de colorer.

Ces boissons doivent être consommées dans les quinze jours qui suivent leur fabrication. Dans cet état, elles sont désaltérantes et saines.

Boisson alcoolique. — Les boissons alcooliques diffèrent des boissons fermentées par l'intensité de leur action sur l'économie autant que par leur goût et leur arome.

A dose peu élevée, elles produisent des effets plus violents que les premières prises en grande quantité ; l'excitation en est plus vive, plus prompte, plus durable, l'anéantissement plus profond se prolonge davantage.

Prises à forte dose, elles deviennent un véritable poison narcotique, agissent de même et peuvent avoir plus rapidement encore ses funestes résultats. Lorsque les tissus vivants sont mis en contact direct avec les eaux-de-vie et les liqueurs alcooliques, ils éprouvent d'abord un sentiment de vive cuisson, puis pâlissent, se rident et subissent une constriction très forte. Si le contact cesse, le sang afflue, et les tissus offrent tous les caractères d'une inflammation légère ou violente, selon le temps qu'ils restent sous l'influence alcoolique. C'est ce que nous voyons se produire sur la peau et d'une manière encore plus intense sur les membranes muqueuses.

Or, les effets que nous pouvons constater sur les tissus extérieurs doivent être les mêmes sur les autres. Aussi l'estomac éprouve-t-il, comme la bouche, une sensation de brûlure lorsque l'alcool y est ingéré. Si la quantité du liquide est considérable, cette ingestion est bientôt suivie de symptômes inflammatoires en rapport avec sa concentration ; à mesure que le consommateur s'y habitue, la sensation s'émousse, les organes sont graduellement frappés, et l'*abrutissement et la mort* sont les suites de l'abus de l'alcool.

« Comme ces boissons peuvent suppléer à une partie de l'alimentation, le manque d'appétit s'explique chez les alcooliques ; la sécrétion salivaire subit chez eux une modification marquée ; elle se produit moins abondamment, soit qu'elle ne puisse s'opérer à travers les surfaces racornies, soit que le défaut de sensibilité en diminue la qualité. Aussi préfèrent-ils les substances fortes, l'esprit-de-vin, la croûte de pain carbonisée qui, par l'irritation qu'elles produisent, amènent une sécrétion plus forte de ce fluide digestif.

« Mais si l'ingestion imprudente et immodérée de ces liquides énergiques peut amener ces terribles résultats, leur usage modéré peut, par contre, être plus salutaire. Prises à petites doses, dit Lombard, elles atténuent les effets débilitants de la chaleur, et dans les pays équatoriaux elles diminuent la sueur. Dans les pays froids et humides, elles raniment les forces, aident à résister aux influences pernicieuses de l'atmosphère, et pour quelques individus dont la digestion est pénible, elles sont un stimulant utile de l'estomac. Les effets des liqueurs dites de table ne sont pas tout à fait ceux des boissons alcooliques. Plus chargées de sucre, elles renferment des condiments qui masquent l'alcool, en affaiblissent l'énergie et les rendent moins enivrantes. » *(Le Cuisinier et le Médecin.)*

Dans la troisième édition de son *Guide des malades à Vichy,* le docteur Grellety insiste avec raison sur le danger des liqueurs ordinaires dont l'arome dissimule des alcools extraits de toutes espèces de graines et produits en décomposition, qui sont fort toxiques. Les fraudes courantes du commerce, surtout dans les classes inférieures, sont ainsi cause que ces boissons alcooliques affaiblissent au lieu de soutenir. Au lieu de mettre dans les têtes de la vivacité et de la belle humeur, elles n'apportent plus au cerveau que la stupeur et la violence !

Boissons composées. — En général, ce sont les meilleures boissons d'été, même l'hiver, selon le genre ; on ne saurait attacher trop d'importance au mélange raisonné des boissons alcooliques, fermentées ou en infusion, coupées avec de l'eau ; elles désaltèrent et empêchent la trop grande transpiration, véhicule de beaucoup d'accidents.

M. le docteur Dujardin-Beaumetz, membre du Conseil d'hygiène publique et de salubrité du département de la Seine, chargé par le préfet de police d'étudier quelle était la meilleure boisson que l'on pût recommander aux écoles de la ville de Paris pendant les grandes chaleurs, a examiné les différentes formules connues et a donné la préférence à la suivante :

Formule 524. — Employer :

Glycine	grammes	1500
Sucre glacé	—	1500
Acide tartrique anglais	—	1500
Quassine amorphe	—	8
Essence de menthe	—	120

Dose : 3 grammes par litre.

M. Aronsohn a proposé la boisson suivante :
Formule 525. — Employer :

Réglisse	grammes	500
Eau	litres	100
Eau-de-vie	—	2
Citrons	nombre	2

Le Conseil de salubrité de la Gironde a, d'autre part, proposé la formule suivante :

Formule 526. — Employer :

Eau de fontaine	litres	20
Tafia ou rhum	—	1
Vinaigre	décilitre	1/2

Ajouter une petite quantité de décoction astringente faite avec un verre d'eau et deux pincées de tan ou d'écorce de chêne en poudre.

Boisson de café. — On peut improviser la boisson excellente que voici :

Formule 527. — Mettre un sirop capillaire dans un grand verre, ajouter un petit verre de cognac fine champagne et emplir le verre d'eau gazeuse ; remuer.

L'eau sucrée, le vin additionné d'eau, les boissons froides aromatisées et condimentées sont de ce nombre. L'eau additionnée de jus de citron, d'orange, de sirop de groseille ou de framboise sont les meilleures boissons des convalescents et il n'y a pas de raison sérieuse qui empêche d'en user, même en bonne santé ; celui qui se conformerait à ces indications se mettrait à l'abri de bien des maladies.

Boisson théiforme. — Les boissons aromatiques sont considérées comme les dernières des boissons usuelles ; mais elles sont classées au premier rang dans la catégorie des médicamenteux.

On les obtient par infusion ou décoction ; elles comprennent le café, le thé et les diverses infusions théiformes ; on y joint encore l'*astragalus*, dont les grains torréfiés peuvent être mêlés, à parties égales, avec ceux du café, ainsi que quelques autres substances dont l'usage est si peu répandu qu'il nous paraît inutile d'en parler ici. Leur action varie, en général, suivant qu'elles sont plus ou moins concentrées ; elles ont cependant cela de commun que cette action se fait sentir surtout l'organisme et qu'elles facilitent, dans quelques cas, la digestion et provoquent la transpiration ; souvent aussi elles empêchent le sommeil. L'infusion du thé a, de plus, cette propriété particulière, qu'étant prise ordinairement en grande quantité, elle agit à la manière des boissons chaudes. L'une de ces boissons que nous voudrions voir se généraliser, c'est la décoction du *maté* (voir ce mot).

Boisson chaude. — Si l'eau pure et fraîche est la plus favorable des boissons pour étancher la soif et la plus saine de toutes, il n'en est pas de même lorsqu'elle est chaude ; elle exerce dans ce cas sur l'économie, ainsi que les autres boissons chaudes, une action particulière due à leur température.

Au temps des Romains, il était fait un grand usage de l'eau chaude avant le repas ; on l'additionnait d'eau de fleur d'oranger afin de provoquer le vomissement.

Lorsque la température n'est pas très élevée, cette boisson est fade, nauséabonde et plus propre à troubler qu'à favoriser la digestion ; l'eau chaude désaltère moins que l'eau froide, et son usage fréquent finit par affaiblir l'estomac. Alors les fonctions de ce viscère languissent ; elles sont de plus en plus altérées ; les aliments ne passent plus qu'avec difficulté ; ils occasionnent des coliques, la diarrhée, et tous les phénomènes qui caractérisent l'atonie des voies digestives ne tardent pas à se montrer. Les boissons fermentées ou alcooliques, prises à haute température, ne présentent pas les mêmes inconvénients, mais elles conservent leurs propriétés malfaisantes si l'on en fait abus, et leur action est d'autant plus prompte et plus intense que la chaleur augmente leur énergie.

Boisson froide. — Cette boisson produit des effets différents sur ceux qui en font usage, si la température est plus basse et selon les conditions dans lesquelles ils se trouvent.

Comme nous l'avons dit, l'eau fraîche est la plus salutaire ; elle désaltère et la stimulation qu'elle exerce sur l'estomac est presque toujours suffisante ; elle n'est point suivie de relâchement ou d'atonie. Au contraire, si cette eau est glacée au moment où elle est prise, les sensations éprouvées sont toutes autres, les dents sont comme agacées ; il se produit un froid dans la gorge qui s'étend à toute la surface de la tête et y détermine instantanément une douleur vive ; le liquide, à son arrivée dans l'estomac, y fait naître un refroidissement qui se propage dans toutes les parties du corps et amène un frisson général auquel des coliques violentes succèdent immédiatement.

Une réaction aussi prompte qu'énergique vient ordinairement faire justice de ces sensations pénibles. La seule chose à craindre, c'est que, fréquemment renouvelée, elle ne finisse par développer une inflammation plus ou moins vive de l'intestin ; mais chez les personnes faibles, à fibres molles ou sans énergie vitale, la réaction se fait avec lenteur, d'une manière incomplète, et il peut se déclarer des maladies graves, des fluxions de poitrine ; cela est surtout à craindre lorsque les boissons glacées ou les *glaces* sont prises au moment où le corps est en sueur. Alors les accidents se produisent fréquemment et deviennent rapidement funestes ; l'on a vu l'ingestion du liquide être instantanément suivie d'une congestion cérébrale, de la rupture d'un anévrisme, etc., qui foudroient le consommateur des boissons glacées.

Ce sont là des événements très rares dont il n'est fait mention qu'une ou deux fois par an, à l'époque des grandes chaleurs ; mais ce qui est beaucoup moins rare, ce sont les excès produits par les boissons aqueuses. Pour être moins graves, ils ne laissent pas que d'avoir des inconvénients qu'il faut éviter. A l'état d'évacuité, l'estomac, distendu par une trop grande quantité d'eau, éprouve un malaise pénible qui le frappe d'inertie.

Au moment du repas, la digestion est également troublée par cette même distension ; les boissons trop abondantes diminuent le degré d'excitation nécessaire pour la faire réagir sur les aliments ; l'appétit est nul et il se manifeste des coliques, de la diarrhée ; quelquefois même, dit Haller, l'hydropisie peut en être la suite.

DIGESTION DES BOISSONS. — Certaines boissons, comme l'eau, le vin, l'alcool affaibli, les acides végétaux, ne forment point de chyme. Leur rôle se borne à diviser, à ramollir ou à dissoudre les aliments, ainsi qu'à favoriser, par leur contact avec les parois de l'estomac, la sécrétion du suc gastrique. C'est ainsi que sont utiles à la digestion les boissons excitantes (café, thé, liqueurs spiritueuses) que l'on a coutume de prendre à la fin des repas Ces diverses boissons sont en partie absorbées par les veines de l'estomac, et passent ainsi directement dans la circulation; une autre partie se mélange avec le chyme et arrive dans l'intestin grêle où elle est absorbée avec le chyle.

D'autres boissons, telles que le lait, le bouillon, la bière, l'huile, le chocolat, etc., renferment des principes organiques, qui permettent de les assimiler complètement aux aliments solides. Comme ces dernières, elles se transforment en chyme dans l'estomac, en chyle dans l'intestin grêle, et subissent, en un mot, toutes les modifications que nous avons fait connaître. Nous n'avons donc plus à nous en occuper ici. (D' LANGLEBERT.)

BOL, *s. m. (Bolus)*. All. *Bowle*; angl. *bole*; ital. *bolare*; tous ces mots sont dérivés du sanscrit qui signifie *motte de terre*. Les *bols* d'Arménie, les plus anciens vases que l'on connaisse, sont faits avec de la terre qui a pris son nom : *terre bolaire*.

Vase hémisphérique en terre, en argent, etc., dont on se sert pour boire le punch, les vins chauds et autres liquides ; pour dresser certains mets, entremets et pour les confectionner ; enfin pour y déposer les sauces, les jus, les bouillons et les potages.

BOL AUX FRUITS, *(Entremets)*. — Aliment composé ; excellent l'été. Tous les fruits primeurs peuvent être employés pour la confection de cet entremets.

Formule 528. — Eplucher un ananas et en couper la chair en petits dés ; les déposer dans un grand bol. Eplucher également trois pêches, trois abricots, les émincer par tranches et les ajouter dans le bol avec une poignée de cerises dont on a enlevé les noyaux, autant de framboises et de groseilles rouges ; arroser le tout avec une demi-bouteille de vin de Bordeaux ; poser ensuite le bol sur la glace.

Piler et passer au tamis fin les débris d'ananas avec deux fortes assiettées de fraises fraîches et rouges; ajouter à cette purée le jus de deux oranges, un verre de sirop et une bouteille de champagne. Mélanger ce liquide à celui contenu dans le bol.

Servir le bol sur un plat accompagné de pâtisseries sèches.

BOLET, *s. m. (Boletus)*. — Variété de champignon comestible dont on distingue plusieurs sortes. Outre le *boletus edulis* cep, il y a le bolet bronzé *boletus œreus*; comme je l'ai dit au mot *agaric palomet*, ces champignons ont été improprement classés parmi les *agarics*.

Le bolet *esculatus*, dont une espèce est très estimée dans le Midi de la France, mais dont on fait peu de cas à Paris, peut être mis à peu près au même rang que le *lycoperdon*, rarement usité à cause de son peu de goût et son inconvénient à se tourner immédiatement en poussière, ce qui lui a valu le nom vulgaire de *pet-de-loup*.

Le *bolet bronzé* ne diffère du cep ordinaire que par la couleur plus foncée et l'aspect plus velouté du chapeau, la blancheur du foin et la forme cylindrique du pédicule. Sa chair est blanche, très ferme et quelque peu vineuse vers la peau; elle est délicate et supérieure à la chair du cep ordinaire. Ce champignon croît aux mêmes époques que le cep, mais il est plus rare en France que ce dernier.

Les bolets dangereux sont : le bolet satan *B. satanas*, le bolet pernicieux *B. luridus* et le bolet poivré *B. piperitus*.

Les bolets simplement suspects sont très nombreux. On peut placer dans ce groupe, en attendant qu'on ait tenté leur réhabilitation, le bolet marron *B. castaneus*, le bolet azuré *B. cyanecens*, le bolet chrysentère *B. chrysenteron*, le bolet groupe *B. circinans*, le bolet annulaire *B. annularius* et le bolet cendré *B. cinereus*.

Le plus remarquable des bolets est le *boletus ramosissimus* ou *B. rameux*; ce champignon déjà connu des anciens est fort extraordinaire. On en trouve du poids de trente kilogrammes. Il est très commun en Hongrie. A Troyes, il est connu sous le nom de *tripe de chêne*.

Pour leur description et pour en faciliter le traitement, je renvoie le lecteur à leurs noms respectifs.

BOMBE, *s. f. (Entremets)*. All. *Bombe*; angl. *bomb*; ital. *bomba*, de *bombus*. — Par antithèse à la bombe meurtrière de guerre, qui est un globe de fer creux rempli de poudre ; la *bombe culinaire* se remplit de glace succulente et exquise.

Bombe *(Procédé général de la)*. — *Formule 529*. — Faire cuire un sirop à la vanille à *vingt* degrés;

en faire une glace avec laquelle on *chemise* (voir ce mot) un moule en pyramide uni. D'autre part, faire glacer une crème à la vanille pour glace (voir *Crème à glace*), lui incorporer la moitié de son volume de crème à la Chantilly et en remplir l'intérieur de la bombe et sangler de nouveau. Une heure après, plonger vivement le moule dans l'eau bouillante et démouler.

Remarque. — Règle générale, la bombe est chemisée d'une glace quelconque au centre de laquelle est contenue une autre glace plus légère ou des gelées, comme on peut le voir par les deux formules suivantes. D'ailleurs rien de plus variables que ces noms qui changent selon la couleur et le goût des convives; l'essentiel est d'en connaître les principes élémentaires.

Bombe « fiore di Late » *(Entremets vénitien).* — *Formule 530.*

C'est une glace à la groseille
Qui vous prêtera son concours
Pour garnir en couche vermeille
Votre bombe en tous ses contours.

Battez une crème légère....
Dès qu'elle est cette *fleur de lait*,
Ainsi qu'une mousse éphémère ;
Sucrez, vanillez, quand c'est fait.

Doucement alors on la coule,
Petit à petit, avec soin,
De façon à remplir le moule ;
Et puis après, il n'est besoin

Que la laisser prendre à la glace,
Pendant deux heures, c'est assez ;
Et lorsqu'on découpe avec grâce
Dans ces deux tons enlacés,

Sur la groseille, on voit la crème qui repose
Comme les blanches dents près de la lèvre rose.

(ACHILLE OZANNE, *Poésies gourmandes*).

Bombe à l'alsacienne. — *Formule 531.* — Chemiser un moule à parfait avec deux glaces différentes, de préférence vanille et fraises ; garnir l'intérieur d'une purée fraîche d'abricot ou marmelade au marasquin. Sangler une heure et demie d'avance. Démouler sur serviette à franges pliée sur un plat rond froid ou sur un compotier. La surmonter d'un attelet de fruits.

BONBON, *s. m.* All. *Zuckerwerk;* angl. *sweetmeat;* ital. *chicca;* c'est le *dulcia* des Romains, mais la formation du mot est la répétition de l'adjectif *bon* dont les premiers cris des enfants sont: *papa, dodo, toutou,* etc. — Sucrerie variée comprenant presque toute la nomenclature des produits du confiseur.

Les bonbons sont fabriqués depuis fort longtemps ; mais ils ont pris un nouvel essor à l'apparition du sucre en Europe vers le treizième siècle. On sait que les premiers essais du jus de canne à sucre apportée d'Orient à la suite des Croisades, fut expérimenté en Sicile par des industriels israélites en 1230. Avant cette époque, les *dulcia* ou *bonbons* se faisaient avec les jus de fruits et ils n'en étaient que meilleurs. Il est intéressant de traduire une lettre écrite en latin par Frédéric II, empereur d'Allemagne, roi de Sicile et de Jérusalem, adressée au gouverneur de Palerme : « Nous t'invitons à donner des soins pour trouver deux hommes sachant bien faire le sucre et à les envoyer à Palerme pour le fabriquer ; tu aviseras aussi à ce qu'ils apprennent à d'autres, afin de ne pas laisser perdre à Palerme l'art de cette fabrication. » Henri IV portait toutes sortes de bonbons dans ses poches pour les offrir aux dames de la cour ; il garnissait de bonbons et de fruits confits les vases qui ornaient les tables et consoles de Gabrielle d'Estrées. C'est l'époque où les bonbons furent le plus en honneur.

Les bonbons de nos jours sont tellement variés, leur forme tellement fantaisiste, que lorsqu'on est devant la vitrine de nos meilleurs confiseurs, on se demande si l'on n'est pas devant un bazar ou devant un magasin de jouets. Il en est même qui n'ont rien d'appétissant, tels sont les B. imitant les hannetons et les souris ; c'est là une perversion de l'art du confiseur qui doit rester le domaine des choses engageantes et appétissantes.

Les bonbons se divisent en neuf grandes classes, qui sont :

LES B. CANDIS A FROID;
LES B. FONDANTS CANDIS;
LES B. A LIQUEURS ;
LES B. DE DESSERT;
LES B. GLACÉS ;
LES B. DÉCORÉS ;
LES B. ENVELOPPÉS;
LES B. ANGLAIS ;
LES B. DE FANTAISIE.

Ces bonbons prennent différents noms, selon la forme et les sujets qu'ils représentent.

Bonbons candis à froid. — *Formule 532.* — On cuit le sucre de 34 à 36 degrés, selon la qualité du bonbon, on le laisse refroidir dans un endroit isolé du bruit, afin qu'il ne subisse aucun mouvement; le soir, avant de quitter le travail, on verse le sucre doucement rangé dans les moules ou candissoirs, on recouvre d'un linge mouillé bien exprimé (on peut empiler les candissoirs les uns sur les autres); on égoutte le lendemain dans une étuve légèrement chauffée. Les fondants, les chocolats, les bonbons à la gelée s'égouttent à froid.

On peut aussi cuire le sucre le soir et mettre au candi le lendemain matin, et placer les *candissoirs* dans une étuve sans feu ou un endroit isolé du bruit. Il n'y a aucun inconvénient à verser le sucre tiède sur les bonbons solides, excepté sur les fondants, les chocolats, les bonbons à la gelée et à la liqueur. Les pâtes de fruits candis se mettent encore au candi à chaud, à la nage; aussitôt que les candis noirs sont placés à l'étuve, les uns à côté des autres; on passe légèrement du sucre au tamis de soie sur chacun; cela aide à former la croûte, et on peut recouvrir de suite. On fait cuire le sucre, on le laisse un peut refroidir; pendant ce temps, on souffle avec un soufflet le sucre qui est sur les bonbons, car il ferait masser, et on recouvre.

Pour les bonbons à liqueur, fondants, etc., on les range préalablement dans les *Candissoirs* (voir ce mot) en mettant quelques brins de paille au fond et entre chaque lit. Les pastilles à liqueur peuvent se mettre dans les candissoirs avec ou sans paille.

Quant aux pastilles à la gomme, il faut absolument placer de la paille au fond des candissoirs, parce qu'elles s'attachent et ne prennent point le candi, mais il est préférable de le mettre de la manière suivante: on range les candissoirs sur un marbre ou une table, on verse dans chacun un bassin de sucre (en ayant soin de prendre le sucre doucement dans la bassine sans frotter le bassin contre les parois, cela fait masser, ne pas prendre non plus le fond de la bassine, qui ordinairement forme un dépôt; quand le sucre est cuit, on étend par-dessus un linge mouillé pour enlever la croûte et quand on veut mettre au candi, on enlève le linge avec précaution), puis on étend les pastilles ou bonbons sur la surface; on les recouvre de sucre, on met les toiles dessus et on égoutte le lendemain. On peut mettre le candi à froid plusieurs fois dans les moules sans les laver; on les ratisse seulement; de cette façon les bonbons prennent mieux le candi. (BARBIER-DUVAL, l'*Art du confiseur moderne.*)

Bonbons candis au grain. — *Formule 533.* — Les dernières perfections apportées dans les candis consistent à se servir de sucre blanc, cristallin, brillant comme le sucre candi. Pour arriver à ce résultat, on prend du sucre en poudre de premier jet, cuit serré, et tamisé au moulin pour retirer le plus fin et égaliser le grain, que l'on turbine en lavant de temps en temps en aspergeant avec quelques gouttes d'eau; puis on étuve. On emploie ce sucre en grains, afin d'imiter le candi pour les pastilles de gomme, les pâtes de fruits et les pistaches pour papillotes, en gommant préalablement les bonbons avec une gomme épaisse, surtout en ce qui concerne les bonbons à liqueur, les pistaches et les pâtes de fruits; puis on les jette dans le sucre en grain.

On peut se servir de la bassine à gomme pour les dragées et fruits à liqueur. Toutefois, il faut avoir soin de mouiller bien exactement: *pas assez*, le grain ne prendrait pas également; *de trop*, le grain fondrait et ternirait. On pourrait mettre, en procédant ainsi, du beurre au candi, et le proverbe *aussi difficile que mettre du beurre au candi qu'à la broche* n'existe plus aujourd'hui (voir *Beurre*).

Lorsque l'on désire candir une crème au beurre, on n'a qu'à l'envelopper dans une feuille d'ostie avant de la mettre au candi. (BARBIER-DUVAL.)

Fruits candis. — *Formule 534.* — Les fruits pour candir doivent être préalablement confits. On les lave pour désagréger le sucre, on les essuie bien pour que rien ne reste adhérent, sans quoi le candi ne prendrait pas aux fruits. Les fruits mucilagineux et consistance, tels que les abricots, mirabelles, prunes, fraises, qui se candissent difficilement, doivent être posés sur un seul rang, dans des petits candissoirs, entre deux grilles à chaud. On cuit le sucre au petit soufflé à 37 degrés. On le coule sur les fruits, que l'on place dans une étuve chauffée à 40 degrés; au bout de quatre à cinq heures, on s'assure si le candi est assez pris; on l'égoutte.

Pâte de fruits. — *Formule 535.* — On découpe des morceaux de pâte d'abricot, coing, pomme, prune, de trois centimètres de longueur, deux centimètres de largeur et d'épaisseur, pour papillotes. On les met au candi en masse à chaud ou à froid.

Pastilles de fruits. — *Formule 536.* — On imprime dans l'amidon des pastilles de la largeur d'une pièce de deux francs, de forme ovale et ronde comme les pistaches et avelines pour papillotes. On y coule aussi toute sorte de marmelades de fruits très cuits. On les met une nuit à l'étuve ; le lendemain, on les met au candi à froid. On enveloppe ces pastilles pour papillotes.

Fleurs d'oranger et violettes. — *Formule 537.* — On met les violettes pralinées, les fleurs d'oranger au candi à froid en masse entre deux grilles. Les fraises bien égouttées, lavées et séchées se traitent de la même manière. Lorsqu'elles sont trop tendres, on les passe préalablement dans l'alcool à 25 degrés, le candi prend mieux.

Nœud de fruits. — *Formule 538.* — On prend des pâtes d'abricot, pommes, prunes, coings, que l'on colore en rose, les abricots en jaune, les pommes en blanc, les prunes en vert clair. Ces pâtes ont environ cinq millimètres d'épaisseur. On les découpe en petites bandes d'un centimètre de largeur, et on forme des nœuds que l'on met au candi à froid à la nage, avec des pailles entre chaque lit, au nombre de trois ou quatre au plus. On fait de la même manière des nœuds d'angélique.

Beignets. — *Formule 539.* — On les fait ordinairement en pâte d'abricot. Quand la pâte est cuite, on la coule de la largeur d'une pièce de cinq francs sur des feuilles de papier, ou bien encore on la coule à l'amidon, en arabesques de diverses formes : rondes, ovales, carrées, en losange, en cœur, etc. On découpe aussi de la pâte d'abricot ou d'autres fruits de la même forme, on les met au candi à la nage à chaud et on les recouvre d'un linge mouillé et exprimé.

Les *beignets d'orange* se font comme les fruits confits, on les égoutte, essuie et fait sécher avant de les mettre au candi. (BARBIER-DUVAL, l'*Art du conf. mod.*)

Bonbon Martinique. — *Formule 540.* — Employer :

Pistaches mondées	grammes	50
Gelée de pommes	litre	1/2

Procédé. — Broyer les pistaches et les mêler avec la gelée, couler l'appareil dans l'amidon forme olive, les brosser et les tremper dans le fondant vert tendre à la pistache ; en les sortant du fondant, y mettre quelques grains de pistaches hachées sur chaque bonbon avant que le fondant ait pris de la consistance.

Bonbons à liqueur candis. — *Formule 541.* — PROCÉDÉ GÉNÉRAL. — Ces bonbons datent de 1815. C'est assurément l'une des plus remarquables créations de la confiserie ; on cuit le sucre à la *petite morve* ou au *petit soufflé*, jusqu'à ce qu'en y trempant le doigt mouillé dans l'eau et le plongeant dans le sucre, il s'en attache un peu au doigt. On parfume suivant le goût et les couleurs. Tous les bonbons à liqueur colorés se font d'après les mêmes procédés ; il faut seulement avoir soin de ne mettre la couleur et le parfum que lorsque le sucre est cuit, ne donner qu'un simple bouillon pour ménager et mettre quelques gouttes d'acide quand le sucre commence à bouillir, pour maintenir le blanc. Quand le sucre est ainsi cuit et coloré, on colle du papier sur des chassis ou sur des tamis, on fait couler les pastilles de la grosseur d'un centime, à l'aide d'un entonnoir ayant un morceau de bois pointu fixé dans la douille, comme le pot à perles. On les met à l'étuve chauffée à 35 degrés, le lendemain on les lève en mouillant légèrement le derrière du papier avec une éponge ; puis on colle deux pastilles ensemble.

Voici comment les différentes couleurs se parfument :

A) *Le blanc* se parfume à l'eau de fleur d'oranger, à l'orgeat, avec de l'alcool ou du kirsch, de l'alcoolat de divers parfums, vanille, etc.

B) *Le rose*, avec le carmin fin clarifié, parfumé avec l'alcoolat de rose, framboise, etc.

C) *Le bleu*, coloré avec le carmin d'indigo ou l'outre-mer (avec l'adjonction de quelques gouttes d'acide pour soutenir la couleur) ; parfumé avec l'alcoolat de divers parfums.

D) *Le violet*, coloré avec le carmin rose et l'indigo ; parfumé avec l'alcoolat de violette, vanille, etc.

E) *Le jaune*, coloré avec l'infusion du safran ou le carmin jaune de Perse d'office ; parfumé avec du néroli, du rhum, de l'eau de fleur d'oranger, du citron.

F) *L'orange*, coloré avec le safran et le carmin rose ou le jaune souci d'office ; parfumé avec l'alcoolat d'orange, de curaçao, etc.

G) *Le brun chocolat :* faire dissoudre du bon chocolat dans l'eau ou du cacao broyé sans sucre, et l'ajouter au sucre jusqu'à ce qu'il soit suffisamment coloré ; mettre un peu d'alcoolat au sirop de vanille.

H) *Le loutre café :* ajouter au sucre un peu d'alcool et de l'essence de café.

Grains de café à liqueur. — *Formule 542.* — On fait des moules en plâtre ou en étain, de la forme d'un grain de café, on les fixe sur une règle et on imprime dans l'amidon. Cuire le sucre au *gros boulé*, le ramener à la petite morve avec une décoction de bon café moka ou de l'essence de café et un peu d'alcool ; le couler avec le poêlon à cinq becs, comme les pastilles à liqueur, les mettre à l'étuve à liqueur, chauffée à 35 degrés. On les met au candi à froid et on les glace.

Pralines à liqueur. — *Formule 543.* — On cuit le sucre au petit soufflé et on parfume au lait d'amande, au suc et aux conserves de fruits, au kirsch, au rhum, au marasquin ou aux chocolats divers. On les coule à l'amidon, aux formes ovale ou ronde, de la grosseur d'une amande ou d'une aveline. On les candit selon la règle.

Grains de blé à liqueur. — *Formule 544.* — On procède comme pour les grains de café. On parfume à l'alcoolat d'orange ou au curaçao, on colore en jaune clair avec le jaune d'office ou le safran.

Rosolio à liqueur. — *Formule 545.* — On en distingue plusieurs variétés, variant de nom selon la couleur et le parfum : *Blanc*, elles se nomment *pastilles anglaises* parfumées à la menthe. *Rose*, on les désigne sous le nom de *pastilles au marasquin. Vert*, on les appelle *pastilles digestives* parfumées à l'absinthe.

Procédé. — On les imprime dans l'amidon en se servant d'une petite bille de la grosseur d'un raisin ; on râpe le dessus et on colle sur une règle de la largeur du coffret ; elles se décollent facilement. On doit imprimer très droit et profond, suivant la grosseur que l'on veut donner au bonbon ; pour cela, il suffit d'avoir une règle à lisser l'amidon plus ou moins crénelée. On cuit le sucre au *boulé*, on parfume et on colore selon les prescriptions de la formule 540 ; on coule avec le poêlon à cinq becs.

On les met au candi de la même façon et on les glace avec le vernis à gomme. Après les avoir bien brossées et passées dans une flanelle ou un linge pour enlever l'amidon, on les met dans un tamis que l'on passe au-dessus d'une vapeur d'eau, et on les laisse sécher à l'air. Si les pastilles ne sont pas suffisamment vernies, on les fait chauffer doucement à l'étuve ; on les met ensuite dans une petite bassine, on verse un peu de vernis dessus, on les saute et on les met sécher à l'air sur des tamis.

L'amidon *(Manière de se servir de).* — *Formule 546.* — C'est à un nommé Gilé, alors contre-maître (1821) chez M. Lemoine, confiseur, rue des Lombards, que l'on doit l'innovation de se servir de l'amidon. Un jour qu'il avait mis des bonbons au candi, le moule, qui était percé, avait laissé couler quelques gouttes de sucre dans une manne de poudre qui séchait pour le chocolatier ; s'étant aperçu que le sucre s'était cristallisé sans être adhérent au sucre en poudre, il eut l'idée d'imprimer la clé du laboratoire dans du sucre et d'y couler du sucre cuit au soufflé, il obtint ainsi une clé en sucre qu'il mit au candi ; c'est cette clé, ainsi qu'il le disait lui-même, qui a ouvert toutes les autres portes. On mélangea ensuite de l'amidon au sucre, et enfin on procéda avec l'amidon seul.

Procédé. — Il ne faut employer que de l'amidon de première qualité, bien fin, sans aucun mélange ni falsification. On le fait sécher pendant plusieurs jours à l'étuve, et on l'y conserve continuellement pour qu'il ne reprenne pas d'humidité. Quand il a servi pendant quelque temps, il faut le remplacer, car il se salit, la fine fleur s'enlève en brossant les bonbons et il ne reste plus que du grain qui s'attache aux bonbons gommeux, légers en cuite, fondants ou conserves. Les coffrets doivent être faits en bois très sec, afin qu'ils ne se déforment pas à la chaleur de l'étuve ; ils doivent avoir à peu près soixante-dix centimètres de longueur, cinquante centimètres de largeur, cinq centimètres de profondeur au plus, suivant les bonbons que l'on a à couler ; avoir un rebord au-dessus d'au moins deux ou trois centimètres, être entaillés aux deux bouts de cette épaisseur ; il y aura aussi un rebord de deux centimètres sur la longueur du fond du coffret de manière que, étant empilés les uns sur les autres, la chaleur puisse circuler entre chacun des coffrets. On met de l'amidon en poudre, bien sec, dans les coffrets, on le lisse au moyen d'une règle bien droite et entaillée suivant l'épaisseur du rebord, ce qui enlève l'excédant; la surface qui reste doit être très unie. Il est utile de tamiser souvent l'amidon, afin d'enlever les grains de sucre qui s'y trouvent.

On colle sur des règles, avec de la gomme et de la farine, les moules du bonbon que l'on veut couler. Ces moules sont en plâtre, en bois ou en métal, de l'épaisseur du bonbon; on fixe ceux en bois et en étain avec des petites pointes, puis on imprime avec ces règles dans l'amidon. Si l'on imprime trop longtemps à l'avance, l'amidon se déforme et donne des produits mal faits, dont on ne peut se servir pour les bonbons à liqueur cuits légers, tels que les dragées, fruits, légumes, pastilles à liqueur. On cuit le sucre dans le poêlon à vapeur à serpentin et on le rapproche de 36 degrés, pour finir de le cuire au boulé dans le poêlon à feu nu. Ou mieux encore, c'est de le cuire dans le poêlon système Landry. On le coule enfin en tenant compte des précautions indiquées pour le *Sucre cuit* (voir ce mot).

Quand les bonbons sont coulés, on tamise de l'amidon au-dessus; on place alors les coffrets dans une étuve chauffée de 35 à 40 degrés. Le lendemain, on sort les bonbons des coffrets, on les brosse, on les souffle pour enlever l'amidon avant de les glacer et de les mettre au candi. On parfume les bonbons avec des eaux aromatiques distillées, des teintures, des alcoolats, des essences mélangées avec de l'alcool ramené à 25 degrés (on met un décilitre d'alcool parfumé à 25 degrés par kilogramme de sucre, soit un litre par 10 kilogrammes). On mélange l'alcool quand le sucre est cuit, en retirant le poêlon du feu pour qu'il ne s'enflamme pas. (BARBIER-DUVAL, l'*Art du Conf. mod.*)

Le vernis. — *Formule 547.* — Employer :

Sucre concassé	grammes	200
Gomme arabique	—	100
Alcool	—	100
Eau	décilitres	2
Blancs d'œufs	nombre	2

Procédé. — Faire dissoudre la gomme arabique dans l'eau; fouetter les deux blancs d'œufs en neige et les égoutter sur un tamis; en recueillir l'eau qui s'en écoule et la mélanger avec la gomme. Cuire le sucre à 28 degrés; lorsqu'il sera cuit, y ajouter l'alcool. Laisser refroidir, mélanger le tout ensemble et le conserver dans une bouteille pour s'en servir au besoin.

Haricots à liqueur. — *Formule 548.* — On a des moules en forme de pois ou de haricots en plâtre ou en étain, fixés sur une règle. On imprime à l'amidon, on cuit, on colore, on aromatise et on coule au poêlon à cinq becs. On les candit à froid et on les glace. (Voir *Gimblette*.)

Brochette à liqueur. — *Formule 549.* — On imprime dans l'amidon des pastilles de forme ronde, plate ou en étoiles à cinq branches, de la grosseur de deux centimètres de circonférence; on plante dans chaque empreinte une petite paille de deux centimètres et demi de longueur, choisies toutes d'égale grosseur; ensuite on coule le sucre cuit au petit boulé, de toutes couleurs, on couvre et on met à l'étuve. Le lendemain, on enlève les pailles, on les coupe en les égalisant avec un canif et on les enfile en brochette, comme celle aux fruits, pour les candir de même.

Autre manière. — *Formule 550.* — On coule un rang de six pastilles de forme plate, ronde, ovale, cœur ou flèche; au fur et à mesure qu'on les coule, un aide place une paille dans le milieu en la faisant entrer à moitié, et on les candit.

Brésiliens à liqueur. — *Formule 551.* — On coule à l'amidon des bâtons de dix centimètres de longueur, de la forme de ceux de gomme ou de guimauve. On les fait de toutes les couleurs et à tous les parfums. On les candit à froid.

Arabesques. — *Formule 552.* — Autrefois on coulait ces bonbons dans des coffrets remplis d'amidon et dans lesquels on imprimait toutes sortes de moules en plâtre, gypse, bois, étain, représentant tous les sujets imaginables: clés, ciseaux, croix, couronne, cœur, etc., ces moules étant à jour. Le sucre se cuisait au petit boulé, on parfumait avec de l'eau de rose, de framboise, de fleur d'oranger, ou des alcoolats de diverses odeurs. On coulait en blanc et on peignait avec les couleurs d'office préparées avec de la gomme, du sucre fondu et un peu d'alcool.

De nos jours, on les préfère massifs, on fait des fruits, des fleurs, des oiseaux, des animaux et personnages. On les peint au trait, on les décore et on les candit à froid.

Bonbons du Nord. — *Formule 553.* — Choisir de belles pommes de reinette franche ou grise, les peler, enlever le cœur et les mettre à l'eau acidulées de jus de citron; faire une décoction avec une quantité suffisante d'eau (deux litres pour deux douzaines de pommes coupées en tranches), en ayant soin de les faire cuire sans remuer ; lorsqu'elles commencent à tomber en marmelade, on les retire, on les égoutte sur un tamis placé au-dessus d'une terrine, et on filtre le jus. On peut faire une nouvelle décoction avec le jus et douze autres pommes, pour que la gelée soit plus forte. Alors on prend parties égales de cette décoction et de sucre en pain, et on cuit au petit boulé (il est préférable de cuire un kilogramme de sucre au petit cassé et d'y mettre la décoction pour ramener au petit boulé) ; on aromatise suivant les couleurs, on imprime dans l'amidon avec la pointe d'un œuf ou un moule de cette forme, on y coule la gelée, on recouvre d'amidon, on met à l'étuve. Le lendemain, on les lève, les brosse et on les met candir à chaud, à nage ou à froid.

Melon candi avec ou sans liqueur (*Grosse pièce*). — *Formule 554.* — Un entremets des plus remarquables, appartenant à la catégorie des bonbons, est certainement le *bonbon melon*. On fait un moule en plâtre sur un petit melon naturel (voir *Moulage*) et on imprime ce moule (qui doit être aussi uni que possible) dans l'amidon, bien serré à moitié de sa grosseur ; on fait cuire du sucre à 37 degrés et on le coule dans les deux empreintes ; on met dans une étuve chauffée

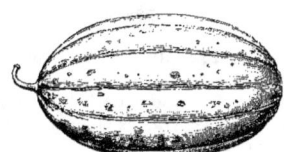

Fig. 216. — Melon candi.

à 40 degrés. Le lendemain on enlève chaque moitié et on égoutte le sirop qu'elles contiennent, on les lave avec un peu d'eau tiède, on les égoutte, on les colle l'une contre l'autre et on fait sécher le melon sur un tamis. On peut mettre dans l'intérieur du melon autant d'œufs de poule ou de vanneau en sucre qu'il y a de convives; dans ce cas, le melon ne doit pas être candi. S'il ne contient rien à l'intérieur, on peut faire candir le melon à froid. On peut ainsi faire le coco en y laissant une liqueur aromatique.

Fraise, Framboise, Mûre. — *Formule 555.* — On a des moules en plâtre ou en étain représentant le fruit que l'on veut reproduire ; on les imprime dans l'amidon bien sec pour ne pas déformer. On cuit du sucre au petit boulé. On

Fig. 217 et 218. — Fraises au sucre candi.

parfume les fraises avec de la conserve de ce fruit ; les framboises avec l'alcoolat de ce fruit et on les colorie en rose ; les mûres avec du suc de ce fruit et on le colorie en violet.

On les candit à froid ou on les glace à la gomme. On fait de même des pastilles de gomme en forme de framboise, on les parfume et on les colorie comme ci-dessus. On les candit à froid et on les lave à l'eau gommeuse ; on glace ces fruits au vernis à la gomme et on y met des culots en papier ou en pastillage mince, ou bien mieux encore, faits d'une pâte d'amande ou de pistache colorée en vert et découpée en forme de feuilles.

DES FONDANTS CANDIS. — C'est vers 1830 que l'on a inventé ce délicieux bonbon qui a été perfectionné depuis et fabriqué sous toutes les formes.

Bonbons fondants candis. — *Formule 556.* — On prend du sucre blanc de premier choix, que l'on fait fondre et cuire par petites parties à la petite morve. On cuit le sucre au poêlon Landry. On parfume suivant le goût, le genre et les couleurs, voir Formule 541.

Le sucre étant cuit, on le fait refroidir soit dans le poêlon que l'on met au bain-marie froid, soit sur le marbre ; les fondants au café et au chocolat sont les seuls qui exigent la coloration en cuisant ; pour les autres, il y a avantage de les colorier après. Quand le sucre est refroidi, on le travaille sur le marbre ou dans la bassine avec une spatule. Il commence d'abord à blanchir comme le sucre *retors*, ensuite il se durcit, on continue de le travailler, mais avec les mains, comme une pâte brisée. Ce travail continu fait ramollir la pâte à l'état de beurre ; c'est alors qu'on la colorie et qu'on la parfume avec les essences. Si on travaillait la pâte étant chaude, elle s'égrènerait à l'état de conserve, serait dure et non fondante. Pour couler à l'amidon, on la ramène au bain-marie pour la fondre sans la laisser décomposer, et on coule vivement avec un poêlon à pastilles pour éviter la décomposition de la pâte et l'altération des couleurs.

Il est préférable de faire fondre la pâte, au fur et à mesure de l'emploi, dans un poêlon à pastilles. La pâte ne doit pas cuire, elle passerait vite à l'état de sirop. Elle grène si on la remue trop. Il n'est pas moins important de couler tout le sucre que l'on a dans le poêlon, parce qu'en le réchauffant, il jaunit et durcit.

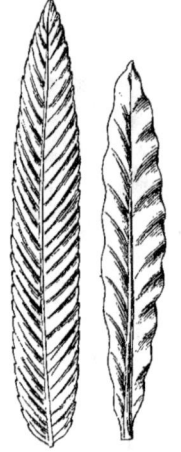

Fig. 219 — Feuilles coulées dans le moule.

On coule le plus souvent dans des moules en plâtre, comme la conserve ; mais il faut avoir soin, la première fois que l'on s'en sert, que les moules soient bien trempés, au moins une heure à l'avance, dans de l'eau tiède, afin qu'ils soient tièdes aussi, parce que s'ils ne sont pas assez trempés le bonbon s'attache après, et s'ils sont froids et trop mouillés, le bonbon reste liquide et ne raffermit pas. On sort les moules de l'eau quelques minutes avant de couler et on les met égoutter en les renversant sur des claies en osier, pour qu'ils s'essuient bien. S'il y avait encore de l'eau à la surface au moment de couler, il faudrait l'éponger, parce que l'eau empêche le bonbon d'être convenablement moulé ; il est préférable d'avoir une série de moules qui trempent pendant que les autres sont occupés.

Fig. 220. — Moule en plâtre.

Quand les bonbons sont ainsi coulés, on les met sur des tamis et on les laisse sécher à l'air pendant une nuit, puis le lendemain on les ratisse.

On coule en blanc la majeure partie des bonbons et on leur donne la forme d'arabesques, de bourrelets, de manchons, de plaisirs, de cornes d'abondance, de dominos, de dés, de montres, etc.

Pastilles au fondant candies. — *Formule 557.* — On les coule de toutes couleurs, à l'amidon, de la largeur d'une pièce d'un franc, de forme ronde, plate et bombée. On les fait aussi en forme d'arabesques, et on les parfume à toutes sortes d'alcoolats, conserves et sucs de fruits suivant les couleurs.

Boules acidulées au fondant candies. — *Formule 558.* — On prend environ cent grammes d'acide citrique, que l'on mélange avec quinze grammes de sucre en poudre ; on mesure deux grammes de ce mélange dans une petite cuiller, et on les incorpore dans la proportion de cent grammes. On les coule dans des moules en plâtre mouillés, de la grosseur d'une boule de gomme ; on les fait de toutes couleurs et de tous parfums, comme les pastilles.

Quartiers de fruits en fondants candis. — *Formule 559.* — On les coule à plat, dans l'amidon ou dans les moules, tout en blanc ou en couleur, suivant les fruits. On les colorie, on les farde et on les mouchette.

Poissons fondants candis. — *Formule 560.* — On les coule à plat, dans l'amidon ou dans les moules, en blanc ou en couleurs diverses très pâles. On les colorie et on les farde.

Coquillages. — *Formule 561.* — On les coule à plat, dans l'amidon ou dans les moules, en blanc ou en couleurs diverses. On les colorie, on les farde et on les mouchette de couleurs opposées.

Légumes, fruits et feuilles. — *Formule 562.* — On les coule à plat dans l'amidon ou dans les moules, en blanc ou en couleur, suivant chaque sorte. Je préfère, par exemple, couler la carotte de sa couleur, car si on la peint après, c'est un double ouvrage et puis la couleur ne se maintient pas aussi bien. On les colorie et on forme les feuilles et les tiges avec de la glace verte.

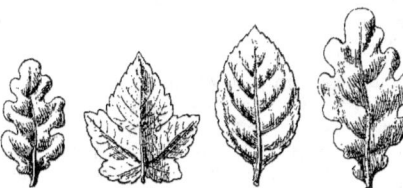

Fig. 231. — Feuilles coulées dans le plâtre.

Bonbons panachés au fondant. — *Formule 563.* — On les coule dans l'amidon au moyen d'un poêlon à pastilles à deux becs. On fait fondre également dans chaque compartiment une pâte blanche avec une autre de couleur, en ayant soin que la pâte ne soit pas trop fondue pour qu'elle ne se mélange pas. On coule ainsi des bonbons arabesques, des pastilles rondes et ovales pour papillottes.

Bâton fondant mexicain. — *Formule 564.* — On les coule comme les *brésiliens* avec le poêlon, mais moitié plus petits, panachés de toutes couleurs et parfumées.

Panachés doubles. — *Formule 565.* — On les coule en deux parties dans des moules en plâtre mouillés comme il est dit plus haut. On coule d'abord un côté du moule en diverses couleurs, puis après on coule l'autre partie en blanc; un aide place à mesure le moule coulé précédemment par-dessus, afin que les deux parties puissent se coller. On coule de la même manière les boules acidulées, les bâtons mexicains, les arabesques, etc.

Fondants doubles. — *Formule 566.* — On les coule de la même manière que les panachés, en deux parties de couleurs différentes, suivant les objets:

Pour les *fleurs animées*, on coule l'amour en rose; les fleurs: rose, tulipe, œillet, marguerite en blanc, rose, jaune, lilas.

Les *fleurs* et *fruits sur feuilles*, en couleur, suivant leur nature; les feuilles en vert clair.

Les *insectes sur feuilles*, chenilles, mouches, hannetons, etc., se coulent tout en blanc; on les peint après.

Les *oiseaux* et *animaux* sur coussins et tabourets se coulent de couleurs différentes; les oiseaux et animaux en blanc.

Les *comestibles*: fromage, jambon se coulent en couleur, suivant l'objet; les plats en blanc.

Pour les *dominos*, on coule le dessus en noir, l'autre partie blanche.

De cette façon, on peut obtenir toutes sortes de sujets, en ayant soin de couler une partie blanche, l'autre partie en couleur, suivant le genre. Il est assez utile, pour bien réussir, d'avoir un aide qui chauffe les deux poêlons séparément, ce qui permet de couler les fondants plus vite et fait qu'ils se collent bien mieux ensemble.

Fruits farcis et fourrés. — *Formule 567.* — On a des moules en plâtre, de toutes sortes de fruits de la grosseur d'une petite noix; on les met tremper, puis on coule dedans de la pâte de fondants coloriée suivant la nature du fruit que l'on veut obtenir; on la fait fondre un peu plus que pour les fondants ordinaires. Aussitôt qu'une raie blanche se forme à l'intérieur du moule, on râcle le dessus avec un couteau et on ouvre chaque trou avec une aiguille à pastilles; on égoutte comme pour les fruits, puis dans chaque fruit on coule des gelées, des marmelades, etc. On les farcit avec des pâtes d'office, à la pomme, à l'abricot, à l'ananas, à la pistache, à l'amande, à l'aveline, à la noix, aux marrons, à la pêche, au coing, etc. On rebouche l'ouverture avec de la pâte à fondant fondue, puis on les peint et on les met au candi.

Coloriation et décoration des bonbons. — *Formule 568.* — Procédé général. — Lorsque les bonbons sont coulés en blanc, ils doivent être coloriés, à moins qu'ils doivent rester blancs. Lorsqu'il s'agit d'imitions de pâtisseries ou de boulangeries, brioches, tartelettes, marguerites et des fruits: abricot, marron, citron, fraise, pomme, poire, fromage, on colorie généralement en jaune. On farde les imitations de boulangeries et de pâtisseries avec du bistre préparé selon la règle (voir *Couleur*), très épais. On l'étend presque à sec sur un marbre, on en prend un peu avec un pinceau coupé en brosse et on estompe ou farde ainsi chaque bonbon. Cette manière est préférable pour tous les bonbons à candir; la couleur tient mieux qu'une couleur liquide, qui se détrempe.

On forme les pedoncules ou queues des fruits avec le cornet et une glace brune coloriée au bistre ; on fait les feuilles au cornet avec de la glace verte. On farde les abricots, pommes, poires avec du carmin fin, comme les pâtisseries. On les pointille avec un pinceau de poil rude coupé court, en brosse. On prend de la couleur plus liquide que pour farder ; on frotte le pinceau sur le marbre pour qu'il n'y ait pas trop de couleur après, puis on mouchette en frappant le pinceau sur un corps dur ou en frottant le bout du pinceau avec le doigt. On imite le marron brûlé en fardant avec le bistre foncé.

Les Fondants a la Crème.— Ces bonbons sont excellents lorsque la crème dont on se sert est de première qualité et fraîche. C'est pourquoi les fondants à la crème sont meilleurs lorsqu'ils sont faits en province.

Fondants à la crème. — *Formule 569.* — Cuire le sucre au petit cassé et y verser de la bonne crème douce ; on le ramène à la *petite morve* jusqu'à ce qu'il soit un peu plus cuit que pour les fondants ordinaires. On parfume avec un bâton de vanille que l'on a fait cuire avec le sucre ou du sirop de vanille infusée.

On se sert de ce fondant pour les pralines, chocolats, dragées à la crème et toutes sortes de bonbons.

Fondants à l'orgeat. — *Formule 570.* — On cuit du sucre au petit cassé, on le ramène à la petite morve avec une émulsion d'amandes, on parfume et on l'emploie comme le fondant à la crème.

Pralines à la duchesse. — *Formule 571.* — On forme des olives (à la main ou avec des emporte-pièce en fer-blanc d'une forme ovale) avec des pâtes de fruits de toutes sortes : abricot, ananas, pomme, pêche, coing, pistache, amande, aveline, noix, marrons ; on les trempe dans du fondant, fondu de toutes couleurs dans un poêlon à pastilles, et on les retire avec une fourchette en fil de fer ou une aiguille.

Pralines à la Pompadour. — *Formule 572.* — On prend des cerises confites sèches, on forme des boules de la grosseur des cerises avec des pâtes de fruits ou d'office, comme pour les pastilles duchesse, on les trempe de même dans la pâte de fondant, fondue de toutes couleurs dans un poêlon à pastilles, on les retire avec une fourchette en fil de fer que l'on frotte sur le bord du poêlon pour retirer l'excédant, on retourne la main et on pose sur des plaques de fer-blanc. On les vend en cet état ou on les candit.

Pralines caraques *(Fondants candis).* — *Formule 573.* — On forme des boules ou des pistaches avec de la pâte de praline au chocolat ou avec du chocolat de première qualité parfumé à la vanille. Puis on procède pour les pralines comme à la formule 571.

Napolitains farcis. — *Formule 574.* — On a des moules en fer-blanc de plusieurs formes différentes : arabesque, rond, cœur, ovale, écusson, étoile à branches pointues et arrondies en forme de trèfles, soudées aux deux bouts sur des fils de fer, se fermant au moyen d'une charnière maintenue par un tenon.

Procédé. — On cuit du sucre au cassé, on le parfume, on en coule dans chaque moule l'épaisseur d'un demi-centimètre, un aide y place une cerise confite ou une fraise sèche, de la pâte d'abricot, de pomme, d'ananas, découpée de forme ronde, un peu moins grande ; des morceaux d'écorces de cédrat, d'orange, de citron confits et découpés de la même manière. On coule pardessus du sucre ou de la conserve pour recouvrir ces pâtes. On les fait de toutes couleurs, et même de deux couleurs, et on les vend ainsi, glacées ou candies à froid.

Trocadéros *(Fondants candis).* — *Formule 575.* — Depuis l'Exposition de 1878, un confiseur des boulevards a donné ce nom à des bonbons que voici :

Procédé. — On imprime dans l'amidon des moules en plâtre de formes diverses d'arabesques ; on y coule du sucre cuit au soufflé léger, on le colorie de diverses couleurs et on parfume les trocadéros à la vanille, au café, au chocolat, aux alcoolats, sucs et conserves de fruits, gelées et marmelades. On les met ensuite à l'étuve après les avoir recouverts d'amidon. Il faut que la chaleur soit douce (30 à 35 degrés) parce qu'une chaleur plus forte ferait fendre et trouer les bonbons et partant répandre la liqueur. Le lendemain, on les retire, on les brosse, on les candit ou on les glace en les trempant dans une glace royale un peu liquide. On les retire avec une fourchette en fil de fer, on essuie l'excédant sur un fil de fer placé au-dessus du pot de glace, on les pose sur un tamis, on fait sécher à l'étuve douce, puis quand ils sont secs, on les glace de l'autre côté, de manière qu'ils soient parfaitement unis ; ensuite on les décore avec des glaces de toutes couleurs, du chocolat et de la gomme au cornet. On décore également en toutes sortes de sujets.

Remarque. — En terminant la série des *bonbons fondants candis*, nous rappelons que l'on met au candi tous les bonbons au fondant pour leur donner de la consistance et pour maintenir leur forme. Il est aussi important de ne pas oublier que la cuisson du sucre à la vapeur ou par le système Landry est préférable à celle du feu nu. Il faut aussi, pour la réussite certaine, choisir du sucre de premier jet et de première qualité, bien dur et bien cristallisé, le bout supérieur du pain de sucre réunit généralement ces qualités, ce qui permet de le cuire à un degré inférieur (35 ou 36 degrés) pour candir à froid. Dans ces conditions, le candi est plus beau et plus blanc. Les sucres légers sont ordinairement des sucres usés, qui ne cristallisent pas bien ; on est obligé de les cuire à un ou deux degrés de plus. On a donc toujours plus d'avantage, pour tous les candis, de se servir du sucre de premier choix, il se cristallise mieux et on peut aussi se servir des égouttures deux ou trois fois pour candir les fruits et les pâtes, les gommes, les bonbons à liqueurs ordinaires, les pistaches pour papillottes, etc.

Les Bonbons de dessert. — Plusieurs variétés de ces bonbons sont fabriqués sous différentes formes, avec les trois formules suivantes :

Bonbons de dessert vernis. — *Formule 576.* — On fait des moules en plâtre de la grosseur d'une pièce d'un franc, en forme d'arabesques diverses, que l'on imprime dans l'amidon ; on cuit du sucre à la petite morve, on colorie de toutes couleurs, on parfume comme les trocadéros, on les coule de même, on les recouvre et les met à l'étuve. Le lendemain, on les candit à froid et on les vernit à la gomme après les avoir décorés au cornet.

Fèves de marais. — *Formule 577.* — On fait des moules en plâtre représentant la fève de marais, on l'imprime dans l'amidon, on cuit du sucre comme pour les trocadéros, on les colorie, on les parfume ; on les coule, on les met à l'étuve de même ; le lendemain, on les glace comme plus haut de diverses couleurs, on les mouchette d'une couleur opposée et on les farde. On met enfin un petit point de glace bistre sur le milieu, dans le côté creux de la fève.

Météores. — *Formule 578.* — On a donné ce nom à des bonbons faits avec de la meringue italienne.

Employer :

Sucre en poudre . . . . kilogramme 1
Blancs d'œufs. . . . . nombre 8

Procédé. — Cuire le sucre au petit boulé, le colorier de diverses couleurs et employer des parfums variés ; le laisser refroidir un peu ; fouetter les blancs d'œufs en neige, verser le sucre en remuant vivement avec le balai. Couler alors les météores de la grosseur d'un pièce d'un franc sur des feuilles de papier collé, avec la seringue à patience, la poche ou un grand cornet de papier. Mettre à l'étuve ; le lendemain, on les lève en mouillant le derrière du papier avec une éponge, on les colle ensemble de la même couleur ou de deux couleurs opposées, blanc et rose, etc., puis on les met au candi à la nage en deux fois, à chaud.

Bonbons écossais. — *Formule 579.* — On découpe avec des emporte-pièce en fer-blanc de formes arabesques diverses, des pâtes d'office : marrons, amandes, avelines, pistaches, ou de fruits : abricots, coings, pommes, etc. On les glace avec de la glace royale, d'un côté blanc, de l'autre rose-bleu, puis on les candit à la nage en deux fois, à froid.

Les Bonbons d'office. — C'est à un confiseur parisien, M. Linder, que l'on doit ces bonbons ; on fait des moules dans lesquels on les coule et les décore ensuite.

Pâte de pommes à mouler. — *Formule 580.* — Prendre cinq cents grammes de marmelade de pommes (voir ce mot), la déposer sur un marbre avec cent grammes de sucre en grain, le broyer avec le rouleau et mélanger le tout ; on la pétrit avec du sucre à glace royale jusqu'à ce qu'elle ait assez de consistance pour la mouler dans des moules en étain, en soufre ou en plâtre légèrement mouillés.

Pâte d'abricots à mouler. — *Formule 581.* — Pétrir cinq cents grammes de pâte d'abricot ou gimblettes avec cent grammes de sucre en grains, broyer la pâte avec le sucre et homogénéiser le tout en continuant à la pétrir avec du sucre passé au tamis de soie, sans autre couleur.

Pâte d'amandes à mouler. — *Formule 582.* — Employer :

Amandes douces	grammes	850
Amandes amères	—	150
Sucre concassé	kilogram.	2
Eau de fleur d'oranger	décilitre	1

Procédé. — Monder les amandes et les mettre dans l'eau fraîche ; les égoutter sur un tamis, ensuite les concasser dans le mortier avec un décilitre d'eau de fleur d'oranger, en ayant soin de ne pas laisser tourner la pâte en huile. Quand les amandes sont bien broyées, on cuit le sucre au grand boulé, on y ajoute les amandes, puis on dessèche environ vingt minutes sur le feu ; on retire la pâte de la bassine et on la fait refroidir dans une terrine. On la pile dans un mortier et on la pétrit ensuite avec du sucre pulvérisé. On la conserve dans des boîtes de fer-blanc.

Pâte de pistaches à mouler. — *Formule 583.* — Employer :

Pistaches mondées	grammes	800
Amandes douces mondées	—	520

Procédé. — Faire comme pour la pâte d'amande ci-dessus ; colorier la pâte avec du vert d'épinard (voir ce mot).

Pâte de marron à mouler. — *Formule 584.* — Décortiquer des marrons, les mettre ensuite dans l'eau bouillante pour les laisser faire un bouillon seulement, afin de faciliter l'enlèvement de la pellicule ; achever de les cuire, les égoutter, les piler et les peser. Cuire ensuite la même quantité de sucre au boulé, le mettre avec la purée de marrons à laquelle on aura ajouté la moitié de sa quantité de marmelade de pommes ou d'abricots. Faire dessécher sur un feu doux ; laisser refroidir, la pétrir avec du sucre pulvérisé au tamis de soie, former des abaisses et mouler.

Remarque. — Cette pâte abaissée et coupée à l'emporte-pièce avec des moules en fer-blanc peut être mise au candi après avoir été séchée à l'étuve.

Pâte d'ananas à mouler. — *Formule 585.* — On prend pour un ananas de conserve cinq pommes de Calville, on les épluche et on les fait réduire avec l'ananas. On passe au tamis et on réduit avec son poids de sucre. On laisse refroidir et l'on pétrit sur le marbre avec du sucre pulvérisé.

PROCÉDÉ GÉNÉRAL. — *Formule 586.* — Avec les différentes pâtes précédentes, on fait une variété infinie de fruits que l'on façonne dans des moules spéciaux :

Les *fraises* avec de la pâte d'abricot.

Les *ananas* en pâte d'ananas, la verdure en pâte de pistache.

Les *abricots* en pâte d'abricot.

Les *noix ouvertes* en pâte d'amande colorée en jaune pâle et la coque colorée avec du chocolat.

Les *glands* en pâte d'amande colorée en jaune et le collier en pâte de pistache colorée avec un peu de chocolat.

Les *boutons de rose* en pâte de pomme et du jus de framboise, la verdure avec de la pâte de pistache.

Les *choux-fleurs* en pâte de pomme blanche, les feuilles en pâte de pistache.

Les *pommes* et *poires* en pâte de pomme couleur jaune clair.

Les *avelines* en pâte d'aveline vanillée colorée avec un peu de chocolat, la verdure en pâte de pistache.

Les *colimaçons* en pâte de pomme couleur de chair, comme les mauviettes.

Les *escargots* en pâte d'amande colorée avec du chocolat râpé.

Les *coquillages* en pâte de pomme blanche colorée suivant la nature du coquillage que l'on veut reproduire.

Les *mauviettes* en pâte de pomme colorée avec un peu de jaune liquide et du carmin pour obtenir la couleur de chair, la barde de lard en pâte blanche d'aveline.

Les *pêches ouvertes*, le noyau avec de la pâte d'amande, la pêche en pâte de pomme et conserve de pêches.

Les *noyaux de pêches et d'abricots* en pâte d'amande et ceux d'abricots colorés avec du carmin et un peu de chocolat râpé.

Bonbon de Pomone. — *Formule 587.* — On se sert d'un moule en buis de la forme d'un gobelet évasé en haut et très étroit à sa base. Ce moule se sépare en trois morceaux et est contenu dans un autre moule en fer-blanc.

On garnit l'intérieur du moule avec une pâte blanche à pastilles très fine, d'une couche forte d'un centimètre; lorsqu'elle a pris la forme du pot, on en coupe l'excédent, on le démoule et on l'entoure de sucre en poudre pour lui maintenir sa forme. Le lendemain, on le met à l'étuve chaude; lorsqu'il est sec, on y coule de la gelée de pomme, de coing, de cerise ou autre à la groseille, framboise, fraise, ananas, abricot, avec le poêlon à pastilles, en prenant garde de n'en point verser sur les bords. On le remet à l'étuve pendant deux heures pour enlever l'humidité de la gelée et on le couvre, le lendemain, d'une petite tranche de citron confit. Si le vase est garni de gelée d'abricot, on abaisse la pâte à pastilles, on en découpe une rondelle que l'on colle dessus en soudant les bords.

Avelines à surprise. — *Formule 588.* — On choisit de grosses avelines de Naples, on leur fait pratiquer par un tourneur un trou de la grandeur d'une lentille, on les emplit avec des pastilles bijoux à liqueur, des anis blancs et roses, du céleri et du carvi perlé également blanc et rose; on met dans chacune une devise roulée. Quand elles sont remplies, on bouche l'ouverture avec de la pâte de chocolat chaude sur laquelle on passe le pouce pour bien l'unir.

Noix à surprise. — *Formule 589.* — On choisit de belles noix blanches à coque tendre, on les ouvre et on les vide, on les emplit d'une macédoine de dragées fines comme les avelines. On colle les deux coquilles avec de la gomme.

Amandes à surprise. — *Formule 590.* — On fait venir, pour la circonstance, de belles et grosses amandes princesse préalablement choisies. On les ouvre du côté mince avec un couteau d'office pointu ou un canif, on en retire l'amande et on emplit les coques de bonbons, comme dans les noix à surprise; on mouille les deux bords avec un pinceau à la gomme fondue bien épaisse. On a un treillage en fil de fer fixé sur un châssis, dans le genre d'une cage à oiseau; on places les amandes entre ces fils de fer, dont la pression les ferme suffisamment. Il faut dix kilogrammes de bonbons pour remplir quinze kilogrammes d'amandes vidées (Barbier-Duval).

Les Bonbons décorés. — La nomenclature de ces bonbons est longue, elle comprend tous les bonbons coulés à jour et à liqueurs dans l'amidon. On les décore au cornet avec des douilles et plusieurs glaces de couleur (voir *Glace*) mises dans le cornet en même temps, par couches perpendiculaires, cela forme des dessins marbrés très jolis. On les vernit ensuite. On fait de cette manière toutes sortes de bonbons ordinaires à cinq ou dix centimes la pièce: soldats, poupards, saints Nicolas, maillots, macédoine, mercerie, montres, pipes, cocardes, drapeaux, coutellerie, ciseaux, marteaux, sabots, bottines, croix, arabesques assorties, poissons, oiseaux, tabourets et cœurs sur tulle. Quand les tabourets et cœurs sont coulés de toutes couleurs, on colle du tulle en faisant un bord liseré de deux couleurs, et on décore dessus des fleurs, des fruits, etc. On fait aussi des fleurs, fruits, paniers, hottes, etc.

Bonbons à la gomme décorés. — *Formule 591.* — Outre les personnages, on fait des escargots, coquillages, insectes, chenilles, hannetons, etc., dans les proportions suivantes:

Gomme arabique (premier blanc). . kilogram. 1
Sucre . . . . grammes 200

Procédé. — On fond à froid la gomme arabique, on ajoute le sucre et on chauffe au bain-marie pour réduire en consistance de pâte à pastilles de gomme; on écume et on colorie. On a des moules en plâtre composés de deux parties s'adaptant ensemble, on imprime dans l'amidon la partie en relief, représentant des costumes différents, habillements, pantalons, chapeaux, casques, jupons, corsages, robes, etc.; et on coule à liqueur la contre-partie. Quand l'une et l'autre sont sèches, on fait des dessins de couleur or et argent, on place ensuite dessus la partie en gomme, que l'on avait préalablement lavée, puis on décore en glace les autres parties, tels que figure, bras, jambes, etc. Les fleurs et les fruits se font de même. Enfin on coule encore dans l'amidon, avec l'entonnoir, des petits grains en gomme de la grosseur d'une tête de grosse épingle, que l'on réunit pour former des grappes de groseille et de raisin.

Au chocolat. — *Formule 592.* — On se sert de moules en plâtre en relief ou unis, à l'aide desquels on imprime dans l'amidon des personnages, oiseaux, animaux et objets divers. On cuit le sucre au boulé, on met à part, dans un poêlon, du cacao broyé, sans sucre et fondu, on en mélange dans le sucre environ le quart jusqu'à ce qu'il soit légèrement coloré, on masse doucement et on coule vivement pour qu'il ne grène pas. On décore ces bonbons comme les autres.

Bonbons estampés. — *Formule 593.* — Il faut pour fabriquer ce B. se servir des moules en plâtre en relief, en forme de personnages, oiseaux, animaux, fruits et sujets. On les imprime dans l'amidon, on cuit du sucre au boulé, on le coule et on le parfume. Le lendemain, quand il est sec, on le brosse et on coule dessus avec la gomme les mêmes sujets en papier estampés, comme le bonbon coulé. Ce papier colorié, doré et verni, représente de très jolis sujets : croix d'honneur, ordres, etc. Ces gravures estampées ont été inventées pour lutter contre la concurrence des B. glacés ; ils sont plus jolis, mais moins bons, bien que le prix en soit plus élevé ; c'est ce qui a amené le perfectionnement des B. glacés (BARBIER-DUVAL).

LES BONBONS ENVELOPPÉS. — La nomenclature des B. enveloppés est assez longue, mais le plus commun est le caramel. On en fait aussi en cuisant le sucre au *petit cassé* et couler dans des moules de cuivre estampés, des bonbons que l'on colorie en rose avec le carmin d'office ; on met une pincée de sucre en grains, on fait prendre un bouillon et on coule. Dans ce genre, les moules doivent toujours être huilés ; s'ils l'étaient trop, il faudrait essuyer les bonbons en les sortant du moule avec une éponge trempée dans l'alcool à 85 degrés. Ce procédé est assez long. Quand on a beaucoup de rébus à faire, on coule sur le marbre le sucre cuit au cassé, on l'imprime avec un quadrillé ou un emporte-pièce de la grandeur que l'on veut envelopper. Quand les bonbons sont secs, on les enveloppe d'une feuille d'étain, puis d'un papier mince ; on pose la devise et après l'enveloppe représentant toutes sortes de gravures coloriées et vernies. Chaque fabricant a sa spécialité ; les uns les enveloppes ; les autres, les devises, cornets et papillotes.

On enveloppe de la même manière les cadres à glace, les cadres avec figures et à surprises, les cadres avec gravures et dorés de toutes dimensions, les cadres à dentelles, grands, moyens et petits, les cadres émaillés, vernis, à coins, gothiques, ovales, octogones, avec figures, grands, moyens et petits ; les cadres à bordure avec portraits, grandes et petites demandes et réponses avec gravures.

Tablettes enveloppées. — *Formule 594.* — On enveloppe des tablettes fines et demi-fines, avec ou sans devises, avec du papier glacé ou avec du papier ordinaire de toutes couleurs.

Pastilles enveloppées. — *Formule 595.* — On fait des pastilles fines, demi-fines et ordinaires, on parfume les fines avec des alcoolats ou du suc de fruits, les demi-fines avec des eaux-de-vie aromatisées, et les ordinaires avec des essences. On emploie du sucre suivant les qualités. Pour les fines, on se sert de papier glacé et satiné de toutes couleurs et à dessins imprimés en couleur sur fond blanc ; pour les demi-fines, papier blanc et de couleur ordinaire ; pour les ordinaires, papier pâte de toutes couleurs.

FALSIFICATION. — Quelques fabricants cupides introduisent de la semoule fine ou de la fécule dans les pastilles ordinaires, ils font une pâte molle, la font fondre à feu doux et y ajoutent la fécule pour la raffermir et les coulent comme les autres pastilles, ils les enveloppent dans des papiers déchiquetés moitié plus petits que ceux à papillottes.

Bonbons à la cerise. — *Formule 596.* — Cuire du sucre au cassé, y ajouter du suc de cerise, un peu d'acide citrique, colorier avec le carmin, le mettre sur le marbre, le travailler, le rouler et en faire des bâtons que l'on enveloppe dans du papier de différentes couleurs.

Sucre d'orge enveloppé. — *Formule 597.* — On enveloppe simplement de papier de couleur ou du papier blanc et imprimé, frisé aux deux bouts. Pour la fabrication, voir *Sucre d'orge*.

Rouleau or et argent. — *Formule 598.* — On roule sur un mandrin de bois ou de fer-blanc, comme pour les cornets à dragées, un morceau de gélatine blanche ou de différentes couleurs, long de dix centimètres et de la grosseur d'un doigt ; on colle avec une gomme forte, on met aux deux bouts un papier frisé blanc, une petite bande dorée sur les joints, on ferme un côté avec une faveur et on emplit de petits bonbons surfins : mélonides, anis, perlines, etc.; on ferme l'autre bout de même.

Pralines extra surfines. — *Formule 599.* —

On enveloppe des pistaches en dragées, des pâtes de fruits au candi, des pastilles de fruits au candi, dans des papiers frangés en papillottes or et argent, gaufrés. On met le bonbon avec la devise entouré de papier.

Superfines. — Papier blanc et de couleur, imprimé or et argent, enveloppé avec les bonbons comme ci-dessus.

Surfines. — Papier blanc imprimé de couleur et papier de couleur imprimé, envelopper les bonbons comme ci-dessus.

Fines. — Papier blanc et de couleur glacé et satiné ; envelopper des avelines et des amandes grossies à froid et candies comme ci-dessus.

Demi-fines. — Papier blanc et de couleur, papier ordinaire, enveloppant des amandes grossies à froid et candies, on y met une devise; mais on n'enveloppe les pistaches que dans du papier frangé.

Cosaques. — On coupe des papiers à papillottes, d'une couleur opposée, en deux parties ; on les colle seulement un peu aux extrémités pour qu'ils puissent se détacher facilement en les tirant ; on les fait comme les papillottes, suivant les qualités de chaque sorte, pour les bonbons et papiers ; on colle des coulants-pétards sur les papiers, on enveloppe comme ci-dessus, et au lieu de tourner les deux bouts comme aux papillottes, on les noue avec une ficelle.

Petits pains de sucre. — *Formule 600.* — On humecte un peu de sucre à pastilles que l'on imprime dans des moules en buis. On met sécher les pains de sucre, on les enveloppe avec du papier bleu, on les ficelle avec du bolduc rouge et on pose une devise dessus.

On en fait en pastillage conserve. Le sucre à pastilles doit être humecté de manière à ce qu'en le pressant dans la main, il reste en pelote ; le moule en buis doit avoir deux centimètres d'épaisseur ; en le frappant, la secousse aide à sortir le pain de sucre moulé ; on le met sur des planches sèches, à l'air, puis à l'étuve. On en fait de plusieurs couleurs panachées blanc, rose et bleu, en mettant dans le moule alternativement deux ou trois sortes de couleurs. On en fait en conserve et en sucre à pastilles en coulant l'un et l'autre dans des moules en plâtre mouillé. On en fait aussi en pâte de pastillage, fine et demi-fine ; on parfume les pains coloriés en rose à l'eau de rose, et les blancs à l'eau de fleur d'oranger ;

on les fait dans des moules en fer-blanc en forme d'éteignoir ; on les enveloppe avec du **papier bleu**, on les ficelle avec du bolduc ou un fil rouge, on les colle à la pointe avec un peu de gomme et on colle une devise en travers.

Les Bonbons glacés. — La base de ces bonbons étant les diverses glaces auxquelles on les soumet, je renvoie le lecteur au mot *Glace*.

Les Bonbons anglais. — Un Anglais, nommé John Tavernier, se mit le premier à fabriquer ces bonbons qu'il appelait *drops*. Plus tard, deux confiseurs de Paris, en chambre, MM. Vernaud et Bardy, perfectionnèrent les machines à l'aide desquelles on fabrique ces bonbons. Elles consistent en un socle en fonte sur lequel on fixe tous les cylindres que l'on veut et l'on tourne au moyen d'une manivelle ; ces cylindres sont gravés en creux et reproduisent tous les sujets que l'on veut imiter ; on tourne ces cylindres, dont les figures s'adaptent parfaitement bien l'une sur l'autre, et on découpe le sucre qui s'y trouve moulé. On imite ainsi toutes sortes de fruits : poires, pommes, abricots, pêches, cerises, noix ouvertes, groseilles, raisins, framboises,

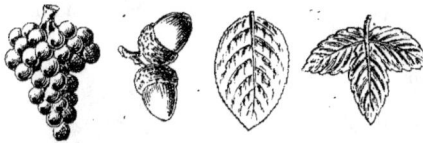

Fig. 222. — Fruits et feuilles en bonbons anglais.

ananas, fraises, amandes, avelines; blé, café, gaufres, pain au rhum, pâtisserie, friture, coquillages, etc. On fait, en outre, les caramels, tablettes, boules de gomme, le sucre d'orge, tors, de Vichy, les bâtons de guimauve. Enfin, de nos jours, on fait des sucres cuits de toutes sortes, comme ceux coulés dans des moules d'étain. Ces B. sont faits spécialement par des confiseurs en chambre, qui en conservent le secret autant qu'ils le peuvent. On cuit le sucre au gros cassé et on saupoudre sur le sucre coulé des acides tartrique et citrique en poudre, ou bien on y met de *cent* à *deux cents* grammes de glucose par kilogramme de sucre et on parfume les bonbons suivant leur nature : les fruits aux essences des fruits qu'ils représentent, etc. On termine l'opération en refermant immédiatement, aussitôt refroidis, les *drops* dans des flacons ou des pots de terre goudronnés ou bien dans des caisses de cinq à dix kilogrammes, en fer-blanc, bien soudées.

LES BONBONS DE FANTAISIE. — Depuis quelque vingt ans, on a inventé un bonbon nouveau qui prend divers noms, tels que : Magenta, Solférino, Satiné, Croix de Malte, etc.

Procédé. — *Formule 601.* — On cuit le sucre au petit cassé, on le glucose beaucoup pour faciliter le travail (deux à trois cents grammes de glucose par kilogramme de sucre). On parfume à toutes sortes d'odeurs, on coule sur un marbre légèrement huilé de bonne huile d'olive, on en réserve une partie que l'on colorie à part dans des poêlons, sur un petit fourneau, en rose, bleu, jaune, orange, café, vert, violet, etc. On tire le sucre blanc comme le sucre tors, on tient chaque couleur au chaud, sans la tirer, puis on dispose les couleurs parmi le blanc, en le repliant une ou plusieurs fois, suivant l'objet que l'on veut représenter ; avoir soin que les sucres blancs et de couleur soient bien refroidis et d'égale chaleur pour que les filets ne se mélangent pas. On procède à l'inverse ; dans ce cas, la plus forte partie de sucre est coloriée et conservée claire ; on tire les couleurs dans le genre des berlingots, on roule des petits bâtons de la grosseur du petit doigt, de quarante à cinquante centimètres de longueur ; puis, quand ils sont refroidis, on les coupe carrément avec un couteau, d'un coup sec, sur le marbre. On obtient de forts jolis dessins imitant les dominos, les dés, les damiers, etc. On

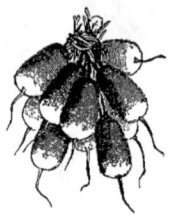

Fig. 223. — Radis roses en sucre.

fait aussi des fraises, des quartiers d'orange, de citron, des carottes, des radis en botte dont on achève la tige avec de l'angélique ; enfin des ananas, des fleurs : pensées, marguerites ; puis toutes sortes de fantaisies, tels que bâtons plats de douze centimètres de long sur trois centimètres de largeur. Quand la pâte est tirée comme pour mettre en bâtons, on aplatit vivement avec les mains ou un rouleau, et une autre personne coupe avec un emporte-pièce en fer-blanc.

On nomme ces bâtons de guimauve Palestro, Garibaldi, et dernièrement Boulanger, etc. On les met de suite en flacons et en boîtes, comme les *drops*. Ces bonbons se font spécialement par les confiseurs en chambre, qui ne font guère d'élèves par crainte d'en vulgariser le mode. Il faut une grande habileté pour les faire aussi bien, surtout pour les découper. (BARBIER-DUVAL, l'*Art du Conf. mod.*, libr. AUDOT, Paris.)

Bonbon à l'Elysée. — *Formule 602.* — Employer :

Sucre en poudre	grammes	500
Amandes douces mondées	—	250
Beurre fin	—	30
Kirsch de la Forêt Noire	décilitres	2

Procédé. — Piler les amandes dans le mortier avec le sucre et continuer en y ajoutant à petites doses le kirsch et enfin le beurre ; dresser cette pâte en petits volumes ovales et les glacer au fondant.

Pour les autres spécialités de confiserie, voir leur nom respectif.

BONBONNE, *s. f.* — Sorte de grande bouteille en forme de dame-jeanne, servant à contenir des liquides alcooliques.

BON-CHRÉTIEN, *s. m.* — Poire dont on connaît deux variétés : l'une mûrit en été, l'autre en hiver ; sa chair est cassante et sucrée. Mangée crue, elle est quelquefois indigeste pour certains estomacs délicats ; mangée cuite et servie en compote, en purée, en pudding, etc., elle est excellente.

Cette dénomination singulière est due à saint François de Paul qui, paraît-il, lui aurait fait faire un miracle qu'elle se gardera bien de renouveler à l'avenir. Ses pepins ont été apportés de la Calabre en France, sous le règne de Louis XI.

BONDON, *s. m.* — Variété de fromage de la forme d'un gros bondon ; il se fabrique à Neufchâtel, en Normandie. On en distingue deux variétés qui diffèrent par la qualité de crème et, par suite, des matières grasses qu'ils contiennent : le bondon gras, préparé avec le lait additionné de crème de la moitié de son poids, et le bondon maigre, préparé avec du lait écrémé. La première sorte est de goût fin, agréable et de meilleure conservation que la seconde. Ce fromage se mange frais ; il peut cependant, sans inconvénient, être conservé un ou deux mois; ce temps écoulé, il perd ses qualités savoureuses.

Ce fromage est consommé en grande quantité à Paris et dans le nord de la France.

BONDY, *s. f.* — Pomme d'un goût médiocre, mais de belle apparence, qui se sert principalement en marmelade et pour orner les corbeilles de fruits destinées à figurer sur les grandes tables.

BON-HENRI, *s. m.* — Voir *Ansérine*.

BONITE, *s. f. (Scomber pelamus).* — Nom donné à plusieurs variétés de poissons de mer du genre scombre. Celui-ci est une variété du thon, sa couleur bleuâtre est rayée de noir. Sa chair, meilleure que celle du thon, n'en est pas moins difficile à la digestion. Il est très anciennement connu ; les Romains le conservaient par salaison, comme la morue, et on le désignait sous les noms de *mélondrya* ou d'*elacatena*. de *cybia*, selon le pays où il était salé. Celui venant de Cadix et de Sardaigne était préféré.

Les bonites, que l'on pêche dans les mers d'Angola, ont une chair plus fine, les nègres de la côte d'Or la classent parmi les aliments des dieux.

BONITOL, *s. m.* — Se dit d'une variété de bonite qui habite la Méditerranée, où il est très commun. Sa chair est blanche, de bon goût et de digestion très facile.

BONNE-DAME, *s. f.* — Voir *Atriplex*.

BONNE-ENTE, *s. f.* — Sorte de poire vulgairement nommée *dayennée* ; fruit d'un poirier *enté*, d'où vient son nom.

BONNES-MARRES *(Vins des).* — Bourgogne, Côte-d'Or, rouge de première classe.

BONNE-VILAINE, *s. f.* — Variété de poire. Des *bonnes-vilaines*.

BONNET, *s. m.* — Non de différentes espèces de champignons. Il y a le *bonnet de crapaud*, le *bonnet d'argent*, le *bonnet de fou*, le *bonnet rabattu* ou *du matelot*, etc.

BONNET TURC, *s. m.* — Espèce de potiron qui fait partie de la famille des cucurbitacées. (Voir *Potiron*.)

BONNET DE TURQUIE, *s. m. (Entremets).* — Pâtisserie faite de diverses pâtes cuites dans un moule de la forme d'un bonnet turc.

Bonnet de Turquie à la Triboulet. — *Formule 603.* — Employer :

Sucre en poudre	grammes	250
Pistaches mondées	—	500
Farine tamisée	—	250
Œufs frais	nombre	15
Zestes de citrons verts	—	2

Procédé. — Piler les pistaches avec le sucre et le zeste des citrons ; mettre dans une terrine avec les jaunes d'œufs et travailler comme les biscuits ; lorsque la masse est mousseuse, fouetter les blancs en neige et les mélanger avec la farine dans la masse. Le moule représentant le bonnet turc étant préalablement beurré et glacé au sucre, on le remplit aux trois quarts avec la pâte ; le mettre dans un four doux ; après deux heures, la cuisson est achevée. On le glace en sortant du four, en alternant les couleurs blanche et rouge.

Bonnet de Turquie à surprise. — *Formule 604.* — Foncer le moule en pâte croquante ou en pâte d'amande pour abaisse ; faire cuire en garnissant l'intérieur de noyaux de cerises ou de chapelure. Vider la croustade, l'emplir d'une macédoine de fruits confits. Poser le bonnet sur un fond de pâte sèche après l'avoir glacé et décoré.

BORA, *s. m.* — Poisson du Japon qui ressemble au brochet. Sa chair est blanche et délicieuse. On la marine pour la conserver et la transporter dans toutes les parties de l'Empire. Le peuple chinois en fait une grande consommation.

BORD-DE-PLAT, *s. m.* Ital. *Orlo di piatto*. — Se dit d'un bord de plat en forme d'aile de chapeau dont on se sert en cuisine pour dresser les mets en sauce : on le pose sur le bord du plat pour le préserver des gouttes de jus ou de sauce qui tariraient le brillant du métal argenté, au centre duquel on dresse les aliments.

Ces bords de plats sont ordinairement en fer-blanc ou en bois et ont la largeur et la circonférence exacte du plat dont on fait usage.

BORDEAUX *(Vins de).* — Terme générique comprenant tous les vins du Bordelais. On y récolte des vins blancs et rouges dont la réputation est universelle.

L'Origine. — Les Latins cultivaient la vigne depuis des temps immémoriaux, mais plusieurs événements politiques ont laissé une empreinte marquée sur l'histoire de la vigne : l'empereur Probus (276-282) avait donné à la Gaule une impulsion viticole toute nouvelle et édicta la loi *ad Barbaricum* qui interdisait d'envoyer du vin aux Barbares. La description de Tacite sur les Germains établit péremptoirement que la culture de la vigne était depuis longtemps pratiquée. D'ailleurs un témoignage plus irréfutable, c'est la récente découverte à l'Ermitage d'une cave souterraine avec quatre amphores contenant du vin desséché.

Une fois en possession du fruit défendu, les Barbares se comportèrent d'une façon plus intelligente que ne l'avait fait certain « maître du monde ». La loi salique et celle des Visigoths frappaient d'amendes sévères ceux qui arrachaient un cep ou volaient un raisin (L. Portes et F. Ruyssen, *La Vigne*). Cette protection, cette sollicitude ne tardèrent pas à faire regarder la vigne comme un objet sacré.

Les Plants. — La variété qui domine est le *blanc auba*. Son *bois* châtain est rougeâtre et rayé ; *feuilles* amples, d'un vert pâle, d'une forme allongée, profondément découpées en cinq lobes bien distincts et laineux en dessous, les bords sont peu dentelés et les dentelures peu aigues ; *grains* ronds, blancs, marqués d'un point noir au sommet, devenant un peu rouges lorsqu'ils mûrissent. (Petit-Laffitte).

On distingue encore :

La *Folle noire*, dont les raisins ont un goût pur agréable ; de là le nom vulgaire de *dégoûtant*.

Le *Merlot*, aussi appelé *Vitraille*, qui est un cépage abondant et donne un vin léger et tendre, sa culture est exclusivement limitée au Bordelais ; ses raisins tendent à pourrir à leur maturité : *feuilles* amples, rugueuses, profondément découpées, un peu duveteuses ; *grappes* ailées portant des grains ronds d'un beau noir.

Le *Sauvignon*, également connu sous le nom de *blanc fumé*, de *servonien*, etc. On distingue le Sauvignon blanc, jaune, rouge et violet, c'est le plant qui se cultive dans le Sauterne : *feuilles* légèrement rosées sur les bords à leur épanouissement, plus tard vert foncé, grandeur moyenne, bosselées à trois lobes assez distincts, pointues avec une séparation peu profonde, duvet abondant sur la surface inférieure qui est blanchâtre et à nervures saillantes, petiole long, mince, violacé ; *raisins* petits, fournis, très pressés ; *grains* oblongs, petits, couleur ambrée et à petits points noirs ; *pépins* petits, saveur douce, agréablement parfumée. Pédoncules très courts, ce qui fait que le raisin est comme collé aux sarments, ce qui rend difficile de le couper. Pédicelles très courts.

Le *Semillon blanc*, également connu sous les noms de *Colombar*, *Chevrier*, *Goulu blanc*, variété unique du Bordelais : *feuilles* sur-moyennes, glabres à la face supérieure, un peu duvetées à la face inférieure, assez sinuées ; *grappes* un peu grosses, conico-cylindriques, portant des grains moyens ou sur-moyens, presque globuleux, d'un jaune clair à la maturité.

Le *Verdot* est le plant des *Palus* dont les vignerons distinguent deux variétés : le grand et le petit. Le petit Verdot est peut-être meilleur, mais il est moins fertile.

Le Terrain *(son influence)*. — Il paraît certain que le plant primitif *blanc auba* ne produisait que du raisin blanc. La présence d'oxyde de fer, qui influence les terrains gravelo-argileux de la grande partie du sol bordelais, a dû être une cause de la modification des fruits de blanc en rouge, la coloration d'ailleurs empruntée au sol ne laisse aucun doute sur cette *transformation*. C'est sur des lits d'argile rouge que reposent les granites de l'Ermitage. Sous une couche de terre légère, abondante en cailloux fluviaux, les plaines du Médoc présentent une épaisse couche d'argile rouge.

Le vénérable Yquem si limpide et si blanc se distingue des autres grands vins de la vallée du Ciron, connus sous le nom générique de *Sauterne*, par une suavité toute spéciale et digne d'inspirer des poètes d'un meilleur cru. Or, le vignoble qui le produit est situé sur un monticule « qui, par une exception géologique rare dans la contrée, se trouve bien qu'en *Graves* reposer sur sous-sol d'argile brun-jaune mêlé parfois à des cailloux roulés et parfois à des grains calcaires. La grave qui recouvre ce sous-sol ne dépasse guère une épaisseur de 30 centimètres et suffit cependant pour maintenir la blancheur des raisins qui les distinguent. Les « Palus » de la Gironde, terrain d'alluvion, ont un sous-sol à peu près exclusivement composé d'argile (81.20 0/0) et de fer (10 0/0), tandis que dans les *Graves* le sol n'est que silice (80 à 85 0/0) reposant sur un lit calcaire. » (Petit-Lafitte, *loc. cit.*)

Dans ces derniers terrains, la vendange est en moyenne de quinze jours plus hâtive que dans les premiers.

Les viticulteurs semblent avoir eu, bien avant que la science les eût justifiés, l'instinct des propriétés du sol en affectant aux raisins blancs généralement plus précoces et moins exigeants en fait de chaleur les terres claires, et les sols foncés aux raisins rouges. « La couleur du sol n'est pas indifférente à la qualité du raisin, dit le docteur Guyot, moins il est rouge, moins le terrain est favorable surtout aux raisins rouges.» Si nous voulions pousser plus loin la démonstration que le terrain et le climat transforment non seulement les végétaux qu'ils nourrissent, mais les herbivores et indirectement les carnivores qui vivent dans leur milieu, nous n'aurions qu'à établir :

1° Que les éléments minéraux viennent du sol et les éléments organiques de l'air et de l'eau ;

2° Que la plante, qui fournit directement à l'herbivore et indirectement au carnivore leur substance d'alimentation, s'alimente elle-même en réalité à peu près des mêmes éléments qu'eux. Il n'y a rien de changé que « le mode d'absorption de la plante à l'animal : la première, appareil de réduction, reprenant à l'atmosphère les produits de combustion complète (eau et acide carbonique), et au sol ceux d'oxydation incomplète (urates, cholates, tauro-cholates, hippurates, cholestérine, albumine) opérés par cet appareil de combustion qui s'appelle l'animal. »[1]

Les proportions respectives des divers éléments d'alimentation, tant de végétal à végétal que de végétal à animal. Animaux et végétaux, tous, depuis les plus élevés jusqu'aux plus infimes, se décomposent en éléments toujours les mêmes, savoir :

ÉLÉMENTS ORGANIQUES	ÉLÉMENTS MINÉRAUX	
Carbone	Phosphore	Manganèse
Hydrogène	Soufre	Calcium
Oxygène	Chlore	Magnésium
Azote	Silicium	Sodium
	Fer	Potassium

Ce sont ces quatorze éléments qui, diversement groupés, produisent, suivant le cas, les fruits les plus savoureux, les vins les plus exquis, les parfums les plus éthérés, les poisons les plus redoutables. (GEORGES VILLE, *Revue des cours scientifiques.*)

[1] Dumas et Boussingault, *Statique chimique des êtres organisés.*

Faut-il s'étonner dès lors de la puissance qu'exercent les terrains sur la qualité des vins, et partant les vins sur le physique et les facultés intellectuelles de l'homme?

EFFET ET QUALITÉ. — Grégoire de Tours dit que la férocité des deux princes abstèmes Chilpéric et Domitien n'avait d'autres causes que leur aversion du vin, et fait remarquer que les buveurs surtout doivent triompher.

Le poète latin Ausone, né en 309 et mort à l'âge de quatre-vingt-quinze ans, fut l'un des premiers écrivains qui nous dit que les *Medulli* (Médoc) récoltaient des vins très estimés à Rome.

C'est un de ses aphorismes qui a inspiré à Georges Périé les vers suivants sur les vins de Bordeaux :

> *Benti Burdigalenses, quibus vivere*
> *Ant bibere similia sunt !*
> AUSONE.

Oser chanter le vin m'eût semblé téméraire
Si je n'avais pour moi, Muse trop débonnaire,
  Les célébrités du *Caveau.*
Oui, je veux, Girondins, marcher sous leur bannière,
Dont les larges replis ne laissent en arrière
  Que les ascètes, buveurs d'eau.

Béranger ! Désaugiers ! Dupont ! Ces sentinelles
Ont tout fait pour le vin, qui fit beaucoup pour elles.
  Morts, que disent ces grands aïeux ?
Ils disent de chanter le vin et que tout homme
Ne doit chercher son Dieu que dans son vidercome.
  Et je veux le chanter comme eux.

Oui, je chante le vin, le premier vin de France !...
De France ?... Non... du monde et dont la préséance
  Pèse de son énorme poids.
Ausone l'a chanté. C'est sa plus grande gloire
Peut-être d'avoir dit que *vivre c'était boire.*
  A ce vieil Ausone je bois !

La Garonne a voulu fertiliser tes plaines
Et tes riants coteaux se chauffent par centaines,
  O Chanaan, à ton soleil !
Les dieux ont fait ton vin qui donne la jeunesse,
Qui fouette l'âge mûr et cingle la vieillesse,
  Avide de ton jus vermeil.

Le poète te doit, ô vin, ses envolées,
Ses belles rimes d'or, ses rimes ciselées
  Et ses larges horizons bleus !
Et le musicien les longs flots d'harmonie
Qu'il jette à tous les vents sur l'aile du génie,
  Chantant ton sol miraculeux.

Le sculpteur trouve en toi son dernier coup de pouce,
Le peintre son pinceau, les vieux châteaux leur mousse,
  Les Bordelaises leur beauté.
Tu fis de tes soldats sur les champs de bataille
Des héros qui tombaient joyeux, car la mitraille
  Se heurtait contre leur gaieté.

Montaigne se trompa quand, parlant d'amertume,
Il nous montra tes vins, ô Gironde! Sa plume
　　Dans ses doigts eût dû se briser.
C'est qu'il n'avait jamais connu la folle ivresse
Que toujours tes grands crus versent avec largesse
　　Sur la lèvre comme un baiser.

Ton vin! c'est le soleil dans le fond de mon verre,
Qui me met l'âme en feu, me fascine et m'enserre!
　　Ton vin! c'est le soleil vainqueur!
Ton vin! mais c'est le sang qui coule dans la veine
A flots, à gros bouillons. Dans la vieille Aquitaine,
　　C'est le courage, c'est le cœur.

Le chantre de Théos, rendu fou de délire,
A tes beaux pampres verts eût suspendu sa lyre.
　　Gironde! Pleure Anacréon.
Comme les rois heureux, tes vins n'ont pas d'histoire.
Ils sont, ils ont été. Tes vieux crus sont ta gloire
　　Et tes caves ton Panthéon.

Yquem! je bois à toi! Margaux! je bois encore!
D'Estournel! Haut-Brion, Lafite, à pleine amphore,
　　Je bois aux crus de vos châteaux!
Bordeaux terrasse Reims, la *Treille* bat la *Pomme*.
Les Latins disaient: *Urbs!* quand ils parlaient de Rome.
　　Moi, je dirai toujours: *Bordeaux!*

HYGIÈNE. — Voici l'appréciation de notre savant confrère de la *Société française d'hygiène*, le docteur Vigouroux: « Le bordeaux a une belle couleur pourprée, un velouté et une suavité exquise; son bouquet est plein de finesse. Il fortifie l'estomac sans porter à la tête, c'est pourquoi on peut en prendre une quantité, même un peu forte, sans en être incommodé.

« Etes-vous fatigué, surmené? Avez-vous fait des abus de toutes sortes? Avez-vous besoin de réparer vos forces? Etes-vous anémié, gastralgique, profondément débilité? Relevez-vous d'une longue maladie? Eh bien! buvez du vin de Bordeaux. Ce vin sera pour vous un verre de lait doux, digestif, hygiénique; il vous donnera la force et la santé que vous avez perdues.

« On a surtout en vue le vin de Bordeaux quand on cite le proverbe:

Le vin est le lait des vieillards.

« Ceux-ci sont, en effet, anémiés par l'âge; leur organisme se trouve usé. La lampe est bien près de s'éteindre, et le vin de Bordeaux est pour eux la goutte d'huile qui, mise à propos, fait jaillir une brillante lumière et répandre une vive clarté. »

J'estime le bordeaux, surtout dans sa vieillesse.
J'aime tous les vins francs parce qu'ils font aimer.
　　　　　　　　　　　A. DE MUSSET.

VINS ROUGES. — Parmi les vins rouges, dont nous nous occuperons en premier lieu, les plus renommés récoltés dans le département de la Gironde sont ceux de Médoc, de Graves, de Côtes, de Palus et d'Entre-deux-Mers.

Le Médoc se trouve sur la rive gauche de la Gironde, il comprend l'arrondissement de Lesparre et une partie de celui de Bordeaux. On le subdivise en trois catégories, que nous classons par ordre de qualité et qui sont: le Haut-Médoc, le Petit-Médoc et le Bas-Médoc.

Le Haut-Médoc. — C'est dans le Haut-Médoc que se trouvent les cantons de Pauillac, de Saint-Laurent et de Pessac produisant les vins rouges les plus fins du monde. Il comprend donc dans l'arrondissement de Bordeaux, le territoire des communes d'Arcins, Arsac, Cantenac, Cussac, Labarde, Ludon, Macau, Margaux, Persac et Soussans; et dans l'arrondissement de Lesparre, celui des communes de Cissac, Pauillac, Vertheuil, Saint-Estèphe, Sainte-Gemme, Saint-Julien, Saint-Laurent et Saint-Sauveur.

Le Petit-Médoc, dont les vins sont classés en deuxième ligne, comprend: dans l'arrondissement de Bordeaux, le territoire des communes d'Avensan, Blanquefort, Castelnau, Lamarque, Le Pian, Le Caillan, Listrac, Moulis et Poujaux; dans l'arrondissement de Lesparre, celui des communes d'Esteuil, Saint-Christoly, Saint-Germain, Saint-Laurent, Saint-Seurin-de-Cadourne et Saint-Trélody.

Le Bas-Médoc. — Les vins du Bas-Médoc viennent en troisième ligne. Il comprend dans l'arrondissement de Lesparre: Lesparre, Bégadon, Blaignan, Civrac, Dignac, Gaillan, Jau, Loirac, Ordonnac, Prignac, Potensac, Port-de-By, Queyrac, Usch, Valeyrac, Vensac, Saint-Vivien et Saint-Yzans.

Les Graves. — A part la commune de Pessac, dont les vins rouges sont classés en première ligne, les Graves produisent principalement des vins blancs, dont nous parlerons plus loin.

On a donné le nom de Graves à des terrains graveleux composés de gravier, de sablon et d'argile et qui embrassent au nord-ouest, à l'ouest et au sud-est de Bordeaux, une zone de près de 50 kilomètres comprenant les plaines hautes, voisines des confluents de la Garonne et de la

Dordogne, du Ciron et de la Garonne, de l'Isle et de la Dordogne.

Les vins de *Graves* se distinguent des autres vins du Médoc par un coloré, un moelleux, un corps et une sève particulière qui les rapprochent de ceux de Pauillac.

Voici les principales communes dont les Graves occupent le territoire. Dans l'arrondissement de Bordeaux : Arbannats, Barsac, Beautiran, Bègles, Bruges, Castres, Caudéran, Céron, Grandignon, Illats, Labrède, Landiras, Léognan, Le Tondu, Martillac, Mérignac, Pessac, Podensac, Portet, Preignac, Pujols, Saint-Médard-en-Jalle, Saint-Médard-d'Eyrans, Saint-Selve, Talence, Villenave d'Ornon et Virelade. Dans l'arrondissement de Bazas : Auros, Bommes, Eyzines, Fargues, Gajas, Gano, Langon, Le Bouscat, Sauterne, Toulenne, et dans l'arrondissement de Libourne : Saint-Pey.

Côtes. — Les vins de Côtes sont récoltés sur les coteaux élevés de la rive droite de la Garonne, jusqu'aux environs de La Réole, à dix kilomètres nord-est de Bordeaux, y compris Blaye, comprenant, dans l'arrondissement de Libourne, les communes de Saint-Emilion, Fronsac, Pommerol, Saint-Laurent, Saint-Hippolyte, Saint-Christophe, Saint-Georges.

Palus. — On appelle *palus* les terres humides et fertiles des marais ou des bords des rivières ; les Palus embrassent, comme les précédents, le territoire d'une foule de communes riveraines, parmi lesquelles nous citerons, dans l'arrondissement de Bordeaux, Quinzac, Floirac, Ambès, La Souys, Lormont, Bassens, Montferrand et La Bastide. Les vins de Palus occupent le premier rang après les Médoc et les Graves.

Entre-deux-Mers. — On nomme vins d'Entre-deux-Mers ceux qui proviennent du pays situé entre la Garonne et la Dordogne. Il s'étend sur un territoire de près de 90 kilomètres, tant à l'ouest qu'au sud-est de Bordeaux, y compris une partie du canton de Sauveterre, dans l'arrondissement de La Réole. Ces vins se consomment généralement sur place, n'ayant pas les qualités des autres vins du Bordelais.

Il est à remarquer que tous ces crus exceptionnels sont, à part le Saint-Emilion, des vins de Médoc ou des vins de Graves pour les vins rouges, et des vins de Graves aussi pour les vins blancs dont nous allons nous occuper.

CLASSIFICATION PAR ORDRE D'EXCELLENCE DES GRANDS VINS ROUGES DU BORDELAIS

CRUS	COMMUNES	CRUS	COMMUNES
Premiers :		*Quatrièmes :*	
Château-Lafite	Pauillac	Saint-Pierre	Saint-Julien
Château-Margaux	Margaux	Talbot	—
Château-Latour	Pauillac	Duhart	—
Haut-Brion	Pessac	Pouget-la-Salle	Pauillac
		Pouget	—
Deuxièmes :		La Tour-Carnet	Cantenac
Mouton	Pauillac	Château de Beychevelle	Saint-Laurent
Rauzan-Gassies	Margaux	Rochet	Saint-Estèphe
Rauzan-Ségla	—	Le Prieuré	Cantenac
Léoville	Saint-Julien	De Thermes	Margaux
Vivens Durfort	Margaux	*Cinquièmes :*	
Gruau-Larose	Saint-Julien	Canot	Pauillac
Lascombes	Margaux	Batailley	—
Brane	Cantenac	Grand-Puy	—
Pichon-Longueville	Pauillac	Artigues-Arnaud	—
Ducru-Beaucaillou	Saint-Julien	Lynch	—
Cos-d'Estournel	Saint-Estèphe	Lynch-Moussas	—
Montrose	—	Dauzac	Labarde
		D'Armailhac	Pauillac
Troisièmes :		Le Tertre	Arsac
Kirwan	Cantenac	Haut-Bages	Pauillac
Château-d'Issan	—	Pédesclaux	—
Lagrange	Saint-Julien	Belgrave	Saint-Laurent
Langoa	—	Contananeau	—
Giscours	Labarde	Camensac	—
Saint-Exupéry	Margaux	Cos Labory	Saint-Estèphe
Boyd	Cantenac	Clerc-Milon	Pauillac
Palmer	—	Croizet-Bages	—
La Lagune	Ludon	Cantemerle	Macau
Desmirail	Margaux	*Bourgeois supérieurs :*	
Dubignon	—	La Lande	Saint-Estèphe
Calon	Saint Estèphe	Morin	—
Ferrière	Margaux	Le Boscq	—
Becker	—	Château-Pavenil	Soussans
		Château de Bel-Air	Saint-Emilion
		Lanessan	Cussac
		Pédesclaux	Pauillac

Outre la classification qui précède, il y a certainement une infinité de crus qui ont une valeur réelle, mais qui n'ont pas été *classés ;* comme d'autres ont pu être négligés par un propriétaire insoucieux, et partant, perdre de leur valeur. Parmi la quantité considérable de vins ordinaires non classés, il y a ce qu'on appelle les crus :

BOURGEOIS ;
ARTISANS ;
PAYSANS ;
PAROISSES SUPÉRIEURES ;
BOURGEOIS DU BAS-MÉDOC.

Les grands vins rouges de la Gironde se vendent, l'année de la récolte, de 2 à 4.000 francs le tonneau ; les années suivantes, ils montent de 6 à 7.000 et même 8.000 francs, selon l'année où ils ont été récoltés. C'est donc une erreur de croire obtenir à Paris, ou ailleurs, des grands crus de Bordeaux à 3 et 4 francs la bouteille ; ils n'ont de commun avec eux que le nom dont on a soin de revêtir la bouteille plus ou moins poussiéreuse que l'on sert aussi majestueusement que si elle était de cru authentique. Les vins communs, au contraire, l'année de la récolte se vendent de 120 à 150 francs et montent ensuite jusqu'à 300 francs.

VINS BLANCS. — Les grands vins blancs de la Gironde sont fournis par la contrée dite des *Graves* (voir ce mot) propice aux raisins blancs et connus dans le monde entier sous le nom de *vins de Sauternes*, nom de la commune qui les produit.

Le pays de Sauternes commence sur la rive droite du Ciron ; il embrasse les parties des communes de Sauternes, Bommes, Barsac, Preignac et Fargues. Les vins produits par les communes d'Arbanats, Auros, Cérons, Gans, Illats, Landiras, Langon, Léogan, Podensac, Pujols, Saint-Pey, Toulène, Villenave-d'Ornon et Virelade sont vendus comme *vins de Sauternes* et ne leur cède en rien.

Les premiers crus de la rive droite de la Garonne s'étendent sur les communes de Sainte-Croix-du-Mont, Loupiac, Langoiran, Rions et Cadillac. Ces vins, quoiqu'inférieurs, ne manquent pourtant pas de finesse et de corps.

Les vins de Sauternes d'aujourd'hui sont beaucoup plus liquoreux que ceux d'autrefois ; on obtient ce moelleux, cette onctuosité en laissant le raisin se dessécher une fois mûr et se dorer aux rayons du soleil d'octobre. On cueille graine à graine les baies qui sont dorées en repassant plusieurs fois au même pied pour les laisser toutes dorer à point. Ce nouveau mode de vinification produit un vin bien supérieur, mais en moindre quantité et, par conséquent, en a fait doubler le prix.

CLASSIFICATION OFFICIELLE PAR ORDRE DE MÉRITE DES GRANDS VINS BLANCS DE SAUTERNES

PREMIER CRU	COMMUNES	DEUXIÈME CRU	COMMUNES
Yquem (*supérieur*)	Sauternes	Mirat	Barsac
La Tour-Blanche	Bommes	Doisy	—
Peyraguey	—	Peyxotto	Bommes
Vigneau	—	D'Arche	Sauternes
Guiraud	Sauternes	Suduit-Eschinaud	—
Rieussec	Fargues	Broustet et Reyrac	Barsac
Suduiraut	Preignac	Caillou	—
Coutet	Barsac	Suau	—
Climens	—	Malle	Preignac
Rabaut	Bommes	Romer	—
		Lamothe	Sauternes

Comme dans les vins rouges, il y a certainement une infinité de crus qui ont une valeur réelle, mais qui ne sont pas *classés*.

Ajoutons pour terminer cette nomenclature que les vins du Bordelais ont un avantage bien connu des producteurs, c'est de supporter le transport par mer sans en subir la moindre altération ; il améliore même la qualité des vins communs.

STATISTIQUE. — La Gironde possède plus de cent soixante-six mille hectares de terrain planté de vignes, mais si l'on supputait la quantité de vin mis à la consommation dans le monde entier sous l'étiquette de « Bordeaux », on serait obligé d'admettre pour cette culture une surface de *seize millions six cent mille hectares*, c'est-à-dire une étendue cent fois plus grande ; d'où il résulte que, sur *cent* bouteilles de ce vin, il y en a *quatre-vingt-dix-neuf* falsifiées ou de vin mélangé.

Voici les chiffres exacts pour 1888 des vins récoltés dans le département de la Gironde :

ARRONDISSEMENTS	HECTOLITRES
Bordeaux	1.067.085
Bazas	155.023
La Réole	127.703
Blaye	332.809
Lesparre	399.560
Libourne	584.355
Total	2.666.535

BORDELAISE, *s. f. (Sauce à la)*. — Sauces faites avec du vin de Bordeaux ou à la manière de Bordeaux et variant selon le genre de viande, de poisson, d'astaque ou de végétaux auxquels on l'applique.

Les écrevisses à la bordelaise ne sont nullement traitées avec une sauce bordelaise applicable à la viande de boucherie, ce dont il importe de savoir distinguer. Il en est de même des sauces bordelaises maigres, ordinairement servies avec les poissons ou les légumes.

Je donne donc ci-après quelques formules que le lecteur appliquera selon les circonstances :

Sauce à la bordelaise (*Primitive*). — Dans l'origine, cette sauce était tout autre que celle de nos jours, comme on le voit d'après la recette suivante :

Formule 605. — Mettre dans une casserole deux gousses d'ail, la chair d'un citron dont on a enlevé les pepins, deux clous de girofle, une feuille de laurier, une pincée de feuilles d'estragon, un verre de vin vieux de Bordeaux, deux cuillerées à soupe d'huile d'olive fine. On fait réduire le tout sur un feu doux, on y mélange de l'espagnole réduite, du blond de veau ou d'allemande, en y réajoutant un verre de vin de Sauternes; on dégraisse la sauce en la faisant cuire, on la passe par pression dans un linge et on la dépose au bain-marie; au moment de la servir, on la lie avec du beurre frais. Telle est la sauce primitive tant aimée par les Bordelais.

Sauce à la bordelaise *(Moderne). — Formule 606.* — De nos jours, pour servir une entrecôte à la bordelaise, on procède tout à fait différemment et, grâce à sa perfection, elle n'en est que meilleure, correspondant mieux avec les viandes grillées avec lesquelles elle forme un accord parfait.

Procédé. — Hacher très fin des échalotes, des oignons, une gousse d'ail et quelques cèpes. Mettre le tout dans une casserole avec une quantité relative d'huile d'olive fine pour faire cuire un instant; ajouter une bouteille de *vin vieux de Bordeaux* (sans vin de Bordeaux on n'exigera pas de sauce bordelaise, le vin faisant la qualité de la sauce) et une quantité relative de sauce madère ou de sauce espagnole. Faire bouillir, dégraisser légèrement; après parfaite cuisson, ajouter des feuilles d'estragon hachées. Cette sauce ne se passe pas; on la dépose au bain-marie; lorsqu'on veut s'en servir, on fait blanchir de la moelle de bœuf en tronçons, on la coupe en tranches que l'on pose sur la grillade et sur laquelle on sauce avec la bordelaise.

Remarque. — Anciennement, il était d'usage de passer la sauce comme le font encore aujourd'hui quelques praticiens de l'art culinaire, mais ceci étant une affaire de goût ou d'habitude de certaines maisons, je n'insisterai pas.

Sauce Bordelaise maigre. — *Formule 607.* — Hacher deux gousses d'ail, deux oignons, des échalotes, cinq ou six beaux cèpes et passer au feu dans une casserole avec de l'huile d'olive fine jusqu'à cuisson parfaite sans laisser roussir. Mouiller cette préparation avec du bouillon de poisson si elle est destinée pour ce genre d'aliments; avec de la béchamelle si elle doit être servie avec des légumes blancs ou d'autres aliments maigres. Etant cuite, on la lie fortement avec du beurre frais.

BORDELIÈRE *(Cyprinus ballerus).*— Ce poisson, qui ressemble à la brème, se trouve dans les rivières et les lacs, ce qui lui a valu son nom. Pêché dans les eaux courantes, sa chair est bonne et d'une digestion facile, mais elle est d'un goût de vase lorsque le sujet a été pris dans des eaux stagnantes.

BORDER, *v. a.* All. *einfassen;* angl. *to border;* ital. *orlare.* — Action de faire des bordures et de les placer sur le plat dans lequel on va dresser des aliments. Border de croûtons de pain, de croûtons de gelée, etc. Faire une bordure en pâte; faire une haie, une galerie au bord du centre du plat.

BORDURE, *s. f.* All. *Rand;* angl. *border;* ital. *orlo.* — Tout ce qui constitue l'ornement du bord des plats: *bordure de plat, bordure de gâteau; bordure de pièce montée, bordure de croûtons, bordure de gelée,* etc. Les bordures de plat ou d'entremets (ne pas confondre avec *Bord-de-plat*) sont, depuis nombre d'années, en métal argenté

Fig. 335. — Bordures ou galeries en métal argenté.

pour l'usage des aliments en sauce; en pâte adragante pour les pièces de pâtisserie montées, etc. Les bordures en pâte à nouilles, de riz, de croûtons, ont l'inconvénient d'occuper trop de temps dans un moment de presse, de ne pas être comestibles et de présenter un aspect désagréable au moment de la rupture de ces bordures qui se mélangent aux aliments. Aussi les bordures en métal argenté ont-elles pris place dans toutes les cuisines d'hôtel et de restaurant.

Voici les formules des bordures les plus employées:

Bordure en pâte à nouilles. — *Formule 608.* — Employer:

Farine tamisée	grammes	500
Beurre	—	20
Sel	—	10
Œufs	nombre	6

Procédé. — Tamiser la farine sur la table, en former une fontaine (voir ce mot); mettre le sel, le beurre, quatre jaunes et deux œufs entiers. Opérer la détrempe vivement en évitant la formation de grumeaux; cette opération demande une propreté exceptionnelle. On doit tenir la pâte très ferme et la laisser reposer avant de l'étendre. Lorsqu'elle est suffisamment reposée, on l'étend uniformément; on en coupe des bandes de la largeur de sept à huit centimètres et d'une longueur relative à former le cercle circonscrit de l'enceinte du plat que l'on veut servir. On découpe alors les bandes d'après le dessin que

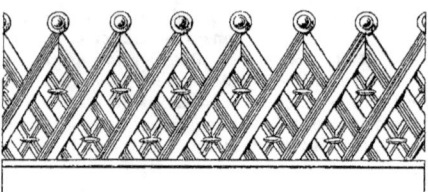

Fig. 225. — Bordure moulée dans une planche sculptée.

l'on s'est proposé d'appliquer. On roule les bordures autour d'un carton ou d'un moule destiné à cet usage et on les laisse sécher après en avoir fixé la jointure avec de la farine au blanc d'œuf.

Remarque. — Rien n'est aussi flatteur à l'œil qu'une bordure régulièrement taillée, bien conditionnée et propre; aussi ne faut-il rien négliger de tout ce qui peut concourir à la netteté et à l'élégance d'une bordure qui doit être en rapport avec le style et la dimension des objets qu'elle entoure.

Le moulage sur la planche sculptée ne demande qu'un peu de précautions pour obtenir les formes régulières et propres; par contre, à moins d'en posséder une grande quantité, ce qui coûte fort cher, on est sujet à répéter souvent les mêmes dessins. Au contraire, le découpage à l'emporte-pièce est plus artistique, plus fécond et offre des ressources infinies de variétés. Un petit couteau et quelques boîtes de coupe-pâte à dessins variés composent tout l'outillage pour opérer les bordures de toutes dimensions et les plus élégantes.

Après avoir abaissé la pâte (ceci pour toute bordure taillée) de hauteur égale, on taille à l'aide d'une règle les bandes régulières dont la circonférence, par leur longueur et leur largeur, détermine la hauteur des bordures projetées. Dans cet état, l'opérateur place sa bande en travers devant lui et en calque le milieu, déterminant ainsi la partie solide et pleine de la bordure; l'autre moitié, destinée à être taillée à jour par divers emporte-pièce, forme les grillages les plus variés. La régularité est une des conditions primordiales du dessin et de laquelle dépend tout son attrait.

Bordure en pâte blanche. — *Formule 609.* — On emploie la pâte blanche pour border les socles de pâtisserie, d'entremets chauds et froids.

Employer :

Farine tamisée . . . . grammes 100
Sucre à glace . . . . — 125
Eau . . . . décilitres. 2

Procédé. — Passer la farine sur la table et former la fontaine; mettre le sucre et l'eau, travailler d'abord avec la farine de manière à obtenir une pâte très liée et ferme. Laisser reposer et procéder d'après la prescription indiquée plus haut à la *remarque*.

Bordure en pastillage (voir ce mot). — *Formule 610.* — Après avoir préparé dans la règle du pastillage ferme, on lui donne la couleur que l'on désire; cette pâte doit être couchée de

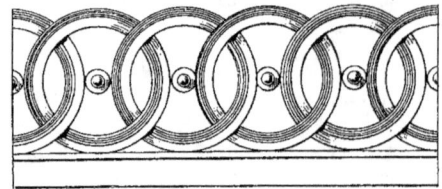

Fig. 226. — Bordure en pastillage.

préférence dans des moules sculptés, d'où on la sort avant qu'elle soit trop desséchée pour former, selon le désir, des bordures cassantes, fermes et belles.

Bordure de croûtons. — *Formule 611.* — Pour la parfaite réussite des croûtons servant à la confection des bordures, il est nécessaire d'avoir du pain anglais de première qualité et rassis de trois jours au moins. On taille dans la mie des liteaux dont l'une des faces détermine la hauteur du croûton et l'autre la largeur ; on pratique ensuite sur la partie superficielle d'une parfaite régularité des gradins chancrés dans toute la longueur du croûton, et avec un couteau bien tranchant on taille alors transversalement les croûtons en évitant de les briser. Ce mode de décorer les croûtons avant de les tailler a l'avantage de les rendre réguliers, condition indispensable pour faire une bordure gracieuse à l'œil. On peut, à l'aide d'un emporte-pièce, décorer ces croûtons en pratiquant une ouverture au milieu. On les frit alors dans l'huile fine et chaude, dans le beurre frais ou dans une friture fraîche quelconque ; on doit avoir soin, pour empêcher les croûtons de se casser, de n'en mettre qu'une très petite quantité dans la friture chaude, de manière à ce qu'ils puissent nager librement et être saisis afin de conserver leur forme naturelle.

On délaye un blanc d'œuf avec une petite quantité de farine pour former une pâte à coller. On chauffe le plat sur lequel on désire placer la bordure ; au centre, on place soit un moule à timbale uni, soit un carton cylindrique qui sert à guider la marche circonférencielle pour le collage des croûtons dont on trempe légèrement le bas dans la pâte préparée à cet effet ; on les pose sur le plat (pas trop chaud, car la colle ne prendrait plus) en les appuyant légèrement contre le moule du centre. On laisse sécher dans un lieu tiède.

Bordure d'œufs. — *Formule 612.* — Pour les poissons froids, les salades et les mayonnaises, il n'est rien d'aussi vite fait que ce genre de bordures, qui a l'avantage de servir de garniture.

Les œufs doivent être frais et cuits pendant dix minutes, une plus longue cuisson contribuerait à en noircir le jaune, ce qu'il faut éviter pour obtenir le résultat désiré : la fraîcheur qui engage l'œil et l'appétit. Après avoir cuit les œufs, on les égoutte et on place la casserole sous le goulot de la fontaine pour les laisser refroidir. On les décoquille en ayant soin de les conserver dans la plus grande propreté, on leur coupe la plus grosse extrémité, on les fend par le milieu, on rogne de nouveau l'extrémité coupée de manière que la moitié de l'œuf se tienne debout, étant toujours sujette à se pencher en dedans, c'est-à-dire du côté du jaune. On les dresse au bord du centre du plat en les décorant de filets d'anchois très finement taillés, et en les alternant soit de gelée, de salade, de cornichons ou d'olives surmontées sur du beurre d'écrevisse ou de Montpellier. Avec du beurre coloré, à l'aide d'un cornet, on décore le bout de l'œuf ; mais cette opération ne doit se faire qu'en dernier lieu, lorsque la bordure est posée.

Bordure d'épinards. — *Formule 613.* — L'une des plus originales de mes créations, en fait de bordures, est certainement la bordure d'épinards au centre de laquelle on dresse les légumes ; elle a surtout l'avantage d'être une garniture comestible.

Procédé. — Blanchigumer des épinards selon la règle, les rafraîchir, en exprimer l'eau et les hacher très finement. Les mettre dans une casserole, les assaisonner de haut goût avec poivre, muscade, sel et du beurre frais en quantité suffisante pour les rendre d'une parfaite bonté. Ajouter alors une quantité de blancs d'œufs relative au tiers de son volume, fouetter le tout pour homogénéiser les blancs d'œufs avec les épinards. Beurrer un moule à bordure étroit et haut de forme, l'emplir d'épinards, couvrir le moule d'un papier beurré, le faire cuire au four dans le bain-marie à l'instar de la garniture royale. Lorsqu'elle est pochée, on la renverse sur le plat à servir ; elle doit être lisse, verte et brillante ; au centre, on dresse des légumes quelconques. Lorsque le moule est uni, on peut le décorer intérieurement avec des navets très blancs, des carottes rouges, etc., ce qui relève l'éclat de la bordure ; mais si le moule est cannelé ou dentelé, il est préférable, pour la régularité, de décorer la circonférence superficielle de la bordure après l'avoir démoulée.

S'il s'agit de la garniture de grosses pièces, telles que l'aloyau à l'Helvétia (voir ce mot), on peut, en suivant le même procédé, faire des tartelettes d'épinards que l'on alterne avec d'autres garnitures. On en fait, en outre, des petits socles ou *fonds de plat* ; pour cette opération, on n'a qu'à faire pocher les épinards dans des moules à coupes de pâtisserie ou dans des moules à pâtés, étant chancrés dans le milieu. Ces bordures, tartelettes ou socles se servent chauds et il est de toute rigueur, pour les conserver d'un beau vert, de ne les démouler qu'au moment de servir.

Bordure de légumes. — *Formule 614.* — Il importe, pour la confection des bordures de divers légumes, de tailler très régulièrement les carottes et les navets, après les avoir blanchis et cuits en les laissant un peu fermes pour en faciliter l'opération; quelques coupe-pâtes servent, à cet effet, pour varier les dessins, on alterne les couleurs par les fonds d'artichauts, les feuilles de salade, les pois verts, les haricots, les carottes rouges, qui accompagnent invariablement les navets. Ces bordures sont usitées tant pour les salades et pour les petites pièces de relevés que pour les entremets de légumes. Le seul inconvénient qu'elles ont, c'est de n'être pas solides et trop susceptibles de se déranger, et partant d'exiger trop d'attention au moment du dressage.

Bordure de gelée. — *Formule 615.* — Nos confrères savent que pour les bordures en croûtons de gelée, il importe avant tout d'avoir une gelée claire et ferme dont on peut colorer une partie avec du carmin, mais il est à remarquer que cette coloration doit être à peine prononcée, un rouge-sang a presque invariablement le résultat d'être repoussé de l'alimentation; au contraire, un rose-clair est appétissant et flatte l'œil. L'adjonction de safran donne un résultat assez satisfaisant. Les croûtons sont taillés sur un linge, de la forme que l'on désire, long, carré-long, losange ou carré; on les dresse avec la pointe d'un couteau, les touchant le moins possible; on alterne les couleurs, on surmonte les croûtons de gelée hachée à l'aide d'une poche à douilles, ou on les borde d'un cordon de gelée hachée et de différentes couleurs. L'artiste intelligent a ici une infinité de genres les plus variés.

Un genre de bordure pour les mets froids aux truffes, qui m'a toujours réussi, c'est de hacher avec la gelée des truffes et des pistaches très vertes, garniture admirable pour le bord immédiat du socle et de la pièce comestible, tandis qu'ailleurs les croûtons font brillamment leur effet.

Remarque. — Le bord-de-plat n'est jamais aussi utile qu'ici; le moindre débris de gelée tombant sur le plat en ternit tout l'éclat, malgré tous les soins qu'on puisse mettre à l'essuyer, il n'en reste pas moins terne. Ce n'est pas tout, l'expérience m'a démontré que les plats de métal doivent stationner dans un lieu froid, mais sans être sur la glace; s'il en était autrement, après dix minutes qu'ils seraient dans la salle, on verrait immédiatement apparaître la buée qui ternirait tout l'éclat du plat. Au contraire, lorsque la température du plat n'est qu'à un degré centigrade, à *zéro* ou à peu près conforme à la température de la salle, l'effet le plus féerique se produit par le miroitement des couleurs; l'artiste doit avoir pour but principal de rechercher à atteindre cet effet, qui seul fait ressortir le charme des bordures.

BORGNAT, *s. m.* — Se dit vulgairement du roitelet, oiseau rarement employé dans l'alimentation à cause de sa petitesse.

BORGNIAT, *s. m.* — L'un des noms vulgaires de la bécassine. Ce terme n'est usité que dans quelques contrées de la France.

BORIDIA, *s. m.* (*hors-d'œuvre*). — Aliment salé que l'on prépare avec du poisson mariné et cru.

BORQUIEN, *s. m.* — Poisson de l'océan Atlantique, très vorace, qui saisit avec avidité tout ce qu'on lui jette au risque de se faire prendre. Sa chair, de qualité ordinaire, n'est point recherchée.

BORSCH, *s. m.* (*Aliment composé*). — Soupe d'origine polonaise ou russe, qui avait autrefois une grande renommée dans les contrées du nord de l'Europe.

Borsch à l'Allemande. — *Formule 616.* — Laver quelques champignons secs, les émincer en filet; laver également quelques petites saucisses fumées; faire un bouquet de persil, au centre duquel on mettra en branche toutes les épices possibles (voir *bouquet n° 2*).

Mettre le tout dans une casserole avec un canard, cinq kilos de poitrine de bœuf, et faire cuire dans la règle pour obtenir un bon bouillon. D'autre part, tailler une julienne avec tous les légumes possibles, ajouter les champignons, les passer au beurre à l'étouffée; étant cuite, on y ajoute un peu de bouillon, du jus de betterave aigre; on coupe la poitrine de bœuf en carrés, les viandes du canard et des saucisses en dés, que l'on dépose dans la soupière et sur lesquels on verse la soupe. Servir.

Borsch à la Moldave. — *Formule 617.* — Délayer dans une terrine en bois deux kilos de pâte à pain, aigrie, avec deux kilos de son et de l'eau tiède; en faire une bouillie claire qu'on laisse fermenter pendant quarante-huit heures. On verse cette pâte sur un linge et on laisse filtrer le liquide aigri.

Après avoir préparé dans la règle un chapon ou un gros poulet, on le partage en deux dans sa longueur; on désosse chaque moitié en conservant les peaux; mélanger aux chairs de poulet autant de lard frais et une petite quantité de jambon; hacher finement le tout et incorporer du riz blanchi, environ la moitié de son volume, l'assaisonner de haut goût en ajoutant trois jaunes d'œufs et deux œufs entiers. On farcit les deux peaux du poulet en leur donnant la forme de petites galantines, et on les ficelle dans de petits linges. Avec les abattis et les débris de la farce, on prépare un fond dans lequel on cuit les galantines; les égoutter et les laisser refroidir. Passer le bouillon des galantines, ajouter la moitié de son volume du liquide aigri, faire bouillir le tout en ayant soin de le rendre clair avec une bonne clarification de chair de bœuf; faire cuire du riz, le déposer dans la soupière avec les tranches des galantines préparées et une pincée de fenouille hachée; on verse le bouillon dans la soupière sur cette préparation.

BOSAN, *s. m.* — Boisson orientale faite avec du millet bouilli dans de l'eau, et dont les Turcs font usage.

BOSC, *s. f.* — Poire qui mûrit en septembre; elle est très volumineuse, sa forme allongée, remarquable par sa couleur mélangée, carmélite et jaune; sa chair blanche, fine, demi-fondante, juteuse, sucrée et parfumée, en fait une des meilleures poires de dessert.

BOTTE, *s. f.* All. *Buschel;* angl. *bundle;* ital. *stivale, masso.* — Assemblage de végétaux par groupes, qu'on a liés ensemble. Une botte d'asperges, de radis, de salsifis, de salade romaine, etc.

BOSSE, *s. f.* (*bocium*). All. *Tonne;* angl. *boss;* Ital. *bozza;* flamand *butse.* — Tonneau dont on se sert plus particulièrement pour le sel, anciennement pour le cidre, le vin, etc.

BOTTELER, *va.* All. *binden;* angl. *to bind;* ital. *va affacinare.* — Action de faire des bottes de légumes, les assembler et les attacher ensemble.

BOUC, *s. m.* (*Hirens*). All. *Ziegenbock;* angl. *he-goat;* ital. *lapro;* irland. *boc.* — Mâle de la chèvre; famille des ruminants. La chair du bouc n'est pas alimentaire à cause de son odeur désagréable; elle n'est mangée qu'à l'état de *chevreau*.

BOUCAGE, *s. m.* (*l'impinella*). All. *Bibernell;* angl. *burnet sanifrage.* — Plante de la famille des ombellifères, dont l'une des espèces, le *B. anisum*, est très connu en confiserie (voir *anis*).

BOUCANAGE, *s. m.* All. *Im Rauch dœrren;* angl. *smoke-dry;* mot qui dérive du caraïbe et signifie *claie* par allusion aux claies dont les nomades se servent pour fumer et sécher les viandes. — Dessication des viandes, du poisson, des légumes par la fumée, puis à l'air vif. Action de *boucaner*, fumer, sécher les aliments dans un *boucan* ou lieu destiné au boucanage.

BOUCANIER, *s. m.* — En Amérique, chasseur de bœuf sauvage. Braconier, pirate.

BOUCHAGE, *s. m.* All. *Zupfropfen;* angl. *luting.* — Action de boucher les ouvertures, fermer à l'aide d'un bouchon le goulot d'une bouteille.

Le bouchage des bouteilles est une opération qui demande le plus grand soin; car de cette opération et de la qualité des bouchons dépend la parfaite conservation des liquides renfermés. Le soin du bouchage doit être plus strictement observé encore dans les conserves alimentaires.

BOUCHE, *s. f.* (*bucca*). All. *Mund;* angl. *mouth;* esp. *boca;* ital. *bocca;* son étymologie vient du mot sanscrit *chuj* qui signifie manger, avaler, bouche par laquelle on ingère les aliments. — La bouche est l'organe par lequel tous les animaux prennent leur nourriture; pour l'homme, elle est de plus l'admirable moyen par lequel il développe ses pensées, manifeste ses désirs, expose ses besoins, exprime ses sentiments par la parole.

C'est la bouche qui est chargée d'accepter ou de refuser les aliments propres ou impropres à la nutrition; à leur faire subir la première élaboration en les broyant par la mastication qui les imprègne, des liquides salivaires qui en opèrent la première transformation; trente-deux dents concourent à ce travail et leur secours est une des premières conditions de digestibilité. Les personnes qui avalent les aliments sans les mâcher, ou qui ont perdu leurs dents, digèrent mal et sont sujettes à des maladies nerveuses du tube digestif; celles-ci disparaissent aussitôt que les dents perdues font place à des dents artificielles permettant la mastication. Les personnes âgées, par exemple, qui ne peuvent opérer ce travail devront se soumettre à un régime de mets bien cuits, de viandes bien braisées; possédant dans la décoction toutes les parties nutritives et pouvant s'assimiler aux fluides salivaires, qui découlent des glandes parotides, sous-maxillaires et sublinguales et qui sont assez abondants pour fournir un poids journalier d'un kilo et demi environ. Ce liquide dissout les chlorures, les phosphates et les sulfates alcalins contenus dans les aliments; son action est encore plus importante sur les substances farineuses, qu'il transforme en dextrine et en glycose par l'intermédiaire d'un ferment particulier auquel on a donné le nom de *diastase animale*, et que quelques auteurs désignent aussi sous le nom de *ptyaline*. La salive reste inactive sur les corps gras, tels que le beurre, les huiles, les viandes grasses et autres aliments azotés. Pour que cette première élaboration qui prépare les aliments au travail digestif s'accomplisse avantageusement, il est de toute rigueur de tenir la bouche dans un état de parfaite propreté, de bien entretenir les dents et surtout s'abstenir de fumer, de se brûler la bouche par des alcools qui privent les organes du goût de toute sensibilité.

La bouche du fumeur étant naturellement fumée, la langue fendillée est recouverte d'une couche d'enduit blanchâtre qui s'accroît progressivement vers sa base: les papilles nerveuses qui doivent recueillir l'impression des aliments sont paralysées, les pores salivaires fermés; pour les fumeurs, les aliments n'ont aucun goût engageant et, en général, ils se mettent à table sans appétit; l'axiome *l'appétit vient en mangeant* a dû être créé par eux; car, dans ce cas, les aliments servent (du moins les premières bouchées) à nettoyer la bouche, et ce n'est qu'après l'avoir débarrassée de ces enduits repoussants que la jouissance du goût arrivant fait savourer les aliments avec plaisir et que ceux-ci acquièrent les conditions de mastication et de salivation nécessaires pour passer à l'élaboration de l'estomac.

On néglige trop l'entretien de la bouche et des dents; les mères devraient apprendre aux enfants l'hygiène buccale, et les adultes devraient attacher une plus grande importance à la propreté de cet organe. Par la recette suivante, nous donnons un moyen certain de mettre arrêt à l'envahissement des parasites de la bouche :

Antiseptique buccal. — *Formule 618.* — Employer :

Quinquina	grammes	15
Sucre en poudre	—	10
Résine de Mirrha	—	10
Rhum (tafia)	litre	1

Procédé. — Faire macérer pendant cinq jours, en ayant soin d'agiter tous les matins. Filtrer et mettre en bouteille. Il suffit pour son emploi de mettre une cuillerée de ce liquide dans un verre d'eau. On se gargarise comme d'ordinaire.

Pour conserver les dents blanches, nous conseillons d'employer la poudre dentifrice suivante :

Poudre dentifrice. — *Formule 619.* — Employer :

Charbon végétal	grammes	30
Camphre pulvérisé	—	4
Sulfure de magnésie	—	40

Pulvériser et mélanger le tout. On frictionne matin et soir ayant soin de rincer la bouche à chaque opération.

Si l'on préfère l'élixir dentifrice suivant :

Eau de Botot. — *Elixir dentifrice.* — *Formule 620.* — Employer :

Huile essentielle de menthe	grammes	8
— badiane	—	2
— cannelle de Ceylan	—	1
— girofle	—	2
Teinture de benjoin	—	8
— pyrèthre	—	8
— gaïac	—	8
— cochenille	—	10
Alcool à 80°		953

Mêler et filtrer.

Telles sont, en résumé, les règles aussi simples que peu coûteuses qui peuvent, en les observant, entretenir la beauté dentaire et partant faciliter cet organe à contribuer pour sa large part au premier acte de la digestion des aliments, tout en permettant la jouissance du goût.

BOUCHE à FOUR (*Terme de boulangerie*). — Porte de fer à charnières ou à rainures servant à ouvrir et à fermer le four. On distingue la *bouche viennoise*, la *bouche soupape à chaîne*, la *bouche à bascule*, la *bouche* pour four de *pâtissier*, enfin la *bouche ordinaire*. La perfection qu'un industriel parisien, M. C. Thibaudet, ingénieur des Arts et

Manufactures, apporte chaque année à ces appareils, en les simplifiant (¹), ont heureusement permis de réaliser de sérieux progrès dans le domaine de la panification (voir *Boulangerie*).

BOUCHES-DU-RHONE (*Produit du dép. des*). — Ce département, qui est l'un des plus beaux de la France, a pour chef-lieu Marseille; il occupe près de dix mille hectares de terrain vignoble produisant des vins rouges et blancs. Les rouges très colorés, spiritueux, ont un goût particulier qui distingue tous les vins du Midi. Ils contiennent en général beaucoup de malate de potasse. On récolte aussi des vins blancs très estimés, tels sont les Muscats, les Malvoisies, les vins blancs de Cassis.

L'olive, l'amande, la figue, la câpre y sont l'objet d'une culture importante et constituent la plus grande richesse gastronomique de la France. Les poissons, très variés et abondants, des rivières, des fleuves et de la Méditerranée, viennent justement enrichir les ressources des différentes villes.

BOUCHÉE, *s. f.* All. *Bisen*; angl. *Mouthful*; ital. *buccata*, d'où dérive son étymologie. — En *cuisine*, petit vol-au-vent qui varie de nom selon la forme et les garnitures qu'il contient. En *pâtisserie*, tous les petits-fours sans exception de genre.

La croûte de bouchée. — *Formule 621.* — Faire du feuilletage selon la règle (voir ce mot), l'abaisser à un demi-centimètre de hauteur, suivant la qualité de la pâte; couper des petits ronds avec l'emporte-pièce à petit pâté; calquer légèrement, avec la pointe d'un couteau, des petits ronds au milieu des bouchées désignant ainsi la circonférence du vide et dont la croûte du centre servira de couvercle. Cuire dans un four relativement chaud; étant de belle couleur et parfaitement levées, on lève le couvercle avec la pointe d'un petit couteau; on passe alors du doigt au centre et contre les parois pour en assujettir la pâte. Cette méthode est la même pour toutes les bouchées sans exception, qui ne diffèrent, comme je l'ai fait remarquer, que par la variété des garnitures et la forme; coupées en losange, en triangle, ronde ou carrée, à la volonté du praticien.

Bouchées à la reine (*Hors-d'œuvre chaud*). — *Formule 622.* — Réduire une sauce suprême, une sauce allemande ou du velouté fait avec du bouillon de volaille; couper en petits dés des truffes, champignons blancs, ris de veau et du blanc de volaille; jeter dans la sauce précitée et en garnir les croûtes sus-mentionnées.

Remarque. — Je dis, une fois pour toutes, que les bouchées, pour qu'elles soient savourées avec plaisir, doivent être servies très chaudes.

Bouchées à la crème (*Hors-d'œuvre chaud*). — *Formule 623.* — Faire une sauce béchamelle, telle qu'elle est indiquée dans son article *remarque* (voir *Béchamel*); la passer à travers un linge; d'autre part, faire blanchir des cervelles de veau, de la moelle épinière de bœuf, les couper en petits dés, les assaisonner et les achever de cuire; les égoutter, les mettre dans les bouchées à l'aide d'une cuillère à café; sur cette garniture, on saucera avec la béchamelle tenue liquide. Mettre le couvercle et servir.

Bouchées à la financière (*Hors-d'œuvre chaud*). — *Formule 624.* — Après avoir préparé les croûtes des bouchées, on coupe en petits dés des truffes, des champignons, du blanc de volaille, de la langue écarlate, du jambon, des ris de veau que l'on fait chauffer dans une sauce madère réduite. Garnir les bouchées et servir sur une serviette pliée sur un plat rond et chaud.

Bouchées aux crevettes (*Hors-d'œuvre chaud*). — *Formule 625.* — Les croûtes étant préparées dans la règle, on les maintient chaudes pendant que, d'autre part, on met un morceau de beurre dans une casserole et une quantité relative de farine; on laisse cuire celle-ci en remuant, en ayant soin de ne pas laisser roussir. Mouiller avec du jus de champignon, frais de préférence, ou d'une boîte fraîchement ouverte; une petite quantité de consommé. Assaisonner à point, laisser réduire, lier la sauce avec du beurre de crevette et des jaunes d'œufs, passer à travers l'étamine. Mettre dans une petite casserole des crevettes décoquillées, ajouter la sauce nécessaire et en garnir les bouchées.

Bouchées aux huîtres (*Hors-d'œuvre chaud*). — *Formule 626.* — Préparer les croûtes un peu fermes, faire une sauce comme la précédente, mais sans beurre d'écrevisse; faire blanchir une quantité relative d'huîtres fraîches (les huîtres de conserve peuvent servir à cet effet, on les échauffant simplement), les éplucher, les couper

---

(¹) 12, rue Bouret, Paris.

en petits carrés, couper également des champignons. Déposer dans une casserole et mouiller avec la sauce, dans laquelle on aura ajouté un peu de citron. Il est à remarquer que si les huîtres sont de conserve, on peut ajouter à la sauce

Fig. 227. — Bouchées aux huîtres.

un peu de leur jus. La garniture étant chaude, on garnit des croûtes, on les dresse pyramidalement sur un plat rond et chaud, sur lequel on aura plié une serviette.

Bouchées au foie de lotte (*Hors-d'œuvre chaud*). — *Formule 627*. — Faire blanchir des foies de lottes fraîchement pêchées, les égoutter, les passer dans une poêle avec du sel; lorsqu'ils sont cuits à point, les déposer sur une assiette; les couper par petits morceaux. D'autre part, on aura fait une sauce de la manière suivante : faire cuire une cuillerée de farine dans du beurre frais, la mouiller en remuant avec un bon court-bouillon de poisson au vin blanc. Préparer un mirepoix de haut goût, l'ajouter à la sauce et faire cuire; étant cuite, on l'additionne d'un bon coulis d'écrevisse, on la lie avec du beurre et des jaunes d'œufs; on la passe à l'étamine, on y ajoute les foies chauds et on en remplit les bouchées également très chaudes.

Bouchées aux laitances de poissons. — *Formule 628*. — Cuire les laitances dans du vin blanc condimenté de clous de girofle, de thym, d'un oignon, de poivre blanc et de sel. Préparer une bonne sauce d'anchois, corsée; remplir les bouchées de laitance que l'on arrosera de sauce d'anchois avant de mettre le couvercle. Les dresser en pyramide sur un plat rond garni d'une serviette pliée et chaude.

Bouchées au palais de bœuf (*Cuis. ancien.*). — *Formule 629*. — Après avoir cuit le palais de bœuf dans la règle, on en coupe des petits dés que l'on mélange avec des champignons et des truffes également coupés. Mettre dans une casserole une quantité relative de béchamelle; la remuer en y ajoutant, par petite dose, de la glace de viande fondue; lorsqu'elle est d'un bon goût, ajouter la préparation susmentionnée pour l'échauffer. Garnir les petites croûtes et servir très chaud. (Carême.)

Bouchées à la Monglas. — *Formule 630*. — Faire cuire du foie d'oie frais, le laisser refroidir, le couper par petits dés ainsi que des truffes. Réduire la cuisson avec une sauce au vin de Madère faite avec du bouillon de volaille, ajouter les garnitures en liant la sauce avec une petite quantité de glace de volaille. Etant à point, on en garnit les bouchées coupées en losanges. C'est ainsi que se sont faites les premières bouchées à la Monglas, et dont l'invention est due à deux artistes de l'antiquité; le ragoût à la Monglas, à Laguipière et la croûte feuilletée à son digne élève Carême. De nos jours, on sert malheureusement des bouchées à la Monglas sans truffes ni foie gras, il serait cependant plus digne de ne pas profaner les aliments en confondant et les noms et les mets.

LES BOUCHÉES PETITS-FOURS (*Pâtisserie*). — Outre les entremets, on distingue les B. de dessert ou petits-fours qui varient de noms selon le genre :

Bouchée sultane (*Entremets*). — *Formule 631*. — Employer :

Farine	grammes	300
Levure de pain	—	200
Beurre fondu	—	100
Œufs frais	nombre	3
Une pincée de sel et sucre.		

Procédé. — Tamiser la farine dans une terrine et en former la fontaine, y mettre le sel, le sucre, le beurre et délayer avec une petite quantité d'eau tiède, de façon à lui donner la consistance d'une pâte à frire ferme. Lui incorporer la levure, couvrir la terrine et laisser dans un lieu chaud, pour provoquer la fermentation, jusqu'à ce qu'elle ait atteint le double de son volume; la laisser refroidir, en former des petites boulettes de la grosseur d'une noisette et les frire dans l'huile d'olive, puis les égoutter. Lorsqu'elles sont cuites, elles doivent avoir une couleur dorée. Les arroser d'un sirop aromatisé de rhum, de marasquin ou de chartreuse; lorsqu'elles sont imbibées, les dresser et les servir chaudes.

Bouchées aux pistaches (*Petits-fours*). — *Formule 632*. — Faire un biscuit sur le feu (voir formule 438) et coucher la pâte en forme longue comme des petites meringues. On la fait cuire et l'on pratique ensuite une cavité que l'on remplit de crème aux pistaches. On assujettit les deux faces crémeuses l'une contre l'autre afin d'en former des ovales que l'on glace au fondant pistache.

Bouchées au chocolat (*Petits-fours*). — *Formule 633.* — Faire une pâte à biscuit (*formule* 424) et la coucher en forme de petites meringues sur du papier, les glacer avec du sucre en poudre et les faire cuire. Laisser refroidir, les parer avec un coupe-pâte, les garnir intérieurement d'une couche de gelée de pomme et ajouter l'une des faces farcies contre l'autre. Les glacer au chocolat.

Bouchées au rhum (*Petits-fours*). — *Formule 634.* — Employer la même pâte comme il est dit dans la formule précédente; garnir l'intérieur des biscuits d'une marmelade d'abricots et les glacer avec une glace fondant au rhum.

Même procédé pour les B. au kirsch, en le substituant au rhum.

Bouchées au café (*Petits-fours*). — *Formule 635.* — Employer la même pâte et procéder comme dans la formule 633, les garnir de glace de café faite à froid et les glacer au fondant au café.

Bouchées aux fraises (*Petits-fours*). — *Formule 636.* — Employer la même pâte et procéder comme dans la formule 633 et garnir les B. avec de la marmelade de fraises. Glacer avec de la glace de fraise faite à froid.

Remarque. — La nomenclature des bouchées est certainement plus étendue; mais, comme elles ne diffèrent que de garniture et d'aromates, le lecteur saura lui-même donner le nom qui convient à chaque variété.

BOUCHER, *s. m.* All. *Metzger;* angl. *butcher;* ital. *macellajo;* étymologie contradictoire de *bouche* et de *bouc.* — Celui qui tue les animaux et vend les viandes propres à l'alimentation de l'homme.

BOUCHERIE, *s. f.* All. *Schlachthaus;* angl. *butchery;* ital. *bucheria.* — Lieu où l'on dépèce et vend les viandes d'animaux servant à la nourriture de l'homme.

Tous les peuples civilisés du monde ont eu leur boucherie ou abattoir particulier, communal d'abord et par corporation de métier ensuite; puis enfin libre, mais sous la surveillance de l'autorité communale, confiée à une commission d'hygiène publique. Les Israélites ont conservé religieusement, selon la loi mosaïque, boucher et boucherie sous les ordres sanitaires du Rabbin. Les Grecs d'Athènes avaient des boucheries appartenant aux riches de l'époque; puis enfin, des établissements publics; de même que les Spartiates avaient des boucheries sous la surveillance des *Ephores*, chargés de surveiller les magasins alimentaires destinés à conserver les produits nécessaires à la confection du brouet lacédémonien.

Les *Macella*, ou boucheries des Romains, étaient dans les premiers temps éparses dans différents quartiers de la capitale, et finirent par se grouper dans un quartier qui prit le nom de *Macellum magnum*, où se vendaient également toutes les substances comestibles du règne animal. Le luxe culinaire des Romains, poursuivant sa marche esthétique, exigea bientôt la construction des abattoirs et des boucheries, dont la magnificence ne le cédait en rien aux bains les plus somptueux.

Dans les capitales des trois grands peuples: Athènes, Rome, Paris, la boucherie a passé par les mêmes phases auxquelles on a attaché la même importance de salubrité. Une ville d'un petit pays ami de la France possède l'abattoir le mieux conditionné qui existe; cette ville la plus hygiénique du monde est *Genève*. L'abattoir construit en 1877, sur les bords de l'Arve, réunit supérieurement toutes les conditions de salubrité réclamées par l'hygiène. Du reste, sa position exceptionnelle favorise tout particulièrement cette installation munie des meilleurs appareils réfrigérants.

A Paris, l'abattoir de la Villette, grâce à la surveillance la plus active exercée par la police sanitaire, est tenu avec la plus stricte propreté. Les locaux où sont échaudées les dépouilles, têtes, pieds de veau, de mouton, etc., quoique loués à des particuliers étant soumis à la même surveillance, là comme ailleurs on voit régner la propreté la plus méticuleuse. La tête de veau, après avoir été gonflée par l'air à l'aide d'un soufflet, afin que la peau ne présente pas de replis sous le râcloir de l'ouvrier, est plongée vivement dans l'eau chaude et retirée après quelques minutes pour être râclée sommairement et remise ensuite à d'autres ouvriers qui la finissent;

après l'avoir replongée successivement dans plusieurs eaux, elle en sort blanche et prête à être livrée aux bouchers.

Les pieds de mouton, après avoir été mis dans l'eau chaude comme les têtes de veau, sont tournés à la mécanique, ce qui simplifie le travail en supprimant beaucoup d'ouvriers; la presque totalité des poils étant enlevés par le râcloir mécanique, les pieds sont finis à la main et, après avoir été plongés successivement pendant quelques minutes dans plusieurs eaux, ils sont mis en bottes pour être vendus. Alors, on recueille précieusement l'écume grisâtre qui surnage sur les bassins où l'on a fait bouillir les pieds de mouton, pour extraire de cette eau graisseuse l'huile que les pieds ont abandonnée en cuisant. C'est cette huile décantée, clarifiée, rendue limpide et transparente, que l'on emploie pour la mécanique de précision et l'horlogerie parce qu'elle n'est pas siccative. On fabrique de même de l'huile de pieds de bœuf, mais que l'on dit bien inférieure.

Avec le sang de bœuf on fabrique la poudrette pour l'agriculture : aussitôt caillé il est égoutté et mis dans des tonneaux; un foulon mu par une machine le transforme en une espèce de pâte que l'on fait dessécher pour la réduire en poudre et être ensuite vendue comme engrais.

Hygiène. — Le coloris du teint des bouchers est dû à deux causes : l'air du matin et la respiration du sang frais. L'influence qu'a sur notre organisme tout ce que nous respirons est considérable. On peut s'en convaincre par l'embonpoint des rôtisseurs qui respirent le jus des rôtis et la maigreur des pâtissiers-confiseurs. L'expérience a été plus décisive : j'ai mis durant six mois un cuisinier pâle et maigre à la partie des rôtis; son teint devint rose et il grossit à vue d'œil, tandis que son successeur aux sauces, précédemment rôtisseur, maigrissait aussi rapidement que son collègue engraissait. Quelle était cette cause, si ce n'est l'action des fumets respirés ?

La respiration du sang a donc sur le coloris du teint et l'embonpoint une action aussi puissante qu'un aliment palpable.

BOUCHET, *s. m.* (*Liqueur excitante*). — Boisson obtenue par la cuisson de cannelle, de sucre, d'eau filtrée et additionnée d'alcool. Cette boisson ne convient pas aux personnes irritables, nerveuses ou bilieuses.

BOUCLIER, *s. m.* — Poisson de mer habitant la côte de l'Islande et du Danemark. La chair du mâle, trouvée excellente par les habitants de ces pays, se mange grillée.

BOUCON, *s. m.* (*Cuis. grecque*). — Au figuré, ce mets n'a rien d'engageant, l'idée que réveille ce mot vient de ce que l'on s'est servi de cet aliment pour empoisonner un célèbre peintre de l'Antiquité.

Boucon à la grecque (*Entrée*). — *Formule 637*. — Tailler des tranches dans la noix de veau, les aplatir en leur donnant une forme longue et mince; les saupoudrer de ciboule, cerfeuil et d'estragon hachés. Les étendre les unes à côté des autres et mettre sur chaque tranche une lame de jambon taillée mince; rouler les deux tranches. D'autre part, ciseler des oignons et une gousse d'ail. Foncer une casserole en terre, mettre les rouleaux, en alternant les couches d'oignons, de champignons et de truffes. Arroser avec une demi-glace et du vin de Chypre. Faire braiser à l'étouffée jusqu'à ce que le tout soit cuit et son suc réduit à glace.

BOUDIN, *s. m.* (*Boutulus*). All. *Blutwurst;* angl. *blood pudding;* ital. *sanguinaccio;* dérivé du latin *botelus;* puis, par interversion, *boltinus*, boyau, qui, avec le radical *bod*, signifie quelque chose d'arrondi. — Saucisse de sang de porc, de sanglier, de daim. *Boudin blanc*, saucisse de volaille ou de farce blanche.

Le B. est un des rares aliments de la cuisine assyrienne qui se soit transmis intact jusqu'à nous. Mais la charcuterie française l'a perfectionné par des B. blancs, dont il ne reste du B. primitif que le nom et la forme.

Boudin noir (*Charcuterie*). — *Formule 638*. Ce boudin appelé B. de Paris ou *brasse* est fait de la façon suivante : pour le sang d'un porc, éplucher et hacher :

Oignons. . . . . kilogrammes 1,500
Cretons non pressés. . . . . — 1 »
Épices (poivre, piment, persil haché).
Le sel nécessaire.

Procédé. — Faire cuire les oignons dans du saindoux, les mélanger aux *cretons* (toile abdominale du porc coupée en dés et fondue) qui doivent être tendres et blancs, mettre le sang, les cretons, les oignons et les épices dans une bassine; la placer sur une marmite d'eau en ébullition pour chauffer le tout et empêcher la graisse de se congeler; brasser le tout et entonner dans des menus boyaux de porc. Plonger les boudins dans une marmite d'eau bouillante et les y laisser jusqu'à ce qu'ils soient cuits, ce qu'on reconnait lorsqu'en les piquant avec une épingle il ne sort plus de sang.

Boudin de Noël. — *Formule 639.* — Voici comment le cuisinier poète A. Ozanne s'exprime dans une pièce dont nous extrayons le passage suivant :

C'est le boudin qu'il est de mode
De fêter en ce jour chrétien,
Je dirai comme il s'accommode
Lecteurs, si vous le voulez bien.

Ceint de ses tabliers comme en un blanc suaire,
Mon charcutier, très solennel,
M'a livré, m'entraînant jusqu'en son sanctuaire,
Le secret professionnel!

RECETTE :
Préparez des oignons, hachés menus, menus,
Qu'avec autant de lard sur un feu doux l'on passe
Les tournant tant, qu'ils soient d'un beau blond devenus
Et que leur doux arome envahisse l'espace...
Mêlez le tout au sang, puis bien assaisonnez,
De sel, poivre et muscade, ainsi que des épices,
Un verre de Cognac; après : vous entonnez,
Dans les boyaux de porc — dont l'un des orifices
Est d'avance fermé, et dès qu'ils sont remplis,
Ficelez l'autre bout et dans l'eau frémissante,
Plongez tous les boudins! Ces travaux accomplis,
Egouttez-les après vingt minutes d'attente.

Près de la bûche de Noël,
Qui dans l'âtre flambe et pétille,
Veillons d'un œil tout paternel
Le boudin qui doucement grille.

Boudin à la Genevoise (*Charcuterie suisse*). — *Formule 640.* — Employer :

Le sang d'un porc.
Oignons blancs . . . . kilogram. 1,500
Lard frais. . . . . 1 »
Cerfeuil, estragon, poignée. . . . nombre 1
Poivre, muscade, marjolaine . . . grammes 40
Lait frais. . . . . litres. . 1 1/2
Le sel nécessaire.

Procédé. — Cuire le lard la veille; le découper en petits dés, très fin. Faire cuire dans du saindoux les oignons et les fines herbes, y ajouter les dés de lard; couler le sang à travers une passoire dans une bassine, y ajouter le sel, les épices, les oignons et enfin le lait. Remuer.

Entonner (en ayant soin de remuer chaque fois) dans des boyaux de bœuf, en laissant un petit espace non rempli, parce qu'ils crèveraient à l'ébullition.

Les plonger dans l'eau bouillante et piquer avec une aiguille ceux qui viennent au-dessus. On doit les conserver peu cuit.

Ce boudin a l'avantage d'être moins indigeste que celui de la formule précédente.

Boudin à la lyonnaise. — *Formule 641.* — Pour le sang d'un porc on emploie deux kilos d'oignons, une poignée de fines herbes et l'assaisonnement nécessaire. On entonne dans des menus boyaux de porc et on y introduit un morceau de toile abdominale roulée en bâton dans la longueur du boudin. On les cuit comme les autres. Pour les servir, on les cuit dans une poêle avec de la toile abdominale, coupée en dés, du foie de volaille et des oignons émincés, on y ajoute aussi quelquefois du mou de veau.

Boudin façon de Nancy. — *Formule 642.* — Employer :

Oignons hachés. . . . . kilogram. 1
Panne fraiche en dés. . . . . — 1
Sang de porc. . . . . litre. . 1
Œufs frais . . . . nombre 3
Cognac . . . . décilitre 1
Sel et épices.

Procédé. — Cuire les oignons avec du saindoux, les mélanger avec la panne, le sang, du persil haché, les œufs, le cognac, le sel et les épices. Faire chauffer le tout au bain-marie; mélanger, entonner dans un menu boyau de porc. Les attacher par bouts longs de 15 centimètres et les cuire selon la règle.

Boudin à la crème. — *Formule 643.* — Employer :

Oignons blancs . . . . kilogram. 1,500
Crème fraîche. . . . . litre. . 1/2
Fines herbes hachées. . . . . . poignée. 1
Sang de porc . . . . litre. . 1

Procédé. — Ajouter sel, poivre et épices nécessaires; passer les oignons sur le feu avec du saindoux; mélanger le tout, et entonner dans des menus boyaux de porc; les cuire en les laissant tendres.

Tels sont les différents boudins noirs connus de nos jours.

HYGIÈNE. — L'indigestibilité du boudin est proverbiale, témoin le quatrain suivant :

De trois choses Dieu nous garde :
Du boudin noir sans moutarde,
D'un valet qui se regarde,
D'une femme qui se farde.

Les plus faciles à digérer sont ceux qui contiennent du lait ou de la crème avec le sang.

Boudin blanc du Mans. — *Formule 644.* — Employer :

Porc frais maigre	kilogram.	2 »
Lard frais haché	—	4 »
Foie gras frais	grammes	200
Sel de cuisine	—	120
Poivre blanc frais moulu	—	20
Épices fines	—	10
Œufs frais	nombre	10
Oignon	—	1
Crème fraîche	litre	1/2
Persil	branches	2

Procédé. — Hacher et piler au mortier le lard maigre, y ajouter le lard frais haché, le foie gras, la crème et tout l'assaisonnement. Mélanger le

Fig. 228. — Boudin blanc du Mans.

tout et emplir les boyaux, homogénéiser en mouillant avec du lait préalablement cuit. Entonner avec la machine dans des menus boyaux de porc de la longueur d'une brasse, soit par petits bouts. Les cuire à l'eau. On les sert grillés.

Boudin blanc de volaille. — *Formule 645.* — Employer :

Blanc de volaille	grammes	200
Lard frais	—	150
Blancs d'œufs	nombre	6
Sel, poivre, épices fines.		
Un petit oignon haché.		
Lait cuit avec une feuille de laurier.	litre	1/4

Procédé. — Passer l'oignon au beurre frais dans une poêle sur le feu. Piler après avoir haché les chairs de volaille et le lard, y mélanger les épices, les blancs d'œufs et, à petites doses, le lait. Homogénéiser jusqu'à ce que la masse devienne liquide. Entonner dans des boyaux de porc et les attacher par bouts. Les cuire selon la règle et les griller au moment de servir.

Boudin de perdreau à la Richelieu. — *Formule 646.* — Employer :

Trois cents grammes de chair de perdreau dont on aura écarté les nerfs et la peau. Piler la chair avec deux cents grammes de panade faite avec de la farine de riz, ajouter trois jaunes d'œufs et deux cents grammes de beurre fin; assaisonner de sel, d'épices et la passer au tamis de crin. Essayer la farce, et si elle n'était de la consistance voulue, ajouter un œuf entier; la remuer dans une terrine de manière à la rendre lisse; la laisser reposer sur la glace.

Décorer des petits moules à nougats en cuivre étamé; beurrer l'intérieur, couper à l'aide d'emporte-pièce (de petites parties propres à confectionner un dessin) des truffes, de la langue écarlate, du jambon et des champignons blancs; appliquer ces petits morceaux sur la partie graissée du moule, à l'aide d'un couteau, de manière à en faire un joli décor. Coucher sur le décor, en évitant de le déranger, une nappe de farce plus haut mentionnée, de façon à foncer les petites timbales. Avec les carcasses et les débris de perdreaux, on aura préparé un fumet de gibier très concentré, dans lequel on aura ajouté des truffes hachées et quelques filets de perdreaux coupés en dés dont on remplira l'intérieur de la timbale. Recouvrir de farce en ayant soin de ne laisser aucune ouverture; recouvrir encore d'un papier beurré et les faire pocher au bain-marie. Démouler et dresser sur un plat rond et envoyer dans une saucière à part un fumet de gibier.

Remarque. — Avec la même farce, on fait également des boudins de perdreaux aux pointes d'asperges, aux petits pois, etc., mais ce ne sont en réalité que des quenelles de perdreaux aux petits pois, puisque les légumes sont dressés au centre d'une couronne de quenelles ovales, sans distinction du procédé des quenelles ordinaires. On varie en outre ces boudins par le changement du gibier, auquel ils donnent leur nom.

Boudin de foie gras aux truffes. — *Formule 647.* — Employer :

Foie gras	grammes	200
Pannes (toile abdominale)	—	200
Panade au lait faite avec	litre	1/2
Amandes douces pilées	grammes	50
Truffes noires épluchées	—	200
Sel		15
Œufs frais	nombre	4
Épices.		

Procédé. — Comme pour la formule 645 (boudin blanc de volaille).

Fig. 229. — Boudin de foie gras aux truffes.

Boudin de poisson. — *Formule 648*. — Le brochet, la carpe, la sole, le cabillaud peuvent être utilisés pour la confection de la farce à quenelle de poisson (voir *Quenelle*), qui porte le nom du poisson avec la chair duquel on les a faites. On les forme de grandeur voulue, on les abaisse légèrement, on les poche et on les sauce d'un coulis d'écrevisse ou d'une autre sauce à poisson. J'ignore pourquoi les auteurs de la cuisine ancienne comme moderne désignent cet aliment par *boudin*, lorsque le vrai nom serait *quenelles de poissons*.

Boudin (*Pâtisserie*). — On voit assez souvent dans la vitrine des pâtissiers-confiseurs des boudins fort bien imités, qui sont faits avec de la pâte d'amande au chocolat, au centre de laquelle on a soin de conserver intacts des litaux de fondants qui représentent la panne à la coupe du boudin et parfaitement analogue à la vue : mais nous ne saurions encourager cet aliment de fantaisie, qui n'a rien d'hygiénique.

BOUDINIÈRE, *s. f.* — Entonnoir de fer-blanc servant à faire les boudins. Machine servant à remplir les boyaux et s'adaptant à l'appareil à boudin.

BOUENBOCCONI, *s. m.* (*Entremets*). — Ce terme, d'origine gênoise, désigne de petits beignets très recherchés dans le Midi et principalement à Gênes.

Formule 649. — Faire dégorger 300 grammes de moelle de bœuf, la piler et la passer au tamis. Hacher ensemble cent cinquante grammes d'écorce d'orange et autant d'écorce de cédrat, cinq macarons, trois biscuits; passer au tamis et ajouter trois œufs. Mettre le tout dans une terrine; ajouter le zeste râpé de deux citrons et une tombée d'eau de fleurs d'oranger. La pâte étant mélangée et ferme, on la roule dans les mains de manière à en faire de petits bâtons, on les pose sur la table et on en coupe des petits morceaux que l'on roule en leur donnant une forme aplatie de la grosseur d'une noisette.

Abaisser du feuilletage, en couper deux bandes, sur l'une desquelles on pose les boulettes distantes de deux centimètres et en ligne droite; humecter les intervalles et les recouvrir de l'autre partie du feuilletage. Appuyer les intervalles avec une règle ou avec le dos d'un couteau, puis assujettir l'abaisse autour immédiat de chaque boulette à l'aide du dos d'un petit coupe-pâte; les couper à l'emporte-pièce. Faire frire dans une friture chaude, les égoutter, les saupoudrer de sucre en poudre et les dresser sur une serviette pliée sur un plat.

BOUFFOIR, *s. m.* All. *Blasrœhrchen;* ital. *soffietto da beccaj.* — Soufflet dont les bouchers se servent pour insuffler l'air sous la peau et dans les tissus cellulaires des animaux tués pour la boucherie.

BOUILLANT, *s. m.* (*Hors-d'œuvre*). — *Formule 650*. — Hacher de la viande de volaille, assaisonner et saupoudrer de fines herbes hachées; ajouter de la sauce allemande réduite de manière à en faire une pâte consistante et de bon goût. Abaisser du feuilletage (très mince), coucher des petits tas de la farce préparée, en ligne droite et par distance d'un centimètre et demi; recouvrir d'une abaisse en ayant soin de mouiller les intervalles, assujettir les deux pâtes autour de la farce avec le dos d'un petit coupe-pâte et, à l'aide d'un emporte-pièce, enlever les petits ronds au centre desquels est la farce. Les poser sur une plaque beurrée et les faire cuire au four chaud. On les dresse sur une serviette pliée sur un plat rond et chaud.

BOUILLANT, ANTE, *adj.* All. *Siedend;* angl. *boiling;* ital. *frettoloso.* — Substance en ébullition : eau bouillante, lait bouillant, potage bouillant, etc. Qui bout ou qui sort de bouillir : une sauce bouillante, une soupe bouillante.

BOUILLE-ABAISSE, *s. f.* Formé de deux mots provençaux *bouillon* et *abaisse*, de là *bouille-abaisse*. — Mets exquis très estimé des Méridionaux. Donnons plutôt la parole à Méry, poète marseillais :

Pour le vendredi maigre, un jour certaine abbesse,
D'un couvent marseillais, créa la bouille-abaisse,

Et jamais ce bienfait n'a trouvé des ingrats
Chez les peuples marins qui n'aiment point le gras.
. . . .
Ecoutez bien ceci, vieux cuisiniers novices,
Qui faites des homards avec des écrevisses,
Et qui croyez qu'on peut, chez Potel et Chabot,
Traduire mon plat grec en tranches de turbot,
L'heure est enfin venue où notre capitale
Peut joindre à ses banquets la table orientale,
Et donner aux gourmands, chez le restaurateur,
Un ragoût marseillais et non un plat menteur.
Que notre tiède arène nourrit dans son bassin
Quand l'écume frémit sur ce coulis immense
Et qu'il est cuit à point, le poème commence
A ce plat phocéen, accompli sans défaut,
Indispensablement, même avant tout, il faut
La rascasse, poisson, certes, des plus vulgaire
Isolé sur un gril, on ne l'estime guère;
Mais dans la bouille-abaisse aussitôt il répand ;
De merveilleux parfums d'où le succès dépend ;
La rascasse, nourrie aux crevasses des syrtes
Dans les golfes couverts de lauriers et de myrtes
Ou devant un rocher garni de fleurs de thym,
Apporte leurs parfums aux tables du festin.
Puis les poissons nourris assez loin de la rade
Dans le creux des récifs; le beau rouget, l'orade,
Le pagel délicat, le Saint-Pierre odorant,
Gibier de mer suivi par le loup dévorant,
Enfin la galinette avec ses yeux de bogues,
Et d'autres oubliés par les ichthyologues,
Fins poissons que Neptune, aux feux d'un ciel ardent,
Choisit à la fourchette et jamais au trident.
Frivoles voyageurs, juges illégitimes,
Fuyez la bouille-abaisse à soixante centimes,
Allez au Château-Vert, commander un repas;
Dites : « Je veux du bon et ne marchandez pas;
Envoyez le plongeur sous ces roches marines,
Dont le divin parfum réjouit mes narines,
Servez-vous du thys grec, du parangre romain,
Sans me dire le prix, nous compterons demain. »

Bouille-abaisse à la marseillaise. — *Formule 651.* — Employer les douze poissons suivants : Turbot, Saint-Pierre, Sard, Rascasse, Merlan, Loup, Langouste, Grondin, Galinette, Dorade, Congre et Baudroie. Cette nomenclature choisie parmi les meilleurs poissons de la Méditerranée, pour la bouille-abaisse, par M. Morard, secrétaire de la Société des cuisiniers « Le Vatel » de Marseille, seraient aussi ceux qu'emploie notre ami *Roubion*, l'illustre restaurateur.

Procédé. — Pour quatre ou cinq personnes, prendre environ un kilo et demi des poissons susnommés, en variant les qualités, autant que possible; les dépouiller de leurs écailles et nageoires; les laver avec de l'eau de mer; les tailler ensuite en tronçons.

Puis, faire roussir avec de l'huile dans une casserole, un oignon, quatre ou cinq gousses d'ail, une pincée de persil, une ou deux tomates dépouillés de leur peau et graines, le tout haché grossièrement.

Trois minutes suffisent, pour que l'huile prenne tous les parfums de ces aromates; mettre les tronçons dans la casserole et les couvrir d'eau bouillante; ajouter le sel, le poivre, une feuille de laurier, un léger bouquet de sommité de fenouil et le safran. On fait ensuite bouillir à grand feu pendant huit à dix minutes, en prenant garde que le poisson ne s'attache pas au fond de la casserole; pour cela, on la remue de temps en temps.

On déguste ensuite, pour s'assurer si elle est d'un bon sel; on peut y ajouter du poivre de Cayenne (piments pilés), mais modérément.

La bouille-abaisse est cuite lorsqu'elle est légèrement liée par le mélange de l'huile avec l'eau, opéré pendant l'ébullition : alors on verse dans un plat le poisson et dans un autre plat le bouillon avec des tranches de pain. On sert tout de suite, car ce mets, moins que tout autre, ne supporte pas de retard. (Marius Morard.)

Bouille-abaisse des pêcheurs.—*Formule 652.* — Elle diffère peu de la bouille-abaisse à la Roubion; les aromates sont les mêmes. Mais le pêcheur ne les fait pas passer à l'huile (roussir), il fait bouillir une certaine quantité de petits poissons pour en extraire deux ou trois litres de bouillon qui sert à mouiller le gros poisson.

Procédé. — Quand le gros poisson est nettoyé et taillé en tronçons, on le met dans une casserole, avec l'huile et l'assaisonnement, le tout doit mariner un quart d'heure. Arroser avec le bouillon des petits poissons et faire partir la bouille-abaisse comme à l'ordinaire.

Ordinairement la bouille-abaisse des pêcheurs est sans safran.

Il est facile de faire une bouille-abaisse excellente comme celle dont nous parlons; en substituant aux petits poissons des têtes de gros poissons avec lesquelles on fait le bouillon pour mouiller le restant; les vrais amateurs la préfèrent ainsi. (Marius Morard.)

Bouille-abaisse nouvelle.—*Formule 653.*— Se procurer trois douzaines de moules de roche, une douzaine de petits crabes et une langouste d'un demi-kilo.

Procédé. — Nettoyer les moules, couper la langouste en quatre parties et ôter les petites pattes des crabes; hacher très fin tous les aromates que l'on met dans la bouille-abaisse, les faire passer à l'huile, jeter dedans un verre de vin de Sauterne, faire réduire un peu, et mettre moules, crabes, langouste dans la casserole; ajouter deux ou trois verres d'eau, du sel, du poivre, du safran en poudre, une feuille de laurier et quelques sommités de fenouil pilées; faire partir à grand feu, et servir après dix minutes d'ébullition; verser à l'aide d'une passoire le bouillon sur les tranches de pain et mettre les crustacés et les mollusques dans un autre plat. (Marius Morard.)

Bouille-abaisse de morue. — *Formule 654.* — Pour quatre personnes : prendre un kilo de morue bien dessalée, la couper en morceaux carrés; faire roussir dans une casserole avec de l'huile un ou deux poireaux hachés, et quelques gousses d'ail, mouiller cela avec un litre d'eau, jeter dedans quatre ou cinq pommes de terre taillées en tranches que l'on fait bouillir quelques minutes avant d'y ajouter la morue, mettre du poivre, du laurier et du safran; goûter avant d'y mettre du sel. Servir lorsque tout est cuit. Verser le bouillon sur des tranches de pain, et le restant dans un autre plat. (Marius Morard.)

Secret pour lier la bouille-abaisse. — *Formule 655.* — Dans les maisons où le service oblige de préparer à l'avance une certaine quantité de bouille-abaisse et que ce mets doive demeurer sur le fourneau, on a recours au procédé (unique) ci-dessous, qui raffermit le poisson, bonifie le bouillon en le liant légèrement. De plus, il corrige le goût trop prononcé de l'huile, et l'huile corrige celui du beurre.

C'est ainsi que, depuis de longues années, nous la servons, tant aux Provençaux qu'aux habitants du Nord, sans que le palais le plus délicat soit venu en accuser le mélange.

L'innovation de ce procédé ne me revient point, je ne suis donc pas le premier qui l'aie mis en pratique.

Rendons à Colomb l'honneur qui lui est dû et loin de nous les Vespuces.

Fouque (Hôtel d'Orléans à Marseille), une de nos célébrités Provençales dont je vénère le nom, avait, paraît-il, deux systèmes pour lier la bouille-abaisse.

Le *premier* consistait en foie de poissons haché, tels que : rascasse, merlan ou baudroie, jeté dans la bouille-abaisse en ébullition.

Le *deuxième* était celui du beurre qu'il adopta plus tard au service à la commande.

Silence! Fouque opérait de façon à n'être observé de personne et tint (on en comprend le motif) pendant longtemps ce dernier procédé dans l'ombre, jusqu'au jour où il fut saisi au vol par un de ses ouvriers, lequel me le transmit de même.

Dès lors, je ne crains pas de dire la vérité, les bouillabe-aisses que je préparai ainsi eurent la supériorité sur les précédentes et furent toujours exemptes de reproches.

Fouque n'étant plus, l'ouvrier disparait à son tour; les paroles s'en vont avec les hommes, mais les écrits restent et les secrets en toutes choses sont mis à nu.

Voilà donc le secret dévoilé, il est évident qu'après cela, on trouvera du beurre dans tous les mets de composition provençale, puisque nous en accusons dans la bouille-abaisse. (Marius Morard, *les Secrets de la cuisine dévoilés.*)

BOUILLERIE, *s. f.* — Lieux destinés à la distillerie. Local où l'on fabrique les alcools.

BOUILLI, E, *s. m.* et *f.* (*Bullire*). All. *gekocht*; angl. *boiled*; ital. *bullire.* — Toutes substances cuites dans l'eau : *poule bouillie, asperges bouillies,* communément *bœuf bouilli,* all. *Rindfleisch*, angl. *boiled beef* (voir ce mot).

BOUILLIE, *s. f.* (*Pulmenta*). All. *Brei;* angl. *pop*; ital. *poppa.* — Farine cuite dans du lait ou de l'eau.

La bouillie est un de ces rares aliments qui se soit transmis sans modification depuis la plus haute antiquité jusqu'à nos jours. Le *couss-coussou* des Arabes, le *pilaff* des Turcs, l'*alica* des Romains ne sont que des formes variées de bouillies, faites tantôt avec du millet, du blé noir, du riz, du maïs, ou du froment. Les Grecs estimaient beaucoup la bouillie à la *popana,* et, à Rome, les citoyens se régalaient d'une bouillie appelée *puls,* qui était préparée avec de la farine d'épeautre délayée dans de l'eau battue avec trois livres de fromage nouveau, une demi-livre de miel et un œuf par livre de farine. La bouillie d'avoine (voir ce mot) s'est plus particulièrement généralisée en Ecosse, en Hollande et dans la Grande-Bretagne, tandis que chez nous la bouillie au gruau de froment a prédominé sur la bouillie des Bourguignons et des Bretons. Les *gaudes* ne sont qu'une bouillie de farine de maïs dont les Italiens ont substitué l'eau au lait et fait la *polenta dura* en la laissant raffermir sur le feu.

La bouillie était devenue si usuelle chez les Normands, qu'on les avait appelés *bouilleux*. Lors de la grossesse de Mme la Dauphine, il parut une pièce de vers qui avait pour titre *le Signe du Taureau*, et dans laquelle le poète dit :

Que me fait si ce signe est vache ou bien taureau ;
Je soutiens, moi, que c'est la vache *Io*,
Qui paissant pour l'enfant la céleste prairie
Lui fournira du *lait pour sa bouillie*.

La bouillie fut le dernier aliment de LOUIS XIV, comme de son prédécesseur LOUIS XIII : « Le dimanche le 10 le Roy fut très malade, et le mardi comme on le pressait pour prendre cet aliment, il refusa et dit : « *Mes amis, ç'en est fait il faut mourir.* » *[Mémoires de Dubois* (qui n'a aucune parenté avec Dubois qui servit l'Empereur d'Allemagne), *l'un des valets de Sa Majesté, 1643.]* « Après l'ouverture de la tumeur qu'il avait à l'anus, je fis prendre au Roy *(Louis XIV)* des chapons bouillis et des bouillies faites de leur bouillon. » *(Mémoires de l'abbé Choisy, 1686.)*

HYGIÈNE. — Il a été reconnu que la bouillie n'est pas une nourriture fort saine. Le lait cuit et la farine crue font beaucoup de saburre et conviennent mal à notre estomac (J.-J. Rousseau, *Emile*, 1). Ce qui a fait tort aux bouillies, c'est l'abus et aussi l'usage prématuré qu'on en fait. La farine de froment passée au four, suivant la recommandation de Rousseau, se granule, se caramélise, prend plus de saveur et vaut mieux que la farine ordinaire. (Fonssagrives.) Partant de ce principe, que la farine doit être légèrement torréfiée, des industriels soucieux de se conformer au *desiderata* de l'hygiène, préparent d'excellentes farines pour les enfants. (Voir *Avoine*.) La plus usuelle de ces farines, et celle qui nous paraît avoir le plus de chance de succès chez nous, est l'ASSIMILINE, farine qui ne contient pas d'élément féculent ; elle est plus nourrissante que la farine ordinaire et convient mieux pour les bouillies de la deuxième enfance, parce qu'elle ne provoque pas le ballonnement, si dangereux, occasionné par les autres farines. L'*assimiline* est un puissant reconstituant pour les convalescents et constitue le vrai potage des diabétiques ([1]). Cette farine joint l'avantage d'être un produit naturel et de se conserver longtemps.

BOUILLOIRE. *s. f.* All. *Siedekessel;* angl. *kettle;* ital. *ramine.* — Vaisseau de métal destiné à faire bouillir de l'eau. Communément chaudière en cuivre placée dans l'intérieur du potager à côté du foyer et destinée à fournir de l'eau chaude en permanence.

BOUILLON, *s. m. (Sus Sorbitio).* All. *Fleischbrühe;* angl. *broth;* ital. *brodo bollare.* — Bulle ou globule rempli d'air qui se forme au fond et dans l'intérieur d'un liquide en mouvement par la chaleur du feu ou de la fermentation. Mais on entend par *bouillon* le liquide bouilli. « Les Français aiment les soupes, a dit Dumas, et la France est une nation soupière. »

— Et bouillante, lui répond un exilé : c'est de son dernier bouillon qu'elle m'a flanqué à la porte.

La pauvreté des bouillons de séminaires est proverbiale, comme l'a très bien dit :

Un apprenti serviteur de l'église,
Très versé dans l'art de l'*ergo*,
Se présentant pour avoir la prêtrise,
A toute question lâchait un *distinguo*.
L'évêque, fatigué de sa vaine science,
Alors lui demanda, croyant qu'il dirait non,
Si l'on pouvait, en certaine occurence,
Baptiser avec du bouillon?
« Monseigneur, répondit le diseur de bréviaire,
J'y trouve encore une distinction;
Avec *votre bouillon* cela ne peut se faire;
Mais je croirais le baptême fort bon
Fait avec le *bouillon* de votre séminaire. »

Mais les bouillons qui nous occupent sont des liquides succulents, et dont les principes sont obtenus par décoction ou par l'ébullition des substances végétales ou animales ; de sorte qu'il y a deux grandes classes de bouillons : les bouillons de provenance *végétale* et les bouillons de provenance *animale*.

Les bouillons de provenance animale sont aussi nombreux qu'il y a de chairs différentes pouvant servir à l'usage de *bouilli* et fournissant au bouillon les principes sapides qui en constituent l'excellence et la richesse nutritive. La viande bouillie n'est autre chose que la *fibrine* des tissus qui compose la chair et qui reste insoluble, quoique dépouillée d'une partie de son enveloppe et de tous les principes fondamentaux du bouillon, qui sont :

L'*osmazôme*, principe sapide, odorant et communiquant l'arome et le goût. Ce principe se trouve plus particulièrement dans les chairs des animaux d'âge mûr fournissant les viandes noires ; le bœuf, le mouton, les gibiers à poils et quelques gibiers à plumes ; le faisan, la bécasse,

([1]) Panification nouvelle de Paris, 33, avenue de l'Opéra, Paris.

le pluvier, l'arbenne, la gelinotte, etc., tandis qu'elle se trouve en fort petite quantité dans la chair de l'agneau, du poulet, du veau, du cochon de lait et du chevreau. Quelques savants, membres de l'Académie des sciences, prétendent que toute la quintessence alimentaire du bouillon se trouve renfermée dans l'osmazôme. Erreur que je réfute, quinze ans d'expériences journalières m'ont démontré que l'osmazôme est plus odorant que nutritif, plus aromatique que sapide, et qu'il ne remplit d'autre rôle que celui d'assimiler les sels et les principes essentiels dissous dans le liquide pour les présenter à nos sens sous une forme aromatique.

La *gélatine*, qui se trouve dans les muscles, les nerfs et les cartilages des jeunes animaux, diminue à mesure qu'ils avancent en âge, et donne au bouillon l'onctuosité et la succulence.

L'*albumine*, qui se trouve dans la chair et dans le sang, se coagule au-dessous de quarante degrés de chaleur; lorsque les chairs sont mises dans l'eau froide et que l'ébullition arrive avec lenteur, elle entraîne avec elle à la surface du liquide toutes les impuretés du bouillon connues sous le nom d'*écume*.

La *graisse*, qui est une huile insoluble dans l'eau et se forme dans les interstices du tissu cellulaire, fortifie les principes nutritifs du bouillon. On comprend dès lors qu'une chair propre à faire du bouillon doit être belle, médiocrement grasse et possédant les principes précités.

C'est surtout à la garniture de légumes que le bouillon doit ses principes aromatiques et succulents; l'ail, tout en aidant au rôle de l'osmazôme, communique au liquide des propriétés fébrifuges et vermifuges; le céleri, le poireau, les carottes, les oignons, joints aux condiments, lui donnent un stimulant agréable et digestif.

Analyse chimique. — Voici, d'après Payen, ce que contient un bouillon sans sel préparé avec de l'eau distillée à une densité de 1.0045.

SUBSTANCES ET PRINCIPES COMPOSANT LE BOUILLON

Eau et petite quantité de matières volatiles	988,570
Substances organiques séchées dans le vide sec à +2°F	2,700
Matières inorganiques solubles {Potasse de soude / Acide phosphorique / Traces d'acide sulfurique}	8,900
Matières organiques insolubles dans l'eau {Phosphate de magnésie / — chaux / Oxyde de fer}	0,208 / 0,190

L'analyse d'un bon consommé fait selon la règle, avec adjonction de viande hachée dans la clarification, a produit sur 1.000 parties :

Eau	982
Créatine; taurine; créatinine; acide inosique; gélatine; xanthine, etc. Substance organique colaïdale non définie	18
Total	1.000

L'analyse d'un bouillon fait avec de la glace de viande de premier choix, préparée par un cuisinier de maison bourgeoise (non de l'extrait Liebig), nous a démontré, sur 100 parties, la composition suivante :

Eau		89
Sels	Phosphate de chaux / — de magnésie / Chlorures, sulfate de potasse / — de soude	4
Principes azotés	Créatine; créatinine; xanthine; hypoxanthine; taurine; urée et carnine	5
Principes non azotés	Inosite; dextrine; glycogène; acide sarcolatique	2
Total		100

« Autant de produits excrémentiels ou de désassimilation, dit le D^r Ph. Maréchal, qui ne font que traverser l'économie et se retrouvent dans les urines. » En effet, le bouillon n'offre pas de grandes ressources alimentaires, surtout lorsqu'il s'agit de bouillons concentrés, lesquels ne comportent point d'albumine.

HYGIÈNE. — Le bouillon ne peut être considéré comme aliment qu'à la seule condition de contenir des substances plus nutritives. On s'est borné aux analyses et aux résultats des potages faits avec du bouillon, sans s'apercevoir que c'est la partie composant le potage qui en fait tous les frais de nutritivité. On prend un bouillon au fromage composé de 125 grammes de fromage et de 200 grammes de pain; on lui attribue toutes les qualités lorsqu'il n'est que le véhicule du pain et du fromage qui en constituent le vrai aliment. Les qualités des potages au tapioca, à la julienne, à l'orge perlé, etc., ne sont point dues au liquide, mais aux substances qui les composent.

Réduit à sa juste valeur, le bouillon est un condiment accessoire qui favorise l'absorption des substances solides, réchauffe l'organisme et remplace avantageusement la grande quantité d'eau (qui n'est pas toujours potable) que l'on devrait boire si on ne prenait des soupes ou des bouillons.

Les savants de l'école chimique, Liebig en tête, ont vulgarisé les plus malheureuses idées qu'on puisse se faire sur la valeur des bouillons, et notamment des bouillons concentrés. Partant des données qu'il faut environ trente livres de viande pour faire une livre de glace de viande, le public l'allonge d'une proportion équivalente d'eau. Il se figure que lorsqu'il a cuit un kilo de viande et qu'il en a concentré le bouillon il en retire la substance nutritive; erreur profonde, Liebig lui-même a eu soin d'ajouter, pour les savants, non pour le *public*, que l'extrait ne contenant pas d'albumine, il serait bon de l'associer aux substances qui en contiennent, telles que fèves, pois, etc. Voilà le sophisme! Mais il vaut cent fois mieux faire la soupe avec des légumes et manger la viande grillée ou rôtie. « Nul doute que l'action physiologique du bouillon naturel, comme des bouillons obtenus par l'extrait, ne soit due aux alcaloïdes qu'il contient et l'effet en soit comme celui du café, du thé. » (LETHEBY, *prof. de chim. au collège de l'hôpital de Londres*.) Malgré le proverbe :

C'est la soupe qui nourrit le soldat.

il serait à déplorer que, pour des causes d'entraînement, on acceptât pour l'Armée un produit qui n'a rien d'alimentaire.

« Je défie qui que ce soit, sauf le Dr Tanner, dit le D^r Ph. Maréchal, de se nourrir pendant un mois en se mettant à l'usage exclusif du bouillon de viande, du fameux pot-au-feu des familles, singulier héritage de nos pères, que nous léguerons, hélas! très probablement à nos descendants, car madame Routine est une bien puissante personne.

« Faire du bouillon est même un double contresens : c'est croire aux propriétés alimentaires d'une eau chargée de sels et de quelques produits excrémentiels ; c'est de plus gâcher la viande, qui, par le fait même de l'ébullition, devient inassimilable. »

Il faut être moins sévère, et lui accorder tout au moins la valeur alimentaire qu'il possède : de renfermer quelques-uns des matériaux solubles de la viande. « On considère, dit Fonssagrives, les bouillons de viandes blanches comme plus *légers* que les autres. Il faut s'entendre sur la valeur de ce mot : plus *légers*, au point de vue de la quantité de principes nutritifs qu'ils renferment? Sans nul doute; plus légers, c'est-à-dire plus digestibles? Non certainement; ces bouillons plus fades, moins aromatisés, passent au contraire plus difficilement que les autres, n'en déplaise à une opinon très accréditée, mais très fausse. J'ai aussi à signaler l'exagération de l'idée qui considère le *bouillon* comme le prototype de l'aliment digestible, devant remplacer tous les autres au début des convalescences. Sans aucun doute, il remplit d'ordinaire l'office qu'on en attend, mais un bon nombre d'estomacs digèrent mal le bouillon quand il est pris complètement liquide et sans adjonction de pain, de fécules ou de pâtes. »

Usage alimentaire. — Cependant, tous les médecins ne sont pas de notre avis sur la valeur alimentaire du bouillon : « tous les bouillons sont alimentaires. Ils nourrissent tous, plus ou moins, mais ils nourrissent. On réserve cependant ce nom au bouillon proprement dit, au bouillon fait surtout avec la chair de bœuf, et on appelle *bouillons médicinaux* ceux que l'on ordonne lorsqu'on désire obtenir un certain effet thérapeutique. » (Dr Vigouroux.)

Les savants de toutes les gammes, de Raspail à Chevreul, se sont occupés du pot-au-feu et du bouillon (sans qu'il soit devenu meilleur pour cela), et ont formulé leur recette dans la louable intention d'apprendre aux cuisiniers à faire un bon bouillon. Puisque les rôles sont intervertis, nous allons, à notre tour, enseigner aux savants comment doivent être faits les bouillons médicinaux qu'ils ordonnent si souvent.

Nous avons indiqué au mot *bouilli* (voir ce mot) les deux méthodes pratiques pour obtenir un bon bouilli ou un bon bouillon.

Pot-au-feu hygiénique. — *Formule 656*. — On doit choisir la meilleure qualité de viande de bœuf, dans le Nord; de mouton, dans le Midi, les prés-salés de préférence, et, en temps de famine, de cheval, même bien engraissé, s'il n'a pas été traité au mercure, mais non en temps plus prospères, car c'est une mauvaise viande. La quantité d'eau doit être le double du volume. On y jette une poignée de sel; on place le vase sur un feux doux pour faire écumer. On enlève l'écume, et on ajoute alors un oignon blanc, dans lequel on a implanté trois ou quatre clous de girofle, gros comme la tête d'une épingle de muscade, un bouquet de poireaux, céleri et cerfeuil, trois gousses d'ail, une pincée de poivre, une feuille de laurier-sauce et un oignon brûlé sous la cendre; très peu de carottes et de navets. On abandonne alors le pot-au-feu à une lente ébullition, de quatre à cinq heures. Un pareil bouillon suffit souvent à lui seul pour guérir la gastrite la plus invétérée. (V.-F. Raspail.) Ajoutons que celui qui suivra exactement la formule énoncée ci-dessus obtiendra un bouillon exécrable; les proportions de quatre clous de girofle (beaucoup trop) pour gros comme la tête d'une épingle de muscade (pas assez) et l'oignon brûlé sous la cendre (mal propre) ne réveille pas notre appétit.

Bouillon de bœuf. — *Formule 657.* — Dans un vase de terre vernissée, de la capacité de six litres, on introduit :

Viande de bœuf privée d'os	kilogram.	1,433
Os	grammes	430
Sel marin	—	40
Eau	litres	5

On chauffe graduellement jusqu'à l'ébullition, on remue, et on ajoute 341 grammes de carottes, navets et oignon brûlé. Le caramel remplace bien ce dernier si on ne l'aime pas. On maintient sans interruption un bouillonnement léger pendant cinq heures et demie, après quoi l'on a quatre litres d'un très bon bouillon et 858 grammes d'un bouilli excellent. (Chevreul.)

Notons que ce bouillon n'est pas écumé !

Bouillon de bœuf (*Notre méthode*). — *Formule 658.* — Employer :

Culotte de bœuf	kilogram.	1 »
Plates côtes	—	1 »
Queue de bœuf	—	1 »
Pied de veau	grammes	500
Sel marin	—	90
Oignon piqué d'un clou de girofle	nombre	1
Gousse d'ail	—	1
Bouquet de persil garni	—	1
Poireaux, céleris, carottes, panais (très peu)		

Procédé. — Mettre les viandes dans un pot de terre vernissée, avec dix litres d'eau. Faire mettre en ébullition, écumer et garnir des légumes et saler. Pour obtenir le bouillon clair on y ajoute un oignon torréfié au four, ou bien mieux des cosses de pois verts également rôties au four. On abandonne le bouillon à une ébullition lente et régulière pendant cinq heures. On dégraisse et on passe dans une passoire le bouillon qui est limpide et parfumé.

Remarque. — Les personnes qui voudront obtenir un bouillon de qualité supérieure n'auront qu'à remplacer le veau et les plates-côtes par un morceau d'âne, de mulet ou de cheval. On obtiendra un bouillon qui aura le goût et l'arome d'un bouillon de volaille.

Bouillon de queue de bœuf (*Cuis. anglaise*). — *Formule 659.* — Le bouillon de queue de bœuf est bien plus riche que celui fait d'os et de viande. On procède comme pour le bouillon de bœuf (voir plus haut).

Ce bouillon, qui fait aujourd'hui le luxe de la cuisine anglaise et connu sous le nom de *oxtail suppe*, est de création française. Voici comment :

« Avant 1689, et même après cette date, les bouchers de Londres laissaient les queues attachées aux peaux envoyées aux tanneries de Bermondsey ; mais les pauvres protestants français réfugiés à Clerkenwel, dans leur extrême besoin, achetaient ces queues pour une bagatelle de rien. » (Conférence sur les aliments, LETHEBY, *prof. de chim. au collège de l'hôpital de Londres.*)

C'est maintenant un bouillon recherché et d'un prix assez élevé.

Bouillon blanc (*Haute cuisine*). — *Formule 660.* — Les *bouillons blancs* servent dans la haute cuisine française pour la confection des sauces blanches ou appareils *velouté*, *suprême*, *fricassée* et *allemande* (voir ces mots). On utilise les débris de veau, les abattis de volaille, dinde, poule, poulet, agneau et chevreau. On procède comme pour le bouillon ordinaire de bœuf, à l'exception qu'on n'y met point de sel, l'oxyde neutralisé, obtenu par l'évaporation de la réduction des sauces pour lesquelles on l'emploie, fournit les sels nécessaires.

Bouillon de veau (*Cuis. pour convalescents*). — *Formule 661.* — Employer :

Sous-noix de veau	grammes	500
Orge perlé	—	25
Jarret de veau	nombre	1
Queue de veau	—	1
Poireau	—	1
Oignon piqué d'un clou de girofle	—	1
Bouquet de persil garni	—	1

Procédé. — Mettre le tout dans quatre litres d'eau ; faire écumer, garnir, et ajouter l'orge lavée dans plusieurs eaux ; laisser cuire pendant quatre heures à petit feu. Le sel est facultatif.

Bouillon rafraîchissant (*Pour régime*). — *Formule 662.* — Employer :

Abatis de poulets	nombre	2
Débris de veau	grammes	500
Queue de bœuf	—	750
Sel	—	30

Procédé. — Mettre le tout dans quatre litres d'eau, écumer et faire cuire pendant quatre heures à petit feu. Passer le bouillon, casser dans une casserole un œuf frais, y ajouter 500 grammes de veau maigre haché, un poireau, un oignon, un clou de girofle, une branche de céleri, une dizaine de cosses de pois torréfiées, le tout haché. Mélanger le tout avec l'œuf et ajouter à petites doses le bouillon, et remuer sur le feu jusqu'à l'ébullition. Laisser clarifier pendant une heure et demie à deux heures. Passer le bouillon à travers un linge.

Bouillon pectoral (*Thérapeutique*). — *Formule 663.* — Employer :

Jarret de veau	nombre	1
Poulet maigre	—	1/2
Escargots décoquillés		6
Jujubes		10
Amandes douces concassées		20
Salep, cuillerée à bouche	—	1
Bouquet de cerfeuil		1
Feuilles de pourpier	—	2
Le blanc d'un poireau	—	2
Raisin de corinthe	grammes	50
Sel marin	—	30

Procédé. — Mettre le tout dans trois litres d'eau, soumettre à l'ébullition. Laisser cuire trois heures et passer à travers un linge.

Bouillon de coq (*Régime*). — *Formule 664.* — Cuire pendant six heures (selon la grosseur de l'animal), dans trois ou quatre litres d'eau, un coq préalablement plumé, vidé et flambé, et dont on aura soin d'ajouter les abatis. Garnir d'un oignon clouté, de poireau, de céleri, de carottes et d'un bouquet garni. Passer le bouillon.

Quelques médecins attribuent à ce bouillon des propriétés génésiques qui ne sont nullement impossibles, mais que je n'essaierai pas de justifier.

Le bouillon de poule se traite de la même façon.

Bouillon laxatif (*Thérapeutique*). — *Formule 665.* — Mettre une égale quantité de lapereau, chevreau et veau dans une casserole; ajouter l'eau nécessaire, faire cuire et écumer; le garnir de carottes, d'oignons, de laitues et de poireaux. Le retirer sur l'angle du fourneau et le laisser cuire à petit feu pendant trois heures. Ce bouillon, sans sel, se sert pendant ou après les purges.

Bouillon de grenouille. — Ce bouillon, auquel on avait accordé des propriétés médicinales, doit être classé au nombre des remèdes de vieilles femmes. On obtiendra de meilleurs résultats par le B. pectoral (formule 663).

LES BOUILLONS DE VIANDES NOIRES. — Les bouillons des viandes noires doivent être ordonnés lorsque l'on a en vue de restaurer le sujet épuisé. Aussi ne remplissent-ils pas le même but que les précédents.

Bouillon de mouton (*Cuis. égyptienne*). — *Formule 666.* — Le bouillon de mouton, qui était très apprécié des Orientaux, n'était fait chez eux qu'avec les épaules; le gigot n'avait pas le mérite que lui donne la cuisine moderne; ce bouillon est un peu écarté de nos tables par son goût particulier et qui ne plait pas à tout le monde. Il se traite comme le bouillon de bœuf et ses effets n'ont rien de particulier (voir *Scoth broth*).

Bouillon de gibier (*Cuis. aphrodisiaque*). — *Formule 667.* — Faire saisir à la broche ou au four des perdrix, des bécasses et des cailles. Les mettre dans une casserole avec l'eau nécessaire et un jarret de veau. Ecumer et garnir de légumes passés à la poêle en forme de mirepoix, saler et achever la cuisson. Ce bouillon, fort cher, est réparateur et stimulant.

Bouillon de crustacés (*Cuis. réparatrice*). — *Formule 668.* — Les bouillons de crustacés se font avec les écrevisses, les langoustes, les homards, les crabes, les tortues, etc. Ils sont cuits dans l'eau, additionnés de vin blanc, fortement garnis de légumes et de condiments; conditions indispensables pour obtenir un bouillon potable. Ces bouillons aphrodisiaques sont stimulants et d'une digestibilité médiocre. Ils conviennent surtout aux personnes qui s'adonnent au travail intellectuel, étant en quelque sorte un aliment des organes de la pensée.

Bouillon de poisson (*Cuis. réparatrice*). — *Formule 669.* — Foncer d'oignons, de carottes et condimenter; après avoir beurré une casserole moyenne, ajouter des petits poissons de rochers, *loup, muge, rouget*, etc. (Les poissons de mer sont préférables à ceux d'eau douce.) Mettre l'eau nécessaire pour mouiller à hauteur du poisson, le garnir de céleri, de poireaux, de poivre en grains, de sel et d'un bouquet de persil. Faire cuire sur un feu vif en laissant réduire à glace, mouiller encore et le mettre en ébullition; le laisser cuire doucement sur l'angle du fourneau pendant une heure et demie. On le passe à travers l'étamine. On le sert ainsi ou bien on y ajoute des quenelles de poisson, des pâtes ou du tapioca, ce qui constitue la *soupe de poisson*. Dans la haute cuisine, on s'en sert pour les sauces maigres à poissons, ou pour les potages de poissons.

Remarque. — Tout poisson peut être utilisé pour les bouillons. Dans les établissements de commerce on utilise les têtes, les débris de poisson dont on a levé les filets pour faire le bouillon appelé *essence de poisson*.

LES BOUILLONS DE VÉGÉTAUX. — Les bouillons de végétaux se font avec des légumes farineux ou herbacés, et le bouillon classique aux herbes est le type le plus parfait de ce genre. Il y a cependant des bouillons auxquels on a attribué des propriétés marquées, tels sont le *bouillon d'asperges*, qui se prend comme sédatif contre l'hypertrophie et les battements de cœur, contre les affections de reins; le *bouillon d'artichauts*, qui a des propriétés vermifuges, somnifuges, diurétiques, etc. Il est du reste superflu d'insister sur les propriétés de ces bouillons, la description hygiénique et chimique des végétaux étant donnée aux mots respectifs de chacun d'eux.

Bouillon aux herbes (*Thérapeutique*). — Formule 670. — Employer :

Oseille . . . . grammes 150
Cerfeuil . . . . — 25
Sel marin . . . . — 15
Beurre frais . . . . — 20

Procédé. — Mettre la moitié du beurre dans la casserole, ajouter l'oseille privée de côtes; faire fondre; ajouter un litre d'eau, le sel et le cerfeuil haché. Ajouter le restant du beurre. Ce bouillon est usité surtout comme adjuvant des purgatifs ordinaires.

Bouillon aux herbes (*Dépuratif du sang*). — Formule 671. — Employer :

Dent de lion nouvelle . . . . . . poignée 1
Orties nouvelles . . . . — 1
Cerfeuil et ciboule 1
Oseille . . . . — 1
Rhubarbe fraîche . . . . branche 1
Aloès succotrin, sommités ou feuilles grammes 5
Beurre et sel.

Procédé. — Hacher les herbes, les passer au beurre dans une casserole, y ajouter deux litres d'eau et le sel; faire bouillir pendant un quart d'heure. Mettre deux jaunes d'œufs dans la soupière, avec du beurre et du lait, ou mieux de la crème fraîche; y verser le bouillon à petites doses pour commencer afin de lier le tout. Se prend le matin.

On évitera bien des maladies en se mettant, au printemps, pendant un mois, au régime de ce bouillon.

BOUILLON BLANC *s. m.* (*Verbaseum thapsus*). — Plante de la famille des verbacées indigènes, qui croît dans les lieux incultes; ses feuilles, d'une odeur narcotique, sont employées comme émollients et adoucissants.

Fig. 235. — Bouillon blanc (*Verbaseum thapsus*).

Les fleurs font partie des espèces pectorales on les prend en infusion pour combattre le rhum et dans les affections catarrhales aiguës.

BOUILLOTTE, *s. f.* (voir *Bouilloire*).

BOULANGER, GÈRE *s. m. f.* All. *Bœcker*; angl. *baker*; ital. *formajo*. — Celui, celle qui fait et vend le pain.

BOULANGERIE, *s. f.* All. *Bœckerei*; angl. *bakehouse*. — Lieu où l'on fait le pain. L'art de l'artonomie ou panification. Les Romains appelaient les boulangers *pistor*, pileur, et *pistrinum* le lieu où l'on pilait le grain. En France, les boulangers prirent le nom de *talemetiers* ou *tamisiers*. Après la découverte des ferments et l'invention des fours, on les a appelés *boulens*, dérivé de bout, bouillir, fermenter; puis *boulenges*, et enfin, vers le milieu du XV° siècle, *boulangers* ou *panetiers*. Le mot *geindre*, donné au premier ouvrier, vient du cri plaintif qu'il fait en pétrissant la pâte.

On constate toujours avec regret que, pour être les ouvriers du pain indispensable à la vie humaine, la corporation ouvrière des boulangers a été la plus longue à s'émanciper.

Fig. 231. — Ancienne boulangerie.

La nature du travail, l'excentricité de son costume, l'originalité de son caractère, distinguent le boulanger de tous les types dont se compose la grande famille des travailleurs. Il se couche le matin et se lève le soir, il travaille pendant que tout le monde se repose, son visage est généralement blême et souffreteux, son corps amaigri, il a les jambes nues, des savates aux pieds et une jaquette blanche en forme de jupe. A la tombée de la nuit, lorsqu'il est devant la porte d'une boulangerie, il vient de dîner et fume silencieusement sa pipe, avec un air résigné que l'on prendrait pour de l'indifférence si l'on ne savait que cet homme est profondément triste. Le matin, après son labeur nocturne, il sort de son fournil avec sa veste et son pantalon grisâtre blanc de farine, portant sous son bras le pain de la famille; ses yeux fatigués par la chaleur et les flammes du four semblent redouter la clarté du jour; il marche, marche et paraît pressé, et il l'est en effet, car il a besoin de repos.

Un soir que Diderot passait dans la rue, son attention fut attirée par des gémissements sourds qui semblaient sortir d'une cave. Il s'approcha du soupirail et vit un ouvrier en train de pétrir. Diderot, dont le cœur était excellent, ne put contenir son émotion, et dit à haute voix qu'un pareil travail, au lieu de s'effectuer par la main de l'homme, ce qui épuisait ses forces, devrait se faire à l'aide d'un mécanisme. Les ouvriers ayant entendu Diderot, ils eurent avec lui une vive altercation, et s'il ne se fut enfui ils l'auraient probablement assommé, « parce que, disaient-ils, si l'on suivait les conseils du philosophe, ils seraient réduits à mourir de faim. »

L'air toxique qu'il respire, la nourriture insuffisante et mauvaise sont un guide assuré qui le conduit à l'anémie, à l'affaiblissement, aux souffrances physiques et morales.

Telles sont, en résumé, les conditions dans lesquelles se trouve l'ouvrier boulanger des grandes villes, que les vaudevillistes et les soi-disant peintres de mœurs ont transformé en bouffon, en *mitron*, et auquel ils font débiter des lazzis en le rendant jovial et grotesque.

Supprimer ce labeur pénible est un acte à la fois hygiénique et humanitaire, et nous croyons de notre devoir d'enregistrer dans cet ouvrage les progrès réalisés, dans les appareils de boulangerie, par un industriel parisien, M. Dathis.

L'ancienne boulangerie cache, en effet, dans ses caves son fournil enfumé dans lequel des hommes presque nus pétrissent péniblement la pâte. On ne connaît pas assez cette fabrication manuelle et, par incurie, on est résigné à subir l'influence de dame routine avec tout son cortège de malpropreté infectieuse, où la sueur des hommes le plus souvent malsains va se mêler à la pâte. Le danger de ce mode en est d'autant

Fig. 232. — Panification nouvelle.

plus éminent que jamais les 100 degrés, nécessaires pour détruire les éléments de la contagion, ne sont atteints dans la cuisson du pain.

Avec l'outillage mécanique, toutes ces insalubrités sont abolies et la propreté la plus absolue est établie par la simple application du nouveau système.

Avec les appareils de Dathis, tout peut se faire au grand jour et avec des garanties exceptionnelles d'économie et de propreté.

On sait que la pâte destinée à faire le pain doit être souple, lisse et légère; on lui donne ces qualités en l'étirant le plus possible sans la fouler, ce qui la rendrait compacte et de mauvaise qualité. Le pétrissage à la main ne permet pas d'obtenir ce résultat d'une manière absolue, surtout avec les farines au cylindre qui sont plus tirantes et se travaillent difficilement; il résulte de l'insuffisance du pétrissage à la main que plus la farine est de qualité supérieure moins bon est le pain.

Avec le pétrin dont nous donnons la figure, on obtient une pâte dans toutes les conditions voulues.

Il se compose d'un récipient, tournant autour d'un axe, de manière à présenter toutes les parties de la pâte qu'il renferme à l'action d'instruments pétrisseurs ayant la forme d'une fourchette, qui soulèvent constamment la pâte pour la fraser d'abord, la pétrir ensuite en l'étirant, l'aérant et la soufflant sans jamais la fouler. Ce mode d'opérer donne à la pâte une grande souplesse et une grande légèreté (voir *Panification*).

Fig. 233. — Pétrin mécanique, système Dathis.

La manœuvre du pétrin est fort simple : on met dans le récipient du fond une certaine quantité d'eau tiède, afin de conserver une température convenable à la pâte qui sera pétrie dans le récipient du dessus.

Le levain, la farine, le liquide et les accessoires étant placés, on tourne doucement d'abord pour laisser à la farine le temps d'absorber le liquide, puis on augmente la vitesse jusqu'à concurrence de 60 tours à la minute. Au bout de 10 minutes on laisse reposer la pâte de 2 à 3 minutes et l'on continue le pétrissage pendant 10 autres minutes, à une vitesse de 80 tours; l'opération est alors terminée.

Four. — Les fours système Dathis, dont nous donnons deux modèles, sont d'un emploi facile, économique et, tout en évitant le travail manuel, offrent l'immense avantage de l'économie de temps, de combustible et une garantie certaine d'obtenir un pain *digestif, sain, plus nourrissant* et d'un *goût plus agréable* qu'avec les appareils ordinaires.

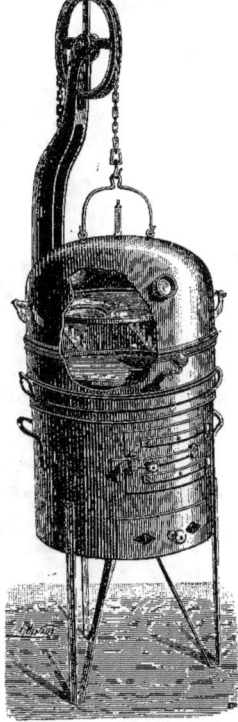

Fig. 234. — Four, système Dathis, 0 m. 6 de diamètre.

Le four de la fig. 234 peut indifféremment servir pour la cuisson du pain, de la pâtisserie et de la viande, et peut être chauffé à la houille, au coke ou au bois; de même que celui de la fig. 235 (page suivante) qui a un mètre de diamètre.

Tout ce matériel est d'un emploi très facile. Il s'applique aussi bien à l'usage privé dans les ménages, les hôtels, les châteaux, qu'à l'exploitation des grands établissements industriels; son succès est aujourd'hui absolument consacré. Ses produits : *Five o'clock Kramicks, Galettes de toutes dimensions*, jusqu'à 2 mètres de diamètre, *Croissants au beurre frais, Pains de luxe de toutes sortes,*

Pains d'office, etc., sont tous de qualité irréprochable; *une marque de fabrique* les fait aisément reconnaître; elle consiste en une *impression quadrillée* produite au revers du pain par le treillis

Fig. 235. — Four, système Dathis, 1 mètre de diamètre.

sur lequel il est suspendu dans le four (au surplus, par ce moyen, la croûte du dessous est aussi délicate et propre que celle du dessus).

Magasin de boulangerie. — A Paris, les magasins de boulangerie sont installés avec le plus grand luxe et avec une propreté qui fait souvent

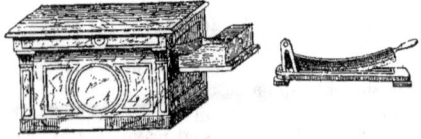

Fig. 236. — Comptoir marbre et chêne avec son couteau à pain.

contraste avec les sous-sols. Les comptoirs en chêne et marbre, avec leur couteau à pain (Voir *Fig.* 236) en lame d'acier fondu, font le plus brillant effet. Les galeries qui les garnissent, sortant le plus souvent de la maison C. Thibaudet, sont en cuivre, en nickel ou en fer forgé verni au four. Les études persévérantes auxquelles cet ingénieur s'est consacré, pour simplifier et améliorer

Fig. 237. — Balance et ses poids.

les appareils servant à la boulangerie, ont permis d'offrir à l'industrie de la boulangerie et de la pâtisserie une installation luxueuse, commode et

Fig. 238. — Galerie de comptoir.

d'un prix relativement bas. Cette même maison fabrique des étagères de différents modèles et de dimensions variées. On y trouve également des

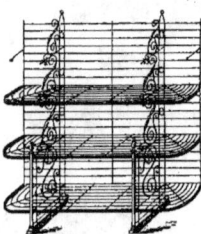

Fig. 239. — Étagère.

petites grilles pour déposer le pain et la pâtisserie. Ces grilles, tressées en fil de fer étamé et même en fil de nickel, de forme ronde ou carrée, sont très coquettement confectionnées.

Les bannetons, long, demi-long, court et rond,

Fig. 240. — Banneton de boulangerie

forment l'accessoire de la boulangerie. Le *bassin*, le *rouable*, le *coupe-pâte*, la *râpe*, le *oura*, l'*étouffoir*, l'*appareil à buée*, tout s'y trouve, de même qu'une variété très complète de *bouches à four*.

Ces bouches à four, dont nous donnons quatre figures, sont fabriquées avec toutes les garanties

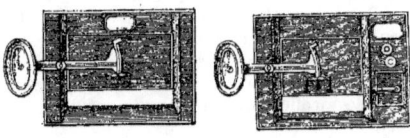

Fig. 241. — Bouches à four à bascule.

de solidité, de commodité, de simplicité et d'élégance possibles. Grâce aux efforts de C. Thiaudet, l'ancien système des appareils de bou-

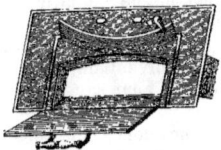

Fig. 242. — Bouche à four ordinaire.

langerie a pris un nouvel essor qui permet aux boulangers qui ne veulent pas changer leur système de le perfectionner en le modifiant.

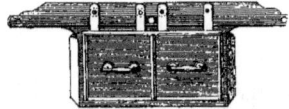

Fig. 243. — Bouche à four pour pâtisserie.

BOULANGERIE INDIENNE. — La boulangerie indienne diffère sensiblement dans les différentes tribus. Le pain est connu sous le nom générique de *Eszepec*, qui signifie farine de maïs ou pâté de maïs. Voici comment les Indiens procèdent pour la fabrication de leur pain : ils écrasent le maïs entre deux meules, mélangent la farine avec de l'eau, du sel et de la graisse d'ours, de bison, de cerf (*Elk*), de loup, ou d'autres animaux sauvages, et, lorsqu'ils en ont fait une pâte, ils font le four pour la faire cuire. Les appareils de boulangerie sont des plus rudimentaires : ils creusent un grand trou dans la terre, au fond duquel ils mettent une pierre plate; ils allument dessus un grand feu et pendant toute la nuit on alimente ce feu de manière à chauffer la pierre et la terre environnante; on vide le creux, on nettoie la pierre autant que possible, et on y pose le pain qui est d'un poids de deux à trois kilogrammes; ils le recouvrent en laissant l'espace nécessaire avec des branches d'arbres ou, à défaut, de grandes herbes sur lesquelles ils mettent d'abord de la terre, puis des cendres, enfin de la braise. On abandonne ainsi à la cuisson pendant près d'une heure et demie et après ce temps on en retire une espèce de gros vol-au-vent à l'indienne. Dans différentes parties du nord-ouest des Etats-Unis, les Indiens ne connaissent aucunement la fermentation; le pain de seigle ou de froment, quand ils peuvent s'en procurer, ils le traitent de la même façon.

Avant que les graminées leur fussent connues, ou actuellement lorsqu'ils n'en trouvent pas, ils prennent le cœur du *bison*, du *buffle*, du *musc*, et l'enveloppent dans de l'herbe ou une liasse de branches tendres de chêne et le font cuire en terre comme ci-dessus. Ce pain sec que l'on coupe au couteau pour le manger n'est pas désagréable, j'en ai mangé bien souvent avec différentes *Tribus* en traversant plusieurs Etats. (ED. BÉNARD, *Salt Lake City, 21 février 1889; Correspondance à* L'ACADÉMIE DE CUISINE.)

BOULE DE GOMME, *s. f.* (*Confiserie*). — *Formule 672.* — Employer :

Sucre blanc	kilogrammes	8
Glucose	—	1

Procédé. — Faire cuire le sucre au *cassé*, on le parfume, colore et on ajoute le glucose; on coule sur le marbre légèrement graissé. On le passe à la machine à *drops*, comportant deux cylindres garnis de petits trous comme des moules à balles.

Dans la campagne où l'on n'a pas de moule, on laisse refroidir un peu le sucre sur le marbre, et pendant qu'une personne fait des bâtons et les coupe par petits morceaux, une autre personne les roule dans la main et les passe à une troisième personne, qui les agite dans un tamis avec un peu de sucre en poudre jusqu'à ce qu'elles soient froides et fermes.

BOULE DE NEIGE, *s. f.* — Dans l'Aveyron, nom vulgaire de l'agaric comestible (*ag. edulis*).

BOULE DE NEIGE, *s. f.* (*Cuis. allemande*). — *Formule 673.* — M. Dubois, dans sa « Cuisine de tous les pays », donne la recette suivante que nous citons textuellement :

« Pour préparer cet entremets, il faut disposer de deux ou trois moules de forme ronde, à charnières, de la grosseur d'une orange, percés de petits trous. Tamiser deux cents grammes de farine, l'étaler en couronne sur la table; verser dans le milieu un demi-verre de vin blanc; ajouter trois jaunes d'œufs, une cuillerée de sucre, un grain de sel; incorporer la farine au liquide, de façon à obtenir une pâte lisse, de même consistance que la pâte à nouille; la tourner à six tours, en procédant comme pour le feuilletage; la diviser en douze parties; abaisser *celles-ci* au rouleau, en abaisses minces et rondes. Ciseler alors la pâte en bandes, à l'aide d'une roulette, mais sans couper les bords de l'abaisse; puis enlever *celle-ci* avec le manche d'une cuiller en bois, en introduisant ce manche entre les bandes coupées; laisser tomber cette pâte dans le moule, fermer *celui-ci* avec la charnière qui lui est adhérente, le plonger à friture chaude; cinq à six minutes après, égoutter les boules sur un tamis, les ouvrir afin d'en retirer les beignets; rouler *ceux-ci* dans du sucre en poudre vanillé; les dresser en buisson dans une petite corbeille en pâte d'office. »

BOULÉ, *adj.* — Quatrième degré de cuisson du sucre. On distingue le *grand* et le *petit* boulé. Le petit boulé se reconnaît lorsqu'en trempant le doigt dans le sucre en ébullition et aussitôt dans de l'eau froide, on peut en le roulant en former une boule mollette. Après quelques bouillons de plus, on recommence l'opération, et lorsque la boule est facile à former il est arrivé au *grand boulé*. En le cuisant davantage il passera au *cassé* (voir ce mot).

BOULÉE, *s. f.* — Sédiment qui reste au fond du vase dans lequel on a fait fondre de la graisse crue. Se dit également des ratissures qui restent dans les tonneaux de harengs en caque.

BOULEREAU, *s. m.* (*Gobius albus*). — Petit poisson blanc et osseux de la famille des Gobioïdes. Sa chair, délicate, tendre et nutritive, est facile à la digestion. On la prépare le plus souvent frite.

On distingue en outre le *Boulereau noir* (*Gobius niger*) du même genre, à chair analogue à celle de la perche. Ce poisson est assez estimé des Vénitiens.

BOUQUET DE PERSIL, *s. m.* — Assemblage de plantes aromatiques et de persil.

Parmi les plantes qui entrent dans la composition des bouquets de persil, les unes sont fraîches, les autres sèches; parmi les fraîches nous classerons : le persil, le céleri, la tanaisie, le fenouil, la sarriette, l'estragon, la verveine, la ciboule, le cerfeuil, la sauge, la marjolaine, le romarin et la menthe. Parmi les substances sèches on doit comprendre : le thym, le laurier-sauce, le clou de girofle, le basilic, le piment, l'ail, le raifort.

Tout en paraissant très simple, l'assemblage de ces aromates est aussi difficile, n'en déplaise au critique, qu'en poésie de faire un bon sonnet. Contrairement aux recettes de certains royaux gargouilleux, bouffis d'orgueil et d'ignorance, l'art de faire un bouquet de persil consiste, non dans l'égale quantité d'ingrédients, mais dans les proportions égales de leurs forces et de leurs propriétés, qui doivent dans leur combinaison produire un haut goût sans en laisser dominer aucun.

Nous classerons donc, pour faciliter le travail de nos lecteurs, par ordre gradué de force aromatique, trois bouquets de persil, au numéro desquels nous les renvoyons à chaque formule pour lesquelles ils seront utilisés.

Bouquet de persil (*Numéro 1*). — *Formule 674.*
— Employer :

Thym	branche	1
Ail	gousse	1
Laurier-sauce	feuille	1
Estragon	branche	1
Clou de girofle	nombre	1
Cerfeuil et persil	poignée	1

Procédé. — Piquer le clou de girofle dans la gousse d'ail, l'entourer du thym, du laurier, de l'estragon, du cerfeuil et du persil. Redoubler les extrémités de façon à en former un petit paquet solidement ficelé.

Ce bouquet s'emploiera pour garnitures dans la cuisson des poissons et viandes de boucherie.

Bouquet de persil (*Numéro 2*). — *Formule 673.*
— Employer :

Thym	branche	1
Basilic	—	1
Estragon	—	1
Sauge	—	1
Menthe	—	1
Clous de girofle	nombre	2
Petit piment rouge	—	1
Laurier-sauce	feuille	1
Ail	gousses	2
Muscade 1/4 d'une noix		
Cerfeuil et persil		

Procédé. — Piquer les clous de girofle dans les gousses d'ail, les envelopper avec la muscade du thym, basilic, laurier, sauge, menthe, estragon, cerfeuil et persil, et en former un paquet solidement ficelé.

Ce bouquet s'emploiera plus spécialement pour les ragoûts, gibier et sauces brunes.

Bouquet de persil (*Numéro 3*). — *Formule 674.* — Employer :

Basilic.	branche	1
Thym.	—	1
Estragon.	—	1
Laurier-sauce.	feuille	1
Marjolaine.	—	1
Piment rouge.	nombre	2
Noix muscade.	—	1/4
Clous de girofle.	—	2
Ail.	gousses	2
Tanaisie.	sommité	1
Sarriette.	—	1
Raifort (gros comme le petit doigt).		
Cerfeuil et persil.		

Procédé. — Piquer les clous dans les gousses d'ail, les mettre au centre avec les condiments secs, la muscade, les piments et le raifort, entourer le tout avec les herbes fraîches et ficeler le bouquet.

Ce bouquet, d'une force prodigieuse, s'emploie surtout pour la cuisson des crustacés et les conserves au vinaigre.

Remarque. — Le bouquet de persil ne se sert jamais avec l'aliment, il doit être retiré après la cuisson. On peut cependant le laisser séjourner dans les bouillons de crustacés, de poisson ou de conserves au vinaigre. Pour cette raison, il est à recommander qu'il soit fait selon les prescriptions.

BOUQUET DES VINS. — Parfum qui caractérise et distingue chaque cru par un fumet particulier.

Toutes les contrées vignobles ne sont pas également favorisées au point de vue du bouquet; il en est où, quelque soin qu'on y mette, les produits œnologiques ne peuvent atteindre le degré de finesse, de perfection de leurs rivaux. Les vins bien faits sont passables, même bons; mais de bouquet point.

Remédier à ce défaut a été la préoccupation des chimistes et droguistes de haut et de bas étage, qui sont arrivés à nous doter de bouquets de tous crus. Non seulement on nous vend des poudres pour faire le vin, mais des flacons à bouquet. Demandez, on vous servira de l'essence de bordeaux, de bourgogne, etc., et quel produit? En présence de ce torrent, toujours croissant, de sophistications malsaines, nous croyons de notre devoir d'indiquer ici un moyen inoffensif pour donner du bouquet aux vins qui n'en ont pas, sans en altérer la qualité, ni compromettre la santé du consommateur.

Moyen de donner du bouquet aux vins. — *Formule 675.* — Employer :

Baies récentes de genièvre.	kilogram.	1 »
Fleurs de tilleul.	grammes	60
Sauge.	—	50
Romarin.	—	50
Lavande.	—	150

Procédé. — Le tout, excepté le genièvre, est renfermé dans un sachet de toile, et l'on profite du moment de la fermentation pour le mettre dans 150 litres de vin. On obtient par ce procédé des vins bien supérieurs à ceux que l'on fait sans addition; les vins très ordinaires en sont sensiblement améliorés.

BOUQUETTE, *s. f.* — L'un des noms vulgaires du blé sarrasin.

BOUQUETIN, *s. m.* — Chèvre des rochers; il diffère du chamois en ce qu'il est plus fort et plus agile et qu'il vit sur le sommet des plus hautes montagnes des Alpes, du Caucase, de la Syrie, du Sinaï et d'Amana, alors que ce dernier n'en habite que les régions secondaires. Cette sorte de bouc est d'un naturel sauvage; mais son port est si noble, sa toison si fine, ses cornes si longues, si gracieusement courbées en arrière et si artistement cannelées, que les Arabes, lorsqu'ils veulent peindre la beauté de l'homme, disent : il est beau comme un *bouquetin*.

USAGE ALIMENTAIRE. — La chair de la femelle seulement est comestible, elle a une odeur de sauvage très prononcée, mais légèrement aromatique. On la traite comme le chevreuil (voir ce mot).

BOURDALOUE (*Gâteau à la*). — *Formule 676.* — Employer :

Avelines mondées et pilées.	grammes	100
Sucre en poudre.	—	500
Farine fine.	—	500
Beurre fin.	—	400
Œufs frais.	nombre	12

Procédé. — Mettre les jaunes d'œufs, le sucre, dans une terrine, travailler et ajouter les avelines; ajouter, lorsque la masse sera mousseuse, les blancs d'œufs battus en neige et la farine. Mélanger légèrement et cuire dans des moules cylindriques. Faire une crème pâtissière au lait d'amande aromatisée de kirsch. Farcir le gâteau par tranches et le glacer avec une glace au chocolat, et le décorer à la glace royale après l'avoir posé sur un plat-fond.

Ce gâteau a été créé par M. Fasquelle, rue Boudaloue, à Paris.

BOURDIN. — Sorte de pêche qui mûrit en septembre.

BOURGEOISE (*Cuisine*). — Les aliments à la bourgeoise sont d'un apprêt simple, sans art et sans science; le mélange des produits naturels est fait sans connaissance du sujet que l'on traite; le plus souvent trop cuit et sans valeur nutritive.

La *cuisine scientifique* que nous enseignons diffère de la *cuisine bourgeoise* en ce que nous voulons connaître les aliments naturels avant d'en faire des aliments composés. Procéder à la confection d'un mets avec la connaissance exacte des propriétés de chaque substance, afin que chaque mets comporte dans l'ensemble tous les éléments assimilables propres à notre nutrition.

BOURGOGNE (*Vins de*). — *Burgundia* de *Burgundi*; nom d'un peuple, gourmet, dernier vestige de la grande cuisine romaine, qui s'établit dans l'Est de la Gaule après la chute de l'Empire romain et importa avec lui les cépages, les fruits et diverses graminées.

L'ORIGINE. — Tacite, qui écrivait en 98, dit, en parlant des Germains : « Que les plus voisins de la frontière achètent du vin. » S'il faut en croire l'ancienne chronique, en 680 la vigne était cultivée à Auxerre, et les meilleurs crus de la contrée étaient en renom depuis plusieurs siècles. (Dejernon.) Moins qu'aucune région, la Bourgogne n'était restée rebelle à ces progrès. Les Burgundes, les plus doux et les plus cultivés des envahisseurs, s'établirent dans la Séquanaise par une libre concession de Jovien, plutôt en colons qu'en conquérants. Dès le Ve siècle, Grégoire de Tours nous informe qu'à l'occident de Dijon sont des montagnes très fertiles, couvertes de vignes qui fournissent aux habitants du vin aussi *noble* que le « Falerne ». Les rois et les ducs de Bourgogne firent faire beaucoup de plantations pour leur compte (Vosne, Pommard, Volnay, G. Foëx), et se disaient « Seigneurs immédiats des meilleurs vins de la chrétienté. » (Rozier, *loc. cit.*) Ce titre ne leur est point contesté; en 1234, le Pomard est vanté par Paradin, qui ajoute qu'on appelle le duc de Bourgogne le « Prince du bon vin ». Après le schisme d'Avignon (1308), Pétrarque écrivait au pape Urbin V pour réfuter les raisons invoquées par les cardinaux, qu'il n'y avait point de vin de Beaune en Italie. (Rozier.) Lorsque Grégoire XI rétablit à Rome le siège pontifical, les cardinaux durent faire venir de la Bourgogne un vin « plus généreux et plus agréable que les boissons des vignes romaines ». Au XVIIe siècle, Sachs cite encore le Beaune comme le premier des vins de Bourgogne (*Ampélog.*), et dans son *Régimen Sanitatis* Frambesar le conseille comme plus capiteux que ses congénères, en un latin de mirliton qui rappelle l'École de Salerne : « *Vinum Belnense ante omnia recense* ». Le Vougeot, phylloxéré aujourd'hui, le plus célèbre des clos de la Bourgogne, a été planté par les Bernardins de Citeaux. On transporta à Reims, lors du couronnement de Philippe de Valois (1328), du vin de Beaune qui fut vendu 56 francs la *queue* (424 litres), somme considérable pour l'époque.

LES PLANTS. — Les variétés de cépages sont nombreuses en Bourgogne. On distingue :

L'*aligoté*, aussi appelé *giboulet blanc* dans la Côte-d'Or; *purion* dans les côtes de la Saône; *alligotay* dans les côtes de Nuits; *carcarone blanc* dans la vallée de Suse. D'une belle végétation, mais sujet à la gelée. Ses feuilles surmoyennes sont plus larges que longues, un peu duveteuses et sinuées. Ses grappes moyennes, coniques, un peu ailées, compactes; ses grains petits, presque sphériques, peau assez mince d'un vert clair, un peu doré à la maturité; sa chair sucrée est très vineuse.

Le *gamay blanc*, appelé *melon* dans l'Yonne; *lyonnaise blanche* dans l'Allier; *barolo* dans le Piémont. Ce plant fournit un raisin blanc très productif, mais le vin est de médiocre qualité.

Le *gamay noir*, connu dans le Beaujolais sous les noms de *gamay noir*, *petit gamay* et de *petite lyonnaise* dans l'Allier. Tous les vignobles au nord de Lyon sont presque exclusivement composés avec le petit *gamay noir*; c'est lui qui donne l'excellent vin de table connu sous le nom de

Beaujolais, et qui va presque de pair avec les premiers vins de France.

Le *roussane*, qui fournit le vin blanc de l'Ermitage et de Seyssel (Ain), est également cultivé l'Isère et en Savoie.

Le *giboudot noir*, aussi connu dans la côte Chalonnaise sous les synonymes de *plant d'Abraham*; *malain*.

Le *jouvin* produit le magnifique raisin blanc de Seyssel, justement apprécié pour la table; il a l'avantage de se conserver frais très longtemps.

La *molette*, cépage spécial de Seyssel, produit un fruit abondant.

Le *pelossard* (ne pas confondre avec le *poulsard*) est cultivé dans tout le département de l'Ain, mais surtout dans les vignobles d'Ambérieu, sa vendange est presque réservée exclusivement pour être mélangée à celle de la Mondeuse, afin de donner à cette dernière la finesse qui lui manque. La grappe moyenne porte des grains assez gros, sphériques à peau dure et d'une couleur noir-rougeâtre à la maturité.

Le *petit verrot*, aussi dénommé dans l'Yonne *verrot à petits grains*, a beaucoup d'analogie avec le *pinot noir*.

Le *pineau blanc chardonay* (ne pas confondre avec le *pinot blanc* vrai qui ne diffère du pinot noir que de la couleur) est aussi appelé *morillon blanc* dans le Chablis, *épinette* dans la Champagne, *beaunois* dans l'Yonne et Marne, *auxois blanc* dans la Moselle, et enfin *auvernat*, *luisant*, etc., cépage cultivé dans le Chablis; c'est le même qui fournit le seul raisin blanc admis dans les bonnes maisons de Champagne. Sa grappe est petite, conico-cylindrique, courte, assez compacte; ses grains petits, sphériques, vert clair, se dorant du côté du soleil; la chair juteuse a une saveur aigre-douce.

Le *pinot gris*, appelé *burot* en Bourgogne; *fromentat* et *petit gris* en Champagne; *levraut* dans le Beaujolais. Cépage qui a fait la renommée des vins de Sillery et de Versenay; en Alsace, il donne le fameux vin de paille; modifié par les terrains, il donne un vin fumeux musqué qui lui a valu la dénomination de Malvoisie.

Le *pinot noir*, type de la Côte-d'Or et l'un des plus connus.

Le *tressot à bon vin*, aussi appelé *bon tressot*, *verrot de Coulanges* dans l'Yonne, où il est cultivé. On distingue en outre le *tressot bigarré*, le *tressot blanc*, également implanté dans l'Yonne.

LE TERRAIN. — Les vins de grands crus ont une cause établie qui échappe trop souvent au vigneron, c'est la composition du sol.

Il est à remarquer que la silice se trouve dans tous les terrains de crus renommés.

Le *Volnay* possède un sous-sol oolithique, de marne blanche.

Le *Pommard*, un sous-sol calcaire magnésien.

Le *Beaune*, sous-sol d'alluvion.

D'après les analyses, de tels sols constituent de vrais types, tel que la science eût pu l'établir artificiellement, et on ne peut s'étonner que ce vin exquis, qu'il enfante, réunisse tous les éléments de la perfection, savoir :

L'alcool, dû à la chaux;
La coloration, fille du fer;
Le moelleux, dû à l'alumine et au cépage (Pinot);
Le bouquet, donné par la silice.

Nous trouvons la même composition harmonique dans le sol du *Romanée-Conti* et du *Chambertin*, d'après l'*Ampélographie française* de Rendu :

ANALYSE DES TERRAINS

SUBSTANCES	ROMANÉE-CONTI	CHAMBERTIN
Sels alcalins	1.034	0.931
Carbonate de chaux et de magnésie	8.931	4.438
Oxyde de fer	7.396	4.964
Acide phosphorique	0.257	0.285
Alumine	3.476	3.065
Silice soluble	0.671	0.140
Matières organiques	2.783	1.973
Résidu insoluble	75.364	89.332

Le Chambertin, dit Julien, joint à une belle couleur beaucoup de sève et de moelleux, de la finesse, un goût parfait et le bouquet le plus suave (89 pour 100 de silice). Parmi les meilleurs crus, citons des Ruchottes, propriété de la famille Thomas-Bassot de Gevrey-Chambertin.

Le Romanée-Conti est remarquable par sa belle couleur, sans arome spiritueux (plus de deux fois autant de chaux dans la terre que pour le Chambertin), sa délicatesse et la finesse de son goût.

Ajoutons qu'en ce qui concerne le second, le sous-sol est un calcaire oolithique, dans lequel la proportion de carbonate calcique varie de 68 à 99 pour 100. (Landrey.)

Harmonie plus grande encore : à Vosne, dans le Romanée-Conti; à Nuits, dans le Saint-Georges, et à Beaune, dans les Grèves, suivant le D' Morelot :

ANALYSE DES TERRAINS

SUBSTANCES	NUITS et BEAUNE (très peu de différence)	VOSNE
Carbonate de chaux	42.4	42.5
Silice	17.7	12.0
Oxyde de fer	7.3	10.10
Alumine	23.0	29.0
Débris organiques	5.5	4.0
Sels alcalins	0.1	2.5

Dans la grande côte d'Auxerre, où se trouvent les clos renommés de la Chaînette, de Migraine, de Boivin, le sol est argilo-calcaire (Landrey). C'est sur un terrain semblable que se trouvent les fameux crus du Château-Chalon que l'on a dénommé *Madère français*. Dans le Beaujolais, on le sait, les vins ont moins de feu, mais autant, sinon plus, de moelleux et de sève que la généralité (exception faite de trois grands crus) des vins de Bourgogne. Or, ils sont recueillis sur une roche de granit presque pur et dans un sol dont la chaux est presque totalement absente. (*La Vigne*, Portes et Ruissen.) Les vins de Mâcon sont récoltés sur un terrain analogue au Beaujolais, *seulement*, le carbonate de chaux est plus fréquent et plus abondant. (Landrey.) Romanèche, par exemple, fournit les fameux vins dit de *Moulin-à-Vent* et des *Thorins*, placés dans la première classe et qui ont, selon Julien, de la légèreté, *beaucoup de spiritueux*, de la sève et un joli bouquet. Ces qualités sont dues au sol, dont voici l'analyse de Landrey :

Sel calcaire	0.978
Carbonate de chaux	8.923
Magnésie	0.457
Oxyde de fer	11.037
Acide phosphorique	0.314
Alumine	3.036
Silice soluble	0.214
Matière organique	1.324
Résidu insoluble (Silice)	81.683

La roche est un porphyre quartzifère.

A mesure qu'on approche du Midi, à parité du sol, d'exposition et de cépage, les raisins acquièrent du sucre, et par cela même de l'alcool. Les vins pour devenir spiritueux ont donc moins besoin de l'adjuvant du sol et du sous-sol. Ce qui explique que les vins du Midi ont toujours trop d'alcool au détriment de leur finesse, et que les vignerons du Midi attribuent le dernier rang aux terrains calcaires, alors que les Septentrionaux, où les vins n'ont jamais assez de spirituosité, donnent à ces terrains la place d'honneur.

L'île de Chypre, dont le climat est tout à fait analogue à celui de l'Andalousie, se partage en deux groupes de roches, essentiellement différents, celui des roches plutoniques et celui des calcaires blancs crayeux, dépôt sédimentaire reposant sur la base des roches primitives. Cette analogie de terrains nous explique pourquoi les vins de Bourgogne, dont les plants ont été importés par les émigrants Romains, ont conservé plus de fumets et plus de ressemblance avec les vins réputés de l'antiquité.

Les vins de Bourgogne se récoltent dans les quatre départements formés par l'ancienne province de Bourgogne et qui sont : l'Ain, la Côte-d'Or, Saône-et-Loire et l'Yonne.

Il n'est pas de vin plus essentiellement français que le bourgogne, il est agréable, exquis et spiritueux; comme les bordeaux et les champagnes, il est la richesse et la gloire de notre nation; sa réputation est universelle, n'ayant point de rivaux.

VINS ROUGES. — Les vins de Bourgogne se subdivisent en trois catégories : vins de la Haute-Bourgogne, Basse-Bourgogne et Bourgogne; sous cette simple dénomination on comprend assez généralement les vins du Beaujolais; pour cette raison, nous en parlerons dans cette classification.

Haute-Bourgogne. — Les grands vins dits de la *Haute-Bourgogne* se récoltent dans le département de la Côte-d'Or, nom mérité, et comprend : la côte de Nuits, entre Dijon et Nuits; la côte de Beaune, entre Nuits et la rivière de la Dheune, et la côte de Dijon qui embrasse les alentours de cette ville.

Côte de Nuits. — Les vins de cette côte, classés parmi les grands vins de Bourgogne, ont une certaine analogie avec les vins de Bordeaux par leur bouquet et surtout la sécheresse qu'ils laissent au palais; pour atteindre le *summum* de leurs qualités, ils demandent à être bus vieux, c'est-à-dire vers la huitième ou même la douzième année. Cependant, lorsque des années exceptionnelles les ont produits et qu'ils ont été encavés dans de bonnes conditions, ils se conservent bien au delà.

Les vins les plus renommés de cette côte sont ceux des villages de *Chambertin*, dans la commune de Gevrey; de *Romanée;* de *La Tâche*, et de *Richebourg*, dans la commune de *Vosne;* de même que celui de cette dernière commune; de *Chambolle* et de *Nuits*, et dans cette commune de *Saint-Georges* et de *Prémaux*; de *Vougeot* et de *Flagey-les-Silly*.

Côte de Beaune. — Comme pour les précédents nous ne citerons que les principaux vins de cette côte, qui se récoltent dans les communes de Volnay, de Pommard, de Beaune, de Santenay (où se trouve le clos des Mouches remarquable par son bouquet et sa finesse), de Savigny, d'Aunay et de Corton dans la commune d'Aloxe. Un léger parfum de framboise ou de violette les distingue des autres crus.

Côte de Dijon. — Les principaux crus de cette côte sont ceux des *Perrières*, de *Marsannay-la-Côte* et *Saint-Julien*.

Basse-Bourgogne. — Les vins dits de la *Basse-Bourgogne* se récoltent dans le département de l'Yonne, les plus renommés sont : sur le territoire de la commune de Tonnerre, ceux d'*Épineuil*, de la côte des *Olivottes*, de *Dannemoine*, des côteaux de Pitoy, des Préaux et aux environs d'Auxerre, sur le versant de la montagne dite *grande côte d'Auxerre*, ceux de la *Chaînette* et de *Migraine*.

Les autres arrondissements fournissent aussi des vins agréables, mais inférieurs aux précédents; la côte *Saint-Jacques*, près de Joigny, est renommée pour la délicatesse et le parfum de ses vins.

Bourgogne. — On dénomme simplement *Bourgognes* les vins du Mâconnais et de la côte Chalonnaise (Saône-et-Loire); ils se distinguent des autres crus par leur vivacité et leur légèreté.

La *côte Chalonnaise* comprend les environs de Chalon-sur-Saône; les vins les plus renommés sont ceux des communes suivantes : Estroy, Bourgneuf, Mercurey, Touches et Jivry, qui rivalisent avec les vins de la côte de Beaune.

Le *Mâconnais* comprend l'arrondissement de Mâcon, qui produit les vins excellents récoltés sur le territoire du hameau de *Thorins*, des communes de Romanèche, de Chénas, de Moulin-à-Vent et de Fleury; sur le territoire de ces deux dernières se récolte le *charbonnier*, propriété de M. Paillard, célèbre restaurateur parisien.

Les vins les plus estimés du département de l'Ain sont ceux qui se récoltent sur le territoire des communes de *Seyssel*, de *Champagne*, de *Machurat*, de *Culoz* et de *Virieu*, dans l'arrondissement de Belley; de Montmerle et de Thoissey, dans l'arrondissement de Trévoux; les vins dits du *Revermont*, qui se récoltent dans les cantons de Coligny, de Treffort, de Cerdon et de Pont-d'Ain, sont également de bons ordinaires; ils entrent dans le commerce comme petits vins de *Bourgogne* ou du *Beaujolais*.

Les vins du Beaujolais sont récoltés sur le territoire de la commune de Beaujeu, d'où ils tirent leur nom, dans l'arrondissement de Villefranche (Rhône). Les plus renommés sont ceux de *Fleury*, de *Morgon*, de *Juliénas* et de *Lancié*.

CLASSIFICATION PAR ORDRE DE MÉRITE DES VINS ROUGES DE BOURGOGNE.

QUALITÉS	COMMUNES	DÉPARTEMENTS
Grands vins	Romanée-Conti, Chambertin, Vougeot (clos), Richebourg, Romanée Saint-Vivant, La Tache, Saint-Georges, Musigny, Corton, Nuits (1re cuvée), Volnay Id.	Côte-d'Or.
Première	La Chaînette (cru), Migraine (cru), Les Olivotes (cru), La Palotte (cru).	Yonne.
Idem	Romanèche, Thorins, Chénas, Moulin-à-Vent.	Saône-et-Loire.
Deuxième	Vosnes, Nuits, Volnay, Chambolle, Prémeaux, Meursault, Gevrey, Santenay, Beaune, Pitoy (cru), Perrières (cru), Préaux (cru).	Côte-d'Or.
Idem	Épineuil, Auxerre, Tonnerre, Dannemoine.	Yonne.
Troisième	Vosnes, Nuits, Prémeaux, Chambolle, Pommard, Beaune, Santenay, Clos des Mouches, Aloxe, Montholio, Dijon, Meursault.	Côte-d'Or.
Idem	Avallon, Coulanges, Irancy, Joigny.	Yonne.
Idem	Givry, Mercurey, Juliénas.	Saône-et-Loire.

Le *Beaujolais*, quoique ne faisant pas partie de la Bourgogne, mérite ici une mention, ses vins étant généralement admis dans le commerce sous le nom de *bourgognes*.

Nous nous arrêtons dans cette classification sommaire, nous bornant à citer les principaux vins, car il y en a certainement qui mériteraient de prendre place dans cette nomenclature. Nous renvoyons pour plus de détails le lecteur au mot *vins*.

VINS BLANCS. — La *Haute-Bourgogne* a également ses grands vins blancs, dont les plus renommés se récoltent dans l'arrondissement de Beaune (Côte-d'Or), dans les communes de *Puligny*, où se trouve la côte dite de *Montrachet*, et *Meursault*.

Dans la *Basse-Bourgogne*, les vins de la commune de *Junay*, près de Tonnerre (Yonne), rivalisent avec le meursault ci-dessus mentionné. Le *chablis* ne leur cède en rien; il se récolte dans la commune de ce nom, arrondissement d'Auxerre. La côte de *Blanchot*, à 4 kilomètres de Chablis, mérite aussi une mention. Les communes d'*Épineuil*, de *Dannemoine*, les côtes des *Olivottes*, de *Pitoy*, des *Préaux*, déjà mentionnées pour leurs vins rouges, en produisent également des blancs renommés.

Le *Mâconnais* possède aussi ses vins renommés, entre autres ceux de la commune de *Solutré*, où se trouve le cru de *Pouilly*; ce vin, tout en étant corsé et agréable, est fin et moelleux, mais il demande à être bu avec modération. Les vins des communes de *Chintré*, de *Davayé* et de *Fuissé* méritent également d'être cités.

Les vins blancs du territoire de *Seyssel*, dans le département de l'Ain, quoique étant plus faibles, sont agréables et délicats.

CLASSIFICATION DES PRINCIPAUX VINS BLANCS DE BOURGOGNE

CRUS	COMMUNES	DÉPARTEMENTS
Grand cru, premier (supér.)	Montrachet, Meursault	Côte-d'Or.
Premier	Chablis, Fuissé, Pouilly	Yonne.
Idem	Meursault	Côte-d'Or.
Deuxième	Épineuil, Dannemoine, Junay, Tonnerre	Yonne.
Idem	Solutré, Vergisson	Saône-et-Loire.
Troisième	Seyssel	Ain.

Outre cette classification, il y a encore un grand nombre de crus qui produisent des vins excellents.

EFFETS ET PROPRIÉTÉS. — On a scientifiquement discuté sur la valeur du champagne, du bourgogne et du bordeaux; on a voulu savoir lequel l'emporterait sur les autres. Eh bien! ces trois rivaux sont les trois grâces, les trois âges, la trinité allégorique du caractère français :

Le Champagne, la BACCHANTE, folie;
Le Bourgogne, la JUNON, orgueilleuse;
Le Bordeaux, la VÉNUS, féconde.

A vingt ans, l'appétence réclame du vin de champagne, à trente ans du bourgogne, à quarante ans du bordeaux. Et plus tard, plus gourmand de la variante des effets, on les préfère tous les trois.

En effet, veut-on être aimable, galant, il faut vider la coupe du champagne; désire-t-on être éloquent, faire un discours brillant, buvons du bourgogne, et si nous voulons être sérieux dans nos actes, tenir notre parole, buvons du bordeaux.

HYGIÈNE. — Si le bourgogne, le bordeaux et le champagne se disputent la pomme, ils la méritent sans contredit tous les trois. « O heureuse Bourgogne, dit Érasme (1522), qui mérite d'être appelée la mère des hommes, puisqu'elle leur fournit de ses mamelles un si bon lait. »

Le bouquet, la délicatesse, en même temps que le corps des grands crus de Bourgogne, en font pour certains gourmets le *nec plus ultra* des vins. Si le bordeaux est le vin des affaiblis, le bourgogne est celui des flegmatiques, il leur donne de l'énergie et de la gaieté; aux mélancoliques, comme le dit le poète :

Le vin de Bourgogne
Met la bonne humeur au cœur.
. . . .

En un mot, il stimule, réchauffe, dissipe l'ennui et donne de la vivacité à l'esprit. Aux personnes qui ont la digestion paresseuse, il stimule les organes digestifs.

BOURGUEIL (*Vin de*). — Vin estimé, récolté sur le territoire de la commune de ce nom, dans le département d'Indre-et-Loire.

BOURGUIGNONNE (*A la*). — Garniture que l'on fait entrer dans les ragoûts ou dans les viandes braisées; elle se compose de petits oignons glacés.

BOURIOLE, s. f.— Dans quelques départements on donne ce nom à la bécasse commune.

BOURJANOTTE, s. f. — Variété de figue qui a une couleur bleuâtre.

BOURRACHE, s. f.; de l'arabe *Abou rach*, père de la sueur; de l'esp. *bourrago*, et latinisée par les botanistes sous la dénomination de *borago officinalis*.— Plante importée par les Maures espagnols. Entrée dans l'usage de l'hygiène alimentaire comme médecine domestique.

Fig. 244. — Bourrache officinale.

La bourrache contient un suc mucilagineux et beaucoup de nitrate de potasse tout formé. Dans l'usage culinaire, elle est le plus souvent employée pour les potages; les feuilles doivent être blanchigumées (voir ce mot) avant de s'en servir. On met quelquefois des fleurs de bourrache dans la salade; on en met également infuser dans le vin pour le rendre plus fumeux.

HYGIÈNE. — La bourrache est un remède inoffensif pour faire transpirer. Outre sa forte proportion de mucilage, elle contient une matière azotée, de l'acétate et d'autres sels minéraux qui lui donnent ses puissantes propriétés sudorifiques.

BOURRET, s. m. — Dans le Cantal on appelle ainsi une ancienne race de bœufs. Se dit aussi du canard.

BOURRICHE, s. f. All. *Wildkorb;* angl. *gamebasket;* ital. *panière da ostrich*. — Corbeille ovale servant à emballer les volailles, les poissons, le gibier, etc. Mais la *bourriche* proprement dite est le panier qui contient en un seul ballot douze douzaines d'huîtres.

BOURRIDE, s. f. (*Aliment composé*).— Mets marin très estimé sur les côtes de la Méditerranée.

Formule 677. — Employer :

Couper par tranches de la *baudroie*, du *merlan*, de la *raie* ou du *congre*. Mettre le poisson avec de l'eau, un bouquet de persil (n° 2), sel et poivre. Faire cuire le poisson à point. Mettre dans une casserole autant de jaunes d'œufs, de cuillerées à bouche d'*ailloli* (voir ce mot) que l'on a de personnes à servir. Passer une partie de la cuisson du poisson; l'ajouter à petites doses dans la casserole à l'ailloli en remuant. Mettre la casserole sur un feu doux ou au bain-marie, et fouetter la bourride jusqu'à ce qu'elle ait pris l'aspect d'une sauce hollandaise.

Servir le poisson chaud dans un plat et dans un autre poser des tranches de pain, sur lesquelles on verse la sauce aillolisée.

Remarque. — Quelques amateurs ajoutent à la sauce du corail, de l'hérisson de mer (oursin) ou du homard, préalablement passé au tamis de crin; ce qui lui donne l'aspect d'un coulis d'écrevisse.

BOURRIQUE, s. f. All. *Eselin;* angl. *she-ass;* ital. *asinello;* esp. *borrico;* port. *burrico*. — Anesse, mais plus particulièrement petit *ânon*. *Bourriquet*, âne ou ânon de petite taille. Le bourriquet coupé et âgé de trois ans fournit une viande succulente et nutritive. Pour le traitement culinaire, voir *bœuf*.

BOURUT, s. m. — Nom d'un vin doucereux, dans lequel on ajoute, pendant qu'il fermente, une décoction de froment et de la fleur de sureau.

Cette boisson est émolliente et sudorifique.

BOUSCRALE.— On donne ce nom à un petit oiseau très estimé en Provence. Sa chair délicate est légère.

BOUT, s. m. — Petit poisson aussi appelé *lune de mer*.

BOUTARGUE, s. f. All. *Eingemachter fischrogen;* angl. *botargo;* ital. *bottarica* ou *buttaga*. — Conserve d'œufs de poisson. La boutargue se prépare dans tout le Midi de l'Europe avec les œufs du mulet. *Mullus* ou cabot *mugit cephalus*.

Boutargue (*Hors-d'œuvre*). — *Formule 678*. — On nettoie les œufs, on les presse, on les sale et on les fait sécher au soleil ; ou bien on les fume. On les met alors dans des pots ou dans des barils pour les conserver clos. La boutargue est d'un jaune brun ; son aspect est moins désagréable que celui du caviar.

Lorsqu'on désire la manger, on l'assaisonne d'huile fine et de citron. Les Provençaux, les Corses, les Italiens et les Espagnols en sont très friands.

HYGIÈNE. — La boutargue est un aliment aphrodisiaque et convient comme aliment de la pensée, aux personnes qui s'adonnent au travail de l'esprit.

BOUTEILLE, *s. f.* All. *Flasche;* angl. *bottle;* ital. *bottiglia;* esp. *botella*. — Fiole en verre à goulot étroit, destiné à conserver du vin ou autre liquide. Bouteille de vin de Champagne. Nous donnons ici deux moyens des plus simples pour nettoyer soit une carafe ou une bouteille lorsqu'on se trouve à la campagne dépourvu d'ingrédients.

Formule 679. — Introduire dans la carafe ou la bouteille quelques morceaux de papier coupés ou déchirés très menu, mettre un ou deux verres d'eau et agiter fortement ; la carafe se nettoiera parfaitement ; quelques coquilles d'œufs brisées rempliront le même but.

BOUTEILLE FONDANTE (*Confiserie*). — *Formule 680*. — On peut faire de petites bouteilles en sucre contenant toutes sortes de liqueurs.

Procédé. — On se procure des petits moules en plâtre contenant le creux de six bouteilles. On fait cuire du sucre au cassé dans le poêlon Landry ;

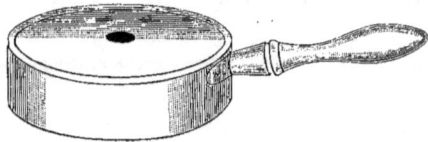

Fig. 246. — Poêlon Landry.

on y ajoute la liqueur marasquin, anisette, etc. que l'on désire faire contenir aux bouteilles, de façon à ramener le sucre au soufflé. On le coule dans les moules en plâtre, et on fait passer six heures à l'étuve. Le sucre en candissant enveloppe la liqueur qui se trouve au milieu. A défaut de moule en plâtre, on peut improviser un moule avec du papier.

BOUTEILLER. — Celui qui a l'intendance des vins d'un prince ; d'une maison de commerce. Se dit également du lieu où sont conservés les vins en bouteille. (Voir *Sommelier*.)

BOUTEILLERIE, *s. f.* — Anciennement lieu où l'on déposait les bouteilles ; caveaux.

BOUTER, *v. n.* — Se dit des vins qui poussent au gras en devenant épais, ou qui sont sujets à *bouter*.

BOUTICLAR, *s. m.* — Lieu où l'on dépose et vend les poissons. Boutique de pêcheur ou de poissonnier.

BOUT-SAIGNEUX, *s. m.* — Le cou de mouton de veau, tel qu'il se vend à la boucherie sans être nettoyé. Des *bouts-saigneux*.

BOUZOU (Georges). — Célèbre cuisinier français, contemporain. Il fut sous l'empire le chef du comte de La Valette, plus tard du prince Orloff, et enfin de la duchesse d'Albe.

BOUZY (*Vin de*). — Dans la Champagne, Ay (Marne), vin blanc très capiteux et classé en premier ordre.

BOVIDÉ, *s. m.* (*Bovis*). — En zoologie les bovidés sont classés parmi les ruminants analogues au bœuf. Tous les animaux qui lui ressemblent.

BOVINE, *adj.* (*Bovinus*). — Terme générique désignant les *bovidés* de la race du bœuf, élevés pour la reproduction et pour la boucherie.

BOYAU, *s. m.* (*Botelus*). All. *Darm;* angl. *gut;* ital. *budello*. — Les boyaux sont les intestins faisant suite au canal digestif de l'animal depuis l'estomac.

Les boyaux généralement utilisés pour la charcuterie sont ceux du porc, les petits et les grands du bœuf et les menus du mouton.

Les menus boyaux du porc (*intestin grêle*) et du mouton sont employés pour la confection des petites saucisses ; celles dites de Vienne ou de Francfort sont également emballées dans des boyaux de mouton. Les boyaux dits sac ou poche (*cæcum*), colon (*chaudins*), rectum, rosette, boyau gras ou fuseau, servent pour la confection des andouilles et de différents saucissons. L'estomac ou *panse* s'emploie aussi pour des andouilles et des saucisses après l'avoir fait cuire longtemps.

NETTOYAGE DES BOYAUX. — *Formule 681.* — Enlever la graisse adhérente aux boyaux; les faire dégorger pendant vingt-quatre heures dans de l'eau froide souvent renouvelée; après ce temps les laver à grande eau tiède, les râcler avec le dos d'un couteau afin de bien enlever les impuretés qui pourraient être adhérentes; en dernier lieu on les lave avec de l'eau vinaigrée que l'on fait couler dedans. On les rince et les essuie. On procède de la même façon pour les gros et les menus boyaux, avec cette différence que les gros doivent être retournés.

Ainsi préparés, ils peuvent être utilisés de suite ou salés. Nous donnons ci-après une formule pour les conserver.

SALAISON. — *Formule 682.* — Préparer du sel aromatisé, dans lequel on ajoute du salpêtre, de l'alun et du bicarbonate de soude; saler les boyaux sur un saloir percé de trous; les retourner pour les saler des deux côtés, mais remettre le gras en dedans; une autre méthode consiste à insuffler de l'air dans les boyaux et à les faire sécher ensuite, c'est la méthode par le séchage, mais nous conseillons la précédente qui est préférable; ainsi préparés ils peuvent être expédiés et se conservent assez longtemps. On les met tremper dans de l'eau tiède; on les lave soigneusement en dedans et en dehors et on les essuie; ils sont ensuite prêts à être utilisés.

BOYAUDERIE, *s. f.* All. *Darmreinigungort;* angl. *gut work.* — Lieu où l'on prépare les boyaux employés pour l'alimentation et les arts.

BOYAUDIÈRE, *s. f.* — Vase dans lequel on trempe les boyaux à l'eau tiède pour les laver et les râcler.

Boyaudière, boyaudier, ouvrier, ouvrière travaillant dans les boyauderies.

BOZA. — Boisson turque que l'on prépare avec des grains de millet.

BRACONNIER. — Celui qui tue et prend du gibier à la dérobée sur les terres d'autrui.

BRADYPEPSIE, *s. f.* — Digestion lente, faible, imparfaite.

BRAISÉ (*Aliment*). — Le plus souvent bœuf braisé (voir ce mot). Le mode de faire *braiser* les viandes date des temps les plus primitifs, et c'est un des rares aliments que les progrès de la cuisine n'aient pas modifié.

Viande braisée à l'Orientale (*Cuis. primitive*). — *Formule 683.* — Frotter la viande d'ail, de basilic, d'estragon, de piment sec haché ou en poudre, de thym, de sel et de clous de girofle. Laisser une partie de l'assaisonnement autour de la viande, y ajouter des oignons ciselés. Envelopper la viande d'une toile abdominale, ou de graisse de l'animal, à défaut de lard, bien ficeler et mettre la viande entourrée de graisse dans un vase de terre, y ajouter, pour trois kilogr. de viande, un demi-litre de vin blanc ou rouge, si le vin manque, des tranches de citron, puis y ajouter autant d'eau; mettre le couvercle et souder les bords avec de la pâte.

Faire un creux dans la terre, y faire du feu toute la nuit (cinq à six heures), de façon à former un fort brasier; le matin, à sept heures, vider le trou et mettre le pot-au-feu ou vase de terre dans le creux, l'entourrer et le recouvrir de braise. On abandonne ainsi la viande à elle-même pendant cinq heures. On découvre le feu et on sort la marmite contenant la viande braisée. C'est ainsi que les voyageurs préparent la viande dans quelques contrées d'Inde et que les Assyriens la préparaient. Le *frigidus-calidus*, mot à mot chaud-froid, des Romains, et dont on conserve au musée de Naples un échantillon trouvé dans les ruines de Pompéi, n'est autre que du bœuf préparé de la façon qui précède (voir *Bœuf braisé*).

BRAISER, *v. a.* All. *Dæmpfen;* angl. *to bake;* mais, par diffusion, l'italien *bracia, brascia* indique cuit à la braise; tandis que l'anglais et l'allemand indiquent le mode actuel de cuisson, *étouffé*. Ce qui indique clairement l'origine du mot. D'ailleurs les appareils de cuisine de nos jours se dispensent de la braise pour en opérer la cuisson à l'étouffée qui se pratique dans le four des fourneaux.

Action de braiser. — *Formule 684.* — On fonce une braisière, de lard, d'os de veau, de carottes, d'oignons ou condiments, de thym, de laurier et de clous de girofle. Après avoir salé et graissé la pièce que l'on veut faire braiser, on lui fait prendre couleur sur un feu vif, on dégraisse, on mouille d'eau, de bouillon ou de jus jusqu'à la surface; on y ajoute du vin blanc vieux. On pousse la braisière dans le four, on laisse réduire à moitié de son volume. On passe le liquide à travers un tamis, on rince ou on change la casserole et on remet la viande avec son jus dans une plus petite casserole que l'on couvercle et remet dans le four; on laisse ainsi cuire dans sa décoction à l'étouffée pendant quatre ou cinq heures de temps, selon la grosseur de la pièce. Lorsqu'elle est d'une parfaite tendreté et le suc de la viande réduit à glace, on dresse la pièce entière, ou bien on la découpe et on la garnit selon l'exigence du service.

BRAISER A BLANC. — Action de braiser les viandes sans les laisser roussir.

Action de braiser à blanc. — *Formule 685.* — On fonce la casserole de lard et de légumes, sur lesquels on place soit le veau ou la volaille que l'on désire braiser; puis on mouille légèrement, on couvercle la casserole et on fait cuire à l'étouffée, en ayant soin de ne jamais laisser réduire à sec, ce qui donnerait à la viande et aux lardons un aspect brunâtre ne convenant nullement aux viandes blanches.

BRAISIÈRE, *s. f.* — Vaisseau qui autrefois était fait de terre bolaire, puis en terre ordinaire cuite; plus tard en bronze, en fonte et, de nos jours, en cuivre. Casserole ovale ou ronde, dont le couvercle était autrefois confectionné de manière à pouvoir contenir de la braise; elle n'est plus usitée; aujourd'hui elle est justement disposée de manière à cuire à l'étouffée au four par une grande chaleur.

BRANCHIES, *s. f. pl.* — Feuillets composés d'un grand nombre de lames recouvertes d'un tissu de vaisseaux sanguins, qui servent d'organes respiratoires aux poissons, aux crustacés, aux mollusques, etc. L'eau avalée passe par ces lames, se décompose au passage et abandonne au sang l'oxygène dont il a besoin.

BRANCINO, *s. m.* — En Italie, on appelle par ce nom un poisson dont le poids varie de *un à trois* kilogrammes. Sa chair, un peu ferme, demande à être cuite dans l'eau à petit feu et servie à la sauce hollandaise, ou avec une sauce vénitienne (voir ce mot).

BRANDADE, *s. f.* (*Cuis. provençale*). — Du provençal *brandar*, même signification que du latin *branda* ou du français *brandir*, agiter, remuer. — Aliment composé, très en vogue dans le Midi, notamment à Nîmes.

Brandade. — *Formule 686.* — Faire dessaler la morue pendant vingt-quatre heures dans l'eau froide, la faire cuire dans de l'eau sans sel, mais condimentée. L'écailler et la dessaler de façon à obtenir un kilo de morue pour cinq personnes. Mettre dans une casserole environ cent cinquante grammes d'huile d'olive, la chauffer légèrement et y ajouter la morue; la travailler avec une fourchette pour commencer, enfin avec une spatule ou cuillère de bois. On y ajoute par petites doses du lait fraîchement cuit, jusqu'à concurrence d'un demi-litre (la crème est préférable), en travaillant toujours jusqu'à ce qu'elle soit réduite en purée; y ajouter, pour terminer, un anchois, une gousse d'ail passés à l'huile et au tamis de crin, enfin avec un zeste de citron râpé et du cerfeuil haché.

Remarque. — Lorsque la morue est très dure, on se sert du mortier, et si elle est trop dessalée on la relève avec du sel. On peut y ajouter des truffes noires épluchées et taillées par lames, mais les truffes du Piémont ont plus de parfum et réussissent mieux. La brandade à la parisienne est un mélange de morue et de sauce béchamelle, tandis que la B. à la *bénédictine* est un mélange de morue, de purée de pommes de terre et de lait.

HYGIÈNE. — La brandade mal faite, mélangée avec de la sauce béchamelle ou avec des pommes de terre, est plus indigeste que la brandade faite selon la règle provençale, qui est d'ailleurs toujours plus relevée.

BRANDEVIN, *s. m.* — Ancien nom de l'*eau-de-vie*, qui aurait dû être maintenu. On a d'ailleurs donné comme antithèse à ce nom fallacieux celui d'*eau de mort*, correspondant à ses propriétés.

BRANE-MOUTON (*Vin de*). — Bordeaux (Gironde), vin de première classe, *Pauliac*.

BRASSERIE. — Lieu où l'on fabrique la bière. En France, les principales brasseries sont : la

B. de la Méditerranée (Marseille et Lyon); la B. de Tantonville (Meurthe-et-Moselle); la B. de Melun (Seine-et-Marne); la B. de Saint-Germain (Seine-et-Oise); la B. de Maxéville; la B. de Bar-le-Duc, etc.

Brasserie, se dit aussi des établissements où l'on débite de la bière. Ces sortes de cabarets sont assez nombreux à Paris; quelques-uns d'entre eux se distinguent par un aspect douteux; desservis, le plus souvent, par des filles au teint couperosé qui se concorde assez bien avec la physionomie hébétée des habitués, dont la plupart ont des airs qui ne sont rien moins que français.

BREAD-PUDDING (*Cuis. anglaise*). — De *bread*, pain, et *pudding*, pouding. — Pouding de pain. — *Formule 687*. — Employer :

Sucre concassé	grammes	200
Cédrat haché	—	25
Raisin de Corinthe	—	25
Lait frais	litre	3/4
Zeste de citron	nombre	1
Petits pains	—	2
Œufs frais	—	6

Procédé. — Cuire le lait avec le sucre et le zeste de citron. Beurrer deux moules unis à timbale; couper le pain par petites tranches et le mettre dans les moules en alternant les couches avec les raisins et le cédrat mélangés; battre les œufs dans un saladier; y ajouter le lait à petites doses pour commencer, afin de bien mélanger l'appareil. Le verser dans les moules jusqu'à submersion du pain. On couvre d'un papier beurré et on les fait cuire au bain-marie dans un four, après avoir mis en ébullition sur le feu. Après une heure de douce cuisson, on les démoule sur deux plats ronds et on les sauce d'une purée de fruits ou d'un sabayon.

BRÉAN, *s. m.* (*Scomb. scombrus*). — L'une des variétés du maquereau ordinaire, jaspé, ainsi nommé à cause de la couleur de sa chair, qui d'ailleurs est très délicate. Se traite culinairement comme le maquereau (voir ce mot).

BREBIS, *s. f.* All. *Schaf*; angl. *sheep*; ital. *peccora*. — La femelle du bélier.

Un dimanche matin une brebis frappée
S'est de la main du prêtre et du temple échappée.

La brebis n'est bonne pour l'alimentation qu'avant d'être fécondée. Sa chair prend le nom générique de mouton; mais on distingue la chair de la brebis allaitant par une couleur bleuâtre et sa coriacité.

BRÈDES. — Terme générique d'une garniture pour viandes, faite avec des végétaux herbacés divers; très employée aux Antilles et à Bourbon. On distingue les B. à *calalou* (*Amarante*), les B. des créoles (*Mosambé*), les B. morelles (*Solanum*), les B. chou caraïbe (*Arum*). En un mot, les *brèdes* sont des garnitures composées d'un ou de divers végétaux. Leur qualité nutritive ou hygiénique dépend du végétal dont on se sert.

BRÈME, *s. f.* (*Cyprinus brama* L.). — Poisson très commun dans les rivières et les étangs de France, on en trouve dans toute l'Europe. Ce poisson a une grande analogie de forme avec la carpe. On n'en connaît qu'une seule espèce vivant dans l'eau douce. Le poisson qu'on appelle vulgairement *brème conique* de Seine est un *gardon*.

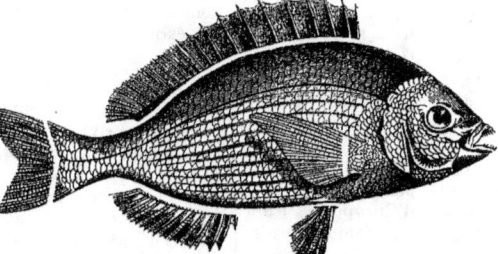

Fig. 245. — Brème d'eau douce.

USAGE CULINAIRE. — La brème se prépare selon toutes les méthodes usitées pour la carpe (voir ce mot). Lorsqu'on veut la préparer, il faut tout d'abord lui couper les nageoires, les arêtes dorsales et l'extrémité de la queue. Pour l'écailler, on passe la lame du couteau tranchelard entre l'épiderme et la chair en la faisant pénétrer du côté de la queue.

HYGIÈNE. — La chair de la brème, pêchée dans les eaux courantes, est blanche et d'une saveur agréable; au contraire, elle est grasse et a une odeur de vase lorsqu'elle est pêchée dans les eaux stagnantes; elle est alors difficile à digérer et peu engageante à manger. Il faut dans ce dernier cas que l'art culinaire corrige ses défauts.

Le frai occasionne quelquefois des troubles digestifs; il est prudent de ne pas en manger.

BRÈME DE MER, *s. f. (Sparus brama)*. — Poisson du genre spare. On le trouve dans la Manche et dans quelques mers d'Amérique. Sa chair blanche n'est estimée que lorsque le sujet est grand.

BRÉSIL *(Produits alimentaires du)*. — L'Empire du Brésil, le plus beau, celui qui possède la constitution la plus démocratique, le plus fertile des empires, est également le plus vaste du même continent. Il a une superficie d'environ 8,370,000 kilomètres carrés, peuplés de 14,000,000 d'habitants, tandis qu'il pourrait en nourrir aisément 200,000,000. Son souverain, Don Pedro II, plus grand par son génie et sa libéralité que par son sceptre, est un des rares monarques qui puisse porter le titre plus glorieux de *prince de la science*.

Les fruits. — Il nous est impossible d'énumérer, même les principaux fruits de ce pays fécond en produits riches et variés, faisons cependant remarquer l'importance des *Citrus* acclimatés et des *Eugenias* en nombreuses espèces; des *Lecythis* ou marmites des singes; des *Psidiums* ou Goyaviers; de *Mammea americana*; de *Garcinia*; de l'*abricot* du Brésil (*Mimusops*); *Spondias* ou *cajaseiros; Ananassa sativa* et la belle variété *abacaxi; mangaba* du genre *Hancornia*; les *Carambolas* et *Bilimbis* du genre *Averrhoa*; les cocotiers appartenant à différents genres : *Cocos, Acrocomia, Bactris, Euterpe, Enocarpus, Guillielma, Astrocarym, Attalea*, etc. Sur cette relation résumée, nous ajouterons : le dattier et l'*Elaïs* d'Afrique; la poire, la pomme, la fraise, l'abricot, la prune et la pêche d'Europe; le fruit à pain, le jacquier, l'avocatier, le tamarinier, le manglier de l'Asie; les *Anonas*, l'*Amacardium* des Antilles.

Dans la Haute-Amazone on rencontre les grosses et odorantes gousses de vanille, riches en cristaux d'acide benzoïque; le sasafras brésilien, ou canella sasafras (*Nectandra*), espèce différente de celle des Indes, et plusieurs écorces odorantes, des *Lauracées*, d'un rayon géographique assez long dans le territoire de l'Empire. La noix-muscade des Indes orientales est cultivée avec succès, même à Rio-de-Janeiro à cause de son arille; il ne faut pas la confondre avec la noix-muscade brésilienne : la première est une *Myristica*, tandis que celle-ci est une forme du genre *Cryptocaria*. En revanche, si celle-là ne vit là-bas que comme un exemple exotique et d'acclimatation, la flore du grand Empire renferme plusieurs *Myristicas* : une à sang rouge, l'autre à suif et quelques types vantés en médecine; c'est également là que se développe la magnifique *Angélique* de la Guyane française.

L'ornithologie. — On chasse dans les champs pour l'alimentation : la perdrix du Brésil (*Codorna*), les bécassines (chasse sans chien), au bord de l'eau, cachées comme les *Codornas*, dans les petits buissons de *Paspalum*, plus petites que les bécasses de Hongrie; on chasse les oiseaux aquatiques *ererès, marrecas, patos*, dont les chairs sont nourrissantes et d'un goût agréable. En pénétrant dans les forêts, on trouve des *jacotingas, macuco, jacù, pomba jurety* et d'autres oiseaux précieux au plus haut degré dans l'industrie culinaire. On tue aussi à coups de fusil le géant *jaburù*, aussi grand qu'un homme de haute taille, pour le plaisir de le voir se soumettre aux grains de plomb et à la balle. Les *Garças*, les *Colhereiros*, le *Guara* et les perroquets avec les œufs desquels on fait des omelettes dignes d'une reine.

L'erpétologie. — On obtient par la pêche, des chéloniens d'eau douce qu'on mange à l'Amazone; et des crocodiles, dont la chair blanche est estimée à l'égal de celle du plus fin poisson.

L'ichtyologie. — Sur ce point important l'art culinaire français peut trouver une variété de poissons de rivière et de mer qu'il ne trouvera dans aucun pays du monde. Le Brésil possède des fleuves, grands lacs, rivières, bassins et mers d'une ressource inépuisable. Les gens pauvres de la vallée de l'Amazone se nourrissent en partie du *pirarucù*, poisson abondant, mais peu riche en matière nutritive. Sur la côte de Sepitiba, près de Rio, le géant *Caçâo*, à long bec, se vend presque pour rien (*Caçâo é peixâo mas nâo presta*, disent les Portugais). En revanche, sa faune ichtyologique contient de superbes types pour tous les goûts: *Pescada, Pescadinha, Tainha, Badéjo, Bijupira, Robalo, Euxôva*; en mammifères de bonne chair : *Anta, Pacca, Capivara* et *Veados* (Cerfs).

Culture. — On cultive au Brésil toutes les graminées d'Europe, le *Zea Maïs* sucré y a pris un développement considérable. La plus considérable des cultures est la graine du *Coffea Ara-*

bica, importée des montagnes d'Afrique. Les fouilles donnent par infusion le *thé au café*. Le *Theobroma cacao* est une plante qui y pousse spontanément. Le *Maté* du Parana, *Ilex Coritybensis*, Rio-Grande ou thé du Brésil, fournit une boisson saine et agréable, analogue au Maté du Paraguay (*Ilex Paraguay*), variété qu'il ne faut pas confondre (¹). (Voir *Maté*.)

Grâce à son Souverain et à son gouvernement les émigrants européens qui veulent s'adonner à l'agriculture sont transportés gratuitement, et sont entretenus pendant huit jours en débarquant dans la splendide hôtellerie de l'île pittoresque des *Flôres*, pouvant contenir 2,000 personnes. Là un service spécial est fait par le personnel; service absolument gratuit et affranchi de toute dépense.

BRÉSILIEN (*Entremets*). — Cet entremets, qui devrait porter le nom de sorbet ou de bombe, se prépare de la façon suivante :

Formule 688. — Procédé. — Faire une crème pâtissière ordinaire à la vanille (voir *Crème*), y ajouter du cacao et du sucre de façon à ce qu'elle soit très aromatisée. Faire glacer légèrement dans la sorbetière. Sangler un moule à bombe. Chemiser le moule avec la glace et emplir l'intérieur avec de la crème chantilly à la vanille. Couvrir la bombe et sangler. La démouler après deux heures.

BRÉSOLLES, *s. m. pl.* (*Entrée*). — Mets composé par le cuisinier du marquis de Brésolles, auquel il donna le nom de son maître.

Formule 689. — Procédé. — Hacher très fin une forte tranche de jambon, un oignon, des champignons, des ciboules et une gousse d'ail. Assaisonner et mélanger le tout avec de l'huile d'olive fine. Beurrer une casserole (de préférence en terre), y coucher un peu d'appareil sur lequel on pose des tranches de veau, de mouton ou de bœuf taillées en forme d'escalopes, en alternant les viandes et l'appareil jusqu'à sa hauteur; couvercler et faire cuire au four à l'étouffée.

Dresser les tranches en couronne sur un plat rond, passer au tamis de crin quinze à vingt marrons bouillis, dégraisser la sauce et ajouter les marrons avec un verre de vin de Madère, lier le tout sur le feu et dresser dans le puis. Servir chaud.

BRESSE, *s. p.* (*Produits de la*). — La Bresse, qui a pour capitale Bourg (Ain), est justement renommée pour ses poulardes chantées par plus d'un poète gastronome. Rien n'est moins appétissant, ni moins digne de figurer sur la table d'un gourmet, qu'un poulet maigre rendu plus anguleux encore par la cuisson, aussi :

> Proscrivez sans pitié ces poulets domestiques
> Nourris en votre cour et constamment étiques.
> Toujours mal engraissés par des soins ignorants;
> Ne connaissez que ceux de la *Bresse* et du Mans.
> . . . .
> BERCHOUX.

Qu'y a-t-il de plus succulent, de plus exquis qu'une grasse poularde sous la blanche épiderme de laquelle le noir diamant de la cuisine fait contraste ? Alors, oui :

> L'abondance est unie à la délicatesse :
> La truffe a parfumé la poularde de *Bresse*.
> . . . .

Outre l'art d'engraisser les poulardes et les oies, dont le commerce constitue la principale richesse de cette contrée, la culture maraîchère, des céréales et du maïs est assez importante.

BRESSON. — Variété de bœuf à manteau roux tirant sur le noir. Race de Bresse.

BRESTOIS, *s. m.* (*Gâteau*) de Brest, ville de France où l'on fait le gâteau suivant :

Formule 690. — Employer :

Beurre fin	grammes	375
Farine tamisée	—	375
Sucre en poudre	—	500
Amandes mondées	—	125
Œufs frais	nombre	15
Essence de citron et d'amande amère.	gouttes	10
Un demi-verre de curaçao.		

Procédé. — Battre sur un feu doux le sucre et douze œufs. D'autre part, piler au mortier les amandes avec les trois œufs restant; ajouter les essences; battre encore, la masse étant mousseuse, on ajoute le beurre fondu et la farine. On couche la masse dans des moules à brioche. On glace les gâteaux avec les mêmes essences et on les enveloppe dans des feuilles d'étain.

BRETON, *s. m.* (*Gâteau*). — Grande pièce de pâtisserie. Des nombreuses formules que nous

---

(1) C'est par erreur que quelques derivains parlent du « matto » de la province du Paraná au Brésil comme appartenant à la même espèce que celle du Paraguay. — Le « matte » du Brésil « Ilex Coritybensis » est un végétal distinct ; les feuilles mêlées parfois aux feuilles des autres Ilexs, qu'on connaît au Paraná par les noms vulgaires de « Congonhas e Congoinhas », donnent le matte du commerce. (J. DE SALDANHA DA GAMA.) Je tiens à remercier ici M. le baron de Benedo, consul plénipotentiaire de l'Empereur du Brésil à Paris, qui m'a fourni ces précieux renseignements. J. F.

avons recueillies, nous ne mentionnerons ici que les plus intéressantes.

Breton. — *Formule 691.* — Employer :

Sucre concassé	grammes	600
Amandes douces	—	400
Fécule de pomme de terre	—	300
Œufs frais	nombre	24
Vanille	gousse	1

Procédé. — Réserver quatre œufs entiers, séparer les jaunes et battre les blancs en neige. Monder les amandes et les torréfier, les piler dans le mortier avec le sucre; passer à travers un tamis de fer, ajouter à petites doses les amandes dans la terrine des jaunes d'œufs en remuant constamment avec la spatule pendant quinze minutes; ajouter les œufs entiers par intervalles. Mêler la moitié des blancs fouettés avec la masse et ajouter la fécule passée à travers un tamis; lorsque le tout est d'une parfaite homogénéité, ajouter les blancs d'œufs restés en les mélangeant de manière à ne pas briser la masse mousseuse, qui est toujours une des premières conditions de réussite pour les pâtisseries. Pour en opérer le mélange, il faut être deux personnes.

Cette pâte se cuit dans un moule évasé et sert à la confection des quatre formules suivantes, qui ne varient que d'arome, de forme et de nom :

Le dressage. — Emplir sept moules à breton, préalablement beurrés et farinés, de pâte susmentionnée. Faire cuire à four moyen, les laisser refroidir. Couper par tranches transversales, les masquer avec de la marmelade d'abricots passée au tamis et chauffée; remettre à sa juxtaposition et glacer avec du fondant à la vanille. Placer le plus grand morceau sur un fond de pâte d'office masqué de sucre vert, et surmonter pyramidalement les tranches les unes sur les autres; décorer, à l'aide de la poche à douilles, avec de la glace et du beurre vert et rose. On décore également avec de la meringue italienne, mais cette dernière décoration ne saurait prévaloir sur celle à la glace et au beurre. Deux couleurs sont les règles généralement adoptées et en tous points préférables.

Breton à l'orange. — *Formule 692.* — A la pâte plus haut citée, ajouter des zestes d'orange et un peu d'eau de fleur d'oranger. Beurrer les sept moules à breton, les fariner et y coucher à trois quarts de hauteur la pâte préparée. Cuire et laisser refroidir. Masquer les gâteaux avec de la marmelade d'oranges; à défaut, on peut se servir de marmelade d'abricots, dans laquelle on ajoute du zeste d'orange; glacer avec du fondant à l'orange vert et jaune, puis décorer avec du beurre sucré et de la glace royale.

Breton aux fraises. — *Formule 693.* — Ajouter à la masse à breton vingt grammes d'amandes douces pilées et du kirsch. Beurrer et fariner les moules à breton, les cuire et les laisser refroidir. Masquer les gâteaux de manière à ce que les couleurs soient alternées, le premier d'une glace de fondant aux fraises, le second d'une gelée de pommes, le troisième de glace au kirsch, et ainsi de suite jusqu'à l'achèvement. Les dresser sur un fond garni et saupoudrer les parties masquées de marmelade de pommes et de sucre vert. Couronner d'une aigrette au sucre filé.

Breton au citron. — *Formule 694.* — Beurrer et fariner les moules; les remplir, selon la règle, avec la pâte précitée, dans laquelle on aura mis des zestes de citron hachés et du rhum. Laisser refroidir, masquer une partie du gâteau avec du fondant au citron et les autres avec de la marmelade d'abricots; saupoudrer ces derniers de sucre vert, ainsi que le fond en pâte sèche sur lequel on les dresse, en alternant les couleurs par gradin. Décorer selon le goût ou les ressources de l'artiste.

Breton fourré. — *Formule 695.* — Comme pour les précédents, il faut opérer en glaçant avec de la marmelade d'abricots et du fondant au kirsch en alternant les couleurs des gâteaux. Les dresser sur un fond de pâte d'office saupoudré de sucre vert; en décorer les jointures avec de la glace et garnir l'intérieur avec la crème suivante :

Crème à breton. — Cinq cents grammes de beurre fin dans une terrine avec du sirop à la vanille: travailler avec la main; ajouter à petites doses cinq cents grammes de glace royale; cet appareil remplace avantageusement la crème, après en avoir garni l'intérieur pour décorer le breton.

BRETONNE (*Garniture*). — Haricots flageolets assaisonnés de jus de viande et d'oignons hachés et passés à la poêle. Cette garniture se sert surtout avec le gigot de mouton, qui prend dès lors le nom de *gigot de mouton à la bretonne*.

BRÉVEUX, *s. m.* — Crochet de fer employé pour tirer les homards et les crabes d'entre les rochers.

BRIE, s. m. (*Fromage de*). — Seine-et-Marne. Dans le fromage de Brie, comme dans presque tous les produits, il y a la première, seconde et troisième qualité, variant de finesse d'après la valeur du lait et la saison. Il se vend à Paris sous une forme ronde et plate; son diamètre, de quarante à cinquante centimètres, a environ deux centimètres d'épaisseur; sa croûte blanchâtre, puis jaune par l'effet de la paille sur laquelle on le vend, devient quelquefois bleue; ce dernier signe indique sa dernière qualité; étant desséchée, la croûte se détache et s'étend difficilement sur le pain.

Au contraire, le brie qui vient de Melun, à sa juste maturité, fait avec de la *crème double* et moitié moins grand que ceux de Meaux et de Coulommiers, est excellent, savoureux et fondant sur le pain, et lui donne un goût de noisette très prononcé. A Meaux, on fait une pâte de ce fromage que l'on conserve dans des pots de terre, mais qui n'ont pas, à Paris et dans les provinces, les faveurs du fromage en forme. Le fromage de Brie se vend, selon sa grandeur, de cinq à huit francs la pièce de première qualité.

Les saisons où le fromage de Brie est bon sont celles d'octobre et mars. Les mois chauds de l'année n'offrent en général que des fromages laissant à désirer, tant sous le rapport du goût que sous le rapport hygiénique.

A. Brillat Savarin, d'après un tableau de famille.

BRIGNOLE. — Prune qui a pris le nom du pays (Var), où on la cultive plus spécialement. On les sèche comme les pruneaux, on les conserve également en boîtes ou dans des bocaux comme les autres fruits. Cette prune est d'un goût très engageant.

BRILLAT-SAVARIN (ANTHELME), né à Belley (Bugey) en 1755, mort à Paris en 1826. — Cet écrivain (chose peu commune) s'est fait un nom par un seul ouvrage, *la Physiologie du goût*, qu'aujourd'hui chacun connaît, et où l'on trouve un peu de tout : humour, esprit, philosophie, science, aphorismes, anecdotes, physiologie, et surtout chimie... culinaire, c'est-à-dire cuisine. Brillat-Savarin a pris place à côté de Berchoux, et est devenu une autorité pour bien des gens, en matière de gastronomie. Les aïeux de Brillat-Savarin étaient voués, depuis plusieurs siècles, aux fonctions du barreau et de la magistrature; lui-même exerçait avec distinction la profession d'avocat à Belley, quand il fut élu député à l'Assemblée constituante. « Philosophe pratique, suivant moins Zénon qu'Epicure, dit M. Richerand, son ami et son biographe, on ne le vit point attacher son nom aux événements mémorables; il y prit néanmoins une part assez active, toujours associé aux hommes les plus sages et les plus modérés. »

Son mandat rempli, il devint président du tribunal civil du département de l'Ain, puis fit partie de la Cour de cassation, alors de fondation récente. Doux, conciliant, honnête homme il s'appliquait à adoucir les excès produits par les passions politiques. A la fin de 1793, il était maire de Belley, et s'opposait à l'introduction dans cette jolie et paisible petite ville du régime de la Terreur; c'était lutter contre un torrent : il dut céder et se réfugier à l'étranger.

De Belley à Genève, il n'y a qu'un pas, qu'un fleuve à franchir. Brillat-Savarin gagna Lausanne, où il vécut dans la société des émigrés français, bien qu'il ne fût pas précisément de leur caste, et qu'il ne pratiquât pas entièrement leur culte politique.

Ce fut en 1794 que l'ex-maire vint habiter le chef-lieu du canton de Vaud. Il a consacré le souvenir de ce temps dans quelques passages des anecdotes de son livre. Mais qu'on ne croie pas que cet esprit français de l'ancien régime se préoccupât beaucoup alors de sa situation personnelle, des vicissitudes du moment, ou se passionnât pour les beautés pittoresques de la Suisse, la gastronomie seule se montre dans ses notes. En voici, comme preuves, un extrait : « Quels bons dîners nous faisions en ce temps à Lausanne, au *Lion-d'Argent!* moyennant *quinze batz* (2 fr. 25), nous passions en revue trois services complets, où l'on voyait, entre autres, le bon gibier des montagnes voisines, l'excellent poisson du lac de Genève, et nous humections tout cela, à volonté et à discrétion, avec un petit vin blanc limpide comme eau de roche, qui aurait fait boire un enragé! Le haut bout de la table était tenu par un chanoine de Notre-Dame de Paris (je souhaite qu'il vive encore), qui était là comme chez lui, et devant qui le *kelner* ne manquait pas de placer tout ce qu'il y avait de meilleur dans le menu. Il me fit l'honneur de me distinguer et de m'appeler, en qualité d'aide de camp, dans la région qu'il habitait; mais je ne profitai pas longtemps de cet avantage; les événements m'entraînèrent et je partis pour les États-Unis, où je trouvai un asile, du travail et de la tranquillité. » La Suisse, c'était pour Brillat-Savarin le restaurant de Lausanne, la table d'hôte de la rue du Bourg et la petite ville de Moudon, où l'on faisait si bien la fondue au fromage, sorte de plat d'œufs brouillés.

Pendant un séjour de deux ans à New-York, il subsista du produit de ses leçons de langue française. C'était la besogne du jour; le soir, il occupait une des premières places à l'orchestre du théâtre, car il était musicien distingué.

Mais la bourrasque s'était calmée, Brillat quitta l'Amérique et débarqua au Havre en septembre 1796. Sous le Directoire, il fut successivement employé en qualité de secrétaire de l'état-major général des armées de la République en Allemagne, puis de commissaire du gouvernement à Versailles. Il était à ce dernier poste au moment du 18 brumaire. Enfin, il fut nommé conseiller à la cour de Cassation. Les révolutions politiques, qu'il accepta toutes avec une indifférence sceptique, ne troublèrent jamais ses digestions, comme il le dit lui-même, et il conserva sous tous les régimes sa charge à la cour suprême. C'était, avant tout, un homme d'esprit et de fantaisie, un épicurien bienveillant et enjoué, paradoxal surtout, et qui ne craignit point de compromettre la gravité imposante de sa robe rouge en consacrant ses loisirs à la composition d'un code de gastronomie s'en intitulant professeur, et dont il sut faire une œuvre littéraire. Sobre par goût, par habitude, par raison, Brillat-Savarin voyait beaucoup le monde des salons, la meilleure société, où il brillait par l'étendue, la variété et la solidité de ses connaissances.

Il dînait souvent en ville, et ce fut par manière de plaisanterie, par jeu d'imagination, qu'il composa ce livre charmant qui a pour titre : *Physiologie du goût* ou *Méditations de gastronomie transcendante*, ouvrage théorique, historique et à l'ordre du jour, *dédié aux gastronomes parisiens par un professeur, membre de plusieurs sociétés savantes* (¹).

L'auteur garda l'anonyme, soit par modestie, soit qu'il doutât du mérite de ce livre, soit parce que ses fonctions de magistrat s'opposaient à ce qu'il signât une œuvre de fantaisie, écrite sur un pareil sujet. Brillat-Savarin a dit à ce propos, dans son dialogue avec le baron Richerand, chez qui il composa, à la campagne, les premiers chapitres de sa *Physiologie* : « Voué par état à des études sérieuses, je crains que ceux qui ne connaîtront mon livre que par le titre ne croient que je ne m'occupe que de fariboles. La *Physiologie du goût*, qui a pour épigraphe cet aphorisme de l'auteur : « *Dis-moi ce que tu manges, je te dirai ce que tu es,* » parut en 1825 et compte aujourd'hui un grand nombre d'éditions. C'est un charmant badinage écrit d'un style naturel, élégant et pur, divisé en méditations, à l'instar des poésies de Lamartine (la Méditation VII roule sur la théorie de la friture), et qui est semé de traits spirituels et d'anecdotes piquantes. Il emprunte surtout un grand charme comique à l'importance capitale que l'auteur affecte d'attacher à son sujet.

« Brillat-Savarin était de haute stature et d'une constitution athlétique; il gagna une péripneumonie à la cérémonie funèbre qui se célébrait annuellement, sous la Restauration, le 21 janvier dans l'église de Saint-Denis, et mourut quelques jours après. » (*Dict. Larousse*).

BRIMÉ, MÉE, *adj.* — Se dit des fruits, et particulièrement des raisins marqués de taches rousses attribuées à l'action du soleil.

BRINTZ, *s. p.* (*Fromage de*). — Canton d'Unterwald en Suisse, où se fabrique une espèce de fromage de gruyère, dont la pâte d'un brun rouge est très sèche et très salée. Il ne présente que rarement d'yeux, par conséquent ne pleure pas comme son congénère du canton de Fribourg, auquel il est très inférieur.

BRIOCHE, *s. f.*; de *bris*, briser, et avec le mot *hocher*, secouer, remuer, forme par fusion de *bri*

(¹) Il manque à son livre un point capital et regrettable : c'est que la physiologie du goût n'y est point définie.   J. F.

et *ocher*, briocher; faire des brioches. — Si l'idée de ce mot représente commettre des bévues, rien n'est aussi difficile que de faire d'excellentes brioches, dont la confection réclame de l'adresse et de l'intelligence.

Brioche fine. — *Formule 696.* — Employer :

Beurre fin . . . . kilogram.	1,125
Sel marin . . . . grammes	30
Sucre . . . . —	30
Levure de bière . . . . —	30
Œufs frais . . . . nombre	24

Procédé. — Tamiser la farine sur le tour ou la table et la partager en quatre parties. Former la fontaine avec l'un des quarts de cette farine, au milieu de laquelle on délaye la levure avec une petite quantité d'eau chaude à trente degrés environ, de façon à faire une pâte molle, que l'on dépose dans une casserole maintenue au chaud, afin de provoquer la fermentation jusqu'au double de son volume. Ce résultat obtenu, former une fontaine avec le restant de la farine, dans laquelle on met le sucre, le sel, le beurre et dix œufs. On délaye et pétrit, puis on fouette la pâte, c'est-à-dire qu'en la travaillant on la soulève et la rejette avec vivacité sur la table; par intervalles, on y ajoute un œuf jusqu'à l'absorption des quatorze œufs restés. La pâte étant bien travaillée, on y ajoute le levain déposé dans la casserole. On continue à briocher jusqu'à ce qu'elle soit lisse et molle; on met alors la pâte soit dans une sébille en bois, soit dans une terrine en terre ou en fer, dans laquelle on la laisse reposer quatre heures dans un lieu tiède; on remet la pâte sur le tour et on l'abaisse en la rompant; on la remet dans la terrine; deux heures après, on recommence la même opération; on la met cette fois dans une terrine propre sur la glace ou dans la cave froide. La pâte doit alors prendre de la consistance; ayant acquis cet état, on s'en sert pour les petites brioches variées, mentionnées plus loin.

Remarque. — La pâte à grosse brioche est moins fine, c'est-à-dire moins beurrée. Ainsi, dans une proportion de *cinq cents grammes de farine*, on mettra *deux cent cinquante grammes de beurre fin;* l'assaisonnement, les œufs et l'opération restent les mêmes.

La façon. — On roule une boule de pâte légèrement farinée, on appuye avec les trois doigts sur le milieu de la boule en posant une seconde petite boule, trois coups de couteau très réguliers, en couronne dans le haut, en font la ciselure. La cuire sur une plaque d'office après être dorée.

Fig. 248. — Pâte de brioche non cuite.

Brioche mousseline. — *Formule 697.* — Beurrer un moule à timbale uni et l'entourer d'une bande de papier beurré, de manière à le surmonter de moitié de sa hauteur. Mettre dans le moule jusqu'au tiers, de la pâte fine à brioche. Laisser lever aux deux tiers et faire cuire. Ces brioches, d'une légèreté remarquable pour leur volume, sont excellentes, et les spécialistes des boulevards des Italiens et Montmartre savent fort bien que la renommée ne vient que de leur parfaite fabrication.

Petites brioches. — *Formule 698.* — La pâte fine est roulée et posée sur des plaques beurrées, quelquefois sur du papier beurré, et cuite dans un four moyen. Dans une ville où l'écoulement est assuré, il est facile de tenir toute la journée des brioches fraîches et chaudes à la disposition du public. La terrine à pâte étant sur la glace, on les fait cuire à mesure qu'elles se vendent.

Brioches ordinaires. — *Formule 699.* — Diviser la pâte à brioche par morceaux de cinquante grammes, les rouler en forme de boule, appuyer sur le centre superficiel avec le doigt; pratiquer de petites entailles en couronne dans le haut de la brioche et mettre dans le trou une petite boule de pâte. Poser les brioches sur du papier beurré et faire cuire sur une plaque.

Brioches aux raisins muscats. — *Formule 700.* — Dans une proportion de quatre kilos de pâte à brioche, on ajoute une livre et demie de raisins muscats coupés en deux pour en extraire les pépins. On étend la pâte sur le tour, on saupoudre avec les grains de raisins, on roule la pâte sur elle-même. Après deux minutes de repos, on taille la pâte par morceaux selon la grosseur que l'on désire donner aux brioches. On les forme, on les cisèle, on les dore et on les fait cuire.

Brioches aux raisins de Corinthe. — *Formule 701.* — Même opération que celle ci-dessus, remplacer les raisins muscats par des raisins de Corinthe dans une proportion de *cinq cents* grammes de raisins par kilogramme de pâte.

Brioches au fromage. — *Formule 702.* — Sur deux kilos de pâte à brioche étendue sur le tour, saupoudrer cinq cents grammes de fromage parmesan râpé et de première qualité. Plier la pâte sur elle-même. Diviser la pâte en quatre ou six parties, selon la grosseur qu'on désire leur donner. Former les brioches selon les règles de l'art. Les piquer au sommet avec la pointe d'un couteau en formant une couronne, de manière à pouvoir introduire des petits liteaux de fromage gras de Gruyère ou d'Emmenthal. Dorer les brioches, les faire cuire et les servir en sortant du four.

Autre manière. — *Formule 703.* — Étendre sur le tour ou la table quatre kilos de pâte à grosse brioche, saupoudrer avec cinq cents grammes de fromage de Gruyère de première qualité et coupé en petits dés; rouler la pâte sur elle-même et, après quelques minutes de repos, former la brioche, soit en divisant la pâte pour deux brioches, les mouler, les ciseler, les dorer et les faire cuire au centre du four.

Si la tête de la brioche prenait trop de couleur, elle devra être enveloppée de papier beurré; le fond de la brioche doit avoir une coloration prononcée, tandis que le centre jaunâtre doit donner à l'ensemble une couleur irisée qui en fait le principal attrait.

Couronne de brioche au fromage (*Grosse pièce*). — *Formule 704.* — Deux kilos de pâte à grosse brioche étendue sur le tour, saupoudrer avec deux cent vingt-cinq grammes de fromage de Gruyère coupé en dés; rouler la pâte et en former une seule masse, au centre de laquelle on appuie fortement avec le poing de manière à former la couronne. Dans l'intérieur de la couronne, calquer en ciselant une petite entaille d'un centimètre de profondeur au tiers de sa capacité; appuyer légèrement la partie intérieure du cordon, relever en ouvrant la couronne extérieurement de manière à lui donner l'aspect de

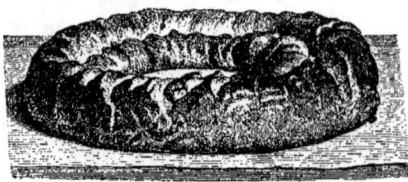

Fig. 319. — Couronne de brioche.

deux couronnes l'une dans l'autre. Dorer l'extérieur et faire cuire dans un four relativement chaud. Servir chaud.

Brioche à la crème (*Grosse pièce*). — *Formule 705.* — La détrempe doit être dans la proportion indiquée pour les grosses brioches; sur la même quantité, on supprime cinq œufs en y substituant deux décilitres de crème cuite et vanillée. On moule la brioche et la fait cuire avec les soins que réclame sa délicatesse. Cette brioche est très nutritive et convient plus particulièrement pour les déjeuners, au café au lait, au chocolat ou au thé du soir.

Remarque. — Les bases indispensables pour faire de bonnes brioches sont la qualité du beurre, la finesse de la farine et la fraîcheur des œufs qui, dans l'opération, doivent être cassés deux à deux sur une assiette, autrement on se met dans le cas d'empoisonner toute la pâte par une seule goutte d'œuf à la paille ou corrompu.

Trois points réclament toute l'attention du praticien pour obtenir un bon levain, qui manque :

1° Lorsque la levure est mauvaise;
2° Quand on la délaye dans l'eau trop chaude;
3° Lorsque le levain n'est pas employé à sa pleine fermentation.

Si la fermentation du levain était à sa dernière période, on obtiendrait invariablement une détrempe manquée. Il faut donc veiller à ce que la détrempe soit faite juste au moment où le levain est en pleine fermentation, seul instant opportun pour être mélangé à la détrempe.

HYGIÈNE. — Si la brioche a l'avantage de plaire à tous, même à ceux dont l'estomac s'y refuse, c'est aussi, on peut le dire, une des pâtisseries les plus saines, à la condition toutefois que la détrempe soit faite dans la règle, que le levain soit bon et puissant. Toutes ces différentes brioches, au fromage, aux raisins, pain béni, trois-rois, etc., ne varient que dans l'adjonction des accessoires, qui d'ailleurs ne prennent nullement part à la fermentation de la pâte et ne viennent contribuer qu'à la variante des goûts et des noms et à les rendre plus indigestes encore; plus difficiles à cuire et partant moins recommandables. Les brioches au fromage doivent être mangées chaudes, froides elles seraient de mauvais goût et de digestion difficile. La meilleure brioche est la moyenne ou petite parce qu'elle est toujours suffisamment cuite. La plus facile à digérer est la mousseline.

BRIOCHINE, *s. f.* (*Cuis. saxonne*). — Le baron de Mülbacher, de Saxe, se rappelant des friandises qu'on lui offrait dans son enfance, voulut perpétuer son nom en publiant la recette suivante :

Briochine. — *Formule 706.* — Faire tremper deux petits pains dans une quantité suffisante de lait bouillant et sucré, aromatisé avec du jus de tanaisie, du jus d'épinard pour le colorer en vert, d'un petit verre d'eau-de-vie et le zeste râpé d'un citron. Mettre cette préparation dans une casserole sur un feux doux et y ajouter quatre jaunes d'œufs et cent vingt grammes de beurre fin; remuer jusqu'à ce qu'elle soit épaissie sans la laisser bouillir. Laisser refroidir; battre les blancs d'œufs et les mêler à la crème en évitant de les briser. Prendre alors une cuillerée de cette pâte et en détacher des petites quantités que l'on fait tomber dans une friture chaude à l'instar des beignets soufflés. Les sortir à l'aide d'une écumoire, les égoutter sur un linge propre, les saupoudrer de sucre et dresser sur une serviette pliée sur un plat rond et chaud.

On sert dans une saucière chaude à part une sauce au vin blanc ou un sirop au rhum.

BROC EN BOUCHE, *loc. adv.* — En sortant de la broche et mangé de suite. Une grive, une caille brocantée, mise à la broche et avalée aussitôt cuite.

BROCHE, *s. f.* (*Broccus*). All. *Bratspiess;* angl. *spit;* ital. *brocca;* esp. *broca*, de pointe de fer, épée, crochet de la broche, de là *brochette* et *attelet* qui servent à attacher à la broche. — Ensemble des appareils qui servent à la broche; mais, dans le sens restreint, arbre pointu servant à supporter les viandes embrochées.

Hygiène. — L'avantage qu'offrent les viandes de boucherie et gibiers cuits à la broche est considérable. Ils se distinguent par la pureté de leur goût, l'arome délicat, fin, qu'il est impossible d'obtenir au four. Le jus naturel qui en découle dans la lèchefrite est en quelque sorte passionnable pour ceux qui ont l'habitude de manger les rôtis ainsi préparés.

BROCHET, *s. m.* (*Esox lucius*). All. *Hecht;* angl. *pike;* ital. *luccio;* de luz, de broche à cause de sa tête pointue. — Le brochet est originaire d'Europe ; celui qui habite les eaux courantes est beaucoup plus exquis que celui qui vit dans les eaux stagnantes et marécageuses; il est toujours imprégné du goût de la vase. Il ne faut pas confondre le brochet d'eau douce avec la variété de mer *orphie*.

Fig. 250. — Brochet (manière de le parer).

Hygiène. — La chair du brochet d'eau douce est blanche et ferme, d'une délicatesse médiocre; son foie, qui prend une teinte chocolat à mesure qu'il vieillit, est bon à manger; par contre, ses œufs sont dangereux. Le brochet est en frai au mois de février, à cette époque il doit être écarté de tout menu savamment combiné.

La facilité de digestion varie selon les méthodes culinaires auxquelles on l'applique.

Usage culinaire. — La chair du brochet réussit très bien pour la confection des quenelles, de farce et pain de poisson.

Pour nettoyer le brochet, on doit d'abord lui couper les nageoires comme il est indiqué dans la *fig.* 250, et, comme la tête tient beaucoup de place, il est préférable de la trancher et de la réajuster après lorsqu'on doit le servir entier.

La méthode la plus pratique pour lui enlever la peau est de le tremper dans l'eau bouillante avant de le vider; elle s'enlève alors facilement; on le vide, on l'essuie et on le fait cuire. Cette méthode ne peut cependant pas être pratiquée lorsqu'il s'agit de lever les filets dont le procédé est différent. Voici diverses formules :

Brochet à la parisienne (*Autrefois à la Chambord*). — *Formule 707*. — Nettoyer le brochet à blanc, comme il est indiqué plus haut; le piquer de lardons assaisonnés; entre ces lardons, piquer une rangée de truffes en lames ou en clous. Préparer un court-bouillon au vin blanc de poisson, le passer et le mettre dans une petite poissonnière avec le brochet. Faire braiser à blanc; mêler un peu de sa cuisson avec de la béchamelle ou du velouté; faire réduire avec du jus de champignons frais; au moment de servir, lier avec du *kary*, du beurre, un jaune d'œuf et un jus de citron; passer à l'étamine. Ajouter à cette sauce des foies de lottes blanchis, des champignons, des laitances de carpes, quelques tranches de langoustes. D'autre part, on aura décoré avec des truffes de belles quenelles de brochet. Dresser le brochet sur ce ragoût préalablement servi sur un plat long. Garnir le brochet avec les quenelles, des tranches de langoustes, et dresser le restant de la sauce dans une saucière ou dans une timbale en argent.

Toute autre adjonction nous paraît superflue.

Brochet à la broche (*Cuis. bourgeoise*). — *Formule 708*. — Nettoyer le brochet comme il est indiqué plus haut, le piquer ou simplement barder de lard, l'assaisonner intérieurement d'un beurre à la maître-d'hôtel pimenté; le saler et le faire cuire à la broche en l'arrosant souvent. Servir accompagné d'une sauce tartare chaude (voir ce mot).

Brochet à la tartare (*Cuis. de restaurant*). — *Formule 709*. — Les tronçons de brochet étant panés, on les range sur une plaque de cuivre étamée; arroser soit d'huile fine, soit de beurre frais, que l'on pose sur chaque morceau de brochet. Border un plat de tranches de citron, dans les intervalles desquelles on pose une câpre pour imiter une guirlande, au centre de laquelle on dresse le brochet. Servir à part la sauce tartare, chaude ou froide.

Brochet en dauphin (*Cuis. de restaurant*). — *Formule 710*. — Blanchir un brochet, de grandeur moyenne, par le procédé plus haut mentionné; le vider et en sortir les branchies (*ouïes*); lui retrousser la queue et l'arrêter à l'aide d'un attelet; le faire cuire dans une turbotière au court-bouillon réduit; faire avec sa cuisson une sauce aux fines herbes. Dresser le poisson sur un plat ovale, au centre de l'arc du brochet dresser de grosses pommes de terre et décorer l'extrémité avec des écrevisses. Servir la sauce à part.

Brochet aux oignons (*Cuis. de ménagère*). — *Formule 711*. — Nettoyer le brochet dans la règle et le couper par tronçons; beurrer une casserole et coucher sur le fond un lit d'oignons émincés, sur lequel on met le brochet assaisonné de sel, de poivre concassé, de fragments de thym, d'une demi-gousse d'ail et d'une feuille de laurier. Laisser prendre belle couleur et y ajouter du vin blanc; laisser réduire aux deux tiers; lorsque le brochet est cuit, on le sert en forme de ragoût garni de petits oignons.

Brochet à l'estragon (*Cuis. d'hôtel*). — *Formule 712*. — Enlever la peau écaillée du brochet après l'avoir vidé dans la règle; le couper longitudinalement et débarrasser chaque moitié des arêtes. Beurrer un sautoir dans lequel on couche les morceaux de brochet (de grosseur suffisante pour un service de dix personnes); couvrir d'un papier beurré et faire prendre couleur au feu; lorsqu'il est d'un beau roux, on l'arrose avec du vinaigre d'estragon et on laisse réduire aux trois quarts; on y ajoute un peu d'espagnole et du vin blanc, on laisse ainsi réduire la sauce pendant la cuisson du brochet. Le brochet doit être cuit lorsque la sauce est réduite en demi-glace. On dresse le brochet, on lie avec un peu de sauce maître-d'hôtel fraîche, une pincée de feuilles d'estragon hachées et une pointe de poivre cayenne; on coupe le brochet sur le plat et l'on masque avec la sauce. Cette préparation est très pratique pour les hôtels où il y a de fortes tables d'hôtes; elle est d'ailleurs très bonne lorsqu'elle est faite selon la règle prescrite.

Grenadins de brochet (*Cuis. d'hôtel*). — *Formule 713*. — Lever les filets d'un gros brochet, les désosser, en tailler de petites escalopes, les aplatir et les piquer avec des filets d'anchois et du lard; les coucher dans un sautoir beurré, les assaisonner et les recouvrir d'un papier beurré. Les faire cuire à l'étouffée en ayant soin (pour l'empêcher de s'attacher) d'y maintenir un peu de liquide que l'on alimente avec du vin blanc. Préparer une sauce au vin blanc (sans fines herbes), dans laquelle on ajoute le jus des grenadins; la lier et lui ajouter un bon beurre d'anchois et la passer à l'étamine. Dresser les grenadins en couronne sur un plat et saucer. On peut également les dresser sur des bases ovales ou rondes en purée de pommes de terre.

Escalopes de brochet (*Cuis. de restaurant*). — *Formule 714.* — Après avoir nettoyé le brochet, qui doit être grand, on le coupe longitudinalement; on enlève l'arête vertébrale, ainsi que les petites.

On taille alors des escalopes que l'on aplatit légèrement avec l'abatte; on les assaisonne et on les pane; on leur donne immédiatement la forme à l'aide du couteau; on les place dans un sautoir beurré, et on les cuit à petit feu; ayant pris une belle couleur des deux côtés, on les réserve pour le service.

Saucer d'une sauce à la maître-d'hôtel, dans laquelle on ajoutera de la glace de viande, du cayenne et du suc de citron, ou d'une sauce au raifort. On peut également servir des escalopes de brochet à la purée de pommes de terre, en servant à part une sauce au vin blanc ou une sauce à la hollandaise. Ces escalopes se servent aussi avec une sauce à la béarnaise.

Côtelettes de brochet en papillotes (*Cuis. de couvent*). — *Formule 715.* — Enlever la peau d'un gros brochet, le vider et l'essuyer, le couper longitudinalement et, ensuite, transversalement à l'instar des côtelettes de mouton; les aplatir, les assaisonner de poivre et de sel. D'autre part, préparer une duxelle (voir ce mot) composée de champignons, de ciboules, d'oignons, d'échalotes et d'une gousse d'ail; passer le tout au beurre. Beurrer du papier, entourer la côtelette de brochet de l'appareil et l'envelopper en procédant comme pour les côtelettes en papillotes. Les poser dans un sautoir beurré; les recouvrir d'un second papier, en ayant soin d'arroser souvent avec du beurre ou de l'huile fine. Les côtelettes se servent en couronne, en évitant de défaire le papier, qui laisserait dès lors sortir le jus contenant toute sa succulence.

Brochet à la genèvoise (*Cuis. d'hôtel*). — *Formule 716.* — Garnir une poissonnière de tranches de carottes, de poivre en grains concassés, de thym, de laurier, d'un bouquet de céleri et de cerfeuil, d'oignons émincés et de clous de girofle. Poser le brochet vidé sur le gril de la poissonnière et le mettre sur les garnitures; submerger de vin et d'eau (moitié chacun), saler et mettre en ébullition; après le premier bouillon, sortir le brochet, l'écailler et l'essuyer avec un linge; lorsqu'il sera propre et blanc, le remettre à sa place pour achever sa cuisson au trois quarts; le retirer sur l'angle du fourneau. Pendant qu'il s'achève de cuire, préparer la sauce suivante :

Procédé. — Sortir de la poissonnière une petite quantité de cuisson, à laquelle on ajoutera des débris de poisson afin d'en obtenir une bonne réduction; mettre dans une casserole *cent vingt-cinq grammes* de beurre frais et *deux cuillerées* de farine avec une petite cuillère en bois, remuer et laisser cuire sans la laisser roussir, mouiller avec la réduction préparée; faire un appareil mirepoix à blanc, dans une casserole (sans jambon), l'ajouter à la sauce avec deux ou trois jaunes d'œufs, *deux cents grammes* de beurre frais de premier choix et deux ou trois anchois dessalés et passés au tamis; passer à l'étamine et servir dans les saucières. Le brochet dressé sur un plat à poisson doit être entouré par groupes alternés, de petites pommes de terre, d'écrevisses et de persil frais.

Remarque. — On trouve dans certains ouvrages de compilation que la sauce genèvoise est rouge. Certes, ceux-là, et ils sont nombreux, n'ont jamais connu la sauce au vin que l'on fait à Genève pour le poisson, et ils ignorent que les crus du canton de Genève sont presque tous des vins blancs, lesquels ont servi les premiers à cuire les poissons du Léman et à faire la sauce à la genèvoise.

Brochet à la béchamelle (*Art d'acc. les restes*). — *Formule 717.* — Avec le restant de brochet, de la veille ou du déjeuner, lorsque les morceaux sont suffisamment grands pour en former des petits débris de la grosseur d'une noix sans arêtes, on les met dans une béchamelle fraîche et on en garnit soit des timbales, soit des vol-au-vent, ou l'on peut encore les dresser dans des bordures couronnées de croûtons frais.

Le plus pratique pour les restaurants est de le servir dans les *croustades Artruc*, qui peuvent en même temps servir de garniture ou de hors-d'œuvre.

Brochet en salade. — *Formule 718.* — Le brochet étant cuit, on le désosse en conservant les morceaux d'une égale grandeur; ajouter des filets d'anchois et de harengs, coupés par carrés longs, des câpres et des ciboules; assaisonner et laisser reposer la salade une demi-heure avant de la servir.

Brochet à la menthe (*Cuis. bourgeoise*). — *Formule 719.* — Couper par tranches un brochet après l'avoir nettoyé dans la règle. Hacher quelques oignons et les cuire à blanc dans du beurre frais; ajouter le brochet. D'autre part, on aura fait réduire aux trois-quarts trois décilitres de vin blanc sec avec la menthe hachée, ajouter la réduction dans la casserole au brochet et ajouter encore un verre de vin blanc et un peu de sauce allemande; lier la sauce avant de servir le ragoût, que l'on saupoudre avec de la menthe hachée.

Brochet au raifort (*Cuis. alsacienne*). — *Formule 720.* — Il se fait de deux manières : l'une consiste à cuire le brochet au court-bouillon et à le servir accompagné d'une sauce au raifort; l'autre consiste à trancher le brochet et à le déposer dans une casserole garnie d'un mirepoix maigre et cuit à blanc, arrosé de vin blanc sec et d'eau jusqu'à submersion; le soumettre à l'ébullition jusqu'à parfaite cuisson. Faire cuire à blanc une cuillerée de farine dans du beurre frais, mouiller avec le liquide du poisson; lier la sauce et la passer, ajouter alors du raifort finement râpé et du beurre frais, plonger les tranches de brochet et servir en forme de ragoût, en envoyant à part des pommes de terre au naturel.

Brochet à la crème aigre (*Cuis. de campagne*). — *Formule 721.* — Marquer dans un sautoir beurré des tronçons de brochet, leur faire prendre couleur, les mouiller à moitié hauteur avec de la crème aigre; garnir d'un bouquet de persil, de poivre en grains, de sel, d'un oignon clouté et de fragments de thym. Couvrir et faire réduire à petit feu; ajouter de la crème fraîche et faire réduire de manière à ce que la crème constitue une sauce parfaitement liée. Sortir le brochet dans une timbale en argent, passer la sauce à l'étamine ou à la passoire, saucer les tranches de brochet et couvercler la timbale pour servir.

Pain de brochet à la reine (*Cuis. de pâtissier*). — *Formule 722.* — Les nombreux ouvriers qui ont travaillé chez Husson, *A la Milanaise*, boulevard des Italiens (Paris), se rappellent sans doute de ce mets exquis (dont la recette était gardée secrète), que l'on servait à cette époque sur toutes les tables du grand monde, et qui contribua à faire la fortune du successeur de Bourdon.

Employer :

Brochet sans arêtes	grammes	500
Farine fine	—	300
Œufs frais	nombre	8 à 10
Crème au lait	litre	3/4
Épices et sel.		

Procédé. — Piler dans un mortier le poisson, lui ajouter par intervalles un œuf entier, un peu de farine et de la crème (cet appareil doit rester liquide); assaisonner de haut goût et passer au tamis; essayer alors l'appareil en le faisant pocher au bain-marie, s'il n'était pas assez ferme y ajouter des œufs; de la crème si le pain est trop ferme. Beurrer fortement un moule bas de forme, cannelé ou uni; verser l'appareil dans le moule et le mettre dans un sautoir, au fond duquel on aura mis des liteaux de bois ou deux baguettes de fer pour éviter que le moule ne touche le fond du sautoir; mettre de l'eau dans le sautoir et faire cuire ainsi au bain-marie (sans laisser bouillir) le moule recouvert d'un papier beurré. Le pain doit sortir à l'instar d'une crème royale, c'est-à-dire comme un pain moelleux et sans yeux. Pendant la cuisson, on procède à la sauce suivante :

Cuire à blanc, dans une casserole, un peu de farine dans du beurre très frais; arroser avec du jus de champignons frais, un peu de court-bouillon de poisson au vin blanc, ajouter un coulis d'écrevisses: lier la sauce en la conservant de préférence un peu liquide, rougie par l'effet naturel des écrevisses; ajouter encore en dernier lieu du beurre d'écrevisses frais et y joindre les bisques de trente écrevisses.

Dresser le pain, qui doit être d'une blancheur immaculée, au centre d'un plat rond et creux, et saucer autour; décorer le centre superficiel du pain d'un champignon tourné entouré de bisques rouges.

Remarque. — Ce pain a pris des noms divers par l'adjonction de différentes garnitures; mais, toutes les assimilations hors les poissons ne me paraissant pas en harmonie, tant sous le rapport de l'hygiène que sous celui du goût et de l'art, je me dispense d'en donner les formules, qui d'ailleurs ne sont que des amalgames peu engageants.

BROCHETON, *s. m.* All. *kleiner Hecht;* angl. *young pike;* ital. *lucceto.* — Le fils légitime du vorace brochet. (Pour son application culinaire voir *Brochet.*)

BROCHETTE, *s. f.* — Petite broche de fer qui maintient les grosses pièces de viande en se fixant dans un trou de la broche principale. Broche servant à faire rôtir les petites pièces de gibiers, de rognons, de poissons: brochette d'éperlans, d'alouettes, etc. Attelet qui sert à réunir ensemble des menus poissons, des petits morceaux de viandes ou des petits oiseaux.

BROCOLI, *s. m.* All. *Spargelkohl;* angl. *borecole;* ital. *broccoli*, d'où vient son étymologie de *brocco*,

Fig. 251. — Brocoli branchu.

qui signifie rejeton de choux en forme de broche pointue. — Chou de la variété des choux-fleurs,

Fig. 252. — Brocoli blanc hâtif.

qui croît en hiver dans les pays chauds; il pousse en rameaux séparés au lieu de se réunir en rameaux serrés comme le chou-fleur ordinaire. Ses branches, tendres et longues, sont quelquefois d'une couleur jaunâtre ou violette; la sapidité de ce chou plaît en général à tout le monde, il apparaît d'ailleurs dans une saison où les végétaux frais font défaut dans l'alimentation.

On le mange en sauce, au gratin, en salade, à la crème, etc. (voir *Chou-fleur*).

BROCCIO, *s. m.* — En Corse, on fabrique le *broccio*, fromage blanc, très fin et très estimé des habitants du pays; il s'en fait une grande consommation à Ajaccio et dans ses environs.

BROU, *s. m.* (*Drupa, culloca, virida nucis putamen*). — On donnait autrefois ce nom à l'enveloppe demi-charnue qui recouvre le fruit du noyer. Aujourd'hui, ce mot étant devenu générique, il s'applique à toutes les enveloppes charnues ou peleuses qui entourent les noyaux osseux et solitaires, tels que ceux de l'amandier, du pêcher, du cerisier, etc.

Brou de noix (*Liqueur*). — *Formule 723.* — Employer :

Noix tendres non mûres	kilogram.	3
Sucre blanc concassé	—	2
Cannelle du Ceylan	grammes	700
Macis	—	7
Eau de cerises à 50 degrés	litres	8

Procédé. — Faire infuser pendant six semaines dans un grand bocal, avec du vin, les noix pilées au mortier, la cannelle et le macis. Clarifier le sucre sur le feu avec une quantité suffisante d'eau. Mélanger le tout et, après un mois, décanter la liqueur si le dépôt est parfait; dans le cas contraire, filtrer et mettre en bouteille.

Autre manière (*Noix entières*). — *Formule 724.* — Employer :

Noix vertes pilées	kilogram.	2
— entières	—	2
Muscade râpée	grammes	4
Clous de girofle	—	4
Eau de cerise à 50 degrés	litres	8

Procédé. — Faire fondre le sucre dans une petite quantité d'eau et mettre le tout dans un petit tonneau, y compris les petites noix entières; laisser infuser pendant deux mois. Décanter par le bondon d'en haut de manière à conserver le dépôt. Sortir ensuite les noix entières, les laver et les remettre dans le ratafia; les mettre alors, avec la liqueur, dans des bocaux bien fermés ou dans des bouteilles à large goulot.

HYGIÈNE. — Cette liqueur, à la portée de tout le monde à la campagne, est une des rares inoffensives (parmi la classe des alcools); prise avec modération, elle est stimulante et digestive. Elle joint à ces qualités l'avantage du bon marché, les noix ne coûtant que la peine de les ramasser sous les noyers au moment de leur chute.

BROUET NOIR, *s. m.* All. *schwarze Suppe;* angl. *black broth;* ital. *brodetto*, de *brodo;* esp. *brodio*, du bas-latin *brodium*, *brodum;* irland. *broth*, de l'ancien haut-all. *brod;* gaël. *brod*, de l'anglo-saxon *brodh*, qui est une diffusion de la langue celtique.

Le *brouet* était une sorte de ragoût servant à la fois de potage, de mets et d'entremets; les traces les plus frappantes de cet aliment peu délicat sont le *carbonnade* du Nord et l'*Irish-Stew* de la Grande-Bretagne; on pourrait y ajouter le ragoût de mouton. De récentes recherches dans les documents grecs d'Athènes m'ont démontré qu'il y avait dans l'origine plusieurs sortes de *brouet;* mais le *noir*, mieux que tous les autres, réunissait les qualités d'hygiène acceptées à cette époque héroïque par Lycurgue, qui le choisit pour aliment national des Lacédémoniens.

La viande coupée par morceaux et carbonisée, et les grains torréfiés étaient cuits ensemble avec de l'eau, du vinaigre, des légumes et des plantes aromatiques et amères, ce qui, joint aux parties calcinées des viandes, lui donnait par la cuisson un aspect noirâtre et huileux, un goût insipide et amer.

On sait par Plutarque, qui le rapporte, que le tyran Denys, désireux d'essayer du fameux brouet noir, se procura un cuisinier lacédémonien; le cuisinier confectionna le brouet, mais le prince fit la grimace en le goûtant. « Prince, lui dit alors le cuisinier, il faut, avant de manger le brouet, avoir exercé son corps comme les Spartiates et s'être baigné dans l'Eurotas. »

BROUILLER, *v. a.* All. *vermischen;* angl. *to mix up;* ital. *imbrogliore*. — L'étymologie est alimentaire et non politique; la série des sens qui se rattachent à ce mot signifient bourgeonner, surgir, pousser; remuer et troubler.

Brouiller des œufs avec du sel, du poivre, des truffes, des champignons, du jambon, etc.; mélanger en agitant, en remuant pendant la cuisson.

BROUILLY, *s. m.* — Se dit des vins du cru de ce nom sans distinction de plan, Beaujolais ou Mâconnais.

BROYEUR, *s. m.* — Machine à broyer les grains, les amandes, etc. Se dit aussi de celui qui broie.

Dans la pâtisserie et la confiserie, on a créé un appareil pour broyer les amandes, pistaches, vanille, pralines, ainsi que toutes substances devant être réduites en pâtes. Le système que nous recommandons est celui de G. Caveng, à Arras. Dans une demi-heure on obtient le travail d'une journée d'homme.

BRUANT, *s. m.* (*Emberiza*). — Terme générique désignant les oiseaux bruantins du genre et de l'ordre des paresseux et de la famille des conicostres. Ce sont des petits oiseaux dont le chant est monotone, mais dont la chair, pour la plupart, est très délicate. Ce genre renferme, outre les bruants proprement dits, les ployers et les ortolans.

BRUGNON, *s. m.* — Variété de pêches importée des plaines de Damas à Pavie, où elles jouirent d'une longue réputation; plus tard, elles furent apportées en France par les Bourguignons, qui les appelaient *breugnon;* les Italiens prononcent *brugnolo* ou *brugna;* mais c'est de *prugna*, dérivé du latin *prunus*, que vient, par diffusion, l'étymologie.

Abricot-pêche à peau lisse enveloppant une chair ferme et adhérente au noyau; moins succulent que les autres variétés d'abricot et moins digestible étant cru; mais plus propre à l'usage culinaire dans la confection des gelées, confitures, etc. (Voyez *Abricot*.)

BRUGUET, *s. m.* (*Agar. prourus*). — Se dit vulgairement du bolet comestible, également appelé *parasol couleuvré, grisette*, etc.

BRÛLURE, *s. f.* All. *Brandwunde;* angl. *scald;* ital. *scottatura*. — Les brûlures sont les lésions des tissus désorganisés par le contact des corps corrosifs, tels que le feu, les liquides bouillants, les corps solides et chauds, les acides, les alcalis et les caustiques.

Dans les cuisines, c'est avec des eaux chaudes, des fers chauds et plus souvent avec des liquides gras qu'on se brûle; tous les liquides en état d'ébullition n'ont pas la même action sur nos tissus; cela se comprend, puisque la température de chacun d'eux est différente. L'eau bouillante et le lait brûlent moins qu'une simple soupe; les brûlures produites par le bouillon, les jus, les sauces et les ragoûts sont en général plus malfaisantes, mais moins redoutables que celles occasionnées par l'huile chaude, les fritures et les roux. En effet, l'eau à *cent* degrés est en ébullition; la friture fumante, selon le genre, a de *deux cents à deux cent cinquante* degrés; le roux et l'huile peuvent avoir jusqu'à *trois cents* degrés, c'est-à-dire deux fois plus chaud que l'eau en ébullition.

Le premier soin à donner aux brûlures est l'application immédiate de pommade camphrée, de râpure de pomme de terre crue ou de gelée de groseille.

Voici une préparation que l'on peut également employer :

Formule 725. — Employer :

Huile d'amandes douces	grammes 100
Eau de chaux	— 90

Procédé. — Agiter vivement et laisser reposer, enlever la crème superficielle, la coucher sur un linge ou de la ouate et envelopper la plaie.

Si l'on n'a pas à sa disposition les substances nécessaires, on peut faire usage du baume tranquille, d'un mélange d'huile d'olive avec un dixième d'essence de térébenthine et d'eau, dans laquelle on met une forte proportion d'alun pulvérisé.

BRUM, *s. m.* — Boisson très usitée parmi les classes travailleuses des Indes orientales; elle est préparée avec du riz et a une couleur rougeâtre.

BRUNE, *s. f.* — Les pêcheurs désignent par ce nom vulgaire un poisson du genre labres.

BRUNFAUT. — Célèbre modeleur français, très connu à Berlin par ses travaux de modelage culinaire.

Né le 21 mai 1821 à Milan et mort à Berlin le 18 août 1881. Son père, ancien officier français, était modeleur; il lui fit apprendre son état dans l'une des premières maisons de Paris; après la Révolution de 48, Brunfaut alla travailler à Berlin, comme ornementaliste, pour les grandes fabriques d'argent et de bronze, où il ne tarda pas à se distinguer. Les cuisiniers de la Cour (Dubois et Bernard) l'occupèrent pendant longtemps pour le décor des pièces montées, dont quelques-unes ont fait le plus bel ornement de la *Cuisine classique*. Brunfaut, dont l'imagination était féconde, ne s'occupa dans ses dernières années que de cuisine. Mais la récompense n'a pas été à la hauteur du mérite de l'artiste, qui n'a pas été mentionné une seule fois par ceux qui profitaient de ses travaux. Les cuisiniers allemands, dans une exposition culinaire, lui offrirent une étagère en argent en reconnaissance de son talent, étouffé et méconnu jusqu'alors.

En plaçant son nom dans ce livre, nous ne faisons que rendre hommage à la mémoire d'un grand artiste et à celle de ses trois fils cuisiniers.

BRUNOISE, *s. f.* — La brunoise proprement dite est la garniture de légumes qui entre dans la composition du potage ou qui garnit une viande quelconque. *Quenelle à la brunoise*, qui contient dans le centre une garniture brunoise; purée de pois à la brunoise, etc., mais plus particulièrement connue sous le nom de *potage à la brunoise*, et n'est pas une *soupe* comme le veulent certains royaux compilateurs.

Brunoise. — *Formule 726.* — Tailler en petits dés la pulpe de carottes nouvelles (de la finesse de la taille dépend la perfection de la brunoise), de céleris, de navets, de blancs de poireaux, quelques feuilles de jeunes choux verts. Saler et sucrer légèrement les légumes; les mettre dans une casserole avec un morceau de beurre frais et les faire cuire à l'étouffée pendant dix à quinze minutes, en ayant soin de remuer souvent. Mouiller avec du bouillon passé au tamis, laisser en ébullition lente jusqu'à parfaite cuisson. Dégraisser et déposer la brunoise dans du consommé ou du bouillon chaud. Lorsqu'on veut s'en servir, on la met dans la soupière avec du bon consommé ou du bouillon. Au moment de servir, on peut y ajouter quelques petits pois cuits à l'anglaise, des pointes d'asperges, quelques feuilles de laitue ciselées, d'oseille et d'orties nouvelles.

HYGIÈNE. — Ce potage, sain et rafraîchissant, est en même temps nourrissant.

BRUSTIANA, *s. m.* — Variété de raisin de table très estimé aux environs d'Ajaccio, et que les Corses comparent aux meilleurs chasselas de France.

BUCARDE, *s. f.* (*Cardia*). All. *Herzmuscher*. — Étymologiquement de bœuf, à cause de la forme en cœur de bœuf qu'a la *bucardia*, qui est une coquille logeant un mollusque. Genre des acéphales testacés, de l'ordre des lamellibranches et de la famille des cardiacés. Les différentes espèces de bucardes habitent toutes les mers connues; mais les variétés recherchées pour l'alimentation se trouvent principalement sur le littoral de l'Océan; telles sont par exemple la bucarde sourdon, *cardium edule*, et la bucarde exotique, *cardium costatum*. La bucarde jouit d'une bonne réputation alimentaire sur les côtes du Sénégal et de la Guinée.

BUCELLAS, s. m. — Variété de vin que l'on récolte en Portugal; ce vin, très estimé dans le pays indigène, contient de dix-huit à quarante-neuf degrés d'alcool.

BUCELLOIRE, s. m. — Chez les Romains, petit gâteau qu'on mangeait d'une seule bouchée.

BUCKRO-HEAT-CAKES (*Cuis. américaine*). — Gâteau très estimé aux Etats-Unis.

Formule 727. — Employer :

Farine de sarrasin	kilogr.	1 »
Levure de bière	grammes	30
Farine de maïs	—	50
Une pincée de sel.		

Procédé. — Détremper la levure avec de l'eau tiède et la farine, laisser lever en lieu tiède jusqu'au lendemain. Pétrir la pâte avec la farine de maïs, en ayant soin de la laisser liquide comme une pâte à gaufre; lui ajouter du sucre ou de la mélasse. Chauffer une plaque de tôle, la graisser et faire tomber cette pâte par lames de dix centimètres de long sur trois ou quatre de large. Les cuire des deux côtés.

Les tribus nomades les cuisent sur des pierres chaudes.

BUFFET, s. m. All. *Speiseschrank*; angl. *buffet*; ital. *bufetto*; esp. *bufeto*. — De *bouffer*, enfler les joues par des aliments. Armoire dans laquelle on mettait la vaisselle de luxe, le linge et les services de table. Plus tard, où l'on enfermait les aliments de luxe. De nos jours, comptoir où les aliments sont déposés pour la vente. Buffet de chemin de fer, buffet de cantine, buffet de salle de bal. *Grand buffet froid :* lieu où les pièces montées, les pâtés, les gelées, les chaufroids, les galantines, etc., sont dressés avec art.

Les buffets garnis sont la plus puissante attraction du gourmet.

C'est sans doute à ce souvenir que Désaugiers disait :

> Aussitôt que la lumière
> Vient éclairer mon chevet,
> Je commence ma carrière
> Par visiter mon buffet.
> A chaque mets que je touche
> Je me crois l'égal des dieux,
> Et ceux qu'épargne ma bouche
> Sont dévorés par mes yeux.

BUFFETIER, s. m. — Celui qui dessert un buffet public; le buffetier du jardin zoologique, le buffetier du parc, le buffetier de la promenade, etc.; celui qui exploite le buffet; le restaurateur qui dessert le buffet.

BUFFLE, s. m. (*Bubalus*). — Animal du genre bœuf, originaire de l'Inde. Il a la grosseur et la force de deux bœufs ordinaires; il se laisse facilement conduire avec une corde fixée à un anneau qui lui traverse les naseaux; aux environs du fort de Kearney (Amérique du Nord), les buffles apparaissent souvent par troupes de cent à la fois. Leur chair est peu employée dans l'alimentation; cependant, avec le museau, on peut préparer un mets qui est généralement savouré par tout le monde, étant d'ailleurs susceptible de variation.

Museau de **Buffle**. — *Formule 728.* — Couper le museau d'un buffle, l'échauder pour lui enlever les poils, le faire blanchir, le cuire ensuite dans un fond de jus blanc bien condimenté. Lorsqu'il est cuit, on lui applique une sauce brune relevée qui en détermine le nom : museau de buffle à la financière, à la sauce madère, à la sauce estragon, etc. On le sert également pané, à la sauce tartare, salé ou mariné.

BUFFIÈRE-MOURGET. — La maison dont nous analysons ici les produits est une des plus respectables de la distillerie française (voir *Mourget*); on doit la placer parmi les rares qui ont eu l'honneur de livrer au public des produits sains et de premier choix; il y a là non seulement un devoir de commerce loyal, mais d'honnête citoyen; et nous ne saurions trop faire prévaloir les produits sains, sur ceux plus ou moins nocifs répandus à profusion dans le public, et qui alarment à juste raison tous les hygiénistes.

Les produits alimentaires les plus recommandables sont signalés dans cet ouvrage, afin que le public, déjà surmené par une vie fiévreuse, puisse exiger du débitant une consommation hygiénique.

Sous ce rapport, on ne saurait mieux choisir, entre autres produits recommandés, que ceux de la maison qui nous occupe : le *Bitter hollandais* (voir ce mot), et l'AMER MOURGET que nous avons analysé, est d'un goût exquis. Dans le but de lui conserver son arome en l'étendant d'eau il a une forte concentration de substances aromatiques et stimulantes des mieux réussies.

En un mot, l'*Amer Mourget* réunit toutes les propriétés réclamées par l'hygiène.

Comme toutes les maisons de ce genre, par la suppression des intermédiaires et les capitaux dont elle dispose, la maison Buffière-Mourget est à même de fournir des produits supérieurs à des prix relativement bon marché.

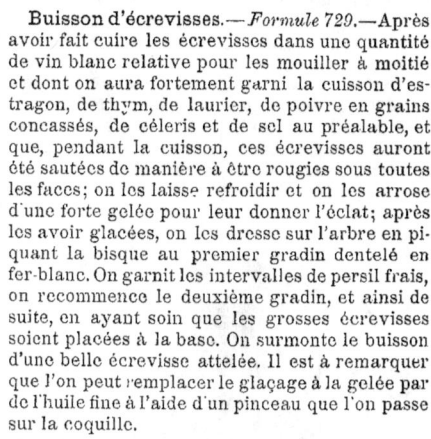
Fig. 253. — Étiquette de l'Amer Mourget.

BUGLOSE (*Buglosa*). — Plante de la famille des borraginées et de la pentandrie monoginie, du genre *anchusa officinalis*. On en mange les feuilles et les sommités tendres, cuites et accommodées avec des choux ou d'autres herbages; elle est un peu excitante; en Italie, on garnit les salades avec ses fleurs. Ses propriétés se rapprochent de celles de la bourrache, très connue dans toute l'Europe.

BUGNES, *s. f. pl.* (*Entremets frit*). — Les bugnes ont varié de formules, et la confusion des différents noms qui lui ont été appliqués plus tard me laisse dans l'incertitude de son origine. On sait cependant que c'était une pâte roulée et frite dans l'huile, égouttée et sucrée.

BUISSON, *s. m.* (*Buxus*). All. *Busch;* angl. *bush;* ital. *cespuglio* de *buscione*. — En terme culinaire, assemblage d'aliments froids ou chauds en forme de buisson et garni de persil frais pour les aliments froids et frit pour les aliments chauds.

Buisson d'écrevisses, buisson d'huîtres, buisson de crevettes, buisson de homards, buisson de langoustes, buisson de salsifis, buisson d'attéraux, etc.; tout ce qui se dresse en groupe et en forme de buisson. Il n'y a pas de buisson sans le persil imitant la verdure naturelle.

Buisson d'écrevisses. — *Formule 729.* — Après avoir fait cuire les écrevisses dans une quantité de vin blanc relative pour les mouiller à moitié et dont on aura fortement garni la cuisson d'estragon, de thym, de laurier, de poivre en grains concassés, de céleris et de sel au préalable, et que, pendant la cuisson, ces écrevisses auront été sautées de manière à être rougies sous toutes les faces; on les laisse refroidir et on les arrose d'une forte gelée pour leur donner l'éclat; après les avoir glacées, on les dresse sur l'arbre en piquant la bisque au premier gradin denteler en fer-blanc. On garnit les intervalles de persil frais, on recommence le deuxième gradin, et ainsi de suite, en ayant soin que les grosses écrevisses soient placées à la base. On surmonte le buisson d'une belle écrevisse attelée. Il est à remarquer que l'on peut remplacer le glaçage à la gelée par de l'huile fine à l'aide d'un pinceau que l'on passe sur la coquille.

Buisson de crevettes. — *Formule 730.* — Préparer un fond de plat, en pain vert au beurre de Montpellier servant de piédestal, sur lequel on place cinq gradins de pain taillés en couronne et également verts; accrocher à chaque couronne une bordure de crevettes ébarbées; faire en sorte que les couronnes soient bien garnies et surtout de la même hauteur que la longueur des crevettes; garnir la base d'aspic de homard moulé dans des petits moules à nougat, alterner les intervalles de quelques crevettes garnies de persil vert; surmonter le centre pyramidal d'un petit vase en légume sculpté garni de crevettes et soutenu à l'aide d'un attelet.

Les crevettes doivent être cuites au vin blanc fortement condimenté. Au besoin, le vin peut être remplacé par une légère addition de bon vinaigre.

Buisson de homards. — *Formule 731.* — Après avoir cuit dans la règle quatre homards, on sort les chairs cuites des bisques en ayant soin de laisser les carapaces intactes. Dresser les homards sur l'arbre à écrevisses et arrêter par un clou; poser le buisson ainsi dressé sur un pain vert au beurre de Montpellier, suffisamment large et haut pour que les pinces soient entièrement suspendues. Décorer le bord supérieur du pain avec de la gelée, les intervalles de homard avec du persil et la base du pain avec les tranches de homard. Surmonter la pyramide d'un attelet garni et servir une sauce froide à part, soit remoulade, tartare, ravigote ou mayonnaise. Passer le pinceau huilé sur les carapaces, qui doivent être d'un rouge écarlate.

Buisson de sucre filé. — Dans son remarquable travail sur le sucre filé (voir ce mot) notre ami A. Landry, membre de l'*Académie de cuisine*, a démontré ses procédés pour le travail du sucre que nous reproduisons au mot *Fleur* (voir ce mot).

Fig. 251. — Buisson de sucre filé sur socle de sucre blanc sculpté.

Au nombre de ses pièces, figure un buisson de sucre filé garni de roses et de fleurs, le tout sur un socle taillé dans un pain de sucre blanc.

Pour le procédé, voir les formules *Sucre*, *Fleur* et *Feuilles*.

Buisson interocéanique. — *Formule 732.* — Comme son nom l'indique, ce buisson doit être composé de crustacés et de mollusques de tous les océans; tels, par exemple, les homards, les langoustes, les crevettes, les crabes, les écrevisses, les bucardes, les huîtres, etc. Ce buisson doit être d'une grandeur excessive et monté sur gradins au nombre de douze à quinze, formant en tout une hauteur d'un mètre et demi environ, dont l'arbre central fixé à un mécanisme tourne sur lui-même et présente aux convives le choix varié des nombreux astaques et crustacés qui le garnissent.

Ce buisson doit être décoré avec art, et le classement des aliments par groupes doit être embelli de sujets marins. Placé sur la table centrale du festin ou à l'axe des boulevards du banquet, il n'est guère usité que pour les buffets, les bals ou les grands banquets. Le luxe de l'ornement de ce gigantesque buisson étant une des premières conditions de sa splendeur, tous les soins et le bon goût sont réclamés de la part de l'artiste, qui peut d'ailleurs donner à ce genre de buisson le caractère significatif du banquet ou du festin pour lequel il est destiné.

Buisson à la marinière. — *Formule 733.* — Après avoir fait un dôme de pain vert haut d'environ trente centimètres, on le pique par rangées d'attelets garnis d'écrevisses et de crevettes en diminuant la grosseur à sa sommité. La base est garnie d'aspic de homards, et les intervalles des garnitures d'une bordure de gelée et de persil; la pyramide est surmontée d'un attelet garni.

Remarque. — Les buissons de friture, lorsqu'ils sont composés de morceaux longs tels que les salsifis, se dressent debout sur une serviette et appuyés sur un croûton de pain également frit, surmonté et bordé d'une couronne de persil frit.

BULBE, *s. f.* All. *Zwiebel;* angl. *bulb;* ital. *bulbo*. — Terme botanique et culinaire. Oignon ou racine tuberculeuse de certaines plantes, telles que carottes, oignons, etc. En terme d'anatomie, s'écrit au masculin.

BUMUM, *s. m.* (*Buncœ*). — Variété de haricot que l'on récolte dans les pays méridionaux. Ce légume, très nourrissant, est d'une digestion difficile.

BUNION, *s. m.* — Plante ombellifère, dont une espèce, commune dans les bois humides, porte une bulbe grosse comme une châtaigne, et qui est d'un assez bon goût, quand elle est cuite.

BUNS (*Se prononce bance*). — Gâteau très estimé en Angleterre, et dont la formule est la suivante :

Formule 734. — Employer :

Farine tamisée	kilogr.	1,500
Levure de bière	grammes	25
Beurre fin	—	750
Sel marin pilé	—	25
Sucre en poudre	—	75
Raisin de Corinthe	—	50
Écorce d'orange confite en dés	—	125
Écorce de citron en dés	—	125
Écorce de cédrat	—	30
Œufs frais	nombre	5
Lait frais	litre	1

Procédé. — Faire dissoudre la levure dans un décilitre de lait chaud à soixante-dix degrés maximum, en faire le levain avec un peu de farine et le mettre en lieu tiède pour lui faire doubler de volume. D'autre part, mettre dans une terrine le restant de la farine; faire la fontaine et y ajouter du lait tiède, le sel, le sucre et pétrir. Laisser reposer un instant et pétrir de nouveau en lui additionnant du lait et les œufs un à un, en travaillant comme pour la brioche (voir ce mot). Lorsque le levain est pris, l'ajouter à la pâte avec les raisins et les écorces taillées en petits dés. On divise alors la pâte par morceaux de trente grammes environ, les mouler en demi-pomme sur des plaques d'office légèrement beurrées. Les laisser lever en lieu tiède jusqu'à ce qu'ils aient doublé de volume. On les dore et on les fait cuire dans un four chaud.

Remarque. — En Angleterre, où on excelle dans l'art de faire les *buns*, on les fait lever dans une étuve à gaz, sur laquelle on pose une bassine d'eau. Cette température humide semble être la condition essentielle de sa réussite.

BURE, *s. f. (Terme de pêche).* — Sorte de masse que les pêcheurs de la Seine mettent au bout de leurs guideaux. On l'appelle aussi *bire* et *bouteille*.

BURGES, *s. p. (Vins des).* — Cru de l'Ermitage, dans le Dauphiné (France). Le rouge est un vin de première classe.

BURGERMEISTERLI, *s. m.*; de *burgermeister*, bourgmestre et *li* en idiome bâlois, qui, par diminutif, signifie *petit bourgmestre*. — Liqueur qu'un bourgmester de Bâle composa vers 1815. C'est une eau de cerise distillée avec de l'anis; ce qui en fait une boisson analogue à l'absinthe.

BUSÉGA, *s. f. (Cuis. italienne).* — Soupe très estimée à Venise, à Florence et à Milan.

Formule 735. — *Procédé.* — Faire blanchir environ cinq cents grammes de gras-double de veau, le tailler par petits filets longs de cinq centimètres et aussi fin que possible. Mettre dans une casserole du lard coupé en petits dés, un oignon et le blanc d'un poireau; les rendre tendres par la cuisson; ajouter le gras-double, saupoudrer avec une cuillerée de farine et, un instant après, mouiller avec un litre d'eau et autant de bouillon. On peut y ajouter deux queues de veaux que l'on coupe par petits tronçons. Faire cuire à petit feu pendant quinze minutes, lui ajouter alors deux ou trois tomates débarrassées de leur peau et de leurs pépins, puis coupées par tranches; un quart d'heure avant de servir, ajouter un demi-chou de Milan, des bourgeons de brocoli et une quantité relative de petits pois, pour faire une soupe épaisse à l'instar de la *minestra à la milanaise*. Lorsque tout est cuit on sert dans une soupière.

BUTYRIQUE, *adj.* — Acide huileux, fétide, corrosif, qui résulte du rancissement du beurre, du lard et de quelques autres décompositions organiques.

BUVABLE, *adj.* — Toute boisson potable. Les différentes boissons naturelles et fermentées étant traitées dans le cours de cet ouvrage, je laisse aux gourmets le soin de déguster les vins et au poète naturaliste des *Voyageurs de la Comédie-Française* celui de faire ressortir le caractère des peuples d'après les boissons :

J'ai le tact sûr; je juge, en courant les chemins,
L'esprit des nations par l'esprit de leurs vins.
Aussi, lorsque je vois pétiller dans un verre
Une liqueur vermeille, étincelante et claire,
Soudain, je mets en note et je conclus au goût
Un peuple impétueux, ardent, extrême en tout.
Le Français ressemble à son vin de champagne.
Le vin du Rhin parcourt les cercles d'Allemagne;
Il est épais et lourd : l'Allemand est cité
Pour son flegme apathique et sa stoïcité;
J'ai du peuple espagnol goûté le caractère
Au malaga sucré dont il se désaltère;
Le Turc dans son harem savoure le café :
Il est voluptueux, indolent, échauffé;
Le sang de l'Africain dans ses veines circule
Plus inflammable encore que le rhum qui le brûle;
L'analogie est sûre et ne trompe jamais.
Le talent d'observer appartient aux gourmets.

BUVETTE, *s. f.* All. *Trinkstube;* angl. *refreshment room;* ital. *beveria.* — Se dit d'un petit cabaret situé près d'un établissement principal, la buvette de l'Hôtel, du Palais, du Château, etc. Le buffet est plus particulièrement appelé à desservir des aliments consistants; au contraire, la buvette est un comptoir où l'on vend principalement du liquide.

En thérapeutique, on appelle également buvette le lieu installé pour boire les eaux minérales et thermales. Dans ce cas, la buvette doit être établie sur la source même, afin que l'eau y soit puisée et ingérée naturelle.

BUZET, *s. m.* (*Vin de*). — Se dit des vins de ce cru, situé dans l'Alénois (Lot-et-Garonne). Vin blanc de deuxième classe.

BYRRH, *s. m.* — Nom d'une boisson tonique et apéritive, dont la fabrication est la propriété exclusive de la maison Violet frères, de Thuir (Pyrénées-Orientales), dont MM. Simon Violet aîné et Cie sont les seuls successeurs. (Voir l'article *Apéritif* de ce *Dictionnaire*.)

Cette importante maison, dont la fondation remonte à l'année 1866, s'est d'abord adonnée au commerce des vins fins de Roussillon, d'Espagne et de Portugal, et n'a pas tardé à y exceller.

Le dépôt de la marque « Byrrh » au vin de Malaga a été effectué en 1873.

La fabrication de cette spécialité, tous les jours plus répandue, comporte une installation matérielle et un trafic des plus considérables.

Les vins servant à la préparation du « Byrrh », comme d'ailleurs tous les vins fins d'Espagne et de Portugal qu'exploitent depuis longtemps, d'une façon toute spéciale, MM. Simon Violet aîné et Cie, sont tous directement achetés à la propriété par le personnel des comptoirs d'achat de Malaga, paseo de la Alameda, 44, et Tarragona, calle Castanos, 6.

Au moment de la récolte, ce personnel visite avec soin les meilleurs crus de l'Espagne et du Portugal, achetant les raisins frais et les vendangeant sur place, pour s'affranchir absolument de toute fraude dans la vinification.

Fig. 255. — Bouteille du byrrh.

Pour le dire en passant, la plus grande partie des immenses réserves de la maison a été ainsi vendangée par elle et sous son contrôle.

Ces vins sont d'abord reçus et soignés dans les chais qui dépendent des succursales de Malaga et de Tarragona. Ils sont plus tard expédiés aux entrepôts de Port-Vendres, qui sont comme leur étape intermédiaire entre le pays de production et les magasins de Thuir. Une véritable flottille de voiliers est occupée l'année entière à ce trafic considérable.

Ce n'est qu'après un séjour prolongé dans ces Entrepôts que ces vins arrivent dans les magasins de Thuir.

Ces chais, déjà très étendus, couvraient environ vingt mille mètres carrés; au moment où nous écrivons, ils reçoivent un agrandissement, commandé par la prospérité croissante de la maison, qui portera à cinquante mille mètres carrés, environ, la surface totale occupée par la maison de Thuir.

C'est dans ces vastes locaux que s'accumulent par quantités colossales les réserves de « Byrrh » et de vins fins de toute origine, destinés à vieillir et à se bonifier avant d'être livrés à la clientèle.

On voit quelles sont les ressources et la manière d'opérer de la maison Simon Violet aîné et Cie, et l'on comprend sans peine le succès légitime de ses efforts.

La spécialité de cette maison, d'une incontestable supériorité hygiénique, est devenue une boisson classique et a pris rang, depuis bien des années, parmi les marques françaises les plus estimées.

Sa place était marquée d'avance dans la série des boissons *utiles;* la maison Simon Violet aîné et Cie a su le comprendre et s'imposer tous les sacrifices que comportait l'amélioration constante et progressive d'un produit que nous recommandons chaudement à nos lecteurs.

UN MOT AU LECTEUR

En terminant ce premier volume, je tiens à remercier mes nombreux souscripteurs, qui ont fait preuve de patience ; je puis leur assurer que les volumes qui feront suite paraîtront sans interruption, tous les sacrifices ayant été faits pour mener à bonne fin ce code de Cuisine hygiénique.

Je dois aussi rectifier un passage de ma préface : contrairement à ce que je prévoyais, la nécessité de compléter les explications par des figures s'est imposée, et il a fallu élargir le cadre de l'œuvre en l'enrichissant d'illustrations, qui la complètent et la placent hors concurrence avec les ouvrages de cuisine parus jusqu'à ce jour.

Je n'ai pas craint de mentionner les principaux producteurs de notre époque, persuadé que l'histoire politique ne fera rien pour ceux qui se vouent à la recherche ou au perfectionnement des produits alimentaires, qui constituent cependant la base du bien-être d'une nation.

Le tableau synoptique ajouté à ce livre d'alimentation, où les produits se trouvent échelonnés par groupes de propriétés, permet à chacun de choisir, à première vue, les aliments qui lui conviennent, et de découvrir toutes les ressources nécessaires à la composition d'un menu approprié au régime qu'il doit ou devrait suivre.

Tous les auteurs et collaborateurs que j'ai cités sont indiqués dans la liste ci-après, chose qui n'a pas été faite par la plupart des auteurs culinaires contemporains, lesquels, après avoir plagié leurs maîtres, n'ont jamais eu sous leur plume une seule mention à leur adresse.

Dans le cours de cet ouvrage, on trouvera autre chose que de la gloutonnerie et de la cuisine littéraire, et ce n'est pas la moindre tâche que celle de classer les aliments, d'en analyser les effets et les propriétés ; à notre connaissance, il n'est pas, croyons-nous, d'auteur de Traité de cuisine pratique qui se soit placé sur le terrain scientifique ; au grand détriment du goût et des effets hygiéniques les mélanges des produits naturels sont faits au hasard, sans connaissance des substances employées, et forment souvent les plus hétérogènes macédoines que l'on puisse imaginer.

Malgré les immenses ressources dont dispose la science contemporaine, il eût été aussi impossible au médecin hygiéniste de traiter à fond la cuisine pratique, qu'au cuisinier de parler science.

D'autre part, un livre, dans lequel on aurait accepté et cousu ensemble des articles divers de nombreux auteurs et collaborateurs, eût été un habit d'arlequin sans maître. Ici, ce n'est point le cas : d'un bout à l'autre de l'ouvrage règne une même doctrine, une même pensée et un même but : *la cuisine hygiénique*, œuvre entièrement nouvelle, en harmonie avec les tendances, les aspirations du siècle et que l'auteur revendique comme sienne.

L'accueil fait par la société éclairée à cet ouvrage dès l'apparition des premiers fascicules, et les encouragements de nos confrères de la Presse scientifique, me donnèrent un stimulant nouveau ; quant à mes autres collègues, les cuisiniers, deux opinions différentes les divisèrent en deux camps bien distincts : les intelligents, les plus nombreux, marchant avec le progrès, et les routiniers, rétrogradant. Les premiers furent mes chaleureux partisans; des seconds, je n'en parlerai pas. L'évolution de la cuisine savante, se substituant à la cuisine ignorante, fut le point de départ d'une émulation sans précédent dans les annales de la cuisine : ce fut le signal du triomphe poursuivi depuis vingt ans, et qui se termine par l'œuvre à laquelle j'ai voué mon existence.

Enfin, parmi toutes les difficultés et les déceptions suscitées par la pénible et coûteuse exécution de ce travail, il m'est cependant échu une bonne fortune, celle d'avoir trouvé un précieux concours chez mon secrétaire particulier, ma jeune femme, Clémence, née DE LACOUR, qui s'est mise courageusement à la tâche pour me seconder. C'est à sa plume que sont dus certains articles, entre autres : *Algérie, Alimentation des enfants, Biographie de Bénard*, et beaucoup de notices qui constituent une véritable attraction pour les lectrices de cet ouvrage. Je tiens à rendre ici un témoignage public à cette dévouée collaboratrice.

Paris le 30 mai 1889
J. Favre

NOMS DES COLLABORATEURS ET AUTEURS CITÉS DANS LES LETTRES A ET B

Aicard (J.), poète.
André (J.), littérateur.
Barbier-Duval, *l'Art du Conf. mod.*
Bénard (Ed.), *Corr. de l'Ac. de cuisine.*
Béranger, poète.
Berchoux (J.), poète.
Berthoud (H.), *Charcuterie pratique.*
Bible anc. et Nouveau testament.
Boileau, poète.
Boijolin, poète.
Bonnejoy (D^r), *Cuis. végétarienne.*
Boucher, poète.
Brillat-Savarin, *Phys. du goût.*
Brissonnet, chimiste.
Brouardel, D^r en médecine.
Carême (A.), *la Cuis. franç. au XIXe s.*
Cazanove (de), prop. de champagne.
Chevreul, Acad. des sciences.
Cicéron, consul romain.
Dabry, orientaliste.
Decaisne, D^r en médecine.
De La Madeleine, poète.
De La Porte (D^r), *Hygiène de la table.*
Delille, poète.
Deroy, ingénieur civil.
Désaugier, poète.
Diogène, philosophe.
Douliot, naturaliste.
Dubox, poète.
Dumas (J.-B.), Acad. des sciences.
Dumas (A.), littérateur.
Dunonteil (F.), littérateur.
Durin (E.), *Ann. de la distillerie.*
Erasme, philosophe.

Fick (Dr A.), professeur de physiologie.
Fonssagrives (D^r), *Dict. de la santé.*
Frébault (D^r), député.
Garde (J.), Acad. de cuisine.
Goltz (comte de), général.
Gouffé (J.), *Livre de pâtisserie.*
Grellety, D^r en médecine.
Hanni (L.), prés. de l'Acad. de cuisine.
Horace, poète latin.
Huguet, D^r en médecine.
Husson, *Les Épices.*
Jean de Milan, *École de Salerne.*
Kannengieser, président de la Chambre synd. des cuisiniers de Paris.
Laborde, D^r en médecine.
Lacomme, confiseur.
Lambert (de Saint-), poète.
Landry (A.), *Art de filer le sucre.*
Larousse (P.), *Gr. Dict. du XIXe siècle.*
Lenglebert, D^r en médecine.
Lépy, *chef*, grand café de la Paix.
Letheby (D^r), prof. de chimie.
Littré (É.), *Dict. de la langue franç.*
Lombard D^r, *Cuisinier et Médecin.*
Marié-Davy, D^r de l'Observatoire.
Meinet, *Journ. d'hygiène.*
Meinert, D^r en médecine.
Méry, poète.
Monin (E.), D^r en médecine.
Mousolet (Ch.), littérateur.
Morard (M.), *Secrets de la cuis. décoilés.*
Moreau, poète.
Musset (Alfred de), poète.
Olagnier, *Dict. des aliments.*

Ozanne (A), *Poésies gourmandes.*
Parkes, D^r en médecine.
Pastel (A.), cuisinier poète.
Pasteur, *La Bière.*
Payen, prof. de chimie.
Périé (G.), poète.
Pettenkofer, professeur.
Pictra Santa (D^r de), *Journ. d'hygiène.*
Playfort (D^r), professeur.
Portes et Fuyssen, *La Vigne.*
Proteau (F.), poète.
Puller (P.), *Manuel du Brasseur.*
Raspail (V.-F.), *Manuel de la santé.*
Rêné et Lierset, *La Pêche.*
Ripouteau (A.), cuisinier.
Roinard (P.), poète.
Roret, *Dist. pratique.*
Rousseau (J.-J.), philosophe.
Smith (Ed.), D^r en médecine.
Soubeirant, chimiste.
Vétuve, historien.
Vigouroux (D^r), *Tablettes du docteur.*
Vilmorin Andrieux {*Plantes potagères, Les meilleurs blés.*}
Virlet d'Aoust, naturaliste.
Weslicenus, prof. de chimie.
Wurtz, *Dict. de chimie.*

ARTISTES

Bertrand, graveur.
Blatter (V.), dessinateur.
Boulena, graveur.
Lévesque (C.), dessinateur.
Pille (H.), dessinateur.
Vildieu, dessinateur.

TABLEAU SYNOPTIQUE
DES PRODUITS MENTIONNÉS DANS LES LETTRES A ET B

ALIMENTS MÉDICINAUX, EAUX MINÉRALES ET CLIMATOLOGIE

Emménagogues.	Pages		Pages		Pages	Eaux minérales et climatologie.	
		Beccabungua	254	Béchamelle	257		
Absinthe	5	Bouillon (Form. 665)	400	Beef-tea (Form. 316)	258		Pages
Armoise	168	**Fébrifuges.**		Begonia	258	Achselmannstein	18
Aurone	193	Alkekenge	81	Benafouti	266	Aci	18
Balanus	213	Apiol	137	Bette à carde	271	Aqua acidula	20
Résolutifs.		Bacile	209	Biscottes	311	— santa	20
Ansérine	137	Begonia	258	Biscuit 315 à	329	Acqui	20
Bardane	236	Benoîte	267	Blanquette	333	Aïn-el-Mouza	43
Sternutatoires.		**Antispasmodiques.**		Bouillon 396 à	401	Adelholzen	43
Arnica	168	Barbotine	234	**Adoucissants, rafraîchisssants.**		Air	44
Basilic	238	**Antiscorbutiques.**				Aïn-Nourzy	48
Sudorifiques.		Allière	83	Abdelavis	3	Airthrey	48
Aquilégia	145	Antiscorbutique (vin)	129	Abruce	4	Aix	48
Bardane	236	— (bière)	129	Ægle	21	Aix-les-Bains	48
Bourrache	413	— (sirop)	130	Agave	28	Aix-la-Chapelle	48
Vermifuges.		Beccabungua	154	Agourci	33	Ajaccio	49
Absinthe (somm. d')	5	**Carminatifs.**		Alamouton	55	Alais	46
Ail	36	Andaye	109	Alèpe	63	Alban	56
Aillade	42	Aneth	113	Alhagi	66	Albules	54
Ailloli	43	Anis	123	Amande douce	83	Alet	65
Aloès	83	Anisette	123	Ammède	101	Algérie	66
Artichaut	172	Badiane	206	Ammouille	103	Alhama	63
Asphodèle	183	**Antiseptiques.**		Anesse (lait d')	113	Allevard	84
Assa-fœtida	186	Antiseptique	129	Anisa	120	Alpes	88
Aurone	193	— (buccal)	326	Arroche des jardins	170	Altitude	92
Balsamine	216	**Digestifs, toniques.**		Aubergine	190	Amélie-les-Bains	99
Barbotine	234	Ambroisie	98	Avocat	198	Apéritives (eaux)	132
Laxatifs.		Aspérule	183	Avoine	193	Appenzell	139
		Baron d'agneau	237	Baselle	238	Arcachon	150
Aloès	83	Bavaroise (Form. 237)	246	Bette	270	Bagnoles	210
Babeurre	208			Bouillon (Form. 661)	399	Boisson d'eau minér	354
				— (Form. 662)	400	— froides et temp.	354

ALIMENTS POUR DIFFÉRENTS RÉGIMES

Aliments légers pour convalescents.		Aliments reconstituants pour convalescents.		Aliments réparateurs pour épuisés.		Azote	205
						Ballotine	215
Abatis	2	Abatis	2	Abatis	2	Barbeau	232
Agaric des prés	32	Agneau	30	Ache	17	Barbue	234
Agneau	30	Ailerons	41	Ailerons	41	Barigoule	236
Ailerons	41	Airelles	47	Albumine	57	Barnacle	237
Air	40	Alénois	64	Alcionnaires	61	Baron	237
Alica	67	Alica	67	Alèpe	63	Bavaroise	246
Aliments 63 à	79	Aliments	69	Aliments albumineux	68	Béarnaise	247
Amande (Form. 102)	94	Alouette	86	Alouette	86	Bécasse	249
Amourettes	103	Aloyau (Form. 87)	87	Aloyau	88	Bécassine	252
Anesse (lait d')	113	Amourettes	103	Amourettes	103	Becfigue	254
Animelles (Form. 159)	123	Atteraux	189	Angélique	115	Beef-tea	258
Arrow-root	170	Avoine	202	Anguille	117	Bambou (ver de)	287
Artichaut (Form. 188)	176	Becfigue	255	Antianémique (liqueur)	127	Bifteck	306
Asperge (Form. 198)	182	Beef-tea	258	Apos	138	Bison	324
Avoine	202	Bisque	325	Arbre à pain	149	Bisque	326
Barbe de bouc	233	— 326,	327	Arbre de la vache	150	Bœuf	347
Barbe de capucin (F.251)	233	Bœuf (Form. 502)	347	Arcachon	150	Bouilli	351
Barbue (Form. 253)	234	— (Form. 504)	347	Arec America	151	Bordeaux	375
Bardane	236	Bordeaux	375	Arquebuse	169	Bouille-abaisse	393
Barigoule	236	Bouillon	400	Axolotl	204	Bouillon	400

ALIMENTS APHRODISIAQUES; ALIMENTS DES ORGANES DE LA PENSÉE

Aliments aphrodisiaques.

	Pages
Acapalti	13
Ache	17
Acoho	19
Acolin	20
Actinie	20
Ailerons	41
Alcionnaires	61
Alénois	61
Alouette (Form. 78, 79)	86
Amandes douces	93
Ambre gris	97
Ammi	101
Amome	101
Amourettes	103
Andouillettes (F. 127)	109
Anguille (Form. 116, 149, etc.)	120
Animelles	123
Aphrodisiaque	135
Aphye	136
Arbenne	148
Aromate	169
Artichaut (F. 189, 199)	176
Asperges (F. 199, 203)	182
Aspic	185
Attéreaux	190
Barbue	234
Bartavelle	238
Bécasse	249
Becfigue (Form. 310)	255
Beignets (Form. 324)	261
Bambou (ver de)	237
Biset	324
Bisque	326
Bifteck (Form. 105)	306
Bordeaux	375
Bouchées	387
Bouille-abaisse	393
Bouilli (Form. 316)	351
Bouillon	400
Boutargue	413
Brochet (Form. 707)	426

Insectes et reptiles.

	Pages
Aléochard	63
Ammacoète	101
Amphisbène	103
Anguille des haies	121
Aptère	145

	Pages
Arayacalt	147
Armadille	152
Ayamaka	204

Mollusques et crustacés.

	Pages
Acave	12
Adesmacé	20
Æglé	21
Æthre	22
Agrouelle	33
Alèpe	63
Ambrette	98
Anodonte	127
Arche de Noé	150
Arche barbue	150
Awabi	203
Bajet	212
Balane	213
Bernard l'Ermite	268
Bigorneau	311
Bucarde	431

Poissons de mers et cétacés.

	Pages
Able	3
Acarne	12
Accola	15
Achagual	16
Achire	18
Adano	20
Aigrefin	35
Aiguillat	36
Alalungue	49
Albacore	56
Alose	84
Ambasse	96
Anchois	108
Anguille	122
Anon	127
Apalike	130
Aphye	136
Apognon	138
Arondelle	169
Aspe	179
Athérine	188
Atinga	188
Balaou	213
Baleine	213
Baleineau	215
Baliste	215
Bar	232
Barbarin	232

	Pages
Barbue	234
Bars	237
Baudroie	244
Bécard	248
Bibe	283
Biso	324
Bogue	352
Bonite	375
Bonitol	375
Bora	375
Borquiem	375
Bouclier	390
Bout	413
Bréam	417
Brême	418

Poissons d'eau douce.

	Pages
Ablette	3
Acéline	15
Adano	20
Agoni	33
Ammocoète	101
Anguille	117
Apron	145
Barbeau	232
Barbote	234
Benni	267
Bergforelle	268
Binny	311
Bordelière	381
Boulereau	406
Brancino	416
Brême	417
Brochet	425
Brocheton	429

Gibiers à plumes.

	Pages
Acée	15
Achatechitli	17
Acoho	19
Agami	22
Aiglon	34
Aiguette	35
Alouette	85
Apos	138
Arbenne	147
Arbousse	186
Attagas	188
Autruche	191
Bartavelle	238
Bécasse	248
Bécasseau	252

	Pages
Bécassin	252
Bécassine	252
Becfigue	254
Bécot	257
Bénari	266
Biset	324
Borgnat	384
Borgniat	334
Bouriole	413
Bouscarle	413

Gibiers aquatiques.

	Pages
Acalot	12
Acintli	19
Acolin	20
Ahonque	33
Albatros	56
Albran	56
Alcyon	60
Artre	177
Barnacle	237
Bécharu	257
Bernache	268
Bernacle	269
Blouet	339

Gibiers à poil.

	Pages
Ægagre	21
Agouti	33
Abu	34
Argali	151
Axis	203
Babiroussa	208
Belette	262
Biche	289
Bison	324
Blaireau	329
Bouquetin	407
Buffle	432

Boucherie.

	Pages
Agneau	30
Alpaga	88
Ane	111
Anesse	113
Antenais	127
Aurochs	193
Bardot	236
Bélier	262
Bœuf	342
Bouc	385
Brebis	417

FRUITS AROMATIQUES, SUCRÉS, AQUEUX, AMANDES ET NOIX

Fruits aromatiques et sucrés.

	Pages
Abavo	3
Abricot	3
Abrus	4
Acacia	12
Acerole	16
Achards	17
Æglé	21
Agourci	33
Agriote	33
Agrume	33
Airelle	47
Alamouton	55
Alberge	56
Alhagi	66

	Pages
Alise	81
Amélanchier	99
Anamiste	105
Ananas	105
Angobert	105
Angoisse	105
Api	136
Arbousse	143
Arce America	151
Areng	151
Arésah	151
Atte	188
Aubergine	188
Auvernat	196
Avocat	193
Avoira	203

	Pages
Azerole	204
Bacove	209
Bactris	209
Bagasse (v. Bagassier)	209
Banane	216
Barbadine	232
Barbeau	232
Belle-Alliance	262
Belle-Angévine	262
Belle-Chevreuse	262
Belle-de-Berry	262
Belle-et-Bonne	264
Belle-Garde	264
Bellone	264
Bergamote	263
Besi de Caissoy	269

	Pages
Besi d'Héry	269
— De La Motte	269
Beurré	287
Biblimbing	289
Bigarade	307
Bigareau	308
Bigasse kokour	308
Blanc-Madame	330
Blanquet	333
Blanquette du Fau	333
Bois de Sainte-Lucie	353
Bon-Chrétien	374
Bondy	375
Bonne-Ente	375
Bonne-Vilaine	375
Bosc	385

	Pages				Pages		Pages
Bourdin	408	**Noix et Amandes.**		Amande amère	93	Aveline	198
Brignolle	421		Pages	Amande douce	93	Badame	209
Brugnon	430	Acajou	12	Anamiste	105	Bagasse	209
Brustiana	431	Ahoua	34	Arec	151		

LÉGUMES FÉCULENTS, TUBÉREUX, HERBACÉS, CHAMPIGNONS

Herbacés.		Bassia	239	Avoine	198	Agaris	23
Accioca	13	Begonia	238	Bacove	209	Alounère	87
Achavaca	16	Berge	267	Baillard	210	Amanite	94
Alénois	61	Bette	269	Balanus	215	Barbe-de-chèvre	233
Amarante	94	Bistorte	327	Benafouli	266	Barigaule	236
Amelanchier	99	Blette	339	Blad	329	Bisette	324
Ammèdo	101	Bluet	340	Blanchère	332	Blavet	333
Aquilégia	145	Bouillon blanc	401	Blé	333	Bolet	359
Arroche des jardins	170	Brèdes	417	Blé d'abondance	339	Bonnet	379
Arum	178	Buglose	433	Blé de Turquie	339	Boule-de-neige	405
Asperge	179	**Légumes féculents.**		Blé ergoté	339	Bruguet	430
Astragale	187	Ægilops	21	Boguette	353		
Atriplex	188	Alica	66	Bouillie	395	**Tubéreux.**	
Balsamine	216	Alpiste	89	—	396		
Bamia	216	Amidon	100	Bouquette	407	Apios	137
Barbarée	232	Amidonnier	101	Bugiose	433	Argentine	153
Barbe-de-bouc	233	Arachide	146	Bumum	434	Artichaut d'hiver	177
Barbe-de-capucin	233	Arbre à pain	149	Bunion	434	Asphodèle	183
Barbe-de-chèvre	233	Arrocacha	169	**Champignons.**		Bardane	236
Barbotine	234	Arrow-root	170			Barigoule	236
Baselle	238	Australie (blé d')	194	Acladium	19	Bette	276

CONDIMENTS SUCRÉS, SALÉS, GRAS, AROMATIQUES ET STIMULANTS

Condiments sucrés.		**Condiments gras.**		Badiane	209	Anis	123
Aéromel	22			Barbotine	234	Ayalla	204
Bacile	209	Arbre de la vache	151	Baume du Pérou	244	Barbotine	232
Bactris	209	Bambou (beurre de)	216	Bouquet de persil	405 et 407	Basilic	233
Barbaute	234	Beurre	273 à 282	**Condiments gélatineux.**		Bois de rose	253
Condiments acides.		**Condiments aromatiques.**		Acajou	12	Bouillon bleu	401
Acide	13 et 19			Adragante	21	**Fromages.**	
Aisy	48	Ail	36	Antoffe	13	Angelot	116
Aya pana	214	Ambrette	93	**Condiments stimulants.**		Aurillac	193
Condiments salés.		Amomi	101	Acapalti	13	Bondon	374
Achard	17	Aneth	113	Achaovan	16	Brie	421
Anchois	103	Angélique	115	Ambre gris	96	Brintz	422
Boutargue	413	Aspérule	183	Ammi	101	Broccio	429

BOISSONS ACIDULES, AROMATIQUES, FERMENTÉES, ALCOOLIQUES, FROIDES ET CHAUDES

Boissons naturelles et composées.		Ambroisie	98	Anisette	126	Agavo	28
		Angélique	115	Anissa	126	Airelles	47
Anesse (lait d')	113	Aspérule	183	Apéritif	130	Alamouton	55
Aphrogala	136	Aya pana	204	Arac	146	Ali	61
Arbre à liqueur	149	Baume du Pérou	244	Arbouse	148	Améléon	99
Arbre de la vache	150	Bavaroise	246	Armagnac	153	Ananas	105
Arbre du voyageur	150	Bétoine	270	Arquebuse	169	Anissa	126
Attolé	190	Bichop	289	Asphodèle	183	Bambou	216
Avoine (tisane d')	202	Bouillon blanc	420	Aurone	193	Barzoz	233
Babeurre	203	**Liqueurs ou Boissons alcooliques.**		Barbades	232	Berce	267
Biblimbing	239			Bassia	239	Bergerette	263
Boissons acidules.		Absinthe	4	Bénédictine	265	Betterave	272
Agras	33	Alcool	58	Bitter	327	Bière	291
Aigre au cédrat	34	— de menthe	69	Boisson de café	356	Boissons de cosse de pois	356
Aigrier	36	Alkermes	82	— composée	347	— de bourgeons de sapin	356
Bactrice	209	Amara	95	Bouchet	390		
Boissons aromatiques chaudes.		Amer	99	Brandevin	416	— de son	356
		Amphrou	104	Brou	429	Bourut	413
Accicca	13	Andaye	109	**Boissons fermentées.**		Boza	415
Achaovan	16	Angélique	115	Ady	21	Brum	431
Amande (lait d')	94						

METS, ENTREMETS, HORS-D'ŒUVRE, POTAGES, SOUPES ET SAUCES

Mets.							
	Pages		Pages		Pages		Pages
Abatis de volaille....	1 à 3	Bifteck.	306	Asperge	182	Buisson de homards....	433
Agneau	30 à 32	Bigos.	311	Aubergine....	199 à 193	— interocéanique.	434
Agnoloti	32	Biset	322	Balsamine	216	— à la marinière.	434
Ailerons	41 et 42	Bison.	322	Barbe-de-bouc	233	**Potages.**	
Alouette	85 et 86	Blanquette	333 à 352	Barbe-de-capucin	233	Alénois (crème d').	62
Aloyau	87	Bœuf.	345 à 352	Bardane	236	Asperge (crème d').	182
Amourettes	103	Boucon	390	Baselle	238	Avoine	202
Andouillettes....	109 à 111	Boudin	390 à 393	Bette	270	Bénévent	266
Âne	111	Bouille-abaisse	393	Betterave	277	Betterave	277
Animelles	122	Bourride	413	Bretonne (garniture).	420	Bisques....	325 et 326
Arbenne	113	Brandade	416	Brocoli	429	Bouillon	396 à 401
Aspic	184	Brésolles	419	Buglose	432	Brunoise	431
Attereau	189 et 190	Brouet noir	420	**Hors-d'œuvre chauds et froids.**		**Soupes.**	
Ballotine de sarcelle.	215	Buffle	432	Agouci	33	Alénois (soupe d').	63
Baron	237	Buisson (d'écrevisse).	432	Aillade	42	Borsch	384
Bastion de volaille	240	**Entremets de végétaux.**		Anchois	108 et 109	Bouillic	395
Bécasse	249 à 252	Ache	17	Baraquille	232	**Sauces.**	
Bécasseau	252	Agaric	23	Blinis	340	Allemande	82
Bécassine	252 et 253	Aliments (bouillis).	74 à 79	Bouchées	387 et 388	Bavaroise	247
Becfigue	254	Amarante	85	Bouillant	393	Béarnaise	247
Beefsteack	257	Apios	137	Boutargue	413	Béchamelle	256
Beefsteack-pie	257	Arbre à pain	150	Buisson d'écrevisses	433	Berlinoise	268
Beefsteack-pudding	257	Artichaut	174 à 177	— de crevettes	433	Blond de veau	340
						Bordelaise	380

CONFISERIE, PATISSERIE, GLACES, ENTREMETS SUCRÉS, BOULANGERIE

Confiserie, Glaces et Sorbets.		Bombe	359	Apple's pudding	143	Black-currant pudding.	328
		— alsacienne	360	— tarte	143	— — tarte	329
Amandine	95	— flore di late	360	Appricot pudding	144	Blanc-manger....	331 et 331
Anamiste	105	Bonbons	359 à 374	Appriksenkuchen	145	Boiled pudding	353
Ananas	107	Bouchées	388 et 389	Arachide (gâteau d').	147	Bol aux fruits	359
Anémone	115	Boule-de-gomme	405	Aveline (gâteau d')	196	Bonnet de Turquie	375
Angélique	115	Bouteille fondante	414	— (tartelettes d').	197	Bordure	382
Anis argenté	124	Brésilien	419	Baba	207 et 208	Bouen-Bocconi	393
— (sucre d').	125	Brou de noix	429	Ballon de sucre	215	Boule-de-neige	405
Arachide (Form. 173).	147	Buisson de sucre filé.	434	Barquette	237	Bourdaloue	407
Avelines (mirlitons aux)	197	**Pâtisseries, Entremets sucrés.**		Ba-ta-clan	240	Bread pudding	417
— (pralines d').	197			Bâtons au chocolat	241	Breton	419 et 420
Banane	218	Airelle	47	— glacés	241	Brioche	422 à 424
Belle-de-jour	263	Allumettes	83	— royaux	241	Bugnes	433
Belle-de-nuit	264	Amandes douces	93	Bavarois	245	Buns	434
Berlingot	265	Amande (gâteau d').	94	Bayadère	247	**Boulangerie.**	
Bigarade	307 et 308	Anacréon	104	Beignet	259 et 260	Biscottes de Bruxelles.	312
Bignonia	310	Ananas	107	— viennois	261	Boulangerie	401 à 404
Blanc à la main	330	Apios	137	Biscotte parisienne	311 et 312	Buckro-heat-cakes	434
Bluet	340	Apple's cake	113	Biscuit	314 à 323		

APPAREILS, BATTERIE ET USTENSILES DE CUISINE, COUVERTS, VAISSELLE

Alambic Pernod	7 à 9	Armée (fourneaux de l').	161	Batterie de cuisine	241	Bonbon (moule à)	356
Aiguille à brider	36	— —	162	Bimétalique (plaque)	250	Bord de plat	375
Alambic à bain-marie.	50, 51	Artichautière	177	Belle-de-jour (ébauchoir)	263	Bordure	381
— dans le vide	52	Ascenseur	178	Bétuse	278	Bosse	383
— à plateau lenticulaire	53	Aspirateur	185	Beurre (appareil à)	279 à 289	Boudinière	393
		Assiette	186	Beurre (moule à)	283	Boulangerie	402
Alambic Derov	54			Biberon Robert	289	— (appareil de)	403
— Valyn	55	Bain-marie	211	Bichopière	291	—	404
Alcarazas	58	Banattes	218	Bière (appareil à)	294 et 301	Bouteille (poëlon)	414
Alfénide	64	Baril	236	Blanc d'œuf (appareil à)	330	Braisière	416
Alimentation	78	Barrique	237	Blanchigumier	332	Brochette	429
Amphore	105	Bassine	240	Bac	341	Broyeur	430
Anisateur	125	Bassinoire	240	Bol	350		

GÉOGRAPHIE GASTRONOMIQUE ET VITICOLE, BIOGRAPHIES

Géographie gastronomique.	Pages		Pages		Pages		Pages
		Bouches-du-Rhône	387	Aurillac	193	Bordeaux	375
		Brésil	418	Auxerre	196	Bourgogne	408
Agen	30	Bresse	419	Avallon	196	Bourgueil	412
Ain	43	Brie	421	Aveyron	197	Bouzy	414
Aix	48			Avignon	197	Brouilly	430
Alentajo	63	Géographie viticole.		Avirey	198	Bucellard	432
Aléoutiennes	63	Agénois	30	Avize	198	Buzet	436
Alep	63	Ain	43	Ay	204		
Alpes (Hautes-)	83	Aisne	48	Bagneux-la-Fosse	210	Biographies.	
Alsace	89	Albe	56	Balnot-sur-Laigne	215		
Amiens	101	Alicante	67	Barbatane	232	Alamartine	49
Angers	116	Allier	83	Bar-le-Duc	236	Apicius	136
Angoulême	117	Alpes (Basses-)	88	Barsac	238	Appert (François)	140
Apt	145	Anglet	116	Bassan	239	Archestrate	150
Ardennes	151	Angoumois	117	Baune	244	Astruc	188
Argenteuil	152	Anjou	126	Béarn	247	Avice (J.)	197
Arles	152	Arbois	148	Beaugency	248	Béchamel	256
Armagnac	153	Ardèche	151	Beaujolais	248	Bénard (E.)	264
Aube	190	Ardennes	151	Beaune	248	Berchoux (J.)	267
Australie	194	Arsac	171	Beni-Carlo	266	Bernard (E.)	268
Avallon	196	Arsins	171	Bergerac	268	Bignon (J.)	308
Avignon	197	Asti	187	Bessas	269	Bisier	324
Baucaire	247	Aube	190	Blaisois	329	Bobœuf	341
Bayonne	247	Aubenas	190	Blangy	332	Bouzou (G.)	414
Béziers	288	Aubigny	193	Blanquette de Limoux	333	Brillat-Savarin (Ant.)	421
Blois	340	Aubons	193	Bonnes-Marres	375	Brunfaut	431

TERMES DIDACTIQUES, HISTOIRE, HYGIÈNE

Abaisse	1	Acide cumique	18	Aigre	34	Altération	89
Abatte	1	— margarique	18	Aigre-doux	34	Amandé	95
Abatteur	3	— quinique	18	Aigrelet	35	Amassette	96
Abattoir	3	— saccharique	18	Aigreur	35	Ambigu	96
Abricoter	4	— salicylique	19	Ailler	43	Ambrevade	98
Absinthé	10	— tanique	19	Aillie	43	Ambroisie	98
Absinther	10	Acidité	19	Ailloliser	43	Ame	98
Absintheur	10	Acidule	19	Aine	43	Amphibie	103
Absinthine	10	Aciduler	19	Ainette	43	Amphitryon	103
Absinthique	11	Acratopode	20	Air	44	Ampoullau	104
Abstème	11	Acridophage	20	Airaut	47	Amylacé	104
Abstinence	11	Acridophage	20	Aisy	48	Analecte	105
Acanthe	12	Adéphage	20	Alandier	56	Analeptique	105
Acclimatation	13	Adesmacé	20	Albran	56	Anaphrodisiaque	108
Acclimatement	13	Adipsie	20	Albumen	56	Andouiller	111
Accauder	15	Adoucir	20	Albumine	56	Anémie	113
Accolade	15	Adoucissant	20	Alcalescence	58	Anglaise	116
Accommoder	15	Adragante	21	Alcoolat	60	Animal	122
Accubitoire	15	Aérer	21	Alcoolature	60	Anodonte	127
Acéphale	15	Aéricole	22	Alcoolé	60	Anon	127
Acerbe	16	Aérogastre	22	Alcoolique	60	Anorexie	127
Acescence	16	Aéromel	22	Alcooliser	60	Anosmie	127
Acétabule	16	Aéromètre	25	Alcoolisme	60	Anse	127
Acétal	16	Æstuant	25	Alcyonnaires	61	Antenais	128
Acétate	16	Affadir	25	Aléné	63	Antianémique	128
Acéteux	16	Affiné	25	Alevin	64	Antidote	129
Acétimètre	16	Afflé	25	Alibile	66	Antidyssentérique	129
Acétique	16	Affriander	25	Alifère	67	Antilaiteux	129
Acétadolce	17	Affrioler	25	Alimentaire	70	Antiseptique	129
Achem	17	Affriter	25	Alimentation	70	Antiscorbutique	129
Achenode	17	Agalacte	25	— insuffisante	80	Antoffe	130
Achilléine	18	Agape	25	Alimentativité	81	Anthropophage	131
Acide	18	Age	28	Allaitement	82	Août	130
— acétique	18	Agueustie	30	Alléger	82	Aoûté	130
— anacardique	18	Agriophage	33	Alliacées	83	Apepsie	130
— angélique	18	Agrobate	33	Allier	83	Apétale	130
— anisique	18	Agrouelle	33	Allotriophage	83	Apette	130
— butyrique	18	Ahonque	33	Allumi	83	Apex	133
— caprique	18	Aiche	34	Almanach	83	Aphonie	133
— citrique	18	Aignade	34	Alphénic	89	Aphrodisiaque	134

	Pages		Pages		Pages		Pages
Aphrogola	136	Atteinte	188	Baron	237	Boissons chaudes	358
Aphyle	136	Attelet	188	Barrot	237	— froides	358
Apiaire	136	Attendrir	189	Barse	238	— (digestion des)	358
Apiculture	137	Attiédir	190	Basse-cour	239	Bonnet turc	375
Apis	137	Attiser	190	Bat	240	Bord de plat	375
Aplatu	138	Aubifoin	193	Bâtonnet	241	Border	381
Aplet	138	Aumée	193	Batracien	241	Bordure	381
Apode	138	Austère	193	Battue	244	Borgniat	384
Aposite	138	Autophage	194	Béatilles	248	Botte	385
Apozème	138	Avaler	196	Bécard	248	Boucage	385
Apparat	138	Avaloir	196	Bécassin	252	Boucanage	385
Appareil	138	Avançon	196	Bec-fin	256	Bouchage	385
Appareillade	138	Avant-goût	196	Bec-plat	257	Bouche	385
Appareiller	138	Avare	196	Bec-pointu	257	Bouche à four	386
Appartement	138	Avidité	197	Benate	266	Boucher	389
Appât	139	Aviner	197	Benaut	266	Boucherie	389
Appater	139	Avitailler	197	Béquet	267	Bouffoir	393
Appétence	141	Avorter	203	Béret	267	Bouillante	393
Appétissant	141	Avril	203	Berkovitz	267	Bouillerie	395
Appétit	141	Awabi	203	Besaigre	269	Bouilli	395
Apprenti	143	Axiome	203	Bétail	269	Boulé	406
Apprentissage	144	Axonge	203	Bête	269	Boulée	406
Apre	144	Azote	205	Beurre	287	Bourgeoise	408
Apreté	144	Azy	206	Bezestan	288	Bourguignone (à la)	412
Aptère	145	Azyme	206	Bicarbonate de soude	289	Bourret	413
Apyrène	145	Azymite	206	Bichopière	291	Bouter	414
Aquarium	145	Babeurre	208	Bigarrure	308	Bouteillerie	414
Aquatique	145	Bac	208	Bilieux	308	Bouteilles	414
Aqueuse	145	Bacchus	208	Billot	308	Bouticlar	414
Arche barbue	150	Bâche	209	Bis	308	Bout-saigneux	414
Arête	151	Bachotte	209	Bistortier	327	Bovidé	414
Argenterie	152	Bafrer	209	Bitartrate de potasse	327	Bovino	414
Argenté	152	Bagration	210	Blackapo	329	Boyau	415
Armée (alim. de l')	153	Baie	210	Black Hawk	329	Boyauderie	415
Aroïdée	169	Bain	210	Blanc (fond)	329	Braconnier	415
Aromate	169	Baissière	211	— (cuivre à)	330	Bradyspepsie	415
Aromatiser	169	Baisure	212	— de baleine	330	Braiser	415
Arome	169	Bal (hygiène du)	212	— de fruit	330	Braiser à blanc	415
Arranger	170	Balachan	213	Blanchaille	331	Branchies	416
Arrondir	170	Balanifère	213	Blanchigumage	332	Brandevin	416
Arrosement	170	Balanophage	213	Blanchigumer	332	Brasserie	416
Art	170	Banc	213	Blanchigumerie	332	Brebis	417
Artonomie	177	Banneau	218	Blanchigumeur	332	Bresson	417
Artophage	177	Banneton	218	Blanchigumier	332	Bréveux	420
Ascenseur	178	Bannette	218	Blanchir	332	Brocheton	429
Aspergière	183	Banquet	231	Blatea	333	Broc en bouche	425
Aspérité	183	Banqueteur	231	Blatérer	333	Brouiller	430
Asperme	183	Banquette	231	Blet	339	Brouilli	430
Aspirail	185	Baptisterium	231	Bleu (cuire au)	339	Bruant	430
Assaisonnement	186	Baquet	231	Blatage	340	Brûlure	431
Assanare	186	Baqueter	231	Bluteau	311	Brune	431
Assation	186	Baqueture	232	Bobé	353	Bucelloir	432
Assiette assortie	187	Barbaute	233	Boire	353	Buffet	432
Assiettée	187	Barberon	234	Boissons naturelles	353	Buffetier	432
Astaciens	187	Barbillon	234	— (d'eau minér.)	354	Buffière Mourget	432
Astringent	188	Barboteur	234	— fermentées	355	Bulbe	434
Atre	188	Barbure	236	— (leur effet)	355	Buvable	436
Attabler	188	Bardo	236	— alcooliques	356	Buvette	436
Attaque	188	Barno	237	— composées	357	Byrrh	436

FIN DU TABLEAU SYNOPTIQUE

PRODUITS RECOMMANDÉS

ABSINTHE. — La maison Édouard Pernod, de Couvet, est la seule maison suisse de ce nom qui fournisse une absinthe exquise, d'une parfaite innocuité, préparée selon le mode le plus hygiénique.

Cette maison, universellement connue, doit sa renommée à la bonne fabrication de l'absinthe, qu'elle a été la première (1828) à vulgariser dans le public sous forme de boisson apéritive. (Voir *Absinthe, Couvet, Pernod*.)

ALAMARTINE. — La maison de comestibles de ce nom (Coq d'Or, *Genève*) est la seule maison suisse de premier ordre pouvant fournir tous les produits de l'*ornithologie*, de l'*erpétologie*, de l'*ichthyologie*, de l'*horticulture* et des *conserves alimentaires* (voir *Alamartine*).

BIBERON ROBERT. — Le « Biberon Robert », flexible à bouchon de corne, est le meilleur des biberons. Sa vente annuelle a dépassé le chiffre énorme de *deux millions deux cent mille*. Il permet à l'enfant la succion favorable à la digestion et ne l'épuise pas.

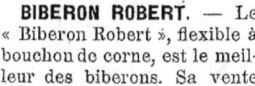
Biberon Robert.

BISCOTTERIE FRANÇAISE (*Bivort-Bonge, 13, rue des Ecoles, Paris*). — Biscottes de Bruxelles, pain à la grecque, calisson d'Aix, plum-cakes, nougatines, biscuits et petits-fours en tous genres.

Cette maison se recommande pour ses biscottes spécialement préparées pour l'alimentation des enfants, et ses biscottes de Bruxelles pour hôtels et restaurants. — En faire directement les commandes, pour les recevoir toujours fraîches.

BOURGEOIS (E.). — L'importance de ses vastes magasins ont permis à cette maison de réunir tout ce que l'Europe fabrique de beau en porcelaines, faïences et cristaux, verrerie, terre cuite et objets d'arts. Les Hôtels, Restaurants trouvent, au *Grand dépôt, 21 et 23, rue Drouot, Paris*, les porcelaines les plus appropriées pour le service.

Soupière marguerite bleu Japon.

La maison fabrique sur commande des services avec initiales. Les Maisons particulières y trouvent un choix complet de services variés sortant des meilleures cristalleries françaises, anglaises et italiennes, depuis le verre, l'assiette la plus ordinaire à la plus luxueuse.

BUFFIÈRE MOURGET. — La maison Mourget,

Bitter hollandais.

Amer Mourget.

de Limoges, se recommande par la qualité de ses produits naturels, ses vins de bordeaux de crus et ses liqueurs, dont elle a fait une spécialité pour ses nombreux clients.

L'*Amer Mourget*, à base de plantes aromatiques d'écorces toniques, est le meilleur de ce genre, il réunit toutes les qualités réclamées par l'hygiène.

La même maison est la seule fabriquant le Bitter Hollandais d'après la formule d'origine. (Voir *Bitter Hollandais*.) S'adresser à M. Mourget, 30, allée des Bénédictins, à Limoges.

BYRRH (Violet aîné), *Thuir, Pyrénées-Orientales*. — Cette précieuse liqueur est l'une de celles dont nous parlons toujours avec plaisir dans le cours de cet ouvrage. Son usage constitue en même temps une boisson tonique et apéritive. Elle ne trouble pas les fonctions de l'estomac en émoussant les organes de la digestion, et peut être prise à jeun sans altérer la santé.

Byrrh.

CROUSTADES ASTRUC. — Ce produit remarquable, qui vient justement combler une lacune par ce temps où le client veut être servi

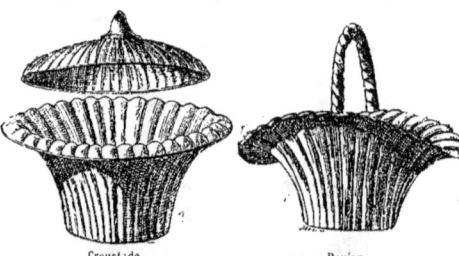

Croustade.   Panier.

avant d'être assis, supplée à la longue fabrication des bouchées, croustades ou caisses de papier.

Les nombreuses variétés de forme font de ces croustades une ressource, pour garniture, hors-d'œuvre, aussi commode qu'original. S'adresser à M. Astruc, passage du Saumon, 66, Paris.

LACAUX FRÈRES (*Distillerie*). — Les spécialités qui distinguent cette maison sont l'*Amer Lacaux*; le *Bitter* et la *Coca* (voir ces mots), décrits dans cet ouvrage à leur lettre alphabétique.

Le Bitter de MM. Lacaux frères est irréprochable au point de vue de la fabrication, il a un goût parfait, une amertume qui a de la suavité, une couleur magnifique, et surtout une concentration d'arome, sous un petit volume de substances alcooliques, qui permet de le mouiller impunément sans qu'il perde aucune de ses excellentes qualités. (*Moniteur Vinicole*.)

MM. Lacaux frères sont les fournisseurs du Grand-Hôtel et de ses caves à Paris, du Cercle national des Armées de terre et de mer à Paris, de la Compagnie générale transatlantique, etc.

Amer Lacaux.

RESTAURANT MAIRE (*A. Paillard, propr.*), b^d de Strasbourg, 1. — Grâce à son excellente cuisine et à ses vins authentiques, ce restaurant jouit d'une réputation universelle.

Caves Maire. — M. Paillard choisit pour les laisser vieillir les vins des années les plus favorisées, et, propriétaire lui-même, il a le privilège de pouvoir livrer, soit à la clientèle de ses restaurants, soit à sa clientèle bourgeoise, des vins de crus authentiques, à des prix relativement modérés. Outre les grands vins de Châteaux livrés avec le cachet, M. Paillard peut offrir le vin du *Clos des Mouches* dont il en a la propriété; ce vin, remarquable par la finesse de son fumet et la délicatesse de son goût, se distingue par un léger parfum de violette.

Les mamelons des communes de Chénas, de Moulin-à-vent et de Fleury, fournissent des vins assez connus pour nous dispenser d'en faire l'éloge, et c'est sur ces coteaux qui se trouvent sur le territoire de ces deux dernières communes que M. Paillard récolte le *Charbonnier*.

Ce vin, sans histoire avant 1860, fut découvert par M. Maire, prédécesseur de M. Paillard, et voici comment :

En achetant les récoltes de *Moulin-à-Vent* et de *Chénas*, M. Maire remarqua que le bas de la côte dont il avait séparé la vendange avait produit un vin tout particulier. Pour le laisser vieillir après quelques années de fût, il avait disposé dans la cave de son restaurant un caveau spécial, situé derrière un tas de charbon. Après

Côte du Charbonnier, A. PAILLARD, propriétaire.

quelques années de bouteille, ce vin était des plus exquis, vendu tantôt pour du Fleury ou du Moulin-à-Vent de premier choix; aussi était-il réservé pour les clients privilégiés et fins connaisseurs, qui savaient parfaitement que c'était une délicate attention de la part de M. Maire lorsque s'adressant à son sommelier il lui disait ces simples mots : *caveau du Charbonnier*. Si bien que les clients, passionnément épris de ce vin délicieux, ne le désignèrent plus que sous le nom de *Charbonnier*, dont la réputation devint universelle.

Pour continuer à satisfaire la clientèle, le successeur de M. Maire, après avoir étudié le terrain, fit l'acquisition d'une partie du vignoble qui avait produit ce vin délectable, et continua d'acheter la récolte d'une partie de la côte. La situation topographique du Charbonnier est

Apéritif Million.

donc aujourd'hui établie par la propriété de M. Paillard, restaurateur parisien.

Ce plant, dont les propriétés se rapprochent de celles du raisin rouge avec lequel on fait le meilleur champagne, a suggéré à M. Paillard l'idée de champagniser une partie de sa récolte. Ce vin de première tête est livré sous le nom de *charbonnier mousseux*. C'est un champagne de première marque.

On trouve en outre dans sa cave de la fine champagne *centenaire* et l'apéritif Million au vin de Xérès, à base de maté. On sait que le maté est un produit de premier ordre et un aliment d'épargne, ce qui distingue cet apéritif des produits similaires.

RESTAURANT PAILLARD. — Le café situé boulevard des Italiens, au coin de la rue de la Chaussée-d'Antin, est aujourd'hui la propriété de M. Paillard. Grâce à sa bonne direction et à sa cuisine choisie, le restaurant Paillard est le lieu de rendez-vous du grand monde parisien et du high-life étranger. Ecoutons d'ailleurs ce qu'en dit la chronique :

> Savourez-moi son *Homard Cardinal!*
> Ou son *Poulet!* Ou son filet de sole!
> Et s'il vous plaît d'avoir, sur ma parole,
> Un avant-goût du Paradis final,
> Faites servir un *Canard à la presse*.
> Son jus divin vous rendra tout gaillard!
> Ah! que de mots, des canards de la Presse,
> N'ont été dus qu'aux « farces » de Paillard!

Entre autres friandises, on trouve dans les maisons Paillard, à côté de ses créations culinaires, les gaufres à la crème, spécialité de la maison.

FIN DU PREMIER VOLUME

Imprimerie des Halles et de la Bourse de Commerce, 55, rue Jean-Jacques-Rousseau, Paris.

285

www.ingramcontent.com/pod-product-compliance
Lightning Source LLC
Chambersburg PA
CBHW050251230426
43664CB00012B/1906